受浙江大学文科高水平学术著作出版基金资助

总主编　黄先海　罗卫东

媒体经济学手册

[美] 西蒙·P. 安德森（Simon P. Anderson）

[美] 乔尔·沃尔德福格尔（Joel Waldfogel）　/ 主编

[瑞典] 戴维·斯特龙贝里（David Stromberg）

史　册　江力涵　卢羿知 / 译

Handbook of
Media Economics

ZHEJIANG UNIVERSITY PRESS
浙江大学出版社
· 杭州 ·

图书在版编目（CIP）数据

媒体经济学手册／（美）西蒙·P. 安德森，（美）乔尔·沃尔德福格尔，（瑞典）戴维·斯特龙贝里主编；史册，江力涵，卢羿知译. -- 杭州：浙江大学出版社，2024. 12. -- ISBN 978-7-308-25682-7

Ⅰ. G206. 2-05

中国国家版本馆 CIP 数据核字第 2024SL6985 号

浙江省版权局著作权登记图字:11-2024-463

This edition of Handbook of Media Economics，Vol2，by Simon Anderson，Joel Waldfogel，David Stromberg is published by arrangement with ELSEVIER BV. , of Radarweg 29，1043 NX Amsterdam，Netherlands.

媒体经济学手册

［美］西蒙·P. 安德森(Simon P. Anderson)

［美］乔尔·沃尔德福格尔(Joel Waldfogel)　主编

［瑞典］戴维·斯特龙贝里(David Stromberg)

史　册　江力涵　卢羿知　译

责任编辑	陈思佳(chensijia_ruc@ 163. com)
责任校对	李　琰
封面设计	雷建军
出版发行	浙江大学出版社
	（杭州市天目山路 148 号　邮政编码 310007）
	（网址:http://www. zjupress. com）
排　版	杭州朝曦图文设计有限公司
印　刷	杭州捷派印务有限公司
开　本	787mm×1092mm　1/16
印　张	40. 75
字　数	935 千
版 印 次	2024 年 12 月第 1 版　2024 年 12 月第 1 次印刷
书　号	ISBN 978-7-308-25682-7
定　价	298. 00 元

译者序

　　虽然将大众传媒作为经济学研究对象并非新兴课题，但媒体经济学渐渐成为经济学重要分支领域，则是近三十年来学术研究持续积累的结果。这一发展轨迹与现代传媒业的变迁密切相关：从传统报刊、广播、电视到互联网新媒体的崛起，媒体不仅是现代社会运行的基础设施，其经济影响力在数字化时代更呈现出前所未有的复杂性。作为交叉学科，媒体经济学在解析传媒产业规律的同时，也推动着经济理论的创新——本书列有专章探讨的偏好外部性、双边市场理论等概念，以及近年来在博弈论领域中蔚为大观的劝服博弈模型，都体现了关于媒体的经济学分析对经济学理论的一般贡献。

　　作为本书译者之一，我在博士期间接触到蓬勃发展中的媒体经济学领域，并开展了一些研究，同时有幸参与了本书英文原版的审校与部分的编写工作。之后受到浙江大学出版社的委托主持本书的翻译工作，因为这份学术渊源，我深感荣幸与责任重大。翻译团队在数年的工作中始终考虑着一个重要问题：在数字化程度日新月异、语言藩篱几近不复存在的今天，学术翻译的独特意义在哪里？我们阶段性的答案是：当信息获取变得便捷的同时，从噪声中筛选信息的成本也严重增加，专业术语的准确界定、理论框架的完整呈现，或是跨语言学术交流的关键环节。我们相信那些关于概念译法的字斟句酌能为中文语境中相关学术话语规范的建立做出一些有益的尝试，为往后的学习与传播提供经过审视的"语料"。

　　尽管在整个翻译过程中，翻译团队尽了极大的努力并得到了多方的帮助，但由于译者各方面水平的局限，本书或存在一些不妥之处，甚至错误依然在所难免。我们真诚地希望读者能予以谅解和指正，以帮助我们相关领域的学习以及翻译工作的完善。本书翻译工作的具体分工为：第1—3章以及第5、7、10、12章由卢羿知和史册翻译，第4、6、8、11章由史册翻译，第9章以及第13—19章由江力涵翻译，由史册负责审校全书。在本书的翻译过程中，我们得到了香港中文大学王爽达、朱嘉明、石一帆同学的优秀协助，在此表示感谢。最后，要特别感谢编辑团队吴伟伟、陈佩钰、陈思佳老师细致入微的指导，以及袁亚春老师的长久关怀，本书的问世离不开他们倾注的热忱以及无私给予的鼓舞与帮助。

史　　册

2024 年 11 月

导　言

　　媒体市场在很多方面都是特殊的,它的重要性远远大于它对国内生产总值在会计意义上的贡献。第一,从消费者的角度来看,在媒体上所花费的休闲时间占据相当大的比例。第二,从广告商的角度来看,媒体为厂商提供了一个让消费者购买商品的渠道,这支持了广告业的就业,并可能通过使创新迅速、有利可图地推向市场和奖励冒险行为来促进经济增长。第三,媒体在提供时事和政治信息方面发挥着非常特殊的作用。然而,媒体必然会系统地过滤这类信息并产生偏差。传播多少信息和哪些信息可能会影响广泛的政治、经济和社会结果,包括政治问责、公司问责、金融市场表现以及教育和家庭选择。由于这些影响,媒体是一个特殊的行业,在大多数国家的法规中都受到专门的监管。

　　重要的是媒体在为人们提供信息方面的重大作用,而这一作用主要是作为新闻消费的外部性而产生的。就市场表现而言,媒体市场或能体现导致特定类型市场失灵的几个关键特征。许多媒体具有相对较高的固定成本和较低的边际成本,因此在均衡状态中产品供应不足,这会导致内容提供中的偏好外部性,即多数群体偏好的满足往往需要牺牲少数群体的利益。这类新闻偏差也改变了政治竞争中的权衡取舍,因而在公共政策中引起了不利于少数群体利益的偏差。与此同时,广告融资的商业模式不同于由媒体(平台)向广告商出售眼球价值的双边市场模式,这相较于传统的市场互动乃是截然不同的市场结构。

　　本书共包含19章,介绍了媒体经济学的最新进展。整体分为三个部分。

　　第一部分为媒体市场结构与表现,涵盖理论与方法论。

　　第1章探讨了媒体市场特有的高固定成本和异质性消费者偏好的含义,以及随之发生的媒体市场的偏好外部性。实证经济学和规范经济学都是通过一套理论模型发展起来的,之后利用经验加以阐明。

　　第2章涵盖了双边市场理论,因其与媒体市场息息相关。平台在双方之间实现双边平衡,且相互竞争。消费者(观众)多归属的程度是实证预测的关键驱动因素。广告收入最终为节目内容买单,这一特征通过类型选择和平衡多样性影响静态市场效率的绩效指标。

　　第3章回顾了媒体市场研究中最有助益的实证产业经济学方法,包括对需求建模以及市场进入建模的广泛讨论。本章采用了更偏重方法论的研究方式。

媒体部门的大部分收入都依赖于广告。第4章详细介绍了广告经济学的背景（主要是理论上的），阐发了广告可能扮演的各种概念性角色，并得出了可用来评估与广告相关的盈余的结果，即用以评估广告商资助类媒体绩效的关键因素。

第5章主要从市场营销的角度描述受众行为和消费者对广告的反应。本章讨论了最近的创新，如广告规避、广告定向和个性化，并回顾了过去数年来的格局变化。

第6章探讨了媒体行业的兼并政策及监管。因媒体行业的双边性质及其在提供信息方面的关键地位，需要对其进行不同于标准市场的专门分析。本章阐述了现有的理论，提供了一些关于兼并结果的经验证据，并讨论了最近的案例。

第二部分为行业部门，涵盖特定媒体行业的经济。本部分的前三章给出了各个相关方面的历史背景和实证结果，特别强调了美国的情况。后三章论述了互联网经济学的各个方面。

第7章考察了电视产业。电视是许多消费者的主要娱乐媒体。本章描述了内容生产和消费的动机、电视和在线视频市场的最新趋势，以及这些行业的经济研究状况。重点讨论的主题包括付费电视、垂直关系、公共电视的作用以及日益发展的在线视频。

第8章介绍了广播产业，并特别关注最近美国兼并的影响。本章讨论了公共部门的影响以及对该部门过度进入程度的调查结果，还描绘了音乐和广播行业之间的相互作用。

第9章介绍了报纸和杂志产业，描述了美国印刷市场的历史与结构。本章在双边市场的背景下展开讨论，内容包括广告是否对印刷媒体的消费者构成净干扰、印刷市场的反垄断问题，以及互联网对这些部门的影响。

第10章为互联网媒体经济学，主要是对最近应用于这一新兴领域的关键进展的理论综合。本章包括对诸如信息聚合器、搜索引擎和互联网服务提供商等相关方面的讨论。

第11章涵盖了隐私和互联网的主题，这是一个备受公众关注和争论的议题。本章发展了一个概念框架，并与实证估计相关联。进一步的主题包括广告、社交网络、数据安全和政府监控。

第12章讨论了用户生成的内容和社交媒体。本章涵盖了一个快速发展的行业中的诸多应用，并特别着眼于确定媒体内容的质量。

第三部分为大众媒体的政治经济学，涵盖媒体对政治、经济和社会结果的影响。第13—17章讨论媒体的政治覆盖、偏差和俘获行为，以及由此产生的对政治问责的影响。第18章讨论了对金融的影响，第19章讨论了对社会结果的影响。

第13章提出了一个由媒体报道引起的信息过滤如何影响政治问责的基准模型。本章讨论了私人提供新闻的福利后果，以及应对新闻供应不足问题的监管。该模型提供了一系列可检验的推论，用于组织现有的实证工作。关键问题是：是什么驱动了媒体对政治的报道？这种报道如何影响政府政策、政治家的行动和选择，以及公众的信息水平和投票行为？

第14章讨论了偏见如何降低媒体的信息性，破坏其对政治问责的积极作用。本章考察了关于决定媒体偏差的市场力量的理论文献。本章通过一个简单的模型来组织有关偏见决定因素的文献，先关注媒体所有者的政治偏好等供给侧力量，然后转向通过消费者信念和偏好起作用的需求侧力量。本章定义了媒体偏差，分析了其福利后果，以及这些后果如何受到竞争等因素的影响。

第15章考察了媒体偏差的实证研究,重点关注了党派和意识形态偏见。本章讨论了用于测量媒体偏差的方法,揭示了与媒体偏差相关的主要因素,以及媒体偏差对公民态度和行为的说服性影响的度量。

第16章考察了媒体俘获和媒体权力的模型。在这两种情况下,媒体的来源故意偏离真实报道,以影响选举结果。本章谈到了当政府在俘获媒体方面发挥积极作用时的媒体俘获问题,以及媒体组织为了政治目的扭曲新闻报道时的媒体权力。本章讨论了新闻操纵何时更有可能成功,以及选举结果何时更有可能被扭曲的理论,并讨论了媒体监管如何减少这两种现象。

第17章考察了关于媒体俘获的决定因素和后果的实证文献。本章回顾了关于媒体俘获的决定因素的文献,讨论了用于控制媒体的方法,并考察了媒体俘获对媒体内容影响的证据。本章提出了被俘获的媒体影响人们行为的证据,以及在被俘获环境中独立媒体的影响。本章还讨论了限制宣传效果的因素。

第18章回顾并综合了一个快速增长的子领域,还分析了媒体与金融市场之间的关系。本章讨论了媒体提供的信息在金融市场中所起作用的理论。本章描述了新的数据和方法,这些数据和方法使理论得到了有力的检验,并有可能解决金融领域长期存在的难题,例如交易量和股价波动为何如此之高。本章提供了一系列证据,诸如媒体报道的数量和内容对市场活动及股票价格的影响。

第19章回顾了有关媒体曝光对广泛的社会和经济结果影响的文献:教育、家庭选择、劳动力和移民决定、环境选择、健康、犯罪、公共经济学、态度、消费和储蓄以及发展经济学。它强调了五个主题:一是娱乐需求的关键作用;二是挤出替代活动的重要性(替代效应);三是确定因果效应——对某些主题和媒体有可信的估计,但对其他主题和媒体没有可信的估计;四是影响可能因媒体类型而异;五是替代效应和娱乐需求对政策影响都起着重要作用。

贡献者

西蒙·P. 安德森(Simon P. Anderson)
美国弗吉尼亚大学经济系

斯蒂文·T. 贝里(Steven T. Berry)
美国耶鲁大学经济系

安巴里什·钱德拉(Ambarish Chandra)
加拿大多伦多大学斯卡伯勒校区管理系；
加拿大多伦多大学罗特曼管理学院

格雷戈里·S. 克劳福德(Gregory S. Crawford)
瑞士苏黎世大学经济系；
经济政策研究中心

斯特凡诺·德拉维纳(Stefano DellaVigna)
美国加州大学伯克利分校；
美国国家经济研究局

鲁本·叶尼科洛波夫(Ruben Enikolopov)
伊雷亚-巴塞罗那政治经济与治理研究所；
西班牙庞培法布拉大学；
西班牙巴塞罗那经济研究生院；
俄罗斯新经济学院

厄于斯泰因·福罗斯(Øystein Foros)
挪威经济学院

马修·根茨科(Matthew Gentzkow)
美国斯坦福大学经济系；
美国国家经济研究局

布鲁诺·朱利安（Bruno Jullien）
法国图卢兹经济学院

乌尔里希·凯撒（Ulrich Kaiser）
瑞士苏黎世大学工商管理系；
德国欧洲经济研究中心；
丹麦哥本哈根大学产业经济中心；
德国劳工研究学会

汉斯·雅勒·金德（Hans Jarle Kind）
挪威经济学院

埃利安娜·拉·费拉拉（Eliana La Ferrara）
意大利博科尼大学

迈克尔·卢卡（Michael Luca）
美国哈佛大学商学院

马丁·佩茨（Martin Peitz）
德国曼海姆大学经济系

玛丽亚·彼得罗娃（Maria Petrova）
伊雷亚-巴塞罗那政治经济与治理研究所；
西班牙庞培法布拉大学；
西班牙巴塞罗那经济研究生院；
俄罗斯新经济学院

安德烈亚·普拉特（Andrea Prat）
美国哥伦比亚大学

里卡尔多·普格利希（Riccardo Puglisi）
意大利帕维亚大学政治与社会科学系

马库斯·赖辛格（Markus Reisinger）
德国法兰克福金融管理学院经济系

雷吉斯·雷诺（Régis Renault）
法国巴黎第九大学

杰西·M. 夏皮罗（Jesse M. Shapiro）
美国布朗大学经济系；
美国国家经济研究局

小詹姆斯·M. 斯奈德（James M. Snyder Jr.）
美国哈佛大学政府学系；

美国国家经济研究局

拉斯·索加德(Lars Sørgard)
挪威经济学院

丹尼尔·F. 斯通(Daniel F. Stone)
美国鲍登学院经济系

戴维·斯特龙贝里(David Stromberg)
瑞典斯德哥尔摩大学

安德鲁·斯威廷(Andrew Sweeting)
美国马里兰大学经济系

保罗·C. 泰特洛克(Paul C. Tetlock)
美国哥伦比亚大学

凯瑟琳·E. 塔克(Catherine E. Tucker)
美国麻省理工学院斯隆管理学院；
美国国家经济研究局

乔尔·沃尔德福格尔(Joel Waldfogel)
美国明尼苏达大学卡尔森管理学院

肯尼思·C. 威尔伯(Kenneth C. Wilbur)
美国加州大学圣迭戈分校拉迪管理学院

致　谢

西蒙·P. 安德森衷心感谢美国国家科学基金（NSF）的支持。

献　词

本书献给我们各自的妻子、子女,以及父母。

目 录

第一部分　媒体市场结构与表现

第二部分　行业部门

第三部分　大众媒体的政治经济学

第一部分

媒体市场结构与表现

第 1 章　媒体经济学中的偏好外部性

西蒙·P. 安德森(Simon P. Anderson)[①]、
乔尔·沃尔德福格尔(Joel Waldfogel)[②]

目　录

[①] 美国弗吉尼亚大学经济系。
[②] 美国明尼苏达大学卡尔森管理学院。

摘要:媒体行业通常表现出两个基本特征,即高固定成本和消费者偏好的异质性。例如,日报市场倾向于支持单一产品。在其他示例中,例如无线电广播,市场通常支持多种差异化产品。当消费者的选择和福利取决于根据消费者的内容偏好所确定的数量和消费组合时,这两种情况都可以体现出偏好的外部性。本章提供了有关媒体市场这些基本特征的证据。然后,我们将这些特征整合到一套理论模型中,以获得对媒体市场的描述以及对媒体功能预期的预测。在第1.4节中,我们转向结果,即被有关理论模型所阐明的那些问题的实证证据。之后,我们探讨技术变革的影响,并提出未来研究的方向。

关键词:偏好外部性;媒体市场;差异化;市场进入;广播

JEL 分类代码:D43,L13,L82

1.1 引言

许多基础性的讨论中都隐含着关于市场的基本直觉,而其中之一[在 Friedman(1962)中很明显]是,与政治决策的过程不同,市场避免了"多数人的暴政"(tyranny of the majority)。"每个人都可以为自己想要的领带颜色进行投票,并获得领带;他不必看到大多数人想要的颜色,并且,如果他是少数派,则会服从。"换句话说,消费者从市场上获得的产品仅取决于他自己的偏好和方式,而并不取决于其他人的偏好。然而,当固定成本很高时,这种直觉是不正确的。消费者是否能获得他们认为有吸引力的产品,取决于其他人在多大程度上与自己有相同偏好,这会引起一种现象,人们或将其称为偏好外部性,我们将在下文中对其进行更精确的定义。

偏好外部性在媒体市场中很普遍,原因有三点。首先,媒体产品往往具有高昂的固定成本,而且几乎是排他性的。在没有固定成本的情况下,市场可以提供满足不同偏好的连续性产品。换言之,每种偏好类型的消费者都可以有为自己量身定制的服务,并且这些服务以等于边际成本的价格提供[Mussa and Rosen(1978)提供了沿着这一思路的"质量"模型]。这样就不会出现偏好外部性问题,也不必担心产品选择扭曲。当然,固定成本不为零,而且一个市场是否被完全覆盖取决于一家或多家公司能否获取足够的净收入来承担进入市场的成本。

其次,偏好结构在不同的消费者群体之间存在很大差异。男性和女性倾向于喜欢不同类型的媒体产品,年轻人和老年人、黑人和白人以及西班牙裔和非西班牙裔也是如此。偏好分裂绝不限于美国消费者群体之间的差异。例如,欧洲不同的语言群体提供了极佳的额外例证。跨群体的偏好差异越大,针对某一个群体的市场进入为另一组群体成员带来的利益就越少。就不同种类产品的偏好而言,人口越多样化,对不同种类产品的支付意愿就越强烈(且对于消费者而言,不同种类产品的替代性越低),生产的产品种类就越多。①

最后,在许多媒体市场中,广告商资助是唯一的(至少是主要的)收入来源。这意味着,如果广告需求疲软,则市场可能无法被完全服务。这可能是欠发达国家在市场提供方面(因此政府干预或有一席之地,例如公共广播机构)的一个主要问题;或者在受众对广告商而言的商业价值不足以用收入承担成本的其他情况下,这也可能是一个主要问题。当市场存在时,市场向广告商们渴望的消费者们提供富有吸引力的内容,而不是向消费者本身提供富有吸引力的内容,这引出了个体面对的内容可能取决于他人偏好的另一个原因。

具有偏好外部性的媒体市场的突出例子是报纸、广播和电视台、杂志以及各种网络产业。偏好外部性在很大程度上取决于与市场规模有关的固定成本的大小,进而取决于市场的产品数量。极端情况是地方日报市场,其中许多是实际意义上的垄断企业。如果消费者在日报市场上相互影响,将是通过唯一产品的质量和定位。与之形成鲜明对比的是,在美国都市区的地方无线电广播市场中,每个市场大约有 20 种产品。随着市场中产品种类的增多,拥有着异质性偏好的消费者群体可以通过推出可能会对群体有吸引力的额外产品来相互影响。

本章提出了一个框架,用于考虑体现固定成本、消费者偏好异质性和产品差异化以及广告商资助的媒体产品。首先,我们在一些市场基本参数上提供一些证据:提供产品的巨大的固定成本、各群体之间的偏好差异,以及广告商(而非产品用户收入支持)的重要作用。然后,我们将这些特性整合到一套理论模型中,以获得对媒体市场的描述以及对其运作方式的预测。例如:按偏好群体划分的消费者组合如何影响一种或多种产品的目标定位以及市场参与者的福利?市场规模如何影响市场进入和福利?市场结果与最佳配置存在何种联系?我们使用这些模型来阐明偏好外部性在媒体市场中的运作方式,以及预测未来技术的变化(降低与市场规模相关的进入成本)将如何改变媒体市场。在第 1.4 节中,我们转向结果,即有关理论模型所阐明的问题的实证证据。我们讨论了关于市场进入和偏好外部性的实证结果,这些结果与预测相关,我们讨论了技术变革的影响,并提出了未来研究的方向。

---

① 偏好外部性并非只出现在媒体市场,只要固定成本很高且消费者群体之间的偏好不同,就会出现偏好外部性。参见 Bhattacharya and Packalen(2008,2011)和 Chevalier et al.(2008)。相关问题也出现在 Handbury(2011)、Haurin and Rosenthal(2009)、Rosenthal and Strange(2004)、Choi and Bell(2011)以及 Cutler et al.(2008)中。

1.2　固定成本与偏好异质性

1.2.1　固定成本

报纸、广播电台和电视台等媒体业务的成本结构主要是固定的。一份日报的成本主要取决于记者和编辑的工作量,并且该成本不会随所印刷的份数直接变化(尽管内容更多的报纸可能会吸引更多的读者)。在不同种类的媒体产品中,这些固定成本在不同程度上都很大,特别是在市场只能支持很少(有时只能支持一种)产品的情况下。在 19 世纪 90 年代后期,《哥伦布邮讯报》(*Columbus Dispatch*)是服务于约 300 万人的都市区的主要报纸,有 69 名记者和编辑。同时,《纽约时报》为纽约周围都市区的 2200 万人口提供服务,约有 300 名记者和编辑。[①]根据美国劳工统计局的数据,记者和编辑的平均年薪为 4.4 万美元。[②]因此,这两份报纸将内容汇总在一起的年度固定成本分别约为 300 万美元和 1300 万美元。广播电台的成本结构类似,尽管其固定成本的绝对水平比报纸低得多。对一个宗教类型广播电台的初步成本估算显示,其每年的运营成本为 14.2 万美元。[③]典型的广播电台拥有更多的员工,其中包括至少 6 名实况转播人员,以及经理、销售人员和工程师,根据一项估算,其运营成本每年约为 65 万美元(不包括许可证关联服务)。[④]据报道,2014 年为堪萨斯州加登城(人口为 2.6万)服务的公共广播电台的预算为 100 万美元。[⑤]当然,对于广播电台来说,服务一位额外听众的边际成本为零。

这些估算当然是粗略的,但是它们可以为高固定成本提供明确依据:很显然,这些媒体产品的可获得性取决于许多需要它们的人群。

1.2.2　偏好异质性

对偏好的理论刻画通常将其表示为平滑的分布,如消费者对某个一维特征(例如苹果酒的甜度)的偏好均匀地分布在 a 和 b 之间。这样的刻画对于发展易于处理的模型固然有用,但是似乎错失了现实中偏好异质性的本质,尤其是对于媒体产品而言。

例如,在美国,黑人和白人对大多数媒体产品的偏好截然不同。广播行业倾向于将广播电台分为约 30 种,分别针对不同类型的消费者。这些形式包括前 40 名(或当代热门广播)、专辑导向摇滚、成人另类、乡村等类别。某些类型(例如名称中带有"城市"或"黑人"的类型)明确针对非裔美国听众。偏好的种族差异是明显的。总体上,最受欢迎的类型是乡村音乐,它吸引了非黑人听众中的 12%,但只吸引了 1.5% 的黑人听众,因此乡村音乐的听众中有 97% 是非黑人的听众(Waldfogel,2003)。在频谱的另一端,其类型名称包含

---

① 有关 2000 年人口的信息,请参见 http://www.census.gov/population/cen2000/phc-t3/tab03.txt;有关报业人数的信息,请参见 Burrelle's Media Directory。

② http://www.bls.gov/oes/current/oes273022.htm。

③ http://www.christianradiohome.com/operating_costs.asp。

④ http://en.allexperts.com/q/Radio-Industry-2499/2008/10/radio-station-budget.htm。

⑤ http://www.kansascity.com/news/government-politics/article347706/State-subsidy-to-Kansas-public-broadcasting-could-disappear.html。

"黑人"的电台(例如"黑人/现代成人"或"黑人/老歌")则吸引了非黑人听众中的不到 3％和黑人听众中的近 60％,从而拥有大约 90％的黑人听众。黑人和白人对广播节目有着截然不同的偏好。[①]

西班牙裔和非西班牙裔也对电台节目有截然不同的偏好。用西班牙语广播的电台吸引了有大量西班牙裔人口的美国市场的大约 50％的西班牙裔听众。这些电台只吸引了少量非西班牙裔听众。

偏好差异不仅限于广播。报纸和电视的偏好也因种族而异。在有两份日报(通常是一份宽版报纸和一份小报)的市场中,宽版报纸的市场份额通常在白人居多的社区中要大得多,这表明偏好因种族而异。尽管黑人和白人电视观众都对某些电视节目的评价很高,例如橄榄球,但在白人中收视率较高的许多电视节目通常在黑人中收视率较低。例如,1998 年,《宋飞正传》(*Seinfeld*)是在白人中收视率最高的节目,但在黑人观众中仅排名第 50,而喜剧《兄弟之间》(*Between Brothers*)在黑人中排名第 1,在白人中排名第 112。[②]

偏好也因性别和年龄而异。1993 年,年龄在 45 岁以下的听众中,只有不到 1％的人收听大乐队/怀旧音乐的电台,而这些电台吸引了 14％的 65 岁以上听众。相比之下,前 40 名的电台吸引了 38％的 18 岁以下听众,而这样的电台所吸引的 65 岁以上听众不到 2％。专辑导向摇滚电台吸引了男性听众的 20％,但仅吸引了女性听众的 10％。[③]但是,有两点值得强调。一是这些偏好差异往往不如种族和是否为西班牙裔的差异明显。二是虽然不同群体的偏好有所不同,但根据年龄或性别,不同市场之间的人口份额差异不大,而黑人和西班牙裔的份额差异很大。这一点很重要。

尽管在都市地区,按性别和年龄划分的人口比例非常相似,但对媒体内容有不同偏好的少数群体的人口比例却相差很大。在 1993 年全美前 100 的都市区中,黑人的平均占有率为 6.3％,而西班牙裔的平均占有率为 2.1％。位于黑人份额分布的第 90 个百分位数的都市区仅有接近 1/4 为黑人,而位于黑人份额分布的第 10 个百分位数的都市区仅有不足 1％为黑人。第 90 个百分位数的西班牙裔比例为 21％,而第 10 个百分位数的西班牙裔比例低于 1％。具有不同媒体产品偏好的消费者构成中的这些差异提高了人们探索偏好群体规模对产品定位和消费的影响的可能性。

正如美国国内不同人口和种族群体的偏好有所不同,某些媒体产品的偏好在各个民族之间也有所不同。尽管德国、法国和美国的消费者可以接触到几乎相同的音乐和电影,但他们的消费模式却截然不同。每个国家的音乐消费都表现出很大的本土偏好:29％的法国消费对象是法国音乐,而只有 3％的德国消费对象是法国音乐。德国消费对象的 21％是德国音乐,而法国消费对象的不到 2％是德国音乐。消费模式的大部分差异源于语言:奥地利人以较高的比例消费德国音乐。比利时人听法国音乐,反之亦然。所有地区都

---

① 参见 Aldrich et al.(2005)。
② 参见 James Sterngold. "A Racial Divide Widens on Network TV." *New York Times*, December 29, 1998。
③ 参见 table 5, p. 40, Joel Waldfogel, 1999. "Preference Externalities: An Empirical Study of Who Benefits Whom in Differentiated Product Markets." NBER Working Papers 7391, National Bureau of Economic Research, Inc.。

以高比例消费该国音乐的两个国家是英国和美国,这两国的音乐分别占各国对本土音乐消费以外的音乐消费的 10％—30％ 和 30％—60％。[1]同时,我们发现电影的跨国家偏好的模式非常相似。[2]

在媒体市场上,一个普遍现象是,各群体之间的偏好存在差异,有时甚至完全不同。而且,不同偏好群体的组合在各地也有所不同,这提高了操作和检测偏好外部性的可能性。

1.2.3　次选产品的消费意愿

尽管许多群体的消费者都偏爱一种媒体产品,但也有相当明显的证据表明,在许多情况下,消费者愿意消费次选产品,而不是在某种更受偏爱的产品不可获得时,完全放弃该类别的消费。再次考虑在美国的种族和电台的例子。Waldfogel(1999)指出:虽然黑人听众显然更喜欢为黑人设计的节目,但在缺乏为黑人设计的节目的市场中,他们继续收听时长几乎一样的广播。在有 4 个或更多以黑人为目标受众的电台市场中,有 18.4％ 的黑人收听广播(在 1997 年,平均 1/4 小时内至少收听 5 分钟),而在有 0 个或 1 个以黑人为目标受众的电台的市场中,仍有 17.3％ 的黑人收听广播。在西班牙裔中也有类似的模式。这有力地表明,当最优选择无法获得时,黑人和西班牙裔愿意消费次选的替代品。

1.2.4　广告商资助

一些媒体产品由用户直接资助,其他由广告商资助。传统上,电视和广播完全由广告商资助。报纸和许多杂志主要由广告商资助。例如,在 1999 年,报纸收入中大约 80％ 来自广告商。杂志的种类繁多,包括主要由广告商资助的杂志(例如婚庆杂志和摄影杂志)以及主要由订阅收入资助的杂志[例如《美国周刊》(*US Weekly*)或《科学美国人》(*Scientific American*)]。[3]

自 20 世纪 70 年代有线电视问世以来,用户资助的模式发展迅速。许多频道(例如 HBO 和 Showtime)完全由用户资助,并且不包含广告。无线电广播行业的资助模式也随着时间而改变。在 19 世纪 20 年代广播产业初期,广播节目是由用户资助的,但在 20 世纪的大部分时间里,广播节目完全由广告商资助。卫星广播于 2001 年在美国出现,它是由用户资助的,不包含广告。[4]互联网广播由广告商和用户提供资助。

当报纸将其内容放到网上时,大多数最初仅依靠广告商资助。尽管《华尔街日报》在 1997 年设立了付费专区,但大多数报纸并没有立即跟进。从 2010 年左右开始,许多报纸开始将其内容投放到付费专区,随后又转向用户和广告商的混合资助。[5]

对广告商资助的依赖允许广告商对受众群体有不同的潜在价值估计,从而影响可获得的节目的组合(Napoli,2002,2003)。

---

[1]　参见 Aguiar and Waldfogel(2014)以及 Ferreira and Waldfogel(2013)。

[2]　参见 Ferreira et al. (2013)。

[3]　作者使用出版商信息局 2000 年的数据进行计算。

[4]　http://en. wikipedia. org/wiki/Satellite_radio.

[5]　参见 Chiou and Tucker (2013)。

1.2.5　成本随时间的变化

由于技术的变化(主要是由于数字化),固定成本相对于许多媒体产品的市场规模而言正在缩小。此外,报纸和杂志等物理媒体产品的边际成本已降至零。媒体产品的固定成本降低又与市场规模有关,这有两个原因。第一,当新的数字技术使生产和发布文本产品的成本降低时,固定成本可能会显著地下降。原则上,报纸或杂志不需要印刷或发行能力。第二,数字化可以实现广泛的跨地理发行,因此曾经的地方性产品可以在全国或国际上获得。

传统上,家庭阅读型报纸的边际成本是印刷和实体纸张的成本。最近,随着报纸转向数字发行,边际成本已降至趋近于零。

新技术以几种重要方式改变了广播。首先,美国卫星广播的市场足迹遍布整个国家。鉴于市场规模很大,提供大量的节目选择变得可能,例如,在美国的 Sirius 上有 151 种节目。[①]即使在最大的无线电市场中,这些种类也远远超过无线电广播的种类。其次,卫星广播是由用户资助的,月费为 10 至 15 美元。[②] 最后,互联网使在线音频节目的发行成为可能,它具有与地面广播不同的三个特征:一是与卫星一样,市场规模扩大了(整个国家而不只是都市区)。二是根据用户的喜好定制节目,诸如 Pandora 和 Spotify 之类的服务允许用户收听根据用户喜好定制的个性化电台。三是这些服务具有广告支持和用户支持的版本。

传统上,许多媒体市场,例如报纸、广播和电视(黄金时段以外),都是本地市场。互联网的到来在某种程度上就像自由贸易的曙光。供应商可以将其文本、音频和视频提供给任何地方的消费者,从而创造接触更多消费者的机会。但与此同时,现在世界各地的产品都面临更大的竞争。

1.3　理论

偏好外部性是关于产品选择的更广泛的经济问题的一部分。我们不会试图回顾大量文献。第一个流派紧随 Hotelling(1929)的空间竞争模型,该模型提供了一个模板,用于将产品规格视为选择变量。第二个流派跟随 Chamberlin(1933)进行的关于垄断竞争的研究,重点是产品种类的数量。在 Spence(1976)以及 Dixit and Stiglitz(1977)使用代表性的消费者模型(主要集中在 CES 上)重新审视该流派之后,这一流派复活了,并且继 Melitz(2003)之后被用于国际贸易研究。同时,产业组织中的结构性实证工作是基于离散选择模型的,并且经常基于与 CES 密切相关的 Logit 模型,该模型遵循了 Berry et al. (1995)的开创性工作。

在 1.3.3 中,我们将详细介绍这些流派的模型,以便集中于媒体背景下的偏好外部性。我们将描述(并拓展)Steiner(1952)和 Beebe(1977)对媒体经济学的经典贡献。这些文献提供了偏好外部性的先驱性研究,明确地探讨了广告商资助市场中的市场失灵问题,正是从遵循它们开始,我们才能够进行下文叙述。Steiner(1952)的重复原理强调了研究者过度关注多数人的偏好,而不是对少数群体的排斥,Beebe(1977)大众节目类型则强调了迎合基本品味

---

① http://en. wikipedia. org/wiki/List_of_Sirius_Satellite_Radio_stations.
② http://www. siriusxm. com/ourmostpopularpackages-xm.

的趋势。

我们试图通过模型探讨的问题包括：市场中产品数量的决定因素、它们的定位以及正负外部性的运行。由什么决定更多的媒体消费者使其他媒体消费者变得更好或更糟？不同的商业资助模型（订阅/广告/混合）如何影响预测？合并对产品定位和其他结果有什么影响？关于市场成果的效率我们能讨论些什么？

最后，我们将在第 1.4 节中描述一些证据。

1.3.1 经典模型

1.3.1.1 具有频谱约束的偏好外部性：斯坦纳模型和毕比模型

Steiner(1952)的模型明确针对广告商资助的媒体市场。假设每个观众对广告商的评价都是相同的，并且观众单归属，媒体平台努力为广告商提供最大数量的观众。每个观众都有一个首选的类型，并且不会采纳其他选择。如果多个平台提供相同的类型，那么观众将被平均分配，因此平台之间就没有互动（例如不会通过限制广告干扰来竞争，以使自己比同一类型的竞争对手更具吸引力）。[1]可以进入市场的频道数量受到频谱限制：我们将在 Logit 分析中看到，即使没有这种限制，类似的力量也会发挥作用。

该设定会导致受欢迎的频道被重复，而那些拥有较少追随者的频道被牺牲。随之而来的偏好外部性是，一种更流行的类型吸引了太多的平台。因此，当较大频道中的观众人数增加并且平台切换类型时，那些不再被提供服务的小群体可能会有负偏好外部性。不过，增加多样性对自身群体成员存在正外部性（尽管斯坦纳通过假设某一类型中的更多选择是纯粹地可重复的，从而抑制了这种可能的福利利益）。[2]社会成本通过浪费性重复得以体现，但如果频道很多（固定成本较低），偏好外部性就会消失，因为每种偏好类型都会得到想要的。

假设电视市场中只存在两组观众，且每个观众对广告商的价值相同。70％的人只会看游戏节目，30％的人只会看真人秀。如果只有一个市场位置，那么只有大多数人的需求会被满足。如果有两个市场位置，两个私营厂商将同时转播游戏节目。这是斯坦纳的重复原则，即市场解决方案会在利润丰厚的细分市场（只要足够大）上加倍。[3]分享 70％的市场比播出真人秀更有利可图。[4]这种浪费的竞争是市场专断（Waldfogel, 2007）最简单的形式：在仅有少数替代品的市场中，多数人的偏好支配了少数人的偏好。注意，市场失灵问题可以通过多种方式解决。一种是为一家公营厂商留出一个频道，以迎合那些喜爱戏剧的人。令人惊讶的是，另一种解决方案是允许市场由一个双频道垄断厂商服务。在这种情况下，平台将不会蚕

---

[1] 第 2 章将全面分析平台竞争。第 6 章还将讨论斯坦纳模型和毕比模型。

[2] 请注意，在没有频谱限制的情况下（例如杂志），只有在可以支付固定费用的情况下，一个组别的偏好才能被满足。从这个意义上讲，仅存在传统的垄断服务不足的问题，即企业无法从其创造的服务中提取全部的社会剩余，因此无法在它们应该提供服务的时候提供服务。但是，如果平台成本取决于其他平台的数量（和规模），则仍然可能会出现偏好外部性。例如，投入价格（例如新闻工作者）可能会随着平台数量的增加而上升。于是，偏好外部性问题可能会以类似于存在频谱限制情况的方式发挥作用：流行类型挤走了较不流行的类型，而更多流行类型的听众可能吸引了更多平台并提高了成本，因此使较不流行的产品陷入困境。

[3] 只要 $v_A/2 > v_B$，该重复（以及未被服务到的少数）就会普遍存在。

[4] 如果我们有一个订阅用户价格系统，而所有订阅用户都具有相同的支付意愿，那么我们将有非常不同的结果：由于伯川德竞争，两家媒体公司将永远不会选择相同的频道。相反，它们通过差异化来降低价格竞争程度，从而垄断每个细分市场。广告的干扰成本也将削弱重复的趋势。

食自己的真人秀,这是 Steiner(1952) 的主要发现之一:垄断可以胜过(浪费的)竞争。

现在我们修改数字,以使 78％ 的人只能收听摇滚乐,而其他 22％ 的人只能收听古典音乐。有三个市场位置(或固定成本为总可能收入的 22％—26％),所有频道都会播出摇滚乐节目,而古典音乐爱好者则无法被服务到。如果拥有四个及以上的电台,将可以为古典音乐听众服务(当然,假设固定成本可以覆盖 20％ 的市场份额)。更笼统地说:只要有足够的电台,就能够使少数群体得到服务,但是由于过度重复,最受欢迎的类型仍然会浪费资源。请注意,固定市场位置的假设对于产生结果并不重要。例如,如果在第一种情况下,固定成本占可能的市场总收入的 30％—35％,那么结果就是重复。

1.3.1.2　雅痞的专断

在广告商资助的商业模式中,媒体公司的目标是向广告商交付大量的消费者。然后,广告商根据交付的受众群体的预期收益向媒体公司付费。不同的受众群体涉及对广告商的不同需求的不同人口统计信息。然后,媒体公司之间的竞争取决于广告商对受众群体构成的偏好。因此,消费者主权是间接的——消费者的偏好并没有直接被纳入考量,而广告商的偏好才是最重要的。消费者的偏好仅在广告商需要消费者的范围内被考虑。因此,由于固定成本(或下面的核心示例中的有限频谱可用性)和交付对广告商有吸引力的消费者的双重原因,某些消费者群体会在市场体系中被剥夺主权。即使在传统的市场体系中,我们也会出现“多数专断”(majority tyranny),而广告商资助模式会加剧这种情况。付费系统(电视上的按观看次数付费、互联网付费墙或卫星广播的订阅)消除了后者的扭曲,然而许多媒体仍然由广告商资助,或者采用混合资助模式(带有广告和向订阅用户收费的报纸与杂志)。

我们可以在斯坦纳模型的背景下说明广告商资助模式的间接主权。假设在先前示例中,真人秀的观众对广告商的价值是游戏节目观众的五倍。这可能是因为观看偏好与广告商的意愿有关:雅痞群体(yuppies)对广播公司特别具有吸引力,因为他们对广告商具有吸引力。该群体刚开始有收入,而他们的早期选择(例如选择福特或美国银行)可能会持续下去。尽早影响他们的选择可能具有很高的现值。因为他们的价值是其他人的五倍,所以他们现在是广播公司最渴望的资产。现在有两家私人公司将播出真人秀节目。从美元价值和市场份额到观众吸引力的简单映射,是将每个观众群体乘以其经济权重。由此,将游戏节目观众标准化为单位 1,游戏节目部分总共价值 70 分,而真人秀部分价值 150 分,从而改变了重复的模式。这个例子是极端的,但是它强调了广告商的重要性,并且显示了将观众人数转换为货币价值,然后以经济权重执行斯坦纳分析的算法。

这里的专断来自经济意义上的多数,这很可能是数字意义上的少数。可以说,这就是为什么我们看到 20 多岁的年轻人居住在纽约公寓中的情景喜剧①。②

1.3.1.3　最小公分母

Steiner(1952) 的设定非常极端,因为斯坦纳认为观众只会观看一种类型。Beebe(1977)

---

① 译者注:此处指电视剧集《老友记》,因为年轻群体喜爱该节目,导致其长期霸占众多电视时段。
② 同样,公共广播公司的作用可能是提供可能具有高消费利益的自然节目,而潜在的观看者则无法通过广告商资助的市场系统来表达自己的偏好,尤其是如果当观看者年龄较大并且可能不太愿意改变购买行为以响应广告时。

拓展了 Steiner(1952)的偏好设置,使观众可以对节目类型进行偏好排名。如果首要选项无法得到,观众将观看次要选项。几个观众组共享的次要选项是最小公分母(LCD)节目类型。正如我们所展示的那样,在可得频道很少的情况下,LCD 节目可能会占上风,甚至达到被重复的程度。

为了说明这一点,假设 60％的听众听民谣,如果没有民谣,则听乡村音乐。另外 40％的人以蓝草音乐(bluegrass)为首要偏好,乡村音乐为次要偏好。这里的乡村音乐就是 LCD 偏好。如果人们的首要偏好无法得到,他们就会选择次要偏好。现在,一个垄断频道只需要播出乡村音乐就能获得整个市场,并且不希望建立第二个频道。相比之下,有两个市场位置的竞争将产生首要偏好被播出的结果。然后,与 Steiner(1952)的设置相反,垄断的目标是争取最低可接受水平,因此其表现要劣于竞争。

LCD 不仅仅是一种垄断现象。现在假设对于每 1/3 的人口来说,首要选择分别是戏剧、新闻和体育。如果首要选择无法得到,则观众将全部观看情景喜剧。现在,对于两个私人电台来说,均衡状态是同时提供情景喜剧。这样做可以给每个电台各自一半的市场,而选择其他任何类型都只能使其占有市场的 1/3。与 Steiner(1952)分析的一样,如果决定平台数量的是固定成本,则该分析同样适用。同样,如果有足够的市场位置,尽管仍然存在重复,但市场结果会满足首要偏好。此外,LCD 节目被替换为首要选择。这表明了如何根据整体市场规模来迎合市场的模式:小型市场采用 LCD 节目,而大型市场采用那些迎合有着非常特殊偏好的观众的节目。

上面的框架表明,随着市场的扩大,产品会越来越精细,并且在自身群体规模内存在正外部性,可能会向相似的群体产生正溢出效应(而这种溢出效应对于不太相似的群体而言可能性较小)。这些结果来自偏好的倒金字塔结构。在每个级别上都有不同类型,这些类型从底部(LCD)到顶部(代表每种偏好类型)越来越轻细。这个思路是,大多数人会在他们最喜欢的选项可获得的情况下收听它,而在更广泛的选项可用的情况下会收听更少的内容。为了更好地阐明,假设 80％的人口将收听最低级别的(即 LCD)节目。如果有两个中等级别的节目,则分别有 45％的人会听;对于最高级别的节目,所有的人都会收听,并且比例被等分。因此,让我们追踪一下,随着我们降低固定成本(与之等价地,我们增加了消费者数量),市场会如何发展。这就是市场规模效应。在小市场中,仅有 LCD 节目被提供。然后,随着市场的扩大,两个中等级别的节目被提供。出现这种情况的原因是,与其共享较小的 LCD 节目基础份额,不如更好地提高电台的基本面拓展效应(base-extension effect),因为它们可以提供更匹配的内容。而且,如果竞争对手这样做了,那么第二个电台也最好这样做,因为当竞争对手升级时,LCD 节目失去了一半的潜在观众。出于类似的原因,市场规模的进一步扩大将使发行数量再次翻倍。注意,在最后阶段的翻倍是偏好划分中假定对称性的副产品。如果反过来将中等级别节目受众的份额划分为 55％到 40％,则第一个市场拓展效应是提供另外两种专门的类型,但是进一步的全面增长将首先影响有 55％受众份额的节目(进行升级),只有 40％受众份额的节目会暂时不被理会,直到进一步拓展使其值得被瓜分为止。

　　因此,这些模型的重要优势主要是针对被少数平台服务的市场。仅由单个平台提供服务的市场将倾向于提供 LCD 节目。在有两个平台的市场中,LCD 类型可能是重复的,或者可能是排名第二的流行类型(或另一种 LCD 节目)。随着平台数量的增加,市场将提供更多的偏好类型,并且倾向于超越纯 LCD 类型(尽管它们确实代表了某些观众的首要偏好,在这种情况下它们将占主导地位)。但是,在最流行的形式上重复会一直发生。此外,存在偏向那些广告商最想接触的观众的偏差。请注意上面示例中的正偏好外部性。随着自身群体规模的扩大,人们更高层级的偏好更可能受到迎合。此外,通过移除以前的 LCD 节目的某些客户,LCD 节目基础份额上的其他客户更有可能获得升级。因此,我们预期相对于自身类型的正偏好外部性,对相似类型的溢出较弱。

　　尽管 Beebe(1977)和 Steiner(1952)描述的原理引起了共鸣,但是这些模型过于粗糙。为了让分析更有深度,我们首先将上述见解应用到空间模型中,然后再应用到 Logit 模型中。在这两种情况下,我们都明确引入了不同的消费者类型,以便能够追踪人口构成对产品选择(位置和种类)的影响。空间模型适用于处理厂商数量很少的市场,而 Logit 模型可以更好地应对厂商数量较多的市场。

　　本节的目标是将上述媒体市场的基本特征(固定成本、产品差异、不同群体的偏好差异和广告商资助)纳入产品差异化模型。我们讨论了由此产生的潜在消费者的数量的规模和组合、产品的定位和数量,以及由此产生的各种消费者的福利的经验启示(即群体内部和跨群体的偏好外部性)。

1.3.2　空间模型

1.3.2.1　垄断下的负偏好外部性

　　我们从一个拥有两种类型的消费者的垄断模型开始,参考日报市场进行说明。我们称之为白人和黑人的这两个群体具有不同的产品偏好,他们的理想产品沿一维光谱表示。假设有一个连续的 W 型行为主体在 $[0,1]$ 上均匀分布,密度为 f_w,同时有一个连续的 B 型行为主体在 $[z,1+z]$ 上均匀分布,密度为 $f_b < f_w$。令 $z \in [0,1]$,这使得重叠度为 $1-z$。任何类型的消费者购买报纸,从而接触到报纸上任何广告的可能性为 $d(p+t\,|\,x-x_n|)$,这是一个递减函数。这里 p 是报纸的价格(如果有话),x_n 是其在内容空间中的位置,x 是类型为 x 的代理商的理想内容位置,t 是未获得该理想报纸内容的运输成本。此外,假设存在大量的广告商 A。每个广告商都愿意花费 w 来联系 W 型读者,花费 b 来联系 B 型读者。令 $w > b$,以使 W 型读者对广告商更具吸引力。因此,我们有一个多数群体,对广告商来说也更有价值,其偏好与少数群体重叠:除了假设多数群体带来的价值更高之外,假设他们位于光谱左侧,这一假设不失一般性。这些假设如图 1.1 所示。

图 1.1　偏好结构(消费者密度)产生垄断的负偏好外部性

我们依次考虑纯广告商资助、纯订阅定价和混合商业模型下的偏好外部性。更多详细信息请见第 2 章,该章同时考虑了对消费者的广告干扰,在此按下不表。不那么严谨地讲,如果广告商的需求足够强,第一种情况就会发生。

均衡状态使(追求利润最大化的)报纸厂商选择其内容定位和合适的价格。因此,每个消费者的价值等于 p 加上 w 或 b(取决于其类型)乘以 A,即广告商的数量(数量为 A 的广告将刊登于报纸上,向广告商收取的费用等于其剩余的全部价值)。在下面的内容中,我们避免使用完全均衡的描述,因为我们关注的因素在它们对价格/定位解的影响中是非常直接的:所要求的特性很容易得出。请注意,如果所有消费者对广告商来说价值相同,并且他们的密度相同,那么垄断者的利润最大化位置(在三种商业模式中的每一种下)就是整个市场的中心,即 $(1 + z)/2$。该基准使我们能够比较选择接触两种类型或者不同密度的消费者的不对称广告商偏好下的外部性。

在纯广告商资助(例如商业电视或地面广播)的情况下,B 型消费者的价值较低。如果 $b = 0$,那么他们就没有商业价值。于是被选择的内容形式为 $x_n = 1/2$,这是 W 型消费者分布的平均值。随着 b 的升高,选定的内容定位也随之升高,仅当 b 变得与 w 一样高,甚至只有在 $f_b < f_w$ 时才达到基准点 $(1 + z)/2$。与之等价地,我们可以说 f_w 或 w 越大,内容向 W 型消费者的倾斜越大,因此,迎合更大数量或更大价值的类型消费者的偏好外部性不利于其他类型的消费者(但对大多数人有利)。z 越大,偏好外部性对 B 型消费者的影响越大,这对应于更大的偏好差异。

对于纯订阅定价来说,广告商估价中的差异将被消除,并且偏好外部性仅取决于两种类型之间的唯一差异性来源,即不同的密度。因此,偏好外部性效应更弱。但是,W 型消费者越多,内容位置的平均值就越接近 1/2,并且与 B 型消费者渴望的内容之间的距离就越远。[①]

如果使用混合资助模型,内容位置选择的方案介于上述两种情况之间。同样,更多的 W 型消费者将位置从 B 型消费者处移开,因为广告商更喜欢 W 型消费者。而且,A 越大,对广告商资助的依赖就越大,重复价格越低,从而吸引更多的消费者。再次看到,距离 W 型消费者均值的位置越近,不同群体的偏好差异越大,问题就越严重。

总而言之,W 型消费者越多,对 B 型消费者的偏见越大,两个群体对广告商的价值差异越大;与主流客户的品位越不同,对于商业模型中广告商的权重越大。

1.3.2.2 双头垄断下的负偏好外部性

当需求足够强劲时,将存在不止一种产品。美国仍然有一些市场提供不止一种报纸,尽管这在几十年前是很普遍的。因此,我们接下来将允许两个竞争性媒体的存在。为此,我们

---

① 另一个可能影响位置的因素是购买概率差异。它不在这里的讨论范围内,但很容易被引入。

假设订阅价格是固定的,或者实际上是零(类似商业电视或广播),因此我们取消了价格竞争。[①]我们继续假设不存在妨碍读者选择的广告干扰。这些缺失的特性将在第 2 章中进行详细分析,但是我们在这里的重点是不同群体之间的偏好外部性。

我们通过假设 $z = 1$ 来略微简化上述空间模型,以便 B 型消费者在 W 型消费者"结束"的地方"开始"。现在的总市场长度为 2。媒体厂商的位置为 $x_1 < x_2$,厂商 1 主要服务 W 型消费者。我们通过均衡位置的一阶条件来表征这些特征。关键条件是,厂商 1(位于 x_1)向中间移动 δ(将其忠实消费者基础扩大 δ),同时仅从竞争对手的消费者那里获得 $\delta/2$ 的额外消费者基础。因此,利润的变化是等式左边获得的价值减去等式右边损失的价值(其市场长度减少了 $\delta/2$)。因此,其利润的增加或减少等于相应的消费者价值。在均衡状态下,边际消费者为 W 型。因此,厂商 1 向中间移动所带来的本地利润增量为:

$$\left\{ \delta \mathrm{d}[p + t(x_1)] - (\delta/2)\mathrm{d}[p + 1/2t(x_1 + x_2)] \right\} wf_w 。$$

其中,等号左边为需求量,右边为损失。

其他厂商向左移动的相应效果也类似:

$$\delta bf_b \mathrm{d}[p + t(2 - x_2)] - (\delta/2) wf_w \mathrm{d}[p + 1/2t(x_1 + x_2)]。$$

对于这个厂商而言,获得的每一个消费者的价值更少,因为他们是 B 型消费者。

当厂商不是背对背时,将这两个一阶导数都设定为零会产生均衡解。因为这些表达式的左侧相同(这些是内部边界处的转移),所以均衡条件意味着 $wf_w \mathrm{d}[p + t(x_1)] = bf_b \mathrm{d}[p + t(2 - x_2)]$。然后,由于 $wf_w > bf_b$(假设 W 型消费者的价值大于 B 型消费者的价值),其含义是 $x_1 < 2 - x_2$。也就是说,相比厂商 2 接近 B 型消费者中间位置的程度,厂商 1 更接近 W 型消费者中间位置。而且,相比于市场边缘,两者都更靠近市场中心(此处设定为 1)。原因是,每个厂商在它们之间的内部边界上都吸收了更多的需求,而对于以少数群体读者为主的厂商来说,需求的价值相对更高。

这意味着 W 型消费者受到的服务要比 B 型消费者受到的服务更好,尽管如果其他群体不存在的话,每个群体总体上会变好。[②]还要注意的是,即使只有很少的 B 型消费者阅读报纸,B 型消费者的存在也会吸引厂商 1 的位置向内移动。少数人偏好的报纸中的偏向中间报道的倾向大于多数人偏好的报纸。

上面模型中的需求弹性减弱了对中心的偏向以及与 Hotelling(1929)相关的最小差异结

[①] 有大量关于价格和定位的均衡状态的文献。Anderson et al.(1992)总结了当时的最新技术,至少就当前的应用而言,该领域并没有发展太多。特别是,Hotelling(1929)声称,之后由 D'Aspremont et al.(1979)证明最小微分结果是不正确的。Osborne and Pitchik(1987)通过分析价格子博弈的混合策略均衡并将其纳入定位阶段,提出了线性运输成本的两阶段"定位-价格"模型,并在四分位数内找到(纯策略)均衡双头垄断位置,在该位置,价格均衡处于(非退化)混合策略中。D'Aspremont et al.(1979)提出了大多数后续文献使用的解决方案:将线性运输成本替换为二次运输成本。这样可以确保采用纯策略制定易于处理的价格子博弈解决方案,但均衡位置会发生根本性变化。这些位置不是最小微分,而是极端位置。因此,像我们这里一样的固定价格几乎是无害的。

[②] W 型消费者的存在提高了 B 型消费者的获利能力,因此可以弥补固定成本。当我们明确考虑带有市场进入的模型时,我们将进一步讨论这种形式的交叉补贴。

果。需求越缺乏弹性,厂商之间的定位就越紧密。[①]

现在,我们可以在差异化结果中描述偏好外部性。该机制非常有趣。假设 W 型消费者的总量增加(f_w 增加),或者等价地,W 型消费者对广告商的价值增加(w 增加)。于是,媒体分支 1 的一阶条件保持不变,因为每个边际的消费者的相对价值都不变。但是,由于为边际 W 型消费者服务的价值增加,其他媒体分支进驻时的利润此时更高。因此,媒体分支 2 向左移动;这又导致媒体分支 1 也向左移动。因此,结果是两个媒体分支都进一步处于新的均衡状态。总体而言,B 型消费者的福利平均而言要受损害。W 型消费者的处境较好有两个原因(尽管在媒体分支 1 的较早位置的右侧的消费者处境较差)。第一,由媒体分支 1 提供服务的消费者的平均状况要好一些,因为媒体分支 1 的位置对他们来说更重要。第二,某些 W 型消费者的偏好更极端,以至于他们在媒体分支迎合 B 型消费者之前就已经选择好了,他们处境更佳是因为他们的媒体分支现在提供的内容更接近其理想状态。

现在考虑对合并时定位的影响(在此为垄断),并假设这家有两个媒体分支的厂商继续经营两种媒体。然后,我们可以将每个媒体分支的位置选择看作内部化其媒体选择对另一个需求的影响。结果是,均衡位置之间的距离较远,因为它们避免了对同级媒体分支的读者的蚕食。因此,可以预见的是,合并会带来更多的多样性,从而摆脱了在 Hotelling(1929)的模型中集中体现的过度集中化趋势。

具有两个厂商的模型提供了两个关键结果。第一,我们看到了跨群体的偏好外部性:拥有更多的 W 型消费者会为此类消费者提供更好的选择,但会使其他消费者的境况恶化。第二,合并趋向于将两种产品的定位分开。在偏好的线性描述中增加更多的厂商会很快阻碍该结构,因此我们避免进一步发展此模型,以便阐述更微妙和复杂的偏好结构模式(尽管做了明显的简化)。

1.3.3 市场规模和均衡状态下的媒体多样性

在上面我们考虑了产品定位、消费以及市场参与者的福利,涉及产品数量少且固定(1 或 2)的情况。在这里,我们将分析转移到经营公司或产品的数量。要解决的第一个问题是确定进入市场的产品的数量,如上所述,这对偏好外部性的运作方式具有重要影响。

Logit 模型为我们提供了用于说明这种关系的简单设定。我们从针对单一消费者群体的一类产品开始。产品是差异化的,同时也是对称的。因此,额外的产品将扩大市场,而所有品种都吸引相同的份额。假设该组具有经济量 M,它是消费者数量及其对广告商的经济权重的乘积。每个产品的进入成本为 F,我们将 n 定义为进入市场的产品数量。那么,消费任何特定产品 i 的人口份额就是:

$$\mathbb{P}_i = \frac{e^s}{1 + ne^s}。$$

[①] 术语"最小微分原理"源于 Boulding(1966)。在上面的设定中,如果需求过于缺乏弹性,则存在背对背的位置,换言之(来自位置导数),厂商不希望从满足 $d(p + tx_m) > 1/2 \, d(p)$ 和 $bf_b d[p + t(2 - x_m)] > 1/2 \, wf_w d(p)$ 的一个共同位置向外移动。请注意,x_m 应该进一步满足公司的利润相等的条件,因此两家公司都不想和竞争对手互换地位。

这是经典的对称 Logit 模型,带有外部选项,并且 s 表示收听节目的吸引力。

在自由进入的情况下,产品进入市场直到利润机会消失为止。忽略整数约束,自由进入条件为 $M\mathbb{P}_i = F$ 或 $M\dfrac{1}{n + \mathrm{e}^{-s}} = F$,它决定乘积的量为:

$$n = \frac{M}{F} - \mathrm{e}^{-s}。$$

其中,厂商的均衡数量为 n 的整数部分。因此,如果 $\dfrac{M}{F} - \mathrm{e}^{-s} \in (1,2)$,将有垄断情况发生。[①]

这种简单的设定产生了许多与偏好外部性有关的预测。对于赋予广告商的潜在消费者的一个给定正值,更多的人口会导致更大的经济量 M。因此,首先,随着 M 的增加,可以赢利的产品数量(同时受到取整约束)也会增加。其次,消费也随着 M($和 n)的增加而增加。请注意,总收入为 $\dfrac{Mne^s}{1 + ne^s}$。最后,假设人均消费者剩余与 $\ln(1 + ne^s)$ 成正比,那么消费者福利也会随着人口的增加而增加,也就是说,这种简单的市场进入模型提供了正群体内部偏好外部性:消费者通过带来其他产品而彼此受益,从而吸引更多的消费者消费。

$n = \dfrac{M}{F} - \mathrm{e}^{-s}$ 提供了另一个洞见,它体现出市场规模(M)与市场进入之间的特定关系。一方面,如果与市场进入相关的固定成本在不同规模的市场中是恒定的,那么对于具有许多进入者的市场,M 和 n 之间的关系几乎是线性的。另一方面,如果在较大的市场中固定成本较高,则可得到的产品数量的增长速度将较慢。在较大市场中,固定成本可能较高,原因有两个。一是出于生存成本原因,较大市场中的投入价格可能更高。二是如果质量取决于固定成本(这对于媒体产品来说是合理的),那么较大市场中的厂商可能有动力花更多的钱来试图吸引更大的市场中更大的份额(Sutton,1991)。一般的观点是,尽管市场进入随着市场规模在一系列合理的模型中不断增长,但正向关系可能会受到影响固定成本决定因素的其他因素的影响。

1.3.4　最佳媒体多样性

最优问题是选择产品集合以最大化社会剩余。只要个人和社会的边际收益重合,这就是所有行为人剩余的总和。特别是,对于当前的问题,我们将假定广告带来的社会利益和个人利益是一致的(如果存在广告溢出效应,该分析很容易进行修订)。因此,社会剩余等于消费者剩余、广告商净剩余和厂商利润之和。通常,我们可以将后两项写为广告商的总剩余减去总固定成本,因为支付用于广告的费用是从广告商到厂商的转移。此外,为简单起见,我们假设广告商的支付意愿对可接触到的单位听众固定为 w(因此广告商的净剩余为零)。

随后,假设有 M 个听众,每个收听者对广告商而言的价值为 w,则社会剩余(SS)为:

$$\mathrm{SS} = M \ln(1 + n \exp s) + wM(1 - \mathbb{P}_0) - nF。$$

---

① e^s 即 $\exp s$,e^{-s} 即 $\exp(-s)$。

其中,中间项是广告商的收入(所有的听众乘以 w), $\mathbb{P}_0$ 是非听众的概率,因此对于 Logit 模型,我们使用 $1 - \mathbb{P}_0 = \dfrac{n \exp s}{1 + n \exp s}$ 对 n 进行微分处理以找到最佳的多样性。这产生形式如下的二次函数:

$$Mw \exp s + ZM \exp s - Z^2 F = 0_\circ$$

这里,我们有解, $Z = (1 + n \exp s)$ 。相关解为正解。

可以很容易地看出,最佳数量在 w 中增加,这是有道理的,因为这样一来,确保更多从广告商到听众的交流更为重要。此外,通过与上面得出的均衡解 $\left[n = \dfrac{M}{F} - \exp(-s) \right]$ 进行比较,我们可以得出一些要点。请注意,如果 w 太小,则市场解为零,而最优解可以为正。此特征意味着一个广告商资助模式需要在有足够强大的广告需求时才能实现,但最优解也要体现在消费者利益上。

实际上,当前示例始终涉及均衡中的市场进入不足(可以通过将均衡数代入上述最优值的表达式中来看出这一点)。我们应该注意,这是自由进入能否带来适当进入数量的理论解决方案。Mankiw and Whinston(1986)假定了同质的产品和古诺竞争,则提供了过多的进入机会,其产品差异化模型产生了模棱两可的结果。最后,进入是否过多是一个实证问题,但这是只能使用某些显性建模框架解决的问题。

1.3.5 跨群体外部性

单个消费者可以消费主要针对其他人的内容,并且可以相应地受益,但实际收益不如针对他们自己的内容那么多。确实,可能会有更多其他类型的人——即使他们很有可能会消费被提供的电台——实际上会导致自身福利下降。换言之,可能存在来自另一方参与的负面偏好外部性。这将源于挤出自己的媒体产品。现在,我们通过在严谨的模型中体现它们(尽管显然是高度特定的和参数化的)来使这些观点更加精确。

为此,假设有两种类型的个体(即两个组别)和两种基本节目类型。设 W 型消费者和 B 型消费者的经济量分别为 M_w 和 M_B 。电台/厂商采用两种基本类型之一。收听"自己端"电台与对吸引力的度量 $s > 0$ 有关;收听"其他端"电台导致的吸引力为 $-s$ 。这种对称性假设在下面的选择概率公式中将很清楚,并且是一种标准化:负值并不是负效用,并且尽管低于"自己端"电台,但仍具有正的选择概率。 s 越大(因此, $-s$ 越小),则收听"其他端"电台的人数就越少。还要注意,"自己端"可用电台数量的增加会提高收听"自己端"电台的概率,而"其他端"电台数量增加则会使这个概率降低。

具体而言,假设 n_w 表示可用的 w 类型电台的数量,并且对于 n_b 也有类似的设定。Logit 模型为我们提供了 W 型消费者收听给定的 w 类型电台的概率,如下所示:

$$\mathbb{P}_w^W = \frac{\exp s}{1 + n_w \exp s + n_b \exp(-s)}_\circ$$

而 W 型消费者收听给定的 b 电台的概率为:

$$\mathbb{P}_b^W = \frac{\exp(-s)}{1 + n_w \exp s + n_b \exp(-s)}_\circ$$

从中我们可以计算出各种感兴趣的统计量。例如,W 型消费者收听给定的 w 类型电台和收听给定的 b 类型电台的比例为:

$$\frac{n_{\mathrm{b}}\exp(-s)}{n_{\mathrm{w}}\exp s} = \frac{n_{\mathrm{b}}}{n_{\mathrm{w}}}\exp(-2s)。$$

如果 s 很大,则这一比例很小,"其他端"电台数量增加则会使这个比例上升,而"自己端"可用电台数量增加会使这个比例降低。实际上,此处的交叉数与"其他端"电台的相对数量成正比。电台数量越多,听众与电台产生共鸣的可能性就越大。

下一步是找出市场中每种类型的电台数量,以及这如何取决于每种类型的听众数量。也就是说,现在我们用之前的单一类型分析的核心思想来探究每个电台的数量细分。

1.3.6　产品多样性

在考察具有各种类型的多个电台的密集型市场之前,我们首先看一下可以支持一个或两个电台的小型市场,然后我们探究是什么决定了市场是否以及何时为每种类型提供一个电台,或者仅存在一种类型(因此在这里我们要特别注意电台数为整数)。然后,我们得出偏好外部性的含义。

为了描述出一个连贯的图景,我们将固定 M_{B},并从零开始改变 M_{W},以考察市场供应如何变化。我们专注于内生较小的电台数量,如果固定成本很高,那么就会发生这种情况。相应地,假设进入成本为 $F \in (M_{\mathrm{B}}\frac{\exp s}{1 + \exp s}, M_{\mathrm{B}})$。这样可以确保在没有一定数量 W 型消费者的情况下根本没有任何电台,并且当 W 型消费者和 B 型消费者具有相等的市场权重时,至少有一个电台。下限条件已经得出了一个有用的观点。在疲软的市场中,即使占主导地位的主要是一种电台类型,有时也需要足够数量的另一种类型来支持为大多数人服务的单个电台。当然,这需要少数群体的某些人愿意收听"其他端"电台(即 s 不应太大)。但这是基本的偏好外部性。如果没有足够的收听"自己端"电台的人数,则"其他端"电台可以在服务缺乏的情况下提供服务,从而发挥积极的影响。正如人们可能期望的那样,我们不能贪得无厌:如果少数派变得太强大了,则可能导致市场转向另一种类型的电台。或者实际上,就算在理想的情况下,它可能只是导致增加了"自己端"电台。

因此有两个让我们感兴趣的情况。正如我们展示的那样,哪一种电台站得住脚取决于 F 比 $M_{\mathrm{B}}\frac{\exp s + \exp(-s)}{1 + \exp s \exp(-s)}$ 大还是小(注意这一表达式大于 $M_{\mathrm{B}}\frac{\exp s}{1 + \exp s}$,这是 B 型消费者的独立收益)。即使各个市场的偏好参数 s 相同,每种偏好的数量也不相同,因此我们可以在截面分析中看到各种不同的模式。

考虑第一种情况,$F \in (M_{\mathrm{B}}\frac{\exp s}{1 + \exp s}, M_{\mathrm{B}}\frac{\exp s + \exp(-s)}{1 + \exp s \exp(-s)})$。对于足够小的 M_{W} 来说,会出现没有任何电台存在的情况,因为没有足够的 B 型消费者来支付固定费用。随着 M_{W} 变大,拥有单个电台变得越来越有利可图,而且这个电台是 b 类型(因为 B 型消费者有更多的经济权重)。随着 M_{W} 进一步变大(但仍然小于 M_{B}),市场中的利润足够让每一种类型的电台生存。①总而言之,随着 M_W 变大产生的市场变化是:开始没有任何厂商,接着出现一个 b 类型的电台,随后出现一个 w 类型的电台。②

对于这两种类型,这种情形下的偏好外部性都为正(在不同机制之间的转换点,在其他地方则为零)。B 型消费者需要足够的 W 型消费者来驱动第一个电台的出现。更多的 W 型消费者将使另一个电台进入市场。这一电台是 w 类型,这对两个群体都有利,尽管 W 型消费者的收益比 B 型消费者更大。下一个(互补的)情形强调了负偏好外部性的可能性。

现在考虑 $F \in \left(M_B \dfrac{\exp s + \exp(-s)}{1 + \exp s \exp(-s)}, M_B \right)$ 的情形。同样地,考虑 M_W 不断变大的情况。它越过的第一个阈值是市场支持一个厂商的能力,其为 b 类型。不同的是,现在随着 M_W 进一步变大,固定成本会很高,并且实际上(从给定的条件可得)在 $M_W < M_B$ 时,没有支持两个厂商的空间(对于 M_W 来说,至少比 M_B 还多留有一点空间)。然而,一旦 M_W 超过 M_B,一个 w 类型电台比 b 类型电台更有利润。因此,b 类型电台会被取代。因此均衡顺序(作为 M_W 的递增函数)的情况是:开始没有任何公司,接着是只有一个 b 类型的电台,随后是只有一个 w 类型的电台。

当 M_W 超过第一个阈值时,偏好外部性显然对这两种类型都有利,并且市场受到服务。但是,越过第二个阈值后,b 类型电台被 w 类型电台取代,市场只保留了一家厂商。这有利于 W 型消费者,但对 B 型消费者来说却是负外部性。后续分析忽略了整数约束而得到简化,但总的说来与上面概述的内容一致,并可以拓展到更多的公司。

1.3.7 多个电台

为了分析具有两个偏好组别和各个类型的多个电台的较大市场中的偏好外部性,我们忽略了整数约束。我们首先确定每种类型的厂商的均衡数量。两个未知数(n_w 和 n_b)对应于两个方程式:

$$M_W \mathbb{P}_b^W + M_B \mathbb{P}_b^B = F,$$
$$M_W \mathbb{P}_w^W + M_B \mathbb{P}_w^B = F。$$

这两个方程式是 b 类电台和 w 类电台各自的零利润条件。

上述方程式根据每种类型的数量定义了两种类型电台的两种进入反应函数。我们通过更间接的方法来求解。换言之,我们根据第一个方程式中变量的形式写出上面的第二个方程式,这使我们能够求解每个电台的均衡市场份额。然后,我们使用份额表达式来求解均衡数量,并利用此信息找到每种观众类型的均衡消费者剩余。

首先注意 $\mathbb{P}_w^W = \mathbb{P}_b^W \exp 2s$ 以及 $\mathbb{P}_w^B = \mathbb{P}_b^B \exp(-2s)$ (使用不同类型的概率比)③,我们可以改

---

① 为了能观测到两种类型的电台都在市场中生存,实际上市场可以在 $M_W = M_B$ 时支持每种类型各一个(更多则不可以)厂商。此时每个厂商(通过对称性)的利润为 $M_B \dfrac{\exp s + \exp(-s)}{1 + \exp s \exp(-s)}$,这小于该情形下假设的进入成本。

② 如果 M_W 进一步变大会怎样? 越来越多的 w 类型的电台进入,并且在某些时候(取决于参数值),b 类型的电台实际上变换了类型。这是连续情况下的分析暗示的模式。在下文要考察的情况中,类型切换会立即发生(从某种意义上说,不存在两种类型共存的干预机制)。

③ 因此,"自己端"电台由于因数 $\exp 2s$ 的存在而被偏好。

写以上的两个方程式以便于同时求解：

$$M_{\mathrm{W}}\mathbb{P}_{\mathrm{b}}^{\mathrm{W}} + M_{\mathrm{B}}\mathbb{P}_{\mathrm{b}}^{\mathrm{B}} = F,$$

$$M_{\mathrm{W}}\mathbb{P}_{\mathrm{b}}^{\mathrm{W}}\exp 2s + M_{\mathrm{B}}\mathbb{P}_{\mathrm{b}}^{\mathrm{B}}\exp(-2s) = F。$$

方程解产生了两个选择概率：$P_{\mathrm{b}}^{\mathrm{W}} = \dfrac{F}{M_{\mathrm{W}}}\dfrac{1}{\exp 2s + 1}$ 以及 $P_{\mathrm{b}}^{\mathrm{B}} = \dfrac{F}{M_{\mathrm{B}}}\dfrac{\exp 2s}{\exp 2s + 1}$（对于 w 类型电台有类似的表达式）。这些表达式给了我们对听众类型 $\dfrac{\mathbb{P}_{\mathrm{b}}^{\mathrm{B}}}{\mathbb{P}_{\mathrm{b}}^{\mathrm{W}}} = \dfrac{M_{\mathrm{W}}}{M_{\mathrm{B}}}\exp 2s$ 的分解。接着，在均衡状态下，任何给定电台的"自己端"电台收听和"其他端"电台收听的比例与"其他端"电台人口和"自己端"电台人口的比例成正比！当周围有更多 W 型消费者时，b 类型电台的收听者中会有更多的 B 型消费者，因为那时有很多 w 类型电台，因此 W 型消费者在 w 类型电台中更有可能找到他们想要的东西，他们中很少有人会收听 b 类型电台。因此，虽然听众人数似乎被这种相对听众人数指标所区隔，但多数群体有很多选择。相反，B 型消费者占比很大的群体将使每个 b 类型电台获得更平均的收听率。

现在，我们可以从以下条件中得到均衡数量：

$$\mathbb{P}_{\mathrm{b}}^{\mathrm{W}} = \frac{\exp s}{1 + n_{\mathrm{b}}\exp s + n_{\mathrm{w}}\exp(-s)},$$

$$\mathbb{P}_{\mathrm{b}}^{\mathrm{B}} = \frac{\exp(-s)}{1 + n_{\mathrm{w}}\exp s + n_{\mathrm{b}}\exp(-s)}。$$

从这些条件可以推导出：

$$1 + n_{\mathrm{b}}\exp s + n_{\mathrm{w}}\exp(-s) = \frac{M_{\mathrm{B}}}{F}[\exp s + \exp(-s)],$$

$$1 + n_{\mathrm{w}}\exp s + n_{\mathrm{b}}\exp(-s) = \frac{M_{\mathrm{W}}}{F}[\exp s + \exp(-s)]。$$

从这里我们可以解得 w 型电台的均衡数量为：

$$n_{\mathrm{w}} = \frac{-\exp s}{\exp 2s + 1} + \frac{M_{\mathrm{W}}}{F}\frac{\exp 2s}{\exp 2s - 1} - \frac{M_{\mathrm{B}}}{F}\frac{1}{\exp 2s - 1}。$$

b 类型电台的均衡数量 n_{b} 的表达式只需要转换 M_{W} 和 M_{B} 即可。

在我们通过分析两组均衡福利以获得精确的偏好外部性之前，有一些来自上述数值的结论。首先，显然，电台数量随着"自己端"的市场占有率上升而增加，而随着"其他端"的市场占有率上升而（线性）减少。也就是说，在其他条件不变时，B 型消费者的存在挤占了 w 类型电台。这种影响在上面的垄断分析中已经很明显。下面我们将以两组人群的人口函数形式来看两种类型电台的比例。其次，如果市场占有率对于两个组别是相同的（$M_{\mathrm{W}} = M_{\mathrm{B}}$），那么电台的总数量为 $\dfrac{-2\exp s}{\exp 2s + 1} + \dfrac{M}{F}$，这里 M 是总人口数。回想起在单个市场情形下，我们有

$n = \dfrac{M}{F} - \exp(-s)$，这意味着在一个同质化的市场中会有更多的电台。[1]原因是,总体而言人们的总体偏好的匹配更好。当然,要得出这样的结论有几个注意点:例如,以上分析假设电台是对称的。但在许多情况下,不同电台的获利能力和听众人数有很大不同。

最后,厂商在均衡状态下的比例为:

$$\frac{n_{\mathrm{w}}}{n_{\mathrm{b}}} = \frac{\exp s \,(1 - \exp 2s) + (\exp 2s + 1)\left(\dfrac{M_{\mathrm{W}}}{F}\exp 2s - \dfrac{M_{\mathrm{B}}}{F}\right)}{\exp s \,(1 - \exp 2s) + (\exp 2s + 1)\left(\dfrac{M_{\mathrm{B}}}{F}\exp 2s - \dfrac{M_{\mathrm{W}}}{F}\right)}。$$

为了了解这如何取决于总群体构成,可以看到,如果 M_{W} 和 M_{B} 比较大,那么近似地,

$\dfrac{\dfrac{M_{\mathrm{W}}}{F}\exp 2s - \dfrac{M_{\mathrm{B}}}{F}}{\dfrac{M_{\mathrm{B}}}{F}\exp 2s - \dfrac{M_{\mathrm{W}}}{F}} = \dfrac{k \exp 2s - 1}{\exp 2s - k}$，这里我们设定 $M_{\mathrm{W}} = kM_{\mathrm{B}}$。在相应范围内(对于正数的每种电台类型),这是关于 k 的递增凸函数。因此,w 类型电台的比例随 W 型消费者的比例提高而提高,并且以递增的速率提高。与之前的垄断分析一样,b 类型电台越来越被 w 类型电台排挤,但由于 w 类型电台提供了越来越多的选择,因此吸引了 B 型消费者。多数人的偏好逐渐占据市场产品的主导地位。但是这种市场专断可能比看起来要温和一些,因为在模型中,B 型消费者的确受益于 w 类型电台数量的增加。

为了更详细地分析这种影响,我们现在转向群体的福利。根据 Logit 模型中消费者剩余的 Log-Sum 公式,任意 W 型消费者的预期福利为 $\ln[n_{\mathrm{w}}\exp s + n_{\mathrm{b}}\exp(-s) + 1]$。 通过使用电台在均衡状态时的数量,此福利是以下表达式的递增函数:

$$\left(\frac{-\exp s}{\exp 2s + 1} + \frac{M_{\mathrm{W}}}{F}\frac{\exp 2s}{\exp 2s - 1} - \frac{M_{\mathrm{B}}}{F}\frac{1}{\exp 2s - 1}\right)\exp s +$$

$$\left(\frac{-\exp s}{\exp 2s + 1} + \frac{M_{\mathrm{B}}}{F}\frac{\exp 2s}{\exp 2s - 1} - \frac{M_{\mathrm{W}}}{F}\frac{1}{\exp 2s - 1}\right)\exp(-s)。$$

显然,W 型市场存在的每位 W 型消费者福利都会增加,因此存在正的自身偏好外部性。但是该表达式的另一个显著特征是它与 M_{B} 无关。这表示"其他端"市场不存在偏好外部性。鉴于这方面的实证发现(没有或只有轻微的负面交叉影响),这是一个非常引人注目的基准。这里有两种效果相互抵消。一是更多的 B 型消费者存在意味着更多的 b 类型电台,这通过提供更多选择对 W 型消费者福利产生有益的影响。实际上,电台总数会更多。二是更多的 B 型消费者也意味着会挤出更多高价值的 w 类型电台,这会降低福利水平。

为了从更广泛的角度理解这一点,回想一下该模型已经通过假设电台估值具有很强的对称性而被简化,即"其他端"电台的吸引力为 $-s$。如果相反,"其他端"电台的估值更高,

---

[1] 比较数值,如果 $\exp(-s) < \dfrac{2\exp s}{\exp 2s + 1}$，则这一陈述成立 $(s > 0)$。

则偏好的外部性将为正：第一种效应将占主导地位。① 但是，如果"其他端"电台的估值更低，则挤出效应将占主导地位，且偏好外部性将是负的。

通过目前的福利分析，我们可以检视市场中听众的均衡组合，这是可以根据人口组成函数进行跟踪的另一项实证上可检验的统计量。W 型消费者的收听比例为 $\dfrac{n_w \exp s + n_b \exp(-s)}{1 + n_w \exp s + n_b \exp(-s)}$，B 型消费者的收听比例为类似的表达式。我们已经在福利分析中有效地确定了此表达式的行为。特别是，分子独立于 M_B，因此分母也独立。这意味着收听广播的 W 型消费者的比例与 B 型消费者的数量无关。这不是因为 W 型消费者不收听 b 类型电台，而是因为额外的 b 类型电台以恰好使 W 型消费者收听总量不变的速率挤出 w 类型电台。如上所述，这是假设估值对称的副产品。如果相反，"其他端"电台的估值小于 $-s$，则随着 M_B 的增大，W 型消费者将减少。原因是占主导地位的挤出效应。换言之，负的交叉偏好外部性与减少的听众份额并驾齐驱。无论如何，对"自己端"电台的预测是收听量会增加：更多 W 型消费者的存在会提高均衡状态下 W 型消费者的比例。

1.4　实证结果：与理论预测有关的事实

现在，我们转向根据上述理论模型得出的预测来评估经验知识的现状。其中既有实证含义，也有规范含义。以下是实证性的预测。

第一，正的群体内部偏好外部性：更有价值的受众群体（无论是因为受众群体更大还是更被广告商所重视）吸引了更多的市场进入者，并为群体内成员带来了更多的剩余。第二，如上所述，广告价格至关重要。第三，品种的金字塔倒置——较大的市场具有更多的品种，使消费者可以从次要选择升级为首要选择。第四，当市场支持的产品很少（最明显的是支持一种产品）时，定位取决于基础需求组别的相对经济规模。单一产品位于更大数量的消费者附近，为他们提供了更多的剩余。第五，存在正的组内效应，以及存在负的跨组效应的可能性；当 $N = 1$ 时，负的跨组效应立即产生；群体随着成员数量的增长，足以吸引有针对性的市场进入者，并且消费者从次要选择转变到首要选择，这种情况也可能在少数产品中出现。第六，当市场支持许多产品时，组内效应趋于为正，而跨组效应趋于为零。除了这些实证意义的预测，我们还可以探索规范性的陈述：自由进入可提供次优的产品数量以及次优的产品组合。

本节通过以下方式进行阐述。首先，我们回顾一下有关基本的组内偏好外部性的已知内容。这是市场规模与市场进入之间、市场规模与产品种类之间、市场规模与产品质量之间以及市场规模与消费之间的关系。

其次，我们回顾在具有多个组的情况下对类似机制的所知情况。这又因产品数量或少（一个或两个）或多而不同。我们讨论了垄断者的产品定位以及随之而来的群体内部和跨群

---

① 为了领会这一点，假设两种类型电台具有相同的吸引力 s。那么，更多的"其他端"电台是好事，因为它们具有同等的价值，更多的"其他端"电台的存在将会增加多样性。

体的偏好外部性。然后,我们回顾在支持多个参与者的情况下,群体规模如何影响目标进入和群体消费的证据。

最后,我们讨论有关所有权和产品定位的现有证据,将实证证据应用于规范性问题,并回顾有关媒体市场效率的实证文献。

1.4.1 群体内部的偏好外部性

1.4.1.1 市场规模和市场进入

从前文两种模型(以及常识)得出的一个明显预测是,正如市场规模通常倾向于推动市场进入,在媒体市场中也是如此。对于各种媒体而言,均为如此。各种各样的研究表明,较大的市场拥有更多的广播电台(Berry and Waldfogel, 2001; Rogers and Woodbury, 1996; Sweeting, 2010; Wang and Waterman, 2011),较大的市场也有更多的日报(Berry and Waldfogel, 2010; George, 2007; George and Waldfogel, 2003)、周报以及地方电视台(Waldfogel, 2004)。

尽管都是正向的,但市场规模与市场进入之间的关系在不同媒体产品之间存在很大差异。这些关系揭示了固定成本相对于产品市场规模的相对大小。2001年,排名前283的市场中,每个市场的平均日报数量为3.23份。[1]大约在同一时间,1997年,在246个美国市场中,广播电台的平均数量为24.5个,其中包括仅在都市区内广播的广播电台。[2]

1.4.1.2 市场规模和产品种类

更大的市场可以支持更多的产品。通常,市场进入可能通过两种机制影响消费者:价格可能下降,或者最具吸引力品种的吸引力可能随市场进入而增强。这两种机制都是可能的,尽管我们专注于第二种机制,部分原因是广告价格通常是在本章重点介绍的本地媒体市场以外制定的。

如果市场进入通过多样化渠道带来满足,那么必然导致大型市场不仅拥有更多产品,而且拥有更多样化的产品。无线电广播市场就是一个有力的例证。根据1997年的数据,相对于人口的电台数量的弹性为0.31,而品种数量的弹性为0.27。因此,较大市场中的可得产品数量的大部分增长是由多样性的增加而非重复生产引起的。[3]

市场规模与多样性之间的关系与消费者接受次要选择的意愿有关。接受次要选择的意愿意味着相对较少的品种可以吸引很大一部分市场的消费。因此,只有很少产品选择的小市场可以在人口消费中占有很高的份额。随着市场变得足够大以支持更多品种,一些以前选择LCD节目的消费者将切换到更喜欢的品种。这有两个可能的结果。

一是随着市场变得足够大以支持专业化的节目,LCD节目可能会失去支持。当具有特殊偏好的消费者退出对LCD节目的支持时,可能会取消LCD节目。这是负的跨组偏好外部性的潜在变化形式。

二是较大的市场将具有更多不同的节目,而且,收听LCD节目的人口比例应随市场规模

---

[1] 参见 Berry and Waldfogel (2010)。

[2] 参见 Waldfogel (1999)。

[3] 品种数量随市场规模扩大而增加的证据是基于这样的观点,即不同名称的广播类型存在显著差异。一些研究对此存在一些疑问,请参阅 DiCola(2006)。

扩大而下降。各种研究证实,较大的市场具有更多的节目类型和更多的电台。乡村音乐是最常见的,它在较大的市场中所占的收听份额较小。其他 LCD 节目形式也是如此,例如全品类/种类和老歌。爵士和古典音乐等类型却存在相反的情况,它们仅由大市场提供。

1.4.1.3　市场规模和产品质量

市场规模与市场进入之间关系的一个特征是非线性。例如,用美国都市区日报数量的对数对人口对数进行回归,得出相对于人口为 0.5 的市场进入弹性(Berry and Waldfogel,2010)。使用 1997 年美国数据,在 260 个美国市场上进行的相关回归得出的弹性为 0.3。[①]相比之下,Berry and Waldfogel(2010)表明,餐饮业的市场进入与人口之间的关系几乎是线性的。

媒体行业中出现的非线性关系或由多种原因引起,包括广告市场中的价格竞争。然而,广播广告在报纸、电视和户外广告中具有紧密的替代品,这表明广告价格竞争在解释非线性方面的作用有限。同时,固定成本本身可能随着市场规模的扩大而提高,实际上也确实如此。我们在日报市场上看到了有力的直接证据。Berry and Waldfogel(2010)指出,随着市场规模的扩大,每种日报的版面数和员工数在增加:版面数和员工数相对于人口的弹性分别为 0.2 和 0.5。

目前没有系统的关于无线电台运营成本如何随市场规模变化的直接证据,但是我们确实有两个证据表明在较大的市场中成本较高。第一,Duncan(1994)报告了 1993 年美国大约 100 个广播市场的广播行业人才年薪数据,包括每个市场的最高报酬和典型范围。将最高薪水的对数与人口的对数进行回归,得出的弹性为 0.87(标准差为 0.04)。使用典型工资范围的中点值,工资相对于市场规模的弹性为 0.26(0.02)。薪资规模的这些差异使整个市场的生存成本差异相形见绌,这显然表明较大市场的成本更高。使用存在 CPI 的 16 个都市区的市场数据发现,生存成本相对于人口的弹性约为 0.03。薪酬市场规模的关系还表明,更高质量的人才会被更大的市场吸引,而更大市场中的电台则具有更高的质量。

第二,有相关的间接证据显示,每个电台的收听人数与市场规模之间的关系强烈表明了在较大的市场中成本较高。使用 1997 年的数据,以美国地方性广播电台的平均收听人数对都市区的人口数进行回归,得出的弹性为 0.8。除非每个收听者贡献的广告收入随着市场规模增大而急剧下降(没有证据表明会这样),否则这表明较大市场中的广播电台的平均收入较高。在自由进入的情况下,收入往往会组合出合理的成本近似值,因此大市场电视台的收入更高,这表明其成本也会更高。[②]

较大的市场拥有更多的媒体产品,这提供了一种机制,通过这种机制,额外的市场进入可以为消费者提供更多有价值的选择。也就是说,市场进入是一种机制,用于传递基本的组内偏好外部性。随着市场规模扩大而增加的成本似乎从表面上阻碍了市场规模对媒体消费者选择需求的积极影响,但这其实取决于在更大的市场中导致更高成本的因素。例如,如果

---

① 本章的计算使用了 Waldfogel(2003)的数据。
② 有人可能会担心,这是由广播频段的短缺导致大型市场向可以进入的电台提供租金而驱动,但事实并非如此。即使对于人口少于 100 万的市场,弹性也至少达到 0.65。

较大的市场仅仅由于较高的投入价格(土地等)而具有较高的成本,那么这种对市场规模随厂商进入而线性增大的情况的偏离,将抑制同类消费者的福利。然而,如果较大市场中的较高成本反映出较高的投资并带来相关的更高质量的产品,则解释将有所不同。

出于各种原因,我们可以看到较大市场的较高成本反映了对质量的更多投资,此外,媒体市场提供了 Sutton(1991)得以很好预测的例子,该预测认为,当质量主要取决于固定成本投资时,随着市场规模扩大,市场结构不会变得分散。就报纸而言,一些对直接投入成本的度量(页面长度和人员规模)直接反映了质量。此外,其他一些质量衡量指标,例如每份报纸获得的普利策奖次数,在较大市场中的表现也更好(Berry and Waldfogel,2010)。

产品质量随着市场规模扩大而不断提高,除品种丰富之外,还提供了第二种机制:使消费者可以向彼此提供更多的剩余。

1.4.1.4 市场规模和消费

更大的市场拥有更多且成本更高的产品。如果这些产品相对于外部商品更具吸引力,那么拥有更多和/或更好产品的市场也应具有更大的消费量。这样的证据为基本的组内偏好外部性形成闭环。

许多关于无线电广播的文献表明,更多人被吸引到有更多产品的市场消费。例如,Waldfogel(1999)表明,1997 年,美国 246 个都市区平均 14.8% 的人口的一刻平均(AQH)收听率,在增加 100 万人的市场中,提高了 0.3 个百分点(如果允许加入各种控制,如地区和开车上班的百分比,则为 0.2 个百分点)。OLS 估计结果显示,在增加一个电台的市场中,收听率提高了 0.07 个百分点;在增加另外一种节目类型的市场中,收听率提高了 0.12 个百分点。当以人口水平作为工具变量衡量电台和类型时,电台和节目类型的系数分别上升到 0.10 和 0.18。这表明更多的电台通过更多的产品种类吸引听众。George and Waldfogel(2000)对日报市场的研究提供了这种机制的直接证据。在将订阅一种地方性日报的人口份额对都市统计区(MSA)人口以及控制变量进行回归分析后,George and Waldfogel(2000)发现适度的正效应,约为每增加 100 万人口,订阅量增加 2%。

1.4.2 具有多种消费者类型的偏好外部性

迄今为止,我们提供的证据仅涉及一组消费者。考虑到第 1.1 节中概述的各组之间偏好存在明显差异(例如,黑人与白人之间,以及西班牙裔与非西班牙裔之间),将具有相似偏好的消费者分组在一起,然后探求偏好外部性如何在组内和组间发挥作用是很有意义的。然而,正如第 1.2 节的理论讨论所强调的那样,偏好外部性的作用取决于市场上的产品数量。在这里,我们从有关垄断(或几乎垄断)市场的证据开始。

1.4.2.1 产品较少的市场中的偏好外部性

就日报市场而言,每个市场上的产品都很少。美国大多数都市区只有一种产品。在这类市场中,如上述的霍特林式定位模型所示,偏好外部性的机制是产品的定位,而不是市场进入。

George and Waldfogel(2000,2003)研究了美国的日报市场,认为地方性报纸是在都市区级别做出定位决策的。因此,产品特性应该是都市区消费者类型分布的函数。相比之下,消费数据对应于邮编区域级别。如果邮编区域因偏好组别在组成上有很大不同,则可以确定哪些人群认为本地报纸的定位很有吸引力。

George and Waldfogel(2000,2003)提供了有关都市区消费者类型分布与报纸定位之间关系的直接证据,特别是,把作为"硬新闻"(有关商业、政府等的新闻)的本地报道的百分比表示为本地人口统计的函数,由此来描述本地产品的特征。研究发现,黑人人口比例较高的都市区的"硬新闻"比例较低。

为了衡量组内和跨组的影响,研究将邮编区域内购买当地报纸的人口份额对在此邮编区域消费的人口份额进行了回归。试想象特定人群的消费数据(例如,邮编区域内的白人或黑人消费者在选择本地报纸时所占的份额),并据此进行回归:

$$s_z^{\text{w}} = \alpha_0 + \alpha_1 W_{\text{M}} + \alpha_2 B_{\text{M}} + \epsilon_z^{\text{w}} \tag{1.1}$$

$$s_z^{\text{B}} = \beta_0 + \beta_1 W_{\text{M}} + \beta_2 B_{\text{M}} + \epsilon_z^{\text{B}} \tag{1.2}$$

其中,s_z^{w} 代表在邮编区域 z 中购买此报纸的白人群体比例,W_{M} 代表都市区的白人人口数量,B_{M} 代表都市区的黑人人口数量,α 和 β 为系数,ϵ 为残差。如果定位遵循群体偏好,那么我们将通过 $\alpha_1 > 0$ 和 $\beta_2 > 0$ 看到正的组内效应。例如,白人将在白人较多的市场上购买更多的报纸,而其他条件不变。如果黑人在白人较多的市场上购买较少的报纸,而其他所有条件不变,则会产生负的交叉影响($\alpha_2 < 0$ 和 $\beta_1 < 0$)。

现有数据[按邮政编码(s_z)显示总销售额]不允许使用此方法。但是,邮编区域内消费的报纸所占份额是未观察到的黑人消费所占份额与未观察到的白人消费份额的加权总和,即

$$s_z = b_z s_z^{\text{B}} + (1 - b_z) s_z^{\text{w}} \tag{1.3}$$

我们可以将式(1.1)和式(1.2)代入式(1.3),从而产生:

$$s_z = \alpha_0 + \alpha_1 W_{\text{M}} + \alpha_2 B_{\text{M}} + (\beta_0 - \alpha_0) b_z + (\beta_1 - \alpha_1) W_{\text{M}} b_z + (\beta_2 - \alpha_2) B_{\text{M}} b_z + \upsilon_z。$$

也就是说,研究者通过将邮编区域的消费份额对都市区的黑人人口与白人人口进行回归,以及将都市区群体人口的相互影响对邮政编码区域的黑人人口比例进行回归,来估计他们感兴趣的系数。

George and Waldfogel(2003)使用这种方法发现了正的群体内部影响,黑人群体尤其如此。就是说,在白人人口较多的市场中,其他所有条件不变,白人被报纸吸引的比例更高,每增加 100 万名白人约增加 5%。在黑人较多的市场中,更高比例的黑人被吸引去消费报纸,每增加 100 万名黑人约增加 40%。相反,跨群体效应是负面的。每增加 100 万名白人会使黑人报纸的发行量减少约 15%。统计意义上,增加 100 万名白人对白人报纸的消费影响不显著。关于西班牙裔和非西班牙裔的证据在方向和相对量级上非常相似。更多的非西班牙裔人口会使非西班牙裔读者的阅读量小幅增加。西班牙裔人口的增加极大地提高了西班牙裔报纸的发行量。从非西班牙裔人到西班牙裔人的交叉影响是负面的:每增加 100 万名非西班牙裔人将使西班牙裔报纸的发行量减少约 20%。另一个方向上的跨组效应并不显著。

从多数人口到少数人口消费趋势的负面交叉效应是显而易见的,其构成了在市场环境下多数人专断的直接证据。单一产品服务于尽可能多的受众是由都会区所驱动的,因为一

个群体中有更多人口将减少另一个群体的消费。

Gentzkow and Shapiro(2010)针对另一个问题,提供了类似多数人专断的补充证据(见第14章)。研究表明,地方性报纸是根据都市区消费者的偏好进行政治定位的。相比之下,邮编级别的需求更多取决于本地偏好。通过定位而产生偏好外部性的证据是,在高度偏向共和党的都市区的邮编区域(都市区和邮编区域都高度偏向共和党),报纸的发行量很大。

1.4.2.2 产品众多的市场中的异质性消费者偏好外部性

我们在上面指出,更大的市场拥有更多的广播电台。当我们根据消费者的广播节目偏好将他们分为不同的群体时,我们会看到更具体的针对性证据。Waldfogel(1999)将都市区以黑人为目标受众的广播电台数量对黑人人口以及白人人口进行回归,其结果显示,市场中每多 100 万名黑人,会增加 7 个以黑人为目标受众的广播电台,而每多 100 万名白人会减少0.6 个黑人电台进入市场。同样,每多 100 万名白人消费者的市场中,会有 4.6 个以白人为目标受众的电台进入市场;在每多 100 万名黑人消费者的市场中,会减少 12.8 个白人电台进入市场。也就是说,针对市场进入的组内效应是正的,而针对市场进入的跨组效应是负的。西班牙裔与非西班牙裔电台之间也出现了类似的组内效应和跨组效应。少数群体的正面组内效应更大。少数群体对以多数群体为目标受众的节目产生的负面跨组效应更大。

针对群体的市场进入对消费者特别有价值。在一个将白人 AQH 收听量对以白人为受众的电台数量、以黑人为受众的电台数量以及控制组变量(以群体人口的水平作为市场进入的工具变量)进行回归的分析中,每增加 1 个白人电台总体可以提高 0.15 个百分点的收听量,而每增加 1 个黑人电台仅使白人收听量提高 0.12 个百分点。每增加 1 个黑人电台将使黑人收听量提高 0.78 个百分点,而每增加 1 个白人电台仅仅将使白人收听量提高 0.19 个百分点。西班牙裔和非西班牙裔电台对群体收听量的影响模式相似。

群体收听量与各个群体的人口之间的直接关系阐明了偏好外部性。Waldfogel(1999)使用了 1997 年美国 100 个都市区的数据与黑人和总体收听量的单独数据,发现在拥有更多自身成员的市场中,群体内部收听量要更高。在都市区,每增加 100 万名白人,白人的收听量提高 0.4 个百分点;每增加 100 万名黑人,黑人的收听量提高 2.7 个百分点。尽管黑人人口对白人收听量交叉效应的点估计为负,但交叉效应不显著。这些估计证实了对两个群体的Logit 模型预测,即正向的群体内部偏好外部性和数值为零的跨群体偏好外部性。

1.4.3 有效的市场进入和偏好外部性

市场进入模式效率模型,例如上文所述的 Logit 模型以及 Mankiw and Whinston(1986)的模型,都与偏好外部性有关。在有固定成本、一组消费者和一种类型的对称差异化产品的情况下,边际进入揭示了市场赋予边际消费者的隐性福利权重。也就是说,假设最后一个进入者花费了 100 万美元,并使总消费量增加了 10 个单位。为了便于讨论,假设边际进入对价格没有影响。这表明市场对消费者的估值为 10 万美元。这种描述有点过分简化了,虽然边际进入净增加了 10 个单位的消费,边际进入者的总消费通常会超过 10。我们假设是 50。那么,当 10 个消费者现在正在获得某种产品(而不是得不到产品)时,其他 40 个消费者则正在获得比他们已经消费过的产品更好的产品。

Berry and Waldfogel(1999)研究了美国广播电台市场的进入效率,将福利视为所制作广告的价值减去电台运营的固定成本,也就是说,从直接的市场参与者、广告的买者和卖者的角度检查市场的效率。研究发现,美国广播市场的电台数量大约是最大化市场参与者利益的电台数量的三倍。无线电广播节目对听众有价值,因此研究还推断出边际听众需要对节目付费以使观察到的进入模式高效,并发现此估值为每年 893 美元,而广告收入是 277 美元(均为 1993 年的美元价值)。请注意,在较大的市场中,其隐性价值更大,因为它们有更多的进入机会,并且边际电台对总收听量的净影响较小,此外电台运营成本较高。

市场的福利权重来自与偏好外部性相关的机制,它显示了市场中的公司为将消费提供给另外一个人花费了多少钱(同样,不考虑消费者寻找更好的产品所获得的利益)。我们在本章中探讨的主题之一是媒体产品市场可以交付给不同群体的潜在不同处理方式。

Berry et al. (2014)在对 Berry and Waldfogel(1999)的双群体拓展中探讨了这个问题。Berry et al. (2014)发展了一个有两组消费者和两组电台进入广播市场的实证模型,其中考虑的人群是黑人和白人,以及西班牙裔和非西班牙裔。在"黑人—白人"模型中,Berry et al. (2014)设计了特定人群广播收听的嵌套 Logit 模型,其中,黑人和白人分别对以黑人和白人为目标的节目有不同的偏好。给定按收听者类型划分的广告价格数据,研究者可以将观察到的进入模式与收听模型一起使用,以估算每种类型的边际电台的收入,并因此估算固定成本。估计的固定成本以及收听量的需求函数可用于推断市场对两种类型的听众的福利权重。Berry et al. (2014)发现:相对于黑人听众,市场赋予白人的福利权重高出两到三倍;非西班牙裔听众的福利权重略则高于西班牙裔听众。

1.5　技术变迁、固定成本和偏好外部性

一个人的消费选择对其他人偏好的依赖对孤立的消费者产生了最明显的影响。在原本为白人的都市区,一个孤立的黑人消费者将缺乏针对其群体的选择,产品市场也不会给他们带来多少满足感。媒体产品的经济核心是数字化的音频、视频和文本。鉴于过去几十年来的技术变化,包括互联网、卫星广播,甚至是有线电视的早期创新,媒体产品可以跨空间轻松运输(即轻松传播)。

这对偏好外部性具有重要的影响。偏好外部性的基本思想是,消费者的选择和最终满意度(以他们作为产品消费者的身份)受到与其共享市场的其他消费者的经济规模和偏好组合限制。随着当代通信技术的发展,一个人与同类消费者不必身处一地。

从 19 世纪 90 年代后期开始,报纸和广播节目开始在网上发行,因此也开始在非本地市场发行。例如,《纽约时报》和《华尔街日报》于 1996 年开始在线发行,而《今日美国》则更早,1995 年就在网上发行。[①]看上去面向当地消费者的许多地方性报纸,也在 20 世纪 90 年代中期至后期出现在网上。随着这一发展,全国(乃至世界范围)的消费者可以接触到许多并非

---

① http://en. wikipedia. org/wiki/The_New_York_Times#Web_presence, http://en. wikipedia. org/ wiki/The_Wall_Street_Journal#Internet_expansion, http://en. wikipedia. org/wiki/USA_Today.

专门面向当地人口的产品。

虽然互联网发行与本地实体发行有根本性的区别,但它在诸如《纽约时报》和《华尔街日报》等报刊的全国实体发行中已有先例。《纽约时报》是针对纽约高端居民以及纽约都市区以外受过教育和见多识广读者的报纸,它于 1980 年发行了全国版,并在 1996—2000 年期间将发行范围扩大到 100 个城市。

George and Waldfogel(2006)指出,随着《纽约时报》在美国各地的发行和销售,针对目标读者群体的本地报纸的发行量有所减少。也就是说,受过高等教育的读者将注意力从本地报纸上移开了。同时,把读者让给《纽约时报》的本地报纸将其关注点转向更多本地问题。这些变化增加了本地报纸在教育程度较低的读者中的发行量。随着《纽约时报》在全国范围的发行,全国各地受过良好教育的消费者可以接触一种更具吸引力的产品,而不是只能接触面向当地的产品,这种产品本身只能通过面向当地受众来赢利。[①]

相关效应不必然明确是正的。受过教育的消费者可以接触到覆盖更多国家和全球范围的产品,然而那些为了《纽约时报》放弃了本地产品的消费者将无法立即获得本地新闻。同样,那些继续购买越来越定位于本地的报纸的消费者将不太容易获得非本地信息。

互联网的传播使消费者能够访问本地和遥远的产品和信息,它有望使消费者从邻居的偏好中"解放"。Sinai and Waldfogel(2004)提供了一些沿着这些思路的"解放"证据。众所周知的数字鸿沟是,黑人与白人相比,较少使用互联网,但 Sinai and Waldfogel(2004)证明,黑人在地理上更加孤立,因此他们反而更有可能与互联网建立联结,也就是说生活在都市区、黑人同伴消费较少的黑人比生活在黑人人口较多地区的黑人更有可能使用互联网(这要取决于个人特征)。两种机制可能导致了这一结果。第一,当地的群体内部偏好倾向于在黑人人口众多的本地市场上提供更多对黑人更具吸引力的产品。第二,那些缺乏本地偏好产品的消费者,更可能在网上找到他们感兴趣的产品,这些产品的受众来自全国各地。这些例子表明,跨空间将消费者与产品联系在一起的技术变革已经改变了偏好外部性发挥作用的方式。

与以前只面临本地产品竞争时相比,非本地产品的可得性产生了重大影响。例如,根据美国报纸协会的统计数据,2000—2010 年,订阅和广告的总收入下降了 50% 以上。[②] 阿比创公司称,1998—2007 年,收听广播的人数下降了 15%。[③]

面对非本地竞争,许多本地产品陷入困境。例如,许多报纸已经停止发行。一些人担心当地报纸的衰落将使消费者难以充分获得信息。然而,应该指出的是,互联网使消费者可以随时访问去中介化的信息。消费者是否会变得缺乏信息,仍是一个未解决的问题。

技术变革已通过互联网将消费者联系在一起,从而降低了生产媒体产品的成本,并扩大了市场规模。当然,这些发展共同推动了相对于市场规模的固定成本的降低,并可以减少偏好外部性。尽管新技术降低了交付基本产品的成本,但随着各厂商争相扩大受众群体的规

---

① George(2008)以及 George and Hogendorn(2013)提供了相关证据,表明互联网的普及使年轻和受过良好教育的读者远离传统报纸。Mooney(2010)阐述了新技术在改变广播节目形式中的听众分布方面的作用。
② http://www.naa.org/Trends-and-Numbers/Newspaper-Revenue.aspx.
③ http://wargod.arbitron.com/scripts/ndb/ndbradio2.asp.

模(甚至可能拓展到全球范围),与许多消费者的接触可能会产生巨大的内生成本。偏好外部性可能会伴随我们一段时间,尽管产生它们的具体环境可能会发生变化。

致谢

我们由衷感谢丽莎·乔治(Lisa George)的宝贵评论,以及艾莉森·奥尔德姆(Alison Oldham)出色的研究助理工作。本章的第一作者衷心感谢美国国家科学基金(NSF)的支持。

参考文献

Aguiar, L., Waldfogel, J., 2014. Digitization, Copyright, and the Welfare Effects of Music Trade. IPTS, Seville. Mimeo.

Aldrich, E. M., Arcidiacono, P. S., Vigdor, J. L., 2005. Do people value racial diversity? Evidence from Nielsen ratings. Top. Econ. Anal. Policy 5, 1396; B. E. J. Econ. Anal. Policy 5 (1), ISSN (Online) 1935-1682, ISSN (Print) 2194-6108, doi: 10. 1515/1538-0653. 1396, February 2005.

Anderson, S.P., De Palma, A., Thisse, J. F., 1992. Discrete Choice Theory of Product Differentiation. MIT Press, Cambridge, MA.

Beebe, J.H., 1977. Institutional structure and program choices in television markets. Q. J. Econ. 91, 15-37.

Berry, S.T., Waldfogel, J., 1999. Free entry and social inefficiency in radio broadcasting. RAND J. Econ. 30, 397-420.

Berry, S.T., Waldfogel, J., 2001. Do mergers increase product variety? Evidence from radio broadcasting. Q. J. Econ. 116, 1009-1025.

Berry, S.T., Waldfogel, J., 2010. Product quality and market size. J. Ind. Econ. 58, 1-31.

Berry, S.T., Levinsohn, J., Pakes, A., 1995. Automobile prices in market equilibrium. Econometrica 63, 841-890.

Berry, S.T., Eizenberg, A., Waldfogel, J., 2014. Fixed Costs and the Product Market Treatment of Preference Minorities. NBER Working Paper 20488.

Bhattacharya, J., Packalen, M., 2008. Is Medicine an Ivory Tower? Induced Innovation, Technological Opportunity, and For-Profit vs. Non-profit Innovation. National Bureau of Economic Research. No. w13862.

Bhattacharya, J., Packalen, M., 2011. Opportunities and benefits as determinants of the direction of scientific research. J. Health Econ. 30, 603-615.

Boulding, K. E., 1966. Economic Analysis, Microeconomics, vol. I, fourth ed. Harper &

Row, New York.

Chamberlin, E. , 1933. The Theory of Monopolistic Competition: A Re-orientation of the Theory of Value. Harvard University Press, Cambridge, MA.

Chevalier, J. , Harrington, D. E. , Scott Morton, F. , 2008. Differentiated to Death? Yale University. Manuscript.

Chiou, L. , Tucker, C. , 2013. Paywalls and the demand for news. Inf. Econ. Policy 25, 61-69.

Choi, J. , Bell, D. R. , 2011. Preference minorities and the Internet. J. Mark. Res. 48, 670-682.

Cutler, D. M. , Glaeser, E. L. , Vigdor, J. L. , 2008. When are ghettos bad? Lessons from immigrant segregation in the United States. J. Urban Econ. 63, 759-774.

d'Aspremont, C. , Gabszewicz, J. J. , Thisse, J. F. , 1979. On Hotelling's "stability in competition" Econometrica 47, 1145-1150.

DiCola, P. , 2006. False Premises, False Promises: A Quantitative History of Ownership Consolidation in the Radio Industry. Future of Music Coalition, Washington, DC. http://www. futureofmusic. org/sites/default/files/FMCradiostudy06. pdf.

Dixit, A. K. , Stiglitz, J. E. , 1977. Monopolistic competition and optimum product diversity. Am. Econ. Rev. 67, 297-308.

Duncan, L. , 1994. Duncan's Radio Market Guide.

Ferreira, F. , Waldfogel, J. , 2013. Pop internationalism: has half a century of world music trade displaced local culture? Econ. J. 123, 634-664.

Ferreira, F. , Petrin, A. , Waldfogel, J. , 2013. Trade and Welfare in Motion Pictures. University of Minnesota. Unpublished Paper.

Friedman, M. , 1962. Capitalism and Freedom. University of Chicago Press, Chicago.

Gentzkow, M. , Shapiro, J. M. , 2010. What drives media slant? Evidence from U. S. daily newspapers. Econometrica 78, 35-71.

George, L. M. , 2007. What's fit to print: the effect of ownership concentration on product variety in daily newspaper markets. Inf. Econ. Policy 19, 285-303.

George, L. M. , 2008. The Internet and the market for daily newspapers. B. E. J. Econ. Anal. Policy 8. No. 1 (Advances), Article 26.

George, L. M. , Hogendorn, C. , 2013. Local News Online: Aggregators, Geo-Targeting and the Market for Local News. Available at SSRN. http://ssrn. com/abstract=2357586 or http://dx. doi. org/10. 2139/ssrn. 2357586.

George, L. M. , Waldfogel, J. , 2000. Who Benefits Whom in Daily Newspaper Markets? NBER Working Paper 7944.

George, L. M. , Waldfogel, J. , 2003. Who affects whom in daily newspaper markets? J.

Polit. Econ. 111, 765-784.

George, L. M., Waldfogel, J., 2006. The New York Times and the market for local newspapers. Am. Econ. Rev. 96, 435-447.

Handbury, J., 2011. Are Poor Cities Cheap for Everyone? Non-homotheticity and the Cost of Living Across US Cities.

Haurin, D. R., Rosenthal, S. S., 2009. Language, agglomeration and Hispanic homeownership. Real Estate Econ. 37, 155-183.

Hotelling, H., 1929. Stability in competition. Econ. J. 39, 41-57.

Mankiw, N. G., Whinston, M. D., 1986. Free entry and social inefficiency. RAND J. Econ. 17, 48-58.

Melitz, M., 2003. The impact of trade on aggregate industry productivity and intra-industry reallocations. Econometrica 71, 1695-1725.

Mooney, C. T., 2010. Turn on, tune in, drop out: radio listening, ownership policy, and technology. J. Media Econ. 23, 231-248.

Mussa, M., Rosen, S., 1978. Monopoly and product quality. J. Econ. Theory 18, 301-317.

Napoli, P. M., 2002. Audience valuation and minority media: an analysis of the determinants of the value of radio audiences. J. Broadcast. Electron. Media 46, 169-184.

Napoli, P. M., 2003. Audience Economics: Media Institutions and the Audience Marketplace. Columbia University Press, New York.

Osborne, M. C., Pitchik, C., 1987. Equilibrium in Hotelling's model of spatial competition. Econometrica 55, 911-922.

Rogers, R. P., Woodbury, J. R., 1996. Market structure, program diversity, and radio audience size. Contemp. Econ. Policy 14, 81-91.

Rosenthal, S. S., Strange, W. C., 2004. Evidence on the nature and sources of agglomeration economies. In: Duranton, G., Henderson, V., Strange, W. (Eds.), Handbook of Regional and Urban Economics Chapter 49, vol. 4. pp. 2119-2171. ISSN 1574-0080, ISBN 9780444509673, http://dx. doi. org/10. 1016/S1574-0080(04)80006-3. http://www. sciencedirect. com/science/article/pii/S1574008004800063.

Sinai, T. M., Waldfogel, J., 2004. Geography and the Internet: Is the Internet a substitute or a complement for cities? J. Urban Econ. 56, 1-24.

Spence, M., 1976. Product selection, fixed costs and monopolistic competition. Rev. Econ. Stud. 43 (2), 217-235.

Steiner, P. O., 1952. Program patterns and preferences, and the workability of competition in radio broadcasting. Q. J. Econ. 66, 194-223.

Sutton, J., 1991. Sunk Costs and Market Structure: Price Competition, Advertising, and the

Evolution of Concentration. MIT Press Books, The MIT Press, Cambridge, MA.

Sweeting, A. , 2010. The effects of mergers on product positioning: Evidence from the music radio industry. RAND J. Econ. 41, 372-397.

Waldfogel, J. , 2003. Preference externalities: an empirical study of who benefits whom in differentiated-product markets. RAND J. Econ. 34, 557-568.

Waldfogel, J. , 2004. Who benefits whom in local television markets? In: Brookings-Wharton Papers on Urban Affairs, 2004, pp. 257-305.

Waldfogel, J. , 2007. The Tyranny of the Market: Why You Can't Always Get What You Want. Harvard University Press, Cambridge, MA.

Wang, X. , Waterman, D. , 2011. Market size, preference externalities, and the availability of foreign language radio programming in the United States. J. Media Econ. 24, 111-131.

第 2 章　双边媒体市场中的广告商资助商业模型

西蒙·P. 安德森(Simon P. Anderson)[①]、
布鲁诺·朱利安(Bruno Jullien)[②]

目　录

[①] 美国弗吉尼亚大学经济系。
[②] 法国图卢兹经济学院。

摘要:本章将重点介绍围绕双边市场概念发展的最新媒体市场广告商资助模型中的经济机制,目的是突出此方法的新颖独到见解,并在概念方面进行阐述。本章构建了一个双边广告市场的经典模型,在该模型中,平台将内容交付给消费者,并将其注意力转售给广告商。该模型刻画了免费媒体和付费媒体之间存在的一个主要区别,即前者是由有价值的消费者关注和低廉的广告成本共同导致。本章讨论了各种概念性问题,例如均衡概念和广告市场效率低下的性质,以及一些具体问题,例如拥塞和二级价格歧视。同时,本章介绍了最新文献,这些文献主要讨论了消费者光顾多个平台时出现的问题。在这种情况下,平台只能向广告商收取增量价值,这会削弱其市场势力并影响其价格策略和广告水平。此外,本章还讨论了媒体市场的双边性质如何影响内容和多样性。

关键词:双边市场;广告商资助商业模型;单归属消费者;竞争瓶颈;多归属消费者;媒体跷跷板;广告拥塞;类型选择;均衡的平台多样性

JEL 分类代码:D43,L11,L13,L82,L86,M37

2.1 引言

大多数媒体市场全部(或部分)由广告商资助。这一特征使它们与标准产品市场大不相同,因此需要对其表现进行专门分析。令人惊讶的是,在认识到它们是双边市场之后,这样的分析仅在过去十年左右的时间里就得到了细致的发展。双边市场是两组行为人(即媒体消费者和广告商)通过中介(平台)进行交互的市场。

平台面临双边均衡的平衡计算,以(潜在地)从双方互动中获取收益。在这样做时,它们必须从吸引参与者的角度考虑双方参与的后果。在媒体环境中,这意味着该商业模式将向广告商提供潜在的消费者,而广告商的存在通常会使消费者望而却步。剩余和并购分析必须考虑对三类行为人的影响。在此类市场中,消费者主导权可能是间接的,因为消费者仅在广告商期望的范围内才有价值。

接下来,我们首先描述通过平台进行交互的行为人的偏好和目标。然后,我们在第2.3节中阐述当媒体消费者仅选择一个平台(单归属消费者,SHC)时,双边市场平衡的均衡分析。由单一归属引发的竞争瓶颈为实证分析带来了一些疑问,也为规范性分析带来了有力的结论。这些问题将通过考虑(部分)消费者的多归属可能性得以解决(第 2.4 节)。多归属带来了广告的增量定价,因此平台仅能收取交付给(多归属的)广告商的额外价值。这导致平台不愿交付多归属消费者(MHC),因为其价值较低。第 2.5 节描述了产品设定(短期)和整体产品多样性(长期)对平台内容选择产生的一些影响。第 2.6 节总结了一些出色的研究方向。

2.2　角色介绍

双边市场的本质是两组参与者通过平台进行互动。在媒体市场上,这两个群体是广告商和消费者,而平台是媒体本身。Caillaud and Jullien(2001,2003)以及 Rochet and Tirole(2003)首先提出了这种市场的一般理论,其在大量文献中得到了进一步阐述。其中,起关键性作用的里程碑和研究是 Armstrong(2006)以及 Rochet and Tirole(2006)。

传统上,研究者区分了使用外部性和参与外部性。使用外部性出现在信用卡或点击广告中,平台在每次交互时向其成员收费,因此个人交互行为很重要。参与外部性出现在俱乐部会员资格上,平台向会员收取访问费用,因此潜在会员反过来关心市场另一方的参与度。这种区别虽然是一种有用的操作工具,但在某种程度上是人为的,因为它不仅取决于定价结构选择,还取决于技术(Rochet and Tirole,2006)。[①]与许多双边市场一样,典型的媒体市场(和之前提到的模型)均涉及与两者相关的要素。

传统上,关于平台经济学的理论文献集中在没有自身网络效应的情况下(即参与行为对市场上自身一方其他成员的福利没有直接影响),但是存在交叉网络效应[②],其可以是正面的,也可以是负面的。在媒体环境中,消费者通常并不关心有多少其他消费者参与了媒介[不考虑时尚和饮水机效应(water-cooler effect)],但广告商可能会很在意竞争对手是否也在播放广告。广告商希望受众越多越好,因此,消费者方的规模对广告商的利益具有正向的网络效应。在另一个方向上的关系可以是正的或负的(或者实际上可以随消费者而变化)。通常,人们认为电视和广播广告是对消费者的净干扰,只要广告内容带来的任何消费者剩余(就更好的购买选择或提高的产品满意度而言)总体上被对节目内容的干扰超过。专业爱好类杂志可能会带来正的净收益[③],特别是,在杂志(和报纸)上的广告更容易被跳过的情况下。因为读者可能想了解更多与爱好(帆船或高尔夫杂志)相关的产品或购买机会(报纸上的分类广告)。

可以肯定的是,有些媒体根本没有广告。这样的情况(HBO、Sirius 广播和《消费者报告》等媒体强制要求禁止携带或播放广告)很容易被视为标准的单边市场,媒体公司通过这种方式确定价格,消费者以标准的方式进行选择,尽管这种情况相当罕见。取而代之的是,每当消费者关注时(甚至在下意识的情况下,如广告牌的情形),都存在向他们发送广告信息的潜

---

① 例如,银行信用卡向卖家收取每笔交易的费用,但向买家收取年费(以及回扣奖励积分),这意味着买家在意卖家的整体采用率(Bedre-Defolie and Calvano,2013)。

② 例外可参见 Nocke et al.(2007)以及 Belleflamme and Toulemonde(2009)。

③ 有关正收益的实证证据,请见第 9 章。

在需求。通过观察足球运动员球衣上的赞助商标志和足球场周围的广告牌,即可发现这一点。因此,商业模式的常见形式是广告商和订阅用户共同支付费用(杂志),或者广告商仅最终为节目付费(免费节目或商业电视和广播)。由此,商业模式的特征如下:平台希望吸引消费者,以便将他们的注意力卖给广告商。节目的内容就是诱饵,它要么反过来由于其附带的广告(当广告令人讨厌时)而被贬低,要么实际上是吸引力的一部分(当广告具有正值时)。因此,该节目是广告触及潜在客户的渠道,而这些潜在客户又不是主要被广告(除了商业广告)吸引,而是被娱乐内容吸引。在这种情况下,平台的问题是如何从广告商那里获取收入与交付可能被广告、切换频道或关闭频道拒之门外的消费者。①鉴于此,人们可能会预料到均衡状态的边际条件,在这个条件下,每位观众的收入弹性等于消费者参与弹性,而这正是我们在下面正式提出的内容。

接下来,我们给出一些符号设定,并进一步讨论市场的三个方面,之后在各种媒体应用中综合讨论这三个方面。

2.2.1 消费者

媒体消费者包括读者、观众、听众或(网络)冲浪者。他们选择是否订阅特定频道(假定需要付费)或购买杂志,以及选择花费多少时间和精力(部分取决于内容的质量、与内容的匹配程度,以及所携带的广告的数量和类型)。他们可能确实消费了多个频道,尽管在大多数媒体上,他们一次只能专注于一个频道。②在与频道互动时,消费者可能会在其中订阅一些广告,并可能会购买一些在其他情况下不会购买的东西。

鉴于对上一段提到的效应(从订阅费和广告水平到最终购买的映射方面)进行建模的复杂性,对文献进行大幅简化并不足为奇。最不过分的一种假设是,可以将广告干扰(或对广告曝光的渴望)货币化为美元。通常,假定所有消费者面对的每则广告有相同的估价/成本,而且它是频道广告量的线性函数。因此,观看频道 i 的全额价格为:

$$f_i = s_i + \gamma a_i, \ i = 1,2,\cdots,n。$$

其中, $s_i \geq 0$ 为订阅价格, a_i 是频道所携带的广告量, γ 是每条广告的(净)干扰量(如果广告是种享受的话则为负值)。③

考虑到这些,消费者对观看内容的选择取决于效用最大化。标准的假设是,消费者可以选择与哪个(单个)频道互动,因此,研究者经常使用离散选择模型(或空间竞争模型)的设定。这反映出,消费者通常一次只能使用一个频道,而这种单归属假设的引入是最近才被认识到的。的确,多归属消费者的选择模型非常复杂,并且其研究仍处于起步阶段(更多详细信息请参见第 2.4 节),即使这种做法可能随着互联网普及率的提高而变得更加普遍(参见本书第 10 章)。从广义上讲,消费者选择提供了替代产品的需求系统,因此选择频道 i 的消费者数量(将 $\mathbf{f}_{-i}$ 表示为其他平台价格的向量)为 $N_i(f_i;\mathbf{f}_{-i})$。该函数在第一个参数上递减,

---

① Hagiu and Jullien(2011)对此进行了深入分析,提供了一个第三方资助与消费者参与之间更一般性权衡的例子。
② 随着互联网的出现,跨媒体的多任务处理变得越来越普遍,尽管使用传统媒体有时也可以做到(在听广播的同时阅读报纸)。
③ 因此,这种干扰可能会从购买广告产品中扣除预期的消费者剩余。

随所有其他频道的全额价格向量中的每个元素递增。

尽管许多研究贡献依赖于离散选择模型,例如 Hotelling 双头垄断模型,Vickrey-Salop 圆周模型或 Logit 模型,但对 N_i 的另一种解释是,它测量了消费者对媒体平台的总投入时间或关注度(Dukes,2006;Gal-Or and Dukes,2003)。一些文献(Kind et al. ,2007,2009)使用了代表性的消费者模型。下面我们将对这些内容以及霍特林模型的拓展进行详细讨论,以允许考虑个人消费者对多个平台(多归属)的需求。

然后,我们根据消费者的最优化问题和所面临的全额价格,以标准方式(根据频道决策)衡量消费者剩余。

2.2.2　广告商

假设广告商从吸引消费者中获得一些收益。实际上,这应取决于吸引消费者的其他广告商的数量和类型,以及所吸引的消费者的类型和数量。这两种异质性通常都不予考虑。也就是说,第一,通常假设特定广告商从消费者那里获得的价值与获得该消费者的特定平台无关(因此忽略了匹配问题,例如摩托车杂志的读者比划船杂志的读者更可能对链条润滑剂感兴趣)。[①]第二,每个消费者的价值与广告接触到的消费者数量无关[②],因此广告的收益是不变的(例如,如果广告商的商品的边际生产成本不是恒定的话,情况就不会如此)。[③]　第三,产品市场的竞争受到抑制(因此,通用汽车的广告收益与福特是否也投放广告无关)。当广告来自不同部门且收入影响微不足道时,这种假设最站得住脚(因此,消费者购买牛排刀的可能性与他是否接受抵押贷款无关)。Dukes and Gal-Or(2003)、Gal-Or and Dukes(2003,2006)以及 Dukes(2004,2006)使用竞争性产品的广告投放来分析媒体。

除非明确存在相反的情况,否则我们将移除有限注意力和广告拥塞(Anderson and de Palma,2009;Van Zandt,2004)的假设,因此广告的回报率不取决于有多少其他广告商吸引到同一个人。

在这些假设下,我们可以按从高到低的标准方式对广告商的每位消费者的支付意愿进行排名,以生成广告商对每位消费者的展示次数的需求曲线。此外,当可以通过一个(单归属的)平台联系到每个消费者时,在任何平台上购买广告空间的决定都与其他平台无关。因此,针对消费者的单归属假设意味着广告商将广告投放在多个平台(即广告商是多归属的)上。

我们用 $v(a)$ 表示第 a 位广告商对每位消费者的支付意愿。如果一个平台吸引到了前 a 个广告商,则平台向每个消费者投放的每则广告价格为 $v(a)$,且平台从每个消费者那里获得的每则广告收入为 $R(a) = av(a)$,假设相应的边际收益 $R'(a)$ 以标准方式下降。

2.2.3　媒体平台

假定媒体平台可以最大化它们的利润。现在,我们将提供节目的成本(以及质量)抽象

[①] 对于例外情况,请参见前文讨论的有关目标定位的文献,例如 Athey et al. (2014)。

[②] 在通过需要根据花费在平台上的时间来衡量需求的模型中,需求的单位是消费者时间,并且需要假设单位时间的价值是恒定的。

[③] 正如 Rysman(2004)所指出的,广告商的每次浏览利润是恒定的。Crampes et al. (2009)是一个例外。

掉,于是在纯广告商资助的情况下(对于所有 i 而言,$s_i = 0$),利润为 $\pi_i = P_i a_i$,P_i 为平台 i 上广告的价格。在混合资助的情况下,利润为 $\pi_i = P_i a_i + s_i N_i$。我们将求解这些利润函数,并提出在寡头平台竞争中应对它们的简单方法。

2.2.4 其他参与者

可以肯定的是,在最终产品的生产中还有许多其他的行为人相互影响(例如广告代理商、像记者和节目生产者这样的内容生产者、有线电视供应商和分销商,以及有类似行为的人,参见第 7 章)。我们通常在分析中将这些问题放在一边,以便专注于我们在此关注的主要市场互动,即由平台主导的广告商和消费者之间的双边市场互动。

2.3 单归属消费者的均衡分析

我们从分析纯广告商资助的情况开始。出于技术原因,由于难以排除对纯公共物品(例如电视或广播信号)的访问以及对其进行定价,早期的广播行业采取这种商业模式。直到最近,随着信号干扰器和解扰器的出现,让受众为平台访问付费才变得在经济上可行。在更广泛的定价选择中,纯广告商资助也是一种均衡机制。

找到均衡的关键步骤是使用上文引入的结构来重新组合和重写平台的利润:

$$\begin{aligned}\pi_i &= P_i a_i \\ &= v(a_i)\ N_i(\gamma a_i; \gamma \mathbf{a}_{-i})\ a_i \\ &= R(a_i)\ N_i(\gamma a_i; \gamma \mathbf{a}_{-i}).\end{aligned}$$

就是说,利润是每则广告的价格和播出的广告量的乘积,可以将其重新分解为每个受众的广告利润乘以广告量,然后重新构建为每个受众的广告收入乘以受众数量。因此,通过将 a 视为策略变量,我们可以找到平台之间博弈的均衡状态。请注意,这意味着可以由平台选择用于广告的播出时间(或报纸版面),然后以市场能够承受的价格出售广告时间(或空间)。同样,由于 $v(a)$ 单调递减,因此我们可以将每个受众的每则广告价格视为策略变量。下面讨论了其他选择,例如选择广告价格本身。

这样,广告商资助情况下博弈的一阶条件就很容易表示(通过使 $\ln \pi_i$ 最大化)为两个弹性之间的相等(Anderson and Gabszewicz,2006),即每个受众的收入弹性和受众的需求弹性。等价地,以上标符号表示对自己广告产生的收入的导数:

$$\frac{R'}{R} = -\gamma\ \frac{N_i'}{N_i} \tag{2.1}$$

其中,$N_i' < 0$,表示需求函数相对于其第一个参数的导数(即全额价格)。式(2.1)强调了在广告令人讨厌的情况和受众喜爱广告的情况之间的关键区别。为了理解它,首先要假设受众是广告中性的,因此他们认为是否观看额外的广告没有差别。然后,平台会设置广告水平,以使每位受众的边际收益(R')为零。当广告水平不影响受众规模时,平台仅从其受众群体中获取最大收益。否则,将产生双边市场效应,平台将广告效应内部化,以提高受众的参与度。当 $\gamma > 0$(广告干扰存在)时,它们会将广告水平限制在边际收益为零的水平以下。

即使平台之间存在竞争,这也需要广告价格高于垄断水平。相反,对于 $\gamma < 0$,它们会通过提高广告水平来牺牲一些由每个受众带来的收入,吸引更多受众,以便将更多的广告交付给受众,减少向广告商收取的每则广告的费用。也就是说,尽管平台不会无限度地提高广告水平,但广告本身也被用作平台吸引力的一部分,因为要吸引更多有边际支付意愿的广告商,就不能让每位受众带来的收入下降过多。

对于具有 n 个平台的标准对称寡头模型,可以轻松评估式(2.1)的右侧,以提供解的某些特征。在 Vickrey(1964)[1] 和 Salop(1979)的圆周模型中,它是 $\gamma(n/t)$(Anderson and Gabszewicz,2006;Choi,2006),其中,t 是向受众的"运输成本"。在 Logit 模型(Anderson et al. ,1992)中,为 $\gamma[(n-1)/\mu n]$,其中,μ 为产品异质性的程度。[2]在这两种情况下[只要边际广告收入减少,$R'(a)/R(a)$ 都会减少],较多的广告干扰会导致每个平台的广告水平较低。由于平台对受众的市场势力更大,因此更大的异质性(分别为 t 或 μ)提高了广告水平。增加平台数 n 会降低广告水平。打个比方,广告对受众来说是价格,因此,随着竞争的加剧,这种价格自然会下降。因为广告需求曲线向下倾斜,所以这意味着对广告商索取的每位受众的广告价格实际上会随着竞争加剧而上涨(尽管广告价格可能不会这样,因为每个平台的受众基数已在合同上约定)。如第 2.4 节关于广告商的多归属和竞争中所述,当受众为多归属时,此结果可能会相反。

寡头分析也可以很容易地拓展到允许不对称平台的情况,受众需求函数中的不对称允许质量差异,从而对于任何给定的广告水平向量,更高的质量与更大数量的受众相关联。Anderson and Peitz(2014)运用加总博弈(aggregative games)的模型(包括 Logit 模型和其他需求模型)来为市场均衡提供许多特征化的结果。例如,较高质量的频道可以投放更多广告,但仍可以吸引更多的受众。[3]

上面的利润函数公式很容易拓展到向杂志读者收取订阅费的情况。例如,从每个读者那里都有两种收入来源:直接费用和广告收入。利润表达式变为:

$$\pi_i = [s_i + R(a_i)] N_i(f_i;\mathbf{f}_{-i})。$$

我们可以通过在保持读者人数不变的情况下,首先显示 s_i 和 a_i 的最佳分解,来递归确定解决方案(假设 s 和 a 是在平台之间同时满足纳什均衡的情况下确定的,此情况下消费者可观察到订阅价格和广告水平[4])。该做法将使我们能够约束均衡广告水平,然后确定订阅价格。换言之,固定 $f_i = \bar{f}_i$,从而在限制条件 $\bar{f}_i = s_i + \gamma a_i$ 的情况下最大化每位读者的总收入 $s_i + R(a_i)$,所以 $a_i^s = \arg\max \bar{f}_i - \gamma a_i + R(a_i)$。于是,$a_i^s \geq 0$ 可由 $R'(a^s) = \gamma$ 解得(Anderson and Coate,2005)。[5] 这意味着边际广告收入应等于读者的干扰成本:如果更低,则可以通过减少

---

① 相关分析在 Vickrey et al. (1999)中重现。

② 具有独立同分布的对数凹匹配密度(log-concave match densities)的其他离散选择模型也具有类似的性质,因为相应的表达式对 n 来说是递增的(Anderson et al. ,1995)。

③ 当我们在 2.3.4 讨论媒体市场中的跷板效应时,将更详细地讨论这一分析。

④ 例如,对于杂志来说,订阅价格很可能是在广告费之前确定的:为相应的两阶段博弈进行分析可能是值得的。另一个要发展的主题是报摊和年度订阅价格之间的价格歧视。

⑤ 结果在 Crampes et al. (2009)中被一般化到一个圆周市场结构和一般的广告厌恶函数。Anderson and Gans(2011)将结果拓展到受众人口 γ 的分布,于是,通过 γ 的平均值可确定 a^s。

广告并将干扰的减少货币化为订阅价格来增加总收入,反之亦然。这种关系体现了 Rysman(2009)提到的双边市场现象,即较强的广告侧(每位访客收入的增加)意味着另一侧的收益减少,因为这种情况更能吸引受众。

一个直接的结论是,如果 $R'(0) \leq \gamma$(如果广告需求疲弱和/或广告的厌恶成本很高,则这种情况会发生),则纯订阅定价的情况盛行。在这种情况下,订阅价格由寡头价格的标准勒纳/反弹性条件给出(标准的单边市场分析适用于该情况)。

请注意,如果读者喜欢广告($\gamma < 0$),则广告水平应高于垄断水平,即 $a^m = R'^{-1}(0)$。

之所以施加非负约束,是因为如果不这样做的话,读者将因订阅杂志而获得报酬,于是读者将(设法)订阅更多杂志(并扔掉多余的)以赚取补贴,这是不可持续的。现在假设 $s_i > 0$,并且 $R'(0) > \gamma$,以便至少有一些广告商资助,则利润函数为:

$$\pi_i = [s_i + R(a^s)] N_i(f_i; \mathbf{f}_{-i}) \tag{2.2}$$

其中,a^s 可由对于所有 i 以及 $f_i = s_i + \gamma a_i$ 的 $R'(a^s) = \gamma$ 解得。正如 Armstrong(2006)所指出的那样,尽管存在一个有趣的变形,但问题的结构对我们来说很熟悉。式(2.2)以及相应博弈及其解决方案,就像一个标准的寡头垄断问题一样,$R(a^s)$ 进入时就好像是边际成本为负!这是因为每个读者都拥有与其相关的收入。因此,可以从具有差异化产品的标准寡头垄断模型找到解决方案,但要注意的是,订阅价格不可为负。的确,尽管标准的寡头垄断模型会给出高于边际成本的价格,但这里(无约束)的解决方案只会给出高于 $-R(a^s)$ 的价格,这很可能会带来订阅价格的负值解。如果是这样,解决方案就是纯粹的广告商资助。当 a^s 超越免费服务所选择的广告水平①时,就会发生这种情况,并且上面已经将结果描述为每位读者的广告收入与读者需求之间的弹性相等。

上面的逻辑还可以将同一市场中付费服务和免费服务的共存解释为平台内容的函数。宽泛地讲,具有最大订阅需求弹性的媒体平台将是免费的,而其他平台将具有付费壁垒。随之而来的是,那些收取订阅费用的服务将比免费服务具有更低的广告水平,即 a^s。② Gabszewicz et al. (2012)使用垂直产品差异化模型表明,免费的低质量媒体平台可能与收取订阅费用的高质量媒体平台共存。Anderson and Peitz(2014)使用加总博弈公式,根据内容质量(指的是影响需求的有利因素)来确定何时以及哪个平台使用何种资助模式。低质量的平台更可能由广告商资助,而高质量的平台更可能收取订阅费用。

到目前为止,我们将吸引消费者的边际成本视为零。虽然这适合于广播、电视和互联网,但对于杂志和报纸而言,印刷成本很高。上面的分析适用于这些情况。实际上,可以将娱乐性页面每包含一个读者的成本记为 c_i,以及将广告页面的每个页面的每个读者的追加成本记为 c_a,因此利润函数变为:

---

① 假设服务在以下条件时将会是免费的:斜率 $RN_i' + N_i$ 在 a^s 处为负。此条件也可被改写为:$\dfrac{R'(a^s)}{R(a^s)} < -\gamma \dfrac{N_i'[a^s;(f_{-i})]}{N_i(a^s; f_{-i})}$。

② 回想一下,这里假定所有媒体受众对广告商都是等效的。如果付费媒体的消费者对广告更具吸引力,则可以调整该结论。

$$\pi_i = [s_i - c_i + R(a_i) - c_a a_i] N_i(f_i; \mathbf{f}_{-i}) 。$$

因此,对上面的分析使用 $\tilde{R}(a_i) = - c_i + R(a_i) - c_a a_i$ 来代替 $R(a_i)$ 即可。[1] 现在广告水平由 $\tilde{R}'(a^s) = \gamma$ 决定。$\gamma < 0$ 可能意味着定价低于成本,这将在下一部分中介绍。

2.3.1　广告收入/订阅收入平衡

本部分既提供了针对经校准的垄断示例的均衡资助模型的描述,又说明了双边市场定价的一些关键特征。本部分还提供了有关市场商业模型如何响应市场两侧需求强度变化的结论。[2]

假设市场需求为线性,那么 $v(a) = 1 - a$,因此 $R'(a) = 1 - 2a$。在任何包含广告和订阅的均衡状态下, $a^s = (1 - \gamma)/2$,所以 $R(a^s) = (1 - \gamma^2)/4$,并且订阅价格由 $1 + [R(a^s) + s][N'(f)/N(f)] = 0$ 解得。

现在定义一个对媒体的线性消费者需求函数, $N(f) = 1 - f$,其中 $f = s + \gamma a$。那么 $s > 0$ 可由 $1 - s - \gamma a^s - [R(a^s) + s] = 0$ 解得,或者:

$$s = \frac{1}{8}(3 - 2\gamma + 3\gamma^2) 。$$

当 $s = 0$ 时,我们得到纯广告商资助情形。该情形可由 $R'/R = - \gamma(N_i'/N_i)$ 解得,所以:

$$\frac{1 - 2a}{a(1 - a)} = \frac{\gamma}{1 - \gamma a} 。$$

当 $\gamma \geq 1$ 时,均衡为纯订阅。于是,给定线性需求, $s = f = 1/2$。作为 γ 的函数的均衡状态值的解在图 2.1 和图 2.2 中给出。图 2.1 显示了双边市场上的参与度,即包含广告商和消费者层面。两者都随 γ 减小而减小,一直到 $\gamma = 1$,在这之后没有广告商的参与,并且订阅用户数量在纯订阅机制中是恒定的。换句话说,喜欢广告的消费者越多(γ 为负意味着喜爱广告,因此市场互动就涉及双边正外部性),双方的参与度就越高。请注意,对于 $\gamma < - 1$,(消费者)对广告的偏好非常强烈,以至于广告商的数量超过 1,这可以解释为广告的定价低于交付的边际成本(例如印刷成本)。在双边环境中,这是有道理的,因为当广告吸引人时,可以向读者收取更多有关媒体产品的费用。例如,一些报纸免费提供一些广告(例如分类广告),而某些老爷车杂志则免费提供广告,消费者贡献了所有平台的收入。

---

[1] 我们也可以把一些固定成本作为广告商数量的递增函数(如销售人员寻找广告商的努力,等等),这在实证上可能很重要。

[2] 这部分材料基于 Anderson and Shi(2015)。

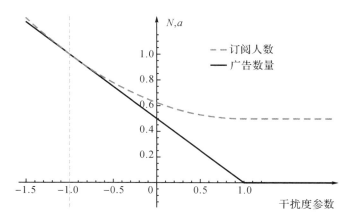

图 2.1 双边市场上的参与度

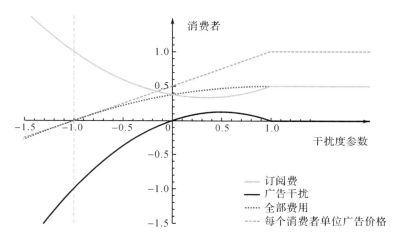

图 2.2 双边市场上的价格

图 2.2 显示了双边市场上的价格(p 和 s),并且进一步将消费者支付的全部费用分解为订阅费和广告干扰(或收益,在该值为负的情况下)。请注意,$\gamma < -1$ 时的广告价格为负(如上所述)。对于 $\gamma < 0$,喜欢广告的消费者越多,则投放的广告就越多,甚至定价低于边际成本。这是从双边市场分析得出的想法,即对市场的一侧进行补贴,以从另一侧攫取更多:随着消费者越来越喜欢广告,他们被收取越来越高的订阅费用。

随着 γ 的升高,对每个消费者投放的每则广告的价格 p 和消费者的全额价格 f 也会升高(与参与度的下降一致)。[1] 在这里,f 的分解很有趣:因为当 $\gamma > 0$ 时,总的广告干扰会升高,然后随着广告的消失而下降,订阅费先降后升,以使全额价格上涨。在下一个示例中,我们将更加明显地看到 s 呈 U 形,这表明特定的订阅价格可以与广告喜爱水平以及广告厌恶水平一致。当广告干扰很大时,消费者需承担较高价格来跳过广告;但是,当消费者喜欢广告时,可以向他们收取较高费用来提供很多广告。

杂志行业最近的一项显著发展是订阅价格的下降以及在商业模式中倾向于广告商资助

---

[1] 尽管市场价格上涨,但平台利润却与 γ 一起下降,应用包络定理可以更清楚地看出这一点。

的趋势。图 2.3 描绘了订阅收入与广告收入之比和 γ 的关系。高于上限 ($\gamma = 1$) 时,则没有广告收入,而低于下限 ($\gamma = -1$) 时,则净广告收入为负。广告收入的比例在 $\gamma = 0$ 左右的中间区域最高,即从每个消费者那里获得的广告收入达到最大。若存在较高的广告干扰度,会存在较少的广告,而收入更多地从订阅价格中获取,而对于爱好广告的情况来说,存在如此之多的广告,以至于每则广告都只能收取很少的费用,来吸引大量的广告,因此从广告中受益的消费者要为此付出很多。

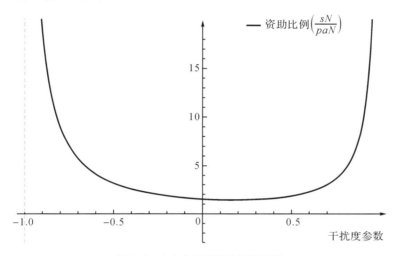

图 2.3 来自市场两侧的资助比例

对于图 2.1、图 2.2、图 2.3 的参数,订阅价格始终为正。对于足够强劲的广告需求而言,情况并非如此。图 2.4 和图 2.5 分别描述了较强的广告需求 $v(a) = 3 - a$(以及与前文相同的消费者需求,$N = 1 - f$)的均衡参与度和价格。这些参数导致所有三种依赖于 γ 的机制被设置为均衡商业模型。当订阅价格为零时,新机制(纯广告商资助)出现在中部。与前文的描述一致,双方在市场中的均衡参与度随 γ 下降而下降,并反映在每位消费者的广告价格上涨和消费者全额价格上涨的情况上。当 $s = 0$ 时,参与率就会出现转折,并且该机制转移到仅存在广告商资助的情况。再次可以看到,为了使消费者的全额价格上涨,订阅价格呈 U 形。

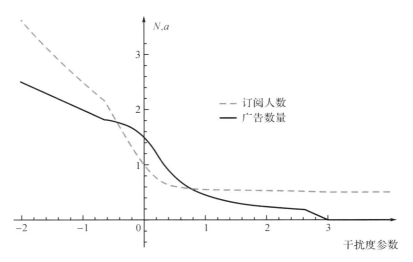

图 2.4　广告需求强劲时双边市场上的参与度

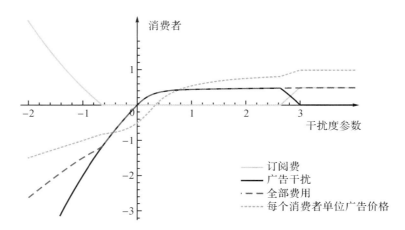

图 2.5　广告需求强劲时双边市场上的价格

2.3.2　代表性消费者模型

有些研究使用代表性消费者方法来对媒体经济学中的消费者方进行建模。[①] 这样做有其利弊。将明显存在异质性的个体及其选择加总在一起会掩盖什么？鉴于某些消费者是多归属的，并将与所有消费者都是单归属的情况产生巨大的差异，这个问题尤为重要。代表性消费者消费了所有平台上的某些产品，并且在广告商方面，需要假定无论是否在其他平台上出现了广告，广告在每个平台上的定价方式相同。这种做法与单归属分解方法一致。因此，在一种解释下，代表性消费者不是传统的汇总分散行为的代表，而是观看多个频道的典型消费者。这带来了该方法的好处，即它可以为消费者端提供多归属模型，并允许跨平台分配时间/注意力。但是，还必须假定任何多归属广告商都将广告同时放在所有频道上，这样就不会出现消费者看到同一广告商的多则广告的问题。请注意，这些问题在由 Anderson and Peitz

---

① 参见 Dewenter et al.（2011）、Cunningham and Alexander（2004）、Godes et al.（2009），以及下文引用的其他论文。

（2014）设计的广告拥塞方法中很普遍，我们将在下文中进行详细描述。因此，该模型可能适合电视（其中一个消费者在任何给定时间，合理情况下最多只能观看一个频道），而不是杂志，因为广告在杂志上并非短暂性地存在。或者，确实可以假设消费者对任何广告的反应与他看到广告的次数无关。有利的一面是，探索替代性的设定并检查结果的稳健性是十分重要的。

这里还存在两个重要议题。第一个议题是，我们通常假设一种媒体消费需要每单位时间恒定的货币价格。但是，大多数电视频道都可以在按期订阅后随心所欲地观看。第二个议题涉及经常使用的效用/需求函数，该函数基于 Shubik and Levitan（1980）的线性需求系统。这个特殊的需求系统在处理新产品进入过程中，产生了一些反常的比较静态结果，由此受到诟病：这一点在产生它的隐含的代表性消费者方法中变得很明显，它通过产品本身的数量产生额外的交互作用。①

Kind et al.（2007）考虑了 Shubik and Levitan（1980）提到的一种代表性消费者二次效用函数，并采用了三阶段博弈结构：首先，平台设置了广告空间②；然后，广告商选择在每个平台上投放多少广告；最后，消费者做出观看选择。广告商可能是异质性的，但是每个广告商在频道上的单位受众每小时观看单位广告的回报率是固定的（无论看到了多少广告以及该广告是否在其他频道上投放）。广告商数量有限，由于它们在消费者观察其选择之前就采取了行动，每个广告商都会内化其广告水平对受众消费水平的负面影响。分析的结果之一是，平台越多，广告商的利润就越少。该结果在很大程度上与分解模型的分析一致：平台提高了每个受众需支付的费用，以减少广告的干扰，这就是它们争取受众的方式。这种效应会减少单位受众的广告商剩余［因为可以覆盖更多的受众（视广告需求函数形式而定）。如果没有覆盖市场，这种影响可能会被抵消］。尽管在代表性消费者的情景中，该机制与自身广告干扰的（部分）内化有些不同，但是当平台更多时，该效应仍然会降低广告水平。

Kind et al.（2009）拓展了模型来考虑混合资助的情况。该文与 Kind et al.（2007）的另一个区别是平台在第一阶段设定（线性）广告价格（每则广告）单位，以及收看一小时节目的价格。由于博弈时序（广告商将广告对受众选择的影响内化），Kind et al.（2009）打破了通常分解模型产生的 $R'(a) = \gamma$ 关系。这改变了一些特征结果。例如，广告量越大，平台之间的差异就越小（使用标准模型，每个平台的广告水平将不会受到影响，尽管实际上在市场被部分覆盖的情况下，消费者观看的广告分钟数的总水平通常会随着更多市场被覆盖而上升）。Kind et al.（2009）还探讨了竞争者的数量如何影响均衡状态下的资助均衡。尽管更多的竞争会降低两种来源（消费者和广告商）的收入，但消费者贡献的份额随着平台数量的增加而增加。

2.3.3　竞争瓶颈

截至目前的单归属假设意味着每个平台在将其独家受众提供给广告商方面都具有垄断地位。尽管广告干扰使受众产生竞争，但对于广告商而言没有直接竞争。这种假设催生了

---

① 尽管如此，Kind et al.（2009）认为其结果对于确切说明消费者的偏好是可靠的。
② 研究者已经注意到，如果改为在此处选择广告价格，则其主要结果仍然保持不变。

市场上所谓的竞争瓶颈(Armstrong,2002,2006;Armstrong and Wright,2007),这体现在单位广告价格超过了针对广告商需求曲线的垄断价格,即 $v(a^m)$,其中 a^m 由 $R'(a^m) = 0$ 解得。进而,这会产生一些并非在所有情况下都适用的强预测,也将讨论带入受众多归属的均衡效应,这在下一部分将继续讨论。这些异常首先由 Ambrus and Reisinger(2006)指出,然后在 Anderson et al.(2012b)中得到了进一步讨论。

第一,如果允许公共广播电台播放广告,那么私人广播电台的境况会更好,因为私人广播电台会选中一些由于公共频道上的广告干扰而转移的消费者。在消费者是单归属的情况下,没有直接针对多归属广告商的竞争。Anderson et al.(2015b)提供了一些零星证据表明,私人广播电台并不喜欢公共频道上的广告。①

第二,额外的商业广播公司进入市场会提高每个消费者的均衡广告价格,尽管我们通常预期通过更多竞争来降低价格。上面已经讨论过的这种效果源于通过广告水平对消费者加以竞争,而广告水平是消费者承担的有效价格。这些"价格"确实下降了(就像在标准的单边市场竞争加剧时价格下降了一样),但是也意味着随着广告商的需求曲线上移。与价格变化方向相反的是双边媒体市场中跷板效应的一个例子,我们在 2.3.4 中将进一步讨论它。

第三,兼并降低了每个消费者的广告价格,因为兼并后的实体提高了广告水平(类似于提高标准市场中消费者支付的费用)。此外,当兼并后的实体获得较小的市场基础时,其价格就会下跌。关于这种影响的证据参差不齐(见第 8 章和第 9 章)。第 6 章将进一步讨论媒体市场的兼并。在单归属案例中思考这些难题时会出现的一个说法是,双边市场与单边市场完全不同。即使对某一个变化(例如兼并)的均衡反应在市场的一边(上述示例中的消费者一侧)具有预期的变化,但在另一侧可能具有相反的效果。Anderson and Peitz(2014)将这种现象称为跷板效应(见 2.3.4),并举例说明了消费者为单归属时发生的几种情况。

第四,Ambrus and Reisinger(2006)指出的 ITV 溢价,即有着更多受众的节目的广告价格成比例地提高。这些节目可能吸引了那些很难选择其他节目的消费者,因此(与其他难题一样),这可以用多归属消费者的存在来解释,我们将在第 2.4 节中讨论这一点。

2.3.4 媒体市场中的跷板效应

当市场基本面的变化导致平台所服务的一组行为个体的境况好转而另一组境况更差时,就会出现跷板效应(Anderson and Peitz,2014)。在媒体环境中,广告商的境况可能会变好,而消费者的境况会变得更糟,这也因此在有关平台的政策改变或立法时催生利益冲突。

在标准市场中,通常存在冲突,即变化(例如厂商退出)可能使厂商状况变好,而消费者状况变差。在双边市场中,有三组行为个体进行交互。出乎意料的是,对平台有利的事情也可能对其中一组个体(通常是广告商,因此也算在平台方面)有利。兼并的后果将在第 6 章中进行介绍。

Anderson and Peitz(2014)在具有竞争性瓶颈的双边媒体市场环境中应用了一个加总博

---

① 本书第 7 章对公共广播进行了生动的讨论。在此,我们不涉及公共广播公司的复杂目标函数以及如何对其行为进行建模。就当前的比较而言,我们仅假设其从不带广告变为带广告。

弈框架,以求解谁是市场环境变化(例如兼并等)的赢家和输家。[①]激发研究的问题是何时会出现跷板效应,例如广告商的境况好转,而消费者因某些变化而境况恶化。这直指双向交互的核心。

根本的权衡在广告商需求曲线中以基本方式体现出来。为每个受众提供每则广告的成本在纵轴上,而广告数量在横轴上。但是,广告数量也代表了消费者在免费广播中承担的广告干扰的"价格"。因此,沿广告需求曲线的任何下降都会使广告商的境况变得更好,而消费者的境况会变得更糟。

考虑平台之间的兼并,只要广告水平(策略变量)是策略互补的,这样的兼并就能使包括兼并实体在内的所有平台变得更好(因此不存在兼并悖论——类似于在标准的单边市场中与替代产品的伯特兰德竞争模型)。广告商会发生什么取决于广告是对消费者造成干扰,还是他们所期望的。在这两种情况下,广告水平都接近垄断水平,即在 $\gamma > 0$ 时上升,而在 $\gamma < 0$ 时下降。在这两种情况下,消费者的处境都更糟。当 $\gamma > 0$ 时,由于为每位受众提供每则广告的成本下降,因此广告商的境况会更好(因此有明显的跷板效应)。但是,较少的广告受众减少了这种影响。如 Anderson and Peitz(2014)所示,广告商剩余在不参与兼并的平台上增加,但兼并后的平台对广告商剩余的影响更为微妙。但是,在某些情况下,广告商剩余会增加,因此总效果是明确的,并且在操作中会产生跷板效应。对于 $\gamma < 0$,效应朝相反的方向发展,因此兼并对平台两侧的所有参与者都是不利的。这些结果凸显了这样一种观念,即厂商与它们所服务的群体之间的传统冲突在双边市场中更加复杂。跷板效应将这一点体现了出来。

市场进入也涉及 $\gamma > 0$ 时的跷板效应。消费者此时的境况更好(广告商种类更多,竞争更激烈),但如果进入者平台规模较小且市场足够接近被完全覆盖,则广告商的境况会更差。但是,对于 $\gamma < 0$ 的情况(消费者喜爱广告),消费者和广告商在市场进入方面的利益是一致的,对广告都采取欢迎态度。

当 $\gamma > 0$ 时,限制平台的广告水平(例如公共广播公司)会产生明显的跷板效应。消费者对广告减少的满意度更高(因为私营厂商在面对争取受众的激烈竞争时,选择更低水平的广告干扰来回应)。不过,出于双重原因,广告商的处境更糟:需求转移到公共频道,由此被剥夺了与受众的沟通,同时其他地方的广告价格较高,伴随着受众减少。

对于混合资助市场,Anderson and Peitz(2014)考虑平台之间的不对称性,以表明均衡消费者数量较多的平台具有较高的订阅价格,因为它们为消费者提供较高质量。[②] 所有订阅价格为正的平台,根据我们之前的结果,设定相同的广告水平。质量过低的平台将订阅价格设为零(出于前面讨论的原因,假定负价是不可行的),质量越低,支持的广告水平就越低。

现在假设平台通过订阅价格和广告的混合方式来获得资助,并考虑兼并的情况。然后,

---

① 遵循 Selten(1970)的加总博弈具有简化的结构,即平台的收益可以简单地写成自己行动和加总量的函数,而加总量是所有平台行动的总和。明智地选择加总量可以使大量博弈成为加总博弈。该方法的一个好处是可以很好地处理跨平台的异质性,例如节目内在质量的异质性,从而能够给出均衡状态下的清晰的截面特征。参见 Acemoglu and Jensen(2013)以及 Anderson et al.(2013a)以了解有关加总博弈的更多详情。
② Anderson and de Palma(2001)得出了差异化产品寡头垄断情况下的类似结果。

就像纯广告商资助的情况一样,所有平台上的广告水平在 $\gamma > 0$ 时上升,在 $\gamma < 0$ 时下降。在这两种情况下,消费者的境况都变差,而所有平台的境况都变好。对广告商的结果也与以前一样:例如,如果所有平台的质量都相同,则存在 $\gamma > 0$ 的跷板效应(广告商境况更好)。跷板效应在其他方法中也很明显。例如,Kind et al.(2007)(考虑 $\gamma > 0$ 的情况)发现市场进入虽然会增加消费者剩余,但会减少广告商剩余。①

2.3.5 异质性的广告干扰成本、价格歧视和广告剥离技术

广告的干扰因消费者而异。这带来了问题:平台可能会提供不同的订阅价格和广告干扰组合,而消费者或能使用技术来消除广告干扰。由此,均衡状态下那些被广告干扰较多的消费者消费了更少的产品。

这包括了二级价格歧视问题。平台可以提供不同的"合约",并邀请消费者进行选择。Tag(2009)分析了允许两种选择的垄断,将其限制为纯广告节目和无广告(纯订阅)选项。保有订阅选项会为那些仍然选择纯广告选项的用户带来更多的广告投放,这是对"恐吓"那些受高强度广告干扰的消费者,使他们自我选择进入有着丰厚利润的订阅部分的经典阐释(可追溯到 Dupuit,1849)。虽然在 Tag(2009)的参数化示例中,总消费者剩余有所减少,然而,尽管消费者基群较小,但广告商的剩余通过降低向每位消费者投放广告的成本而增加。

Anderson and Gans(2011)通过允许消费者选择昂贵的广告移除技术(例如 TiVo②),发现了与 Tag(2009)类似的结果。厌恶广告的消费者选择 TiVo 导致了一个非歧视性平台的出现,它可以为剩余的(较不厌恶广告的)消费者设定较高的广告水平,因为他们对广告的敏感度较低。广告移除(抽取内容而不承担消费广告的价格)可能会降低福利和节目质量。③Stühmeier and Wenzel(2011)进一步考察了广告屏蔽这一主题。

不同的文献还考虑了混合市场,其中不同的平台专注于根据广告敏感度来服务不同的消费者。Anderson(2003)and Lin(2011)研究了包含只使用订阅价格的广播公司和免费的广播公司的混合双头垄断。Weeds(2013)将分析拓展到混合双头垄断中的质量竞争,包括免费广播公司和使用混合资助的广播公司之间的竞争。

2.3.6 广告商资助中的市场失灵

由市场势力造成的市场失灵在单边市场的寡头垄断中已得到充分证实。因此,纯订阅资助机制会遭受价格过高和所服务市场太小的困扰。现在考虑混合资助机制。同样,寡头定价会导致站点访问者不足。在混合资助情况下的广告水平可由 $R'(a^s) = \gamma$ 解得。但是,额外广告的社会收益是需求价格,即 $v(a)[> R'(a)]$,再加上由额外广告降低了广告的市场价格所导致的广告商的额外剩余。这种包容性的社会效益在最佳情况下应等于干扰成本 γ。这意味着广告的市场供应低于最优,因为社会收益超过了私人收益。同样,这一次在广告市

---

① 作为一篇发表在《营销学》上的论文,Kind et al.(2009)并未将福利分析纳入考虑,尽管我们预期在这种情况下也会产生类似的跷板效应。它与 Kind et al.(2007)有所不同,因为它考虑了混合资助机制。
② 译者注:Tivo 为美国企业开发的电视内置录影技术。
③ 另请参见 Shah(2011),以了解有关广告屏蔽以及时移消费的更多信息。

场中,定价过高是对市场势力的常见担忧。

考虑纯粹的广告商资助,其结果(广告太多或太少)模棱两可。要理解这一点,首先假设 $\gamma = 0$,所以读者对广告采取中立态度。然后,最优解允许所有广告对广告商都具有正的利益,因此 $v(a) = 0$。市场解决方案提供了较低的广告水平,其中 $R'(a) = 0$。在另一个极端,如果 $\gamma > v(0)$,则最优解中完全没有广告,因为广告所造成的干扰完全超过了最高广告需求价格。但是,在纯广告商资助的情况下,市场总是会投放一些广告,因为它们是唯一的利润来源。在这两个极端之间,对于较小的 γ,广告将很少;而对于足够大的 γ,广告则太多(Anderson and Coate,2005)。

2.3.7　替代均衡概念:价格与数量

到目前为止提出的模型遵循了大多数论文所采用的惯例,即媒体平台选择广告投放的数量(电视的时间长度、报纸的版面数等),并且消费者可以观察到这种选择。正如上文已经指出的那样,这种假设意味着我们可能会认为选择 a 与选择垂直质量维度相似。尽管媒体直接选择 a 的假设对于传统媒体来说可能是合理的,但对于现代媒体来说却是值得怀疑的。例如,网页上的广告显示量可以随着对广告位的需求的短期波动而变化。广告位的拍卖通常会设定保留价,以使一些广告位空置。Armstrong(2006)和 Crampes et al.(2009)考虑了一种替代方案,即平台确定广告价格 P_i 并调整数量 a_i,以出清广告市场。

如果平台选择其 P_i,则情况将变得更类似于标准的双边市场,在该市场上,一边的需求取决于另一边的需求。虽然平台 i 的利润仍然是 $\pi_i = P_i a_i$,但是确定数量 a_i 要求解决一个复杂的不动点问题,这样才能获得作为价格函数的广告水平。例如,在我们的基本模型中,这需要用反函数方程组:

$$P_i = v(a_i) \, N_i(\gamma a_i ; \boldsymbol{\gamma} \mathbf{a}_{-i}) \; ; i = 1, 2, \cdots, n_{\circ}$$

通过这种操作,我们可以以价格函数 $a_i = A_i(P_i ; \mathbf{P}_{-i})$ 的形式获得广告数量。广告的价格设定是否会导致广告数量少于或多于设定的情形,这取决于干扰项 γ 的符号。为此,请考虑一下广告数量的少量增加对需求的影响。在定量博弈中,对订阅的影响只是 $\gamma N_i'(\gamma a_i ; \boldsymbol{\gamma} \mathbf{a}_{-i})$,其中 N_i' 表示相对于第一个变量的导数。然而,在定价博弈中,需求在其他平台之间转移。当干扰成本(γ)为正时,这种需求转移将吸引更多的广告商进入竞争平台。这种效应减轻了平台 i 的广告对其订阅的负面影响。因此,当消费者不喜欢广告时,订阅需求对广告变得不那么敏感,结果是定价下的广告均衡水平将高于定量下的均衡水平。如果消费者喜欢广告,则相反。因此,当 $\gamma > 0$ 时,广告商的价格竞争会导致对广告商来说更具竞争性的结果。

类似的直觉性解释适用于订阅价格对需求的影响。当平台确定广告价格并且广告是干扰(令人厌恶的)时,订阅需求比平台确定广告数量时的价格弹性要小。在这种情况下,Armstrong(2006)和 Crampes et al.(2009)得出结论,均衡状态下的订阅价格将更高。因此,当 $\gamma > 0$ 时,广告商的价格竞争会导致消费者的竞争结果减弱。在这两种模型中,采用混合资助的平台的广告均衡水平不受广告商竞争性质(价格或数量)的影响。[1]

2.3.8 消费者信息

另一个受到质疑和分析的假设是消费者在光顾媒体平台之前是否可以观察到广告数量。不可观察性在某些情况下或比其他情况更适用。Gabszewicz and Wauthy(2004,2014)考虑了一类均衡,即当双方[2]都没有观察到对方的价格和活动水平时,对对方的行为模式持固定的信念(然而,这些信念在均衡中是一致的)。这被称为被动信念。[3]为了了解其形成机制,假设在我们的基本模型中,消费者在决定是否消费以及使用何种平台之前没有观察到广告数量。然后,如果平台实际决定选择一些不同的 a_i,则期望的某些水平的 a_i^e 不会改变。在这种被动信念的情况下,订阅需求不会响应广告投放的实际选择。同时,利润为:

$$R(a_i)\ N_i(\gamma a_i^e;\boldsymbol{\gamma}\mathbf{a}_{-i}^e)。$$

从平台的角度来看,由于需求是固定的,因此广告的均衡水平使每个消费者的收入 $R(a)$ 最大化,而且在满足 $R'(a^m)=0$ 的情况下被设定为垄断水平 a^m。因此,在被动信念下,我们获得了与广告水平可见时相比更高的广告水平。正如 Anderson(2013b,2015b)等所强调的那样,这会导致敲竹杠问题。一旦消费者承诺使用平台后,该平台将设定垄断广告水平。

消费者可以合理预期这种高水平的广告投放,并将需求调整为 $N_i(\gamma a^m;\gamma a^m)$。尤其是,在被动信念下,消费者的总体参与度会降低,而广告商的参与度会提高。

2.3.9 非线性定价和隔离均衡

在大多数涉及某种形式的网络外部性的行业中,公司制定旨在促进消费者协作、提高正的网络外部性利益或降低负的外部性成本的商业策略。其应对外部性和获取所创造的价值的能力尤其取决于定价工具(White and Weyl,2015)。

由于存在双边的外部性,平台通常会选择复杂的定价,(至少隐含地)包括取决于市场另一边参与度的定价。例如,点击率决定广告商根据消费者参与度支付的总费用,或者信用卡费用将商家的付费与交易价值相绑定。正如 Armstrong(2006)所指出的那样,允许定价取决于对方的行动,导致定价博弈存在多重均衡。

例如,假设在广告商资助的模式中,平台向广告商提出两部分定价,要求广告商支付的费用 $P_i=f_i+p_iN_i$。于是针对给定的定价,广告水平可由以下方程解得:

$$f_i+p_iN_i(\gamma a_i;\boldsymbol{\gamma}\mathbf{a}_{-i})=v(a_i)N_i(\gamma a_i;\boldsymbol{\gamma}\mathbf{a}_{-i});i=1,2,\cdots \tag{2.3}$$

让我们固定除平台 i 以外的所有定价,在以下条件的限制下,平台 i 有利润 $R(a_i)$ $N_i(\gamma a_i;\boldsymbol{\gamma}\mathbf{a}_{-i})$:

---

[1] 其原因是,对于任何给定的剩余需求,最好设定广告价格,以在假设广告商价值与受众群体呈线性关系的前提下,令广告数量可使广告商与消费者的共同剩余 $R'(a)=\gamma$ 最大化,该剩余与消费者的市场份额无关。

[2] 就媒体而言,双方是广告商和消费者:Gabszewicz and Wauthy(2004,2014)在买卖双方持有和接受信用卡的背景下,考虑了双边正外部性。2014 年的论文设定了单归属,而 2004 年的论文则考虑了多归属。另请参阅 2.4.3。

[3] 另请参见 Ferrando et al.(2008)和 Gabszewicz et al.(2012)。这个概念由 Katz and Shapiro(1985)提出。Hagiu and Halaburda(2014)在一个双边市场中提供了一种一般化的处理方法,可以混合两种类型的消费者期望。Hurkens and Lopez(2014)在电话行业的环境下研究了双边市场中的信念形成。

$$v(a_j) = \frac{f_j}{N_j(\gamma a_j; \boldsymbol{\gamma}\mathbf{a}_{-j})} + p_j, \; j \neq i \tag{2.4}$$

只有 a_i 进入了利润和限制条件。尤其是任何满足式(2.3)的固定费用 f_i 和 p_i 的组合都是平台 i 对竞争平台定价的潜在最优回应。在这个自由度下,我们可以找到多重均衡。

为此,假设除平台 i 以外的所有其他平台都选择零固定费用。那么,对于任何平台 $j \neq i$ 来说, $a_j = v^{-1}(p_j)$ 都不依赖平台 i 的策略。平台 i 需解决的问题是在式(2.3)下最大化 $v(a_i)$ $N_i(\gamma a_i; \boldsymbol{\gamma}\mathbf{a}_{-i})$。产生所需广告水平的 f_i 和 p_i 的任何组合都是对个体最优的。因此,平台 i 可以选择 $f_i = 0$。因此,存在一个均衡,其中所有平台都将固定费用设定为零。因为在这种情况下,选择 p_i 等于选择 a_i,所以该均衡与上述数量设置博弈的均衡一致。

相反,假设所有平台 $j \neq i$ 选择 $p_j = 0$ 的固定费用。平台 i 的问题是在式(2.3)和式(2.4)下最大化 $v(a_i) N_i(\gamma a_i; \boldsymbol{\gamma}\mathbf{a}_{-i})$。同样地,任何产生广告 a_i 的期望水平的 f_i 和 p_i 的任何组合都是最优的(并且给 a_{-i} 提供相同的值)。因此,平台 i 可以选择 $p_i = 0$。当所有平台都选择 $p_i = 0$ 时,情况对应于上面讨论的价格设置博弈。

正如 Armstrong(2006)所示,存在一系列可以由每个平台的单位消费者定价 p_i 的斜率来标记的连续统均衡。①这为应用提出了两个问题。在某些情况下,定价的选择自然会遵循商业行为的引导。在这种情况下,人们想了解激励平台选择某些定价的因素,无论它们出于实施问题还是更多的战略考虑。在其他情况下,类似的指引很少,我们需要一些理论才能继续。

为了解决这个问题,Weyl(2010)以及 White and Weyl(2015)提出了隔离均衡的概念。这些研究选择某种定价的动机,是通过设置能够抵消另一方参与者对行为人决定产生的影响的定价,来改善双方之间的协调,并称其为隔离。

要了解其含义,请考虑垄断平台的情况。消费者的参与取决于他们对广告水平的预期。我们在上面看到,结果取决于消费者是否观察到广告水平。于是,垄断企业将希望以能使协调过程保持稳健的方式实现给定的参与度。在上述模型中,这很容易实现:该平台只需向消费者提供给定广告水平的定价,其形式为 $f_i - \gamma a_i$。在这种情况下,选择平台的全额价格与广告水平无关,因此该平台可以预测需求为 $N_i(f_i)$,这与广告方面的情况无关。通过设定每个消费者的价格 p_i,也可以隔离广告商的参与(见下文)。Weyl(2010)将这种定价称为隔离定价,并表明对于垄断而言,隔离定价的选择等同于市场每一边的广告量选择。

White and Weyl(2015)将这一概念拓展到了寡头垄断:平台试图通过将每一边需求的隔离于另一边来确保需求,这从直觉上讲意味着当一边的需求发生变化时,另一边的需求保持恒定(请见下面的说明)。平台面临的困难是双重的。一方面,平台必须考虑不同竞争对手提供的定价,以便隔离只针对于给定竞争对手在市场同一边的定价(此处为消费者)。因此,平台只能使消费者需求与针对广告商的定价变化保持隔离。同时,外部选择权对消费者的价值取决于所有平台的广告水平。这意味着该平台可能需要使价格取决于所有广告水平,尽管我们将看到并非总是如此。严谨地说,假设每个平台都可以向广告客户提供费率 $P(N_i;$

---

① Reisinger(2014)提出了一种基于个体交易量异质性的解法。

$\mathbf{N}_{-i}$），具体取决于消费者分配。另一方面，每个平台都可以向消费者提供定价 $S_i(a_i;\mathbf{a}_{-i})$，这取决于所有平台上广告水平的向量。①研究表明，如果满足以下两个条件，则平台 i 的定价对于给定竞争对手的定价是隔离的：

（1）定价 $P_i(N_i;\mathbf{N}_{-i})$ 使得在给定其他广告定价 $\mathbf{P}_{-i}$ 的情况下，广告需求 a_i 独立于 $\mathbf{N}$。

（2）定价 $S_i(a_i;\mathbf{a}_{-i})$ 使得在给定其他消费者定价 $\mathbf{S}_{-i}$ 的情况下，消费者需求 N_i 独立于 $\mathbf{a}$。

研究表明，对于任何竞争者的定价，都存在一个隔离的最优反应，然后将隔离的均衡定义为定价中竞争博弈的均衡，从而所有平台都提供隔离定价。

隔离定价具有以下性质：均衡对于双方协作和期望形成的假设是稳健的。因此，它们可以被视为适用于平台拥有足够工具来克服任何协作问题，并在其剩余需求曲线上实现任何合意的分配的工具。

为了说明这一概念，让我们考虑上面的混合资助模式。首先考虑广告商。由于广告数量为 a_i 的边际广告商的利益是 $v(a_i)N_i$，因此很明显，隔离定价采取 $P_i(N_i;\mathbf{N}_{-i})=p_iN_i$ 的形式。因此，媒体可以设定每个用户（每个读者/每个受众/每次点击）p_i 的价格。因此，广告数量为 $a_i=v^{-1}(p_i)$，且与消费者需求无关。由于广告商的每位消费者价值恒定，因此选择每位用户的价格与选择广告数量 a_i 是等价的。②

现在考虑消费者一边。平台 i 面对的需求为：

$$N_i\big[S_i(a_i;\mathbf{a}_{-i})+\gamma a_i;\mathbf{S}_{-i}+\boldsymbol{\gamma}\mathbf{a}_{-i}\big]。$$

直观地讲，如果所有竞争者都提出了定价 $S_j=f_j-\gamma a_j$，则平台 i 的隔离定价也采用 $S_i=f_i-\gamma a_i$ 的形式，因为这样的需求是 $N_i(f_i;\mathbf{f}_{-i})$，与广告水平无关。由此可见，我们之前通过讨论选择广告数量和订阅价格的平台得出的均衡是一个隔离的均衡（Anderson and Coate，2005）。在某些一般条件下，可以证明它是唯一的隔离均衡。③

这表明，在某些情况下，隔离均衡可能具有简单而吸引人的结构。特别是当消费者是单归属时，它为数量设置博弈提供了一些支持，因为价格设置博弈不会产生隔离均衡。

2.4 多归属消费者

第 2.3 节中描述的模型假定每个媒体消费者仅选择一个平台。但是，广告商选择将其广告投放于多个平台。消费者的行为被称为单归属，而广告商的行为被称为多归属。这一命名法来自互联网服务提供商环境下的常见用法。消费者为单归属的假设会导致均衡的竞争瓶颈性质（如 2.3.3 所述），这在实践中可能会产生一些强烈的影响。

如果消费者在相对产品选择范围内使用多个平台，则竞争瓶颈和随之而来的预测可能会发生根本性的变化。或者，例如在现实中读者订阅了几本杂志，或网上冲浪者访问了几家

---

① 这种依赖性是否可行有待商榷，但也许这可以看作动态调整过程的简化形式。

② 仅当一个平台的用户价值与其他平台无关，并且因此消费者是单归属时，这才成立。

③ 存在一个注意点：如果总需求 $\sum_i N_i=1$ 已被固定，则就像霍特林模型和萨洛普模型中那样，存在一个连续的隔离均衡。因此这一结论需要某种总需求弹性。

网站,情况即是这样。简而言之,如果一个平台上的广告价格很高,那么广告商可以通过在其他平台吸引消费者来避免这种情况,这在单归属情况下是不可能的。竞争瓶颈被广告商的竞争所消解。下面将介绍与此主题相关的几种不同变化形式。

如果一个平台上的广告收益与另一个平台上的广告无关,则多归属消费者的存在不会改变分析结果。但是,对于广告商而言,多归属消费者不同于单归属消费者有几个原因。

第一,当消费者观看多个频道或阅读几份报纸时,对每个平台的关注程度可能会降低,这可能会削弱广告的效果。按照这种逻辑,Ambrus and Reisinger(2006)认为,如果观看广告的消费者是多归属的,那么在平台上看到的广告的价值就会降低,并假设这种消费者对广告商的价值要比单归属消费者的价值低。[①] Athey et al. (2014)指出,当多归属消费者在频道之间切换时,单则广告触及多归属消费者的概率要小于触及在同一平台上消费所有内容的单归属消费者的概率。

第二,投放在一个平台上的广告的收益可能取决于广告商是否已经通过另一个平台触及消费者。对于单归属消费者,只能保证在两个平台上投放的广告具有唯一的印象,而对多归属消费者而言则并非如此。第二印象对于广告商的价值可能比第一印象低。这意味着如果消费者重叠,则将广告投放在第二个平台上的附加价值会降低。

当第二印象的价值小于第一印象的价值时,消费者多归属的后果之一是广告价格下跌,因为广告商担心他们投放在某些平台上的广告会产生第二印象,而不是排他性印象(后者仅针对单归属消费者)。基于 Anderson et al. (2015b),我们首先简单介绍一下增量定价原则,该原则是 Ambrus and Reisinger(2006)对多归属消费者的分析以及后续工作的基础。然后,我们将根据上下文,讨论其如何影响均衡状态下的广告投放水平。

当需求受到广告的影响时,会产生额外的效应,即如果广告水平足够低,则多归属对消费者有吸引力。然而,低广告水平也带来高广告价格,这使广告商困惑。尤其是在广告价格高昂的情况下,广告商不太愿意为多个渠道的广告付费,因为添加第二个渠道可以接触到一些已经在第一个渠道上接触过相同广告的观众。这种效应促进了广告市场中的竞争。

安德森-科特(Anderson-Coate)的双寡头垄断分析中的消费者来自经典的 Hotelling (1929)单归属设定,消费者选择“更接近”的平台,并通过广告干扰成本(对观众起到价格的作用)校正。Ambrus and Reisinger(2006)以及其他研究认为,从这两个渠道(霍特林线的中间消费者)获得正的净效用的消费者是多归属的,并且暴露于这两种渠道的广告中。因此,对于边际消费者来说,多渠道中的单归属和多归属之间的选择没有差别。[②] 为简单起见,大多数研究都假设模型设定使得边际消费者对于多归属和单归属而言没有差别,我们采用这

---

① 研究假设评估与整体上被看到的广告数量无关,因此本身不存在信息拥塞。更广泛的处理方式或可以通过更明确的信息拥塞模型来内生地确定多归属印象的价值。
② 读者可能会想到一种偏好配置,其中边际消费者对两个选项的单归属无动于衷,在这种情况下,分析本质上将是下一部分中描述的针对广告商的竞争所调整的单归属消费者模型。或者说,事实上,所有市场上都存在边际消费者。

种方法是因为与第 2.3 节中所述的纯粹的单归属相比,这似乎能给出最大的差异。[1]

2.4.1 多归属消费者和广告的增量定价

为了清楚地看到多归属消费者在广告市场竞争中的重要性,我们首先假设消费者在各平台的分配是固定的。当消费者对广告的态度无差异时,情况成立。随后,我们说明如何拓展结果从而包括消费者对广告内容的偏好。

在这种情况下,多归属的作用很明显,并且清楚地显示了它如何改变市场均衡特征,涉及公共平台、市场进入、合并等方面的影响。以下遵循了 Anderson et al.(2015b)的分析,着重介绍了 Ambrus and Reisinger(2006)和后续论文中的增量定价原则。

现在,存在 n 种媒体平台可免费(即无订阅价格)提供给广大消费者(阅读者/观众/收听者/网上冲浪者)。每个平台都由广告商资助。关键的调整是允许消费者观看不止一个频道/购买不止一本杂志。[2]人口存在一定的异质性,因此有些人可能选择仅在一个平台进行消费(单归属),而另一些人选择在两个平台都消费。令 N_i^E 表示平台 i 拥有的独家消费者的数量,令 N_i^S 代表平台 i 拥有的与另一个平台共享的消费者的数量。注意,我们没有指定与其共享消费者的特定平台:在给定模型其余设定的基础上,这并不重要(除了不带广告的公共广播台的例外)。平台 i 上的消费者总数为 $N_i \geq N_i^E + N_i^S$。[3]

广告商一侧就像 Ambrus and Reisinger(2006)设定的那样,拓展到两个以上的平台。正如下面讨论的所有论文所假定的那样,广告商的估值与总体上看到的广告数量无关,因此本身不存在信息拥塞。假设有数量为 A 的广告商,所有这些(数量为 A 的)广告商都具有相同的对接触到的消费者的估值,因此 A 个广告商中的每一个都愿意支付 v 以接触消费者。此外,在不同平台上多次接触消费者的价值为 $v + \beta v$,因此 βv 是第二印象的增量值。超过两个印象则没有更多的增量价值。[4]在一个平台上看到的广告价值为 $v N_i$,因为该广告只能由包括它的平台的所有独家消费者触及。一个在所有平台上都被接触的广告的价值为 $v + \beta v N^S$,这是所有接触过一次广告的消费者的全额价格加上那些接触过两次的消费者的增量价值——消费者的数量已标准化为单位 1,而 $N^S = (1/2) \sum_i N_i^S$ 是人口中被共享的消费者的比例。如果将广告投放在除平台 i 以外的所有平台上,则平台 i 上的广告会产生两个好处。它给平台 i 的独家消费者带来了唯一的印象,并且给平台 i 仅与其他平台共享的消费者带来了第二印象。平台 i 上的广告的增量价值是这两个收益的总和,即 $v N_i^E + \beta v N_i^S$,我们将很快在均衡广告价格中看到这些收益。

假设平台首先同时设定每则广告的价格 P_i,$i = 1, 2, \cdots, n$。然后,广告商观察这些广告价格,选择在哪里投放广告。请注意,这是所有平台按增量价格定价的均衡,广告商随后在每个平台上投放广告。如果所有其他平台都将价格设定为增量值,那么任何平台都可以通过将其价格提高到自己的增量值来增加利润,但是如果定价高于其增量值,则一无所获。此

---

[1] Doganoglu and Wright(2006)考虑了在双边平台具有双边正外部性的情况下,边际(和超边际)消费者的各种排列。

[2] 另见 Kim and Serfes(2006)中的多归属需求模型。

[3] 不等式左侧和不等式右侧之间的差异对应多个平台共享的消费者。

[4] Anderson et al.(2015b)允许更多的印象具有价值,但这里不讨论。

外,这是唯一的均衡:所有广告商都在所有平台上处于均衡状态,因为如果一个平台没有忠实的广告商,它将不会获得任何利润,并且肯定会通过按其独家消费者的价格进行定价来获得收益。但是,如果所有广告商都要在所有平台上投放广告,则价格必须是每个平台提供的增量值。因此,在唯一的均衡下,每个平台都将每个广告的价格设定为 $P_i = vN_i^E + \beta vN_i^S$, $i = 1, 2, \cdots, n$,由此每个广告商都将广告投放到每个平台上。这是增量定价的原理,即每个平台均按其独家消费者的价格加上仅与另一个平台共享的增量消费者的价格进行定价。请注意,与一个以上平台共享的任何消费者都没有价值,因为他们已经在其他地方至少被交付给广告商两次。

正如 Athey et al. (2014) 指出的,增量定价原则可以解释为什么大型平台中每个消费者的价格更高, $P_i/N_i = vN_i^E/N_i + \beta vN_i^S/N_i$。事实上,这就是以下这种情况:如果更多的平台与其他平台共享了其需求的更小一部分比例,那么 N_i^E/N_i 会更高。

现在(在此框架内)考虑刚刚被允许播放广告的公共广播公司的存在。于是,公共广播公司和一个私人广播公司之间共享的消费者将不再由私人广播公司排他地交付给广告商,这使它们的广告价格降低,从而使私人利润减少。类似地,包括私人广播公司在内的三个平台共享消费者将使广告价值被减至零。当消费者需求对广告敏感时,这些影响会产生本节末所述的细微差别。

此模型中的市场进入效果取决于进入者在何处获得其消费者基群。如果所有消费者都是新消费者,则进入并不影响现有平台的利润。如果(如预期的那样)平台的独家和共享消费者都因为市场变得更拥挤而减少,那么广告价格就会随着市场变得更拥挤而下降。[①] 对每位消费者投放广告的价格的影响更加微妙,因为它取决于消费者构成的变化。如果有按比例更多的只共享一次的消费者,或者如果共享消费者的数量不随独家消费者的数量上升而下降(可能是预期的影响),则该价格会下降。

在此框架中的兼并很容易处理。这个想法是,兼并后的实体仍可以在每个平台上投放数量为 A 的广告,这样其他平台面临的情况就不会改变。但是,兼并后的平台现在可以向广告商收取访问费用,这些消费者现在对兼并后的平台来说是独家的,但之前被兼并前的平台所分享,因此现在可以为此收取 $v + \beta v$ 的费用,高于之前的 βv。 现在,还可以为参加这两个兼并后的平台以及一个额外平台的任何消费者收取 βv 的费用,而之前这些消费者则一文不值。

2.4.1.1　内生的观众选择

以上结果很容易拓展到消费者关心广告数量,但是在选择参加哪个平台之前没有注意到广告数量的情况。回想一下,我们在 2.3.8 中指出,在这种情况下,消费者需求仅取决于预期广告数量,而不取决于已实现数量,因此,在只有单归属消费者的情况下,平台将选择垄断数量,此处 $a_i = A$(垄断价格为 $P_i = vN$)。

在存在多归属需求的情况下,平台仍将选择最大广告数量 $a_i = A$,因此每个广告商都会

---

① 换言之, $N_i^E(\mathbf{A})$ 和 $N_i^E(\mathbf{A}) + N_i^S(\mathbf{A})$ 都随着市场进入而减少。

在每个平台上投放广告。①然后,理性的消费者预期到在每个平台上的此最大广告数量,并相应地选择平台。在(唯一的)均衡状态下,每个平台都为每则广告设定价格:$P_i = vN_i^E + \beta vN_i^S$,$i = 1,2,\cdots,n$,其中 N_i^E 和 N_i^S 对应于每个平台在预期广告数量 A 时的需求。因此,增量定价原则仍然适用,并且每个平台均按其独家消费者的价格加上仅与另一个平台共享的增量消费者的价格进行定价。②

请注意,每位消费者的单位广告价格($p_i = P_i/N_i$)可能会随着广告商需求强度 A 增大而增加或降低,具体取决于广告干扰对单归属消费者份额的影响。类似地,如果共享消费者的数量随着市场进入者的增加而下降,或者如果前者下降的幅度小于独家消费者,则每个消费者的单位广告价格就会下降(Anderson et al. ,2015b)。

具有内生消费者选择的模型还将单归属和多归属的情况联系在一起。例如,如果广告对消费者造成干扰,则允许公共平台播放广告具有两个矛盾的力量。如果广告令人讨厌,则公共广播公司将倾向于失去消费者,并且某些广告将被私有平台所吸引。如果几乎没有多归属消费者,则这种效应会通过扩大可以交付给广告商的消费者基群来帮助私有企业。然而与之相反地,在允许广告投放之前,任何仅与公共平台共享消费者的私人广播公司都可以将这些消费者视为有效的独家消费者,甚至与公共平台和另一广播公司共享的消费者都可以按 βv 收费。在允许广告投放之后,广告商可以通过公共广播公司吸引此类消费者,从而降低其市场价值。如果 βv 的值很小,或者有很多共享链接因此而贬值,那么广告市场上更激烈的竞争将足以抵消任何需求转移效应。

2.4.2 带有已被观察的广告水平的多归属消费者需求

现在,我们拓展模型来考虑当消费者在选择平台之前观察到广告数量(或观察后可能会改变)时广告对需求的影响。假设人群中存在某种异质性,因此某些人可能选择仅在一个平台(单归属)上进行消费,而另一些人选择在两个平台上进行消费。一些文章假设使用两个以上的平台,但是主要的直观认识可以用 $n = 2$ 来解释,所以我们在此这样假设。

对于一个在平台 0 和 1 上给定的广告水平向量 $\mathbf{a} = (a_0, a_1)$,我们将 $N_i^E(\mathbf{a})$ 表示为独家消费者的量,将 $N_i^S(\mathbf{a})$ 表示为多归属的,并且因此被平台共享的消费者的量。那么一个平台的总需求为 $N_i(\mathbf{a}) = N_i^E(\mathbf{a}) + N_i^S(\mathbf{a})$。

消费者的多归属性质是源于在一个平台上消费内容时并没有耗尽所有消费的可能性,因此有可能从两个平台上消费内容。Ambrus and Reisinger(2006)假定这两个平台在消费者市场上不是竞争对手,因此它们的需求是独立的。具体来说,Ambrus and Reisinger(2006)考虑了一条霍特林线,每个平台都位于线的一端,并且假设位于该线段上的消费者在其效用为正的每个平台上消费。仅从消费者侧(即没有广告侧)考虑,这将是无趣的,因为平台将仅面临垄断问题:正是广告商的参与才催生了互动。需求结构意味着多归属消费者将处于间隔的中间。如果平台在 0 处设置广告水平 a_0,则其需求是具有正剩余的一组消费者,因此所有

---

① 对于任何消费者对 $\mathbf{a}$ 的期望值,平台都将以增量值定价,于是所有广告商都将在所有平台上投放广告。因此,理性期望值为 $\mathbf{a} = \mathbf{A}$。
② 当第二个以上的印象有价值时,相应结果很容易通过相同的思路延伸得到。

的消费者位置 x 将使得 $V - tx - \gamma a_0 > 0$，其中 V 是基群消费效用，t 是消费者"运输"成本，后者指与在 0 处的平台的节目特征的距离所产生的负效用。将消费者密度标准化为单位 1，这产生了需求：

$$N_0(a_0) = \frac{V - \gamma a_0}{t} \tag{2.5}$$

（当这低于 1 时，）在 1 处的平台也面临类似的情况。如果 $N_0 + N_1 > 1$，则消费者（在中间）重叠，并且重叠（同时位于两个平台）的消费者数量为：

$$N^S(\mathbf{a}) = \max\{N_0(a_0) + N_1(a_1) - 1, 0\}。$$

因此，平台 i 上的独家消费者的数量为：

$$N_i^E(\mathbf{a}) = N_i(a_i) - N^S(\mathbf{a}), \ i,j = 0,1, \ i \neq j \tag{2.6}$$

这就是竞争对手无法服务到的消费者数量。

请注意，这种需求意味着当市场被覆盖时，平台 i 无法控制其独家消费者的数量，而后者仅取决于另一个平台的广告水平。人们可以轻松地将模型拓展以获得更复杂的模式（例如，Gentzkow，2007）。如 Ambrus et al.（2014）所强调的那样，当两个平台的估价相互关联时（但仍不构成竞争对手：消费者选择平台 i，如果其效用为正，且与另一个平台的效用无关，但两个平台价值之间的相关性意味着消费者对两个平台的需求之间的相关性），式（2.6）更普遍地适用。多归属需求于是取决于消费者需求在两个平台之间的相关性。尤其是，多归属消费者的份额随着效用之间的相关性上升而上升。

在考虑到以上讨论的作用的基础上，我们现在可以考虑一些单方面的变化，这些变化将支持一个存在多归属广告商的特定均衡（$a_0 + a_1 > A$）。[①] 同时存在于两个平台上的广告仍然价值 $v + \beta v N^S(\mathbf{a})$，但是一个仅存在于平台 j 上的广告只值 $v N_j(a_j)$。通过差分可得出平台 i 的市场出清总广告价格（以 N 表示）为：

$$P_i = v N_i^E(\mathbf{a}) + \beta v N^S(\mathbf{a})。$$

同时，双寡头垄断平台 i 的利润为：

$$\pi_i = v N_i(a_i) a_i - (1 - \beta) v N^S(\mathbf{a}) a_i \tag{2.7}$$

其中，$v N_i(a_i) a_i$ 是（非歧视性）垄断平台的利润。竞争者的存在导致利润减少，因为多归属降低了平台的吸引力。尤其是，如果多归属消费者对广告的需求比单归属消费者对广告的需求更具弹性，那么与其他人共享需求的媒体平台会选择比垄断情况下更低的广告价格。换言之，条件为：

$$-\frac{N_i'(a_i) a_i}{N_i(a_i)} < -\frac{\partial N^S(\mathbf{a})}{\partial a_i} \frac{a_i}{N^S(\mathbf{a})}。$$

对于给定的平台总需求，媒体平台将受益于减少其消费者中多归属消费者的份额，从而提高其每个消费者的增量价值。这意味着，在广告垄断水平的边缘（对产品的需求相同），为某些多归属消费者服务的平台将提高广告数量，前提是这会降低多归属消费者的份额。因

[①] 如果 $a_0 + a_1 < A$，则每个广告商资助一个平台或不资助平台，同时价格为 $P_i = v N_i(a_i)$。在这种情况下，每个平台都是双边的垄断者。

此,市场进入可以提高或降低每个平台的广告数量。

增量定价的一个含义是,当均衡涉及多归属广告商时,平台甚至需要为同质性广告商留下一些剩余。相比之下,拥有两个平台的歧视性垄断者可以根据广告商是在一个平台还是两个平台上投放广告来对广告收取不同的费用,并以此实现价格歧视。这样,垄断者将获得全部广告商剩余。以 $A^s = a_0 + a_1 - A$ 表示共享广告商的总数,则垄断者的总利润为:

$$\Pi = \sum_i v N_i(a_i) \, a_i - v(1 - \beta) \, N^s(\mathbf{a}) A^s。$$

随之而来的垄断的边际利润为:

$$\frac{\partial \Pi}{\partial a_i} = \frac{\partial \pi_i}{\partial a_i} + v(1 - \beta) \, \frac{\partial N^s(\mathbf{a})}{\partial a_i}(A - a_{-i})。$$

其中,π_i 为式(2.7)中定义的双寡头垄断利润,而 $A - a_{-i}$ 为平台 i 上独家广告商的量。因此,在 Ambrus and Reisinger(2006)的设定中,与双寡头垄断相比,垄断会产生更少的多归属消费者 N^s。特别来讲,这意味着如果消费者的多归属需求随广告而减少,则兼并会减少广告。

歧视性垄断下的总福利是 Π 与消费者剩余之和。显然,这种垄断会导致过多的广告,因为它不会内化广告对消费者剩余的负面影响。如果 N^s 随着广告增加而减少,那么对于双寡头垄断也会发生同样的情况。但是,这些结论仅适用于同质性广告商(垄断实现了完全价格歧视),因为我们已经看到,对于异质性广告商,垄断将减少广告的供应和广告商的剩余。

Ambrus et al. (2014)提出了一种替代方法,允许同质性广告商在每个平台上多次投放同一则广告。在平台 i 上投放 m_i 次广告的广告商,对于每个未在其他平台上接触过该广告商广告的消费者,都可获得 $\phi(m_i)$ 的收益。在另一个平台上接触 m_j 次广告的消费者的收益为 $\phi_2(m_0; m_1)$。在有着单位量的广告商的情况下,所有广告商都将在两个平台上投放广告,并且 $m_i = a_i$。对于给定的广告强度 a_0 和 a_1,向广告商收取的在平台 i 上投放 a_i 次广告的总费用为 $P_i = \phi(a_i) \, N_i^E(\mathbf{a}) + [\phi_2(\mathbf{a}) - \phi(a_{-i})]N^s(\mathbf{a})$,这也是平台 i 的利润。

在与 Ambrus and Reisinger(2006)一样的非竞争性产品内容的背景下,上述研究确认了这样一个结果,即多归属消费者需求比单归属消费者需求更具弹性的情况下,面临竞争的媒体平台将比垄断者播出更多的广告。[①]同时,对于效用的二元正态分布,当两个平台交付消费者的效用呈负相关时,该条件成立。

2.4.3 多归属消费者和异质性广告商

先前两个模型的一个缺点是简化了假设,即广告商是同质性的。Anderson and Coate (2005)的框架以及随后的研究允许广告商的支付意愿存在异质性。在拥有多归属消费者的情况下,不同的广告商可能会选择不同的平台资助组合,即使广告商的需求与节目选择之间没有相关性(这是一个主要的待解决的研究问题),也会选择这样做。

正如 Doganoglu and Wright(2006)所指出的那样,当双边平台的消费者对外部性的评估

---

① 研究将两种需求的广告弹性与多归属消费者(ϕ_2)的广告收益的弹性和单归属消费者(ϕ)的广告收益的弹性之比进行比较。例如,如果 $\phi_2 = \phi(m_0) + \phi(m_1) - \phi(m_0)\phi(m_1)$,则 Ambrus and Reisinger(2006)的市场进入条件足以提高广告水平。

是异质性的,他们的消费方式将有所不同。在媒体和广告的背景下,这意味着一些广告商将仅资助一个平台,而其他广告商将资助两个平台。

确实,拓展广告商需求的一个自然框架是使用垂直差异化模型,该模型描述了向对产品质量有异质性估价的消费者销售不同质量产品的公司之间的竞争。这些消费者在媒体问题中自然地转变为具有不同印象价值的广告商,并且质量与选择每个平台的消费者数量具有自然的相似之处。注意,垂直差异的标准模型(Gabszewicz and Thisse,1979;Mussa and Rosen,1978;Shaked and Sutton,1983)令消费者做出了单一的选择。在寡头垄断均衡中,质量较高的公司以较高的价格将产品卖给那些对产品估价较高的消费者。Gabszewicz and Wauthy(2004)拓展了标准分析,从而允许消费者进行多次购买。最看重质量的消费者是那些在均衡状态下进行多次购买的消费者。该模型从而可以在功能更为完善的双边市场平台环境中直接应用于广告商需求方,并通过消费者需求方内生地确定质量。遵循上述多归属模型的思路,重叠的消费者降低了购买两个平台广告位(每个平台上各一个广告位)的质量,因此其价值低于其各部分的和。也就是说,多归属的广告商必须为重叠的消费者支付两次费用,因此即使有许多的多归属消费者(且第二印象的价值不高),也只有那些具有很强支付意愿的广告商才会选择成为多归属的。

要了解这是如何成立的,请考虑具有固定消费者需求 N_i 和 $N^S = N_1 + N_2 - 1$ 的双寡头垄断模型。假设 v 是异质性的。面对价格分别为 P_1 和 P_2 的广告,如果每个平台的增量价值超过价格,则广告商将是多归属的,这一条件可表示为:

$$v > v^m = \max_i \frac{P_i}{N_i - (1 - \beta)N^S}。$$

那些 v 值较小的广告商将选择成为单归属的或不参与市场。这意味着,虽然增量价值是高价值广告商的相关价值,但对于低价值广告商而言,单归属广告商之间的竞争仍然盛行。在此设定中,如果 $vN_i - P_i$ 大于 0 和 $vN_j - P_j$,则单归属广告商将选择平台 i。如果广告的回报是吸引到的消费者的线性函数,那么针对广告商的价格竞争博弈可能无法实现一个纯策略均衡。[1]

Anderson et al.(2013b)将这样的(垂直差异化)广告商需求方与允许多归属消费者存在的特定消费者需求方进行匹配,并利用我们刚刚在某些消费者分配中所注意到的价格均衡的阙如,来排除广告商和消费者归属中的某些类型的配置。

Anderson et al.(2013b)的消费者模型是一种水平差异模型,与上面所述的 Ambrus and Reisinger(2006)所使用的模型非常相似。[2]均衡概念与本章 2.4.1 末尾的均衡概念相同:消费者观察不到广告数量,对其有理性预期。先验地,可以产生四个模式的组合:每一边可以完

---

① 例如,假设 $N_i = N_j$。于是,如果媒体设定了较高的价格,则它为所有多归属消费者提供服务;但如果媒体设定了较低的价格,则它为所有多归属消费者和单归属消费者提供服务。广告需求的非连续性意味着价格博弈只具有混合策略均衡。

② 这些模型在本书第 10 章中有更详细的描述。安德森-福罗斯-金德(Anderson-Foros-Kind)模型(Anderson et al.,2013b)带有多归属消费者,这些消费者对次要选择产品的质量增量的评价与首要选择不同。但是,就目前的研究目的而言,使用对称的媒体产品质量,该模型与安布鲁斯-赖辛格(Ambrus-Reisinger)模型相同。

全是单归属的或存在一些多归属主体。

　　首先考虑带有单归属消费者的所有模式。这是竞争瓶颈的情况,因此所有平台都将垄断广告水平设置为 a^m（且符合预期）。只要给定所有平台上的广告均为垄断水平,没有消费者希望成为多归属的,于是就可以达到均衡。请注意,所有活跃的广告商都是多归属的。因此,双方都单归属的情况无法实现。对于广泛的参数选择（包括广告商估价均匀分布）,另一种不可能的组合是单归属广告商与部分多归属消费者的组合。①综合起来,这些结果意味着:相关市场结构仅限于多归属广告商加上单归属消费者或多归属消费者。我们已经描述了前者,它涉及对垄断广告水平的合理预期。

　　多归属广告商和多归属消费者的组合的均衡状态最为复杂。一个结果是即使模型是对称的,也不会存在对称均衡。考虑到垂直差异化模型会在其标准的波型中产生不对称的质量选择,因此有些不对称是可以预期的（Shaked and Sutton,1983）。上面的这些结果类似于 Gabszewicz and Wauthy（2004）关于双边正向参与外部性模型的结果。

　　Calvano and Polo（2014）很好地说明了多归属与垂直差异化之间的相互作用可能是不对称的这一深入见解。在 Ambrus et al.（2014）的双头垄断模型中,同质性的广告商选择的广告强度会随着印象收益的降低而降低,而印象收益则通过每次印象的有效性来参数化。消费者将时间或多或少地花在每个平台上,而大量消费者是多归属的。研究表明,当每个印象都非常有效,因此多重印象没有价值时,一个平台选择完全由广告商资助（从而对消费者免费）,而另一个平台则向消费者收取服务费用,因而没有广告。这种不对称性的原因是,一旦一个平台有了广告,就会有多重印象的风险和较低的增量广告价格,从而阻止了其他平台这样做。根据与 Gabszewicz et al.（2012）相同的逻辑,广告商资助平台是一种设定了零订阅价格的低质量/负成本的平台。于是,双寡头垄断产生的服务模式与通过免除广告,从其他平台那里筛选出厌恶广告的消费者的垄断模式一样（Tag,2009）。

　　Athey et al.（2014）指出,实际上平台的广告容量有限。Athey et al.（2014）的模型与上面的模型有所不同,专注于追踪问题（在平台上追踪消费者行为的能力）,并说明了消费者的注意力是稀缺资源这一事实。在该模型中,多归属消费者将注意力转移到两个平台（在它们之间切换）上,因此与单归属消费者相比,他们更不可能被接触到,并且 Athey et al.（2014）将这种效果与来自多重印象的广告商价值相结合。有限的注意力意味着媒体平台对每个消费者的广告位（或印象数）的供应受到限制。在单归属消费者和多归属消费者的需求固定的情况下,研究考察了每个平台首先选择广告强度然后调整价格的博弈过程。Athey et al.（2014）得出的不对称均衡显示出与上面相同的"多归属广告商—多归属消费者"模式,其中低估值广告商选择单归属,高估值广告商选择多归属。在 Athey et al.（2014）的分析中,随着越来越多的消费者在平台之间切换,广告容量会扩大,平台的收入会减少。

---

① 广告商侧的一阶条件排除了这一点。但是,全部消费者都多归属的情况可能会催生单归属广告商。如果所有消费者都是多归属的,那么平台将成为完全替代品。此时均衡状态下的广告价格为零,广告商认为在哪个平台投放广告没有差别。

2.4.4　信息拥塞与多归属消费者

广告中的信息拥塞构成了另一种渠道,多归属消费者可以通过该渠道影响市场表现。信息拥塞的含义是,当消费者接触大量广告时,他们不太可能记住特定的广告。对此进行建模的最简单的方法(Anderson and de Palma,2009)是假设消费者最多会关注 ϕ 则广告。

如果消费者是单归属的,那么平台将通过消除信息拥塞并确保那些具有较强支付意愿的广告商接受较高的广告价格来内化信息拥塞。因此,在单归属消费者背景下允许拥塞发生的所有情况都类似于存在一个广告上限 ϕ:高质量平台被有效限制,而低质量平台直接与数量较少的有效竞争对手竞争。因此,当影响高质量平台的上限收紧时,较弱势的平台的广告数量往往会上升。

因此,现在假设消费者是多归属的。Anderson and Peitz(2015)通过假设消费者选择在每个平台上投入多少时间来模拟这种情况。其时间使用模型在本书第 10 章中有详细描述。如其所示,高质量的节目在均衡状态下可以播出更多广告,但仍会吸引更多的消费者。

在这里起作用的经济分析关乎受平台异质性(在质量方面)调节的公共财产资源(消费者注意力)。更为尖锐的结果是,一个更大的平台(质量更高的平台)可以内化更多广告数量的影响,因为它在总广告数量中拥有更大的筹码。

因此,一个新平台进入市场的结果是减少了在位者的筹码,于是,在位者的内化程度降低。与单归属消费者的影响相比,这种效应使在位者的广告数量更高。类似地,兼并实体在总拥塞中拥有更大的筹码。因此,它在整体拥塞方面更注意其广告数量,因而,设定较低的广告数量。允许公共广播台播放广告会在其他平台上产生两个冲突的影响:通过广告干扰增加了其他平台的需求,但同时也加剧了拥塞和对广告商的竞争。

2.4.5　已有的成果与未来的方向

积极引入多归属消费者,通过在广告市场中引起有效竞争并突破单归属消费者带来的竞争瓶颈,对媒体市场的实证和规范分析都产生了很大的影响。

Hagiu and Jullien(2014)分析了搜索转移模型[①],在该模型中,平台在覆盖范围和广告价格上进行竞争。研究指出,多归属的复杂效应可能会扩大或缩小覆盖范围,具体取决于市场每一侧的竞争强度。

设计多归属需求的易于处理的模型,并将其与广告商的内生多归属整合在一起,还需要更多的工作。实际上,已经出现了多种多样的多归属模型,可参见 Kim and Serfes(2006),以及基于 Hotelling(1929)空间模型的 Anderson et al.(2015)。Anderson and Neven(1989)基于 Hotelling(1929)的模型来描述消费者在产品之间的混合,Richardson(2006)称其为自卷式偏好。[②] 此外还有 Gentzkow(2007)的随机效用离散选择模型。

而上文所述的 Anderson et al.(2013b)确实在市场两侧都集成了部分多归属性,该模型

---

① 搜索转移涉及平台在消费者搜索过程中进行干扰,包括侵入式广告。
② 这种形式的变体的确已经在媒体经济学的背景下被设定,可参见 Gal-Or and Dukes(2003)、Gabszewicz et al.(2004)、Richardson(2006)以及 Hoernig and Valletti(2007)。

不是很容易处理,且不容易拓展(例如拓展到更多平台)。该模型还可以用可观察的广告数量的替代均衡概念进行有用的分析(在这种思路下,人们可以有效地解决重复交互作用和长期声誉效应问题,其中细节应该被充实)。

因此,我们仍然需要一种易于处理且可行的方法,以在双边多归属的情况下展现双边的互动。①诚然,一个方向是发展 Anderson and Peitz(2015)中的时间使用模型(time-use model),其研究的广告拥塞模型是实现这种互动的一种方式。

除针对此类市场的反垄断法(参见本书第 6 章)外,其他问题还包括多归属对竞争其他方面(例如内容提供)的影响。正如第 2.5 节所讨论的,内容提供受到多归属的影响,由于希望吸引独家(即单归属)消费者,平台努力向多归属消费者群体中的排他性群体提供单归属消费者重视的内容。

2.5 均衡体裁选择

从更广泛的角度来看,节目质量、种类和产品多样性对于评估消费者对媒体的满意度至关重要。到目前为止,分析主要集中在广告选择方面,同时将平台提供的节目视为给定的。然而,市场提供选择的类型和数量显然对市场表现同样重要。现在,我们探索这些市场表现的其他方面。

对媒体经济学最早的贡献之一(Steiner,1952)专注于体裁选择,同时通过简单的巧妙设定假定广告既不给消费者带来麻烦也不带来好处,由此消除广告数量的内生性[参见 Owen and Wildman(1992),可以回顾早期的节目选择文献]。我们从这一点开始,并且借鉴有关固定价格下产品差异化的现有文献。然后,我们考虑内生性广告选择在完整的双边市场环境中的作用。

Steiner(1952)阐明了重复原则,即媒体提供的内容倾向于集中(并加倍)在那些有较多消费者感兴趣的体裁(gences)。举例来说,如果 70% 的媒体消费者只听乡村音乐,而 30% 的消费者只听摇滚音乐,并且如果只有两个广播电台(由于频谱限制),那么处于均衡状态的市场将有两个乡村音乐电台。一个双频道垄断者将为每种类型提供一个频道,由此涵盖偏好的多样性。

Beebe(1977)修改了设定,使消费者具有次要偏好,并将其命名为 LCD 节目,即垄断者可以提供许多类型的消费者都收听的低层级节目类型,而竞争则可以提供更定向的高层级节目类型。这些主题在第 1 章中得到进一步发展,而其对兼并分析的含义在第 6 章中得到发展。尤其需要注意的是,节目选择是由广告商渴望打动更可能购买包含广告的产品这类消费者驱动的。即使许多消费者对自然类节目感兴趣,如果他们不太可能受广告影响,那么他们的偏好在广告商资助的市场体系中就不会受到太大的重视,而具有对广告有反应观众的情景喜剧可以吸引多种(重复的)供给。结果是一级市场失灵,因为偏好无法通过市场上观

---

① Jeitschko and Tremblay(2015)对经典双边市场中的这一问题进行了理论分析。

众的支付意愿表达。当然,在产品种类繁多的现代环境中,此类问题或大为缓解,并且对广告商来说没有吸引力的消费者可以通过直接为内容付费来发出自己的市场声音。

Steiner(1952)的重复原则与 Hotelling(1929)的最小差异化原则具有天然的平行关系。但是,尽管 Steiner(1952)设想了固定观众"桶"(bucket),霍特林模型却允许连续的观众类型。Eaton and Lipsey(1975)将霍特林模型的固定价格版本拓展到多个媒体分支,随后的许多研究详细阐述了该主题。这种局部竞争①的空间模型的一个特点是,当固定数量的媒体分支同时选择位置时,存在多个均衡(对应线性市场中存在六个或更多媒体分支的情况),并且不同的位置可以赚取不同的利润,因此某些位置在均衡状态下比其他位置更有利可图。这就提出了一个问题,即媒体分支如何在更广泛的环境中竞争以获得更好的位置。还有一个问题,即自由进入的公司的均衡数量。解决该问题的一种方法是考虑有先见之明的媒体分支按顺序进入,这既考虑了随后进入者的位置,又考虑了阻止了后者进入的可能性。这个问题非常复杂,因为媒体分支必须考虑未来进入者的位置,以及如何利用未来进入者的动机以发挥自己的优势(Prescott and Visscher,1977)。由于新进入者必须在现有媒体分支之间适应(它们的节目形式),因此结果可能是市场上的媒体分支可以在均衡状态下获得可观的纯利润(Archibald et al.,1986)。因此,与那些将媒体分支堆在一起以致所有分支都获得零利润的模型相比,市场此时可能对产品种类的覆盖面更小。

现在,我们将广告干扰引入空间双寡头框架中。我们先处理单归属消费者,然后考虑多归属消费者。②我们设定了应用于媒体环境的传统两阶段博弈。换言之,我们寻求这样一类均衡:平台先选择位置,同时理性预期广告水平(以及相关的订阅价格)的后续(第二阶段)均衡。控制均衡位置的总体原则在一阶条件下平衡了两种效应,以实现最佳响应。第一个效应是移向竞争对手的直接效应。其为正,并且这样选择的思路是在全额价格不变的情况下,定位向自己(本方平台)移动时消费者基数会增加。请注意,这是具有固定价格的模型中的唯一效应,并且是上述最小差异化原则背后的驱动力。第二个效应是战略效应,即向自己移动往往会通过逼迫竞争对手降低(hatshen)全额价格(在由位置引起的定价子博弈中)来加剧竞争,从而损害利润。这种效果引起了人们通过向外移动来放松竞争的欲望。两种效应之间的平衡勾画出了内部解。

考虑到这些效应,我们可以从现有的空间竞争的均衡模型中获得一些结果。当广告商都具有相同的支付意愿 v 时,价格竞争的标准模型与广告商资助模型之间存在直接的数学等价关系。要看到这一点,请注意,平台 i 的利润给定为 $\pi_i = va_i N_i(\gamma a_i; \gamma a_j)$:通过令 $p_i = \gamma a_i$,我们得到 $\pi_i = (v/\gamma)p_i N_i(p_i; p_j)$,因此该利润与等价的定价博弈中的利润成比例。由此,相应的解是定价博弈的解,它们对应于由生成需求 $N_i(p_i; p_j)$ 的空间结构所产生的

---

① 局部竞争是指媒体分支仅在节目特征的基础空间中直接与相邻媒体分支竞争。

② Gabszewicz et al.(2004)分析了免费电视模型,该模型允许消费者"混合观看"两个频道的节目(Anderson and Neven,1989)。Gabszewicz et al.(2004)假设广告干扰是对量级为 $\mu > 0$ 的广告干扰的时间加权总和(即 a_0^a 和 a_1^a 之和)。当 $\mu < \sqrt{2}$ 时,平台位于端点(通常情况下确实会落于这个范围,因为 $\mu = 1$)。仅仅对于更大的 μ,平台会向自己移动。

需求系统。举一个核心例子,假设消费者位于单位区间,消费者的负效用(运输)成本是距离的二次函数,这是由 D'Aspremont et al. (1979)提出的由 Hotelling(1929)线性成本模型修改得出的形式。于是,位置最终(至少当位置限制在单位区间内时)为端点,从而导致最大差异化的结果。这是因为放松竞争的战略效应胜过了所有受制于该负效用设定的内部位置的直接效应。

从字面上看,对体裁选择的预测是竞争平台之间选择最大的种类差异,与没有广告干扰成本时预测的最小差异(或斯坦纳式重复)相反。干扰成本的引入导致平台区分,以避免消费者承担的广告价格中的破坏性竞争,从而内生性地产生相互兼容的大数量广告。请注意,此模型中的社会最优情况位于四分位数位置,因此均衡状态过于极端。

当广告商的需求不是完全弹性时,Peitz and Valletti(2008)证明,每位观众的收入 $R(a)$ 为凹的情形下,对于足够高的负效用(传播)率,最大差异化仍然出现。对于较低的负效用(传播)率,不同平台会随着直接效应的出现而在均衡状态下移动得更加靠近。同样,较低的广告干扰成本 γ 会降低差异化水平,尽管对于 $\gamma > 0$ 来说,永远不会出现重复(最低差异),此时广告和利润将为零,这是平台可以通过差异化来避免的。

我们还可以使用第 2.2 节的空间分析来确定混合资助模式(广告和消费者的订阅价格)的均衡结果。从式(2.2)可得,平台 i 的利润给定为 $\pi_i = [s_i + R(a^s)]N_i(f_i;f_j)$,其中 a^s 由 $R'(a^s) = \gamma$ 和 $f_i = s_i + \gamma a^s$ 解得。因此,这等价于标准定价模型的情况,如我们先前构建的那样,平台的生产成本为负。因此,(暂不考虑接下来讨论的关于非负订阅价格的注意点)位置结果是最大差异化,在此情况下,平台设定了使每个观众的边际广告收入等于干扰成本时的广告数量(Peitz and Valletti,2008)。

Gabszewicz et al. (2001)假设平台无法将订阅价格设定至零以下,从而使上述模型发生了令人惊讶的变化:如果人们购买报纸可以得到报酬,显然他们会蜂拥而上拿走成堆的报纸。这一价格下限可以极大地改变结果。Gabszewicz et al. (2001)假设没有广告干扰($\gamma = 0$),因此广告数量的条件, $R'(a^s) = \gamma$,意味着广告被设为每个消费者的垄断水平 a^m 。但是,其研究结果的适用性更为普遍。[1]研究表明:如果广告收入足够低,则可以实现最大限度的差异化;如果它足够高,则结果是免费媒体的差异最小(并且两个组合对于某些中间值都是均衡的)。[2]

其原因可以归结为战略效应和直接效应的相互作用。对于疲软的广告需求而言,订阅价格至关重要,而平台则通过最大限度的差异化来确保这些价格很高,这只是标准定价结果的延伸。但是,对于强劲的广告需求而言,直接效应占据了主导地位,因为吸引消费者以交付

---

[1] Gabszewicz et al. (2001)假设广告需求是线性的,并且考虑了一个三阶段博弈,其中包括位置、订阅价格、广告数量。但是,正如 Gabszewicz et al. (2001)所展示的,在最后阶段,广告数量被设定为垄断水平 a^m ,因此结果相同。

[2] Bourreau(2003)分析了一个类似的模型,该模型附加了质量投资,其中质量在垂直方向全面提高了消费者的评估。Bourreau(2003)对比了广告商资助和付费电视的效果。在这两种情况下,均衡下的质量都是对称的(相互模仿)。根据 D'Aspremont et al. (1979)对 Hotelling(1929)模型的二次运输成本的经典拓展,付费电视可提供端点的水平位置结果。对于广告商资助,研究者考虑了先定位后质量的两阶段博弈,固定了从每位观众那里获取的广告收入。直接的位置动机是使差异化程度最低(对抗性节目);这被更激烈的质量竞争的战略效应所抵消。广告收入越低,战略效应就越弱。随着广告收入降为零,差异化程度达到最低。

给广告商最为重要。当平台彼此靠得很近时,订阅价格便降至零。这完全消除了战略效应,并让我们回到了固定价格的模型,由此差异化程度达到最低。

Gabszewicz et al. (2001)将其发现与"单一思想"(pensée unique)的概念联系起来,"单一思想"是一种社会环境,在其中,人们政治观点之间的差异几乎被消除了(请参见本书第三部分,尤其是第 14 章中的讨论)。

Gabszewicz et al. (2004)将免费广播电台的差异化程度与干扰项的弹性相关联,较高的弹性导致差异化程度较低。位置选择会产生战略效应,当差异化程度提高时,这种效应会通过提高广告数量而起作用,这解释了为什么自由媒体平台可能会选择最大限度的差异化。如果消费者的需求对广告非常有弹性,则这种效应会变弱,因为广告随位置的变化很小,在这种情况下,差异化程度会更低。

许多模型将免费节目与付费节目进行比较,因此采用了给定的付费技术[较早的例子是 Hansen and Kyhl(2001),其考虑了禁止在重要的体育赛事上使用付费墙,以及将节目放到商业广播的免费公共领域中]。例如,Peitz and Valletti(2008)表明,当广告的干扰很小时,付费平台比免费平台提供更多的广告和更高的总福利,原因是广告的大量收益传递给了消费者(跷板效应)。在设定了自由进入的 Vickrey(1964)–Salop(1979)模型的背景下,Choi(2006)表明,与付费媒体过度进入不同,自由媒体可能会导致产品多样性不足或过度。正如 Gabszewicz et al. (2001)所指出的,这些比较的困难在于,媒体平台是收费的还是免费的,取决于对付款的干扰和约束。当广告的干扰很小并且广告收入因此很多时,平台将更倾向于免费,而不是收取正的订阅费用。

数篇论文讨论了媒体市场中的内生内容质量。Armstrong and Weeds(2007)分别分析了付费电视和纯广告商资助下对称的霍特林双寡头垄断的节目质量。[①]研究发现,由广告商资助的双寡头垄断的质量比两个平台都使用混合资助的双寡头垄断的质量低。这是因为当两种赚取收入的工具都可行时,边际利润较高。Armstrong and Weeds(2007)得到了其他一些有趣的结果。在混合资助下,均衡利润是广告需求强度的驼峰形函数。广告需求疲软对平台来说是个坏消息,但强劲的需求也是,因为如此一来,在质量上进行大量投资以吸引消费者就会损害利润。另一个有趣的结果[让人联想到 Grossman and Shapiro(1984)]是平台利润随着质量投资的边际成本的上升而增加。这来自缓和竞争的战略效应。

Anderson(2005)研究了一种不对称的质量投资模型,其中一个平台扮演着中心角色(例如枢纽平台),并在地方市场与本地平台竞争。中央平台(试想清晰频道广播或好莱坞电影)在所有地方市场中竞争,但每个地方市场中都存在一个本地平台(试想威尔士语广播或宝莱坞)。每个地方市场的结构类似于 Armstrong and Weeds(2007)的设定,即由本地和全球竞争对手在地方市场中设定广告水平的霍特林分段,但所有此类本地分段都是通过枢纽平台有效连接的。全局生产商在质量提供方面具有规模经济,因为它的质量是"一刀切"的,并且适用于其参与竞争的所有地方市场。但是,地方市场决策(广告水平)是针对每个市场量身定

[①] Weeds(2013)将分析拓展到了混合双寡头垄断,包括免费广播电台和另一个使用混合资助模式的平台。另请参见 Weeds(2012)。

制的。由于中央平台的质量选择,本地生产者之间存在外部性,即使它们不直接互动也是如此。在均衡状态下,中央平台选择的质量要高于本地平台,因为它可以将质量成本分散到所有地方市场上。在更大的地方市场中,每个本地平台的质量和受众份额都更大,因此,它们在最小的市场中与中央平台差异最大。

Kerkhof and Munster(2015)分析了不同的质量边际,认为广告商为了吸引消费者付费,随着一个质量变量增大而降低质量边际,而这个质量变量是消费者认为自己愿意接受的质量。例如,消费者可能会喜欢严肃的纪录片,但是嵌入广告产生的框架效应可能会使他们不乐意购买无关的产品。于是,这些平台将面临一种经典的双边市场权衡,那就是从广告商那里获取收入是有利的(这里即低质量),但对吸引消费者的注意力是不利的。Kerkhof and Munster(2015)认为,在这种情况下限制广告投放可以改善福利。因此,该机制与有关广告上限的标准论点不同(Anderson,2007)。[1]

到目前为止讨论的模型都假设媒体消费者是单归属的。正如我们在第2.4节中所述,多归属消费者的价值(在平台的消费者组合中)可能大大低于单归属消费者。这种影响会导致平台偏向于迎合单归属消费者的偏好,而不利于多归属消费者偏好的满足。由于单归属消费者的价值更高,因此平台将努力吸引此类独家消费者,同时避免重叠的消费者。该主题由Anderson et al. (2015b)在空间双寡头垄断模型中发展。如前所述,在霍特林模型的背景下,多归属消费者将是中位市场的消费者。他们的价值越低(例如,第二广告印象的价值越低),位于均衡状态的平台之间的距离就越远,并且多归属消费者的处境越差。Athey et al. (2014)讨论了在每个印象收益递减和不完全追踪观众行为的模型中的多种内容供应,发现一个平台的供应减少可能会导致另一个平台增加其供应。这表明了潜在的"搭便车"问题,因为一个平台为减少多归属消费者而进行的投资将使所有平台受益。

2.5.1 自由进入分析

具有寡头垄断或垄断竞争的长期均衡的经典分析以自由进入条件将模型闭合,该条件通常被视为对称企业的零利润条件。于是,根据市场上产品的数量可以得出均衡产品的种类。人们可以将其与最佳产品种类进行比较,从而在市场提供的总体多样性范围内识别市场失灵。按照Spence(1976)的观点,当其他公司进入的负外部性("生意窃取"效应)超过了消费者拥有更匹配的产品和更低价格的正外部性时,市场就会提供过多的产品品种。

通常被分析的经典模型是CES代表性消费者模型、Vickrey(1964)-Salop(1979)模型和随机效用离散选择模型,例如Logit模型。我们专注于后两者,因为它们具有针对个人消费者的明确的微观基础。

在混合资助环境中,订阅价格和广告都被用上。然后,应用第2.3节开头给出的特征,令平台的广告选择满足$R'(a) = \gamma$。正如我们前面提到的,订阅价格的含义类似于边际成本为负。因此,对于假定完全覆盖市场和对称公司的模型类别,由于成本水平不影响均衡利润,

---

[1] Anderson(2007)还分析了广告上限对平台质量选择的影响。

因此市场均衡完全独立于广告需求。这意味着均衡产品种类不受广告商需求强度的影响。这种强分离结果意味着标准的 Vickrey(1964)-Salop(1979)模型可以适用：均衡中存在过多的产品种类[有关媒体背景的陈述,请参见 Choi(2006)]。同样的说明适用于其他被覆盖的市场模型(例如,具有被覆盖市场的离散选择随机效用模型)。这种分离结果对于实证和规范分析来说都有些令人不安,但问题实际上出在市场已经完全被覆盖的假设上。尽管不能轻易放松圆形市场模型(除了引入低廉的消费者保留价格和由此产生的本地性垄断这些细小变化),离散选择模型依然可以通过外部选择来开拓未被覆盖的市场,这将均衡状态下的产品种类重新关联到广告需求强度上。

经典模型还假设每个消费者的收入 $R(a)$ 与受众无关,这是有问题的。例如,访问大量客户群可以帮助互联网平台提高其广告服务的效率。在更传统的媒体中,受众的构成取决于内容,并影响广告需求(请参阅本书第 9 章)。具有高度异质性消费者的大量受众对于专业广告投放可能没有吸引力。Crampes et al.(2009)指出,允许 R 依赖于消费者群等价于考虑可变受众规模报酬,当收入 R 随着 N_i 增加(减少)时,市场进入者将减少(增加)。[①]

现在考虑一种纯广告商资助机制。在这里,广告一侧与均衡状态下的多样性重新相关联。在市场完全被覆盖的条件下(例如,圆形模型和 Logit 模型),均衡的广告水平和利润随平台数量增多而下降,只要 $R(\cdot)$ 是对数凹性的(Anderson and Gabszewicz,2006)。重要的一点是,广告需求疲弱导致均衡多样性低,因为广告的低获利能力导致缺乏进入市场的经济动力。在这种情况下,例如在欠发达国家中,由产品种类不足造成的市场失灵尤其严重。在广告需求强劲的情况下,过度进入结果仍然可能出现:Choi(2006)指出,尽管已经是最优情况,但在这种情况下,最佳种类和广告数量之间仍然存在强烈的脱节。[②] 实际上,只要市场被完全覆盖,这种脱节仍然存在:无论平台数量如何,最佳广告数量都满足 $v(a^0)=\gamma$。

由于只有在广告需求足够强劲的情况下,免费媒体业务模式才会出现,因此对商业模式的内生性(免费与付费)的解释存在略有不同的结论。如 Crampes et al.(2009)所示,对消费价格施加非负约束,当均衡价格为负时会提高均衡价格(至零)。这放松了对消费者的争夺,提高了利润,并减少了广告和消费者剩余。其结果是,市场进入者增加,而免费平台情况下的总福利却低于补贴消费者参与的情况。此外,平台更多地依赖质量改善作为补贴和捆绑的间接形式(Amelio and Jullien,2012)。[③]

2.6　未来的研究方向

本章着重介绍了最近发展起来的应用于媒体市场环境下的双边市场研究的洞见。消费

---

① Crampes et al.(2009)还表明,与数量竞争相比,广告方的价格竞争为媒体市场带来了更多的进入者。

② 考虑被约束的最优情况,例如零利润约束或平台选择非合作广告数量的约束,将减轻这种脱节的后果。

③ Dukes(2004)分析了竞争性产品投放广告时的免费进入。降低产品差异性可以减少媒体的进入,从而提高其广告的利用率。较高的媒体多样性(由于易于差异化)会导致过多的广告。

者单归属(适用于2.3.3的竞争性瓶颈)时和消费者多归属(根据第2.4节)时的预测结果的差异很大。该领域需要更多的研究,这方面的一些初步想法已在2.4.5中给出。

对于各种媒体市场的实证研究,可以参考本书第3章和第7—9章。显然,我们需要更多的工作来将理论与实证相结合。

虽然不在本章的讨论范围之内,但我们应该提到针对广告定向的新兴文献。这些文献主要关注互联网技术的发展以及根据消费者的历史行为针对个人喜好定制广告能力的增强。这类文献为广告和销售发展了直观的微观模型,适合于讨论广告定向对广告数量和价格的影响。[1]

Athey and Gans(2010)指出,扩充广告信息可能会取代定向,因此将定向对平台收入和消费者的影响与广告市场的容量限制或关注度不足联系在一起。Bergemann and Bonatti(2011)建立了有广告定向和信息拥塞的竞争性广告市场模型。定向的准确性会对广告价格产生倒U形影响,这是由将匹配值的提高与每个广告市场上提高的产品集中度相结合而产生的。我们在2.4.1中已有探讨,Athey et al.(2014)探究了竞争平台对广告合同和平台技术选择进行追踪与定向的进一步含义。Johnson(2013)研究了当消费者能够使用昂贵的广告屏蔽技术时广告定向的效果。从没有广告定向的情况开始,消费者此时不喜欢由于规模效应而提高的广告定向精度,而随着与广告商的匹配度提高,他们更喜欢高水平的定向精度。尽管这些文献还处于起步阶段,但这个研究方向在未来有发展的前途。

尽管最近的文献已经开始深入研究广告技术,但是令人惊讶的是,很少有关于根据广告商需求定制内容的理论研究。事实上,尽管第2.1节提到的文献将内容选择与广告收入相关联,但很少有文献将消费者的偏好与平台上显示的特定广告类型相关联。[2]最近的例外包括:Athey and Gans(2010)讨论了地方报纸上的地方性广告;Athey et al.(2014)讨论了重点内容和高覆盖率内容之间的选择;Crampes et al.(2009)将印象的价值与观众的规模相关联。

致谢

我们衷心感谢史册(Matthew Shi)、本·莱顿(Ben Leyden)、比尔·约翰逊(Bill Johnson)、厄于斯泰因·福罗斯(Øystein Foros)、汉斯·雅勒·金德(Hans Jarle Kind)、马丁·佩茨(Martin Peitz)和马库斯·赖辛格(Markus Reisinger)的建议,以及我们的合作者对我们的帮助。第一作者由衷感谢美国国家科学基金(NSF)的支持。

---

[1] 有关分析在产品市场进行广告定向的后果的文献,请参见 Esteban et al.(2001)、Gal-Or and Gal-Or(2005)、Iyer et al.(2005)、Galeotti and Moraga-Gonzalez(2008)、De Cornière(2010)、Taylor(2013)、De Cornière and de Nijs(2013)以及 Anderson et al.(2015a)。
[2] 有关受众广告价值的实证证据,请参见 Chandra(2009)、Chandra and Kaiser(2014)和 Goettler(1999),以及第5章中的进一步讨论和参考文献。

参考文献

Acemoglu，D.，Jensen，M. K.，2013. Aggregate comparative statics. Games Econ. Behav. 81，27-49.

Ambrus，A.，Reisinger，M.，2006. Exclusive Versus Overlapping Viewers in Media Markets. Working Paper. Ambrus，A.，Calvano，E.，Reisinger，M.，2014. Either-or-Both Competition：A Two-Sided Theory of Advertising with Overlapping Viewerships. Working Paper.

Amelio，A.，Jullien，B.，2012. Tying and freebies in two-sided markets. Int. J. Ind. Organ. 30（5），436-446.

Anderson，S. P.，2003. Broadcast Competition：Commercial and Pay TV. Mimeo. Anderson，S. P.，2005. Localism and Welfare. FCC Discussion Paper.

Anderson，S. P.，2007. Regulation of television advertising. In：Seabright，P.，von Hagen，J.（Eds.），The Economic Regulation of Broadcasting Markets. Cambridge University Press，Cambridge.

Anderson，S. P.，Coate，S.，2005. Market provision of broadcasting：a welfare analysis. Rev. Econ. Stud. 72（4），947-972.

Anderson，S. P.，de Palma，A.，2001. Product diversity in asymmetric oligopoly：is the quality of consumer goods too low？ J. Ind. Econ. 49（2），113-135.

Anderson，S. P.，de Palma，A.，2009. Information congestion. RAND J. Econ. 40（4），688-709.

Anderson，S. P.，Gabszewicz，J. J.，2006. The media and advertising：a tale of two-sided markets. In：Ginsburgh，V.，Throsby，D.（Eds.），Handbook of the Economics of Art and Culture. North Holland，Amsterdam.

Anderson，S. P.，Gans，J.，2011. Platform siphoning：ad-avoidance and media content. Am. Econ. J. Microecon. 3（4），1-34.

Anderson，S. P.，Neven，D.，1989. Market efficiency with combinable products. Econ. Rev. 33（4），707-719.

Anderson，S. P.，Peitz，M.，2014. Advertising Congestion in Media Markets. Working Paper.

Anderson，S. P.，Peitz，M.，2015. Media Seesaws：Winners and Losers in Platform Markets. Working Paper.

Anderson，S. P.，Shi，M.，2015. Pricing in the US Magazine Industry：A Two-Sided Market Perspective. Working Paper.

Anderson，S. P.，de Palma，A.，Thisse，J. F.，1992. Discrete Choice Theory of Product Differentiation. MIT Press，Cambridge，MA.

Anderson, S. P. , de Palma, A. , Nesterov, Y. , 1995. Oligopolistic competition and the optimal provision of products. Econometrica 63 (6), 1281-1301.

Anderson, S. P. , Foros, Ø. , Kind, H. J. , 2015 forthcoming. Product Quality, Competition, and Multi-Purchasing. CEPR Discussion Paper 8923.

Anderson, S. P. , Foros, Ø. , Kind, H. J. , Peitz, M. , 2012b. Media market concentration, advertising levels, and ad prices. Int. J. Ind. Organ. 30 (3), 321-325.

Anderson, S. P. , Erkal, N. , Piccinin, D. , 2013a. Aggregative Games with Free Entry. CEPR Discussion Paper 8923.

Anderson, S. P. , Foros, Ø. , Kind, H. J. , 2013b. Two-Sided Multi-Homing in Media Markets: Heterogenous Advertisers and Overlapping Viewers. NHH, Bergen.

Anderson, S. P. , Baik, A. , Larson, N. , 2015a. Personalized Pricing and Advertising: An Asymmetric Equilibrium Analysis. Working Paper.

Anderson, S. P. , Foros, Ø. , Kind, H. J. , 2015b. Competition for Advertisers and for Viewers in Media Markets. CEPR Discussion Paper 10608.

Archibald, G. C. , Eaton, B. C. , Lipsey, R. G. , 1986. Address models of value. In: Stiglitz, J. E. , Mathewson, F. G. (Eds.), New Developments in the Analysis of Market Structure. MIT Press, Cambridge, MA.

Armstrong, M. , 2002. Competition in Two-Sided Markets. MPRA Paper 24863.

Armstrong, M. , 2006. Competition in two-sided-markets. RAND J. Econ. 37 (3), 668-691.

Armstrong, M. , Weeds, H. , 2007. Public service broadcasting in the digital world. In: Seabright, P. , von Hagen, J. (Eds.), The Economic Regulation of Broadcasting Markets. Cambridge University Press, Cambridge.

Armstrong, M. , Wright, J. , 2007. Two-sided markets, competitive bottlenecks and exclusive contracts. Econ. Theory 32 (2), 353-380.

Athey, S. , Gans, J. , 2010. The impact of targeting technology on advertising markets and media competition. Am. Econ. Rev. Pap. Proc. 100 (2), 608-613.

Athey, S. , Calvano, E. , Gans, J. , 2014. The Impact of the Internet on Advertising Markets for News Media. Working Paper.

Bedre-Defolie, O. , Calvano, E. , 2013. Pricing payment cards. Am. Econ. J. Microecon. 5 (3), 206-231.

Beebe, J. H. , 1977. Institutional structure and program choices in television markets. Q. J. Econ. 91 (1), 15-37.

Belleflamme, P. , Toulemonde, E. , 2009. Negative intra-group externalities in two-sided markets. Int. Econ. Rev. 50 (1), 245-272.

Bergemann, D. , Bonatti, A. , 2011. Targeting in advertising markets: implications for offline versus online media. RAND J. Econ. 42（3）, 417-443.

Bourreau, M., 2003. Mimicking vs. counter-programming strategies for television programs. Inf. Econ. Policy 15（1）, 35-54.

Caillaud, B., Jullien, B., 2001. Competing cybermediaries. Eur. Econ. Rev. Paper Proc. 45（4-6）, 797-808.

Caillaud, B., Jullien, B., 2003. Chicken & egg: competition among intermediation service providers. RAND J. Econ. 34（2）, 309-328.

Calvano, E., Polo, M., 2014. Strategic Differentiation by Business Models: Free-to-Air and Pay-TV's. Working Paper.

Chandra, A., 2009. Targeted advertising: the role of subscriber characteristics in media markets. J. Ind. Econ. 57（1）, 58-84.

Chandra, A., Kaiser, U., 2014. Targeted advertising in magazine markets and the advent of the Internet. Manag. Sci. 60（7）, 1829-1843.

Choi, J. P., 2006. Broadcast competition and advertising with free entry: subscription vs. free-to-air. Inf. Econ. Policy 18（2）, 181-196.

Crampes, C., Haritchabalet, C., Jullien, B., 2009. Advertising, competition and entry in media industries. J. Ind. Econ. 57（1）, 7-31.

Cunningham, B., Alexander, P., 2004. A theory of broadcast media concentration and commercial advertising. J. Public Econ. Theory 6（4）, 557-575.

D'Aspremont, C., Gabszewicz, J. J., Thisse, J. F., 1979. On Hotelling's ' stability in competition'. Econometrica 47（5）, 1145-1150.

De Cornière, A., 2010. Search Advertising. Working Paper.

De Cornière, A., de Nijs, R., 2013. Online advertising and privacy, Discussion Paper, University of Oxford. Dewenter, R., Haucap, J., Wenzel, T., 2011. Semi-collusion in media markets. Int. Rev. Law Econ. 3（2）, 92-98.

Doganoglu, T., Wright, J., 2006. Multihoming and compatibility. Int. J. Ind. Organ. 24（1）, 45-67.

Dukes, A., 2004. The advertising market in a product oligopoly. J. Ind. Econ. 52（3）, 327-348.

Dukes, A., 2006. Media concentration and consumer product prices. Econ. Inq. 44（1）, 128-141.

Dukes, A., Gal-Or, E., 2003. Negotiations and exclusivity contracts for advertising. Mark. Sci. 22（2）, 222-245.

Dupuit, J., 1849. De l'influence des péages sur l'utilité des voies de communication. Ann. Ponts Chaussées 17（mémoires et documents）, 207.

Eaton, B. C., Lipsey, R. G., 1975. The principle of minimum differentiation reconsidered:

some new developments in the theory of spatial competition. Rev. Econ. Stud. 42 (1), 27-49.

Esteban, L., Gil, A., Hernandez, J., 2001. Informative advertising and optimal targeting in a monopoly. J. Ind. Econ. 49 (2), 161-180.

Ferrando, J., Gabszewicz, J. J., Laussel, D., Sonnac, N., 2008. Intermarket network externalities and competition: an application to the media industry. Int. J. Econ. Theory 4 (3), 357-379.

Gabszewicz, J. J., Thisse, J. F., 1979. Price competition, quality and income disparities. J. Econ. Theory 20 (3), 340-359.

Gabszewicz, J. J., Wauthy, X. Y., 2004. Two-Sided Markets and Price Competition with Multi-Homing. Working Paper.

Gabszewicz, J. J., Wauthy, X. Y., 2014. Vertical product differentiation and two-sided markets. Econ. Lett. 123 (1), 58-61.

Gabszewicz, J. J., Laussel, D., Sonnac, N., 2001. Press advertising and the ascent of the 'Pensee Unique'. Eur. Econ. Rev. 45 (4-6), 641-651.

Gabszewicz, J. J., Laussel, D., Sonnac, N., 2004. Programming and advertising competition in the broadcasting industry. J. Econ. Manag. Strategy 13 (4), 657-669.

Gabszewicz, J. J., Laussel, D., Sonnac, N., 2012. Advertising and the rise of free daily newspapers. Economica 79 (313), 137-151.

Galeotti, A., Moraga-Gonzalez, J. L., 2008. Segmentation, advertising, and prices. Int. J. Ind. Organ. 26 (5), 1106-1119.

Gal-Or, E., Dukes, A., 2003. Minimum differentiation in commercial media markets. J. Econ. Manag. Strategy 12 (3), 291-325.

Gal-Or, E., Dukes, A., 2006. On the profitability of media mergers. J. Bus. 79 (2), 489-525.

Gal-Or, E., Gal-Or, M., 2005. Customized advertising via a common media distributor. Mark. Sci. 24 (2), 241-253.

Gentzkow, M. A., 2007. Valuing new goods in a model with complementarity: online newspapers. Am. Econ. Rev. 97 (3), 713-744.

Godes, D., Ofek, E., Sarvary, M., 2009. Content vs. advertising: the impact of competition on media firm strategy. Mark. Sci. 28 (1), 20-35.

Goettler, R., 1999. Advertising Rates, Audience Composition, and Competition in the Network Television Industry. Working Paper.

Grossman, G., Shapiro, C., 1984. Informative advertising with differentiated products. Rev. Econ. Stud. 51 (1), 63-81.

Hagiu, A., Halaburda, H., 2014. Information and two-sided platform profits. Int. J. Ind. Organ. 34, 25-35.

Hagiu, A., Jullien, B., 2011. Why do intermediaries divert search? RAND J. Econ. 42 (2), 337-362.

Hagiu, A., Jullien, B., 2014. Search diversion and platform competition. Int. J. Ind. Organ. 33, 48-60.

Hansen, C. T., Kyhl, S., 2001. Pay-per-view broadcasting of outstanding events: consequences of a ban. Int. J. Ind. Organ. 19, 589-609.

Hoernig, S., Valletti, T., 2007. Mixing goods with two-part tariffs. Eur. Econ. Rev. 51, 1733-1750.

Hotelling, H., 1929. Stability in competition. Econ. J. 39, 41-57.

Hurkens, S., Lopez, A. L., 2014. Who should pay for two-way interconnection? Working Papers 774, Barcelona Graduate School of Economics.

Iyer, G., Soberman, D., Villas-Boas, J. M., 2005. The targeting of advertising. Mark. Sci. 24 (3), 461-476.

Jeitschko, T., Tremblay, M., 2015. Platform Competition with Endogenous Homing. Working Paper.

Johnson, J. P., 2013. Targeted advertising and advertising avoidance. RAND J. Econ. 44 (1), 128-144.

Katz, M. L., Shapiro, C., 1985. Network externalities, competition, and compatibility. Am. Econ. Rev. 75 (3), 424-440.

Kerkhof, A., Munster, J., 2015. Quantity Restrictions on Advertising, Commercial Media Bias, and Welfare. Working Paper.

Kim, H., Serfes, K., 2006. A location model with preference for variety. J. Ind. Econ. 54 (4), 569-595.

Kind, H. J., Nilssen, T., Sörgard, L., 2007. Competition for viewers and advertisers in a TV oligopoly. J. Med. Econ. 20 (3), 211-233.

Kind, H. J., Nilssen, T., Sörgard, L., 2009. Business models for media firms: does competition matter for how they raise revenue? Mark. Sci. 28 (6), 1112-1128.

Lin, P., 2011. Market provision of program quality in the television broadcasting industry. BE J. Econ. Anal. Policy 11 (1), 1-22.

Mussa, M., Rosen, S., 1978. Monopoly and product quality. J. Econ. Theory 18 (2), 301-317.

Nocke, V., Peitz, M., Stahl, K., 2007. Platform ownership. J. Eur. Econ. Assoc. 5 (6), 1130-1160.

Owen, B., Wildman, S., 1992. Video Economics. Harvard University Press, Cambridge, MA.

Peitz, M., Valletti, T. M., 2008. Content and advertising in the media: pay-TV versus free-to-air. Int. J. Ind. Organ. 26（4）, 949-965.

Prescott, E. , Visscher, M. , 1977. Sequential location among firms with foresight. Bell J. Econ. 8（2）, 378-393.

Reisinger, M. , 2014. Two-Part Tariff Competition Between Two-Sided Platforms. Working Paper.

Richardson, M. , 2006. Commercial broadcasting and local content: cultural quotas, advertising, and public stations. Econ. J. 116, 605-625.

Rochet, J. , Tirole, J. , 2003. Platform competition in two-sided markets. J. Eur. Econ. Assoc. 1, 990-1029.

Rochet, J. , Tirole, J. , 2006. Two-sided markets: a progress report. RAND J. Econ. 37（3）, 645-667.

Rysman, M. , 2004. Competition between networks: a study of the market for yellow pages. Rev. Econ. Stud. 71（2）, 483-512.

Rysman, M. , 2009. The economics of two-sided markets. J. Econ. Perspect. 23（3）, 125-143.

Salop, S. C. , 1979. Monopolistic competition with outside goods. Bell J. Econ. 10（1）, 141-156.

Selten, R. , 1970. Preispolitik der Mehrproduktenunternehmung in der Statischen Theorie. Springer Verlag, Berlin.

Shah, S. , 2011. The Effect of the DVR on Network and Consumer Behavior. Ph. D. thesis, University of Virginia.

Shaked, A. , Sutton, J. , 1983. Natural oligopolies. Econometrica 51（5）, 1469-1483.

Shubik, M. , Levitan, R. , 1980. Market Structure and Behavior. Harvard University Press, Cambridge, MA.

Spence, M. , 1976. Product selection, fixed costs, and monopolistic competition. Rev. Econ. Stud. 43（2）, 217-235.

Steiner, P. O. , 1952. Program patterns and the workability of competition in radio broadcasting. Q. J. Econ. 66（2）, 194-223.

Stühmeier, T. , Wenzel, T. , 2011. Getting beer during commercials: adverse effects of ad-avoidance. Information Economics and Policy 23（1）, 98-106.

Tag, J. , 2009. Paying to remove advertisements. Inf. Econ. Policy 21（4）, 245-252.

Taylor, G. , 2013. Attention Retention: Targeted Advertising and the Ex Post Role of Media Content. Working Paper.

Van Zandt, T. , 2004. Information overload in a network of targeted communication. RAND J. Econ. 35, 542-560.

Vickrey, W. , 1964. Microstatics. Harcourt, Brace, New York.

Vickrey, W. S. , Anderson, S. P. , Braid, R. M. , 1999. Spatial competition, monopolistic competition, and optimum product diversity. Int. J. Ind. Organ. 17 (7), 953-963.

Weeds, H. , 2012. Superstars and the long tail: the impact of technology on market structure in media industries. Inf. Econ. Policy 24 (1), 60-68.

Weeds, H. , 2013. Programme Quality in Subscription and Advertising-Funded Television. Working Paper.

Weyl, E. , 2010. A price theory of multi-sided platforms. Am. Econ. Rev. 100 (4), 1642-1672.

White, A. , Weyl, E. , 2015. Insulated Platform Competition. NET Institute Working Paper No. 10.

第3章 媒体经济学的实证模型：媒体市场消费者和广告商需求、企业供给及进入的模型

斯蒂文·T. 贝里 (Steven T. Berry)[①]、
乔尔·沃尔德福格尔 (Joel Waldfogel)[②]

目　录

[①] 美国耶鲁大学经济系。
[②] 美国明尼苏达大学卡尔森管理学院。

摘要:本章中,我们将介绍一些实证分析技术。这些技术为研究产业组织的学生所熟知,且对媒体市场的建模相当有用。我们首先集中讨论需求估计问题,一并探讨几种离散选择模型。然后,我们转向介绍对广告需求的估计。接下来,我们转向市场的供给侧。我们将讨论企业选择的连续变量(例如价格或者广告水平)模型的估算,之后是同质及差异化产品的市场进入模型。我们在最后简要讨论了未来存在的挑战。

关键词:需求估计;离散选择;市场进入的建模

JEL 分类代码:C01,L82

3.1　引言

本章旨在介绍可用于媒体市场经验研究的实证技术。这些方法对于研究当代实证产业组织的学生来说十分熟悉,而我们将重点介绍与媒体市场最为相关的方面和方法。

我们的任务是描述可以达成以下两个目标的分析方法:①它们需适用于媒体市场的基本经济情况及可用的数据;②它们需与理论和模型保持一致,以便研究者模拟替代的政策场景并计算具有理论意义的对象(如福利水平或消费者剩余)。据此,我们聚焦于所谓结构性的计量方法而不讨论其他方法,尽管针对因果推理的描述性方法对媒体行业的分析也非常有用。

媒体市场的一些基本特征(如本书他处所强调的,见第 1 章)包括高昂的固定成本(几乎是排他性的)、偏好异质性以及用户和广告商资助的混合赢利模式。这些特征导致市场结果可能以某些令人侧目的方式偏离有效的安排,从而需要可用于对替代性安排进行反事实模拟的实证模型,例如考虑企业合并的影响或社会规划者的最优安排。

媒体产品的特殊之处还在于,对它们(例如新闻产品)的消费通常是获知信息的一种手段。公共政策与媒体产品相关,而媒体市场的结构或影响公民参与,尤其事关投票(参见第 13—19 章)等。这进一步印证我们需要有一些方法来分析政策或法规对产品定位和媒体消费的影响。

另一个有助于进行实证分析的重要特征是,许多媒体市场传统上都是本地市场,人们可以观察到在人口统计数据、经济规模和组成方面存在差异的地理区域中涌现的市场结果,包括市场进入、产品定位和消费。新技术正在侵蚀本地市场的差异性,带来了我们在结论中将讨论到的挑战。

媒体市场的某些固有特征决定了数据可用或缺乏。媒体的广告支持性质引起了对受众加以测量的需求,这反过来又有利于创建有关使用每种产品的消费者数量的良好数据。此外,在许多情况下按人口和地理群体分别观察消费趋势是有可能的。价格通常很难获得。某些产品,例如无线电广播和广播电视,对消费者来说价格为零。其他产品,例如报纸(以及电影和音乐),通常有统一的价格,且变化很小,以至于难以确定需求关系。尽管广告价格的衡量标准有时是可以观察到的,例如市场水平的广告收入或已发布的广告实时价格,但许多相关的广告价格信息还是无法公开获得。广告商的需求产生了一些可用数据,例如有关产品特性和可用产品数量的可用数据。在诸如广播和报纸之类的媒体中,有一些目录列出了可选媒体分支以及有关其产品定位的信息(广播的播出格式等)。①最后,与时俱进的技术(例如互联网广播、电视时移设备,以及各种媒体产品的流式传输)限制了现有数据结构描述媒体产品表现的能力。

本章第3.2节讨论了受众和广告需求的相关模型。第3.3节简要讨论了广告商对媒体消费者的需求。第3.4节介绍了市场进入模型及其均衡。在此过程中,我们引用了媒体中的示例,并适时引用了更具一般性的产业经济学文献。第3.5节讨论了结构模型在媒体行业政策分析中的使用。第3.6节总结并讨论了未来可能存在的挑战。

3.2 受众需求

3.2.1 引言

受众需求显然是分析媒体市场的关键。对于某些媒体(例如报纸),媒体的直接消费者至少能提供主要的收入来源,而在其他市场(传统广播)中,受众实际上是生产过程的一部分。在广告支持的媒体中,受众的注意力被"出售"给了广告商,因此我们可以认为受众"被生产"并出售给付费的"消费者",即广告商。

下面,我们回顾一组实证模型,这些模型现在已成为实证产业组织研究的标准,但它们的重点在于媒体市场的特征和相关的政策问题。这些模型通常是离散选择模型,尽管在总体市场水平上,也可以将它们解读为涉及了具有多样性偏好的消费者(Anderson et al.,1992)。

我们试图研究一群潜在的受众群体,他们面临着一系列具有各种特征的媒体选择。研究人员观察到了其中一些特征,而有些特征则未被观察到。根据我们观察到的人口统计数据特征,这些消费者的偏好不同,并且他们随着未被观察到的消费者特征和偏好而变化。在某些情况下,消费者为消费商品付费,而在另一些情况下则不。

这些模型与关于媒体市场的一些典型事实基本一致。两个有趣的典型事实是:①受众数量增加了选择的数量;②不同统计特征的人口在同一市场内做出了截然不同的选择。两者都与异质性偏好保持一致,第一个事实还与对多样性的偏好保持一致。

作为第一个典型事实的示例,图3.1显示了在图中广播市场中,可用的产品种类和产品的数量如何随市场规模变化。较大的市场拥有更多的广播电台和更多的广播种类。作为第二个典型事实的示例,图3.2显示了广播选择如何随人口变化。少数面向黑人的电台吸引了近2/3的黑人收听量,而这些电台仅吸引了一小部分(低于3%)的白人收听量。西班牙裔和非西班牙裔的收听情况也有类似的情况。

---

① 请参阅第7—9章。

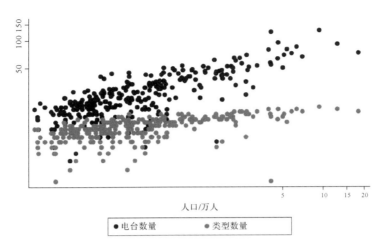

图 3.1　美国都会区的电台种类和市场规模

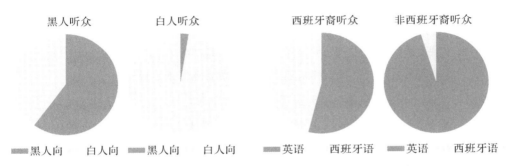

图 3.2　电台收听与人口统计特征

McFadden(1974,1981)以来的经典离散选择模型允许偏好因观察到的和未观察到的人口统计特征而异,且易于解释图 3.2 所示的规律。此外,它们还包括针对每个消费者和产品的特质匹配元素。随着产品数量的增加,消费者更有可能找到与某些产品的理想匹配,并且总受众群体也会扩大。在某些市场中,这被视为具有特异性匹配元素的模型的不理想特征。但是,图 3.1 表明这是媒体市场的理想特征。显然,我们希望数据能以某种方式确定特异性匹配价值的相对重要性,以及取决于观察到的和未观察到的人口特征的系统性偏好差异。

3.2.2　具有已观察到和未观察到的产品特征的经典离散选择

我们在市场的一个截面中考虑了一组潜在的消费者(受众成员)。在每个市场中,消费者都面临着市场内的产品和外部商品两个选择,他们要在对两者的消费之间做出一个离散选择。例如,在 Fan(2013)中,每个县的消费者可以选择购买可选报纸中的一种,或者完全不购买报纸。

根据 McFadden(1981),考虑在市场 t 中,产品 j 的潜在消费者 i 的效用函数为:

$$u_{ijt} = \delta_{jt} + \mu_{ijt} \tag{3.1}$$

其中,δ_{jt} 是市场 t 中产品 j 的平均效用,而 μ_{ijt} 代表关于该均值的偏好分布。对于每个消费者,可以根据消费者的属性和产品的特性,将偏好 μ_{ijt} 在产品之间关联起来。

参考 Berry(1994),我们根据一组观察到的特征 x_{jt} 以及未观察到的(对研究者而言)特征 ξ_{jt} 对平均效用进行建模。未观察到的特征代表了我们数据中未衡量的质量要素,并且其存在还有助于确定有关需求估算的计量经济学中的内生性概念。x_{jt} 不仅包括观察到的有关产品质量的数据,还包括横向差异化的度量(例如产品类型),例如,一个用于代表报纸是不是都市日报,或者一个广播电台是否播放乡村音乐的虚拟变量。根据媒体市场,x_{jt} 有时包括价格,有时则不包括。方便起见,我们假设:

$$\delta_{jt} = x_{jt}\bar{\beta} + \xi_{jt} \tag{3.2}$$

一个经典的随机系数[例如 Hausman and Wise(1978)]公式可以用来描述消费者的偏好分布:

$$\mu_{ijt} = \sum_k x_{kjt}\beta_{ikt} + \varepsilon_{ijt} \tag{3.3}$$

其中,ε_{ijt} 是消费者 i 与产品 j 的匹配值,通常假定为在产品间独立同分布。最常见的假定是 ε_{ijt} 独立同分布且服从标准正态分布,或服从双指数极值分布进而生成熟悉的 Logit 形式的选择概率模型。尽管可以进行其他规整,但人们通常通过在其他参数变化的情况下将 ε_{ijt} 的范围固定来对效用的范围进行规整化。

总和项引入偏好中的跨产品相关性。其中,β_{ikt} 是消费者 i 对特征 k 的边际效用,通常根据观察到的消费者人口统计特征和未观察到的消费者偏好来建模:

$$\beta_{ikt} = \sum_k x_{kjt}[v_{ik}\sigma_k + \gamma_k z_i] \tag{3.4}$$

观察到的消费者人口统计特征是 z_i,产品特征 k 和消费者人口统计特征之间的效用交互作用参数化为 $\gamma_k z_i$。在实证操作中,通常必须限制此类交互的次数。v_{ik} 代表对产品特征 k 的未观察到的偏好,通常假定其为正态分布。对产品特征 k 的未观察到的偏好的方差随着参数 σ_k 而越来越大。Berry et al.(1995)引入了未观察到的产品特征[如式(3.2)]和正态分布的随机系数 Logit[如式(3.4)]的组合,这被称为 BLP 方法。

根据 β_{ikt} 的边际偏好的分布可推出模型隐含的跨产品替代模式。产品特征 k 的边际偏好的较高方差意味着在其他条件不变的情况下,消费者将更细致地在 x_{kjt} 相似的产品之间进行替代。例如,在广播市场中,未观察到的对于乡村音乐的偏好有较大的 σ_k,这意味着随着市场条件的变化,消费者将更加"忠于"乡村音乐形式。原因很简单:当 σ_k 很大时,消费乡村音乐的人与那些对乡村音乐有系统性偏好的人不成比例;而当 σ_k 很小时,许多听某个给定乡村音乐电台的消费者只是因为特异性匹配价值 ε_{ijt} 较大而这样做。

特异性匹配价值几乎总是存在于经典的离散选择需求模型中,部分原因是它可以"平滑"市场份额并避免需求函数中的折点(Berry and Pakes,2007)。但是,关于特异性匹配价值的经济学有时会被质疑,因为这意味着每个新产品都"天生"自带一些新鲜的成分,这些成分为某些消费者群体带来了价值。这个假设在媒体市场上似乎比在其他市场上更合理。此外,独立同分布的匹配价值意味着媒体消费者的份额会随着产品选择的数量增加,这一假设与我们的典型事实相符。市场拓展的程度由系统性的 β_{ikt} 的相对重要性(与特异性的 ε_{ijt} 相对)控制,而这种相对重要性由参数 σ_k 和 γ_k 确定。

模型存在几种变体和经典的特殊情况。嵌套 Logit 模型(Cardell,1991;McFadden,1978)

假设唯一的随机系数是一组嵌套产品组虚拟变量的系数。对于产品嵌套的一个层级,嵌套 k 中产品效用的未观察到的随机偏好部分为 [①]:

$$\mu_{ijt} = v_{ikt}(\sigma_k) + (1 - \sigma_k)\varepsilon_{ijt} \tag{3.5}$$

对于 $\sigma_k \in (0,1)$,当 σ_k 从 0 移动到 1 时,一个参数对"logit"型的特异性偏好成分 ε_{ijt} 的权重变小,而对系统性的"嵌套 k 的偏好"的权重变大。嵌套偏好项 v_{ik} 的分布随 σ_k 的变化而变化。在 $\sigma_k = 0$ 处,$v_{ikt} = 0$ 且模型简化为纯 Logit 模型。在 $\sigma_k = 1$ 时,模型不对产品水平 ε_{ijt} 施加任何权重,并且模型预测在每个嵌套中仅会购买平均效用最高的商品。该模型的问题是,当 σ_k 超出 (0,1) 范围时,模型在外部的定义不充分。

3.2.3　需求参数的识别

我们首先从直观上讨论什么样的数据变化能让我们了解需求参数,这将于我们有所助益。关于更正式的研究,请参阅 Berry and Haile(2010,2014)。平均效用水平相当简单:如果两种产品具有相同的特性,则更高的市场份额转化为更高的平均效用水平。确实,通常可以在离散选择环境下证明,在给定其他需求参数的情况下,市场份额与平均效用水平 δ 之间存在一对一的映射关系(Berry et al.,2013)。例如,对于没有随机系数的纯 Logit 模型,平均效用水平恰好由经典对数比 $\ln(s_j/s_0)$ 给出,其中,s_j 是产品 j 的份额,而 s_0 是外部商品的份额。于是,在 Logit 模型中,我们可以通过线性关系估算式(3.2)的参数:

$$\ln(s_j) - \ln(s_0) = x_j\beta + \xi_j \tag{3.6}$$

如果观察到的和未观察到的特征不相关,则可以只通过普通最小二乘法(OLS)估计该式。但是,在下面的许多实证示例中,最合理的假设是某些特征(例如价格或观察到的质量)与 ξ_j 相关。这表明了使用工具变量方法的必要性。就价格而言,自然的工具变量是外生的影响成本的因素,就竞争不完全的情况而言,是影响加价的外生变量。正如从下面的示例中可以发现,在媒体市场中,有时观众没有支付任何费用。有趣的内生性问题还涉及其他产品特征,例如媒体内容的性质(广播形式或报纸政治倾向)。

在式(3.3)和式(3.4)的随机系数模型中,识别变得更加微妙。如上所述,随机系数导致了替代模式。出于直觉,我们将通过外生地改变产品空间(向消费者提供的产品数量和特征),然后观察由此产生的需求变化,来了解替代模式。但是,该模型还包含产品层面的不可观察因素。如果我们允许这些不可观察的因素随产品空间的变化而自由变化,那么我们总是可以将需求模式的所有变化归因于不可观察的因素,而不能将其归因于基本替代模式。因此,识别替代模式需要在我们改变产品空间时对不可观察因素的变化方式进行一些限制。

此处必要的要求是,改变产品空间的变量是外生的,即它们与需求中不可观察的对象无关。这是对工具变量的一般要求。但是,在这里,这些工具变量并不是特定变量的专属工具变量,而是允许我们识别控制替代模式的参数。从直觉上说,工具变量必须改变产品空间以揭示相关的替代模式。这些模式的性质随设定而变化,而设定又通常来自手头的数据和问题。

[①] 我们可以轻松地将观察到的与消费者人口统计数据的任意交互添加到嵌套的 Logit 模型中;在此仅为了说明目的而将其省略。

在下面的示例中,我们说明了各种类型的工具变量的使用,这些工具变量既可用于处理平均效用中的内生性问题,也可用于识别随机系数模型中的替代模式。我们在这里简要讨论几种宽泛的候选工具变量,然后用各种媒体示例进行阐述和说明。

第一套工具变量涉及自己和竞争对手公司的影响成本的因素。自身影响成本的因素是衡量自身价格的自然工具(也许对于其他内生性特征来说也是如此),而竞争对手的成本则移动了竞争对手的价格,因此有助于我们找出对价格做出反应的替代模式。豪斯曼(Hausman)工具变量是其他市场上的商品价格,旨在作为常见成本冲击的代理变量(Hausman,1996;Nevo,2001)。如果价格也对共同的需求冲击做出反应,则该工具变量可能无效。

第二套工具变量可以直接衡量竞争对手产品的特性以及不同类型产品的数量。这些工具变量在经过 Nevo(2001)中的处理后,有时被称为 BLP 工具变量,它们直接改变了产品空间并有助于揭示替代模式。如果产品特性不是外生性的,而是(例如)根据需求冲击选择的,则它们将不是有效的工具变量。

当市场层面的人口统计特征变化并且这些人口统计特征影响产品选择时,第三套工具变量会很有用。重要的是,这些市场的人口统计特征,必须以效用设定式(3.4)中观察到的人口统计特征 z_i 为条件变化。当我们可以对总体人口统计特征各不相同的市场中的单个消费者的决策进行建模时,这特别有用。它在代表消费者的模型中也很有用,在该模型中,市场份额是由人口统计特征数据组的份额所驱动的,但产品空间是由人口统计特征数据组的总人口生成的。在对报纸的研究中,Gentzkow and Shapiro(2010)将这个想法归功于 George and Waldfogel(2003)。Berry and Haile(2010)引用了 Waldfogel(2003),并将这些工具变量统称为沃尔德福格尔(Waldfogel)工具变量。

除了这三类工具之外,对于无法观察到的需求冲击,各种面板数据与时序假设也有助于识别。例如,我们可能愿意假设需求遵循 AR(1)过程,并且竞争对手的特征与需求冲击中的当前周期的新息无关。这相当于一个时序假设,即在观察到需求新息之前就已经选择了特征。

3.2.4 单参数嵌套 Logit 模型的示例

为了说明这一点,从使用市场层面数据的非常简单的模型开始很有用,比如 Berry and Waldfogel(1999)的广播收听对称模型。在他们最简单的模型中,唯一的随机系数是在一个虚拟变量上,对于每个内部商品,该虚拟变量等于1(对于没有广播收听的外部商品,其值等于0)。尽管该模型过于简单以至于无法捕捉广播收听的许多有趣特征,但是嵌套的 Logit 函数形式很好地参数化了总数据中对多样性的偏好。在每个 15 分钟内,都市区的每个收听者都可以以嵌套的 Logit 方程形式获得广播电台 j 的效用为:

$$u_{ijt} = \delta_t + v_{it}(\sigma) + (1 - \sigma)\varepsilon_{ijt}。$$

这是式(3.5)的简化版本。特别而言,Berry(1994)表明,可以通过下式估算该模型:

$$\ln(s_j) - \ln(s_0) = x_j\beta + \sigma\ln\left(\frac{s_j}{1 - s_0}\right) + \xi_j \tag{3.7}$$

　　其中,组内替换参数 σ 是内部份额的对数 $\ln[s_j/(1-s_0)]$ 的系数。在假定电台对称的情况下,组内份额减少为 $1/N$,N 是市场中的电台数。如果 $\sigma=1$,则份额的对数差异比恰恰与 $1/N$ 成正比,因为随着 N 的增加,没有来自外部商品的替代。在这种情况下,增加 N 的效应就是纯粹的"生意窃取",随着选择数量的增加,总广播收听量不会增加。但是,当 σ 很小时,随着选择数量的增加,总受众群体会相对快速地扩大。

　　如果 N 是外生性的,我们可以通过普通最小二乘法回归估计替代参数。然而,我们很快意识到,市场上电台的数量可能与收听倾向的未观察到的因素有关。例如,若消费者喜欢无线电广播的市场,电台的进入条件将是有利的,这会导致在市场进入与收听之间的关系中,因果关系是从收听到市场进入,而不是相反的方向。因此,N 不是识别替代参数的合适的外生工具变量。

　　解决此问题的方法是利用没有进入听众效用函数的那些可用电台数量层面的变化。同样,工具变量应该:①被排除在个人层面的效用函数之外;②影响选择集。对市场进入过程的合理刻画为工具变量提供了指导。正如 Waldfogel(2003)所言,媒体产品根据整个市场的特征做出供应(市场进入和定位)的决定。因此,对于本地媒体产品而言,诸如本地人口和本地总收入之类的变量是关于本地产品数量的有吸引力的工具变量。这种方法假定即使个人层面的人口统计数据可能会影响媒体产品的消费,基于这些人口统计特征的汇总变量对个人的消费也没有直接影响。这排除了各种可能的溢出和区域分类(迁移)影响。

　　对于广播电台,Berry and Waldfogel(1999)通过将人口统计数据份额置入效用函数来估计处于市场级别的 σ,然后用总市场人口作为 $1/N$ 的工具变量。σ 的估计值非常精确,表明"生意窃取"处于较高水平。

3.2.5　受众需求的更多示例

　　Gentzkow and Shapiro(2010)考虑了对垄断报纸的需求。这里的相关替代性均相对于不订阅报纸这一外部选项。Gentzkow and Shapiro(2010)关注媒体偏向问题,即新闻报道的语言偏向政治左派还是右派,发展了非常巧妙的基于语言的报纸偏向度量方法。读者偏向的度量则基于都市报纸市场内邮编区域 c 层面的政治情形。

　　在 Gentzkow and Shapiro(2010)中,在市场 t 中的一份报纸测得的偏向度为 γ_t。在邮编区域 c 中,$\hat{r}_{ct}$ 是根据竞选活动对读者的政治偏好进行的观察性测度。文章将真正的读者偏向建模为 $r_{ct}=\alpha+\beta\hat{r}_{ct}$,参数 α 和 β 将观察到的度量转换为与报纸偏向度量相同的位置和尺度。出于霍特林(Hotelling)模型理想点的考虑,读者根据自己偏爱的政治位置与报纸的偏向度之间的距离来支付效用成本。作为一个真实政治偏好的函数,效用写作:

$$u_{ict}=x_{ct}\beta+\gamma(r_{ct}-\gamma_t)^2+\xi_{ct}+\varepsilon_{ijt}。$$

其中,ε_{ijt} 是通常的 Logit 误差,x_{ct} 是邮编区域人口统计数据(包括用于控制总体报纸质量的特定于市场的虚拟变量),而 ξ_{ct} 是对市场 t 中报纸的未观察到的邮编区域层面的偏好。在理想点模型中展开平方项可得到 $\gamma_t r_{ct}$、r_{ct}^2 和 γ_t^2 的线性项,由此我们可以将模型写为:

$$u_{ict}=\delta_{ct}+\varepsilon_{ijt}。$$

其中(在展开平方项并代入观察到的偏好 $\hat{r}_{ct}$ 之后),我们有平均效用项:

$$\delta_{ct} = \overline{\delta_t} + x_{ct}\beta + \lambda_0 \gamma_t \hat{r}_{ct} + \lambda_1 \hat{r}_{ct} + \lambda_2 \hat{r}_{ct}^2 + \xi_{ct} \qquad (3.8)$$

其中，λ 是霍特林距离参数 γ 的函数，参数 α 和 β 将观察到的消费者偏向度与真实偏向度相关联。

与式（3.6）一样，Gentzkow and Shapiro（2010）接下来得以倒推市场 Logit 份额函数以得出 δ_{ct}，这通过式（3.8）的右侧给出了线性估计等式。Gentzkow and Shapiro（2010）指出，尽管有其优势，但其对报纸偏向的度量可能包含一些测量误差。这表明，可以使用工具变量来校正测量误差。这种工具变量也处理了经典的内生性问题，即无法观察到的事物可能与右侧产品特征相关。

Gentzkow and Shapiro（2010）根据整体市场 t 的人口统计数据提出了一个 Waldfogel 工具变量，利用了共和党选民的市场份额。其想法是，这个变量改变了报纸的偏向选择。隐含的排除限制是，根据给定的邮编区域偏好，整个市场的共和党份额不会直接影响邮编区域内的报纸需求。例如，这可以排除市场内邮编区域之间的溢出。

Gentzkow and Shapiro（2010）的工具变量估计值随后揭示了报纸偏向对邮编区域读者群体的结构性影响，进而得到了报纸利润。其使用供给方模型显示，报纸在大胆地选择偏向以最大化利润，而不是追求其他个人或政治议程。接下来，我们回到供给方问题。

Fan（2013）研究了报纸行业的竞争和兼并。与 Gentzkow and Shapiro（2010）的垄断性都市市场相反，Fan（2013）考虑了报纸的县级重叠市场，还强调了价格和（非政治性的）报纸特征的内生性，这隐含在 Gentzkow and Shapiro（2010）的市场报纸项 $\overline{\delta_t}$ 中。根据县（c）的不同，读者面临着不同的选择集，其中包括都市区的各种郊区报纸。c 县的读者 i 对报纸 j 的效用函数为：

$$u_{ijc} = x_j\beta + \gamma_{jc}\psi + z_c\phi - \alpha p_j + \xi_{jc} + \epsilon_{ijc} \qquad (3.9)$$

其中，p_j 是报纸的价格，x_j 是一组内生特征（新闻质量、本地新闻比例和新闻内容种类）。γ_{jc} 包含假设为外生的县内报纸特征（例如，总部城市是否在县内），而 z_c 是县人口统计数据。ξ_{jc} 仍然代表了在给定县内未观察到的报纸偏好。

再次地，我们可以对县级市场份额进行逆推以获得平均效用项：

$$\delta_{jc} = x_j\beta + \gamma_{jc}\psi + z_c\phi - \alpha p_j + \xi_{jc}。$$

现在有 4 个内生变量、价格和内生特征。这些可能与未观察到的偏好 ξ_{jc} 相关。例如，当报纸以不可察觉的方式更受欢迎时，价格可能会更高。这使工具变量问题更加困难。广义上讲，Fan（2013）同样利用改良的 Walfogel 工具变量，并与外在竞争特征（BLP 工具变量）交互。Fan（2013）使用了竞争对手报纸所服务的其他县的消费者统计数据。例如，在人口稀少的郊区县出售的报纸，若其总部位于人口稠密的中央大城市县，则其报纸的种类可能更多，质量可能更高。总部所在县被视为外生的县，因此该县的人口统计特征可作为改变郊区县选择集的工具变量。更具体地说，出售报纸的其他县的人口统计特征不包括给定县的报纸的平均效用。因此，其他县的人口统计特征可以作为本县平均效用方程中的内生特征和价格的工具变量。在 Fan（2013）中，Waldfogel 工具变量包括其他县的教育水平、中位数年龄、中位数收入和城市化程度。

Fan(2013)考虑拓展式(3.9),以在某些特征上包括随机系数。如上所述,与简单的 Logit 模型相比,随机系数模型允许更丰富的替代模式。例如,如果某些消费者对新闻覆盖范围的偏好大于平均水平,则他们很可能会将一种本地报纸替换为另一种报纸,而纯 Logit 模型生成的替代模式仅随特定于人口统计特征的市场份额而变化。尚不清楚 Fan(2013)是否有足够的工具变量来实现此目标,因此 Fan(2013)仅对一个(关于本地新闻的)随机系数进行建模。我们将同样在下文探讨 Fan(2013)的供给方研究。

继续讨论随机系数,Sweeting(2013)和 Jeziorski(2014)考虑了包含随机系数的广播收听者的需求模型。除了取决于人口统计特征的广播形式的偏好不同外,Sweeting(2013)和 Jeziorski(2014)的模型都具有在形式上正态分布的随机系数,这实际上与嵌套 Logit 模型非常相似。尽管具有正态系数的模型缺乏封闭形式的解,但它也不需要对替换参数值的任何先验约束(在嵌套 Logit 模型中该值必须介于 0 和 1 之间)。Jeziorski(2014)还在广告数量(以分钟为单位)中添加了 1 个随机系数,这在嵌套 Logit 模型之外引入了新的替代维度。这些研究都考虑了供给方的动态模型,重点关注共同所有权(Jeziorksi,2014)或形式选择(Sweeting,2013)。

Sweeting(2013)和 Jeziorski(2014)都希望内生地建立市场结构模型,并且不希望假设竞争产品的数量和格式与需求中不可观察的对象 ξ_{jt} 不相关,以便以上因素可以作为潜在工具变量使用。于是,两者都使用了面板数据和工具变量假设的组合。例如,Jeziorski(2014)对处于时间 t 的电台 j 的未观察到的产品特征使用准差分(quasi-difference):

$$\xi_{jt} = \rho\xi_{j,t-1} + v_{jt} \tag{3.10}$$

接下来,假设创新 v_{jt} 与过去的市场和产品特征无关。这些是 BLP 工具变量,但是定义了相对于新息 v_{jt} 的外生(不相关)假设。这样做的缺点是严重依赖特定的面板数据的时序假设,但这弥补了缺乏与无差异 ξ_{jt} 不相关的工具变量的不足。

数据变化的另一个来源是重复选择或(类似地)被排序的选择,包括第二选择数据(Berry et al.,2004)。如果消费者对在某些产品维度上相似的产品给予相似的评级,则清晰地显示出该维度上的紧密替代证据。这大大有助于估计替代参数。在许多(但不是全部)重复选择模型中,重复选择相似产品的趋势也证明了紧密替代的可能性。显然,一些边际效用递减或多样性的偏好可能会推翻这一结果,因此,好的模型可能会考虑到持久的偏好(产生重复的相似选择)和某种偏好的差异。一种常见的模型在产品特性上具有持久的(随时间变化的)随机系数,但是特定于产品的 ϵ_{ijt} 随时间的变化是独立的。如果消费者(在某些产品维度上)做出类似的选择,那么随机系数将很重要,并且该模型将暗示该维度上存在紧密替代。独立的 ϵ_{ijt} 允许随着时间的推移进行多种选择,并意味着不受产品特性驱动的替代模式(尽管模型中没有任何因素可以说明实际的寻求多样性的行为)。

Goettler and Shachar(2001)在电视收看的背景下进一步推广了这一思想,试图从电视观众的重复选择中发现产品特征的结构。该方法类似于政治科学中的离散选择分析,该分析确定了国会中政客之间政治差异的程度。Goettler and Shachar(2001)还考虑到了转换成本(更换频道的效用成本),这显然是持久选择的重要替代来源,并从四个方面考察了对节目的持久偏好。前两个涉及情节的复杂性和情节的现实性(例如犯罪戏剧与情境喜剧),后两个映射到观众的人口统计特征与节目的人口信息差异之间的相似性。

继续回顾关于电视观看的研究,Crawford and Yurukoglu(2012)不仅使用观看频道数量的数据,还使用观看每个频道所花费时间的数据。这增加了关于偏好强度的其他数据,并且允许研究者估计观看给定频道的递减边际收益。[1]这是一种真正的对多样化的偏好。该文将其需求分析应用于有线电视节目包的研究。请注意,许多有线电视频道几乎总是捆绑在一起(例如在基础拓展频道中),因此,如果没有实时观看每个频道的数据,将很难实证地区分对于节目包中各个节目的偏好。观看时间数据允许研究者赋予那些被更频繁地观看的频道更多的价值。

在 Crawford and Yurukoglu(2012)中,当家庭 i 花费时间 t_{ic} 观看节目包 j 中的频道 c 时,其效用为:

$$v_{ij} = \sum_{c \in C_j} \gamma_{ic} \log(1 + t_{ic}) \tag{3.11}$$

其中,C_j 是有线电视节目包 j 中的一组频道。[2]消费者每天分配花在各个频道上的总小时数,以及不看电视以获得外部好处的小时数。偏好参数 γ_{ic} 取决于消费者的人口统计数据。因此,节目包 j 的消费者效用取决于频道效用的最优值以及节目包的价格、节目包的观察到的特征(z_j)和未观察到的特征(ξ_j),以及随机 Logit 误差项:

$$u_{ij} = v_{ij}^* + z_j\psi - \alpha p_j + \xi_j + \epsilon_{ij} \tag{3.12}$$

其估计过程与 BLP 中的一样。不可观察的特征包括重要特征,例如捆绑的互联网服务的质量。因此,像往常一样,价格和未观察到的特征可能高度相关。价格的工具变量是直接的 Hausman 工具变量。它们是同一都会区中其他公司的相似有线电视节目包的定价。如果存在常见的都会区内部冲击,这些工具变量就会与价格相关联,这很可能发生。如果未观察到的产品特征(以及其他公司或捆绑需求"冲击")在都会区中是独立的,则它们与 ξ_j 不相关。与 Hausman 工具变量一样,这第二个要求可能会受到批评。但是,如果设定正确,其他公司价格的变化是一个非常有力的工具变量。

3.3 广告商需求

受众需求是收入模型的重要组成部分,但是将受众需求转化为收入需要关于广告商需求的模型。

最简单的方法是假设所讨论的媒体相对于广告市场而言较小,在这种情况下,媒体公司是广告市场中的价格接受者。在这种情况下,每位媒体消费者的价格可能会因消费者的类

---

[1] 对离散选择加上使用强度数据的使用,至少可以追溯到 Dubin and McFadden(1984)对住宅电器需求的研究。

[2] Crawford et al.(2015)将此柯布-道格拉斯(Cobb-Douglas)效用函数拓展为更灵活的形式,从而允许在不同频道类型之间存在不同程度的递减边际效用。尤其是,体育频道似乎是有线电视节目包中非常有价值的部分,即使为其花费的观看时间并不特别多。一个可能的解释是,观看体育比赛的前几个小时具有很高的价值,但边际效用也有相对下降的趋势(例如,一旦观看了最有价值的顶级体育赛事,那么观看其他赛事的额外时间就只有很小的边际效用)。

型而有所不同,因为消费者对广告商的价值取决于年龄、性别、收入等。在某些情况下,广告商可能会关心受众的种族或族群构成,这可能是因为族群与对不同广告商品的偏好有相关性。

广告商的需求向下倾斜也可能是正确的,也就是说,购买广告的边际意愿随着接触广告的总受众规模或总人口数据(数量乘以人口统计份额)而变化。更微妙地,广告商可能会关心给定人员接触广告的次数,而支付意愿随着同一个人重复接触广告的次数增加而降低。

Berry and Waldfogel(1999)观察了作为人均收入的市场层面的广播广告价格,将广告商的需求建模为关于总市场听众份额的简单的不变弹性函数:

$$\ln(r_t) = x_t\lambda_1 - \lambda_2\ln(S_t) + v_t \tag{3.13}$$

其中,x_t 是一组市场特征,S_t 是广播收听量的总份额。不可观测的广告需求冲击可能与收听份额相关,因为高水平的广告需求会鼓励电台进入,从而带来较高的收听率。收听份额的可能工具变量包括上面讨论的在嵌套 Logit 广播需求背景下的相同变量,包括人群数量和人口统计信息限定下的人群数量。

通过使用更丰富的数据,可以拓展式(3.13)中的设定。Sweeting(2013)对电台层面的广告价格进行建模,并包括了对电台节目形式和受众的人口统计数据的控制变量。Jezkiorski(2014)尝试在 60 秒广告位的层面上对价格进行建模,除了听众数量之外,还引入了广告的数量 a_t。在广播中,广告的强度可能会降低收听份额,因此对收听的需求应取决于可能的内生的广告数量。如下所述,广告数量还将影响供给方。

Rysman(2004)考虑了广告商对传统印刷黄页号簿目录的需求,该目录由各种面向消费者、零售和服务机构的付费广告组成。在互联网普及之前,这些是寻求服务提供商和零售店的消费者的主要参考对象。市场的双边是广告商和消费者,广告商由目录产生收入,而消费者作为用户则免费获得黄页号簿。可以推断出,广告商的需求随着使用量而增加,而使用量则随着广告量而增加(这增加了目录的信息价值)。这在竞争的寡头垄断企业之间产生了经典的网络效应。Rysman(2004)对特定的消费者和广告商进行建模,其中,消费者对于单个黄页号簿给定的搜索是单归属的,而广告商的单次浏览利润是恒定的(因此竞争目录既不能作为价格的互补品,也不能作为替代品)。特别地,Rysman(2004)得出了市场 t 中目录 j 的目录层面的柯布-道格拉斯形式的广告总体需求反函数:

$$\ln(r_{jt}) = z_{jt}\beta + \gamma\ln(a_{jt}) + \alpha\ln(q_{jt}) + v_{jt}\text{。}$$

其中,r_{jt} 是广告价格,a_{jt} 是广告数量,而 v_{jt} 代表不可观察的特征。Rysman(2004)对于目录 j 使用的变量工具 q_{jt} 是最近进入市场 t 的家庭数。广告数量的工具变量包括影响成本的因素,例如本地工资。影响人口统计特征的变量 z_{jt} 包括目录的人口覆盖率。[①]

Fan(2013)基于 Rysman(2004)的模型,将广告需求(以列英寸为单位)建模为广告费率 r_{jt}(以美元为单位)、受众规模(发行量)q_{jt}、家庭的市场数量 H_{jt} 以及代表无法观察到的特征的变量 v_{jt} 的函数:

$$\ln(a_{jt}) = \lambda_0 + \lambda_1\ln(H_{jt}) + \lambda_2\ln(q_{jt}) + \lambda_3\ln(r_{jt}) + v_{jt} \tag{3.14}$$

---

① 请注意,自然地,此变量会从 Rysman(2004)的使用率的嵌套 Logit 模型中排除。

同样,该表达式具有 2 个内生变量,因此至少需要 2 个工具变量。和 Fan(2013)用来估计读者量(流通量)相同的 Waldfogel 工具变量也可以用来估计式(3.14)。一个有趣的问题是,这些工具变量是否足够丰富,以至于可以独立地改变数量和广告价格。在第 3.4 节中讨论的供给方限制可能会提供进一步的限制,以帮助估计广告需求参数。

在这些示例中,我们看到对广告商需求的估计部分取决于可用数据的丰富性。更复杂的模型倾向于引入更多的内生变量,从而增加了对工具变量的需求。幸运的是,在需求估计中影响选择集的相同工具变量通常也可以用作广告商需求表达式的工具变量。如果工具变量不足以估计广告商需求的组成部分,则供给方限制可能有助于改善我们的估计。接下来,我们转到供给方。

3.4　供给方:价格选择、广告数量和其他连续性特征

由于高昂的固定成本,在完全竞争的环境中运营的媒体厂商相对较少。在传统的寡头垄断框架中,差异化产品厂商通常被建模为根据产品特征选择价格。在双边媒体市场中,厂商可能会为受众和/或广告商设置价格。在某些情况下(如第 3.3 节所述),我们可以将受众群体的规模视为销售给广告商的数量,但在其他情况下,我们则将广告数量(例如以分钟或列英寸为单位)作为与受众群体规模分离的决策。在这些情况下,广告数量的增加可能会减少(或可能会增加)受众的数量,从而建立起经典的广告价格或广告数量的边际成本-边际收益分析。为了更进一步,与其他行业一样,我们经常要对与非价格产品质量和水平定位有关的内生选择进行建模。

在许多情况下,我们可以将上一自然段中的变量(价格、广告数量以及产品质量)视为由一阶条件控制的连续性选择。正如现在实证性产业组织理论的传统[一直追溯到 Rosse(1970)的双边报纸研究]一样,这些一阶条件也可以作为工具变量或矩估计方程方法的基础。

作为一个具体的例子,Rosse(1970)考虑了垄断报纸市场。在截面市场 t 中,有两种对产出的度量,分别是订阅用户数量 q_t 和广告数量 a_t。这些变量具有关联的价格 p_t(订阅价格)和 r_t(广告价格)。在 Rosse(1970)中,有一种内生性的质量度量,即"新闻空间"γ_t。Fan(2013)添加了其他可能的质量度量,但在我们的示例中,我们将坚持一个度量。存在影响成本的因素 w_t,如工厂规模(被视为外生性的)。影响需求的因素采用人口统计信息 z_t 的形式,z_t 中的某些元素被从 w_t 中排除,反之亦然。随后,Rosse(1970)设定了 5 个方程,这是 3 个内生变量以及订阅用户和广告商需求的一阶条件。我们已经讨论了订阅用户(受众)需求和广告商需求的估计,而在 Rosse(1970)的单一产品(垄断)需求示例中,这甚至会更加容易。特别是,同样的需求侧工具变量参数也适用。

Rosse(1970)的创新在于根据一阶条件估算边际成本参数,以获得最佳订阅用户和广告数量。这些一阶条件将边际收入设置为等于边际成本,因此它们也依赖于需求方。简单调整一下 Rosse(1970)的设定,我们可以从如式(3.6)所示的简单的单产品 Logit 需求示例开始:

$$\ln(s_t) - \ln(1 - s_t) = z_t\beta - \alpha p_t + \gamma^a a_t + \gamma^\gamma \gamma_t + \xi_t \tag{3.15}$$

这是 Fan(2013)需求系统的简化版本;Fan(2013)添加了多个差异化产品、多个质量级别以及可能的随机系数。如讨论需求的部分所述,式(3.15)或能通过工具变量方法根据自身估算,但可用的工具变量可能不足以识别 3 个内生变量的系数。价格和质量的供给方选择可以在识别过程中起到帮助。

为了解决问题,我们从一个只有订阅收入而没有广告收入的市场开始;这是一个经典的双边市场。根据 Berry(1994),我们将边际成本建模为 $mc(q_t, w_t, \theta) + \omega_t$,其中,$\omega_t$ 是未观察到的成本冲击,θ 是要估计的参数。和通常一样,价格的一阶条件是边际收益等于边际成本:

$$q_t + p_t \frac{\partial q_t}{\partial p_t} = mc(q_t, w_t, \theta) + \omega_t \tag{3.16}$$

当价格减去加价等于边际成本时,可以用传统的形式重写式(3.16):

$$p_t - \frac{q_t}{|\partial q_t / \partial p_t|} = mc(q_t, w_t, \theta) + \omega_t \tag{3.17}$$

因为我们假设边际成本在不可观察的范围内是线性的,所以式(3.17)在其误差项中是线性的,因此可以很容易地使用传统的工具变量技术估计。Rosse(1970)等假设边际成本是内生变量和影响成本的因素的线性函数。在没有广告的模型中,如果边际成本线性地取决于影响成本的因素 w_t 和产出,则式(3.17)变为:

$$p_t - \frac{q_t}{|\partial q_t / \partial p_t|} = \theta_1^c w_t + \theta_2^c q_t + \omega_t^c \tag{3.18}$$

其中,θ_s 是要估算的边际成本参数。

请注意,式(3.18)中的加价项仅取决于数据和需求参数。这是静态垄断和寡头定价模型的一般特征。Rosse(1970)对线性垄断需求进行建模,在 Logit 需求式(3.15)的情况下,加价项为:

$$\frac{q_t}{|\partial q_t / \partial p_t|} = \frac{1}{\alpha} \cdot \frac{1}{(1 - s_t)}。$$

将价格减去此加价项后,代入式(3.18)的左侧,可以将其用作线性工具变量回归中的因变量,以发现边际成本的参数。被排除的影响需求的因素,以及 Waldfogel 工具变量和 BLP 工具变量,可以用来识别内生变量的参数。

由于需求参数进入加价项,因此通过同时估计需求和供应等式可以获得显著的效率提高,尤其是在有足够的工具变量和/或排除限制的情况下,以至于在知道加价函数的情况下,成本参数被过度识别。在极端情况下,我们可以使用加价项的 Logit 形式,仅根据一阶条件估计需求的斜率:

$$p_t = \frac{1}{\alpha} \frac{1}{(1 - s_t)} + mc(q_t, w_t, \theta) + \omega_t \tag{3.19}$$

该方法依赖于 Logit 函数形式,并且需要一些工具变量,这些工具变量导致了 $1/(1 - s_t)$ 的独立于 q_t 的变化。

在使用比对数更丰富的需求模型时,定价决策仍然既可以提供与需求替代模式一样多的信息,也可以提供直接估计需求的信息。例如,与不存在紧密替代品的产品相比,其产品与紧密替代品竞争的厂商将选择较小的加价幅度(相对于边际成本而言较低的价格)。

式(3.18)说明了通过一阶条件对连续变量进行估计的一般原理。既有文献中的一个主题是选择一种函数形式,该函数形式使我们可以将一阶条件写为(或重写为)具有线性误差的方程。这进而允许人们通过传统的工具变量或矩量法进行估算。

在双边媒体的情况下,一阶条件系统内的成本冲击建模变得相当复杂,并引发了一些仍占据最前沿文献的问题。我们考虑一个受 Rosse(1970)和 Fan(2013)启发的例子,报纸的利润来自订阅用户和广告商的收入。利润函数等于订阅用户加广告的收入减去成本:

$$p_t q_t + r_t a_t - C(q_t, a_t, \gamma_t, x_t, \omega_t) \tag{3.20}$$

其中,影响成本的内生变量(q_t、a_t、γ_t)分别是产出量、广告量和报纸质量。

我们对选择价格 p_t 和 r_t 的公司建模,并根据以下假定的需求函数使订阅用户和广告的需求均衡:

$$q_t = D^q(p_t, a_t, \gamma_t, x_t, \xi_t, \theta^d) \tag{3.21}$$

$$a_t = D^a(r_t, q_t, z_t, v_t, \theta^a) \tag{3.22}$$

同样,这些需求函数可以在考虑供给方之前进行估计,或者可以与供给方同时进行估计。

请注意,在双边市场中,当需求受到广告的影响时(反之亦然),订阅用户和广告数量由联合需求系统同时确定[式(3.21)和式(3.22)]。这就提出了一个问题,即如何计算广告价格变化对广告数量的影响。直接效果是显而易见的,但是订阅用户对广告数量的响应会产生间接效果,进而影响广告需求等。Rysman(2004)指出了这个问题:"估计价格设定博弈中的一阶条件会有严重的困难,因为使用率(消费者需求)直接取决于(广告)数量……对关于价格的需求曲线(为了计算边际收益)求导将需要求解一个不动点方程……使已经复杂的最优化程序更复杂。"

在黄页号簿子例中,Rysman(2004)通过估计数量设置模型来避免此问题,在该模型中,黄页号簿公司承诺使用目录的给定"规模",然后收取等同于市场清算价格的费用。如前所述,Rysman(2004)的数据的订阅价为0,因此,根据式(3.22),我们可以仅考虑广告需求的反函数:

$$r_t = (D^a)^{-1}(a_t, q_t, z_t, v_t, \theta^a) \tag{3.23}$$

现在将广告数量变化带来的边际收益定义为:

$$\text{MR}_a = \frac{\partial (D^a)^{-1}}{\partial a_t} + \frac{\partial (D^a)^{-1}}{\partial q_t} \frac{\partial D^q}{\partial a_t}。$$

这很好地打破了广告数量对收入的直接和间接影响。Jeziorski(2014)在另一个没有订阅价格的行业(无线电广播)也采用了类似的方法。[1]

在某些情况下,我们可能对数量设定模型感到满意。实际上,Berry and Waldfogel(1999)考虑了一种更简单的广告供应古诺模型。在该模型中,听众直接被"出售"给广告商。因此,

---

[1] Fan(2013)通过不将广告直接放置到订阅用户需求函数中来避免该问题,虽然部分消费者可能会喜欢(或不喜欢)广告。

　　根据定义,q_t 和 a_t 相等。更好的节目选择(或新进入市场的离散广播格式)可以增加听众的兴趣,从而导致市场广告需求曲线下降,由此产生新的均衡广告价格。

　　在包含广播广告分钟数的 Jeziorski(2014)模型中,广告数量的古诺模型或能捕捉一种直觉性解释,即电视台承诺以固定数量的广告分钟数作为与消费者的隐性交易的一部分,而每小时的补充份额专用于节目。但是,在黄页号簿市场上,古诺模型假设似乎不太直观。黄页号簿的规模可以随出售的广告数量而轻易变化,似乎没有什么理由去确定一个规模。与此同时,Rysman(2004)提供了证据,证明价格在印刷之前就已发布,并对潜在的广告商固定。这更支持了价格设定模型,实际上,Rysman(2004)很清楚,他是出于实际操作原因而做出古诺模型假设,而不是将其作为必然的首选市场模型。

　　为了解决双边市场中价格设置模型的估计问题,我们建议通过应用于式(3.21)和式(3.22)的隐函数定理来计算订阅数量和广告数量相对于价格的导数。①我们将它们称为全导数 $\mathrm{d}q_t/\mathrm{d}p_t$、$\mathrm{d}q_t/\mathrm{d}r_t$、$\mathrm{d}a_t/\mathrm{d}p_t$ 和 $\mathrm{d}a_t/\mathrm{d}r_t$。例如,$\mathrm{d}q_t/\mathrm{d}p_t$ 解释了价格变化的直接影响 $\partial D^q/\mathrm{d}p_t$,以及该变化对 a_t 以及 q_t 的隐性的间接影响。当需求导数的适当矩阵可逆时,对隐函数定理的使用是正确的。这种方法具有很大的优势,即它不需要我们对双边多产品需求方程系统求解,从而避免了很多 Rysman(2014)的计算异议。

　　请注意,可以将隐函数分析技术拓展到寡头垄断案例。在寡头垄断中,随着一家公司改变价格,所有寡头垄断竞争者的数量都将调整至均衡状态。

　　现在,我们从边际收益转向成本。我们根据内生变量和成本冲击 ω_t 对成本建模,每个决策都有一个冲击。用一个遵循 Fan(2013)的例子,我们可以将成本建模为:

$$C = q_t[mc(a_t,\gamma_t,\theta^q)+\omega^q]+[F^a(a_t,\theta^a)+\omega^a a_t]+[F^\gamma(\gamma_t,\theta^\gamma)+\omega^\gamma\gamma_t] \quad (3.24)$$

其中,等式右边第一项是数量乘以边际成本,边际成本随广告和质量以及参数和成本冲击变化而变化。第二项是销售和制作广告的固定成本,也取决于参数和成本冲击。第三项是质量的固定成本。为了获得一个相对简单的工具变量或广义矩(GMM)估计方法,式(3.24)的一个关键特征是,每个内生变量的增量成本在不可观测的相关成本上都是线性的。为了说明这一点,我们可以假设更通用的成本函数:

$$C = \bar{C}(q_t,a_t,\gamma_t,x_{t,\theta})+\omega^q q_t+\omega^a a_t+\omega^\gamma\gamma_t \quad (3.25)$$

其中,$\bar{C}(q_t,a_t,\gamma_t,x_{t,\theta})$ 的具体设定将取决于具体应用和数据的细节。

　　给定由式(3.20)、式(3.21)、式(3.22)和式(3.25)定义的利润函数,三个一阶条件(分别针对订阅价格、广告价格和质量)类似于传统的多产品公司定价的一阶条件:

$$q_t+\left[p_t-\left(\frac{\partial\bar{C}}{\partial q_t}+\omega_t^q\right)\right]\frac{\mathrm{d}q_t}{\mathrm{d}p_t}+\left[r_t-\left(\frac{\partial\bar{C}}{\partial a_t}+\omega_t^a\right)\right]\frac{\mathrm{d}a_t}{\mathrm{d}p_t}=0 \quad (3.26)$$

$$a_t+\left[r_t-\left(\frac{\partial\bar{C}}{\partial a_t}+\omega_t^a\right)\right]\frac{\mathrm{d}a_t}{\mathrm{d}r_t}+\left[p_t-\left(\frac{\partial\bar{C}}{\partial q_t}+\omega_t^q\right)\right]\frac{\mathrm{d}q_t}{\mathrm{d}r_t}=0 \quad (3.27)$$

$$\left[p_t-\left(\frac{\partial\bar{C}}{\partial q_t}+\omega_t^q\right)\right]\frac{\mathrm{d}D^q}{\mathrm{d}\gamma_t}+\left[r_t-\left(\frac{\partial\bar{C}}{\partial a_t}+\omega_t^a\right)\right]\frac{\mathrm{d}D^a}{\mathrm{d}q_t}\frac{\mathrm{d}D^q}{\mathrm{d}\gamma_t}-\left(\frac{\partial\bar{C}}{\partial\gamma_t}+\omega_t^\gamma\right)=0 \quad (3.28)$$

---

① Fan(2013)对隐函数定理有一个与之相关但不同的用法,我们将在后文讨论。

例如,在式(3.26)中,订阅价格每提高一个单位,利润就通过以下变量之和增加:①订阅数量 q_t;②订阅的价格减边际成本的差值乘以价格变动引起的 q_t 总变动;③广告利润率乘以由 p_t 变化引起的 a_t 的总变化。请记住,通过使用隐函数定理,一阶条件下的全导数同时捕获了价格变化的直接和间接影响。

请注意,在纳什价格(和质量)设定下的均衡中,寡头垄断的一阶条件的形式与式(3.26)、式(3.27)、式(3.28)相同,除了在其他公司的价格和质量保持不变的情况下,关于价格和质量的需求的导数取决于差异化产品需求的导数。多产品寡头垄断的一阶条件也很容易推导。

遵循 Fan(2013)的另一种可能性是将质量建模放在价格之前。在寡头垄断的情况下,这将导致不同的最终均衡预测。注意,这两个定价的一阶条件隐含地将均衡价格定义为质量 γ_t 的函数。同样,遵循 Fan(2013),人们可以通过应用于定价一阶条件[式(3.26)和式(3.27)]的隐函数定理找到关于质量的价格导数,例如 $dp_t/d\gamma_t$ 和 $dr_t/d\gamma_t$。反过来,这使得 Fan(2013)可以利用报纸质量的一阶条件来预测后期的价格均衡,而无须计算第二阶段的价格均衡。

为了完成一个实证设定,Rosse(1970)假设增量成本($\partial\bar{C}/\partial q_t$、$\partial\bar{C}/\partial a_t$、$\partial\bar{C}/\partial\gamma_t$)在数据和参数上都是线性的。三个一阶条件[式(3.26)、式(3.27)、式(3.28)],加上线性的订阅用户需求方程和广告商需求方程,组成了 Rosse(1970)针对报纸数据的五个线性方程[1],作者随后根据经典的线性联立方程参数进行识别。Fan(2013)使用这些方程的寡头垄断版本,对第一阶段的质量决策进行了修改,并精心选择了函数形式和更切合实际的需求方。

BLP 方法建议通过与参数非线性工具变量方法密切相关的经典广义矩法估算成本参数。像往常一样,我们需要排除那些与不可观测的特征 ω^q 和 ω^a 具有零协方差的工具变量。估计中使用的矩条件就是隐含的不可观测的特征 ω^q 和 ω^a 与工具变量的交互。

要实施广义矩估计法,就必须在对需求和成本参数有任何猜测的情况下,有可能解出成本冲击 ω 的一阶条件[式(3.26)、式(3.27)、式(3.28)]。这与 BLP 方法中的供给方估计技术非常接近。在 BLP 方法中,多产品厂商的一阶定价条件在每个等式中都有多个成本误差,并且必须显示如何"倒推"多产品寡头垄断一阶条件来解出成本冲击。给定 ω^q 和 ω^a 的解,BLP 方法的广义矩工具可直接应用于双边市场。

注意,一阶条件在不可观测的成本上是线性的(系数是需求函数的全导数)。求解成本冲击的式(3.26)、式(3.27)、式(3.28)的充分条件是,可以针对数量和广告需求误差求解前两个方程,而用质量误差则可以求解第三个方程。由于方程对 ω^q 和 ω^a 是线性的,因此只要满足适当的确定条件,该解就是唯一的。此处条件为:

$$\frac{\partial q_t}{\partial p_t}\frac{\partial a_t}{\partial r_t} \neq \frac{\partial q_t}{\partial r_t}\frac{\partial a_t}{\partial p_t}。$$

此条件与两种商品情况下的多产品定价情况相同:自有商品需求曲线的斜率的乘积不

---

① 以当时的通行方式,Rosse(1970)通过在每个一阶条件的末端简单地遵循误差项(干扰)来简化问题,但这掩盖了对排他性限制的讨论,该限制基于这样的想法,即一阶条件的等式右边存在各种增量成本。

能等于交叉商品的定价效应的乘积(在 p_t 处为 a_t ,在 q_t 处为 r_t)。如果此重要条件不成立,则可以将不可观测特征的一阶条件作为包含数据和参数的函数进行求解。

然后,将这些不可观察到的特征与工具变量交互,以与 BLP 方法的供给方相同的方式形成矩条件。如果工具变量向量为 I_t ,则这些矩条件为:

$$E[\omega(\theta) \mid I_t] = 0 。$$

其中, $\omega(\theta)$ 为成本误差的向量。

3.5　供给方:定位与市场进入

第 3.4 节讨论了连续选择下的供给方模型。但是,许多供给决策(重要的是进入市场或细分市场的决策)完全是离散的。通常,有关进入市场和子市场的模型可以最好地回答许多媒体经济学问题,例如产品种类或竞争程度。

先前讨论的用户(听众、观众、读者)节目需求模型与广告商对广告的需求模型共同生成了重要的信息,这些信息对于市场进入的建模非常有用。市场进入建模又具有两个自然的应用。首先,数据和需求模型可以预测与不同市场进入设定相关的收入;从这些数据中可以推断出运营成本(或至少划定其界限)。其次,也许更重要的是,给定成本估算值和均衡概念,也有可能评估反事实的政策。例如,企业合并的福利后果或对运营成本征税的市场进入后果是什么?

相对于市场规模,媒体市场的固定成本规模差异很大;这种关系又决定了市场进入模型需要完成的任务。例如,在报纸市场中,往往每个市场上只有一种产品,因此市场进入模型需要确定厂商是否运营以及其在产品空间中的定位。在电视和广播等市场中,市场支持多种产品(Berry and Waldfogel,1999)。因此,市场进入模型需要确定正在运营的产品数量,并且在某些应用中需要确定更为复杂的每种类型的产品数量的均衡确定方式。

当固定成本足够低以允许生产多种产品时,重要的供给方决策将包括是否进入市场以及厂商需要具备什么特征。从进入市场者是对称的情况开始讨论是有启发性的(在此情况下唯一的决策是是否进入)。然后,我们再转向差异化的情况。

继 Bresnahan and Reiss(1988,1991)之后,许多实证性的市场进入文献都是在没有需求模型的情况下进行的,仅依赖于市场上经营的厂商/产品数量的数据。假设提供相同或对称差异产品的厂商可以进入市场。在广播媒体的背景下,假设成本是完全固定的,市场 t 中的固定成本表示为 F_t 。在最简单的模型中,我们假定固定成本对于给定市场或细分市场中的每家公司都是相同的。

最基本的估计想法基于显示性偏好。在一个完全信息纯策略纳什均衡中,如果我们看到一家厂商在给定的背景下运作,那么考虑到环境和其他厂商的行为,它一定是有利可图的。如果未提供某种潜在产品,则我们推断将该产品投入市场将不会有利润。

具体来说,如果我们看到一家厂商在市场中运作,我们可以推断出单个厂商的利润是非负的,但是有两家厂商时,利润将为负数。同样,当我们看到 N_t 家厂商在运营时,我们可以推

断这 N_t 家厂商的每家厂商利润为正。但是如果 $N_t + 1$ 家厂商进入市场,则不会为正。

为了更正式一点,根据 Bresnahan and Reiss(1988,1991),假设存在大量事前相同的进入者,并且每家厂商进入后的收益为 $r(N_t,x_t,\theta)$,其中,x_t 为影响收益的因素的向量,而 θ 为要估计的参数向量。利润为 $\pi(N_t,x_t,F_t,\theta) = r(N_t,x_t,\theta) - F_t$。那么,$N_t$ 家厂商进入一个完全信息纯策略纳什均衡的条件是:

$$r(N_t,x_t,\theta) - F_t > 0 > r(N_t + 1,x_t,\theta) - F_t \tag{3.29}$$

或

$$r(N_t,x_t,\theta) > F_t > r(N_t + 1,x_t,\theta) \tag{3.29}$$

如果我们对 F_t 做出参数化函数形式假设,并假设它与 x_t 无关,那么 Bresnahan and Reiss(1988,1991)会指出,这形成了经典的有序 Probit 模型,或更一般地说,是有序选择模型。N_t 家公司均衡的概率就是 F_t 落在 $[r(N_t + 1,x_t,\theta),r(N_t,x_t,\theta)]$ 范围内的概率。然后,该概率构成了矩估计量的直观方法的基础。

Berry and Tamer(2007)指出,N_t 对每家厂商收入(或更广泛地说是可变利润)的竞争效应高度依赖于每家厂商收入的假定函数形式和 F_t 的分布。有时必要的函数形式限制是可信的,有时则不是。如果我们使用有关价格和数量的信息来估计每家厂商的收益函数,那么我们可能会获得更可靠的固定成本分布估计。这是 Berry and Waldfogel(1999)在媒体市场的背景下发现的。如上所述,Berry and Waldfogel(1999)使用听众和广告需求模型估算 $r(N_t,x_t,\theta)$ 的参数,关注的问题是市场过度进入的程度,这取决于附加产品 F_t 的增量成本。Berry and Waldfogel(1999)遵循 Bresnaha and Reiss(1988,1991),通过最大似然估计法(MLE)来估计此分布的参数。

为了加以说明,给定一个简单的 Logit 模型,以及一个对称假设:消费内部份额的人口份额为 $Ne^\delta/1 + Ne^\delta$。如果 M 为市场规模,p 为从每个消费者身上获得的收入,那么当有 N 个产品正在运营时每家厂商的收入为 $r(N) = (e^\delta/1 + Ne^\delta)pM$,增加一个额外产品时,每家厂商的收入为 $r(N + 1) = [e^\delta/1 + (N + 1)e^\sigma]pM$。给定式(3.29)中的约束的结构,计算 $N + 1$ 家公司在反事实情况下收入的能力尤其重要。

给定每个市场的估计固定成本,我们可以对自由进入模型的均衡进行求解。通过构建,这种方式产生了观察到的市场进入模式。然而,更有意义的是,我们还可以使用估计值以及模型的结构来求解有意义的反事实场景,例如福利最大化的均衡,或者在利润最大化的垄断者经营所有市场中的厂商的情况下会产生的均衡结果。

3.5.1 带有差异化产品的市场进入模型

接下来,我们考虑带有差异化产品的市场进入模型。想象一下,有一组离散的产品类型"分箱"(bins),而厂商可以自由地进入这些产品箱中的任何一个。在广播市场中,这些产品类型可能是观察到的节目形式。差异化使进入模型复杂化,因为均衡现在不仅涉及产品数量的标量,而且还包括由每种类型的产品数量组成的向量。现在,市场进入博弈并不一定有唯一的纳什均衡(Mazzeo,2002;Tamer,2003)。Bresnahan and Reiss(1988,1991)的 MLE 方法依赖于从不可观察的固定成本到观察到的市场进入结果的唯一映射,但是在存在多个均衡的情况下,该映射并不是唯一的。我们在下面讨论存在差异时对市场进入及其均衡的一些建模方法,首先是具有两种类型的消费者和两种类型的产品的模型。

当进入的产品互为不完全替代品(如无线电广播)时,找到均衡产出设定要比对称情况复杂得多,而固定成本的推导则相对简单。Berry et al. (2015)探讨了这种情况。我们观察到一些水平差异化产品的设定,我们可以将其概括为一个向量,其元素是每种类型的产品数量。同样,我们假设有很多事前同质的潜在进入厂商,它们考虑进入任何可能的横向差异化的进入位置(形式)之一。对于给定形式的所有可能进入者,固定成本都是相同的。假设观察到的设定对每个运营电台都是有利可图的,而进入特定电台形式的市场的新厂商将使该形式的运营者无法赢利。因此,观察到的每个电台的收入为该类型的电台提供了固定成本的上限,而需求模型得出的对每个电台的收入的反事实估计值(有一个该形式电台的新的市场进入者)给出了该形式的固定成本的下限。

例如,对于两个市场进入位置,形式 1 的固定成本必须满足类似于式(3.29)的条件:

$$r(N_{1t}, N_{2t}, x_{1t}, \theta) > F_{1t} > r(N_{1t} + 1, N_{2t}, x_{1t}, \theta) \qquad (3.30)$$

其中,N_{1t}、x_{1t}、F_{1t} 分别是以形式 1 进入市场的电台的数量、影响收入的因素和固定成本,而 N_{2t} 是以形式 2 进入市场的电台数量。[①]再次地,关键是 $N_{1t} + 1$ 的反事实收入可以根据类型收听量和广告需求的相应数据进行估算。Berry et al. (2015)认为,这些约束可以直接用于反事实分析,而无须进一步估计固定成本的分布。Berry et al. (2015)通过仅使用以式(3.30)表示的必要条件,避免了多重均衡下估计的所有问题。在许多情况下,界限非常紧密,使 Berry et al. (2015)可以对市场过度进入的程度做出相对清晰的陈述。

Berry et al. (2014)对差异化的市场进入采用了不同的方法。媒体市场的一个显著特征是,黑人和白人(或西班牙裔和非西班牙裔)在群体偏好方面存在巨大差异。这为研究者将产品分为两种类型(针对两组消费者)提供了动力。

如果有人用两种类型的消费者[例如黑人(B)和白人(W)]以及两种类型的产品来估计需求模型,那么将产生两个电台各自的收入函数 $r_W(N_W, N_B)$ 和 $r_B(N_W, N_B)$,即每种产品类型的每件产品收入取决于自有类型产品的数量和其他类型产品的数量。在一个极端的例子中,一组消费者完全不消费另一种产品,相应函数简化为 $r_i(N_i), i = B, W$。

自由进入意味着只要产品的每项收入(假设类型内部对称)超过固定成本,产品就会进入市场。因此,有

$$r_W(N_W, N_B) > F_W > r_W(N_W + 1, N_B),$$
$$r_B(N_W, N_B) > F_B > r_B(N_W, N_B + 1)。$$

另外,我们观察到 (N_W, N_B) 为均衡的事实意味着,目前为某一种类型的厂商不会愿意变为另一种类型。这为固定成本提供了界限,如式(3.30)所示。

Berry et al. (2014)沿着这些思路发展出一个无线电广播模型,用它来推断自由进入下的

---

① 该条件很容易拓展至两种以上的电台形式。回想一下,在具有可变成本的情况下,厂商固定收益函数将由厂商固定可变收益函数代替。如第 3.4 节所述,我们可以从订阅用户价格一阶条件中了解可变成本,或者可以从市场进入一阶条件中估计其他可变成本参数。后一种情况需要更复杂的计量经济学技术。

某一虚拟规划者通过选择 (N_W, N_B) 赋予黑人和白人听众的福利权重。在这个模型中,在给定运营电台的成本的情况下,虚拟规划者会最大化听众的福利:

$$\mathcal{L} = W(L_W(N_W, N_B), L_B(N_W, N_B)) + \lambda(K - F_W N_W - F_B N_B)。$$

虚拟规划者赋予黑人和白人收听量的福利权重分别为 $\partial W/\partial L_W$ 和 $\partial W/\partial L_B$。等式中的其他每一项都可以从需求模型中计算出来,也可以作为市场进入模型中的结果来计算。因此,研究者可以直接计算福利权重。

虽然这种方法不能直接确定最优的市场进入设定,但可以进行另一种评估。如果不同听众类型隐含福利的权重不同,则很明显(受整数限制约束),在权重较高的组中重新分配电台对平均主义规划者来说将增加福利。简而言之,它将在不增加电台运营成本的情况下产生更多的收听量。

最近关于媒体的一些研究有效地采用了动态模型。例如,可参见上面提到的 Sweeting(2013)和 Jeziorski(2014)。这些方法涉及的形式化处理不在本章讨论范围之内,但是我们希望这些方法能得到更广泛的应用。

3.6 未来的挑战

现实事件往往决定着人们感兴趣的问题以及可研究的问题。互联网的发展已经将以前截然不同的本地媒体市场联系起来。传统上,本地报纸或广播电台的替代品是其他本地媒体。但是,现在本地产品面临来自其他产品的竞争,其主要结果是,大多数媒体市场上的本地产品都在衰落。从报纸市场可以最明显地看到了这一点,但是本地广播电台也因为卫星和互联网广播产生了新的竞争。从各种角度来看,与本地产品竞争的非本地产品的兴起都引起了研究者的兴趣。

传统上,媒体市场的便利特征之一就是其地理上的独特性。特定地理区域的消费者激励本地产品的市场进入和定位。如果有 100 个不同的市场,则对于进入的产品和针对本地产品中的消费者选择,就有 100 个独立的观察。随着非本地产品的增多,市场进入和定位决策受各地不同的本地因素的影响较小。

电视消费过去常常与广播消费同时发生,因此其测量和意义相对简单。时移技术(如 Tivo 和后来的按需服务)的发展使电视消费的测量更加复杂。最近,流媒体电视产品(来自网飞和 Hulu 等媒体)的发展使收看电视的意义和衡量方式变得更加复杂。

广播市场面临着类似的转变。起先,消费者可以收听卫星广幅,然后又出现了在线广播。原则上,XM、Pandora 和 iHeart Radio 只是不同的媒体分支,这些媒体分支虽然不是本地的,但都是音频节目的来源。基于订阅的交互式服务的开发,例如 Spotify 的高级产品(使用户可以访问巨大的音乐库),使情况更加复杂。虽然它可以替代广播节目,但也可以替代购买录制音乐。流媒体音乐服务是广播服务和录制音乐销售的混合体。这种混合体使市场定义变得复杂,广泛可用性数据的缺乏对研究者提出了重要的实际挑战。

参考文献

Anderson, S., dePalma, A., Thisse, J. F., 1992. Discrete Choice Theory of Product Differentiation. MIT Press, Cambridge, MA.

Berry, S. T., 1994. Estimating discrete-choice models of product differentiation. RAND J. Econ. 25, 242-262.

Berry, S. T., Haile, P., 2010. Nonparametric Identification of Multinomial Choice Demand Models with Heterogeneous Consumers. Cowles Foundation, Yale University. Discussion Paper 1718.

Berry, S. T., Haile, P., 2014. Identification in differentiated product markets using market level data. Econometrica 82, 1749-1797.

Berry, S. T., Pakes, A., 2007. The pure characteristics demand model. Int. Econ. Rev. 48, 1193-1225.

Berry, S. T., Tamer, E., 2007. Identification in models of oligopoly entry. In: Blundell, R., Newey, W. K., Persson, T. (Eds.), Advances in Economics and Econometrics: Theory and Applications, Ninth World Congress, vol. 2. Cambridge University Press, Cambridge.

Berry, S. T., Waldfogel, J., 1999. Free entry and social inefficiency in radio broadcasting. RAND J. Econ. 30, 397-420.

Berry, S. T., Levinsohn, J., Pakes, A., 1995. Automobile prices in market equilibrium. Econometrica 63, 841-890.

Berry, S. T., Gandhi, A., Haile, P., 2013. Connected substitutes and invertibility of demand. Econometrica 81, 2087-2111.

Berry, S. T., Eizenberg, A., Waldfogel, J., 2014. Fixed Costs and the Product Market Treatment of Preference Minorities. National Bureau of Economic Research, Cambridge, MA. NBER Working Papers No. 20488.

Berry, S. T., Eizenberg, A., Waldfogel, J., 2015. Optimal Product Variety in Radio Markets. (unpublished paper).

Berry, S. T., Levinsohn, J., Pakes, A., 2004. Differentiated products demand systems from a combination of micro and macro data: the new vehicle market. J. Polit. Econ. 112, 68-105.

Bresnahan, T., Reiss, P., 1988. Do entry conditions vary across markets? Brook. Pap. Econ. Act. Microecon. Annu. 1, 833-882.

Bresnahan, T., Reiss, P., 1991. Entry and competition in concentrated markets. J. Polit. Econ. 99, 977-1009.

Cardell, N. S., 1991. Variance Components Structures for the Extreme Value and Logistic Distributions. Mimeo, Washington State University.

Crawford, G. S., Yurukoglu, A., 2012. The welfare effects of bundling in multichannel television markets. Am. Econ. Rev. 102, 643-685.

Crawford, G. S., Lee, R. S., Whinston, M. D., Yurukoglu, A., 2015. The Welfare Effects of Vertical Integration in Multichannel Television Markets. (unpublished paper).

Dubin, J., McFadden, D., 1984. An econometric analysis of residential electric appliance holdings and consumption. Econometrica 52, 345-362.

Fan, Y., 2013. Ownership consolidation and product characteristics: a study of the US daily newspaper market. Am. Econ. Rev. 103, 1598-1628.

Gentzkow, M. A., Shapiro, J. M., 2010. What drives media slant? Evidence from U. S. daily newspapers. Econometrica 78, 35-71.

George, L., Waldfogel, J., 2003. Who affects whom in Daily Newspaper Markets? J. Polit. Econ. 111, 765-768.

Goettler, R. L., Ron Shachar, R., 2001. Spatial competition in the network television industry. RAND J. Econ. 32, 624-656.

Hausman, J. A., 1996. Valuation of new goods under perfect and imperfect competition. In: Bresnahan, T., Gordon, R. (Eds.), The Economics of New Goods. In: Studies of Income and Wealth, vol. 58. National Bureau of Economic Research, Chicago, IL.

Hausman, J. A., Wise, D. A., 1978. A conditional probit model for qualitative choice: discrete decisions recognizing interdependence and heterogeneous preferences. Econometrica 46, 403-426.

Jeziorski, P., 2014. Effects of mergers in two-sided markets: the US radio industry. Am. Econ. J. Microecon. 6, 35-73.

Mazzeo, J. M., 2002. Product choice and oligopoly market structure. RAND J. Econ. 33, 221-242.

McFadden, D., 1974. Conditional logit analysis of qualitative choice behavior. In: Zarembka, P. (Ed.), Frontiers in Econometrics. Academic Press, New York, NY.

McFadden, D., 1978. Modelling the choice of residential location. In: Karlgvist, A. et al., (Ed.), Spatial Interaction Theory and Planning Models. North-Holland, Amsterdam.

McFadden, D., 1981. Econometric models of probabilistic choice. In: Manski, C. F., McFadden, D. (Eds.), Structural Analysis of Discrete Data with Econometric Applications. MIT Press, Cambridge, MA.

Nevo, A., 2001. Measuring market power in the ready-to-eat cereal industry. Econometrica 69, 307-342.

Rosse, J. N., 1970. Estimating cost function parameters without using cost data: illustrated methodology. Econometrica 38, 256-275.

Rysman, M., 2004. Competition between networks: a study of the market for yellow pages.

Rev. Econ. Stud. 71, 483-512.

Sweeting, A., 2013. Dynamic product positioning in differentiated product markets：the effect of fees for musical performance rights on the commercial radio industry. Econometrica 81, 1763-1803.

Tamer, E., 2003. Incomplete simultaneous discrete response model with multiple equilibria. Rev. Econ. Stud. 70, 147-167.

Waldfogel, J., 2003. Preference externalities：an empirical study of who benefits whom in differentiated-product markets. RAND J. Econ. 34, 557-568.

第4章　市场中的广告

雷吉斯·雷诺 (Régis Renault) [①]

目　录

[①] 法国巴黎第九大学。

　　摘要: 本章对广告在市场信息传播中的作用进行了分析,描述了对信息性广告的经济分析如何为广告实践提供令人满意的解释,并讨论了对广告的其他建模方法在多大程度上可能是有效的。在此过程中,本章概述了已受文献关注的企业使用广告的主要动机,以及有关广告的福利经济学分析的主要论点。本章提供了各类理论的简化论述,并介绍了部分相关的实证文献:首先,从对信息性广告的分析开始,阐释如何基于搜索理论理解广告的信息作用,并特别关注了价格广告;然后,考虑包含直接信息的广告,检视了广告商提供信息的性质和数量,并涉及一些对误导性广告的法律约束的考察;最后,描述并讨论广告以质量信号的形式或作为协调工具提供间接信息。本章接下来分析了广告向消费者传达信息的技术,考虑了广告成本、广告定向和信息拥塞,并考察了广告除了传递信息以外的其他作用。在此过程中,本章得以重新考察广告的福利意义,并解释了广告或观看广告在消费者偏好中作为被广告商品的互补品从而起到的潜在说服作用。严格的消费者理性假设亦被放宽了。本章还阐述了广告的动态性,这源自广告在产品或品牌的商誉积累过程中的作用。

　　关键词: 信息性广告;说服性广告;与商品互补的广告;广告福利分析;消费者搜索;产品

信息;信息披露;信号传递

JEL 分类代码:D42,D82,D83,L11,L15,M37,M38

4.1 引言

广告是媒体商业模式的一个重要组成部分。根据 Holcomb(2014),2013 年,美国的广告收入占媒体总收入的 69%,低于 2006 年的 82%。广告收入占媒体收入的份额及其演变表明,广告经济学与媒体经济学息息相关。特别是,广告的经济学分析是解释广告空间需求的基础,而广告空间又决定广告收入。广告也是媒体对消费者产生吸引力的一个重要决定因素。一位读者、听众或观众因为广告而产生的不快可能会被个人从广告中所获得的价值减轻。同样,了解广告做了什么以及它如何影响消费者有助于分析这种效应。对于媒体市场的适当的福利评估应当考虑广告对产品市场结果产生的影响。

本章将概述有关广告的经济学分析。虽然重点是理论,但亦将描述一些与本章讨论的理论问题直接相关的实证文献。本章的内容将围绕以下观点:广告的主要功能是促进对买家的信息传播。本章目标是考察在仅仅考虑广告的信息传递功能的情况下,我们能在多大程度上搞清广告行为。第一个与之互补的目标是,探究关于广告的其他观点能给我们带来的教益。

强调信息传递具有双重含义。第一,由于 20 世纪 60 年代以来信息经济学的显著发展,经济理论非常适于分析信息及其对市场结果的影响。它为广告提供了一个明确且可以理解的角色,同时将消费者视为具有稳定偏好的理性决策者。特别是,它可以进行标准福利评估,并在此基础上讨论政策含义。这就是为什么过去半个世纪的大部分理论贡献都涉及信息性广告。第二,即使存在关于广告信息性程度的辩论,但毫无疑问,若不考虑广告的信息作用,我们无法完全理解市场结果。广告能使消费者获得信息,否则消费者将面对非常高的成本或者根本无法获得信息。除此之外,信息性广告还能告知消费者新产品的上市情况。

尽管现在看来,经济学家研究信息性广告是自然的,但这个论题的早期研究者大多坚持着墨于广告的其他角色。Bagwell(2007)对这些早期论文进行了非常全面的回顾。广告被广泛地描述为一种扩大企业市场势力的浪费性活动,特别得到强调的是其作为有效进入壁垒的作用。这些研究通常认可的广告的一个优点是,通过增加销售额而带来规模经济。相关文献包括 Braithwaite(1928)、Robinson(1933)和 Kaldor(1950)。

正如 Bagwell(2007)所解释的,这一系列研究的观点可以被概括为视广告作用为说服性的(persuasive view of advertising)。根据这一思路,Braithwaite(1928)认为广告在很大程度上是对偏好的操纵,而 Kaldor(1950)认为广告在操纵信息。直到 20 世纪 60 年代,这一进路一直相当突出,特别是关于市场势力的度量和关于决定因素的大量实证研究。在这方面的主要贡献者是 Bain(1956)和 Comanor and Wilson(1967, 1974)。虽然不同的研究者对广告如何影响消费者行为提出了不同的解释,但他们都强调它通过扩大市场势力和创造进入壁垒而引发严重的效率损失。尤其是,广告催生了虚假的产品差异化(Braithwaite,1928;Comanor and Wilson，1967，1974）。

　　在 20 世纪 60 年代之前，一些研究如 Marshall（1890，1919）、Chamberlin（1933）和 Kaldor（1950）已经认识到广告的信息作用。值得注意的是，Chamberlin（1933）给出了一个垄断竞争企业使用信息性广告的分析。其区分了产品广告和价格广告，前者告知消费者产品的存在，因此具有市场拓展效应，后者使公司的需求更具弹性。Kaldor（1950）也认为广告的作用之一是提供关于价格和产品的信息。然而，Kaldor（1950）认为该信息不可靠，因为它是由利害关系方提供的。其结论是广告大多具有说服性。当试图评估广告的信息效益时，这些研究面临一个主要的困难是：在理论上假定消费者具备关于价格和产品的完美信息，却要分析更好的信息对消费者的影响。有关广告的信息性作用的观点（informative view of advertising）的一个贡献是，它基于消费者的不完美信息，提出了一些新的理论框架和概念。

　　关于广告对经济活动的影响，Bagwell（2007）描述了信息性广告的观点如何完全反转了说服性广告的观点的结论。在前者的替代性方法下，广告被认为是通过为消费者提供关于竞争选择的更好信息来加剧竞争和提高经济效率。广告不是进入壁垒，而是促进了壁垒的产生；广告不是通过引入更多的产品差异来减少竞争，而是通过推动价格比较来加剧竞争。[1]这种推断与芝加哥学派相关联应该不足为奇。对这一类文献的两个重要理论贡献来源是Stigler（1961）和 Nelson（1974），它们是本章的主要灵感来源（第 4.2—4.4 节），将被反复论述。[2]

　　Stigler（1961）在高屋建瓴的介绍性段落中指出，所有人，尤其是学者应该认识到："信息是有价值的：知识就是力量。然而，它却只能居于经济学小城的贫民窟。""信息生产的行业之一——广告业，被经济学家像对待关税或垄断那样敌视。"Stigler（1961）最重要的贡献是，它在价格分散的市场上，对消费者的低价搜索进行了初步分析，这就为思路转向广告促进消费者获取信息提供了平台。Stigler（1961）率先研究了信息性广告，认为它增加了消费者的选择。

　　虽然 Stigler（1961）确实提到了商品与消费者偏好的关系，并将其作为一个相关的维度，对此我们可以怀疑存在不完美的信息，但其分析仅仅集中在价格上。相比之下，Nelson（1970）则探讨了消费者如何获得产品信息。该研究的一个基本见解是，与价格信息相反，产品信息无法完全通过消费者搜索获得。一些经验特征（experience characteristics）的属性，如食物产品的味道，只有在产品被购买后才能知晓。Nelson（1970）介绍了消费者通过搜索就可以基本评估的搜索品（search goods）和体验是构成信息主要来源的经验品（experience goods）之间的区别。

　　Nelson（1974）描述了这种区别对广告的主要含义，认为大部分通过广告传播的信息是间接的，尤其是当广告关注经验品时。这将导致经验品的大量广告支出（见第 4.4 节），以及包含大量直接信息的搜索品的广告支出（见第 4.3 节）。Nelson（1974）收集了一些支持这一观点的实证证据，其主要观点是广告提供间接信息，但也提出了一些非常有价值的评论和

① Telser（1964）说明了这些想法。
② 亦可见于 Ozga（1960）对信息性广告的早期理论贡献。

猜想。

虽然广告的信息性观点强有力地解释了广告如何影响消费者的行为,并有助于社会福利提高,但可以想象的是,没有信息内容的广告也能成为有效的和对社会有利的活动。芝加哥学派的经济学家给出了标准微观经济分析,认为广告可以被看作另一种商品,可以通过竞争经济有效地提供。

Bagwell(2007)将其描述为广告互补性作用的观点(complementary view of advertising)。其要点是广告可能被认为是广告宣传的产品的互补品。广告引起的支付意愿的增强,仅仅反映了消费者从消费互补品和所购买的产品中获得的好处。在 Kaldor(1950)和 Stigler(1961)的分析中,广告应被视为商品的观点已经得到考虑。但是,对此的第一个系统的分析来自 Stigler and Becker(1977),其他重要贡献包括 Nichols(1985)和 Becker and Murphy(1993)。正如 Bagwell(2007)指出的,互补性观点和说服性观点之间的一个关键区别是,前者赋予消费者稳定的偏好,而后者则可能引起这些偏好的改变。第4.6节将讨论这些不同解释的含义。

本章希望在保持严格的信息性观点的同时,可以让读者学到很多关于广告的知识。特别是,强调广告如何影响经济效率的说服性观点和强调广告对社会福利贡献的信息性观点之间的对立,在某种程度上是没有根据的。即使广告仅仅是用来提供信息的,它在很大程度上也可能是企业为了争夺对手的市场份额而以一种斗争的方式浪费的资源。广告还可能通过增进消费者对产品差异化的认识来扩大市场势力。

尽管如此,信息性观点仍有其弱点。它涉及巨大的战略复杂性。因此,它在消费者复杂度(sophistication)方面假设很多,并导致诸如多重均衡等不确定性。它过分强调价格广告,这似乎有别于我们所看到的大部分广告。它似乎更适合用于解释新产品而非已建立起品牌的广告。这就是为什么包含非信息内容或允许一些消费者无知的替代性方法不应该被忽视,尽管它们存在许多概念上的困难和争议。

Bagwell(2007)提供了一个非常全面的广告经济学综述。特别是,关于多年来的实证文献,它提供了非常详细的讨论。然而,本章的目标是提出一个稍窄的视角来补充 Bagwell(2007)的工作。一个重要的区别是,本章强调搜索和广告之间的联系(第4.2节)。此外,本章介绍了2007年之后的一些最新文献,特别是4.3.4讨论的有关产品信息披露的研究。另一项近期研究是 Dukes(2006),该研究提供了对主要议题的概述,并特别关注广告如何与竞争相互影响。

本章中的每一节在结束时都有一些总结性的评论,其中凸显了对媒体经济学的启示。第4.2节解释了如何基于搜索理论理解广告的信息作用,论述了价格广告的主要贡献和存在的问题。第4.3节涉及包含直接产品信息的广告,讨论了广告在水平差异产品与消费者的匹配中的作用的文献,并考虑了企业对产品属性的战略性披露。第4.4节介绍的大量文献受启发于尼尔森的论点,即大部分通过广告传播的信息是间接的,并且更具体地关注了广告的质量信号论证和协调作用。第4.5节着重介绍了广告向消费者传达信息的各种技术特性,考虑了广告成本、目标和信息拥塞。第4.6节采取了更宽泛的观点,允许广告除了传递信息之外还有其他作用,并重新考虑了广告的福利含义,同时纳入说服性观点和补充性观点的元素,还放松了严格的消费者理性假设,认为广告的一个重要功能就是为品牌建立一些商誉。第4.7 节给出了一些最后的思考。

4.2　搜索与广告

为了捕捉广告的信息性作用,我们有必要考虑一个框架,即如果企业不做广告,消费者获取的信息是有限的。本节总结了 Stigler(1961)和 Diamond(1971)关于消费者搜索的重要论文。Stigler(1961)从一开始就认为市场上存在价格差异,导致消费者进行搜索。然而,Diamond(1971)揭示,在合理假设下,高成本的消费者搜索可能导致单一的价格均衡。本节将展示搜索和广告的结合会产生价格分散,尽管在均衡中并不会产生搜索。本节以有关价格广告的文献综述作为结束:先考察同质化产品,然后是差异化产品。相对于社会最优广告数量而言,存在过多或过少广告的问题。

4.2.1　斯蒂格勒问题

Stigler(1961)认为,消费者不知道给定商品的不同卖方的所有价格。获得这样的信息需要花费时间和精力,因此成本高昂。Stigler(1961)认为,如果价格在很长一段时间内保持不变,就可能实现买方的完美价格信息。然而,Stigler(1961)认为这种可能性是不现实的。由于买方的信息不完全,他们不能系统地套利于价格差异,因此价格差异可能持续下去。根据Stigler(1961)的说法,这说明了实际市场价格的分散性。这些问题促使 Stigler(1961)研究由于买方的搜索活动和卖方的投放广告,价格信息如何可能被买家知晓。

Stigler(1961)的大部分注意力都集中于描述消费者的最优非序列性搜索规则,假定其期望某种价格分布,且搜索成本与搜索次数成正比。额外的搜索降低了买方所观察到的预期最低价格,并且额外观察对预期最低价格的边际影响减小。因此,最优搜索问题存在一个明确的求解方案。Stigler(1961)接着考虑广告如何通过让买方知道卖方的存在,来为买方提供更多的搜索机会。这样的广告通过增加买方所知的卖方预期而对买方有一定价值,并且使得这个数量更有可能超过买方希望的搜索次数。

Stigler(1961)关于买方不完全信息对市场结果的影响的看法是片面但重要的。Stigler(1961)指出,买方的无知导致价格差异,但这又使广告提供的信息有价值。即便信息是最基本的,即关于广告卖方的存在可能性,这一论断也成立。在许多方面,Stigler(1961)的分析仍然是非常初步的,其主要贡献在于建立了一个覆盖面广泛的研究议程,于今仍有价值。例如,Stigler(1961)简明地讨论了中介机构在促进从卖方到买方的信息传递方面的作用,以及为什么对媒体用户收费,而不是对广告商投放广告收费。

在回到广告的信息作用之前,我先论述搜索理论中的一个决定性的里程碑。

4.2.2　戴蒙德问题

虽然 Diamond(1971)可以被认为是对 Stigler(1961)的搜索分析的彻底颠覆,但它与

Stigler(1961)的出发点是完全不同的。① 戴蒙德将他的文章定位为对竞争性均衡稳定性分析的批判。区别于这类研究,他打算提出一个具有三个吸引人的属性的设定。首先,模型框架的调整应该"反映一些现实的过程"。其次,"非均衡过程中的决策者应该至少部分地意识到其状态的非均衡性"。最后,价格应该由市场上的决策者,即买卖双方来决定,而非由某个拍卖人决定。Diamond(1971)的原始模型既不涉及任何价格分散,也不涉及对任何消费者最优搜索行为的考虑。它不涉及价格分布,但有一个买方选择是否购买的阈值价格分布,考虑到企业的实际定价行为,这些阈值随着时间的推移而演变,特别是,当买方上一期未购买时,其阈值会提高。每家公司在它的局部需求上都是垄断的。竞争的来源是买方推迟购买的可能性,但这样做涉及一些成本。在任何时间点,利润最大化的价格总是至少和最低的阈值一样高,这意味着最低的阈值应该随着时间的推移而上升,要么是因为低阈值的买方退出,要么是因为买方观察到他们不购买的价格。市场最终达到稳定状态,即所有公司都采纳垄断价格。正如我将要解释的,非合作博弈理论提供了一个更简单的和理论上一致的方法来解决同一个问题。②

考虑一个具有 n 个卖家的同类产品的市场,它们共享相同的固定边际成本,记为 $c \geq 0$。价格 $p \geq 0$ 时的市场需求表示为 $d(p) \geq 0$,其中所有买家都有相同的需求。③函数 d 使垄断利润 $d(p)(p-c)$ 单峰,在某个价格 $p^m > c$ 达到最大值。卖家同时选择价格,p_i 表示卖家 i 的价格。买家可以通过按顺序搜索找到其他报价,额外搜索的成本是 $s > 0$。所有卖家最初随机地与买家的数量相等地匹配,这样在价格 p 对应的需求是 $d(p)/n$。④ 在决定是否对其他卖家进行搜索之前,买家与一个卖家相匹配,零成本地观察其价格。⑤ 在每一轮搜索中,如果买家决定搜索,其将与这些还没有被浏览的卖家中的一个随机匹配。⑥ 上一轮价格的成本为零。被称为戴蒙德悖论的是,在这个博弈的任何序贯均衡中,⑦所有公司都采纳垄断价格 p^m,且没有买家搜索除了第一家公司之外的公司;此外,这一均衡存在。

现在我来证明这一悖论。均衡的存在是相当明了的。如果买家期望所有卖家的价格相同,那么不进行搜索是最优的。每一个卖家,如果其价格低于 p^m,则面临需求 $d(p)/n$,相应的利润为 $1/n$ 乘以垄断利润。因此,利润不大于卖家在价格 p^m 上所赚取的利润。对于更高的价格,其需求显然至少与垄断需求一样具有弹性(卖家现在要与搜索选择以及外部选择进行竞争),因此高于 p^m 的定价不会更有利。⑧ 下面证明纯策略的唯一性。⑨

① 事实上,Diamond(1971)没有提及 Stigler(1961)。
② 也可以说是不一样的问题,因为下面的分析假设决策者在均衡条件下行动,而 Diamond(1971)感兴趣的是非均衡过程收敛到某些长期均衡。
③ 结果也可以从假设具有单位需求的异质买家推导出。
④ 如果买家数量足够多,这将是随机匹配的情况。
⑤ 如果第一次报价成本为 s,所有买家都有价格敏感的需求,在价格 p^m 上至少有相应的消费者剩余 s,则分析将成立。
⑥ 否则,搜索将不再是随机的,其他均衡结果是可能的(Arbatskaya,2007)。
⑦ 在这个博弈中,一些参与者,即买家,在某些信息集上行动,他们不完全了解博弈的历史。这就是为什么适切的均衡概念是序贯均衡(Kreps and Wilson,1982)。
⑧ 这里简单地给定买家的均衡路径行为来完成对均衡的描述。
⑨ 向混合策略的一般化拓展未在此讨论。由于卖家的策略空间是不可数的,它会稍微更具技术性。

最低的均衡价格至少是 p^m。假设最低均衡价格为 $\underline{p} < p^m$。考虑一个卖家 i,采纳了这个价格。必须指出,由于所有买家都有相同的需求,边际成本是恒定的且 $\underline{p} < p^m$,公司销售给任何特定买家的利润在 $\underline{p}$ 上是严格单调递增的(假设垄断利润是单峰的)。接下来证明,如果把价格提高一个很小的数量,没有买家会想从 i 那里购买。考虑一个在价格 p 上的消费者剩余为 $v(p)$ 的买家,其再搜索一次可以期望最多取得 $v(p) - s$。因为消费者剩余是随价格连续的,公司可以稍微提高其价格,从而使消费者剩余减少到 s 以下,买家更愿意以新的价格购买,再继续搜索。现在,卖家面临两部分买家。在几轮搜索之后,最终卖家 i 的买家必须至少保留上一轮的剩余 $v(p) - s$。否则,他们不会搜索,期望价格至少为 $\underline{p}$。因此,如果价格略高于 $\underline{p}$,买家将全部从 i 手中购买。对于任何价格 p,在初始轮与 i 匹配的买家需求是 $d(p)/n$。新买家带来的利润是 $1/n$ 乘以垄断利润,且在 $\underline{p}$ 上是严格单调递增的,因为 $\underline{p} < p^m$。因此,卖家 i 希望通过提高价格来偏离均衡。

同样,可以使用反证法来证明最高价格不能超过 p^m。令 $\bar{p} > p^m$ 表示价格。基本的论证是,卖家的价格至多有 $d(\bar{p})/n$ 的需求(即如果所有其他卖家都采纳这个价格,其会得到什么)。因此,从先前的论证中可以得出,p^m 要更好,该价格小于或等于在均衡中的任何其他价格,使得相应的利润至少为 $(1/n)d(p^m)(p^m - c)$。

结果存在三重的悖论性。第一,即使是最微不足道的搜索成本也会抹去市场上的所有竞争。一个极端的情况是买家对于第一轮价格也必须承担搜索成本,并且他们都有单位需求。于是,即使他们的支付意愿是异质性的,市场机制也会崩溃[这一点最初是由 Stiglitz (1979)指出的]。第二,无论厂商数量多少,垄断定价都占上风。第三,这是一个没有均衡的搜索模型。一些文献已经给出了框架改变,解决了一个或多个维度的悖论。本章仅关注信息性广告的作用。

在结束对由 Diamond(1971)启发的搜索框架的讨论时,值得注意。Stigler(1961)考虑的广告类型不会在定价或买家搜索行为方面改变市场结果。回想一下,Stigler(1961)只考虑告知买家存在卖家的广告,所以买家必须继续搜索以发现价格信息。于是卖家的广告活动只会影响在卖家那里获得第一轮价格报价的买家的份额。每一个卖家都可以作为一个垄断者,拥有最终的需求,而无须搜索。这就是为什么下面讨论的研究考虑了价格广告,即每个卖家可以通过它来定价。然而,这并没有完全否认 Stigler(1961)的方法,因为 Stigler(1961)实际上在考虑一种不同于戴蒙德模型的按顺序搜索的搜索技术。Burdett and Judd(1983)已经证明,如果买方在斯蒂格勒模型中使用非顺序搜索,虽然垄断价格均衡总是存在的,但可能出现分散价格的均衡,使得消费者发现以正概率搜索一个以上的销售商是最优的。在这样的背景下,加大的广告强度可能对消费者和社会剩余有价值,因为它增大了买家能够对多个卖家进行抽样的可能性。

下面介绍价格广告研究的主要观点,考察同质产品的顺序搜索或不存在搜索的情况。

4.2.3　价格广告和价格分散

价格广告可能构成戴蒙德悖论的一个明智的解决方案,它首先在 Butters(1977)的开创性研究中被提出。虽然这篇文章确实包含了一种消费者搜索模型,但它通常被认为是一个消费者只能购买带有广告的公司产品的模型。广告为消费者提供价格信息和购买的机会。因此,该模型有广告向消费者告知公司的存在及其价格的许多变体。除了 Butters(1977)之外,Stegeman(1986)和 Robert and Stahl(1993)也研究了一个基于消费者顺序搜索的价格广告模型。这里首先介绍一个简化模型来展示两类研究的见解。

下面的程式化模型与 Robert and Stahl(1993)的模型有许多共同之处。考虑生产同质商品的双寡头,边际成本均为零。有一个连续统的消费者群体,记为 1。当市场开放时,消费者不知道公司的价格,除非他们看到广告。然而,他们可能会通过连续搜索,发现没有广告的产品的价格。每次搜索成本 $s > 0$。所有消费者具有相同的单位需求,产品评估价值 $v > 3/2$。现在在广告和定价博弈中引入以下简化性假设:企业可以按它们的意愿不做广告和定价产品;或者做广告,在这种情况下,它们必须定价为 $\underline{p} = 1$(被认为是一个低价格)。如果企业 $i(i=1,2)$ 做广告,则它选择覆盖的消费者比例为 $0 < \Phi_i \leq 1$,其成本为 $\frac{1}{2}\Phi_i^2$。在第一阶段,公司同时选择是否做广告:如果公司做广告,公司选择广告范围;如果公司不做广告,公司 i 选择一个价格 p_i。在第二阶段,消费者看到广告(如有的话)之后,消费者选择是否进入市场,然后再选择是搜索还是购买。如果消费者在没有看到广告的情况下进入市场,他们与两个竞争公司中的一个匹配的可能性相等。

现在寻找一个对称的均衡,其中每家公司都以概率 λ 做广告,并选择广告强度 Φ(公司只在两个广告强度之间随机选择:0 和 Φ)。如果一家公司不做广告,它的最优选择是让消费者在搜索和不搜索的情况下不会面临价格差异(前提是它小于 v)。令 r 表示价格。看到每一家公司的广告或根本没看到任何广告的消费者,与两个竞争者的匹配可能性相同。因此,当广告强度为 Φ_i 并预期竞争对手采用均衡策略时,公司的利润为:

$$\lambda\left(\frac{\Phi_i\Phi + (1-\Phi_i)(1-\Phi)}{2} + (1-\Phi)\Phi_i\right) + (1-\lambda)\left(\frac{1-\Phi_i}{2} + \Phi_i\right) - \frac{1}{2}\Phi_i^2 \quad (4.1)$$

式(4.1)可简化为:

$$\lambda\left(-\frac{\Phi}{2}\right) + \left(\frac{(1+\Phi_i)}{2}\right) - \frac{1}{2}\Phi_i^2 \quad (4.2)$$

式(4.2)在 $\Phi_i = 1/2$ 时达到最大值,因此 Φ_i 的均衡值为 1/2。尽管如此,我还是假设了在均衡时 Φ 在 $(0,1/2]$ 中可以取任一个值。如果一家公司不做广告,它的利润是:

$$\left[\lambda\left(\frac{1-\Phi}{2}\right) + (1-\lambda)\frac{1}{2}\right]r \quad (4.3)$$

在混合策略均衡中,λ 应使利润表达式(4.2)和式(4.3)相等,于是有:

$$\lambda = \frac{(\Phi^2 - 1 - \Phi) + r}{\Phi(r-1)} \quad (4.4)$$

回想一下,r 是由消费者在以价格 r 进行消费和寻找一个其从未接收到广告的公司之间无差异所决定的。一家公司在消费者未接收来自该公司的广告的条件下投放广告(并因此采纳低价格)的可能性,是由贝叶斯定律给出的:$(1-\Phi)\lambda/(1-\Phi\lambda)$。因此,$r$ 是以下方程的解：

$$\frac{(1-\Phi)\lambda}{(1-\Phi\lambda)}(r-1) = s \qquad (4.5)$$

给定广告价格为 1，左侧是搜索的预期收益。因此，不做广告的公司定价为：

$$r = 1 + \frac{1-\Phi\lambda}{(1-\Phi)\lambda}s \qquad (4.6)$$

很容易证明，对于 $\Phi \leq 1/2$，式(4.4)和式(4.6)给出的关于 λ 和 r 的条件如图4.1所示，只要搜索成本 s 不太大，且广告强度 Φ 不太接近 0［其中，CI 曲线是从式(4.6)推导出的，FI 曲线是从式(4.4)中推导出的］。因此，如果企业被限制选择广告强度 Φ，则两条曲线的交点给出了均衡值。只要相应的 r 小于 v，消费者就愿意以价格 r 购买。这种情况也保证了不接收任何广告的消费者愿意承担搜索成本 s 进入市场。

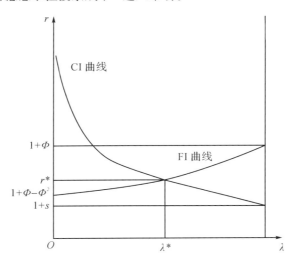

图 4.1　一些关于 Φ 的外部值的均衡

注：沿 CI 曲线，消费者在搜索和不搜索之间无差异。沿 FI 曲线，公司在做广告和不做广告之间无差异。

这种均衡显示出价格分散的程度，即一家不做广告的公司的定价高于一家做广告的公司的定价。即使广告价格是内生的，情况仍然如此。然而，做广告的公司之间会有另一种价格分散。事实上，在上述简单框架中，如果一家公司希望其竞争对手在单位 1 的价格上登广告，那么在做广告的情况下，最好是降低价格 1，以获得所有从两家公司接收广告的消费者。相关的论证排除了广告价格分布中的任何聚点。Robert and Stahl(1993)表明，在均衡中，广告价格是连续分布的。此外，低价格的广告更多。在没有消费者搜索的价格广告中，人们也发现了广告价格的分散，例如在 Butters(1977)、Stegeman(1991)和 Stahl(1994)中。然而，Stahl(1994)发现，在寡头垄断中，广告强度不取决于广告价格。

现在转向关于搜索成本 s 的比较静态分析，这是唯一未设定为特定值的外生参数。搜索成本的增大导致 CI 曲线向上移动。回想 $v > \frac{3}{2} \geq 1 + \Phi$，只要 $s < \Phi$，则混合策略有效。然后，随着 s 的增大，平衡点沿着 FI 曲线移动，使得 r 和 λ 增大。因此，搜索成本的增大导致了

不做广告的公司的定价的提高,以及公司选择做广告的可能性的增大。

4.2.4 广告太多还是太少?

价格广告文献中的一个核心问题是均衡和社会次优广告强度之间的比较:这里的次优指广告强度被调整为使社会剩余最大化,假设企业可以完全按自己的想法定价。Butters (1977)建立了广告的社会均衡水平。然而,这是在没有消费者搜索的模型中获得的。当允许搜索时,均衡的广告强度是过度的。Stegeman(1991)以及之后的 Stahl(1994)表明,Butters (1977)的最优结果是特定于其需求设定的,并且,在没有消费者搜索的情况下,广告通常是不够的。本部分先讨论这个结果背后的直觉,然后在前一部分模型的帮助下,解释为什么存在消费者搜索时广告可能是过量的。

再次考虑前一部分的模型,现在假设消费者只在看到至少一家公司的广告时才购买。广告由此被解释为告知消费者关于公司的存在以及购买地点和价格的信息。假定广告价格为 1, 公司 i 选择最大化利润的广告强度:

$$\Phi_i\left(1 - \frac{\Phi}{2}\right) - \frac{1}{2}\Phi_i^2 \tag{4.7}$$

其中, Φ 是竞争对手选择的均衡广告强度。公司 i 最优的回应是: $\Phi_i = 1 - \Phi/2$。两家公司都选择广告强度为 $\Phi = 2/3$ 时产生的这个唯一的均衡是对称的。 现在,对于每家公司选择广告强度 Φ, 相应的社会剩余为:

$$(2\Phi - \Phi^2)(v - s) - \Phi^2 \tag{4.8}$$

式(4.8)的最大值为 $\Phi^* = (v - s)/(v - s + 1)$。当 $v - s < 2$ 时,广告过量;当 $v - s > 2$ 时,广告不足。这个模糊的结果反映了公司选择加大其广告强度后出现两个相互抵消的外部效应。一方面,公司广告的增加导致消费者购买的比例增加,但对于每一次额外的销售,公司最多获得相应的社会剩余(通常会更少,如果 $v - s > 1$):这被 Tirole(1988)称为进入背景下的未分配剩余(non-appropriation of surplus)。另一方面,公司会将产品卖给一些新消费者,他们若从竞争对手那里接收到广告,就无论如何都会购买:这相当于 Tirole(1988)所称的生意窃取(business stealing)。[1]

从这个固定价格模型中得到的模糊结果并不能反映文献的发现。这是因为在文献中获得的具有内生价格的均衡,通常不涉及价格分布的因素。[2] Butters(1977)和 Stegeman(1991) 已经对无消费者搜索的垄断竞争中的广告竞争强度进行了福利分析,而 Stahl(1994)对寡头垄断进行了分析。现在从 Stegeman(1991)的直觉来解释为什么这些研究认为广告强度不会过量,并且通常是不够的。考虑广告都有与 Butters(1977)中相同的费用 $b > 0$。考虑一家公司在价格分布中选取最高价格。因为价格的分布是连续的,该公司的广告不会抢走其他公司的生意。因此,在该公司的最佳广告强度下,由最后发送的广告信息所产生的社会剩余,必须至少是公司的私人利益,即从利润最大化角度看不低于 b。现在考虑一家公司的定价严格低于最高价格。广告通过该价格产生的社会剩余至少与最高价格所产生的社会剩余一样

---

① 参见 Tirole(1988)对这两种效应如何应用于 Spence(1976)模型的讨论。
② 参见 Anderson et al. (2014)中的非对称均衡,其中某一价格以正概率采纳,而均衡的广告水平对社会是过量的。

大。因此,任何一家公司的广告都不会过量。此外,如果需求是弹性的,额外的广告在低于最高价格的情况下的社会剩余一定是高于 b 的。这也解释了为什么 Butters(1977)中的广告强度是社会最优的。事实上,Butters(1977)认为同质消费者具有单位需求。由于最高价格是保留价格,该价格下的社会剩余与生产者剩余一致,并且广告在该价格上是社会最优的。由于需求是无弹性的,广告产生的社会剩余在所有价格上是相同的,因此广告水平在所有广告价格上都是社会最优的。

对于所有不涉及消费者搜索的研究,广告的社会效益仅仅来源于它产生的额外销售额。相比之下,在纳入消费者搜索的研究(Butters,1977;Robert and Stahl,1993)中,市场被完全覆盖,且独立于广告强度。这是因为那些没有收到任何广告的人选择从他们所遇到的第一个卖家处搜索和购买。从最优视角看(比如说,如果我们限制企业以边际成本定价,且消费者意识到这一点),广告没有社会价值,因为它是有成本的。广告的社会最优水平是零。

然而,如果企业能够自由地定价,这将不再成立。如果消费者在搜索之前就知道他们的估价,没有广告会使市场处于戴蒙德模型中的境地,如果消费者有单位需求,则没有市场。因此,企业必须被允许从事一些广告活动,从而有某种动机来提供低价格。没有看到任何广告的消费者,希望可以遇到如此低的价格,于是就有参与市场的动机。据我所知,能平衡消费者参与度和广告成本的最优广告强度还没有得到研究。[①]

在 4.2.3 的模型中,从图 4.1 可以清楚地看出,在消费者完全参与下存在一个均衡,只要 $\Phi > s$,那么这两条曲线在 $\lambda < 1$ 处交叉。因此,对于 $s < 1/2,\Phi = 1/2$ 的广告强度显然是过量的。在 Robert and Stahl(1993)的模型中有类似的结果,其中消费者有相同的单位需求和搜索成本。Robert and Stahl(1993)发现,对于足够低的搜索成本,存在充分的参与,且不做广告的公司的定价严格低于消费者的估价。如果在所有广告价格上,广告强度都略有下降,则不做广告的价格与消费者估值之间的严格不等仍然存在,而消费者仍将参与市场。这一结果可能无法概括一个异质性的消费者群体的搜索成本或估价。广告可能在没有搜索的模型中具有市场拓展效应。这可能是因为,它能吸引搜索成本高的消费者,或者它能使低价更容易出现,所以更多的消费者最终选择购买。

同质性产品的价格广告的福利结果可归纳如下。如果广告并没有引起市场的大幅度扩张,即与消费者通过搜索购买的模型保持一致,则广告就可能是过量的。相反,如果广告显著地提高了消费者的市场参与度,或是它增进了消费者对现有卖家的认知,或是因为消费者在搜索和购买行为上非常异质,那么我们可以预期市场提供的广告太少。这在很大程度上应该从广告是否具有强大的市场扩张效应的实证研究中推断出来。然而,现实中的市场的特点是存在某种程度的产品差异化。广告可能会有助于社会福利,即使它只会诱导需求从一种产品转移到另一种产品。这是因为消费者可能转向与他们有更高匹配度的产品。

下面讨论有关水平差异化产品市场的价格广告分析。

---

① 虽然 Butters(1977)在其搜索模型中确实发现了过多的广告,但这个结果的前提假设是市场覆盖率独立于广告强度。在这一设定下,广告通过节省消费者搜索成本来提高社会福利,因为只有那些没有接触广告的消费者才必须承担这些费用。相比之下,这里的讨论假设消费者在购买之前必须承担搜索费用,而不管他们是否收到广告。

4.2.5 产品差异化的价格广告

对这一主题的现有研究(Grossman and Shapiro,1984;Christou and Vettas,2008;Sovinsky-Goeree,2008)忽略了搜索的可能性。因此,假设消费者只能在接收到其广告的公司购买,在这种情况下,消费者完全了解该公司的产品和价格。

考虑具有差异化产品的简单双寡头价格竞争模型。如果所有的消费者都是完全知情的,对公司 $i(i=1,2)$ 产品的需求是 $\widetilde{d_i}(p_i,p_j) > 0$,公司 i 的价格为 $p_i \in \mathrm{IR}_+$,公司 j 的价格为 $p_j \in \mathrm{IR}_+,j \neq i$。有一个具有单位需求的消费者,并且假设市场有完美的信息覆盖,使得 $\widetilde{d_2}(p_2,p_1) = 1 - \widetilde{d_1}(p_1,p_2)$。公司 i 同时选择广告强度 $\varPhi_i \in [0,1]$,以及价格 p_i,其中 $i = 1,2$。广告强度 $\varPhi_i$ 可衡量公司 i 覆盖的消费者比例,对于广告强度 $\varPhi_i$,广告费为 $A(\varPhi_i) = \left(\frac{a}{2}\right)\varPhi_i^2, a > 0$。被覆盖的市场假设现在被拓展为假设所有接收公司 i 广告的消费者只从公司 i [其指标为 $\phi_i(1-\phi_j)$] 购买产品,不管它如何定价。此外,广告不是针对性的,所以接收两家公司的广告(指标为 $\phi_i\phi_j$)的消费者的需求是 $\widetilde{d_i}(p_i,p_j)$。因此,面对不完全消费者信息,公司 i 的需求为

$$d_i(p_i,p_j,\varPhi_i,\varPhi_j) = \varPhi_i[(1-\varPhi_j) + \varPhi_j\widetilde{d_i}(p_i,p_j)] \tag{4.9}$$

假设企业具有恒定的边际生产成本,$c_1 \geqslant 0$ 和 $c_2 \geqslant 0$,下面以标准方式推导出价格一阶条件:

$$p_i - c_i = -\frac{d_i(p_i,p_j,\varPhi_i,\varPhi_j)}{\dfrac{\partial d_i}{\partial p_i}(p_i,p_j,\varPhi_i,\varPhi_j)} = -\frac{1-\varPhi_j}{\varPhi_j\dfrac{\partial\widetilde{d_i}}{\partial p_i}(p_i,p_j)} - \frac{\widetilde{d_i}(p_i,p_j)}{\dfrac{\partial\widetilde{d_i}}{\partial p_i}(p_i,p_j)},i = 1,2,j \neq i \tag{4.10}$$

假设广告强度不公开,则 $\varPhi_i \in (0,1)$,$i = 1,2$,对应的一阶条件是:

$$a\varPhi_i = (p_i - c_i)\frac{\partial d_i(p_i,p_j,\varPhi_i,\varPhi_j)}{\partial\varPhi_i} = -\frac{[1-\varPhi_j + \varPhi_j\widetilde{d_i}(p_i,p_j)]^2}{\varPhi_j\dfrac{\partial\widetilde{d_i}}{\partial p_i}(p_i,p_j)},i = 1,2,j \neq i \tag{4.11}$$

先考虑式(4.10)和式(4.11)中的第一个等式,使用符号 $D_i = d_i(p_i,p_j,\varPhi_i,\varPhi_j)$。公司 i 的需求对自己的价格和广告的偏导数分别为 D_{ip} 和 $D_{i\varPhi}$。再定义 $D_{iA} = (D)_{i\varPhi}/(a\varPhi_i)$,这是需求对广告支出 $A(\varPhi_i)$ 的导数。然后将式(4.10)代入式(4.11)并重新排列,就得到 Dorfman and Steiner(1954)给出的著名关系式:

$$\frac{A(\varPhi_i)}{p_iD_i} = -\frac{\left(\dfrac{\varPhi_i}{2}\right)D_{i\varPhi}}{D_{ip}p_i} = -\frac{D_{iA}A(\varPhi_i)}{D_{ip}p_i} = -\frac{\eta_A}{\eta_p} \tag{4.12}$$

其中,η_A 和 η_p 分别是广告支出和价格的需求弹性。

这种简单的关系表明,广告带来的收入占比应该等于需求相对于广告支出的弹性与需求价格弹性的比值(绝对值)。一个简单的结论是,一家公司面对价格弹性较低的需求,因而

被赋予更大的市场势力,就会做更多的广告。这是说服性观点的另一面,即公司使用广告来增强他们的市场影响力。[①] 当前的设定允许我们分析广告如何与市场势力相关,以及它们是如何在均衡中一并确定的。

在 Grossman and Shapiro(1984)和相关文献的框架下,市场势力的两个来源是产品差异化的程度和企业的数量。在双寡头背景中探讨产品差异化的影响是简单直接的。假设存在定义在 IR 上的函数 $\bar{d}_1$,其使得对于所有 $(p_1,p_2) \in IR_+^2$(许多标准离散选择双寡头模型共同的属性),有 $\hat{d}_1(p_1,p_2) = \bar{d}_1(p_1 - p_2)$,边际成本是相同的,$c_1 = c_2 = c$。信息完全覆盖的市场条件意味着 $\hat{d}_2(p_2,p_1) = 1 - \bar{d}_1(p_1 - p_2)$。进一步假设存在对称性均衡,其中两家公司定价为 p^*,且广告强度为 Φ^*。令 $b = -\bar{d}_1{}'(0) = - [\partial \hat{d}_i(p^*,p^*)] / \partial p_i$, $i = 1,2$。于是 $\hat{d}_i(p^*,p^*) = \bar{d}_1(0) = 1/2$,因此,式(4.10)和式(4.11)可以被写成:

$$p^* - c = \frac{1 - \Phi^*}{\Phi^* b} + \frac{1}{2b} \tag{4.13}$$

$$a\Phi^* = \frac{(2 - \Phi^*)^2}{4\Phi^* b} \tag{4.14}$$

所以,均衡价格和广告强度为:

$$p^* = c + \sqrt{a/b} , \Phi^* = \frac{2}{1 + 2\sqrt{ab}} \tag{4.15}$$

在常见的模型中,参数 b 可以被解释为对产品差异化的度量:它衡量了将价格提高至略高于竞争对手的价格时公司会损失多少消费者,如果产品差别小,则损失大。例如,在 Tirole(1988)的霍特林(Hotelling)双寡头例子中,$b = 1/2t$,其中 t 是单位运输成本。在一个具有两个产品独立同分布估值的随机效用模型中,$b = \int_{-\infty}^{+\infty} f(\epsilon)^2 d\epsilon$,其中 f 是附加随机效用项的密度:它可以被解释为两个产品在相同价格下无差异的消费者的"质量"。对于 Christou and Vettas(2008)所使用的 $[\alpha,\beta]$ 的均匀分布,$b = 1/(\beta - \alpha)$。在这种均匀分布的情况下,更大的支撑集意味着产品和偏好的异质性更大。

从式(4.13)和式(4.14)看,更大的差异意味着,较小的 b(其他条件不变)将均衡价格和广告强度向上移动。然而,价格随广告强度的增大而下降。这是因为竞争对手的更多广告意味着只从公司 i 获得广告的消费者更少,对于 $\Phi^* = 1$,通过 $p^* - c$ 获得其完整的信息价值 $1/2b$,这就使得更大的产品差异有可能导致更低的价格,虽然对于当前具有二次项广告费用的模型,情况并非如此。然而,对于产品差异化对广告的正向影响,人们并不存在异议。

为了讨论竞争对手对定价和广告的影响,我借鉴了 Christou and Vettas(2008)的分析,利用需求的随机效用来研究模型的变体。研究发现,更多的公司明确地导致每家公司的广告活动减少。这虽然似乎与 Dorfman and Steiner(1954)的直觉一致,但并不反映市场势力与广告之间的系统性关系。事实上,Christou and Vettas(2008)发现竞争对手数量的增加并不一定会导致价格下降。这一点的直觉很简单,价格和广告相互作用,导致产品差异化对定价的潜

---

① 参见 Bagwell(2007),该研究从理论和实证的角度对这个话题进行了详细的讨论。

在模糊影响。给定竞争对手固定的广告强度,公司数量的增加会降低公司的定价。然而,更多的竞争导致广告强度减小,这扩大了市场势力,从而提高了价格。Christou and Vettas (2008)发现这种效应实际上可能在模型中占主导地位。

上述价格比较静态结果可能是非常有误导性的,因为在进行结构性的市场需求估计时,忽略了消费者的有限信息访问。在 Berry et al.(1995)对汽车产业的开创性研究之后,已经有了很多研究。Sovinsky-Goeree(2008)在对 20 世纪 90 年代后期美国个人电脑市场的分析中解决了这个问题,其使用了各种媒体(杂志、报纸、电视、广播)的广告支出数据,以及对消费者的调查数据,包括消费者接触各种媒体的信息。这些数据允许模拟家庭对广告的接触,这反过来又影响了家庭的选择集(家庭只能在家庭所知道的产品中选择)。这引入了一些能够影响买家购买决策的异质性,其独立于产品的特性。Sovinsky-Goeree(2008)联合估计了市场需求以及公司定价和广告的一阶条件。

上述研究关注的是市场势力度量,以及它与假设消费者拥有充分信息时相比有何区别。研究发现,市场势力将被大大低估(因此需求价格弹性被大大高估),估计该行业的加价中值为 15%。使用 Berry et al.(1995)的方法进行标准估计,在消费者具有完美信息的假设下,将得到 5% 的估计值。请注意,根据定价的一阶条件,即式(4.10)或式(4.13),不完全的消费者信息的加价应该明显超过完全的消费者信息。事实上,式(4.13)右边的最后一项是完全信息的加价,其前一项显然是正的。显然,在完全信息的设定中,自身的价格弹性在绝对值上更大:当信息不完全时,若一家公司提高其价格,它只会失去从两家公司接收广告且认为这两种产品无差异的消费者。尽管如此,没有明确的论据显示,为什么用不完全信息生成数据估计的完整信息模型必然会产生比真实估计模型更高或更低的加价估计。无论如何,Sovinsky-Goeree(2008)的结果表明,差异可以是非常大的。①

现在回到对市场提供的广告水平与社会次优水平的比较。正如 Tirole(1988)所主张的,人们从产品差异化的信息性广告分析中得到的主要结论是广告可能不够或过量。正如 Tirole(1988)所解释的,有两种相互抵消的力量:一是未分配社会剩余(non-appropriation of social surplus),这表明广告可能不够;二是市场窃取效应(market stealing effect),这表明企业过度提供广告。与同质产品的设定相反,可能出现消费者额外的广告(与未分配社会剩余效应相关联)的正外部性,即使广告接触的消费者也接收到一些竞争性公司的广告。这是因为,由于产品横向差异化,消费者意识到其他产品可能更适合他。Christou and Vettas(2008)发现当产品差别极小时,广告量会不足,当产品差异较大时,广告是过量的。② 这并不意味着产品差异和市场提供广告的福利属性之间存在着系统关系。事实上,正如上面所解释的,类似 Anderson et al.(2014)研究的非对称均衡,有可能同时出现过量广告以及同质产品和没有消费者搜索。

---

① 正如 Sovinsky-Goeree(2008)所解释的,如果三个具有相同特征和价格的产品在竞争,那么完全信息模型将假定产品和消费者之间纯粹的随机匹配。然而,如果这种匹配在很大程度上是由不同公司的广告到达不同的消费者来解释的,那么相应需求的价格弹性将更低。然而,作者在其在线附录中解释,该模型的不恰当设定可能会使结果偏向相反的方向。

② Hamilton(2009)在霍特林双寡头模型中得到了类似的结果。

我以包含差异化产品并伴有消费者搜索的广告模型来结束讨论。下面是两个初步的结论。第一,由于相关信息涉及价格和产品,并且产品信息可以涉及多个维度,如果消费者被允许搜索,企业就可以选择只披露部分相关信息,并让消费者自己找到其余信息。4.3.3.2讨论了这种可能性。在寡头垄断设定中,我们有必要进行这样的分析。第二,如 Wolinsky (1986)和 Anderson and Renault(1999)所示,如果消费者不仅搜索价格,而且还搜索他们喜欢的产品,那么高成本的按顺序搜索不会产生戴蒙德悖论。

考虑一个简单的双寡头模型,包含差异化的产品,消费者可以按顺序搜索。如果没有广告,均衡状态下,两家公司定价相同,那么消费者在决定是否从第一家公司购买或去下一家购买时,遵循一个简单的停止规则:如果从第一家公司的产品获得的效用高于某个阈值,消费者就会停止搜索并购买;如果情况并非如此,那么他们会继续搜索第二家公司,然后在两种产品之间做出完全知情的选择。标准化论证表明,该阈值与搜索成本成反比。我进一步假设模型具有足够的对称性,因此阈值不依赖于消费者首先搜索哪家公司。

假设一家公司可能在消费者开始搜索之前,使用广告告知消费者其价格和产品(必须同时显示)。首先要注意的是,消费者不能从接收一家公司的广告中获益(除非由于第一次搜索是昂贵的,广告可以节省其搜索成本)。广告只决定消费者最先看到的是哪家公司。现在,从两家公司接收广告的消费者有不同的收益,取决于产品的效用是否高于或低于阈值。如果两个效用都超过了阈值,那么消费者受益于一个完全知情的选择,如果消费者没有收到广告或只收到一则广告,情况就不会如此。如果两个产品效用都低于阈值,那么消费者可以通过节省最多收到一则广告时,为做出一个完全知情的选择所必须投入的搜索成本来获益。如果只有一个效用水平超过阈值,那么收益的性质取决于消费者知晓信息的顺序。

上述论点表明,为了使广告产生某种社会剩余,搜索成本必须很大。事实上,在低搜索成本的情况下,阈值效用非常高,大多数消费者两种产品的效用水平低于它。于是,接触广告的唯一好处就是削减了搜索成本。如果搜索成本低,那么收益就低了。如果搜索成本很低,企业就不会从投放广告中受益。无论是否收到广告,消费者最终会做出一个明智的选择。这表明对于差异化的产品,如果消费者被允许搜索,是否会出现像同质性产品的情形那样的过量广告,尚不清楚。

4.2.6　总结

由于消费者面临搜索成本,广告是一项有益于社会的活动。这一点最初是由 Stigler (1961)提出的,并被戴蒙德悖论所强化,后者告诉我们,没有广告,我们将会得到垄断的结果,甚至市场会完全崩溃。对于同质性产品,消费者搜索是由价格分散所驱使的,事实上,搜索和广告的相互作用导致价格分散,然而均衡中不存在搜索,因为此时所有的价格都足够低,消费者宁愿不去搜索。但大部分广告涉及的是差异化产品的市场,在这些市场上,消费者寻找合适的产品和低廉的价格。通常,当他们没有接收到一些卖家的广告时,他们参与搜索工作。

现在,在越来越多的广告市场中,包括互联网上的在线媒体广告,搜索和广告交织在一起,其中搜索成本要小得多。互联网上的消费者可能会接触到广告,网站提供新闻或娱乐等内容,浏览网站者点击广告就能成为即时购物者。① 新的广告形式已经出现,特别是搜索广告,卖家竞标获得搜索引擎上处于有利位置的赞助商链接。② 这些新的实践也说明了广告的一个重要作用是引导消费者搜索,而大部分消费者搜索分析的假设是随机搜索。越来越多的理论文献研究有序消费者搜索,包括 Arbatskaya(2007)、Armstrong et al.(2009)、Zhou(2011)、Haan and Moraga-González(2011),以及 Anderson and Renault(2015)。

广告具有社会价值并不意味着最优广告数量由市场决定。这可能是由广告商的未分配消费者剩余或市场窃取对广告商的外部性而造成的。对于同质性产品,人们有理由认为它是供给不足的,但这要求广告具有显著的市场扩张效应。如果消费者可以搜索到他们没有收到广告的卖家,那么广告不会影响市场规模。Marshall(1890, 1919)称之为竞争性广告,即只是改变市场份额。这种广告显然是过量的。Lambin(1976)发现了一些对竞争性广告的实证支持,其结果表明广告并没有增加行业需求。当允许产品差异化时,人们没有明确的结论。即使广告对市场规模没有影响,广告也可能不足。这是因为,它可以通过促进消费者和产品之间的匹配而在消费者剩余中产生巨大收益。第 4.6 节将考虑广告的非信息性观点下的作用,并给出一个有关社会最优量的视角。

最后应该指出,上述结果与合适的媒体市场福利分析有关。广告商为广告位付费的意愿没有正确反映广告的社会效益,除非广告商是完全歧视性垄断者。相反,由于广告位市场潜在的低效性,企业所产生的私人广告成本可能与广告的社会成本不同,使得这里提出的福利分析不合适。第 4.5 节将回到这一点。

4.3 产品广告

本节的目的是介绍一批近期的文献,它们研究企业向消费者提供产品信息的动机。这些研究采用了两种不同的建模策略,它们是互补的。在第一组模型(4.3.3)中,广告被看作关于产品与消费者偏好匹配程度的信息信号。公司可以选择该信号的特点,包括它的信息量如何以及它告诉消费者什么信息,以使公司利润最大化。然而,公司没有关于匹配质量的私人信息。4.3.4 中的其他论文则明确地揭示了广告如何通过披露产品的属性来向消费者传递匹配信息。在这样的背景下,买卖双方都有关于匹配的私人信息,因为消费者知道自己的偏好,而公司知道产品的属性。于是,披露博弈是一个信号博弈。本节最后讨论了在这种披露博弈的背景下,我们可能会如何看待误导性广告。

下面首先简要介绍 Nelson(1974)的开创性论文,该文介绍了广告信息性内容的一般性问题,并在经济学和市场营销学方面做了一些相关的实证研究。

4.3.1 尼尔森问题

在 20 世纪 70 年代的著名文章(Nelson,1970,1974)中,菲利浦·尼尔森把注意力放在消

---

① 这些特征请参见 Renault(2014)的框架。
② 有关搜索广告的研究包括 Varian(2007)、Edelman et al.(2007)、Athey and Ellison(2011)、Chen and He(2011)、De Cornière(2013)、Anderson and Renault(2015)。

费者获取产品信息的渠道上。Nelson(1974)发展了广告在这方面的作用的理论。Nelson(1970)对搜索商品和经验商品进行了区分。消费者在决定是否购买之前,可以观察到搜索商品的特性,而经验商品的特性只有在商品被消费后才被知晓。其前提是,广告只有在潜在买家认为这一信息可信时才能传递信息。他的分析不考虑任何政府干预误导性广告的法律形式。

他辩称,只有涉及搜索属性,有关产品的信息才是可信的。事实上,对这些属性说谎是没有意义的,因为它们充其量只能欺骗消费者花费一些访问成本,而不是选择购买。消费者在购买之前可能会发现真相。他总结说,搜索商品的广告应该包含很多信息,而经验商品的广告则不应该如此。然而,从尼尔森提供的零星证据看来,推广经验商品的广告支出远远大于搜索商品所花费的广告支出。

Nelson(1974)以解决这个难题而闻名。其关键观点是经验商品广告提供的信息是间接的。第4.4节将回到这一点,讨论广告作为一个信号的作用。这里的重点是尼尔森对广告中的直接信息的预测。他的结论是,经验商品的广告不应该包含任何信息,而搜索商品的广告应该是内容非常翔实的。此外,即使没有关于误导性广告的法律,搜索商品所传达的信息也应该是可信的。下面讨论的研究主要通过信息披露模型来探讨这些问题,随后将考虑关于广告信息性内容的现有证据。

4.3.2 有关广告内容的实证证据

Nelson(1974)预测,大部分广告资金都花在经验商品广告信息上,因为它包含很少或不包含直接信息,各种间接证据表明情况是这样的。直接验证它需要一些关于广告信息实际内容的数据和一些可以测量其包含的信息量的编码技术。在 Nelson(1974)发表后不久,尽管出于不同动机,一些市场营销研究者已经开始收集这些数据并构建编码方法。这种研究被称为内容分析(content analysis),是由 Resnik and Stern(1977)最先提出的。其定义了14类信息线索,包括价格、质量、性能、可用性、营养或保障等项目。该方法需要计算每条广告信息中存在的类别数量,以测量其信息量。不同媒体的广告内容都以这种方式得到研究。例如,Abernethy and Franke(1996)对有关美国媒体的一组研究进行了汇总统计并发现,在有关美国电视的四个不同研究中,每一则广告包含的平均类别数是1.06个,只有27.7%的广告包含至少两个类别,37.5%的广告根本没有包含任何类别。总体来说,对有关美国杂志的七项研究而言,平均类别数为1.59,其中,25.4%包含三个或更多类别,15.6%根本没有包含任何类别。报纸广告包含的平均类别数要高得多,但是仍然只有少于38.5%的广告超过四个类别。报纸广告比杂志广告更有可能包括价格信息,概率分别为68%、19%。总体情况是,许多广告只包含很少的信息,尽管大多数广告确实包含一些信息。

近年来,有新的研究收集和研究有关广告内容的数据(Anderson et al.,2013,2015;Bertrand et al.,2010;Liaukonyte,2012)。Anderson et al.(2013)对美国的非处方止痛药的电视广告内容进行了系统分析,通过编码5年内所有广告的内容来构建原始数据集,记录了所有关于药品的具体宣传信息(如"快速"或"强劲")以及这些信息是否具有可比性(这一特定行业的特点是,广告中普遍进行信息比较)。与 Resnik and Stern(1977)的方法相区别,Anderson et al. (2013)不将信息线索归类到一般类别中,而是将信息线索的数量加起来测量其信息性。研究期间,30 个不同的属性被提及,它们在广告上的花费一直保持在前 23 位。Anderson et al. (2013)还将这些属性与医学出版物中所建立的药物的实际特性联系起来。Anderson et al. (2013)使用了一个简单的模型,其中公司选择广告信息的信息量,并权衡信息量和说服性(非信息)内容的数量。额外的说服性内容的边际收益是随机变量,它的实现在不同的广告中是不同的:边际收益越小,公司选择在广告中包含的信息线索越多。研究发现,客观上高质量产品的广告包含了更多的线索。具有较大市场份额的品牌的广告提供较少的信息,比较性广告更具信息性,同行林立的品牌的广告通常包含较少的信息。

Anderson et al. (2013)的研究结果不能直接与有关广告内容的市场营销研究相比较,前者的关注点实际上是不同的。通过广泛使用可适用于不同产品的一般类别,内容分析允许跨媒体、跨时间、跨国家或跨行业的广告信息内容的比较。然而,结果并不是十分令人信服。此外,因为 Anderson et al. (2013)只涵盖了 14 个可能的类别,就得出广告不是很有信息性,这是值得怀疑的:虽然类别是宽泛的,但与特定广告产品相关的可能只有一小部分。最有说服力的结论是,不包含信息类别的广告的百分占比相当大。Anderson et al. (2013)的方法侧重于企业在广告中提供直接信息的动机,并预测了哪些公司更可能在广告中包含更多的信息。针对一个特定行业,需要品牌间的更直接可比的信息性指标:产品足够接近则信息是相似的。人们很难在绝对意义上对广告的信息性一锤定音,因为目前人们还不清楚最有信息性的广告是什么样子的,但品牌之间和产品之间的比较似乎是合理的。

Nelson(1974)提出的有关经验商品的间接信息理论解释了为什么许多广告完全没有信息性。然而它没有告诉我们,当广告信息可信时,应该包括多少信息。它也不预测公司可能选择披露或按下不表的信息的性质。本节的其余部分提供了帮助解决这些问题的各种理论框架。

4.3.3 广告匹配

通常,我们认为做广告是为了使公司的产品对潜在消费者更具吸引力。直觉表明,一个适当的披露策略包括揭示有利的特征,同时隐藏不利特征。这隐含地假定所有消费者都认同什么是关于产品的有利和不利的消息。然而,消费者的偏好往往是异质性的,产品是横向差异化的。因此,对某些买家来说是利好的信息会让其他人失去兴趣。信息的社会价值是促进产品和消费者之间的良好匹配。Anand and Shachar(2011)对电视节目广告的实证研究为广告的作用提供了一个有趣的例证。研究发现,广告可以降低观众观看广告赞助节目的可能性,且看到一则广告会使观众观看错误节目的概率降低 10%。下面讨论卖家提供详细的产品信息以提高匹配度的动机。

讨论从两个有关方法论的评论开始。第一,不披露信息的一个显而易见的原因是披露它成本太高。既有文献通常忽略了这些成本,集中关注不披露信息的需求驱动的动机。说明披露信息如何与数量或被披露信息的性质(成本在 4.5.1 引入)有关确实存在困难。第二,正如 4.3.4 将会解释的,信息传递涉及一些战略复杂性,往往导致多个均衡。许多关注信息提供的研究者一直绕开了这个问题,他们假设公司在与贝叶斯更新一致的约束条件下,可以完全控制购买者从广告中推断出的信息。由此,广告商可以选择最有利可图的推断。这尤其需要公司不拥有关于匹配价值的私人信息。本节给出的分析遵循这种建模策略。

下面的大部分讨论使用了这样的模型,即一个垄断卖方以固定边际成本 $c \in [0,1]$ 生产产品。为简单起见,只有一个有单位需求的买家,其支付意愿是 $r \geqslant 0$,这是一个随机变量。最初,r 对于双方都是未知的,但它在 $[0,1]$ 上具有均匀分布是众所周知的。

4.3.3.1　有关经验商品的直接产品信息

研究匹配信息传递的早期文献(Lewis and Sappington,1994;Meurer and Stahl,1994)假定消费者不能通过他们自己的努力在购买前获得关于产品的信息。这与 Nelson(1970)对作为经验商品的产品的分类是一致的。然而,与 Nelson(1970)的观点相反,这些研究假定公开的产品信息在广告中是直接可及且可信的。根据既有文献,我认为这种可信性是通过认证(certification)实现的。[①] 通常,针对误导性广告的法律可以实现这一点,只要相应主张可以由法院核实。[②]

Lewis and Sappington(1994)的精简版本模型可以在上面的简单垄断模型中体现。在买方决定是否购买该产品之前,卖方公布价格,并可以选择提供一些产品信息。如果它提供了这样的信息,买方就观察到信号 $\sigma \in [0,1]$,它等于可能性为 α 下的真实估值 r,σ 在 $[0,1]$ 上均匀分布,独立于 r,互补概率为 $1 - \alpha$。简而言之,买方或者以概率 α 完全了解 r,或者什么也了解不到,但不知道自己处于哪种情况。α 越大,广告信息越多。

在标准均匀分布中,匹配的先验期望价值为 $1/2$。在观察信号 σ 后,买方的预期支付意愿为 $\alpha\sigma + 1/2(1 - \alpha)$。如果 $\sigma > 1/2$,预期支付意愿随 α 递增;如果 $\sigma < 1/2$,则随 α 递减。图 4.2 展示了反需求曲线,给出了买方的后验信念,其中价格 p 位于纵轴上,而购买产品的概率 q 在横轴上。正如 Johnson and Myatt(2006)所展示的,公司的问题可以通过让反需求曲线围绕坐标 $A(1/2,1/2)$ 转动来分析。事实上,如果公司销售的概率为 $q < 1/2$,则其价格高于 $1/2$,这是因为 α 服从标准均匀分布。 因此,边际消费者的预期支付意愿随 α 递增。相反,若销售概率在 $1/2$ 以上,边际消费者的预期支付意愿随 α 递减。因此,在图 4.2 中,$\alpha' < \alpha''$。这意味着消费者知晓信息越多,反需求曲线越陡峭。特别是,如果消费者没有信息,即 $\alpha = 0$,于是当支付意愿为 $1/2$ 时,反需求是水平的。

如果公司可以选择任何 $\alpha \in [0,1]$,则它将选择 $\alpha = 0$ 或 $\alpha = 1$。相反,现在假设公司选择 $\alpha \in (0,1)$。如果它以概率 $q < 1/2$ 销售,那么假设它通过提供更多的信息使需求曲线陡峭,它可以以相同的概率以更高的价格销售。同样,如果销售概率为 $q > 1/2$,则它可以通过提供较少的信息来增加利润。因此,公司在完全信息和无信息之间进行选择。正如 Johnson and Myatt(2006)强调的,无信息意味着反需求曲线是平坦的,公司的策略是以中间价格出售给整个买方群体,而在充分信息的情况下,公司会选择一个陡峭的反需求曲线,允许就产品中的细分(niche)采纳高价。

[①] 从 4.3.5.1 讨论的廉价谈话(cheap talk)中可以清楚地看出,在本节讨论的模型中,即使没有经过认证,信息也可以是可信的。

[②] Lewis and Sappington(1994)实际上提到了传递可信信息的其他可能方式,比如允许消费者自己测试产品。

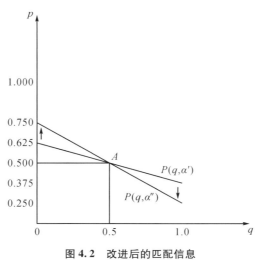

图 4.2   改进后的匹配信息

注:$p(q,\alpha)$ 表示信号以概率 α 提供信息时的反需求。

　　哪些因素决定了公司是选择无信息还是选择完全信息？首先要考虑的是边际成本的变化。如果其为零,则公司不提供任何信息,可以收取 1/2 的费用,并以概率 1 出售。这就产生了完全价格歧视利润 1/2:事实上,完全价格歧视涉及在所有条件下定价为 r,这将产生相同的预期利润。在完全信息下,无信息利润明显超过了完全信息需求时的价格垄断利润(1/4)。可以看出,如果边际成本低,公司的利润最大化行为是隐藏信息;如果边际成本很高,则应该揭示完整的信息。[①] Lewis and Sappington(1994)也认为,只有当匹配价值足够异质时,公司揭示完整的信息才会有利可图。[②]

　　Lewis and Sappington(1994)的最初分析实际上假定了信息信号的一种非常普遍的形式。[③] 然而,公司不能选择其特征(它只能选择消费者接受它的概率)。因此,无法描述公司的最优信息信号。这个问题在经验商品模型中有非常简单的答案。考虑一个简单的信号,它只告诉消费者其匹配是否超过边际成本 c:假设 $\sigma \in \{l,h\}$,如果 $r \geqslant c$,则 $\sigma = h$ 的概率为 1;如果 $r < c$,则 $\sigma = l$ 的概率为 1。现在假设该公司定价为 $E(r \mid r \geqslant c)$。于是,消费者只要知道 $r \geqslant c$ 就会购买,而且预期的消费者剩余是零。这实现了完全价格歧视结果:公司只卖给愿意支付超过边际成本的费用的消费者,这样它侵占了所有社会剩余。因此,这是公司最优

[①] 要理解这一点,可以利用完全信息利润的包络定理,该利润是凸的,并随 c 递减,它与无信息利润只有一个交叉点,而无信息利润是线性递减的。

[②] 一个简单的直觉是,如果匹配价值都非常接近 1/2,且 $c < 1/2$,使得公司可以在不提供信息的情况下销售,那么所有匹配价值都在边际成本之上,没有信息实现完全歧视利润。相反,如果匹配价值普遍在 1/2 左右,那么在没有信息的情况下,这家公司会将产品出售给大量的消费者,他们的支付意愿低于边际成本,因此最好是把他们排除在购买者之外。如果公司充分揭示信息,它可以筛选出这些消费者,并收取远高于 1/2 的费用,同时仍然以非常高的估值出售给大量的消费者。

[③] Lewis and Sappington(1994)只要求能在消费者的后验信念中观察到一个大或小的有利信号的一阶随机占优。这里的模型版本可以在 Johnson and Myatt(2006)中找到。

的策略。[①]　由此可见,最佳的解决方案是部分信息披露,这与 Lewis and Sappington(1994)和
Johnson and Myatt(2006)的结论不同。最优解决方案应该被视为基准,但不能保证公司有适
当的披露策略来实施它。然而,要注意的是,由于公司完美地控制了消费者对产品信息的访
问,所以它可以通过设定某种允许消费者接触信息的准入价格来实现该解决方案,该准入价
格攫取了所有事前的盈余,然后公司以边际成本定价。

　　Meurer and Stahl(1994)以及 Anderson and Renault(2009)研究了离散选择、差异产品双寡
头模型中的匹配信息性广告。在这两篇论文中,公司在价格竞争前的第一阶段进行匹配披
露决定,排除部分匹配广告。在 Meurer and Stahl(1994)中,两个产品的匹配值是完全负相关
的,因此两家公司披露的信息被完全告知消费者。相比之下,Anderson and Renault(2009)假
设独立同分布匹配价值,但允许公司在不提供信息、提供自己的匹配信息及通过比较广告提
供两种匹配信息中进行选择。

　　Anderson and Renault(2009)假定广告成本为零,并首先考虑对称企业的情况,在没有任
何匹配信息的情况下,这两种产品将被消费者视为同质的。这将导致伯川德零利润竞争。
更多的匹配信息总能增加企业的利润,因此披露自己的匹配信息是一个弱占优策略。结果,
无论比较广告是否被禁止,企业会完全公开匹配信息。Meurer and Stahl(1994)也发现匹配信
息是有利可图的。然而,考虑到广告的接触成本很高,从生产者的角度看,广告是不足的。[②]

　　当企业在事前足够不对称时,比较广告成为一个非常有意义的实践。企业的不对称性
体现在生产成本方面,或是因为除了匹配差异和价格差异之外,消费者在购买决策中考虑的
产品存在系统性的质量优势 $\Delta q > 0$。于是,比较广告被市场份额小(高成本/低质量)的
"弱"公司使用,以吸引那些对产品有很强匹配偏好的消费者。然而,"强"公司更倾向于将有
限的匹配信息传达给消费者,使消费者的购买决策大多是基于质量和/或价格差异,这是
"强"公司具有很大优势的两方面。竞争对手使用比较广告可以降低价格,这使大多数消费
者受益,因为他们从"强"公司购买产品。这与比较广告所赋予的更好的匹配信息相结合,相
比于不允许比较广告的情况,这增加了消费者剩余。然而,由于消费者购买了低质量的产
品,总剩余减少了。[③]

　　对垄断与寡头垄断的比较值得注意。竞争可以为企业披露匹配信息提供额外的激励。
在 Meurer and Stahl(1994)以及 Anderson and Renault(2009)的对称模型中,完整的产品信息
被披露,而垄断公司可以选择将这些信息按下不表(例如,当其边际成本足够低时)。[④]　其中
的简单直觉是:产品信息放松了价格竞争。在垄断情况下,信息的涨价效应也会出现:一旦
信息被披露,一家公司主要迎合那些对产品有强烈偏好的消费者(相对于竞争对手或外部选

[①]　这一结果首先由 Saak(2006)推导出。它也与 Anderson and Renault(2006)的分析有关,在搜索商品的模型中,这
　　种类型的阈值信号至少和任何其他信息性信号一样有用(4.3.3.2)。这一论点可以被很容易地应用于更简单的
　　经验商品。
[②]　Meurer and Stahl(1994)还发现广告相对于社会最优水平而言可能是过量的或不足的。详见 Bagwell(2007)。
[③]　Emons and Fluet(2012)考虑了消费者了解横向匹配但不知道质量的模型,将每家公司只宣传自己产品的质量的
　　直接广告与宣传质量差异的比较广告相比。在后一种情况下,只有一家公司在均衡中做广告。Emons and Fluet
　　(2012)分析了直接质量信息的情形和广告支出作为质量信号的情形。
[④]　然而,正如 4.3.4 所解释的那样,竞争并非必然导致更多的信息披露。

择)。然而,当企业不对称时,Anderson and Renault(2009)表明,比较广告中更多的匹配信息可能会导致市场份额较大的公司下调定价。

下面转向讨论搜索商品的匹配信息披露:即使该公司不做广告,消费者在购买前也可以获得产品信息。

4.3.3.2 搜索商品和广告内容

迄今为止的关注点一直是经验商品,这意味着公司完全控制了消费者在购买之前可获得的产品信息。此外,前面的分析隐含地假定价格信息是免费提供给消费者的。因此,讨论广告中价格信息的可及性是不可能的。接下来介绍的框架允许我们分析搜索商品的广告,并讨论广告商在广告中包含价格和/或产品信息的选择。

由 Nelson(1970)定义的搜索特征可以被消费者在购买产品之前观察到。如果这样的信息可以免费访问,那么广告产品信息就没有用。在 Nelson(1974)中,搜索特征广告的讨论清楚地考虑了在购买前消费者获取信息的一些成本,并明确地提到了消费者的交通成本。这些成本自然可以被解释为去商店(或浏览网页)所需的访问成本,以及检视产品的成本,然后消费者可能购买。Anderson and Renault(2006)使用了一个垄断模型来体现这个简单的想法,这是对上述垄断模型的直接延伸。现在假设消费者在产生访问成本 ($\gamma > 0$) 之后才可能购买产品。一旦这个成本产生了,在决定是否购买之前,消费者就完全了解产品,因此完全知道 r 以及公司所采纳的价格。在决定消费者是否访问之前,公司可以使用广告告知消费者有关产品和/或价格。其主要目的是确定公司广告内容的最优选择。因为消费者最初不知道 r,所有的消费者类型在事前都是相同的。现在假设边际成本是 $c = 0$,因此,给定服从标准均匀分布的匹配,唯一的垄断价格是 $1/2$。

如果 γ 足够小,公司可以在不诉诸任何广告的情况下获得垄断利润。如果消费者在决定是否访问之前没有观察到任何信息,公司就无法通过观察访问来推断出匹配价值。因此,它的垄断价格为 $1/2$。基于这一点,对于消费者来说,只要访问成本小于自己预期能从访问中获得的期望剩余,访问就是最优选择。接下来,当且仅当 $r \geq 1/2$ 时,消费者会选择购买:这个期望仅仅是标准的消费者剩余,这里是 $1/8$。因此,为了使广告有用,访问成本至少应为 $1/8$。

现在转向一个重要的观点,即对 Stiglitz(1979)结论的重新表述。假设公司只宣传产品信息,并向消费者提供完整的信息。消费者在决定是否访问时知道 r,而不是价格。在均衡中,消费者理性地预测公司会定价为 p^*。当且仅当 $r \geq p^* + \gamma$ 时,最优选择是访问。如果 $p^* + \gamma < 1$,则消费者在其匹配值足够大时访问。公司可以推断,来访的消费者至少愿意支付 $p^* + \gamma$。但这意味着它可以将其价格提高到这个水平,并仍然向消费者出售,从而比价格 p^* 时赚取更多的利润,因此 p^* 不是一个均衡价格。这意味着,在均衡中,消费者必须期望某个高于 $1 - \gamma$ 的价格,此时无论消费者的匹配价值有多高,消费者都不去访问。由此,市场不复存在。[①] 这样的广告对公司来说是无利可图的。简而言之,这是因为消费者需求无法被

[①] 这一论点可以容易地推广到混合策略、寡头垄断和事前异质消费者类型的情形,只要它们都具有严格的正访问成本。然而,如果买方有价格敏感的需求而不是单位需求,并且访问成本不太大,那么这样的市场就不会瓦解。或者,如果公司销售多个产品,如 Rhodes(2015)的设定,那么这一问题会被规避,因为公司不能推断出消费者愿意为每一个产品支付的足够精确的下限值。

满足。

　　然而,公司不需要总是在其广告中包含价格来规避这一问题。假设公司发布广告,其中仅仅告知消费者其匹配值是否高于或低于垄断价格 1/2。然后,如果消费者知道自己愿意支付至少 1/2,且认为自己的匹配值在 [1/2,1] 上均匀分布,并且 γ 在价格 1/2 时,消费者会最大化预期剩余,就选择访问,$\int_{1/2}^{1} (r - 1/2) \, 2dr = 1/4$。消费者知道自己的匹配值低于 1/2,则不会访问。公司预计,一个来访的消费者至少愿意支付 1/2,就不会选择降低定价。定价更高也会导致更低的利润 $\hat{r}$,因为在价格为 1/2 时的需求弹性是−1。可以预计,公司将对访问的消费者收取 1/2,从而产生一个均衡。因此,使用这个简单的阈值披露策略使公司能够在访问成本高达 1/4 的情况下保持垄断利润。

　　对于较大的访问成本,公司不再可能维持垄断利润,不提及价格的广告也不可能生存。这是因为消费者不再愿意去访问,即使消费者确信自己愿意接受这个价格,也认为这是垄断价格。因此,公司需要通过在其广告中定价低于 1/2 来进一步推动交易。事实上,Anderson and Renault(2006)认为,公司无法改进其披露策略,若其只告诉消费者其匹配值是否高于或低于阈值 $\hat{r}$,但没有包含其他信息。直觉是:给定阈值匹配策略,企业的价格是最优的,这样当消费者知道自己的匹配值超过阈值时,消费者在访问和不访问之间就无差异。通过提供更多的信息,公司只能提高一些远远超过匹配阈值的消费者类型的预期剩余,这不会增加销量,因为这类消费者无论如何都会访问,然后根据阈值信息购买。然而,由于贝叶斯更新,这种针对高匹配消费者的期望改进,必然意味着接近阈值的那些消费者类型知道他们的匹配不太好。因此,该公司将需要降低其价格,以保持这些类型消费者的访问。与经验商品的结果相反,这种披露策略不允许公司实现完全歧视利润,除非访问成本非常高。

　　Anderson and Renault(2006)表明,随着访问成本的增加,公司的广告策略从没有广告转向只有阈值匹配的广告,再转向阈值匹配和价格广告。在任何情况下,公司都倾向于只向消费者提供部分信息。这一结果与 Lewis and Sappington(1994)的预测相左,后者认为如果企业希望提供信息,最优策略应该是提供充分信息。这一结果也不能为 Nelson(1974)的预测提供支持,即搜索商品广告应该包含大量的信息。需要进一步指出的是,价格从来没有被单独广告过。然而,只有当公司能够足够精细地分析它提供的信息时,这才是有价值的。如果产品信息必须是充分的,那么公司在访问成本不大时将选择单独广告价格。

　　到目前为止,我主要将 γ 视为购买所需的访问成本,从而自动保证了消费者对产品信息的完全访问。如果一个产品足够复杂,获得所有相关信息可能需要一些额外的成本,消费者可能会选择购买却不知情,以节省这些成本。为了说明这种可能性,假设 γ 仅仅是获取完整产品信息的成本,而消费者现在可以购买没有访问成本的产品,如果消费者只基于广告信息做决定。假设 γ 较小,公司的广告只告知消费者其是否愿意以 1/2 的垄断价格购买产品。如果被收取 1/2 的费用,消费者会购买而不获取任何进一步的信息。然而,公司可以定价为 $p > 1/2$,以使消费者了解到,若消费者的匹配值至少为 1/2,消费者仍会在不获取任何进一步信息的情况下选择购买:该价格应满足 $\int_{1/2}^{p} (p - r) \, 2dr \leqslant \gamma$。其中,左侧是消费者所能节省的成本,也就是说,当消费者的匹配值小于 p 时,消费者如果完全知情,就不购买产品。这允许公司以高于垄断价格的价格出售垄断数量的产品。相比之下,如果 γ 没有提供 Anderson and Renault(2006)模型中的信息,即如果 γ 较小并且公司获得垄断利润,消费者会被告知。因此,公司选择提供部分产品信息,以减少消费者的搜索动机,并成为完全知情者。Wang(2014)探讨了这种可能性。[①]

本部分的披露分析适合于匹配信息,但不能很好地应用于质量信息。现在转向与质量维度的披露相关的模型。[②]

4.3.4 产品属性广告

在 4.3.3 中,关于匹配信息披露的文献假设了一种独特的事前公司类型。当公司向消费者提供更多或更少的信息时,它不知道是否会使它的产品吸引人。公司披露信息的动机不取决于它可能持有的任何私人信息,消费者也不会推断出这些私人信息的任何内容。虽然这是一种方便的方式来思考匹配信息披露,但是它似乎不适合用于研究质量信息的披露。根据公司产品质量的高低,披露这样的信息或多或少都是可取的。更一般地,一些横向匹配属性可能相比其他属性会更广泛地吸引消费者。

为了解释这种公司类型的异质性,遵循 Koessler and Renault(2012),可通过假设支付意愿 r 现在变为 $r(s,t)$,来扩充 4.3.3 的垄断模型。$s \in S$,是公司的类型,概括了公司的私人信息(通常是其产品的特性),而 $t \in T$,是消费者的类型或私人信息(通常是消费者对产品特性的偏好)。r 的分布现在来自 (s,t) 的联合分布。公司的广告现在包括揭示 S 中的一个子集的类型,同时要求公布的子集包含公司的真实类型,误导性的广告被排除在外。在整个过程中,假设产品是经验商品,所以消费者可能无法获得除了公司披露的信息以外的任何信息。同时,假设一个 s 类型的公司总是能够可信地揭示它的类型是 s。为了清晰地说明这一点,假设三种企业类型,$S = \{s_1, s_2, s_3\}$,并假定边际成本独立于公司类型(除非另有设定,均标准化为零)。

4.3.4.1 阐明质量信息

Milgrom(1981)考虑了一个简单的例子,其称之为说服博弈,用来分析垄断企业对得到认证的质量信息的披露。[③] 均衡分析产生了非常清晰和坚实的结果。

在上述框架中,只在质量上不同的产品可按如下方式介绍。假设所有 $t \in T, r(s_1, t) > r(s_2, t) > r(s_3, t)$。于是,所有的消费者类型都同意 s_1 的质量比 s_2 更高,而 s_2 的质量比 s_3 高。此外,假设存在有限数量的消费者类型。考虑一个候选均衡,企业类型 s_1 没有完全揭示它正

---

① Wang(2014)使用了 Johnson and Myatt(2006)的信息传输技术,发现当搜索成本较低时,部分信息 [$a \in (0,1)$] 是最优的。Bar-Isaac et al.(2010)考虑了公司的选择,使消费者获取信息的成本更高或更低,并发现搜索成本居中是一种价格歧视工具,它使只有一些消费者获得信息(参见最近的关于混淆的文献,例如:Ellison and Wolitzky,2012;Wilson,2010)。Mayzlin and Shin(2011)考虑了另一个角度:如果企业只能传递相关信息的一个子集,将传递哪些信息。研究表明,不显示横向匹配信息可能成为一种高品质产品的信号。

② Anderson and Renault(2013)通过加入考虑质量属性的披露,拓展了 Anderson and Renault(2006)的模型。研究发现,如果访问成本足够大,并且低质量的公司显示更多的匹配和/或价格信息,质量属性总是在均衡中显现。Anderson and Renault(2006)对质量披露的分析利用了说服博弈的论据。

③ 这个问题的其他表述方式也可以在 Grossman and Hart(1980)和 Grossman(1981)中找到。

在销售最高质量的产品,p 是它的定价。t 表示根据被提供的信息,愿意以该价格购买的消费者类型中,对 s_1 的支付意愿最弱的类型。因为 t 型消费者不确定该质量是否是最高的,所以期望的支付意愿严格小于 $r(s_1,t)$。于是,如果能揭示出类型是 s_1,该公司可以提高其价格并仍然出售给 t 型消费者。根据 t 的定义,它也将出售给在不完全信息下愿意以价格 p 购买的所有其他消费者类型。因此,均衡充分揭示了质量 s_1。现在,给定其类型被充分揭示,同样的论证表明,均衡中的类型 s_2 必然也充分揭示了它的质量。这又意味着在均衡中,s_3 类型不能掩盖它是质量最低的。

以下这点是清晰的:对于任何一组可能的产品质量,使用类似的论证,在均衡状态中质量信息都能充分地展现给消费者。如果不是这样,那么一家产品质量更高的公司总是会发现,揭示它有更高质量的产品是有益的。很容易看出,为了达到这样一个充分揭示的均衡,可以假设如果一家公司没有完全披露信息,那么消费者以概率 1 相信它具备与它提供的信息一致的最低质量。

正如 4.5.1 讨论的,导致结果可能不成立的一个显而易见的因素是质量信息的披露是昂贵的。另一个因素是消费者可能不知道卖家是否能够提供相关的认证质量信息(Shin,1994)。为了说明这点,假设所有三种企业类型都是同样可能的,并且只有一个消费者类型 t,$r(s_1,t)=5,r(s_2,t)=1,r(s_3,t)=0$。假设该公司只能以概率 $\rho\in(0,1)$ 证明其质量。现在考虑一个均衡,在质量可以证明的情况下,只有类型 s_1 揭示其质量。当消费者没有观察到信息时,消费者认为,产品为 s_2 或 s_3 的概率为 ρ,对应的预期匹配值为 $1/2$;公司无法揭示信息的概率为 $1-\rho$,预期匹配值为 2。因此,当没有任何信息被揭示时,公司可以定价为 $2-\dfrac{3}{2}\rho$。

当 ρ 足够小时,只要有可能向消费者证明它不是 s_3,类型 s_2 的公司可以定价超过 1。因此,这种部分揭示的均衡可以持续。

结果表明,只要企业能够以足够低的成本证明其质量,我们就应该预料到质量信息将被广泛传播。然而,这假定了它是唯一的相关信息。接下来我将在更广阔的背景下讨论对产品属性的揭示。

4.3.4.2　横向匹配属性的披露

4.3.3 中对横向匹配信息披露的讨论表明,一家公司希望在广告中只包含有限的此类信息,这与质量信息的揭示结果形成了鲜明的对比。本部分在说服博弈背景下重新考虑这个问题。与先前的分析相比,一个很大的不同是,现在消费者可以从广告的内容中对公司的类型做一些推断。为了解这如何从根本上改变了对信息披露的分析,考虑 Koessler and Renault (2012) 的研究结果。其表明,只要企业的类型和消费者的类型是独立分布的,就存在一个产品信息充分展现给消费者的均衡,从上述三个企业类型的例子,我们可以很容易地理解支持这一结果的主要论点。假设类型 s_1 偏离完全揭示均衡,只披露其类型是 s_1 或 s_2,并宣布价格为 p。现在给定价格 p,根据消费者认为它的类型是 s_1 还是 s_2,就可以计算出该公司的需求(销售的概率)。然后,我们可以指定产生最低的销售概率的那一类均衡路径信息,并且很明显,s_1 类型的偏离利润不能大于其完全信息均衡的利润。

　　然而,这不是对匹配披露模型的一般化。它只是说明完全揭示是一种均衡,但并不排除其他均衡。这可以通过考虑 Sun(2011)研究的一个特殊案例来说明,其中产品属性和消费者偏好来自 Hotelling(1929)的线性城市模型。为了加以说明,假设一组消费者类型来自单位区间 $T = [0,1]$ 且 $s_1 = 0, s_2 = \frac{1}{2}, s_3 = 1$。类型是独立和均匀分布的。匹配以 $r(s,t) = R - | r - t |$ 的标准方式给出。在这个仅有三种产品类型的简化模型中,中间的产品类型 s_2 总是在均衡中被揭示。① 然而,对于足够大的 R,可能有一种均衡,其中两个极端产品 s_1 和 s_3 不揭示其产品信息。要说明这一点,这种情况下独立于消费者类型 t 的期望匹配值为 $R - \frac{1}{2}$(期望交通成本不依赖于位置)。因此,利润最大化的解是定价为 $R - \frac{1}{2}$,相应的利润是 $R - \frac{1}{2}$。现在对于较大的 R 来说,位于极端点的公司最优方案是,如果消费者知道它的类型,则定价为 $R - 1$ 并销售给所有的消费者类型(即使是位于其他极端点的消费者类型也会购买)。因此,通过揭示产品信息来偏离均衡是不划算的。然而,对于 $R < \frac{1}{2}$,这两种极端的企业类型不能以这种方式生存,它们仍然可以通过揭示产品信息和迎合它们的细分客户而生存。

　　Sun(2011)表明,在连续性企业类型的均衡中,销售产品足够接近中心揭示了产品信息,并且,当 R 减小时,这类产品的集合变大。这意味着,若将低 R 值解释为低质量,则如果消费者知道产品质量,低质量产品倾向于比高质量产品提供更多的横向匹配信息。 然而,Sun(2011)的另一个观点是,如果消费者不知道质量和横向属性,那么如果质量差异太小,则它在均衡中不会被揭示。为了说明这一点,假设现在除了位置之外,产品类型的特征值是 R。三种类型的位置与以前一样,但对于 s_1 和 s_3,$R = 4$,s_2 的 $R = 3.5$,匹配值分别为:$r(s_1,t) = 4 - t, r(s_3,t) = 3 + t, r(s_2,t) = 3.5 - \left| t - \frac{1}{2} \right|$。于是,存在一个均衡,其中没有信息被揭示。由此,公司的最优方案是,以价格 10/3 服务于整个市场,这高于完全信息下所有企业类型的利润,3。因此,可以通过指定均衡信念让全部权重置于 s,从而实现均衡,倘若 $R = 4$ 被揭示了但横向属性未被揭示。

　　上面的例子也说明了 Koessler and Renault(2012)的一个有用的结果。无论何时,披露策略保证每种类型的企业至少获得与其完全披露一样多的利润,就存在一种均衡,其中所有企业使用这种披露策略。对这一结果的一个应用是公司能够实施阈值披露策略,从 4.3.3 的分析中可以看出,通过披露经验商品和搜索商品的匹配信息,可实现利润最大化。Anderson and Renault(2006)提出了一个简单的模型设定,包括公司和消费者类型以及匹配函数 R,使得阈值披露是可行的。于是,和 Koessler and Renault(2012)讨论的经验商品一样,存在一个均衡使公司实现完全歧视利润,这大于完全披露的利润。

　　上面的讨论强调了,当产品信息涉及不同消费者类型的不同横向属性时,可能出现多重

---

① 当假设产品类型在整个区间内均匀分布时,Sun(2011)发现,对于足够大的 R,存在一个没有产品信息被揭示的完全混合均衡。

均衡。[①] 这并不意味着,完全披露是唯一均衡的唯一情况要求产品信息只涉及质量。一方面,上面的例子不包含完全披露的均衡要求对产品类型和消费者类型的概率分布进行适当的设定。另一方面,如 Koessler and Renault(2012)所示,存在一类与横向匹配一致的函数,使得唯一的结果是不依赖于类型概率分布的完全信息披露。

为了说明这一点,考虑下面改编自 Koessler and Renault(2012)的例子。一家公司销售一种类型为 s_1 或 s_2 的电子游戏。购买者根据 [0,1] 中有多少硬核或休闲玩家来被排名,其中较高的 t 意味着玩家更硬核。图 4.3 描述了匹配值。消费者如果足够硬核,愿意比更休闲的玩家付费更多,但更喜欢 s_1,因为更复杂。然而,游戏 s_1 的复杂使得一个更休闲的玩家更喜欢 s_2。由于两个游戏的匹配值对于一个硬核玩家来说更大,期望的匹配值也更大。因此,如果没有透露任何信息,公司要么只把游戏卖给一些硬核玩家,要么卖给所有的硬核玩家和一些休闲玩家。然后,我们很容易看出,在前一种情况下,s_1 游戏的公司将偏离混合均衡;在后一情况下,s_2 游戏的公司将出现偏离。[②] 因此公司必须在均衡中完全披露信息。

在上面的例子中,匹配函数满足 Koessle and Renault(2012)所称的成对单调性。它要求,对于任何一对产品类型和任何一对消费者类型,要么两种消费者类型都更喜欢其中一种产品,要么一种消费者类型与两种产品的匹配值比其他消费者类型更高,成对单调性足够使充分披露信息是唯一的均衡结果。此外,当它不成立时,将出现企业和消费者类型的概率分布,使得其他一些均衡可以出现。

接下来将讨论竞争如何影响广告商的披露动机。

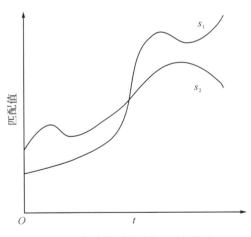

图 4.3 始终披露产品信息的匹配值

4.3.4.3 产品属性的竞争和披露
上文讨论的关于产品属性披露的内容都假设了一个垄断企业。人们可能会怀疑,竞争

---

① 标准前向归纳精炼对这种多重性没有影响。然而,Celik(2014)使用 Mailath et al.(1993)的不败均衡显著地精炼了 Sun(2011)研究的霍特林模型的均衡集。
② 例如,如果公司将游戏出售给一些休闲玩家,那么在消费者中,与 s_2 匹配的最低水平玩家类型必然是休闲的,因此他们才会更喜欢 s_2。s_2 游戏的公司如果揭示自己的类型,则可以提高其价格,且不会失去客户。

会如何改变公司披露产品信息的动机。特别是,它在某种意义上会或多或少引发信息披露吗?注意寡头垄断与垄断有两个重要的区别。第一,一家公司不仅可以选择披露它自己的产品信息,也可以选择披露竞争对手的产品信息,如在 4.3.3 中 Meurer and Stahl(1994)或 Anderson and Renault(2009)讨论的。第二,结果可能取决于价格决策是在产品信息披露之时做出还是之后做出。[①]

首先给出一个非常一般化的评论:将 Koessler and Renault(2012)关于充分披露均衡存在性的论证用于寡头垄断框架,是一种直截了当的做法。例如,Janssen and Teteryanikova(2014)考虑了一个双寡头模型,其中公司的类型和消费者的类型由霍特林线性位置来表示。两家公司和消费者的类型是独立同分布的,运输成本是二次项。研究表明,无论企业是否被允许披露彼此的信息,以及无论产品信息披露是与定价决策同时,还是在定价决策之前,都存在一个充分揭示的均衡。一般的论证是,在任何偏离之后,总是有可能指定最坏情况的消费者信念,将所有的权重都放在与公司披露信息后利润最低的类型上。可以预期,这个简单的论据可以延伸到一个相当一般化的寡头垄断模型。

鉴于上述评论,一个相关的问题是,是否存在一个均衡,其中产品信息只是被部分揭示或根本没有被揭示。例如,Board(2009)考虑了一个具有不同消费者偏好的纵向差异化双寡头垄断。假设企业首先决定是否披露质量,然后选择价格,而企业只能披露其自身的质量。进一步假设公司 1 的类型/质量是 1,公司 2 的类型/质量是 $\underline{s}$ 或 $\bar{s}$,$0 < \underline{s} < \bar{s} < 1$。消费者的类型 $t \in [0,1]$,匹配值 $r(s,t) = st$。如果消费者在定价阶段持有消极信念(意味着消费者对公司 2 的质量期望值基于前一阶段所披露的信息),Board(2009)表明公司 2 的利润就其预期质量而言是凹的。如果预期质量为 0 或 1,则利润为 0。因此,如果 $\underline{s}$ 接近 0,而 $\bar{s}$ 接近 1,则存在均衡,其中公司 2 不揭示其质量。

上述结果与说服博弈的披露结果形成了鲜明的对比。我们可以有如下理解:如果公司 2 的质量太接近 0,那么它就不能赚太多利润,而如果质量太接近 1,产品差异化就不够,竞争也很激烈,所以利润也很低。公司 2 选择不披露,所以它的期望质量是一些中间值,由此能产生更高的利润。公司 2 选择隐藏其质量,即使它是高的,以受益于针对公司 1 价格的战略效果,如果公司 1 面临一个低质量的竞争对手,效果更显著。[②] 如果公司不得不在披露质量信息的同时承诺价格,则结果将是非常不同的。Koessler and Renault(2012)的结果表明,由于两家公司的产品之间的匹配差异满足成对单调性,公司 2 披露其产品信息是最好的回应。

现在考虑下面的横向差异化双寡头模型,这是一个由 Janssen and Teteryanikova(2014)提出的模型的简化版本。每一家公司都在霍特林产品区间的两端具有独立和相等的概率:$s_i \in \{0,1\}$,是公司 i 的类型,$i = 1,2$。消费者类型 $t \in [0,1]$,匹配值 $r(s,t) = R - |s-t|$(R 是足够大的,覆盖了市场)。公司知道彼此的产品,但消费者不知道。首先,考虑公司不能诉诸比较广告的情况,这样它们只能揭示它们自己的类型。然后,我们很容易构建一个均衡,其

[①] 在披露产品信息之前企业承诺价格的情况似乎不太适切,据我所知还没有研究考虑这一点。
[②] 类似的直觉强调了 Shaked and Sutton(1982)的质量选择模型中的分析。

中,在没有披露产品信息的情况下,无论是在披露阶段还是在产品信息被披露之后,两家公司的价格都是零。这种均衡可以通过以下假设实现:如果一家公司单方面偏离,透露了自己的产品类型,那么消费者以概率 1 相信另一家公司销售相同的产品。由于另一家公司收取零费用,偏离的公司不能赚取正利润。

在 Janssen and Teteryanikova(2014)的分析中,更重要的观点涉及公司可以诉诸比较广告的情况。考虑公司在披露产品信息后选择价格的情况。此时仍可能实现一个完全混合均衡,尽管与上面的均衡非常不同。在这种均衡中,公司在第一阶段没有披露任何信息,并且在第二阶段都定价为 1。如果某家公司在第一阶段偏离了两种产品类型的完全披露,那么它们在第二阶段中进行完全信息定价博弈(如果产品相同,则对称价格为 0;如果产品不同,则对称价格为 1)。如果某家公司在第二阶段偏离了价格 1,那么消费者认为它位于 0,而另一家公司则位于 1。① 于是一家公司通过偏离能实现的最好情况就是以价格 1 分享市场,这正是均衡中发生的情形。

如果定价和披露决定同时发生,情况就会发生重大变化:上述均衡将无法存在,因为如果两家公司碰巧销售相同的产品,每家公司都可以通过披露产品信息和背刺其他公司获利。这将产生利润 1,而不是平均利润 1/2。可以看出,在任何均衡中,消费者了解产品是相同的还是不同的。然而,在这个简单的例子中,这些信息可以仅通过价格传递,而公司不披露任何直接产品信息(如果产品是相同的,则价格是 0;如果它们是不同的,则价格是 1)。Janssen and Teteryanikova(2014)表明,在整个霍特林区间上具有连续的产品类型时,产品信息不被直接公开的概率为零。这些结果表明,即便公司事前对称,比较广告也有作用,因为它排除了产品信息未被揭示的均衡[与 Anderson and Renault(2009)的结果形成对比,参见 4.3.3]。

从这一讨论看,没有明确的理论依据能表明竞争比垄断导致更多或更少的信息性广告。在普遍情况下,充分揭示仍然可能在一种均衡中出现。现有的结果表明,当价格选择伴随着披露决定,公司不披露产品属性是不太可能的。

到目前为止,我在讨论产品广告时,假设被发布的信息是完全得到认证的,这要归功于一些禁止误导性广告的法律。然而,这些法律不可能适用于所有相关的信息,因为它们并不总是可由法院核实。此外,这类法律的实施状况很可能是不完善的。

4.3.5　误导性广告

Nelson(1974)还是讨论误导性广告的一个很好的起点。回想一下,Nelson(1974)假设一家公司不能证明广告信息。尽管如此,Nelson(1974)认为这种信息可以被消费者认为是可信的。正如我已经提到的一个实例,即当信息涉及消费者在购买之前检查到的搜索特性就会如此。但 Nelson(1974)也指出了一些例子,其中一个经验特征可能成为可信的广告。特别是,根据 Nelson(1974),如果"消费者相信该广告声明的真实性并不会增加最初销售的利润"。下面开始讨论误导性广告,探索上述猜想在多大程度上被最近的廉价说话理论证实。然后我将考虑不完全实施的法律对误导性广告的影响,以及公司在这些法律下确实做出虚

---

① 这只是对最适切偏离的序贯均衡的部分描述。

假声明的可能性。

4.3.5.1 廉价谈话

考虑 Nelson(1974)声称的关于搜索属性本质上比经验属性更可信的论断。假设垄断公司销售一个产品,消费者有一个价格敏感的需求,$d(p,s,t)=\Theta_{s,t}-p$,其中 s 是产品的质量,质量高时,$s=h$,质量低时,$s=l$。t 是消费者的类型,或高 $t=h$,或低 $t=l$。进一步假设,$\Theta_{h,h}=6$,$\Theta_{h,l}=\Theta_{l,h}=2$ 和 $\Theta_{l,l}=1$。所有类型都是独立的且具有相同的概率 1/2。生产成本是零。如果消费者有关于质量的完美信息,而公司只知道 t 的概率分布,那么很容易证明,高质量产品的公司只以 3 的价格服务类型为高的消费者,而低质量产品的公司定价为 3/4 并且服务于两种类型的消费者。公司类型 h 的相应利润为 9/2,公司类型 l 的利润为 9/16。如果产品是一种经验商品,消费者不知道质量,如 4.3.4 中的设定,公司只能通过在广告中对产品质量做未经证实的宣传来向消费者传达不可置信的信息:低质量产品的公司总是声称其质量高。

现在假设消费者为了购买该产品必须花费访问成本 $\gamma>0$。消费者如果这样做,就会知道质量 s 以及公司的价格。此外,在访问的情况下,该公司有处理成本 $\rho>0$,无论该产品是否被售出[Nelson(1974)提到了这样的处理成本可以作为对搜索商品广告商误导消费者的威慑]。该公司可以在广告中发布一个廉价谈话信息,令消费者可以在决定是否访问之前进行观察。这个廉价谈话信息是:s 的取值为 $\hat{s}\in\{l,h\}$。需要注意的是,不管 γ 是多么小,l 型的消费者如果不期望产品具有高质量,就不会访问公司,因为他的期望是零剩余。高质量产品的公司从 l 型消费者处得不到好处,却导致了处理成本的增加。相比之下,如果 ρ 不是太大,那么低质量产品的公司更倾向于让两种类型的消费者访问,如果 γ 不是太大,l 型消费者如果期望产品是低质量的,则访问该公司,因为他的期望价格为 3/4,比 1 小。因此存在一个均衡,其中公司在广告中真实可信地揭示其产品质量。[①]

现在谈谈 Nelson(1974)对经验商品的廉价谈话的可信性的见解。Nelson(1974)举了一个能治疗脚癣或消化不良的药物的例子。如果对这两种药品的潜在需求是相似的,那么公司就不会对其产品做出虚假的宣传[如果如 Nelson(1974)的假设,存在重复购买的话,那么事实上最好是说实话]。在建模方面,考虑出售给消费者的产品类型是在圆上均匀分布的,匹配度随位置之间的距离增大而降低。所有的产品类型都具有相同的完全信息需求,而企业不能从误导性声明中获益。Chakraborty and Harbaugh(2014)在随机效用离散选择模型中使用随机系数。在其模型中,一家公司能可置信地宣称,它的产品有一个属性对消费者非常有吸引力(声称自己出售世界上最好的三明治),但是这样做,它会引起一些对其他属性的不良预期(三明治不太健康)。[②]

对于一个经验商品,公司的预期利润只取决于消费者对产品质量的信念。因此,通过廉价谈话来可靠地揭示信息的必要条件是,预期利润对消费者的所有均衡信念来说都是恒定

[①] 这个简单的模型改编于 Gardete(2013)的模型。后者还发现,若使用不同的偏好假设,关于搜索商品质量的廉价谈话可能是有益的,这样,低质量产品的公司匹配低类型的消费者,高质量产品的公司匹配高类型消费者是有利可图的。该模型不考虑处理成本。

[②] Anderson and Renault(2006)和 Koessler and Renault(2012)提供了其他随机匹配的例子,并允许可信的披露,虽然通过假设完全认证排除了信誉问题。

的［从重复购买的潜在收益中得到(Nelson,1974)］。Chakraborty and Harbaugh(2010)提供了一个均衡存在性的一般化论证:当相关的信息是多维的,廉价谈话会影响消费者的信念。例如,如果匹配是由 $r(t,s) = t_1 - t_2 s$ 给出的,当公司的类型是 $t = (t_1,t_2) \in \left[\frac{1}{2},1\right] \times [0,1]$,消费者的类型是 $s \in [0,1]$ 时,公司声称 $(t_1,t_2) = (1,0)$ 将产生最大的利润。尽管如此,还是存在一种廉价谈话均衡,其中对部分信息的揭示是可信的。

4.3.5.2 针对误导性广告的法律执行不完善

在关于误导性广告的讨论中,Nelson(1974)写道:"还有误导性广告的另一个重要来源:法律。"这一挑衅性的论断反映了这样一种观点,即针对误导性广告的法律增强了消费者对广告内容的信心,这反过来增强了广告商做出虚假陈述的动机(前提是法律没有被充分强制执行)。如果法律的执行是完美的,那么这种观点对 4.3.3 和 4.3.4 的分析是适用的。下面讨论最近一些有关对广告的法律约束的研究,这些约束不一定会阻止欺诈。我更关注的一些情况是广告虽然涉及虚假陈述,但部分内容是信息性的,所以没有广告就无法达成结果。①

遵循 Rhodes and Wilson(2014),现在考虑一个垄断者销售一种质量高或低的产品。该公司知道它的质量,并声称它是高质量的,消费者最初对其质量不知情。然而,当产品质量较低时,公司做出这样的声明会受到一些处罚。假设消费者的需求是价格敏感的,因此消费者在垄断价格下保留了一些严格的正剩余。对于惩罚的中间值,存在一个均衡,其中低质量产品的公司做出虚假的声明,其概率在 0 和 1 之间。因此,消费者在观察到质量声明时会更新自己的信念,并承担对应于相应预期质量的价格。然而,在这个价格下,消费者在实际质量低的情况下付出太多。Rhodes and Wilson(2014)提供了一系列需求和参数条件,发现消费者可能实际上受益于这种虚假广告的存在,因此倾向于更宽松的执法。这是因为在这些情况下,例如当产品质量足够高时,与高质量声明相关的预期质量的降低超过了较低的价格补偿。②

Drugov and Martinez(2012)考虑了一家公司对沟通策略的选择,假设公司能够操纵消费者接收的匹配信号。与 4.3.3 中的竞争披露模型相反,公司可以选择编造使其更有吸引力的信息。然而,这使得公司更有可能被起诉和罚款。公司也可以选择信号的准确性:一个更模糊的信号使得信息对消费者来说不那么可靠,但能降低被起诉的可能性。结果发现,在最优沟通策略中,更多的编造与更多的噪声相关。特别是,如果起诉要求的证据标准较高,则会产生更多的编造和更大的噪声。

请注意,虽然这些模型解释了为什么广告可能是误导性的(在这个意义上,公司在广告中使用虚假信息),但它们不涉及任何被系统误导的消费者。在 Rhodes and Wilson(2014)中,消费者认为高质量的声明可能会被低质量产品的公司发送,从而削弱他们的支付意愿,而 Drugov and Martinez(2012)正确地预见了均衡中的信息偏倚。虽然消费者有时被诱导做出

---

① 例如,Barigozzi et al.(2009)考察了不完全禁止虚假比较广告的情况。然而,其关注点在于这样的法律如何允许一个进入者发出高质量的信号,因此在均衡中没有虚假声明。类似地,Corts(2013)区分了针对虚假声明的法律和针对未经证实的声明的法律(未被证据支持,因为这对于企业是昂贵的),但其也侧重于分离均衡。

② Piccolo et al.(2015)在相关的双寡头模型中发现了相似的结果。

完全知情时不会做出的选择,但这与我在其他模型中所讨论的不完全揭示的均衡没有什么不同。正如 Nelson(1974)指出的,"欺骗需要一个误导性的……声明,但也需要有人准备好被这个声明误导"。假设完全理性的消费者似乎使这成为不可能的。4.4.2 将讨论消费者有点不那么灵光的可能性。

4.3.6 总结

除了便于消费者了解商品的销售者和可获得的价格外,广告还可以帮助消费者了解可供销售的各种产品的性质和特征。虽然搜索商品的信息在购买前是可获取的,但它有其代价。广告可以提供一些信息,促使消费者承担这种成本。对于经验商品,消费者在购买之前无法知晓产品信息,而卖方可能会选择使用广告来提供此类帮助。

在一些证据支持下,一个普遍的观点是广告很少包含信息。然而,这并不意味着广告无关乎信息。即使一家公司可以毫无代价地向消费者传达可靠的信息,它也会发现,不做广告更有利可图,或者更确切地说,最好使用广告来传达有限的信息。特别是,一家公司对其先验高质量产品最好不公开其横向属性。这不管对搜索商品还是经验商品都适用。尽管如此,在某些偏好和产品属性的设定下,公司会完全披露产品信息,尤其是当唯一相关信息是质量时。

广告中更多的产品信息通常会增强公司的市场影响力,并与更高的价格相关联。匹配信息被公司用来锚定对其产品估价高的消费者。在竞争的背景下,更多的横向匹配产品信息提高了消费者对产品差异化的认识,从而缓解了价格竞争。企业使用广告可以扩大市场势力,这与说服性观点是一致的,虽然这里的广告是纯粹的信息。

虽然针对误导性广告的法律为被提供的信息提供了可信度,但它们并不适用于所有的信息,因为它们可能无法被法院完全核实,而执法可能仍然太宽松,以至于虚假声明不会被制止。最近关于廉价谈话的研究表明,即使没有针对误导性广告的法律,广告商有时也能传达可信的直接信息。正如 Nelson(1974)所推测的,这种信誉对于搜索商品来说更容易实现。执法严格程度应该是经济学家最近才开始着手解决的一个重要的政策问题。

我在讨论产品广告的时候,基本都忽略了福利方面的考虑。对于公司提供的信息是过多还是过少,以及强制披露规则是否可取,理论结果根本没有定论。然而,保留信息常常能提高公司获取消费者剩余的能力。[①] 因此,强制信息披露的相关法律可能是保护消费者的有力工具。

涉及搜索商品的理论模型允许我们分析广告中公开价格信息的选择。当一家公司可以调整其向消费者发送的产品信息量时,企业可以选择只披露没有价格的横向匹配信息。在廉价谈话环境中,适度提供质量信息可能足以让消费者相信价格不是太高。价格也可能具有信号作用,按照第 4.4 节所述,企业可能会选择隐藏它们。

---

① 在更多的情况下,公司使用一个最优机制而非仅仅通过公布价格来探出消费者的私人信息,如 Koessler and Skreta (2014)以及 Balestrieri and Izmalkov(2012)所示。

4.4　广告作为信号

从对产品广告的分析来看,销售高质量产品的公司想要让消费者看到一些信息,以避免与逆向选择相关的低效。虽然在这方面,它们可以受助于针对误导性广告的法律限制,但往往它们无法做出可证实的质量声明,以实现法律希望的可信度。在 Nelson(1974)之后,大量的经济学研究探索了广告支出在使信息可信的过程中所起的间接作用。下面我来回顾一下这些文献,我将从 Nelson(1974)的主要论点开始,随后转向对广告的信号作用的博弈论分析,最后以广告作为调节工具的相关研究结束。

4.4.1　再话尼尔森

正如第 4.3 节强调的,Nelson(1974)认为广告不能提供关于经验商品的许多直接信息。Nelson(1974)的主要观点是,即使广告只有非常有限的信息,它们仍然可以间接地向消费者传递信息。一般的论点是,消费者期望做更多广告的公司是"更好的卖家",Nelson(1974)提出了一些论证。

主要的论证是,在"生产消费者追求的效用"中更有效率的公司,从做广告和接触更多的消费者中获益更多(Nelson,1974)。Nelson(1974)所说的更有效率是企业以更低的成本提供一定水平的质量的能力。目前尚不清楚这应该如何被正式证明。有关正式证明的一个简单思路是考虑差值,$s-c$,其中 s 是质量,c 是边际成本。一个 $s-c$ 较大的公司赚取更多的消费者剩余,因此有更大的动机去做广告以获得更多的顾客。Nelson(1974)的论证还要求更大的 $s-c$ 产生更多的消费者剩余,这样理性的消费者才会被做更多广告的公司吸引性。

Nelson(1974)提供了其他论证来支持广告是间接信息的观点。广告可能预示了高质量的产品,因为它们更有可能被反复购买。Nelson(1974)认为,消费者往往忘记他们以前购买的和喜欢的品牌的名称,而广告的一个作用就是提醒他们品牌的名称。销售劣质产品的公司提醒消费者其品牌是无利可图的,因为消费者不会再次购买他们一开始就不喜欢的产品。因此,没有尝试过产品的消费者应该推断出做广告的产品质量很好。对于不知情的消费者,对产品质量知情的消费者有一定的外部性。[①]

Nelson(1974)还提出,广告间接地告诉消费者经验商品如何与他们的偏好和需求相匹配。这里的想法是,消费者期望在他使用的媒体上宣传的产品是他潜在感兴趣的产品,如果他尝试它们的话会想再次购买。这是一个标准的目标市场论证。然而,如果一家公司有动机在合适的媒体上发布广告,那么它也应该选择在广告中对消费者应该喜欢的产品做出适当的廉价谈话。在 4.3.5.1 的分析过程中,我们可以用同样的结果实现廉价谈话。事实上,正如我已经指出的,Nelson(1974)提到重复购买可能是经验商品广告中可信的廉价谈话的基础。

[①] Linnemer(2002)提出了一种广告作为信号使一些消费者被告知信息的模型。参见 Lauga(2012),4.6.2 讨论了广告作为提醒物的作用。

Nelson(1974)的核心观点是,即使广告不包含直接信息,广告也有作用。另一种观点则认为,这样的广告纯粹是说服性的,或者构成了某种形式的互补性,正如本章引言中所讨论的。Ackerberg(2003)使用消费者行为的结构模型来检验这两种不同的观点,通过研究美国市场的优诺酸奶的广告。在 Ackerberg(2003)的模型中,广告可以通过告知消费者产品是高质量的来影响消费者(如果更多的广告通过这个渠道增强需求,则它被解释为质量信号)。但广告也可以通过声誉效应影响效用,其中更多的广告意味着更高的声誉。我们有可能能识别这两种效应,因为没有产品体验的消费者受两种效应的影响,而已经购买产品的消费者仅受到声誉效应的影响。使用纵向用户曝光数据,Ackerberg(2003)发现只有信息效应是显著的。

Nelson(1974)强调了其所描述机制的自我实现性质,但未使用任何正式的均衡概念。特别是,Nelson(1974)没有在所有策略层面上研究公司试图操纵消费者的信念,或这些信念如何对公司行为的变化做出反应。虽然下文所述的内容并不完全符合 Nelson(1974),但其研究对广告的理论分析产生了相当大的影响。

4.4.2 质量信号和烧钱

本部分将讨论 Bagwell(2007)和 Tirole(1988)的主要见解。通常,文献中使用的框架会考察广告和价格中的质量信号。为了建立直觉,和 Bagwell(2007)一样,我从静态模型开始。

4.4.2.1 静态质量信号

下面的框架受 Overgaard(1991)启发。它与 Nelson(1974)的猜想有一定的关系,即消费者应该期望那些"高效"的公司做更多广告。垄断公司销售的产品质量或高($s = h$)或低($s = l$)。公司在了解其外生质量后,选择价格 $p \geqslant 0$ 和广告支出 $A \geqslant 0$。然后,消费者观察(p, A),而不是 s,并形成关于质量高的概率的信念,$\beta = b(p, A)$。然后,他们的购买数量 $q = D(\beta, p, A)$,其中 D 在 $[0, 1] \times IR_+^2$ 上是可微的,对 β 和 A 严格递增,并且对 p 严格递减。边际生产成本是常数,对于质量 s 是 c_s。我始终假设,对于给定的感知质量 β,较大的边际成本意味着更高的利润最大化时的价格和更低的利润最大化时的广告支出水平。我还假设它们都对 β 递增。有关一个边际成本较高的公司为什么广告少的直觉是,它发现扩大其需求时利润更低(这也是为什么它确定更高的价格)。这就是 Tirole(1988)在 Schmalensee(1978)之后称之为史马兰奇(Schmalensee)效应的原因。最后,我假设 D 使利润函数 $(p - c_s) D(\beta, p, A) - A$ 在 p 和 A 为一定的正值时达到峰值。

请注意,这里的广告对需求有直接影响,这与 Nelson(1974)的论点一致。例如,它可能是由于意识到公司的存在的消费者越来越多,正如 Bagwell(2007)所讨论的垄断模式那样,尽管在这里重要的是,所有被广告触及的消费者都能很好地观察到 A(如果公司随机向消费者发送广告则不是这样①)。还要注意,实际产品质量仅通过生产成本影响公司利润。因此,如果 $c_h = c_l$,则不存在分离均衡,因为高质量产品的公司可以通过说服消费者获得的任何利润,也可以由具有相同消费者信念的低质量产品的公司实现。

---

① 广告可能仍然有信号性作用,因为消费者接收多个重复的广告后会推断 A 是大的。参见 Hertzendorf(1993)和 Moraga-Gonzalez(2000)的模型,其中观察到广告强度伴随着噪声。

现在考虑如果公司只能使用一个信号会发生什么。假设它必须花费固定量的 A 做广告。让 $p_s(\beta)$ 代表具有消费者信念 β 的产品质量为 s 的公司的利润最大化的价格。如果 $c_h > c_l$，则对任何 β，有 $p_h(\beta) > p_l(\beta)$。现在考虑一个分离均衡[①]，其中 s 型公司定价为 p_s^*，$p_h^* \neq p_l^*$。在观察到 p_s^* 后，消费者认为质量是 s_1，因此如果价格是 p_h^*，$\beta = 1$；如果价格是 p_l^*，$\beta = 0$。应用既有文献中的标准方法，我关注最小成本分离均衡（通过标准均衡精炼选择）。高质量产品的企业的利润最大化出现于分离均衡。

在分离均衡中，低质量产品的公司定价为 $p_l(0)$ 并获得其完全信息垄断利润，这里表示为 π_l。[②]如果 π_l 严格低于某个类型的公司通过定价为 $p_h(1)$ 赚取的利润，而消费者认为它的产品是高质量的，则存在一个均衡：高质量产品的公司在定价为 $p_h^* = p_h(1)$ 的同时也获得了完全信息垄断利润，这显然是最低成本的分离均衡。相反，如果低质量产品的公司定价为 $p_h(1)$，而消费者认为它的产品是高质量的，低质量产品的公司可以赚取的利润大于 π_l，那么就不存在一个分离均衡，在该均衡下，h 型公司定价为 $p_h(1)$（于是低质量类型选择模仿高质量类型）。由于利润在价格上是单峰的，而 $p_l(1) < p_h(1)$，如果消费者相信其产品是高质量的，那么低质量产品的公司的利润在 $p_h(1)$ 下降低。因此，为了实现分离均衡，只要将 p_h^* 提高到高于 $p_h(1)$，从而使 l 型公司偏离至 p_h^* 而利润不超过 π_l，同时消费者认为它的产品是高质量的。[③]

$c_h < c_l$ 情况的分析与上述分析对称。现在，$p_h(1) < p_l(1)$，$\beta = 1$，l 型公司的利润随着 $p_h(1)$ 严格递增。然后，为了获得最低成本的分离均衡，p_h^* 恰好低于 $p_h(1)$ 就足够了，这使一个低质量产品的公司通过偏离到 p_h^* 而赚取的利润不超过 π_l，同时消费者认为它的产品是高质量的。

应用于价格信号的逻辑可以很容易地适用于通过广告传递信号的假设，假设公司被迫独立于其质量定价为 p。如果消费者持有信念 β，则使 $A_s(\beta)$ 为 s 型企业广告支出的利润最大化水平。设 A_s^* 为最低成本分离均衡下的 s 型企业广告支出水平。再一次地，低质量产品的企业的选择不会扭曲偏离于它的完全信息水平，$A_l^* = A_l(0)$，并且我再次设定相应的利润为 π_l。如果 $c_h > c_l$，那么有 $A_h(1) < A_l(1)$（史马兰奇效应）和低质量产品企业的利润，如果消费者认为它的产品是高质量的，则 $A_h(1)$ 严格递增。然后，通过将 A_h^* 从其完全信息利润最大化水平 $A_h(1)$ 处向下扭曲得到最小成本分离均衡，其扭曲程度正好足以使一个低质量产品的公司偏离 A_h^* 而不能赚取超过 π_l 的利润，并且消费者相信它的产品是高质量的。在 $c_h < c_l$ 时采用类似的逻辑，因此在最小成本分离均衡中，一个高质量产品的公司的广告支出从完全信息利润最大化水平向上扭曲。

Bagwell（2007）在其基于 Overgaard（1991）的模型中描述了最小成本分离均衡，并表明两

---

① 考虑序贯均衡。正如本章中的其他讨论，我没有完全描述均衡。特别是，我通常没有设定偏离均衡路径的信念，而这些信念支撑了均衡中的行动。

② 这是因为高质量产品的公司没有动机假装它的产品是低质量的，所以均衡不要求低质量产品的价格被扭曲。

③ 这样的价格 p_h^* 确实存在，这是由于单交叉条件下，高边际成本的利润的价格导数大于低边际成本的利润的价格导数。类似的单交叉条件在下面的论证中被隐含地反复使用。

个信号是联合使用的。如果 $c_h > c_l$，则价格从其完全信息利润最大化水平向上扭曲。如果 $c_h < c_l$，则出现相反扭曲。只有后者与 Nelson(1974) 的预测一致，即"好卖家"的广告更多。当高质量的产品生产成本更高时，我们不清楚哪种产品在 Nelson(1974) 的意义上是更好的，因为只有在低质量产品是更好的时，Nelson(1974) 的预测才是有效的。此外，正如我已经提到的，如果两种质量的产品成本是相同的，就没有分离均衡，尽管根据 Nelson(1974) 的解释，高质量产品的公司是有更效率的。

与 Nelson(1974) 的另一个重要区别是，这里的产品信息是通过定价和广告传播的。回想一下，Nelson(1974) 假定没有针对误导性广告的法律，所以价格不能被用作广告的联合信号（广告中的价格是纯粹的廉价谈话）。在 Nelson(1974) 的论证中，消费者会选择进行大量广告宣传的公司，因为他们期望得到价格低廉的产品。4.4.3 会回到这个观点。

最后，如 Bagwell(2007) 所示，如果广告纯粹是浪费性的，广告将不被用作信号，这样它就不会对需求产生直接影响。能实现上述均衡的类型分离是因为低质量产品的公司比高质量产品的公司扭曲其广告水平的成本更高。例如，考虑 $c_h < c_l$ 的情况。假设广告纯粹是浪费性的，那么如果高质量产品的公司愿意在广告上花费 A，使消费者认为它的产品是高质量的，则对于低质量产品的公司也是如此。[1] 下面说明，如果产品可以被重复购买，情况就完全不同了。[2]

4.4.2.2　重复购买和烧钱

Tirole(1988) 给出了一个简单的论证，说明价格或广告如何能对重复购买的经验商品提供信号。假设上面提到的垄断者面临一个单位需求的消费者。消费者的支付意愿是 s，与花在广告上的花费无关。消费者如果购买该产品一次，可以通过其在第一次经验中观察到的 s 和第二次购买时面对的价格，来选择是否再次购买它。由于消费者在第二次购买时知晓 s，公司能做得最好的就是定价为 s 来攫取所有剩余。公司与消费者的贴现系数相同，$\delta \in (0,1)$。

现在研究第一次购买时的互动，假设 $s_h > c_h \geq c_l > s_l = 0$（重要的是 $c_l > s_l$ 和 $s_h > c_h$，使得只有高质量的产品在完全消费者信息下才有市场）。再次寻找分离均衡。请注意，只有在第一次购买时被购买的高质量产品才会再次被购买，因此即使成本相等，企业的产品质量也会直接影响其利润。如果产品在第一次购买时被购买，高质量产品公司的第二期贴现收入是 δs_h，低质量产品公司为 0。在被消费者识别为低质量的分离均衡中，l 型公司实现零利润，我们可以设定第一期内其均衡价格和广告支出为 $p_l^* = A_l^* = 0$。

这里有一个分离均衡，其中，高质量产品的公司只使用广告支出来发出信号。也就是说，在第一次购买时的定价为完全信息价格，$p_h^* = s_h$。令 A_h^* 成为其均衡的广告支出，其均衡贴现利润为 $(1 + \delta)(s_h - c_h) - A_h^*$。如果低质量产品的公司模仿高质量产品的公司，它的利

---

[1] 在相反的情况下，由于完全信息利润最大化水平为零，所以不可能向下扭曲。

[2] Linnemer(2012) 表明，在质量和成本不完全相关的静态模型中，浪费性的广告可能是质量的信号，其中私人信息是二维的。Linnemer(2012) 使用了连续的类型，其结果有点让人联想到 Nelson(1974) 对更有效率的公司会做更多广告的预测。

润是 $(s_h - c_l) - A_h^*$,因为它能够在消费者第一次购买时将产品以价格 s_h 卖给相信其产品质量高的消费者,但不能在消费者第二次购买时赚取利润。为了达到均衡,高质量产品的公司必须至少盈亏平衡,而低质量产品的公司则不能假装它的产品是高质量的。所以我们必须有

$$(1 + \delta)(s_h - c_h) - A_h^* \geqslant 0 \geqslant (s_h - c_l) - A_h^* \tag{4.16}$$

这就要求 $\delta(s_h - c_h) > c_h - c_l$ 。左边是高质量产品的公司再次卖出产品的贴现后收益,而低质量产品的公司不能再卖出(Tirole,1988)。右边是销售低质量产品而非高质量产品的成本节约(史马兰奇效应)。只要前者超过后者,就有一些 A_h^* 的值满足式(4.1),因此浪费性广告(dissipative advertising)可以用于体现质量。在最低成本的均衡中,广告花费是 $A_h^* = s_h - c_l$ (因此, l 型公司对于偏离或不偏离无差异)。

如果价格也体现质量,会发生什么变化? 此时 h 型公司选择价格 $p_h^* < s_h$ 。这可以被解释为一个引入性报价,因为公司在第二次购买时将其价格上调到 s_h 。于是式(4.16)变为

$$(p_h^* - c_h) + \delta(s_h - c_h) - A_h^* \geqslant 0 \geqslant (p_h^* - c_l) - A_h^* \tag{4.17}$$

这仍然要求 $\delta(s_h - c_h) > c_h - c_l$ 。现在,在最低成本分离均衡中,高质量产品公司的价格和广告满足 $p_h^* = A_h^* + c_l$ 。在完全信息下, h 型公司的相应利润损失是 $c_l - c_h$ 。这意味着,从公司的角度来看,通过广告支出发送的信号和价格信号是完全替代品。在任何情况下,公司都会在其全部信息利润中花费一笔钱 $(c_h - c_l)$,让消费者相信它具有高质量。虽然引入性报价和浪费性广告是完美替代品,但它们的福利含义却截然不同。前者仅仅是从企业转移到消费者,后者纯粹是一种浪费行为。在实践中引入性报价可以清楚地被观察到,因此从这个简单的例子我们不清楚为什么公司应该选择浪费性广告。

然而,上面的例子通过假设完全无弹性的需求,排除了一些重要的公司问题。Milgrom and Roberts(1986)分析了相同的质量信号问题,同时假设消费者有不同的支付意愿。此外,在其模型中,低质量产品的公司可能会在这两次购买时的分离均衡中赚取一些利润。此外,Milgrom and Roberts(1986)假定对于高质量产品的公司,第一次购买时的更多销量会在第二次购买时产生更多的利润,即使它可能具有较高的边际成本。这是由于尼尔森效应:令人满意的第一次经验增加了第二次的需求(有更多的重复购买者)。Bagwell(2007)提供了一个最小成本分离均衡的特征,它是基于 Milgrom and Roberts(1986)的模型的简化版本。下面讨论结果并提供直觉。

回顾纯价格信号分析在静态模型中的一些性质是有用的。当 $c_h > c_l$ 时,高质量产品的公司扭曲了其价格,因为这种价格上涨对低质量产品的公司比对其自身更不利。对于 $c_h < c_l$,它扭曲了其价格,因为 h 型公司的利润损失小于 l 型公司的利润损失。在两时期模型中,还需要考虑第一次购买时的价格对第二次购买时的利润的影响。若在第一次购买时的更多销量为一个高质量产品的公司增加了更多第二次购买时的利润,则提高第一次购买时的价格对于高质量产品的公司来说是代价更大的。如果 $c_h < c_l$,尼尔森效应增强了 h 型公司在降低价格方面的优势。相比之下,如果 $c_h > c_l$,尼尔森效应不利于 h 型公司发挥其相比 l 型公司在提高其价格上的优势,那么价格信号只有在 $c_h - c_l$ 足够大的情况下才包含向上的扭曲。

现在,如果高质量产品的公司单独使用浪费性广告来展示质量,为了使偏离的 l 型公司的利润损失 1 美元,它必须使自己的利润损失 1 美元。如果它使用价格扭曲和 $c_h < c_l$,那么价格下降,即偏离的 l 型公司的利润减少了 h 型公司的利润。因此,在生产成本较低的情况下,在最小成本分离均衡中,不使用浪费性广告。然而,在相反的情况下,由于尼尔森效应,减少偏离 l 型公司的利润 1 美元所需要的价格提高,减少了更大数额的 h 型公司利润。Milgrom and Roberts(1986)描述了在这种情况下使用浪费性广告的情况,以及价格上涨的扭曲。

虽然 Milgrom and Roberts(1986)表明了浪费性广告的一些可能的作用,但它并不一定支持浪费性广告应该被广泛使用的观点,考虑到浪费性广告成为有效的信号所需的参数限制,当使用价格扭曲时也可使用。[1] 这表明,如果它也如在上述静态框架中具有直接的需求拓展效果,并且像 Nelson(1974)那样不考虑浪费性广告,则广告作为间接信息被传递的观点可以更好地被支持。这也是 Horstmann and MacDonald(2003)在 CD 播放器市场上进行实证研究时所给的建议。其发现,新的 CD 播放器被投放了大量广告并以低价出售,这与 Milgrom and Roberts(1986)的研究结果不一致,但可以与静态分析的预测相对照,其中广告具有直接效果。[2]

下面考虑广告的另一种信号作用。

4.4.3 广告与协调

广告的另一个间接作用是它可以促进协调,现在讨论两个应用。

第一个应用可以在 Bagwell and Ramey(1994a,1994b)中找到。在这里,我提出一个简单的宽松设定,灵感来自 Bagwell and Ramey(1994b)。[3] 垄断公司有三个具有相同价格敏感性需求的潜在消费者。生产的规模收益递增,因此边际成本随生产数量递减。因此,对于这样的需求,如果公司可以将产品卖给更多的消费者,那么垄断价格就更低。如果它服务的消费者数量是 $n = 1,2,3$,$p_m(n)$ 是垄断价格。$S_n > 0$ 是消费者在价格 $p_m(n)$ 上的剩余,则有 $S_1 < S_2 < S_3$。如果公司向更多的消费者出售产品,由此获得更大的垄断利润,则任何价格都面临更高的需求。当消费者数量为 n 时,令 π_n 表示垄断利润,我们有 $\pi_1 < \pi_2 < \pi_3$。

现在考虑以下博弈。最初,只有消费者 1 知道公司的存在(他是本地的基础消费者)。在第一阶段,该公司决定在 1 到 3 个客户之间服务的能力,同时设置相应的垄断价格。它也可以向消费者 2 和消费者 3 宣传它的存在。它要么是用个人传单,在这种情况下,告知每一个消费者的费用是 $f > 0$,要么它可以发布被两个消费者看到的电视广告,这将花费 T,且 $f < T < 2f$(使用电视广告的报酬递增是因为潜在人口大)。进一步假设 $f < \pi_2 - \pi_1$,$f < \pi_3 - \pi_2$,$T - f < \pi_3 - \pi_2$,因此如果能肯定两个消费者都出现的话,公司会选择电视广告。在第二阶段,

[1] Kihlstrom and Riordan(1984)中,价格不能作为信号的纯粹的竞争环境。
[2] 可以说,对于 CD 播放器来说,尼尔森效应没有多大作用。
[3] 这个例子与 Bagwell and Ramey(1994b)有几个不同之处。Bagwell and Ramey(1994b)的主要模型是双寡头垄断。更重要的是,广告纯粹是浪费性的。然而,为了使广告被用于精炼均衡中,Bagwell and Ramey(1994b)假设公司有关于其是否有效的私人信息。Bagwell and Ramey(1994a)提出了零售业的垄断竞争模型。广告的均衡是一种混合策略,广告公司大量投资于大规模经营,从而吸引大量顾客(Bagwell,2007)。

消费者 1,以及其他消费者(如果他们已经接收到了广告)会决定是否访问该公司和购买,其中消费者 1 的访问成本为零,消费者 2 和消费者 3 为 γ。假设 $S_2 < \gamma < S_3$,消费者 2 和消费者 3 只在公司希望迎合三个客户的情况下进行访问。请注意,该公司不能在广告中承诺价格,且不存在针对误导性广告的法律限制[这符合 Nelson(1974)的假设]。这也与许多广告不含价格的事实相符。

这是一个有三个可以帕累托排序的纯策略均衡的协调博弈。在帕累托占优均衡中,公司不做广告并只以价格 $p_m(1)$ 向消费者 1 销售。这被如下均衡帕累托占优:公司发送传单给消费者 2 和消费者 3,并以价格 $p_m(3)$ 向所有消费者销售。后一种均衡没有公司在电视上做广告,而且以价格 $p_m(3)$ 销售给所有人有效。在第一个均衡中,非本地消费者 2 和非本地消费者 3 理性地不会对偏离均衡路径的广告做出反应,对公司来说,不做广告和仅向消费者 1 销售产品也是一个最优反应。相反,在其他均衡中,公司期望消费者对它使用的广告类型做出反应,如果它使用传单,那是因为非本地消费者在接触到电视广告后不会访问。

按照 Bagwell and Ramey(1994b),最低效的两个均衡可以很容易地通过使用弱占优精炼剔除。如果消费者在电视上看到广告,他们应该推断,该公司是想要销售给三个客户,并定价为 $p_m(3)$。否则,它不必费力地消耗资源。如果 $T > 2f$,精炼仅剔除无广告均衡。使用传单的均衡保留下来,因为它是以低成本接触非本地消费者的方式;使用电视广告的均衡保留下来,是因为如果公司偏离至发送传单,每个消费者可以相信它只发送了一个传单,价格将是 $p_m(2)$。电视广告的一个有趣的特性是,当一个消费者看广告时,他可能意识到其他消费者也正在看,而其他消费者也意识到他人也接触到了相同的广告。换句话说,正如 Chwe(2001)所说的,广告可能作为一种实现博弈论研究者称为公共知识的方法,在这种情况下,这一事件可能仅仅是一群消费者观察到相同的广告。

第二个应用涉及消费外部性,这受到了 Pastine and Pastine(2002)以及 Clark and Horstmann(2005)的启发。两个生产成本为零的公司试图将产品销售给一个连续统的同质消费者。从一家公司购买产品的效用取决于其他消费者购买同一产品的消费外部性。公司 i 产品的支付意愿是 x_i,其中 x_i 是从公司 i 购买产品的消费者数量。这种外部性可能是由时尚或一些网络外部性(例如同一手机操作系统的用户)引起的。在第一阶段,企业可以决定是否在浪费性广告上花费 $A > 0$。在第二阶段,企业在价格上竞争。如果第一阶段的结果是对称的,那么消费者选择最便宜的产品,或者在价格相同的情况下被均分。结果是标准伯川德均衡,即每家公司的利润为零。如果第一阶段只有一家公司做广告,那么消费者在第二阶段为无差异时选择该公司。因此,如果 a 公司做广告,那么当且仅当 $p_b \le x_b$ 和 $x_b - p_b > x_a - p_a$ 时,消费者购买产品 b。于是,不可能有一个均衡使得所有的消费者购买产品 b[①],如果价格必须是正的,唯一的均衡是公司 a 收费 1 和公司 b 收费 0,所有消费者从 a 公司购买产品(情况类似于具有不同产品质量的公司的伯川德博弈)。第一阶段的博弈可以用下面的矩阵来表示,它表明公司 a 和 b 的利润取决于两家公司是否选择做广告。

---

① 这样的均衡可以存在于有限的价格网格中,其中公司 b 将采纳低于 1 的最高价格,而公司 a 将定价为 0。

$$公司\ b$$

	做广告	不做广告
做广告	$(-A, -A)$	$(1-A, 0)$
公司 a		
不做广告	$(0, 1-A)$	$(0, 0)$

对于 $0 < A < 1$,存在两个纯策略均衡,其中第二阶段都只有一家公司做广告,并服务于整个市场。相应的社会剩余,$1-A$,完全被做广告的公司获得。这可以与 1/2 的社会剩余相比较,如果两家公司都不做广告,归于消费者的社会剩余将增加。通过对同一产品的消费者进行协调,广告使社会剩余增加了 1/2。然而,这样做的代价是,对于 $1/2 < A < 1$ 的情况,广告是一种浪费性的活动。

4.4.4 总结

广告不包含任何直接信息,仍然可以告知消费者信息。正如 Nelson(1974)所解释的,这是经验商品的情况,其质量无法由消费者在购买前评估。许多理论研究一直致力于了解公司是否和何时有动机以这种方式使用广告。Nelson(1974)认为,公司在间接信息性广告上花费更多,而不是直接信息性广告。这是因为前者需要花费多次传达信息,而包含直接信息的广告只需要一次就能触及消费者。Nelson(1974)通过提供一些经验证据支持了这一观点,即经验商品的广告支出远远大于搜索商品。对这个问题的大量理论研究并不能完全证实Nelson(1974)的预测。如果价格可以用来体现产品的质量(特别是通过介绍性报价),它们往往比大规模广告支出能更有效地达到这一目标。如果高质量的产品比低质量的产品更昂贵,那么甚至有可能高质量产品的公司选择在广告上花费很少来可信地显示其高质量(展示它的目的是以高价出售少量)。

若重复购买产品的可能性更高(例如,产品像食品一样是不耐用的),经验商品的大量广告对一个高质量产品的卖家来说就更具吸引力。只有在这样的情况下,生产出比低质量产品更昂贵的高质量产品的公司有时会选择高广告支出来说服消费者其质量高。该公司甚至可以使用纯粹是浪费性的广告,后者对其需求没有直接影响。

在实践中,广告通常不包括价格信息,因此大的广告支出可以诱导消费者承担购物成本,以便如 4.3.3 和 4.3.5 中的搜索商品模型那样发现价格。我还没有看到在这种框架下研究质量信号的任何文献。然而,我已经说明了,在这种情况下,广告支出可能意味着已知质量的产品的低价格。当零售业存在潜在的收益递增时,广告可以协调消费者从提供低价格产品的大型零售商处购买商品。这种广告的协调作用也可能出现在网络效应中或时尚产品上。

应该强调的是,为了获得对广告间接信息性的明确预测,我们通常需要精炼一组均衡。事实上,结果在很大程度上取决于消费者如何解读公司的广告行为。这甚至会影响公司选择使用哪种媒体,就像 4.4.3 中的对传单和电视广告的选择一样。这也可以应用于广告的非信息内容。信号质量不仅仅是通过大量花费于广告活动来传达信息,传播的方式也很重要。此外,正如第 4.5 节将解释的,当消费者接触到越来越多的各种信息时,让消费者注意到这些广告也很重要。

4.5　广告技术

到目前为止,大部分讨论忽略了广告中包含的信息是如何接触消费者的具体细节。现在,我对一些关于广告技术的主要见解加以概述。我先讨论广告费用,然后介绍广告的目标,最后以信息拥塞带来的问题结束。

4.5.1　广告费用

我首先考虑广告商接触消费者的成本(第 4.2 节已经介绍了这一点),然后讨论披露成本(可能超过仅仅接触消费者的成本)如何影响公司揭示产品信息的动机。

4.5.1.1　广告费用与覆盖

Butters(1977)在对信息性广告的突破性分析中,在假设广告覆盖消费者的技术方面非常谨慎。Butters(1977)假设每则广告接触 n 个消费者群体中的每一个,都有一个不变的成本 $b > 0$,并且每个消费者等可能地被覆盖。接下来,每则广告以概率 $1/n$ 接触每个消费者,对于较大的 n,如果 a 是向每个消费者发送的广告数量,那么每个消费者至少被一则广告接触的概率约为 $\emptyset = 1 - e^{-a}$。它是 a 的凹函数,这意味着当广告发送的数量增加时,额外一则广告在接触范围上的影响减小。这又导致广告成本成为一个严格的凸函数,$A(\emptyset) = - b\ln(1 - \emptyset)$。换句话说,正如 Stahl(1994)所指出的,虽然发送额外广告的边际成本是恒定的,但扩大接触范围的边际成本却在不断增加。

Butters(1977)所使用的技术最适合用广告传单来解释,这些传单是随机分发给消费者的,且每张传单仅接触一个消费者。现在,如果我们考虑通过媒体进行广告,一个印刷或播出的广告覆盖潜在的大量消费者。这意味着一则广告接触任何一个消费者的概率大于 $1/n$。如 Stegeman(1991)所讨论的,如果 k/n 表示公司通过广告接触消费者的概率,并仍然假设 n 较大,如果每个消费者接收的广告数量是 a,则被至少一则广告接触的近似概率为 $\emptyset = 1 - e^{-ka}$,它也是一个凹函数,会导致扩大接触范围的边际成本上升。

这一讨论表明,广告强度存在报酬递减,这与 Kaldor(1950)的假设相反(Bagwell,2007)。Bagwell(2007)讨论了一系列的经验研究,着眼于广告对销售的影响。从文献中可以看出,广告的回报在减少。这里对这些实证研究结果及其与理论的关系做一些论述是重要的。

首先,正如我在引言中所讨论的,Kaldor(1950)针对的是说服性广告,其设想的递增收益更多地与广告对消费者偏好(或感知偏好)的影响有关,而与覆盖技术无关。即使我们只关注信息性广告,即广告在 Butters(1977)模型中的作用是确保潜在买家意识到公司的存在,这也只是一个可能的信息性作用。例如,考虑 Nelson(1974)描述的信号角色。Nelson(1974)在正式分析中,假设只有当消费者接触到同一广告的次数足够多时,间接信息才会出现,并利用这一点论证经验商品比搜索商品的广告更多。然后,我们仍然使用 Butters(1977)的技术,覆盖范围是由消费者暴露于广告 $m > 1$ 的概率来确定的。那么至少从理论上来说,对于程度足够低的广告活动,额外信息对接触概率的影响随信息总数递增。Lambin(1976)的实证研究确实发现了这样一个阈值。

其次,不同的媒体可能被广告商所使用,这取决于它们想要达到的覆盖范围。正如我在传单和电视的例子中所提到的,在 4.4.3 中,公司在试图接触一个庞大的人口时,使用电视广告可能比传单花费更少。例如,Porter(1976)发现,电视广告的增多对行业利润的影响比整体广告活动增多的影响要大得多。

最后,广告成本的一个重要影响因素是媒体的定价行为。实际定价未被公开,但价目表价格通常包含某种形式的数量折扣。然而,更可能覆盖大量消费者的广告(在我上面的分析中包含一个较大的 k),由于观众量大一类的原因,通常价格较高,这意味着更大的 b。

4.5.1.2 披露成本

现在,不考虑广告商的覆盖选择,重点讨论信息披露的成本如何影响公司的决策。第4.3 节中对披露的分析假定没有成本,并且强调公司可能选择不披露其产品的信息,即使这样的披露不产生成本。

有一个问题涉及质量信息的披露。4.3.4 的一个启示是,如果产品信息只涉及产品质量,那么它将被公司充分披露。如果披露质量信息有一定的固定成本,那么低质量产品的生产者选择不披露的结论是相当清晰的,由此消费者只知道质量不好,而不能准确地知道质量如何。一个自然的问题是,如何比较这种质量披露的私人选择与社会最优选择。Jovanovic(1982)分析了披露质量成本高昂时的垄断,并发现与社会最优选择相比,披露了过多质量信息。

为了理解这一结果,请考虑下面的简单模型。垄断者将产品卖给具有单位需求的买方,其支付意愿等于产品的质量 s,可以是 s_l 或 s_h,其中 $0 < s_l < c < s_h$,c 是单位生产成本。公司知道 s,而买方只知道 $s = s_h$ 的概率为 $\alpha \in (0,1)$。给定买方的信念 $\bar{s}$ 为期望质量。正如标准说服性博弈,公司可以通过广告提供关于其产品质量的认证信息。

现在考虑一个高质量产品的公司存在激励机制来揭示 $s = s_h$。通过披露质量,它可以向消费者收取 s_h 而不是 $\bar{s}$。因此,只要相关成本不超过 $s_h - \bar{s} = (1-\alpha)(s_h - s_l)$,它就可以这样做。相比之下,信息披露的社会效益是产品在低质量的情况下不会被购买。社会剩余中的期望预期收益为 $(1-\alpha)(c-s_l) < (1-\alpha)(s_h - s_l)$。因此,若披露成本严格介于 $(1-\alpha)(c-s_l)$ 和 $(1-\alpha)(s_h-s_l)$ 之间,虽然不符合社会期望,公司仍会选择披露。从这一分析中得出的一个重要结论是,旨在鼓励质量披露的政策是浪费性的(因为它们涉及补贴或实施成本[1]),并且实际上会造成损害市场的结果。当然,若假设不同的需求,消费者剩余是非零的,它们也可能是有助于保护消费者的。此外,如 Jovanovic(1982)所指出的,如果质量是内生的,那么强制披露可能通过提高其质量有利于公司而具有有益的激励作用。

当考虑到披露成本时,一个显而易见的问题是它们如何与广告中包含的信息量有关。被提供的信息的性质也很重要,在实践中尚不清楚更多的信息是否必然与更大的披露成本相关。即使是这样,我们也需要一个对信息量的量度来用于一个足够广泛的披露策略。

---

[1] 然而,要注意的是,要使公司披露认证信息,需要对误导性广告实施一些法律。这里的分析隐含地假定相应的成本由公司承担。强制披露的相关法律可能涉及额外费用。

4.3.3.1 中提到,Manduchi(2013)讨论的经验商品的匹配披露问题解决了这个问题。一个垄断者将一个产品卖给一个单位需求的买方,其中匹配 $r = r_h$ 的概率是 $q \in (0,1)$,或 $r = r_l$ 。生产成本为 $c > 0, r_l < c < r_h$ 。该公司可以设计任何二元信息系统,使得买方接收两个信号中的一个, $\sigma \in \{b,g\}$,其中, $\sigma = g$ 是一个很好的信号,因为它更可能被一个高估价的买方而不是一个低估价的买方观察到。在不考虑披露成本的情况下,如果 $r = r_h$ 概率为 1 ,则公司会选择使 $\sigma = g$ 被观察到。Manduchi(2013)使用了一种基于熵的信息度量方法,并称之为相互信息。利用线性于信息量的信息披露成本,Manduchi(2013)发现只当有足够的事前不确定性时,该公司才会透露信息,这样 q 才处于某个中间区域。在该范围内,被提供的信息主要用于筛选低匹配消费者(如果 q 是低的),而足够大的 q 使信息被用于确保高匹配度的消费者购买。当 q 足够小(大),销售的概率小(大)于 q 。

接下来讨论定向广告。

4.5.2 定向广告

当一家公司面对不同的消费者群体时,一个明显的节省广告成本的方法是定向广告,它主要旨在覆盖那些更无弹性需求的消费者,而不是浪费广告在任何情况下都不购买产品的人身上。这可以通过在不同的媒体上以不同的广告覆盖不同的消费者群体,通过利用客户信息或网站跟踪信息来进行不同的广告实现[见本书中关于互联网媒体经济学(Peitz and Reisinger,2015)和用户生成内容(Luca,2015)的部分]。

除了明确的定向成本优势之外,这种做法允许企业通过降低其市场需求弹性来扩大其市场势力。这是垄断公司使用定向广告的主要研究结论(Esteban et al.,2001)。类似的见解可以在竞争环境中获得,如 Iyer et al.(2005)的简单模型所示。Iyer et al.(2005)设定差异化产品双寡头生产成本为零。每一家公司都有一个固定的消费者基群,其数量为 $h > 0$,只对购买具有保留价格 r 的产品感兴趣。此外,购买最便宜产品的消费者数量为 $s = 1 - 2h > 0$ 。覆盖数量 m 的消费者需要广告成本 Am ,消费者只能从收到广告的某家公司购买。

在均衡中,企业定价相同。如果定向广告是不可行的,那么该公司可以通过定价为 r 以保证自己的利润 $(rh - A)$,并只服务于其消费者基群。结果表明,这是均衡利润,如果是正的话(也就是说,对于 $A < rh$)。显而易见的是,如果广告可以定向的话,一家公司可以通过只对其消费者基群进行广告,并且仍然定价为 r ,从而赚取更多的利润, $h(r - A)$ 。对于更大范围的广告成本 $A \le r$ 来说,这也是可行的。在均衡中,公司确实以一定的概率向消费者发送广告,但是如果广告不是定向的话,价格会比它们更高。公司能否进行价格歧视的结果是相似的。

然而,公司的需求弹性下降不是定向广告的唯一结果。Ben Elhadj-Ben Brahim et al.(2011)在 Tirole(1988)分析的霍特林模型下对定向广告进行了研究,该模型在本章的 4.2.5 中已进行了讨论。在霍特林分段的每一端都有一家公司,其边际成本相同且不变。每家公司可以为每个地点选择其广告强度,但必须采纳统一的价格。覆盖 $\emptyset$ 的广告费为 $A(\emptyset) = \frac{1}{2}a\emptyset^2$ 。Ben Elhadj-Ben Brahim et al.(2011)表明,在均衡中,每一家公司选择两个广告强度:

在一些位置选择高强度,在这些位置,如果在完全知情的情况下,消费者将以均衡价格选择公司的产品,而对于远离公司的剩余位置则选择较低的广告强度。注意,广告对后一类消费者的唯一好处,来自销售给那些没有从竞争对手那里得到广告的消费者(如果他们完全知情的话,这些消费者的首选是竞争对手)。因此,在低广告成本(a 低)的情况下,由于每一家公司都向其本地客户做了大量广告(它实际上选择覆盖所有的客户),所以它不向肯定会收到竞争对手广告的顾客做广告。如果定向广告不可行,价格就会更高。相反,对于较高的广告成本,每家公司都向两类消费者发送广告,但选择广告强度低于1。价格从而低于没有定向广告时的价格。

在这种设定下,如果一家公司降低其价格,它希望以更高的广告强度将瞄准的消费者群体扩大。边际消费者的广告强度的提高(那些完全知情的人会转向已经降价的公司)会使需求更具价格弹性。如果公司对所有消费者进行统一广告,就不会这样。[1] 提高的需求弹性(由于广告强度的提高与定向广告的增加),让人想起了 Chamberlin(1933)认为信息性广告使得需求更具弹性的分析。然而,在定位边际的广告强度提高导致了销售的额外边际成本增加,从而推高了价格。由于这两种对抗力量,如果广告成本低,定向时的价格就会更高[2],但如果广告成本高则价格会降低。如果它们足够高,那么有针对性的广告降低了市场的赢利能力。

在上面的分析中,消费者直接受益于接触到更多他们想要购买的产品的广告。正如我刚才解释的,价格的间接影响可能是双向的。迄今为止,我所讨论的理论框架中没有加以阐释的另一个潜在效益是,消费者更少接收与己无关的广告。在媒体经济学文献中研究者典型地假定存在与广告接触相关的一些烦扰成本,所以总广告数量的减少对消费者是有益的。Johnson(2013)提出了一个框架,结合了这个维度和消费者的广告回避行为。Johnson(2013)的模型中的一个参数衡量了一家公司针对那些对其产品感兴趣的消费者的准确度。Johnson(2013)发现,改进的定向对消费者福利有着模糊的影响。它虽然提高了消费者收到的广告的相关性,但也增强了公司对更多消费者进行广告宣传的动机,从而降低了那些获得最不相关广告的人的福利。

在 Johnson(2013)中,广告商受制于消费者的广告回避带来的负外部性。但在实践中,广告商也会通过发送广告来吸引消费者的注意力,从而相互产生一些负外部性。消费者接触到许多广告以及许多他们可能不完全在意的信息。这造成了信息拥塞,下面以这个话题结束对广告技术的讨论。

4.5.3 信息拥塞

Van Zandt(2004)以及 Anderson and De Palma(2009)提出了信息拥塞的相关模型,一般认为,不同信息源发送给同一接收者的消息可能会相互排挤,因为接收者可能只希望对其收到的信息进行有限的关注。作为一个直接的例子,Anderson and De Palma(2009)引用了一个数字:在美国,46%的群发邮件没有被打开。无论是由于一些外在的无法处理大量信息的因

---

[1] 从式(4.14)来看,一个降低价格的公司实际上最好降低其统一的广告强度。
[2] 对于足够低的广告成本,消费者可以通过统一广告获得充分的信息,且这两种方式下的需求价格弹性没有差异。

素,还是由于处理成本太高,广告商竞争的消费者的注意力是稀缺的。

Anderson and De Palma(2012)使用巧妙的结构来分析在不同市场销售的公司之间的这种竞争,如何与同一市场中的企业之间的价格竞争相互作用。Anderson and De Palma(2012)考虑了多个市场的均质产品。在每个市场上的竞争都是垄断竞争,类似于 Butters(1977):连续的公司以价格信息发送广告;消费者对每个产品的单位需求相同,并且消费者只能在从该公司收到广告后购买其产品;因为自由进入,广告必须带来零利润。与 Butters(1977)不同,广告接触所有消费者,但每个消费者注意到的概率小于 1,因此每个消费者只注意到广告的一部分。[1] 此外,由于信息拥塞,消费者在某一市场中注意到特定广告的概率随所有市场中从所有公司向消费者发出的广告总数增大而降低。市场因销售所产生的社会剩余不同而有所不同。正如在 Butters(1977)中,每个市场的均衡都可以由价格分布来刻画:每一则广告在以较低的价格获得更高的销售概率和以较高的价格获得更高的销售收入之间进行权衡。因为没有信息拥塞时的广告强度是社会最优的,就像 Butters(1977)中的情况(参见 4.2.4),因而这里的广告是过量的:每家公司发送广告时不考虑它对所有其他广告造成的信息拥塞。

该模型揭示了跨部门外部性的丰富模式。活跃市场的数量增加,会增加信息拥塞,这反过来又会提高现有市场的价格。所有市场的总广告份额下降,弱势市场的绝对广告水平下降(以单位销售量的潜在社会剩余衡量)。消费者注意力对整体广告强度的影响是非单调的。如果注意力水平较低,很少有广告被发送,因为它们不太可能推动销售。如果注意力水平非常高,竞争非常激烈,因为每个消费者都会比较很多的价格。因为销售利润有限,所以广告强度再次降低。只有在中等水平的注意力下,发送广告才是非常有利可图的,所以广告竞争非常激烈。关于广告活动在市场上的分布,如果消费者注意力水平较低,强势部门的广告力度最大,那么广告分布是非常异质的。消费者注意力水平的提高加剧了各行业的竞争,使强、弱市场之间的利润趋于平均化。这导致了市场上广告强度的统一。

4.5.4 总结

广告接触的理论文献通常假定广告支出的回报递减,从而保证了企业能实现行为最优化。Butters(1977)已经表明,这与随机接触消费者的广告技术是一致的。也有一些实证支持这样的广告费用模型。然而,有充足的理由认为,广告支出的回报可以递增,特别是当广告只有在消费者接触一个以上的广告时才有效,或者当电视这样的大众媒体能够实现大规模广告传播时。

对广告成本的正确分析实际上需要考虑媒体公司的定价决策是如何确定的。一个重要的问题是,是否存在某种形式的价格歧视,包括数量折扣。此外,正如第 4.2 节已经提到的,广告空间定价对于广告强度的福利分析具有潜在的重要意义。换句话说,我们有必要知道广告空间的价格是否高于或低于其社会成本。例如,正如 Anderson and Gabszewicz(2006)所解释的,如果媒体平台向双方收费(广告商和观众),那么每一则广告的价格明确地超过广告的社会成本,这是平台用户的烦扰成本。[2] 因此,广告的社会成本实际上低于广告商所面对

---

[1] 在 Butters(1977)中,每则广告仅到达一个消费者,因此每个消费者只观察到所有广告的一个子集。

[2] 这是假设为全部的潜在用户服务,归属单一并保持媒体内容外生。

的私人成本,这会导致广告投放不足的市场结果。

但是对广告的福利分析也必须考虑广告提供的信息的性质。广告成本可能取决于提供哪些信息。例如,广告商可能需要更多的广告空间来传达所需的信息,这或者是因为消费者需要反复被提示(正如经验商品的高质量信号一样),或者是因为传送大量的信息需要更多的空间。此外,广告传达更多信息的效益(如果有的话)根据信息的性质不同可以发生很大变化,如第4.3节的分析所示。

对定向广告的分析仍然相当有限。针对某种类型受众的媒体所扮演的关键角色通常是公认的,但通常在分析中未被考虑。人们常常认为,互联网有很大的潜力捕捉广告市场的更大份额,这不仅是因为广告所能达到的广度,还因为它的质量,这得益于大量用户信息带来的目标定位改进。然而,如何赢利可能取决于产品市场的赢利能力如何受到这种改进的定位影响。一些考察新的定位方法,如搜索引擎上的关键词、跟踪技术,或开发用户生成内容的特殊性的研究,将是值得研究者考虑的。

最后,信息拥塞对媒体商业模式具有重要的影响,它可以在广告商或平台之间引入新的外部性[参见 Anderson et al.(2015)的理论分析和 Zhou(2014)的实证研究]。

4.6 不传达直接信息的广告

在前面的所有材料中,我一直坚持对广告加以信息性的阐释。正如引言中所解释的,我的目标是研究这种方法在理解广告在市场中的作用方面有多大的意义。本节通过考虑广告的某些角色来拓展分析的范围,这些角色不一定与向消费者提供信息有关。从第4.3节和第4.4节可以看出,信息传播提供了一个解释广告的丰富框架,即使它只包含有限的信息。然而,它需要消费者是深思熟虑的,并将导致多重均衡。此外,我们似乎很难争辩说,优秀品牌的大规模广告只与告知消费者信息有关。此外,如果广告是关于传递信息的,很难解释为什么公司不大量使用它来提供价格信息,特别是如果它们面临竞争的话。在实践中,许多广告不包括任何价格信息。① 在这里,首先,我重新考虑广告的福利分析,而不局限于信息性广告。然后,我讨论两种形式的消费者天真(naivety)。最后,我考虑广告的商誉效应,特别关注它是否可以被解释为不断演变的消费者信息。

4.6.1 广告过多或过少:更广阔的视角

现在考虑一个非常简单的问题,我用它来讨论广告的福利含义。考虑一个垄断者进行统一定价,可以把钱花在广告上,以移动其需求。② 首要问题涉及广告对社会剩余的贡献。事实上,这个问题有一个简单明确的答案,这与文献中可以找到的广告对需求影响的任何解

---

① 广告中没有披露价格信息的实际原因是:如果涉及价格歧视可能过于复杂,或者一个民族品牌可能不愿意承诺价格,因此价格可以在本地设置并适当当地情况。
② 这就是 Johnson and Myatt(2006)所称的夸大宣传,它一直是文献的主要关注点,可以归于信息或其他形式的产品推广。Johnson and Myatt(2006)将其与转移需求的广告进行对比,称之为真实信息(参考4.3.3.1中所讨论的匹配信息披露)。匹配信息通常使一些消费者远离产品,而 Johnson and Myatt(2006)假定非信息形式广告的情况下并非如此。

释都是一致的。事实上,没有广告的垄断产量通常低于以广告支出为零的需求曲线计算的社会最优水平。因此,即使广告在需求与消费者福利完全无关的情况下移动需求,如果它引起了企业选择生产的产品数量的增加,那么社会剩余也可能增加,而这种数量的增加不是太大,所以其数量仍然低于社会最优水平。例如,Glaeser and Ujhelyi(2010)在广告是一种纯粹的错误信息,误导消费者认为产品的质量比实际情况好的情况下采用了这个论证(或者,在香烟的案例中),消费者认为的产品负面影响小于实际负面影响。① 以下的讨论表明,广告的社会效益甚至比已经在文献中考虑的替代性福利基准更大。

广告对社会有益并不意味着它能由市场最优提供。要解决这个问题,请考虑下面的简单模型。一个拥有固定边际成本 ($c \geqslant 0$) 的垄断公司销售产品给至多两个消费者。消费者 $i(i=1,2)$ 具有单位需求,保留价值为 $r_i(A) > c$,其中 A 表示公司的广告支出,r_i 随 A 严格递增。为了简化,假设公司在 $A=0$ 和 $A=1$ 之间选择。

我现在给出针对公司的广告投放选择的福利分析,它从广告的信息角色中提炼而来。一种方法,在某种意义上是一个自然的起点,是假设如果广告增强了消费者的支付意愿,则他以某一给定的价格消费该产品,可以增加他获得的剩余。广告的社会效益应该包含消费者价值的增加。广告似乎给产品带来了更高的质量。如 Becker and Murphy(1993)所指出的,其福利分析类似于 Spence(1975)关于公司对产品质量的选择的分析[见 Tirole(1988)第 2 章关于垄断者的质量选择的分析]。社会次优要求产品质量应最大限度地增加垄断销售量所产生的社会剩余,社会剩余取决于质量对所有销售单位的消费者价值的影响。相比之下,垄断者关心质量对自身利润的影响,这又取决于质量对边际消费者价值的影响,因为边际消费者价值决定了垄断价格。于是,简单的计算可以表明,利润最大化的质量低于(或高于)社会最优,如果质量对边际消费者价值的边际影响弱于(或强于)质量对企业出售的所有单位的平均估价的边际影响。

在上述简单的两个消费者的模型中,假设有广告或没有广告,公司销售产品给两个消费者。② 进一步假设 $r_2(A) \leqslant r_1(A)$,所以消费者 2 总是边际消费者,且价格为 $r_2(A)$,$A=0,1$。当且仅当 $2[r_2(1)-c]-2[r_2(0)-c]=2[r_2(1)-r_2(0)] \geqslant 1$ 时,公司会选择做广告。相比之下,如果 $r_1(1)+r_2(1)-2c-[r_1(0)+r_2(0)-2c]=r_1(1)+r_2(1)-r_1(0)-r_2(0) \geqslant 1$,做广告是社会最优的。因此,如果估值 $[r_1(2)-r_1(0)+r_2(1)-r_2(0)]/2$ 的平均变化大于(或小于)消费者的估值变化 $2r_2(1)-r_2(0)$,则公司的广告量可能与社会最优相比更少(或更多)。

可以说,上述结果反映了不完全竞争市场的效率低下,而不是广告的某些特定属性。Stigler and Becker(1977)给出了一个消费者行为模型,并在此基础上,认为适当的广告方法应当增强支付意愿,使消费者福利的真正增加。Stigler and Becker(1977)建立了一个模型框架,其中家庭消费一些商品。广告被视为一种要素,与被广告的产品一起生产,广告与被广告产品互补。Stigler and Becker(1977)的主要论点是,广告可以由完全竞争的公司提供。其理由

① 事实上,Glaeser and Ujhelyi(2010)得出的结果是针对古诺寡头垄断的,其论证与垄断相同。
② 如果数量可以连续调整,结果可以适应销售数量的变化。

是,家庭消费的商品在市场上是完全竞争的。例如,这样的商品可能是"声望",而有助于生产的产品可能是昂贵的手表或昂贵的鞋子,其市场价格是影子价格,反映了边际消费者愿意为额外一单位产品支付的费用。在市场上竞争的公司如果提供更多或更少的广告,可能会采纳不同的定价,但影子价格与哪家公司提供产品无关。

在 Stigler and Becker(1977)中,家庭可以在均衡影子价格下购买其希望的任何数量的商品,而不依赖于公司的广告决策。这意味着一家公司做广告的决定并不影响消费者剩余。然而,广告可能会提高公司的收入。例如,在两个消费者的示例中,如果消费者 2 是边际消费者,则均衡价格是 $r_1(0)$。通过使用广告,该公司可以增加收入 $2[r_2(1) - r_2(0)]$,如果它大于 1,则选择做广告。由于这对消费者剩余或竞争对手的生产者剩余没有影响,从社会剩余的角度来看,这一规则也是最优的。Nichols(1985)表明,如果商品市场是完全竞争的,那么均衡的广告支出是社会最优的。

虽然互补观点似乎是与标准的消费者行为微观经济学相一致的自然方法,但许多经济学家认为,许多广告引起的一些消费者反应只能归因于某种形式的非理性,这就是我在引言中,遵循 Bagwell(2007)所给出的说服性观点。尽管如此,广告引发的支付意愿的增强是可以解释的:纯粹的操纵改变了消费者的行为,而不是消费者的口味。例如,在 Glaeser and Ujhelyi(2010)中,广告是纯粹的错误信息。这也与 Braithwaite(1928)或 Kaldor(1950)对广告的分析相一致。于是,应当在无广告时对社会福利加以评价,这可以在我的两个消费者示例中找到,$r_i(0)$,$i = 1,2$。

但是,这种说服性观点常常被认为是将广告视为偏好转换者(Bagwell,2007)。例如,Stigler and Becker(1977)引用了 Galbraith(1958)的话,后者写道,广告的"中心功能是创造欲望——带来以前不存在的欲望"。颇具影响力和争议性的 Dixit and Norman(1978)对广告进行了福利分析,与该观点一致。由于公司广告导致了偏好改变,我们不清楚应该考虑哪些偏好来建立福利基准:要么考虑新的被视为与福利无关的偏好,于是应该继续假设广告只引起行为的变化,那么原来的估价应该被用来计算社会福利;要么应该认为,这种偏好的变化定义了一个新的福利标准,广告后的估值提供了适当的福利测度来比较有无广告的市场情况。Dixit and Norman(1978)考虑了这两种可能性,并得出了显著的超额供给结果,它独立于被选择的福利测度。

现在用包含两个消费者的垄断模型来介绍 Dixit and Norman(1978)的论证。假设没有广告,公司只服务消费者 1,而如果该公司做广告,则服务于两者。这种数量的增加确保了与广告相关的社会效益。否则,广告会明显过量。进一步假设 $r_2(1) \leqslant r_1(1)$,使得消费者 2 是做广告公司的边际消费者。如果不做广告,公司的剩余是 $r_1(0) - c$;如果公司做广告,则是 $2[r_2(1) - c] - 1$。因此,广告增加的生产者剩余为 $2r_2(1) - r_1(0) - c - 1$。使用广告后的偏好,公司做广告引起的社会福利增量是消费者 2 购买产品所带来的社会剩余减去广告成本,$r_2(1) - c - 1$。很容易看出,当且仅当 $r_2(1) > r_1(0)$ 时,生产者剩余增量超过社会剩余增量。如果公司不做广告,它在广告发布时向消费者 1 收取 $r_1(0)$,而如果公司做广告,则向消费者 2 收取 $r_2(1)$,这个简单的分析表明,如果广告引起了垄断价格的严格上升,那么广告是过量的。显然,如果使用广告前的偏好来评价福利,结果就会更高。

上面的增量分析凸显了 Dixit and Norman(1978)的分析,其使用了连续需求曲线[见 Bagwell(2007)论证的图解说明]。该论证是,当公司做广告并服务一个额外的消费者时,该公司获取它所服务的额外消费者的整个社会剩余,而且,如果它提高了价格,它也从额外的消费者获取额外的剩余。只要被服务的额外消费者也是决定广告后的价格的边际消费者,则这一论点是正确的。这是 Shapiro(1980)在对 Dixit and Norman(1978)的评论中提到的。当使用广告后需求来进行福利分析时,Dixit and Norman(1978)隐含地假定了消费者估值的顺序没有被广告改变。在上面的例子中,假设 $r_1(1) < r_2(1)$,则当公司做广告时,它收取 $r_1(1)$ 。广告产生的社会剩余仍然是 $r_2(1) - c - 1$,价格仍然在提高,现在从 $r_1(0)$ 提高到 $r_1(1)$ 。然而,利润增量现在是 $2r_1(1) - r_1(0) - c - 1$。如果广告对消费者 1 的影响是有限的,即 $r_1(1) - r_1(0)$ 较小,则公司从广告中获得的收益小于其产生的社会价值。因此,广告可能会供应不足,即使它导致垄断价格的上升。显然,如果使用无广告估价 $r_1(0)$ 和 $r_2(0)$ 来衡量社会剩余,情况就不会是这样。

从上面的分析看来,垄断广告的福利分析唯一明确的情况出现在当广告对需求的影响被认为是与福利完全无关时,此时无广告估价被用来评价剩余。在这种情况下,垄断者的广告过量。在其他情况下,福利结果是不明确的,这并不奇怪。因为无论是说服性方法还是互补商品方法都几乎没有对广告影响下的边际内估值有什么结构性洞见。现在我以对前文的信息性观点的评论结束这一讨论,考察在这个垄断性广告问题上,它可以如何承担起评价福利的作用。

在这里,我依次考虑在第 4.2 节中详细讨论的广告覆盖,以及在第 4.3 节中研究的产品信息性广告。回想一下,在 Butters(1977)开创的广告影响力分析中,广告通过让更多的消费者意识到公司的存在来扩大公司的需求,而这种意识意味着消费者是完全知情的,并且可以在不增加成本的情况下购买。如 Shapiro(1980)所指出的,这可以通过需求转移垄断模型解释,即假设对于那些最初不知道公司存在的消费者,最初的广告估值是零,然后使用广告后估价来评估福利。例如,在包含两个消费者的模型中,如果消费者 1 最初意识到公司的存在,广告使该公司接触到消费者 2,那么有 $r_1(1) = r_1(0)$, $r_2(1) > r_2(0) = 0$ 。现在回想 4.2.4 中的讨论:基于 Tirole(1988),我解释了因为两种抵消效应的存在,即未分配剩余和市场窃取,市场提供的广告是否过量比较模糊。在垄断下,只有第一个效应仍然存在,因为没有竞争者从市场上"偷窃"。这表明,由于不能完全占有通过广告产生的剩余,公司不会做足够的广告。

回到除了消费者 1 之外广告也接触到消费者 2 的例子中,或者有 $r_2(1) \leqslant r_1(0)$,在这种情况下,做广告的垄断价格会低一些,或者有 $r_2(1) > r_1(0)$,在这种情况下,公司的广告费用 $r_1(1) = r_1(0)$, 做广告的价格不受影响。因此,Dixit and Norman(1978)对广告导致涨价的分析不适用。此外,很容易看出,公司提供的广告稍微有些供给不足,而公司行为是社会最优解的唯一情况出现在当 $r_1(1) = r_2(1)$ 时, 公司可以通过垄断价格来获取全部社会剩余。如果我们允许任何形式的异质性口味,则公司不能完全占有消费者剩余,那么,正如 4.2.4 的讨论,垄断广告是不够的。

现在考虑产品信息的提供。正如第4.3节结束部分中简要提到的,公司提供产品信息的动机是否符合社会最优解,没有明确的一般性结论。例如,Koessler and Renault(2012)提供了一个例子,公司希望披露完整的认证信息(这是唯一的均衡),但对社会福利更有利的是它无法证明产品信息(即使认证和披露不涉及成本)。有一些明显的例子说明,公司在没有成本的情况下能够认证和披露产品信息对社会是有利的。这里只考虑质量披露的典型案例,如4.3.4.1和4.5.1.2中所述。

良好的质量信息应该能提高产品对消费者的吸引力,因此会如上面所设想的那样,使需求外移。此外,广告后估价显然是衡量消费者剩余总额的相关指标。如果价格上涨,消费者估价的顺序是相同的,无论消费者是否知道质量是好的,那么 Dixit and Norman(1978)的分析表明垄断公司提供的质量信息过量。然而,一个全面的福利分析也必须考虑到当质量低于消费者预期时,信息披露的影响。这就是4.5.1.2中对质量披露的分析。我现在重新解释上述的两个消费者模型,对垄断质量披露进行全面的福利分析。

假设产品质量高或低,其中 $q \in (0,1)$,是质量高的概率。然后,对于 $i = 1,2$,如果消费者 i 不知道质量,他的估价是 $r_i(0)$,$r_i(1)$ 则是消费者 i 对高质量产品的估价。如果消费者不知道质量,公司只销售给消费者 1;如果质量被揭示并且是高质量,则把产品卖给两个消费者。进一步假设 $r_2(1) \geqslant r_1(0)$,且当质量被认为是高的时,消费者 2 是边际消费者。那么,高质量产品的完全信息价格至少与垄断公司在其质量未知时的定价一样高。从上面的分析来看,高质量公司从披露质量中获得的增量利润至少和披露质量并销售给一个额外消费者的社会剩余一样多。现在我们假设低质量产品的公司信息披露后的销售量不大于未披露质量信息时的销售量。进一步假设,即使在质量未知的情况下,垄断者也提供低质量的产品,因此,由质量披露导致的任何销售数量下降都减少了社会剩余。如果质量低,质量披露会降低社会剩余。因此,可以明确的是,高质量产品的公司提供质量信息的动机与社会最优情形相比是过度的。

上述有关垄断企业披露质量信息的结果与4.5.1.2中讨论 Jovanovic(1982)时的结果一致。然而,过度披露的潜在动机却截然不同。在4.5.1.2中,需求是无弹性的,质量披露只能通过防止一些低质量产品产生负剩余而有利于社会剩余。在这里,需求是有弹性的,所有提供或不提供信息的低质量产品都会产生一定的正剩余。这一点表明,在 Dixit and Norman(1978)中导致过量提供说服性广告的假设下,在相当合理的条件下,过度提供质量信息的后果甚至会更加严重(即使消费者不知道质量,垄断者销售的低质量产品数量也不足;如果被披露为低质量,则不会销售更多)。

现在回到说服性广告,评估其福利含义的困难来自消费者偏好和消费者行为之间的分离:没有一种明确的方式来推断彼此。显然,为了使说服性广告成为可能,消费者的理性必须以某种方式被改变。进行适当的福利分析的一种可能途径是,假定偏好稳定并明确界定有限理性。接下来通过回顾最近的一些文献来探索这个方向。

4.6.2 消费者天真

显然,有很多种行为可以被认为是消费者天真。这里讨论两个最近被提出的和有影响力的研究模型,其中包含广告的一些应用:消费者意识(或短视)和粗略思考(coarse thinking)。

这里再次使用一个简单的垄断模型来说明这些想法。一个零成本的垄断公司将产品卖给具有单位需求的消费者。产品具有两个特征,(x_1, x_2),其中,$x_i = 0, 1, i = 1, 2$。

消费者无意识和被蒙蔽的属性。 假设购买产品的消费者价值由 $\hat{r} = \bar{u} - \sum_{i=1,2} x_i \Delta_i$ 给出,其中 $\bar{u} > 0$,且 $\Delta_i > 0$ 表示消费特征为 $x_i = 1$ 而不是 $x_i = 0$ 的产品的效用损失。换句话说,消费者在评估产品特性如何影响效用时,独立地考虑每个特性。然而,消费者可能不知道特征 2 存在。这一想法已经在一些普遍的博弈理论情境中被不同的文献(Geanakoplos, 1989; Heifetz et al., 2006)描述过。消费者能否意识到,取决于公司的沟通。销售的产品 (x_1, x_2) 可以发送认证消息 $m \in \{(x_1, \varnothing), (\varnothing, x_2), (x_1, x_2)\}$,其中第 i 个位置的 $\varnothing$ 表示信息没有提到第 i 个特征。现在假设消费者意识到特征 1,但仍然没意识到特征 2,除非它被公司提及。A 表示消息 m 中提到的特征集合,那么消费者的支付意愿可以被表示为 $r(x_1, x_2, m) = \bar{u} - \sum_{i \in \{1\} \cup A} x_i \Delta_i$。

如果消费者从一开始就充分意识到这两个特征的存在,那么这将是在 4.3.4 中描述的质量披露的说服博弈的一个特例。唯一的顺序均衡结果将是,公司充分揭示 (x_1, x_2),并定价为消费者的真实估价 $\bar{r}$。现在假设消费者初始时无意识,考虑下面的候选均衡。高质量产品的公司类型 $(0,0)$ 和 $(0,1)$ 均揭示了 $m = (0, \varnothing)$。在这两种情况下,消费者都确定了 $x_1 = 0$,由于这是他所关心的,公司可以定价为 $\bar{u}$,消费者会购买。另两类公司则披露了消息 $m = (1, \varnothing)$ 和收取 $\bar{u} - \Delta_1$。显然,没有任何类型的公司可以通过透露更多或更少的信息来获得收益(假设当公司没有披露第一个特征时,消费者推断出 $x_1 = 1$)。[①] 在这个均衡中,消费者只有在产品质量最高或产品质量是 $(1,0)$ 时才接受真正的估价。如果产品是 $(0,1)$ 或 $(1,1)$,消费者支付的费用高于他的估价。

这个简单的例子说明,当消费者没有完全意识到所有潜在的属性时,公司可以选择"遮蔽"这些属性中的一些属性。尤其是当这些属性被消费者发现时,会被拿来与他最初持有的对属性的看法相比,这只会降低消费者对产品的预期估价。这可以解释为什么尽管说服性博弈披露结果,一些负面信息仍然可能被隐藏。Gabaix and Laibson(2006)已经将这种"遮蔽"属性的思想应用于价格信息。显然,消费者在确定与购买产品相关联的效用时,价格是一个相关维度。然而,相关的价格信息往往比单一报价更为复杂。具体来说,Gabaix and Laibson(2006)考虑附加项目,即与购买的产品互补的项目,而消费者可能最终从同一供应商购买它们。Gabaix and Laibson(2006)提到了打印机墨盒、银行账户服务和罚款等例子。如果公司不做广告,理性的消费者就会预料到这些商品的定价。消费者还预见到,一旦基础产品被购买,寻找其他可能以更便宜的价格提供相关附加产品的来源将产生一定的成本。这就产生了一个潜在的"敲竹杠"问题,类似于 4.3.3.2 中的讨论,公司可能希望通过价格广告来

---

① 一个适当的形式分析需要适当地定义均衡概念。Heifetz et al.(2011)更形式化地表明,如果消费者存在一些无意识,均衡可能会消失。

对抗它,特别是在面临竞争的情况下。

然而,Gabaix and Laibson(2006)认为,一些消费者可能在附加项目的定价方面短视,这可能为公司不披露这些额外互补项目的价格提供了理论依据。在 Gabaix and Laibson(2006)的模型中,短视的消费者仅仅在决定是否购买基本产品时忽略了附加项目的定价,只要公司不提及其附加产品定价。因此,短视的消费者可能被视为没意识到附加价格,除非其中一个竞争对手广告告知他们。Gabaix and Laibson(2006)表明,即使有竞争,也可能存在一个均衡,其中所有公司都会隐藏附加产品价格。①

总而言之,无意识是广告商可能会选择隐藏一些相关属性的理由。因此,它可能为实施强制披露规则提供一些支持。我现在提出消费者天真的另一种形式,它可以解释为什么广告商宣传一些看似不相关的属性可能是有利可图的。

粗略思考。基于本部分开始时概述的简单模型,现在假设 x_2 反映了产品可能归属于的某些类别。进一步假设消费者的真实估价是由 $\hat{r} = \bar{u} + x_1 x_2 \Delta$ 给出的,其中, $x_1 = x_2 = 1$,于是 $\Delta > 0$,是消费者的附加效用。$\bar{r}$ 表示只有 $x_2 = 1$ 时, x_1 属性才影响消费者的福利。

Mullainathan et al.(2008)将不知道 x_2 的消费者称为粗略思考者。换句话说,消费者不知道他面对的是哪一个产品类别。Mullainathan et al.(2008)提出了一个例子,其中一些消费者可能会混淆品牌标签为加利福尼亚勃艮第的一些廉价的加利福尼亚葡萄酒与认证标志为适用于法国勃艮第地区的勃艮第优质葡萄酒。在上面的四种产品设定中,产品(0,0)和(1,0)将是两种便宜的加利福尼亚葡萄酒,具有相似的物理特性,但生产商可能尝试通过将其中之一[例如(1,0)]称为加利福尼亚勃艮第来区分该种。产品(0,1)和(1,1)将是以质量差异为特征的两种葡萄酒,使得只有产品(1,1)可以要求认证标签,例如勃艮第产区。形式上,假设一般廉价加利福尼亚酒的生产商 $x_2 = 0$ 可以选择信息 $m \in \{CB, DR\}$,其中 CB 代表加利福尼亚勃艮第,DR 代表美味红酒。相比之下,葡萄酒生产商为另一个类别($x_2 = 1$)时,当(1,1)时选择信息 $m \in \{B, T\}$,当(0,1)时选择信息 $m \in \{T\}$,其中 B 代表勃艮第级,T 代表餐桌级(table)。这里的关键点是,只有产品(1,1)可以利用消息 B。粗略思考者不知道 x_2,因此混淆了消息 B 和 CB。他在解读这样的信息时只意识到 $x_1 = 1$,但不确定这是否证明了高质量。

如果消费者不是粗略思考者,则 Mullainathan et al.(2008)称其为贝叶斯消费者,在这种情况下,消费者知道自己正在处理的是哪一类产品,所以他知道 x_2。现在假设 $x_2 = 0$。如果一个贝叶斯消费者被赋予关于产品特性 x_1 的信念,他在观察信息后会更新信念,这取决于消费者期望从产品(0,0)和(0,1)中得到的均衡消息。然而,消费者愿意付出的代价并不取决于这些信念。对于所有 $m \in \{CB, DR\}$,均有 $r(m) = \bar{u}$。相比之下,一个粗略思考者认为 $m = CB$ 可以证明其面对的质量 $x_2 = 1$。现在假设,正如 Mullainathan et al.(2006)所述,一个粗略

---

① Gabaix and Laibson(2006)的建模还包括一些非短视消费者可以承担的事前投资,使其能够避免他们预期的基础产品卖方的高附加产品价格。

思考者赋予 $x_2 = 1$ 的概率被严格地固定在 0 和 1 之间的某个水平上。① 如果一个便宜加利福尼亚葡萄酒的生产商宣布 $m = $ CB，而不是 $m = $ DR，则能够设置更高的价格。Mullainathan et al.(2008)证明，如果消费者群体中有一些贝叶斯消费者和一些粗略思考者，那么对于加利福尼亚廉价葡萄酒的垄断生产者来说，最好是设定两个品牌：一是美味红酒，由贝叶斯消费者购买；二是加利福尼亚勃艮第，由粗略思考者购买。后一个品牌售价比前者高。

注意，粗略思考不反映有限理性，而是关于世界状态的信息有限。这与 Shin(1994)所考虑的情况类似，消费者不确定生产者证明其质量高的能力(见 4.3.4.1)。然而，这种信息的缺乏可以归因于一些不适当的初始信息处理，这可以解释不同消息之间的混淆。更令人信服的逻辑需要一个完整的均衡分析，以便澄清这些不同的消息来自哪里，消费者如何了解它们，以及它们如何在不同的类别中由不同的主体使用。允许重复购买也是有用的。

接下来着眼于广告的动态，以及这种动态可以如何通过信息的传递加以解释。

4.6.3 广告和商誉

长期以来，人们已经认识到广告可能具有潜在的巨大动态影响。标准的论证(这是说服性观点的基石)是，广告是一个非常有效的进入壁垒，市场在位者的广告产生一些潜在的进入者无法克服的持久影响。因此，将广告视为有利于做广告的品牌形成商誉是自然而然的。可追溯到 Nerlove and Arrow(1962)的大量研究已经从理论和实证两方面研究了公司广告的动态性。② 这种商誉的动态性也可以解释为什么良好的品牌或产品可能仍然需要发布大量广告。

这里的一个关键问题，也是本章研究的核心，是商誉是否可以被解释为信息动态的结果，或者它是否反映了广告对消费者行为的一些非信息性影响，遵循说明性观点还是互补产品的解释。下面的讨论围绕着信息动态的两个潜在来源展开：消费者与产品的匹配，以及消费者对品牌或产品的认知的演变。

正如 Tirole(1988)所提到的，商誉可以反映消费者对产品匹配程度的了解。在 Tirole(1988)的例子中，垄断企业可以通过降低价格来获得更多消费者在第一时期的了解，无论他们是否喜欢该产品。这反过来又增加了在第二时期有较强支付意愿的消费者群体。因此，第一时期的低价格是对第二时期更有利可图的市场的投资。Bergemann and Vlimki(2006)将这一原则运用到一个动态的无限期垄断模型中，其中企业和消费者都向前看，消费者可以反复购买产品。消费者通过消费产品来了解他们的匹配，在这种情况下，他们随机地以某种外生速率接收完全信息的信号。因此，这是一个经验产品模型。定价和消费者了解程度的动

---

① Mullainathan et al.(2008)还提到粗略思考者可能更聪明，会根据他们收到的信息更新他们的信念。例如，如果他们认为产品 (1,1) 远比产品 (0,1) 更不可取，那么他们将大幅修正在观察到 $m = $ CB 后 $x_2 = 1$ 下降的概率[假设 $m = $ CB 是产品 (1,1) 时的均衡策略]。Lauga(2012)在消费者对产品的过去经验感到困惑的背景下探索了类似的想法。当消费者想起一个好的经验时，他们无法判断这是他们的实际经历还是他们受到了一些广告活动的影响。他们考虑公司的均衡广告行为来相应地更新他们的产品质量信念。
② 例如，Roberts and Samuelson(1988)估计了美国卷烟行业的非价格竞争结构模型：估计广告一阶条件，允许商誉积累，允许每家公司对其对手在前一个时期的广告做出反应。Dube et al.(2005)提出了一个商誉积累模型，其中广告对商誉有一定的贡献，只要其强度在给定的时间内足够高。后者用模型来解释公司广告行为的"脉冲"性质。

态可以被分解为两个阶段:早期阶段和成熟阶段。在早期阶段,边际消费者是不知情的,而在成熟阶段,边际消费者被告知。成熟阶段的性质主要取决于两个参数:对应于完全知道自己的匹配的消费者需求的垄断价格,表示为 $\hat{p}$,以及不知情的消费者希望在时间 t 之后价格永远是 $\hat{p}$ 的支付意愿 $\hat{w}$(时间被视为连续的)。当 $\hat{w} > \hat{p}$ 时,Bergemann and Vlimki(2006)将这种情况描述为大众市场,在成熟阶段,企业将产品销售给知情和不知情的消费者,随着消费者的了解越来越多,其价格就会下降。在相反的情况下,即细分市场中,公司只将产品出售给成熟阶段的知情消费者,其价格在 $\hat{p}$ 保持不变。

Saak(2012)研究了公司如何在这个环境下使用信息性广告,并认为广告有两种可能的角色。第一个角色是增进产品的消费者对匹配度的了解。第二个角色是向消费者提供与产品匹配相关的直接信息,即使他们不购买。Saak(2012)不同程度地改变了广告在第二个角色方面的有效性,从没有影响到完全影响,这意味着广告对于非购买消费者来说也是信息性的,就像对购买产品的消费者一样。Saak(2012)发现广告强度通常在早期阶段达到峰值。在大众市场,广告投放在早期阶段结束前停止。在这种情况下,公司将短期利益与广告长期亏损相平衡。更多的广告意味着在成熟阶段会有更多的知情消费者,这意味着更低的价格。事实上,知情消费者是需求弹性的源泉。因此,短期利益是在 t 时增强不知情的消费者的支付意愿,因为后者期望,如果他们最终喜欢产品,他们将在未来受益于更低的价格。由于边际消费者在早期阶段是不知情的,这使得公司能够设置更高的价格。然而,较低的未来价格意味着更低的未来利润,因此广告的长期影响是不利的。接近早期阶段结束时,这种负面影响占主导地位,公司停止广告。相比之下,在细分市场中,成熟阶段的公司以价格 $\hat{p}$ 只向知情消费者出售产品。因此,长期的广告收益是标准的需求扩大效应。所以,公司在成熟阶段一直进行广告宣传,只要广告信息可以接触到一些不购买产品的消费者(他们在成熟阶段的细分市场未被告知)。

Saak(2012)的分析表明,一家公司可以持续地对一个产品进行广告宣传,以积累更好的消费者信息所带来的商誉。一个可能的预测是,细分市场比大众市场更可能出现这种情况。然而,有必要确定这种持续的广告活动在何种程度上可以归因于信息,而不是一些替代性的非信息来源的商誉。

正如 Bagwell(2007)所讨论的,有大量的实证文献表明,广告对家庭行为没有多大影响,如果家庭对产品有一些先前经验(Deighton et al.,1994;Erdem and Keane,1996;Ackerberg,2001)。在对家庭购买优诺酸奶的简化分析中,Ackerberg(2001)提出了一个识别假设:如果广告有说服性影响,或者是互补商品,那么它应该影响家庭的选择,不管家庭是否有对产品或品牌的先前经验。Ackerberg(2001)发现,广告只对优诺酸奶新顾客的购买决策产生重大影响。这支持了广告的主要作用是为这些消费者提供信息,然后诱使他们购买产品的观点。尽管这与 Saak(2012)的理论假设(其导致了细分市场上持续的广告行为)大致一致,但该观点的确切性质仍有待描述。如 4.4.1 中讨论的,在其结构模型中,Ackerberg(2003)提出将这种新的信息解释为质量信号。人们需要知道关于广告消息内容的一些信息,以便知道它们是否包含直接信息。Ippolito and Mathios(1990)使用自然实验间接控制了广告内容,研究了

1985 年美国对谷物生产商健康声明广告禁令的终止在谷物消费市场上的影响,发现禁令终止后对纤维谷物的消费显著增加。

除了在 Ippolito and Mathios(1990)中有详细的内容信息或一些适当的自然实验外,我们尚不清楚改进的感知质量是否应被解释为信息或是由某种说服性或互补商品的广告效果所引起的(参见 4.4.1 中的讨论)。最近的营销学文献探讨商誉是否可以归因于改进的感知质量,或者,更确切地说,归因于对产品意识的增强,后者显然是更好的信息。Clark et al.(2009)使用了 2000—2005 年的消费者调查数据集,给出了每年 25 个广泛的产品类别中品牌知名度评分和感知质量得分为顶级的品牌(在销售方面)。Clark et al. (2009)估计了受到 Nerlove and Arrow(1962)启发的感知质量和品牌意识的双方程递归模型。广告支出有助于感知质量和品牌意识的演化。Nerlove and Arrow(1962)使用面板数据来解决内生性问题和解释未观察到的跨品牌异质性,发现广告对品牌知名度的影响是显著的,而对感知质量的影响是微不足道的。Barroso and Llobet(2012)用结构化实证模型解决了相关问题。在 Barroso and Llobet(2012)的模型中,广告既有即时的影响,也有对意识的动态影响。尽管广告被建模为纯静态的,它也对消费者效用有直接影响。Barroso and Llobet(2012)考虑了 20 世纪 90 年代的西班牙汽车市场,类似于 Sovinsky-Goeree(2008),Barroso and Llobet(2012)模拟了消费者选择集(见 4.2.5)。主要发现是,广告在加速增强对产品的意识方面具有很强的作用,这可以通过广告对意识有持久影响的假设来解释。研究还发现广告对消费者效用有显著的直接影响,这可以被解释为感知质量。

综上所述,这些不同的实证研究为广告对产品商誉的信息性作用贡献提供了一些支持:广告能提供产品信息,或能增强消费者对产品的意识。

4.6.4　总结

无论广告是否是信息性的,将广告视为与其他商品一样,对经济学家来说都是有吸引力的,也是很自然的。于是,它足以使研究者描述商品的供给侧和需求侧条件,并将标准的经济学论证应用于(完全或不完全)竞争、技术或外部性。令人惊讶的是,仅仅在数十年前,Stigler and Becker(1977)就开始把这样一种广告理论(同其他社会现象)结合起来。Stigler and Becker(1977)的主要目标是表明广告可以由竞争性市场提供。然后,人们可以发展福利经济学论证的第一基本定理,证明它是最优供给的。一旦我们远离完全竞争的理想世界,事情就会变得更加复杂。例如,市场势力不一定导致低水平的广告供给。这是因为广告是广告产品的互补品并与其共同提供,而广告产品通常不出售于竞争性市场。此外,不同形式的广告可能会以不同的方式影响消费者的福利。Becker and Murphy(1993)为广告的福利经济学提供了一个富有启发性的讨论,令它取决于它对消费者效用和竞争环境的影响。特别是,Becker and Murphy(1993)考虑向消费者收取广告费用的可能性,以及广告可能最终会干扰消费者获得新闻或娱乐的可能性。这两个主题显然与本书的全面研究非常相关。

互补性观点的支持者往往会对传统的说服性观点,即认为广告是偏好转移者,提出鲜明的反对。例如,Becker and Murphy(1993)指出了进行偏好转换的福利经济学分析的困难。然而,正如 4.4.1 中所解释的,说服性的观点可以通过更简单的方式来被刻画,即广告改变消费者的行为而不改变偏好。然而,尽管广告在一个不完全竞争的市场中可能具有一定的社会价值,但它通过提高产出,显然使产品在均衡点上被过度提供。① 垄断者的说服性广告是过量的,在一般的条件下仍然有效,即使福利计算使用广告后的偏好。然而,类似的条件也意味着通过信息性广告提供质量信息将导致过量。相比之下,使消费者意识到产品的存在和属性的垄断者发送的信息性广告显然是不够的。②

允许消费者天真可以自然地解释为什么广告不告知消费者直接信息,或包含无关但可能会影响消费者的购买决定的信息。一方面,消费者无意识解释了为什么消费者最终会付出比他们真正愿意支付的更多的钱,尽管这是由于缺乏广告(因为一些不利的属性仍然是隐藏的,而不是因为从说服性角度看广告具有操纵性)。另一方面,粗略思考为广告内容提供了另一种解释,即广告内容是用来说服消费者的,尽管这可能是由于消费者缺乏信息,而不是某种有限理性。

广告在商誉积累中的动态影响引发了大量的理论和实证研究。许多现有的证据表明,广告对增进消费者对广告产品或品牌的认识有强烈的信息性影响。研究还表明,一个产品的广告活动能持续仅仅因为要使消费者不断了解他们的匹配或产品质量。正如 Nelson (1974)所提到的,这种持续性的广告活动可能会很普遍,以至于消费者可能无法完全回忆起他们以前对产品的经验或以前消费和喜欢哪些产品(见 4.4.1)。例如,Deighton et al. (1994)发现广告对先前有产品经验的消费者有一定的影响,只要经验不是最近的。

4.7 结束语

公司广告的赢利能力体现在它们愿意花在广告上的金额上。确定赢利能力的这种来源是本章试图弄清的更为复杂的问题。我试图论证,其大部分答案都与公司努力向消费者传达信息有关。这样的信息可能涉及产品的可用性、特性或定价。即使广告经常被认为只包含非常有限的信息,这也可能是因为公司战略性地选择仅提供有限的信息或者因为信息是间接的。这一信息性观点也与许多广告内容完全不包含信息的观察相一致。事实上,任何传递信息的尝试都需要一些沟通策略来吸引消费者的注意力。广告商必须通过信息过载理论所强调的那样去竞争消费者的注意力。此外,即使消费者从关注广告中得到一些好处,他们消化任何一则广告信息能得到的好处可能很小,广告商必须努力使这种成本更小。

可以说,广告的非信息性内容可能在增强产品的吸引力方面起作用,这可以被解释为消费者偏好中的说服性或互补性。然而,我们似乎没有必要诉诸这个非信息性的维度来解释我们所目睹的许多广告实践。有大量的经验证据表明,广告的信息作用是相当重要的,然而有关有利于消费者效用的广告影响的证据并不那么令人信服。③ 尽管如此,我们可能仍然对信息提供方法中通常假定的消费者极为明智持复杂态度。允许消费者不那么怀疑,广告就

---

① Dubois et al. (2014)研究了禁止广告对英国薯片消费者福利的影响。研究发现,在互补品的研究方法下,尽管价格下降,这一禁令对消费者是不利的,但消费者受益于禁令,若由此产生的偏好为真正的偏好。
② 然而,该结果可能不适用于多产品垄断公司,其原因与多产品公司可能提供太多品种是相同的(Tirole,1988)。
③ 可以说,经济学家有点偏向于信息性方法,因为经济理论更适合于为其提供解释。

有可能具备一些操纵性,这与传统的说服性广告观点有一定的一致性。对广告内容的仔细观察也可以表明,一些声明或缺乏相关信息可能仅仅应该被理解为某种形式的操纵。此外,对相关产品信息加以更广泛的解释可能是富有成果的。例如,在本章 4.4.3 中讨论的协调中,我提到,时尚是消费外部性的可能来源。

同样清楚的是,除了赢利之外,广告在不完全竞争或不完全消费者信息市场中有助于提升社会福利。评估市场上提供的广告是否不足或过量是一个难题。本章描述了关于广告支出和广告信息内容的决定因素的广泛讨论,但没有得出明确的答案。即使我们只关注消费者的福利,结论仍然模糊不清:尽管消费者受益于通过更好的选择得到更有利的信息,但他们可能会受到更多广告所导致的更高价格的惩罚(尤其是当广告提供产品信息时)。然而,产品信息披露的结论表明,公司选择提供有限的信息是因为这增强了公司俘获消费者剩余的能力,因此强制披露规则有利于保护消费者。

致谢

谨感谢西蒙・安德森(Simon Anderson)、勒旺・塞里克(Levent Celik)、戴维・埃廷格(David Ettinger)、贾斯汀・约翰逊(Justin Johnson)、弗雷德里克・柯斯勒(Frédéric Koessler)、马里恩・乌里(Marion Oury),以及安德鲁・罗兹(Andrew Rhodes)和克里斯・戴尔逊(Chris Wilson)有益的探讨与评论。

参考文献

Abernethy, A. M., Franke, G. R., 1996. The information content of advertising: a meta-analysis. J. Advert. 25, 117.

Ackerberg, D. A., 2001. Empirically distinguishing informative and prestige effects of advertising. RAND J. Econ. 32, 316333.

Ackerberg, D. A., 2003. Advertising, learning, and consumer choice in experience good markets: a structural empirical examination. Int. Econ. Rev. 44, 1007-1040.

Anand, B. N., Shachar, R., 2011. Advertising, the matchmaker. RAND J. Econ. 42 (2), 205-245.

Anderson, S. P., De Palma, A., 2009. Information congestion. RAND J. Econ. 40 (4), 688-709.

Anderson, S. P., De Palma, A., 2012. Competition for attention in the information (overload) age. RAND J. Econ. 43 (1), 1-25.

Anderson, S. P., Gabszewicz, J. J., 2006. The media and advertising: a tale of two-sided markets. In: Ginsburgh, V., Throsby, D. (Eds.), Handbook of the Economics of Art and Culture. Elsevier, Amsterdam.

Anderson, S. P., Renault, R., 1999. Pricing, product diversity, and search costs: a Bertrand-Chamberlin-Diamond model. RAND J. Econ. 30, 719-735.

Anderson, S. P., Renault, R., 2006. Advertising content. Am. Econ. Rev. 96, 93-113.

Anderson, S. P., Renault, R., 2009. Comparative advertising: disclosing horizontal match information. RAND J. Econ. 40 (3), 558-581.

Anderson, S. P., Renault, R., 2013. The advertising mix for a search good. Manag. Sci. 59 (1), 69-83.

Anderson, S. P., Renault, R., 2015. Search Direction. Mimeo, Universite' de Cergy-Pontoise.

Anderson, S. P., Ciliberto, F., Liaukonyte, J., Renault, R., 2015. Push-Me Pull-You: Comparative Advertising in the OTC Analgesics Industry. Mimeo. Available at CESifo Working Paper No. 5418, Jun 2015.

Anderson, S. P., Ciliberto, F., Liaukonyte, J., 2013. Information content of advertising: empirical evidence from the OTC analgesic industry. Int. J. Ind. Organ. 31 (5), 355-367.

Anderson, S. P., Baik, A., Larson, N., 2014. Personalized Pricing and Advertising: An Asymmetric Equilibrium Analysis. CEPR Discussion Papers 10464.

Arbatskaya, M., 2007. Ordered search. RAND J. Econ. 38 (1), 119-126.

Armstrong, M., Vickers, J., Zhou, J., 2009. Prominence and consumer search. RAND J. Econ. 40 (2), 209-233.

Athey, S., Ellison, G., 2011. Position auctions with consumer search. Q. J. Econ. 126 (3), 1213-1270.

Bagwell, K., 2007. The economic analysis of advertising. In: Armstrong, M., Porter, R. (Eds.), Handbook of Industrial Organization, vol. 3, Elsevier, pp. 1701-1844.

Bagwell, K., Ramey, G., 1994a. Coordination economies, advertising, and search behavior in retail markets. Am. Econ. Rev. 84, 498-517.

Bagwell, K., Ramey, G., 1994b. Advertising and coordination. Rev. Econ. Stud. 61, 153-172.

Bain, J. S., 1956. Barriers to New Competition: Their Character and Consequences in Manufacturing Industries. Harvard University Press, Cambridge, MA.

Balestrieri, F., Izmalkov, S., 2012. Informed Seller in a Hotelling Market. Mimeo, New Economic School.

Barigozzi, F., Garella, P. G., Peitz, M., 2009. With a little help from my enemy: comparative advertising as a signal of quality. J. Econ. Manag. Strateg. 18 (4), 1071-1094.

Bar-Isaac, H., Caruana, G., Cuñat, V., 2010. Information gathering and marketing. J. Econ. Manag. Strateg. 19 (2), 375-401.

Barroso, A., Llobet, G., 2012. Advertising and consumer awareness of new, differentiated products. J. Market. Res. 49（6）, 773-792.

Becker, G. S. , Murphy, K. M. , 1993. A simple theory of advertising as a good or bad. Q. J. Econ. 108, 942-964.

Ben Elhadj-Ben Brahim, N. , Lahmandi-Ayed, R. , Laussel, D. , 2011. Is targeted advertising always beneficial? Int. J. Ind. Organ. 29（6）, 678-689.

Bergemann, D. , Vlimki, J. , 2006. Dynamic pricing of new experience goods. J. Polit. Econ. 114（4）, 713-743.

Berry, S. , Levinsohn, J. , Pakes, A. , 1995. Automobile prices in market equilibrium. Econometrica 63, 841-890.

Bertrand, M. , Karlan, D. , Mullainathan, S. , Shafir, E. , Zinman, J. , 2010. What's advertising content worth? Evidence from a consumer credit marketing field experiment. Q. J. Econ. 125（1）, 263-306.

Board, O. , 2009. Competition and disclosure. J. Ind. Econ. 57（1）, 197-213.

Braithwaite, D. , 1928. The economic effects of advertisement. Econ. J. 38, 1637.

Burdett, K. , Judd, K. L. , 1983. Equilibrium price dispersion. Econometrica 51, 955-969.

Butters, G. , 1977. Equilibrium distributions of sales and advertising prices. Rev. Econ. Stud. 44, 465-491.

Celik, L. , 2014. Information unraveling revisited: disclosure of horizontal attributes. J. Ind. Econ. 62（1）, 113-136.

Chakraborty, A. , Harbaugh, R. , 2010. Persuasion by cheap talk. Am. Econ. Rev. 100, 2361-2382.

Chakraborty, A. , Harbaugh, R. , 2014. Persuasive puffery. Market. Sci. 33（3）, 382-400.

Chamberlin, E. , 1933. The Theory of Monopolistic Competition. Harvard University Press, Cambridge, MA.

Chen, Y. , He, C. , 2011. Paid placement: advertising and search on the Internet. Econ. J. 121, F309-F328.

Choi, D. O. , 2014. Internet Advertising with Information Congestion: An Empirical Investigation. Mimeo, Université de Cergy-Pontoise.

Christou, C. , Vettas, N. , 2008. On informative advertising and product differentiation. Int. J. Ind. Organ. 26（1）, 92-112.

Chwe, M. , 2001. Rational Ritual: Culture, Coordination, and Common Knowledge. Princeton University Press, Princeton, NJ.

Clark, C. , Horstmann, I. , 2005. Advertising and coordination in markets with consumption scale effects. J. Econ. Manag. Strateg. 14, 377-401.

Clark, C. R. , Doraszelski, U. , Draganska, M. , 2009. The effect of advertising on brand awareness and perceived quality: an empirical investigation using panel data. QME 7（2）,

207-236.

Comanor, W. S., Wilson, T. A., 1967. Advertising, market structure and performance. Rev. Econ. Stat. 49, 423-440.

Comanor, W. S., Wilson, T. A., 1974. Advertising and Market Power. Harvard University Press, Cambridge, MA.

Corts, K., 2013. Prohibitions on false and unsubstantiated claims: inducing the acquisition and revelation of information through competition policy. J. Law Econ. 56, 453-486.

De Cornière, A., 2013. Search Advertising. Mimeo, Oxford University.

Deighton, J., Henderson, C. M., Neslin, S. A., 1994. The effects of advertising on brand switching and repeat purchasing. J. Market. Res. 31, 28-43.

Diamond, P. A., 1971. A model of price adjustment. J. Econ. Theory 3 (2), 156-168.

Dixit, A., Norman, V., 1978. Advertising and welfare. Bell J. Econ. 9, 1-17.

Dorfman, R., Steiner, P. O., 1954. Optimal advertising and optimal quality. Am. Econ. Rev. 44, 826-836.

Drugov, M., Martinez, M. T., 2012. Vague Lies: How to Advise Consumers When They Complain. Mimeo. CEPR DP 9201.

Dubé, J. P., Hitsch, G. J., Manchanda, P., 2005. An empirical model of advertising dynamics. Quant. Market. Econ. 3 (2), 107-144.

Dubois, P., Grifith, R., OConnell, M., 2014. The Effects of Banning Advertising on Demand, Supply and Welfare: Structural Estimation on a Junk Food Market. Mimeo, Toulouse School of Economics.

Dukes, A. J., 2006. Advertising and competition. In: Collins, W. D., Angland, J. (Eds.), Issues in Competition Law and Policy 515. ABA Section of Antitrust Law, Chicago, pp. 515-537.

Edelman, B., Ostrovsky, M., Schwarz, M., 2007. Internet Advertising and the generalized second price auction: selling billions of dollars worth of keywords. Am. Econ. Rev. 97 (1), 242-259.

Ellison, G., Wolitzky, A., 2012. A search cost model of obfuscation. RAND J. Econ. 43 (3), 417-441.

Emons, W., Fluet, C., 2012. Non-comparative versus comparative advertising of quality. Int. J. Ind. Organ. 30 (4), 352-360.

Erdem, T., Keane, M., 1996. Decision-making under uncertainty: capturing dynamic brand choice processes in turbulent consumer goods markets. Market. Sci. 15, 1-20.

Esteban, L., Gil, A., Hernandez, J. M., 2001. Informative advertising and optimal targeting in a monopoly. J. Ind. Econ. 49, 161-180.

Gabaix, X., Laibson, D., 2006. Shrouded attributes, consumer myopia, and information suppression in competitive markets. Q. J. Econ. 121, 505-540.

Galbraith, J. K., 1958. The Affluent Society. Houghton-Mifflin, Co., Boston, MA.

Gardete, P. M., 2013. Cheap-talk advertising and misrepresentation in vertically differentiated markets. Mark. Sci. 32 (4), 609-621.

Geanakoplos, J., 1989. Game theory without partitions, and applications to speculation and consensus. J. Econ. Theory.

Glaeser, E. L., Ujhelyi, G., 2010. Regulating misinformation. J. Public Econ. 94 (3), 247-257.

Grossman, S. J., 1981. The informational role of warranties and private disclosure about product quality. J. Law Econ. 24, 461-483.

Grossman, S. J., Hart, O. D., 1980. Disclosure laws and takeover bids. J. Finance 35 (2), 323-334.

Grossman, G. M., Shapiro, C., 1984. Informative advertising with differentiated products. Rev. Econ. Stud. 51, 63-81.

Haan, M. A., Moraga-González, J. L., 2011. Advertising for attention in a consumer search model. Econ. J. 121 (552), 552-579.

Hamilton, S. F., 2009. Informative advertising in differentiated oligopoly markets. Int. J. Ind. Organ. 27 (1), 60-69.

Heifetz, A., Meier, M., Schipper, B. C., 2006. Interactive unawareness. J. Econ. Theory 130 (1), 78-94.

Heifetz, A., Meier, M., Schipper, B., 2011. Prudent Rationalizability in Generalized Extensive-Form Games. Working Papers, No. 11, 4. University of California, Department of Economics.

Hertzendorf, M., 1993. I am not a high-quality firm but I play one on TV. RAND J. Econ. 24, 236-247.

Holcomb, J., 2014. News Revenue Declines Despite Growth from New Sources. Pew Research Center, Washington DC. http://www. pewresearch. org/fact-tank/2014/04/03/news-revenue-declines-despite-growth-from-new-sources/.

Horstmann, I. J., MacDonald, G. M., 2003. Is advertising a signal of product quality? Evidence from the compact disc player market, 198392. Int. J. Ind. Organ. 21, 317-345.

Hotelling, H., 1929. Stability in competition. Econ. J. 39, 41-57.

Ippolito, P. M., Mathios, A. D., 1990. Information, advertising and health choices: a study of the cereal market. RAND J. Econ. 21, 459-480.

Iyer, G., Soberman, D., Villas-Boas, J. M., 2005. The targeting of advertising. Market. Sci. 24 (3), 461-476.

Janssen, M. C. W., Teteryanikova, M., 2014. Competition and disclosure of comparative or non-comparative horizontal product information. J. Ind. Econ. (forthcoming).

Johnson, J. P., 2013. Targeted advertising and advertising avoidance. RAND J. Econ. 44 (1), 128-144.

Johnson, J. P., Myatt, D. P., 2006. On the simple economics of advertising, marketing, and product design. Am. Econ. Rev. 96, 756-784.

Jovanovic, B., 1982. Truthful disclosure of information. Bell J. Econ. 13, 36-44.

Kaldor, N. V., 1950. The economic aspects of advertising. Rev. Econ. Stud. 18, 127.

Kihlstrom, R. E., Riordan, M. H., 1984. Advertising as a signal. J. Polit. Econ. 92, 427-450.

Koessler, F., Renault, R., 2012. When does a firm disclose product information? RAND J. Econ. 43 (4), 630-649.

Koessler, F., Skreta, V., 2014. Sales Talk. Mimeo, Paris School of Economics. Available at SSRN 2465174.

Kreps, D. M., Wilson, R., 1982. Sequential equilibria. Econometrica 50, 863-894.

Lambin, J. J., 1976. Advertising, Competition and Market Conduct in Oligopoly Over Time. North-Holland, Amsterdam.

Lauga, D., 2012. Advertising with Impressionable but Sophisticated Consumer. Mimeo, Cambridge Judge Business School.

Lewis, T. R., Sappington, D. E. M., 1994. Supplying information to facilitate price discrimination. Int. Econ. Rev. 35, 309-327.

Liaukonyte, J., 2012. Is Comparative Advertising an Active Ingredient in the Market for Pain Relief? Mimeo, Cornell University.

Linnemer, L., 2002. Price and advertising as signals of quality when some consumers are informed. Int. J. Ind. Organ. 20 (7), 931-947.

Linnemer, L., 2012. Dissipative advertising signals quality: static model with a continuum of types. Econ. Lett. 114 (2), 150-153.

Luca, M., 2015. User generated content and social media. In: Anderson, S. P., Stromberg, D., Waldfogel, J. (Eds.), Handbook of Media Economics, vol. 1B. Elsevier, Amsterdam.

Mailath, G. J., Okuno-Fujiwara, M., Postlewaite, A., 1993. Belief-based refinements in signalling games. J. Econ. Theory 60 (2), 241-276.

Manduchi, A., 2013. Non-neutral information costs with match-value uncertainty. J. Econ. 109 (1), 1-25.

Marshall, A., 1890. Principles of Economics. MacMillan and Co., London.

Marshall, A., 1919. Industry and Trade: A Study of Industrial Technique and Business Organization; and of Their Influences on the Conditions of Various Classes and Nations. MacMillan and Co., London.

Mayzlin, D., Shin, J., 2011. Uninformative advertising as an invitation to search. Market. Sci. 30 (4), 666-685.

Meurer, M., Stahl II, D. O., 1994. Informative advertising and product match. Int. J. Ind. Organ. 12, 119.

Milgrom, P. R., 1981. Good news and bad news: representation theorems and applications. Bell J. Econ. 12, 380-391.

Milgrom, P., Roberts, J., 1986. Price and advertising signals of product quality. J. Polit. Econ. 94, 796-821.

Moraga-Gonzalez, J. L., 2000. Quality uncertainty and informative advertising. Int. J. Ind. Organ. 18, 615-640.

Mullainathan, S., Schwartzstein, J., Shleifer, A., 2008. Coarse thinking and persuasion*. Q. J. Econ. 123 (2), 577-619.

Nelson, P., 1970. Information and consumer behavior. J. Polit. Econ. 78, 311-329.

Nelson, P., 1974. Advertising as information. J. Polit. Econ. 82, 729-754.

Nerlove, M., Arrow, K. J., 1962. Optimal advertising policy under dynamic conditions. Economica 29, 129-142.

Nichols, L. M., 1985. Advertising and economic welfare. Am. Econ. Rev. 75, 213-218.

Overgaard, P. B., 1991. Product Quality Uncertainty. CORE, Universite Catholique de Louvain Unpublished Ph. D. Thesis.

Ozga, S. A., 1960. Imperfect markets through lack of knowledge. Q. J. Econ. 74, 29-52.

Pastine, I., Pastine, T., 2002. Consumption externalities, coordination and advertising. Int. Econ. Rev. 43, 919-943.

Peitz, M., Reisinger, M., 2015. The economics of Internet media. In: Anderson, S., Stromberg, D., Waldfogel, J. (Eds.), Handbook of Media Economics, vol. 1A. Elsevier, Amsterdam.

Piccolo, S., Tedeschi, P., Ursino, G., 2015. How limiting deceptive practices harms consumers. Rand J. Econ. 46, 611-624.

Porter, M. E., 1976. Interbrand choice, media mix and market performance. Am. Econ. Rev. 66, 398-406.

Renault, R., 2014. Platform Contents. Mimeo, Universite' Paris-Dauphine.

Resnik, A., Stern, B., 1977. An analysis of the information content in television advertising. J. Mark. 41, 50-53.

Rhodes, A., 2015. Multiproduct retailing. Rev. Econ. Stud. 82, 360-390.

Rhodes, A., Wilson, C., 2014. False Advertising and Consumer Protection Policy. Mimeo, Loughborough University.

Robert, J., Stahl II, D. O., 1993. Informative price advertising in a sequential search model. Econometrica 61, 657-686.

Roberts, M. J., Samuelson, L., 1988. An empirical analysis of dynamic, nonprice competition in an oligopolistic industry. RAND J. Econ. 19, 200-220.

Robinson, J., 1933. Economics of Imperfect Competition. MacMillan and Co., London.

Saak, A. E., 2006. The optimal private information in single unit monopoly. Econ. Lett. 91 (2), 267-272.

Saak, A. E., 2012. Dynamic informative advertising of new experience goods. J. Ind. Econ. 60 (1), 104-135.

Schmalensee, R., 1978. A model of advertising and product quality. J. Polit. Econ. 86, 485-503.

Shaked, A., Sutton, J., 1982. Relaxing price competition through product differentiation. Rev. Econ. Stud. 49, 3-13.

Shapiro, C., 1980. Advertising and welfare: comment. Bell J. Econ. 11, 749-752.

Shin, H. S., 1994. The burden of proof in a game of persuasion. J. Econ. Theory 64 (1), 253-264.

Sovinsky-Goeree, M., 2008. Limited information and advertising in the US personal computer industry. Econometrica 76 (5), 1017-1074.

Spence, M., 1975. Monopoly, quality and regulation. Bell J. Econ. 6, 417-429.

Spence, M., 1976. Product selection, fixed costs, and monopolistic competition. Rev. Econ. Stud. 43, 217-235.

Stahl II, D. O., 1994. Oligopolistic pricing and advertising. J. Econ. Theory 64, 162-177.

Stegeman, M., 1986. Essays in Search and Speculation. Ph. D. Dissertation. Massachusetts Institute of Technology, Cambridge, MA.

Stegeman, M., 1991. Advertising in competitive markets. Am. Econ. Rev. 81, 210-223.

Stigler, G. J., 1961. The economics of information. J. Polit. Econ. 69, 213-225.

Stigler, G. J., Becker, G. S., 1977. De gustibus non est disputandum. Am. Econ. Rev. 67 (76), 90.

Stiglitz, J. E., 1979. Equilibrium in product markets with imperfect information. Am. Econ. Rev. 69, 339-345.

Sun, M., 2011. Disclosing multiple product attributes. J. Econ. Manag. Strateg. 20 (1), 195-224.

Telser, L. G., 1964. Advertising and competition. J. Polit. Econ. 72, 537-562.

Tirole, J., 1988. The Theory of Industrial Organization. MIT Press, Cambridge, MA.

Van Zandt, T., 2004. Information overload in a network of targeted communication. RAND J. Econ. 35, 542-560.

Varian, H. R., 2007. Position auctions. Int. J. Ind. Organ. 25 (6), 1163-1178.

Wang, C., 2014. Advertising as a Search Deterrent. Mimeo, University of Mannheim.

Wilson, C., 2010. Ordered search and equilibrium obfuscation. Int. J. Indust. Org. 28, 496-506.

Wolinsky, A., 1986. True monopolistic competition as a result of imperfect information. Q. J. Econ. 101, 493-511.

Zhou, J., 2011. Ordered search in differentiated markets. Int. J. Ind. Organ. 29 (2), 253-262.

第 5 章　大众传媒发展近况：数字化与多任务处理

肯尼思·C.威尔伯(Kenneth C. Wilbur)[①]

目　录

---

① 美国加州大学圣迭戈分校拉迪管理学院。

摘要:科技与消费者行为正在改变大众传媒的供给与需求。数字化增加了消费者对于媒体内容与广告的控制,因此对于广告屏蔽、广告定向和个人定制化,以及传媒平台间的竞争和媒体市场的结果都具有重要意义。此外,消费者在不同媒体节目间更加频繁地使用"第二块屏幕"进行多任务处理(multi-tasking),这不仅使得对节目和广告内容的在线即时反馈成为可能,也为消费者注意力的转移提供了新的机会。

本章通过数据呈现来表明视频仍为主要的大众媒介,同时介绍数字化与多任务行为的盛行。本章也有所选择地回顾了关于大众传媒消费情况变化的前因后果的学术研究。

关键词:广告;互联网;市场营销;大众传媒;媒体经济学;电视

JEL 分类代码:J22,L82,L96,M30,M70

消费者半数以上的休闲时光花在了大众传媒上。本章的目的是综述近年来大众传媒消费情况的变化及相关研究,将从近年来不同大众传媒间的时间与广告收入分配的数据开始,然后会选择性地回顾一系列学术研究,它们主要涉及数字化和多任务处理这两个重要趋势是如何改变大众传媒行业的。

本章将大众传媒视为一对多(one-to-many)的交流方式,且传达主要具有短暂性(ephemeral)价值的信息及娱乐内容。所谓的"主要具有短暂性"是考虑到在预期内尽管会有一些经久不衰的热点产品,大多数大众传媒的内容会在分发后立即被消费。例如,尽管一些电视连续剧由亚马逊(Amazon)、葫芦(Hulu)和网飞(Netflix)保有版权,不过它们只占每年新制作和播出的万小时电视内容中的一小部分。

大众传媒包括电视、广播、报纸、杂志,以及其他各种形式的数字音频、文本和视频通信。然而,一对多性质排除了私人通信服务,例如电话、电子邮件、搜索引擎以及(可以说)社交网络和大多数其他形式的用户生成内容。娱乐和信息内容将大众媒体与侧重于纯商业通信的媒体(如黄页号簿或产品评论网站)区分开来。短暂性排除了大多数图书、电影以及电子游戏,因为这些媒体的消费价值似乎会随着时间的推移而逐渐减小得更慢(尽管有一些突出的例外)。

大众传媒共有一组特定的经济特征,这些特征通常将对这一行业的分析与更传统的经济学研究的背景区分开来。

- 大众传媒产品是经验产品。这一类产品的消费具有非竞争性,而且在质量和匹配价值方面均有区别,即横向和纵向差异化的产品特征。大众传媒往往是热点行业,由多产品公司组成的小型寡头垄断企业在其中竞争消费者的注意力。

- 最近,许多大众媒体已从模拟信号发行转向数字发行,用提供者和消费者之间的双向交换取代了传统的信息单向传递。数字化改变了媒体平台所能了解到的关于其消费者如何消费并反馈传媒内容与广告的信息。

- 大众传媒被打造成能使消费者与广告商互动的商业平台。广告商需按照受众数目或受众组合数目支付每支广告的费用。消费者通常需要支付混合费用,包括订阅费用,以及用于中断广告而支付的注意力费用。多任务处理威胁着消费者对广告的关注度,而数字化则增强了消费者对广告曝光的控制。

第5.1节将用最近的市场数据来阐述一些关于大众媒体消费的事实,以及数字化与消费者对于媒体多任务处理的重要性。第5.2节回顾了部分近年的学术文献,主要关于数字化对于消费者控制广告曝光、广告定向、传统媒体市场商业模型的创新以及媒体市场结果的意义。第5.3节回顾了关于多任务处理(有时也被称为"第二块屏幕")如何改变广告消费、媒体互补性以及媒体之间竞争消费者注意力的研究。第5.4节总结了一些未来研究的方向。

5.1 大众媒体消费的趋势

在审视媒体消费数据之前,我们首先需要评估潜在的信息来源。总体来说,存在三种类型的媒体消费数据:自我报告数据、媒体机构提供的测量数据,以及由媒体机构赞助的第三方机构提供的测量数据。

我们知道自我报告数据是不完美的。回答者也许无法完美掌握自己的媒体消费信息,或者也许并不乐意准确地透露这些信息。商学院中经常流传一个关于南美国家从使用尼尔森(Nielson)日记(自我报告)转变为使用 PeopleMeters(一种测量电视使用情况的被动追踪装置)的故事。在使用 PeopleMeters 之后,低俗喜剧类节目的收视率大幅提高,而预估的新闻节目的受众群体数量有所下降。然而,测量技术的改变似乎不太可能引发观看习惯的改变。

一些传媒公司测量并报告关于它们自家观众的数据。然而这些测量数据也是不完美的,甚至可能是有偏差的。例如,一个杂志商也许会精确地知道每月零售与订阅的销量,然而它并无从得知其中多少没有被阅读,或者多少在购买后流通给超过销量数字的人群。更重要的是,该杂志的广告价格可能会随着受众群体的规模而改变。因此,该杂志商可能想夸大受众群体报告,并隐瞒可能不利于广告销售的信息。

认识到这种问题后,传统的大众传媒邀请第三方仲裁机构来测量受众规模。这些组织保留代表性样本并尝试被动地衡量媒体使用情况。在电视行业,尼尔森实际上已经成为垄断性的收视率企业长达几十年。阿比创(Arbitron)[1]在无线电广播行业具有相同的功能。印刷媒体通过发行量审计单位(Audit Bureau of Circulations)报告受众的数量。然而,这些第三方机构的运作主要依靠媒体行业预算,很少报道违反其媒体客户利益的信息。尚未出现类似的权威第三方机构来验证线上大众媒体行业的受众规模。[2]

考虑到这些,我们从检视自我报告的数据开始。美国劳工统计局的美国时间使用调查(American Time Use Survey, ATUS)调查了当前人口调查(current population survey)中7000名成员的分层子样本,了解他们如何花费时间。通常53%—58%的受访者会响应这份调查。图5.1总结了该调查中休闲活动的主要类别。

---

① 译者注:阿比创是一家主攻广播收听率调查的国际调研公司。
② 有关点击欺诈和搜索引擎行业的更多讨论,请参见 Wilbur and Zhu(2009)。

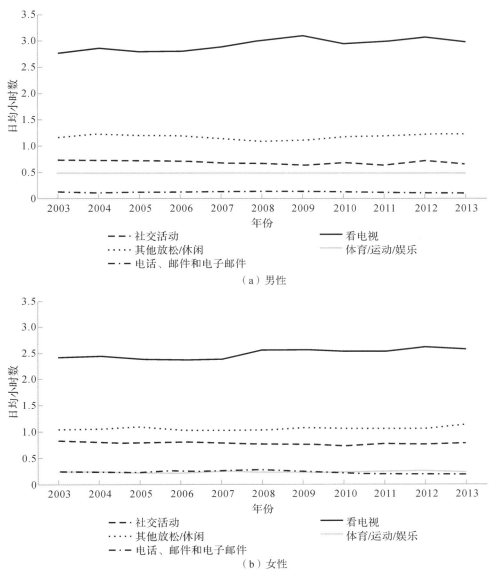

图 5.1　ATUS 电视使用数据

　　有两个结论浮现出来。第一，美国的消费者声称他们花费超过 10％的可支配时间，同时也是超过 50％的休闲娱乐时间，来收看电视（"看电视"这一分类并没有根据来源来区分视频消费，例如传统电视、视频点播或互联网视频）。第二，2003—2013 年，观众报告的每日视频消费时间没有减少。相反，视频消费在 2003—2009 年期间略有增长，延续了 Robinson and Martin（2009）记录的 50 年趋势。

　　不同于 ATUS 电话调查，尼尔森在约 3.7 万个家庭的分层样本中持续测量电视使用情况，采用 PeopleMeter 来记录电视使用情况；这些设备连接到电视从而被动测量电视的使用及调频情况。PeopleMeter 通过要求观众在出现提示时（平均每 20—40 分钟一次）在遥控器端

"登录"来积累设备层面的使用信息。

TVB(2014)和Nielsen(2014a)报告了一组数据,这些数据拿来和ATUS数据相比会很有趣。尼尔森报告的电视使用时间几乎是ATUS的两倍:2009年,美国成年男性的人均电视收看时长是每日4.9小时,美国成年女性的人均电视收看时长是每日5.5小时。尼尔森的数据证实了2003—2009年平均每日电视使用量的逐步增加。

对于自我报告数据和PeopleMeter数据之间接近100%的差值,我们注意到四种可能的解释。第一,观众可能不知道他们确切的电视使用情况。第二,也许观众知道他们确切的电视收看情况,但他们倾向于报告比实际观看时长更小的数字。第三,也许存在着多种方式来看电视,例如作为主要活动或是次要活动。或许观众们只计算了把收看电视作为主要活动所用的时间,而尼尔森计算了把电视作为主要活动和次要活动所花费的总时间。第四,样本选择可能会对任何一种估计造成偏差。例如,一些专家认为,经常看电视的观众更有可能注册并留在尼尔森的样本中。

我们曾通过4家独立公司的数字机顶盒(set-top box,STB)来被动地收集电视使用数据以进行独立调查。为了测量根据机顶盒记录的每日电视使用情况,分析人员必须定义一个反应区间(bounce),即一些假定非活跃会话会终止的时间阈值(类似的问题也适用于衡量消费者在互联网网页上花费的时间)。例如,如果一个机顶盒(STB)被调至娱乐与体育节目电视网(ESPN)长达24小时,这不太可能表明观众24小时连续地使用电视。一个比较合理的解释是消费者在某些时间点调至娱乐与体育节目电视网后关闭了电视,却没有关闭机顶盒。我们发现定义反应区间为大约35—45分钟所得出的每日使用量估算值与尼尔森的数据相当。有趣的是Google(2012)声称平均电视调频活动持续43分钟。在我看来,这为尼尔森的统计数据提供了一些支持。

广告收入。同样地,这里电视似乎也是最重要的。TVB(2014)报告了凯度传媒(Kantar Media)广告数据的跨媒体比较结果。TVB(2014)的分析表明,电视吸引了大约54.4%的大众媒体广告收入,紧跟着的是报纸(11.7%)和互联网展示(9.8%)。BI(2013)总结了20家大型企业报告的销售收入,称至少自2009年以来,在线广告收入(包括来自搜索广告的43%)的大幅增加来自:①新的广告支出,②从报纸转投而来的。总体看来,电视和广播广告总收入在2009—2012年变化不大。

订阅收入。总的来看,约97%的美国家庭拥有电视,而87%的美国家庭会订阅一些多频道视频服务(有线、卫星或电信),从而产生了953.6亿美元的订阅收入(Digital TV Research,2014)。这个数字远远超过了任何竞争性大众媒体获得的订阅收入。但是,有一些预测认为新订阅用户的增长将慢于新家庭形成,并且在威瑞森(Verizon)和AT&T等电信公司加剧与现有有线和卫星公司的价格竞争后,未来几年的收入将下降。

消费者的体验。eMarketer(2012)对消费者进行了调查,发现有45.2%的人说他们最信任电视作为新闻和信息的来源,然后是报纸(20.4%)、广播(17.7%)、纯互联网新闻源(12.5%)和社交媒体更新(4.1%)。然而,当被问到哪些来源最能影响购买决策时,互联网研究被提名的频率最高(61.1%),然后是电视广告(28.3%)和广播广告(20.9%)。

总体来说，这些数据表明，至少在消费者关注度和支出方面，电视是最重要的大众传媒，只有有限的迹象表明这一地位即将发生变化。然而，有两种趋势正在从根本上改变视频大众传媒。在供给方面，数字化正在改变电视信号的传播方式并增加了消费者的频道选择。在需求方面，屏幕扩散正在改变电视信号的消费方式，使消费者的注意力日益稀缺。

5.1.1　数字化

媒体消费的第一个根本转变是最数字化。电视信号从模拟传播到数字传播的转变仍是相当近期的事。在 2004 年，只有 40％的美国家庭通过数字网络接收电视信号；截至 2011 年，这一数字已上升至 83％以上（TVB，2014）。

其他大众媒体也发生了类似的数字化转变。报纸和杂志文章通过网站、移动设备上的应用程序在线发布。地面广播电台同时在网上和通过 iHeartRadio 等手机应用进行广播。这一转变带来三大后果：受众分割、个人定制化，以及使用信息的增加。

与模拟信号相比，数字信号传输所需的带宽更少，因此数字化的即时作用是极大地增加了可供消费者使用的大众传媒内容的数量。这种选择的增加使受众更分散了。这一影响在电视行业最容易被观察到，如美国国家电视广播网络在总收视率中的份额从 2003 年的 41％下降至 2013 年的 25％（CAB，2014）。①然而，因为视频总观看量尚未下降，那些居于分布头部位置企业所损失的观众注意力已经被重新分配到更多的细分市场的竞争者当中，美国国家电视广播网络就是一个很好的例子。

数字化增强了消费者对媒体内容的控制。一个早期的例子是数字录像机，如今可以在大约 47％的美国家庭中找到它（2004 年时仅为 3％）（LRG，2013）。拥有数字录像机的主要影响是增强消费者对媒体的控制，从而实现诸如回放（time-shifting）和广告快进之类的功能（Wilbur，2008）。

个人定制化影响电视消费的另一种方式是启用视频流服务。这样的"过顶"（Over-The-Top，OTT）视频服务已经变得相当普遍。Nielsen（2013）估计约 38％的美国家庭已经使用网飞，18％使用葫芦，还有 13％使用亚马逊会员即时视频服务。Leichtman Research Group（2014）就三种个人定制化科技对消费者进行了调查，这三种科技是数字录像机、视频点播和网飞。调查发现 70％的美国家庭经常使用这三种服务当中的至少一种，另有 1/3 的家庭会使用其中两种服务甚至更多。

关于 OTT 服务最有趣的研究也许是 TiVo（2013）。TiVo（2013）调查了 9956 名客户的网飞和亚马逊会员订阅情况，然后分析了这些家庭（被动测量）的 TiVo② 机顶盒使用情况。TiVo 用户中有 57％报告称订阅了网飞，而 50％报告订阅了亚马逊视频会员服务。然而，自我报告的网飞订阅者与非订阅者的电视使用时间并没有统计学意义上的区别。这种无差异的现象使 TiVo（2013）得出以下结论：网飞似乎没有侵蚀到传统电视行业。

数字化将有线传输网络从单向转变为双向，使信号分配器能够观察消费者如何与媒体

---

① 这些数字有时会被误解为电视行业需求疲软的证据，但这种报道掩盖了广播网络的损失大部分被有线电视网络所弥补这一事实。
② 译者注：TiVo 是美国数字录影机产品，内置选台器、电子节目指南及硬盘，并可录制节目。

互动。例如,报社能够轻松衡量受众对在线发布的报道的关注程度,而不是对印刷的报纸的关注程度。电视行业内的受众信息也发生了类似的转变。数字信号分配器能够从观众的机顶盒中找回完整的使用信息。甚至电视制造商都在销售能够向制造商上传反馈使用信息的设备。迄今为止,返回路径数据(return-path data)对电视行业的影响有限,但下文的一些文献表明,它们可能会在未来产生重要影响。

5.1.2 屏幕扩散

伴随着数字化,媒体消费的第二个根本转变是屏幕扩散。随着计算机变得越来越小、越来越方便,新型产品的销量迅速增长。在美国,2013 年智能手机的渗透率达到 74%,平板电脑拥有率上升至 52%(Sahagian,2013)。在英国,2013 年智能手机和平板电脑的渗透率分别上升到 51% 和 24%(Ofcom,2013)。

智能手机和平板电脑能够接收大众媒体,但这似乎并不是它们的主要用途。Fetto (2013)称,美国典型的智能手机拥有者每天花费约 1 个小时使用该设备。71% 的使用时间被花费在聊天、短信、电子邮件和社交网络上。只有大约 14% 的使用时间用于访问网站,这表明每天通过智能手机进行的大众媒体消费时间少于 10 分钟。

尽管智能手机和平板电脑并不是美国大众媒体消费的主要工具,但它们从根本上影响着大众媒体消费。近期的大量调查表明,消费者越来越多地在观看电视的同时使用这些设备进行多任务处理。例如,Nielsen(2010)声称,所有互联网使用时间的 34% 与电视消费同时发生。Ofcom(2013)调查发现,有 81% 的平板电脑用户和 53% 的英国成年人表示,他们通过边观看电视节目边使用移动设备来完成多项任务。在这之中,自我报告最频繁的人群是年轻人、女性和高收入人群。

"第二块屏幕"(平板电脑、智能手机、笔记本电脑,甚至台式机)可以用作对传统电视的补充或替代。根据 Google(2012)的说法,消费者在观看电视的同时进行多任务处理,通常使用两种模式:同时使用和顺序使用。当同时使用时,观看者将注意力分散在两个设备之间没有关联的活动上,例如,在播放商业广告时玩视频游戏,或者一边看电视一边查看电子邮件。消费者报告称,78% 的媒体多任务处理时间采用了同时使用模式。

剩余的 22% 的媒体多任务处理时间采用了顺序使用模式。这一行为可能与电视节目或广告有关。例如,在社交网络(如脸书或推特)上发布有关电视节目信息的现象已经变得非常普遍,以至于一些从业者现在将其称为社交电视。Nielsen(2014b)的研究表明,有 36% 的澳大利亚成年人报告他们在观看电视节目期间或结束之后短时间内会与社交网络上的同伴互动,该比例要高于上一年的 31%。

电视广告也可以促使观看者采用顺序使用模式。Google(2012)发现 17% 的多任务搜索情况是由电视商业广告促成的。电视观众还可以通过访问零售商来收集广告信息或进行冲动购买,从而对广告做出响应。

一言以蔽之,数字化和媒体多任务处理似乎变得相当普遍,并且越来越重要。第 5.2 节和第 5.3 节总结了有关这两种趋势如何改变大众媒体市场的最新学术研究。

5.2　数字化的影响

学者们已经研究了大众媒体从模拟传播到数字传播的转变是如何影响消费者、广告商和媒体平台的。关于消费者,研究最多的现象是数字化提供了更多控制权,例如允许消费者选择性地屏蔽广告。关于广告商,数字媒体网络的双向本质增强了其将消息定向投放给消费者的能力。关于媒体内容平台,数字信号传送提供了新的业务模型。整体来看,这些影响改变了大众媒体市场竞争的性质以及其所提供的产品的范围。

5.2.1　消费者对广告曝光的控制

新兴的实证文献记录了观众对媒体控制权的增强是如何影响广告对观众的曝光的。[1] Esteves-Sorenson and Perretti(2012)发现,尽管切换频道的成本很小,看电视在很大程度上仍然是一种被动活动,且具有很强的状态持久性。然而,观众在被商业电视广告打扰时仍然会切换频道。Interian et al.(2009)分析了一组关于在播放商业广告期间调频的大数据,发现典型的广告在广告时段开始时会失去 1%—3% 的观众。Schweidel and Kent(2010)展示了从数字机顶盒中挑选出来的逐时观看数据,这些数据显示,广告收视期间节目收视率平均下降了10%,并且根据节目类型可以可靠地预测插播商业广告期间的受众保留率。Wilbur(2015)研究了家庭层面的换台行为,发现在控制了节目内容、受众组成和受众异质性之后,可以根据广告内容特征可靠地预测广告屏蔽。电影广告被屏蔽的频率低于平均水平,而汽车保险和网站广告被屏蔽的频率则更高。Tuchman et al.(2015)报告说,中位数家庭会跳过大约10%的广告。

过高水平的广告屏蔽是否会削弱广告的赢利能力? 有限的证据表明答案可能是否定的。Zufryden et al.(1993)出人意料地发现,被换台行为所打断的广告比没有被打断的广告与销量有着更强的关系,并假设这种差异是由于观众在切换频道时更加关注屏幕。最近,Bronnenberg et al.(2010)检查了一项实证研究产生的数据,在这项研究中,数码视频录像机被提供给扫描仪面板数据样本中的每个家庭。下一年家庭的广告曝光和品牌购买被拿来与上一年的品牌购买基准线进行比较。购置数码视频录像机对广告效果的影响的置信区间紧紧围绕 0,这表明广告效果没有减少。Bronnenberg et al.(2010)将这一结果归因于调查人群内较低的广告屏蔽率。

这一现象是否令人疑惑? 随着广告屏蔽越来越容易,广告屏蔽的出现也越来越频繁。然而没有证据表明广告效果减少了,而且广告收入也没有降低。这里有三个可能的解释。第一个解释是,广告被设计成即使以很高的速度播放也能保持效果。例如,品牌标志的醒目展示可以减少广告屏蔽(Teixeira et al.,2010),并可以改善消费者对于品牌的态度、购买意向和选择行为(Brasel and Gips,2008)。第二个解释,据我们所知仍未被发展,即当消费者在广告产品的市场上时,他们也许不会屏蔽广告。换言之,一个消费者会主动选择屏蔽的广告

---

[1] 需要注意的是广告屏蔽与广告本身一样古老;Wilbur(2008)回顾了有关广告屏蔽的传统方式的文献,包括离开房间、关闭电视、更换频道,或将注意力转移到其他活动上,或和别人交谈。

也许只在广告投放中为广告商提供了很少的价值。此外,许多广告重复的频率非常之高以至于即使是频繁屏蔽广告的人也可能会在最低程度上接收到一些最常见的广告。第三个解释是(至少存在一些)广告也许是产品消费的互补品,这最早是由 Becker and Murphy(1993)提出的。Tuchman et al.(2015)使用产品购买和广告曝光的单一来源面板数据库研究了这种可能性,并发现最近的品牌消费量增加将会导致未来屏蔽该品牌的电视广告的可能性降低。

许多理论分析已经得出了广告屏蔽水平增加会如何影响媒体市场的竞争性预测。Anderson and Gans(2011)对垄断平台进行了建模,并研究了消费者对广告屏蔽技术的采用将如何改变其策略。在均衡状态时,那些最注重节目内容的消费者会率先采用广告屏蔽技术,从而导致广告时间增加,消费者福利和减少内容质量降低,以及大众市场内容更多。Athey et al.(2013)拓展了该框架,允许竞争性的媒体分支、不完美的广告曝光度量,以及内生的广告商多归属行为。随着消费者频道转换的增加,广告水平上升并且为主要受众群体支付的溢价(premium)增加,但是广告总支出下降。[1]相比之下,Ghosh and Stock(2010)没有建立媒体平台的模型,但考虑了信息性广告对产品市场价格竞争的影响。在 Ghosh and Stock(2010)的模型中,广告屏蔽会导致一些消费者对广告信息的忽略,这有时会提高广告商在平衡状态时的产品价格和利润,从而增加广告需求。

5.2.2 增加广告的定向性

数字发行网络使媒体平台能够识别节目的接收者个体,并选择提供给广告商的定向程度。不同媒体提供的定向功能各不相同。例如,电视信号发布者理论上可以将个性化的商业广告出售给单个家庭,但迄今为止,他们仅针对基于地理人口细分的更为加总的目标进行有限的测试(Deng,2015)。大多数在线大众媒体平台都允许不同程度的受众群体定向性。

Bergemann and Bonatti(2011,2014)、Dukes and Gal-Or(2003)和 Ghosh et al.(2013)着重指出平台选择广告定向功能时必须进行的取舍。[2]无针对性的广告会产生许多低价值的、浪费的广告曝光,因为大多数消费者对多数产品不感兴趣。高度定向的广告消除了浪费的广告曝光,但会增强广告商在产品市场上的竞争,从而压低租金和广告商支付广告费用的意愿。因此,媒体平台将在提供某种中间程度的广告定向性,或将广告定向性与专有广告权利相结合之间进行最佳选择。

关于增强广告定向性的实证性证据很少,也许最著名的论文是 Goldfarb and Tucker(2011a,2011b)。研究首先进行了数千个随机广告实验,结果表明,将广告内容与网站内容进行匹配,或者使广告更具吸引力,都可以提高广告效果,但将两者结合起来会适得其反。之所以可能产生这种效果,是因为消费者意识到这些广告是定向的并且做出了负面反应,而这类负面影响在诸如健康和金融服务等敏感产品类别中最大。其次,研究运用双重差分框架评估了欧洲一个限制定向广告的政策对广告效果的影响:将政策实施后的欧洲广告回应与政策实施前的欧洲广告回应,以及两个时期的美国广告回应进行了比较。结果表明,展示

---

① 另请参阅第 10 章。
② 另请参阅第 10 章。

广告的效果大为降低,特别是在面向利基市场的网站上,对于较小的广告以及对于没有干扰性(例如交互、视频和音频)功能的广告而言。

5.2.3　新媒体商业模式

尽管早就知道广告会引起受众流失,但电视网络从未针对每位受众收费。基于尼尔森受众群体的估计过于粗糙,以至于无法通过广告来精确估算受众群体规模。取而代之的是,电视网络始终按时间单位(即每 30 秒)收费。广告销售合同确实包括最低受众阈值,但是这些阈值通常设置为比预期受众规模小大约两个标准差。当尼尔森的受众群体点估计值未达到承诺水平时,网络将提供补偿广告(make-goods)——免费广告库存,以补偿广告商。

由于电视广告商和电视网络利益的分歧,广告销售可能会出现严重的低效率现象。广告商试图通过使其广告引起注意来"突出重围",因此会采用诱人的刺激措施,这些措施有助于引起观众注意并加强对其销售信息的印象。这些刺激措施可能会引起一些不在广告市场中的观众的厌恶,从而促使他们转换频道或快进。通常,这些观众会错过剩余的商业广告时段,很可能也包括随后的广告时段。因此,最有效的广告(销售效果非常好的广告)实际上可能会减少观众对于其他广告商的广告的注意力。电视网络的传统做法是基于一个准随机的基础上在休息时间订购广告,而这种做法加剧了这一问题。

Goldstein et al. (2013)对这一假设进行了巧妙的检验:在网上雇用工人来完成标准的电子邮件分类任务,同时又将他们暴露在横幅广告中。工人被随机分配到三种薪水之一和三种广告情形之一的场景中:无广告、烦人的广告或不烦人的广告。然后,研究人员观察了每个工人的产出,以估算不同种类广告内容的补偿变量。研究发现,不烦人的广告和无广告的环境使工人的产出水平大致相等,但是烦人的广告环境会导致工人更快地放弃任务。为了实现与在烦人的广告环境下相同的任务放弃率,研究人员不得不将工人的薪水降低大约 1 美元/千次印象。

Wilbur et al. (2013)指出,数字电视信号传送网络的迅速扩大使得重新设计电视网络的业务模型从而更好地协调电视网络和广告商的利益成为可能。Wilbur et al. (2013)设计了一种算法,用于在内生的广告时长的情况下选择、排序并为其定价。该算法的主要思想是找到广告的选择和排序,以最大化所有广告商在广告时段内的总福利。为此,需要使用动态规划来优化网络的对立目标,即保留受众并将休息时间的每个时段分配给具有最高支付意愿的广告商。支付将采用次高价拍卖来分配,以激励真实的竞标,并以较低的广告转台率回报广告商。使用市场数据估算了模型的原始数据,并进行了一系列模拟,以表明该模型始终能够找到最佳解决方案,增加了广告商的整体福利和网络收入,并且运行速度足够快,可以大规模实施。

5.2.4　媒体市场结果

媒体传播网络的数字化通过降低传播和进入成本,改变消费者对新产品和缝隙产品的探索,以及改变所提供的产品质量范围来改变媒体市场。

数字化给印刷报纸市场带来了巨大的变化。George and Waldfogel(2006)研究了高质量的全国性报纸(《纽约时报》)进入和拓展对美国当地报纸市场的影响,发现全国性报纸的目标读者倾向于采用全国性报纸来替代当地报纸,而当地报纸的反应则是增加能吸引非全国性报纸目标受众的内容。

在消费者产品的背景下,数字传播的影响已被广泛研究。Brynjolfsson et al. (2011)发现,即使在控制可选择产品种类不变的情况下,在线分销所产生的产品销售额度比实体分销更大,进而将销售额的增加归因于数字发行带来的消费者搜索和推荐引擎的改进。Ellison and Wolitsky(2012)研究了企业如何通过提高消费者的搜索成本来应对在线竞争的加剧。研究发现,当消费者难以承受搜索成本时,或者消费者对搜索成本的外生成分不完全了解时,企业就有动机进行混淆视听(例如使消费者对可用选项的评估变得复杂)。

Waldfogel(2013)研究了数字化对唱片音乐行业的销售、生产、发行成本以及产品质量的共同影响。数字化引发了三项重大变化:盗版音乐增加,进入壁垒减少,新的音乐发现方式(例如互联网广播)被发明出来。结果是传统音乐唱片公司的唱片产量急剧下降,大量的新制作人涌入,取得商业性成功的专辑中来自独立制作人的市场份额稳步增加。

有趣的是,印刷报纸行业经历了一些类似于 Waldfogel(2013)所记录的变化。一个普遍的问题是,电视/视频行业最终是否会发生类似的变化? 一个可能的差异化因素是:在在线视频领域中,当前的带宽限制很紧。视频的消费水平过高,视频节目文件过大,而当今的有线和电信网络太慢,若所有消费者同时从广播视频消费中切换到家庭互联网连接上的各个消费独立视频流消费,将会造成重大延迟。[1]但是,如果网速显著提高(这似乎最终一定会发生,即使不是当下立刻发生),那么电视行业可能也会发生类似的变化。但是,在存在约束性的视频传输限制的情况下,在线视频可能会继续存在,作为对传统电视消费的补充,作为一种小众节目需求、用户生成的内容、主要网络内容的延迟发布的渠道,以及现有节目制作者识别高价值生产投入的一种手段。

5.3 多任务处理的影响

一个正在看着电视的消费者有两个主要的进行多任务处理的动机:①由电视屏幕上的某些内容驱使的信息搜索;②避开厌恶的电视内容(例如广告或节目的无聊内容),即媒体互补性和注意力竞争。

多任务处理行为已在实验室实验和家庭观察研究中受到研究。例如,Pearson and Barwise(2007)分析了在 22 户家庭中录制的录像带,发现在现场直播节目中,观众注意到了 79%的广告,这些广告被定义为"参与者直接收看和收听电视,而没有做任何其他需要有意识注意力的事情"。同时,即使在年轻观众中,数码视频录像机的使用几乎总是次于实时观看。Jayasinghe and Ritson(2013)研究了来自 8 个澳大利亚家庭的录像带和访谈,表明了家庭成员参与广告或忽略广告的多种方式。Brasel and Gips(2011)对 42 名大学生和员工进行了

---

① Waldfogel(2009)对大学生进行了调查,以了解互联网视频的使用如何影响他们的电视消费,发现 YouTube 上的无证电视内容导致网络电视收视率略有下降,但抵消了电视网络网站上的消费增长。

研究,当他们在实验室中同时使用电视和互联网时对他们进行录像。受试者平均每分钟在电视和互联网之间切换注意力 4 次,并且将自己的切换行为低估为实际的 1/8。从如此小的样本中得出的结果尽管可能并不代表更广泛的人群,但提供了自然环境中观众行为的生动描述。

5.3.1　媒体互补性

公司是否通过同时在多种媒体上投放广告来实现范围经济？这也许可以通过在多种媒体之间分配媒体预算以加强向多任务消费者发送的消息,而这种方式是单一媒体广告无法做到的。同样,在更多媒体中投放广告可能会使单任务消费者更好地接收到广告,否则他们可能会无法接收到这些广告。最近的大量研究发现了电视广告和互联网广告对线下销售产生协同效应的证据(Kolsarici and Vakratsas, 2011; Naik and Peters, 2009; Naik and Raman, 2003; Naik et al., 2005; Ohnishi and Manchanda, 2012; Stephen and Galak, 2012)。但是,这些研究大多使用汇总数据,可能难以将多媒体协同效应和其他可能与广告支出和销售均相关的未观察到的变量区分开。Bollinger et al. (2013)以及 Zantedeschi et al. (2014)在个体层面的数据研究中发现了进一步的确凿证据。

现在有大量证据表明,电视广告可以促使消费者进行搜索。Zigmon and Stipp (2010, 2011)提供了一些案例研究,表明在谷歌输入的搜索关键词会立即出现在冬奥会期间播出的电视广告上。Lewis and Reiley(2013)指出,在雅虎网站上,特定品牌的广告查询在超级碗广告时段内立即激增(而当这些品牌在商业时段内不授放广告时,则没有激增)。Joo et al. (2014,2015)调查了在 3 个月的时间内针对成熟类别(金融服务)的每小时广告和谷歌搜索数据,结果表明电视广告在产品类别中产生了新的搜索,并且增加了包含品牌关键词搜索的比重。

还有大量证据表明,广告引起的互联网行为催生了线上销售。Wu et al. (2005)提供了第一个这样的证据。Wu et al. (2005)表明,仅在线公司(只存在于线上的公司)使用杂志广告可以将购物者引导至网站,并且随后的转化率取决于网站的特征。与此同时,正确的推断需要用户获取和转化的联合建模,因为访问量生成和销售线索中未观察到的特征可能是相关的。最近,Kim and Hanssens(2014)研究了广告、博客提及、在线搜索和电影收入的数据,发现发布前的广告会同时产生搜索和博客,而博客会产生进一步的搜索。Hu et al. (2014)将从谷歌搜索解析①收集的搜索数据引入销售/广告响应模型并使用汇总数据发现,汽车广告与汽车品牌的搜索量呈正相关,并且在感兴趣的消费者之间的转换率更高。Liaukonyte et al. (2015)估计了在 20 个品牌网站的在线购物行为(访问量和销售额)的量度如何在电视广告播出的狭窄时间窗口内发生变化,以及这些影响如何取决于广告内容,发现直接反应策略会同时提高访问概率和购买概率。相比之下,信息性或情感性品牌策略在减少访问量的同时,增加了访问者的销售额,这与 Anderson and Renault (2006)所预测的提高消费者搜索效率是一致的。

---

① 译者注:谷歌搜索解析(谷歌搜索趋势)是谷歌公司的一款服务,用于分析用户在谷歌中搜索过的条目。

有大量证据支持反向效应:互联网内容会影响电视观看。该领域的早期工作集中于线上热度对电视观看和图书销售的影响(Chevalier and Mayzlin,2006;Godes and Mayzlin,2004)。最近,Gong et al.(2015)在中国进行了实地实验,结果表明电视节目收视率响应于微博服务上发布的帖子和内容。Hill and Benton(2012)发展了一种方法,通过该方法可以挖掘消费者的推特账户以生成电视节目推荐。一言以蔽之,有足够的证据表明电视内容和广告可以推动在线行为,并且在线信息可以影响电视观看选择。

5.3.2 注意力竞争

Anderson and de Palma(2012)建立了关于消费者注意力的限制如何影响产品市场竞争和广告的模型,并预测,更多类别的新产品进入市场将提高广告价格和混乱程度,但也只能达到一定程度。在某个时刻,太多的广告被发布,以至于产品市场竞争加剧,广告赢利能力下降。①

Wallsten(2014)研究了 ATUS 数据,以确定对一种媒介(互联网)的关注度提高会如何影响对其他活动(如看电视)的关注度。Wallsten(2014)发现,每增加 1 分钟的互联网使用时间,将会减少 0.13 分钟的看电视时间。Woo et al.(2014)研究了韩国类似的调查数据,复制了电视和互联网使用之间的负相关性,但发现移动设备上的电视和互联网使用之间的负相关性比台式计算机上的电视和互联网使用之间的负相关性小得多。Zentner(2012)借由 80 个国家的面板数据集中量化了互联网的采用如何改变广告收入的情况,发现互联网渗透率与电视和平面广告收入之间存在负相关关系,但互联网渗透率与广播广告收入之间没有相关关系。

最好的证据也许来自 Reis(2015)。Reis(2015)分析了来自"三重播放"电视/电话/互联网提供商的数据,并通过使用工具变量方法和实地实验,表明电视消费的增加与互联网下载流量的减少有关。但是,即使这样也不能说明多任务处理如何影响电视消费,因为多任务处理时间的增加可能反映为下载流量的减少。尚无研究利用大规模的样本确凿表明有关电视和互联网同时使用的证据,这可能是由于通过多个互相竞争的平台对个人同时进行的媒体活动进行被动测量是一个内生的困难。

少量的文献表明了媒体特征如何影响营销效果。Magee(2013)报告了一项实地实验的结果,在这一实验中,促销杂志的订阅用户收到了该杂志的印刷版或数字版。尽管大多数读者都偏爱数字版,但收到印刷版的人更有可能打开它,花更多时间浏览它,并获得更多信息。Brasel and Gips(2013)操纵了用于访问互联网的物理接口实验对象,发现触摸的界面(例如智能手机和平板电脑中的界面)可以增强人们的心理所有权和禀赋效应。得出的结论是:"与传统计算机相比,触摸的设备,例如平板电脑,可以带来更高的产品估价。"这对在线商务可能具有重大意义。

---

① 另请参阅第 10 章。

5.4　讨论

市场数据非常清楚地表明,尽管受到新媒体竞争和移动设备普及的影响,视频消费仍在下降,但人们消费视频的方式在不断发展。数字化通过提供 OTT 视频和数码视频录像机等服务,增强了消费者对媒体的控制。屏幕扩散导致使用"第二块屏幕"进行多任务处理的趋势增强,即使消费者能够对广告做出即时反应,又增强了对稀缺的消费者注意力的激烈竞争。

我们的理解仍然存在重大不足。前面的讨论直接引出了一些研究机会。首先,最重要的问题包括:媒体多任务处理和广告屏蔽如何改变广告效果? 多任务处理如何影响消费者习惯的形成和成为节目固定观众的倾向? 节目和广告内容如何影响开始、停止或继续转移注意力到"第二块屏幕"的冲动? 多任务处理趋势会如何随着观众过去对该节目的观看经验而发生变化? 用户在线产生的内容如何,以及为什么会影响、增强或削弱消费直播节目的体验? 电视网络和广告商如何通过在线渠道尝试在直播节目中影响消费者的注意力?

其次,现有媒体平台在多大程度上能够生成、采样和采用新的策略和业务模型。由于广告预算已转移到网上且报纸收入下降,传统报纸行业似乎变得相当厌恶风险。现有的电视网络和企业集团会充分利用数字化提供的机会,还是新一代媒体平台能够更加有效地利用这些机会? 像正在出现在录制(音频)音乐和喜剧市场中那样,个体节目创作者将在多大程度上开始通过 OTT 服务或直接下载向消费者直接提供其内容?

最后,同时也最根本的是,如果不更深入地了解媒体行业为消费者满足的需求,就很难预测技术变革对大众媒体行业的影响。大多数媒体经济学研究都集中在平台之间的互动或代理类型(例如广告商和观众)之间的互动。但是,我们仍然没有很好地了解为什么普通观众每天观看 3—5 个小时的视频,为什么视频媒体如此流行和习惯化,或者通过视频播放来解决不同需求(教育、娱乐、信息、地位、社交关系等)的范围是什么。观众需求和行为的基本分类法将有助于预测当前大众媒体行业的特定方面,这些方面将随着未来的技术变化而发展。

致谢

感谢西蒙·安德森(Simon Anderson)、彼得·达纳赫(Peter Danaher)、罗恩·格特勒(Ron Goettler)、凯瑟琳·塔克(Catherine Tucker)和乔尔·沃尔德福格尔(Joel Waldfogel)提出的宝贵评论和讨论,也由衷感谢安德森(Anderson)和沃尔德福格尔(Waldfogel)邀请我撰写本章。

参考文献

Anderson, S. P., de Palma, A., 2012. Competition for attention in the information （overload）age. RAND J. Econ. 43（1），1-25.

Anderson, S. P. , Gans, J. S. , 2011. Platform siphoning ad-avoidance and media content. Am. Econ. J. Microecon. 3（4），1-34.

Anderson, S. P. , Renault, R. , 2006. Advertising content. Am. Econ. Rev. 39（1），305-326.

Athey, S. , Calvano, E. , Gans, J. S. , 2013. The Impact of the Internet on Advertising Markets for News Media. Mimeo, University of Toronto.

Becker, G. , Murphy, K. , 1993. A simple theory of advertising as a good or a bad. Q. J. Econ. 108（4），941-964.

Bergemann, D. , Bonatti, A. , 2011. Targeting in advertising markets implications for offline vs. online media. RAND J. Econ. 42, 417-443.

Bergemann, D. , Bonatti, A. , 2014. Selling cookie. Am. Econ. J. Microecon. 7（3），259-294.

Bollinger, B. K. , Cohen, M. A. , Lai, J. , 2013. Measuring Asymmetric Persistence and Interaction Effects of Media Exposures Across Platforms. Mimeo, New York University.

Brasel, S. A. , Gips, J. , 2008. Breaking through fast-forwarding brand information and visual attention. J. Mark. 72, 31-48.

Brasel, S. A. , Gips, J. , 2011. Media multitasking behavior concurrent television and computer usage. Cyberpsychol. Behav. Soc. Netw. 14（9），527-534.

Brasel, S. A. , Gips, J. , 2013. Tablets, touchscreens and touchpads how varying touch interfaces trigger psychological ownership and endowment. J. Consum. Res. 24, 226-233.

Bronnenberg, B. J. , Dube, J. -P. , Mela, C. F. , 2010. Do digital video recorders influence sales? J. Mark. Res. 30（3），447-468.

Brynjolfsson, E. , Hu, J. , Simester, D. , 2011. Goodbye Pareto principle, hello long tail：the effect of Internet commerce on the concentration of product sales. Manag. Sci. 57（8），1373-1387.

Business Insider（BI），2013. The Future of Digital 2013. Slide deck.

Cable Advertising Bureau（CAB），2014. Why Ad-Supported Cable? White Paper.

Chevalier, J. , Mayzlin, D. , 2006. The effect of word of mouth on sales online book reviews. J. Mark. Res. 43（3），345-354.

Deng, Y. , 2015. DVR Advertising Targeting. Mimeo, Duke University.

Digital TV Research, 2014. North America to Add 5 Million Pay TV Subscribers. Press release.

Dukes, A. , Gal-Or, E. , 2003. Negotiations and exclusivity contracts for advertising. Mark. Sci. 22（2），222-245.

Ellison, G. , Wolitsky, A. G. , 2012. A search cost model of obfuscation. RAND J. Econ.

43，417-441.

eMarketer，2012. Traditional Media Still Most Trusted Sources of Info. Press release.

Esteves-Sorenson，C.，Perretti，F.，2012. Micro-costs inertia in television viewing. Econ. J. 122 (563)，867-902.

Fetto，J.，2013. Americans Spend 58 Minutes a Day on Their Smartphones. Accessed March 2014. http://www. experian. com/blogs/marketing-forward/2013/05/28/americans-spend-58-minutes -a-day-on-their-smartphones/.

George，L. M.，Waldfogel，J.，2006. The New York Times and the market for newspapers. Am. Econ. Rev. 96 (1)，435-447.

Ghosh，B.，Stock，A.，2010. Advertising effectiveness, digital video recorders，and product market competition. Mark. Sci. 29 (4)，639-649.

Ghosh，B. P.，Galbreth，M. R.，Shang，G.，2013. The competitive impact of targeted television advertisements using DVR technology. Decis. Sci. 44 (5)，951-971.

Godes，D.，Mayzlin，D.，2004. Using online conversations to study word-of-mouth communication. Mark. Sci. 23 (4)，545-560.

Goldfarb，A.，Tucker，C.，2011a. Online display advertising targeting and obtrusiveness. Mark. Sci. 30 (3)，389-494.

Goldfarb，A.，Tucker，C.，2011b. Privacy regulation and online advertising. Manag. Sci. 57 (1)，57-71.

Goldstein，D. G.，McAfee，R. P.，Suri，S.，2013. The cost of annoying ads. In：Proceedings of the 23rd International World Wide Conference.

Gong，S.，Zhang，J.，Zhao，P.，Jiang，X.，2015. Tweeting Increases Product Demand. Working paper. Massachusetts Institute of Technology.

Google，2012. The New Multi-Screen World Understanding Cross-Platform Consumer Behavior. White Paper.

Hill，S.，Benton，A.，2012. Talkographics Using What Viewers Say Online to Calculate Audience Affinity Networks for Social TV-Based Recommendations. Mimeo，University of Pennsylvania.

Hu，Y.，Du，R.，Damangir，S.，2014. Decomposing the impact of advertising：augmenting sales with online search data. J. Mark. Res. 51 (3)，300-310.

Interian，Y.，Dorai-Raj，S.，Naverniouk，I.，Opalinski，P. J.，Kaustuv，Zigmond，D.，2009. Ad quality on TV：predicting television audience retention. In：Proceedings of the Third International Workshop on Data Mining and Audience Intelligence for Advertising，Paris，France，pp. 85-91. http://www. australianscience. com. au/research/google/35368. pdf.

Jayasinghe，L.，Ritson，M.，2013. Everyday advertising context：an ethnography of advertising response in the living room. J. Consum. Res. 40 (1)，104-121.

Joo, M., Wilbur, K. C., Cowgill, B., Zhu, Y., 2014. Television advertising and online search. Manag. Sci. 60 (1), 56-73.

Joo, J., Wilbur, K. C., Zhu, Y., 2015. Effects of TV advertising on keyword search. Int. J. Res. Mark. forthcoming.

Kim, H., Hanssens, D. M., 2014. Paid and Earned Media, Consumer Interest and Motion Picture Revenue. Mimeo, University of California, Los Angeles.

Kolsarici, C., Vakratsas, D., 2011. The Complexity of Multi-Media Effects: Marketing Science Institute Working Paper Series 2011 Report No. 11-100. Marketing Science Institute. http://www. mcgill. ca/files/_nea/211583_MSIWP. pdf.

Leichtman Research Group (LRG), 2013. The Rise and Plateau of DVRs. White Paper.

Lewis, R. A., Reiley, D. H., 2013. Down-to-the-minute effects of super bowl advertising on online search behavior. In: 14th ACM Conference on Electronic Commerce, 9. p. 4, Article 61.

Liaukonyte, J., Teixeira, T., Wilbur, K. C., 2015. How TV ads influence online search. Mark. Sci. 34 (3), 311-330.

Magee, R. G., 2013. Can a print publication be equally effective online? Testing the effect of medium type on marketing communications. Mark. Lett. 24, 85-95.

Naik, P. A., Peters, K., 2009. A hierarchical marketing communications model of online and offline media synergies. J. Interact. Mark. 23, 288-299.

Naik, P. A., Raman, K., 2003. Understanding the impact of synergy in multimedia communications. J. Mark. Res. 13 (4), 25-34.

Naik, P. A., Raman, K., Winter, R. S., 2005. Planning marketing-mix strategies in the presence of interaction effects. Mark. Sci. 24 (1), 25-34.

Nielsen, 2010. Three Screen Report, 1st Quarter 2010. White Paper.

Nielsen, 2013. 'Binging' Is the New Viewing for Over-the-Top Streamers. Accessed March 2014. http://www. nielsen. com/us/en/insights/news/2013/binging-is-the-new-viewing-for-over-the-top-streamers. html.

Nielsen, 2014a. The Cross-Platform Report. Accessed March 2014. http://www. nielsen. com/us/en/insights/reports/2014/shifts-in-viewing-the-cross-platform-report-q2-2014. html.

Nielsen, 2014b. Social TV on the Rise: Almost One in Two Online Australians Engaging in Digital Conversation. Accessed March 2014. http://www. nielsen. com/au/en/insights/news/2014/social-tv-on-the-rise. html.

Ofcom, 2013. Communications Market Report 2013. White Paper.

Ohnishi, H., Manchanda, P., 2012. Marketing activity, blogging and sales. Int. J. Res. Mark. 29 (2012), 221-234.

Pearson, S., Barwise, P., 2007. PVRs and advertising exposure: a video ethnographic study. Qual. Mark. Res. Int. J. 11 (4), 386-399.

Reis，F. ，2015. Patterns of Substitution between Internet and Television in the Era of Media Streaming - Evidence from a Randomized Experiment. Working paper. Carnegie Mellon University.

Robinson，J. P. ，Martin，S. ，2009. Of time and television. Ann. Am. Acad. Pol. Soc. Sci. 625，74-86.

Sahagian，J. ，2013. Study U. S. Smartphone Penetration Is at 74 Percent. Accessed March 2014. http：//www. emarketer. com/Article/Smartphone-Tablet-Uptake-Still-Climbing-US/1010297.

Schweidel，D. A. ，Kent，R. J. ，2010. Predictors of the gap between program and commercial audiences：an investigation using live tuning data. J. Mark. 74（3），18-33.

Stephen，A. T. ，Galak，J. ，2012. The effects of traditional and social earned media on sales：a study of a micro-lending marketplace. J. Mark. Res. 44（Oct. ），624-639.

Teixeira，T. ，Wedel，M. ，Pieters，R. ，2010. Moment-to-moment optimal branding in TV commercials preventing avoidance by pulsing. Mark. Sci. 29（5），783-804.

Television Bureau of Advertising（TVB），2014. TV Basics. Accessed March 2014. http：//www. tvb. org/research/95487.

TiVo，2013. TiVo Research and Analytics Netflix Not Cannibalizing Traditional TV Viewing. http：//www. marketwired. com/press-release/TiVo-Research-and-Analytics-Netflix-Not-Cannibalizing-Traditional-TV-Viewing-1815308. htm. Accessed April 2014.

Tuchman，A. ，Nair，H. S. ，Gardete，P. ，2015. Complementarities in Consumption and the Consumer Demand for Advertising. Mimeo，Stanford GSB.

Waldfogel，J. ，2013. Digitization and the Quality of New Media Products：The Case of Music. Working paper. University of Minnesota.

Wallsten，S. ，2014. What Are We Not Doing When We're Online? Mimeo，NBER.

Wilbur，K. C. ，2008. How the digital video recorder changes traditional television advertising. J. Advert. 37（1），143-149.

Wilbur，K. C. ，2015. Television Advertising Avoidance. Mimeo，University of California，San Diego.

Wilbur，K. C. ，Zhu，Y. ，2009. Click fraud. Mark. Sci. 28（2），293-308.

Wilbur，K. C. ，Xu，L. ，Kempe，D. ，2013. Correcting audience externalities in television advertising. Mark. Sci. 32（6），892-912.

Woo，J. ，Choi，J. Y. ，Shin，J. ，Lee，J. ，2014. The effect of new media on consumer media usage：an empirical study in South Korea. Technol. Forecast. Soc. Change 89（Nov. ），3-11.

Wu，J. ，Cook Jr. ，V. J. ，Strong，E. C. ，2005. A two-stage model of the promotional performance of pure online firms. Inf. Syst. Res. 16（4），334-351.

Zantedeschi，D. ，Feit，E. M. ，Bradlow，E. T. ，2014. Measuring Multi-Channel Advertising Effectiveness Using Consumer-Level Advertising Response Data. Mimeo，University of Pennsylvania.

Zentner, A., 2012. Internet adoption and advertising expenditures on traditional media: an empirical analysis using a panel of countries. J. Econ. Manage. Strat. 21 (4), 913-926.

Zigmond, D., Stipp, H., 2010. Assessing a new advertising effect measurement of impact of television commercials on Internet search queries. J. Advert. Res. 50 (2), 162-168.

Zigmond, D., Stipp, H., 2011. Multitaskers may be advertisers' best audience. Harv. Bus. Rev. 12 (1/2), 32-33.

Zufryden, F. S., Pedrick, J. H., Sankaralingam, A., 1993. Zapping and its impact on brand purchase behavior. J. Advert. Res. 33, 58-66.

第6章 媒体行业的兼并政策与规制

厄于斯泰因·福罗斯（Øystein Foros）、

汉斯·雅勒·金德（Hans Jarle Kind）、拉斯·索加德（Lars Sørgard）[1]

目 录

---

[1] 作者单位均为挪威经济学院。

摘要:本章旨在研究媒体经济学中有关企业兼并的文献,尤其着重于传统的单边市场和双边媒体市场中兼并的区别(但并非所有的媒体兼并行为都在双边市场进行)。本章第一部分关注的是价格效应,第二部分讨论兼并行为如何影响竞争性媒体平台的类型选择,第三部分讨论双边媒体市场中如何规制兼并行为。由几个兼并的实际案例启发,我们还讨论了如果反垄断部门使用传统的单边途径评估媒体市场兼并行为时(即使采取一事一议的评估办法)可能出现的问题。

关键词:双边市场;兼并;广告;多归属;反托拉斯政策

JEL 分类代码:L11,L13,L41,L82

6.1　引言

正因与媒体有关,媒体间的企业兼并常引起巨大的媒体关注。在互联网时代的第一阶段,美国在线(AOL)以 1650 亿美元收购了更为传统的媒体公司时代华纳(Time Warner)[①],由此掀起了娱乐和媒体并购的浪潮。在美国的广播市场,《1996 年电信法案》实施后兼并逐渐兴起(Sweeting,2015)。1996—2006 年,美国广播市场经历了一次兼并浪潮,实证表明双边市场的特性对兼并产生的产品多样性和广告数量的效应都有重要影响(Jeziorski,2014)。

本章旨在通过研究有关媒体兼并效应的文献,总结出双边和传统单边市场的兼并行为或能如何产生不同效果。一是关注价格效应,二是讨论兼并如何影响竞争性媒体平台的类型选择,三是讨论双边媒体市场中反垄断政策如何规制双边媒体市场的兼并行为。

有关双边市场的文献表明,广告平台的兼并效应或与从传统单边市场文献中得出的结论不同。一方面,假设效率没有提高,单边市场中扩大市场势力的兼并行为将导致更高的消费者价格。另一方面,在双边市场,在市场一侧扩大市场势力的兼并行为倾向于在另一侧降低价格(Rochet and Tirole,2006;Weyl,2010)。有着重大影响的双边媒体市场论文(Anderson and Coate,2005)预测,如果消费者不喜欢广告,兼并行为会使平台广告价格更低。事实上,这个令人困惑的结论是由于假设了消费者仅在一个媒体平台逗留(如仅收看一个电视频道或仅阅读一份报纸),即所谓单归属(single-homing)。于是,平台在广告商投放

---

① 华纳和时代的兼并发生在 1990 年。

独占性广告层面有了垄断地位,因此无须争夺广告商[Armstrong(2002,2006)提出的竞争瓶颈问题]。近来已有了多归属(multi-homing)消费者假设下争夺广告商的研究成果(Ambrus et al.,2015;Anderson and Peitz,2014a,2014b;Anderson et al.,2015a,2015b;Athey et al.,2013)。对单归属模型得出的困惑的预测可能会瓦解,当广告商资助的平台被合并,广告价格或将提高。

有关兼并行为如何影响多样性和差异化动机的分析被认为是媒体市场中的重要问题。经典理论成果包括 Steiner(1952)和 Beebe(1977)。Steiner(1952)认为兼并行为或减少广告赞助频道的类型重复,并进而提升多样性。这项预测在广播市场(Sweeting,2015)、报纸市场(Chandra and Kaiser,2015)、电视市场(Crawford,2015)都有了一些实证支持。Steiner(1952)有一个重要假设是若人们无法收看其最偏好的电视节目,他们将完全不看电视。Beebe(1977)放开了这个假设,允许消费者有第二偏好,即如果他们最偏好的类型无法收看,他们可能会看其他类型进行替代。这样修改后,Beebe(1977)对 Steiner(1952)的兼并会提高多样性的结论提出了疑问。相反,这个结论的反面可能才符合事实:兼并将减少播出类型,更糟的是,这还可能使消费者无法再收看其第一偏好的节目。

最近,Anderson et al.(2015b)构造了一个霍特林模型,其中(一些)消费者是多归属,两个媒体平台可以内生地选择位置,并由此得出了惊人的结论:两个平台的兼并可能对类型(霍特林模型的位置)选择毫无影响,进而对多样性没有影响。

以上引用的所有文献有一项结论是相同的,单边市场和双边市场的兼并行为导致的结果可能大为不同。一个重要问题是反垄断监管部门如何将此纳入对媒体兼并行为的评估,大量案例证明反垄断监管部门对媒体兼并运用的是传统的单边市场逻辑,因此仅关注了双边市场中的单侧。但这样的评估过程是不正确的,比如说,这忽视了市场单侧的价格提高会引起另一侧的价格下降。在过去几年,反垄断监管部门分析兼并行为对价格影响的方法已有了改进,并已延伸至双边市场框架,但其对非价格效应的分析甚少改进,譬如兼并行为如何影响了媒体多样性。

尤其是,由于互联网的发展,媒体市场结构和技术已有了重大变化,这些变化对兼并行为的动机和效应都产生了影响。因网络平台的转型,消费者更倾向于多归属。以广告赞助的电子报为例,读者能轻松地浏览多家媒体提供的新闻,而过去读者只能阅读一份报纸。不仅传统媒体登上网络,一些新的广告赞助玩家涌现,从像谷歌、脸书、YouTube 这样的巨头到小博主们,增强广告商的竞争。此外,尤其是通过智能手机增加的内容提供新渠道也值得注意,这表明,消费者能够同时使用多个平台。Ofcom(2014)写道:"英国成年人将超过 11 小时的通信和媒体活动压缩至 9 小时以内。一个成年人每天的媒体和通信活动总量为 11 小时 7 分钟。但因媒体活动能同时进行,时间压缩至每天 8 小时 41 分钟。"随着多归属现象越来越普遍(Peitz and Reisinger,2015),了解广告商如何竞争变得更加重要,在评估兼并时也是如此。

即使消费者因平台更多而提高了消费量,但其注意力是有限的,这可能给广告赞助平台以兼并的动机。正如《华盛顿邮报》(*Washington Post*)所强调的:"网络空间是无限的,但消费者的注意力是有限的,且现在已被分散在多种媒体。因此企业要引起消费者注意,若在多个平台投放广告,就可能面临重复触及同一名消费者的风险,或者若只在一个平台投放,就可能只触及一部分消费者。这使有更大影响力的媒体在广告定价上有更大决定权,因其能触及更多人群并降低重复触及风险。"(Athey et al.,2013)

兼并效应在本书其他部分亦有提及。本书中,Sweeting(2015)讨论了广播市场的兼并效应。Chandra and Kaiser(2015)讨论了纸质媒体平台(报纸和杂志)的兼并行为,Crawford(2015)讨论了电视媒体的兼并。

6.2　双边市场中兼并行为的价格和数量效应

在双边市场中,两组用户通过一个平台相联系,其中至少一组用户对另一组有着正的网络外部性(Anderson and Jullien,2015,本书中对双边市场的定义)。在媒体市场,两组用户通常是广告商和消费者(观众或读者或听众),平台是向消费者提供内容的媒体公司。广告赞助媒体平台向广告商提供眼球(消费者)。广告商偏好触及尽可能多的消费者,因而消费者一侧对广告商一侧有正网络外部性,而广告商对消费者的影响取决于消费者对广告的态度。如果消费者不喜欢广告,比如电视(Crawford,2015)和广播(Sweeting,2015)的消费者,则广告商对消费者有负外部性;相反,杂志消费者可能喜欢广告(Chandra and Kaiser,2015),此情形下广告商对消费者有正外部性。Anderson and Jullien(2015)对双边市场的经济学分析有完整的阐述。这里仅分析兼并的效应。在第 6.3 节,我们分析了兼并行为怎样影响媒体平台的类型选择,并将产品特征和商品数量固定,这样做的目的是只关注价格(和数量)的净效应。综合来看,市场一侧的势力提高将降低另一侧的价格(Rochet and Tirole,2006;Weyl,2010[①])。

6.2.1　背景:单边市场中兼并的价格和数量效应

将产品特征、成本、商品数量等因素固定,兼并行为对市场一侧的价格净效应通常就一目了然。考虑现在有两家报社,它们都只收取订阅费(没有广告)。一般经济学理论认为,消费者眼中报纸有相近替代,如果两家报社竞争,在其他条件不变的情况下,两者利润均会减少。每家报社都有调低订阅费以从对手处获得更多订阅量的动机,同时消费者更容易从一家的产品转向另一家的产品。如果两者兼并(或合作定价),商业抢占效应将被内部化,因而价格一定会上涨。

Farrell and Shapiro(1990)分析了兼并对单边市场可能的福利效应。[②] 首先,研究考虑了兼并后可能的价格上涨,证明了如果成本没变,生产替代品的企业间兼并会提高价格。固定成本下降不会产生影响,而边际成本降低则会产生变化。在古诺(Cournot)竞争型市场,Farrell and Shapiro(1990)推导出为防止兼并后的价格上涨压力,边际成本需下降多少。近期的研究将 Farrell and Shapiro(1990)的分析拓展至其他市场结构,尤其是具有差异化产品的伯

---

① Weyl(2010)也谈到了媒体市场的兼并效应。
② 其模型基于 Williamson(1968)的非正式模型,证明了存在竞争程度和成本节约之间的福利权衡。

川德(Bertrand)模型。[①] 这个方法在反垄断机构分析兼并行为中十分重要(详见第6.4节),原因之一是反垄断监管部门以消费者福利为标准,因此分析对最终消费者的价格影响变得非常必要。

Farrell and Shapiro(1990)还分析了兼并如何引起企业间产量的再分配。若再分配发生,可能改变行业内成本水平。要理解这一点,考虑两家因低边际成本而拥有高市场份额的企业兼并。兼并后,它们提高价格并减少产量,其他非兼并企业生产得更多。这就是从低成本企业向高成本企业的产量再分配。这解释了大型企业间的兼并为何会降低总体福利水平,而小型企业间的兼并即使导致了价格上涨仍能提升总体福利水平。

6.2.2　双边市场和单归属消费者

在有着重大影响的双边媒体市场论文(Anderson and Coate,2005)中,消费者被限定只能接触一个由广告支持的媒体平台,这在文章中被称为单归属,而广告商为多归属,能在所有平台投放广告。单归属假设使为争取广告商的价格竞争变得无关;每个平台都在向广告商提供消费者上有垄断权。这产生了 Armstrong(2002,2006)提出的竞争瓶颈问题。若考虑平台间兼并效应,当消费者不喜欢广告,单归属假设则会导致一个难题。正如之前所述,电视观众通常不喜欢广告。

Anderson and Coate(2005)考虑了在消费者不喜欢广告的情况下,两家广告赞助电视频道间的竞争。在 Anderson and Coate(2005)的模型中,电视频道间的竞争靠减少广告以吸引观众。若两者兼并进而转变为垄断,将导致更多的广告和更低的平均广告价格(以每名观众计)。[②] 如同单边市场情形下,企业兼并使竞争程度降低。对比传统市场,竞争程度降低导致广告价格降低和相应的广告量增加。市场另一侧的消费者,即观众,由于不喜欢广告且唯一的"费用"就是承担了收看广告的心理成本,因此福利下降。兼并的总福利效应将取决于兼并后是否存在广告和节目数量的低额或超额供给。[③]

消费者对广告的态度(无论喜欢与否)对于双边市场中的兼并效应有重要影响。尤其是,对于广告爱好者,广告市场被预期以"正常"方式运行,即兼并引起广告价格提高。不幸的是,从现有的文献中,我们无法就消费者对广告的态度如何影响双边市场中兼并的福利后果得出任何明确而有力的结论。

6.2.3　双边市场和多归属消费者

近期几篇论文表明,引入对广告商的竞争或能证实兼并行为可能降低广告费这一令人困惑的预测(Ambrus et al.,2015；Anderson and Peitz,2014a,2014b；Anderson et al.,2015a；Athey et al.,2015)。

Ambrus et al.(2015)替代了旧作 Ambrus and Reisinger(2006),考虑了一般消费者需求函

---

① Werden(1996)已拓展至伯川德模型和差异化产品,Farrell and Shapiro(2010)做出了进一步拓展。

② Anderson and Coate(2005)考虑了节目(市场提供的节目量)不被兼并影响的规则。而广告市场的低价竞争会产生有违直觉的效应(Barros et al.,2004)。

③ Anderson and Coate(2005)、Kind et al.(2007)也讨论了广告的低额或超额供给,并比较了存在共谋的竞争,后者可看作垄断。Ambrus et al.(2015)证明了多归属将使竞争性均衡中广告的低额供给现象难以出现。

数并允许(部分)消费者为多归属,也放松了有关所有媒体消费者必然能关注到所接触的所有广告的通常假设,并更为合理地假设了任一消费者有一定概率地关注到任一则广告。这有一个重要含义:让同一名消费者多次接触同一则广告可能为最优。对比本章后文讨论的Anderson et al. (2015a),追求利润最大化的广告商可能因此选择在多家平台投放广告,即使在所有消费者都为多归属的极端情况下。

Ambrus et al. (2015)考虑存在两家广告赞助电视频道 ($i = 1,2$) 的情形,一开始采用非关键性假设,即广告商是同质的。消费者在两个频道间偏好有差别,以类型描述 $q := (q_1, q_2)$。 Ambrus et al. (2015)分析了一个两阶段博弈:阶段一,平台非合作地提供合同给广告商;阶段二,广告商和消费者决定是否加入平台[1]。

当且仅当 $q_i - \gamma n_i > 0$ 时,消费者会观看频道 i。其中,$\gamma > 0$,是广告的负效用,$n_i > 0$,是平台上的广告强度。这意味着:若 $q_1 - \gamma n_1 > 0$ 且 $q_2 - \gamma n_2 < 0$,则消费者单归属于频道1;若对 $i = 1,2$ 都有 $q_i - \gamma n_i > 0$,则消费者为多归属;若对 $i = 1,2$ 都有 $q_i - \gamma n_i < 0$,则消费者不会收看任何频道(即零归属)。注意,这种构想意味着是否观看频道 i 与频道 j 的广告量无关。 这表明收看特定频道带来的效用增加独立于收看其他频道的效用。与单归属框架下(Anderson and Coate,2005)相反,频道 i 观众人数不会因对手公司广告量增加而增加。

生产者告知消费者产品的价值等于 ω。频道 i 的单归属消费者意识到给定广告的概率是 $\phi_i(n_i)$,而多归属消费者的概率等于 $\phi_{12}(n_1, n_2)$。 概率函数在 Ambrus et al. (2015)的论证中是递增的和凹的。

公司在两个平台上做广告的预期总收益为

$$u(n_1, n_2) = \omega \left[\sum_{i=1}^{2} D_i(n_1, n_2) \, \phi_i(n_i) + D_{12}(n_1, n_2) \, \phi_{12}(n_1, n_2) \right] 。$$

其中,D_i 是在频道 i 上的单归属消费者的数量,D_{12} 是多归属消费者的数量。当广告的固定成本等于 t_i 时,广告商的净回报等于 $u(n_1, n_2) - t_1 - t_2$。在均衡中,每个平台可以获得使竞争对手报价的增量值,这意味着

$$t_1^d = u(n_1^d, n_2^d) - u(0, n_2^d),$$
$$t_2^d = u(n_1^d, n_2^d) - u(n_1^d, 0)。$$

在两个渠道做广告,多归属消费者的概率增加 $\phi_{12} - \phi_j$ 单位。因此,平台 i 可以向多归属消费者收取 $\omega D_{12}(\phi_{12} - \phi_j)$,向单归属消费者收取 $\omega D_i \phi_i$。广告商的数量设为1,这也将是广告商在均衡中的数量(因为它们被假定为同质的)。因此,频道 i 的利润为:

$$\Pi_i^d = t_i^d = \omega [D_i \phi_i + D_{12}(\phi_{12} - \phi_j)]。$$

如果频道 i 增加了1个单位的广告强度,则一个单归属或多归属消费者意识到广告的概率分别增加 $\dfrac{\partial \phi_i}{\partial n_i}$ 和 $\dfrac{\partial \phi_{12}}{\partial n_i}$ 单位。该频道的边际价值是 $\omega \left(D_i \dfrac{\partial \phi_i}{\partial n_i} + D_{12} \dfrac{\partial \phi_{12}}{\partial n_i} \right)$。 然而,由于消费者不喜欢广告,该频道也会丢失一些观众(单归属丢失 $\dfrac{\partial D_i}{\partial n_i}$,多归属丢失 $\dfrac{\partial D_{12}}{\partial n_i}$)。因此,广告

① 我们关注到媒体公司有靠广告市场提高收益的,也可依靠订阅费提高收益。这里仅讨论单纯依靠广告提升收益的情形。

强度加大的边际成本 $\mathrm{MC}_i^d = \omega\left[\phi_i \dfrac{\partial D_i}{\partial n_i} + (\phi_{12} - \phi_j)\dfrac{\partial \phi_{12}}{\partial n_i}\right]$。因此，均衡广告强度是：

$$D_i \frac{\partial \phi_i}{\partial n_i} + D_{12}\frac{\partial \phi_{12}}{\partial n_i} = -\left[\phi_i \frac{\partial D_i}{\partial n_i} + (\phi_{12} - \phi_j)\frac{\partial \phi_{12}}{\partial n_i}\right]。$$

现在假设这两个频道兼并，形成一个双频道垄断。由于广告商是同质的，平台将设置固定的广告费率，以便它们获取所有盈余。兼并后公司的利润为

$$\Pi^m = \omega\left[\sum_{i=1}^2 D_i\phi_i + D_{12}\phi_{12}\right]。$$

加大广告强度的频道 i 的边际价值不依赖于它是否与频道 j 兼并；加大 1 个单位的广告强度的收益仍然等于 $\omega\left(D_i\dfrac{\partial \phi_i}{\partial n_i} + D_{12}\dfrac{\partial \phi_{12}}{\partial n_i}\right)$。然而，兼并后的公司会考虑到频道 i 的广告强度越高，频道 j 的单归属观众数量越大，$\dfrac{\partial D_i}{\partial n_i} > 0$。因此，加大广告强度的边际成本 $\mathrm{MC}_i^m = \omega\left[\phi_i\dfrac{\partial D_i}{\partial n_i} + (\phi_{12} - \phi_j)\dfrac{\partial D_j}{\partial n_i}\right]$。但是，回想一下，任何一个频道的观众的总规模与另一个频道的广告水平无关。这意味着 $\dfrac{\partial D_j}{\partial n_i} = -\dfrac{\partial D_{12}}{\partial n_i}$，这反过来意味着加大广告强度的边际成本对于双频道垄断和寡头垄断者是相同的，$\mathrm{MC}_i^m = \omega\left[\phi_i\dfrac{\partial D_i}{\partial n_i} + (\phi_{12} - \phi_j)\dfrac{\partial D_{12}}{\partial n_i}\right] = \mathrm{MC}_i^d$。因此，均衡中的广告强度在兼并和双寡头垄断时是一样的。因此，Ambrus et al.（2015）得出结论，达到均衡的广告水平不取决于所有权结构（即是否为垄断或双寡头垄断）。这意味着一个中立性性质。Ambrus et al.（2015）证明：只要一些观众多归属，该结果对于异质广告商成立；如果平台是通过观众收费和广告赞助，该结果依然成立。[①]

Ambrus et al.（2015）还分析了进入的影响，并表明如果市场结构从垄断向双寡头垄断变化，单频道垄断实际上可能增加广告数量。这与之前的研究形成了鲜明的对比：由于观众不喜欢广告，如果面对竞争，平台上的广告数量将明显下降。Ambrus et al.（2015）结果背后的逻辑是，一旦新频道出现，一些观众就变得不那么有价值了；对于现在已经成为多归属的观众来说，这是可能的。由于失去这些观众的成本相对较小，因此最好加大广告强度，并接受比其他方案下更严重的观众数量的减少。事实上，如果多归属的观众数量接近于 0，则几乎没有任何损失。

即使使用不同的均衡概念［如 Katz and Shapiro（1985）的被动信念］，Anderson et al.（2015a）发现了类似的增量定价（incremental pricing）结果，如 Ambrus et al.（2015）。[②]特别是，

---

① 根据 Anderson and Coate（2005），众所周知媒体公司之间的竞争可能导致广告的供应不足。Ambrus et al.（2015）证明，这并不需要多归属的消费者。如果我们考虑垄断和同质广告商，这是显而易见的；在这种情况下，如上所述，垄断将从市场的广告侧中获取全部盈余。然而，它不会把观众的广告负面影响内化（当然会考虑观众参与度随广告水平的变化）。换句话说，垄断将内在化广告的所有利益，而不是所有（消费者）成本。显然，这会导致广告从社会角度的过度供应，中立性意味着这并不会随着竞争而改变。然而，应该注意的是，超额供应的结果在异质广告商的情况下可能不成立。

② 参见 Anderson and Jullien（2015）和 Peitz and Reisinger（2015）对均衡概念的进一步讨论。

当兼并平台有一些多归属消费者,每则广告的价格和每则广告人均观众数量的价格可能会提高。Anderson et al.(2015a)的模型在 Peitz and Reisinger(2015)中有更详细的介绍。

Anderson et al.(2015a)和 Ambrus et al.(2015)都假设更多的内容会增加总消费。相比之下,Athey et al.(2013)固定了人均媒体消费量,以分别观察消费者在传统媒体上花费更少时间和在线上媒体上花费更多时间的效果。重要的是,Athey et al.(2013)的模型能够解释印刷报纸广告收入的式微。根据 Athey et al.(2013)的观点,多归属消费者的比例随着在线平台的增加而增加,当消费者注意力不足时,消费者将他们的固定消费分至更多的网点。广告商如果在多个平台上投放广告,那么可能会多次触及同一消费者。相反,如果只在几个平台上投放广告,广告商就不会覆盖到所有的消费者。因此,平台越大越好:拥有更多受众的平台可能会提高其广告价格,因为它以更低的重复风险覆盖了更多的消费者(即不止一次地触及同一消费者)。这可能会导致由广告赞助的平台之间的兼并。尽管有假设上的差异,与Anderson et al.(2015a,2015b)和 Ambrus et al.(2015)类似,Athey et al.(2013)的增量定价机制仍然存在。

Anderson and Peitz(2014a,2014b)分析了对广告商的竞争。Anderson and Peitz(2014a)将加总博弈引入到媒体经济学中,即每家公司的报酬取决于其自身的行为(Ψ_i)和所有 n 个参与者的行为的总和($\Psi = \sum_{j=1}^{n} \Psi_j$)。[1] 公司的利润表示为 $\Pi^i(\Psi_i, \Psi)$,其一阶条件为:

$$\Pi_1^i(\Psi_i, \Psi) + \Pi_2^i(\Psi_i, \Psi) = 0。$$

在某些假设下,企业 i 的最优回应函数是所有企业行为的函数,$r_i = r_i(\Psi)$,如果行为是战略互补的,则 r_i 向上倾斜。Anderson and Peitz(2014a)以标准方式对市场的广告商一侧建模,但消费者一侧有几个有趣的特征。具体来说,Anderson and Peitz(2014a)使用一个代表性消费者模型,将消费者花费在媒体消费上的总时间化为 1,并将在平台 i 上花费的时间的比例记为 λ_i,且 $\sum_{i=1}^{n} \lambda_i = 1$。[2] 以 s_i 和 a_i 分别表示平台 i 上的内容质量和广告水平,消费者效用为:

$$U = \max_{\lambda_1, \cdots, \lambda_n} \sum_{i=1}^{n} [s_i(1 - a_i)\lambda_i]^\alpha。$$

其中,α 是外生参数,a_i 的负号反映了消费者厌恶广告的假设,最显著的是,Anderson and Peitz(2014a)假设 $\alpha \in (0,1)$。这意味着每个消费者都会在每个平台上花费一些时间。假设消费者是多归属的,在这一框架下,广告赞助平台间的兼并降低了消费者剩余。

Anderson and Peitz(2014b)通过允许消费者的有限注意力引入了对广告商的竞争。当(多归属)消费者在平台间转换时,由广告赞助的平台的兼并会降低广告水平,提高广告费用。这一结论与 Ambrus et al.(2015)和 Anderson et al.(2015a)相似。Anderson and Peitz(2014b)指出,平台兼并行为内化了拥塞问题。[3]

---

① 参见 Selten(1970)。

② 和 Athey et al.(2013)一样,Anderson and Peitz(2014a)假设消费者有固定时间量在平台间分配。

③ 参考 Anderson and Jullien(2015)对 Anderson and Peitz(2014a,2014b)的详细讨论。

6.2.4　通过联合经营协议半合作的影响

在美国,签署联合经营协议是相互竞争的报纸间进行广告、发行合作的重要方式(Romeo and Dick,2005)。决策者为增强意识形态多样性而允许了这类方式(Gentzkow et al.,2014),可参考 Gentzkow et al. (2015)、Chandra and Kaiser (2015)。

即便不考虑多样性问题和效率提升,Dewenter et al. (2011) 证明了:

* 半合作,即当平台选择在广告水平上合作但在读者市场竞争时,可能使所有参与者(消费者、广告商、媒体平台)受益;
* 兼并行为可能在双边市场降低价格。

Dewenter et al. (2011) 考虑了消费者代表框架下存在连续广告商和两种报纸。假设消费者喜欢广告,两种报纸为吸引更多对手公司消费者而扩大广告量,并使其超过利润最大化对应的广告量。[①] 这对平台从广告市场一侧获得的利润有负面影响。Dewenter et al. (2011) 因此得出,如果报纸在选择广告量时进行合作,与平台在市场两侧均竞争的情形对比,广告量会下降,广告价格会上涨。如果其他条件不变,这将损害消费者和广告商利益。然而,因广告市场现在能给报纸带来更多赢利,报纸有更大动机吸引读者并向广告商出售眼球,因此,即便广告量下降,报纸仍会减少订阅费使读者量增加,消费者因而受益于报纸在广告市场的合作。这一结论与普遍观点相符,市场一侧的势力扩大会降低市场另一侧的价格[可参考如 Rochet and Tirole(2006)、Weyl(2010)]。[②]

有趣的是,与人们从单边市场的逻辑中所期待的截然不同,广告商可能从此获益。这是因为,虽然广告价格上升,广告商却能触及更多读者。如果后一效应占据主导地位,正如 Dewenter et al. (2011) 所述,所有参与者均获益。因此,即使从福利角度来看,不少国家允许报纸在广告市场合作可能是完全合理的。

若报纸在两侧市场均合作,即广告量和订阅费基于所有报纸总利润最大化进行选择。若无其他选择变量,结果将与完全兼并相同。兼并对福利的影响取决于基准选择。从社会角度看,与仅在广告市场合作的情形相比,兼并的影响显然是负面的,原因是报纸无须在读者市场竞争而使订阅费上涨。不过如果在广告市场合作的福利增量足够大,兼并可能比不受限制的竞争更好。要让这种情况发生,需扩大广告市场体量,降低读者市场上的报纸替代性。直观上,更大的广告市场使减少订阅费以吸引读者更为有利可图,而高替代性可能意味着兼并前订阅费过低,尽管如果报纸不再竞争时提高订阅费可能是最优的。这表明两家报纸兼并使受众和广告商均受益的假设无法被拒绝。

---

① 下文将提到,Dewenter et al. (2011)的主要结论在消费者厌恶广告的假设下成立。
② Weyl(2010)也讨论了媒体市场的兼并效应。

6.3　兼并和平台的类型选择

> 在好莱坞山买了栋安逸大宅
>
> 砸了鄙人整车金元钞票
>
> 电视连好一切妥当
>
> 迁入新居彻夜欣喜
>
> 电视调来又调回竟已拂晓
>
> 57 个频道却是，空空如也
>
> ——布鲁斯·斯普林斯汀（Bruce Springsteen）

6.3.1　最大差异化与最小差异化

媒体市场的一大特点是媒体公司的资金或多或少来自广告，这可能会影响其差异化动机。有关竞争程度和产品多样化间的相互作用的经济学文献可回溯到 Hotelling（1929），这也是近期大部分媒体经济学成果的理论基础，包括 Anderson and Coate（2005）。霍特林模型的一般结论基于传统的二次项运输成本和单归属消费者，若收益直接来源于消费者，企业有动机将产品差异化以缓和价格竞争。正如 D'Aspremont et al.（1979）所述，这将导致最大差异化。相反，若媒体平台完全靠广告赞助，且受众不在意广告水平，平台将最大化观众或读者或听众（即消费者）的数量，这或将导致市场中心位置重叠（即无差异化）。

分析广告融资媒体公司差异化激励的经典文献是 Steiner（1952）。在简化的框架模式下，其展示了竞争性企业如何为获取更大市场以提高广告收益，以及这如何引起了类型重复。经营两个频道的垄断企业则相反，其会避免类型重复侵占自己的观众群，但若市场还未完全被覆盖，则其将提供多样化的类型以提高消费者总量。多频道垄断企业没有动机提供重复的频道。相反，单频道企业则可能重复对手的类型，如果这能比提供与对手不同的类型抢夺到更多观众。因此，无论单频道寡头还是多频道垄断，兼并可能提高类型多样化程度。

有趣的是，Steiner（1952）并非基于也未引用 Hotelling（1929），但要将 Steiner（1952）的模型融入 Hotelling（1929）的框架也很直观，可参考 Anderson and Gabszewicz（2006）的讨论。

接下来，我们将展示 Steiner（1952）有关重要性的经典结果，然后通过更改 Steiner（1952）中多项简易假设的外延和内涵，引入近来文献中有关双边市场的研究方法。

6.3.2　Steiner（1952）：兼并或可减少类型重复

为分析兼并如何影响媒体企业的类型选择，我们首先回溯到 Steiner（1952），其建立起框架以研究 20 世纪 50 年代新兴广播电台竞争对 BBC 的影响。

将 Steiner（1952）的例子放到广告赞助的电视频道，假设每个频道可在两种播出类型中选择：足球（F 部分）和芭蕾（B 部分）。关键假设是，观众都是单归属的（该假设将在 6.3.4 中放开），再假设 90% 的观众想看足球节目而 10% 想看芭蕾。如果他们喜欢的类型没有播出，则他们完全不会收看电视。在只有两个频道时结论很清晰，两个频道都会提供 F 部分

(足球节目)并同时获得 45％的观众(假设同类频道间平均分配),芭蕾爱好者就无法被满足。如果频道数量从 2 升至 3,仍会造成类型重复:所有频道都提供足球节目,并分别获得30％的观众。若依此推理,需要 9 个独立单频道平台才会有 1 个提供芭蕾节目,这样所有平台将对提供足球或芭蕾节目无差别,因为其都将获得 10％的观众。

Steiner(1952)提出,两个竞争性单频道平台变为一个多频道平台会提高产品多样性。多频道平台只关注观众总量,所以没有动机提供两个同类频道。① 因此若考虑兼并(进入)的结果,需要区别频道数量和竞争企业数量。

如果回到两个单频道平台的案例,Steiner(1952)的结论是,只要满足以下条件就会出现类型重复问题:

$$\frac{v_A}{2} > v_B。$$

其中, v_A 、v_B 分别为 A、B 部分消费者的比例。Waldfogel(2009)定义偏好外部性为当选项较少时,多数人的选择将凌驾于少数人之上。

与近期研究相比,要将 Steiner(2015)的模型融入消费者均匀分布的标准化 Hotelling 框架也很直观。若消费者是单归属且广告中性,两个广告赞助频道将同时位于中位区间(即类型重复),这被 Boulding(1995)称为最小差异化原则。

拓展至两所企业以上,Eaton and Lipsey(1975)发现,Boulding(1995)的结论和 Hotelling(1929)的其他拓展可能对企业数量、消费者分布、变动敏感。Eaton and Lipsey(1975)证明,在单维度模型中,如有两家以上企业,则最小差异化原则无法成立。然而,如果将模型推广至双维度空间,可以得到聚类原则;新进入者尽可能与其他企业相近。因此,Eaton and Lipsey(1975)认为两家企业的最小差异化原则是聚类原则的特殊情形(也被其称为搭配原则)。②

更改(简化)Steiner(1952)的一些假设可能改变结果中的重复,参考 Anderson and Waldfogel(2015)关于 Steiner(1952)的讨论。

6.3.3　消费者有第二偏好

Beebe(1977)拓展了 Steiner(1952)模型,允许消费者有第二偏好,即若最喜爱的类型没有播出,其仍会收看其他类型。Beebe(1977)这一重要的文章认为垄断频道可能提供的未必是观众喜爱的内容,但观众在没有其他选择类型时仍会收看,这也就是最小公分母(LCD)原则。再举上例,假设 90％的观众以足球(F)为第一选择,10％以芭蕾(B)为第一选择,真人秀(R)频道作为备选。没有人把 R 作为第一选择,但足球爱好者相比芭蕾(B)更喜欢真人秀(R),芭蕾爱好者相比足球(F)也更喜欢真人秀(R)。如此,垄断者会选择播出真人秀(依据LCD 原则),并只运营一个频道。Beebe(1977)的拓展被认为证明了 Steiner(1952)关于兼并减少类型重复的结论,但兼并也导致媒体多样性降低,详见 Beebe(1977)和 LCD 方法,参考Anderson and Waldfogel(2015)。

---

① 其他早期研究也指出了这种重复结果,如 Rothenberg(1962)和 Wiles(1963)。
② Hannesson(1982)对 Eaton and Lipsey(1975)有关变动的假设有辩证讨论。

6.3.4 广告投放在不同类型频道上的差别效果

美国电视市场的实证分析证明广告商最喜欢的类型是真人秀和喜剧,因根据其经验,当这些节目播出时广告效应最大(Wilbur,2008),但观众偏好动作片和新闻。Wilbur(2008)发现收看这些节目类型的观众只有 16% 将该类型作为第一选择,但广告商喜好的真人秀和喜剧节目占比 47%。这说明双边市场的消费者被提供的类型或多或少受广告商偏好的影响。Foros et al.(2012)证明不同媒体间的较低的竞争程度(如通过兼并)将增加此类问题。

6.3.5 资金的双重来源:对用户和广告商的双向收费

媒体产品得到用户支付和广告收益的双重资金支持,因此需在内容定位的激励上面临权衡。一方面,为最大化广告收入,平台会向广告商提供大量观众。在单归属消费者的假设下,这将驱使平台选择更靠近霍特林线的中部。另一方面,第二类资金来源于用户,这使平台向相反方向移动,即位置偏离对手从而弱化价格竞争。

Anderson and Gabszewicz(2006)提出了一个简易模型来说明将广告收入作为另一收入来源将改变 D'Aspremont et al.(1979)的最大差异原则。在标准模型(完全用户端赢利模式)中,企业利润为:

$$\pi_i = (p_i - c)x_i \, , \, i = 1,2 。$$

其中, p_i 为用户价格, c 为服务一个用户的边际成本, x_i 为需求。如果再加上广告收入,每个广告商每个观众的价格为 β ,则公司利润为:

$$\pi_i = (p_i - c + \beta)x_i \, , \, i = 1,2 。$$

广告收入相当于单位补贴,Anderson and Gabszewicz(2006)证明该结果取决于 β 和运输费用(t)。若 t 较小而 β 较大,结果将与 Steiner(1952)的重复结果类似(关键假设是用户价格必须非负)。

Gabszewicz et al.(2001)通过修改 D'Aspremont et al.(1979)的模型分析此权衡取舍。后者中,企业在第一阶段选择位置,第二阶段选择用户价格。Gabszewicz et al.(2001)增加了第三阶段,企业可以在这一阶段选择广告费用[亦可见于 Gabszewicz et al.(2002)]。这可能改变第一阶段的结果(即企业选择的位置/类型),若运输费用(假设取决于政治偏好)较低或单位广告收入较高,这可能使其更趋于霍特林线的中部。

用户和广告双向付费时,相反的定位动机影响了兼并的效应。广告赞助平台倾向于较小差异化,只从用户那里收费的平台的差别太大了,在竞争背景下和兼并的多频道垄断下,总效应均无法确定。

6.3.6 产品市场的不完全竞争

打破 Steiner(1952)重复结果的常规方式是引入广告的负效用。若消费者不喜欢广告,则看电视有了间接成本,并与广告量成正比。在某些假设下,这会让我们回到 D'Aspremont et al.(1979)最大差异化的原则。Gal-Or and Dukes(2003)证明了若考虑产品市场的战略性交互,结论可能有所变化。

Gal-Or and Dukes(2003)将产品市场的不完全竞争纳入模型,发现竞争的相互作用以及广告付费媒体间的竞争为类型重复结论提供了额外解释。媒体市场和产品市场均被认为是空间差异化市场。通过内容重复，媒体平台提高了对受众的争夺。产品市场的企业于是减少了广告投放，并相应地减少产品市场向消费者提供的产品信息。平台处于向广告商收取更高广告费的地位。这一结论背后的关键假设是消费者对广告有负效用。

6.3.7　基于多归属消费者：对广告商的争夺

以上讨论的类型模型中一项关键假设是媒体消费者为单归属而广告商为多归属。正如6.2.2 中所述，这隐含了每个平台都在向广告商提供受众方面具有垄断力量。

若通过允许消费者多归属引入广告商竞争，Steiner（1952）和 Beebe（1977）的经典模型结论或将无效。这背后有个简单的逻辑：根据增量定价原则，多归属消费者相比单归属消费者对平台价值更低[1]，平台提供信息时将向多归属消费者倾斜，与之对比的是 Steiner（1952）关于广告付费平台通过类型多样化竞争的结论。要理解这一点，假设消费者的一定比例 s 为多归属，若第二印象的价值为 0，类型重复为有利可图仅当

$$\frac{v_A(1-s)}{2} > v_B。$$

因此，多归属消费者减少了重复的可能性[若 $s=0$ 则回到 Steiner（1952）的模型中]。多归属消费者的存在或有利于资源分配，但当广告的第二印象有价值时，这一好处会减少。

允许消费者多归属也会改变 Beebe（1977）的结论。媒体平台相比多归属消费者更重视单归属消费者，考虑三组相同人数的消费者 A、B、C，三组消费者的第一内容偏好类型分别为A、B、C，第四种类型 D 为所有三组的第二偏好。垄断者仅需要向所有组别提供类型 D（依据LCD 原则）。类似地，当所有消费者在双寡头垄断中为单归属，两个平台都依据 LCD 原则（提供类型 D）。再假设 B 组为多归属而 A、C 组为单归属，在第二印象的价值为 0 的假设下，多归属（B组）对两个平台都无价值，两个平台会分别选择类型 A 和 B。LCD 原则不是双寡头垄断的唯一结果，但却是垄断下的唯一结果。因此，兼并或减少媒体多样性。

Anderson et al.（2015b）按照 Hotelling（1929）的方式提供了长篇幅的正式模型，该模型证明了双平台的垄断和竞争会导致相同的类型选择。当第二印象价值为 0，社会最优将存在于这些位置之间。因此，市场结果相比垄断和竞争下的社会最优有更大差异。注意，Anderson et al.（2015b）假设广告没有负效用，正如已经强调的，引入广告负效用是单归属消费者假设下打破 Steiner（1952）重复结果的常规方式。Anderson et al.（2015b）更正式的论证可见于 Peitz and Reisinger（2015）。

6.3.8　对所有权集中与媒体偏差的限制

实施所有权集中度限制的规制聚焦于观点的多样性，应强调观点多样性和类型多样性的差异。可能为媒体所有权限制提供支持的重要经济逻辑是供给侧的媒体偏差（Besley and Prat，2006；Gentzkow and Shapiro，2008）。在需求侧的媒体偏差下，更多竞争导致更大的媒体偏差（Mullainathan and Shleifer，2005）。Gentzkow et al.（2014）对美国报纸市场意识形态的实

---

① Ambrus et al.（2015）和 Anderson et al.（2015a）都提出了增量定价原则，但 Ambrus et al.（2015）未考虑类型选择。

证研究分析了多归属消费者的影响,该实证研究的理论基础是之前提到的多归属消费者模型,却并未细致分析类型或兼并的选择。然而,Gentzkow et al. (2014) 发现竞争关键取决于多归属消费者,共同所有权会减少进入。此外,若固定企业数量,Gentzkow et al. (2014) 无法得到 Anderson et al. (2015a, 2015b) 的结论中所有制结构和差异化间的明确联系。

近期,Anderson and McLaren (2012) 分析了媒体偏差如何可能影响媒体兼并。在媒体所有者有政治动机的背景下,他们可能影响非公开信息的报道,而竞争会减少此类事件的发生。因此,减少竞争的媒体兼并或增加此类媒体偏差。其他条件不变,禁止媒体兼并或提高福利。更多媒体偏差的论述见 Gentzkow et al. (2015)。

6.3.9 实证证据

上述理论显示,当涉及兼并是否会增加或减少企业的差异化激励时,存在着相反的效果。兼并影响差异化的实证证据显示的方向并不明确。详见 Sweeting(2015) 对广播市场及 Chandra and Kaiser (2015) 对报纸市场的论述。

在广告支持的广播市场,《1996 年电信法案》取消了对部分兼并行为的限制,Berry and Waldfogel(2001) 以及 Sweeting (2010) 认为,该政策变化后允许的兼并增加了多样性。类似地,在报纸市场,George(2007) 发现市场集中度的提高能减少类型重复(增加话题总量)。在电视市场,Baker and George (2010) 以及 George and Oberholzer-Gee (2011) 为商业窃取及所有权效应的重要性找到支撑。后者强调,应限制所有权集中度的规制或减少多样性。[①]

一个重要问题是,兼并是否会导致媒体数量的减少。表面上看,若被兼并公司关张,多样性会降低,但实证研究表明这可能并不正确,正如 George(2007) 所述,留存下来的电视频道或报纸其本身的多样性会提高。换句话说,兼并导致外部多样性降低(更少的报纸或电视频道),但会带来更高的内部多样性。这可能对单归属消费者来说是有益的变化。

Jeziorski(2014) 为分析美国广播市场的兼并行为效应估计了结构模型(数据来源于1996—2006 年;这一时期因美国《1996 年电信法案》颁布涌现大量并购)。该模型将市场双边均考虑在内(听众和广告商)。因广播本身是免费收听,兼并的主要影响是广播的重新定位以及广告价格、数量的变化。对于产品多样性,Jeziorski(2014) 认为兼并导致产品多样性提高,并使消费者受益[基于 Berry and Waldfogel(2001)、Sweeting(2010) 的结论],产品多样性的提高与兼并行为潜在的负福利效应(兼并后广告商福利下降)相平衡。

Fan(2013) 为美国报纸市场构造了结构模型,在分析明尼阿波利斯(Minneapolis)市场上两家报纸拟兼并的案例(美国司法部门最终禁止了该兼并行为)时允许存在多归属消费者。对比第 6.4 节中讨论的 Affeldt et al. (2013) 和 Filistrucchi et al. (2012),Fan 考虑了兼并后的产品特征(质量)变化。Fan(2013) 证明,对比不兼并情形,兼并后企业会降低产品质量(但一些对手可能会有质量提高)。因此,忽视产品质量变化可能在一定程度上对兼并的福利效应认识不足。Fan(2013) 也考虑了多归属消费者(阅读两份报纸的消费者)。详见 Sweeting (2015) 对广播市场以及 Chandra and Kaiser(2015) 对报纸市场的论述。

---

① 亦可参见 Romeo and Dick (2005) 对广播市场以及 Spitzer(2010) 对电视市场的论述。

6.4　媒体市场的兼并管理

反垄断监管部门对媒体市场兼并行为的干预已有很多案例,虽然在很多案例中实际采用的方式与我们基于本章前述所建议的方式有较大差异。因此,我们会解释反垄断监管部门实际采用的方式,再讨论几个案例以及兼并案例的实证研究。讨论案例和实证研究时,我们将会区分媒体兼并的价格效应和非价格效应。

6.4.1　反垄断监管部门采用的方法

大多数案例中,反垄断监管部门都采用了我们所称的传统方法。这一方式不考虑媒体市场潜在的双边性。为了解其影响,我们首先将详细说明传统方法,并解释其为何未能将双边媒体市场的特征考虑在内,之后我们将延续本章前面部分所讨论内容,论述将市场双边性考虑在内的另一种方法。

值得注意的是,上述方法中,即使考虑了市场双边性,都通常以考虑兼并的价格效应为主,之后再考虑其他效应的可能性,例如对手公司的反应、兼并企业的产品重新定位、进入可能性等。[①] 我们采用该方法,先考虑兼并各方的单边价格效应,然后考虑其他潜在效应,尤其是重新定位。重新定位通常被认为可能是媒体市场中最重要的方面,因此有必要关注反垄断监管部门采用的方法难以直接关注到产品重新定位情况的问题,因为采用这种方法可能导致偏差。

6.4.1.1　传统方法

市场的定义对多数兼并案例中的决策都很关键[②],对媒体兼并的细分群体也是如此。反垄断监管部门的主要观点是,如果两家兼并公司的产品是相近替代品,那么兼并或将使价格上涨。1982 年,美国并购准则提出了 SSNIP(small but significant non-transitory increase in prices),即小幅却重要的非暂时性价格上涨。这一方法首先聚焦于某一候选市场,然后分析假想垄断企业若价格提高 5%—10% 是否有利可图。若答案为是,则表明该产品并无较多相近替代品,并可由此定义相关市场;若答案为否,则加入一个新产品再对包含这两种产品的候选市场进行 SSNIP 测试,这一步骤反复进行直至相关市场得以定义,之后才可能计算兼并企业的市场份额。于是,在很多兼并案例中,反垄断监管部门使用市场份额作为重要信息以评估潜在兼并行为的反竞争效应。

SSNIP 测试的理论构建并不困难,首先出现于 Harris and Simons(1989)。考虑一种产品可由多家企业生产,问题为假想的垄断企业是否会发现提供该产品的价格是有利可图的。让 α 表示相关价格上涨,β 表示使价格上涨后利润变动为 0 的下降的销量。此外,q 表示价格上涨前的销量,c 表示边际成本(假设为常数)。若以下条件成立,则价格上涨后的利润不小于上涨前的利润:

---

① 详见 DG Comp(2011)有关欧盟市场以及 DOJ/FTC(2010)有关美国市场反垄断监管部门兼并规制案例的程序描述。
② 例如,Baker(2007)认为市场定义较其他问题在美国竞争案例中更有决定性。

$$[(1 + \alpha)\,\bar{p} - c]\,(1 - \beta)\bar{q} \geqslant (\bar{p} - c)\bar{q} \tag{6.1}$$

若简化些,用 L 表示价格上涨前的相关价格-成本边际: $L = (\bar{p} - c)/\bar{p}$ 。若对 β 求解式 (6.1),则得到被称为临界损失的 $\beta = \alpha/(\alpha + L)$,这表示价格上涨后假想的垄断企业不降低利润时所能承受的销量减少。临界损失必须与实际损失比较,定义 $a\varepsilon_{ii}$ 为产品需求 ε_i 的(负)价格自弹性乘以价格涨幅。该产品可被定义为单独市场,如果

$$\alpha\varepsilon_{ii} \leqslant \frac{\alpha}{\alpha + L} \tag{6.2}$$

为了描绘兼并各方确实生产差异化商品的想法,考虑属于相同市场的两个产品,每家企业生产两者之一。我们定义 ε_{ij} 为两个产品需求的交叉价格弹性。假设两者对称,两个产品属于同一相关市场的条件为:

$$\underbrace{\alpha \cdot (\varepsilon_{ii} - \varepsilon_{ij})}_{\text{实际损失}} < \underbrace{\frac{\alpha}{\alpha + L}}_{\text{临界损失}} \tag{6.3}$$

式(6.3)右侧为先前推导的临界损失。式(6.3)左侧中,考虑一种产品价格上涨导致其销量下降,该效应被另一种产品的销量上升部分抵消,这就是为什么价格上涨需乘以价格自弹性再减去交叉价格弹性。定义产品 i 对产品 j 的转换率为 $D_{ij} = -(\partial q_j/\partial p_i)/(\partial q_i/\partial p_i)$,即产品 i 价格上涨后,由产品 i 转换为产品 j 的销量涨幅与产品 i 本身销量降幅的比值。O' Brien and Wickelgren(2003)考虑了对称情形即 $D_{ij} = D_{ji} = D$ 及 $L_i = L_j = L$,模型假设兼并前企业理性(非合作)地设定价格,则企业将价格-成本边际设为等于需求的反价格自弹性:

$$\frac{p - c}{p} = \frac{1}{\varepsilon_i} \tag{6.4}$$

式(6.4)为产品 i 的勒纳指数。给定显示偏好和对称性,产品 i 和 j 同属一个市场,如果

$$D \geqslant \frac{\alpha}{\alpha + L} \tag{6.5}$$

若实际转换率高于以上推导的临界损失,则这两种产品组成了一个相关市场。这一方法可以方便地拓展至非对称情形,例如一种小产品和一种大产品。[①] 然而主要问题仍在于市场定义需要转换率(或价格弹性)和边际(以及价格涨幅 α)的信息。

SSNIP 测试受到了经济学界的批评。一种观点认为,市场定义是二元的,即取决于相关市场内外两方面,因而不如直接关注潜在的反竞争效应。Farrell and Shapiro (2010)建议关注兼并后的潜在上行价格压力(UPP)。若两家企业兼并,为了检验兼并是否会导致价格上涨压力,Farrell and Shapiro (2010)将兼并前后的一阶条件结合起来。

为说明 Farrell and Shapiro (2010)的方法,我们考虑两产品之一(称为产品 1)的价格提高动机(假设兼并前每家企业生产一种产品),并仅允许产品 1 的边际成本下降。 AM 表示兼并后, A 表示兼并前。若将兼并前产品 1 的一阶条件插入兼并后的一阶条件,则产品 1 的上行价格压力条件为:

$$\mathrm{UPP}_1 = (p_2^A - c_2^A)\,D_{12}^A - (c_1^A - c_1^{AM}) \tag{6.6}$$

---

① 参见 Katz and Shapiro(2003),Daljord et al. (2008)亦有进一步拓展。

式(6.6)右侧的第一项为转换销量价值,即产品 2 转换得到的销量(产品 1 至产品 2 的转换率)乘以产品 2 的价格-成本边际。显然,这使兼并企业有动机提高产品 1 的价格。右侧第二项为边际成本降幅,显然这会引发产品 1 的价格下降压力。若重组式(6.6),E_1 表示产品 1 边际成本的相对下降,则产品 1 有上行价格压力,如果

$$D_{12} > E_1 \frac{(1 - L_2)}{L_2} \tag{6.7}$$

由此可见,转换率和边际对市场定义与潜在的上行价格压力有重要意义。可以看出,即便存在两家企业的价格内生变化和产品间的非对称性,上述结论也依然成立。[①]

这里说明的方法已经被应用于媒体行业的兼并规制案例,下文将会有更详细的解释,但该方法应该至少有两个错误:首先,其未能考虑媒体市场的双边性;其次,未考虑产品的差异化。比如,兼并后的产品重新定位未在该方法中有所体现。下文将说明,该方法已被进一步发展,前一项错误已被纠正,但后一项错误仍然存在。

6.4.1.2　拓展至双边市场

本章前面部分已经解释了媒体市场双边定价中双边属性的重要性。将单一市场的逻辑应用于双边市场中的反垄断政策所产生的一般性问题,在许多文献中有过讨论,其中包括 Evans(2003)及 Wright(2004)。具体地说,Evans and Noel(2005, 2008)以及 Filistrucchi et al.(2014)讨论了刻画双边市场的相关市场的方法。正如前述,定义市场的方法关键在于边际和转换率(或价格弹性)这两个指标。考虑由两组不同消费者(分别称为 A 和 B)组成的双边市场,在 Rochet and Tirole(2003)的双边市场模型中,勒纳指数为(假设 c 表示市场双边的边际成本之和):

$$\frac{p^A + p^B - c}{p^A + p^B} = \frac{1}{\varepsilon_{ii}^A + \varepsilon_{ii}^B} \tag{6.8}$$

这表明,市场双边的边际成本之和应设为自身价格弹性之和的倒数。因而,定义市场的传统测试,即仅考虑市场单边的边际和价格弹性指标,显然无法捕捉市场的双边属性。正如前述,市场双边的边际可能大不相同,事实上,让一侧边际为负而使另一侧获利的方式可能是有利可图的。因此仅采用市场单侧数据计算临界损失的分析可能导致很大疏漏。[②] Evans and Noel(2008)有更细节的讨论,将临界损失分析拓展到了双边市场。[③]

不幸的是,如将单边市场方法应用于双边市场,产生的偏差其实很难觉察。为理解这一点,考虑报纸市场中有读者和广告商[④],简易方法为,仅考虑假想垄断者在广告市场侧提高价格而使广告量下降,不考虑读者侧,即不考虑读者对广告量减少的反应。若读者喜欢广告,则广告量减少引起订阅量减少。如此,简易方法则因未考虑读者侧的收入减少,将

[①] 如 Farrell and Shapiro(2010)所示,虽然分流比和利润率仍然是关键信息,但公式与式(6.7)中不同。或者,在没有任何成本效率的情况下,人们可以估算 GUPPI(总的上行价格压力指数)。具体讨论请参阅 Moresi(2010)和 Farrell and Shapiro(2010)。

[②] 亦可见 Evans(2003)以及 Oldale and Wang(2004),其指出市场势力和市场单侧价格-成本边际之间无必然联系。

[③] Hesse(2007)亦提出双边市场中不应采用单边市场分析方法,但 Ordover(2007)则认为双边市场的反垄断政策无须采用新工具和新方法。

[④] 根据 Calvano and Jullien(2012)区分的简易、复杂方法。

导致对市场规模的系统性低估;与此同时,这种简易方法会高估不喜欢广告的读者的市场规模。

我们亦可采用复杂方法,即综合考虑广告市场侧的单一价格上涨引起的所有收入变化。这样,我们就把读者侧的收入变化考虑在内,虽然广告价格变化也会使订阅价格变化成为最优。由于两种方法毕竟好于一种,显然,允许订阅价格变化会使广告涨价更有利可图,只考虑广告价格变化的临界损失分析可能低估利润的综合效应,因而表明预估的市场规模会系统性大于考虑全部价格变动的市场规模。

临界损失分析的另一种方式为推导上行价格压力。若将 UPP 方法拓展到市场 A 和市场 R 组成的双边市场,市场中有企业 1 和 2。根据 Affeldt et al.(2013),可以推导两家企业兼并后的上行价格压力。比如,考虑报纸市场中 A 为广告商市场,R 为读者市场,考虑兼并如何影响企业 1 的定价。可以得到市场 A 和 R 中企业 1 产品的 UPP 分别为:

$$\text{UPP}_1^A = (p_2^A - c_2^A)\,D_{12}^{AA} - (c_1^A - c_1^{AM}) + (p_2^R - c_2^R)\,D_{12}^{AR} + (c_1^R - c_1^{RM})D_{11}^{AR} \tag{6.9}$$

$$\text{UPP}_1^R = (p_2^R - c_2^R)\,D_{12}^{RR} - (c_1^R - c_1^{RM}) + (p_2^A - c_2^A)\,D_{12}^{RA} + (c_1^A - c_1^{AM})D_{11}^{RA} \tag{6.10}$$

其中,前两项与在单边市场中类似:来自市场同侧另一企业夺取销量的上行价格压力,以及来自市场同侧企业 1 边际成本降低的下行价格压力。

最后两项体现了双边交叉效应。市场一侧销售量的上升(或下降)会影响另一侧的需求量,比如报纸市场中,通常更多读者会吸引更多广告商,市场一侧价格的变化不仅引起该侧市场的销量变化,也会引起另一侧的销量变化。

第三项表示市场一侧企业产品价格变化对另一侧企业收入的交叉效应。这一收入变化就是,转换率即一侧企业销量变化引起另一侧企业的销量变化,乘以另一侧企业的边际。兼并后企业在变动价格时会将市场另一侧的收入变化考虑在内。

第四项表示兼并后节约的成本,即该企业另一侧市场的成本节约量。

为论证该效应,考虑没有成本减少的情况下报纸 1 和 2 的兼并。兼并后,报纸 1 设置更高的订阅费,使一些读者转向报纸 2,读者的福利损失因而被兼并企业获得,这是式(6.10)的第一项表示的传统单侧效应。此外,报纸 1 的订阅价更高使订阅量下降,因而对广告商的吸引力降低,使一些广告商转向报纸 2,而企业并未损失广告商,读者市场引起广告市场的间接效应由式(6.10)中的第三项表示。于是,兼并后报纸 2 从报纸 1 既获得了更多读者又得到了更多广告商。与之对比,仅考虑有读者单侧的市场,则因为没有广告商只有读者被重新捕获。

注意式(6.9)和式(6.10)未包括回馈效应。我们仅分别考虑了企业 1 的两项价格设置,然而因涉及四项价格,一项价格的设置会受到另外三项价格的影响。如 Farrell and Shapiro(2010)所述,在单边市场中回馈效应不会改变结果。例如,企业 2 产品的更高价格会使企业 1 提高价格更为有利,但在双边市场,回馈效应会逆转价格效应。例如,考虑平台 1 和 2 仅在市场 A 侧存在竞争,A 侧的需求随 R 侧销量提高而上升,平台可以是报纸,那么每家报纸的广告需求会与其订阅量成正比。兼并或会引发市场 A 侧的上行价格压力,因为这是企业重叠的地方,兼并会阻止它们在这方面的竞争。既然每位读者对广告商都更有价值,最优做法是降低订阅费以提高订阅量,不考虑可能的反馈,本例中市场另一侧的产品价格下降未被完全考虑在内,因而可能得出消费者福利降低的错误结论。

了解消费者对广告的态度有重要作用。广告侧竞争程度降低会导致更高的广告价格;企业无须降低广告价格来吸引广告商。即便消费者既不喜欢广告也不厌恶广告,这一结论也可能成立。一方面,若消费者喜欢广告,兼并会引发广告价格更大的上行压力。如 6.2.1 所述,因消费者喜欢广告,兼并前广告市场竞争更为激烈,因而广告价格较低。另一方面,若消费者厌恶广告,广告市场均衡的数量将下降,因此兼并后会有更多广告和更低的广告费。后者表明,兼并后通过提高价格进行测试的做法可能是错误的;市场势力或导致更低的广告价格和更多的广告数量。因此,理论上我们无法得出消费者对广告的态度对于兼并后广告数量的确切影响。

6.4.2　媒体兼并可能的价格效应

我们已经列举了反垄断监管部门兼并规制采用的方法。本部分将给出反垄断监管部门分析媒体兼并的几个案例,之后将与实证研究中研究人员分析媒体兼并的方法相比较。

6.4.2.1　兼并管理:几个案例

在前面,我们区分了单边市场方法和双边市场方法。反垄断监管部门分析媒体兼并时已经使用过这两种方法,有一些案例未考虑市场的双边属性。因此,这里先给出一些使用单边分析方法的案例,再讲几个近期应用双边方法的媒体兼并案例。①

6.4.2.1.1　单边市场方法

在媒体市场的兼并规制案例中,反垄断监管部门传统上采用单边市场的方式。一个例子是英国反垄断监管部门。Durand(2008)和 Wotton(2007)都讨论了英国的几个兼并案例。虽然在考虑双边性的程度上不一致,但 Durand(2008)和 Wotton(2007)都指出,失败的案例都只考虑了市场的一方,且通常只考虑广告市场。

为说明这一点,我们来看看 2004 年英国报业集团/独立新闻媒体(Archant/Independent News and Media)的兼并案。这是地方报纸之间的兼并。英国竞争委员会,即第二阶段处理者,在调查案件时只专注于广告侧。一个重要的问题是市场的定义。其中一个证据来自广告商的调查结果,它们被问及在决定转向在当地报纸市场以外的广告时,价格上涨幅度会有多大,结果发现,如果广告价格上涨 5%,广告支出的 23% 将转移到其他广告渠道,而不是地方报纸(见图 6.1)。

---

① Filistrucchi et al.(2010,2014)给出了很多反垄断监管部门定义相关市场的案例,因我们主要关注媒体兼并,这里仅考虑被定义为非交易型的双边市场。

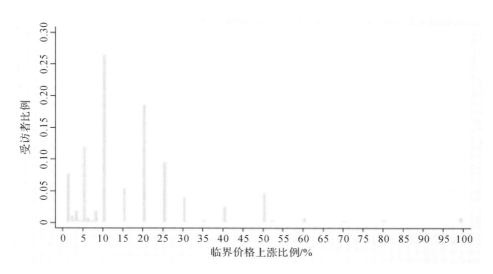

图 6.1　考虑转向非本地报纸时的广告临界价格上涨

　　这直接与我们的市场定义公式有关［见式（6.3）］。23％的实际损失估计是来自5％的价格增加，并且可以容易地看出，如果价格-成本边际小于17％，本地报纸将是相关市场。如果是这样，则相关市场相当狭窄，兼并可能会导致本地报纸广告市场的反竞争效应。The Competition Commission（2007）详细讨论了这一点，认为没有足够的证据表明兼并将大大缓解竞争。正如 Durand（2008）和 Wotton（2007）所指出的，问题是英国竞争委员会只考虑了这个双边市场的一侧。

　　假设反垄断监管部门在广告一侧发现了反竞争效应，这很可能导致广告价格的上涨，尤其当读者是广告爱好者时，这样的价格上涨将导致读者市场价格的下行压力。原因在于广告市场的高价格会使每一位读者对报纸更有价值，而最佳的反应是降低读者的价格以吸引更多的读者。The Competition Commission（2007）没有考虑到该市场中对读者一侧的任何影响。正如前一部分所解释的，考虑到读者是广告爱好者，竞争委员会的做法往往会低估市场规模。

　　根据 Durand（2008），英国竞争委员会在 2002 年的卡尔顿通信/格拉纳达（Carlton Communications/Granada）兼并中使用了类似的方法。因为在观众方面没有重叠，竞争委员会专注于广告市场潜在的反竞争效应，而没有考虑到市场可能存在的双边性。然而，竞争委员会发现观众可能会从电视上较少的广告中获益（因为广告是一种干扰），这是因为较高的广告价格可能导致广告减少。这在一定程度上考虑了双边性。与此一致的是，Wotton（2007）声称，在这一兼并案例中，双边性确实是一个问题①，但问题在于，这样的市场相比上述的报纸市场，在不考虑双边性的情况下，将有一个更为根本的问题。竞争委员会认为，观众不喜欢广告，因此不能排除兼并后广告价格降低从而广告数量增加的可能性（见 6.2.1）。危害理

---

① Wotton（2007）还注意到在同年无线电市场的另一次合并事件，首都电台（Capital Radio）/ GWR 集团案例中，公平贸易办公室（Office of Fair Trading，OFT）则专注于广告市场，而忽视了观众市场。

论,即兼并导致更高的广告价格,是有问题的。事实上,危害理论可以颠倒过来。兼并可能导致更低的广告价格,以及更多广告,从而损害不喜欢广告的消费者。

其他三个例子是:斯普林格集团(Axel Springer)收购德国 ProSieben/Sat1 电视台,英国天空广播公司(BskyB)收购 KirchPayTV 集团 24％的股份,以及新闻集团(News Corporation)收购 Premiere 集团 25％的股份。[①] 这三个案例的共同之处是一个主要是订阅赞助的公司和一个主要是广告赞助的公司之间的兼并。有人认为,由于电视频道没有直接从观众那里获得收入,因此免费电视可以不需要定义观众市场;也有人认为付费电视没有或只有非常有限的广告收入,因此其行为与广告市场无关。然而,正如我们从理论部分所知,这种推理方式是有缺陷的。例如,人们会不能意识到兼并后的公司可能会有动机增加在兼并前主要由订阅收入支持的渠道中的广告量,因为观众认为免费电视和付费电视是相当接近的替代品,这就对赢利广告的数量施加了竞争性约束。因此,仅考虑当前的融资结构,并以此得出市场的一个方面可以被忽略的结论是错误的。

6.4.2.1.2　双边市场方法

1995 年,在界定双边市场理论之前,美国最高法院曾认识到报纸市场的双边性[②]:

> 每一份报纸都是独立市场的双重交易者,它既向读者出售新闻,也向读者出售广告内容。

近年来,我们看到了几个兼并规制案例,其已经讨论过这种双边性和/或竞争管理机构已将其考虑在内。Evans and Noel(2008)将市场定义的方法拓展到双边市场,并将该方法应用于谷歌收购 DoubleClick(美国著名网络广告服务商),这两家公司都活跃于在线广告领域。谷歌运营的互联网搜索引擎免费为终端用户提供搜索功能,并在自己的网站上提供在线广告空间,还通过自己开发的广告传播程序 AdSense 为出版商和广告商提供在线广告空间的合作服务。DoubleClick 主要向网站出版商、广告商和代理商销售广告服务、管理与报告技术。Evans and Noel(2008)认为这两家公司在双边市场上运作,出版商和广告商是两个明显不同的消费者群体。其应用校准技术来揭示临界损失和实际损失,因此没有关于需求的任何信息。根据我们在比较式(6.8)和式(6.4)时所解释的,Evans and Noel(2008)发现在市场的一侧应用勒纳指数可能是相当有误导性的,声称在这种特殊情况下,只考虑双边市场的一侧将导致市场的定义过于狭隘。鉴于竞争管理机构关注市场定义和市场份额,这可能导致 I 型错误(禁止福利提高型兼并)。

谷歌收购 DoubleClick 是由欧盟委员会和美国联邦贸易委员会详细调查的。收购最终顺利完成,两家公司都承认广告网络是为出版商和广告商服务的双边平台。例如,欧洲委员会声明如下:

---

① 第一例是由德国联邦卡特尔办公室(Bundeskartellamt)调查的,而另外两例是由欧盟委员会调查的。有关案例的详情,请参见 Filistrucchi et al.(2014)。
② 见 892 F. Supp. 1146(W. D. Ark., 1995)。

广告网络产生收入(由广告商支付以获取出版商的广告空间库存),它们在网络管理员(作为中介费)和出版商之间共享。

2008 年,荷兰竞争局调查了荷兰黄页市场的收购。Truvo Netherlands 和 European Directories 这两家公司出版了荷兰仅有的两个全国黄页。双方认为,这是一个双边市场,公司为广告商提供"使用"(查找或眼球),并向用户提供有关企业的信息。证据包括受 Rysman (2004)启发的计量经济学研究(以检测交叉价格效应和双边性),以及用户和广告商之间的两个调查(以检测替代性,即兼并方产品之间的转换率)。根据 Camesasca et al. (2009),这是竞争管理机构明确承认双边性作用的首批兼并案之一。荷兰竞争局在其决定中写道:

> 黄页的供应因此被认为具有双边性,这种双边性会产生一定的影响。虽然用户数量的有限下降不会导致相应的广告价格下降,但[荷兰竞争局]董事会认为,使用量的大幅增加或减少会引发广告商的反应。

双边性的影响对荷兰竞争局决定取消这一并购至关重要。

与此同时,欧盟委员会调查了美国公司 Travelport(旅行商务平台)收购了另一家美国公司 Worldspan Technologies。这项交易由欧盟委员会在 2007 年 8 月通过①。兼并双方都提供旅行分销服务,特别是通过各自的全球分销系统(global distribution systems, GDS)Worldspan 和 Galileo(Travelport 的品牌)。这些技术平台与航空公司、旅馆连锁店、汽车租赁服务等提供的旅行内容一并满足旅行社向另一方传达此类内容的需求。欧盟委员会认为 GDS 是一个双边市场,并写道:

> GDS 的存在是由它所创造的附加价值来证明的。GDS 协调[旅行社]的需求,从而[旅行服务提供商]可以产生内化的、积极的网络外部性。

另一个例子是 A-pressen 收购 Edda Media,这两家挪威的媒体公司各自拥有几家报纸。挪威竞争管理局通过调查广告和读者市场,考虑市场的双边性。竞争管理局关注了两个本地区关于潜在的反竞争效应的收购,并在广告商和读者中进行调查,以检测转换率。从调查中得出结论,这两家报纸是读者和广告商的近似替代者,他们采取了补救措施(出售一方当事人的报纸)。与此同时,竞争管理局发现这两家报纸只在广告侧是替代品,但在这里竞争管理局也采取了补救措施(出售一方当事人的报纸)。在这种情况下,未能考虑到广告侧市场力量的增强可能导致读者侧价格更低或质量更高(Kind and Sørgard, 2013)。

Filistrucchi et al. (2014)涉及了电视行业最近的几个兼并案,认为竞争管理机构常常无法认识到,电视频道不仅可以在内容上区别开来,还可以在播出的广告数量上区别开来。一

---

① 这一兼并案在 Vannini(2008)和 Rosati(2008)中有所讨论,并在 Filistrucchi et al. (2010)中有简要描述。

个例子是 BSkyB(英国天空广播)收购 ITV。[1] 英国竞争委员会确实定义了市场的两个方面，并讨论了观众是否会把这两家公司的内容看作是替代品。但竞争委员会没有意识到，公司也可以在广告量上有所区别。因此，竞争委员会没有考虑收购后的广告商市场行为的任何变化。根据 Filistrucchi et al. (2014)，竞争委员会应该讨论观众是否不喜欢电视广告。如果他们不喜欢广告，那么一些理论模型会预测兼并会导致更多广告，这可能不利于观众。然而，正如理论部分所解释的那样，在这样的情况下总结福利效应并不完全是无用功。

6.4.2.2　实证研究

我们对比在兼并规制中所看到的方法和分析媒体兼并效应的研究者所使用的方法。第一个观察是对消费者的调查(例如读者和广告商)经常被用来分析兼并公司产品之间的替代，而在研究者进行的实证研究中很少如此，研究者常常从市场两侧观察的数量和价格来估计需求。这种区别的一个明显的原因是兼并规制中的时间限制。反垄断监管部门面临时间限制，进行消费者调查比全面评估需求系统也许更为可行。

Rysman(2004)是分析双边市场(黄页号簿)的首批实证研究之一。[2] 这虽然不是一个针对特定兼并的研究，但通过估计需求模型来比较垄断和寡头垄断，发现竞争更激烈的市场是更佳的。这项研究是荷兰黄页市场(见上文)中应用计量经济学研究的起点。不过，还有其他研究直接关注兼并。

Chandra and Collard-Wexler(2009)研究了 20 世纪 90 年代末加拿大大量报纸市场兼并案例的影响，通过运用双重差分模型比较兼并报纸与非兼并报纸。研究发现那些参与并购的报纸在广告价格和订阅价格上没有和对照组的报纸有不同的价格变化。然而，Chandra and Collard-Wexler(2009)谨慎地解释了这一结果。价格效应的缺乏可能是由于兼并后的成本降低，也可能是自我选择偏见的结果，兼并后的报纸拥有强大的市场力量，即使没有兼并也会经历更低的价格。Chandra and Collard-Wexler(2009)认为，有证据表明，相比利润动机，兼并更多地与政治动机和企业组织建设有关。

我们或者可以估计双边市场的结构模型，以研究市场双边之间的相互作用。沿着这一思路的早期的实证研究例子包括 Rysman(2004)、Kaiser and Wright(2006)、Argentesi and Fillistruchi(2007)。然而，只有很少的实证研究估计结构模型以研究双边市场中兼并可能的价格效应。

Affeldt et al. (2013)和 Filistrucchi et al. (2012)都在传统单边需求效应之外，通过估计荷兰报纸市场的结构模型，得出了广告商和读者侧的需求间可能的相互依赖性。研究通过需求估计模型，模拟了各种报纸之间兼并的潜在价格效应，并比较了包含或不包含双边性的情形。在这两项研究中，片面的做法可能低估了广告的价格上涨。直觉是单边的方法没有考虑到在广告价格变化后兼并方读者侧的转移。如果读者喜欢广告，他们将从提高广告价格

---

[1] BSkyB 在 2007 年收购了 ITV 的 17.9％的股份。有关细节，请参见 Filistrucchi et al. (2014)。
[2] 另外，Kaiser and Wright(2006)分别在广告和读者侧对杂志市场上的价格-成本边际进行实证检验，发现在这个市场上，读者得到了补贴，杂志从广告方面赚取了大部分利润。Argentesi and Fillistruchi(2007)遵循类似的方法，估计了意大利报纸市场的结构模型。

的报纸转移,从而减少广告的数量,其中一些读者将被另一份兼并报纸夺回。兼并后,这一间接的网络效应被兼并公司考虑到,并导致更强烈的提高广告价格的动机。

Fan(2013)也估计了报纸市场的结构模型,并用这个模型来模拟美国司法部禁止的美国明尼阿波利斯地区两家报纸兼并的效应。与 Affeldt et al.(2013)和 Filistrucchi et al.(2012)相反,Fan(2013)考虑了产品特性和兼并后的潜在变化。研究发现,兼并会导致内容质量下降,报纸定价上涨,订阅量降低。Fan(2013)发现忽视质量变化可能会大大低估这种兼并带来的福利效应。

Song(2013)估计了一个结构模型来研究德国电视杂志市场兼并的价格效应。这是一个广告商和读者双侧都付费的市场,与 Kaiser and Wright(2006)相一致,Song(2013)发现公司在读者侧市场的定价低于边际成本,并在广告方面赚取利润。Song(2013)模拟了兼并公司垄断市场后的价格效应,发现广告价格一般会提高,而在某些情况下,读者侧的价格会在兼并后下降。

Jeziorski(2011)调查了 1996—2006 年美国无线市场中并购浪潮的影响。Jeziorski(2011)估计了一个结构模型,并考虑了这个市场的双边性(听众和广告商)。广播是免费的,所以兼并的主要效应是通过重新定位产品以及广告价格和数量的变化来实现的。研究发现,兼并会带来有利于听众的更多产品种类和无论是在小市场(具有更大的市场力量)还是在大市场都更少的广告。平均而言,听众受益于兼并浪潮,而广告商则因此变得更糟。

6.4.3 媒体兼并的非价格效应

尽管以上引用的一些实证研究也讨论了非价格效应,比如产品质量,多数研究都仅关注价格效应。

正如本章先前所述,兼并可能产生更大程度的多样性。若媒体企业在位置/差异化方面竞争激烈,则它们可能提供相似的产品,更极端地,可能提供同质产品。若两家企业兼并,则有动机重新定位其产品并增加差异。第 6.3 节的理论论证也展示了实证研究的概览。[①]

一些媒体兼并案例中存在重新定位问题。例如,2008 年 GCap Media 欲收购 Global Radio UK,英国公平交易办公室允许了该项交易,前提是双方采取一些补救措施。有趣的是,英国公平交易办公室明确表示考虑了重新定位问题,其引用的是 Gandhi et al.(2008),其中提到,兼并方可能有动机在兼并后重新定位产品并提供更加差异化的产品。在这一案例中,兼并方声称在收购后将按受众特征提高广播电台差异化水平,英国公平交易办公室写道:

> 只有涉及共同所有权,才能使按受众特征提供多个电台以提高电台差异化水平这一举动符合商业理性。这一论断得到了支持,因为这与美国兼并行为解禁之后(而非之前),并购浪潮中广播电台产品存在重新定位的事实证据相符。

英国公平交易办公室也引用了 Berry and Waldfogel(2001)以及 Romeo and Dick(2005),

---

① 尤其是 Berry and Waldfogel(2001)、Sweeting(2010)、Romeo and Dick(2005)有关广播市场,Spitzer(2010)有关电视市场,George(2007)有关报纸市场的讨论。

其对美国广播市场的实证研究(本章前面部分已有讨论)表明兼并会增加产品差异。

几个来源于美国反垄断监管部门编写的并购年鉴的案例都考虑了产品重新定位的潜在效应,这些案例包括全食超市(Whole Foods Market)和野燕麦有机超市(Wild Oats Market)在有机食品零售市场的兼并、Oracle 和 PeopleSoft 的兼并。[①] 美国横向兼并指南中简要提到了重新定位[②],但是,在所有列入美国并购年鉴的媒体市场兼并案例中,重新定位尚未成为一项重要问题。

6.5　总评

本章展示了部分有关兼并的媒体经济学文献,尤其强调传统单边市场和双边媒体市场兼并效应的区别。

第一,本章讨论了兼并的价格效应。双边市场文献显示,广告赞助平台兼并的价格效应与传统单边市场兼并的价格效应有所不同。增强市场单边势力的兼并会降低另一侧的价格(Rochet and Tirole,2006;Weyl,2010)。在有关双边媒体市场的开创性的论文中,Anderson and Coate(2005)提出,若消费者厌恶广告,兼并会使平台收取更低的广告费。导致这一困惑结果的关键力量是对单归属消费者的假设,对广告商的竞争因其而不复存在。近期文献表明,若存在多归属消费者从而有对广告商的竞争,广告赞助平台兼并后广告价格或将上涨(Ambrus et al. , 2015;Anderson and Peitz, 2014a,2014b;Anderson et al. , 2015a;Athey et al. , 2013)。

第二,本章讨论了兼并如何影响竞争性媒体平台的类型选择。Steiner(1952)的开创性的研究表明兼并会减少类型重复并且提高多样性。这一观点得到了实证研究的支持(Baker and George, 2010;Berry and Waldfogel, 2001;George 2007;George and Oberholzer-Gee, 2011;Jeziorski, 2014;Sweeting, 2010)。然而,Beebe(1977)质疑了 Steiner(1952)认为兼并会提高多样性的结论。如果偏好的类型未被提供,消费者可能会看其他类型。这样,Beebe(1977)说明了兼并带来的垄断可能减少节目类型。在最近的双边霍特林模型中,Anderson et al. (2015b)允许多归属消费者存在,表明两个平台的兼并可能对类型选择(霍特林线性模型的位置)毫无影响,因而对多样性没有影响。

第三,讨论了双边媒体市场中反垄断政策如何规制兼并行为。近期双边市场研究的共同结论是单边或多边市场的兼并结果,尤其在价格效应和多样性方面可能非常不同。因此,反垄断监管部门对双边市场采用的分析方法极为重要。大多数案例中,反垄断监管部门对媒体市场采用的是传统的单边市场逻辑,这样的逻辑可能存在缺陷。在价格效应方面,反垄断监管部门用于分析双边市场兼并的方法近年来有所改进,但其在分析兼并的非价格效应方面少有改变(例如兼并如何影响媒体多样性)。

反垄断监管部门通常较关注横向兼并,本章也主要聚焦于此。然而,反垄断监管部门也

---

① 更多案例及详情见 Mazzeo et al. (2013)。
② DOJ/FTC(2010)指出,重新定位可能限制合并企业的提价动机,如非合并企业可能将产品重新定位以便其接近于合并企业产品。

注意到了媒体市场的纵向兼并（整合）以及相关市场的企业兼并。我们首先介绍了 2001 年美国在线和时代华纳这一网络时代最著名的兼并事件。在这次兼并之前，这些公司被认为是相关的或处于纵向整合市场。本章未关注的一个问题是，兼并可能会产生排挤竞争性非一体化公司的能力和动机，而这些公司需要从已经纵向一体化的公司那里购买某种准入通道［例如 Rubinfeld and Singer（2001）讨论了美国在线和时代华纳案例中的封锁动机］。反垄断监管部门也在英国天空广播欲收购曼联足球俱乐部（Manchester United）的案例中关注了这一问题。反垄断监管部门对要素的封锁感到担心。尽管近年一些文献分析了双边市场的垂直关系（D'Annunzio，2014；Stennek，2014；Weeds，2015）①，有关进入和封锁的文献通常仍受制于单边框架。在市场参与者中，纵向层面的相互关系作为兼并行为的触发器引来了关注，2014 年 11 月 17 日的《纽约时报》称："AT&T 签订以 485 亿美元购买 DirecTV 的协议后，Comcast 又协议购买了时代华纳有线，即使像鲁伯特·默多克麾下的 21 世纪福克斯这样的媒体大鳄，也试图寻求类似的协议，从而获得与媒体发行端抗衡的筹码。"

兼并完成后，例如转移了公司控制权的兼并是反垄断监管部门的主要关注点，部分所有权在媒体市场是个热门话题。英国最大的付费电视提供商英国天空广播在 2006 年声称已取得 ITV 公司 17.9% 的股权。The Competition Commission（2007）认为这项交易会使英国天空广播对 ITV 有较大的公司控制权。如此，英国天空广播将有动机和能力削弱 ITV 对英国天空广播的竞争性限制。英国竞争委员会要求英国天空广播在 ITV 的持股比例降至 7.5% 以防止英国天空广播对 ITV 有实际控制权。O' Brien and Salop（2000）在有关部分所有权的反竞争效应的讨论中列举了媒体和娱乐市场案例。

多数案例中的兼并规制局限于改变产权结构的结构化措施。除了竞争性规制，几类媒体市场受限于部门规制，仅采取结构化和行为性措施。在美国报纸市场，三种措施被用来确保意识形态多样性：联合经营协定（JOAs）、共同所有权限制及补贴金提供（Gentzkow et al.，2014，2015）。② 共同所有权限制也被应用于美国、欧洲的广播和电视市场。

近年来，越来越得到重视的一个双边市场规制问题是网络中性问题。Weyl（2010）强调："双边市场的新颖因素是管理者应当尤其专注于在斯宾塞扭曲较大的一侧降价。如果其忠实用户比其他高赢利网站的忠实用户有更多的剩余，网络服务供应商的管理者会关注于限制网站的价格（网络中性）。但是，如果情况相反，将迫使网络服务供应商降低价格，以及为消费者建立更多线路可能是更优先的事项。"网络中性问题可能显著影响纵向和横向的兼并动机。然而，这已超出本章讨论范围，并进入纵向兼并和部门规制的范畴。

致谢

谨感谢西蒙·P. 安德森（Simon P. Anderson）和安娜·丹农齐奥（Anna D'Annunzio）的有益意见与讨论。

① Armstrong（1999）考虑了完全付费电视平台（无广告）。
② 参见 Chandra and Kaiser（2015）对报纸市场联合经营协定的讨论。

参考文献

Affeldt，P.，Filistrucchi，L.，Klein，T. H.，2013. Upward pricing pressure in a two-sided market. Econ. J. 123，F505-F523.

Ambrus，A.，Reisinger，M.，2006. Exclusive vs. Overlapping Viewers in Media Markets. Working Paper.

Ambrus，A.，Calvano，E.，Reisinger，M.，2015. Either or Both Competition：A "Two-Sided" Theory of Advertising with Overlapping Viewerships. Working Paper.

Anderson，S. P.，Coate，S.，2005. Market provision of broadcasting：a welfare analysis. Rev. Econ. Stud. 72，947-972.

Anderson，S. P.，Gabszewicz，J. J.，2006. The advertising-financed business model in two-sided media markets. In：Throsby，D.，Ginsburgh，V.（Eds.），Handbook of the Economics of Art and Culture. Elsevier Science.

Anderson，S. P.，Jullien，B.，2015. The advertising-financed business model in two-sided media markets. In：Anderson，S. P.，Stromberg，D.，Waldfogel，J.（Eds.），Handbook of Media Economics，vol. 1A. Elsevier，Amsterdam.

Anderson，S. P.，McLaren，J.，2012. Media mergers and media bias with rational consumers. J. Eur. Econ. Assoc. 10（4），831-859.

Anderson，S. P.，Peitz，M.，2014a. Media See-Saws：Winners and Losers on Ad-Financed Media Platforms. Unpublished manuscript.

Anderson，S. P.，Peitz，M.，2014b. Advertising Congestion in Media Markets. Unpublished manuscript.

Anderson，S. P.，Waldfogel，J.，2015. Preference externalities in media markets. In：Anderson，S. P.，Stromberg，D.，Waldfogel，J.（Eds.），Handbook of Media Economics，vol. 1A. Elsevier，Amsterdam.

Anderson，S. P.，Foros，Ø.，Kind，H. J.，2015a. Competition for Advertisers and for Viewers in Media Markets. Working Paper.

Anderson，S. P.，Foros，Ø.，Kind，H. J.，2015b. Product Quality，Competition，and Multi-purchasing. International Economic Review，forthcoming.

Argentesi，E.，Fillistruchi，L.，2007. Estimating market power in a two-sided market：the case of newspapers. J. Appl. Econ. 22，1247-1266.

Armstrong，M.，1999. Competition in the pay-TV market. J. Jpn. Int. Econ. 13，257-280.

Armstrong，M.，2002. Competition in Two-Sided Markets. Working Paper.

Armstrong，M.，2006. Competition in two-sided markets. RAND J. Econ. 37（3），668-691.

Athey, S. , Calvano, E. , Gans, J. , 2013. The Impact of the Internet on Advertising Markets for News Media. NBER Working Paper 19419.

Baker, J. , 2007. Market definition: an analytical overview. Antitrust Law J. 74, 129.

Baker, M. J. , George, L. M. , 2010. The role of television in household debt: evidence from the 1950's. B. E. J. Econ. Anal. Policy 10 (1), 1-36. (Advances), Article 41.

Barros, P. P. , Kind, H. J. , Nilssen, T. , Sørgard, L. , 2004. Media competition on the Internet. Top. Econ. Anal. Policy. 4. Article 32.

Beebe, J. H. , 1977. Institutional structure and program choices in television markets. Q. J. Econ. 91 (1), 15-37.

Berry, S. , Waldfogel, J. , 2001. Do mergers increase product variety? Evidence from radio broadcasting. Q. J. Econ. 116 (3), 1009-1025.

Besley, P. , Prat, A. , 2006. Handcups for the grabbing hand? Media capture and government accountability. Am. Econ. Rev. 96 (3), 720-736.

Boulding, K. E. , 1955. Economic analysis. third ed. Harper & Bros. , New York

Calvano, E. , Jullien, B. , 2012. Issues in on-line advertising and competition policy: a two-sided market perspective. In: Harrington, J. E. , Katsoulacos, Y. (Eds.), Recent Advances in the Analysis of Competition Policy and Regulation. Edwar Elgar, Cheltenham, pp. 179-196.

Camesasca, P. D. , Meulenbelt, M. , Chellingsworth, T. , Daems, I. , Vandenbussche, J. , 2009. The Dutch yellow pages merger case -2-1 will go!. Eur. Compet. Law Rev. 30 (4).

Chandra, A. , Collard-Wexler, A. , 2009. Mergers in two-sided markets: an application to the Canadian newspaper industry. J. Econ. Manag. Strateg. 18 (4), 1045-1070.

Chandra, A. , Kaiser, U. , 2015. Newspapers and magazines. In: Anderson, S. P. , Stromberg, D. , Waldfogel, J. (Eds.), Handbook of Media Economics, vol. 1A. Elsevier, Amsterdam.

Crawford, G. , 2015. The economics of television and online video markets. In: Anderson, S. P. , Stromberg, D. , Waldfogel, J. (Eds.), Handbook of Media Economics, vol. 1A. Elsevier, Amsterdam.

Daljord, Ø. , Sørgard, L. , Thomassen, Ø. , 2008. The SSNIP test and market definition with the aggregate diversion ratio: a reply to Katz and Shapiro. J. Compet. Law Econ. 4 (2), 263-270.

D'Annunzio, A. , 2014. Vertical Integration in Two-Sided Markets: Exclusive Provision and Program Quality. Available at SSRN: http://ssrn. com/abstract = 2359615.

D'Aspremont, C. , Gabszewicz, J. J. , Thisse, J. F. , 1979. On Hotelling's stability in competition. Econometrica 17, 1145-1151.

Dewenter, R. , Haucap, J. , Wenzel, T. , 2011. Semi-collusion in media markets. Int. Rev. Law Econ. 31, 92-98.

Directorate-General for Competition, 2011. Economic Evidence in Merger Analysis. Technical

Report, Directory General for Competition.

DOJ/FTC, 2010. Horizontal Merger Guidelines. Jointly authored by U. S. Department of Justice and Federal Trade Commission, United States.

Durand, B., 2008. Two-sided markets: Yin and Yang—a review of recent UK mergers. Concurrences 2.

Eaton, B. C., Lipsey, R. G., 1975. The principle of minimum differentiation reconsidered: some new developments in the theory of spatial competition. Rev. Econ. Stud. 42 (1), 27-49.

Evans, D. S., 2003. The antitrust economics of multi-sided platform markets. Yale J. Regul. 20 (2), 325-381.

Evans, D. S., Noel, M. D., 2005. Defining antitrust markets when firms operate two-sided platforms. Columbia Bus. Law Rev. 2005, 667-702.

Evans, D. S., Noel, M. D., 2008. The analysis of mergers that involve multisided platform businesses. J. Compet. Law Econ. 4 (3), 663-695.

Fan, Y., 2013. Ownership consolidation and product characteristics: a study of the US daily newspaper market. Am. Econ. Rev. 103 (5), 1598-1628.

Farrell, J., Shapiro, C., 1990. Horizontal mergers: an equilibrium analysis. Am. Econ. Rev. 80 (1), 107-126.

Farrell, J., Shapiro, C., 2010. Antitrust evaluation of horizontal mergers: an economic alternative to market definition. B. E. J. Theor. Econ. 10 (1). Article 9.

Filistrucchi, L., et al., 2010. Mergers in Two-Sided Markets—A Report to the NMa. A report submitted to the Dutch Competition Authorities (NMa), June 25, 2010.

Filistrucchi, L., Klein, T. J., Michielsen, T. O., 2012. Assessing unilateral merger effects in a two-sided market: an application to the Dutch daily newspaper market. J. Compet. Law Econ. 8 (2), 297-329.

Filistrucchi, L., Geradin, D., van Damme, E., Affeld, P., 2014. Market definition in two-sided markets, theory and practice. J. Compet. Law Econ. 10 (2), 293-339.

Foros, Ø., Kind, H. J., Schjelderup, G., 2012. Ad pricing by multi-channel platforms: how to make viewers and advertisers prefer the same channel. J. Med. Econ. 25, 133-146.

Gabszewicz, J. J., Laussel, D., Sonnac, N., 2001. Press advertising and the ascent of the 'Pense'e unique'. Eur. Econ. Rev. 45, 645-651.

Gabszewicz, J. J., Laussel, D., Sonnac, N., 2002. Press advertising and the political differentiation of newspapers. J. Public Econ. Theory 4, 317-334.

Gal-Or, E., Dukes, A., 2003. Minimum differentiation in commercial media markets. J. Econ. Manag. Strateg. 12, 291-325.

Gandhi, A., Froeb, L., Tschantz, S., Werden, G., 2008. Post-merger product repositioning. J. Ind. Econ. 56 (1), 49-67.

Gentzkow, M., Shapiro, J. M., 2008. Competition and truth in the market for news. J. Econ. Perspect. 22 (2), 133-154.

Gentzkow, M., Shapiro, J. M., Sinkinson, M., 2014. Competition and ideological diversity: historical evidence from US newspapers. Am. Econ. Rev. 104 (10), 3073-3114.

Gentzkow, M., Shapiro, J. M., Stone, D. F., 2015. Media bias in the marketplace: theory. In: Anderson, S. P., Stromberg, D., Waldfogel, J. (Eds.), Handbook of Media Economics, vol. 1B. Elsevier, Amsterdam.

George, L. M., 2007. What's fit to print: the effect of ownership concentration on product variety in daily newspaper markets. Inf. Econ. Policy 19 (3-4), 285-303.

George, L. M., Oberholzer-Gee, F., 2011. Diversity in Local Television News. FTC.

Hannesson, R., 1982. Defensive foresight rather than minimax: a comment on Eaton and Lipsey's model of spatial competition. Rev. Econ. Stud. 49 (4), 653-657.

Harris, B. C., Simons, J. J., 1989. Focusing market definition: how much substitution is enough? Res. Law Econ. 12, 207-226.

Hesse, R. B., 2007. Two-sided platform markets and the application of the traditional antitrust analytical framework. Compet. Policy Int. 3 (1), 191.

Hotelling, H., 1929. Stability in competition. Econ. J. 39, 41-57.

Jeziorski, P., 2011. Merger Enforcement in Two-Sided Markets. Working Paper.

Jeziorski, P., 2014. Effects of mergers in two-sided markets: the U. S. radio industry. Am. Econ. J. Microecon. 6 (4), 35-73.

Kaiser, U., Wright, J., 2006. Price structure in two-sided markets: evidence from the magazine industry. Int. J. Ind. Organ. 24, 1-28.

Katz, M. L., Shapiro, C., 1985. Network externalities, competition, and compatibility. Am. Econ. Rev. 75, 424-440.

Katz, M. L., Shapiro, C., 2003. Critical loss: let's tell the whole story. Antitrust Mag 26, 49-56.

Kind, H. J., Sørgard, L., 2013. Fusjoneritosidige markeder. Merger in two-sided markets, MAGMA 13 (8), 51-62.

Kind, H. J., Nilssen, T., Sørgard, L., 2007. Competition for viewers and advertisers in a TV oligopoly. J. Med. Econ. 20 (3), 211-233.

Mazzeo, M., Seim, K., Varela, M., 2013. The Welfare Consequences of Mergers with Product Repositioning. Working Paper.

Moresi, S., 2010. The Use of Upward Pricing Pressures Indices in Merger Analysis. Antitrust Source.

Mullainathan, S., Shleifer, A., 2005. The market for news. Am. Econ. Rev. 95 (4), 1031-1053.

O'Brien, D. P. , Salop, S. , 2000. Competitive effects of partial ownership: financial interest and corporate control. Antitrust Law J. 67, 559-614.

O'Brien, D. , Wickelgren, A. , 2003. Acritical analysis of critical loss analysis. Antitrust Law J. 71(1), 161-184.

Ofcom, 2014. The Communications Market Report. Published 7th August 2014.

Oldale, A. , Wang, E. , 2004. A little knowledge canbea dangerous thing: price controls in the yellow pages industry. Eur. Common Law Rev. 25 (10), 607.

Ordover, J. A. , 2007. Comments on Evans and Schmalensee's "the industrial organization of markets with two-sided platforms" Compet. Policy Int. 3 (1), 181.

Peitz, M. , Reisinger, M. , 2015. The economics of Internet media. In: Anderson, S. P. , Stromberg, D. , Waldfogel, J. (Eds.), Handbook of Media Economics, vol. 1A. Elsevier, Amsterdam.

Rochet, J. -C. , Tirole, J. , 2003. Platform competition in two-sided markets. J. Eur. Econ. Assoc. 1 (4), 990-1029.

Rochet, J. -C. , Tirole, J. , 2006. Two-sided markets: a progress report. RAND J. Econ. 37 (3), 645-667.

Romeo, C. , Dick, A. , 2005. The effect of format changes and ownership consolidation on radio station outcomes. Rev. Ind. Organ. 27, 351-386.

Rosati, F. , 2008. Is merger assessment different in two-sided markets? Lessons from Travelport/Worldspan. Concurrences 2.

Rothenberg, J. , 1962. Consumer sovereignty and the economics of television programming. Stud. Public Commun. 4, 45-54.

Rubinfeld, D. L. , Singer, H. J. , 2001. Vertical foreclosure in broadband access? J. Ind. Econ. 49 (3), 299-318.

Rysman, M. , 2004. Competition between networks: a study of the market for yellow pages. Rev. Econ. Stud. 71 (2), 483-512.

Selten, R. , 1970. Preispolitik der Mehrproduktenunternehmung in der Statischen Theorie. Springer Verlag, Berlin.

Song, M. , 2013. Estimating Platform Market Power in Two-Sided Markets with an Application to Magazine Advertising. Working Paper.

Spitzer, M. L. , 2010. Television mergers and diversity in small markets. J. Compet. Law Econ. 6 (3), 705-770.

Steiner, P. O. , 1952. Program patterns and the workability of competition in radio broadcasting. Q. J. Econ. 66 (2), 194-223.

Stennek, J. , 2014. Exclusive quality—why exclusive distribution may benefit the TV viewers. Inf. Econ. Policy 26, 42-57.

Sweeting, A. , 2010. The effects of mergers on product positioning: evidence from the music radio industry. RAND J. Econ. 41 (2), 372-397.

Sweeting, A. , 2015. Radio. In: Anderson, S. P. , Stromberg, D. , Waldfogel, J. (Eds.), Handbook of Media Economics, vol. 1A. Elsevier, Amsterdam.

The Competition Commission, 2007. Acquisition by British Sky Broadcasting Group Plc OF. Report sent to Secretary of State (BERR).

The UK Competition Commission, 2007. Acquisition by British Sky Broadcasting Group Plc OF. Report sent to Secretary of State (BERR), 14 December 2007.

Vannini, S. , 2008. Bargaining and Two-Sided Markets: The Case of Global Distribution Systems (GDS) in Travelport's Acquisition of Worldspan. Competition Policy Newsletter, no. 2/2008, 43-50.

Waldfogel, J. , 2009. The Tyranny of the Market: Why You Can't Always Get What You Want. Harvard University Press.

Weeds, H. , 2015. TV wars: exclusive content and platform competition in pay TV. Econ. J. http://dx. doi. org/10. 1111/ecoj. 12195. forthcoming.

Werden, G. J. , 1996. A robust test for consumer welfare enhancing mergers among sellers of differentiated products. J. Ind. Econ. 44 (4), 409-413.

Weyl, G. , 2010. A price theory of multi-sided platforms. Am. Econ. Rev. 100 (4), 1642-1672.

Wilbur, K. , 2008. A two-sided, empirical model of television advertising and viewer markets. Market. Sci. 27, 356-378.

Wiles, P. , 1963. Pilkington and the theory of value. Econ. J. 73, 183-200.

Williamson, O. E. , 1968. Economies as an antitrust defense: the welfare tradeoffs. Am. Econ. Rev. 58 (1), 18-36.

Wotton, J. , 2007. Are media markets analyzed as two-sided markets. Compet. Policy Int. 3 (1), 237.

Wright, J. , 2004. One-sided logic in two-sided markets. Rev. Netw. Econ. 1 (3), 42-63.

第二部分

行业部门

第 7 章　电视和在线视频市场的经济学

格雷戈里·S. 克劳福德 (Gregory S. Crawford) [①]

目　录

---

① 瑞士苏黎世大学经济系,欧洲经济政策研究中心。

　　摘要：电视是面向数以亿计受众的主要娱乐媒体。本章综述了决定这类媒体内容生产与消费的经济力量。本章不仅介绍了美国以及国际上电视和在线视频市场的最新趋势，还描述了对这些行业的理论与实证研究的现状。在这一研究领域中涌现出许多不同的主题，包括付费电视行业与日俱增的重要性、内容提供商（渠道）和发行商所扮演的角色，以及它们之间能决定市场结果的协商，还有对市场势力影响的担忧。本章还涵盖了一些重要但尚未解决的课题，包括旧的大众媒体（公共服务广播电视机构）以及新的大众媒体（在线视频市场）的作用和影响。尚待解决的理论与实证研究课题贯穿本章。

关键词：经济学；电视；在线视频；公共服务广播；广告；付费电视；捆绑销售；议价；市场势力；网络中立；封锁；政策

JEL 分类代码：L82，L86，L32，M37，C72，D40，L40，L50

对图像的需求是普遍的。

——《影像的力量》(*The Power of Images*)

电视是一种媒体(medium)——之所以这么说，是因为它既不罕有(rare)也做得不是很好(well done)。[1]

——厄尼·科瓦奇(Ernie Kovacs)

7.1　引言

电视有其特别之处。其特别之处在于它主导了我们的休闲时间。[2]它的特别之处还在于其对政治参与、政治辩论以及政治权力的影响。[3] 它的特别之处也在于它对偏好、信仰以及文化的影响。[4] 电视影响了生活的许多方面，而这些方面是其他产品(甚至是其他媒体产品)所影响不了的。

本章的目的在于综述电视和在线视频市场领域的经济分析。当然，对经济学的关注意味着本章将只涵盖电视对个人、企业、政府和社会影响的一小部分。诸多相关研究所涉及的领域包罗万象，包括经济学、市场营销和公共政策，政治学，媒体和传播学，以及艺术学和分析电视对当代生活的影响的艺术史。本章的目的是解释产生电视节目和广告的机制，它们是电视市场的主要产出，这些机制对于理解电视在其他领域的潜在影响至关重要。

因此，本章综述了影响电视和在线视频市场的各类需求与供应因素，包括理论研究和实证研究，同时着眼于那些引起学者、监管者和决策者最大关注的经济问题。第 7.2 节介绍了家庭通常可以使用的两种主要电视类型(免费和付费)，描述了提供电视节目的垂直供应结构(内容提供商/渠道和发行商/系统)，并提出了最有助于理解现今行业运作机制的事实。[5]第 7.3 节介绍了一个双边电视市场的简单模型，并评估了它的影响。第 7.4 节描述了对于学者和政策制定者用来理解电视市场某些特征的简单模型的拓展。这些拓展可称为"四个B"：(公共服务)广播电视机构(broadcaster)、进入壁垒(barriers to entry)、议价(bargaining)和捆绑销售(bundling)。第 7.5 节综述并讨论了电视市场中当前最引人注目的开放性政策问

---

① 译者注：此处双关借用了英文餐饮的术语，"媒体"(medium)一词表示牛排五分熟，同时 rare 和 well done 分别指牛排一分熟和全熟。
② 参见本书第 5 章。
③ 例如：Gentzkow(2006)和 Prat and Stromberg(2011)。
④ 例如：Gentzkow and Shapiro(2008)和 Jensen and Oster(2009)。
⑤ 在电视行业的大部分历史中，机构和学术文献都将广播电视与付费电视区分开来。我选择加密技术和电视的多频道(付费)数字广播发行的同步发展与传播削弱了这种区别。因此，本章围绕免费电视和付费电视之间的区别来组织，同时默认大家理解免费电视和广播电视之间不完美但仍然有用的对应关系。

题。第 7.6 节介绍了有关在线视频使用的模式,并讨论了电视和在线视频市场相交集的相关政策问题。第 7.7 节总结并提出了未来研究的方向。

尽管电视市场的经济学研究在各国都很普遍,但由于可供研究的美国市场的数据质量较高,对该市场的学术研究更为普遍。除去对公共服务广播电视机构(public service broadcaster,PSB)(一个在美国以外比在美国国内更重要的课题)和媒体合并(在美国和欧洲都很重要的情况)的讨论之外,本章的研究反映出这类限制。本书的其他章节同时涵盖了内容更全面透彻的主题,其中一些可能与本章主题重合。本书的第 1 章介绍了所有媒体产品共有的经济特征——高昂的固定成本、异质性偏好和广告商的支持,这些特征也影响着电视市场的结果。本书的第 2 章更详细地介绍了双边市场的理论。第 10 章介绍了网络中立性(net neutrality)对在线视频传输的影响。第 6 章讨论了最近(主要是美国)媒体合并的核心经济问题,是对欧洲的主要研究议题的补充。第 5 章讨论了大众媒体的最新发展,包括数字化和屏幕扩散,这两个主题直接影响着电视市场。第 14 章、第 15 章概述了关于媒体偏差的理论和度量。早期的实证应用出现在对报纸市场的分析中,但相关关注点同样适用于电视。[1]最后,政治科学和经济学领域新兴的文献正在分析政府对电视的影响以及电视对经济和社会成果的影响,包括政府的选举和活动。第 16 章和第 17 章深入探讨了这些主题。

7.2 电视行业

7.2.1 电视种类

7.2.1.1 免费电视

传统上,广播涵盖无线电广播和电视信号通过电磁波的内容分发,但本章关注的重点是电视部分。[2]美国的(免费)电视始于 20 世纪 30 年代,但在 50 年代获得了广泛的普及和家庭渗透。[3]尽管具体情况因地而异,但在西欧的传播也遵循类似的模式,非洲和亚洲部分地区大约在十年后开始。电视台通常是由国家监管机构许可的,因为广播电视机构使用的电磁频谱是国家资源,并且需要获得许可才能防止广播电视机构间的干扰。在美国,电视台均获美国联邦通信委员会(Federal Communications Commission,FCC)的许可。

在美国,有多种类型的电视台(国际上也有类似的模式),但是最重要的区别存在于商业和非商业电视台、全功率和低功率电视台以及模拟和数字电视台之间。绝大多数的商业电视台通过出售广告来维持生计,而非商业电视台则依靠观众的打赏或广告以外的类似资金来源维持运作(FCC,2008)。[4]美国的电视台数量多年来已经达到稳定状态,大约有 1400 个全功率电视台,每个州有 28 个,每个电视市场仅有不到 7 个(FCC,2013a)。

---

① 可参见 Martin and Yurukoglu(2014)。
② 有关广播无线电行业的讨论,请参见第 8 章。
③ Gentzkow(2006)对美国广播电视行业的早期发展进行了简要的调查。
④ 美国是一个重要的例外。在过去的十年中,美国广播公司已经根据一项名为"再传认可"(retransmission consent)的监管规则,成功地开始了与付费电视发行者的付款协商。即便如此,美国的商业广播公司仍然从广告销售中获得大部分收入。

　　低功率电视台通常较小,是本地的,而且仅面向社区。它们被视为辅助服务,不允许干扰全功率电视台,并且有受到其干扰的风险。模拟电视台使用不间断声波的连续调制来发送节目,并为电磁频谱的不同部分分配不同的频道,而数字信号则进行数字处理和多路复用这些节目。数字广播在频谱使用方面更加高效,能够将以前用于模拟广播的频谱释放给其他有着更高价值的用途。

　　在美国,内容提供商(广播网络)和发行者(广播站)之间通常存在所有权分离。自从行业发展初期以来,商业广播节目的制作就由电视网络进行组织和管理,其中最大的分别是美国广播公司(ABC)、全国广播公司(NBC)、美国哥伦比亚广播公司(CBS)和福克斯(Fox)。[①]图 7.1 左半部分的左侧展示了与广播电视产业相关的垂直结构。

　　表 7.1 报告了 2012 年美国广播网络的统计数据。报告的内容包括网络成本(节目支出)、数量(收视率)、价格(每千位观众的广告费用或称 CPM)和净广告收入。表 7.1 将美国广播网络分为两类:四大广播网络(ABC、NBC、CBS、Fox)和次要广播网络。广播网络仅获得广告收入,四大广播网络获得的总广播观看量(收视率)和收入在 83％至 89％之间。

　　在美国,美国联邦通信委员会限制了电视网络可以拥有的电视台数量。其余的电视台则由独立的公司(通常拥有许多电视台)所拥有,这些公司与电视网络进行谈判,成为电视市场中该网络节目的独家提供商。电视市场是基于地理位置的:尼尔森(Nielsen)公司已将美国划分为 210 个相互独立且完全穷尽的市场,称之为指定市场区域,这些市场被广泛用于广告销售。大多数节目在黄金时段(晚上 7:00 至 11:00)播放。面向的主要社区的本地新闻是由独立电台制作的,而一天中其他时段的节目则是由网络提供的,或者来自广播联卖(syndicator)或由独立节目制作人独立制作。

---

① 参见 Owen and Wildman(1992)关于电视网络经济学极具价值的讨论。

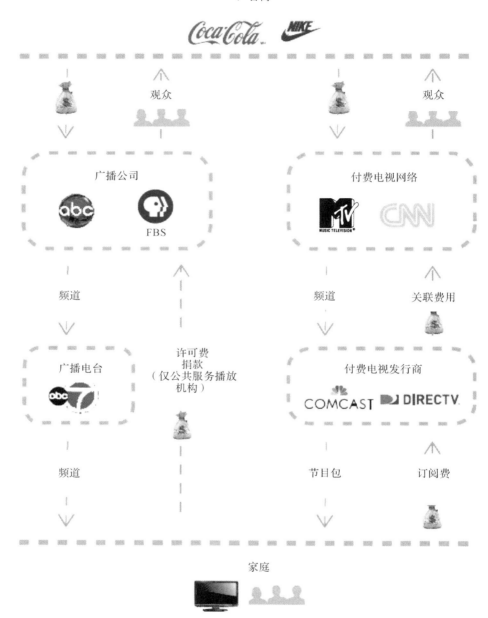

图 7.1 双边电视市场

注:本图描述的是电视市场的双边性。左半部分是免费广播市场,右半部分是付费电视市场。在这两个市场中,都有一个节目批发市场,在该市场中,内容提供商(广播网络、付费电视网络)与发行商(广播电台、付费电视发行商)就其内容的播放权进行谈判,同时还有一个零售市场以供节目发行,即发行商选择广播或设置价格以供家庭访问该内容。大多数商业广播电视机构只能通过将观众"出售"给广告商来赚钱。公共服务广播电视机构的资金来自强制性的家庭执照费、广告销售和/或观众的打赏。电视付费频道和发行商的资金来自广告销售和订阅用户付款的混合形式(请参见表 7.1—表 7.3)。

表 7.1 美国广播电视网络的统计数据(2012 年)

广播网络		节目支出/百万美元	黄金时段收视率均值	24 小时收视率均值	每千位观众花费(CPM)/美元	净广告收入/百万美元
四大广播网络	ABC	2763	3.9	2.4	17.6	3177
	CBS	3303	5.2	2.8	16.2	4124
	NBC	4041	4.7	2.6	18.5	3955
	Fox	2120	3.5	3.8	33.8	2634
	小计	12226 (91.5%)	17.4 (83.0%)	11.6 (85.5%)	21.5 (—)	13891 (88.8%)
次要广播网络	The CW	439	0.7	0.6	44.1	418
	Univision	234	1.7	0.7	—	641
	Telemundo	204	0.6	0.3	—	374
	UniMás	83	0.3	0.2	—	160
	小计	1129	3.6	2.0		1752
总计广播网站		13355	21.0	13.6	—	15642
加权平均广播网络		—	—	—	21.6	
"四大"份额		91.5%	83.0%	85.5%		88.8%

注:报告的数据来自 2012 年美国广播网络的汇总统计数据(SNL Kagan,2014a)。收视率是美国家庭在设定的时间间隔内观看该频道的平均百分比。加权平均广播网络按 24 小时平均收视率加权。括号内是四大广播网络相应统计量的份额。

7.2.1.1.1 公共服务广播电视机构

在许多国家,广播电视服务的某些部分由公共服务广播电视机构(PSB)提供。PSB 与商业广播电视机构竞争,通过无线电免费提供内容。在美国,PSB 的使命是发展一个受过良好教育、信息灵通的社会,使其有能力自治(CPB,2012)。在英国,英国广播公司的使命以"提供信息、教育和娱乐"闻名。从最广泛的意义上讲,这抓住了许多国家公共服务广播的作用;我们很难提出更精确的定义。[1]实际上,PSB 政策的共同目标是确保能够提供满足所有兴趣人群和社区需求的多样化、高质量的节目。此外,应该鼓励产生教育和其他社会效益的节目,包括可能使人们更加宽容并且也更加了解其区域和民族特征的节目。与此相关的是,通常会存在干预以确保有足够的本地制作内容可用,并保护节目制作的国内"生态"。[2]在英国,这些价值观以及支持这些价值观的节目类型和提供者的例子如图 7.2 所示。

---

[1] 在 7.4.1 中讨论到的英国的孔雀委员会(Peacock Committee)指出,即使从广播公司本身获得一个定义也很困难。
[2] 英国 2003 年的《通信法》为 PSB 确立了四个基本目标,7.4.1 将详细讨论 PSB 的原理和作用。

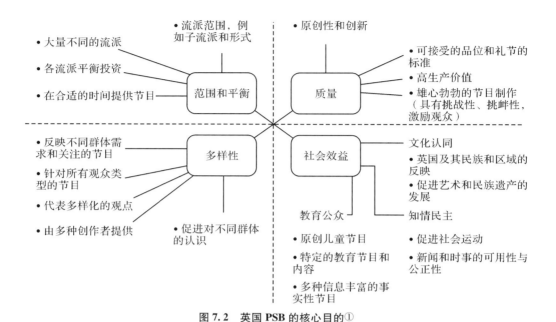

图 7.2　英国 PSB 的核心目的[①]

注:本图描述了包括 BBC 在内的英国 PSB 的核心目的,以及支持这些目的的节目类型示例。

　　PSB 的资金来源各异,这些来源因国家和地区不同而相异,包括强制性的家庭收费、广告销售和/或观众捐款。图 7.1 左半部分的右侧显示了与 PSB 相关的垂直结构和支付流程。在英国,历史最悠久、规模最大的 PSB 即 BBC 每年的许可费为 145.50 英镑(约合 20 美元/月),且不售卖广告;而市场上的其他商用 PSB(ITV、第 4 频道和第 5 频道)不收取许可费,仅出售广告。在美国,公共服务广播是由公共(非商业)电视台提供的,这些电视台混合了当地和国家制作的节目。国家大部分节目均由公共广播服务提供,这是一个非营利性公共广播电视机构,由 350 多个成员电视台共同拥有。公共广播的资金有多种来源,个人的贡献最大(公共电视台平均占 22%),其次是联邦政府的支持(18%)、州和地方政府的支持(17%)、大学和基金会支持(15%),以及企业承销(13%)(CPB,2012)。

　　图 7.3 报告了为电视提供的公共(政府)资金总额,以及部分主要国家中每户每月需支付的电视许可证费用。[②] 大多数发达国家政府为每个家庭每月提供了 6—15 美元的资金以为电视提供公共支持。尽管美国是世界上最大的电视市场,但美国政府仅提供每户每月 0.40 美元的资金以支持 PSB。

[①] 该图取自 Ofcom(2004)。在其他国家的 PSB 中也发现了类似的社会目的。爱尔兰的 Telefis Éireann 电台(RTÉ)的指导原则是"爱尔兰社会的民主、社会和文化价值观"。新西兰公共广播电台的筹资机构 NZ On Air 的使命是"通过广播反映和促进新西兰文化和民族认同的发展"。

[②] 另请参阅表 7.4。

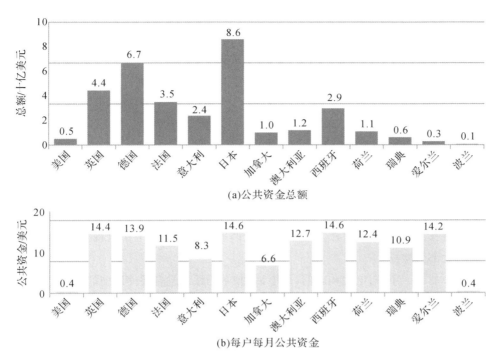

(a)公共资金总额

(b)每户每月公共资金

图 7.3　一些主要国家的电视公共资金(2011 年)

注:货币已使用世界银行 2011 年平均汇率换算为美元。数据来自 Ofcom(2012)的图 3.1。

7.2.1.2　付费电视

付费电视的情况如下:电视节目至少部分由订阅用户(家庭)付费支持。付费电视节目制作是垂直供应链的一部分。电视频道与(通常是小规模的)节目制作人签约制作单个节目,并制定(通常是 24 小时制)电视节目时间表。然后,它们获得了在所谓的节目市场与有线电视、卫星和电信公司一起播出这些节目的权利。接下来,它们将频道打包成电视节目包(bundle),并在所谓的发行市场中向家庭出售对这些节目包的访问权。图 7.1 的右半部分显示了与付费电视提供商相关的垂直结构和付款流程。付费电视行业的收入同时来自订阅用户付费和广告商付款。内容提供商(非广播电视频道)的收入结构差异很大,但上游行业大约 50% 的收入有多个来源(SNL Kagan,2014a)。发行商[有线电视,卫星电视和互联网协议电视(Internet protocol television,IPTV)提供商]主要(90% 以上)依赖订阅用户的付费。

7.2.1.2.1　付费电视发行

在美国,收费电视以有线电视的形式兴起。[①]有线电视始于 20 世纪 50 年代,用于将广播信号传输到由于当地地形自然特征(例如山脉)的干扰而无法接收的区域。有线电视系统需要利用公共基础设施,因此通常会与地方政府达成独家特许经营协议,被政府授予该访问权,以换取价格、质量和/或服务保证。FCC 法规最初限制了其他非广播节目的提供,但在 20世纪 70 年代后期放宽了这些规定,并且随着卫星技术的发展和管制放松,启动了许多节目网

---

① 这里讨论的材料在 Crawford(2013)中有更详细的讨论。

络,包括一些世界上最知名的机构(例如 CNN 和 ESPN)。1980—2000 年,付费(有线)电视行业经历了价格管制和放松管制的阶段,并且大规模增长。[1]

进入付费电视发行市场是一项极具风险且成本极高的工作。许多人以为有线分发是该行业早期的自然垄断,因此有线运营商与有关特许经营的部门进行协商。[2] 1992 年的《有线电视法》(Cable Act)推翻了该政策,将专有特许权定为非法,但有线电视行业的进入者有限,主要集中在大城市。

2000 年是美国付费电视行业发展的分水岭。在那之前,卫星公司不被允许通过卫星传播本地广播信号,这使它们相对于有线运营商处于竞争劣势。1999 年的《卫星信号接收者保护法案》(Satellite Home Viewer Improvement Act)放宽了这一限制,允许所谓的"本地到本地",即将本地广播信号传输到本地电视市场。尽管行业用户数量每年持续增长,但有线电视用户数量在 2000 年达到顶峰。自那时以来,两家主要的全国卫星电视提供商已吸收了整个行业的大部分增长。

在过去的二十年中,电视和通信(即电话)技术的逐渐融合促使以前的电话公司(电信公司)进入视频市场。大多数此类参与者使用互联网协议技术而不是传统的专用同轴电缆或卫星广播技术来提供服务,因此被称为 IPTV 提供者。在美国,《1996 年电信法案》允许电信公司进入,但直到 2005 年前后才大规模进行,三大电信公司中的两家进行了重大基础设施投资。从那时起,尽管只有不到 2/3 的美国家庭可以选择这两家运营商,但它们已经发展至服务全国市场的 10%。图 7.4 显示了 1985—2013 年美国付费电视平台的订阅用户增长模式。

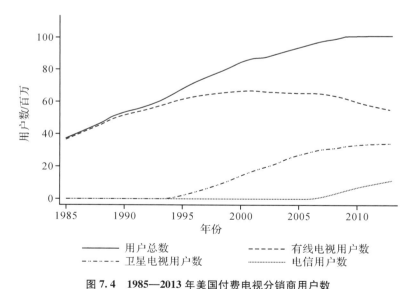

图 7.4 1985—2013 年美国付费电视分销商用户数

---

[1] 参见 Hazlett and Spitzer(1997)以及 Crawford(2013),以了解该行业监管历史上的这一时期。
[2] 有线电视专营权的拍卖被认为是控制有线电视系统市场势力的一种方法,其最初由 Williamson(1976)提出。Zupan(1989a,1989b)评估了这种策略在获得初始特许权(续约)方面是否成功。

　　图 7.5 使用 FCC(2012a)的数据,报告了 2011 年美国有线电视价格在各个市场上的分布估计,以基础、拓展基础和数字基础有线电视服务的平均支出为准。[1]基础服务的价格在有线电视系统之间存在很大的异质性,平均价格为 67.64 美元。[2] 许多价格方面的异质性很可能是由图 7.6 中所描述的订阅用户可用频道数量的异质性所驱动。

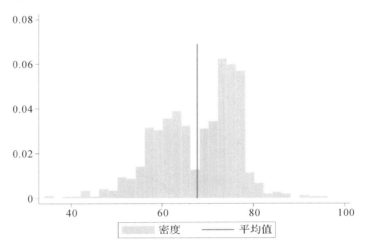

图 7.5　美国有线电视价格分布(2011 年)

　　注:有线电视价格的分布以基础、拓展基础和数字基础有线电视服务的平均家庭支出来衡量。图中的垂直线表示平均值为 67.64 美元。

　　资料来源:作者根据 FCC(2012a)计算。

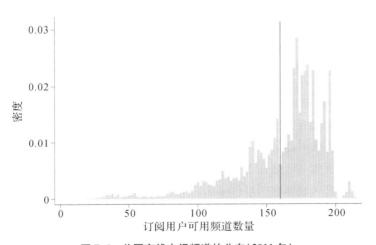

图 7.6　美国有线电视频道的分布(2011 年)

　　注:各系统服务的订阅用户数量加权的平均值为 159.9,在图中用垂直线表示。

---

① 这些数据是使用"信息自由"请求从 FCC 获得的,包括来自美国有线电视系统中的一个分层随机样本的有关基础、拓展基础以及最受欢迎的数字基础服务的价格。有关抽样计划的详细信息,请参见 FCC(2012a)。价格调查中的样本平均值根据订阅用户进行加权。由于提供的数据缺少系统和地理标识信息,因此本章无法根据订阅用户加权。根据 FCC(2012a),本章将平均支出计算为拓展基础服务的价格加上数字基础服务价格的加权平均值,权重由 2011 年采用数字基础的拓展基础订阅用户的份额得出。从 SNL Kagan(2014a)可得知,这个数字是 79.4%。
② 另请参阅表 7.4。

在美国付费电视市场中,一个经常出现的关注点是付费电视价格随着时间的推移持续上涨。图 7.7 报告了 1983 年 12 月—2013 年 12 月消费者价格指数(CPI)中的价格指数。报告的内容是多节目视频分发器(multi-program video distributor,MVPD)(有线+卫星)服务系列和消费者的非耐用产品。付费电视价格以每年 5.1％的速度上升,比非耐用品价格上涨每年快几乎 2％。[1]这种价格上涨引发了人们对行业市场势力的担忧,7.4.3 将再次讨论这一话题。

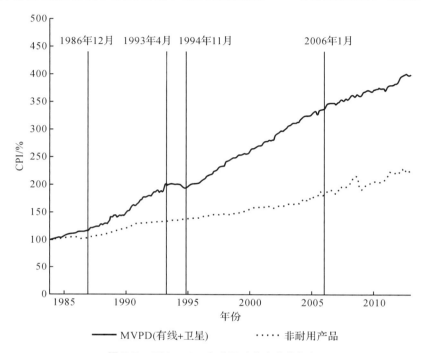

图 7.7 1983—2012 年美国消费者价格指数

资料来源:美国劳工统计局。

7.2.1.2.2 付费电视节目制作

付费电视频道大致分为三种。有线节目网络(cable programming network)包括收费的和广告支持的普通及特殊兴趣节目网络,通过卫星在全国范围内分发给发行商。美国的例子包括与收费电视相关的一些最知名的网络,包括 MTV、CNN 和 ESPN。[2]从政策角度来看,有线网络的重要子集是区域体育网络(regional sports network,RSN)。这些是区域性网络用于实时直播参加比赛并属于该网络服务区域的运动队的表现,如洋基娱乐和体育网络(Yankees Entertainment and Sports Network,YES)、康卡斯特芝加哥体育网(Comcast Sports Net Chicago)和十大联盟体育网(Big Ten)网络。虽然不同网络上进行的体育运动有所不同,但典型的区域体育网络会显示那些未在美国职业篮球(NBA)、棒球(MLB)和冰球(NHL)联赛的国家网

---

[1] 解释付费电视价格变化时的一个重大挑战是要考虑有线服务质量的差异。Crawford et al.(2008)描述了 FCC 如何提出使用观看者人均每小时价格作为衡量质量调整后的有线电视价格的方法(FCC,2009)。Crawford et al.(2008)表明,在 1997 年 7 月至 2008 年 1 月之间,有线电视服务的每小时观看价格的复合年增长率为 5.8％,比同期非耐用品 3.1％的复合年增长率高出 2.8％。因此,有线电视价格在质量调整后也一直在上涨。

[2] 所谓的有线网络(英文中同电缆)之所以得名,是因为最初仅在电缆上可用。

络上进行的比赛或每项运动在其服务区域内拥有两个专营权。[1] 会员节目网络(premium programming network)是无广告的娱乐网络,通常提供全长影片,包括同样为人熟知的网络,如 HBO 和 Showtime。

美国家庭有许多付费电视频道可以选择。尼尔森的 FOCUS 数据库提供的 2011 年美国有线电视节目人群数据显示,至少有 1％的美国家庭拥有 282 个电视网络。正如图 7.6 报告的,在 2011 年提供服务的 6000 个系统中,基础、拓展基础和数字基础有线电视服务提供的频道分布整体偏左,(加权)平均值不到 160 个。卫星和电信系统还提供数百个付费电视频道。[2]

表 7.2 和表 7.3 报告了可获数据的美国最大的付费电视网络的统计数据。每个表中报告的是网络成本(节目支出)、数量(收视率和订阅用户数)、价格(每千位观众花费)、收入(会员费收入、总收入)以及会员费收入占比。表 7.2 报告了前 25 个最广泛使用的有线电视网络的信息,以及从 SNL Kagan 获得信息的所有 198 个有线节目网络的总数。[3] 表 7.3 报告了所有 40 个区域体育网络和所有 8 个会员节目网络。[4]

在不同类型网络内部和不同类型网络之间存在相当大的异质性。如上所述,会员节目网络仅赚取会员费收入,每种渠道的相对重要性各不相同。总体而言,有线网络赚取了大部分广告费、会员费和总收入。考虑到尽管有线电视网络只占不到一半的收视率,且有此类可用数据的网络仅占 13％(198 个中的 25 个),但收入最高的前 25 个有线电视网络却获得了有线电视网络广告和会员费收入的 2/3。尽管区域体育网络仅在其播放本地体育内容的地区具有相关性,但它在行业中却非常重要,其总收入可与全国性的优质网络相媲美。

表 7.2　2012 年排名前 25 位的美国有线电视网络数据

有线电视网络	节目支出/百万美元	黄金时段收视率均值	24 小时收视率均值	每千位观众花费(CPM)/美元	净广告收入/百万美元	订阅用户数	平均会员费/美元每户每月	会员费收入/百万美元	总收入/百万美元	会员费收入占比
ESPN	5333	—	0.78	19.3	1770	98.5	5.04	5973	7742	0.77
TNT	1160	—	0.83	8.8	968	99.7	1.20	1443	2411	0.60
Nickelodeon/ Nick At Nite	429	—	1.13	6.6	931	99.2	0.55	657	1589	0.41
USA	759	—	1.02	6.9	1043	99.0	0.68	815	1858	0.44

---

[1] 这些网络为各个运动队提供的收入已成为运动队收入中日益重要的部分,并且是在体育市场中取得成果的重要推动力。例如,TWC SportsNet Los Angeles 最近同意向美国棒球队 Los Angeles Dodgers 支付 83.5 亿美元,以获得二十五年内该球队的独家播出权。

[2] 为了估算在美国随机选择的家庭可用的频道数量,数据经过加权处理。

[3] SNL Kagan 是一种行业资源,它收集有关 198 个有线节目网络,40 个区域体育网络和 8 个会员节目网络(在 4 家公司家族中)的信息。此处报告的所有统计信息都依赖于有线节目网络、区域体育网络和会员节目网络的这一子集。

[4] 对于前者,此处将 13 个 Fox Sports、8 个 Comcast SportsNet 和 3 个 Root Sports 区域体育网络分组在一起,并报告这些区域体育网络的统计信息。

续　表

有线电视网络	节目支出/百万美元	黄金时段收视率均值	24 小时收视率均值	每千位观众花费（CPM）/美元	净广告收入/百万美元	订阅用户数	平均会员费/美元每户每月	会员费收入/百万美元	总收入/百万美元	会员费收入占比
Fox News	607	—	0.92	5.0	742	97.8	0.89	1040	1782	0.58
TBS	607	—	0.64	10.4	895	99.7	0.56	673	1568	0.43
Disney Channel	306	—	1.28	—	—	—	1.09	—	—	—
MTV	579	—	0.39	13.1	817	98.1	0.40	476	1294	0.37
CNN	311	—	0.32	6.2	328	98.9	0.58	686	1014	0.68
FX Network	460	—	0.55	8.9	509	97.9	0.48	566	1075	0.53
ESPN2	496	—	0.22	10.4	270	98.5	0.67	792	1062	0.75
Discovery Channel	171	—	0.43	10.9	526	99.1	0.35	420	946	0.44
Lifetime Television	418	—	0.43	8.0	505	99.5	0.31	366	872	0.42
Food Network	278	—	0.48	9.8	609	99.4	0.18	218	826	0.26
A&E	397	—	0.60	5.3	469	98.7	0.28	334	804	0.42
History	302	—	0.72	4.7	497	98.6	0.25	291	788	0.37
HGTV	257	—	0.56	7.2	589	98.7	0.16	184	773	0.24
NFL Network	1078	—	0.19	9.0	129	68.8	0.85	645	774	0.83
Cartoon Network	250	—	0.87	4.5	462	98.9	0.20	237	699	0.34
ABC Family Channel	280	—	0.48	8.4	445	97.0	0.26	298	743	0.40
Syfy	284	—	0.42	7.8	426	98.0	0.27	312	739	0.42
Comedy Central	290	—	0.38	9.3	457	98.3	0.17	201	657	0.31
AMC	214	—	0.46	7.0	362	98.9	0.29	324	686	0.47
CNBC	209	—	0.15	9.5	223	96.8	0.30	356	579	0.62
Bravo	268	—	0.31	11.8	342	94.8	0.23	262	604	0.43
前 25 位总计	15746 (65.4%)	—	14.56 (48.4%)		14314 (66.2%)		16.23 (38.8%)	18864 (66.5%)	33178 (66.4%)	
前 25 位平均		—		7.6		97.2				0.57
总计 (198 个网络)	24066	—	30.10		21623		41.85	28361	49984	
平均		—		6.3		46.2				0.57
前 25 位份额	65.4%	—	48.4%		66.2%		38.8%	66.5%	66.4%	

注：本表从 SNL Kagan（2014a）获得数据。括号内是相应统计量的份额。

表 7.3　2012 年美国区域体育网络和会员网络数据

	网络	节目支出/百万美元	净广告收入/百万美元	订阅用户数	平均会员费/美元每户每月	会员费收入/百万美元	总收入/百万美元	会员费收入占比
区域体育网络	Fox Sports RSNs	1483	237	18.8	2.66	1782	2049	0.87
	Comcast SportsNet RSNs	758	140	10.5	2.79	833	986	0.84
	Yankees Entertainment（YES）	252	67	6.0	2.99	433	510	0.85
	Root Sports RSNs	243	58	3.6	2.81	284	346	0.82
	Madison Square Garden Network	103	61	4.3	2.71	263	336	0.78
	SportsNet New York	214	38	3.8	2.55	219	258	0.85
	MSG Plus	90	24	4.3	1.38	224	252	0.89
	Sun Sports	168	21	3.7	2.69	207	230	0.90
	New England Sports Network	151	31	2.1	3.62	178	213	0.83
	Prime Ticket	144	24	3.1	2.36	169	198	0.85
	Mid-Atlantic Sports Network	138	27	1.9	2.14	138	168	0.82
	SportSouth	55	19	1.3	0.62	65	86	0.76
	SportsTime Ohi	60	13	1.2	1.85	65	80	0.81
	Altitude Sports & Entertainment	52	15	0.7	1.57	56	73	0.77
	Time Wrner Cable SportsNet/Deportes	40	6	3.0	2.98	42	49	0.86
	Comcast/Charter Sports Southeast	28	3	0.0	0.57	38	42	0.91
	Cox Sports Television	18	8	0.6	0.74	16	24	0.66
	Channel 4 San Diego	5	1	0.8	0.80	8	9	0.87
	Longhorn Network	23	1	2.7	0.27	6	8	0.83
	总计	4025	793	72.3		5026	5916	
	平均			1.8	2.41			0.85
会员网络	HBO/Cinemax	1632	0	41.5	7.68	3732	4415	1.00
	Showtime/TMC/Flix	595	0	76.1	1.64	1473	1564	1.00
	Starz/Encore	661	0	56.1	1.93	1259	1310	1.00
	EPIX/EPIX Drive-In	217	0	9.9	1.77	206	341	1.00
	总计	3105	0		13.01	6670	7630	
	平均			45.9	3.10			1.00

7.2.1.3　广播（付费）电视：DTT

2005 年前后,世界各地的电视监管机构开始要求广播电台使用数字技术而不是模拟技术。①这种广播通常被称为数字地面电视（digital terrestrial television,DTT）。

---

① 模拟广播和数字广播之间的转换必须在广播公司的传输区域内同时进行,以避免干扰问题,即使也可以在地区或全国进行。

荷兰是第一个转换的国家(2006年),此后又有更多国家转换(ITU,2012)。①尽管从经济意义上来说在美国并不重要,但这种转变在许多国家导致了多频道数字广播产品数量的增长。这些产品是可靠的替代品,可以替代通过其他技术提供的付费电视捆绑产品。直到最近,在某些国家和地区,尤其是在英国拥有 Freeview 的国家和地区,这些产品完全依赖广告收入,因此对家庭免费,而在其他国家和地区,尤其是法国的 Télévision Numérique Terrestre,是免费和付费混合的频道。

有线电视、卫星电视和电信公司(IPTV)作为视频节目发行商的相对重要性在全球范围内存在很大差异,这是因为各国视频市场的演进发展变化无常。图 7.8 报告了按平台类型获得视频服务的家庭份额:(模拟)广播、数字广播(DTT)、有线电视、卫星电视和互联网协议电视(IPTV)。每个平台都显示出显著的异质性。例如,在英国和巴西,只有不到 15% 的家庭通过有线电视接受服务(在意大利则完全没有),而在荷兰和加拿大,几乎 70% 的家庭通过有线电视接受服务。在几乎所有国家,(模拟)广播都是免费的,而有线电视、卫星电视和互联网协议电视需要支付费用。DTT 有时是免费的,有时则是付费的。图 7.9 报告了同一国家免费电视平台与付费平台电视用户所占的比例。这种差异很大,在西班牙和巴西为 70%—80%,在荷兰、美国和印度则不到 15%。

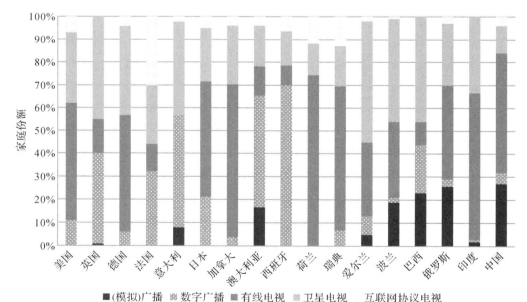

图 7.8 2011 年部分国家视频平台的家庭份额

资料来源:Ofcom(2012)。

---

① 美国在 2009 年进行了转换,英国在 2012 年进行了转换。

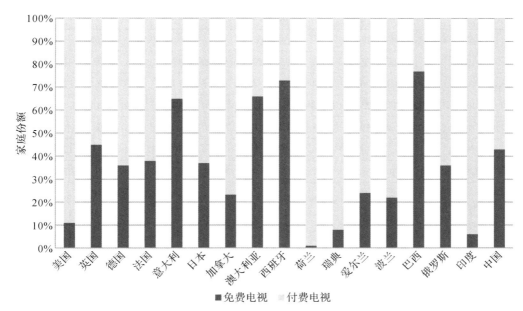

图 7.9　2011 年付费电视与免费电视的国际比较

资料来源：Ofcom(2012)。

7.2.2　跨平台电视统计数据

表 7.4 报告了 2011 年部分国家电视行业的统计数据。图 7.8 中已经显示了按平台分类的订阅用户信息。所列国家的平均个人电视收视率差异很大，从印度的低至 2.0 小时到美国的高达 4.9 小时。[①]平均价格数据尚无法获得，但与其密切相关的是，平均单位收入度量了购买家庭在付费电视上的平均支出。这些数据按照 2011 年 IMF 汇率被转换为美元(Ofcom，2012)。这些市场也相差很大，从印度和俄罗斯的最低价 3—4 美元到美国的最高价 83 美元。[②]意料之中的是，美国是世界上最大的电视市场，其年总收入为 1604 亿美元，即每个家庭112.73 美元/月。其中，近 2/3 来自订阅，1/3 来自广告，而来自公共资金的份额可忽略不计。每个国家和地区的家庭电视行业收入的差异和替代资金来源的相对重要性也存在很大差异，这种差异的原因以前没有在学术文献中进行过分析。

---

① 第 5 章的图 5.2 显示，在美国，看电视几乎占据了人们使用大众媒体所花费时间的一半，几乎是第二种最接近的大众媒体(收听 AM／FM 广播)的时间的两倍。
② 这可能与图 7.5 中报告的 67.64 美元有所不同，因为它包括会员网络的支出费用和附属费用。

表 7.4 2011 年部分国家的电视行业统计

统计量		北美	西欧						亚洲			拉丁美洲
		美国	英国	德国	法国	意大利	瑞典	波兰	日本	俄罗斯	印度	巴西
家庭数	总计	118.6	26.4	40.4	27.6	24.4	4.5	14.3	49.3	52.7	229.3	62.5
	电视家庭	117.4	25.7	38.3	27.0	24.2	4.4	12.9	49.2	50.4	140.22	61.3
订阅用户数	免费订阅	18.4	19.8	15.8	15.0	19.1	1.0	1.5	43.5	26.1	12.5	45.3
	付费订阅	100.4	14.3	22.6	19.9	5.1	3.4	111.8	14.1	24.3	129.7	16.0
每日观看时长/小时		4.9	4.0	3.8	3.8	4.2	2.7	4.0	—	3.7	2.0	2.7
订阅花费	每月单位平均收入/美元	83.01	48.39	20.99	39.97	37.96	27.13	18.71	47.59	3.34	3.74	53.60
电视行业收入	总收入/亿美元	1604	181	186	164	125	29	38	499	58	88	199
	订阅/亿美元	1022	81	63	81	39	14	25	185	13	61	80
	广告/亿美元	578	57	57	49	62	9	13	227	45	24	115
	公共资金/亿美元	5	43	66	35	23	6	1	87	0	3	4
	每月每家庭收入/美元	112.73	57.31	38.36	49.44	42.75	53.02	22.44	84.35	9.13	3.21	26.51
	订阅/美元	71.80	25.66	13.00	24.33	13.37	25.62	14.58	31.33	2.13	2.23	10.71
	广告/美元	40.59	18.00	11.67	14.69	21.26	16.20	7.39	38.41	7.05	0.86	15.28
	公共资金/美元	0.34	13.74	13.69	10.47	8.00	11.19	0.37	14.67	0.03	0.12	0.58
占比/%	订阅	63.7	44.8	33.9	49.2	31.3	48.3	65.0	37.1	23.3	69.6	40.4
	广告	36.0	31.4	30.4	29.7	49.7	30.6	32.9	45.5	77.2	26.7	57.7
	公共资金	0.3	24.0	35.7	21.2	18.7	21.1	1.7	17.4	0.3	3.8	2.2

资料来源:SNL Kagan(2014a)和 Ofcom(2012)。

图 7.10 显示了各个国家和地区随时间变化的电视总收入。美国占全球电视收入估计的 4005 亿美元的 40%以上。全球电视行业收入呈现稳定的同比增长,其中来自金砖四国等发展中国家的收入显著增长。①图 7.11 显示,在美国,与许多世界市场一样,电视广告并未受到最近互联网使用和广告增长的影响。正如第 5 章所强调的那样,无论是通过观看时间、订阅收入还是广告收入来衡量,电视似乎是最重要的大众媒介。

---

① 金砖四国指巴西、俄罗斯、印度和中国。

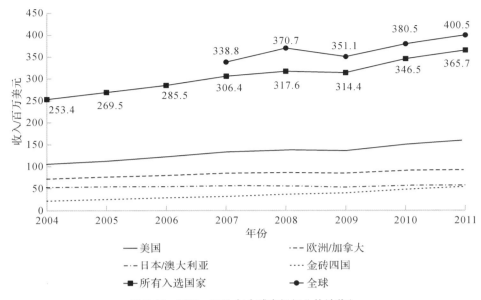

图 7.10　2004—2011 年全球电视行业估计收入

资料来源：Ofcom（2012）和 PriceWaterhouseCoopers（2012）。

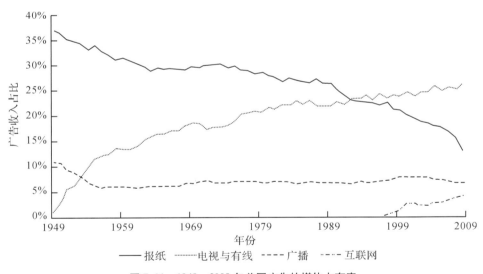

图 7.11　1949—2009 年美国广告的媒体占有率

资料来源：FCC（2011a）、尼曼新闻实验室以及来自 NAA、TVB、IAB 和 McCannShare 的数据。

图 7.12 和图 7.13 在时间段内按频道类型和收入来源划分美国节目市场收入。尽管广播电视收入在整个时间范围内大致保持不变，但有线电视、区域体育网络和会员节目网络收入均已大幅增长。广告收入一直是节目市场收入的历史驱动力，但在 2010 年被会员费收入所超过。

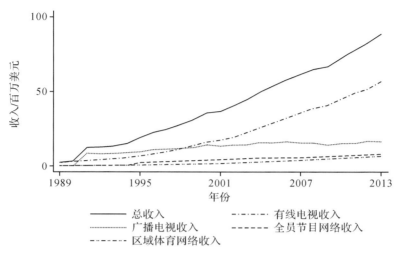

图 7.12　1989—2013 年的美国节目市场收入

资料来源:SNL Kagan(2014a)。

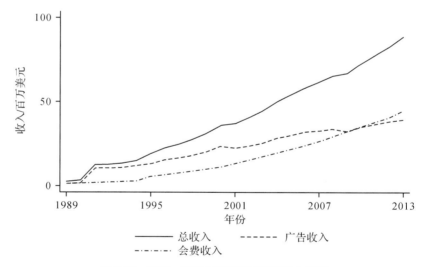

图 7.13　1989—2013 年美国节目市场收入来源

资料来源：SNL Kagan(2014a)。

　　是什么推动了收入增长？这对发行市场的影响是什么？图 7.14 显示按频道划分的节目支出与收入相匹配,而图 7.15 显示,较高的支出使频道能够与来自下游的发行商协商不断增加的会员费用。特别值得注意的是,在图 7.15 中,广播网络通过协商从发行商那里获得的再传许可费用最近有所增长,以获得在无线电中免费传播的广播信号的发行权。[①]再传许可费的贡献仅仅是提高了已经快速增长的有线电视网络的会员费。这些反过来又成为图 7.6 中

---

① 表 7.1 未显示此效应,是因为这些费用主要归于电视台,而不是为电视台提供大部分节目的电视网络。然而,这是广播网络和电视台之间争执的根源,因为广播网络试图共享这些收入。

所示的家庭付费电视服务价格不断上涨的重要原因。

图 7.13 所示的频道广告收入的整体增长隐藏了一个重要的组合效应。尽管广播网络的相对收视率仍然很高(比较表 7.1 和表 7.2),但图 7.16 显示,到 2005 年前后,有线网络上的家庭收视总人数超过了广播网络上的收视总人数。所有这些情况都表明,付费电视在美国电视市场中具有越来越大的重要性。

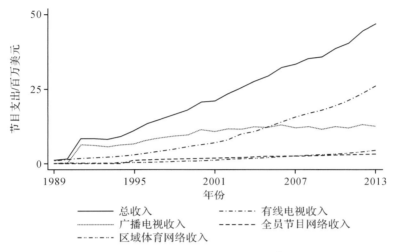

图 7.14　1989—2013 年按频道划分的总节目支出

资料来源:SNL Kagan(2014a)。

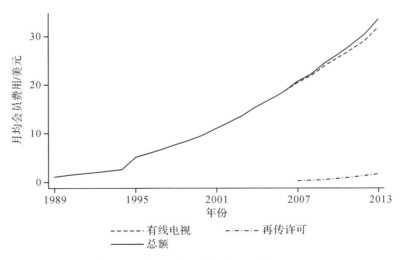

图 7.15　1989—2013 年每月平均会员费用

资料来源:SNL Kagan(2014a)、Pew State of the Media(2013)。

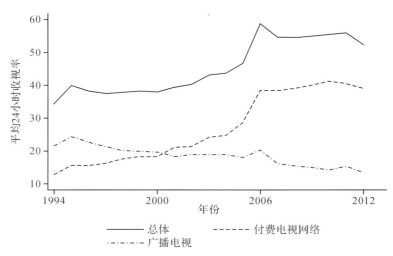

图 7.16   1994—2012 年按平台类型划分的收视率

资料来源:SNL Kagan(2014a)。

7.3   电视市场的简单模型

正如第 2 章中所详细讨论的,媒体市场具有双边结构:既向家庭提供内容以换取订阅付费,又向广告商提供受众以换取广告费用。这种双边结构以及这两种资金来源的相对重要性对价格、广告水平、节目选择、质量和社会福利具有重要意义。

本节将介绍一个关于节目制作和发行的典型模型,该模型借鉴了 Armstrong and Vickers(2001)、Anderson and Coate(2005)、Armstrong(2005,2006)、Peitz and Valletti(2008)中的元素。本节将使用此模型来推出有关电视市场结果的可检验的含义,并在本节后面部分讨论。第 7.4 节将重点介绍电视市场的具体制度性特征,这些特征需要我们在四个重要方向(四个 B)上对该模型进行拓展。

7.3.1   基准模型

7.3.1.1   基准结果

广播电视公司可能会在诸多基本方面做出决策,包括:

- 收看其节目的价格(或更笼统的价格结构);
- 其节目内的广告强度;
- 其节目的质量;
- 其节目的体裁。

法规、竞争条件和/或技术限制可能会影响这些决策。例如,传统的无线广播技术不允许将观众从信号中排除,因此对内容直接定价或不可行。法规可能会限制广告强度,或者某些技术可能会允许观众跳过广告。PSB 可能在新闻节目的质量、类型或中立性方面面临约束。后文将涉及其中一些因素。

假设作为垄断者的广播电视机构拥有 1 个内容单元(诸如单个频道或单个节目)可提供给观众。观众赋予此内容的总价值记作 v,并且 v 以某种方式分布于潜在观众群体中。所有观众对广告强度的态度都是同质的,如果他们为具有广告强度 a 的内容支付 p,则其总价为:

$$P = \delta a + p。$$

观众大多数情况下厌恶具有侵入性的广告,因此我们假设 $\delta \geqslant 0$。一个具有评价 v 的观众会在 $v \geqslant P$ 的情况下选择观看内容,我们记有着 $v \geqslant P$ 的观众总数为 $x(P)$,即观看的需求函数。

假设广播电视公司播出强度等于 a 的广告,那么平均每位观众可从广告商处获得的收入为 $r(a)$。我们假设其为凹函数。那么每位观众带来的总收入为:

$$R = p + r(a)。$$

总收入 R 和总价 P 的关系取决于价格为 p 的订阅费用是否能被采用。如果可以,那么对于任何总价 P,我们有 $P = \delta a + p$ 和 $R = p + r(a)$,从而推出 $R = P + r(a) - \delta a$。 显然,广播电视机构会选择广告强度 a^* 来最大化在任何总价 P 情况下的收入,即:

$$\max_{a^*} r(a) - \delta a。$$

其中,a^* 是使广播电视机构和观众的联合剩余最大化的广告强度,它忽略了广告商本身的剩余。我们通常期望广告商剩余和 a 一同增长,在这种情况下广播电视机构会选择一个缺乏效率的低广告强度。[①]在某些情况下[当 $r'(0) \leqslant \delta$ 时],均衡广告强度为 0,因为观众由于广告产生的负效用甚至比广告对最有价值的广告商的价值还要大。[②]在其他情况下,观众已准备容忍一些广告以换来一个较低的直接费用,在付费电视体系里总收入和总价的关系为:

$$R_{\text{pay}}(P) = P + r(a^*) - \delta a^* \tag{7.1}$$

即从观众处获取的每一块钱都被全然转换成广播电视公司的收入。

相反,在免费电视领域里没有直接收视费用($p \equiv 0$),总收入和总价之间有一个凹性关系,即

$$R_{\text{free}}(P) = r\left(\frac{P}{\delta}\right) \tag{7.2}$$

如果法规为广告强度设置了某个上限,这对应了总价 P 的上限价格。函数 R_{free} 在某一点等于 R_{pay} (当 $P = \delta a^*$ 时,意味着在付费电视体制中 $p = 0$),但在其他情况下比 R_{pay} 低。[③]对此的直觉性理解很明显:在付费电视体系中,广播电视机构有两种手段从观众处获得收入,而在免费电视体系中,手段只有一种,因此在收费电视体系中广播电视机构可以更有效地从收费中获取收益。

---

① 正如 Anderson and Coate(2005)以及 Peitz and Valletti(2008)假设的那样,我们假设每个广告商是一个独立的垄断者,并且可以在销售产品时抽取所有消费者剩余。在这种情况下,总的广告商剩余可以用其需求曲线下方的区域来表示。这意味着能最大化总福利的广告强度会使得广告价格 $r(a)/a$ 和负效用 δ 相等。这遵循了这一说法:如果 $r(a) - \delta a$ 是负的(正的),那么广告强度从社会福利角度会造成过剩(不足)。

② 这大概是小说和现场歌剧通常没有广告的原因。

③ 这是因为 $R_{\text{pay}}(P) = P + r(a^*) - \delta a^* \geqslant P + r(P/\delta) - \delta(P/\delta) = R_{\text{free}}(P)$。

如果向观众收取为负值的费用（即 $p < 0$）是不可行的（这似乎高度可能），那么对于付费电视体系的分析就需要调整。当总价 P 小于 δa^* 时，对应的直接价格 p 为负。因此，当负值价格不可行时，收入函数在 $P \geq \delta a^*$ 的情况下仍然是式（7.1）所给出的，然而对于较小的 P，付费电视体系会涉及一个零值的价格，那么收入函数和式（7.2）的 R_{free} 一致。当 $P \geq \delta a^*$ 时，$r(\cdot)$ 的凹性可以用来证明 $R_{\text{pay}}(P) / R_{\text{free}}(P)$ 随着 P 而增加，因此付费电视体系提供的收入比免费体系成比例地增加，而不仅仅是绝对意义上的。

方便起见，假设广播电视机构已经有了内容，且不承担将这些内容分发给观众的额外费用。因此，机构的总利润为：

$$x(P)R(P) \tag{7.3}$$

其中，R 给定为 R_{pay} 或 R_{free}，取决于向观众直接收费是否可行。即使当观众收费可行时，广播电视机构也可能选择只从广告商处取得收入（这种情形是当在免费体系下最大化利润，即 $x(\delta a)r(a)$ 的广告强度 a，小于当机构可以向观众收取正值费用时的广告等级 a^*）。可以证明，在付费电视体系下的总价 P 比在免费电视体系下略高，因此观众在付费电视体系下情况更不好。[1]同样，付费电视体系的广告强度比免费电视体系的广告强度小得多，因此广告商通常更喜欢免费电视体系。[2]尽管付费电视体系的广告少，不过在免费电视体系下均衡时的广告是过多还是不足仍难以确定。的确，付费电视体系下的总福利相对于免费电视体系也可能更高或更低。[3]

由于广播电视机构在向观众收费时会获得更大的利润，因此可能只有在向观众收费的情况下才能有利润地提供某些内容。从结果上说，即便向观众收费的模式在某些范围内减少了消费者剩余，付费电视体系可能会带来更多内容这一事实也可能让消费者受益。

在讨论大众媒体的最新发展时，本书第 5 章讨论了广告屏蔽技术的影响。我们在这里也对其做出分析。在收费电视体系下，一旦考虑到广播电视机构的反应，广告屏蔽技术的广泛采用常会损害消费者。在没有广告屏蔽技术的情况下，广播电视机构会选择一个总价来最大化 $x(P)[P + r(a^*) - \delta a^*]$，然而当有广告屏蔽技术时，这一技术有效地强行设置 $a = 0$ 且最大化了 $x(P)P$，从而导致一个更高的总价，只要 $a^* > 0$。由于观众不喜欢广告，因此在技术允许的情况下，避免广告是他们的占优策略。但是，此种行为会给其他观众带来负面影响，因为广播电视机构从广告商那里获得较少的收入，会诱使其提高直接价格。因此，在这个简单的框架中，避免广告会引起因徒困境，如果无法避免广告，所有观众的情形都会更好。当然，在纯粹由广告商资助的情形下，采用广告屏蔽技术将对市场造成破坏。

接下来，我们考虑对该基本模型的一些自然的拓展。

---

[1] 如果负值价格不可行，那么对于所有的 $P \leq \delta a^*$，我们有 $R_{\text{pay}} = R_{\text{free}}$。如果免费电视体系的最佳价格满足 $P \leq \delta a^*$，那么显然付费电视体系的最佳价格不会低于这一数值。如果免费电视体系的最佳价格大于 δa^*，那么对于 $P \geq \delta a^*$，$R_{\text{pay}}(P) / R_{\text{free}}(P)$ 随着 P 而增加这一事实意味着在付费电视体系下，广告商选择一个更高的总价时处境更佳。

[2] 无论在两种体系下总价高于 δa^* 还是低于 δa^* 都是如此。在前一种情况下，广告强度相同。在后一种情况下，付费电视体系的广告强度为 a^*，且比免费电视体系更高（不包含等于的情况）。

[3] 更多详细信息，请参见 Anderson and Coate（2005）。

7.3.1.2　寡头垄断

上述基本模型孤立地考虑了单个广播电视机构,并将竞争对手的产品视为外生。而当考虑一个广播电视机构的选择对竞争对手的影响时,还会出现其他问题。为了说明道理,假设只有两个广播电视机构 A 和 B,且对于特定时间段假设观众必须观看两者之一的内容(或两者都不收看)。如果 P_A 和 P_B 是两家广播电视机构各自选择的总价,假设 A 获得 $X_A(P_A, P_B)$ 数量的观众,B 吸引 $X_B(P_A, P_B)$ 数量的观众。那么,正如式(7.3)所显示的,在给定对手的总价 P_j 的情况下,广播电视机构 $i = A, B$ 选择其总价来最大化 $x_i(P_i, P_j)R(P_i)$。这里的 R 是 R_{pay} 或 R_{free} 取决于向观众直接收费是否可行。[①]在广播行业的理论模型中,一个对 x_i 流行的设定是对称的霍特林需求系统,即

$$x_i(P_i, P_j) = \frac{1}{2} - \frac{P_i - P_j}{2t}。$$

其中,t 是运输成本参数,它反映了两家公司产品的可替代性。在此框架中,请注意,总价是战略互补的,广播电视机构对其竞争对手总价的最佳反应函数是该价格的递增函数。特别是,仅以价格上限(在付费电视体系下)或广告最高限额(在免费电视体系下)的形式对一个广播电视机构实施不对称的监管,将导致不受管制的竞争对手对价格或广告的选择相应减少。

在上述具体情况下,总价 P 的对称均衡选择满足:

$$\frac{R'(P)}{R(P)} = \frac{1}{t} \tag{7.4}$$

在 R 如式(7.1)给定的付费电视体系下,对观众的均衡定价则为:

$$p = t - r(a^*) \tag{7.5}$$

这一费用为正的前提是 $t > r(a^*)$。在免费电视体系下,均衡中的广告强度满足:

$$\frac{r'(a)}{r(a)} = \frac{\delta}{t} \tag{7.4}$$

由于我们已知 $R_{pay}(P)/R_{free}(P)$ 随着 P 而增大,那么必有 $R'_{pay}/R_{pay} \geqslant R'_{free}/R_{free}$,所以式(7.4)意味着在付费电视体系下,观众支付的总费用要高于免费电视体系,因此此模式的观众在广告商资助体系下的境况更优。[②]另外,$r(\cdot)$ 的凹性表明,免费电视体系下的均衡广告水平要高于付费电视体系。

7.3.1.3　内容选择

模拟信号时代市场失灵的主要原因是:广告是唯一的商业资金来源。由广告商资助的电视的基本问题是,一个节目是否有利可图并不需要密切依赖于观众对该节目的喜爱程度。如果廉价的智力竞赛节目能够与昂贵的戏剧吸引同样多的观众,那么由广告商资助的广播电视机构在后者上花费额外的资源就没有意义了。同样,有些节目即使可能会产生大量的

[①] 这一陈述假设竞争互动使得每个广播电视机构都承诺提供给定数量的广告。相反,如果竞争是基于广告方面的价格,那么市场可能会发生复杂的反馈,如 Armstrong(2006)所述。

[②] 由式(7.5)可得知,如果 $r(a^*) \geqslant t$,那么处于均衡状态的公司不会向观众直接收费,并且结果和免费电视体系下相同。

社会剩余,也只能强烈吸引一部分相对狭窄的受众群,所以它们也不会被制作。

但是,转变至订阅电视体系可以极大地缓解此问题。由于广播电视机构可以直接抽取收看者剩余,因此我们希望它能够激励人们选择适合观众支付意愿(willingness-to-pay,WTP)的各种质量的节目。例如,电视连续剧对广告赞助的广播电视机构来说可能无利可图,但对于那些与肥皂剧相比能攫取更高支付意愿的广播电视机构来说却不是这样。

为了阐明这一点,从简考虑,假设观众不会从广告得到负效用($\delta = 0$),并且广播电视机构可以从广告商处获得观众人均价值为 r 的最大收入。[①]有一部分数量的节目可供选择,记为 i,且随着受众数量 n 及其支付意愿 v 而变化。(因此,每个选择都具有矩形需求,只要价格低于 v,则非弹性需求为 n。)节目选项 i 有其受众 n_i,保留价格 v_i,以及固定成本 F_i。如果广播电视机构只选择其中一个选项,那么在没有能力为内容收费的情况下,广播电视机构选择的内容会具有最高的价值:$n_i r - F_i$。然而,如果机构可以收取观看费用,则将采纳其保留价格,因此会选择的内容将最大化 $n_i(r + v_i) - F_i$。

由于考虑了观众剩余,因此它可能会更好地与整体福利保持一致(尽管没有给观众留下剩余)。如果有一个节目类型(所谓最小公分母的内容)对大多数人来说聊胜于无,且生产成本较低(例如,n_i 很大,而 v_i 和 F_i 都较小),那么将在免费电视体系下由广播电视机构提供,但某些其他内容可能会在付费电视体系中提供。

上述讨论可适用于节目质量的特定情况。[②]假设广播电视机构可以选择质量,并且制作(或以其他方式采购)质量为 q 的节目需要固定成本 $C(q)$。假设观众要求的内容质量为 q,总价 P 为 $x(P \mid q)$,其中,x 随着 q 增大。应用表达式(7.3)可推出广播电视机构的总利润为

$$x(P \mid q)R(P) - C(q) \tag{7.7}$$

其中,R 为 R_{pay} 或 R_{free} 取决于电视体系。

如果广播电视机构不受监管,它将选择 (P, q) 以最大化式(7.7)。广播电视机构可能在某一维度上受到监管,而在另一个维度上可自由选择。相关的比较静态分析(例如质量如何受到价格约束的影响)取决于质量和价格在需求函数中相互作用的确切方式。用一个简单的例子来说明可能性,如质量能成比例地扩大市场,$x(P \mid q) = qX(P)$。在这种情况下,式(7.7)意味着 P 的选择不取决于所选质量。这意味着,在可行的情况下,迫使广播电视机构提高其节目质量的法规,只要不会导致其破产,将会使观众受益。

如果 $x(P)R(P)$ 对于 P 为单峰,且总价低于最高价格,则广播电视机构的质量选择是 P 的递增函数。因此,直观地讲,当允许向观众收取更高的费用时,广播电视机构通过提高内容质量来作为回应。例如,让我们考虑一项监管政策,该政策限制了免费电视体系中的广告强度。对于固定质量,此政策肯定会使观众受益,因为它会降低观众付出的有效价格。但是,该政策降低了广播电视机构可以从广告商处攫取的人均观众收入,而这可能会削弱其投资改善质量的动力,且对观众造成负面的综合影响。同样,在付费电视体系中,一旦考虑到

---

① 另请参阅第 1 章和第 6 章,以获得有关对媒体市场中内容选择的理论文献的进一步讨论。另见 Liu et al.(2004)和 Godes et al.(2009)关于电视市场应用的研究。

② 该讨论改编自 Armstrong(2005)提出的模型。

机构对较低价格的质量回应,对广播电视机构可以向观众征收的直接费用施加上限可能会适得其反。最后,从免费电视到付费电视的模式转变(我们知道,如果内容质量不变,这将损害观众的利益),一旦考虑到机构提高节目质量的可能,则有可能会使观众受益。

竞争性的广播电视机构可能会播放重复的节目内容,而垄断性的广播电视机构可能会更有动力提供多样化的产品。在频道有限的免费电视体系中,这是真正的危险,但对于付费电视体系而言,危险较小。例如,Steiner(1952)分析了一个极端情况下的模型,其中,每个观众仅考虑观看一种类型的内容,并且更喜欢关闭电视而不是观看其他任何内容。假设只有两种类型的频道,即 A 和 B,各自的受众分别为 n_A 和 n_B,且每个观众有剩余 v_A 和 v_B。为简单起见,假设节目成本为 0,且观众没有从广告处获得负效用。然后,一个拥有两个频道的垄断广播电视机构将选择同时提供两种类型的频道,以最大限度地增加其观众数量。(在免费和收费电视体系中都是如此)。在广告商资助的世界中,两个频道中的每个频道都是由单独的广播电视机构提供的,很可能两者都会选择提供相同的节目类型。[①]

一般原则是,当广播电视机构直接向观众收取内容费用时,它们会有动机去差异化自己的内容以缓解价格竞争。对于此问题的更为现代的研究方法倾向于使用霍特林模型作为刻画类型选择(或内容的其他方面,例如政治立场)的一种方式。在这种模型中,众所周知的是,当竞争对手无法通过价格竞争时,就有收敛到霍特林线中间以最大化市场份额的趋势。这是免费电视体系的合理情况,在该体系中,广播电视机构不能影响广告强度(或者观众不关心广告强度)。因此,该模型印证了我们的直觉理解。但是,在收费电视体系中,广播电视机构可以直接向观众收费。[②]

Gabszewicz et al.(2001)研究了媒体双寡头垄断的霍特林模型,该模型中媒体首先选择位置然后争夺消费者。假定消费者不关心广告强度(即 $\delta = 0$),因此,媒体分支纯粹选择其广告水平来最大化广告收入。如果该收入如此巨大,以至于媒体分支会向观众免费提供内容,他们会发现分支机构会重复节目内容,而如果在均衡状态下价格为正的话,分支机构提供的内容就会有差异。Peitz and Valletti(2008)对这一分析进行了拓展,以考虑广告的负效用,发现与 Gabszewicz et al.(2001)一样,在付费电视体系中,广播电视机构最大限度地区分了内容,尽管在免费电视体系下,广播电视机构确实在一定程度上区分了内容,不然对不喜欢广告的观众之竞争将迫使其广告水平降至零。

7.3.2　对简单模型的评估

7.3.2.1　可验证的含义

在上述假设之下,前面的模型对广告支持的和付费(广告加上订阅用户支持的)电视体系的结果差异产生了许多可验证的含义,本节在此做出总结。

---

① 当广播电视机构倾向于获得大众市场的一半而不是整个细缝市场时,从 $n_A > 2n_B$ 的意义上来说,观众明显偏斜就是这种情况。但是,如果广播电视机构可以向观众收费,那么它们更有可能在均衡状态时选择不同的节目类型。例如,如果它们选择相同的内容 A,竞争就会将观众价格降至 0,且它们各自获得利润 $(1/2)n_A r$,而如果它们选择不同的节目类型,则可以攫取观众剩余,因此一家公司获得 $n_A(r + v_A)$,另一家获得 $n_B(r + v_B)$。当 $(1/2)n_A r < n_B(r + v_B)$ 时,选择不同的节目类型属于一种均衡状态,这相较于在广告商资助的情况下属于一个弱条件。

② 参见 D'Aspremont et al.(1979)的分析。

- **价格和福利**：在垄断和寡头垄断的情况下，付费电视体系的收视总价（即订阅价格加上来自广告的负效用）要高于免费（广告）电视体系，因此，以所提供的内容为条件，观众和广告商在付费电视体系下处境更不好，广播电视机构的境况则更好。

- **内容选择**：由于赢利能力的提高，在付费电视体系中广播电视机构将提供更多的内容。此外，在免费和付费内容都可获得的情况下，免费频道将提供最小公分母节目，而付费频道会提供小众节目。最后，我们应该看到付费电视寡头垄断中最高水平的内容差异化。

- **质量和法规**：最佳质量随总价提高而提高（因此在付费电视体系中更高）。限制价格或广告水平的法规会降低质量和观众剩余。

遗憾的是，人们无法将这些预测直接用于数据，因为简单模型所维持的假设与电视市场的制度特征有相当大的差距，包括多归属消费者、多维偏好、多频道公司、商业广播电视机构、公共服务广播电视机构和付费电视提供商内部及之间的竞争，以及内容效用、广告的负效用、节目制作成本和质量选择等未被模型包括的异质性，还有各国之间的监管限制。举例来说，如果有一个模型允许广告负效用的异质性，允许单一广播电视机构和提供相同内容的付费电视提供商之间的竞争，但是却具有不同的广告与订阅者支付的组合，那么与上面的预测相反，该模型可能会推出（相对）喜爱广告的观众会面临免费电视提供商提供运营商的更低的总价，而厌恶广告的观众面临付费电视提供商提供的更低的总价，以及随之而来的观众进入最适合他们环境的自选择问题。[①]

7. 3. 2. 2 我们可以学到什么？

上述理论至少以两种不同的方式发挥作用：识别有经济意义的变量以及不同经济环境（例如免费与付费、垄断与寡头垄断）决定电视市场中的福利结果且可能会继续在更丰富的理论环境中运行的机制，以及识别相关模型基本要素以进行实证研究。作为第一种方式的范例，这里重点指出第 7.2 节中的几个数据模式。

关于内容选择，对比表 7.1 中描述的美国广播电视网络中的少数几个与表 7.2 和表 7.3 中总结的数百个付费电视网络，可以发现付费电视网络更好地攫取观众剩余的能力确实可能使它们可以相较于纯广告支持的网络提供更多内容，尤其是在一个多频道的世界中，建立对广告商而言具有最大价值的受众群体的能力受到了限制。[②]同样，在上述表格中可用付费电视频道的繁多种类表明付费电视市场中存在着显著的（即便不是最大的）内容差异。形成此种差异的机制究竟源于节目制作者希望增强广告商对于其受众的市场势力[此效应之动机最初由 Peitz and Valletti（2008）使用一个相似的典型模型环境发展]，或是旨在增强其与发行商协商过程中其对于订阅客户的市场势力，乃是一个有趣的开放性研究课题。关于质量选择，图 7.6 和图 7.14 表明付费电视价格、质量（以节目支出衡量）与广播电视质量的稳

---

① 作为历史记录，关注免费和付费电视体系间利益权衡的电视产业理论文献可追溯到 Steiner（1952）和 Beebe（1977），它们反映了产能和监管约束的结合限制了付费电视体系的发展。图 7.9、图 7.12、图 7.13、图 7.14 和图 7.16 清楚地显示了付费电视在电视市场中日益重要的地位，而这在很大程度上已成为政策问题。一如流行文化中所说的："我们都想要我们的 MTV 电视台。"（We all want our MTV.）

② 对不同类型的网络的节目选择抑或如此：Crawford（2007）发现，广播网络和有线网络提供的节目间存在重要差异，如"细缝"或特殊爱好的小众节目较一般大众爱好的节目在免费电视频道普及程度更低（在付费电视频道则反之）。

定正向关系,这表明在简单模型中被识别的质量与价格之互补性可能是一个稳健的理论预测。①我们欢迎就所有这些问题进行进一步的理论研究。

至于识别模型基本要素的实证工作,Wilbur(2008)以及 Analysys Mason and BrandScience(2010)都估计了消费者对广告的敏感度(δ),但得出的结果却截然不同:前者使用加总收视率数据估计的弹性约为−2.5,而后者使用家庭观看数据估算出的弹性无法显著区别于 0。由于这是相关广告(以及广告支持)福利效应的重要参数,因此对该参数的进一步估计将很有用。此外,一些论文估计了对节目的偏好(v),7.4.4 将更详细地总结这些研究。

即使在简单模型中仍然存在一些重要的特征,在实证工作中并未受到太多的关注。相关例子包括更好地考虑订阅用户和广告商付费同时对于市场结果的影响②,以及对电视市场中内容选择的分析③。其他悬而未决的问题包括消费者如何权衡价格与质量、哪些因素影响公司(或许是动态的)质量选择,以及竞争与质量间的联系。这些都是关乎电视市场福利的一阶要素,需要大量的实证研究。第 7.4 节总结了对简单理论模型的拓展以及依赖于它们的实证研究。

7.4　对简单模型的拓展:“四个 B”

上述简单模型尽管对电视市场的结果给出了可供验证的重要预测,但并未包含对于理解其功能以及电视市场与其他媒体市场的差异的重要行业特征。这些拓展内容可称为“四个 B”:公共服务广播电视机构(public service broadcaster,PSB)、议价谈判(bargaining)、进入壁垒(barriers to entry)和捆绑销售(bundling)。本节将一一介绍,讨论它们对电视市场运作的理论影响,并提供其影响的证据。

7.4.1　公共服务广播电视机构

7.4.1.1　公共服务广播电视机构的经济原理

7.4.1.1.1　公共服务广播电视机构的历史

尤其在付费电视时代之前,电视服务显然存在市场失灵的风险。广告强度可能过大,高质量节目的成本可能无法仅靠广告收入来弥补,有限的频谱意味着竞争对手可能很少,而这些竞争对手有可能时常提供重复的内容。对这些问题的自然反应是通过一个指定的公共服务广播电视机构或对许多商业广播电视机构施加要求来促进公共服务播放。例如,如果某

---

① 最后一个例子是与订阅用户价格上限的简单模型的预测间可能存在的一致性。价格上限会降低质量,这在评估 1992 年《有线电视法》的此类规制的文献中找到了支持(Besanko et al.,1987,1988;Crawford,2000,2013;Crawford and Shum,2007)。评估价格上限对广告时间的质量影响仍然是一个悬而未决的问题;相关研究参见 Analysys Mason and BrandScience(2010)、Crawford(2012a)和 Filistrucchi et al.(2010)。

② Wilbur(2008)是少数将观众和广告商的需求纳入电视市场模型的学术论文之一,但只在广播电视领域这样做。相比之下,Crawford et al.(2012a)估计广告商的(逆)需求模型,但不分析观众的需求。同样,Crawford and Yurukoglu(2012)也纳入了广告领域,但其形式被简化,无法评估广告商的福利。这确实同时反映了付费电视供应链所需的建模挑战,以及难以获得分析免费和付费电视分支以及订阅用户和广告支持的市场所需数据的难度,但这些障碍会随着时间的推移逐渐减少。

③ Wilbur(2008)再次脱颖而出,发现电视提供的节目相对于观众,更加接近广告商的偏好。关于节目选择的研究有很多。有关市场规模和市场集中度对广播产品选择与节目种类的影响的分析,请参见第 1 章和第 8 章。

些广播电视机构禁止或减少电视广告,并且该广播电视机构的资金短缺也能从其他频道得以弥补,则可能会改善许多观众的处境。而制作一些成本高昂以至于自由市场中广播电视机构不会提供的戏剧或纪录片,也会让观众从中受益。

从历史上看,英国拥有世界上最著名的公共服务监管体系。讨论公共服务广播电视机构的原理和经验的一种有用方法是简短追溯其在英国的早期历史,多年来英国政府委托的许多委员会报告对此进行了良好的记录。①第一份此类报告,即1923年的《赛克斯报告》(the Sykes Report),伴随着BBC(起初叫British Broadcasting Company,1927年开始改称British Broadcasting Corporation)的成立。《赛克斯报告》建议,对于这类(如广播电台)对公众舆论和国家命脉潜在权力的控制应该保留在国家手中。它不应成为不受管制的商业垄断。该报告建议BBC的资金来自向广播电台所有人收取的许可费用,且BBC不应该播放广告。

《赛克斯报告》仅调查了与广播服务形成有关的短期问题,并且在1925年,克劳福德委员会(the Crawford Committee)受命为BBC的长期运营制定准则。该委员会邀请了1923—1938年期间BBC的第一任主席约翰·瑞思(John Reith)陈述他对于广播的观点。瑞思是苏格兰长老会牧师的儿子,持有强烈的宗教信仰,他对广播的恰当目的提出了坚定的意见:"保持高尚的道德基调显然是最重要的";"会为提供公众认为自己想要的东西而感到骄傲的人经常对于低标准提出虚构的要求,然后他本人再去满足";等等。② 瑞思还认为广播具有社会和政治功能,可以成为实现民族团结的有力手段。他引用1924年国王乔治五世的广播讲话,这是第一次在广播中听到这位君主的讲话,具有"使国家团结一心"的效果。广播还可以提供围绕某一天某一问题的事实,以及双方的论点,从而使人们可以自己做出决定,而不是接受"别人的口述的和片面的版本"。瑞思主张"控制权统一",即维持BBC的广播垄断地位,以便"可以在全国范围内维持一个总方针,并颁布明确的标准"。BBC在此后三十年保持这一垄断地位。

电视时代的第一个委员会,即20世纪50年代的贝弗里奇委员会(the Beveridge Committee),将这种垄断作为重点。在向委员会提交的意见书中,BBC强烈反对结束其垄断,因为格雷欣法则③将"像在货币领域一样毫不留情地在广播领域内运转。从长远来看,'良币'将不可避免地被'劣币'所淘汰……因为从长远来看,广播竞争必须降至争取最大数量听众,所以节目将越来越多地迎合大众的低级趣味"。

贝弗里奇委员会建议继续维持BBC的垄断地位,但是两年后,新当选的政府拒绝了这一提议,并于1955年在英国建立了由广告商资助的商业电视台。这个独立电视台(independent television,ITV)承担严格的公共服务广播义务,且这个新的第二电视频道不是对公共服务广播的替代。一家广告商资助的商业广播电视机构可被驱使提供指定种类的节目,从而换取

---

① 主要取自于Scannell(1990)的精彩描述,部分内容还摘自Armstrong(2005)和Armstrong and Weeds(2007)。

② 在私下里,他更加尖刻。正如BBC致敬瑞思的网页时所报道的那样,他在他对纳粹时代的德国广播表示崇敬的日记中写道:"德国禁止爵士乐,我们竟然在处理这种肮脏的现代产品方面落后,对此我深表遗憾。"他对转播赛狗比赛感到厌恶,称其为"我见过的最严重的公共堕落表现"。

③ 译者注:经济学领域中即所谓"劣币驱逐良币"经验性规律。

运营许可。拥有两个电视频道之一意味着独立电视台能享受可观的稀缺租值（第一次颁发独立电视台许可证时创造了"印钞许可证"一词）。这些租金可用于资助监管机构希望提供的节目，而它们不会由商业广播电视机构自愿提供。

下一个委员会是 20 世纪 60 年代的皮尔金顿委员会（the Pilkington Committee），负责分配新的第三电视频道。哈里·皮尔金顿爵士（Sir Harry Pilkington）的观点非常"瑞思式"，且对普遍的琐碎性感到担忧。该委员会发现电视台缺乏多样性和独创性，不愿意尝试挑战性主题，并且将商业电视确定为主要罪魁祸首，却无法"理解质量或琐碎的本质，也无法理解需要维持其中的一种来制衡另一种"。该委员会授予了 BBC 第三频道。

最后，我们快进到 1986 年，即玛格丽特·撒切尔（Margaret Thatcher）政府的鼎盛时期，当时成立了孔雀委员会，该委员会旨在调查 BBC 许可费的替代方案，从根本上改变了英国讨论的基调，并更像对待其他产品一样对待广播。它希望广播系统能够"为节目制作者提供完全的进入自由、能够传输无限多个节目的传输系统，以及按节目收费或按频道收费的设施"。该委员会建议，20 世纪 90 年代，BBC 应通过订阅来筹集资金，而公共服务广播的剩余需求应通过向所有广播电视机构开放的基金来筹集。

7.4.1.1.2　公共服务广播电视机构对市场失灵的回应

Armstrong and Weeds（2007）深入分析了在何种程度上可将公共服务广播电视机构的出现合理地作为应对市场失灵的办法。其引用了加文·戴维斯（Gavyn Davies）的观点，即公共广播电视台的使命不应只是"告知、教育和娱乐"，而应以"不受管制的商业广播电视机构不会采用的方式来告知、教育和娱乐"。Armstrong and Weeds（2007）确定了公共服务广播电视机构可能解决的两种可能的市场失灵问题：一是满足观众原本无法满足的偏好；二是考虑与各种节目类型相关的外部性。

在第一点上，Armstrong and Weeds（2007）认为，尽管在行业初期这类低产能的世界中此种担忧或为合理，但鉴于各国付费电视提供的付费内容之增长，现在很难为其辩护。不过第二点仍然有效。尽管很难确定有关电视观看效果的因果关系，但越来越多的研究认为，观看某些类型的内容会对行为产生负面影响。[1]随着多频道电视的广泛普及，此种现象之增减是一个悬而未决的问题。但有一点可以肯定，尽管"在垄断的初期，BBC 可以有效地强迫人们消费简朴的管风琴独奏、公共宣告等内容"，但在当今世界事实却并非如此。观众变得越来越分散。这表明，即使公共广播服务机构仍然有动因，但实现这些目标的能力也已降低，这对于决策者和广播电视机构本身都是具有挑战性的问题。

即便考虑到公共服务广播电视机构解决市场失灵问题的可能性，却仍然存在实施问题。Armstrong and Weeds（2007）认为，为单个实体筹集资金可能会造成扭曲。虽然支持者认为这种政策可能迫使竞争对手提高水平，但没有实证证据支持此观点，且至少在公共服务广播电视机构的节目制作领域，这样的政策很可能会削弱竞争对手的投资节目制作的动力。

---

① 关于电视与暴力之间的联系，可参见例如 Hamilton（2000）。

7.4.1.2 公共服务广播电视机构的影响

尽管其在大多数媒体市场的运作中发挥着重要作用,且学术界、监管机构和广大公众就公共服务广播电视机构在代议制民主的运作中的重要性也已取得共识,但令人惊讶的是,几乎没有经济研究支持这些理念。[①]追随着商业广播电视机构广泛进入全球媒体市场的趋势,Prat and Stromberg(2006)建立了面对竞争性进入的广播电视垄断提供商的模型,并分析了市场进入对节目选择、频道选择和个人知识的影响。然后,其使用商业电视台进入市场前后的瑞典调查数据验证了该模型的含义,发现那些开始观看商业电视台的人提高了他们的政治知识水平和政治参与度。

在激发思想火花的同时,Prat and Stromberg(2011)呼吁对公共服务广播电视机构的影响进行更多的研究,而不仅仅停留在对其政治后果的研究。Prat and Stromberg(2011)认为政治信息是一种公共品,而选民花费资源获取信息以保证其政治领导人负责产生了正外部性,这为公共广播电视的公共资助提供了一个理由。但是这类外部性有多大?与商业生产者相比,公共服务广播电视机构是否提供了更有价值(例如更少偏差)的信息形式?除了有约束力的政治家,例如在教育或文化方面,公共服务广播电视机构还有其他积极的外部性吗?有什么证据呢?Prat and Stromberg(2011)呼吁公共广播机构更多地收集和传播数据,研究人员应更加重视这些问题。

7.4.2 议价谈判

理论模型中经常假定电视市场的一个重要特征是供应链对市场结果的影响。迪士尼或维亚康姆(Viacom)等付费电视频道集团与康卡斯特(Comcast)或直播电视(DirecTV)等付费电视发行商就后者将向前者支付的费用进行协商,以获得在后者的节目包中提供前者电视频道的权利。同样,诸如ABC之类的广播网络会与电视台(或电视台组)协商广播节目的补偿。本部分描述了此类协商对电视市场结果的影响。

7.4.2.1 议价理论

在电视市场中,可以合理地认为内容提供商(频道)和发行商都具有市场势力。在这种情况下,认为"价格可以被设定"是不合理的。相反,它们通过议价来确定双方同意的价格。在这种情况下,非合作议价理论已被证明是有助于理解市场的有用工具。

在双边垄断者 A 和 B 就规模为 π 的总体收益进行议价[②]的情况下,非合作议价理论的观点最容易被理解。可能的协议集给定为:

$$X = \{(x_A, x_B) : 0 \leqslant x_A \leqslant \pi \text{ 和 } x_B = \pi - x_A\}。$$

来自一个协议(agreement)的博弈者 i 的效用为 $u_i = U_i(x_i)$。如果博弈者没有成功达成协议,那么每一位博弈者会得到一个"协议无法达成(而带来的)负效用"或所谓"威胁点"(threat point), $d_i \geqslant U_i(0)$,这里 $d = (d_A, d_B)$。将 Ω 记为通过协议可获得的效用的集合,即

$$\Omega = \{(u_A, u_B) : \exists x \in X \text{ s.t. } U_A(x_A) = u_A \text{ 和 } U_B(x_B) = u_B\}。$$

---

① 受公众支持的广播电视机构还出现在无线电广播市场中。在无线电广播市场中,新闻广播是重要的(有时甚至是领导性的)新闻和信息提供者。关于非商业内容"挤出"商业内容的程度的分析,请参见第 8 章(8.4.8)。
② 这里的论述大致上遵循 Muthoo(1999)。

那么一个议价问题则为组合（$\mathbf{\Omega}, d$）。

Nash（1950）建立了一个议价问题的独特解决方案，该问题满足了理性行为的一些公理[1]，后被一般化用以考虑两个博弈者之间的不对称性，从而产生了一种非对称纳什议价解（asymmetric nash bargaining solution, ANBS）。

记 $\tau \in (0,1)$ 为代表博弈者 A 的议价能力（bargaining power）（则 $1-\tau$ 为博弈者 B 的议价力量），议价力量代表了每位博弈者在协商中的强势程度。那么，议价博弈（$\mathbf{\Omega}, d$）的 ANBS 是可以解决以下问题的独特的效用组合：

$$\max_{u_A, u_B \in \Theta} (u_A - d_A)^{\tau} (u_B - d_B)^{1-\tau}。$$

这一解法被称作差异分割法则（split-the-difference rule）。按照这一法则，ANBS，即（u_A^N, u_B^N）为：

$$u_A^N = d_A + \tau(s - d_A - d_B),$$
$$u_B^N = d_B + (1-\tau)(s - d_A - d_B)。$$

其中，s 为合并协议剩余（combined agreement surplus），即要被分割的总体收益的（效用）大小。

这一解表明，议价各方的效用取决于三个因素："威胁点"，d_i；"增量剩余"，即 $s - d_A - d_B$，也就是各方可以从协议中获得的剩余超出了没有协议时的盈余的部分（要分割的"蛋糕"的大小）；议价能力，τ。

除了要满足关于代理人行为的合理公理外，Rubinstein（1982）后来证实，这种 ANBS 还是交替报价模型的唯一解，该模型非常类似于议价在现实世界中发生的方式。在这种情况下，各方的议价能力（τ 或 $1-\tau$）可能与双方在谈判中的耐心程度有关。[2]

Horn and Wolinsky（1988）将双边垄断议价解决方案拓展到了双边寡头垄断的解决方案。这在电视市场上很重要，因为议价的结果是相互依存的：协商产生的结果是，一个发行商向一个频道支付的低会员费会影响其他发行商（和频道）的利润。

Horn and Wolinsky（1988）引入的均衡概念是纳什议价中的纳什均衡或"纳什中的纳什"（Nash-in-Nash）。每个议价组都以所有其他协议为条件达成协议（成对的纳什议价），并且在均衡状态下，没有一组希望在给定其他组协议的情况下更改其协议（每个成对协议都是纳什均衡的一部分）。[3]尽管如此，每个议价组的解决方案结构都遵循上述双边垄断者的解决方案结构。

7.4.2.2　关于议价的实证研究

Crawford and Yurukoglu（2012）在 Ho（2009）的实证工作的基础上，构建了需求、定价、捆绑选择和议价的实证模型，以估算频道集团和美国付费电视行业的大型付费电视发行商之间的议价参数。

Crawford and Yurukoglu（2012）假设发行商支付给频道的投入成本（会员费用）是上游渠

---

[1] 它们是：等效效用表示的不变性、帕累托有效性、对称性和无关选择的独立性（IIA）。
[2] 耐心程度是通过各方对未来利润的贴现率来衡量的，较低的贴现率对应较高的议价能力。
[3] 像 Rubinstein（1982）一样，Collard-Wexler et al.（2012）设定了一个双边寡头议价环境中相互依赖议价的交替报价表示。

道或渠道集团与下游发行商之间双边谈判的结果,这些下游发行商以单独和同时的方式进行双边谈判。按照行业惯例,Crawford and Yurukoglu(2012)假设发行商(多系统运营商,multiple system operator,MSO)代表其所有组成系统进行谈判,而频道公司则代表其组成频道进行议价。他们通过"纳什式"议价的方式确定是否达成协议,如果协议达成,则以多少投入成本为代价。最终收益由下游竞争根据商定的投入成本确定。根据行业惯例,Crawford and Yurukoglu(2012)假定企业集团与发行商之间的协议是简单的线性费用,每位订阅用户每月 X 美元。

Crawford and Yurukoglu(2012)估计大多数议价参数都在 0.25 到 0.75 之间,这不利于假定频道或发行商都采用"买入或卖出"报价的模型。Crawford and Yurukoglu(2012)进一步估计,与小频道集团(例如 Rainbow Media 或 Comcast 的内容部门)的渠道集团相比,发行商的议价参数通常更高,但是大渠道集团(例如 ABC Disney 和 Time Warner)的情况则相反。[1]在发行商中,小型有线电视运营商和卫星提供商的议价能力略低于大型有线电视运营商。Crawford and Yurukoglu(2012)还发现,在一个发行商被迫提供频道单独定价选项的世界中,议价是决定结果的重要因素,这一点本节末将进一步讨论。

7.4.3 进入壁垒

如第 1 章所述,媒体市场通常具有的较高固定成本、偏好异质性和广告商支持。将电视与其他媒体市场区分开来的一个特征是固定成本的幅度,而且该成本常是沉没成本。这就为进入上游(频道)市场和下游(发行)市场造成了重要的壁垒。

7.4.3.1 (节目)批发市场中的市场势力

作为这类固定成本的证据,前文表 7.1 和表 7.2 报告了主要广播和有线电视频道的节目支出。即使是小型播放网络,平均每年的节目支出也超过 1 亿美元,而前 25 位有线网络中属低位者则需要 2 亿美元。开通频道需要多年的节目投入,以及管理、技术和营销基础架构,而这些基础架构轻易地将固定成本推高至 10 亿美元以上。此外,这些成本多数是沉没的:被证明不受欢迎的节目投资无法收回,就像许多管理和营销成本也无法收回一样。此外,与主要发行商达成节目播放协议是电视频道成功的必要条件,也是昂贵且不确定的。所有这些因素导致了巨大的进入壁垒,并鼓励了集中的上游市场结构。

表 7.5 列出了 2013 年领先的广播和有线节目网络的所有权模式,图 7.17 显示了大媒体、垂直整合的多系统运营商(MSOs)和其他所有者权占上游行业收入的份额。在美国,有七家公司主导着视频节目的生产。[2]

市场集中度的提高会同时产生促进竞争与反竞争的效应。公司规模的扩大可能会带来规模经济、更大规模的设施开发和新节目网络启动,以及更低的投资及新节目部署和服务的成本。但是,这也可能增强节目市场的市场势力,不利于较小的频道和/或发行商。在大型

---

[1] 在 Crawford and Yurukoglu(2012)研究期间,针对其分析的 50 多个最大有线电视频道,彩虹传媒(Rainbow Media)拥有 AMC 和 WE(Women's Entertainment),Comcast 拥有 E! Entertain Television、Golf Channel 和 Versus,Disney 集团拥有 ABC Family Channel、Disney Channel、ESPN、ESPN2、Soap Net 和 Toon Disney,时代华纳拥有 Cartoon Network、CNN、Court TV、TBS Superstation 和 TNT。

[2] 至少从 1998 年开始就存在类似的集中模式(SNL Kagan,2014a)。

媒体合并(例如 Comcast 和 AT&T 的合并)中,这是一个经常讨论的问题,该合并创造了服务于近 25% 美国市场的最大下游发行商(FCC,2002)。一些行业参与者强烈争辩说,与频道集团的谈判中,不断加强的整合使较小的发行商在成本上处于劣势(FCC,2013b)。[①]

传统的看法是,提高对发行市场的集中度可以改善这些发行商的议价结果,从而减少节目市场中电视频道的会员费。然而理论机制尚不清楚。在前文描述的议价方式中,如果双方之间未达成协议,则单个有线电视系统的规模增大会降低节目网络的生存能力。这必然会降低网络的"威胁点"。但是,这也降低了眼下更大型的有线电视系统的"威胁点",其最终结果尚不清楚。Chipty and Snyder(1999)得出结论,增大下游规模实际上可以降低有线电视系统的议价能力。[②]同样,Raskovich(2003)建立了包含关键买方的议价模型,与这类关键买方达成协议对于卖方的生存能力是必要的。作为关键买方其实是不利的,因为如果没有达成协议,卖方将不会交易,而只有关键买方才能保证这一结果。如果合并会使买方成为关键买方,这会削弱其合并的动机。Inderst and Montez(2015)将上述利弊权衡正式模型化,并获得了更清晰的结果:当买方议价能力低时[正如 Crawford and Yurukoglu(2012)发现的,与大型频道集团进行谈判的有线电视系统],规模增大是不利的;当买方议价能力高时[正如 Crawford and Yurukoglu(2012)所发现的,与小频道企业集团进行谈判的有线电视系统],规模增大确实降低了投入价格。这一发现尚待检验。

表 7.5　2013 年上游(频道)市场集中度

大媒体公司	总收入(百万美元)	所有权份额	垂直整合的(有线电视)多系统运营商	总收入(百万美元)	所有权份额
Disney 集团			Comcast		
ABC	3161	100%	NBC	3095	100%
ESPN	8343	80%	Telemundo	396	100%
Disney Channel	1459	100%	USA	2066	100%
ESPN2	1098	80%	Syfy	788	100%
ABC Family Channel	761	100%	CNBC	656	100%
History	890	50%	Bravo	650	100%
Lifetime Television	884	50%	E!	531	100%
A&E	879	50%	Comcast RSNs	1427	(c)
前列 Disney 集团总计	17476	14261	前列 Comcast 总计	9609	9024
所有 Disney 集团总计	19339	15697	所有 Comcast 总计	12498	11255

---

① Cox 是美国第五大发行商,他认为排名前四位的发行商在与节目制作者的议价能力方面超过所有其他发行商,这是他们面临的最重大的竞争威胁之一。代表小型有线电视运营商的行业协会,美国有线电视协会,也通过强调缺乏规模经济的小型有线电视运营商为视频节目承担的较高价格来强调规模的重要性。

② Chipty and Snyder(1999)认为,在有线电视系统和节目网络之间分配的剩余大小取决于网络的总剩余函数的形状,并在 20 世纪 80 年代和 90 年代初的 136 个数据点上对此进行了估算,发现它是凹性质的,这意味着充当两个小运营商比一个大运营商更好。这种凹性质似乎与网络规模和广告收入之间的制度关系(这限制了网络在低订阅用户水平上获得广告收入的能力)以及行业参与者和观察者对规模扩大的好处的主张是矛盾的。

续　表

大媒体公司	总收入 (百万美元)	所有权 份额	垂直整合的(有线电视) 多系统运营商	总收入 (百万美元)	所有权 份额
21st Century Fox			时代华纳		
Fox	2660	100%	The CW	429	50%
Fox News	1917	100%	TNT	2784	100%
FX Network	1137	100%	TBS	1817	100%
Fox Sports RSNs	3616	(a)	CNN	1094	100%
前列 Fox 总计	9331	8877	Cartoon Network	832	100%
所有 Fox 总计	11758	10801	Time Warner RSNs	545	(d)
Viacom/CBS			HBO/Cinemax	4603	100%
CBS	4241	100%	前列时代华纳总计	12103	11930
The CW	429	50%	所有时代华纳总计	13496	12787
Nickelodeon	2117	100%	Cablevision		
MTV	1366	100%	AMC	877	100%
Comedy Central	780	100%	Cablevision RSNs	634	100%
Spike TV	651	100%	前列 Cablevision 总计	1511	1511
BET	580	100%	所有 Cablevision 总计	2193	2193
VH1	569	100%	垂直整合的(有线电视) 多系统运营商总计	28187	26236
Showtime/TMC/Flix	1621	100%	其他/独立公司		
EPIX/EPIX Drive-In	454	33%			
前列 Viacom/ CBS 总计	12809	12290	Univision		
所有 Viacom/ CBS 总计	14949	14370	Univision	692	100%
Liberty Global Inc.			UniMás	175	95%
Starz/Encore	1385	100%	Scripps		
Discovery Channel	1070	100%	HGTV	876	100%
TLC	593	66%	Food Network	867	69%
Liberty RSNs	376	(b)	National Football League		
前列 Liberty 总计	3423	2762	NFL Network	1165	100%
所有 Liberty 总计	4872	4116	所有其他/独立公司总计		7654
大媒体公司总计	50918	44983	所有频道收入总计		86760

注:以上报告的是 2013 年美国主要多频道所有者中最大的广播、有线电视、区域体育和会员节目网络的收入与所占份额。所有权数据是从公司股票备案和行业资源中手工收集的,来自 Crawford et al. (2015)。所有权份额中的总计与按所有权份额加权的收入总计相同。个体 RSNs 未被报告,Crawford et al. (2015)列出了每个上市公司所拥有的 RSN 及其所有权份额。

　　评估节目市场中市场势力增强所带来的后果在概念上较简单,但是交易价格数据(会员费用)的缺乏阻碍了许多实证研究。Ford and Jackson(1997)利用作为《1992 年有线电视法案》规定的一部分而报告的少有的节目成本数据来评估(部分)买方规模和垂直整合对节目成本的影响,使用 1993 年 283 个有线系统的截面数据,发现了 MSO 规模和垂直关系对成本的重要影响:平均的/最小的 MSO 估计比最大的 MSO 多支付 11%/52%,并且有垂直关系的系统估计每位订阅用户每月少支付 12%—13%。Chipty(1995)采取了不同的策略,即从系统规模对零售价格的影响中推断出系统规模对议价能力的影响,还发现了支持增大购买者规模会减少系统节目成本的传统看法的证据。最后,如上所述,Crawford and Yurukoglu(2012)发现,与小频道集团相比,发行商通常具有更高的议价能力,但大频道集团的情况则相反。Inderst and Montez(2015)表明,合并的影响很大程度上取决于对这些议价能力的估计。我们欢迎更进一步的实证研究。

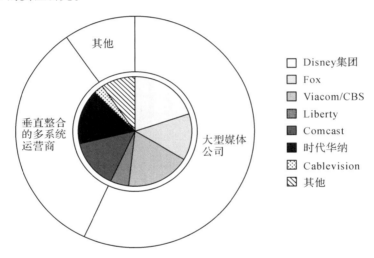

图 7.17　2013 年上游市场的集中程度

注:图中描述了 2013 年美国广播和付费电视节目网络所有者的收入份额。收入数据来自 SNL Kagan(2014a)。

7.4.3.2　零售(发行)市场中的市场势力

　　在下游(发行)市场也出现了类似的对市场势力的担忧。[①]美国的付费电视市场平均由一个在位的有线电视系统、两个卫星发行商和(在某些市场中)先前在任的电话运营商组成。当 Verizon 进入视频业务领域时,他们被要求投资数百亿美元来升级其物理基础设施以传送视频节目。尽管事实上他们像 AT&T 一样,已经比其他潜在进入者在通过电话和互联网接入服务来服务本地市场方面更具优势。[②]同样,所谓的过度建设者,即电视业务中的独立进入者,也一直在努力争取收益。

---

① 本部分借鉴了 Crawford(2013)的资料。
② 所需的投资足够多,并且不确定,美国第三大电信公司(CenturyLink)只在特定的主要城市市场提供电视服务。

表 7.6 1992—2010 年下游（发行）市场的集中度①

排名	1992 年		1997 年		2000 年		2004 年		2007 年		2010 年	
	公司	市场份额	公司	市场份额	公司	市场份额	公司	市场份额	公司	市场份额	公司	市场份额
1	TCI	27.3	TCI	25.5	AT&T	19.1	Comcast	23.4	Comcast	24.7	Comcast	22.6
2	Time Warner	15.3	Time Warner	16.0	Time Warner	14.9	Direct TV	12.1	Direct TV	17.2	Direct TV	19.0
3	Continental	7.5	Media One	7.0	Direct TV	10.3	Time Warner	11.9	EchoStar (Dish)	14.1	EchoStar (Dish)	14.0
4	Comcast	7.1	Comcast	5.8	Comcast	8.4	EchoStar (Dish)	10.6	TimeWarner	13.6	TimeWarner	12.3
5	Cox	4.7	Cox	4.4	Charter	7.4	Cox	6.9	Cox	5.5	Cox	4.9
6	Cablevision	3.5	Cablevision	3.9	Cox	7.3	Charter	6.7	Charter	5.3	Charter	4.5
7	Times Mirror	3.3	Direct TV	3.6	Adelphia	5.9	Adelphia	5.9	Cablevision	3.2	Verizon FiOS	3.5
8	Viacom	3.1	Primestar	2.4	EchoStar (Dish)	5.1	Cablevision	3.2	Bright	2.4	Cablevision	3.3
9	Century	2.5	Jones	2.0	Cablevision	4.3	Bright	2.4	Suddenlink	1.3	AT&T Uverse	3.0
10	Cablevision	2.5	Century	1.6	Insight	1.2	Mediacom	1.7	Mediacom	1.3	Bright	2.2
前4	—	57.2	—	54.3	—	52.7	—	58.0	—	69.6	—	68.0
前8	—	71.8	—	68.6	—	78.4	—	80.7	—	86.0	—	84.0
前25	—	—	—	84.9	—	89.8	—	90.4	—	—	—	—

注:以上信息来自 FCC(1997,1998,2001,2005a,2005c) 中有关付费电视市场竞争状况的报告，包括 1992—2010 年期间最大的付费电视服务发行商的市场份额。

① 译者注:原文中表格内 Cablevision 出现两次，疑误。

前文图 7.6 表明,价格上涨的速度一直快于美国付费电视市场的通货膨胀率。表 7.6 是从 FCC 关于节目市场竞争状况的报告中得出的,报告了过去二十年中行业的集中度指标。随时间推移,排名前 4 位、排名前 8 位和排名前 25 位的 MVPD 提供者的市场份额总和都在增加,其中,在 2010 年排名前 4 位的 MVPD 提供了 68％的市场份额,排名前 8 位的 MVPD 提供了 84％的市场份额。高昂且不断上升的价格与不断提高的集中度之间的关联,引发了人们对发行商市场势力较强且不断增强的担忧。当然,前文图 7.14 显示,有线电视频道已经在节目制作上花费了更多的钱,增加了下游运营商的成本,并挑战了将成本上涨与市场势力造成的价格上涨区分开来的能力。此外,20 世纪 90 年代末期的卫星电视提供商和 21 世纪第一个 10 年末期的电信提供商的进入(见图 7.4)促使决策者怀疑是否有足够的竞争和/或价格法规可以使消费者处境更好。

这涉及监管影响,Mayo and Otsuka(1991)研究了解除监管前的有线电视价格,发现监管显著限制了其价格水平。Rubinovitz(1993)研究了 1984 年(当时仍受管制)和 1990 年(未受管制)的价格变化,发现市场势力的增强要为这一时期的价格上涨负有 43％的责任。Crawford and Shum(2007)发现,尽管价格(稍稍)升高,但品质更高。

对于卫星电视的竞争,Goolsbee and Petrin(2004)估计了一个有关有线和卫星电视捆绑需求灵活的 Probit 模型,并从中推断(此外无法观察到的)捆绑节目包的质量,将有线电视价格与控制质量后的卫星渗透率联系起来。研究发现,将卫星渗透率降低到数据中观察到的最低水平,将使有线电视价格上涨 15％。Chu(2010)通过分析系统质量的反应拓展了上述研究,并发现尽管整个系统的策略性反应差异甚大,且平均有线电视价格略低,但有线电视质量却明显较之为高。

自 2006 年以来的时期见证了来自电信运营商的第三波有线电视行业进入浪潮。有关行业的记录将其进入与巨大的价格竞争相关联,但只限进入后的头几年。一旦它们建立起适度的存在,传统看法认为两者都会大大提高价格。我们需要对电信进入市场的短期和长期影响展开更多研究。

7.4.3.3　横向兼并审查

在对电视市场进行横向兼并审查的背景下,人们对上下游市场势力的担忧最常出现。[1]因为大多数有线电视系统都具有不重叠的服务区域,因此有线电视运营商之间的兼并通常不会减少本地付费电视市场的竞争。因此,近期的提案在美国和欧洲都得到了批准。[2]

推动横向兼并审查会得益于学术文献中关于电视市场有待解决的一些问题的答案。应

---

[1] 7.5.2 将讨论纵向兼并审查。关于媒体市场合并的一般性问题,另见第 6 章。
[2] 在 2015 年 4 月,美国司法部(DOJ)打算质疑该兼并案的消息传出后,2014 年 2 月宣布的 Comcast 和 Time Warner 的兼并申请被撤回。兼并引起的担忧在很大程度上不是付费电视市场的横向问题,而是宽带互联网接入市场的横向问题以及 Comcast 拥有大量节目资产所引起的纵向问题。此后,Charter Communications 宣布打算购买 Time Warner。在此之前,美国付费电视横向兼并的最后一项重大挑战是 2001 年的 Echostar-DirecTV 交易,该交易将兼并两家美国本土卫星运营商。后来,欧洲出现了横向兼并浪潮(Willems,2014)。发行市场的最新交易包括西班牙的 Canal Plus-Movistar TV、德国的 Kabel-Unity Media、荷兰的 Ziggo-UPC Netherlands 和西班牙的 Vodafone-ONO。

该广义还是狭义地定义节目市场？[1]规模的扩大对节目市场的议价能力有何影响？上游和/或下游的默契合谋又会产生什么影响？我们需要做更多的工作来解决监管机构和竞争决策者经常面临的基本问题。

7.4.4 偏好异质性和捆绑销售

媒体市场偏好的一个共同特征是其异质性。有些人喜欢阅读《纽约时报》，而另一些人则喜欢《今日美国》。有些人喜欢麦莉·赛勒斯（Miley Cyrus），而另一些人喜欢约翰·塞巴斯蒂安·巴赫（J. S. Bach）。有些人喜欢福克斯新闻，而另一些人喜欢微软全国广播公司（MSNBC）。Anderson and Waldfogel（2016）讨论了媒体市场中偏好异质性和偏好外部性的含义，发现了媒体市场的规模与成果（如媒体产品的数量、种类和质量）之间的重要联系（参见第 1 章）。

电视市场既相似又不同。相似之处在于，与其他媒体市场一样，电视消费者的偏好也存在很大的异质性。但是，不同之处在于，消费者购买的电视频道被打包在一起出售。[2] 本部分将讨论这种捆绑销售对电视市场结果的影响。

7.4.4.1 捆绑销售理论

实际上，许多广播电视机构向观看者提供一系列内容，并且存在异质性偏好的观众可能喜欢某些种类的内容而不喜欢其他种类。一个特别简单的情况是，当观众对每个单独内容的评估进行累加时，其对内容 i 的付费意愿不受其是否也能访问内容 j 的影响。在这种相加的情况下，当广播电视机构独立零售其内容时，一则内容的价格与观众对其他内容的消费无关，因此先前的分析将保持不变。价值和价格都是相加的，不同内容之间没有相互作用。

但是，在收费电视体制中，广播电视机构在大多数情况下可以通过将其内容捆绑在一起打包出售来增进效益[3]（显然，在免费广播体系下，频道捆绑没有任何作用。为简单起见，假设在下面的讨论中广播电视机构根本不采用广告）。为了最明了地阐明问题，我们假设广播电视机构将其全部内容作为一个捆绑包以一个单独价格销售，而不是分别零售其各种内容。[4]

关键的一点是，观众对整个组合打包的价值评估通常比对单个内容的评估更具可预测性（即难以预测的特异部分较低）（Bakos and Brynjolfsson, 1999；Crawford, 2008）。这可能是由于不同类型内容的价值具有负相关性，因此那些特别喜欢内容 i 的观众对内容 j 的重视程

---

① BSkyB-Ofcom PayTV 质询为会员电影和会员体育节目（狭义地）定义了分别的节目市场。在 Comcast-NBCU 兼并中，FCC 在批准提议的兼并中施加"邻近"条件时，隐含地、狭窄地定义了新闻和商业新闻市场。确定这个问题需要从观众以及最终从付费电视发行商的角度了解节目和节目网络的可替代性。原则上存在数据来评估前者（尽管实际上在任何时间点频道都可以是替代品，但有线接入的决策使它们可互为互补品），而后者则取决于对议价结果的精准建模，特别是对于在缺乏家庭所重视的内容时更换供应商的意愿。

② 报纸也可以被视为对存在异质性内容的捆绑。这里讨论的一些效应也可能适用于报纸。

③ 关于捆绑销售的开创性研究是 Stigler（1968）和 Adams and Yellen（1976）。接下来的多产品讨论来自 Armstrong（1999b）和 Bakos and Brynjolfsson（1999）。

④ 更多华丽的方案允许观众在不同的内容之间进行选择，但基本这种"纯捆绑"模式可以最清楚地让人看清其中根本性的洞见。

度较低,反之亦然。①更深层的原因是,即使没有负相关性,在进行捆绑销售时,估值的特异部分也会倾向于变得"平均化"(这种现象类似于投资组合的分散性对投资者的风险要比持有一项资产的风险小)。如果观众对一种内容的估值与之对其他内容的喜好是独立分布的,且广播电视机构提供了许多内容,那么大数定律意味着观众对捆绑销售商品的评估价值是高度可预测的。结果可能是广播电视机构可以通过捆绑销售方式攫取很大一部分消费者剩余,而相对于非捆绑式定价,观众或许会受到损害,总福利亦可能会增加。②

与广告商资助和付费电视体系间的比较相类似,广播电视机构在进行捆绑销售时通常会获得更多利润的事实意味着,只有在进行捆绑销售的情况下,某些内容才能获利。结果,捆绑销售即使通常会减少既定内容范围内的消费者剩余,也可能会提供更多内容而由此在实际上使消费者获益。③基于类似的原因,拥有现有内容组合的在位广播电视机构可能比新进入市场的公司更愿意为新内容支付费用,因为新进入的公司无法通过捆绑销售获得更多的收入。④这一结果或许能支持在上一节所讨论的内容市场的集中趋势,而这是由于需求侧而非供给侧的范围经济。

7.4.4.2　捆绑销售的实证研究

大量实证研究分析了消费者对电视频道组合的需求。Mayo and Otsuka(1991)以及 Rubinovitz(1993)估计了对有线电视频道组合的需求,并试图度量监管对有线电视价格的影响。Crandall and Furchtgott-Roth(1996)以及 Crawford(2000)也估计了捆绑需求,并计算了价格和产品供应变化的福利影响。

Goolsbee and Petrin(2004)、Chu(2010)以及 Crawford and Yurukoglu(2012)是分析付费电视捆绑需求最新、最全面的实证研究。⑤ Crawford and Yurukoglu(2012)通过对于个体频道的异质性偏好建立了捆绑需求模型。

估算捆绑需求时的挑战是,当捆绑包含付费电视行业中常有的繁多频道(50 余个)时,如何确定捆绑销售中每个频道的相对重要性。跨有线电视市场或跨市场的不同大小的捆绑包中内容的变化有助于我们评估对于每个频道的需求,但通常不够丰富到能推算单个频道偏好的完整分布。然而这些偏好分布对于理解现有电视市场中的定价、内容选择和福利等核心问题以及在不同的经济环境中它们的不同之处至关重要。

---

① 例如,假设一半的观众对体育频道的价值评估为 10 美元,对新闻频道的评估为 2 美元,而其余观众的偏好相反。如果广播公司必须为每个频道设置单独的价格,则它将为每个频道收取 10 美元的费用,且观众只能看到他们偏爱的频道。但是,如果将这两个频道的组合价格设置为 12 美元,那么所有观众都愿意为此付费,而利润和福利都会提高。

② 继续脚注①中的示例,假设对于任何给定的内容,一半观众的评估价值为 10 美元,其余的为 2 美元,并且价值在产品之间独立分布。和之前一样,广播电视机构将按频道定价,将价格定为每频道 10 美元,观众只能看到他们高度估价的内容,且每个频道的人均订阅用户带来的平均收入为 5 美元。但是,如果频道很多,大多数观众会对 50%的频道设置一个高估值,因此大多数人愿意为每个频道支付 6 美元左右的费用。结果是,广播电视机构可以通过提供给观众整个捆绑包来从大多数观众中提取大部分剩余,并且因为大多数人可观看所有可获得的内容,福利亦随之增加。

③ 有关这类利弊权衡研究,参见 Crawford and Cullen(2007)。

④ 在上述示例中,已经拥有许多内容的在位广播电视机构愿为每个频道的每个订阅用户支付高达 6 美元的费用,而独立进入市场的公司只愿支付 5 美元。

⑤ 近期的其他研究包括 Rennhoff and Serfes(2008)、Byzalov(2010)和 Crawford et al.(2012b)。

Crawford and Yurukoglu(2012)通过将捆绑商品组成和价格数据与个人观看习惯的补充数据匹配来解决此问题。后者以跨市场频道的平均收视率以及单个家庭观看行为的形式,在单个频道层面上提供了丰富的信息,但缺乏价格信息。仅仅通过这种观看数据的组合,研究者能估算出备选频道的相对效用并且能够将频道效用转换为对节目包的支付意愿从而倒推出单个频道的需求曲线。

在来自其数据中观看模式的证据支持下,Crawford and Yurukoglu(2012)还支持了媒体产品偏好的长尾(long-tail)特征。[①] 假设根据人口特征,家庭有一定的可能对有线电视频道的偏好为 0。如果为正,则进一步假设家庭间偏好的边际分布呈指数分布形式,然后估计每个频道偏好为 0 的概率及指数分布中的参数。Crawford and Yurukoglu(2012)还估计了偏好的分布,同时允许频道偏好两两正相关或负相关,而这是捆绑销售研究中的重要考量因素。[②]

图 7.18 既报告了支付意愿为正频道的份额,又报告了这些正值中分析得出的 9 个受欢迎的有线电视频道中每个的正支付意愿。偏好异质性在此尤为明显:有些人(32%)根本不看有线电视新闻频道(CNN),而另一些人则对它的评估价值超过每月 20 美元。[③]此外,对每个频道的偏好根据估计都带有长尾,对许多频道的估价为每月 2 美元或更高,而价值达到 10 美元或更高的频道很少。

7.4.4.3 单独定价的福利效应

Crawford and Yurukoglu(2012)使用其分析结果评估了先前总结的捆绑销售理论的含义以及强制有线电视频道单独定价的政策。这是一个决策者有时会在付费电视行业中提出的政策。[④]结果既证实了以上总结的捆绑销售理论,又推到了该理论在电视频道此一特定情况下的应用,原因在于频道与发行商之间的议价行为。

在反事实分析中,Crawford and Yurukoglu(2012)模拟了一个大型和一个小型有线电视市场中的结果,两者都与某一全国性卫星电视提供商竞争,并比较了两种情况下的结果。在第一个作为基准的场景中,在其分析中的发行商被假设为 49 个有线电视频道设定固定节目包捆绑费。在第二个完全单独定价的场景中,假设发行商为访问任何频道设置固定费用,然后为 49 个频道中的每个频道设置单独的价格。竞争存在于服务每个市场的单一有线电视运营商与全国性的卫星运营商之间。

Crawford and Yurukoglu(2012)的基准结果证实了上述有关捆绑销售价格歧视的预测:在单独定价的情况下,家庭只会选择 49 个频道中的 22 个,其有线电视支出估计减少 23.8%,而消费者剩余将增加 19.2%。行业总利润会下降 12.7%,但给消费者带来的收益将大于企业

---

① 有关此问题的一般说明,参见 Anderson(2006);有关音乐的长尾偏好(long-tail preferences),参见 Shiller and Waldfogel(2011)。

② 在随后对国家有线电视频道和区域体育网络需求的研究中,Crawford et al.(2015)拓展了该需求模型,从而允许体育和非体育频道对时间的评估价值具有异构性,同时发现这是解释体育网络在与发行商的协商中能够获得相对较多会员费所必需的一个重要拓展。

③ 此外,Crawford and Yurukoglu(2012)中列出了对于 50 个有线频道的家庭相关偏好为正的第二频道。

④ 还分析了作为主题分类(theme tier)组成部分的频道以及 Chu et al.(2011)提出的捆绑包规模定价策略的影响。

的损失,因此总剩余增加。[1]

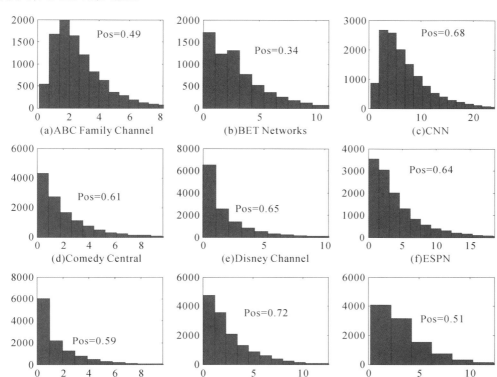

图 7.18　对电视频道子集支付意愿的估计

注:根据 Crawford and Yurukoglu(2012)的报告,对于 2 万个模拟家庭对 9 个大型付费电视网络正估计价格的估计份额(Pos)及其对每个网络的支付意愿(WTP)分布之估计,如图所示。在每个小图中,y 轴报告的是家庭数量,x 轴报告的是支付意愿(WTP),以 2000 美元为单位。

以前着眼于该主题的研究都具有这类基准结果中的一个重要弱点:它们将有线电视系统向节目制作者支付的费用视为给定。尽管与大多数理论文献一致[2],这既与付费电视行业的节目制作合同(通常要求系统在频道单独定价时需要支付更高的费用)以及在单独定价情况下议价动机的性质背道而驰。Crawford and Yurukoglu(2012)使用其付费电视市场行业模型来评估单独定价的福利效应,从而允许在单独定价情况下在节目制作人员和发行商之间

---

[1] 已有研究对于消费者和企业的剩余(尽管不是总剩余)从定性的角度得出了相似的结论。Crawford(2008)对价格歧视理论的含义进行了检验,并找到了合适的证据支持,发现捆绑销售可以增加利润并减少消费者福利,平均影响为 4.7%(4.0%)。在一项模拟研究中,Crawford and Cullen(2007)证实了这些影响,并且还发现捆绑销售增强了行业激励以提供比单独定价更多的网络,但这样做可能会给消费者带来巨大的成本。Rennhoff and Serfes(2008)在一些限制性假设下,就单独定价的福利影响得出了类似的结论,而 Byzalov(2010)则发现了相反的结果。Crawford and Yurukoglu(2012)有关总剩余的结果与理论预测相反,但可以找出合理解释,因为在其反事实分析中,消费者为能够单独选购频道而支付固定费用。固定费用本身的作用类似于捆绑产品,因为消费者仅在他们对各个频道支付意愿的总和减去每个频道的价格后所剩的剩余超过固定费用的情况下才支付费用。许多消费者这样做,购买了少量频道,而标准理论中不存在的这个额外的销售渠道充分增加了消费者和企业的剩余,从而使总剩余效应为正。

[2] 有关的重要例外情况,参见 Rennhoff and Serfes(2009)。

进行重新协商,并发现此对该政策的优势之处有重要影响。Crawford and Yurukoglu(2012)估计,在单独定价的情况下进行重新协商将使会员费平均增加超过100%,从而提高定价,并降低消费者剩余和公司利润。平均而言,Crawford and Yurukoglu(2012)发现消费者在单独定价情况下的状况不会更好,任何操作或营销成本都可能使他们的境况更糟。这一结果应该使决策者暂停将单独定价作为增加付费电视市场消费者福利的政策工具。

7.5 电视市场中的开放性政策问题

当前,一系列开放性的理论和实证政策问题都需要全球监管机构和政策制定者的关注,同时也引起学术界的关注。[1]本节简要总结这些议题。

7.5.1 节目市场中的捆绑销售和竞争

捆绑销售不仅可以作为价格歧视的手段[2],最近的另一篇文献还分析了捆绑销售如何用于扩大市场势力或阻止进入(例如:Hurkens et al.,2013;Nalebuff,2004;Peitz,2008;Whinston,1990)。Whinston(1990)和Nalebuff(2004)均展示了一种环境,即一种产品中的垄断者将具有潜在或部分竞争性的第二种产品与其垄断性产品捆绑在一起,从而阻止了第二种产品进入或是降低了潜在进入者的获利能力。正如Peitz(2008)所强调的,Whinston(1990)的分析要求垄断者做出承诺(在进入没有被阻止的情况下,其宁愿不捆绑),而Nalebuff(2004)要求策略的贯序性(sequentiality)(如果两者同时选择价格而非让垄断者先行选择,那么采用单独定价而非捆绑定价能更有效地阻止进入)。

Hurkens et al.(2013)基于上述文献[尤其是Peitz(2008)]表明,在某些情况下,主导企业可以通过捆绑销售有效建立进入壁垒。其直觉理解源于捆绑销售对消费者需求的两种影响:增加消费者需求[Hurkens et al.(2013)称之为需求规模效应],并使需求更具弹性(需求弹性效应)。[3] Hurkens et al.(2013)模型中的关键参数是α,度量了主导企业提供的商品在多大程度上优于其竞争对手提供的商品。当这一主导性参数取值居中时,捆绑销售会有利于在位的主导公司,而不利于竞争对手。当进一步考虑到进入成本后,捆绑销售因此能阻止竞争性进入,而其带来的福利影响难以确定。

捆绑销售影响电视市场各频道间竞争的可能性长期以来一直是美国行业参与者和决策者关注的问题。在这一语境下,捆绑销售是指与同时拥有高价值和低价值频道的集团进行谈判的发行商必须分其未必喜欢或想要的、价值较低的频道,从而能够发行其认为必不可少的、有价值的频道。[4]这或许会影响独立频道进入节目市场并参与竞争的能力。

发行商通常抱怨关联节目网络的捆绑销售,包括再传协议下协商广播网络的权利以及重要的非广播网络(FCC,2005a,2005b)。一家小型有线电视运营商称这种打包出售以及对

---

[1] 与电视节目越多越好这一观点相反的论点,参考Armstrong(2005)引用的社会学研究中的有趣讨论。
[2] 参见7.4.4。
[3] 另请参阅Crawford(2008)关于有线电视行业的实证应用中对这两种效应的说明。
[4] 由于通常只有一个或少数几个频道需要频道集团来推动这种行为,因此该问题在商业出版中也被称为打包出售。一个销售捆绑包无非是一条双面领带,其背后的经济动机是相似的。

节目分层的限制为"小型和农村[有线电视]运营商如今面临的最大问题[之二]"(Communications Daily,2011)。2013 年初,美国主要有线运营商 Cablevision 起诉主要内容提供商 Viacom,称"Viacom 滥用其在商业关键网络上的市场支配地位⋯⋯迫使 Cablevision 许可和分发⋯⋯其他数十家 Viacom 网络⋯⋯许多 Cablevision 订阅用户都不会使用这些网络,且 Cablevision 也更愿意用其他竞争网络来替代"(Cablevision Systems Corp,2013)。

对此问题的政策回应仍在进行中。美国联邦通信委员会在 2007 年末宣布了一项新议案以调查该问题,但并未产生任何正式的规则制定程序(Cauley,2007)。2013 年 5 月,参议员约翰·麦凯恩(John McCain)提出了一项在批发和零售两级推广单点选项的法案,但这也陷入停滞。尽管其可能性的探讨有很强的理论基础,且业界和决策者都对此感兴趣,但尚未有实证证据表明电视节目市场中频道集团的进入威慑、捆绑销售或是打包出售的竞争效应,因此对这些主题进行实证研究是很有必要的。

7.5.2 纵向一体化与市场封锁

在付费电视市场中,访问基本的(必不可少的)内容已成为越来越重要的问题。目前尚不清楚哪个频道符合此指定条件,同时美国付费电视市场的发行商重视体育和广播频道(FCC,2011b),而英国市场的监管者重视体育和电影(影片)内容(Ofcom,2009a)。因此,对于相关内容提供商整合后的发行商的独家优质内容访问的竞争和福利影响之分析乃是经济学研究中的一个活跃主题。[①]

7.5.2.1 纵向一体化

当一家公司同时拥有关键内容和发行平台时,反竞争的忧虑就随之萌生。当一体化的运营商拥有基本内容的访问权时,它可能根本不允许将内容分发给竞争对手(所谓的拒绝交易),并可能通过价格协商来提高竞争对手发行商的成本。Rey and Tirole(2007)称之为完全封锁和部分封锁。Riordan(2008)总结了有关纵向合并的理论依据。与视频市场最相关的是与完全封锁或拒绝交易、增加(下游)竞争对手成本并减少(上游)竞争对手营收有关的研究。

即使他们同意将这些内容通过许可方式授权给竞争对手,一体化后的"节目制作者—发行商"也可能相较于其下游部门增加其成本,或者相较于上游部门减少其所得的营收(Ordover et al., 1990;Riordan,1984;Salop and Scheffman,1983)。下游封锁(downstream foreclosure)是美国节目访问规则禁止对关联内容进行排他性禁止(exclusivity prohibition)的主要动机,也是美国联邦通信委员会批准 2011 年 Comcast NBC 和 Universal 合并时要求若干合并条件的原因(FCC,2011b)。同样,对上游封锁的担忧推动了该合并中的"新闻相邻"条款(the news neighborhooding condition)。合并条款所涉及的问题不(必然)出于完全封锁,换言之,Comcast 将不再分发竞争对手的商业新闻,而是出于其将会带来对手在频道布局与收视减少的不利地位,从而减少竞争对手的广告收入。这显示出了在一体化后的市场中,具有市场势力的企业可使垂直相关市场中的竞争对手处于不利地位的一些难以觉察的手段。

当然,节目制作者和发行商对整合的希望还有其效率原因。Bresnahan and Levin(2012)

[①] 也有文献分析了未整合的频道与发行商间的排他性交易的竞争效应,尤其是优质电影和体育内容。参见 Armstrong(1999a)、Harbord and Ottaviani(2001)、Stennek(2014)、Madden and Pezzino(2013)和 Weeds(2015)。

概括了一体化的相关效率动机,而其中一些对于电视市场尤为重要。例如,纵向一体化能消除双重边际化(double marginalization),如上所述,由于对内容的线性费用的广泛使用,这是一个潜在的严重问题。[1]同样,它可以使交易成本最小化并减少新节目开发的风险,或更好地协调对互补性技术的投资,而后者在面临在线视频的出现所带来的挑战性许可问题时尤为重要。纵向一体化还可以将节目制作者和发行商在产品选择、服务质量和品牌开发方面的重要外部性内化,或者可以消除议价过程中的低效率情况,而有鉴于议价过程中出现中断的频率越来越高,这或是一个潜在的重要问题。

现有的实证研究普遍发现,纵向一体化的 MVPD 更有可能传播其关联节目,但是,这是否有利于竞争仍然是一个悬而未决的问题。Waterman and Weiss(1996)研究了付费电视网络和有线电视运营商间垂直关系的影响,发现附属的 MSO 更有可能拥有自己的网络,而不太可能拥有竞争对手的网络。订阅用户遵循相同的模式,尽管他们并未发现对价格的影响。[2]Chipty(2001)提出了类似的问题,包括合并是否会影响基本有线电视网络的 MVPD 传输。Chipty(2001)使用 1991 年的数据发现,与关联网络的整合会减少关联网络、基本电影网络(AMC)并提高会员用户价格和会员订阅量。总体来说,整合市场中的家庭相较于非整合市场具有更高水平的福利,尽管其影响在统计上并不显著。但是,正如分析法规影响的研究一样,很难评估有线电视系统间产品供应和价格之间的差异是否全然源自纵向一体化,还是由于整合后系统的其他变量(例如规模、市场营销等)。

Crawford et al. (2015)研究了在美国 RSNs 的节目播放和定价中的效率与市场封锁动机,以及监管控制的情况下纵向一体化的福利影响。其参数化并估计了上游 RSNs 及其整合的下游发行商将内部化:一是双重边际化的成本;二是整合的下游发行商取消其竞争对手对区域体育网络的访问权所获利的激励机制。Crawford et al. (2015)发现,效率和市场封锁动机的内部化程度很大但并不完全。进一步地,在存在(完善)法规的情况下进行纵向一体化需要对整合后内容(如下面讨论的节目访问规则)非歧视性的获得权,而这会带来消费者数量和总剩余的显著增长,但若无此规定,整合后的 RSNs 要么完全采取封锁,要么将竞争对手的成本提高了 30%,从而减少了消费者剩余。

7.5.2.2 政策回应

对于电视市场的纵向一体化及封锁的担忧,现有许多政策措施。[3]在美国,1992 年的《有线电视法》包括旨在推动整个电视市场非歧视性行为的法规。它们被称为节目访问规则或节目传输规则。这些规则禁止关联的 MVPD 和网络在节目设计(节目传输)或发行(节目访问)市场中歧视未关联的竞争对手(FCC,2013b),还排除了有线电视运营商及其附属网络间

---

[1] Bonanno and Vickers(1988)证明,当两个频道竞争时,通过独立零售商在加价为正时使用两部分税费进行销售有助于缓解竞争。在其设定中,每个频道都以固定(特许经营)费用从零售商那里提取所有剩余。Gal-Or(1991)在一篇相关论文中表明,简单的线性费用也会产生相同的效果:上游制造商(频道)将(上游)加价幅度提高到零以上,以权衡双重边际化带来的利润损失与下游竞争减弱带来的利润收益。

[2] 合并对基本有线电视网络传输的影响可参见 Waterman and Weiss(1997)。

[3] 本部分(7.5.2.2)将重点介绍电视市场的政策应对措施。7.5.2.3 将针对在线视频市场重新审视此问题。

连续 5 年的独家协议。①该禁令于 2012 年被废止,取而代之的是赋予委员会权力以根据 2010 年不公平行为规定的具体情况(FCC,2012d)审查任何产生反竞争影响的节目协议。新的规则含有一项(可以辩驳的)推论,即与 RSNs 发生独家交易是不公平的。

如上面引用的许多 FCC 文件所述,节目访问规则被认为是促进发行市场竞争的非常成功的政策。有线电视行业的发展是促进这一成功的基础。由于在美国有许多有线电视运营商在为相同的内容颁发许可,包括多个大小相似的(大型)运营商,因此在评估内容提供商与未关联发行商之间的协议是否具有歧视性时,存在一些有用的对照。但对于节目传输投诉,这更具挑战性。当某个频道争辩说它受到歧视时,最好的对照是相关发行商与可比较频道间的协议。但是,由于每个频道上的节目都不相同,因此找到一个很好的对照或是一种挑战。

在国际上,付费电视发行往往在某个国家或地区中由一小部分发行商控制,从而限制了以美国的计划访问规则为蓝本的法规之可行性。相反,许多媒体和通信监管机构选择对市场进行更直接的干预。在英国,Ofcom 于 2010 年对于天空频道的发行实施了"批发必须提供"(wholesale must-offer)制度,价格由监管机构设定(Ofcom,2010a)。Ofcom 在同年晚些时候将付费(电影)电视节目包的许可权移交给了英国竞争委员会(UKCC)(Ofcom,2010b),但是 UKCC 在 2012 年发现天空频道在第一付费窗口中与电影获得和发行有关的市场地位不会对付费电视零售(发行)市场的竞争产生不利影响(UKCC,2012)。在西欧,欧共体和国家竞争监管机构已制定了各种"批发必须提供"制度,作为批准意大利、法国和西班牙的主要付费电视发行商之间整合的条件(Ofcom,2009b)。人们普遍认为这些制度不甚成功,因为它们没有涵盖竞争对手发行商认为对提供有竞争力的付费电视套餐至关重要的内容。此外,尚不清楚部门监管者能否以及如何解决这些问题。进一步研究付费电视跨市场内容许可的功能将有助于确定最佳的实践操作,以增强这类市场的功能。

7.5.2.3　纵向兼并审查

决策者解决电视市场纵向封锁问题的主要转折点是对纵向兼并进行审查。②几乎所有电视市场上最引人注目的竞争性审查都集中在纵向兼并上。图 7.19 显示了 2012 年主要内容集团与付费电视发行商之间的纵向联结。在美国,这包括 Comcast/ TimeWarner-Adelphia(2005 年,有条件批准)、Comcast NBC/Universal(2011 年,有条件批准)和 Comcast-TimeWarner(2014—2015 年,被质疑并撤回)。③在欧洲,与之类似,主要案例包括 CanalSat TPS 合并(法国,2006 年,有条件批准)和 BSkyB Ofcom 付费电视调查(英国,2012 年,强制采用"批发必须提供"制度)。

---

① 但是并不针对地上波技术(即微波而非卫星)提供的节目。这一发行商在少数基于地理划分的电视市场中使用了所谓的"地上波漏洞"(terrestrial loophole),专门提供了价值很高的 RSNs。作为新的一套禁止不公平行为规则的一部分,这一漏洞在 2010 年得以消除(FCC,2012b)。
② 7.4.3 讨论了横向兼并审查。关于媒体市场兼并的一般性问题,另见第 6 章。
③ 这些决策中的分析通常可以很好地让读者了解相关问题,例如 FCC(2011b)。

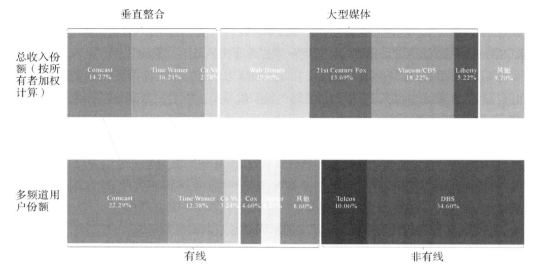

图 7.19　2012 年频道与发行商之间的纵向兼并

注:节目市场的收入和所有权份额如表 7.5 的注释所述。发行市场中的份额是从 SNL Kagan(2014a)提取的订阅用户份额。DBS 代表直接广播卫星,是 DirecTV 和 Dish Network 的订阅用户份额之和。所有权数据是从公司股票备案和行业来源中手工收集的,参见 Crawford et al.(2015)。

纵向兼并审查的实践还将受益于学术文献中有待解决的几个有关电视市场问题之答案。阐明兼并后运营商提高竞争对手成本、减少竞争对手收入、市场封锁的动机很简单,但是衡量关键因素可能会很困难。例如:在缺乏关键的整合后内容的情况下,下游竞争对手间的需求交叉弹性为何?① 此外,兼并公司对封锁的动态诱因是什么(如上游质量投资的变化、下游基础设施投资的变化)? 兼并条件或行业法规如何减轻损害? 如何衡量垂直效率?

7.6　在线视频市场

在线视频就是通过互联网发行渠道传播的视频节目。从这个意义上讲,它仅在其发行、访问技术和观看它的特定设备方面与免费或收费电视有所区别。全世界有大量的在线视频发行者(OVD)、发行技术、消费设备和商业模型。本节将对这个正在成长的行业进行概述,并讨论涉及其发展的两个政策问题:网络中立性和市场封锁。②

---

① 在评估通过保留关键上游内容来封锁下游竞争对手的动机时,这是关键的参数。由于通常无法使用现有数据来衡量(因为关键内容通常在兼并前可以从任何地方获得),因此行业的结构模型譬如 Crawford et al.(2015)使用的模型可以提供对此种反事实弹性的估计,但在典型的兼并审查案例中,涉及的详细建模和估计或不可行。
② 本节将遵循 FCC(2013b)采取的策略,仅分析"提供专业节目的实体,并且其内容通常由媒体和娱乐公司通过拥有或维护发行权的专业级设备、人才与制作人员创建或制作",不包括 YouTube 等视频共享网站。

7.6.1　在线视频市场的事实

随着宽带互联网接入家庭和互联网设备的兴起,人们观看在线视频的意愿与日俱增。[1]
在美国,截至 2014 年,估计有 85.7% 的美国家庭购买高速数据(High-speed data, HSD)连接
服务,从而使大多数美国家庭都可以进行在线视频消费。图 7.20 显示,互联网电视(OTT)是
电视和在线视频行业的重要组成部分,并且正不断发展。如第 5 章所述,2013 年,智能手机
和平板电脑在美国的普及率分别达到 74% 和 52%。[2]

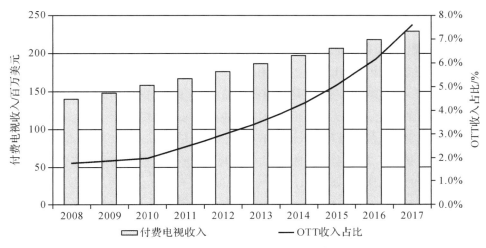

图 7.20　2008—2017 年 OTT 发展情况

资料来源:PriceWaterhouseCoopers(2013)。

尽管在电视行业的免费和付费领域中已经建立起了主导视频内容发行的关系,但对于
在线视频行业来说它仍在形成中。虽然像电影制片厂这样的节目内容所有者通常通过建立
良好的发行窗口(如 HBO 等高级频道、A&E 等有线频道、ABC 等广播频道)来许可该内容的
发行,但不同的内容所有者采取了不同的策略来使得内容可以在线获得。所有人都对破坏
与传统发行商之间现有的发行关系很敏感,但是他们渴望在线访问可以提供更多的收入。
例如,在发行期间,索尼(Sony)对其电视和电影库中的许多电视节目和电影进行了许可,以
便在传统的电视频道上以及一家广告支持的可点播在线视频服务(Crackle)中进行节目分
发。Crackle 本身可在线获得,可作为适用于 iOS 和 Android 操作系统的智能手机和平板电脑、
游戏机 PS3 和 Xbox 360、索尼 Blu-ray 播放器、Roku 盒子和 Apple TV 上的应用程序,并与
Bravia 电视整合。相反,某些在 HBO 上已获许可的内容可以通过 HBO Go 从类似的各类设备
和平台进行访问。

---

[1] 宽带是由不同的组织以不同的方式定义的。FCC(2013b)引用伯恩斯坦研究(Bernstein Research)和 SNL Kagan 的
定义,估计标清视频需要 2Mb/s 的互联网连接速度,高清视频需要 4—8 Mb/s。《国家宽带计划》在讨论美国的宽
带可用性时,报告了提供 4 Mb/s 实际下载速度的发行商的服务可用性(FCC,2010a)。

[2] 话虽如此,Wilbur(2016)指出,尽管消费者数量激增,但他们并没有选择在这些设备上观看在线视频,而(大概)
更喜欢使用计算机或互联网电视。

在美国,在线视频内容的发行者可以分为四种类型(不一定是互斥的)[①]:一是原创及许可内容的 OTT 聚合器[②];二是传统的付费电视发行商,可以在多个屏幕上(通常但不限于在家庭内部)(例如 TV Everywhere)访问实时线性的及点播的内容;三是个人内容所有者,特别是体育联盟(如 MLB、NBA);四是直接许可内容或与前述类型之一合作的设备制造商[③]。

SNL Kagan(2012)对 35 个国家或地区的在线视频服务进行的一项调查显示,有 710 个 OTT 聚合器、TV Everywhere 电视发行商以及设备制造商,每个国家或地区平均有 20.3 个。

截至 2012 年底,北美在固定设备上的互联网使用量增长了 120%(Haider,2012)。这主要是由于在线视频消费量的增长,尤其是网飞。"从晚上 9 点到深夜 12 点,音频和视频流占[北美固定网络上]所有下游流量的 65%,其中的一半多[33%]来自网飞。"Amazon、Hulu 和 HBO Go 分别占高峰流量的 1.8%、1.4% 和 0.5%。以流音频和视频为主的实时娱乐占峰值下载流量的 67.4%,其中网飞占该峰值下载流量的 46.9%。欧洲的高峰流量较少受音频和视频(47.4%)的支配,但这无疑是由于 OTT 供应商的可用性较低。[④]

在线视频发行商的来源和收入额各不相同。根据 SNL Kagan(2014a),付费订阅服务(网飞、Hulu Plus)获得了 26 亿美元的收入,占在线视频行业估计总收入 6(4 亿美元)的 40.0%。包括广告支持的订阅服务(如 Hulu)和非专业视频(如 YouTube)在内的视频广告收入估计为 25 亿美元,占 38.7%。[⑤]事务性服务(EST 和租赁)获得了剩余的 21.3%。[⑥]在线视频发行商的观众是否可以访问实时线性电视、访问的场所(家里/外面)、电影和电视库中的标题数量(是否包括广告)以及价格也有所不同。所有这些都处于不断变化的状态。

7.6.2 在线视频市场的网络中立性和市场封锁

随着在线视频的发展,出现了两个政策问题:网络中立性和市场封锁。[⑦]

7.6.2.1 网络中立性与在线视频

网络中立性的支持者将其明确表述为一个开放性的原则,即所有互联网流量都应受到发行商平等对待。实际上,该原则已被解释为:一是防止向内容(边缘)提供商收取访问用户的费用,即要求零定价(zero-pricing);二是防止对不同内容提供商访问服务的价格歧视(Lee and Wu,2009)。

在美国,FCC(2016)认为开放的互联网可以促进创新、投资、竞争、言论自由等。2005 年,FCC 阐明了宽带(互联网)政策声明,阐明了开放互联网的四项原则,随后在 2010 年发布

[①] 出于数据可用性的原因,这里排除了电视回放服务("catch-up" TV services),如 BBC iPlayer。它通常对订阅另一种广播或收费电视服务的家庭免费。

[②] 这一类发行商的例子包括收费和广告支持的订阅服务(网飞、Hulu 和 Amazon Prime)以及出租和电子销售(EST)(交易)服务提供商(iTunes、Amazon Instant Video 和 Vudu)。

[③] 这一类的发行商包括独立 OTT 设备制造商(Roku、Apple TV)、平板电脑和智能手机制造商(iPad、Kindle Fire、iPhone 和 Galaxy)、游戏机制造商(PlayStation 3、Xbox 360),以及"联网电视"的制造商(Sony、Samsung、Sharp 和 Vizio)。

[④] 同样,文件共享在欧洲固定电话网络中的峰值下载流量份额是北美的两倍,尽管其持续下降。

[⑤] 这主要是由于非专业视频。2012 年,Hulu 的收入约为 4.4 亿美元,占该总数的 17.7%。

[⑥] 在美国,TV Everywhere 电视服务统一作为常规付费电视捆绑的附加服务提供,因此尽管获得了一定的广告收入,却未获任何订阅收入。

[⑦] 7.6.2 的部分内容借鉴了 Crawford(2013)的类似材料。第 10 章详细讨论了网络中立性。

了《开放互联网法令》，该法令采用了三个基本规则：透明、无阻塞和无不合理歧视（FCC，2010b）。2014 年 1 月，美国哥伦比亚特区巡回上诉法院撤回了《开放互联网法令》中反封锁和反歧视的规定。消息传出后，网飞的股价下跌了 5％，较 2013 年圣诞节前的峰值下跌了13％，原因是分析师预想了"数亿美元的数据补贴"（SNL Kagan，2014b）。在此之前，美国电话电报公司（AT&T）在 1 月初宣布，允许内容提供商为客户的数据使用付费，这是此类法规试图禁止的行为。零定价显然受到威胁。

2015 年 3 月，FCC（2015）通过制定有利于网络中立性的强力法规对法院做出回应。这些措施包括根据《通信法》第 2 章对宽带互联网接入提供商进行监管，为之提供更广泛的监管力量，并明确禁止三种做法：阻塞、限制和付费优先。它将规则平等地应用于固定和移动互联网提供商。①相比之下，欧盟没有明确的泛国家规则。作为"欧洲数字议程"的一部分，欧洲委员会于 2013 年 9 月提出了包括确保网络中立性的措施，而在 2014 年 4 月，欧洲议会加强了这些提议。接下来，28 个成员需要在议会内就这些规则达成一致。本书在撰写时，这个进程还面临着相当多的质疑（Robinson，2014）。

考虑到网络视频在宽带流量中的主导地位，在网络中立性争论中体现出的权衡对于在线视频尤其重要。网络中立性的支持者认为，有必要促进创新并防止在线视频市场进入者被封锁。反对者认为，歧视可以提高网络管理效率，并会增加内容提供商和发行商的投资，从而增加消费者的福利。尽管学术文献中充斥着结合了这种权衡的理论模型，但缺乏这些效应的实证证据。我唯一知道用观测数据解决该问题的论文是 Nurski（2014），其使用详细的英国数据，估算了对宽带视频访问和在线视频消费的需求，发现两者都对连接速度敏感。②然后，Nurski（2014）分别模拟了在线视频内容进入一个网络中立的世界以及另一个存在歧视的世界的效应，发现歧视只会增加固定生产成本较高的内容提供商的进入。这方面还有待更深入的研究。

7.6.2.2　在线视频市场的市场封锁

美国撤销的非歧视性条款也增加了一种可能性，即与 7.5.2 中讨论的有关一体化的付费电视提供商部分或完全封锁上游竞争内容提供商的激励相类似的问题。在线视频发行商必须依靠与家庭的高速宽带连接来传播其节目，而其中的绝大多数也都由现有的有线电视或电信 MVPD 拥有。因此，人们担心 MVPD 将以某种方式操纵其宽带网络，从而以不利于竞争对手（在线视频发行商）的方式，或是通过为竞争对手的在线内容提供不同的下载速度、强加数据上限来降低网上提供的视频服务的价值，或设置具有类似效果的从量价格。③此外，很难确定此类策略是否不利于竞争，因为它们还能够帮助 MVPD 有效地管理其网络流量。

在线视频市场尚处于起步阶段，因此很难在理论或实证的基础上确定适当的政策。Rubinfeld and Singer（2001）在 AOL 与 Time Warner 合并的背景下展示了典型的关于市场封锁

---

① 但是，该法令并未将这些规则应用于全体内容与宽带提供商之间的联结，而这是网飞与 Comcast 和 Verizon 达成协议的重点，取而代之的是选择逐案审查。
② Lee and Kim（2014）也通过调查大约 500 个互联网用户研究了这个问题。
③ 第 10 章讨论的搜索偏差问题中，也存在着同样的问题。

的演算,而 Farrell and Weiser(2003)在 FCC 的计算机法规、Microsoft 案以及当时刚刚起步的 FCC 宽带程序的背景下分析了市场封锁的动机。

在 Comcast / NBC Universal 合并案中,FCC(2011b)通过分析合并实体在电视市场中倾向于整合并歧视非整合节目的历史趋势,评估了在线封锁的可能性。此外,在线封锁的可能性推动 FCC 在最终批准合并时施加了许多条件(Baker et al. ,2011;FCC,2011b)。FCC(2011b)发现,合并后的实体将有能力和动机来阻碍在线视频市场竞争的发展。其合并获得批准的关键要素是一项条件,要求合并实体以非歧视性条款许可 NBC 内容,以与节目访问规则类似的方式与非整合的在线视频发行商竞争,并采用新的棒球式仲裁程序。

这些都是有争议的政策问题,全球的竞争和行业监管机构都在对此进行辩论。我们欢迎进行更多的实证研究,以建立有关传统电视和在线电视替代性本质的一些基本事实,量化市场封锁的动机,并区分促进效率的和封锁性的 MVPD 管理实践。

7.7 结论

观看电视是亿万个体的主要休闲活动。与许多媒体市场不同,尽管互联网和在线视频的普及程度不断提高,但观看电视的人数仍在继续增长。付费电视尤其如此,付费电视在收视率和收入方面都已成为美国的主要媒体,并且在国外享有盛誉。

本章的目的是概述电视和在线视频市场的学术研究现状。纵观这些调查资料,将不同的主题联系起来并非易事。电视市场的经济研究类似于不同主题的孤立岛群,而非连贯的学说。理论文献已经甄别出在广告支持的和混合的(广告和订阅用户支持的)电视市场的简单模型中,预测广告级别、节目内容、价格和福利方面的重要差异,以及支持公共广播服务的理由。捆绑销售和议价(及其组合)已被证明是电视市场的重要(且可估计的)特征。决策者经常将目光投向该行业,担心的是节目和发行市场中合并的增加,特别是它们之间纵向所有权的关系可能导致市场封锁。在线视频市场也出现了类似的问题,其发展(通常)超越了对其结构和效果的现有研究。

电视是一种重要的经济、社会、政治和文化力量,要增进我们对支配其生产的经济机制的了解,还有许多工作要做。进一步发展电视市场理论以反映其多归属、多渠道和多产品的性质是一个方向,将实证研究与现存理论及其拓展更好地联系起来亦是一个方向。更好地理解公共服务广播电视机构在经济和其他方面的影响也至关重要,特别是因为其广告和许可费收入正受到经济和政治力量日益增长的威胁。在电视和在线视频市场以及它们之间的相互依赖方面,需要研究为实际的政策决策者提供参考。导致各国电视市场组织异质性的因素,以及这些组织差异对经济和非经济结果也有待进一步研究。

致谢

衷心感谢西蒙·安德森（Simon Anderson）、乔尔·沃尔德福格尔（Joel Waldfogel）、阿里·尤卢古鲁（Ali Yurukoglu）。特别感谢马克·阿姆斯特朗（Mark Armstrong）的宝贵评论，7.3.1、7.4.1 和 7.4.4 是在其倾囊相助下完成的。

参考文献

Adams，W. J.，Yellen，J. L.，1976. Commodity bundling and the burden of monopoly. Q. J. Econ. 90（3），475-498.

Analysys Mason and BrandScience，An Econometric Analysis of the TV Advertising Market：Final Report. Technical Report，Office of Communications 2010. Published May 2010. Available from：http：//stakeholders. ofcom. org. uk/market-data-research/other/tv-research/arr/.

Anderson，C.，2006. The Long Tail：Why the Future of Business is Selling Less of More. Hyperion，New York，NY.

Anderson，S.，Coate，S.，2005. Market provision of broadcasting：a welfare analysis. Rev. Econ. Stud. 72，947-972.

Armstrong，M.，1999a. Competition in the pay-TV market. J. Jpn. Int. Econ. 13（4），257-280.

Armstrong，M.，1999b. Price discrimination by a many-product firm. Rev. Econ. Stud. 66（1），151-168.

Armstrong，M.，2005. Public service broadcasting. Fisc. Stud. 26（3），281-299.

Armstrong，M.，2006. Competition in two-sided markets. Rand. J. Econ. 37（3），668-691.

Armstrong，M.，Vickers，J.，2001. Competitive price discrimination. Rand. J. Econ. 32（4），579-605.

Armstrong，M.，Weeds，H.，2007. Public service broadcasting in the digital world. In：The Economic Regulation of Broadcasting Markets. Cambridge University Press，Cambridge.

Baker，J. B.，Bykowsky，M.，DeGraba，P.，LaFontaine，P.，Ralph，E.，Sharkey，W.，2011. The year in economics at the FCC，2010-11：protecting competition online. Rev. Ind. Organ. 39（4），297-309.

Bakos，Y.，Brynjolfsson，E.，1999. Bundling information goods：pricing，profits，and efficiency. Manag. Sci. 45（2），1613-1630.

Beebe，J.，1977. Institutional structure and program choices in television markets. Q. J. Econ. 91，15-37.

Besanko，D.，Donnenfeld，S.，White，L. J.，1987. Monopoly and quality distortion：effects and remedies. Q. J. Econ. 102（4）, 743-767.

Besanko, D., Donnenfeld, S., White, L. J., 1988. The multiproduct firm, quality choice, and regulation. J. Ind. Econ. 36（4）, 411-429.

Bonanno, G., Vickers, J., 1988. Vertical separation. J. Ind. Econ. 36, 257-266.

Bresnahan, T. F., Levin, J. D., 2012. Vertical Integration and Market Structure. Working Paper, National Bureau of Economic Research.

Byzalov, D., 2010. Unbundling Cable Television: An Empirical Investigation. Working Paper, Temple University.

Cablevision Systems Corp, 2013. Cablevision Systems Corporation and CSC Holdings, LLC, Plaintiffs, Against Viacom International Inc. and Black Entertainment Television LLC, Defendants: Complaint. Technical Report, United States District Court, Southern District of New York 2013. Filed March 7, 2013.

Cauley, L., 2007. FCC Puts 'A La Carte' on the Menu. USA Today, September 11, 2007.

Chipty, T., 1995. Horizontal integration for bargaining power: evidence from the cable television industry. J. Econ. Manag. Strategy 4（2）, 375-397.

Chipty, T., 2001. Vertical integration, market foreclosure, and consumer welfare in the cable television industry. Am. Econ. Rev. 91（3）, 428-453.

Chipty, T., Snyder, C. M., 1999. The role of firm size in bilateral bargaining: a study of the cable television industry. Rev. Econ. Stat. 31（2）, 326-340.

Chu, C. S., 2010. The effects of satellite entry on cable television prices and product quality. Rand. J. Econ. 41（4）, 730-764.

Chu, C. S., Leslie, P., Sorensen, A., 2011. Bundle-size pricing as an approximation to mixed bundling. Am. Econ. Rev. 101（1）, 263-303.

Collard-Wexler, A., Gowrisankaran, G., Lee, R. S., 2012. An Alternating Offers Representation of the Nash-in-Nash Bargaining Solution. New York University, Stern School of Business, New York, NY.

Communications Daily, 2011. NARUC Panel Urges Ending Unfair Content Pricing, Tiering, Tying. Communications Daily, July 20, 2011.

CPB, 2012. Alternative Sources of Funding for Public Broadcasting Stations. Technical Report, Corporation for Public Broadcasting 2012. Available from: http://www. cpb. org/ aboutcpb/Alternative_ Sources_of_Funding_for_Public_Broadcasting_Stations. pdf.

Crandall, R., Furchtgott-Roth, H., 1996. Cable TV: Regulation or Competition? Brookings Institution Press, Washington, DC.

Crawford, G. S., 2000. The impact of the 1992 cable act on household demand and welfare. Rand. J. Econ. 31（3）, 422-449.

Crawford, G. S.; 2007. Television Station Ownership Structure and the Quantity and Quality of Television Programming. Technical Report, Federal Communications Commission July 2007. Available from: http://www.fcc.gov/mb/mbpapers.html.

Crawford, G. S., 2008. The discriminatory incentives to bundle in the cable television industry. Quant. Mark. Econ. 6 (1), 41-78.

Crawford, G. S., 2013. Cable regulation in the Internet era. In: Rose, N. (Ed.), Economic Regulation and Its Reform: What Have We Learned? University of Chicago Press, Chicago. Chapter 6. Chapters available from: http://www.nber.org/books_in_progress/econ-reg/.

Crawford, G. S., Cullen, J., 2007. Bundling, product choice, and efficiency: should cable television networks be offered à la carte? Inf. Econ. Policy 19 (3-4), 379-404.

Crawford, G. S., Shum, M., 2007. Monopoly quality degradation in the cable television industry. J. Law Econ. 50 (1), 181-219.

Crawford, G. S., Yurukoglu, A., 2012. The welfare effects of bundling in multichannel television markets. Am. Econ. Rev. 102 (2), 643-685.

Crawford, G. S., Kwerel, E., Levy, J., 2008. Economics at the federal communications commission, 2007-08. Rev. Ind. Organ. 33, 187-210.

Crawford, G. S., Smith, J., Sturgeon, P., 2012a. The (Inverse) Demand for Advertising in the UK: Should There Be More Advertising on Television? Working Paper, University of Warwick.

Crawford, G. S., Shcherbakov, O., Shum, M., 2012b. The Welfare Effects of Endogenous Quality Choice: Evidence from Cable Television Markets. Working Paper, University of Warwick.

Crawford, G. S., Lee, R., Whinston, M., Yurukoglu, A., 2015. The Welfare Effects of Vertical Integration in Multichannel Television Markets. University of Zurich.

d'Aspremont, C., Gabszewicz, J., Thisse, J.-F., 1979. On Hotelling's stability in competition. Econometrica 47, 1145-1150.

Farrell, J., Weiser, P. J., 2003. Modularity, vertical integration, and open access policies: towards a conver-gence of antitrust and regulation in the Internet age. Harvard J. Law Technol. 17, 85.

FCC, 1997. Third Annual Report on the Status of Competition in the Market for the Delivery of Video Programming (1996 Report). Technical Report, Federal Communications Commission 1997. CS Docket No. 96-133, Released January 2, 1997.

FCC, 1998. Fourth Annual Report on the Status of Competition in the Market for the Delivery of Video Programming (1997 Report). Technical Report, Federal Communications Commission 1998. FCC 97-423, Released January 13, 1998.

FCC, 2001. Seventh Annual Report on the Status of Competition in the Market for the Delivery of Video Programming (2000 Report). Technical Report, Federal Communications Commission 2001. FCC 01-1, Released January 8, 2001.

FCC, 2002. Memorandum Opinion and Order in the Matter of Applications for Consent to the

Transfer of Control of Licenses from Comcast Corporation and AT&T Corp. , Transferors, to AT&T Comcast Corporation, Transferee. Technical Report, Federal Communications Commission 2002. MB Docket No. 02-70, FCC 02-310.

FCC, 2005a. Eleventh Annual Report on the Status of Competition in the Market for the Delivery of Video Programming (2004 Report). Technical Report, Federal Communications Commission 2005. FCC 05-13, Released February 4, 2005.

FCC, 2005b. Second Further Notice of Proposed Rulemaking. Technical Report, Federal Communications Commission 2005. MM Docket No. 92-264, FCC 05-96.

FCC, 2008. The Public and Broadcasting. Technical Report, Federal Communications Commission 2008, DA-08-940A2, Released July 2008. Available from: http://www. fcc. gov/ guides/public-and-broadcasting-july-2008.

FCC, 2009. 2006-2008 Report on Cable Industry Prices. Technical Report, Federal Communications Commission 2009, FCC 09-53, Released January 16, 2009.

FCC, 2010a. Connecting America: The National Broadband Plan. Technical Report, Federal Communications Commission 2010, Released March 16, 2010. Available from: http://www. broadband. gov/download-plan/.

FCC, 2010b. Report and Order in the Matter of Preserving the Open Internet Broadband Industry Practices. Technical Report, Federal Communications Commission 2010, FCC 10-201.

FCC, 2011a. The Information Needs of Communities. Technical Report, Federal Communications Commission 2011. Available from: http://www. fcc. gov/info-needs-communities.

FCC, 2011b. Memorandum Opinion and Order in the Matter of Applications of Comcast Corporation, General Electric Company and NBC Universal, Inc. For Consent to Assign Licenses and Transfer Control of Licensees. Technical Report, Federal Communications Commission 2011. MB Docket No. 10-56.

FCC, 2012a. 2011 Report on Cable Industry Prices. Technical Report, Federal Communications Commission 2012, DA 12-1322, Released August 13, 2012.

FCC, 2012b. First Report and Order. Technical Report 2012, FCC 10-17, Released January 20, 2012.

FCC, 2012c. Fourteenth Annual Assessment on the Status of Competition in the Market for the Delivery of Video Programming (2007-2010 Report). Technical Report, Federal Communications Commission 2012, FCC 12-81, Released July 20, 2012.

FCC, 2012d. Report and Order in MB Docket Nos. 12-68, 07-18, 05-192. Further Notice of Proposed Rulemaking in MB Docket No. 12-68; Order on Reconsideration in MB Docket No. 07-29. Technical Report 2012, FCC 12-123, Released October 5, 2012.

FCC, 2013a. Broadcast Radio AM and FM Application Status Lists. Technical Report, Federal Communications Commission April 2013. Available from: http://www. fcc. gov/encyclopedia/

broadcast-radio-am-and-fm-application-status-lists（accessed December 9, 2013）.

FCC, 2013b. Fifteenth Annual Assessment on the Status of Competition in the Market for the Delivery of Video Programming（2011-2012 Report）. Technical Report, Federal Communications Commission 2013, FCC 13-99, Released July 22, 2013.

FCC, 2015. Report and Order on Remand, Declaratory Ruling, and Order in the matter of Protecting and Promoting the Open Internet. Technical Report, Federal Communications Commission 2015, FCC 15-24, Released March 12, 2015.

Filistrucchi, L., Luini, L., Mangani, A., 2010. Regulating One Side of a Two-Sided Market: The French Advertising Ban On Prime-Time State Television. Working Paper, Department of Economics, CentER and TILEC, Tilburg University.

Ford, G., Jackson, J., 1997. Horizontal concentration and vertical integration in the cable television industry. Rev. Ind. Organ. 12（4）, 501-518.

Gabszewicz, J. J., Laussel, D., Sonnac, N., 2001. Press advertising and the ascent of the 'Pensée Unique'. Eur. Econ. Rev. 45（4）, 641-651.

Gal-Or, E., 1991. Duopolistic vertical restraints. Eur. Econ. Rev. 35, 1237-1253.

Gentzkow, M., 2006. Television and voter turnout. Q. J. Econ. 121（3）, 931-972.

Gentzkow, M., Shapiro, J., 2008. Preschool television viewing and adolescent test scores: historical evidence from the Coleman Study. Q. J. Econ. 123（1）, 279-323.

Godes, D., Ofek, E., Sarvary, M., 2009. Content vs. advertising: the impact of competition on media firm strategy. Market. Sci. 28（1）, 20-35.

Goolsbee, A., Petrin, A., 2004. Consumer gains from direct broadcast satellites and the competition with cable TV. Econometrica 72（2）, 351-381.

Haider, A., 2012. Research Roundup, M&C Edition: Internet Data Usage Climbs, Netflix Dominates North American Fixed Networks. Technical Report, SNL Financial 2012. November 11, 2012.

Hamilton, J. T., 2000. Channeling Violence: The Economic Market for Violent Television Programming. Princeton University Press, Princeton, NJ.

Harbord, D., Ottaviani, M., 2001. Contracts and Competition in the Pay TV Market. Working Paper, University College London.

Hazlett, T., Spitzer, M., 1997. Public Policy Towards Cable Television: The Economics of Rate Controls. MIT Press, Cambridge.

Ho, K., 2009. Insurer-provider networks in the medical care market. Am. Econ. Rev. 99（1）, 393-430.

Horn, H., Wolinsky, A., 1988. Bilateral monopoly and incentives for merger. Rand. J. Econ. 19, 408-419.

Hurkens, S., Jeon, D. -S., Menicucci, D., 2013. Dominance and Competitive Bundling.

Working Paper, Toulouse School of Economics.

Inderst, R. , Montez, J. , 2015. Buyer Power and Dependency in a Model of Negotiations. Working Paper, London Business School.

ITU, 2012. Guidelines for the Transition from Analogue to Digital Broadcasting. Technical Report, International Telecommunications Union 2012. August 2012.

Jensen, R. , Oster, E. , 2009. The power of TV: cable television and women's status in India. Q. J. Econ. 124 (3), 1057-1094.

Lee, D. , Kim, Y. -H. , 2014. Empirical evidence of network neutrality: the incentives for discrimination. Inf. Econ. Policy 29, 1-9.

Lee, R. S. , Wu, T. , 2009. Subsidizing creativity through network design: zero-pricing and net neutrality. J. Econ. Perspect. 23 (3), 61-76.

Liu, Y. , Putler, D. S. , Weinberg, C. B. , 2004. Is having more channels really better? A model of competition among commercial television broadcasters. Market. Sci. 23 (1), 120-133.

Madden, P. , Pezzino, M. , 2013. Sports League Quality, Broadcaster TV Rights Bids and Wholesale Regulation of Sports Channels. Working Paper, University of Manchester.

Martin, G. J. , Yurukoglu, A. , 2014. Bias in Cable News: Real Effects and Polarization. Stanford University, California.

Mayo, J. , Otsuka, Y. , 1991. Demand, pricing, and regulation: evidence from the cable TV industry. Rand. J. Econ. 22 (3), 396-410.

Muthoo, A. , 1999. Bargaining Theory with Applications. Cambridge University Press, Cambridge.

Nalebuff, B. , 2004. Bundling as an entry barrier. Q. J. Econ. 119 (1), 159-187.

Nash, J. F. , 1950. The bargaining problem. Econometrica 18 (2), 155-162.

Nurski, L. , 2014. Net Neutrality and Online Innovation: An Empirical Study of the UK. Working Paper, University of Leuven.

Ofcom, 2004. Ofcom Review of Public Service Broadcasting Phase 1: Is Television Special?. Technical Report, UK Office of Communications 2004. Available from: http://stakeholders. ofcom. org. uk/consultations/psb/.

Ofcom, 2009a. Pay TV Phase Three Document: Proposed Remedies. Technical Report, Office of Communications 2009. Published 26 June 2009. Available from: http://stakeholders. ofcom. org. uk/consultations/third_paytv/.

Ofcom, 2009b. Wholesale Must-Offer Remedies: International Examples. Technical Report, Office of Communications 2009. Published 26 June 2009. Available from: http://stakeholders. ofcom. org. uk/consultations/third_paytv/.

Ofcom, 2010a. Pay TV Statement. Technical Report, Office of Communications 2010. Published 31 March 2010. Available from: http://stakeholders. ofcom. org. uk/consultations/third _paytv/.

Ofcom, 2010b. Premium Pay TV Movies. Technical Report, Office of Communications 2010. Published August 4, 2010. Available from: http://stakeholders. ofcom. org. uk/consultations/ movies_reference/statement/.

Ofcom, 2012. International Communications Market Report 2012. Technical Report, Office of Commu-nications 2012. Published December 13, 2012. Available from: http://stakeholders. ofcom. org. uk/market-data-research/market-data/communications-market-reports/.

Ordover, J. , Saloner, G. , Salop, S. , 1990. Equilibrium vertical foreclosure. Am. Econ. Rev. 80, 127-142.

Owen, B. , Wildman, S. , 1992. Video Economics. Harvard University Press, Cambridge, MA.

Peitz, M. , 2008. Bundling may blockade entry. Int. J. Ind. Organ. 26 (1), 41-58.

Peitz, M. , Valletti, T. , 2008. Content and advertising in the media: pay-TV versus free-to-air. Int. J. Ind. Organ. 26 (4), 949-965.

Prat, A. , Stromberg, D. , 2006. Commercial Television and Voter Information. Working Paper, LSE.

Prat, A. , Stromberg, D. , 2011. The Political Economy of Mass Media. Working Paper, LSE.

PriceWaterhouseCoopers, 2012. Global Entertainment and Media Outlook. Technical Report, PriceWaterhouseCoopers June 2012.

PriceWaterhouseCoopers, 2013. Global Entertainment and Media Outlook. Technical Report, PriceWaterhouseCoopers June 2013.

Raskovich, A. , 2003. Pivotal buyers and bargaining position. J. Ind. Econ. 51 (4), 405-426.

Rennhoff, A. D. , Serfes, K. , 2008. Estimating the Effects of A La Carte Pricing: The Case of Cable Television. Drexel University, Philadelphia, PA.

Rennhoff, A. D. , Serfes, K. , 2009. The role of upstream-downstream competition on bundling decisions: should regulators force firms to unbundle? J. Econ. Manag. Strategy 18 (2), 547-588.

Rey, P. , Tirole, J. , 2007. A primer on foreclosure. In: Armstrong, M. , Porter, R. (Eds.), Handbook of Industrial Organization, vol. 3. North-Holland, Amsterdam (Chapter 33).

Riordan, M. , 1984. On delegating price authority to a regulated firm. Rand. J. Econ. 15 (1), 108-115.

Riordan, M. , 2008. Competitive effects of vertical integration. In: Buccirossi, P. (Ed.), Handbook of Antitrust Economics. MIT Press, Cambridge, MA.

Robinson, F. , 2014. Italian EU presidency puts net neutrality on hold. Wall Street Journal,

2014. November 25, 2014.

Rubinfeld, D. L. , Singer, H. J. , 2001. Vertical foreclosure in broadband access? J. Ind. Econ. 49 (3), 299-318.

Rubinovitz, R. , 1993. Market power and price increases for basic cable service since deregulation. Rand. J. Econ. 24 (1), 1-18.

Rubinstein, A. , 1982. Perfect equilibrium in a bargaining model. Econometrica 50 (1), 97-109.

Salop, S. , Scheffman, D. , 1983. Raising rivals' costs. Am. Econ. Rev. 74 (2), 267-271.

Scannell, P. , 1990. Public Service Broadcasting: The History of a Concept. Routledge, London.

Shiller, B. , Waldfogel, J. , 2011. Music for a song: an empirical look at uniform song pricing and its alternatives. J. Ind. Econ. 59 (4), 630-660.

SNL Kagan, 2012. OTT Entities in 35 Global Markets. Technical Report, SNL Financial 2012. November 8, 2012.

SNL Kagan, 2014a. Media and Communications Database. http://www. snl. com/Sectors/ Media/Default. aspx (Licensed in 2014 from Kagan World Media).

SNL Kagan, 2014b. Neflix Rocked By Net Neutrality Ruling. Technical Report, SNL Financial 2014. January 17, 2014.

Steiner, P. , 1952. Program patterns and preferences and the workability of competition in radio broadcasting. Q. J. Econ. 66 (2), 194-223.

Stennek, J. , 2014. Exclusive quality—why exclusive distribution may benefit the TV-viewers. Inf. Econ. Policy 26, 42-57.

Stigler, G. J. , 1968. A note on block booking. In: Stigler, G. (Ed.), The Organization of Industry. Richard D. Irwin, Homewood, IL.

UK Competition Commission, 2012. Movies on Pay TV Market Investigation. Technical Report, UK Competition Commission, 2012. Published August 2, 2012. Available from: http:// www. competition-commission. org. uk/our-work/directory-of-all-inquiries/movies-on-pay-tv-market-investigation.

Waterman, D. H. , Weiss, A. A. , 1996. The effects of vertical integration between cable television systems and pay cable networks. J. Econ. 72 (1-2), 357-395.

Waterman, D. H. , Weiss, A. A. , 1997. Vertical Integration in Cable Television. MIT Press and AEI Press, Cambridge, MA.

Weeds, H. , 2015. TV wars: exclusive content and platform competition in pay TV. Econ. J. http:// onlinelibrarywiley. com/doi/10. 1111/ecoj. 12195/full.

Whinston, M. , 1990. Tying, foreclosure, and exclusion. Am. Econ. Rev. 80 (4), 837-859.

Wilbur, K. C., 2008. An two-sided, empirical model of television advertising and viewing markets. Market. Sci. 27 (3), 356-378.

Willems, M., 2014. Cable's Flirtations with Telcos Turn into Full-Blown Love Affair. SNL Blogs, March 12, 2014.

Williamson, O., 1976. Franchise bidding for natural monopolies: in general and with respect to CATV. Bell J. Econ. 7 (1), 73-104.

Zupan, M. A., 1989a. Cable franchise renewals: do incumbent firms behave opportunistically. Rand. J. Econ. 20 (4), 473-482.

第8章 广播

安德鲁·斯威廷(Andrew Sweeting)[①]

目 录

---

① 美国马里兰大学经济系。

摘要:本章研究了关于广播经济学的文献,主要集中于美国广播业。本章简述了广播业及其监管的历史,以及可供实证研究的数据指南。本章综述了大量的实证文献,分析了 1996 年后整合浪潮的影响,解释了哪些实证结果较为稳健(例如地方性整合对节目差异化的影响)以及哪些结果仍不明确(例如整合对广告价格和数量的影响)。本章还研究了以下领域的文献:是否有太多的广播电台;电台用来提高广告有效性的策略;非商业电台对商业部门的影响;电台和音乐产业之间的互动,包括贿赂和版权问题。本章强调了几个可能适合进一步研究的主题。

关键词:广播;双边市场;广告;兼并;多样化;产品差异化;协同效应;地方主义;贿赂;版权

JEL 分类代码:L13,L41,L51,L82,M37

8.1　引言

尽管发明家托马斯·爱迪生(Thomas Edison)在 1922 年认为广播是一种"很快会消退的狂热"[①],但广播已经被证明是一种经久不衰的流行媒介。在美国,现在几乎每个人都可以使用更多的现代媒体替代品,但仍然有 92％的人口每周收听广播,并且听众平均每天收听 2.5 小时(Arbitron Company,2013)。2013 年,美国的广播广告收入接近 150 亿美元,约占地方电视广告收入的 75％。[②] 在发展中国家,广播仍然是数百万人获取新闻和信息的主要手段,因为收音机价格低廉,并且几乎不需要基础设施和读写能力即可操作。例如,在肯尼亚,87％的家庭拥有收音机,而只有 47％的家庭拥有自己的电视机(Bowen and Goldstein,2010)。广播节目也经常被认为对一个国家的文化有重大影响:在美国,人文谈话电台的发展被认为是政治两极分化的主要原因(Hillard and Keith,2005),音乐电台的播放风格单一常常也被认为是音乐产业面临的问题(Future of Music Coalition,2008)。广播的重要性已经导致许多国家的政府进行严格管制或直接提供节目。

本章旨在向读者介绍广播行业的经济学及相关实证研究。这些实证研究试图剖析广播行业的经济学规律,并且以广播行业为背景来研究涉及双边市场、竞争与产品多样性以及放松管制等更广泛的问题。实证研究将会凸显我们在许多领域的理解还远未完备,并且近来本地媒体市场发生的变化提出了新的研究问题,以及基于历史数据的现有问题的答案可能不再适合。我们将聚焦于过去 25 年中美国的无线电广播行业,但亦会解释这一行业的肇始,以便将当代问题置于其历史背景中。事实上,为了理解为什么许多对经济学家来说似乎是自然的改革引起了争议,了解历史是有必要的。在某些方面,我们还会提到美国的广播行业与其他国家广播行业的区别,例如公共广播电台的作用,以及当代广播业所面临的一些挑战,因为卫星和在线广播平台的重要性日益提升,且非无线电数字媒体已经成功地占领了地

---

① 参见:http://rockradioscrapbook. ca/quotes。

② 参见: http://www. biakelsey. com/Company/Press-Releases/140326-WTOP-Leads-Radio-Station-Revenues-for-Fourth-Consecutive-Year. asp; http://www. biakelsey. com/Company/Press-Releases/140424-Local-Television-Revenue-Expected-to-Reach-Over- \$ 20-Billion-in-2014. asp。

方和国家广告收入的很大份额。

与电视业一样,广播电台行业的重要特征是:一是电台作为双边平台运作,以免费节目吸引听众,并将这些听众出售给广告商,广告商通过广告或赞助节目影响听众;二是某些类型的节目,通常是新闻和教育节目可能被认为是有价值的或准公共品;三是在给定覆盖区域内影响额外听众的边际成本基本是零;四是行业进入受限于可供电台使用的广播频率的约束,并且电台必须协调它们的频率和覆盖区域,以便听众能够听到它们的广播。第四点自然地创造了电台许可和管理的角色。频率被看作公共的而不是私人的财产,这一事实也被用来主张电台应该依据《1927 年无线电法案》(1927 Radio Act)中"公共便利、利益或必要性"等要求来运作,从而导致广播受到美国报业从未遭受的(至少在战时之外)内容管制。第 9 章对报纸行业进行了较为详细的论述。

虽然广播电台和电视台同时享有这些重要的经济特征,但两种媒体之间至少有两个显著的差异。第一,收音机是一种更为便携的媒体,大部分的广播收听行为都是在家之外进行的,这种模式近年来变得更加显著,对年轻的听众来说也更为明显。① 广播收听的高峰期是白天,尤其是在早晨和晚上的驾驶时间段,而自 20 世纪 50 年代后期以来,电视在晚间黄金时段占据主导地位。② 便携性也解释了为什么大多数广播收听仍然通过传统的无线广播传送,即使广播电台仍然很受欢迎,但在美国大多数电视是通过有线或卫星传送的。第二,运营电台的固定成本较低,频率约束足够弱,相当多的电台可以为地方市场提供服务。③ 例如,Duncan(2002)估算在华盛顿特区市场有 23 个可用的无线电台(另有 7 个边缘电台),以及 13 个地方电视台。④ 在蒙大拿州的比林斯有 12 个可用的广播电台,同时只有 4 个电视台,即每 8736 名 12 岁及以上的居民就有 1 个可用的电台。从这个角度来说,在没有监管的情况下也可能出现有一定竞争的经济结果。

提供节目的成本也在不同媒体上有所差异。电视制作通常是昂贵的,因此较小的电视台必须依赖于由网络或广播联卖(syndication)提供的大量节目。对电台而言,制作本地节目可能是相当便宜的,尤其是目前电台只需花费其收入的一小部分用于播放音乐(参见第 8.2 节)。本地节目是否一定是可取的? 一个结果是,电台能够根据当地的竞争格局来改变它们制作的节目,在过去数十年中,这导致了只有相当少的节目形式出现,例如,可以只提供一种特定的摇滚乐或仅为具有特殊宗教信仰的听众服务。然而,尽管存在这种成本结构和这些模式,关于电台提供的节目类型是否是最优的,无论是关于节目质量还是电台是否提供了太多相同类型的音乐,都存在着激烈的争论(Future of Music Coalition,2003)。

① 2007 年春季,阿比创市场研究公司(Arbitron Company)发现 40％的听众在家中收听广播,车内和工作场所均占约 30％(来自阿比创市场研究公司的无线电收听趋势报告)。2011 年,在家收听的份额已经下降到 36％(Arbitron Company,2011);2014 年,对于年龄在 18 岁到 34 岁的听众来说,在家收听的份额约为 28％(Nielsen Company,2014)。
② 数据来自阿比创市场研究公司的无线电收听趋势报告。
③ 电视业许多有趣的问题来自内容提供商和平台运营商(如有线电视公司)之间的垂直关系。请参阅第 7 章的深入讨论。垂直关系也存在于广播业中,大型电台拥有者制作节目,并在多家电台播出,但它并不是经济学文献中关注的焦点。
④ Duncan(2002)将可用的电台定义为信号覆盖了大部分市场的电台,它们至少有 1％的收听率。阿比创市场研究公司市场报告中列出了一些较小的边缘电台。此外,低功率电台通常听众太少,未被阿比创市场研究公司列出。

本章的结构如下：第 8.2 节讲述了美国广播业从诞生到现在的简史。第 8.3 节讨论了在实证研究中使用的数据。第 8.4 节概述了一些经济理论，可以用来理解在广播业中合并的可能影响。第 8.5 节分为四个部分，描述了实证研究中发生在 20 世纪 90 年代和 21 世纪初的所有权管制放松和随后的合并行为的影响。第 8.6 节关注是否在大多数广播市场存在电台太多的问题。第 8.7—8.9 节研究了电台使用的以确保听众能听到它们的广告的策略、公共广播的效果，以及收音机对政治结果的影响及其与音乐产业的交互影响。第 8.10 节为结论。

8.2　美国广播业简史

在当代广播业的背景下，一些最有趣的经济问题包括：所有权合并和公司控制的影响；媒体对新竞争者的反应和技术变革所创造的机会；在寻求范围经济和服务于地方需求之间的矛盾；在任何行业中，监管的适当作用远不是自然垄断，而是利用公共电波。有趣的是，这些问题中的多数都是美国广播业历史上反复出现的主题，这段简史旨在帮助将当代问题置于历史语境中。[①]

从第一次世界大战期间到《1912 年无线电法案》颁布实施期间，无线电技术已经发展为出航海和军事用途。1917 年，美国有超过 1.3 万家有执照的业余无线电运营商。1920 年 11 月，匹兹堡的 KDKA 成为第一家播出常规广播节目的美国电台。KDKA 为西屋公司（Westinghouse）拥有，它认为提供广播节目能自然驱动其收音机的销售。西屋、通用电气和 AT&T 于 1919 年共同成立了美国无线电公司（Radio Corporation of America，RCA）。同样，在 1922 年，纽约的电台 WEAF 成为第一家播放商业广告（出售杰克逊高地的公寓，开发商向电台支付 100 美元）的电台，电台由 AT&T 拥有，据称其垄断生产传输设备（Hillard and Keith，2005）。KDKA 成功后，该行业迅速发展，截至 1922 年底，有 622 个电台获准提供常规广播节目。

遗憾的是，这些电台仅被授权两个频率（750 千赫和 833 千赫），因此有相当大的干扰，许多电台经常无法收听。尽管存在这个问题，收音机的销售增长依然迅速，商务部部长赫伯特·胡佛（Herbert Hoover）在 20 世纪 20 年代中期组织了一系列的无线电会议，试图组织和协调广播业。胡佛在特定频率和时间上分配电台的权力在法庭上受到了挑战。这导致国会通过了《1927 年无线电法案》，该法案建立了联邦无线电委员会（Federal Radio Commission，FRC），其在联邦通信委员会（Federal Communications Commission，FCC）的领导下获得了成功。《1934 年通信法案》，以颁发和拒绝许可证为准绳，以确保该行业以"公共便利、利益或必要性"为目标进行产业规制。[②]

此时，人们可以想象广播业至少有两种不同的发展方式。一种方式可能涉及大量独立的或覆盖范围大的地方电台；另一种方式是由国家网络通过少数强大的电台提供相同节目。后者是从 20 世纪 20 年代末到 50 年代的成功典范。RCA 于 1926 年推出了 NBC 联播，通过

① 除非另有说明，本节所述事实可在 Albarran and Pitts（2001）中找到。
② 参见《1934 年通信法案》。

AT&T 提供的通信电缆向地方分支机构提供节目。RCA 在 2 个月后推出了第二个 NBC 联播，被称为红蓝联播。1927 年，CBS 进入，随之而来的是合作联播，即 1934 年的相互广播系统(mutual broadcasting system)。FRC 通过其许可政策支持全国联播网的发展。特别是，它授权了相对少数的 50000W"清晰频道"电台，这些可能会覆盖数十万甚至数百万听众，尤其是在晚上，当 AM 信号反射到大气中的肯内利-海维赛层(Kennelly-Heaviside layer)时会进一步传播。这对农村听众收听大城市的节目很重要，在 24 个最初明确的渠道中，有 21 个是联播联盟。地方电台是有执照的，但它们通常被限制于低得多的功率，如 250 瓦特或 500 瓦特，运营时间被限制在白天，而大多数家庭收听广播的时间是在晚上。联播结构在商业上非常成功，无线电传播也十分快速。截至 1935 年，60％的美国家庭拥有收音机，而且因为一旦购买收音机，收听即免费，所以这种媒体在萧条时期依旧繁荣。

联播节目最初是面向音乐(古典、舞曲和爵士乐)，但随着时间的推移，喜剧和广播剧节目越来越多。联播也搭载了大量广告，这在国家和地区品牌开始发展的时候也是自然的，广播是唯一的全国媒体，联播形成了集中的寡头垄断，对听众的竞争是有限的。1932 年，CBS 和 NBC 在 2365 小时的节目内有 12546 次插播广告，平均每小时中断 5.3 次。相比之下，Sweeting(2006，2009)发现，1998—2001 年，音乐电台每小时播放 2—3 次商业广告。

更令人惊讶的是，联播最初没有播出很多新闻节目。1933 年，NBC 和 CBS 同意使用美国新闻出版商协会和有线服务，在所谓的比尔特摩计划(该协议以作为协商地点的纽约酒店命名)中，他们将放弃发展自己的新闻收集机构，每天只播出两次 5 分钟新闻，每条新闻限制为 30 个字，不播出 12 小时内的新闻(Barnouw，1968)！[①] 对于联播电台来说，这一从现在来看似乎惊人的协议可能有两个经济动机。第一，可能希望避免在节目质量之间展开竞争，这可能会极大地增加成本，尤其是如果试图覆盖地方新闻。第二，广播电台依靠报纸公布节目时间表，因此需要报纸的合作。事实上，WOR 在纽约开始运作的新闻节目是受听众欢迎的，报纸协会试图迫使它们的纽约成员们不公布 WOR 的节目时间表，然而，这些成员拒绝这样做，因为 WOR 由梅西百货公司拥有，该百货公司是纽约最大的报纸广告商之一(Barnouw，1968)。像 ESSO 这样的大公司愿意赞助广播新闻节目，而非联播电台则使用新闻来争夺听众，这破坏了比尔特摩计划。到了 20 世纪 30 年代末，所有的联播电台都有了自己的新闻部门。然而，也有报纸接管广播电台的趋势。在 1940 年，1/3 的广播电台都由报纸拥有，且有 100 个美国城市，当地报纸拥有该市唯一的广播电台。

20 世纪 50 年代，当广播开始面对由同一联播电台运营的电视日益激烈的竞争时，联邦法规开始在 20 世纪 40 年代对联播施加重要限制。1941 年，FCC 发布了关于连锁广播的报告(联播结构被称为连锁广播，因为其由 AT&T 的通信电缆连接)。这导致了加强电台间联系和使联播具有非排他性的新规(允许附属电台购买来自多个联播电台的节目)，阻止联播占用电台大量播出时间(允许电台发展自己的节目)，将电台被联播合同约束的时间从 5 年缩短到 1 年(Hillard and Keith，2005)。

[①] 虽然比尔特摩计划可能令人惊讶，但在英国，英国广播公司也仅播出非常有限的新闻数量，并且在最初创建时，由于报纸的压力，并没有发展自己的新闻部门。参见 http://en. wikipedia. org/wiki/BBC(2014 年 2 月 28 日访问)。

当新规在 1943 年受到最高法院支持时,NBC 脱离蓝色联播后成为 ABC(Hillard and Keith,2005)。对独立广播公司的监管变革一直持续到 20 世纪 80 年代。如 1975 年,FCC 禁止报纸在同一市场拥有电台(广播或电视)(Gomery,2002),这一规则在 2007 年 FCC 以个案分析法考虑交叉持股时才有所放宽(FCC,2010)。其中部分原因是报业的财务状况欠佳。

FCC 还使用法规来促进地方节目制作和集中节目制作。1946 年,主演播室规则要求电台在它们获得许可的城市中有自己的主演播室,而节目原创规则要求至少 50％ 的节目是在本地制作的,尽管最初这是通过在黄金时间之外播出本地节目来实现的(Hillard and Keith, 2005;Silverman and Tobenkin,2001)。1950 年,FCC 将无线电传输定义为"为地方利益、思想和人才的发展和表达,以及社会共同体,制作有吸引力的节目……除非它为发起地方项目提供合理的可用的工作室,否则电台无法作为地方自我表达的媒介"(Hillard and Keith,2005)。

面对电视市场的扩张,主要是全国性的节目,在 20 世纪 50 年代,聚焦服务地方也是一种自然的商业反应。与此同时,便携式晶体管收音机的普及和汽车收音机的发展也使得广播电台更多地关注白天节目,而不是试图在黄金时段与电视进行竞争。虽然 20 世纪 50 年代经常被视为广播的衰落时期,而且它确实失去了转向电视的观众,但这个行业并没有在经济上衰落。其间,广播公司的广告总收入从 6.24 亿美元增加到 6.92 亿美元。然而,联播网络在这些收入中所占的份额却大幅下降,从同期的 25％ 下降到 6％(Sterling and Kitross,2002)。

新的焦点也改变了电台提供的音乐节目类型,首先是随着综合类广播(Middle of the Road,MOR)形式的发展,电台可以提供更多具有广泛吸引力的音乐,然后是发展了前 40 名(Top40)[①]的音乐节目,其中包含有限的播放列表。这种广播节目是听众了解新歌的主要方式,这意味着音乐家和唱片公司为他们的歌曲在播放列表中获得一席之地是非常有价值的,因此 20 世纪 50 年代出现了所谓的贿赂丑闻也不足为奇,一些电台 DJ 被发现接受贿赂来播放特定歌曲(详见 8.9.2)。

20 世纪 60 年代和 70 年代出现广播听众从 AM 波段到调频 FM 波段的稳步过渡,1978 年 FM 第一次获得听众人数的大多数。同时,FM 有更好的音质(FM 立体声广播在 1961 年后被允许,而 AM 立体声直到 1980 年才获批准),20 世纪 60 年代中期停止发放新的 AM 许可证(因为担心 AM 波段的拥挤和干扰),这也促进了 FM 的兴起。

FM 的兴起与广播节目中的两个重大变化有关。第一,更好的音质推进了音乐节目的兴起,特别是音乐形式的迅速拓展,包括摇滚乐,而 AM 波段的 MOR 和 Top40 节目播放的音乐相对较少。在 AM 波段,电台开始专门制作新闻、谈话、体育节目,以及一些地区的商业宗教节目。第二,调频广播的发展促进了美国公共广播的兴起,因为 FM 波段(88.1—91.9)的一部分自 1945 以来一直保留给了非商业广播,而 AM 波段没有类似的保留。[②]《1967 年公共广播法案》推动了公共广播公司的成立,以及 1971 年国家公共广播电台(NPR)的成立。

20 世纪 70 年代,FCC 还要求商业电台将 6％—8％ 的广播时间分配给公共事务。自 1949

---

① Top40 这一名称通常归因于自动点唱机只能容纳 40 张唱片的事实,正是看到点唱机用户反复选择相同的歌曲,广播节目主持人才开发了这种形式的节目。
② FCC 在 1938 年首次为非商业无线电使用保留频道(41MHz—42MHz),1945 年将保留波段更改为 88mHz—92mHz。

年以来,公平原则要求电台将合理的广播时间用于讨论它们所服务社区的公共利益问题,从而使公众有机会在社区公共利益等重要问题上听到不同的立场(Hillard and Keith,2005)。①

虽然大多数广播行业的学术研究都聚焦于《1996 年电信法案》之后发生的事情,但这项法案只是卡特政府开始的一系列放松管制改革中的一项,其放宽了对所有权和节目内容的规定。

1987 年,在广播公司的压力下,公平原则被删除,它们认为该原则侵犯了它们在第一修正案中的权利,并可能增加制作成本。涉及争议性人物的政治、人文类谈话节目的兴起,如拉什·林博(Rush Limbaugh)的节目,经常被归咎于公平原则的消亡(Soley,1999)。② 主演播室规则,也被认为会增加电台成本(Silverman and Tobenkin,2001),该规则放宽后,广播公司只需有一个本地演播室,而无须实际使用它。这就导致出现了电台远程运作的趋势,且因为可以通过卫星向本地电台提供节目,这一趋势越来越显著。FCC 还放弃了关于地方内容数量的规制。

所有权规则的变化包括更宽松的标准稳步推进。1984 年前,一家广播电视公司在全国范围内最多拥有 7 个 AM 电台、7 个 FM 电台和 7 个电视台。1984 年,上限分别提高到 12 个、12 个和 12 个,之后在 1992 年分别提高到 18 个、18 个和 12 个。《1996 年电信法案》完全取消了对所有权的数量限制(FCC,2010)。

在地方,1992 年之前,广播公司被允许拥有最多 1 个 AM 电台和 1 个 FM 电台,即使在可能有 50 个或更多地方台的最大的市场。1992 年的改革放宽至可以在少于 14 个台的市场上拥有 3 个电台(最多只有 2 个在同一波段),在更大的市场上拥有至多 4 个电台(只要它们的合计观众份额小于 25%)。《1996 年电信法案》进一步放宽,一家公司可以拥有 5 个台,其中 3 个可以是之前拥有的,在更大的市场可拥有多达 8 个台。

《1996 年电信法案》实施之后迎来了一次合并浪潮,4000 个台(总共 1.1 万个台)在 2 年内换手,集中度在地方和国家两个层面上迅速提高(Hillard and Keith,2005)。例如,在最大的 10 个无线电市场中,平均的企业集中度(基于观众份额)从 1996 年 3 月的 0.61 增加到 2001 年 3 月的 0.82,而在所有市场中,平均集中度达到 0.93(FCC,2001)。这意味着地方无线电市场寡头垄断结构更加显著。在全国层面,1996 年 3 月,CBS 是最大的电台拥有者(按收入计),收入为 4.96 亿美元(占总产业的 6%),拥有 39 个电台,并且关注最大的市场。2001 年 3 月,清晰频道通信公司(Clear Channel Communications)的收入为 34 亿美元(26.2%),拥有分布在整个市场范围内的 972 个电台。如果不是司法部在分析兼并时要求进行资产剥离,它本来会拥有更多的电台,例如 2000 年它与 AM/FM 公司的巨型兼并,该公司被要求出售 27 个市场的 99 家电台(United States Department of Justice,2000a)。因此,在实践中,人们可能会看到当反托拉斯法应用于广播业时,它可能完全聚焦于广播公司对广告商行使市场权力的可能性,禁止过分集中与 FCC 法规旨在促进媒体多元化一致,致力于确保电

---

① 特别是 FCC(1974)认为因为广播电台自愿遵循公平原则,其以前未行使权力,但未来可能仅靠自愿遵守是不够的,因此 FCC 将有责任重新评估和采取行动。
② 最高法院裁定 FCC 不再执行公平原则后,国会两院通过了新法案,要求 FCC 继续执行公平原则,但里根总统否决了这项法案。

台能更广泛地为听众和公众提供公众利益,这相比 30 年前的形势发生了巨大的变化。

这些政策变化很多反映了放松管制的总体趋势,从航空公司到电力行业都是如此。然而,这些政策变化也反映了 20 世纪 80 年代以来,因为听众减少,广播业面临的压力。广播收听量在 1982 年达到顶峰,那时人们 18.2% 的时间用于收听广播,但在 2012 年只有 10.3%[①];在经济上,整个行业在解除管制之前和之后都表现得相当好。名义上,行业收入从 1981 年的 27 亿美元(Duncan,1981)增加至 1991 年的 80 亿美元、1996 年的 114 亿美元、2000 年的 171 亿美元(Duncan,2001)。

虽然大多数学术研究已经在 2006 年左右结束,但值得注意的是,近来与媒体融合有关的发展可能会改变行业经济。

第一,大萧条对广告收入有很大影响。BIA/Kelsey 估计,行业收入从 2006 年的 181 亿美元下降到 2009 年的 133 亿美元,并在 2013 年才回升到 149 亿美元[②],这与一些大型电台集团的破产有关,如城堡广播公司(Citadel Broadcasting),其在繁荣时期以收入的数倍购买电台,而包括清晰频道通信公司(2014 年更名为 iHeartMedia)在内的其他公司则进行了大裁员。[③]部分由于财务压力,电台交易继续以较快速度发生(BIA/Kelsey 记录了 2010 年 869 个电台的所有权变化)。[④]

第二,虽然电台仍然从广播广告中获得绝大部分收入,但网络广告(无论是网站横幅广告、电子邮件广告还是在线音频流中的音频广告)正变得越来越重要,并将电台引入了与包括网络在内的其他本地媒体更激烈的竞争中。在线分销也可能削弱一些划分地理市场的传统障碍。例如,BIA/Kelsey 估计,在线广告占 2014 年广播电行业收入的 4%,并预测它们在未来 4 年内每年将增长 10%,而传统收入则为 2%。[⑤]

第三,非广播节目的音频源已经变得越来越多。广播越来越深入生活,特别是在车辆中。自 2005 年以来,广播为较大城市地区提供当地天气和交通信息。然而,广播的发展速度比最初希望的要慢得多,2013 年,58% 的汽车听众使用常规 AM/FM 收音机,只有 10% 的汽车听众报告说他们全部或大部分时间使用卫星收音机(Edison Media Research,2013)。[⑥] 尽管传统的广播公司已经开始利用网络媒介开发在线服务,但是互联网广播服务也在成为威胁,包括 Pandora 的音乐流媒体服务。例如,iHeart Radio 拥有 2 个地面电台,并提供允许用户创建自己的播放列表的服务,从而与 Pandora 竞争。2013 年,45% 的人在过去的 1 个月里收听了在线广播,这些人平均每周收听 12 小时。Pandora 对传统收音机的收入及其收听量的威

---

① 根据阿比利创市场研究公司对于 12 岁以上人群从早上 6 点到午夜的估计数据(Radio Research Consortium,2012)。

② 参见:http://www.biakelsey.com/Events/Webinars/Tracking-the-Broadcast-Industry-MAPro.pdf;http://www.biakelsey.com/Company/Press-Releases/140326-WTOP-Leads-Radio-Station-Revenues-for-Fourth-Consecutive-Year.asp。

③ 参见:http://www.cbsnews.com/news/radio-giant-citadel-declares-bankruptcy/;http://www.nytimes.com/2009/04/30/business/media/30clear.html?_r=0。

④ 参见:http://www.biakelsey.com/Events/Webinars/Tracking-the-Broadcast-Industry-MAPro.pdf。

⑤ 参见:http://www.biakelsey.com/Company/Press-Releases/140326-WTOP-Leads-Radio-Station-Revenues-for-Fourth-Consecutive-Year.asp。

⑥ 在 1999 年的首次公开募股计划中,当时两个卫星广播公司之一的 XM 广播指出,4300 万人愿意支付 200 美元用于卫星广播和 XM 的月度订阅费。到 2008 年,XM 天狼星在两家公司合并时有 1900 万个用户。

胁也随着平台在大型市场上销售本地广告而增加了。① 但与此同时,广播电台也利用新技术来增加频道,通过提供 HD 频道和在广播电台中使用转换器和增强器来提供更多的节目。②

第四,虽然政治谈话联播栏目通常是保守派的,是 20 世纪 90 年代和 21 世纪初,尤其是 AM 电台广播节目发展的一大领域,现在却可能正在减少。③ 虽然相关主播的个性吸引了广泛的媒体关注,但来自社交媒体的压力也使得一些广告商不愿在他们的节目上做广告,导致电台转向争议较少的新闻或音乐节目。④

8.3　数据

研究任何行业都需要可靠的数据,其在尝试对不同时期的广播业进行实证研究时尤其重要。本节确认了一些实证研究者经常使用的来源,并试图指出使用它们时需要考虑的一些问题。

令人遗憾的是,在 20 世纪 80 年代初,FCC 停止收集关于广告收入和节目内容的信息。在最近的文献中,FCC 主要依赖于 BIA/Kelsey 媒体访问专业数据库的广播版本(后称为 BIA)。⑤ 这一数据也被学术研究使用,包括 Jeziorski(2014a,2014b)和 Sweeting(2009,2013),它们都关注 1996 年后的时期。该数据库包含至少每年春季和秋季报告周期的阿比创公司(现在为尼尔森)⑥的收听率数据,包括一些人口统计指标、节目格式分类、技术信息(例如许可发射机功率、信号覆盖、等高线图)、站点人事信息,以及 BIA 对年度电台的估计,还包括市场、收入。正如人们所预期的,这些收入估计与受众规模、市场份额和格式密切相关,但目前还不清楚这种关系是反映了现实中的切实关系还是仅仅为 BIA 在做出评估时假设的关系。数据库还包含每个电台详细的所有权和交易历史,可以追溯到 1996 年之前。部分交易的价格是有记录的,但是来自不同市场的电台进行交易时,可能很难给每一个电台定价。最近增加的 BIA 数据包括关于高清广播和多路广播节目制作的信息,以及在线收入的市场估计信息。

阿比创估计了超过 270 个市场的商业电台收听率(由于市场人口的变化,较小市场的真实指标随时间变化)。阿比创分析的市场比用于分析地方电视市场的指定营销区域较小,其中许多市场与美国人口普查所使用的城市统计区几乎完全一致(Arbitron Company,2009)。在这些城市市场之外的农村地区,收听是无法测量的。作为调查的一部分,阿比创还收集了

---

① 参见:http://www.crainsnewyork.com/article/20140421/MEDIA_ENTERTAINMENT/304209988/pandora-unleashes-sales-force-on-local-market。
② 例如,AM 电台使用调频转换器将 AM 节目放在 FM 波段上,而增强器有时用于将 FM 信号传送到由于地形而难以接收信号的地方。然而,这些服务也可以用于承载电台在其 HD 上面不是在其原始 AM 或 FM 上的节目,并且这不包括在用于确定电台是否满足所有权上限的电台计数中。
③ 有政治谈话栏目的电台数量从 1990 年的 400 个增加到 2006 年的 1400 个。
④ 参见:http://www.wsj.com/articles/talk-radios-advertising-problem-1423011395。
⑤ 参见:http://www.biakelsey.com/Broadcast-Media/Media-Access-Pro。
⑥ 尼尔森在 2013 年收购了阿比创,重新命名为 Nielsen Audio。由于本章讨论的所有文献都使用了 2013 年之前的数据,所以本章称之为阿比创。

非商业性收听的数据。这些数据可通过无线电研究联合会获得。虽然简单的市场份额数据被报告在多个与广播相关的网站上，但对于那些想要瞄准特定人群的广告商来说，特定人口统计的详细数据可以通过 BIA 订阅和阿比创来获得。

阿比创测量观众的传统方法是通过招募一个人口样本，让他们记录他们在 15 分钟内至少收听 5 分钟的电台（作为日志）。一个明显的担忧是日志数据可能包含系统性的错误，尤其是当听众频繁地更换电台时，可能他们并不总是知道自己到底在听哪一个电台。为了应对这一担忧，以及希望更快地为广告商和电台获取数据，阿比创于 2010 年开始转向在更大的城市市场上使用便携式受众收听测量仪（PPMs）[①]，来记录佩戴者听到的节目，但当然，并不是所有的人都主动地收听他们所接触的节目。例如，许多人可能在牙科诊所里收听到收音机节目，但并非主动收听。

这个记录差异的一个结果是 PPMs 导致了对电台累计收听率（在日间收听电台至少 5 分钟的人口比例）的更高估计，但是电台份额，即在任何给定时间收听电台的人口比例，基本保持不变，因为日志记录者实际上非常准确地报告了他们经常收听的电台。份额和累计收听率之间的潜在关系是重要的，因为只听 1 个电台（单归属）的听众可能比那些多归属的听众更有价值。迄今为止，还没有正式的研究来衡量测量技术的这种变化是否导致了电台节目的变化，正如在 8.5.2 所讨论的那样，尽管它的引入尤其受到争议，因为其估计的收视率下降是源于少数族裔的广播电台。第 8.7 节还将引用一些证据表明，PPM 数据可能改变关于听众对广告的传统看法。PPMs 也可能使电台有更吸引人的特别节目时段（例如一个备受瞩目的体育赛事），因为更精确的数据能给广告商表达更令人信服的事实，即人们确实在收听。

1996 年之前，研究人员无法使用 BIA，但邓肯（Duncan）的美国电台季报和年度市场指南已经广泛使用。Duncan 于 2002 年停止公布数据，但在 20 世纪 70 年代以前的大多数报告以及来自其他出版物的大量信息，都是以 PDF 格式在网站上提供的。Duncan 的报告包含阿比创对收听率和电台收入的估计［对这些估计来源的讨论见 Duncan(2002)］。Duncan 的一些收入数据实际上仅仅来自通过审计公司计算的电台收入数据，这些审计公司向 ASCAP 和 BMI 等授权机构提供收入信息。Duncan 的报告还包含电台所有权信息和最近的电台买卖信息。

Duncan 的报告还包含电台类型信息。使用 Duncan 报告中的类型信息时要注意的一件事（可能是与 BIA 也相关的警告），即其分类随着时间的推移变得越来越细。例如，Duncan 在 1977 年的美国广播市场报告中有 10 个类别，1986 年有 12 个，1995 年有 21 个，1998 年有 37 个。这部分是因为要捕捉电台节目的变化，因为音乐类型已经变得越来越专业化，部分是因为监管的改变意味着电台不必广播一定数量的新闻节目，但这也反映了一个事实，随着时间的推移，Duncan 更容易收集和详细记录电台正在做什么。

虽然 BIA 或 Duncan 的收入估计是有用的，但它们不利于估计广告市场中的基本需求和供给关系，因为其不区分广告商购买广告的价格和销售的广告数量。价格数据的一个共同

---

① 除非另有说明，这一讨论的基础可参见：http://www.radioink.com/listingsEntry.asp? ID.370205。

来源是 SQAD 估计的 CPMs(达到 1000 名听众的成本)和 CPPs(达到 1％收听率成本),这是基于媒体购买者所报告的实际交易。这些数据在市场层面上是可用的,其按照人口统计和播出时间划分,一个限制是这些数据不是特定于电台的,因此通过简单地将估计的电台收入按价格划分广告数量(在许多情况下研究人员这样操作)需要强假设,即不同的电台向每个听众收取相同的费用。这种假设可能是不正确的。此外,使用跨电台的平均价格数据往往会更难识别特定电台合并的影响,尤其是当电台数量大时。

商业广告播出的数据更难找到,其通常依赖于创建或识别详细的播放数据。了解广告的数量是否增加或减少对于理解合并如何影响广告商的福利是潜在重要的。例如,Duncan(2004)认为,在 20 世纪 90 年代中后期,当合并浪潮发生时,广播产业收入增长的大部分"源于无线电台拓展的储备。健康的经济以降低的价格用完了增加的储备"。作为 2006 年媒体所有权审查的一部分,FCC 委托对记录各种不同类型内容信息的广播播放数据进行了详细分析,包括在广告上花费的时间量。这 1014 个电台的数据已经被 Chipty(2007)和 Mooney(2010a)使用。其局限性在于它只包含一个横截面上的信息,并且因为该材料是由一组听众收集的,所以每个电台只有 2 小时的节目。其结果是,在推断每个电台的平均行为时,即使在同一度季内,也可能存在相当大的噪声。Sweeting(2009,2010)使用的是 1998—2001 年的面板数据,该数据是由 Mediabase 收集的,记录了每首歌曲的开始时间,以及歌曲之间是否出现商业广告或录制的宣传材料。这一数据允许对播放的音乐进行多角度的分析,并提供一些衡量各个电台在广告上花费的时间,其中广告长度是从歌曲之间的间隔推断出来的。

不幸的是,我不了解联合节目使用的系统性信息来源,尽管它在政治和体育谈话电台中起着非常重要的作用,也提供了大量的晨间、晚间和周末音乐电台节目。这种类型的数据也可以用来理解垂直整合的影响,因为一些主站拥有者也拥有诸如普瑞米尔广播网的制作人。除了在 8.5.3 中提到的一个案例研究之外,我也不知道在远程操作或使用语音跟踪的电台上的任何系统数据。这种类型的数据在分析地方主义或改变主要演播室规则的影响方面是非常重要的。

8.4　产业整合对市场结果的影响:理论思考

鉴于继《1996 年电信法案》之后的广播行业整合潮,大多数关于广播业的实证研究都集中在确定整合,如何影响市场结果,无论是在广告市场(其结果包括商业广告的价格、数量和广告商的福利)还是在听众市场(其结果还包括可实现的节目多样性水平)。本节简要地回顾了预测整合如何影响这些结果的理论文献。第 2 章和第 6 章对这些文献进行了更详细的讨论,包括听众为节目付费的情况。

在最基本的层面上,整合如何影响商业广告的数量和价格将取决于合并的公司是否有更多的动机来尝试在市场上为听众行使市场权力,其中,价格的提高是听众不得不听的干扰价值,它将和商业广告的数量、广告商市场的增加联系在一起,价格的提高与商业广告数量的减少有关。市场的双边性意味着,即使没有成本协同效应,一方也可以从扩大市场势力的兼并中获益。Anderson et al. (2012)提供了一个简洁的描述不同类型的模型假设,兼并可能导致市场势力主要在市场的一边行使。

在文献中,最著名的模型是 Anderson and Coate(2005)提出的对称水平差异化电台间的竞争模型。听众被假定为不喜欢商业广告且为单归属,这意味着他们最多听 1 个电台。电台选择播出广告数量,单个听众的市场价格随广告数量增加而下降,这反映了广告商之间的差异:一些广告商很可能比其他广告商更重视消费者。将电台 i 的每个收听者的收入记为 $R_i(a_i)$,听众数记为 $N_i(a_i, a_{-i})$,然后确定电台 i 的最佳广告数的一阶条件可以表示为:

$$\frac{R_i{}'(a_i)}{R_i(a_i)} = -\frac{N_i{}'(a_i, a_{-i})}{N_i(a_i, a_{-i})}。$$

这意味着每个听众收入的弹性将等于听众数量相对于广告播出次数的弹性。在这一式子的左边随 a_i 增大而减小的标准假设下,电台之间的兼并将导致更多的商业广告被播出。这是因为,在这个模型中,每个电台在向广告商出售其听众时是垄断者,因此电台之间的竞争只针对听众而不是广告商。因此,在兼并后,市场势力只在听众市场中扩大,广告的数量也会增加。[①] 广告数量是这个模型中的重要参数,部分兼并也会导致所有电台的广告数量增加,以及由广告商承担的听众价格的下降。

虽然 Anderson and Coate(2005)的模型的重点是广告数量,但我们也可以从而了解这个定价规则意味着多少电台渴求差异化。考虑两个电台霍特林线性模型的简化形式,假设只有听众关心节目差异,也就是说,从广告商的角度来看,听摇滚台的听众就像听体育台的一样有价值,于是有两种相当的力量在起作用。第一种力量使相互独立的电台倾向于线的中心,以便从另一个电台吸收听众,增加其广告的价值。这与 Steiner(1952)的分析逻辑是一致的,即广告商资助电视节目会导致节目过于相似,因为电视台会迎合大众品位。然而,第二种力量可以在另一个方向上运行。假设广告数量选定之前位置已被选择,则电台有动机战略性地选择差异化,使自己成为对听众来说不太可被替代的产品,这降低了需求的弹性,并允许电台播放更多的广告。正如公司之间的价格竞争的霍特林线性模型的标准公式一样,可能导致过度的产品差异化,并且可以预期兼并会减少电台节目的差异。

Anderson et al. (2012)强调了对 Anderson and Coate(2005)的模型的不同修改可能会导致合并对广告价格产生截然不同的影响。特别是对于无线电广播而言,电台设置每个商业广告的价格,但至少一些听众是多归属的,即他们收听超过一个电台。假设广告只接触消费者一次,接触的额外次数不会产生更多价值。多归属的听众可以通过多个电台接触,从想要接触这些听众的广告商的角度看,各个电台是完全替代品。在这种情况下,广播公司只能从广告商中提取对其电台单归属的听众的价值。[②] 如果合并使更多的听众单归属于一家公司,那么很自然地,即使每个电台播放的广告数量保持不变,合并后的广告价格会提高。对广告数

---

① 相比之下,通过增加每个电台的听众需求的弹性,竞争电台数量的增加可能会减少在平衡情况下的广告数量。

② 这种逻辑忽略了这样一个事实:如果广告商在一个电台上播出广告,当广告播出时,听众没有收听,那么广告可能无法触及特定的听众。然而,即使在考虑到这一点的更一般的背景中[Ambrus et al. (2013)是一个例子],多归属将趋于减少在另一个电台上运营广告的边际价值。当然,如果在不同的背景下多次听到广告,那么广告的效果就会增强,逻辑就会逆转,多归属听众会变得更有价值。

量的影响将取决于广告商需求的异质性、在电台定价时对不同广告商价格歧视能力的具体假设,以及听众如何应对不同电台的广告拥塞。①

多归属如何影响节目战略性差异化的动机?在假设较少听众为多归属时,电台更具差异性,Anderson et al.(2012)建议,如果多归属听众的价值较低,则会加强对竞争电台进行战略差异化的激励。在这种情况下,电台之间的合并将通过多归属的听众削弱广告市场上的竞争,可能会使节目更相似。

在广播的背景中,差异化会减少多归属听众的假设仍有待验证。例如,当人们选择在汽车收音机上预设电台时,他们可以选择相对不同的电台,以迎合一天中不同时间的不同情绪(例如,预设一个最喜欢的新闻台、一个运动台、一个轻成人当代电台和一个 TOP40 的电台),同时不预设本质上非常相似的电台。在这种情况下,人们可能会不希望多归属导致一些竞争电台变得相似。遗憾的是,这只是一个设想,关于节目多样性和多归属之间的经验关系我们知之甚少,尽管清楚地用理论说明是重要的。②

多归属是否会导致一个多电台所有者选择让其电台内容和与其竞争的多电台所有者更相似答案是,其通常选择以类似方式运作多个本地电台。Berry and Waldfogel(2001)在检验兼并如何影响节目多样性的背景中注意到这种经验模式,发现 27% 的随机抽取的本地(共同拥有的)姊妹电台具有相似但不完全相同的形式(例如现代生活类和热门现代生活类),与之对比的是 18% 的随机抽取的本地电台(所有权被忽略)。然而,与此同时,他们不太可能以完全相同的方式运作它们,这表明多电台所有者的首选策略平衡了一些对集群电台的激励,这可能是由范围经济或者阻止进入产品空间所导致的,并且鼓励差异化来避免过度同质化。③

8.5 广播公司所有权合并效应的实证研究

20 世纪 90 年代,产业组织领域内实证研究快速增加,恰逢广播业在多轮所有制放松后的整合。因此,广播业自然成了研究人员试图了解整合可能产生不同影响的对象。本节分成四个部分。8.5.1 和 8.5.2 分别考虑了当地市场的整合对广告市场和节目的影响。8.5.3 和 8.5.4 描述了更为有限的文献。

8.5.1 本地市场整合对广告市场的影响

许多研究采取了明显不同的方法,试图测试本地广播市场的所有权集中度的提高是否提高或降低了广告商必须承担的听众价格。最初,这一动机是来自司法部对无线电合并的

① Cunningham and Alexander(2004)提出了一种基于代表性听众框架的模型,该模型可以对广告数量产生各种影响。Ambrus et al.(2013)建立了媒体平台间的竞争模型,其中一些消费者和广告商为多归属。
② 在当地报纸行业的背景下,Gentzkow et al.(2014)设计了一个需求模型,该模型允许多归属,进而讨论了不同公司拥有报纸的多归属减少了报纸从广告商中提取的利润,以及这如何影响产品差异化。为此,研究使用 20 世纪 20 年代的数据和来自多个读者调查的信息来测量多归属。阿比创的个别市场报告确实以数据复制表的形式包含了一些此类信息。
③ Sweeting(2004)提及了克利夫兰的一位无限节目总监,2000 年 10 月 14 日 Billboard 引用了他的描述:"我最初在圣·路易斯节目中制作观点节目时犯了个错误。我们确信观点节目和[姊妹电台]的河流节目相距甚远,以至于你可以在它们中间寻求一些空间,这就是竞争对手想要你做的。"当然,如果一个共同所有者感到有可能受到其他公司的威胁,那么这将使我们对相互竞争的所有者自然想要差异化以减少多归属听众的论点产生怀疑。

反垄断分析,关注的是广告商的福利,因为广告商是广播电台唯一真正付费的客户(Klein,1997)。鉴于最近的理论文献,这一实证工作也可以被看作揭示了单归属听众情形下,预计合并将降低广告价格;或者假设多归属的模型,给定更准确的行业描述可以做出相反的预测。

大多数文献都集中于试图建立整合和价格之间的一般关系。鉴于合并是基于个案分析,并且当局经常能够通过谈判仔细地进行有针对性的资产剥离[例如 United States Department of Justice(2000a)]。两篇最近的结构性论文发现了不同影响的证据。

大多数研究所采取的方法是简约式分析,将广告价格对所有权集中度进行回归。Brown and Williams(2002)使用了一组从 1996 年到 2001 年的数据,这段时间内本地集中度、国家提高所有权集中度和实际广播广告价格都大幅提高。Brown and Williams(2002)回归了市场水平,估计了每 1000 名 18 到 49 岁的听众的广告价格,根据地方集中度和国家广播公司的所有权、市场固定效应、地方广告需求的代理变量,如市场人口和实际收入,来捕捉国家需求变化的时间效应和国家 GDP 增长。研究发现,以收入为基础的赫芬达尔-赫希曼指数(HHI)衡量,地方市场集中度的提高与当地广告价格的变化正相关,但这些变化仅解释了该时期广告价格大幅上涨的 5% 左右。① 研究发现,大型国有广播公司拥有更大的所有权与更低的广告价格有关。然而,正如研究所指出的,为了解释第二个相关性,重要的是要认识到,SQAD 估计的价格很大程度上是基于可能同时对地区和国家广告商在几个市场购买广告的价格。事实上,国有广播公司降低价格后,这些购买者可以通过同时在许多市场上销售广告来享受某种规模经济,这并不一定意味着当地广告商的价格也会降低。这一点很重要,因为本地广告客户贡献了大部分电台收入(2006 年的 BIA 数据为 70% 左右,随后上升到 75% 左右)。

Chipty(2007)也估计了简化式回归,以研究集中度和广告价格之间的关系,其使用来自2006 年的截面数据,但也使用了比 Brown and Williams(2002)范围更广的 SQAD 价格(例如,不同日间时段,以及基于每千名听众、每百分点份额的成本指标)。Chipty(2007)发现地方集中度与广告价格之间没有显著的关系,但像 Brown and Williams(2002)一样,一旦控制了市场人口统计数据,地方级的国家广播公司的所有权与价格之间就存在微弱的负相关关系。然而,这与 Brown and Williams(2002)的研究有着相同的解释,事实上,通过使用节目内容的数据样本,研究发现国家所有权(national ownership)与广播广告数量之间没有显著的关系,而广告价格的普遍下降将导致人们预期广告量的增加。Sweeting(2008)确实从 1998 年到 2001年间相对较大的音乐站的播放列表数据发现了大型国有广播公司所有权对广告分钟数的正面效应。效果是中等大小:每小时大约多 0.6 分钟的商业广告,或样本中每个电台平均多约5% 的商业广告。② Sweeting(2008)没有发现地方集中度的变化对播放多少广告的显著影响。

① 作为调查全球广播和卫报媒体集团的广播业务合并的一部分,United Kingdom Competition Commission(2013)进行了详细的价格集中度分析,发现"存在较少的广播替代物,广播的替代品可能不太适合与更高的广告价格相关"。遗憾的是,出于保密原因,这些在公布的报告中没有公开。

② Sweeting(2008)的分析是基于在播放一些商业广告时使用歌曲之间的间隙来记录广告的分钟数。因此,这一结果可能反映了这样一个事实,即国家所有者(national owner)倾向于在商业广告时段插入更多的非商业性谈话节目(例如促销、赞助信息),而不是增加广告时段本身的长度。Sweeting(2008)也研究了在早上开车时间以外的时间,这一直是其他研究的重点。

因此,可以总结出相关论文没有发现地方层面的整合的重大影响,以及一些证据表明,国家层面的整合会提高广告量和降低给全国广告商的价格。

Mooney(2010b)和 Jeziorski(2014a)采取了结构方法来理解在广告和听众市场的地方集中和市场势力之间的关系。结构方法的潜在优势在于,它们可以通过经济模型的结构和对企业行为的假设来解开有限的可用数据中的复杂关系,并且也可以将广告数量或价格的变化转化为对福利的影响。结论可能取决于研究人员的建模假设如何解释数据。尤其是,例如,所使用的模型假设听众都是单归属,并估计听众需求的离散选择模型,而不是建模多归属的可能性。然而,不同于 Anderson and Coate(2005)的单归属听众理论模型,即允许特定电台的广告价格取决于在所有电台播出的广告数量,因此,为提高广告价格,潜在的共同所有者可能限制商业广告数量。因此,即使听众单归属,也不能保证电台合并会导致更多的商业广告播出。①

Jeziorski(2014a)使用 1996—2006 年的面板数据估计双边市场的均衡模型。数据包括市场级的 SQAD 广告价格估计、电台听众的阿比创数据和电台类型、所有权和电台收入的 BIA 数据。Jeziorski(2014a)估计,地方整合导致减少了相当多的广告量,每个听众的广告价格相应增加 6.5%。在较小的市场中,这些变化估计是最大的,广告商对广播广告的需求弹性较小,这反映了小城市广告商可能有更有限的广播替代品的事实。在 8.5.2,听众的影响会相当复杂,因为共同所有者可能会跨电台重新分配广告,并且广告数量的变化与电台类型的变化相互作用。

Mooney(2010b)利用 1998 年和 2003 年的数据用类似的模型进行了估计,得出的结论是,增加平均集中度的影响是广告数量的增加。关于广告会如何改变的总体结论是与 Jeziorski(2014a)相反的,可能是因为该论文对待商业广告的数量有很大的不同。Jeziorski(2014a)假设每个电台的广告量可以用 BIA 对站点收入、SQAD 广告价格(每个份额百分点)和电台收听率的估计来计算。Mooney(2010b)假设广告量没有被观察到,并根据 Sweeting(2008)的平均广告量进行匹配。Sweeting(2008)的测量是基于一个成功的音乐电台的样本,所以它可能不是整个行业的代表。② Jeziorski(2014a)的方法具有潜在的优势,它为几乎所有电台创建了一个广告变量,可用于估计听众和广告商的需求(BIA 没有为一些较小的电台提供收入估算,但是在这里,这个问题不应该太重要)。相比之下,Mooney(2010b)的估计可能更依赖于假定的模型结构来预测不同电台和时间的广告数量如同变化。然而,Jeziorski(2014a)的做法显然取决于收入估计中的系统性错误,而 SQAD 价格与合并的变化无关。③ 未来文献使用更好的数据可以帮助我们更有信心地理解真正的关系是什么。

虽然可能在平均效应的方向上有不同意见,但两篇论文强调整合的影响可能是异质的,

---

① 一个有效的反对意见是,这些模型没有提供一个明确的理由解释为什么电台会替换广告商。
② Jeziorski(2014a)估计,1996—2006 年,电台平均每天播放 37.5 分钟的广告。这一数据远低于基于播放数据的估计(Sweeting,2010)或同期的行业报告表明电台在 2000 年和 2001 年平均每小时播放 12 分钟的广告。当然,对于研究的结论,重要的是估算量和实际量之间的差异是否随电台的所有权或时间的改变而有系统的变化。
③ 正如第 8.3 节中所讨论的,SQAD 价格可能更能反映国家广告商承担的价格,而不是当地广告商承担的价格,这些广告商不成比例地在大公司所拥有的电台上做广告。

从而导致广告价格在广告商的需求弹性较小的情况下显著提高。Mooney(2010b)发现,这可能是少数人口市场的情况,广播可能比其他媒体更有效地接触到少数族裔。Mooney(2010a)通过 Chipty(2007)的广告量数据找到了对这一结论的额外支持:当一家公司拥有一组城市电台时,它会吸引黑人观众,并倾向于限制播放的广告数量。Jeziorski(2014a)估计,在较小的市场,广告商的需求弹性较小,媒体的替代品可能更少。因此,两篇论文都提出了一个合理的观点,即从反垄断的观点来看,部分兼并可能更令人担忧,而且它们对反垄断监管机构应该在哪里(较小的市场或小众的电台)寻找问题或要求更有力的效率证据给出了一些指导意见。

在 2006 年之后,还没有关于广告价格如何变化的学术研究。然而,与至少一位行业专家的讨论表明,在大多数电台上播出的广告数量可能从 2000 年左右观察到的每小时 12 分钟或更多,大幅下降到 2015 年的每小时 8 分钟。[①] 听众或广告商已经变得更能够替代其他媒体,这似乎为未来的研究提供了一个有趣的话题,也有助于增进我们对早年发生的事情的理解。

8.5.2 本地市场整合对产品差异化与多样性的影响

实证文献的另一条主线研究了地方市场所有权集中度与节目的多样性或不同电台之间的差异化之间的关系。这些研究的一个动机是,即使电台合并的反垄断分析集中于广告价格效应,产品种类或定位的变化可能对听众福利产生很大影响,也影响合并如何改变广告价格。[②] 此外,电台节目的变化非常频繁,尽管类型更改可能是昂贵的[Jeziorski(2014b)、Sweeting(2013)提供了对这些成本的估计]。另一个动机来自在过去的数十年里,广播节目在全国范围内越来越同质化。[③]

在更详细地讨论实证证据之前,值得指出的是,人们可以考虑用多种不同的方式来测量广播节目中的差异化或多样性。在一个标准的、两家公司的霍特林线性模型中,通常认为企业之间的差异增加是多样性增加的代名词。但是,当我们拓展模型时,事情变得更加复杂,从而使它能够更实际应用于广播市场。例如,在大城市市场的许多类型中,有三个或更多的电台。当一些电台彼此非常相似时,我们应该如何测量多样性? 更重要的是,我们应该如何解释这样一个事实:一个给定的电台可能在一天内播放几个不同的节目,就音乐电台而言,可能一天会播放数百首歌曲。例如,如果两个电台都使用相同的有 500 首歌曲的播放列表,但很少同时播放同一首歌,那么,如果电台使用两个播放列表,根本不重叠却只有 50 首歌曲,是否有更多或更少的多样性? 实证文献已经使用了许多不同的度量方法,并且结果中的一些差异可能反映了这些选择。

Berry and Waldfogel(2001)通过《1996 年电信法案》所创造的准实验变量研究所有权集中度如何影响总体多样性。虽然该法案放松了对一家公司在所有市场上拥有多少个电台的限制,但在更大的市场,或者更具体地说,拥有更多电台的市场的增幅更大。例如,在超过 45

---

① 正如第 8.7 节将要讨论的那样,清晰频道是第一批明确提出减少广告数量的公司之一,其 2004 年的战略为"少即是多"。

② 参见第 6 章第 6.4 节关于反垄断分析的相关理论。

③ Future of Music Coalition(2003)提供的证据表明,电台已经变得越来越同质,并将其归因于合并。Foege(2009)认为,特别是清晰频道,导致了广播多样性的下降。

个电台的市场中(如纽约、芝加哥等美国的大型城市),限制从 4 个增加到 8 个,而在有 15 个到 30 个电台的市场中,这个限制只从 4 个增加到 6 个。① 因此,Berry and Waldfogel(2001)试图通过研究 1993 年春季至 1997 年春季(该法案实施前后)不同规模的市场之间的变化,来推断公共电台所有权增加的影响,该变化是通过市场上可用的节目类型的计数来衡量的。在 1993 年春季和 1997 年春季之间(在法案颁布前后),不同的市场发生了不同的变化。当然,这种识别策略假定其他趋势以相同的方式影响了不同大小的市场。② 研究结果与所有权集中增加的多样性一致,尽管它们也表明拥有多个电台的公司倾向于使电台具有相似但不相同的类型。同时,Berry and Waldfogel(1999b)使用相同的识别策略,发现所有权对总听众数量没有影响。

相比之下,Sweeting(2010)使用了详细的电台播放列表和阿比创听众数据,作为当代音乐电台的样本,以检查共同所有权如何影响特定电台和电台观众之间的产品差异。重点是电台在相同的广义节目类别(BIA 的详细节目分类系统的一部分),它们以相似的类型聚集在一起。识别策略涉及当成对的或小组的电台成为共同所有或不再为共同所有时,播放列表的相似性如何变化。③ 与 Berry and Waldfogel(2001)的结果一致,即增加多样性背后的驱动力是避免观众拆分,Sweeting(2010)发现共同所有者倾向于区分自己的电台,以及合并往往会显著增加总体观众。

然而,Sweeting(2010)也表明,在同一时间,共同所有者至少使他们的一些电台更类似于其他公司所有的电台,并且这些电台的听众倾向于减少,且大约等于合并电台的增益,因此当人们把类型作为一个整体来看,所有权合并并不与重大变化相关,与 Berry and Waldfogel(1999b)的结果一致。为了证实这一直觉,假设有三个独立电台 A、B 和 C,布置在二维乘积空间中,并且最初它们是对称排列的(例如,在等边三角形的顶点)。在 A 和 B 的所有者合并后,假设新的共同所有者通过将 B 移离 A,可能会使它们区别开来,这可能通过使电台与 C 更具差异性而实现,但数据表明,实际上使它的至少一个电台比合并前更类似于 C,只试图从 C 接收听众,这可能发生在价格竞争相对有限的空间模型中,而且似乎对于无线电来说是合理的,通过引入全新的节目来增加电台总数或形式听众的空间有限。④

Sweeting(2010)的结果表明,在电台一级上没有所有权的准实验变化。然而,令人欣慰的是,数据中的模式非常类似于本地市场结构的变化,这是由于涉及不同市场和不同类型的数百个电台的大型全国性交易,例如 2000 年 AMFM 与清晰频道的交易,以及在个别市场上

---

① 最初,规则是用所谓的轮廓规则来定义的,它检查了多少个电台的信号覆盖区域重叠。然而,这些规则是相当不透明的,这造成了一定程度的法律不确定性和公司所有权交易。在 2003 年,FCC 决定使用基于阿比创市场定义的电台计数。然而,这种变化导致了一些关于哪些电台被包括在阿比创本地市场中的战略性操纵,因此引入了一些附加规则(http://www.commlawblog.com/tags/arbitron-market-definition/)。

② Berry and Waldfogel(2001)试图用早期的数据和差分方法来解决这个问题。然而,特别是在 20 世纪 90 年代中期导致最大的广播市场的类型或音乐分类产生一些变化的可能性仍然是一个潜在的问题。

③ 一种方法将不同的艺术家定义为产品空间的不同维度,然后用电台的播放列表来识别该高维空间中的位置。两个播放列表之间的差异可以由通过原点的向量之间的角度来测量。另一种方法包括简单地观察在其他电台根本不播放的艺术家的播放时间比例。Sweeting(2004)还将一个类别的主要艺术家投射到一个二维空间中,然后根据在播放列表上出现的艺术家将该电台放置在这个产品空间中。所有这些指标产生了定性相似的结果。

④ Borenstein(1986)以及 Rogers and Woodbury(1996)使用所有权放松管制之前的数据,支持的论点是,无论是在节目类型还是在总水平上都有显著的侵蚀效应。

涉及电台的本地交易。对于大型交易而言,导致差异化的一个遗漏变量,也不太可能会导致所有权的变化。

使用节目内容电台级数据的后续研究已经发现结果与共同所有者在区分其相同或相似类型的电台时一致。例如,Chipty(2007)使用 FCC 收集的截面数据,发现对于音乐和非音乐(例如新闻和体育)节目确实如此。此外,近期使用电台报告的类型标签[如 Waldfogel(2011a)]的研究,检查了所有权在 2005 年和 2007 年如何影响新闻节目,并发现较弱的关系,以及类型名称必须粗略地度量内容的事实(例如,政治右倾和政治左倾谈话电台可能是完全不同的,但两者通常都会被报告为谈话节目),这种模式也可以反映这样一个事实,即在这种类型的研究中使用的详细类型名称通常可以反映电台营销的差异,而不是内容上的真实差异。从研究的角度来看,使用格式化名称对于一些感兴趣的问题可能是无用的,这很遗憾,因为这些标签比播出数据更易获得。①

如前文所述,Jeziorski(2014a)量化了 1996—2006 年整合的福利变动效应。采用的结构模型使其能够识别出电台所有者改变其电台类型的效果。这些影响及其对福利的影响是相当复杂的,因为共同所有者被认为会参与跨电台广告的重新分配。Jeziorski(2014a)估计,在固定广告量的情况下,1996—2006 年增加类型多样性会使听众的福利提高 0.3%。在广告数量的变化中,多个电台的所有者倾向于将广告重新分配给其更受欢迎的电台,这往往会稍微减少听众的福利(因此他们的福利只增加了 0.2%),但随着广告价格的上涨,以及听众在不同电台之间全新分配以避免商业广告,广告商盈余大幅下降了 21.4%。② 相反地,广告商福利只会下降 5%,听众的福利基本上不会改变(如果在固定类型情况下广告数量被允许改变)。遗憾的是,因为听众不为收听广播付出代价,所以不可能用金钱来比较对听众和广告商的影响。然而,对于市场两边,Jeziorski(2014a)的结果表明,产品定位的变化所带来的福利效应大于在固定节目时广告价格所带来的变化。这是一个重要的结论,这也是与 Fan(2013)当地报纸市场的的结果相一致的,因为大多数合并只考虑价格和数量的变化,将产品品种视为给定。

另一相关的文献研究了广播服务于少数受众的方式,以及这可能如何受到所有权合并的影响。这部分是出于对早期理论工作的关注,如 Steiner(1952),竞争的媒体将提供不太有区别的节目,因为他们争夺大多数人的注意力。此外,相比少数族裔拥有的本地广播和/或企业,大型公开上市公司可能不愿意或不太有能力服务于少数受众,一个现实问题是,少数族裔听众可能是不太受重视的潜在广告客户。在 20 世纪 70 年代,政府启动了少数族裔电信发展项目,以促进广播电台的少数所有制③,要求联邦通信委员会重新审查电台和电视台法律所有权规则的放宽。第三巡回上诉法院重申了将有效促进少数族裔所有权作为媒体政策

---

① 当然,类型标签有助于了解有关(如)新闻、古典音乐或西班牙语节目的问题,粗略的分类就足够了。然而,人们应该意识到,类型分类在某些方面可能过于粗糙,有时也过于精细。

② 导致 Jeziorski(2014a)结果的一个因素是共同所有者可以通过将广告从最不受欢迎的电台重新分配到大多数电台来提高广告的价格,即使这增加了广告的总数量。如果每 1000 则广告的价格设为随曝光次数的增加而减少,这将是不可能的。

③ 参见:http://en.wikipedia.org/wiki/Minority_ownership_of_media_outlets_in_the_United_States。

目标。

这个问题令人感兴趣的原因之一是,黑人和西班牙裔人口倾向于与其他人口有不同的节目品位。例如,大约50％的黑人(西班牙裔)收听城市电台(西班牙语),而城市电台在非黑人收听和西班牙语电台中占不到5％,因此毫不奇怪其几乎无法吸引非西班牙裔听众。[1] 作为对偏好外部性的研究的一部分(参见第1章),Waldfogel(2003)表明,市场上黑人或西班牙裔人数的增加对城市或西班牙语言电台的数量有着巨大的统计上的影响,因此在市场上少数族裔群体最可能是未被充分服务的群体。近年来,影响少数族裔电台的一个问题是引入了阿比创的PPM测量技术。西班牙语和城市电台听众的PPM估计显著低于基于传统日记调研的估计,行业专家认为,由于广告商不愿意为商业广告时间付费,这些较低的估计可能导致了近年来少数族裔电台数量的显著减少。[2]

这就造成了一个问题:电台所有权是否影响少数族裔的服务范围,因为非少数族裔所拥有的电台可能仍在寻求为少数族裔服务。Siegelman and Waldfogel(2001)使用20世纪90年代的数据,Waldfogel(2011b)使用2005—2009年的数据,提供了一些结果。尽管所有权集中和少数族裔节目的提供之间没有一般的关系,当少数族裔实际上拥有自己的电台时,服务于少数族裔的电台的数量趋于增加。当然,这意味着需要更好地理解如何允许更大的合并影响少数族裔拥有的电台数量。压力集团如Free Press(2007),提出的证据暗示少数族裔只控制相对较少的电台,即使在少数族裔实际上占大多数人口的市场中也是如此。[3] 女性缺乏所有权和控制权的情况更令人惊讶,只有6％的电台为女性拥有,而不到5％的电台是由女性担任CEO的公司拥有。[4] 女性完成绝大多数的零售消费,而广告商们真正想要触及的正是这些消费者,从这个意义上说,这是令人诧异的。

面对日益增加的广播行业整合,少数族裔所有制的压力产生的一个后果是低功率调频电台的许可。[5] 这些电台的传播范围有限(通常在5英里左右),但目前大约有759个站在播出。[6] 除了Brand(2004)描述了在21世纪初的较早的电台节目许可,目前还没有文献研究这些电台在扩大所有权或节目的多样性方面有多大的成就,事实上,几乎没有关于这些电台能够捕获多少听众的数据。

8.5.3 全国性整合对听众和广告商的影响

与大多数文献一致,到目前为止,本章已经集中讨论了地方性所有权整合如何影响节目内容与均衡的广告数量和价格。此外,许多拥有地方市场的公司之间的国家层面上的合并,也可能产生重要影响。遗憾的是,尽管连锁公司在许多不同的本地市场活跃的现象是零售

[1] 宗教节目也吸引了大量的少数族裔听众。参阅Arbitron Company(2012b,2012c)以了解少数族裔的收听类型。
[2] 参见Napoli(2010)关于PPM争议的延伸讨论。
[3] Free Press(2007)表明,只有得克萨斯州拉雷多市,其95％的人口是少数族裔,绝大多数电台为少数族裔拥有。总的来看,7.7％的全商业电台归少数族裔所有。遗憾的是,FCC在1996年之后才开始跟踪种族和族裔所有权,因此不可能与《电信法》之前的时期进行比较。
[4] 一号电台(Radio One)是城市类型电台的市场领导者,由一个黑人女性创办,其是公司的总裁(http://en.wikipedia.org/wiki/Cathy_Hughes)。
[5] 参见:http://en.wikipedia.org/wiki/Low-power_broadcasting。
[6] 这个数字取自LPFM数据库(http://www.angelfire.com/nj2/piratejim/lpfm.html)。

业的共同特征,这些问题并没有真正被研究,并且,由于控制国家所有权的传统,广播似乎是观察连锁所有制影响的一个好场景。

至少有两种方式,使国家所有权可能至少对市场的一方产生相当积极的影响。第一,所有者可以通过使用销售团队更有效地向大型区域或全国广告商销售广告,并在不同的电台上捆绑广告。① 正如在 8.5.1 中的证据所表明的,这可能倾向于增加广告的均衡数量,虽然它可能挤压当地广告商可用的时间量。全国广告商也可以从开发一套广播"品牌"中获益,这些"品牌"吸引了全国各地的类似听众,这样广告就可以被量身定做,自然地与节目相匹配。②

第二,国家所有者可能有能力提高节目质量,特别是如果他们的电台集中在类似的类型。这正如 Sweeting(2004)的模型所示。③

然而,也有研究表明类型的同质化是不太理想的。Inderst and Shaffer(2007)展示了多市场零售商如何为不同品位的市场选择低效率的单一来源产品,以在讨价还价博弈中从制造商那里榨取更多"租金"。这种单一的采购可能比市场集中导致更多的负福利后果,产品特性的变化可以比价格变动产生更大的福利效应变化。如果我们用电台代替零售商,用联合节目制作者代替制造商,这个模型可以应用到广播行业中。然而,至少在音乐广播中,这个模型无法奏效的一个可能原因是,传统上,音乐由 ASCAP、SESAC 或 BMI 颁发的许可证授权,相关条款在各公司之间不存在差异,从而消除了驱动 Inderst and Shaffer(2007)的结果的讨价还价阶段。④

国家所有者通过降低质量,可能使用对独立电台不可行的做法以降低生产成本。这里的一个例子是语音跟踪,位于一个城市的 DJ 可以制作预先录制的节目,在许多其他通常较小的城市中播出,但是若听众没有被告知节目是预先录制的和在外地制作的,它仍然是"本地的",并可能包含对本地场所或事件的参考。⑤

对语音跟踪有两种截然不同的态度。一种观点是,它允许高质量的人才在较小的市场中使用,如果主持人必须亲自出现在广播播出的市场,那么当地市场永远无法负担得起这种类型的人才。另一种观点是,即使外部主持人很熟练,但当主持人不熟悉当地市场时,也必然失去一些重要的质量因素,或者简单地说,如果听众真的意识到节目是在市场之外产生

① United Kingdom Competition Commission(2013)对全球广播和卫报传媒集团的合并报告讨论了如何通过专业的销售队伍为大型的全国广告商服务。它还为一些小型广播公司向全国广告商出售广告时间。较小的广告商直接与电台进行谈判。
② 例如,在对全球广播和卫报传媒集团的合并报告中,United Kingdom Competition Commission(2013)指出,一家机构表示,全球广播已经承诺投资和建立强大的全国性品牌,可以与英国广播公司争夺听众,这有助于使商业电台对广告商更有吸引力。另一家大型机构表示,全球广播已经为复兴广播业做出了巨大贡献,质量上乘的策划和品牌网络更容易获得更多的受众,使其对广告商有吸引力。
③ 这一模型与清晰频道的首席执行官估计的事实一致,其花费了 7000 万美元在音乐研究上。大公司在不同市场的节目制作人通常每周召开一次电话会议来讨论要向播放列表中添加的内容。2000 年 11 月 16 日 Billboard 的一篇文章,讨论了在无限广播(Infinity Radio)中如何工作。
④ 正如将在 8.9.2 中所讨论的,通用许可证的使用最近已经开始改变,因为一些大的电台拥有者,如清晰频道,已经与唱片公司签订了关于使用权的协易。因此,人们可能认为,即使在过去 Inderst and Shaffer(2007)的见解不是相关的,它们可能在未来是相关的。
⑤ 使用预先录制的节目并不是新现象,因为 20 世纪 70 年代,电台已经使用预先录制的节目。然而,在 1987 年之前,FCC 要求大多数非网络节目在本地演播室制作。

的,他们不会喜欢这个节目。虽然很难弄清消费者为什么不喜欢主持人本身在市场之外的事实,但这种偏好并不一定是无效的,广播公司试图掩盖市场之外的主持人被使用的事实提供了一个可能的佐证。一个实际的问题是,当所有的节目都是在市场之外制作的,而电台是远程操作的,在突发的本地紧急情况下,它们可能无法提供重要的信息。①

与语音追踪相关的福利问题在节目类型上可能相差很大。在音乐节目中,任何福利损失都可能取决于预先录制的节目是否包含适合市场的音乐选择。事实上,即使 DJ 的谈话片段是被语音追踪的,主持人处于其他地方即使有影响也不太可能非常影响质量。

同质化和使用市场外节目的实证证据是极其有限的。Hood(2007)提供了一个详细的案例研究,即美国西部的一个中型市场超过一周的新闻节目制作,其中新闻电台主要使用市场外制作的新闻。电台漏掉了重要的当地新闻,如当地的洪水和森林火灾。从福利的角度来评估地方新闻报道的重要性显然是有趣的,但这将是困难的,因为当地居民对当地问题缺乏足够信息的效应可能只会在可衡量的结果中缓慢出现,例如参加地方选举等(参见 8.9.1 的一些相关讨论)。②

Sweeting(2004)提供了一些证据,关于在相同类型但不同市场拥有自己电台的公司是否在 1998—2001 年期间使用其播放数据面板来统一它们的播放列表。结果表明,共同所有人倾向于增加播放列表重叠的数量,但量级效应上相当小。一个有趣的案例研究涉及清晰频道的 KISS-FM 电台。③ 清晰频道开发的 KISS-FM 品牌和电台在多个市场有几乎相同的标志和网站。然而,电台的播放列表显示跨电台的显著差异。例如,在 2001 年 11 月的第一周,KZZP-FM 在亚利桑那州菲尼克斯播放了 159 首不同的歌曲。然而,这些歌曲中只有 49 首在加州洛杉矶的 KISS-FM 上播放,同时其播放了 KZZP-FM 上没有播放的 109 首歌曲。可以推断,这些差异反映了修改播放列表以满足当地口味或本地竞争需要仍然是重要的事实。Sweeting(2004)还表明,最大的国家广播公司拥有的电台能够在不损失听众的情况下增加商业广告量。这表明,至少平均而言,节目的变化倾向于提高听众的收听质量。④

8.5.4 规模经济与范围经济

除了了解整合的增加对广告商和听众的影响,另一些文献已经开始寻求估计整合后成本侧的好处,即使消费者对市场的任何一方都没有影响,这也是与福利计算相关的。成本侧效率可能解释了为什么《1996 年电信法案》颁布后有如此快速的地方整合,鉴于实证证据表明其对节目和广告市场的影响可能相对较小。

这项立法的一部分原因是希望允许,特别是在较小市场上的所有者,经营多个电台以利用规模经济,让更多的电台在面临广播收听率下降和 20 世纪 90 年代初衰退的情况下保持开

① 通常被引用的例子是 2002 年北达科他州米诺特附近的火车脱轨事件,该事件导致有毒气体向城镇蔓延。所有 6 个本地电台都由清晰频道拥有并远程操作,当地紧急服务无法及时得到信息广播。在这次灾难中,1 人死亡,1000 人受伤(Klinenberg,2007)。
② Schulhofer-Wohl and Garrido(2013)提供了一个有趣的分析,是关于辛辛那提当地报纸关闭的影响。
③ 虽然 KISS-FM 是由清晰频道开发的品牌,但总部位于得克萨斯州圣安东尼奥的 KISS-FM 电台(具有讽刺意味的清晰频道的故城)不是一个清晰频道,而是摇滚类型。
④ 当然,国有企业有可能更能定制节目以吸引普通听众。

放。可能的经济来源包括降低以多电台形式销售广告时间的成本、降低提高节目质量的成本，以及由于能够跨电台共享员工和管理者而降低固定运营成本。[①]

正如绝大多数行业一样，运营广播电台的成本不能被直接观察到，因为会计数据不够详细，并且即使在可用的情况下，它也不会按照经济学家想要的方式分类成本。[②] 因此，只可能使用其他可用的信息（广告量、类型选择、所有权交易）、结构模型和均衡时的行为假设来推断哪些成本必须用来证明这些选择是合理的。迄今为止，还没有文献尝试将这些估计与特定的节目制作实践相联系，例如语音追踪或远程操作，这些将是未来研究的有趣的方向。

Jeziorski（2014a，2014b）提供了近期估计协同效应的结构模型的例子。两个例子均只考虑来自地方整合的协同作用。作为广告市场模型的一部分，Jeziorski（2014a）允许在同一市场上拥有相同类型的多个电台的公司具有更低的销售广告的边际成本，并认为这些效应是显著的（减少边际成本的 20％），事实表明共同所有的电台似乎会比仅仅考虑市场势力时减少的广告量少（回顾第 8.3 节和 8.5.1 这些值是如何被推算的讨论）。

Jeziorski（2014b）使用内生兼并和产品重定位的动态模型估计了在同一市场中运营多个不同类型的电台的固定成本协同效应，这些电台处于同一市场但类型不同，或处于同一市场且类型相同。[③] 在相同的市场中运行第二个电台的固定成本仅为运行第一个电台的固定成本的 44％，虽然添加更多电台时协同效应变小，但以同样的形式运营第二个电台预计将额外减少 38％的固定成本。按独立所有者的固定成本计算，估计在最大市场中超过 1000 万美元，而在小型市场中不到 10 万美元。

数据和模型的三个特征导致协同效应的百分比估计较大。首先，在 1996 年之后有整合潮，这种模式可以部分合理解释为市场势力动机，固定成本协同提供额外的动机，特别是添加第二个电台。其次，公司更倾向于购买和维护与现有电台类型相同的额外电台，而不是按照给定的估计参数实现收入最大化。再次，多电台公司不选择将电台停播，即使其在蚕食听众份额。最后，识别来源是有问题的，因为 FCC 很可能已经移除了一些停播电台的许可证，并将它们重新发给竞争对手。即使没有协同效应，这种威胁也有可能消除电台停播的动力。

O'Gorman and Smith（2008）利用静态模型来估计在同一市场中运营多个电台的效率。估计结果表明，运行第二个电台只需要大约运行第一个电台的 50％的额外固定成本。这与Jeziorski（2014b）的估计结果相当一致，尽管 O'Gorman and Smith（2008）的模型要简单得多。然而，这也不能解释这样一个事实，即如果一家公司不经营一个电台，FCC 可能会准许竞争对手这样做。基于仅使用类型转换决策信息的动态模型，而不是合并决策，Sweeting（2013）也发现了以相同类型运作多个本地电台的效率的一些证据，尽管它们通常没有统计学

[①] 一些证据表明，经营多个本地电台会产生一些范围经济，所有者经常在同一地点经营多个电台。例如，Bowker（2010）列出了 Infinity 的 4 个 FM 电台，它们注册于波士顿市，因为它们的演播室在该市。Jeziorski（2014b）提供了一些有趣的统计数据，在 1996 年后广播行业的就业减少。

[②] Audley and Boyer（2007）对加拿大不同大小的广播电台的运行成本做了一些估算。

[③] Jeziorski（2014b）没有考虑在销售广告时间中的边际成本效率，因此这些效率中的一些可以归于固定成本。

意义。[1]

人们不重视在不同市场运作电台是否有巨大的成本效益的问题,比如它们可以共享节目制作或某些方面的管理(例如,节目或新闻主管)。

8.6 进入过剩

虽然大多数实证文献专注于理解整合的影响,另一支文献已经从社会福利的角度讨论是否存在太多的电台或特定类型的电台。除了在大多数广播市场上有很多电台外,Mankiw and Whinston(1986)指出,广播业的两个特征也使人们预期很有可能出现超额进入:电台收听率相对缺乏弹性,所以新电台通常以牺牲现有的听众为代价获得新的听众,并且许多电台的成本是固定的,不直接随所服务的听众数量发生变化。

这些文献中的前几篇论文来自 Borenstein(1986)以及 Rogers and Woodbury(1996),文章使用本地广播市场上的电台收听的有限数据,在总体水平和特定的节目类型中显示市场中商业(听众)窃取的有力证据。

Berry and Waldfogel(1999a)使用 1993 年的截面数据估计了一个内生进入模型及一个进入后的竞争模型,其中电台对称地竞争听众且广告价格与听众数量成反比。因数据来自《1996 年电信法案》颁布之前(尽管所有权规则开始放宽),电台被认为是独立的,这也是一个合理的简化假设。研究忽略了产品多样化对听众的价值,因为没有价格就无法估计听众的福利。根据假设并忽略整数约束,结果隐含进入过剩情况的产生,且可能过剩的情况非常普遍。例如,研究估计,通过将圣迭哥市场上的电台数量从 31 个减少到 9 个,而将密西西比州的电台数量从 17 个减少到 3 个,将最大化福利。

这种分析的局限性是,它假设进入后,所有电台的质量都是相同的,是对称水平分布的,并且所有电台进入时支付相同的固定成本。在实践中,这不是一个适当的假设,因为虽然电台可以为许可证(给定功率和信号覆盖)和传输设备支付类似的费用,之后它们在节目质量上的投入却可能大不相同。因此,一个更好的行业模型是固定成本在很大程度上是内生的,并在平衡中确定。Berry et al.(2013)通过允许内生进入、类型区分和内生质量选择,以及电台选择高质量或低质量(高质量需要更高的固定成本)来消除一些限制。通过使用这个更一般的框架,研究估计仍然有大量的进入过剩和质量上的过度投资。当总听众量(或类型听众量)非常缺乏弹性,而一个电台制作更高质量的节目,它将主要从其他电台获得听众,以及相关广告收入。这种为了提高质量而不是进入的商业窃取,从社会的角度来看仍然意味着过度投资。总体来说,研究发现,通过将高质量电台和低质量电台的数量在不同类型中减少大约一半,可以增加福利。

可以设想在几个方向上放松剩下的限制。例如,一个更现实的广告市场模型可以让广

---

[1] 出于计算上的原因,Sweeting(2013)忽略了一家公司同时变动多个电台的观察结果。然而,由于许多变动涉及使电台转为相同的类型,在估计中包含这些可能会产生更大的效率估计。因此,Sweeting(2013)的结果几乎肯定是被低估了。

告商在能够触及同质受众时受益,只有当很多电台提供细分节目时才能实现。或者,可以用更多方式模拟节目质量投资,以证实同一类型的电台观众中存在持续异质性的事实。例如,在 2006 年秋季的多个新闻台市场中,排名第一的电台平均拥有的观众是排名第二的电台的 2.5 倍,而在 82% 的市场中,该领先电台是 10 年前的领头羊(使用 BIA 数据计算)。当然,节目投资模型也可以用来丰富我们对整合如何影响听众和广告商的理解。[①]

另一个有趣的分析方向是,即使整个广播市场可能存在进入过剩,但某些类型的服务不足。原因可能是:这些类型的听众被广告商低估;额外的固定成本使得任何公司在小市场上为他们服务的成本太高;存在对于电台和听众无法内化的节目的额外社会价值。正如 8.5.2 提到的,这个问题已经出现在少数族裔身上,第 8.8 节将考虑非商业广播的作用。

8.7　留住听众的策略

正如已经多次提到的,商业广播的商业模式是把听众卖给广告商。这种模式的一个挑战是听众通常不愿意听广告,因此可能会试图避开它们,从而潜在地破坏了电台广告的价值(感兴趣的读者应阅读第 5 章)。对于广播电台,尤其是音乐电台,这个问题比本地电视台更严重,因为广播听众通常不担心在节目中断后错过节目,所以他们可能更愿意切换频道。[②] 如果有几家电台播放类似的音乐节目,切换电台以规避广告的听众永远不会回来。如果多归属听众比单归属听众更有价值,那么电台切换可能更是一个商业问题。在考虑电台可以用来限制切换行为的策略之前,这里将回顾电台切换和广告规避十分普遍的证据。

业内人士的传统观点是,避免商业广告是普遍存在的。Generali et al.(2011)实施的由阿比创赞助的调查发现,362 家广告公司的高管报告说,他们认为,在商业广告时段,电台听众比广告前的平均听众数少 32%,而电台管理者则认为少 22%。实证证据支持这一观点。例如,Abernethy(1991)将盒式录音机放置在听众样本中,发现平均每个听众每小时切换 29 次,主要是为了回避广告。Dick and McDowell(2003)估计,在车内的听众错过了一半的广告,若没有切换电台则会听到。这些车内听众的统计数据是有意义的,因为大约 35% 的收听发生在车内[③],且在早上和下午的开车时间甚至有更高的比例。据估计,在商业广告播出期间,车内听众的切换次数是家庭或工作场所听众的两倍多。[④]

与此同时,Generali et al.(2011)声称可信赖的 PPM 数据显示的广告规避要少得多。[⑤]平均来说,只有 7% 的观众在广告期间丢失,而在 3 分钟或更短的时间内只有 4% 的观众丢

[①] 例如,在 Jeziorski(2014b)、Mooney(2010b) 和 Sweeting(2013) 的结构模型中,电台质量被视为外生的,即使它可以随时间变化。

[②] 电视节目设计者试图利用这样一个事实,即观众不想错过节目的结局,在节目快结束前安排更频繁的商业广告(Epstein,1998)。

[③] 这一统计是基于 2007 年阿比创的广播听众收听数据(http://wargod.arbitron.com/scripts/ndb/ndbradio2.asp)。这个数字与早年是相似的。

[④] MacFarland(1997)提出,基于 1994 年的调查,70% 的车内听众在商业中广告播放期间至少切换频道 1 次,而在家中或在工作中的听众的切换百分比分别为 41% 和 29%。

[⑤] 如第 8.3 节所述,PPM 测量听众与商业电台(例如,在牙科诊所)的任何接触,而不是主动聆听。先前引用的估计很可能集中在活跃听众身上。

失。然而,对于 18 岁到 34 岁的听众(这是广告商最看重的人群之一)来说,听众的下降比例更大(11%),而这个数字对于音乐电台是 12%,对于谈话电台只有 1%。[①] 考虑到这些估计和行业认知以及早期结果之间的差异,很显然,更多地分析多少人避开了商业广告,以及谁避开广告,将是有价值的。

基于传统的认知,广告顾问 Brydon(1994)认为:"对于广告商来说,关键是:只要一按按钮,你就可以继续收听你想收听的音乐,你为什么要听一些强加给你的东西呢,即商业广告?"Brydon(1994)建议:"任何一个电台的中断都应该很短,使频道切换变得没有价值,或者电台应该在普遍认可的一致时间内播放广告。如果确定它们都将播放商业广告,为什么还要调到其他电台呢?"遗憾的是,电台之间的明确协调可能都违反了反托拉斯法,而且从实际的角度来看,大多数在大型市场的电台不使用预先录制的节目,这使得在同一确切时间开始和结束商业广告很难。然而,即使不能明确地或完美地做到这一点,电台也有理由尽可能地调整它们的商业广告。

总而言之,电台往往同时播放商业广告。图 8.1 显示了在下午 5 点到 6 点之间每分钟播放广告的音乐电台的数量,使用的是 2001 年每月第一周的数据。电台在 5:23、5:37 和 5:52播放广告的时间至少比 5:05 多 15 倍。一个突出的问题是,这种模式是源于同时播放商业广告的愿望,还是一些外在因素使在这些时间(以及在其他时段的类似时间)播放的商业广告尤其吸引人。一方面,听众倾向于在一个小时的开头切换频道,如果他们一打开电台就听到广告,那就特别可能切换到其他电台(Keith,1987)。因此,电台应避免在小时开头播放广告。

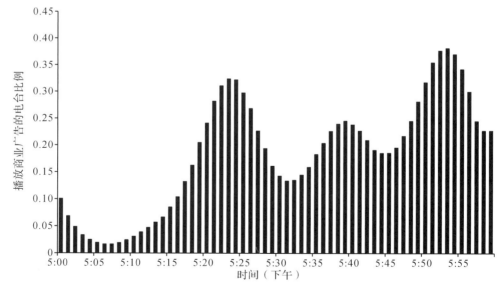

图 8.1 2001 年 12 月下午 5 点到晚上 6 点播放商业广告的比例

资料来源:Sweeting(2009)。

[①] 遗憾的是,研究并没有按收听位置分别研究频道切换,但它确实发现,早晨开车时间的切换率特别低。这可能是因为许多音乐电台在早上开车时比其他时间播出更多的谈话节目。

另一方面,阿比创传统上衡量电台收听率的方式意味着,收听超过 1/4 小时,电台的收听率才可能会增加(Warren,2001)。[①]

Sweeting(2006,2009)使用来自当代音乐电台的播放日志样本分析了这种模式在多大程度上是由电台尝试相互协调驱动的。这些日志不仅识别播放的歌曲,也识别歌曲之间的商业中断或宣传推广。可以使用歌曲开始时的信息和歌曲的长度来估计市场上的电台是否同时播放商业广告。

Sweeting(2006)提出了一个模型,其中电台可能想要协调中断时间,这是与上面的逻辑一致的,或者它们可能希望在不同的时间播放广告。正如 Sweeting(2006)所展示的,如果电台并不试图使它们的广告受众最大化,而是试图使平均受众最大化,这是可能发生的。这也不是不合理的,且这可能是电台的目标,因为阿比创报告测量的是平均受众规模,而不是商业广告的听众量。[②] 当电台在不同时间播放广告时,普通听众可能会增加,因为协调会导致一些听众关掉收音机。这些模型对重叠程度如何随可观测的市场特征改变,如电台数、电台所有权结构,以及电台听众的不对称性给出了不同的比较静态估计。在这两种情况下,当听众听到广告更倾向于切换电台时,它们之间的关系应该会更强,如下午开车时段,车内听众很多,而 Sweeting(2006)的样本中的音乐电台很少有谈话节目。

实证证据一致地支持了该模型,即电台更喜欢同时播放商业广告,即使是在控制了所有市场中使某些时间适合播放商业广告的外生因素的情况下。这表明战略因素有助于解释数据中观察到的重叠程度,或许更有趣的是从经济角度来看,尽管广告商不能直接观察有多少人在听他们的广告,但电台似乎确实采取了增加广告受众的行动,即使这可能会减少他们的平均受众。其中一个原因可能是当地广告商实际上对不同电台的广告如何影响销售很清楚[③],这决定了他们愿意为未来的广告时间付出多少。如果是这样的话,电台会想最大化真正听到广告的听众数量。

Sweeting(2009)通过建立广告时段决策的半结构化模型来进一步分析,该模型以协调博弈的形式,允许反事实的表现。[④] 特别是,Sweeting(2009)考虑了如果每个电台都将其时间决定施加在其他电台上的外部性内化会发生什么。例如,如果 A 电台不与 B 电台同时播放广告,那么除了自己的广告受众减少,也将减少 B 的广告受众。虽然协调商业广告的偏好对商业广告的平衡时间有相当有限的影响,但如果这些外部性内化,至少在开车时间内,广告将几乎完美地重叠。这也暗示了另一条可能有益的途径,即所有权合并,其能激励和促成更多协调,这应该是有利可图的。

当然,电台为提高广告的有效性也有可能试图使用其他的策略,虽然这些尚未得到经济学文献的注意。一个有趣的问题是,那些有效的广告,从听众能回忆起广告中的产品的意义

---

① 更确切地说,如果一个听众在 1/4 小时内收听电台至少 5 分钟,会被计作一个听众收听电台一刻钟。因此,在 5:25 和 5:35 之间保持收听的听众,可以看作从 5:15 到 5:45 保持收听。
② 即使收集了更精细的数据,阿比创继续将 PPM 数据整合成的平均 1/4 小时收听数据提供给广告客户。
③ 例如,如果听众必须打电话来进行购买,那么广告商在不同电台上列出不同的号码是很常见的,这样他们就可以发现广告最有效的电台。
④ 这样做的动机是,在许多离散选择博弈中,当战略激励足够强时,博弈具有多重均衡。Sweeting(2006)展示了多个均衡的存在,协调不同市场上的电台以稍微不同的时间播放广告的形式,有助于识别战略参数。

上来说,可能不一定是听众特别喜欢的广告,这就为既想播放有效广告又想提高听众忠诚度的电台创造了一种平衡。一组研究已经探讨了清晰频道的"少即是多"策略的不同方面,这是在 2004 年中为了改变受众认为广告嘈杂的观念而引入的。[1] 该策略有三个组成部分:①减少广告的总分钟数;②减少商业中断的数量,使得节目较少中断;③增加较短广告(例如,30 秒)的数量以替代传统 60 秒广告。这一策略使清晰频道能够以较少的商业分钟数播放大量或更多广告。

Allan(2005)用实验比较了 30 秒和 60 秒广告对听众回忆所描述的品牌的有效性,发现短广告只有长广告一半的有效性,即使这些广告时段的价格被认为是长广告价格的 60% 到 70%。[2] Potter(2009)发现,当一个时段内有更频繁的广告时,更多但较短的广告导致听众高估了听广告的总时间,使听众更易离开频道。Potter et al. (2008)的实验结果表明,在更多广告位置上安排相同数量的广告会导致听众感知到更多的广告,并显示出更大的刺激性,但也会使听众更能回忆起广告中的产品。

8.8　非商业广播以及非商业和商业广播的竞争效应

在大多数国家,一些最古老和最成功的广播电台是公有的,著名的例子包括英国广播公司(BBC)和加拿大广播公司(CBC)的国家和地方广播频道。[3] 虽然这些广播也有与商业广播相似的娱乐节目,但它们通常以提供文化服务为目标,这些服务可以被视为有益品或公共品,商业广播可能被认为供给不足。例如,英国广播公司的现行章程第 4 条列出了英国广播公司的宗旨:"①维护公民和公民社会;②促进教育和学习;③激发创造力和文化卓越性;④代表英国,其国家、地区和社区;⑤促进英国与世界的双向交流;⑥促成其他目标,帮助向公众提供新兴的通信技术和服务的好处,并在切换到数字电视方面发挥主导作用。[4]

美国的非商业电台有一段稍微不同的历史,而非商业广播的重要性在过去几十年中有相当大幅度的提升。本节将简要介绍美国非商业广播的发展情况,以及与非商业电台竞争可能如何影响商业部门。

虽然许多大学是最早创立广播电台的机构之一,但在 20 世纪 20 年代和 30 年代,由于网络和其他商业利益争夺 AM 许可证,大多数教育广播机构被挤出市场。因此,1941 年 FCC 保留了 FM 频率中的一部分(88.1—91.9),它才开始用于非商业教育的使用。然而,《1967 年公共广播法案》才真正将非商业电台在美国建立起来,并创立了公共广播公司(CPB),以赠款的形式将联邦基金分配给符合特定标准的非商业电台。

非商业电台可分为四类(Albarran and Pitts,2001)。第一类包括最大的和众所周知的公共电台,在 1999 年有大约 560 个具有 CPB 资格并为 NPR 成员,生产新闻节目并代表其成员

运营卫星分发网络。大多数公共电台都与新闻相关,这占据了绝大多数公共电台收听的频率,但也有相当数量的古典、爵士和成人另类(AAA)电台。[①] 除了 CPB 补助金外,公共电台的资金还来自听众和会员的捐款,以及非营利性和营利性公司的资助,这些公司可以赞助或包销节目。其余类型的非商业电台,总计约 2000 个,但收听的份额要小得多,包括:非商业性宗教电台(第二类),通常隶属于如基督教广播网等网络;学生或校园电台(第三类),其中有许多都是低功率运营的[②];社区电台(第四类)不隶属于教育机构,其中许多由志愿者运营和操作。

自 20 世纪 80 年代以来,公共电台的受众数量已经显著增长,尽管商业广播受众数量一直在下降。Radio Research Consortium(2012)估计,每周至少有 1/4 小时收听公共广播电台的人数从 1980 年的 530 万人增加到 2011 年的 3160 万人。公共电台在吸引年长和高收入的听众方面尤其成功。例如,Arbitron Company(2012a)估计,86％的公众新闻台的观众年龄在 35 岁以上,有 50％的听众家庭年收入超过 7.5 万美元,且其中 70％的人拥有大学本科学位。在许多大学城,包括威斯康星州麦迪逊市和密歇根州安娜堡市,公共电台是市场上所有类型中最大的或第二大类型的电台。[③] 公共电台吸引高收入观众的能力成为商业电台的一个特殊的挑战,因为这些听众应该对广告商特别有价值。

一个自然的问题是,非商业电台是否会挤出商业电台。在更大的城市市场中,商业许可证的需求量很大,因此,焦点在于公共电台是否从特定的类型中挤出商业电台。[④] Berry and Waldfogel(1999c)使用 1993 年的截面数据来检查当地古典和爵士乐的公共电台是否挤出了同样类型的商业电台。挤出效应的先决条件是公共和商业电台争夺相同的听众,研究认为有证据表明古典或爵士乐公共电台的存在减小了这些类型的商业电台的受众规模,并且对于古典类型,商业和非商业电台的音乐选择是非常相似的,这表明两者可替代,因此,挤出是合理的。研究还发现,挤出效应很可能集中在较大的广播市场,因为只有在这些市场中,即使没有公共电台也能找到商业性的爵士乐和(尤其是)古典电台。[⑤]

这些结果有多重要? 一方面,如果电台的数量是固定的,挤出特定的类型意味着其他类型的听众将受益于更丰富的商业电台种类。另一方面,这些结果表明,有价值的公共资金正被用于提供市场必然会提供的节目,而且也可能被富裕的人群大量地消费,而这些群体并不缺乏获取多种媒体的机会。

---

① Arbitron Company(2012a)估计,新闻、古典、爵士和 AAA 电台分别在 2011 秋季公共广播收听中占 49.0％、16.2％、4.1％和 6.3％。

② 校园广播电台应该区别于大型公共广播电台,如 Raley/Durhanm 的 WRUN-FM 和华盛顿特区的 WAMU-FM 等。在 2010 年的《地方社区广播法案》颁布之后,过去的几年里,低功率调频电台得到了迅速的发展。详情请参阅 FCC (2012)。

③ 作者的计算基于 2014 年的数据,参见 http://www.rrconline.org/reports/pdf/Fa14％ 20eRanks.pdf(公共电台)和 http://ratings.radio-online.com/cgi-bin/rol.exe/arb581(商业电台)。

④ 例如,司法部认为,频率约束防止了在中型市场如宾夕法尼亚州哈里斯堡和科罗拉多州科罗拉多斯普林斯的 FM 电台的新进入(Department of Justice,2000b)。当然,鉴于对许可证的过度需求,对非商业电台的频谱保留几乎肯定会挤占商业节目。

⑤ 对于古典节目,研究发现了样本中两个最大的人口五分位数的市场出现排挤效应的证据。两者都是 1993 年的人口超过 56 万的市场。在 2013 年,纽约州雪城的广播市场有 56.7 万人口。

Waldfogel(2011b)使用 2005—2009 年的数据来重新审视这些问题。结果大致相似,例如,公共古典电台的存在减少了大型市场中商业古典电台 30％到 40％的预期数量。然而,与之前的研究不同,该文也发现了一些新闻电台被挤出的证据。考虑到公共新闻台和商业新闻台常常会把听起来有很大的不同的基于个性的谈话节目和速览标题报道混合在一起,这种效应将更令人吃惊。同时,鉴于公共电台和大多数商业谈话电台的政治取向不同,这一结果也具有潜在的重要性。

迄今为止,有关挤出效应的文献的关注焦点是对听众的竞争。然而,尽管它们遵守播出内容的规定①,非商业电台也竞争包销和赞助的广告形式。加拿大和加拿大广播、电视和电信委员会(CRTC)将允许加拿大广播公司电台 3 年中每小时播放 4 分钟的广告,届时公共和商业电台之间的竞争方面将出现有趣的证据,加拿大广播公司必须在这一点上证明不会降低节目质量或损害商业电台。②

8.9 广播对音乐产业、文化和政治结果的影响

在许多国家,公共资助的广播公司的主要角色之一是支持当地的文化、音乐和语言。例如,CRTC 要求至少 50％的加拿大广播公司的广播和它的法语加拿大电台播出的流行音乐是加拿大的,此举旨在将新的加拿大音乐和艺术家介绍给听众,并且支持一个充满活力的加拿大音乐产业。③ 公共部门的这些任务也经常受到商业电台的本地内容规定的支持。例如,加拿大的商业电台必须确保所播放的至少 35％的流行音乐是加拿大的④,而所有加拿大的电台都需要有活跃的本地演播室设施,这就排除了只使用语音跟踪卫星节目电台的可能性。

当然,我们应该关注地方内容规定如何影响福利。Richardson(2004)认为,要求商业电台提供本地内容可能会减少在收音机上可收听的音乐种类的总量,并减少总福利。从长远来看,消费者将受益于一个充满活力的当地音乐产业的推广,因为这将提升音乐的多样性和质量。与此相一致,Ferreira and Waldfogel(2013)提供的证据表明,本地的内容规定被引入加拿大、法国、澳大利亚和新西兰后,本地音乐的销量增加,虽然这与本地音乐的数量和质量的提升是否有关显然是难以测试的。

然而,即使没有明确的内容管制,了解广播节目更广泛的影响也是有趣的。在文献中大量关注的两个维度是新闻和谈话节目如何影响政治结果,以及音乐播放如何影响 CD 或数字形式音乐的需求。

---

① http://transition.fcc.gov/osp/inc-report/INoC-31-Nonprofit-Media.pdf.
② http://www.theglobeandmail.com/report-on-business/ads-coming-to-cbc-radio-2-in-october/ article13842467/.
③ CBC 声称其内容中至少有 99％是加拿大的(http://www.cbc.radio-canada.ca/en/explore/who-we-are-whatwe-do/),尽管不清楚它是如何定义的。CRTC 解释说,起源于《1972 年广播法》的内容规定旨在确保广播系统鼓励“加拿大态度表达:提供一系列反映加拿大态度、意见、想法、价值观和艺术创造力的节目;在娱乐节目中展示加拿大人才;从加拿大的角度提供有关加拿大和其他国家的信息和分析”(http://www.crtc.gc.ca/eng/cancon/ mandate.htm)。
④ http://www.crtc.gc.ca/eng/cancon/r_cdn.htm. 包括法国、南非、尼日利亚和菲律宾在内的其他国家也在至少一天的某些时间里对当地内容进行配额(Bernier,2012)。

8.9.1 政治①

正如在 Prat and Stromberg(2011)中所讨论的,媒体可能以各种可能方式影响公共政策或政治结果。例如,新闻报道可能会影响选民投票率或竞选者优势,使选民更清楚候选人和选举中涉及的问题,即使它不改变决策者实际做出的决定。此外,当地媒体批评的威胁有助于减少腐败,但也可能导致决策者选择有利于当地媒体公司或个人利益的政策。

广播和政治或政策制定之间的相互作用的实证证据比电视和报纸的证据更为有限(例如:Della Vigna and Kaplan,2007;Obholzer-Gee and Waldfogel,2009。读者也可参照第14章对媒体报道内容为何有所偏颇的理论探讨,以及第15章关于偏差的证据)。最近几年在美国尤其如此。

20世纪30年代,当广播的覆盖面迅速拓展、经济政策正发生革命性变化时,Snyder and Stromberg(2010)提供了证据,即那些有较大广播覆盖率的县能够从统计意义上和经济意义上获得州政府分配的更大份额的新政救济金,这对农业县的影响尤其大。同时,广播覆盖率的提高也倾向于提高选民投票率,这有助于解释为什么州长们可能希望在分发资金时青睐这些县。② 当斯特龙贝里(Stromberg)使用外生影响接收质量的因素作为广播覆盖率的工具变量时,上述关系仍然成立,而地方效应的发现特别有趣,因为20世纪30年代的广播节目不是特别地方性的或集中于新闻报道,如第8.2节所讨论的。Ferraz and Finan(2008)提供了更多的证据来说明当地广播能如何影响巴西的选举结果,这一数据来自巴西2004年大选前后的市政当局。研究表明,当联邦政府审计揭露腐败时,现任市长不太可能再次当选,但当有地方广播电台报告结果时,这种影响明显更大。同时,当市政当局有一个地方电台时,不腐败的竞选者更有可能再次当选。

8.9.2 当代音乐

在音乐销售方面,收音机可以潜在地扮演两种截然不同的角色。一方面,在收音机上听音乐可以代替听CD③,另一方面,在收听广播可能会增加对特定音乐的需求,因为听收音机里的歌曲增加了在其他时候听它的效用,或者因为它使听众发掘到他们不知道的歌曲。因此,要注意,论文是否试图衡量电台播放对整个音乐市场的影响,其中有可能是替代,或者特定歌曲的播放可能会增加销量。

Liebowitz(2004)提供的实证证据表明,从总体销量来看,广播和CD是替代品,但数据来自20世纪20年代和30年代美国的电台增长时期和20世纪70年代和80年代英国商业广播的出现时期,因此可能无法反映广播和CD市场相互影响的方式。在全国广播协会赞助的一项研究中,Dertouzos(2008)提供了一个事实,即广播增加了所播放的歌曲的销量。Bandookwala(2010)使用新西兰的数据,发现广播对正在播放的歌曲的数字销售有积极的影

---

① 读者还应参阅第13章关于媒体报道及其对政府的影响。
② Gentzkow(2006)表明,第二次世界大战后电视的普及与投票率的显著下降有关,这表明地方报纸和广播为当地政治、政治问题提供了更多的信息报道。然而,目前还不清楚当地电台是否起着同样的作用,因为 Snyder and Stromberg(2010)认为,无论是收听广播还是看电视都与美国公民是否了解他们的国会议员信息有关。
③ 例如,开车上班的人要么通过收音机听音乐,要么通过CD听音乐。

响,同时对总的数字销售没有影响。

人们可能也会感兴趣的是为什么广播增加了所播放的音乐的销量。Hendricks and Sorensen(2009)认为,电台在向消费者引入新音乐方面起着关键的信息作用。当一个艺术家有成功的第二或第三张专辑,会增加艺术家的第一张专辑的销量,这表明消费者没有购买第一张专辑是因为他们没有了解到,且他们把这种无知归因于大多数广播电台的播放列表太狭隘。① 然而,也可以将这一模式解释为,从收音机和 CD 或数字唱片中听艺术家的音乐只是简单的互补,这样当艺术家有更多的播放量时,消费者就想购买更多他们的音乐。同样不清楚的是后期专辑的成功是否会导致电台更多地播放艺术家发行已久的专辑。

广播电台和音乐产业之间的关系可能会发生变化,因为在音乐的生产和分销(数字化)以及互联网和卫星广播替代品的发展方面都有创新。Waldfogel(2012)使用覆盖 1980—2010 年的长面板数据研究这些变化。研究认为,在数字化录制技术出现之前,推广和发行是昂贵的,这导致了一个集中的音乐录制行业,极大地扩大了相对狭窄的音乐范围。相比之下,过去十年中,已被发行的音乐总量增加了,其中一些已经取得了商业上的成功,即使在广播电台上只有相对较少的播放量。然而,这些歌曲有时在潘多拉和 last.fm 等互联网电台上的播放量很大。电台播放如何影响音乐销售是令人感兴趣的,原因之一是它暗含了人们对行业间资金流动的期望。

识别电台播放如何影响音乐销售是有趣的,其中的一个原因是它暗示了人们如何期望资金在行业之间流动。如果广播增加了播放的音乐销量,或者音乐会的需求,那么我们会预期表演者和唱片公司愿意向广播电台支付费用以便播放,就像产品制造商可以提供杂货店摊位津贴一样使其产品在商店里突出展示,或者向杂志支付费用以刊登广告或附送免费的产品样品。广播电台的播放列表数量有限这一事实增强了对电台播放的付费动机。一些唱片公司愿意支付费用的事实已经引起了广播行业中的"贿赂"这一有争议的做法。与此同时,如果音乐在吸引听众和广告商到电台的过程中起着关键作用,同时也有可能抑制音乐销售,那么我们可能预期电台应该为音乐产业提供使用其创作的补偿。这一问题最近引起了很大的政策关注,因为音乐产业迫使广播电台为其音乐的播出权付费。表演者和唱片公司拥有这种权利,这不同于作曲家和音乐作家所拥有的创作权,传统上是由这些电台付费获得的。然而,即使艺术家得到补偿,这也无法补偿那些没有播出的艺术家,但他们音乐的销量可能会因电台播放而降低。

Coase(1979)在广播和电视方面提供了一个吸引人的"贿赂"历史,这表明音乐产业在广播发展之前就已经为表演者付费播放他们的音乐。"贿赂"区别于其他类型的促销活动,因为如果歌曲在商业广告中播出,观众将不会被告知其已经付费并确保播出的事实。

从经济学的角度来看,对于为什么音乐出版商应该能够为广播付费,有潜在的效率争

---

① 虽然这种解释可能是正确的,但值得注意的是,电台的播放列表涉及的歌曲比人们普遍认为的要多。根据当代音乐电台的播放列表,1998—2001 年,音乐电台在每周 5 天(星期一到星期五)平均播放了 177 位不同的艺术家的作品(标准差为 67)。即使在当代热门电台(前 40 名)中,如 8.5.3 中描述的 KISS-FM 电台是该类电台的代表,也播放了超过 150 种不同的艺术家-歌曲名称组合。与此同时,每个电台最受欢迎的艺术家确实获得了不成比例的播放量;平均而言,每个电台每周播放最多的 20 位艺术家的作品占了 47% 的播放量(平均 1367 次)。

论。特别是,如果一些音乐出版商在制作音乐方面特别有效率,或者有关于他们的歌曲可能受到听众欢迎的私人信息,那么人们可能会预期某些类型的广播电台播放容量的多单元拍卖将实现不同歌曲之间的有效时间分配。这种拍卖还将提供电台所有者增加听众量的强烈动机,以增加它们的播放时间对音乐行业和非音乐广告商的价值。① 然而,有几个论点可以解释为什么播放时间不应该向音乐公司出售。第一,它可能会增加制作和发行新音乐的成本,并且会使主流音乐公司通过锁定所有可用的广播时间来排除较弱的竞争对手。第二,如果听众认为一个电台根据其客观的质量评估而不是支付的费用来选择音乐,那么他们可能会被误导,因此他们可能更倾向于收听一个试图提供客观评估系统的电台。②

20 世纪 50 年代末,在对电台和电视台进行了一系列的国会调查之后,FCC 在 1960 年发布了一套新的规章来规范"贿赂"行为,特别是引入了一个明确的要求,即电台必须在任何一首歌曲播出时告知听众电台或其雇员是否收到了回报。③ 这条规则与经济论证的逻辑一致,听众只有在没有意识到唱片公司正在为部分内容付费这一事实时才真正受到伤害。Rennhoff(2010)考察了每周 Billboard 排名前 100 的热门播出表的特征在该规定实施期间有怎样的改变,分析基于一个从 1959 年 1 月到 1961 年 12 月的单一时间序列,但尚不清楚究竟进入排行榜的音乐是如何随着时间的推移而变化的。研究表明,在规定实施之后,小唱片公司在排行榜中出现了更多的歌曲,排行榜上的第 1 名有了更频繁的变化。然而,一种基于艺术家特征的音乐多样性的指标在变化之后下降,这表明至少更大的唱片公司可能不太可能或不太愿意在它们更难以为广播播放付费的时候推销更多的创新音乐。

尽管音乐产业的规则和结构变化,对"贿赂"行为的关注持续存在,一些人认为,广播行业的整合已经使"贿赂"行为大量增加(Future of Music,2003)。2005 年,纽约州检察长埃利奥特·斯皮策(Elliot Spitzer)调查了包括索尼在内的多个音乐制作商的行为,发现它们确实提供了显著的财务和非财务激励,或直接或间接地通过所谓的独立承办人,与电台共同编造推广建议。④ 此项调查之后,FCC 与四家大型广播公司(清晰频道、Entercom、城堡广播和哥伦比亚广播公司电台)达成了协议⑤,对它们与唱片公司的关系进行了新的限制,将其播出时间分配给独立唱片公司生产的音乐。然而,Future of Music(2008,2009)表明,在协议达成之后,商业音乐广播中的绝大多数歌曲仍然是由主要唱片公司生产的,这表明这些关系仍然存在,或者财务激励与节目模式并无关系。⑥

广播电台倾向于增加音乐销量的说法一直是美国广播电台不必为它们播放的音乐的播出权付费的理由之一。然而,这一立场有些反常,因为许多其他国家的广播电台都在为播出

① 在音乐听众喜欢音乐和不喜欢标准广告的假设下,人们会预期听众更喜欢唱片公司购买电台广告时间的安排。
② Coase(1979)描述了联邦贸易委员会,而不是 FCC 最初是如何干涉"贿赂"的,因为它是一种欺骗性的做法。
③ 对"贿赂"的限制适用于广播电台和有线电视台,它们能够与公司签订合同,优先获得唱片内容。2015 年 3 月,一些较大的广播公司向 FCC 请求修改付费节目的披露规则,这样它们就不必在节目播出的时候宣布付费了(http://www. nytimes. com/2015/03/17/business/media/ radio-broadcasters-seek-changes-in-disclosure-rules-for-paid-programming. html? _1)。
④ http://www. ag. ny. gov/press-release/sony-settles-payola-investigation.
⑤ Future of Music(2009)讨论了协议的播放条款。
⑥ Future of Music(2009)发现独立唱片公司在非商业性的摇滚电台上有更多的播出时间。当然,也有道理,非商业电台相比主流商业电台对有不同音乐品位的听众更有吸引力。

权付费,自《1994 年数字节目权利法案》(Digital Performance Rights Act)发布以来,美国的有线电视、互联网和卫星广播电台支付了相当可观的播出权费用。2009 年,《播出权法案》(Performance Rights Act)被引入国会讨论,得到了两党和奥巴马政府的支持,使商业广播音乐电台可能要为播出权付费。人们设想音乐电台可以用广告收入的一部分支付所谓的一揽子许可费用,这将使它们有权播放如 ASCAP、BMI 或 SESAC 等机构拥有的曲目库,非商业性电台和只播放少量音乐的电台被豁免。

必须支付播出权费用对广播行业的影响显然取决于这些一揽子许可将有多么昂贵(United States Government Accountability Office,2010)。此后,电视台大约 1% 至 2% 的收入用于获取创作权,但播出权的费用可能会多得多,根据有线电视、互联网和卫星服务的价格,可能高达 25%。[1] Audley and Boyer(2007)以及 Watt(2010)提供了潜在的方法来评估音乐对广播的价值,以便设定适当的播出权费用。

引入播出权费用的一个可能的影响是,一些电台会从音乐类型转为非音乐类型,如果音乐播放总量和听音乐电台的人数减少了,这可能会影响听众的福利,以及想要接触喜欢听音乐的消费者的广告商和音乐产业本身的福利。Sweeting(2013)使用一种动态的电台类型选择模型,试图预测在短期内这两种类型的供给侧替代效应,例如在引入费用后的 2—3 年内(假设引入费用是不可预料的冲击),以及在长期内。类型转换成本的大小和分布在分析中起着关键作用,因为它们也可能是合并或其他的市场冲击。

Sweeting(2013)的研究结果表明,从长远来看(例如 20 年后),如果音乐电台收入达到 10%,音乐电台的数量将减少约 9.5%,其中大部分的调整发生在 2—3 年内。限制多个音乐电台转变为非音乐类型的一个因素是,广告商最看重的听众类型(例如,25 岁至 49 岁的白人)对音乐节目有较强的偏好,因此当一些音乐电台转变为非音乐电台时,余下的音乐电台收听量会趋于增加,抵消了收费的影响,尽管总体上,收费后行业的总收入趋于下降。但该文献没有解决的问题是,从长远来看,这种收入的下降是否会降低广播电台的质量,或电台总数。

虽然《播出权法案》没有通过,但未来仍有可能通过类似的立法。我们有必要对该模型进行预测,并对其是否会改变其他利润率进行研究。与此同时,一个趋势已经开始发展,主要的广播公司,特别是清晰频道,已经开始与主要唱片公司(如华纳兄弟)和一些较小的独立唱片公司达成交易,即广播公司支付播出费用,但也为它们正快速发展的在线媒体服务(例如,清晰频道的 iHeartRadio)获得了更低的收费率。[2] 虽然这种交易可能提供了联邦立法之外的一种选择,但它们也可能更青睐大型公司,因为其能在市场双侧实现合同谈判的规模经济。

---

[1] XM Sirius 在 2010 年到 2012 年间 8% 的订阅收入用于购买播出权,尽管它的一些节目不是音乐,而且这个费用包括了考虑到卫星电台建立不易而给出的折扣。领先的互联网无线电服务公司潘多拉付出了其收入的 25% 或每首歌曲收入的 1/12(择其两者的更大值)。然而,由于它的收入低,潘多拉为播出权付出的绝对金额是非常小的,因为它所播放的歌曲数量少(http://www.businessweek.com/articles/2013-07-01/should-pandora-pay-less-in-music-royalties)。

[2] 参见:http://www.nytimes.com/2013/09/13/business/media/clear-channel-warner-music-deal-rewritesthe-rules-on-royalties.html;http://www.nytimes.com/2012/06/11/business/media/radio-royalty-deal-offers-hope-for-industrywide-pact.html。

8.10 结论

本章综述了一众关于广播行业的研究。主流经济学文献中的大部分研究都集中在了解 1996 年后广播市场快速整合的影响。本章的主要结论是,所有者试图减少他们的电台间相互"蚕食"观众的程度,并且因为他们能运作多个电台,其受益于一些局部的范围经济。但本地整合如何影响广告商的福利仍不清晰,因为目前还不清楚它是否对电台播放或广告价格、数量产生了重大影响;或者对听众来说,市场中的节目质量和总体多样性是否受到影响也不清楚。有人可能会认为,做了如此大量仔细的广播行业所有权的实证研究后,仍缺乏对福利效应的明确结论是令人失望的,但这些研究可以简单地反映出在不同行业中有不同影响的事实。到目前为止,研究人员还没有能够充分发展实证模型,或获得适当的数据,以解释存在于广播市场的复杂的听众和广告商的多归属模式。

还有许多其他可能的研究课题几乎没有触及过,在这里可以适当列举一些。第一,广播如何适应现代媒体环境?反垄断政策和 FCC 法规都限制了广播集中度,这在与其他媒体竞争受众的注意力和广告价值越来越激烈的时代可能是不合适的。例如,这种竞争加剧可能意味着,无论是在本地还是全国,电台共有权可能会与 20 世纪 90 年代末有着截然不同的影响。第二,听众或社会整体对地方节目有何价值?广播已经从由国家网络主导转变为地方媒体,又在过去的 20 年中回到了国家模式,即使大部分的节目可以通过巧妙地使用语音跟踪技术使其"听起来像本地的"。在本地新闻节目的背景下,了解其对政治参与和公民参与的可能影响尤其重要。

致谢

谨感谢编辑、BIA/Kelsey 的马克·弗拉崔可(Mark Fratrik)和 Lund Media Research 的约翰·朗德(John Lund)对本章早期草稿的有益意见,以及对有关广播业特点的讨论。作者文责自负。

参考文献

Abernethy, A., 1991. Differences between advertising and program exposure for car radio listening. J. Advert. Res. 31, 33-42.

Albarran, A. B., Pitts, G. G., 2001. The Radio Broadcasting Industry. Pearson, Needham Heights, MA.

Allan, D., 2005. Comparative Effectiveness of 30-Versus 60-Second Radio Commercials on Memory and Money. Saint Joseph's University.

Ambrus, A., Calvano, E., Reisinger, M., 2013. Either or Both Competition: A 'Two-

Sided' Theory of Advertising with Overlapping Viewerships. Duke University.

Anderson, S. P. , Coate, S. , 2005. Market provision of broadcasting: a welfare analysis. Rev. Econ. Stud. 72 (4), 947-972.

Anderson, S. P. , Foros, Ø. , Kind, H. J. , Peitz, M. , 2012. Media market concentration, advertising levels, and ad prices. Int. J. Ind. Organ. 30, 321-325.

Arbitron Company, 2009. Understanding and Using Radio Audience Estimates: Fall 2009 Update. http://www. arbitron. com/downloads/purple_book_2010. pdf (accessed February 18, 2014).

Arbitron Company, 2011. Radio Today 2012: How America Listens to Radio. http://www. arbitron. com/downloads/radiotoday_2012. pdf (accessed February 27, 2014).

Arbitron Company, 2012a. Public Radio Today 2012: How America Listens to Radio. http://www. arbitron. com/downloads/publicradiotoday_2012. pdf (accessed February 27, 2014).

Arbitron Company, 2012b. Black Radio Today 2012: How America Listens to Radio. http://www. arbitron. com/downloads/blackradiotoday_2012. pdf (accessed February 27, 2014).

Arbitron Company, 2012c. Hispanic Radio Today 2012: How America Listens to Radio. http://www. arbitron. com/downloads/hispanicradiotoday_2012. pdf (accessed February 27, 2014).

Arbitron Company, 2013. Radio Today by the Numbers—Fall 2013. http://www. nielsen. com/ us/en/nielsen-solutions/audience-measurement/nielsen-audio/additional-resources. html (downloaded February 18, 2014).

Audley, P. , Boyer, M. , 2007. The 'competitive' value of music to commercial radio stations. Rev. Econ. Res. Copyright Issues 4 (2), 29-50.

Bandookwala, M. , 2010. Radio airplay, digital music sales and the fallacy of composition in New Zealand. Rev. Econ. Res. Copyright Issues 7 (1), 67-81.

Barnouw, E. , 1968. A History of Broadcasting in the United States: Volume 2—The Golden Web. 1933 to 1953. Oxford University Press, New York, NY.

Bernier, I. , 2012. Local content requirements for film, radio and television as a means of protecting cultural diversity: theory and reality. http://www. diversite-culturelle. qc. ca/fileadmin/ documents/pdf/update031112section1. pdf (accessed February 27, 2014).

Berry, S. T. , Waldfogel, J. , 1999a. Free entry and social inefficiency in radio broadcasting. RAND J. Econ. 30 (2), 397-420.

Berry, S. T. , Waldfogel, J. , 1999b. Mergers, Station Entry and Programming Variety in Radio Broadcasting. NBER Working Paper No. 7080.

Berry, S. T. , Waldfogel, J. , 1999c. Public radio in the United States: does in correct market failure or can-nibalize commercial stations? J. Public Econ. 71 (2), 189-211.

Berry, S. T. , Waldfogel, J. , 2001. Do mergers increase product variety? Evidence from radio broadcasting. Q. J. Econ. 116 (3), 1009-1025.

Berry, S. T., Eizenberg, A., Waldfogel, J., 2013. Optimal Product Variety. Hebrew University.

BIA Financial Network Inc, 2006. Media Access Pro User's Manual, Version 3.0. BIA Financial Network Inc, Chantilly, VA.

Borenstein, S., 1986. Too Much Rock and Roll? Business Stealing Effects in Radio Station Format Choice. University of Michigan.

Bowen, H., Goldstein, P., 2010. AudienceScapes: Africa Development Research Brief. Intermedia. http://www.audiencescapes.org/sites/default/files/AScapes％20Briefs％20New％20Media_Final.pdf (down-loaded February 18, 2014).

Bowker, R. R., 2010. Broadcasting and Cable Yearbook 2010. R. R. Bowker, New Providence, NJ.

Brand, K., 2004. The rebirth of low-power FM broadcasting in the US. J. Radio Stud. 11 (2), 153-168.

Brown, K., Williams, G., 2002. Consolidation and Advertising Prices in Local Radio Markets. Federal Communications Commission, Washington, DC.

Brydon, A., 1994. Radio must prove its merit as an advertising medium. Campaign 3, 25-26.

Chipty, T., 2007. FCC Media Ownership Study #5: station ownership and programming in radio. http://hraunfoss.fcc.gov/edocs_public/attachmatch/DA-07-3470A6.pdf (accessed February 18, 2014).

Coase, R.H., 1979. Payola in radio and television broadcasting. J. Law Econ. 22 (2), 269-328.

Cunningham, B.M., Alexander, P.J., 2004. A theory of broadcast media competition and advertising. J. Public Econ. Theory 6 (4), 537-636.

Della Vigna, S., Kaplan, E., 2007. The Fox News effect: media bias and voting. Q. J. Econ. 122 (3), 1187-1234.

Dertouzos, J.N., 2008. Radio airplay and the record industry: an economic analysis for the national association of broadcasters. https://www.nab.org/documents/resources/061008_Dertouzos_Ptax.pdf (accessed February 26, 2014).

Dick, S.J., McDowell, W., 2003. Estimating Relative Commercial Zapping Among Radio Stations Using Standard Arbitron Ratings. University of Miami at Coral Gables.

Duncan, J. H., 1981. American Radio Spring 1981. Duncan's American Radio LLC, Cincinnati, OH. (accessed February 18, 2014).

Duncan, Jr., J. H. 2001. American Radio Market Guide. Duncan's American Radio LLC, Cincinnati, OH. http://www.americanradiohistory.com/Archive-Duncan-American-Radio (accessed February 18, 2014).

Duncan, Jr., J. H. 2002. American Radio Market Guide. Duncan's American Radio LLC, Cincinnati, OH. http://www.americanradiohistory.com/Archive-Duncan-American-Radio (accessed February 18, 2014).

Duncan Jr., J. H. 2004. An American Radio Trilogy: Part I: The Markets 1975-2004. Duncan's American Radio LLC, Cincinnati, OH. http://www.americanradiohistory.com/Archive-Duncan-American-Radio (accessed February 18, 2014).

Edison Media Research, 2013. The Infinite Dial 2013. http://www.edisonresearch.com/wp-content/uploads/2013/04/Edison_Research_Arbitron_Infinite_Dial_2013.pdf (accessed February 18, 2014).

Epstein, G.S., 1998. Network competition and the timing of commercials. Manag. Sci. 44 (3), 370-387.

Fan, Y., 2013. Ownership consolidation and product characteristics: a study of the US daily newspaper market. Am. Econ. Rev. 103 (5), 1598-1628.

FCC, 1974. In the Matter of the Handling of Public Issues Under the Fairness Doctrine and the Public Interest Standards of the Communications Act. 48F.C.C.2d 1. Federal Communications Commission, Washington, DC.

FCC, 2001. Review of the Radio Industry, 2001. Mass Media Bureau, Policy and Rules Division, Washington, DC. http://transition.fcc.gov/mb/policy/docs/ radio01.pdf (accessed February 27, 2014).

FCC, 2010. FCC Consumer Facts: FCC's Review of the Broadcast Ownership Rules. Washington, DC. http://www.fcc.gov/guides/review-broadcast-ownership-rules(accessed February 18, 2014).

FCC, 2012. In the Matter of the Economic Impact of Low-Power FM Stations on Commercial FM Radio: Report to Congress Pursuant to Section 8 of the Local Community Radio Act of 2010. MB Docket No. 11-83, Washington, DC. http://transition.fcc. gov/Daily_Releases/Daily_Business/2012/db0105/DA-12-2A1.pdf(accessed March 18, 2015).

Ferraz, C., Finan, F., 2008. Exposing corrupt politicians: the effects of Brazil's publicly released audits on electoral outcomes. Q. J. Econ. 123 (2), 703-745.

Ferreira, F., Waldfogel, J., 2013. Pop internationalism: has half a century of world music trade displaced local culture? Econ. J. 123 (569), 634-664.

Fisher, F.M., McGowan, J.F., Evans, D.S., 1980. The audience-revenue relationship for local television stations. Bell J. Econ. 11 (2), 694-708.

Foege, A., 2009. Right of the Dial: The Rise of Clear Channel and the Fall of Commercial Radio. Faber & Faber, New York, NY.

Free Press, 2007. Off the Dial: Female and Minority Radio Station Ownership in the United States. June 2007, http://www.freepress.net/sites/default/files/resources/off_the_dial.pdf

(accessed February 27, 2014).

Future of Music Coalition, 2003. Radio deregulation: has it served citizens and musicians? In: Testimony of the Future of Music Coalition submitted to the Senate Committee on Commerce, Science and Transportation, January 30, 2003.

Future of Music Coalition, 2008. Change That Tune: How the Payola Settlements Will Affect Radio Airplay for Independent Artists. https://www. futureofmusic. org/sites/default//files/FMC. payolaeducationguide. pdf(accessed February 18, 2014).

Future of Music Coalition, 2009. Same Old Song: An Analysis of Radio Playlists in a Post-FCC Consent Decree World. https://futureofmusic. org/article/research/same-old-song (accessed February 27, 2014).

Generali, P., Kurtzman, W., Rose, W., 2011. What Happens When the Spots Come On? 2011 Edition. http://www. rab. com/public/reports/WhatHappens2011. pdf (accessed February 27, 2014).

Gentzkow, M., 2006. Television and voter turnout. Q. J. Econ. 121 (3), 931-972.

Gentzkow, M., Shapiro, J., Sinkinson, M., 2014. Competition and ideological diversity: historical evidence from US newspapers. Am. Econ. Rev. 104 (10), 3073-3114.

Gomery, D., 2002. The FCC's Newspaper-Broadcast Cross-Ownership Rule: An Analysis. Economic Policy Institute, Washington, DC. http://s2. epi. org/files/page/-/old/books/cross-ownership. pdf (accessed February 27, 2014).

Hendricks, K., Sorensen, A., 2009. Information and the skewness of music sales. J. Polit. Econ. 117 (2), 324-369.

Hillard, R. L., Keith, M. C., 2005. The Quieted Voice: The Rise and Demise of Localism in American Radio. Southern Illinois University Press, Carbondale, IL.

Hood, L., 2007. Radio reverb: the impact of 'Local' news reimported to its own community. J. Broadcast. Electron. Media 51 (1), 1-19.

Inderst, R., Shaffer, G., 2007. Retail mergers, buyer power and product variety. Econ. J. 117 (516), 45-67.

Jeziorski, P., 2014a. Effects of mergers in two-sided markets: the US radio industry. Am. Econ. J. Microecon. 6 (4), 35-73.

Jeziorski, P., 2014b. Estimation of cost efficiencies from mergers: an application to US radio. RAND J. Econ. 45 (4), 816-846.

Keith, M. C., 1987. Radio Programming. Focal Press, Boston, MA.

Klein, J. I., 1997. DOJ Analysis of Radio Mergers. Transcript of a Speech Delivered in Washington, DC, February 19, http://www. usdoj. gov/atr/public/speeches/1055. pdf(accessed February 26, 2014).

Klinenberg, E., 2007. Fighting for Air. Metropolitan Books, New York, NY.

Liebowitz, S. J., 2004. The Elusive Symbiosis: The Impact of Radio on the Record Industry. Unpublished working paper. University of Texas at Dallas.

MacFarland, D. T., 1997. Future Radio Programming Strategies, second ed. Erlbaum, Mahwah, NJ.

Mankiw, N. G., Whinston, M. D., 1986. Free entry and social inefficiency. RAND J. Econ. 17 (1), 48-58.

Mooney, C. T., 2010a. Market Power, Audience Segmentation and Radio Advertising Levels. Unpublished working paper. University of Oklahoma.

Mooney, C. T., 2010b. A Two-Sided Market Analysis of Radio Ownership Caps. Unpublished working paper. Unpublished working paper. University of Oklahoma.

Napoli, P., 2010. The Local People Meter, the Portable People Meter and the Unsettled Law and Policy of Audience Measurement in the U. S. Fordham University.

Nielsen Company, 2014. State of the Media: Audio Today 2014—How America Listens. http://www. nielsen. com/content/dam/corporate/us/en/reports-downloads/2014%20Reports/state-of-themedia-audio-today-feb-2014. pdf(accessed February 14, 2015).

Oberholzer-Gee, F., Waldfogel, J., 2009. Media markets and localism: does local news en Español boost Hispanic voter turnout? Amer. Econ. Rev. 99 (5), 2120-2128.

O'Gorman, C., Smith, H., 2008. Efficiency Gain from Ownership Deregulation: Estimates for the Radio Industry. Unpublished working paper. University of Oxford.

Potter, R. F., 2009. Double the units: how increasing the number of advertisements while keeping the overall duration of commercial breaks constant affects radio listeners. J. Broadcast. Electron. Media 53 (4), 584-598.

Potter, R. F., Callison, C., Chamber, T., Edison, A., 2008. Radio's clutter conundrum: better memory for ads, worse attitudes toward stations. Int. J. Media Manage. 10, 139-147.

Prat, A., Stromberg, D., 2011. In Advances in Economics and Econometrics: Theory and Applications, Proceedings of the Tenth World Congress of the Econometric Society. Cambridge University Press, 2013. Radio Research Consortium, 2012. Public Radio National Trends 2012. http://www. rrconline. org/reports/reports_list. php? ID=32(accessed February 18, 2014).

Rennhoff, A. D., 2010. The consequences of 'consideration payments': lessons from radio payola. Rev. Ind. Organ. 36, 133-147.

Richardson, M., 2004. Cultural Quotas in Broadcasting I: A Model. Unpublished working paper. Australian National University.

Rogers, R. P., Woodbury, J. R., 1996. Market structure, program diversity and radio audience size. Contemp. Econ. Policy XIV (1), 81-91.

Schulhofer-Wohl, S., Garrido, M., 2013. Do newspapers matter? Short-run and long-run evidence from the closure of the Cincinnati post. J. Media Econ. 26 (2), 60-81.

Siegelman, P. , Waldfogel, J. , 2001. Race and radio: preference externalities, minority ownership and the provision of programming to minorities. Adv. Appl. Microecon. 10, 73-107.

Silverman, D. M. , Tobenkin, D. N. , 2001. The FCC's Main Studio Rule: Achieving Little for Localism at a Great Cost to Broadcasters. Fed. Commun. Law J. 53 (3), 469-508, Article 4.

Soley, L. , 1999. Free Radio: Electronic Civil Disobedience. Westview Press, Boulder, CO.

Steiner, P. O. , 1952. Program patterns and preferences, and the workability of competition in radio broadcasting. Q. J. Econ. 66 (2), 194-223.

Sterling, C. , Kitross, J. M. , 2002. Stay Tuned, third ed. Erlbaum Associates, Mahweh, NJ.

Snyder, J. M. , Stromberg, D. , 2010. Press coverage and political accountability. J. Politic. Econ. 118 (2), 355-408.

Sweeting, A. T. , 2004. Music Variety, Station Listenership and Station Ownership in the Radio Industry. Working Paper No. 49. Northwestern University, Center for the Study of Industrial Organization.

Sweeting, A. T. , 2006. Coordination, differentiation, and the timing of radio commercials. J. Econ. Manag. Strategy 15 (4), 909-942.

Sweeting, A. T. , 2008. The Effects of Horizontal Mergers on Product Positioning: Evidence from the Music Radio Industry. Duke University.

Sweeting, A. T. , 2009. The strategic timing incentives of commercial radio stations: an empirical analysis using multiple equilibria. RAND J. Econ. 40 (4), 710-742.

Sweeting, A. T. , 2010. The effects of horizontal mergers on product positioning: evidence from the music radio industry. RAND J. Econ. 41 (2), 372-397.

Sweeting, A. T. , 2013. Dynamic product positioning in differentiated product markets: the effect of fees for musical performance rights on the commercial radio industry. Econometrica 81 (5), 1763-1803.

United Kingdom Competition Commission, 2013. A Report on the Completed Acquisition of Global Radio Holdings Limited of GMG Radio Holdings Limited. http://www. competition-commission. org. uk/assets/competitioncommission/docs/2012/global-radio-gmg/130521 _ global _ radio_gmg_ final_report. pdf(accessed February 26, 2014).

United States Department of Justice, 2000a. Justice Department Requires Clear Channel and AMFM to Divest 99 Radio Stations in 27 Markets. Press Release, July 20, 2000, Washington, DC. http:// www. justice. gov/atr/public/press_releases/2000/5183. htm(accessed February 27, 2014).

United States Department of Justice, 2000b. United States v. Clear Channel Communications Inc. and AMFM Inc. : Competitive Impact Statement. November 15, 2000, Washington, DC. http://www. justice. gov/atr/cases/f6900/6985. htm(accessed March 19, 2015).

United States Government Accountability Office, 2010. The Proposed Performance Rights Act Would Result in Additional Costs for Broadcast Radio Stations and Additional Revenue for Record Companies, Musicians, and Performers. GAO-10-826, August 2010, Washington, DC.

Waldfogel, J., 2003. Preference externalities: an empirical study of who benefits whom in differentiated product markets. RAND J. Econ. 34 (3), 557-568.

Waldfogel, J., 2011a. Station Ownership and the Provision and Consumption of Radio News. 2010 FCC Media Ownership Studies, No. 5, http://www. fcc. gov/encyclopedia/2010-media-ownership-studies(accessed February 27, 2014).

Waldfogel, J., 2011b. Radio Station Ownership Structure and the Provision of Programming to Minority Audiences: Evidence from 2005-2009. 2010 FCC Media Ownership Studies, No. 7, http://www. fcc. gov/encyclopedia/2010-media-ownership-studies(accessed February 27, 2014).

Waldfogel, J., 2012. And the Bands Played On: Digital Disintermediation and the Quality of New Recorded Music. University of Minnesota.

Warren, S., 2001. The Programming Operations Manual. Warren Consulting, San Marcos, TX.

Watt, R., 2010. Fair copyright remuneration: the case of music radio. Rev. Econ. Res. Copyright Issues 7 (2), 21-37.

第 9 章　报纸与杂志

安巴里什·钱德拉(Ambarish Chandra)[①]、
乌尔里希·凯撒(Ulrich Kaiser)[②]

目　录

① 加拿大多伦多大学斯卡伯勒校区管理系,加拿大多伦多大学罗特曼管理学院。
② 瑞士苏黎世大学工商管理系创业研究杰出教授,德国欧洲经济研究中心,丹麦哥本哈根大学产业经济中心,德国劳动经济研究所。

　　摘要：本章回顾了关于报纸和杂志的经济学文献。本章的重点是报纸行业,特别是美国的报纸行业,因为这是现有研究的重点。首先,我们讨论了印刷媒体市场的结构,描述了日报数量在 20 世纪初的增长以及自 40 年代以来的稳步下降。我们在双边市场的理论框架下讨论了印刷媒体,可以指出的是关于报纸行业的实证文献是最早开始使用双边市场理论的研究之一。随后,我们回顾了印刷媒体广告的相关研究,特别关注印刷媒体上的广告对读者来说到底是好是坏。我们对报纸市场中关于反垄断问题的研究进行了总结,这些研究主要涉及兼并、联合经营协议和垂直价格限制。接着,我们关注了最近关于印刷媒体如何受互联网发展影响的研究。最后,我们为进一步的研究和未来的行业发展提供了想法和建议。

　　关键词：杂志;报纸;双边市场;报纸历史;定价行为;广告;联合经营协议;兼并;垂直价格限制;网上竞争

　　JEL 分类代码：D4,D21,D22,D24,K21,L82,L86,M37

9.1　引言

　　本章中,我们主要回顾有关报纸和杂志的经济学文献。报纸和杂志应该是历史上最早出现和最有影响力的两种媒体。我们尝试从理论和实证两方面对印刷媒体的相关研究进行总结。这是相当具有挑战性的,因为这个行业从出现以来经历了巨大的变化,至今仍在快速发展,而且在不同城市和国家的形式与结构也有所不同。鉴于报纸行业的研究占主导地位,我们关注的重点是报纸行业。我们对实证研究的回顾也将主要集中在美国的报纸行业,这也反映了迄今为止的绝大多数实证研究方向。

　　印刷媒体,特别是报纸,对经济、政治的话语权具有重要作用。社会总是对报纸行业十分重视,因为它历来是影响政治参与的重要信息来源,但也经常被地方性小市场垄断。[①] 本章将考察围绕这些媒体相关问题的经济力量,同时对印刷媒体历史、印刷媒体广告以及印刷

---

① 这个问题在第 8、14、15、16、17 和 19 章有进一步探讨。

媒体与网络的关系的相关文献进行总结。

报纸对民主过程以及向公众传递信息的重要性早已得到认可。在美国建国伊始,创始人们认为报纸对这个新国家的发展至关重要。他们为报纸行业提供邮政补贴,并且帮助其建立起一个可靠的分销网络(Federal Communications Commission,2011)。报纸被认为是政治参与的重要组成部分,以至于政策的制定者认为报纸不能仅依靠市场来提供,一些适用于其他行业的规范并不应该适用于报纸行业。这方面最著名的例子可能是 1970 年的《美国报纸保护法》,这个法案将报纸从反垄断法的适用范围内排除出去。根据这个法案,在同一个市场中竞争的报纸可以签订联合经营协议,这可以帮助它们在保持独立的新闻部门的同时,合并其业务运营,特别是广告业务。这个法案的既定目标是允许某些市场支持多家报纸,避免出现因为报纸发行量下降而形成行业垄断。

同时,报纸的内容相对于广播媒体而言更加自由。正如在第 8 章中讨论过的那样,广播媒体对公有频道的使用意味着其内容受到一定程度的内容监管,但这种情况不会发生在报纸行业。可是事实上,像 Gentzkow et al.(2006)指出的那样,过去的美国报纸甚至从来没有试图主张独立的立场,而是宣传他们对某些政党的忠诚并公开发表带有党派色彩报道。我们会在第 9.2 节更加详细地讨论这些。

报纸和广播媒体的另一个主要区别在于市场结构。大都市区通常有大量的广播电台和电视台,特别是电视台,能够为大多数消费者提供多样化的本地和全国性的电视节目。相比之下,至少在北美地区,大多数报纸的消费往往是非常本地化的。而且,这个行业规模经济的特征使得大多数城市的报纸行业属于寡头垄断或者双寡头垄断市场,近年来竞争程度急剧下降。因此,了解地方集中化产生的经济原因和后果是非常重要的。

毫无疑问,当前影响该行业的最重要的问题是发行量和广告收入的大幅下降,尤其是报纸,以及网络媒体带来的挑战。正如我们会在本章后面看到的,自 2000 年以来,美国报纸的实际广告收入已经下降了近 70%,这是由发行量的下降、更便宜和更有效的在线广告选择以及 2008 年金融危机及其后续的严重影响共同驱动的。纸质报纸能否以其目前的形式存活下来是一个悬而未决的问题。有些业内人士认为,从长远来看,报纸将简单地将其形式转化为纯数字版本。即便如此,电子媒体是否能够替代传统日报,对新闻事件进行实事求是的、信息丰富的报道还有待观察。

对于杂志而言,情况并不相同。虽然报纸和杂志这两个行业具有很多共同之处,但其最大的区别在于市场结构。报纸,尤其是北美的报纸,传统上都是在本地市场中经营的,这也是互联网对这一行业造成巨大破坏的原因之一,互联网突然引入了来自全国乃至全世界的竞争者。相比之下,杂志一直是在全国范围内运作,因此没有受到数字媒体带来的严重影响。此外,杂志总是需要通过其主题的选择来找到差异化的方法,而报纸则往往不需要。

这些差异或许解释了报纸和杂志这些年的发展差异。虽然报纸经历了急剧的下滑,但许多国家的杂志数量近年来却出现了增长。美国的数据显示,过去数十年,杂志的发行量和广告收入都保持着相对强劲的上升态势,虽然部分杂志已经停刊,但也有部分新杂志进入市场,这些我们将在第 9.2 节中详细展开。但是,与报纸行业一样,互联网的出现可能会从根本上影响杂志现在的实体形式,网络广告收入是否能够与印刷媒体广告收入相媲美还有待观察。

在本章的其余部分中,我们将根据最自然的主题划分来安排有关印刷媒体的经济学文献综述。在第 9.2 节中,我们将提供印刷媒体行业的概况,重点介绍报纸行业的历史,特别是在美国的历史。我们将给实证研究学者提供一些关于这个行业的特征事实和数据来源。

在第 9.3 节中,我们将讨论印刷媒体的市场结构,特别是行业能够支持的企业数量,以及规模经济对于这个行业的重要性。我们将详细讨论美国报纸行业的市场结构,并研究日报数量随时间推移而大幅波动的原因,日报数量在 19 世纪中期到 20 世纪 20 年代之间迅速上升,之后开始稳步下降。

在第 9.4 节中,我们将讨论印刷媒体的经济学文献,特别是在近年来双边市场文献快速增长的背景下。事实上,在关于双边市场的文献及其相关研究工具发展之前,研究印刷媒体行业的经济学家就已经面临着双边市场的挑战,例如,对多个相关的需求模型和交叉价格弹性的估计。因此,我们将先讨论报纸和杂志研究中关于需求估计的较早文献,再讨论这个领域的最新研究。

在第 9.5 节中,我们将回顾关于报纸和杂志广告的相关文献。这一部分的重点是研究印刷媒体向读者传递广告信息的中介作用,而不是对大量广告文献进行更广泛的分析。特别是,我们将回顾关于印刷媒体的读者对广告的评价是积极的还是消极的研究,这对报纸和杂志的定价模型具有重要意义。同时,我们将关注印刷媒体上定向广告的相关研究。

在第 9.6 节中,我们将关注对报纸、杂志市场产生影响的市场力量和反垄断的探讨,特别强调关于媒体兼并的文献。我们还将讨论联合经营协议、垂直价格限制以及对报纸和其他媒体的所有权限制。

在第 9.7 节中,我们将转而从订阅和广告角度分析互联网对传统印刷媒体的影响,我们将回顾关于出版物印刷版和电子版是互为替代物还是补充物的文献探讨,然后讨论网络竞争如何影响印刷报纸和杂志。

最后,在第 9.8 节中,我们将对印刷媒体的未来以及这个行业所面临的挑战提出总结性意见。

9.2　印刷媒体行业的文献回顾

在本章中,我们将描述一些有关印刷媒体的特征事实。一是介绍这些媒体的历史,特别强调美国报纸行业的发展,二是通过数据和图表来呈现这些媒体的行业现状。我们同样会提供一些之前研究人员所依赖的标准数据来源相关的参考文献。

9.2.1　报纸的简要历史

正如我们在第 9.1 节中简要提到的那样,新美国的创始人在 19 世纪初期为建立一个可靠的分销网络提供了相当大的支持。当时,新闻采访和报刊发行都依赖于马匹运输及一定程度上的船运。这严重影响了新闻报道的时效性:高达 28％的新闻是在一个月或更长的时间后才被报道(Blondheim,1994)。这种情况也严重限制了报纸的地理覆盖范围,但事实上,它们获得了邮政费率补贴,这使得 19 世纪初报纸的覆盖范围超越了当地市场。1794 年,美国国会将报纸和杂志的邮寄费率定为低于信件费用的 1/6,后来许多期刊都可以免费邮寄。[①]

到了 19 世纪 30 年代,新技术的出现降低了墨水和纸张的成本,同时也提高了印刷机的质量(Mott,1950)。随着成本的降低,报纸价格大幅降低,从而导致发行量的大幅增长。有趣的是,读者数量的增加引起了报纸政治立场的变化,并且这也是报纸改变重点,更多报道本地新闻的一个因素,我们将在 9.2.2 中继续讨论这个问题。

19 世纪 40 年代,电报的出现大大缩短了报道的时间,这也使报纸变得更有价值,能够吸引更加广泛的读者。70 年代及以后,广告在报纸市场变得重要起来。由于铁路缩短了距离,大型全国性品牌开始崛起。与此同时,印刷机则因为复杂而变得昂贵,从而提高了印刷媒体行业的准入门槛(Hamilton,2004)。

Gentzkow et al. (2006)对 18 世纪末至 19 世纪初的技术变革如何使报纸大幅度扩大其发行规模进行了丰富的探讨。Gentzkow et al. (2006)记录了 1867 年纸浆造纸的新工艺是如何导致新闻纸价格急剧下降的。这使得报纸企业能够更多地投资于其他的生产改进技术,如高速印刷技术。这些投资,加上电报和跨大西洋电缆所带来的通信方面的巨大进步,使得报纸的生产规模大幅扩大。这也导致了报纸价格的下跌,使得美国报纸的订阅量在 1870—1920 年增加了 12 倍。到这一时期结束时,城市里的成年人平均每天购买不止一份报纸,而且很可能阅读更多的报纸。这些技术的改进同样导致报纸数量的大幅增加,特别是独立报纸数量的增加。

在 20 世纪初之前,报纸的发行量和影响力一直在不断增长。但随着其他新闻媒体的出现,这个现象开始发生改变。第一个挑战来自 20 世纪 30 年代出现的电台。1929—1941 年,报纸的广告收入下降了 28%(Federal Communications Commission,2011)。广播电台被指责抄袭报纸的内容,这就跟今天对互联网的指控一模一样。在这个时期,报纸发行量的增长开始放缓,尽管要引入另一种新闻媒介才会使报纸发行量真正开始下降。

20 世纪 50 年代及以后,电视的发展标志着北美地区报纸长期衰落的开始,这是报纸面临的第二个挑战。Gentzkow(2006)指出,当时的电视在全国范围内迅速扩张:通常情况下,电视在一个特定的市场引入后不到五年,其渗透率就会达到 70%。Gentzkow(2006)发现,电视渗透率的上升与报纸发行量的下降有关。而且,这些力量最终降低了选民投票率,我们将在 9.2.3 中继续讨论这个话题。

Genesove(1999)详细讨论了 20 世纪 60 年代美国报业采用的两种新技术:照相排版和胶版印刷。这些技术的出现共同减少了对劳动力的需求,提高了报纸的印刷质量,降低了生产的边际成本。这些都是以相当大的一次性投资成本为代价的。因此,采用新技术是一个战略决策,不仅取决于报纸的规模,还取决于现有的市场结构。Genesove(1999)表示,采用胶版印刷的模式,与经济学中的抢占理论部分一致。在垄断性报纸中,规模较小的报纸会更快采用这种技术。而在双寡头市场中,市场份额较小的报纸采用胶版印刷技术的时间平均要晚四年。Genesove(1999)强调,在这段时期,许多双寡头垄断市场遭遇(或预计会遭遇)其中一

---

① https://about.usps.com/who-we-are/postal-history/periodicals-postage-history.pdf.

个竞争对手退出的情况,这使收购决策变得复杂。

我们把对报纸衰落的详细研究放到第 9.3 节。简而言之,现在很清楚,广播和电视对报纸行业的抑制作用与其他因素一起,在整个 20 世纪持续存在。报纸一直在持续失去读者和收入。如果以实际价值和人均价值来衡量,这些损失是惊人的,我们会在 9.2.4 中对此进行详细讨论。互联网所带来的挑战是巨大的,但互联网也为报业和杂志提供了一线希望,使其有可能以一种新的形式继续存在,甚至是蓬勃发展,这是我们在第 9.7 节和第 9.8 节中将会探讨的话题。

9.2.2 印刷媒体的党派属性

当代美国的电视和广播新闻节目经常被指责存在政治偏见。然而,除了有影响力的全国性报纸,对印刷媒体的这种指责却少得可怜。这跟 19 世纪的情况有很大区别,在那时,大多数报纸都有自身的党派属性而且会宣称自己与两个主要政党的其中之一有着明确的联系。这导致在许多情况下,报纸不仅从政党那里获得资金,而且还从政府那里获得资金。Baldasty(1992)描述了 19 世纪 20 年代行政部门和国会各院的印刷合同如何出现在华盛顿特区的三份具有不同政治观点的报纸上。

从 19 世纪开始,学者们就已经普遍关注报纸行业,而且当时的主要话题就是报纸的党派属性。Gentzkow et al.(2006)指出,与现在不同的是,在 19 世纪的大部分时间里,人们并不期望看到没有党派偏见的新闻报道。到 1870 年时,城市地区 89% 的日报都隶属于政党。但在接下来的半个世纪里,这种情况发生了翻天覆地的变化。独立报纸的比例急剧上升,同时报纸把关注的焦点放在硬新闻上,而不再是政治丑闻和党派报道。Gentzkow et al.(2006)通过显示自称独立报纸的比例从 1870 年的 11% 上升到 1920 年的 62%,记录了信息类媒体的兴起。这既是由于以前的党派报纸转为无党派,也是由于独立报纸的加入。我们通过文本分析可以看到,这段时期报纸的政治属性以及报道中运用的有偏见的语言都在大幅减少。另外,Gentzkow et al.(2006)还分析了两个重大丑闻的新闻报道:19 世纪 70 年代的动产信用公司丑闻和 20 世纪 20 年代的蒂波特山丑闻。研究发现,用来报道这些事件的语言在过去的半个世纪中有了显著的变化,即使是党派报纸,也会减少使用煽动性和指责性的语言。此外,这段时期独立报纸的增长使得很多被党派媒体压制的新闻得以报道。

报纸在这个时期越来越独立的部分原因是当时技术的改进,如 9.2.1 所述,这使得报纸能够接触到比以前更广泛的受众群体。为了吸引更多的读者,报纸需要采纳更少的党派立场。因此,现在的报纸更多关注硬新闻,通常是地方性的,而不是报道华盛顿的丑闻和党派立场(Hamilton,2004;Starr,2004)。

Gentzkow et al.(2006)同时指出,报纸市场在 1870—1920 年的发展伴随着报纸数量的增加。行业竞争的加剧使得报纸选择提供具有新闻视角的报道内容。此外,发行量大的报纸更有可能提供信息,并及时提供事实性的重要报道。

关于同一话题,Petrova(2011)利用 1880—1885 年美国报纸的数据,展示了广告市场的发展对媒体独立于政治群体行为的积极作用。具体来说,研究表明,在广告市场发展较快的地区,当地报纸更有可能是独立的,这一方面是因为现有的党派报纸开始变得独立,另一方面是因为独立报纸的进入。Petrova(2011)的结论与 Gentzkow et al.(2006)一致。

9.2.3　报纸和选举

报纸对社会最重要的影响作用可能就是它们对选举所产生的影响。最近的实证研究关注报纸和选举之间的关系,我们试图在此总结其中的一些研究。因为,我们并不会在此特意讨论媒体偏差,所以我们建议读者感兴趣的话可以参见第 14 章和第 15 章的相关论述。

Gentzkow et al.(2011)研究了报纸企业的进入和退出如何影响选举。研究发现,在总统和国会选举中,多一份报纸的存在会使选民投票率增加约 0.3 个百分点。这种影响主要是由市场上第一份报纸的进入驱动的,它使投票率增加了 1 个百分点;随后竞争者的增加对政治参与的影响要小得多。但这也意味着对于普通成年人而言,阅读至少一份报纸会使投票的概率增加 4 个百分点。

Chiang and Knight(2011)利用 2000 年和 2004 年美国大选期间的调查数据,估计了报纸的政治立场会在多大程度上影响美国民众的投票意向。研究指出,许多选民认为媒体报道是有偏见的,所以并不能够判断报纸的政治立场影响选民意向是因为选民选择订阅与自身政治观点一致的报纸还是因为他们对与自己观点相左的媒体观点不屑一顾。因此,Chiang and Knight(2011)的模型考虑了读者对背书的信任度。不过,Chiang and Knight(2011)发现,报纸的背书确实增加了投票给被背书的候选人的可能性,但这种影响取决于读者对报纸的信任度。而左倾报纸对民主党候选人的支持效果要比右倾报纸对中间派的支持效果小。

George and Waldfogel(2006)提供的证据显示,在 1996—2000 年期间,《纽约时报》在全国范围的扩张对地区性报纸产生了重大影响。特别是在《纽约时报》能够提供送货上门服务的市场中,当地报纸在《纽约时报》的目标读者群体中的发行量出现了下降,George and Waldfogel(2006)用受过大学教育的人口比例来衡量这一点。有一些证据表明,当地报纸通过提供更多的地方新闻而减少全国性报道来重新定位它们的产品,这反过来又可能导致增加了那些不是《纽约时报》目标读者的消费者对当地报纸的消费。具体而言,结果显示,在《纽约时报》渗透率最高的地区,当地报纸在高学历读者中的发行量比《纽约时报》渗透率最低的市场低 16%,而在受教育程度较低的读者中高 7%。研究还推测对那些转向消费《纽约时报》的读者可能存在其他影响,比如这些读者现在接触到的地方新闻较少,这可能会减少他们对地方事务的参与,包括对地方政治的参与。

这些研究对报纸行业重要性的强调可能会让我们有些担心。报纸在刺激政治话语方面一直发挥着作用,而 Gentzkow et al.(2006)表明,20 世纪初期报纸数量和发行量的增加伴随着其内容的增加。但近几十年来,在一些国家,传统的报纸行业一直在迅速衰败。目前还不清楚电子媒体是否已经准备好取代这个世界上最古老、最强大的传播信息的媒介。

9.2.4　报纸和杂志行业的特征事实

图 9.1 是来自美国报业协会的 1940 年以来的美国日报数量的数据。有两个趋势是显而易见的:第一,曾经在美国中等城市无处不在的晚报数量自 20 世纪 80 年代以来迅速下滑。其中一些晚报转换为早报,而另一些则直接消失了。第二,早报数量有所上升,但不足以弥补晚报数量的下降。结果是,美国的日报总数已经从 1980 年的 1750 份左右下降到后来的

1350 份左右。

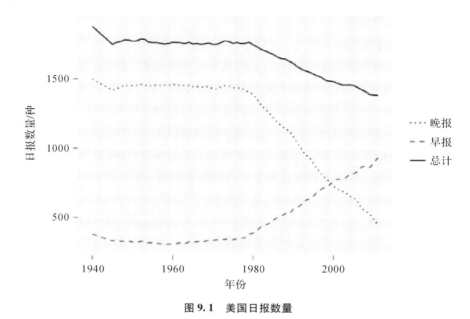

图 9.1　美国日报数量

然而,图 9.1 的趋势低估了报纸行业所面临的困难,因为没有考虑到美国人口的迅速增长。按人均计算,报纸行业在过去几十年间面临更大程度的衰败,近年来的情况则更加严重。图 9.2 显示了报纸的数量以及按人口标准化的全国平均报纸发行量。从这两个指标来看,报纸行业自 20 世纪 40 年代以来一直在稳步衰败。

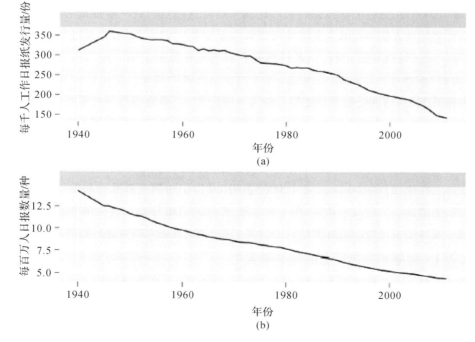

图 9.2　每千人工作日报纸发行量和每百万人日报数量

图 9.3 提供了以 2012 年为基准的报纸收入数据。在过去几十年来,发行报纸带来的收入整体基本稳定,尽管自 2004 年以来的下滑幅度惊人。然而,这种下降与广告收入的巨大损失相比相形见绌,2004—2012 年,广告收入实质下降了约 50％。

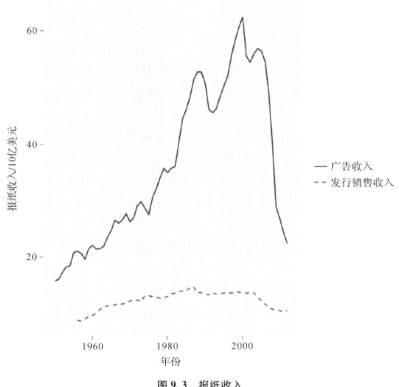

图 9.3　报纸收入

9.2.5　数据来源

从实证研究者的角度来看,研究印刷媒体的一个主要优势是,市场双方的销售数据通常都可以得到,即用户和广告商的数据。这与广播媒体形成鲜明对比:媒体内容可以免费获取,反而经常会使得观众规模和特征难以可靠估计(参见第 8 章的讨论)。

事实上,报纸发行量的数据是需要仔细关注的,因为它们既是广告商支付意愿的主要驱动因素,也是行业健康状况的晴雨表。因此,很多组织对印刷媒体的销售额进行审计,并经常会提供详细的人口和地理微观数据。

发行审计局(Audit Bureau of Circulations,ABC)可能是最被人熟知的报纸和杂志发行量数据的来源。ABC 在北美被称为审计媒体联盟,是由多个国家的组织组成的联合会,每个成员组织都在该国对印刷媒体的发行数据进行审计。近年来,这些成员组织中的很多也承担了核实媒体的电子覆盖率的任务。

美国报业协会和《编辑与出版人》杂志也会提供在不同层级上分类的美国的报纸数据。后者曾经出版每年一期的年鉴,详细介绍美国所有报纸的信息。近年来,这个数据库已经转移到网上,可以通过订阅来查询。

获取美国杂志数据的渠道则包括杂志媒体协会(Association of Magazine Media)、标准费率和数据服务中心(Standard Rate and Data Service)以及出版商信息局(Publishers Information Bureau)。实证研究人员注意到,有些研究关注德国市场,这可能是因为德国杂志的优秀数据。这些数据来源包括IVW(相当于德国的ABC)和一个叫AG. MA的组织(它提供了出色的关于读者人口统计特征的数据)。

Kantar Media是广告支出的重要数据来源。它的AdSpender数据库提供了美国大多数都市区品牌层面的月度广告支出数据,这些数据根据媒体的类型进行分类和整理。这就允许研究者可以研究不同行业如何在媒体之间分配广告预算,从而深入了解企业对不同类型广告有效性的认识。

互联网的出现使数据更加广泛地可用,所有领域的经济学家都在利用这一趋势。对于媒体来说,报纸和杂志网站的消费可以很容易被跟踪,企业很容易知道消费群体的数据,甚至获取每个消费者的详细个人特征,一些知名机构如comScore和Nielsen都在提供类似数据。建立了付费墙的媒体公司通常会生成关于其网上用户个人特征和阅读习惯的数据库。

9.3 报纸市场和杂志市场的市场结构

本节主要讨论印刷媒体的市场结构。由于报纸行业出现了很多有趣的经济问题和大量针对性的研究,所以本节的大部分内容都是对报纸市场的考察。正如第9.1节所讨论的,关于报纸行业的实证研究主要聚焦美国的报纸市场,因此本节的重点也将放在美国报纸行业的市场结构上,当然,我们会指出美国报纸与其他国家报纸之间的重要区别。① 读者如果想要了解如何用理论解释市场可以支持的企业数量,可以参阅第1章。

因为杂志业在市场结构方面与报业有很大不同,我们首先简要地讨论一下杂志市场。这可能令人惊讶,因为在很多方面,这两个行业是相似的。报业和杂志业的订阅价格都得到了广告收入的补贴,或者至少是支持。这两个行业的特点是固定成本高,边际成本低,这通常是高度集中的有利条件。但是,集中度的衡量取决于相关市场的定义,这是产业组织理论文献中经常出现的一个问题。

与报纸不同,杂志市场的边界往往不会受到城市或大都市区定义的限制。这可能是由于杂志很少涉及特定的地理区域主题,而更多关注体育、健康、时尚等一般主题。广告商在杂志上投放广告的出发点往往是读者的人口特征,而不是他们的地理位置。因此,在国家层面上定义杂志的相关市场似乎是很直观的。这一选择反映在很多关于杂志业的实证研究中,例如,研究美国市场的Depken and Wilson(2004)以及Oster and Scott Morton(2005)、研究德国市场的Kaiser and Wright(2006),还有研究比利时市场的Ferrari and Verboven(2012)。

相比之下,报纸在其新闻报道、地域吸引力和目标受众方面有很大的不同。在北美,报

---

① 本章也会适当对其他国家的相关研究进行回顾。这些国家主要包括澳大利亚(Merrilees, 1983)、比利时(van Cayseele and Vanormelingen, 2009)、加拿大(Chandra and Collard-Wexler, 2009)、意大利(Argentesi and Filistrucchi, 2007)、日本(Flath, 2012)、荷兰(Filistrucchi et al.,2012)、瑞典(Asplund et al., 2005, 2008)和英国(Thompson, 1989)。

纸在历史上一直是地区性的,报道内容也限制在周边城市或大都市区的事件。在这些情况下,报纸的相关市场自然界定在地方层面上。而在其他国家,报纸往往被描述为在国家层面上进行竞争。例如,Thompson(1989)利用英国和爱尔兰 34 份付费的周日报纸与早报的数据样本,估计了一个报纸发行量和广告价格的模型。Noam(2009)指出,像英国和日本这样的国家,其报纸市场是全国性而非地方性的。

9.3.1　市场中报纸的数量

我们首先提出一个问题:一个市场可以容纳多少种报纸? 将相关市场定义为一个城市或大都市区,这在美国通常是合适的,答案通常是不超过一种。正如我们在第 9.2 节中所讨论的,美国可以容纳多种日报的城市数量正在迅速减少,并且这种情况已经持续很多年了。事实上,多报纸城市数量的下降在 20 世纪中叶最为明显。Rosse(1967)指出,1923 年和 1963 年,拥有超过一种日报的美国城市分别占 38.7% 和 3.4%。1923 年的时候,多种报纸仍可以并存,为什么后来就不行了?① 同样是这个问题,Rosse(1980a)指出,1923 年的报纸只有 1/9 的机会没有面对面的竞争,到 1978 年这个概率则超过了 2/3。Dertouzos and Trautman(1990)写道,当时只有不到 1% 的美国报纸面临来自同一城市出版的报纸的竞争。

事实上,在不同的时间点和不同的环境下,许多学者都认为,报纸市场的竞争会逐渐减少。早在几十年前, Reddaway(1963)在研究英国报纸时就指出:在这个历史过程中,拥有超过一种晚报的城镇数量会逐渐减少,而拥有超过一种独立晚报的城镇数量则减少得更多。我们将在 9.3.2 中回答关于城市必须有多大才能维持多种报纸的具体问题。

我们试图分析一些国家的报纸数量,以及读者人数。虽然美国和加拿大的报业协会能够提供很好的关于北美报纸市场的数据,但是我们很难获得其他国家近期的可靠数据,而且获得的最新数据的年份也不尽相同。另外,由于各国统计标准不一定相同,因此对于跨国比较的解读应当谨慎。考虑到这些注意事项,表 9.1 从整体水平和人口调整的角度列出了五个国家的报纸数量和总发行量。

表 9.1　各国报纸的数量和总发行量

国家	日报数量(非免费)		报纸发行量(非免费)	
	总计/种	每百万居民/种	总计/千份	每千居民/份
英国	94	1.48	10737	169.4
加拿大	95	2.75	4210	121.7
德国	350	4.32	18021	222.2
日本	105	0.82	47777	375.3
美国	1427	4.51	43433	137.1

注意:日本的报纸(早报和晚报)发行量是每天统计一次。

数据来源:世界媒体趋势(World Press Trends)。用于计算人均指标的居民数据来自美国中央情报局 2013 年出版的《世界概况》(World Factbook)。

---

① 根据 Editor and Publisher(2012)的最新数据,我们估计 2012 年美国有超过一种日报的城市只占到 2.5%。如果我们不考虑共同拥有或根据报纸合作经营协议运营的报纸,这个数字会进一步下降。

从表 9.1 中可以看出,日本在人均阅读方面是明显领先的。事实上,日本的报纸行业是一个特殊的存在。日本的报纸数量在所有发达国家中是最少的,即使通过人口调整后也是最少的。但与此同时,日本的人均阅读量却是最多的。这是因为日本报纸的读者群体非常集中。日本两种最受欢迎的报纸——《读卖新闻》(*Yomiuri Shinbun*)和《朝日新闻》(*Asahi Shinbun*)——同时是全球前两大报纸企业,每种报纸每天的阅读人次都超过 800 万。

就报纸数量而言,无论是从绝对数量还是从经过人口调整后的数据看,美国都是这组国家中的领导者。这反映了美国报纸行业的地方性特征。事实上,美国报纸数量之多几乎从美国建立以来就一直如此。早在 1836 年的时候,阿历克西・德・托克维尔(Alexis de Tocqueville)也评论过这种现象。在《论美国的民主》(*Democracy in America*)中,托克维尔称之为"琳琅满目的美国报纸"。他在第一卷第二部分第三章中指出:"美国的期刊和不定期的出版物数量超出了人们的想象""在美国,几乎没有一个村庄没有报纸"。托克维尔在第二卷第二部分第六章中指出,出现这种现象的原因是,相对于其他国家,美国行政权力下放导致地方政府拥有比中央集权政府体制下更多的权力。他认为美国报纸数量的这种奇怪增长,更多与行政权力的极度细分有关,而不是广泛的政治自由或新闻的绝对独立。

9.3.2 报纸数量的下降

美国的日报数量从 1940 年的 1878 种下降到 2011 年的 1382 种。[①] 到 1980 年,美国还有 1745 种日报,这意味着在过去的数十年里,日报数量下降了 20% 以上。行业的性质也在其他方面发生着变化。在 20 世纪的大部分时间里,报纸主要以晚报的形式出现。在 1980 年,晚报的数量是早报的 4 倍。但是到了 2000 年,早报和晚报的数量大致相同,到了今天,早报的数量至少比晚报多 2 倍。早报的平均发行量一直要高于晚报,但这个差距在不断扩大,到了今天,付费早报的日发行量已经是晚报的 10 倍以上。其原因可能包括:电视晚间新闻节目越来越受欢迎,在下午中旬让工人下班的工作数量减少,读者从中心城市迁移到送货难度较大的郊区(Federal Communications Commission,2011;Romeo et al.,2003)。

在过去的几年中,曾经存在两种日报的一些美国大城市已经看到其中一种报纸完全消失,或者变为周报,或者是只有数字版。这些城市包括图森、丹佛、巴尔的摩、辛辛那提、西雅图和阿尔伯克基。

美国一些较小的城市早些年间还能够支持一种日报,近年来也失去了当地的报纸,其中包括安阿伯(密歇根州)和麦迪逊(威斯康星州)等主要大学城,虽然人们普遍认为,这些城市的人口及其人口统计学特征足以支持一种报纸。从 2012 年 4 月开始,新奥尔良《时代花絮报》(*Time-Picayune*)放弃出版日报,使得新奥尔良成为最大的没有日报的美国城市。后来,该报在 2013 年恢复出版日报。但是,截至 2013 年,波特兰(俄勒冈州)、克利夫兰(俄亥俄州)和纽瓦克(新泽西州)的主要或者唯一的日报正在减少送货上门的次数或是每周发行纸质报纸的天数少于 4 天,转而更加重视它们的网络版本。

---

① 数据来源于美国报业协会(Newspaper Association of America)以及《国际编辑和出版年鉴》(*Editor and Publisher International Yearbook*)。

Noam(2009)提供了用来维持不同程度的报纸竞争所需的人口规模数据。2000 年,通常要保证城市中存在一种日报所需要的人口规模是 10 万,而在 1980 年,这个数字是 5 万左右。2000 年,人口超过 100 万的城市通常可以维持三种报纸,但在 1980 年类似规模的城市可以支持五种以上的报纸。这些地区层面上表现出来的趋势与我们在第 9.2 节中所说的全国趋势是相同的,这表明美国的报纸数量根本跟不上人口的增长。因此,今天大多数的报纸读者为了能阅读不同的本地报纸,就必须生活在一个非常大的城市。Berry and Waldfogel(2010)也证明了市场上的报纸数量并没有随着人口的增长而呈现线性增长,我们将在后文详细讨论这些。

发行量下降和报纸企业倒闭直接影响了报纸行业的其他指标。正如我们在第 9.2 节中所讨论的那样,这个行业的广告收入大幅下降。尽管所有类别的广告量都急剧下降,但是分类广告领域的下降是最严重的。分类广告是过去当地报纸用来向广告商收取垄断价格的版面区域,但现在面临着来自 Craigslist 和 Monster.com 等廉价或免费网站的竞争。衡量报纸衰退程度的另一个指标是其行业的就业情况。根据美国新闻编辑协会的统计,日报的专职记者人数从 1989 年的 5.7 万人下降到 2010 年的 4.1 万人。[①]

数十年来,报纸数量和发行量稳步下降,这一经验性观察促使经济学家对其原因进行研究。Bucklin et al.(1989)研究了报纸行业的掠夺行为,研究的动机是作者发现能够拥有多种报纸的美国城市数量在减少。Bucklin et al.(1989)讨论了在什么情况下,双寡头或三寡头垄断企业可能迫使其竞争对手退出市场。作者强调,报纸行业高额的固定成本增加了双寡头垄断者采取掠夺行为的回报。根据 Bucklin et al.(1989)所引用的研究,报纸的首版成本占到总生产成本的 40％到 50％。

Bucklin et al.(1989)也指出,广告和报纸的发行量是相互依赖的。就像我们所描述的那样,这个产业具有的双边特征增加了报纸发行量的重要性,因为报纸发行量的下降损害了报纸的两个收入来源。重要的是,这种相互依赖使得从财务上来损害竞争对手变得更加容易,因为即使报纸发行量的小幅下降也会使该报纸企业不能继续经营。Bucklin et al.(1989)预测,美国中心城市报纸市场走向垄断是不可避免的。事实上,该预测已经基本上得到了证实。

Rosse(1980a)讨论了报纸的这种直接竞争减少的原因。在其所考虑的许多原因中,有两个是特别有趣的。第一,电视的兴起,特别是电视在广告市场上更有效的作用影响了报纸,尤其是大城市的报纸。第二,Rosse(1980a)描述了美国的郊区化对报纸的影响。Rosse(1980a)认为,这对大城市报纸来说是进一步的打击,因为不再有足够的细分市场来支持同一城市中的多种报纸。此外,郊区报纸面对更小、更同质的读者,因此在这些地区几乎不需要多种报纸。

近年来,报纸企业倒闭的速度加快,无疑是由于来自网络媒体的激烈竞争。这种竞争使得报纸一方面由于读者的流失,广告收入大幅下降;另一方面分类广告大量损失,这曾经是传统报纸的一个利润丰厚的收入来源。根据 Kroft and Pope(2014)的记录,分类网站 Craigslist

---

[①] 参见:http://asne.org/。PEW 提供了一个类似的数据,参见:http://stateofthemedia.org/。

的进入直接减少了印刷报纸的分类广告量,而 Seamans and Zhu(2014)则表明,这些效应会传播到报纸的其他方面——报纸的发行量和展示广告。[①] 我们将在第 9.6 节中更加详细地讨论互联网对印刷媒体的影响。

美国报纸的衰落促使决策者考虑如何帮助这个行业。最突出的例子是 1970 年的《报纸保护法》,它允许组建联合经营协议(JOA)。我们将在第 9.5 节中更详细地讨论关于 JOA 的文献。

9.3.3 报纸市场的规模经济

一些研究指出了规模经济在报纸行业的重要性,并认为这也是该行业高度集中的原因。Dertouzos and Trautman(1990)表明,报纸发行量和报纸内容都有显著的规模经济效应。Rosse(1967)也发现,在发行量和广告方面都有重要的规模经济。

Reddaway(1963)提供了关于英国报纸市场固定成本重要性的证据。作者利用了各种报纸成本结构的详细信息,其中包括地方和国家报纸之间的差异以及高质量报纸和流行报纸之间的差异。Reddaway(1963)问道:英国高质量的国家报纸怎么与流行报纸进行竞争?尤其是高质量报纸的发行量只有后者的 1/10 且由于其物理尺寸更大,每份成本更高。答案是高质量报纸更有能力向广告商收取费用,因为它们能提供最理想的受众。

Berry and Waldfogel(2010)研究了市场规模如何影响产品的质量和品种,并把重点放在两个行业上——餐饮和报纸,这两个行业的相关市场往往被界定为一个城市或大都市区。Berry and Waldfogel(2010)表示,虽然餐饮业产品的质量随着市场规模呈线性增长,但报纸的情况并非如此。尽管在较大的市场中报纸的平均质量较高,但这些市场并没有提供更多的品种。Berry and Waldfogel(2010)认为,固定成本是这个现象出现的原因。特别是,报纸市场的质量改进取决于对固定成本的投资,比如更多或更好的记者和编辑,而不是对边际成本的投资,比如纸张、印刷和发行。Berry and Waldfogel(2010)指出,尽管报纸生产中的一些规模经济似乎是清晰的,但即使是非常小的市场中的报纸也不会收取高额的费用,这表明规模经济的重要性有一定的上限。当然,这个论点降低了广告对报纸行业的重要性。事实上,Berry and Waldfogel(2010)完全把注意力放在了报纸的发行方面,把广告收入看作对每位读者的补贴。

Berry and Waldfogel(2010)指出,即使在非常大的市场,最大的报纸的市场规模仍然至少有 20%,而且通常比这多得多,这与餐饮业形成鲜明对比。这些结果似乎支持这样一个观点,即随着市场规模的扩大,至少有一家报纸有动力在质量上进行大量投资,以留住读者。市场较大的报纸企业倾向于拥有更多的记者、更大的版面规模和更高的新闻质量,这可以用每位员工获得的普利策奖的数量来衡量。

George and Waldfogel(2003)研究了消费者偏好与市场能支持的日报数量之间的关系。George and Waldfogel(2003)使用美国邮政编码层面的报纸发行量数据来说明,种族与一个市场上的报纸数量有重要关系。特别是黑人购买日报的数量随着市场上黑人总数的增加而增

[①] 相关讨论见第 12 章。

加,但随着白人数量的增加而减少。白人购买报纸的数量随着白人数量的增加而增加,但不受黑人数量的影响。在西班牙裔和非西班牙裔方面也有类似的发现,而且年龄和收入等其他特征不会以这种方式影响报纸的销售。George and Waldfogel(2003)提出的证据表明,这些结果是由产品定位驱动的;换句话说,报纸内容会对读者的种族构成做出反应。

美国的报纸行业被地方垄断企业主导的原因是什么? 如上所述,规模经济当然是一个重要的原因。但另一个明显的原因是行业的双边特征,特别是广告在报纸行业的独特效应。与电视和广播等媒体不同,报纸读者不一定不喜欢广告。我们目前还不清楚,报纸出版商需不需要在内容与广告的栏目尺寸之间进行权衡,这与广播媒体中明显的权衡行为是不同的。报纸的读者应该觉得跳过广告是毫无代价的,而且这可能是为什么诸如分类广告等可以给他们带来正效用的一个合理解释。类似的论点也适用于杂志市场。

如果我们假设印刷媒体广告在读者效用函数中至少是非负的,那么这意味着出版商提供的这两种商品的需求具有正的交叉弹性。这可能产生一个积极的循环,即发行量大的报纸能够吸引更多的广告,然后又会进一步吸引读者,等等。在极端情况下,这种循环可能产生垄断局面,这种极端情况不考虑其他因素,比如读者对多样性的品位,因为这可能会支持差异化的产品。实际上,报纸和杂志并不是这种模式最极端的例子。Rysman(2004)表明,在黄页行业,广告商自然会优先选择发行量较大的目录,而消费者则会咨询广告更多的目录。Kaiser and Song(2009)通过对德国杂志的研究,证实了印刷媒体上的广告能够给读者带来正效用这一假设。关于这个话题更详细的讨论,请参见第 9.5 节。

这种与网络效应有关的论点可以作为规模经济假说的重要补充来解释报纸行业的高度集中。然而,很少有研究关注这种积极的循环结构如何影响报纸和杂志的市场结构。两个模拟这种现象的研究来源于 Gabszewicz et al. (2007)以及 Häckner and Nyberg(2008)。但是,我们并没有发现与这个问题相关的实证研究。实际上,大多数针对报纸和杂志市场的结构分析都认为读者对广告是没有偏好的,最近的例子见 Fan(2013)。

9.3.4 报业集团

报纸行业出现了一个有趣的现象,报业集团的数量大幅增加。Noam(2009)将这一现象归因于规模经济,正如前文所讨论的那样,随着更快的印刷机和排版设备的出现,规模经济也越来越重要,而这些设备都是相当昂贵的。Noam(2009)强调,报业集团已经稳步取代了独立的本地报纸。报业集团控制的日报所占市场份额从 1930 年的 15％上升到 1980 年的65％。尽管近年来这种趋势已经放缓,但现在仍有 70％的报纸属于这些集团。

Fu(2003)记载了美国报业集团日益增长的重要性。Fu(2003)指出,到 1997 年,前 20 家报业集团拥有市场上 32％的日报,但却拥有 62％的日发行量,这表明报业集团往往规模较大。Chandra and Collard-Wexler(2009)记录了加拿大类似的现象。加拿大 75％的日报在 1995年到 1999 年之间如何改变了所有权,而且这种改变主要是由于两个全国性报业集团的扩张。

报业集团的发展引起了两个问题。一是这种发展会减少媒体提出的意见种类。尤其是当报业集团倾向于在其所有的报纸上刊登相同的联合专栏时,情况更是如此。二是这种发展会增加出版商之间多市场接触的可能性,从产业组织的角度来看,这个问题可能更重要,因为这会引起对企业间默契合谋的担忧。上面提到的两篇论文都讨论了这些问题。Fu（2003）详细研究了报业集团之间的多市场接触，并表明在多个市场上相互竞争的报纸出版商往往有更高的广告价格。Ferguson（1983）提供的证据也表明，属于报业集团的成员报纸往往有更高的广告费率。Dertouzos and Trautman（1990）指出，报业集团的兴起已经受到了国会听证和联邦贸易委员会的调查。我们将在 9.4.1 中更详细地讨论这些论文，在这里需要提及的是，它们没有发现任何证据表明报业集团比独立报纸更有效率。

9.4　报纸和杂志行业的双边市场特征

印刷媒体的一个重要特征是它需要迎合两种不同类型的消费者：读者和广告商。广告商重视发行量，这使得广告需求和报纸或杂志需求是相关的。读者则可能会对广告有（不喜欢的）偏好，这又会导致市场的两边相互关联。这种双向的网络外部性创造了一个双边市场，而印刷媒体市场则是双边市场的典型例子。在本节中，我们回顾了利用双边市场理论框架来分析印刷媒体市场的文献，我们也注意到在双边市场文献最近的发展之前，关于这一主题的研究已经大量存在了。我们也将回顾一些关于印刷媒体行业定价的特别议题。对双方市场文献更全面的回顾，请参阅第 2 章，而本节的重点是实证研究，当然，我们也会在适当的地方讨论理论方面的研究结论。

9.4.1　关于印刷媒体市场交叉外部性的早期文献

早期文献关于印刷媒体市场和交叉外部性的探讨存在共同之处，我们今天把这种共同之处称为结构性。这些文献推导出了关于发行量和广告的（反）需求方程式，并进行了估计。这些方程是线性的，这就说明模型中不允许竞争。早期学者使用模型来进行反事实分析，并计算出自身价格弹性，这跟最近的结构研究类似。

几十年前，Corden（1952-1953）在用图表方式解释报纸公司的利润最大化问题时就注意到了报纸市场中存在网络外部性。在其他早期的研究中，Reddaway（1963）强调了报纸发行量在广告需求中的作用。

Rosse（1967）实际估计了具有相互关联需求的结构模型，并研究了报纸行业为何随着时间的推移趋于集中。集中度提高的一个解释是生产中的规模经济，这跟我们在第 9.3 节讨论的是一样的。Rosse（1967）分为两部分，第一部分分析报纸和广告的规模经济，第二部分分析广告空间。第一部分将报纸的内容页数、封面价格、广告费率、发行量和广告空间内生化，并分别估算每个（相互关联的）方程。随后，Rosse（1967）利用估计出来的参数反推对边际生产成本的估计，从而找到报纸和广告行业中规模收益的证据。事实上，Rosse（1967）是第一篇在缺乏实际成本数据的情况下基于函数假设来估计边际成本的论文。[①]

Rosse（1967）的第二部分涉及对需求弹性的估计，并使用更长的时间跨度和更多的报纸公司来证实早期关于规模经济的结论。第二部分的研究事实上证实了最初关于生产中规模

---

① Rosse（1967）也是最早将 Chamberlin（1960）的垄断竞争模型应用于数据的研究之一。

收益的发现。这也表明,自 1939 年以来,规模收益基本保持稳定,这可能无法解释观察到的报纸集中度的上升。Rosse(1970)对 Rosse(1967)的第二部分做了更详细的解释,构成了第一个真正意义上的双边市场模型,在模型中,广告需求取决于发行量,而发行量又取决于广告。

Thompson(1989)分析了受众特征对广告费率的重要性,处理了报纸发行量与高收入读者份额之间的权衡问题。该论文还明确说明了报纸市场的双边特征,并估计了一个关于发行量、封面价格和广告费率的联立方程组。

随后的许多文献也关注了印刷媒体市场的市场集中,这通常是由发生在澳大利亚(Chaudhri,1998;Merrilees,1983)和美国(Blair and Romano,1993;Bucklin et al.,1989;Dertouzos and Trautman,1990;Ferguson,1983)的"单一报纸城市"现象推动的。

Merrilees(1983)就 20 世纪 80 年代悉尼报纸之间的价格战提供了一个以描述性为主的事件研究。研究考虑了报纸发行量影响广告商投递广告的需求,然而并没有考虑到反向网络效应。Bucklin et al.(1989)估计了一个联立方程组,其中报纸通过设定广告费率、封面价格和编辑质量来最大化利润。研究表明,每个市场方之间都存在反馈效应,并且这些反馈结构会使报纸之间容易形成恶性竞争。

在对美国报纸的研究中,Dertouzos and Trautman(1990)关注了媒体公司的竞争情况,并且在此基础上估计了一个关于发行量和广告间相互关系的模型。研究的主要发现是,报纸行业中存在规模经济,而这些规模经济对于报业集团来说并不比独立报纸大,而且相邻地理区域的报纸对当地报纸有竞争压力。然而,Dertouzos and Trautman(1990)没有找到广播媒体对报纸施加竞争压力的相关证据。

然而,在一项较早的关于媒体交叉所有权的研究中,Ferguson(1983)没有考虑来自任何一方市场的反馈,研究了报纸和其他媒体的交叉所有权;我们将在第 9.6 节中更详细地讨论这篇文献。

9.4.2　双边市场框架

早期关于报纸市场的论文通常假设在读者市场上存在垄断,因此并没有考虑价格结构是如何从两个平台之间的竞争中产生的,即这两个平台从战略上为每一方设定价格,以考虑到相互关联的需求。这实际上构成了印刷媒体市场和更普遍的双边市场的一个关键问题:媒体作为平台如何为不同类型的用户定价?Armstrong(2006)、Gabszewicz et al.(2001)以及 Rochet and Tirole(2003)提供了双边市场的理论框架来解释平台公司的定价结构,而 Weyl(2010)则对 Rochet and Tirole(2003)的模型进行了概括。

Armstrong(2006)的一个核心结论是,每个市场方的价格都取决于交叉网络外部性的影响(从读者市场到广告的网络效应,反之亦然)、收费方式(一次性支付或按每次交易支付)以及广告商是否在多家印刷媒体上发布广告。交叉网络外部性使竞争更加激烈,并且降低了平台的利润。Armstrong(2006)认为,由于平台在广告市场上是垄断者,所以与社会最优方案相比,平台的广告投放量是不够的。Armstrong(2006)还创造了竞争瓶颈(competitive bottleneck)模型,用以表示读者只会选择单个媒体平台(单归属)而广告商会选择多个媒体平台(多归属)的假设框架。Armstrong(2006)还考虑了另外两种类型平台的竞争,即垄断性平台和竞争性平台。

Rochet and Tirole(2003)在早期的理论工作中已经讨论过,出版商有动机通过一边的市场补贴另一边的市场。① 研究认为,为了使印刷媒体对广告商更有吸引力,媒体给读者设定的订阅价格可以低于边际成本,这可能会带来收益。Rochet and Tirole(2003)主要研究了信用卡市场,并且区分了其中的营利性和非营利性平台。Rochet and Tirole(2003)将各种情况下的市场结果与社会最优结果进行比较后发现,一边市场的价格取决于另一边市场在多大程度上选择多家媒体平台的行为。这种多归属对市场结果的影响是一个问题,也是我们后文回顾的一些后续论文的研究重点。

Gabszewicz et al.(2001)使用霍特林模型的设置来解释报纸市场的定价结构。研究考虑了后来被称为竞争瓶颈的模型,并指出广告收入是用来补贴读者市场的。

现在我们转向最近采用双边市场研究框架的实证文献。Rysman(2004)是第一个导出具有外部性的市场的结构模型的研究,其证实了黄页平台存在双向的网络效应:广告商看重平台的读者数量而广告又能给读者带来正效用。作者估计了黄页需求的嵌套 Logit 模型和广告的反需求函数。广告的反需求函数假定黄页市场的读者是单归属的,即他们最多读一个黄页目录,这个假设似乎是合理的。Rysman(2004)的估计表明,这些双边市场中存在的网络效应的内部化将显著增加社会福利。

Kaiser and Wright(2006)的模型是第一个假设双边市场两方都要定价的结构模型。这和 Rysman(2004)的分析并不一样,因为黄页目录通常是免费提供的。Kaiser and Wright(2006)在 Armstrong(2006)的通用双边市场模型基础上,为德国双寡头杂志市场建立了一个可估计的结构模型。Kaiser and Wright(2006)用霍特林模型来构建广告和杂志的需求,其中杂志以差异化的伯川德方式竞争。需求方程的参数随后被用来反推出出版商对各个市场的补贴、边际成本、分销成本和利润。Kaiser and Wright(2006)也进行了比较静态分析,其结果与读者价格受到补贴(订阅价格在边际成本附近甚至低于边际成本)以及杂志通过广告收入来产生利润的看法一致。研究还发现,广告商对读者的重视强于读者对广告的重视。这意味着对杂志份数需求的增加会提高广告费率,而对广告需求的增加会降低杂志向读者收取的费用。Kaiser and Wright(2006)估计的生产成本与行业报告的结果相似。Kaiser and Wright(2006)的结果从定性的角度对于多归属的广告商(会在不同杂志上投放广告的广告商)和读者(会购买不同杂志的读者)是不变的。

在一项关于意大利国家报业的市场势力研究中,研究者同样使用了结构性的计量经济学模型,我们将在第9.5节中详细讨论。Argentesi and Filistrucchi(2007)假设从广告市场到读者市场的反馈不存在。广告需求和发行量都被指定为对数型需求模型,Argentesi and Filistrucchi(2007)从估计中推算出市场加价,并通过比较估计和实际的市场加价来推断市场行为。

---

① Armstrong(2006)的模型的整体设定与 Rochet and Tirole(2003)非常相似,但是后者对加入平台所获利益的定义是不一样的,从而改变了两篇论文中使利润最大化的价格的定义。

在一项我们将在第9.5节中详细讨论的对美国报业的研究中,Fan(2013)假设读者不关心报纸上的广告,这意味着网络外部性只能通过读者影响广告商,而不能通过广告商影响读者。其估计结果支持了这一假设。

Van Cayseele and Vanormelingen(2009)也为读者的广告中性提供了证据。其对 Kaiser and Wright(2006)进行了归纳,并允许寡头垄断(而不是双寡头垄断)和出版商的多市场接触的出现。Van Cayseele and Vanormelingen(2009)推导了一个报纸和广告的供求模型,使用了一个发行量的嵌套 Logit 模型和一个类似于 Rysman(2004)的广告的线性反需求函数。Van Cayseele and Vanormelingen(2009)利用比利时报纸数据在主要市场进行整合的背景下评估了报纸企业的市场势力和市场竞争力,还评估了发生在比利时报业的一次实际兼并。

为了在产业组织理论的设定下检验行为经济学的理论,Oster and Scott Morton(2005)利用美国的杂志数据,分析了对于产生未来收益的杂志(如投资类杂志)和产生即时收益的杂志(如休闲杂志),谁的订阅费和报摊价格之间的差额更大。研究认为,投资杂志的这个差额应该比休闲杂志的要大一些,因为报摊的消费者比较看重休闲,但对投资杂志提供的未来回报的兴趣就会打折扣。根据 300 份消费者杂志的数据,这个差额确实存在,这意味着出版商已经意识到了消费者的时间不一致行为。Oster and Scott Morton(2005)也考虑到广告市场给读者市场的反馈,通过把广告费率考虑到影响报摊价格和订阅价格的公式中,发现广告费率对相对杂志价格存在负面影响。这与出版商有动机降低读者购买的价格来增加广告收入的观点是一致的。

广告和读者之间的相互关系不仅会影响媒体的定价策略,还可能影响媒体的政治多样性。基于读者不喜欢广告的假设,Gabszewicz et al.(2001)构建了一个关于出版商的三阶段博弈模型。出版商会首先设定政治倾向,然后选择广告费率,最后确定封面定价。Gabszewicz et al.(2001)表明,读者对广告商的反馈促使出版商选择政治中立。因此,读者对广告的反馈会产生一个"中间选民行为"的结果,这使得不存在广告的模型(只有政治倾向和封面价格是状态变量)会产生经典的霍特林结果:出版商们将自己定位在政治光谱的两个极端。

Gentzkow et al.(2012)研究了 1924 年美国报纸的意识形态多样性。研究解释了从读者到广告商的网络效应(虽然研究假定读者对广告没有偏好)。研究构建的模型结合了报纸的需求、成本、准入和收入,以表明媒体竞争会增加意识形态的多样性,而且竞争政策需要考虑到印刷媒体的双边市场特征。

9.4.3 印刷媒体的定价问题

我们现在讨论几个与报纸和杂志定价有关的问题。虽然双边市场研究框架表明广告和发行价格是需要同时考虑与共同确定的,但还有一些有趣的定价现象需要在此框架之外进行探讨。

更重要的是,虽然媒体经济学通常属于产业组织的范畴,但是媒体定价行为的某些方面也会受到相关领域经济学学者的关注。具体而言,研究价格调整频率的宏观经济学文献就关注媒体市场。Cecchetti(1986)使用 1953—1979 年美国 38 种杂志的报摊价格和销售数据,检验了美国杂志市场的价格调整频率。研究指出,杂志的封面价格表现出相当大的黏性,这使其在下次调整之前,杂志的真实价值已削减了 1/4。但是 Cecchetti(1986)也发现,在高通货膨胀时期,杂志的价格变化更为频繁。Willis(2006)使用相同的数据验证了 Cecchetti(1986)的一些结论。

Knotek(2008)发现报纸的报摊价格通常是 25 美分的倍数。研究指出,在过去的数十年里,购买报纸通常不会找零。这是因为这些整数价格便于快速交易,且比其他价格方便。Knotek(2008)构建的模型描述了便捷交易如何影响整数定价行为,来自六家美国大型报纸的季度数据与该模型的预测结果基本一致。

Asplund et al.(2005)考察了报纸在应对财务约束时,如何改变发行价格与广告价格。研究认为:一方面,广告商并没有被锁定在任何一家报纸上,因此会表现出更大的需求弹性;另一方面,读者对某些报纸的品位和偏好已经形成,因此面临较高的转换成本,在涨价的情况下不太可能转换报纸。同时,Asplund et al.(2005)发现在 1990—1992 年的经济深度衰退期,当瑞典报纸面临着流动性约束时,出版商更倾向于提高订阅价格而不是广告价格。

9.5 报纸和杂志的广告投放

本节将专门讨论广告在报纸和杂志上的特殊作用。当然,广告的作用在所有由广告商资助的媒体中都很重要,但从研究的角度来看,印刷媒体的情况尤其值得关注。与广播电视行业不同,广告在印刷媒体方面造成的成本并不明显。这有两个原因:第一,印刷媒体不一定要求平台必须在广告和内容之间进行权衡;第二,消费者可以更容易地在印刷媒体上跳过广告。

因此,广告能够给消费者带来正效用还是负效用对报纸和杂志的研究来说很重要。我们将在 9.5.1 中回顾关于这个问题的理论文献,在 9.5.2 中回顾实证文献。我们将在 9.5.3 中讨论与之相关的读者的多归属问题。在 9.5.4 中,我们将讨论受众特征如何决定印刷媒体的广告费率。

9.5.1 广告给读者带来的价值:理论文献

我们已经在第 9.4 节中阐述了广告和发行量之间相互关联的效应。无论读者喜不喜欢广告,广告与读者之间的网络效应都存在。虽然很明显的是,广告商喜欢高发行量的媒体,至少给定读者的特征(Thompson,1989),反过来是否也是如此并不明显,如读者是否喜欢印刷媒体上的广告,或者广告是否构成干扰。广告和发行量之间的正向作用意味着出版商有动力通过广告收入来补贴发行量,就像 Kaiser and Wright(2006)所说的那样。如果读者欣赏广告,那么他们同样有可能补贴广告。每个市场方补贴另一方的程度取决于每个市场方的相对价值。如果读者不喜欢广告(但广告商喜欢高发行量),那么市场的读者一方不会补贴广告(但补贴仍然会从广告流向发行量)。

因此,读者对广告的偏好是印刷媒体市场定价结构分析的核心。大多数关于媒体市场的理论研究假定读者不喜欢广告(Ambrus and Reisinger,2005;Ambrus et al.,2012;Anderson,2005;Anderson and Coate,2005;Gabszewicz et al.,2001 ;Häeckner and Nyberg,2008;Jullien et al.,2009；Kind et al.,2003,2007；Kohlschein,2004；Kremhelmer and Zenger,2004；Reisinger et al.,2009），我们会在后文中进行回顾。

　　Gabszewicz et al.（2001）假设读者对广告的态度是中立的。这个假设我们在 9.4.2 中简要讨论过,Gabszewicz et al.（2001）认为报纸上的广告可以避开,因为读者可以很快地翻过去。假设广告中立的实证研究还包括 Gentzkow et al.（2012）和 Fan（2012）。这些研究认为,广告不会影响到读者,这使得原来的双边市场变成了一种只包含读者影响广告商的网络外部性市场,这简化了分析,避免了不动点问题。相比之下,Kaiser and Wright（2006）以及 Chandra and Collard-Wexler（2009）的模型并没有对读者关于广告的态度施加先验限制。

　　Anderson and Coate（2005）强调了读者对广告的不喜欢程度的重要性,研究了双边电视市场环境中的广告供应不足或过度问题。Anderson and Coate（2005）拓展了前人的研究,允许观众不喜欢广告的程度有所不同,假设观众的偏好被分配在一条霍特林线上,而平台的定位位于该线的两端。观众只能观看单一频道,而广告商则是多归属的。这表明,广告量可能过高或过低,这取决于观众不喜欢广告的程度。

　　Gabszewicz et al.（2004）是对 Anderson and Coate（2005）不允许多归属观众的拓展,Gabszewicz et al.（2004）允许观众选择多个电视频道。Gabszewicz et al.（2004）建立了一个基于霍特林模型的连续博弈,电视频道首先选择节目,然后确定广告与节目内容的比例。研究发现,当观众不喜欢广告（广告是一种干扰）时,节目之间就会表现出差异,这与 Steiner（1952）发现的竞争会导致内容重复形成了鲜明的对比。

　　Peitz and Valletti（2008）也强调广告干扰程度对市场结果的重要性,并从节目的角度分析了电视台的最佳定位。研究发现,如果观众非常不喜欢广告,那么在所有收入都来自广告的免费电视中,广告与内容的比例要大于付费电视。Peitz and Valletti（2008）预测,免费电视的内容差异性较小,而付费电视台的节目差异性则较大。这与报纸和杂志的商业模式类似,免费的电视相当于免费的报纸,付费的电视相当于付费的报纸和杂志。然而,迄今为止,免费报纸及其对市场结构的影响还没有被系统地研究过。

　　Choi（2006）比较了免费电视和付费电视,并研究了在自由进入的情况下这两种电视市场失灵的类型和程度。同样,Jullien et al.（2009）调查了免费平台进入的影响,这些平台的收入来源包括广告和订阅。研究发现,与社会最优结果相比,免费平台进入会造成平台的过度进入和过低的广告水平。这两篇论文都假设广告是一种干扰。

　　Reisinger（2012）强调广告对观众的干扰成本的重要性,发现观众越不喜欢广告,电视频道的利润就会越高,并且尽管广告商存在价格竞争,电视频道仍然能够从广告中获取利润。在 Reisinger（2012）的模型中,存在单一归属的广告商,且从观众的角度来看电视频道是有区别的。

9.5.2　广告给读者带来的价值:实证文献

　　我们对理论文献的讨论表明,读者对于广告的态度对市场结果是重要的。我们现在回顾相关的实证研究,这些文献的结果非常不一致。较早的双边市场文献（Bucklin et al.,1989；Dertouzos and Trautman,1990；Thompson,1989）发现,美国和英国报纸的读者都喜欢广告。Sonnac(2000)进行了基于跨国数据的描述性分析,发现各国读者对广告的态度各不相同。

最近的文献倾向于发现广告对印刷媒体需求的积极作用。Kaiser and Wright(2006)的德国杂志样本显示,读者喜欢广告。但是,其数据集并不能代表德国整体杂志市场,因为它只包含了双寡头竞争的杂志市场。Filistrucchi et al. (2012)还发现了荷兰报纸的读者喜欢广告的证据,而 Van Cayseele and Vanormelingen(2009)观察到,比利时报纸的读者对广告的态度是中立的。

Kaiser and Song(2009)在对整个德国杂志市场的分析中发现,广告能给读者带来正效用。研究采用 Logit 模型估计了杂志需求(分别比较了有和没有随机效应的情况),几乎没有发现广告对读者造成干扰的证据。相反,在广告与内容密切相关的市场,如女性杂志、商业和政治杂志、汽车杂志等,读者实际上对广告存在好感。Kaiser and Song(2009)在广告信息性方面对杂志进行了分类,以便更好地研究信息性广告与说服性广告存在的作用。研究将广告的信息与读者对广告的感知联系起来,并证明信息性广告与读者对广告的喜爱之间存在正相关关系。

Depken and Wilson(2004)使用 94 份美国消费者杂志的数据研究了广告对广告费率和广告需求的影响。如果广告提高了销售额和价格,Depken and Wilson(2004)就把广告定义为"明确的好";如果广告减少了销售额却增加了广告费率,则为"不明确的好"(反之则为广告对销售和广告率的"坏"影响)。研究的主要发现是,广告对 45 家杂志来说是"明确的好",对 19 家杂志来说是"不明确的好"。对于另外 31 家杂志来说,广告是"不明确的坏"。

9.5.3 多归属行为

除了广告给读者或观众带来的干扰成本,双边市场理论工作的一个核心是研究读者和广告商的多归属行为。Armstrong(2006)创造了竞争瓶颈模型,该模型假设读者为单归属,广告商为多归属,这个模型在理论文献中被广泛应用,例如上文讨论的 Anderson and Coate(2005)。除了已经讨论过的结果,Armstrong(2006)还发现,由于平台在广告市场上作为垄断者运作,所以与社会最优结果相比,平台提供的广告存在不足的情况。

除了内容重复,Steiner(1952)的另一个理论贡献来源于对广告水平的研究,其发现广告数量明显地随着平台竞争加剧而增加。Ambrus and Reisinger(2005)注意到,如果模型允许观众多归属,那么上述两个看似异常的结论可能不会成立。在后续的论文中,Ambrus et al.(2012)发现广告水平既可以升高也可以降低,并研究了这与消费者的口味是如何相关的。在 Ambrus et al. (2012)的设置中,消费者可以使用多个平台,平台不会从其他平台"偷取"消费者,但平台间的竞争会改变消费者的构成情况,从而影响到广告商对消费者的价值估计——多归属的消费者对广告商的价值不如单归属的消费者。Ambrus et al. (2012)将这种类型的竞争称为"一方或双方竞争"(即消费者可以观看一个或两个频道)。研究发现,如果消费者对广告的偏好是负的,那么平台的进入会提高广告水平。研究还提供了一个实证分析,即利用 1989—2002 年的 68 个有线电视频道的基本节目安排表,验证了理论结论。Ambrus et al. (2012)回归检验了广告供应数量与每个细分市场(包括新闻、体育、信息娱乐)

频道数量的关系,发现竞争对广告播出次数有很大的积极影响。

Anderson and McLaren(2012)也展示了如何通过允许观众多归属来解决早期的 Steiner (1952)难题。[①] 在 Anderson and McLaren(2012)的模型中,平台在面对竞争时会更具差异性,从而来吸引独家(单归属)消费者。Anderson and McLaren(2012)论述了多归属消费者如何影响平台差异化,发现平台有动机提供对多归属消费者不具吸引力的内容,这与 Steiner(1952)的重复结果相悖。与 Ambrus et al.(2012)假设平台质量不变不同,Anderson and McLaren (2012)同时假设存在多归属消费者和内生的平台质量问题。

Athey et al.(2011)同样研究多归属问题。其讨论了观众跟踪技术及其对定价和广告需求的影响。Athey et al.(2011)考虑消费者是多归属的,并允许消费者跟踪技术不完美,从而使广告效果对单归属和多归属的消费者而言是不同的。其隐含地假定广告水平是外生的,并允许广告商的需求具有异质性。

理论文献的一个关键假设是:对广告商来说,多归属消费者的价值低于单归属消费者的价值。Chandra and Kaiser(2014)对此提出了疑问,表示广告商通过其他渠道接触潜在消费者可能实际上增加了多归属消费者产生的效用。

9.5.4　广告费率的决定因素

广告费率的决定因素早已在实证文献中得到了研究,但没有相关的理论文献对此做出解释。第 9.2 节中提到的 Thompson(1989)是最早认识到某些类型的消费者对广告商的重要性的研究之一。其发现,高收入消费者相对低收入读者而言对广告商更有价值,这是根据 34 种英国和爱尔兰的高质量小报数据得出的结论。Thompson(1989)得出结论,报纸在增加发行量和迎合某些类型的读者之间存在权衡。Thompson(1989)估计了拥有四个公式的结构模型,其中涉及发行量、报纸定价和两种不同的广告费率。与其他早期研究一致,Thompson (1989)假定读者对报纸份数的需求和对广告空间的(反)需求是线性的,并且不取决于竞争报纸的价格。Thompson(1989)通过估计联立方程,反推出自身需求的价格弹性。

Koschat and Putsis(2000a,2000b)通过分析美国 101 种杂志来研究读者特征的重要性。其估计了一个线性的特征定价方程,其中所有变量都被假定为外生的。研究发现,年轻而富有的读者对广告费率有积极的影响。Koschat and Putsis(2000a)认为,广告商对特定类型读者的偏好可能会促使出版商将内容向这些类型的读者“倾斜”。Koschat and Putsis(2000b)则进行了一个反事实分析,研究了广告商完全针对目标群体投放广告(即分拆)所获得的回报。研究发现,如果出版商确实瞄准了最有利可图的读者,那么将能够大幅增加利润。然而,研究的一个关键假设是这种定位对发行量没有影响。

在另一篇关于美国杂志业的文章中,Depken(2004)使用了与 Depken and Wilson(2004)相同的数据来证明读者收入和年龄都对广告费率有正面作用,这与 Koschat and Putsis (2000a,2000b)的结论不同。

这些研究使用的杂志数据和读者特征数据都是基于杂志层面,而 Chandra(2009)使用的

---

① 第 6 章已经对此做出讨论。

美国报纸的发行量数据和读者特征数据是基于邮政编码层面。Chandra(2009)发现,与竞争不激烈的报纸相比,竞争激烈的环境会使得报纸的定价更低,但广告费率更高。为了解释这一结果,Chandra(2009)随后展示了在竞争更激烈的市场上,报纸能够更好地根据位置和人口统计学特征来细分读者,从而迎合广告商所喜欢的更加同质化的目标读者。

考虑到杂志对读者是高度细分的(比如人们有时很难区分时尚杂志中的广告和内容),因此杂志几乎可以任意定位某些读者群体,我们可以认为杂志读者可能比报纸读者更喜欢广告,因为报纸的针对性较低而且迎合了地理上细分的受众。同时,阅读报纸比阅读杂志更容易跳过广告,这是因为杂志上的广告和内容很难区分。然而,系统地处理这种差异的研究尚不存在。

9.6 报纸和杂志市场的反垄断问题

与印刷媒体反垄断和影响印刷媒体的市场力量有关的问题值得特别讨论。正如本节所表明的,许多研究指出,媒体的反垄断经济学以及一般的双边市场的反垄断经济学往往与直觉不符。Evans(2002)指出,在双边产业中,对市场定义和市场力量的分析如果只关注一方,将会产生误导。正如 Rysman(2009)所指出的,双边市场通常会表现出网络效应,因此有可能向单一的主导平台倾斜,这使得这些市场受到竞争管理机构的关注。

此外,报纸等媒体所表现出来的共同特点是,当市场的一方将价格定在边际成本以下时,可能导致在兼并和市场集中方面出现特殊的政策规定。与其他双边产业一样,这些市场的兼并在理论上可以提高两组消费者的价格(Evans and Schmalensee,2012)。本节概述了有关印刷媒体的市场势力和兼并的研究。如果对媒体兼并的一般处理感兴趣,读者可以查询X-FKS。我们还将讨论在报业中具有特殊意义的两个反垄断主题:联合经营协议和垂直价格限制。

我们讨论的第一个问题是估计报业的市场势力。Argentesi and Filistrucchi(2007)估计了两组报纸消费者的报纸需求的结构模型,我们在第 9.3 节中简要讨论过。Argentesi and Filistrucchi(2007)的目标是检验在意大利报纸行业观察到的价格模式是否与竞争行为相一致,而不是与协调行为相一致,并且在考虑到报业的双边市场特质的基础上,分别对市场的每一方分析了这个问题。正如 Argentesi and Filistrucchi(2007)所指出的那样,简单研究市场一方得出的价格弹性并不一定代表着企业享有的市场势力程度。Argentesi and Filistrucchi(2007)重点关注意大利四家主要的全国性报纸,利用嵌套 Logit 模型构建读者需求,利用简单 Logit 模型构建广告商需求。有两点值得注意:一是研究假设读者对广告的态度是中性的;二是研究假设市场上的两边都是单归属的。尽管这些假设对于读者来说可能是合理的,但对于广告商来说,这无疑是一种简化,这是由于数据的局限性。Argentesi and Filistrucchi(2007)还假定作为供给方的报纸出版商同时设定价格。

Argentesi and Filistrucchi(2007)估计了出版商在四种不同情况下所设定的隐含加价,这四种情况对应于市场每一方是选择竞争或是共谋。然后,Argentesi and Filistrucchi(2007)根据报纸的收入和成本数据,将这些隐含的加价与出版商设定的实际加价估算进行比较。得出的结论是,这些数据很可能与广告方面的竞争一致,但在订阅方面出版商更有可能相互勾结。

9.6.1 兼并

所有权整合和兼并是报纸行业一个特别重要的话题。与任何行业一样,行业整合会导致对价格上涨的担忧,在美国报业这样一个已经倾向于地方垄断的市场中,情况更是如此。但报纸行业也对意见的多样性提出了担忧,因此这个问题特别具有争议性。Anderson and McLaren(2012)指出,争议既是政治的,也是经济的,即使媒体兼并增加了利润,也会影响公众的信息知情程度,从而影响政治结果。这意味着传统的产业组织兼并分析对于媒体兼并来说是不够的,而最近的政策辩论一直不是由经济学家主导的。

尽管如此,近年来有不少研究同时从传统产业组织的价格角度和意见多元化的角度来研究报纸兼并问题。George(2007)研究了所有权整合对美国日报报道的各种话题的影响。研究指出,随着多产品公司内化商业窃取的外部性,兼并可能导致所有者删除重复产品或者改变其他产品的内容。George(2007)使用 Burelle 的媒体目录来衡量报纸所报道的话题的多样性,该目录提供了报纸工作人员的职称数据。研究考察了 1993—2001 年这段出现大量报纸并购的时间。研究结果显示,市场中报纸所有者数量的减少会导致现有报纸间的差异程度提高。此外,每个市场所报道的主题总数随着报纸所有权的整合而增加。因此,有观点认为,兼并可能会通过增加日报所报道的话题种类而使消费者实际受益。George(2007)还发现,所有权集中度的提高并没有减少阅读报纸的人数。

Chandra and Collard-Wexler(2009)也对报纸所有权整合进行了研究。其研究主要集中在加拿大报纸兼并的价格效应上,这与 George(2007)对内容的关注不同。Chandra and Collard-Wexler(2009)构建了一个报纸竞争的霍特林模型,结果发现报纸的共同所有权对于订户或广告商的价格没有明显影响。其模型的一个关键特征是广告商不仅关注报纸的读者人数,而且还关注读者的个人特征。鉴于读者特征的异质性,在双寡头市场均衡中,一些读者可能对报纸出版商来说是具有负效用的。广告商并不喜欢这些读者,因为这些读者享受着报纸对他们的补贴,报纸将他们的订阅价格设定在边际成本以下。因此,双寡头垄断市场中的报纸最终可能会设定较高的均衡价格,以试图筛选出这些不受欢迎的读者。但是,当这些报纸是在同一所有权下时,均衡价格就会下降,因为垄断者会把高价格对两家报纸的影响内部化,这与传统的霍特林模型类似,即所有权的集中会提高价格,因为边际消费者可以为垄断者提供正的价值。Chandra and Collard-Wexler(2009)还表明,广告价格与订阅价格会同向变动,因此报纸所有权整合对广告价格的影响也不明确。

Chandra and Collard-Wexler(2009)随后依托加拿大在 20 世纪 90 年代末的一系列报纸的兼并数据,对所有权整合的价格影响进行了实证研究,当时 75% 的加拿大报纸的所有权都发生了变更。研究发现所有权整合对报纸发行量或广告价格没有明显的影响。

Fan(2013)构建了一个报纸行业的结构模型,以便分析报业兼并的福利结果。其不仅考虑了报纸企业兼并后的价格变化,还考虑了报纸对其产品特性的调整。此外,Fan(2013)还拓展了报纸的需求模型,允许家庭至多订阅两种日报,而以前的大多数研究都假设读者是单归属的。Fan(2013)使用的数据是1997—2005年期间美国的县级报纸发行量数据。

Fan(2013)使用结构估计进行了反事实模拟,特别研究了明尼阿波利斯市场上被司法部阻止的一项兼并。研究发现,司法部对读者盈余的分析只关注价格效应,忽视了报纸质量的变化,低估了消费者福利损失。两家报纸在兼并后都会提高定价,但是Fan(2013)对内生产品特征的分析表明,它们同时会降低产品质量,进而降低报纸的发行量和读者的福利。当产品特征被内生化时,广告商的福利也会下降得更多。毫不奇怪,当允许报纸出版商调整报纸质量时,报纸出版商可以获得更高的盈余。此外,Fan(2013)还模拟了那些存在两三种日报的市场出现报纸兼并时产生的影响,取得的结果与明尼阿波利斯市场的具体案例类似。

Filistrucchi et al.(2012)研究了荷兰报业的一个假设性兼并。研究指出,在最近的一些报纸兼并活动中,欧洲各个司法管辖区的竞争管理机构分别对双边市场中的一边或者两边进行了单独分析,而没有将双边市场的互相影响考虑在内。在读者订阅方面,Filistrucchi et al.(2012)假设消费者需求是一种差异化产品的离散选择问题。在广告方面,其假设任何报纸上的广告决定与其他出版物的广告决定是相互独立的,这与Rysman(2004)和其他先前的研究类似。Filistrucchi et al.(2012)将每份报纸的广告需求量建模为每位读者广告价格的函数,这使得这个变量是内生的。Filistrucchi et al.(2012)把报纸上的内容页面数作为工具变量,理由是内容会影响订阅总量,从而影响单位读者的广告价格,但这不会影响广告的需求。

Filistrucchi et al.(2012)利用一位同行在论文中列出的方法,对出版商的边际成本进行了估计。结果令人惊讶,研究发现,报纸出版商在读者市场上赚取了正的利润,而且事实上比广告方面的利润更高。研究结果表明,读者认为报纸广告有正面的价值。研究的主要贡献是对荷兰报纸市场的假设性兼并进行分析,并发现这样的兼并不会直接影响广告价格。但是,这将提高读者订阅价格,由此造成的用户流失将会减少广告需求,并会提高每个读者的广告价格,但这种影响很小。

9.6.2 报纸的联合经营协议

联合经营协议(JOA)是美国报业的一大特点。正如第9.1节所讨论的那样,这是由《1970年报纸保护法案》所引起的,这个法案致力于保持报纸观点的多样性。Romeo et al.(2003)解释了JOA背后的基本原理:

> 在受保护的JOA安排下,两种以前相互竞争的报纸,现在统一了它们的广告和发行功能,但同时还保持着独立的新闻采访、新闻报道和其他编辑功能:一个单一实体在两种报纸上同时赚取订阅收入和广告收入。

Gentzkow et al.(2012)指出,报纸的JOA是决策者用来增加意识形态多样性的三种工具之一,另外两种工具是对联合所有权的限制和直接的补贴。

因此,JOA旨在让市场上出现多样化的意见和新闻,而不是由一种报纸统领市场。出版商被给予特别的反垄断法豁免,可以将广告和发行业务结合起来。

这项政策的福利效应是什么？关于这个问题的研究存在分歧。Gentzkow et al.（2012）认为，允许报纸的联合经营会增加经济盈余和媒体多样性。研究发现，仅允许报纸在发行价格上串通导致了低效的结果，因为报纸利润的增长并不能抵消消费者和广告商的盈余损失，还减少了能够订阅多种报纸的家庭比例。相反，允许报纸在广告价格上联合，会增加经济福利和媒体多样性。这是因为，在这种情况下，出版商会大幅削减发行价格，以增加读者人数，从而拥有更大的市场力量从而在广告市场上获利。尽管出版商现在有动机与竞争对手区分开来，其效果也很弱，更多的家庭最终会阅读到不同种类的新闻。在 JOA 中，出版商对双边市场中的定价进行协调，但是广告方面的定价效应占主导地位。

相反，Antonielli and Filistrucchi（2012）则质疑 JOA 的合理性。类似于 Gabszewicz et al.（2001，2002），其允许出版商先选择自己的政治定位，然后选择广告和发行价格。Antonielli and Filistrucchi（2012）分析了报纸合谋的两种形式：一是报纸不但联合制定市场两边的价格，而且在新闻编辑上进行合作。二是报纸可以联合制定价格但不会在政治立场上合作，而这就是 JOA 的情况。研究发现，在后一种情况下，报纸的内容更加丰富，其背后的逻辑与 George（2007）类似。因此，Antonielli and Filistrucchi（2012）得出结论，JOA 的逻辑是自我矛盾的。一个可能的解释是其假设报纸读者是单归属的。相比之下，Gentzkow et al.（2012）则认为，读者的多归属特征是报纸企业 JOA 提高整体福利的一个关键因素。

Romeo et al.（2003）专注于研究 JOA 在广告方面的经济结果。研究指出，由于 JOA 的目的是允许相互竞争的报纸联营广告业务，其效果通常应该是将广告价格提高到垄断水平。然而，由于联合经营的报纸仍然需要出版单独的版本，并在每个版本中保持报纸一贯的外观和风格，因此其实际结果可能是两家报纸比垄断报纸刊登更多的广告。而且，由于 JOA 最终会在某个时候结束，因此两家报纸的资产最终都可以被出售。JOA 并不是强迫两家报纸中较弱的一方退出市场，而是使它成为一个能够存活的出版物，并且希望未来有投资者能够收购它，这同时就要求该报纸刊登足够的广告。Romeo et al.（2003）估计了 1989—1999 年期间 30 个大城市的报纸广告费率模型。证据表明，在制定广告费率的同时，JOA 双方的行为是受到限制的，而不是不受约束的垄断者。因此，可以得出这样的结论：形成一个 JOA 所带来的竞争损失可能并不像有时假设的那样具有严重的福利影响。

Bucklin et al.（1989）在对报纸"掠夺"的研究（在第 9.2 节中讨论）中预测，美国中心城市报纸市场的垄断是不可避免的。研究认为：JOA 即便在广告领域不具有竞争优势，但若能保持编辑声音的独立，就已经足够好了。相反，Noam（2009）则认为 JOA 是失败的，因为其专注于错误的市场方面，而报纸在新闻采集和内容报道方面比在广告方面拥有更大的规模经济效益。

9.6.3 垂直价格限制

有关转售价格维持的问题在报纸行业定期发生。对反垄断经济学感兴趣的读者可能会想到 1968 年由美国最高法院裁决的 Albrecht 公司与 Herald 公司的相关案例。Herald 公司是一家拥有许多刊物的报纸公司，其中包括每天在圣路易斯出版的《环球民主报》（*Globe Democrat*）。该公司雇用了运营商给订阅者提供报纸，并赋予这些运营商独家业务。《环球民主报》的建议零售价被印在封面上。①

其中一个被《环球民主报》雇用的运营商就是 Albrecht 公司。该公司在其区域内拥有 1200 名用户,并以垄断地位采纳比建议零售价更高的价格。这两家公司最终在法庭相见,最终最高法院裁定 Albrecht 公司胜诉,认为 Herald 公司强制执行某一特定零售价格的行为等同于违反《谢尔曼法》。

正如经济学家所认识到的那样,这种情况是双重边际效应的一个很好的例子,而且有很多强有力的证据可以支持 Herald 公司。但是,最高法院在 1997 年的宣判颠覆了这个问题的立场。

Rosse(1980b)生动地描述了对报纸行业转售价格维持的限制是特别有害的,认为由于行业的广告方面会因此受到影响,因此整体福利的损失会比想象的更大。后来,Flath(2012)记录了一个在日本维持报纸转售价格的有趣案例,并表示这个行业的纵向限制实际上设置了价格下限而不是上限,并且认为这会支持报纸的合谋行为。

9.6.4　报纸与其他媒体的交叉持股

1975 年,美国联邦通信委员会(FCC)禁止报纸在同一个市场上拥有广播电台或电视台,但已经参与这种交叉持股的传媒公司除外。禁止的目的是防止一家传媒公司主导新闻和信息的传播,并确保媒体观点的多样性。

Ferguson(1983)研究了这项规定带来的后果,发现当日报在同一地区拥有广播电台或电视台时,往往会增加报纸的发行量。就拥有电视台的报纸而言,这也降低了报纸的广告费率。

FCC 于 2007 年投票决定适度放宽其 1975 年颁布的对媒体行业交叉持股的禁令,这一禁令曾被认为有助于陷入困境的报纸行业(Federal Communications Commission,2010)。我们在第 8 章中已经讨论过这一举措与广播行业之间的关系。

9.7　印刷媒体与互联网

传统上,出版商和传媒公司一直对新媒体或新媒体渠道的兴起持谨慎态度。英国出版商担心读者会从购买报纸转向到公共图书馆阅读报刊,广播电台害怕来自电视的竞争,而现在,出版商感受到了来自网络媒体的威胁。

到目前为止,这方面的大部分研究都关注自我蚕食的可能性,即推出一个配套的网站对印刷版的需求有何影响。《纽约时报》在 2005 年引用摩根大通分析师的话说:报纸在自相残杀。对于印刷媒体未来的恐惧可以追溯到互联网的早期阶段。Hickey(1997)写道,据报道,媒体咨询公司 Jupiter Media Metrix 的一位副总裁曾说过:"抓住今天!要么你自己吃掉自己,要么别人吃掉你。"

至少在互联网开始兴起的时候,在线版本往往是起到"铲子软件"的作用,即网络版本只

---

① 相关材料来源于 Albrecht v. The Herald Co. , 390 U. S. 150 (1968)和 Pepall et al. (2005)。

是对印刷版本的简单复制。因此,互联网的威胁似乎迫在眉睫。但有人认识到,网络媒体能够提供丰富的产品,而不是在网络上对印刷媒体进行单一的、复制性的呈现和补充。Kaiser and Kongsted(2012)描述了在线媒体可能影响印刷需求的三种主要方式:一是"意识",二是在线订阅,三是附加服务。在线版本通过提供印刷版内容的预览或当前和过去文章的观点来产生意识。消费者因此可以对印刷版进行试读,从而提高了印刷需求,相关的理论研究来自 Peitz and Waelbroeck(2004)以及 Halbheer et al.(2014),实证证据来自 Oberholzer-Gee and Strumpf(2007)关于音乐下载的研究。

同样,印刷媒体和网络媒体的受众特征可能不同,这意味着网络版本可能会接触到与印刷版本不同的受众(Joukhadar,2004;Nicholson,2001)。网络版本还提供在线订阅服务,这一功能对于出版业来说很重要(Barsh et al.,2001;Capell,2004)。最重要的可能是网络版本可以让出版商发布补充信息。Barsh et al.(1999)和 Silk et al.(2001)的研究将网络版本与印刷版本的相对定位识别为自我蚕食的关键决定因素。Deleersnyder et al.(2002)、Pauwels and Dans(2001)以及 Simon and Kadiyali(2007)的经济研究都强调了这种相对定位的论点。如果认为网络版本仅仅起到"铲子软件"的作用,那么它产生替代作用的可能性更大。相比之下,如果网站能够提供额外的服务,那么网络版本很可能是对印刷版本的补充。这种补充作用可能更适合杂志行业,由于杂志的网络版本允许杂志发布当前的新闻,因此其可以克服杂志行业存在的更新频率低的缺点。

为了分析网络版本对印刷版本是起替代作用还是补充作用,并且由于传统的差异化产品需求模型只允许产品之间存在替代关系,因此 Gentzkow(2007)开发了一种更通用的结构方法,其中的产品既可以是互补品也可以是替代品。这是一种很新颖的识别策略,因为可以假设一种产品是免费的,即网络版本的新闻,而另一种产品是收费的,即印刷版本的新闻。Gentzkow(2007)使用两种地区性的竞争报纸(《华盛顿邮报》和《华盛顿时报》)的消费者调查数据,发现网络版本和印刷版本是替代品,而且这个结果并不会随着不可观测的读者异质性而改变。

其他使用结构需求模型来衡量网络版本对印刷版本销售量的影响的论文还包括 Filistrucchi(2005)和 Kaiser(2006)。这两篇论文都假设网站的建立与各自印刷媒体的不可观察的特征是不相关的,它们也都使用嵌套 Logit 需求模型。Filistrucchi(2005)研究了意大利全国性报纸推出配套网站的情况,发现一旦推出网络版本,印刷版本的需求在统计上和经济上都会下降。Kaiser(2006)也估计了网站的建立产生的总体负面影响,但是发现这些负面影响在不同的消费年龄段和时间上有很大差异。Kaiser(2006)认为,时间可能是重要的,因为出版商可能在网络版本的定位方面做得更好。

George(2008)也强调了读者特征对互联网和美国报纸需求之间关系的重要性,并通过简化式回归估计了美国当地互联网普及率和人均本地报纸发行量之间的关系。与 George(2008)和 Gentzkow(2007)一样,Hong(2007)也使用消费者调查数据来估计互联网对媒体需求的影响。Hong(2007)的因变量是不同类型娱乐产品(包括报纸和杂志)的家庭支出。研究设计了简化方程,并在假设互联网普及率的总体增长是外生的情况下尝试通过双重差分法来识别因果效应。

另一支文献使用时间序列方法来探索在线媒体和离线媒体之间的关系。Deleersnyder et al.（2002）利用1990—2001年期间英国和荷兰报纸的月度发行数据进行了时间序列分析，研究了结构性冲击（引入网站）的影响。研究发现，很少有报纸的发行量和广告需求因为网站的推出而下降。然而，这种影响对不同报纸而言是不同的，而且相当小。Kaiser and Kongsted（2012）对德国杂志数据进行了格兰杰因果关系检验，发现网站页面访问量的增加会降低总销售额。这个结果是由报刊亭销售额的减少所驱动的，而这并没有因订阅量的增加而得到弥补。像Kaiser（2006）一样，Kaiser and Kongsted（2012）表明网络版本和印刷版本之间的关系取决于读者的特征。

Cho et al.（2014）使用跨国数据研究了互联网的采用对印刷报纸的发行量和报纸公司的生存产生的影响。其数据涵盖了2000—2009年期间90多个国家的数据，这是互联网应用增长最迅速的时期，但不幸的是，数据没有涵盖金融危机后报纸发行量大幅下降的时期。Cho et al.（2014）发现，互联网的采用直接导致了一些国家的报纸停业，尽管互联网似乎对那些生存下来的公司的净发行量几乎没有影响。

虽然现有的研究主要关注互联网对印刷品需求的影响，但关注反向影响的研究却很少，鉴于网络广告的重要性迅速增加，这似乎令人惊讶。Kaiser and Kongsted（2012）没有发现任何证据表明印刷媒体发行量会影响网页访问量，这与之前由Pauwels and Dans（2001）进行的对一组12份西班牙报纸的研究形成鲜明对比，Pauwels and Dans（2001）发现印刷媒体发行量增加了网站访问量的证据。

最近，经济研究越来越关注互联网对印刷媒体的广告需求和广告费率的影响。[1] Zentner（2012）利用87个国家11年的数据记录了互联网普及率和传统媒体行业（包括报纸、杂志和电视）的广告支出之间的负向关系。Chandra and Kaiser（2014）研究了在线媒体网站和互联网的使用对德国消费者杂志的定向广告价值的影响，发现线下渠道和在线渠道之间存在互补性：同类消费群体的价值随着互联网用户使用量的增加以及在线媒体网站的存在而增加。研究假设，这个结果是由提升定向广告价值的多归属消费者推动的。虽然在线渠道会增加定向广告的定位价值，但读者对在线媒体网站和互联网的使用对于广告费率的影响整体是负面的。

几乎所有关于离线/在线竞争（或互补）的实证研究所固有的一个基本问题是识别问题。大多数研究假设在线配套网站的成立是一个外生事件（Filistrucchi，2005；Gentzkow，2007；George，2008；Kaiser，2006；Kaiser and Kongsted，2012），这显然是有问题的。迄今为止，相关领域缺乏好的自然实验和准实验。Goldfarb and Tucker（2011）使用广告禁令来梳理因果效应，Goldfarb（2006）使用"拒绝服务"攻击，以了解消费者在受到此类攻击后是否会回到网站。

从管理的角度来看，另一个相关的问题是为访问在线内容设置付费墙。美国的网站过去对收取访问费一直犹豫不决，因为需要产生访问量并出售在线广告（Barsh et al.，2001；

---

[1] Lambert and Pregibon（2008）、Joo et al.（2012）以及Goldfarb and Tucker（2011）研究了非印刷媒体市场的离线和在线广告的关系。

Deleersnyder et al. ,2002)。虽然有收费的趋势,但直到最近才有令人鼓舞的结果(Hickey, 1997;Robins,2001)。2011 年,《纽约时报》为其在线内容重新设置了付费墙,其他一些国际高质量报纸也纷纷效仿。[①] Chiou and Tucker(2013)利用了一家出版商的实验数据,为付费墙的引入对网站访问的影响提供了描述性证据,并根据读者的人口统计学特征进行了分类。关于付费墙对线下读者需求和广告的影响研究目前还比较缺乏。

迄今为止,印刷媒体市场一直被认为是典型的双边市场。鉴于在线媒体网站对读者和广告客户的重要性日益增加,未来的研究可能需要关注由此产生的四边市场,以及其中相互关系对定价结构的影响。

将不同网站的信息合并为单一新闻信息的新闻聚合平台最近也成为实证研究的对象。Athey and Mobius(2012)使用跟踪用户浏览行为的数据发现,用户对谷歌新闻本地化功能的采用会导致本地新闻消费量的增加。George and Hogendorn(2012)使用非常相似的数据来证明采用地理定位的新闻可以降低本地新闻的获取成本,但对当地出版商似乎没有经济上的显著影响。在类似的情况下,George and Peukert(2013)使用本地和非本地每月访问在线新闻网站的数据,发现本地市场的人口规模与互联网上对国家媒体的消费量之间存在正向关系。此外,聚合新闻和从社交媒体上收集的新闻(所谓的"机器人新闻")可能会取代可能受到审查或有偏见的传统媒体。

有人可能会认为,网络对报纸的威胁比对杂志更严重,因为后者包含更多深度文章,而前者报道的是当前的新闻,这些新闻也可以在互联网上查到。事实上,分析报纸的研究往往会发现在线媒体对报纸销售的负面影响(Filistrucchi,2005;George,2008),而对杂志的研究结果则有更多的异质性(Deleersnyder et al. ,2002;Kaiser,2006;Kaiser and Kongsted,2012; Simon and Kadiyali,2007)。而对这种潜在区别的系统性分析还有待完成。

9.8 对未来研究方向的思考以及结论

在本节中,我们将强调进一步研究会有价值的领域。我们先总结其中一些开放性的研究问题,然后就印刷媒体的未来发表我们的想法。

对于对报纸和杂志感兴趣的经济学家来说,最丰富的研究领域在于这些媒体如何应对互联网的出现。研究线上和线下渠道之间竞争的一个基本问题是识别问题。以前的研究普遍认为网站是外生的,显然这个假设不符合现实。合理的研究应当仔细估计报纸或杂志的网络版本对印刷版本的销售和广告收入的因果效应。与此类似,关于在线付费墙对线下读者需求和广告影响的研究还相当缺乏,新闻聚合平台和"机器人新闻"方面的研究也远远不够。

在这一点上,我们需要扪心自问,现有的诸多双边市场模型是否足以分析未来的媒体属性,这些媒体可能具有同时存在大量的在线和线下读者的混合结构。事实上,现在已经存在像《纽约时报》这样的媒体,它现在的线上服务和线下销售都能够从读者与广告商那里获得

---

① McAthy, R. "Two years in:Reflections on the New York Times Paywall," journalism. co. uk, 2013.

巨大收入,但自我蚕食和最优定价仍然是需要解决的问题。做实证研究的学者可能不得不设计出四边市场的媒体模型,并且还要解决多归属这个棘手的问题。

我们已经讨论了大量的关于印刷媒体读者是否积极或消极地看待广告的文献,但实证研究结果令人沮丧地存在分歧。经济学家们仍然不能解答这个问题,即便他们已经认识到了双边市场内部的反馈效应的重要性,这很令人惊讶。来自广告的正面或负面的反馈效应对于媒体市场中的最优定价具有完全不同的结论。我们之前提到,读者在报纸和杂志上对广告的看法可能不同,因为后者是以内容而不是地理范围来确定目标读者,因此更有可能使读者从阅读相关广告中获得积极价值。这方面的研究将是对文献的一个重要补充。

长期以来,行业的观察者们一直指出,即使控制了读者数量的影响,与印刷媒体收入相比,在线广告带来的收入微乎其微。这似乎是一个难题,但也有文献提供了一些解释。其中最主要的是读者通过网络进行阅读花的时间要少于阅读报纸上的新闻所花的时间,而且在线切换成本极低。此外,在线广告的大部分盈余可能被提供跨网站追踪读者技术的公司或像谷歌这样的在在线广告市场上享有巨大市场力量的公司所占有。然而,在这个领域还没有系统的学术研究。鉴于许多报纸现在都寄希望于拥有一个庞大而忠实的在线读者群,因此对这一领域的研究将是非常重要的,但是如果广告收入一直很低,那么这样的研究可能就是白费工夫。

大量的研究已经明确了,报纸是选民投票和公民参与的重要推动力,正如我们在第 9.2 节中所讨论的那样。Gentzkow(2006)指出,由于报纸被电视取代,选民的投票率下降,因为电视在激励选民参与选举过程方面没有起到与报纸相同的效果。因此,一个重要的问题是,互联网会不会像电视一样影响受众的政治参与? 最近的一篇文章认为这种推测可能为真(Falck et al.,2014)。

传统印刷媒体行业的相关研究存在两个突出的问题。第一,对免费印刷报纸的研究很少,这可能是因为缺乏销售数据,使得可靠的发行量数据难以获得。尽管如此,这样的报纸在一些大城市尤其重要,特别是针对那些使用公共交通的受众,他们很容易受到这些媒体广告的影响。第二,免费报纸的经济状况与不设置付费墙的在线媒体类似,这适用于大量新闻来源。了解免费报纸对市场结构的影响,并检验广告市场在这类媒体上的表现是否有所不同,是具有直接的经济利益的,而且也为预测网络新闻的竞争演变提供了有用的基准。

在本章中,我们将重点放在了美国报纸行业,只有部分研究探讨了加拿大、英国和德国等国家的印刷媒体。正如我们所强调的那样,这是因为现有的文献过于看重美国的媒体市场,这也可能是产业组织理论相关研究的一个共同问题。不过,对世界其他地区的媒体行业研究仍有很大空间,特别是报纸继续蓬勃发展的发展中国家。印度等国家的收入和教育水平的不断提高,使得报纸市场蓬勃发展。一个富有成效的研究领域是对各国的印刷媒体进行比较分析,我们在表 9.1 中提供了一个简单的例子。据我们所知,Zentner(2012)和 Cho et al.(2014)是这个方面为数不多的研究之一。这样的比较分析有助于识别一些国家有趣的现象,就像我们在 9.3.1 中所描述的日本出色的发行量一样。总体来说,北美报纸市场的衰败应该引起人们对这个行业在其他国家的运作情况的关注,因为在其他国家还没有出现类似的明显衰败。

这里提供一些简要的结论性意见。报纸和杂志是当今主要媒体中最古老的两种形式。印刷媒体自出现以来经历了巨大的发展,也创造了巨大的价值。政治家们早已认识到,报纸在一个国家里具有独特的作用,对于让人们知晓时事、参与政治以及对政府和企业的外部监督具有重要的意义。

然而,今天的印刷媒体举步维艰。特别是在 21 世纪初期,报纸面临着毁灭性的打击,尽管目前杂志仍然保持着稳定的地位。鉴于印刷媒体销量和网络媒体发展表现出来的长期趋势,除了一些老牌媒体,很难想象印刷媒体还能存活多久。

在可预见的未来,报纸和杂志有可能过渡到数字版本,并继续以一种新的实体形式运行,尽管这并不能得到保证。事实上,对于一些期刊来说,网络媒体部分是读者和收入都能稳步增长的少数领域之一。在经过早期的徘徊后,一些报纸已经设计了复杂的付费墙,并配合执行良好的数字战略,实际上就是让读者愿意为内容付费。事实上,互联网的出现大大帮助了一些报纸,如《华尔街日报》《纽约时报》《每日邮报》等,这些知名媒体在网络新闻中占据了主导地位,并且是网络博客、新闻聚合平台和社交媒体的权威发言人。

与此同时,事实很简单,在线广告收入还只是过去印刷媒体收入的很小一部分。即使是幸存的新闻媒体,其预算和人员也在不断减少,并且偶尔不得不关闭一些主要城市的新闻部,或者减少奢侈的新闻调查活动。因此,正如我们前面所提到的那样,网络报纸是否可以像传统媒体一样继续提供平衡、理性和做了充分研究的报道,并为自己赢得声誉和尊重,仍有待观察。

致谢

我们感谢西蒙·安德森(Simon Anderson)、史册(Matthew Shi)和乔尔·沃尔德福格尔(Joel Waldfogel)提供的很多宝贵意见,泰穆·亨里克松(Teemu Henriksson)和戴维·弗拉思(David Flath)慷慨分享的数据,以及克里斯蒂安·波伊克特(Christian Peukert)详细阅读草稿后提供的建议。

参考文献

Ambrus, A., Reisinger, M., 2005. Platform Competition and Welfare: Media Markets Reconsidered. Mimeo.

Ambrus, A., Calvano, E., Reisinger, M., 2012. Either or Both Competition: A "Two-Sided" Theory of Advertising with Overlapping Viewerships. Working Paper, University of Chicago.

Anderson, S. P., 2005. Localism and Welfare. Mimeo.

Anderson, S. P., Coate, S., 2005. Market provision of broadcasting: a welfare analysis.

Rev. Econ. Stud. 72 (4), 947-972.

Anderson, S. P., McLaren, J., 2012. Media mergers and media bias with rational consumers. J. Eur. Econ. Assoc. 10 (4), 831-859.

Antonielli, M., Filistrucchi, L., 2012. Collusion and the Political Differentiation of Newspapers. TILEC Discussion Paper No. 2012-014, Tilburg University.

Argentesi, E., Filistrucchi, L., 2007. Estimating market power in a two-sided market: the case of newspapers. J. Appl. Econ. 22, 1247-1266.

Armstrong, M., 2006. Competition in two-sided markets. RAND J. Econ. 37 (3), 668-691.

Asplund, M., Eriksson, R., Strand, N., 2005. Prices, margins and liquidity constraints: Swedish newspapers, 1990-1992. Economica 72 (286), 349-359.

Asplund, M., Eriksson, R., Strand, N., 2008. Price discrimination in oligopoly: evidence from regional newspapers. J. Ind. Econ. 56 (2), 333-346.

Athey, S., Mobius, M., 2012. The Impact of News Aggregators on Internet News Consumption: The Case of Localization. Working Paper.

Athey, S., Calvano, E., Gans, J. S., 2011. The Impact of the Internet on Advertising Markets for News Media. Working Paper, Harvard University.

Baldasty, G. J., 1992. The Commercialization of News in the Nineteenth Century. University of Wisconsin Press, Madison, WI.

Barsh, J., Lee, G., Miles, A., 1999. Beyond print: a future for magazines. McKinsey Q. 3, 122-130.

Barsh, J., Kramer, E., Maue, D., Zuckerman, N., 2001. Magazines' home companion. McKinsey Q. 2, 83-91.

Berry, S., Waldfogel, J., 2010. Product quality and market size. J. Ind. Econ. 58 (1), 1-31.

Blair, R. D., Romano, R. E., 1993. Pricing decisions of the newspaper monopolist. South. Econ. J. 59 (4), 721-732.

Blondheim, M., 1994. News over the Wires: The Telegraph and the Flow of Public Information in America 1844-1897. Harvard University Press, Cambridge.

Bucklin, R. E., Caves, R. E., Lo, A. W., 1989. Games of survival in the US newspaper industry. Appl. Econ. 21 (5), 631-649.

Capell, D., 2004. Circulation at the crossroads. Circ. Manag. 19 (9), 30-34.

Cecchetti, S. G., 1986. The frequency of price adjustment: a study of the newsstand prices of magazines. J. Econ. 31 (3), 255-274.

Central Intelligence Agency, 2013. The World Factbook 2013-14. Washington, DC. https://www.cia.gov/library/publications/the-world-factbook/index.html.

Chamberlin, E. H., 1960. The Theory of Monopolistic Competition. Harvard University Press, Cambridge, MA.

Chandra, A., 2009. Targeted advertising: the role of subscriber characteristics in advertising markets. J. Ind. Econ. 57 (1), 58-84.

Chandra, A., Collard-Wexler, A., 2009. Mergers in two-sided markets: an application to the Canadian newspaper industry. J. Econ. Manag. Strateg. 18 (4), 1045-1070.

Chandra, A., Kaiser, U., 2014. Targeted advertising in magazine markets and the advent of the Internet. Manag. Sci. 60 (7), 1829-1843.

Chaudhri, V., 1998. Pricing and efficiency of a circulation industry: the case of newspapers. Inf. Econ. Policy 10 (1), 59-76.

Chiang, C.-F., Knight, B., 2011. Media bias and influence: evidence from newspaper endorsements. Rev. Econ. Stud. 78, 795-820.

Chiou, L., Tucker, C., 2013. Paywalls and the demand for news. Inf. Econ. Policy 25, 61-69.

Cho, D., Smith, M., Zentner, A., 2014. Internet Adoption and the Survival of Print Newspapers: A Country-Level Examination. Working Paper, University of Texas.

Choi, J. P., 2006. Broadcast competition and advertising with free entry: subscription vs. free-to-air. Inf. Econ. Policy 18, 181-196.

Corden, W. M., 1952-1953. The maximisation of profit by a newspaper firm. Rev. Econ. Stud. 20 (3), 181-190.

De Tocqueville, A., 2004. Democracy in America (Vol. 147). Digireads. com.

Deleersnyder, B., Geyskens, I., Gielens, K., Dekimpe, M., 2002. How cannibalistic is the Internet channel? A study of the newspaper industry in the United Kingdom and the Netherlands. Int. J. Res. Mark. 19, 337-348.

Depken, C. A., 2004. Audience characteristics and the price of advertising in a circulation industry: evidence from US magazines. Inf. Econ. Policy 16, 179-196.

Depken, C. A., Wilson, D. P., 2004. Is advertising a good or bad? Evidence from U. S. magazine subscriptions. J. Bus. 77 (2), S61-S80.

Dertouzos, J. N., Trautman, W. B., 1990. Economic effects of media concentration: estimates from a model of the newspaper firm. J. Ind. Econ. 39 (1), 1-14.

Editor & Publisher, 2012. International Year Book. Editor & Publisher, New York, NY.

Evans, D. S., 2002. The Antitrust Economics of Two-Sided Markets. Mimeo.

Evans, D., Schmalensee, R., 2012. The antitrust analysis of multi-sided platform businesses. In: Blair, R. D., Sokol, D. D. (Eds.), In: Oxford Handbook on International Antitrust Economics, vol. 1. Oxford University Press, Oxford.

Falck, O., Heblich, S., Gold, R., 2014. Elections: voting behavior and the Internet. Am.

Econ. Rev. 104（7），2238-2265.

Fan，Y.，2013. Ownership consolidation and product characteristics：a study of the US daily newspaper market. Am. Econ. Rev. 103（5），1598-1628.

Federal Communications Commission，2010. FCC Consumer Facts：FCC's Review of the Broadcast Ownership Rules. Federal Communications Commission，Washington，DC.

Federal Communications Commission，2011. The Information Needs of Communities. Federal Communications Commission，Washington，DC.

Ferguson，J. M.，1983. Daily newspaper advertising rates，local media cross-ownership. J. Law Econ. 26（3），635-654.

Ferrari，S.，Verboven，F.，2012. Vertical control of a distribution network—an empirical analysis of magazines. RAND J. Econ. 43（1），26-50.

Filistrucchi，L.，2005. The Impact of Internet on the Market for Daily Newspapers in Italy. EUI Working Paper 12/2005.

Filistrucchi，L.，Klein，T. J.，Michielsen，T.，2012. Assessing unilateral effects in a two-sided market：an application to the Dutch daily newspaper market. J. Compet. Law Econ. 8（2），297-329.

Flath，D.，2012. Japanese Newspapers. Working Paper, Osaka University.

Fu，W. W.，2003. Multimarket contact of US newspaper chains：circulation competition and market coordination. Inf. Econ. Policy 15（4），501-519.

Gabszewicz，J. J.，Laussel，D.，Sonnac，S.，2001. Press advertising and the ascent of the 'Pensée Unique'. Eur. Econ. Rev. 45，641-645.

Gabszewicz，J. J.，Laussel，D.，Sonnac，N.，2004. Programming and advertising competition in the broadcasting industry. J. Econ. Manag. Strateg. 13（4），657-669.

Gabszewicz，J. J.，Garella，P. G.，Sonnac，N.，2007. Newspapers' market shares and the theory of the circulation spiral. Inf. Econ. Policy 19，405-413.

Genesove，D.，1999. The Adoption of Offset Presses in the Daily Newspaper Industry in the United States. Working Paper 7076，National Bureau of Economic Research.

Gentzkow，M.，2006. Television and voter turnout. Q. J. Econ. 121（3），931-972.

Gentzkow，M.，2007. Valuing new goods in a model with complementarity：online newspapers. Am. Econ. Rev. 97（3），713-744.

Gentzkow，M.，Glaeser，E. L.，Goldin，C.，2006. The rise of the fourth estate：how newspapers became informative and why it mattered. In：Glaeser，E. L.，Goldin，C.（Eds.），Corruption and Reform：Lessons from America's Economic History. University of Chicago Press，Chicago.

Gentzkow，M.，Shapiro，J. M.，Sinkinson，M.，2011. The effect of newspaper entry and exit on electoral politics. Am. Econ. Rev. 101（7），2980-3018.

Gentzkow, M., Shapiro, J. M., Sinkinson, M., 2012. Competition and Ideological Diversity: Historical Evidence from US Newspapers. Working Paper, University of Chicago.

George, L. M., 2007. What's fit to print: the effect of ownership concentration on product variety in daily newspaper markets. Inf. Econ. Policy 19, 285-303.

George, L. M., 2008. The Internet and the market for daily newspapers. B. E. J. Econ. Anal. Policy 8 (1), 1-33.

George, L. M., Hogendorn, C., 2012. Aggregators, search and the economics of new media institutions. Inf. Econ. Policy 24 (1), 40-51.

George, L., Peukert, C., 2013. Social Networks and the Demand for News. Hunter College Mimeo.

George, L. M., Waldfogel, J., 2003. Who affects whom in daily newspaper markets? J. Polit. Econ. 111, 765-784.

George, L. M., Waldfogel, J., 2006. The New York Times and the market for local newspapers. Am. Econ. Rev. 96 (1), 435-447.

Goldfarb, A., 2006. The medium-term effects of unavailability. Quant. Mark. Econ. 4 (2), 143-171.

Goldfarb, A., Tucker, C. E., 2011. Advertising bans and the substitutability of online and offline advertising. J. Mark. Res. 48 (2), 207-227.

Häckner, J., Nyberg, S., 2008. Advertising and media market concentration. J. Med. Econ. 21 (2), 79-96.

Halbheer, D., Stahl, F., Koenigsberg, O., Lehmann, D. R., 2014. Choosing a digital content strategy: how much should be free? Int. J. Res. Mark. 31 (2), 192-206.

Hamilton, J., 2004. All the News That's Fit to Sell: How the Market Transforms Information into News. Princeton University Press, Princeton.

Hickey, N., 1997. Will Gates Crush Newspapers? Columbia Journalism Review November/December, 28-36.

Hong, S. -H., 2007. The recent growth of the Internet and changes in household-level demand for entertainment. Inf. Econ. Policy 19, 304-318.

Joo, M., Wilbur, K. C., Zhu, Y., 2012. Television Advertising and Online Search. Working Paper, Duke University Fuqua School of Business.

Joukhadar, K., 2004. The 8 challenges of digital publishing. Circ. Manag. 19 (9), 24-29.

Jullien, B., Haritchabalet, C., Crampes, C., 2009. Advertising, competition and entry in media industries. J. Ind. Econ. 57 (1), 7-31.

Kaiser, U., 2006. Magazinesand their companion websites: competing outlet channels? Rev. Mark. Sci. 4(3) Article 3.

Kaiser, U., Kongsted, H. C., 2012. Magazine "companion websites" and the demand for newsstand sales and subscriptions. J. Med. Econ. 25 (4), 184-197.

Kaiser, U., Song, M., 2009. Do media consumers really dislike advertising? An empirical assessment of the role of advertising in print media markets. Int. J. Ind. Organ. 27 (2), 292-301.

Kaiser, U., Wright, J., 2006. Price structure in two-sided markets: evidence from the magazine industry. Int. J. Ind. Organ. 24, 1-28.

Kind, H. J., Nilssen, T., Sørgard, L., 2003. Advertising on TV: Under-or Overprovision? Mimeo.

Kind, H. J., Nilssen, T., Sørgard, L., 2007. Competition for viewers and advertisers in a TV oligopoly. J. Med. Econ. 20 (3), 211-233.

Knotek, E. S., 2008. Convenient prices, currency, and nominal rigidity: theory with evidence from newspaper prices. J. Monet. Econ. 55 (7), 1303-1316.

Kohlschein, I., 2004. Economic Distortions Caused by Public Funding of Broadcasting in Europe. Mimeo.

Koschat, M. A., Putsis, W. A., 2000a. Who wants you when you're old and poor? Exploring the economics of media pricing. J. Med. Econ. 13 (4), 215-232.

Koschat, M. A., Putsis, W. A., 2000b. Audience characteristics and bundling: a hedonic analysis of magazine advertising rates. J. Mark. Res. 39 (2), 262-273.

Kremhelmer, S., Zenger, H., 2004. Advertising and the screening role of mass media. Inf. Econ. Policy 20 (2), 107-119.

Kroft, K., Pope, D., 2014. Does online search crowd-out traditional search and improve matching efficiency? Evidence from Craigslist. J. Lab. Econ. 32 (2), 259-303.

Lambert, D., Pregibon, D., 2008. Online effects of offine ads. In: Proceedings of the Second International Workshop on Data Mining and Audience Intelligence for Advertising, Las Vegas, Nevada.

Merrilees, W. J., 1983. Anatomy of a price leadership challenge: an evaluation of pricing strategies in the Australian newspaper industry. J. Ind. Econ. 31 (3), 291-311.

Mott, F. L., 1950. American Journalism: A History of Newspapers in the United States Through 260 Years: 1690 to 1950. Macmillan, London.

Nicholson, J., 2001. Cannibals on the web? Don't you believe it!. Editor Publisher 134 (18), 1-3.

Noam, E. M., 2009. Media Ownership and Concentration in America. Oxford University Press, New York.

Oberholzer-Gee, F., Strumpf, K., 2007. The effect of file sharing on record sales: an empirical analysis. J. Polit. Econ. 115 (1), 1-42.

Oster, S., Scott Morton, F., 2005. Behavioral biases meet the market: the case of magazine subscription prices. Adv. Econ. Anal. Policy. 5 (1) Article 1.

Pauwels, K., Dans, E., 2001. Internet marketing the news: leveraging brand equity from marketplace to marketspace. Brand Manag. 8 (4), 303-314.

Peitz, M., Valetti, T., 2008. Content and advertising in the media: pay-TV versus free-to-air. Int. J. Ind. Organ. 26, 949-965.

Peitz, M., Waelbroeck, P., 2004. The Effect of Internet Piracy on CD sales: Cross-Section Evidence. CESifo Working Paper Series No. 1122.

Pepall, L., Richards, D. J., Norman, G., 2005. Industrial organization: contemporary theory and practice. Thomson/South-Western, Mason.

Petrova, M., 2011. Newspapers and parties: how advertising revenues created an independent press. Am. Polit. Sci. Rev. 105 (4), 790-808.

Reddaway, W. B., 1963. The economics of newspapers. Econ. J. 73 (290), 201-218.

Reisinger, M., 2012. Platform competition for advertisers and users in media markets. Int. J. Ind. Organ. 30 (2), 243-252.

Reisinger, M., Ressner, L., Schmidtke, R., 2009. Two-sided markets with pecuniary and participation externalities. J. Ind. Econ. 57 (1), 32-37.

Robins, W., 2001. Newspaper websites seize on a capital idea. Editor Publisher 134 (18), 3-11.

Rochet, J.-C., Tirole, J., 2003. Platform competition in two-sided markets. J. Eur. Econ. Assoc. 1 (1), 990-1029.

Romeo, C., Pittman, R., Familant, N., 2003. Do newspaper JOAs charge monopoly advertising rates? Rev. Ind. Organ. 22 (2), 121-138.

Rosse, J. N., 1967. Daily newspapers, monopolistic competition, and economies of scale. Am. Econ. Rev. 57, 522-533.

Rosse, J. N., 1970. Estimating cost function parameters without using cost data: illustrated methodology. Econometrica 38, 256-274.

Rosse, J. N., 1980a. The decline of direct newspaper competition. J. Commun. 30 (2), 65-71.

Rosse, J. N., 1980b. Vertical Price Fixing in Newspaper Distribution: A Per-Se Rule That Makes Everyone Worse Off. Unpublished manuscript, Stanford University.

Rysman, M., 2004. Competition between networks: a study of the market for yellow pages. Rev. Econ. Stud. 71 (2), 483-512.

Rysman, M., 2009. The economics of two-sided markets. J. Econ. Perspect. 23 (3), 125-143.

Seamans, R., Zhu, F., 2014. Responses to entry in multi-sided markets: the impact of Craigslist on local newspapers. Manag. Sci. 60 (2), 476-493.

Silk, A. J., Klein, L. R., Berndt, E. R., 2001. The emerging position of the Internet as an advertising medium. Netnomics 3, 129-148.

Simon, D., Kadiyali, V., 2007. The effect of a magazine's free digital content on its print circulation: cannibalization or complementarity? Inf. Econ. Policy 19, 344-361.

Sonnac, N., 2000. Readers' attitudes toward press advertising: are they ad-lovers or ad-averse? J. Med. Econ. 13 (4), 249-259.

Starr, P., 2004. The Creation of the Media: Political Origins of Modern Communications. Basic Books, New York.

Steiner, P. O., 1952. Program patterns and the workability of competition in radio broadcasting. Q. J. Econ. 66 (2), 194-223.

Thompson, R. S., 1989. Circulation versus advertiser appeal in the newspaper industry. J. Ind. Econ. 37 (3), 259-271.

Van Cayseele, P. J., Vanormelingen, S., 2009. Prices and Network Effects in Two-Sided Markets: The Belgian Newspaper Industry. Working Paper, Catholic University of Leuven.

Weyl, R. G., 2010. A price theory of multi-sided platforms. Am. Econ. Rev. 100 (4), 1642-1672.

Willis, J. L., 2006. Magazine prices revisited. J. Appl. Econ. 21 (3), 337-344.

Zentner, A., 2012. Internet adoption and advertising expenditures on traditional media: an empirical analysis using a panel of countries. J. Econ. Manag. Strateg. 21 (4), 913-926.

第 10 章　互联网媒体经济学

马丁·佩茨 (Martin Peitz) [①]、马库斯·赖辛格 (Markus Reisinger) [②]

目　录

---

① 德国曼海姆大学经济系。
② 德国法兰克福金融管理学院经济系。

　　摘要：本章梳理了适用于互联网的媒体经济学文献。互联网是媒体融合的重要推动力，连接了各种信息和通信技术。互联网媒体在与传统媒体共享某些属性的同时也出现了一些新颖的特征：在内容方面，没有编辑政策且由用户生成内容的第三方聚合变得越来越重要；在广告商方面，基于个人用户特征的广告微调和定向是许多互联网媒体与社交网络的共同特征；在用户方面，时移、多归属和主动搜索的可能性增加。这些变化与媒体市场的新兴参与者们齐头并进，包括搜索引擎和互联网服务提供商。其中一些参与者面临着全新的战略考量，例如如何呈现搜索结果。为了应对这些变化，一支新兴的经济学文献着重研究了这一全新的媒体格局对分配和福利的影响。本章试图将这些文献组织到一起，并有所侧重地介绍塑造互联网媒体市场表现的新的经济机制。本领域中大量工作聚焦于该行业的广告部分，也有一些研究考察了内容提供及内容与广告两者之间的相互作用。

　　关键词：互联网；媒体经济学；数字媒体；广告定向；新闻聚合；搜索广告；展示广告；双边市场

　　JEL 分类代码：L82，L86，M37，L13，D21，D22

10.1　引言

　　在商业和休闲活动中，互联网已经改变了大多数人的生活。它使人们得以从许多来源中获取以前可能无法即时获得的新闻报道。从某种意义上讲，互联网媒体可以实时报道全世界的突发事件（Salaverría，2005）。[①]在谷歌上的搜索、在脸书上的社交网络以及在 YouTube 上的视频流都是传播和接收这些即时信息的方式。这些服务的提供者变得日益重要，进而影响到整个媒体市场，特别是互联网媒体。

　　由于科技的进步，企业拥有全新且前所未有的机遇向互联网用户宣传它们的产品，例如通过精准投放的方法。因此，互联网企业所使用的商业模型与更传统的媒体市场所使用的商业模型不同，并常常仅通过广告获得收入。这引发了对于互联网媒体市场的效率及（潜在的）最优监管有关的问题。[②]

　　以上是互联网媒体之所以是重要研究主题的原因。此外，我们观察到互联网媒体能够影响政治多样性，而与传统媒体相反，互联网媒体可以迅速利用公民运动的成功（或失败）来吸引公众支持。本章提供了有关互联网媒体经济学的最新文献。在第 10.2 节报告一系列事实性证据之后，我们将阐述有关互联网媒体经济学分析的四个主题。

---

① 只要政府和商业性提供商（互联网服务提供商、搜索引擎等）不限制信息流，这就可以成立。在一些国家和地区使用搜索引擎时，某些主题不会显示在搜索结果中。考虑到本书受众的广泛性，我们在此不举具体的例子。
② 有关互联网平台行业中反垄断问题的调查，请参阅 Calvano and Jullien（2012）。

如第 10.3 节所述,互联网会影响媒体播放端的内容提供。我们注意到不同媒体存在趋同的势头。例如,对新闻感兴趣的用户可以选择访问报纸的网站或者是某个电视频道。这让人们越来越难将互联网上的媒体分支仅视作某一传统媒体的附属。[①]尤其是一些报纸和电视频道的网络版本同时提供文本和视频。在某种程度上,这不仅仅是一个标签问题,因为不同类型的媒体要遵循不同的法规,并且媒体设计的不同传统在互联网上可能成为更接近的替代品,因为大家只是"一键之隔"。

尽管传统媒体业务已经在互联网上建立了影响力(例如 BBC 和 CNN),而有些媒体已经调整其商业模式,但新的参与者仍在不断涌现。大型互联网参与者(例如网络运营商和软件平台)通过聚合信息或与内容提供商签订特定合同而成为信息中介(infomediary)。这些信息中介没有编辑政策,但会根据算法和用户反馈(例如谷歌和脸书)提出内容建议。谷歌和脸书最初都不是信息中介,但它们已经逐渐演化为信息中介。对于某些用户来说,当他们阅读已订阅的脸书页面上的帖子时,脸书已成为私人定制的杂志。有了脸书的影响力,这可能会对媒体消费产生根本性的影响。[②]同样,YouTube 也开始提供简短的业余视频,这些视频可以被视为纯粹的娱乐活动,在媒体世界之外。然而,现如今 YouTube 也可以被视为类似于媒体的信息源。除了改头换面的旧媒体和大型互联网公司进入媒体之外,还出现了新的媒体模型和参与者,例如个人博客和社交媒体话题。它们既包括新的形式(例如推特和博客之类的信息传递网络),也有纯粹纸媒的互联网形式。

我们认为,一个网站必须经常更新信息,且用新的内容替换旧的内容(或使新内容比旧内容更具可见性)才能称为媒体。[③]这样我们才能区分媒体与百科全书。因此,我们不会把维基百科称作媒体,至少以目前的形式来说不会。但是,如果维基百科调整为包括新闻或根据最近的发展建议更新的百科条目,那么它就可被视为互联网媒体。[④]

如第 10.4 节所述,互联网会影响用户对媒体内容的消费。互联网吸引了许多用户,其在线行为与在传统媒体市场中记录下的行为相比可能有所不同。我们发现,对于经济合作与发展组织(OECD)国家的许多人来说,互联网已成为媒体消费的主要来源。根据 GlobalWebIndex,在许多国家和地区,普通用户在线上花费的媒体时间要多于线下用户(请参阅第 10.2 节)。

纸张确实已被笔记本电脑、电子阅读器或智能手机上的屏幕所代替,然而这种技术变化尽管值得注意,却可能不会改变媒体市场的基本经济状况。如果这是唯一的变化,互联网媒体经济学可能不值得花费整章来赘述。同样,如果人们通过某种流媒体服务而不是使用电视屏幕在笔记本电脑上观看体育赛事,尽管这也构成了设备的改变,但其本身并不是重新考察电视媒体的理由。此外,如果有人仅收听互联网广播,而不是无线广播,那也只构成了用户习惯的改变,其就我们的目的而言无关紧要。

不过,与用户使用电视节目、广播和报纸的方式相比,他们在互联网上的行为可能有所

---

① 传统媒体包括报纸、杂志、广播和电视。有关这些传统媒体的详细信息,请参见第 7 到 9 章。
② 关于互联网媒体消费的一些事实,请参见第 10.2 节。
③ 撇开其他因素不谈,这是由内容价值本身的时效性造成的。
④ 关于用户生成内容,请参见第 12 章。

不同。尽管多归属通常也是电视节目消费者的行为特征,但互联网上由广告商资助的媒体特别容易遇到通过不同网站点击自己的多归属用户。因此,多归属对媒体竞争的影响在互联网上尤为重要。

用户主要通过搜索引擎搜索媒体内容。因此,这些搜索引擎的功能可能会影响媒体消费。值得注意的是,这里有一个重要的问题,即搜索引擎是否将其搜索结果偏向搜索查询,以及这一现象是否会影响市场结果。

一般来说,消费者在媒体消费中扮演着更积极的角色。互联网上的媒体内容可能会收到消费者的反馈,并影响内容的进一步传播。这一相互作用或以网络评论和推荐的形式出现。此类内容还出现在社交网络上,其间用户决定了内容的传播范围(例如用户可以与朋友分享文章或视频)。从某种意义上说,这里的用户成为媒体环境的内容选取人。此外,他们通过上传自己的图像或视频成为创作者,这些图像或视频或包含小型在线社区的新闻内容,因此可能构成"本地新闻"。这一现象与以下观察息息相关:一般来说,与通信交流相反,传媒的关键特征是信息仅单向移动,从一个发送者到许多接收者;由于社交网络出现了(交互式的)用户生成内容以及对曝光度的限制,因此这一区别在互联网上变得不那么清晰。前者意味着一些互联网媒体已经纳入了互动元素。后者意味着只有特定的组别(例如由于特定的人或特定原因而结识的脸书好友)才能访问可用信息。

如第 10.5 节所述,互联网上的媒体与广告内容相匹配。大多数互联网媒体主要或仅通过广告来获得收入,而广告形式包括展示广告或搜索广告。前者类似于传统媒体中的广告。但是,在传统媒体中,(媒体)内容和广告往往是无关的(需要注意的是某些媒体的受众面较窄,例如某些专业杂志,这就允许有针对性的广告)。然而,在互联网上,根据内容制作与内容情境相关联的特定广告成为可能。这类的定制化广告能够影响媒体竞争。例如,广告定向让具有潜在小客户群的公司能够积极参与到广告市场中来,而这一现象被称为互联网广告的长尾猜想(Anderson,2006)。此种现象会影响广告价格,从而影响具有广泛客户群的大公司的广告投放强度。此外,更好的定向投放对于线下媒体和线上媒体之间的交互也有特别意义。

与之尤为相关的是关键词广告,它由具备特定单词或短语的广告组成。关键词广告提高了广告商向正确的受众传达其信息的精确度,但是这类广告的总体福利效应并不明显。同时,搜索引擎向消费者提供最佳匹配的动机也并不明显。匹配精度可能会对广告商之间的竞争产生影响,从而影响搜索引擎的收入。另一个重要的问题是以转化(conversion)和点击率(click-through rate,CTR)衡量的这类关键词广告的有效性。同样,我们尚不清楚搜索引擎是否有动力以最有效的排名顺序显示结果。

我们注意到纸媒中的分类广告大大减少了。在许多情况下,它们的替代品已与媒体断开连接(例如 Craigslist),因此不在本章讨论的范围之内。①

如第 10.6 节所述,互联网媒体可以直接将用户与广告进行匹配。随着关于互联网用户的可用数据量不断增加(包括从 Cookie 中获取的信息),互联网使用户跟踪和个人广告定向

---

① 互联网上的分类广告类似于黄页广告,不过它们可以允许更好的定制与搜索。

成为可能,从而使广告与媒体内容断开联结。同样,这对于媒体市场的运作有其意义。例如,在广告和产品价格不变的情况下,更好的用户跟踪应该对广告商有利,因为其信息被浪费的可能性会变低。因此,网站应能获得更高的广告收入。同时,由于消费者更好地获得了信息,更好的用户跟踪可能会加剧广告商之间的竞争。这种紧张关系影响了媒体市场的表现,进而对互联网用户产生影响。一个明显的例子是,如果广告本身能提供更好的用户匹配,那么用户屏蔽广告的可能性就会较低。与此同时,其中或会产生更细微的效应。例如,为了获得更多的广告收入,媒体平台有动因来阻止用户切换到其他平台。实现此目的的一种方法或是提供更高质量的内容,例如,使浏览新闻的用户在单个网站上获得充分的信息,从而没有动机去浏览其他网站。因此,媒体内容也会受到用户跟踪技术的影响。

如果网站向广告商提供数据,则改进的用户跟踪技术还为网站创造了额外的收入。网站不仅可以向用户收取内容费用,向生产者收取广告费用,还可以向生产者提供用户数据。由于这样可以帮助生产者优化广告效果,因此他们愿意为这类数据付费。除了提供更好的用户匹配之外,用户跟踪对生产者还有其他好处。例如,用户跟踪允许生产者们重新对用户进行定向投放,从而增加用户对某一广告的关注时长。

随着用户花在互联网上的时间越来越长,并且网站强烈地依赖广告收入,用户似乎不太可能记住所有广告。因此,注意力的拥堵问题(这在传统媒体中已成为问题)在互联网上显得更加重要,因为用户需要经常访问大量依赖广告营收的网站。

关于媒体经济学的文献,无论是在一般意义上还是应用于互联网方面,都在迅速发展。本章并不着意于详尽概述互联网媒体的经济学分析,而是侧重于介绍部分有关上述主题的近期研究。

10.2　互联网媒体和广告:一些事实

10.2.1　有关互联网媒体使用的事实

互联网媒体包括:在线上的传统媒体(例如《纽约时报》);纯线上媒体,其编辑政策类似于传统媒体(例如《赫芬顿邮报》);缺乏明确的编辑政策而依赖于路透社新闻等消息来源的纯在线平台(例如雅虎)。互联网媒体作为新闻来源正变得越来越重要。皮尤研究中心(Pew Research Center)进行了一项调查,询问人们是否在"昨天"从特定类型的媒体获取新闻。1991 年,超过 2/3 的受访者说他们从电视上获取新闻(68%),而在 2012 年只有 55% 的受访者这样表示。类似的模式也出现在广播行业中:1991 年,一半以上的受访者表示他们从广播中获取新闻(54%),而 2012 年只有 29% 的人如此。报纸方面的变化更为明显。1991 年,有56% 的受访者从报纸上获取新闻,而在 2012 年只有 29% 的人这样说。所谓的数字新闻只是最近才纳入调查范围:2012 年,有 50% 的受访者说以数字新闻的形式获取新闻。

在某种程度上,用户将对印刷版的订阅替换为对电子形式的订阅,这仅反映了技术的变化。但是,对数字媒体的切换肯定会影响新闻的类型及其消费方式。向互联网的迁移也影响了互联网的生产技术。特别是,与印刷相比,提供更为频繁的更新的成本更低,并且可变成本降低(无印刷且投送成本低)。

对于互联网媒体经济学而言,更重要的是互联网媒体的运行方式发生了变化。许多报纸并未大力介入互联网发行,而那些报纸必须认真改变其商业模式。此外,互联网媒体中的新兴参与者吸引了很多关注,我们接下来将在第10.3节中进行记录和更系统的论述。

一些线上测量公司(特别是 comScore、Nielsen 和 Experian Hitwise)提供了有关数字流量的信息。由于它们以不同的方式计算流量,因此它们的数字看起来有些不同。在这里,我们仅报告 Experian Hitwise 发布的数字(Pew Research Center,2013a)。

表10.1 提供了2012年美国点击率最高的新闻网站访问量。我们发现新媒体和传统媒体

表 10.1　2012 年美国点击率最高的新闻网站访问量

网站	份额/%	总访问量
news. yahoo. com	9.96	5061468962
www. huffingtonpost. com	5.45	2772623500
www. weather. com	3.80	1937665856
www. msnbc. msn. com	2.13	1096295903
www. cnn. com	2.02	1006425806
gma. yahoo. com	1.70	871463749
www. foxnews. com	1.70	838014419
news. google. com	1.38	694071244
usnews. msnbc. msn. com	1.21	643412705
weather. yahoo. com	1.06	541483467
cityguides. msn. com	1.05	536032331
www. nytimes. com	1.04	522225600
www. drudgereport. com	0.98	481470727
home. now. msn. com	0.95	497616015
www. usatoday. com	0.82	420809971
www. accuweather. com	0.82	417186293
www. weatherunderground. com	0.81	412512889
abcnews. go. com	0.80	404226736
usnews. nbcnews. com	0.72	356936414
local. yahoo. com	0.72	367295141
www. people. com	0.67	341541090
www. newser. com	0.63	318767914
www. washingtonpost. com	0.57	286614807
www. foxnews. com/us	0.57	291019495
www. dailyfinance. com	0.56	283381243

资料来源:Pew Research Center(2013a)。

都很受欢迎。我们可以得到三个一般性的观察。首先,2012 年的数字表明,互联网上共存着不同类型的传统媒体(如《纽约时报》等报纸和诸如 CNN 之类的电视)。其次,新的媒体参与者已经进入,尤其是新闻门户网站,例如雅虎和微软(Microsoft)的 MSN。最后,谷歌作为新闻聚合器和搜索引擎进入了这场博弈。在某种程度上,用户将两种类型的媒体都视为新闻或信息的来源,我们注意到新闻平台的在线市场比传统媒体市场更加多样化。此外,从某种意义上来说,我们观察到了媒体趋同,在线下世界中,某些媒体属于不同的市场,现在可以说它们属于同一市场。例如,报纸和电视广播门户网站以文本、图片和视频格式提供新闻。在表10.1 中,我们观察到报纸《纽约时报》和《今日美国》以及电视广播公司 CNN 和福克斯新闻(Fox News)的线上存在感都很强。

　　用户可以通过多种方式访问媒体平台。一个显而易见的必要条件是用户可以访问互联网。在此,用户与互联网服务提供商(Internet service provider, ISP)具有合同关系。(用户的)ISP 的标准商业模式是向用户收取费用。ISP 也可能从内容或媒体方面为传递流量收费,虽然这并不是通行的做法。在网络中立性尚存争议的背景下,我们将在第 10.3 节中讨论ISP 的作用。

　　新闻聚合器提供了一种搜索新闻的方法。例如,对于寻求特定新闻事件的用户来说,谷歌新闻可能是他们的第一站。尽管(目前)媒体平台与新闻聚合器之间没有任何商业交易,但这个问题在公众争议中迫在眉睫(请参见第 10.3 节)。用户可能不会直接求助于新闻聚合器,而是使用常规搜索引擎启动搜索。然后,用户可以通过新闻聚合器和媒体平台找到搜索结果。因此,其参与者包括内容提供商、广告商、媒体平台、新闻聚合器、搜索引擎、ISP 和用户。图 10.1 说明了内容和广告如何接触到用户。在广告商方面,我们的图示有点简单。大型媒体平台的确与广告商有着直接联系。但是,许多网站向广告网络出售广告位,而这些广告网络充当了媒体平台和广告商之间的中介。提供广告软件工具的公司是我们的分析中未包括的其他参与者。这些企业分别为媒体平台和广告商提供了工具。[1]

　　广告商通过向媒体平台付费以向互联网用户展示其广告。内容提供商从媒体平台处收到用于内容分发的费用。在纯广告商资助的媒体中,互联网用户无须向媒体平台付款。但是,广告的受众富有价值,因为他们"用眼球付费",就像免费电视环境中一样。[2]

　　在存在多个媒体平台的情况下,标准假设是用户在平台之间进行离散选择。尽管这一假设似乎在传统报纸市场上是适当的,但其在电视市场中的适用性是一个问题,而在互联网媒体的情况下更是如此,因为用户只需点击几下就能切换到不同的互联网平台。我们将在第 10.4 节中讨论用户行为的替代模型(尤其是多归属行为)及其含义。

---

[1] 关于更多详细信息,参见 Evans(2008)。行业的这一环节还具有纵向一体化的特征。例如,谷歌于 2008 年收购了DoubleClick。DoubleClick 提供了允许广告商和媒体平台跟踪用户(借助 Cookie)并组织广告活动的软件。DoubleClick 还提供用于搜索广告的软件。

[2] 如果用户认为广告令人厌烦,则可以按照传统媒体的方式来发展互联网媒体的模型,例如在 Anderson and Coate(2005)中的模型化处理[关于近期发展的更一般化的模型,参见 Anderson and Peitz(2014b)]。该模型正式地考虑广告商、媒体平台和用户之间的交互。这一媒体模型与双边市场的文献联系在一起,其中包括 Rochet and Tirole(2003)和 Armstrong(2006)的开创性贡献。关于这方面的教科书内容,参见 Belleflamme and Peitz(2010)。

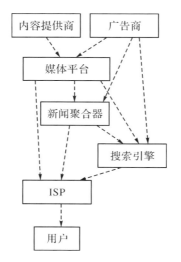

图 10.1　一个典型的互联网媒体市场

通过社交网络的新闻消费对大量用户有着日益重要的作用。这里,新闻被定义为"关于不仅涉及您的朋友或家人的事件和问题的信息"(Pew Research Center,2013c)。为了记录用户群,Pew Research Center(2013b)提供了针对美国成年人口的调查结果。在成年互联网用户中,有71%的人活跃在脸书上,而65岁以上人群中这一比例为46%,18岁至29岁人群中为90%。最近出现的一个现象是手机社交网络。2013年9月,所有互联网用户中有40%活跃在手机社交网络上。在多个社交网站上,尤其是在脸书上的用户参与度很强:63%的脸书用户每天至少访问一次该网站,而40%的用户一天访问该网站多次。

值得一提的是,脸书已经成为用户获取新闻的重要平台。根据2013年9月的调查数据(Pew Research Center,2013c),有64%的美国成年人使用脸书,有30%的美国成年人使用脸书获取新闻;因此,对于大约一半的用户,脸书是一个新闻网站。另一个受欢迎的网站是YouTube。尽管有51%的美国成年人使用YouTube,但只有10%的美国成年人从YouTube获得新闻。只有推特上的比例与脸书相似:16%的美国成年人使用推特,而8%的人则通过推特获得新闻。

社交网络在信息的创建和传播中发挥着作用。我们注意到,有些用户可能会通过发布自己的图像和视频来成为创作者,而其他用户可能会通过重新发布和共享现有资料而成为摘选信息的人群。Pew Research Center(2013d)根据2013年的调查数据,将54%的社交网络用户分类为创作者,将47%的社交网络用户分类为信息摘选者(部分用户两者兼具)。根据2012年7—8月的调查,2/3的社交网络用户显示了网络上的政治参与度,例如鼓励他人投票、表达其政治见解或分享他人的政治表达(Pew Research Center,2013e)。这表明社交网络不仅承载了与小部分人相关的信息,而且还对政治问题的一般性辩论做出了贡献。我们在第10.4节中讨论了互联网媒体的信息传播面相。

10.2.2　关于互联网广告的事实

上一部分提供了有关互联网媒体使用和内容方面的一些事实。接下来,我们介绍一些有关互联网广告的事实,这些事实始于 1994 年,肇始于第一款网站横幅广告的销售(Kaye and Medoff,2000)。如第 10.1 节所指出的,互联网已经改变了广告商的格局。在某种程度上,广告商已将其在传统媒体上的一些广告替换为互联网广告,而这直接影响了这些媒体。一个突出的例子是将分类广告从印刷媒体转移到电子平台。虽然分类广告曾经为报纸带来了可观的广告收入(或能交叉补贴报纸的其他部分),但互联网平台已经大幅度降低了报纸这方面的收入,除非它们能够主导互联网上的各个细分市场。广告方面的收入损失对报纸的定价产生了影响。特别是,报纸提高了订阅价格,牺牲了发行量,并降低了广告价格(Seamans and Zhu,2014)。

继电视广告之后,就广告收入而言,至少在美国,互联网广告已成为最重要的媒介。如图 10.2 所示,2012 年互联网媒体的广告收入接近 370 亿美元。广告能为广告商起到不同的作用:它可以告知产品的可得性、价格和产品特性;它可以使消费者对产品特性做出推断[如将广告视作一种信号,参见:Milgrom and Roberts(1986);Nelson(1974)];它可能通过改变消费者的偏好使广告商受益,即所谓说服性;或者,它可能是对产品本身的补充(Becker and Murphy,1993)。[1]我们在讨论不同的互联网广告形式时会涉及关于广告的这些观点。[2]

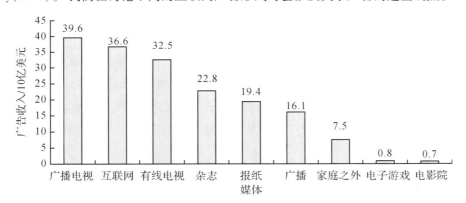

图 10.2　2012 年按媒体划分的广告收入

资料来源:PwC(2013)。

图 10.3 显示了互联网媒体广告支出的快速增长,2003—2012 年,其年增长率约为 20%。只有在 2008—2009 年美国金融危机最严重的时候,广告收入才小幅下降。这与报纸广告收入的增长形成对比。2000 年,报纸广告收入约为 490 亿美元,而到了 2012 年,总额不到 200 亿美元。[3]

---

① Bagwell(2007)对广告经济学提供了极佳的调查。

② 另见第 4 章。

③ 有令人信服的证据表明,互联网广告可以有效地刺激消费。这不仅适用于在线消费,还适用于线下消费。例如,Lewis and Reiley(2014)在一家大型零售商店的实地对照实验中发现,超过 90% 的消费增长发生在实体商店中。同样,Johnson et al.(2014)证明,在线广告的重复出现为那些参与研究的零售商店带来较高的利润。

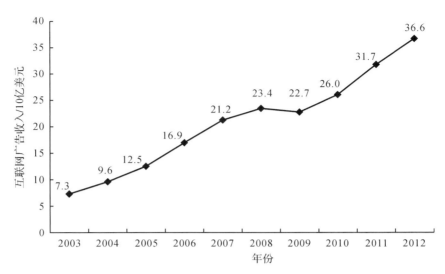

图 10.3　2003—2012 年的互联网广告收入

资料来源:PwC(2013)。

　　互联网广告可以通过不同形式出现。[1]广告收入的第一大来源是搜索广告,其在互联网广告总收入中占很大比重。在某种程度上它使消费者对某些产品更为了解,因此可将其视为直接提供信息型的广告。消费者还可以认为它通过广告的信号作用间接地提供了关于匹配质量的信息,例如当某项产品出现在赞助搜索结果页面的顶部。

　　搜索广告的主要平台是谷歌;在美国,它于 2003 年首次位居榜首,将雅虎挤到了第二名。2013 年,在全部搜索引擎上的所有搜索请求中,大约 2/3 发生于谷歌,而 18％ 发生于微软网站(必应),11％ 发生于雅虎(数据源自 comScore qSearch)。在欧洲,谷歌更具优势,2013 年占总搜索量的 90％ 以上。就收入而言,谷歌实力更强。对此发现的一种解释是,更大的平台对广告商更具吸引力。

　　广告收入的第二大来源是展示广告。展示广告可以与内容相关,因为它能够关联到特定的关键词或词组。我们亦可将这种策略称为定制(tailoring)。另外,如果广告平台拥有关于消费者特征的信息,那么展示广告可以做到私人定制化。这引出了互联网上的广告定向[2],它提高了广告产品与消费者间的匹配度。一般来说,这类广告可以是信息性的、说服性的抑或互补的。

　　广告收入的第三大来源过去曾是分类广告;但是,在过去的几年中,美国的这部分收入一直在下降。在 21 世纪头十年,分类广告迅速从报纸转移到了互联网平台(如美国的Craiglist),这是许多报纸广告收入迅速下降的原因之一。互联网上的分类广告允许广告投向个别的搜索结果,而非预先确定的分类方案。不然的话,分类广告的经济学分析也不会因为转向互联网而有多少改变。人们通常会将分类广告视作信息性的,因为其使消费者意识到

---

[1] 我们参考了 Evans(2008)对搜索广告和展示广告的详细说明。关于在线广告不同形式的讨论,参见 Goldfarb (2014)。

[2] Athey and Gans(2010)区分了定制广告和定向广告。有关更多细节,参见第 10.5 节和第 10.6 节。

产品的售卖活动。

图 10.4 列出了一系列广告形式,包括移动广告和数字视频广告。移动广告收入在 2010—2012 年迅速增长,它有可能增加另一个定制的维度:所显示的广告可能取决于消费者在物理上接近可提供产品或服务的特定位置。广告商希望移动广告成为产生立即购买的一种方式。在此,广告或主要起到信息性的作用,因为它使消费者意识到他们在特定位置可能感兴趣的产品或服务。数字视频广告类似于电视广告,其主要区别在于它可以进行定制和定向(我们注意到电视广告也可定制化)。对于说服性或补充性的广告,这一形式可能更具吸引力。

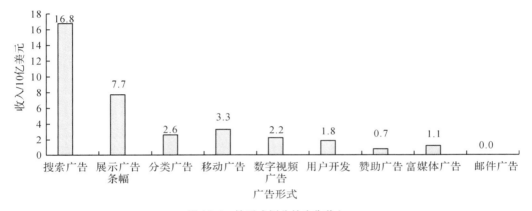

图 10.4　按形式划分的广告收入

资料来源:PwC(2013)。

互联网上的媒体平台提供了度量广告影响的可能性,例如通过计算广告产生的点击量。这开辟了使用定价模型的可能性,该定价模型不同于简单地计算印象数,后者是传统媒体所做的。后者的衡量标准是每千次印象费用(cost per mile,CPM)。如果广告价格取决于点击次数(甚至可能取决于购买次数),那么传统的定价模型将被基于效果的模型所取代。如图 10.5 所示,基于效果的定价模型已在互联网上占据上风,在 2012 年约占所有互联网广告收入的 2/3。

互联网广告不仅会影响自有产品的销售。一些研究人员对互联网广告进行了自然实验,以分析广告活动对竞争对手的溢出效应。例如,Lewis and Nguyen(2014)利用了雅虎的首页上的展示广告。有时,雅虎在广告的首页上以拆分形式出售广告,这样一天中交替显示两个展示广告,一个逢偶数秒显示,另一个逢奇数秒显示。由于偶数秒和奇数秒访问者之间没有系统性的差异,因此自然产生了外生变化,从而提供了一个实验组(看到目标广告的访问者)和对照组(看到另一则广告的访问者)。Lewis and Nguyen(2014)发现,展示广告不仅增加了广告品牌(35%—40%)的搜索量,还增加了竞争对手品牌(1%—6%)的搜索量。对于竞争品牌,分品牌搜索的影响最高可达 23%。Sahni(2015)使用餐馆搜索网站的数据发现了相似的结果,且溢出的程度取决于广告的强度。如果强度较低,则溢出特别大,这可能是因为广告的主要作用是提醒消费者类似的选择。相反,如果强度很高,则溢出现象会消失,广

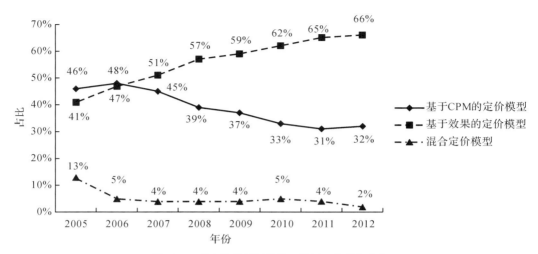

图 10.5 按定价模型划分的互联网广告收入占比

资料来源：PwC（2013）。

告商会收到更多搜索。

　　大多数新闻网站采取了广告支持的商业模式。但也有一些例外，主要是报纸。例如在英国几乎所有主要报纸都要求读者订阅其在线内容。《泰晤士报》的所有内容均设有付费专区。其他报纸，例如《纽约时报》或《华尔街日报》，提供有限的免费访问，每月提供一定数量的免费文章。因此，这些新闻报纸具有混合的商业模式，即部分由广告支持，部分由订阅支持。

10.3　媒体内容的提供

　　互联网上的媒体内容通过多种渠道到达用户。本节将讨论媒体内容提供的一些问题以及用户如何接触到内容。我们将探讨价值链上的各个环节，如图 10.1 所示，而聚焦于内容的提供。虽然本节的大部分内容是非模型化的，但本节包含了对媒体平台作为守门人和新闻聚合器的模型化分析。我们视角广泛，并简短地讨论了搜索引擎（在第 10.4 节中会有模型化的探讨）在用户选择方面的作用、ISP 的作用，同时引入有关网络中立性争议的话题。

10.3.1　互联网媒体的消费和融合

　　互联网上媒体内容的可获得性模糊了甚至消除了报纸和电视频道之间的界限。例如，在新闻节目方面，消费者可以访问新闻频道或报纸的网站。这些媒体通常都有电子文章（包含文字，通常还有照片）和视频的组合。这是不同媒体融合的一个例证。我们可将这种融合视为市场的整合，这表示过去曾独立的产品（报纸与电视）变成了替代品。这种融合会如何影响市场结构是一个值得研究的问题。

　　不同主题的涵盖范围也值得探讨。媒体平台必须选择成功概率不同的话题，成功意味着话题吸引了用户的注意力并产生了奖励(例如广告收入)。在这样的市场中,媒体平台的质量及其预测主题成功的能力会影响其主题的选择。[①]

互联网是否会改变新闻的消费方式? 特别是,互联网上的新闻有利于新闻和背景信息的综合使用。例如,特定新闻可能会导致用户去维基百科查询其他信息或背景。尽管我们通常不会将维基百科归类为媒体,但通过互联网消费的某一主题的总体信息组合可能看上去会与传统媒体所消费的产品完全不同。

不同类型传统媒体的融合也引发了重要的政策问题。随着互联网上报纸和电视频道的替代关系愈发紧密,决策者必须解决这样一个问题,即报纸和电视频道在许多地方都受不同法规的约束。此外,在许多国家,公共服务广播公司在传统的广播和电视市场中起着重要的作用。随着电视频道转向互联网,它们开始与互联网上的报纸竞争。尽管我们无意直接涉及这些政策问题,但本节有助于了解互联网媒体市场的功能,因此从政策角度来看或亦有助益。

10.3.2　媒体作为守门人

媒体的守门人角色似乎在互联网上特别重要——如下所述,该问题也出现在传统媒体中。可以将互联网(和传统媒体)上的媒体平台视作具有管理用户能消化信息的数量和类型的功能。尤其如果用户对新闻的关注范围有限且不能或不愿意让自己阅读更多新闻,则媒体平台通过推荐新闻可以突出最相关的新闻项目。一如互联网媒体,如果平台拥有关于用户偏好的信息并根据其喜好来定制新闻选择,则愈发如此。由于对于互联网媒体平台的守门人角色已有广泛的讨论,因此提供一个简单的模型化阐述很有帮助,它能为此类问题的思索提供一些框架结构。为此,我们重新诠释了 Anderson and de Palma(2009)的模型,其中加入了争夺用户注意力的独立新闻提供者,而媒体平台负责管理用户的接入。

试想一个媒体平台,它在不同新闻提供者中进行选择,再向用户提供精选新闻。假设有 n 个潜在的新闻提供者,每个提供者最多提供一则新闻。类型为 θ 的新闻提供者获得广告收入 $\pi(\theta)$。广告收入随内容价值 θ 增加而增加,因为我们认为内容更具价值的新闻提供者更有可能让用户注意到它的广告。

用户对新闻的关注范围为 φ,可以推导出:如果用户获得的新闻数量多于 φ,则用户会随机选择 φ 则新闻。[②] 特别是如果对新闻没有选择,则每则可选新闻被选择的概率为 $\min\left\{\dfrac{\varphi}{n},1\right\}$。假设传播新闻的费用为 κ。在自由市场进入的假设与适当的边界条件下,存在边际类型 $\theta^* = n$,使得 $\pi(\theta^*)\dfrac{\varphi}{n} = \kappa$。这决定了在自由进入条件下的新闻数量 $n(\varphi;\kappa)$。

用户的信息抽样成本记作 $C(\varphi)$。给定新闻总数为 n,每则被随机抽样的新闻带来的预期剩余为 $S^e(n) = \dfrac{1}{n}\int_0^n s(\theta)\,\mathrm{d}\theta$。效用最大化的注意力范围为 $\arg\max_{\varphi} S^e(n) - C(\varphi)$。一阶

---

① 有关这一点的理论贡献,参见 Katona et al. (2013)。
② 与此相关的是,第 10.6 节介绍了一种设定,其中用户对广告的关注范围有限。

条件为 $S^e(n) = C'(\varphi)$ 决定了在 $\varphi \leq n$ 时的被选择注意力范围。因此，$\varphi(n) = \min\{n, C'^{-1}[S^e(n)]\}$。在均衡状态下，对于较小的 K，会出现所谓信息过载(information overload)，即 $\varphi^* \leq n^*$。

媒体平台可以管理供给用户的新闻数量。换句话说，媒体平台可以成为守门人。传统媒体通过选择新闻社和其他来源提供的文章来部分地扮演这一角色。就报纸而言，传统上它们对读者主动进行内容收费。尽管它们也能提供独特的内容，但传统媒体和新媒体的一个重要角色是这种选择角色。在这种情况下，选择是基于编辑策略还是基于软件无关紧要。限制平台上的内容量可以减少甚至消除信息过载。尤其是一个垄断的守门人能通过价格来排除信息过载。它可以通过向新闻提供商收取接入费用来实现该操作。如果提供新闻的成本很高，则费用会流向相反的方向。同时，媒体平台支付的费用就比在无限注意力情况下更少。因此，我们总体的结论是，对新闻的有限注意力或让平台发挥作用，去限制其网站上所包含的新闻数量。

就用户频繁使用多个媒体平台这一现象来说，信息过载对于竞争性媒体平台仍然是一个问题。互联网的一个特征是用户经常访问多个媒体平台。[1]因此，互联网特别容易出现信息过载的问题。

媒体平台作为守门人的角色不仅限于内容的数量，还包括内容的选择和质量。这两个方面也受到广告支持的商业模式的极大影响。例如，Sun and Zhu(2013)研究了某一中文门户网站的广告收入共享计划对博客内容和质量的影响。具体来说，该门户网站启动了这一计划，并邀请了约3000名博主参加。允许门户网站在其博客投放广告的博主获得了网站产生的广告收入的50%。大约有1000位博主应允加入。

Sun and Zhu(2013)发现，参与该计划的决定导致约为13%的内容转向更受欢迎的内容。其中约50%的增长来自三个领域的话题转向：股市、情色和名人明星博客。与非参与者相比，参与者的博客数量增加了6.6%。

此外，参与的博主还提高了他们的内容质量。用来度量内容质量的方式包括将帖子加入收藏夹的用户数量以及博客的平均字符，以及图片和视频数量(例如，更多的文字表明博主将更多的精力投入内容写作，并深入研究主题，而更多的图片通常会使博客更具吸引力)。这表明博主在博客内容上付出了更多的努力，而这些内容未必是他们本质上感兴趣的，这样做是为了从广告中获得更高的收入。

Sun and Zhu(2013)的研究也表明，对于中等受欢迎的博主来说，这类影响最强，特别是比非常受欢迎的博主(和没参与的博主)更强。一个可能的解释是，非常受欢迎的博主始终会涉及热门话题和/或保持较高的质量。因此，他们没有太多的改进空间。相比之下，没参与的博主可能从"博客发布不反映其品位"这类行为中获得很大的负效用，因此他们选择不参与。

---

[1] 关于在广告环境中对此问题的详细讨论，参见第10.4节。

10.3.3　新闻聚合器和新闻选择

诸如谷歌新闻之类的新闻聚合器为互联网媒体市场增添了新的层次。用户可以以聚合器作为主要接入点,并在聚合器的列表中选择新闻项。部分学术研究试图阐明媒体平台的质量选择与新闻聚合器之间的联系。

在此,新闻聚合器(例如谷歌新闻)的作用是帮助用户轻松查找高质量的内容。Dellarocas et al.(2013)指出,在没有新闻聚合器的情况下,用户可能会自己找寻获得不同新闻的方式,因为媒体平台可能会提供跳转至竞争对手内容的链接。研究提供了一个模型,用户对特定事件感兴趣,并且不同的媒体平台以不同的质量报道了该事件。用户不会被事先告知质量,因此他们会随机访问媒体平台。尽管用户喜爱外部链接(以获取更高质量的内容),且这增加了媒体平台的总体吸引力,但用户会减少在某一平台上花费的时间,从而减少了媒体平台的广告收入。不过哪怕有这类链接,新闻聚合器仍有其角色,因为它能在内容间进行主动选择,从而避免了用户从一个媒体平台迁移到另一个更高质量的媒体平台的麻烦。新闻聚合器改善了市场的整体表现,这符合媒体平台的整体利益,因为这可以提高用户的市场参与度;但是,新闻聚合器也吸收了市场产生的部分租值,从而减少了媒体平台的租值。Dellarocas et al.(2013)表明,如果内容提供商提供他人内容的链接,则聚合器的进入或导致内容提供商在提供优质内容方面的竞争减少。相反,如果内容提供商无法链接到竞争对手的内容,则聚合器的进入往往会导致内容提供商之间的竞争加强。

Rutt(2011)分析了在一些用户忠于特定媒体平台而其他用户搜寻免费高质量内容的情况下媒体平台的质量选择问题。具有忠诚度的用户愿为内容付费,而搜寻者也有价值,因为额外的流量会产生广告收入。假定聚合器的存在对搜索者识别内容的质量至关重要。平台可能会对内容收费,且随后搜索者流失。平台同时设置用户价格和内容质量。在一些情况下,存在对称的混合策略均衡,其特征在于媒体平台可以随机选择价格或质量,通过在价格为零时从质量的概率分布选取或在价格为正时设定特定质量。[①]如果平台最后采用后者,那么它只为忠实用户服务(并从中攫取所有剩余),而如果在前者的情况下,它与其他平台竞争搜索者。模型的一个主要发现是,随着搜索者比例的增加,提供免费内容的平台会提高其内容质量(从一阶随机占优的意义上来说),而定价为正的平台则会降低其内容质量。另外,随着搜索者比例的增加,免费内容会更频繁出现。因此,已有的搜索者能从更多的搜索者中受益。忠实的搜索者亦会受益,因为他们更有可能免费获得内容。

Jeon and Nasr(2013)研究了媒体竞争,用户可以直接进入媒体平台或通过聚合器(例如谷歌新闻)访问新闻来获取内容。这种新闻聚合器的存在会影响媒体平台之间的竞争,特别是从长远来看,当平台通过调整新闻的质量来应对外部变化的。

在分析这一问题时,Jeon and Nasr(2013)提出了一个竞争性媒体平台的典型模型,其中平台提供全部类别的新闻。每则新闻可以是高质量或低质量的。媒体平台可以在没有新闻聚合器的环境中运作,也可以在新闻聚合器为所有有高质量内容的新闻类别选择高质量新

---

① 混合策略均衡存在性的直觉解释类似于销售模型中对均衡状态下价格分布的解释(Varian,1980)。

闻的环境下运作。只有那些无法提供高质量新闻的媒体平台才会选择低质量。

了解新闻聚合器如何处理不同类别的新闻的正式设定是有指导意义的。两个媒体平台中的任意一个都覆盖了[0,1]间连续的类别。每个平台选择提供高质量新闻的类别的子集 I_i。然后,我们可以将媒体平台的质量与高质量新闻的度量相关联,即 $q_i = \mu(I_i)$,其中假设 $\mu([0,1]) = 1$。[1]用户对于高质量新闻的评估是相同的。

除了高质量新闻的差异外,平台也存在横向差异,差异或反映了不同的政治观点或风格(如使用英式或美式英语)。这种横向差异适用于每个新闻类别。对于这些横向的平台特性,用户是异质的。这是根据标准的 Hotelling 框架进行建模,平台位于[0,1]区间的最末端,且用户在此区间内均匀分布。位于 x 处的用户如果其全部新闻消费来自平台1,则产生 τx 的负效用;如果其新闻消费全部来自平台2,则产生 $\tau(1-x)$ 的负效用。然后,选择平台1的用户 x 的效用为 $v_1(x) = u_0 + q_1 - \tau x$,其中高质量新闻增加所带来的边际效用被标准化为1。相应地,用户 x 选择平台2的效用为 $v_2(x) = u_0 + q_2 - \tau(1-x)$。在没有新闻聚合器的情况下,用户将面临两个媒体平台之间的离散选择问题。

平台通过广告获得收入。Jeon and Nasr(2013)假设平台收入与用户在平台上花费的时间成正比,这可以由每次曝光的固定广告价格和曝光率与在平台上花费的时间成正比推出。假定用户在低质量媒体上总共花费了1个时间单位。高质量新闻使他们仔细研究一个新闻类别的时间更长,从而使每个类别的新闻消费时长增加 δ。因此,仅在平台1上消费新闻的用户在平台1上花费时间 $1 + \delta q_1$。在平台上花费的每单位时间产生了广告收入 A。在没有新闻聚合器的情况下,用 D_1 表示平台1的用户数,平台1的利润为:

$$\pi_1(I_1) = AD_1[1 + \delta\mu(I_1)] - C[\mu(I_1)]。$$

其中,增加高质量新闻的成本函数具有凸性[特别是对于 $q \leq 1/2$ 时成本为 $C(s) = cq^2$ 和 q 更大时成本无穷大]。这里,假设参数 c 足够大,以使平台在所有环境中都选择高质量新闻,同时 q_i 严格低于 $1/2$。

在没有新闻聚合器的情况下,平台会同时在不同新闻类别中选择高质量报道 I_i。然后,用户在两个媒体平台之间做出离散选择。由于用户无法组合来自不同平台的新闻,因此对于任何给定的 q_i,每个媒体平台 i 无所谓选择哪个类别来提供高质量内容。简单计算表明,质量是战略替代品:如果竞争平台增加其高质量新闻的数量,则媒体平台的最优应对是降低自身质量覆盖率。我们可以证明,在对称的均衡中,高质量新闻随差异性参数 τ 递减,而利润递增。换言之,如果用户将平台视为弱替代品,则媒体平台在高质量新闻上的投入会减少。这一发现符合基本直觉,即差异化会降低竞争的激烈程度。

新闻聚合器的存在如何影响媒体平台间的竞争?其存在显然改变了行业图景,因为聚合器会提供来自不同平台的新闻混合包。从这方面来说,用户将新闻聚合器视为多归属的工具,换言之,它确实允许用户混合来自不同平台的信息。[2]在存在新闻聚合器的情况下,媒体平台不再对哪个特定类别包含高质量新闻感到无所谓,因为不同类别的高质量新闻是否

---

[1] 假定媒体平台始终选择符合 $\mu([0,1]) \leq 1/2$ 条件的策略。
[2] 有关多归属用户对广告收入影响的分析,参见第10.4节。

存在重复是相关的。尤其是当平台完全专门化(即 $I_1 \cap I_2 = \varnothing$),我们有 $\mu(I_1 \cap I_2) = 0$。相反,当平台选择最大重叠,我们则有 $\mu(I_1 \cap I_2) = \min\{\mu(I_1), \mu(I_2)\}$。

为了说明新闻聚合器的功能,假设有六个(而非连续的)新闻类别。此外,假设平台 1 提供矢量 $(1,0,1,1,0,0)$,其中 1 代表高质量,0 代表低质量,而平台 2 提供 $(0,1,0,1,1,0)$。通过选择最高质量,新闻聚合器提供 $(1,1,1,1,1,0)$,其中,在相同质量的情况下,我们假设每个媒体平台都以 $1/2$ 的概率出现。因此,新闻聚合器提供的新闻质量高于每个单独的媒体平台。从用户的角度来看,虽然聚合器提供了更高的质量,但使用聚合器的代价是不适合消费者($x \neq 1/2$)。

回到具有连续类别的模型,一个位于 x 的用户通过新闻聚合器获取新闻,其获得的效用为:

$$v_{12}(x) = u_0 + \mu(I_1 \cup I_2) - \eta_1 \tau x - \eta_2 \tau(1 - x)。$$

其中,η_i 是媒体平台 i 的新闻的比例。这一比例是媒体平台 i 上具有独家高质量新闻类别的比重之和,$\mu(I_i) - \mu(I_1 \cap I_2)$;或具有两个高质量新闻类别的一半,即 $(1/2)\mu(I_1 \cap I_2)$;或不包含任何高质量新闻的类别的一半,即 $(1/2)[1 - \mu(I_1 \cap I_2)]$。因此,我们可以写下:

$$v_{12}(x) = u_0 + \mu(I_1 \cup I_2) - \frac{\tau}{2} + \tau\left(x - \frac{1}{2}\right)[\mu(I_1) - \mu(I_2)]。$$

如果 $v_{12}(x) > v_1(x)$,则一个 $x < 1/2$ 的用户偏好新闻聚合器而非媒体平台 1。这等价于:

$$\mu(I_1 \cup I_2) - \mu(I_1) > \tau\left(\frac{1}{2} - x\right)[1 + \mu(I_2) - \mu(I_1)]。$$

其中,左侧包含新闻聚合器带来的更高质量的收益,右侧包含相对于横向特点偏好不匹配所导致的损失。每当有某些类别仅通过平台 1 提供高质量内容,而另一些类别仅通过平台 2 时,一个 $x = 1/2$ 的用户严格偏好新闻聚合器提供的组合,而非两个媒体平台提供的组合。因此,大约 $1/2$ 的用户依赖新闻聚合器,而处于极端状态的用户则倾向于依赖各自的媒体平台。相反,如果 $I_1 = I_2$,则没有新闻聚合器的空间。

可以证明,媒体平台要么选择完全专门化,以使 $\mu(I_1 \cap I_2) = 0$,要么提供最大重叠,从而使 $\mu(I_1 \cap I_2) = \min\{\mu(I_1), \mu(I_2)\}$。在任何具有 $\mu(I_1) = \mu(I_2) = \mu$ 的对称均衡中,如果由于高质量新闻而引起的曝光量足够大,$\delta\mu > 1$,则媒体平台会选择完全分离。然后我们可以证明,对于较大的 δ,存在一个独特的对称均衡,其中平台选择完全分离,而新闻聚合器处于起作用状态。在这种环境下,质量是战略的互补品,而更高质量带来的市场扩张效应将强于业务抢占效应。在相反的情况下,业务抢占效应强于市场扩张效应,并且存在着多个均衡,其间媒体平台选择相同的类别来提供高质量新闻。这表明新闻聚合器的生存能力取决于高质量新闻项目的需求扩张效应。

当媒体平台把高质量报道完全分离时,用户将从新闻聚合器中受益。尽管对媒体平台利润的影响不明确,但社会总剩余会更高。因此,为了使社会受益,新闻聚合器可以激励媒体对其高质量新闻采取专门化的策略,从而反过来带来新闻和类别的总体高质量。

总体而言,通过对新闻聚合器的分析得出的信息是,它们会影响媒体平台对内容质量投入的激励。上述工作确定了新闻聚合器对社会有利的情况;但是,相反的结果也可能成立,特别是因为新闻聚合器是一个从市场中(也是市场边缘)攫取租值的额外参与者。

10.3.4 搜索引擎和媒体内容

搜索引擎对于互联网读者而言是重要的切入点。读者可能对某个主题或事件感兴趣,只需使用谷歌或其他搜索引擎(例如必应、中国的百度、俄罗斯的 Yandex 或韩国的 Naver)来阅读特定新闻。这种流量为搜索引擎带来了利润,因为它可以让平台将广告和自然搜索结果放在一起。读者对特定新闻条目的单击会把读者转到特定的新闻站点。例如,当在谷歌上进行搜索时,读者会收到有关新闻提供者(例如报纸或电视频道的互联网站点)的信息以及新闻的摘录,从而提供被搜索内容的上下文。在某些情况下,搜索引擎与新闻聚合器之间的区别有些模糊,因为读者可能会使用谷歌或谷歌新闻来访问新闻,我们将前者标记为搜索引擎,将后者标记为新闻聚合器。两种情况都存在一些问题:一是搜索引擎是否有权提供链接,或者是否需要网站所有者的明确协议来提供链接;二是搜索引擎是否有义务以透明和无偏差的方式对待所有内容。

关于前者,一些相关的利益方已要求对摘录的片段进行补偿。例如,德国报纸行业协会要求收取费用。我们注意到,在该请求出现之前,谷歌已经为报纸提供了将其内容除名的选项。在这种情况下,谷歌的自然搜索结果中不会出现新闻摘要或链接。报纸认为自己向谷歌提供了内容,却没有收到任何付款,而谷歌能以此通过广告赚钱。相比之下,谷歌声称会为报纸提供更多的访问量,且不会直接对该服务收费。按照这种逻辑,报纸可以从这类流量中受益(例如通过广告、按次付费或提供订阅)。因此,目前尚不清楚有哪种经济机制能保证公众干预能满足报纸对谷歌付费的要求。根据一项新法律[①],一群德国媒体公司希望从谷歌收取许可费以提供新闻摘要(我们尚不清楚怎样的摘要长度能证明这类许可费用是合理的)。从本质上讲,这些媒体公司的目标是通过统一协调行动来维持与谷歌相比的正价格;如果它们独立行动,这是不可能的。

第二个问题已在搜索中立性的背景下进行了分析。尽管我们尚未发现有关第一个问题的学术工作,但是有几篇文章考虑了搜索中立性,这一现象不仅适用于新闻搜索,且适用于更广泛的搜索,包括产品搜索。我们将在 10.4.2 中讨论搜索中立性。

10.3.5 互联网服务提供商、网络中立性与媒体内容

用户需要互联网来获取媒体内容。因此,用户通过联合消费内容和连接服务来获得消费效用。如果用户使用的不是公共无线网络,则通常会与互联网服务提供商(ISP)签订合同。该互联网服务提供商以合同约定的速度提供下载和上传服务。

当内容从内容提供者传输到消费者一端时,内容提供者需通过其 ISP 访问互联网。然后,内容通过互联网发送到消费者的 ISP。传统上,内容提供商会向其 ISP 付费。然后,ISP 确保将内容传递给消费者的 ISP。消费者向其 ISP 支付访问产品的费用。而内容提供商无

---

① 这里说的是新闻出版商的附带版权(Leistungsschutzrecht für Presseverleger),其于 2013 年 8 月 1 日生效。在其初稿中,该文件原本打算对短片段收费,但已从最终版本中删除相关规定。

须向消费者的 ISP 付费。此外,所有内容均根据尽力而为原则(best-effort principle)被同等对待。

由于数据量激增,一个新的问题是网络拥塞,而这会导致某些时段的延迟或某些服务的崩溃。互联网媒体是网络拥塞问题的一部分。根据 Sandvine(2014)的研究,包括媒体在内的实时娱乐占了流量的很大一部分。例如,在欧洲的移动网络上,YouTube 占下游流量的 20.62%,而脸书占 11.04%。如 10.2.1 所述,这种流量的很大一部分来自用户访问的新闻。OECD(2014)预测,视频流和基于 IP 的电视将会进一步增加流量。

网络拥塞问题与容量较低的移动访问尤其相关,但也可能发生在固定传输网络(如数字用户线路、光纤)上。一些内容提供商试图通过运营内容交付网络(CDN)绕过公共互联网,且避免在交叉连接点出现延迟的风险。另外,某些 ISP 提供的媒体产品(例如电视)与其他内容的对待方式有所不同。此外,作为网络中立性争议的一部分,也出现了关于消费者一端的 ISP 是否可以向内容提供者一方收费,从而引入了双边定价的问题。此外,ISP 可以检查所处理的数据,并根据相关数据的特征来决定哪种类型的数据应当优先处理(即所谓深度数据包检查)。此外,就像许多国家目前正在考虑的那样,由于 ISP 提供了慢速通道和快速通道,内容提供商需要自行选择不同的服务类别。根据欧洲委员会的议案,这种分级措施是合法的。内容提供商可以为优先访问权付费(而慢速通道通常被认为是免费的)。是否应允许使用这一类更为灵活的方法已逐渐变成了一个政治问题。

严格网络中立性的支持者希望排除以上方法,从而迫使 ISP 仅在消费者一端获得其所有营收,并且不允许 ISP 偏离对各种流量一视同仁的尽力而为原则。而严格网络中立性的批评者指出,双边市场中的单边价格结构往往会导致一端的租金上涨,而在另一端租金降低。尤其是排除内容提供商向消费者端 ISP 支付的选项或会导致用户端 ISP 的总收入降低,并可能减弱其对功能更强的访问网络的投资激励。虽然施加网络中立性规则究竟会对竞争产生怎样的效应是一个复杂的问题,但当我们考虑了 ISP 的投资动机(Bourreau et al.,2015;Choi and Kim,2010;Economides and Hermalin,2012;Krämer and Wiewiorra,2012),一个一般性的问题是不加限制的网络传输可能会导致网络拥塞问题。在此处,特定节点的容量(如靠近用户端的网络交换器)具有公共资源的性质。

一个重要的观察是,某些类型的流量是时间敏感的,这意味着用户的效用会因为延迟而受到严重负面影响(例如视频通话或在线游戏),而其他流量对时间并不敏感(例如视频点播或电子邮件)。对于媒体而言,体育赛事往往对时间敏感,而大多数其他类型的内容可以在短时间内完成传输,也并不向消费者收取任何费用,前提是消费者在家中拥有可以缓冲的设备。

关于垄断性质的 ISP 模型可以推出一个基本结论。如果我们不允许 ISP 区分对待时间敏感和不敏感的流量(通过对这些类型的流量进行不同的处理或对优先访问进行收费),则 ISP 会基于尽力而为原则以相同的方式对待这两类流量。对于任何固定的时间敏感和不敏感的流量组合,这意味着在拥塞发生时,如果时间敏感的流量能得到优先处理的话就可以改善分配。由于时间敏感型流量的供应商具有动力准时传输内容,因此即使需要付费,他们也有获得优先访问权的动机。考虑到某些流量比其他流量对时间更敏感,因此引入优先通道可能会改善福利。可以通过在优先通道上收取费用来确保优先传输。然后,优先通道就成为筛选的工具,而 ISP 也无须知道它们正在传递的数据类型。或者,ISP 可以检查数据包并确定优先级。这样通常需要 ISP 检视数据包内容,不过随之而来会引起隐私和数据保护方面的问题。

如 Choi et al. (2013)以及 Peitz and Schuett(2015)指出的,超边际内容提供商也可以调整其流量。例如,为了解决拥塞问题,它们可能会对压缩技术进行投资以减少流量。①虽然深度检视数据包解决了因对时间敏感和不敏感的流量一视同仁而造成的低效,但它并非解决内容提供商所面临的动机问题的有用工具(Peitz and Schuett,2015)。之所以如此,是因为与对流量分层情况下的优先传送收费相比,深度检视数据包没有为拥塞问题定一个价格。通过对可能会传递给最终用户的时间敏感流量定价,ISP 提供了使得内容提供商避免这类支付的激励。具体来说,内容提供商有动机减少其传输的对时间敏感的流量。

总结有关网络中立性的争论超出了本章的范围[有关网络中立性学术分析的最新综述,请参阅 Krämer et al. (2013)]。从相关争论中得出的一个重要教训是,监管决策会影响内容提供商和 ISP 之间的租金分配。反过来,这可能会影响媒体平台的策略。尤其是在未对拥塞定价的情况下,内容提供商可能会增加大量来自广告的流量(例如视频开始前的广告)。而在对拥塞收取费用时,媒体平台或会直接向消费者收费,从而获得更大比例的收入。②

10.4 用户对媒体内容的选择

在诸如电视一类的传统视听媒体中,消费者通常需要选择在特定时间点消费哪些内容以及忽略哪些内容。试想存在这样一个电视观众,他对同一天晚上由不同电视台播放的两部电影和一项体育赛事感兴趣。这位观众必须选择观看一个节目,但是做出选择的同时也会错过其他节目。这种收看电视或广播内容的时间问题并不存在于线上媒体中。

互联网平台提供的内容可能非常地耐久。例如,媒体库允许用户随时访问内容。因此,互联网是一种非线性媒介,每个消费者都可以在其中选择自己喜欢的时间和内容消费顺序。

在这方面,与传统视听媒体预先设定好的时间段相比,互联网媒体在用户想要的时间提供内容。因此,它在时移方面具有(数字)VCR 和点播内容的重要特征,但是与其他形式的点播内容不同,不同时间在互联网上获取相同内容的成本几乎可以忽略不计。实际上,访问另一个网站只需再单击一下即可,并且无须使用昂贵的硬件。对于传统媒体,时移需要特殊的硬件设备,例如 VCR 或 PVR 设置盒(例如 TiVo 或 DirecTV 提供的)。此外,访问多个网站通常是一项无意识的活动,而决定要录制哪些内容是一个更有意识的决定。

因此,在线媒体消费者通常是多归属的,而在传统媒体市场中,消费者更有可能选择一

---

① 或者,这可以通过减少流量的时间敏感性来实现,如通过缓冲消除对优先传输的需求。
② 进一步说,对拥塞的收费可能会影响媒体内容形式的选择。例如,视频比文本消耗更多的带宽,而对于视频,更高的分辨率要求更大的传输容量。

个媒体分支并坚持下去。例如,当我们考虑报纸市场:由于时间限制,大多数消费者只能阅读一份日报(如果读报的话),且通常会长期坚持这种选择。[①]再比如晚上想要观看电影的电视观众通常会在影视频道中选择一个,即单归属。对于市场的另一端,这意味着广告商只能通过在该消费者正在阅读的特定报纸上放置广告或正在观看电影期间投放商业广告来吸引特定消费者。为了把信息传向大量的消费者,由于消费者的单归属行为,广告商需要在多个平台购买广告。这一问题受到 Anderson and Coate(2005)的开拓性的竞争瓶颈模型(competitive bottleneck model)及后续研究的关注。

相反,如果消费者选择多个媒体分支,则广告商不但可以在单个平台上接触消费者,还可以在多个平台上接触消费者。在这方面,平台失去了将消费者注意力供给广告商的垄断能力。在竞争瓶颈模型中,为了获得这种垄断地位,平台争夺专有的消费者,从而在广告商方面获得租金,但租金的一部分会分散给消费者。在双方均为多归属的市场中,这不再是必需的。这意味着"竞争强度由消费者端的业务抢占强度决定"这一广为人知的机制在线上媒体市场中不那么重要。由于消费者活跃在多个平台上,因此新的力量开始发挥作用,而旧的力量或不适用。这一情况或能影响平台的内容选择。

在 10.4.1 中,我们提供了不同的消费者端多归属的模型化分析。我们特别关注竞争的影响,并将其与单归属消费者的模型区分开来。在此之前,我们注意到如果广告商可以完美地协调其消息传递,则多归属等同于单归属。我们考虑广告的规模收益递减,或者说,第一印象非常有价值,而之后的印象则没有那么有价值,因为消费者或已在另一个平台上注意到了广告。如果广告商可以完美地协调其信息,就能防止消费者多次接触同一广告。例如,在电视上,这需要广告商在每个电视台为其广告选择相同的时间段。因此,这一模型中的竞争等同于单归属消费者模型中的竞争。Anderson and Peitz(2014a)利用这一框架研究了广告拥塞(advertising congestion)。我们将在 10.6.2 中更详细地讨论该论文。

10.4.1　多归属的消费者选择及其对内容的影响

允许消费者将多种产品的进行组合消费的最早尝试之一是基于 Hotelling(1929)的一个单边市场框架展开的。假设有两个平台,1 和 2。每个平台提供的内容都可视作其在霍特林线上的位置。平台 1 提供内容 α,平台 2 提供内容 $1-\beta$。大多数文献都是在消费者仅订阅一个平台的假设下展开的。这意味着位于 x 的消费者对不消费偏好内容的负效用是 $g(|x-\alpha|)$ 或 $g(|1-\beta-x|)$,具体取决于消费者活跃于哪个平台,其中,g 是递增函数。Anderson and Neven(1989)通过允许消费者消费以下两种内容的任意混合拓展了这一模型:

$$\omega\alpha + (1-\omega)(1-\beta)。$$

其中,$0 \leqslant \omega \leqslant 1$。在二次负效用假设下,消费者在 x 处产生的负效用为 $[\omega\alpha + (1-\omega)(1-\beta) - x]^2$。因此,消费者可以通过以正确的方式组合现有内容来获得最优内容。具有内容混合的霍特林模型可以较直接地在媒体市场环境中得到诠释。假设每个使用者都有一定的时间可以在两个平台之间分配。消费者在平台 1 上花费的份额为 $\omega(x)$,在平台 2 上花费的份

---

① 不过,Gentzkow et al.(2014)利用报纸读者人数的历史数据发现,即使在报纸市场上,多报纸阅读者在数量上也很重要。具体来说,每天读报的家庭中有 15% 会阅读两种或更多报纸。

额为 $1 - \omega(x)$。

假设消费者在 0 到 1 的区间内均匀分布。尽管这一模型中的效用表达与标准的单归属霍特林模型有很大不同，但是如果消费者需要为其在平台上所花费的时间付费，那么最终得到的总需求函数将会完全相同。[①] 为了理解这一点，首先回顾在传统的霍特林模型中，企业 1 的总需求为：

$$D_1 = \frac{1 + \alpha - \beta}{2} + \frac{p_2 - p_1}{2(1 - \alpha - \beta)} \tag{10.1}$$

现在，让我们简要地得出混合模型中的总需求。位于 x 处的消费者的效用函数为：

$$v(p_1, p_2, \alpha, \beta, x) = u_0 - [\omega\alpha + (1 - \omega)(1 - \beta) - x]^2 - \omega p_1 - (1 - \omega)p_2。$$

其中，u_0 是使用该平台的总效用。通过关于 ω 的最大化处理，我们得到：

$$\omega(x) = \frac{2(1 - \alpha - \beta)(1 - \beta - x) - p_1 + p_2}{2(1 - \alpha - \beta)^2}。$$

对于 $\alpha + \frac{p_2 - p_1}{2(1 - \alpha - \beta)} < x < 1 - \beta + \frac{p_2 - p_1}{2(1 - \alpha - \beta)}$，同时当 $x \leqslant \alpha + \frac{p_2 - p_1}{2(1 - \alpha - \beta)}$ 时，$\omega = 1$；当 $x \geqslant 1 - \beta + \frac{p_2 - p_1}{2(1 - \alpha - \beta)}$ 时，$\omega = 0$。因此，偏好接近其中一个平台内容的消费者不会选择混合内容，而位于不那么极端位置的消费者则选择混合内容。确定企业 1 的总需求，我们得到：

$$D_1 = \alpha + \frac{p_2 - p_1}{2(1 - \alpha - \beta)} + \int_{\alpha + \frac{p_2 - p_1}{2(1 - \alpha - \beta)}}^{1 - \beta + \frac{p_2 - p_1}{2(1 - \alpha - \beta)}} \omega(x)\,\mathrm{d}x = \frac{1 + \alpha - \beta}{2} + \frac{p_2 - p_1}{2(1 - \alpha - \beta)}。$$

上式等同于式（10.1），表明两个模型是等价的。换句话说，霍特林模型中的单归属也可以解释为混合内容下消费者的多归属。结果是，两种模型中的竞争情况完全相同。

由于这两个模型中利润相等，因此均衡下的内容选择结果与二次霍特林模型中的结果相对应（D'Aspremont et al. , 1979）。特别是，如果将 α 和 β 限制为正数，则处于两阶段"定位—价格"博弈的企业在均衡下会选择产品差异最大化。也就是说，$\alpha = \beta = 0$，且公司 1 位于 0 点，而公司 2 位于 1 点。[②]如果 α 和 β 可为负，则在均衡状态时 $\alpha = \beta = - 1/4$，这意味着企业选择单位区间外的内容。在媒体市场上，这意味着平台可能会极化内容，即使这一做法与偏好的异质性不匹配。

尽管霍特林模型中内容混合的实证结果与标准结果相吻合，但其规范经济学分析却有所不同。例如，如 Anderson and Neven（1989）所示，混合模型中的社会最优位置确实为 0 和 1。因此，如果企业必须选择消费者偏好空间内的位置，则它们会选择福利最优的位置。相比之下，在传统的霍特林模型中，福利最优位置位于偏好空间的内部（$\alpha = \beta = 1/4$），从而导致过度分化。

---

① Anderson and Neven（1989）考虑了这类线性定价，发现该模型给出的结果与标准霍特林模型相似。Hoernig and Valletti（2007）分析了两部分定价，发现消费者并不一定会选择他们偏爱的产品组合，因为他们需要向两个平台支付固定费用。

② Peitz and Valletti（2008）表明，在广告支持型媒体平台从消费者和广告商那里获得收入的情况下，该结果也适用。

现在,我们将混合内容的框架拓展到双边广告支持的媒体模型,即平台从广告商而非消费者那里获得收入。也就是说,价格 p_1 和 p_2 等于 0,但消费者视平台上的广告水平 a_1 和 a_2 为干扰。因此,位于 x 处的消费者的效用函数为:

$$v(a_1,a_2,\alpha,\beta,x) = u_0 - \left[\omega\alpha + (1-\omega)(1-\beta) - x\right]^2 - \gamma\omega a_1 - \gamma(1-\omega)a_2$$

其中,γ 表示广告的干扰参数。

Gal-Or and Dukes(2003)使用这一框架来分析媒体市场中的内容选择,发现平台在霍特林线上选择了相同的位置,这与传统框架中的位置形成了鲜明的对比。在 Gal-Or and Dukes(2003)的模型中,消费者免费获得内容,但承受来自广告的负效用。广告商在产品市场上竞争,并通过广告将其产品告知消费者。较低的广告强度会导致激烈的产品市场竞争,这意味着广告商的价格和利润较高。每个平台和广告商都会就广告商的付款进行协商,以换取在该平台上投放广告。在谈判过程中,两方最大化其共同剩余并进行平均分配。通过选择最小化差异,平台可以减少均衡状态时广告的数量,因为广告对消费者造成了干扰。因此,媒体市场上对消费者的激烈竞争会引致较低的广告水平。通过最小化差异,平台致力于降低广告强度,从而减少产品竞争。反过来,这又允许广告商获得更高的利润。由于平台不设置广告价格而是与生产商协商,因此最小化差异不会导致广告价格为 0,却可以增加协商中的剩余。[①]

Gabszewicz et al.(2004)也考虑了多归属消费者,但没有考虑广告商在产品市场上的竞争。取而代之的是,文章假设消费者的负效用对于广告水平呈凸性,也就是说,广告的负效用为 $a_i^\theta, \theta \geq 1$。如其所证明的,在均衡状态下,平台可以选择在霍特林线内部的位置,即内容比较相似。[②]实际上,当均衡位置越靠近时,θ 越大,即内容越多样,消费者的广告厌恶感就越强(通过增加广告的边际负效用来衡量)。

上述论文基于如下思想,即消费者将花费在不同平台上的时间混合,从而使总时间保持不变。但是,在大多数市场中,内容的可得性增加了消费。这些特性已纳入到多个模型中;我们最先研究那些保留了消费者分布在霍特林线上并随距离产生负效用假设的模型。

在 Ambrus and Reisinger(2006)中,平台位于霍特林线的端点,平台 1 位于点 0,平台 2 位于点 1。当从平台 1 消费时,位于 x 的消费者的效用为 $u_0 - \gamma a_1 - tx$;当从平台 2 消费时,位于 x 的消费者的效用为 $u_0 - \gamma a_2 - t(1-x)$。消费者可以在两个平台上都处于活跃状态,并且如果在每个平台上获得的效用为正,则可以在最优情况下保持双平台的活跃状态。

通过推导需求函数,靠近平台 1 的消费者将是平台 1 的专有消费者,而靠近平台 2 的消费者是平台 2 的专有消费者。但是,霍特林线中间的消费者在任意平台上都有正效用(假设广告水平不太高)。因此,这些消费者是在两个平台上都活跃的重叠消费者。D_i 表示平台 i =

---

① 独家广告合同是削弱广告商间竞争的另一种方式。这类合同在诸如美国电视行业等领域中是标准操作。通过提供单一类别的广告权利,该平台保证不会在同一个广告时段中向其他竞争对手出售其他广告位。因此,消费者对竞争产品的了解较少,从而为广告公司带来了更高的利润。详细分析参见 Dukes and Gal-Or(2003)。

② Peitz and Valletti(2008)还发现,如果消费者免费获得内容,平台不会选择最大化差异来从广告商那里获得更多的剩余。其模型构建在一个框架中,其中所有消费者是单归属的,而广告商是多归属的。上述研究结果可以拓展到消费者混合内容的环境中。

1,2 的专有的和重叠的消费者的需求，我们得到 $D_1 = (u_0 - \gamma a_1)/\tau$ 和 $D_2 = 1 - (u_0 - \gamma a_2)/\tau$。总体而言，有 $D_{12} = [2u_0 - \gamma(a_1 + a_2)]/\tau - 1$ 个重叠的消费者，$D_1 - D_{12} = 1 - (u_0 - \gamma a_2)/\tau$ 个平台 1 的专有消费者，$D_2 - D_{12} = 1 - (u_0 - \gamma a_1)/\tau$ 个平台 2 的专有消费者。需求结构如图 10.6 所示。

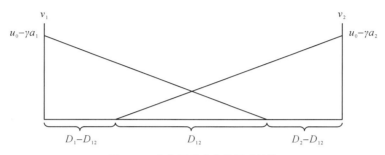

图 10.6 多归属消费者的需求结构

资料来源：Ambrus and Reisinger（2006）。

对于重叠的和专有的消费者，广告商从消费者那里获得的利润可能会有所不同。例如，重叠的消费者在平台上花费的时间可能比专门在单个平台上活跃的消费者花费的时间少。类似地，在两个平台上都购买广告空间的广告商可能会从重叠的消费者那里获得比仅在一个平台上投放广告的广告商更低的收益，因为重叠的消费者可能会意识到广告已经在另一平台上了。这意味着，对于同样在平台 j 上活动的广告商而言，在平台 i 上的（附加）广告价值要小于仅在平台 i 上活跃的广告商的价值。

Ambrus and Reisinger（2006）描述了垄断和双寡头垄断情况下的均衡广告水平，发现消费者方面的多归属降低了广告水平的竞争压力。因此，在广告商是同质的假设下，广告水平在社会上是过度的。

Anderson et al.（2010）还分析了霍特林背景下的多归属消费者。在模型中，媒体平台不承载广告，而是直接向消费者收费，因此 Anderson et al.（2010）的模型不是双边市场模型。在模型中，位于 x 处且仅订阅平台 1 时，消费者获得的效用为：

$$v_1 = (r - \tau x) q_1 - p_1。$$

其中，q_1 代表平台 1 的覆盖范围，而 p_1 代表平台 1 的价格。q_1 越大，平台覆盖的故事或新闻越多，因此它为消费者提供了越大的效用。参数 r 代表消费者的保留价值，而 τ 像之前一样是运输参数。因此，如果消费者的喜好更好地与平台的内容保持一致，那么消费者将从高覆盖率中受益更多。相应地，在平台 2 上处于活跃状态时获得的效用为 $v_2 = [r - \tau(1 - x)] q_2 - p_2$。

当在两个平台上均处于活跃状态时，消费者将获得额外效用。特别地，Anderson et al.（2010）通过明确允许多归属消费者首先使用他们最喜欢的平台的内容，然后消费另一个平台的内容，来区分两种类型的多归属消费者。消费者通过订购第二个平台的服务而获得的附加价值取决于两个平台内容的重叠程度。由于平台无法协调其内容覆盖范围，因此重叠由 $q_1 q_2$ 给出。因此，平台 2 涵盖了平台 1 所未涵盖的 $(1 - q_1) q_2$ 则新闻。消费者两次阅读同一新闻时，还会获得一个附加值，因为每个平台以不同的方式呈现该新闻。这个附加值可以

由 $1 - b$ 捕获,其中 $b \in [0,1]$;也就是说,b 越小,第二次阅读同一新闻的附加价值就越高。这意味着在第一次消费数量为 q_1 的新闻时,消费数量为 q_2 的新闻的额外效益是:

$$(1 - q_1) q_2 + (1 - b) q_1 q_2 = (1 - bq_1) q_2。$$

因此,消费者先访问平台 1 再访问平台 2 时获得的效用给定为:

$$v_{12} = v_1 + [r - \tau(1 - x)](1 - bq_1) q_2 - p_2。$$

类似地,消费者先访问平台 2 再访问平台 1 时获得的效用为:

$$v_{21} = v_2 + (r - \tau x)(1 - bq_2) q_1 - p_1。$$

图 10.7 说明了对待不同选项组合无差别的消费者的位置,其中边际消费者分别由 $x_{1,12}$、$x_{12,21}$ 和 $x_{21,2}$ 表示。

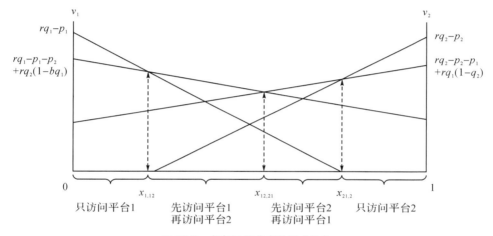

图 10.7　多归属消费者的需求结构

资料来源:Anderson et al. (2010)。

在这种框架下,Anderson et al. (2010)解出均衡价格和利润,并发现利润在运输成本参数 τ 中正在下降。在标准的霍特林模型中,τ 衡量竞争程度,而 τ 越大表示平台越有差异,因此利润也越大。对于多归属,结果相反,因为平台 1 的总需求与平台 2 收取的费用无关。请注意,平台 1 的总需求包括 0 到 $x_{21,2}$ 之间的所有消费者。当确定消费者是先访问平台 2 再访问平台 1,还是只访问平台 2 时,我们有 $v_1 = v_{12}$。在此表达式中,平台 2 的价格被抵消。因此,每个平台的总需求与竞争对手的价格无关。平台收取的费用等于它带给也活跃在竞争对手平台上的消费者的增量价值。因此,平台在其定价决策中充当垄断者。因此,较大的运输成本参数只会导致每个平台的需求减少。

尽管假设消费者的喜好沿霍特林线分布,具有易于处理和易于理解的优势,但它对喜好施加了束缚,并因此对需求也施加了束缚。特别是,两家公司的需求总和是完全无弹性的(不超过价格上限)。因此,降价只会导致业务被盗,而不会增加市场的整体需求。按照定义,偏好结构是完全负相关的;也就是说,对平台 1 的内容具有最强偏好的消费者对平台 2 的内容具有最弱偏好,反之亦然。因此,不可能分析内容或意识形态相关性对竞争的影响,而这恰恰是媒体市场的核心。

最近的两篇论文考虑了不同的偏好和需求。Ambrus et al.（2015）提出了一种模型，其中消费者选择访问一个平台与选择访问另一个平台无关。这意味着，如果用户的效用为正，则消费者选择访问该平台。广告商是同质的，可以在一个平台上发布多次广告。告知消费者的价值标准化为 1。平台向广告商提供包含广告级别 m_i 的合同，以换取转移支付 t_i。平台 i 的专有消费者会以 $\phi_i(m_i)$ 的概率获悉某广告商的产品，而 ϕ_i 则是严格递增和凹的。这捕捉到了一个想法，即消费者可能会两次接触同一则广告，这意味着广告的边际收益降低。类似地，在两个平台上活跃的消费者都被告知的概率为 $\phi_{12}(m_1, m_2)$，其中 ϕ_{12} 在每个参数中是严格递增和凹的，并且是负的交叉偏导。

广告商由于在此框架中是同质的，因此都将相同的广告级别放在平台上。由于广告技术的局限性，通过让所有广告商都参与其中而不是一小部分，该平台可以赚取更多利润。因此，在均衡状态下，所有广告商都接受两个平台的合同。如果广告商数量等于 1，则总广告水平等于单个广告商的广告水平。这意味着 $m_i = a_i$，其中，a_i 是平台 i 的总广告水平。在均衡状态下，即使广告商是同质的，平台也无法从广告商那里提取全部盈余。取而代之的是，一个平台只能提取增量盈余，这是它交付的盈余，是广告商在拒绝合同并仅在另一个平台上处于活跃状态时可以获得的盈余。因此，该模型中也出现了增量定价。

更正式地说，用 $D_i(a_1, a_2)$，$i = 1,2$ 表示专有消费者的需求，用 $D_{12}(a_1, a_2)$ 表达多归属用户的需求。同时接受这两个合同的广告商从中获得的效益为：

$$D_1(a_1, a_2)\,\phi_1(a_1) + D_2(a_1, a_2)\,\phi_2(a_2) + D_{12}(a_1, a_2)\,\phi_{12}(a_1, a_2) - t_1 - t_2。$$

相反，当仅接受平台 j 的合同时，得到：

$$\left[D_j(a_1, a_2) + D_{12}(a_1, a_2)\right]\phi_j(a_j) - t_j。$$

因为广告商仅在平台 j 上吸引消费者。因此，平台 i 只能需求：

$$t_i = D_i(a_1, a_2)\,\phi_i(a_i) + D_{12}(a_1, a_2)\left[\phi_{12}(a_1, a_2) - \phi_j(a_j)\right]。$$

这给每个广告商留下了 $D_{12}(a_1, a_2)\left[\phi_1(a_1) + \phi_2(a_2) - (\phi_{12}(a_1, a_2))\right]$ 的利润，由于广告技术的凹性而为正。

要了解竞争在这种模式下的运作方式，需将市场与拥有垄断市场的双寡头平台进行比较。垄断平台可以提取广告商的全部盈余。每个多归属消费者现在都可以在两个平台上了解广告商的产品。因此，单则广告的价值会降低，这是重复效应（duplication effect）。由于这种影响，双寡头的广告强度下降了。但是，还存在更微妙的抵消作用。对于单一平台，所有消费者都是专有消费者。相对于重叠的消费者而言，这些消费者更有价值，而失去他们对于该平台而言则是相对昂贵的。这抑制了提高广告水平的动机。相比之下，在双寡头垄断中，广告水平提高而导致的部分业务损失来自重叠的消费者。该双寡头与竞争对手共享业务，与失去专有消费者相比，失去这一共享业务的危害较小。结果，由于这种业务共享效应，双寡头有更大的动机来提高广告水平。这表明竞争是由消费者需求的构成驱动的，而不仅仅是需求的大小。如果业务共享效应主导重复效应，则双寡头垄断中的广告水平要高于垄断中的广告水平，反之亦然。

也可以将业务共享的力量和重复效应与消费者的喜好和平台提供的内容联系起来。例如,假设在平台的内容相对相似的情况下,喜欢平台 1 内容的消费者很可能也喜欢平台 2 的内容。在这种正向的消费者偏好相关性的情况下,平台有很多重叠的消费者。如果平台是对称的并且具有相近的广告强度,则平台通过降低其广告强度可以吸引许多相对于其当前需求构成的专有消费者。因此,降低广告水平所获得的收益相对较高,这意味着具有正相关内容的平台可能具有较低的广告水平。相比之下,假设平台是新闻平台,并且其中一个迎合了更多右翼听众,另一个迎合了更多左翼听众。然后,内容是负相关的,并且平台具有许多专有消费者。通过降低广告强度,平台主要吸引了具有温和偏好的消费者,其中一些人会同时访问这两个平台。平均而言,这些消费者的价值不如现有的专有消费者的价值。因此,每个平台几乎没有动机来降低广告强度,这导致了均衡状态下较高的广告水平。因此,该模型预测,具有正相关内容的平台的广告强度将低于具有负相关内容的平台的广告强度。

Anderson et al.（2014）分析了一个具有多归属消费者的不同模型。让我们再次关注两个平台的情况,并假设 $D_i(a_1, a_2)$ 表示平台 $i(i=1,2)$ 的专有消费者,而 $D_{12}(a_1, a_2)$ 表示重叠的消费者。广告商可以选择是否在平台上做广告,即单个广告商的广告级别为 0 或 1。假设告知一个专有消费者的价值等于 ϑ,而告知多归属消费者的价值等于 $\vartheta(1+\lambda)$,其中 $\lambda \in [0,1]$。可能的解释是,在每个平台上,消费者意识到广告的概率为 x。在另一个平台上发给同一消费者的广告使其意识到该广告的概率增加 $x(1-x)$。因此,将告知消费者的价值标准化为 1,我们得到 $\vartheta=x$ 以及 $\lambda=1-x$。

在 Anderson et al.（2014）的模型中,首先,消费者对每个平台上的广告强度形成了期望。其次,平台确定每则广告的价格,广告商会合理地预测消费者数量并选择购买广告。最后,消费者决定要加入哪个平台。由于博弈结构的原因,消费者不会对广告的实际数量做出反应,从而简化了博弈的解决方案。[①]

在均衡状态下,每个平台收取的费用为(省略参数) $D_i\vartheta + D_{12}\vartheta\lambda$,并且所有广告商在两个平台上都活跃。因此,平台可以提取出广告商在通知专有消费者时获得的全部盈余,但只能提取出广告商在通知重叠的消费者时获得的盈余的一部分。一个广告商获得价值为 $D_{12}\vartheta(1-\lambda)$ 的正利润。因此,重新出现了增量定价原则。

Anderson et al.（2014）随后关注受多归属消费者的存在而影响媒体市场的几个重要方面。考虑到众所周知的内容重复问题,并假设每个媒体平台都可以选择提供内容 A 或 B。如果只有单归属消费者,并且其中 2/3 以上的消费者对内容 A 感兴趣,而不对内容 B 感兴趣,那么这两个平台都将专注于内容 A。这是因为,如果一半的消费者选择了平台 1,另一半选择了平台 2,当两个平台的内容相同时,每个平台将获得超过 1/3 的消费者。相比之下,选择内容 B 时,平台获得的消费者不到 1/3。通常,在均衡状态下,内容重复出现的条件是当且仅当

---

① 博弈涉及被动的期望,就像 Katz and Shapiro（1985）的经典模型一样。这种形式的期望建立意味着消费者在观察平台设定的价格之前先形成自己的期望。Hagiu and Halaburda（2014）以及 Belleflamme and Peitz（2014）在双边市场模型中使用了相关的假设,其中,一边的全部或部分代理商无法观察到另一边的价格。相反的假设是,代理商在观察所有价格后形成预期,(通常)表示为响应性预期。有关这两种假设对通信网络终止费用的不同含义的讨论,请参见 Hurkens and López（2014）。

$$\frac{D_A}{2} > D_B \text{。}$$

其中，D_j，$j = A$，B，表示内容 j 的消费量。

现在，假设消费者可以是多归属的。如果两个平台的内容相同，则只有 d_{12} 比例的消费者是多归属的。如果两个平台都选择内容 A，那么每个平台都会获得利润：

$$\frac{D_A}{2}\vartheta\left[\left(1 - d_{12}\right) + d_{12}\lambda\right]\text{。}$$

相反，如果一个平台选择内容 B，它将获得 $D_B\vartheta$ 的利润。比较这两个利润表明，内容 A 是首选的条件是当且仅当：

$$\frac{D_A}{2}\left[1 - d_{12}(1 - \lambda)\right] > D_B \text{。}$$

与没有多归属消费者的情况相比，很明显，内容复制发生在严格较小的参数范围内。因此，如果存在多归属消费者，则内容重复的问题就不那么严重了。

综上所述，多归属的工作提供了两个重要的教训。一是平台根据增量定价设置广告的收费标准。这是因为消费者的第一印象通常比第二印象更有价值，并且现在可以在多个平台上吸引消费者。因此，尽管消费者不再是瓶颈，但平台无法从广告商那里提取全部盈余。二是平台不仅在乎需求的大小，而且还在乎是如何由单归属和多归属消费者组成的。因此，需求构成影响市场结果。

10. 4. 2　搜索引擎与搜索偏差

到目前为止，我们通过假设用户知道他们感兴趣的网站内容并可以直接访问来简化我们的陈述。这意味着不需要中介机构来帮助用户选择他们喜欢的网站。但是，互联网提供了多种信息，而且，在没有搜索引擎帮助的情况下，通常不可能找到最相关的内容。实际上，在全球范围内，每天在不同的搜索引擎有数十亿的查询。如第 10.2 节所述，最著名的显然是谷歌，其在欧洲国家的市场份额超过 90％，全球平均水平超过 80％。但是，其他搜索引擎在某些国家占主导地位。例如，在中国，搜索引擎百度的市场份额超过 75％，而谷歌中国仅略高于 15％。[①]

如果搜索引擎的唯一作用是有效地将用户分配到他们喜欢的网站，那么搜索引擎与本章就不会特别相关。在这种有限的角色中，信息守门人将用户定向到适当的媒体内容，并且其存在对经济没有影响。但是，与大多数媒体平台一样，搜索引擎的业务模型围绕吸引用户并从广告商那里获得收入而展开。因此，用户和搜索引擎的动机是否完全一致并不明显。特别是，搜索引擎可能会偏向其搜索结果，以从广告商那里获得高收入。例如，假设用户想要观看特定歌曲的视频并通过谷歌搜索，可通过多个视频门户网站（例如 YouTube、MyVideo 或 Clipfish）访问该视频，并且谷歌可以选择显示搜索结果的顺序。由于谷歌拥有 YouTube 而不是其他视频门户网站，因此谷歌可能会倾向于将搜索结果偏向于自己的视频门户网站，而不是其他门户网站。

[①] http://www.chinainternetwatch.com/category/search-engine/.

根据实证建立这样的搜索引擎偏差并不总是那么简单。Tarantino(2013)报告称,针对关键词 finance(金融)的查询,谷歌首先列出了谷歌财经,而雅虎首先列出雅虎财经。这表明,如果一个搜索引擎上的消费者与另一个搜索引擎上的消费者具有可比性,则这两个搜索引擎中至少有一个是有偏差的。

Edelman and Lai(2015)考虑了以下准实验:2011 年 12 月,谷歌引入了一个名为谷歌航班搜索(Google Flight Search)的工具,该工具可帮助用户搜索从 A 地到 B 地的航班。当谷歌航班搜索出现时,它总是出现在位于顶部的方框。但是,谷歌航班搜索的外观不是很系统化,条目的细微变化都可能导致该方框的出现或消失。[①] Edelman and Lai(2015)估计了当谷歌航班搜索框出现时点击率的变化,发现在方框出现的情况下,付费广告的点击率提高了 65％,而其他旅行社的非付费搜索的点击率则下降了 55％。因此,这项研究提供了证据,表明搜索引擎能够通过呈现搜索结果的布局和格式来影响用户的行为。

搜索引擎通常具有两种不同的链接,自然(或非付费)链接和赞助(或付费)链接。根据某些算法,自然链接反映了列表的相对重要性或相关性。赞助链接由广告商付费。如第 10.2 节所述,出售这些广告位是互联网广告最大的收入来源。

主要的商业搜索引擎通过第二高价拍卖出售赞助链接,并为每次拍卖设置保留底价。由于搜索引擎会观察用户是否点击了赞助链接,因此广告商为每次点击付费。因此,该价格称为每次点击价格(per-click price,PCP)。如果广告商出较高的 PCP,则可以确保排名靠前。但是,出价最高的广告商不一定会在搜索结果的第一个页面顶部获得第一个广告位。搜索引擎的目标是从销售广告位中获得最大收益,因此它还考虑了用户点击广告的次数。因此,搜索引擎需要估算点击率,并且如果点击率较高,则可能会将 PCP 较低的广告放在较高的位置。谷歌使用反映预估点击率的质量得分来确定各个广告商的广告位。[②] 有几项研究详细分析了拍卖机制,包括 Edelman et al.(2007)和 Varian(2007)的开创性论文。最近的论文有 Katona and Sarvary(2008)(分析了赞助链接和自然链接之间的相互作用),以及 Börgers et al.(2013)(研究了雅虎搜索页面上赞助链接的出价行为)。

搜索引擎列出的搜索结果是否符合消费者的最大利益? 经济学文献揭示了搜索引擎可能有动机扭曲其搜索结果的几个原因。我们从即使搜索引擎未与媒体平台集成也要考虑的原因开始。区分自然链接和赞助链接可以为"为什么搜索引擎扭曲其搜索结果"提供一个答案。如 Xu et al.(2012)、Taylor(2013a)和 White(2013)指出的,自然链接为生产者提供了在搜索引擎上免费替代赞助链接的方法。因此,如果搜索引擎在其自然链接中提供高质量的内容,则会蚕食其来自赞助链接的收入。同时,提供更好的(即更可靠的)自然搜索结果会使搜索引擎更具吸引力。如果消费者有搜索成本,那么更具吸引力的搜索引擎将获得更大的需求。但是,如果后一种效应(部分地)由自身蚕食(self-cannibalization)控制,则搜索引擎会最佳地扭曲其自然搜索结果。

Chen and He(2011)以及 Eliaz and Spiegler(2011)提供了搜索引擎可能扭曲搜索结果的

---

① 例如,在输入"飞往奥兰多的航班"时显示了该方框,但在搜索"飞往佛罗里达州奥兰多的航班"时未显示该方框。
② 更详细的讨论,请参见 Evans(2008)。

进一步原因。由于搜索引擎从广告商那里获取利润,因此广告商对赞助链接的评价很高,这符合其最大利益。如果广告商之间的产品市场竞争相对较弱,则此估值会提高。因此,搜索引擎可能会扭曲搜索结果,以削弱广告商之间的产品市场竞争。在 Chen and He(2011)以及 Eliaz and Spiegler(2011)中,搜索引擎有动机降低其搜索结果的相关性,从而阻止用户进行广泛的搜索。这种质量下降导致生产者之间的竞争削弱,从而导致价格上涨。[①]

现在,我们转向将搜索引擎与媒体平台合并在一起的情况(与 YouTube 和谷歌一样)。这是否会引起对搜索引擎偏差的其他担忧,还是合并可以减少搜索引擎偏差?接下来,我们将介绍 de Cornière and Taylor(2014)以及 Burguet et al. (2014)的模型来系统分析搜索引擎合并的成本和收益。

在 de Cornière and Taylor(2014)的模型中,有一个垄断性的搜索引擎($i = 0$)和两个媒体平台($i = 1, 2$)。媒体平台位于霍特林线的末端,平台 1 位于点 0 而平台 2 位于点 1。用户以单位间隔分布,但是在决定搜索之前,他们不知道其位置。这意味着,如果不进行搜索,用户将无法确定哪个媒体平台拥有其最感兴趣的内容。用户使用搜索引擎时会产生搜索成本 s,其中 s 根据由 F 表示的累积分布函数进行分布。

媒体平台和搜索引擎都仅从广告中获得收入。网站 i 上的广告数量用 a_i 表示。用户不喜欢广告,这意味着将由搜索引擎定向到网站 i 的用户获得的负效用是 $\gamma_i(a_i)$,这是严格递增的。用户的效用随着其所在位置与网站 i 之间的距离而减少。用户从网站 i 获得的效用为:

$$v(d, a_i) = u(d) - \gamma_i(a_i) - s_\circ$$

其中,d 表示网站 i 的位置与用户位置之间的距离,并且 $u'(d) < 0$。

搜索引擎的工作方式如下:如果用户决定使用搜索引擎,则输入查询。然后,搜索引擎将用户的查询映射到 Hotelling 细分中的潜在位置,并将用户定向到其中一个平台。搜索引擎的决策规则是阈值规则,即所有 $x < \bar{x}$ 的用户都被定向到平台 1,而那些 $x \geq \bar{x}$ 的用户被定向到平台 2。

广告内容是信息性的,并且存在有代表性的广告商。广告商预期的每位用户的收入为:

$$R(a_0, a_1, a_2, \bar{x}) = r_0(a_0) + \bar{x} r_1(a_0, a_1) + (1 - \bar{x}) r_2(a_0, a_2)_\circ$$

其中,$r_i(i = 0, 1, 2)$ 代表通过搜索引擎或相应媒体平台上联系用户所获得的收入。一个关键的假设是,搜索引擎和媒体平台上的广告是不完美的替代品,即一个媒体分支上的广告的边际价值随着另一媒体分支上的广告数量的增加而减小。正式地,我们记作:

$$\frac{\partial^2 r_i(a_0 - a_i)}{\partial a_0 \partial a_i} \leq 0_\circ$$

这意味着如果 a_0 上升,则由媒体平台产生的广告收入就会下降。广告商按展示次数向平台付费,相应的价格用 p_i 表示。因此,广告商预期的每位用户的利润为:

$$\pi_a = R(a_0, a_1, a_2, \bar{x}) - a_0 p_0 - \bar{x} a_1 p_1 - (1 - \bar{x}) a_2 p_2_\circ$$

假设有一部分用户 D 使用搜索引擎,则搜索引擎的利润为 $\pi_0 = D a_0 p_0$,而媒体平台的利

① 参见 Xu et al. (2010,2011)的相关模型。

润分别为 $\pi_1 = \bar{x}Da_1p_1$ 和 $\pi_2 = (1 - \bar{x})Da_2p_2$。为了简化说明,de Cornière and Taylor(2014)保持 a_0 固定不变,并专注于 a_1、a_2 和 $\bar{x}$ 的选择。

博弈的时间安排如下:首先,媒体平台选择广告级别 a_1 和 a_2,搜索引擎选择 $\bar{x}$。其次,广告市场出清,即 p_0、p_1 和 p_2 使每个分支的需求和供应相等。再次,消费者决定是否使用搜索引擎。最后,那些使用搜索引擎键入查询的消费者会访问搜索引擎建议的媒体平台。

消费者在决定是否使用搜索引擎时,消费者会知道 $\bar{x}$ 并有对媒体平台上广告水平的期望,用 a_i^e 表示。因此,消费者使用搜索引擎的预期效用为:

$$E[v] = \int_0^{\bar{x}} u(z)\,\mathrm{d}z + \int_{\bar{x}}^1 u(1-z)\,\mathrm{d}z - \bar{x}\gamma_1(a_1^e) - (1-\bar{x})\,\gamma_2(a_2^e) - s。$$

由于消费者的外部选项被标准化为 0,因此只要 $E[v] \geqslant 0$,消费者就将使用搜索引擎,这决定了用户需求 D。我们将可以最大化消费者的预期效用的值表示为 $\bar{x}$,因此参与率表示为 x^D。

然后可以按如下方式定义搜索偏差:只要 $\bar{x} \neq x^D$,搜索引擎就存在偏差。特别是,当 $\bar{x} > x^D$ 时(当 $\bar{x} < x^D$ 时),搜索引擎偏向于媒体分支 1(媒体分支 2)。

在确定其最佳临界值 $\bar{x}$ 时,搜索引擎面临以下问题。它希望获得较高的用户参与度。在其他条件相同的情况下,更多的搜索引擎用户可以带来更高的利润,因为广告商的支付意愿增强了。因此,搜索引擎关心与用户的相关性,但这并不是用户所关心的唯一重要特征。用户并不喜欢广告,这意味着他们希望将他们定向到显示少量广告的网站。结果,相对于媒体分支 2,媒体分支 1 上的广告越少,搜索引擎将 $\bar{x}$ 设置得越高,反之亦然。这些考虑因素使搜索引擎的动机与用户的动机保持一致。但是,搜索引擎从广告商那里获取利润,因此旨在为其链接保持较高的价格 p_0。这样,战略考虑就起作用了。如果媒体平台 i 上的广告特别适合替换搜索引擎上的广告,则搜索引擎倾向于将搜索结果偏向该平台。这使搜索引擎可以保持较高的 p_0 并获得更高的利润。从形式上讲,广告市场出清意味着广告价格等于广告商的边际支付意愿,即(忽略参数)

$$p_0 = \frac{\partial r_0}{\partial a_0} + \bar{x}\,\frac{\partial r_1}{\partial a_0} + (1-\bar{x})\,\frac{\partial r_2}{\partial a_0}。$$

因此,在 a_1 和 a_2 中 p_0 不会增加。随之而来的是,搜索引擎偏向其结果以远离那些 $\partial r_i/\partial a_0$ 更为负值的媒体分支。结果是,如果 $\partial r_1/\partial a_0 > \partial r_2/\partial a_0$,那么太多的消费者被引导到媒体分支 1;如果相反情况成立,那么太多的消费者被引导到媒体分支 2。如果两个媒体平台是对称的,或者广告需求是独立的,则不会出现偏差。

然后,De Cornière and Taylor(2014)分析了搜索引擎与媒体平台之一合并的影响。假设存在部分合并而不控制广告水平,即媒体平台 i 与搜索引擎共享其利润的一部分 ρ_i,但是获得了对广告水平 a_i 的完全控制。实际上,这种情况的存在有两个原因:第一,谷歌拥有子公司,例如 DoubleClick,该子公司向媒体分支出售广告技术。因此,搜索引擎已经从媒体分支那里获得了一些收入。第二,即使完全合并,媒体分支仍可能会受到独立管理。

那么,媒体分支的利润为 $\pi_i = (1 - \rho_i)\bar{x}Da_ip_i$,这意味着最佳广告水平与非合并情况下的相同,因为利润函数只是乘以一个常数。现在搜索引擎的利润为 $\pi_0 = D(a_0 p_0 + \rho_i \bar{x} a_i p_i)$。有两个直接后果:一是搜索引擎有动机使其结果偏向媒体平台 i,因为它直接受益于该平台的收入。二是它还受益于更高的消费者参与度,这意味着搜索引擎希望实现更高的质量(即更少的偏差结果)。

由于这两个潜在的相反作用力,部分合并(partial integration)会增加或减少偏差。特别是,如果搜索引擎在未合并的情况下偏向于损害平台 i,那么部分合并可能会减轻这种偏差。但是,即使搜索引擎偏向于没有合并的媒体分支 i,由于搜索引擎更关心质量,部分合并也可能导致偏差的减少。De Cornière and Taylor(2014)表明,如果关于质量的用户参与的弹性很大,就会发生这种情况。

当考虑完全合并而不是部分合并时,类似的影响正在起作用。在这里,由于价格效应的内化,合并媒体平台的广告水平将在合并后下降,即广告水平是替代品。关于偏差,搜索引擎再次具有推动消费者参与的动机。因此,它可能会受益于偏差的减少。如果两种媒体平台在其广告对搜索引擎广告的可替代性方面存在很大差异,则很有可能获得此结果;换句话说,一个可以非常完美地替代搜索引擎的广告,而另一个则可以轻度替代搜索引擎的广告。通常,如果媒体平台是对称的,则部分或完全合并总是会导致偏差增加,但仍可以通过降低广告水平来使消费者受益。

Burguet et al. (2014)提出了一种不同的设置来分析搜索引擎偏差和合并问题:不允许广告造成干扰,但会为消费者对广告商产品的搜索进行明确建模。在下面的内容中,我们将介绍其模型的简化版本,但该模型仍保留了主要的权衡取舍。

有一个用户集合,用索引 i 表示。用户对网站的内容感兴趣。有 N 个网站,以 n 为索引,每个用户 i 都有一个符合其兴趣的特定内容,并生成净效用 $u > 0$。此内容由 $n(i)$ 表示。任何其他内容产生的净效用为 0。用户不知道哪个网站符合他们的兴趣。因此,他们需要搜索引擎的帮助,记为 0。在用户键入并查询后,搜索引擎可以完美地识别相关的网站 $n(i)$。网站是对称的,即每个网站的内容都吸引着相同比例的用户,即 $1/N$。使用搜索引擎时,用户会产生搜索费用 s,其中,s 根据累积分布函数(用 F 表示)进行分配。

用户键入并查询后,搜索引擎将显示指向网站的链接。搜索引擎可以选择链接指向与用户兴趣匹配的内容的可能性。我们用 ϕ^o 表示该概率。上标 O 代表自然链接,表示到网站的链接是无偿的,因此是自然的。

搜索引擎和网站从生产商那里获得利润,这些生产商付费为其产品做广告。有 J 个不同的产品类别,以 $j \in \{1,2,\cdots,J\}$ 为索引。用户 i 仅重视一个类别 $j(i)$ 并购买一个单位。每个类别中有两个产品生产商,$k \in [1,2]$。生产商 1 为用户提供最优匹配,从而产生 v_1 的净效用。生产商 2 仅提供次优匹配,从而导致净效用为 v_2,$0 < v_2 < v_1$。生产商获得的利润分别为 m_1 和 m_2。为了简化说明,Burguet et al. (2014)假设用户和生产商的利益是错位的,从某种意义上说,即对于每个类别,$m_2 > m_1$。[1]此外,为了简化所有类别的福利分析,$m_1 + v_1 > m_2 + v_2$,这意味着社会最优化只涉及最匹配产品的交易。如上所述,类别是对称的,即每个类别

---

[1] 这是一个极端的假设。但是,对于要成立的主要结果,存在一些错位条件成立的类别就足够了。

的产品所吸引的用户比例都是相同的,即 $1/J$。

用户输入特定类别的产品进行搜索查询后,搜索引擎会提供一个链接。[①]它还具有完全的市场势力,并设置了按点击数付费的价格。搜索引擎选择显示概率为 ϕ^S 的生产商 1 的链接和概率为 $1 - \phi^S$ 的生产商 2 的链接。上标 S 代表赞助链接,表示生产商为网站链接支付费用。[②]

用户还可以在网站上购买产品。特别是,每个网站都提供了一个展示广告的广告位,用于链接到生产商。用户如果 i 访问网站 $n(i)$(即具有其感兴趣的内容的网站),则会注意到广告的概率为 α,且 $0 < \alpha \leqslant 1$。相反,如果用户定向到一个与之感兴趣的内容不同的网站的概率为 $\alpha\beta, 0 < \beta < 1$。网站的定位不如搜索引擎准确。正式地,网站仅以 $\sigma < 1$ 的概率获得用户 i 的产品类别权利,即网站获得了每个访问用户的产品类别兴趣的信号,并且该信号等于概率为 σ 的 $j(i)$。该网站还具有与生产商充分议价的能力。

博弈的时间安排如下:在第一阶段,搜索引擎和网站向生产商公布价格。此外,搜索引擎还宣布了其设计变量 ϕ^0 和 ϕ^S。在第二阶段,用户决定是否使用搜索引擎。如果他们参与,他们首先搜索内容,然后可以访问搜索引擎显示的网站。在消费内容时,他们可以点击网站上显示的生产者的广告,并可以购买生产者的产品。然后他们要么离开市场,要么输入产品进行查询,然后可以访问搜索引擎显示的生产商的网站并购买产品。[③]因此,搜索顺序首先是内容,然后是产品。

图 10.8 描述了模型中的所有参与者,以及用户搜索内容和产品之间的交互。实心箭头表示产品,虚线箭头表示内容。向下的箭头指示广告商(生产商)和媒体平台(网站)的联结,向上的箭头指示访问相应网站的用户。

在此模型中,搜索偏差定义如下:只要 $\phi^0 < 1$ 和/或 $\phi^S < 1$,搜索引擎就会产生偏差。特别地,由于 $u > 0$(即将用户定向到其首选内容提供了比将用户定向到任何其他内容具有更高的收益),一个社会规划者会做出最佳选择 $r^0 = 1$。此外,由于 $m_1 + v_1 > m_2 + v_2$,社会规划者会最佳地选择 $r^S = 1$。

可以通过逆向归纳法解决博弈问题:一旦声明,除了参与决策外,用户的选择立即生效。尤其是,用户单击搜索引擎提供的链接。在产品搜索阶段,他们购买广告产品,无论是最优匹配产品还是次优匹配产品,前提是该产品属于他们的偏好类别。当网站上显示偏好产品的链接时,用户仅在是最优匹配产品时才购买该产品,因为其预计自己可以至少购买次优匹配产品,并以概率 ϕ^S 在下一阶段购买最优匹配产品。

为了确定参与用户的数量,我们首先确定搜索引擎和网站的利润。由于搜索引擎和网

---

① 在 Burguet et al.(2014)和 de Cornière and Taylor(2014)中,用户在查询后仅访问单个网站。但是,用户有时会根据结果的相应排名(依次)点击多个搜索结果。这意味着广告商之间相互施加了外部性,例如通过竞标获得更突出的展示位置。Athey and Ellison(2011)以及 Kempe and Mahdian(2008)提供了探索这些外部性对搜索引擎最佳销售机制的影响的模型。

② 博弈的描述与 Burguet et al.(2014)考虑的原始模型背离。Burguet et al.(2014)考虑了四个产品,两个是最优匹配的产品,两个是次优产品,而不是每个类别中只有两个生产商。这些生产商正在通过伯川德竞争联结。搜索引擎进行次价拍卖,其扭曲之处在于它对次优产品设置了部分折扣,从而使最优匹配的产品赢得了拍卖。Burguet et al.(2014)表明,折扣的设置方式是所有四个生产商在折扣后都选择相同的出价。然后,ϕ^S 表示搜索引擎选择最优匹配产品作为获胜者的概率。

③ 请注意,用户只需支付一次搜索费用。也就是说,搜索参与决策只是一个决策。

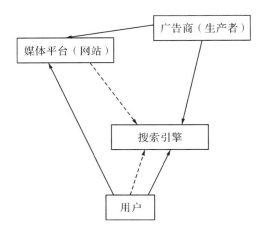

图 10.8　**Burguet et al.（2014）的媒体市场**

站向生产商提供"要么接受,要么离开"的报价,因此他们将对第一种类型的生产商收取 m_1,对第二种类型的生产商收取 m_2。这意味着搜索引擎的平均利润等于 $\phi^s m_1 + (1 - \phi^s) m_2$。转到该网站,它将只显示最优匹配产品的广告,因为用户在点击网站链接时永远不会购买次优匹配产品。由于网站有 σ 的概率提供用户感兴趣的产品类别,并且用户意识到链接的概率为 α(假设用户对网站的内容感兴趣),因此该网站的预期利润为 $\sigma\alpha m_1$。相反,用户如果对网站的内容不感兴趣,则仅以概率 $\alpha\beta < \alpha$ 意识到该广告,这意味着相应的利润为 $\sigma\alpha\beta m_1$。

那么,从网站上的自然展示广告购买产品的用户的份额为:

$$\mu = \sigma\alpha[\phi^o + (1 - \phi^o)\beta]。$$

用户使用搜索引擎而带来的效用为:

$$\phi^o u + [\mu + (1 - \mu)\phi^s]v_1 + (1 - \mu)(1 - \phi^s)v_2 - s。$$

让我们用 $\bar{s}$ 表示 s 的临界值,在该临界值处最后一个表达式等于 0。参与用户的数量为 $F(\bar{s})$。这产生了搜索引擎的利润,为:

$$\pi_0 = F(\bar{s})(1 - \mu)[\phi^s m_1 + (1 - \phi^s)m_2] \tag{10.2}$$

搜索引擎要设置的 ϕ^o 和 ϕ^s 是什么? 让我们从 ϕ^o 开始。ϕ^o 的增加会提高参与度,因为搜索引擎在内容搜索上变得更加可靠[式(10.2)的第一项 $F(\bar{s})$ 增加了]。同时,增加 ϕ^o 可使平台上的广告更加有效。由于搜索引擎和网站争夺广告商(生产商),因此减少了 π_0[第二项 $(1 - \mu)$ 下降]。ϕ^s 的增加提高了搜索引擎相对于产品搜索的可靠性,因此提高了用户的参与度(第一项增加)。但是,由于 $m_2 > m_1$,搜索引擎的平均利润率会下降,即 $\phi^s m_1 + (1 - \phi^s)m_2$ 会减小。

Burguet et al.(2014)表明,从 $\phi^o = \phi^s = 1$ 开始,搜索引擎扭曲内容搜索和产品搜索的动机取决于以下项:

$$\frac{u}{\sigma\alpha(1 - \beta)m_1} : \frac{v_1 - v_2}{m_2 - m_1}。$$

其中,左边是指扭曲内容搜索的成本和收益,而右边是指扭曲产品搜索的成本和收益。扭曲内容搜索时(产品搜索没有失真),消费者盈余下降的速率为 u,但是搜索引擎的广告收入却以 $\sigma\alpha(1-\beta)m_1$ 的速率增长。[①]相反,扭曲的产品搜索以 $v_1 > v_2$ 的速率减少了消费者盈余,但增加的搜索引擎的价值为 $m_2 - m_1$。Burguet et al.(2014)表明,一般而言,搜索引擎最多会使一种搜索类型失真,而将另一种设置为最佳值。具体来说,如果左侧大于右侧,则只有产品搜索会失真,而如果相反情况成立,则只有内容搜索会失真。仅当两侧相等时,两个搜索才会都失真。

总体而言,这表明即使没有将网站与搜索引擎合并在一起,由于与网站的广告竞争,搜索引擎也可能会诱使搜索失真。问题仍然是,与网站的纵向合并会加剧还是减弱这种扭曲。

为了了解合并中搜索引擎的动机,假设搜索引擎已与所有网站合并在一起。那么,搜索引擎的利润变成:

$$\pi_0 = F(\bar{s})\left\{(1-\mu)\left[\phi^s m_1 + (1-\phi^s)m_2\right] + \mu\, m_1\right\}。$$

搜索引擎通过扭曲 ϕ^o 或 ϕ^s 来内部化施加在网站上的外部性,因为它完全进入了网站的利润。这促使搜索引擎针对内容和产品搜索提高其可靠性。因此,合并的效果是积极的。

要了解负面影响,请考虑更现实的情况:搜索引擎仅与一小部分网站合并在一起。然后,它有动机将搜索从非关联网站转移到关联网站。与非关联网站相比,关联网站的 ϕ^o 不同。例如,如果 $\phi^o = \phi^s = 1$ 且没有合并,则合并会降低消费者盈余,因为它可能会导致搜索引擎减小非关联网站的 ϕ^o。

综上所述,有关搜索引擎的文献表明,即使没有将搜索引擎与内容提供商合并在一起,搜索引擎也可能会有动机产生搜索结果偏差。这种偏差是由于搜索引擎和内容提供商之间针对广告商的竞争而发生的。搜索引擎和内容提供商之间的合并会影响广告商竞争的方式。合并会根据情况而导致更高或更低的社会福利水平。

10.4.3 互联网上的信息传播

在上一部分中,我们将注意力集中在搜索引擎上,将其作为用户和提供内容的网站之间的唯一中介。但是,还有一些其他在线渠道,它们使用户可以找到他们可能感兴趣的网站。在下文中,我们将讨论其中的一些渠道和机制,尤其着重于它们通过互联网传播信息的影响。具体来说,我们对不同的用户是否根据他们使用的渠道接收到相同或不同的信息感兴趣。由于很少有论文对这些问题进行分析,因此我们在不进行严格分析的情况下,将讨论局限于对现象的描述以及关于竞争和多元化的初步含义。

除了使用搜索引擎之外,用户访问内容的一种流行方式是访问新闻网站并搜索"阅读次数最多的新闻"或"最受欢迎的新闻"。大多数新闻网站(例如英国广播公司或彭博社),大多数报纸的网站以及视频共享网站(例如 YouTube)都提供此功能。网站决定将内容分类为"最受欢迎"或"必读新闻"的标准方法是通过计算过去对该内容的绝对点击次数(根据最新程度和其他因素而校正)。在这方面,新闻的流行类似于经典的网络效应。也就是说,阅读

---

① 这是因为减小 r^s 会将用户通过网站上的显示链接购买产品的可能性从 $\sigma\alpha$ 降低到 $\sigma\alpha\beta$。

新闻的人越多,对他人的吸引力就越大。①"最受欢迎的新闻"的作用是,用户更有可能获得相同的信息。即使用户是异质性的,并且事前对不同的内容感兴趣,网站的预选内容也是相同的,并且用户只能访问这些预选内容。因此,用户获得相同的信息,这意味着他们的信息变得更加同质。这对多元性产生了负面影响。②在传统媒体中不存在(或较少存在)这个问题,在传统媒体中,点击次数的计数工具无法应用,因此无法直接衡量受欢迎程度。

此外,"最受欢迎的新闻"通常具有最流行的自我强化倾向。如果一则新闻被推荐为非常受欢迎,那么将会有更多的用户阅读它,这意味着点击次数增加了,从而使新闻更加流行。这种效应被称为观察性学习(observational learning),并且被 Cai et al.(2009)、Zhang(2010)和 Chen et al.(2011)记录。结果是,尚未清晰地知道,用户阅读相同的新闻是否是因为大多数用户实际上对它们很感兴趣,还是只是因为用户被推荐而阅读了它们。

与此假设相反,Tucker and Zhang(2011)提出了一种机制以解释为什么列出阅读次数最多的新闻可以使内容小众的新闻受益。特定内容的吸引力是广泛的还是狭隘的,用户通常会事前有心理期望。在这方面,具有吸引大多数用户的内容的新闻更有可能进入最受欢迎的列表。现在假定在广泛阅读的内容中,一则具有广泛吸引力的新闻位于第四位,而在狭窄吸引力的内容中,该新闻位于第五位。由于广受欢迎的新闻更有可能成为最受欢迎的列表的一部分,因此用户将从该排名中推断出,广受欢迎的新闻可能具有更高的质量或具有特别有趣的见解。因此,如果两则新闻的排名几乎一样,则用户将被内容吸引力较狭窄的新闻所吸引。Tucker and Zhang(2011)在实地实验中验证了这一假设。一个列出婚庆服务供应商的网站已从按字母顺序的列表切换为按供应商获得的点击次数排名的列表。文章将位于人口众多的城镇中的供应商视为有广泛吸引力的供应商,将位于小城镇的供应商视为有狭窄吸引力的供应商。Tucker and Zhang(2011)发现有力的证据表明,当排名相同时,有狭窄吸引力的供应商的确比有广泛吸引力的供应商获得更多的点击量。

Oestreicher-Singer and Sundararajan(2012)也进行了分析,以确定热门或小众物品是否从推荐中受益最大。特别是,文章通过使用有关在亚马逊网(Amazon.com)上出售的 25 万多种产品的共同购买网络数据来分析推荐网络中的需求效应,利用了亚马逊网提供的指向相关产品超链接的功能。为了确定超链接的可见存在带来的影响,作者通过构建另外的互补产品集来控制未观察到的互补性来源。例如,他们使用来自巴诺书店(Barnes & Noble,B&N)共同购买网络的数据构建互补集。B&N 网站提供类似于亚马逊网的推荐网络,但是产品链接可能有所不同,并且 B&N 网站上的链接对亚马逊网的客户不可见。因此,前者网站上链接的产品而不是后者上的产品提供了可选的互补集。③ Oestreicher-Singer and Sundararajan(2012)发现,产品网络的可见性具有非常大的需求效应,即互补产品对彼此需求的影响可平均增大三倍。较新和更流行的产品可以更有效地利用其网络位置引起的注意。

---

① 有关网络效应的开创性论文,请参见 Katz and Shapiro(1985,1994)。
② 另一个影响是,内容的选择通常取决于绝对的点击次数,而不取决于用户在网站上花费的时间。因此,尚不清楚网站是否能准确衡量用户对各自内容的感兴趣程度。
③ 同样,将来在亚马逊网上链接但今天不链接的产品可以被认为是对当今焦点产品的补充,可以用于构建可选的互补集。

Oestreicher-Singer and Sundararajan(2012)的结果与 Tucker and Zhang(2011)的结果不同。特别是,前者发现热门产品从推荐中受益更多,而后者发现小众产品获得了更大的利益。一种可能的解释是,与在寻找更标准的产品时相比,在特殊情况下寻找产品(例如婚纱)的消费者可能更倾向于浏览小众网站。对比结果还可以反映需求效应的不同原因,即 Oestreicher-Singer and Sundararajan(2012)中的注意力以及 Tucker and Zhang(2011)中的观察性学习。

用户访问内容的另一种方法是阅读其他用户的建议。例如,通过推特或其他社交媒体上的共享指令,用户向其朋友或关注者推荐内容(有关作为策展人的用户的某些事实,请参见 10.2.1)。这些朋友很有可能阅读推荐者的"赞",这不一定是大多数用户感兴趣的内容,也不是其他用户的朋友所喜欢的内容。因此,与最受欢迎的新闻相反,共享内容会导致不同的用户获得不同的信息,因此不一定导致多元化的减少。但是,用户只能访问特定类型的内容,因为他们很大程度上会忽略不是其朋友或他们未关注的用户的推荐。在这方面,共享内容可能导致狭窄或夸大的浏览。因此,很容易出现媒体偏差,这将在第 14 章和第 15 章中进行广泛讨论。

显然,信息的流动和多样性取决于(社交)网络的体系结构。例如,推特的体系结构类似于星状网络,其中中间的用户将信息传播给其所有关注者。但是,两个关注者不一定彼此直接交换信息,而仅通过他们关注的用户交换信息。相比之下,在脸书上,大多数用户进行交互,这意味着这些用户之间存在更多直接联系和直接信息共享。①

阅读量最多的新闻和个人用户共享的新闻是在互联网上传播信息的两种极端形式。前者仅取决于绝对的点击次数,而后者则取决于用户的主观评价。②在这两种形式之间是网站提供的推荐。这些推荐部分基于内容(如最受欢迎的故事),部分基于特定用户(如用户共享信息)。

关于内容,网站具有许多不同的形式向用户进行推荐。一个极端是纯粹基于一种算法,例如过去的绝对点击数,并且不涉及任何编辑选择。③另一个极端是基于编辑策略的纯粹策划的选择。尽管后者显然更具主观性,但它通常涉及真正的新闻业,也就是说,新闻记者对特定的话题越来越了解。一个有趣的问题涉及这两种形式的新闻选择对于不同类别的内容的好处。特别是,由于用户重视差异化和/或多归属,探索以下问题会很有趣:这两种类型对于特定的内容类别是否都可以生存,或者一种类型是否趋于占据主导地位。关于基于特定用户的推荐,网站会被告知用户的浏览行为历史。因此,它可以针对这种行为调整其推荐,并根据用户过去的偏好推荐新闻。与其他用户推荐新闻的情况相反,此处用户过去的行为决定了她所知道的新闻。同样,这可能导致多元性的损失。

这些获取信息的功能与搜索引擎竞争。例如,考虑亚马逊与谷歌。现在,许多搜索图书的用户都直接使用亚马逊网,而不再在谷歌上搜索。对于媒体,可以观察到类似的模式,正在寻找新闻的用户绕过搜索引擎,并立即访问其首选新闻提供者的网站。一个有趣的问题

---

① 有关网络形成的详细分析,请参见例如 Jackson and Wolinsky(1996)或 Jackson(2010)。Banerjee et al. (2014)提供了有关八卦如何在网络中传播的最新分析。
② 因此,对前者的模型化可以使用具有聚合网络效应的标准模型,而对于后者,必须考虑社交网络的链接结构。
③ 例如,谷歌新闻就是这种情况。有关新闻聚合器的更详细讨论,请参见 10.3.3。

是这种行为会如何影响搜索引擎和新闻网站(可能)的偏向。

10.5 将广告与内容相匹配的媒体平台

公司广告活动的成功主要取决于其广告的效果。广告的接收者(即潜在的消费者)应该主要是对公司产品具有内在兴趣的个人或公司。否则,将产品的特性告知潜在的消费者不太可能导致实际购买。为了优化广告效果并减少浪费的印象,公司将其广告与媒体上的内容进行匹配,以使对内容感兴趣的消费者也可能对所广告的产品感兴趣。这种做法称为内容匹配或定制,可以看作广告定向的特定实例。

试想一个本地书店,与在全球报纸上刊登广告相比,这家商店在本地报纸上刊登广告的收益更高。当地报纸由当地读者阅读,这些读者由书店的潜在消费者组成。相比之下,由于许多读者不在书店附近,全球报纸上的广告大部分都被浪费了。类似的示例适用于内容而不是地理位置。化妆品公司的广告通常在女性杂志上比在计算机杂志上更有效,体育服装制造商的广告在电视体育比赛中比在喜剧表演中更有效。但是,在传统媒体中,这种定制的程度和有效性是有限的。例如,如 Goldfarb(2014)所述,互联网广告的显著特征是与传统媒体相比,它降低了定向成本。

在互联网上,定向不仅限于将广告链接到特定内容。广告可以针对消费者(阅读者/观看者/聆听者)的意图,这些意图是根据过去的行为或根据特定情况(例如消费者所在位置的天气状况)推断得出的。例如,媒体平台可以使不同的用户看到不同的广告,即使这些用户同时浏览相同的网站也是如此。特定广告可以以许多不同的参数为条件。例如,网站可能会进行地理定向并显示与用户地理位置有关的广告(从 IP 地址推断)。类似地,网站可以跟踪广告对用户的曝光,从而减少广告的重复曝光,或者搜索引擎可以根据进行的查询显示广告,这种做法称为关键词广告。显然,两种做法都可以减少浪费的印象数,从而使网站或搜索引擎可以在其他一切条件给定不变的情况下向广告商收取更多费用。一种备受争议的定向形式称为行为性定向。网站将根据其收集的有关用户的信息定制显示广告。网站使用基于用户访问过的页面的 Cookie 并显示用户可能特别感兴趣的广告[1];Cookie 是网站发送的一小段数据,用于跟踪用户的活动。这些 Cookie 可以提供有关用户过去的网络浏览行为的准确信息,因此也可以提供有关其偏好的信息。我们将在第 10.6 节中分析行为性定向的含义。

在 10.5.1 中,我们讨论了针对目标的不同形式化(广义上),重点关注互联网上的定制以及它与常规定制的区别。在 10.5.2 中,我们将更详细地讨论关键词定向的做法。

10.5.1 如何将定向模型化

在经济学文献中,定向后的广告已被证明能够细分市场。Esteban et al. (2001)考虑了一个垄断者的定向广告,并表明该垄断者将主要针对具有较高保留值的消费者,从而获得更高

---

[1] 有关行为性定向(behavioral targeting)的深入讨论和分析,请参见 Chen and Staellert(2014)。

的盈余。

在广告商之间不完全竞争的情况下,定向还影响市场结果。特别是,目标定向造成的细分可能会放松产品市场竞争,从而使企业在均衡状态下能够设定更高的价格。Iyer et al. (2005)考虑了一家有两家竞争公司的模型,这两家公司需要做广告以告知消费者它们产品的存在。有三个不同的消费者类别。属于第一家公司的消费者对第一家公司有很强的偏好,因为其成员只考虑从该公司购买商品;那些属于第二家公司的消费者对第二家公司有很强的偏好;属于第三家公司的消费者则对这两家公司的态度没有差别,只购买价格较低的产品。[①]广告对企业而言是昂贵的。Iyer et al. (2005)表明,如果没有广告定向,均衡利润为零,因为企业将其全部产品市场利润用于告知消费者。相比之下,由于有可能定向消费者,企业向偏好企业产品的细分市场进行广告宣传的可能性要高于向采取无所谓态度的消费者投放广告的可能性,从而使企业能够获得严格正向的利润。Roy(2000)以及 Galeotti and Moraga-Gonzalez(2008)分析了不同的模型,并表明广告定向可以导致全部或部分市场细分,从而使企业获得正利润。[②]

接下来,我们将对 Athey and Gans(2010)以及 Bergemann and Bonatti(2011)的模型进行更详细的讨论。两者都明确考虑了互联网上的广告定向策略。前者侧重供给方,使消费者需求保持简单,而后者则明确地对需求方建模,并使供给方保持简单。[③]然后,我们简要讨论一下 Rutt(2012)的模型。

Athey and Gans(2010)提出了一种按地理位置进行广告定向的模型。但是,可以将其调整为其他形式的广告定向。具体来说,考虑一组地点 $x \in \{1, \cdots, X\}$,其中每个地点由 N 个消费者组成。在每个地区,都有一个本地媒体分支。还有一个一般媒体分支,用 g 表示,该分支在所有地区都保持活跃。消费者是单归属的,也就是说,他们只能访问一个分支。每个地区的全球和本地媒体分支的市场份额是相同的,分别为 n_g 和 $N - n_g$。

每个广告商 i 都是本地的,因此仅重视相应地区中消费者的印象。广告商 i 告知消费者的价值是 v_i。媒体分支追踪广告商,这意味着它们为每个广告商提供每个消费者的单一印象。有一个 $v_i \in [0,1]$ 的连续的广告商,其累积分布函数为 $F(v_i)$。每个媒体分支选择可以给消费者留下印象的广告数量为 $j, j \in \{1, \cdots, X, g\}$。我们用 p_j 表示媒体分支 j 的印象价格。最终影响消费者从而使其对媒体分支 j 留下印象的概率给定为 ϕ_j。此模型中没有广告的干扰。

对于每个本地媒体分支 l,告知消费者的概率等于 1。相反,对于全球媒体分支,此概率取决于目标是否可行。如果无法定向,则此概率为 $\phi_g = 1/X$,因为所有地区的市场份额都相同。相反,如果有可能进行广告定向,则概率为 $\phi_g = 1$。

---

① Chen et al. (2001)考虑了类似的需求结构来分析广告定向的影响。与 Iyer et al. (2005)相反,Chen et al. (2001)假设公司可以针对不同的细分市场中的消费者设定不同的价格,并且表明不完美的广告定向会削弱竞争。

② 广告定向的其他模型包括 van Zandt(2004),其分析了信息过载的情况;Gal-Or and Gal-Or(2005)分析了一家普通营销机构的广告定向;Johnson(2013)研究了在可能存在广告定向的情况下消费者的广告屏蔽行为。后者将在 10.6.1 中进行分析。

③ 有关影响互联网广告供求的不同参数的深入讨论,请参阅 Evans(2009)。

通过解出在广告定向无法进行时广告的均衡数量,第一个观察结果是,如果 $\phi_j v_i \geqslant p_j$,则广告商将在媒体分支 j 上购买印象数。由于本地媒体分支有 $\phi_l = 1$,因此对于本地媒体分支 l 的给定消费者的印象总需求为 $1 - F(p_l)$。在均衡状态下,需求等于供给,这意味着对于给定地区的本地媒体分支,有 $1 - F(p_l) = a_l$ 或 $p_l = F^{-1}(1 - a_l)$。因此,媒体分支 l 的利润函数为 $a_l F^{-1}(1 - a_l)$,该函数将关于 a_l 最大化。现在,我们转向全球媒体分支。如果 $v_g > X p_g$,则广告商将在媒体分支 g 上购买印象数。由于 a_g 是每位消费者的印象数,总共有 X 个地区,那么总需求为 $X[1 - F(X p_g)]$,由此可得均衡条件为 $X[1 - F(X p_g)] = a_g$ 或 $p_g = (1/X) F^{-1}[1 - (1/X) a_g]$。利润函数为 $a_g (1/X) F^{-1}[1 - (1/X) a_g]$,该函数将关于 a_g 最大化。

不难发现,全球媒体分支的问题与本地媒体分支的问题相同,并通过比例因子进行了调整。因此,$a_g^* = X a_l^*$ 和 $p_l^* = X p_g^*$ 表示每个消费者的利润是相同的。如果可以进行广告定向,则全球媒体分支的问题与本地媒体分支的问题完全相同。在这种情况下,两种类型的媒体分支的广告数量和广告价格都相同。① Athey and Gans(2010)得出的结论是,在没有广告定向的情况下,全球媒体分支将其广告数量拓展到本地媒体分支由于浪费印象而提供的广告数量的 X 倍。因此,它的定价仅为本地媒体分支价格的 $1/X$。但是,每位消费者的利益不会受到影响,全球媒体分支会复制本地媒体分支的结果。

为了轻松地抓住 Athey and Gans(2010)模型中的权衡,研究全球媒体分支固定广告空间情况下的模型是很有启发性的。有广告定向的全球媒体分支的广告价格是高于还是低于没有广告定向时的价格? 明显的影响是,由于广告不匹配的概率为 $(X - 1)/X$,因此在全球媒体分支上投放广告不那么有效。相反,在本地媒体分支上投放广告的有效概率为 1。除了这种效率效应之外,还存在稀缺效应。如果没有广告定向,来自一个地区的广告商会与来自其他地区的广告商竞争稀缺的广告空间。这提高了全球媒体分支的价格。通过比较有广告定向和无广告定向的全球媒体分支的广告价格,我们得出:

$$F^{-1}(1 - a_g) > \frac{1}{X} F^{-1}\left(1 - \frac{1}{X} a_g\right)。$$

仅在满足上述不等式的情况下,具有广告定向的广告价格高于不定向的广告价格。如 Athey and Gans(2010)所示,只要 a_g 不是特别高,这一结论就成立。

Athey and Gans(2010)的模型表明,广告定向主要是允许媒体分支减少浪费的印象。只要这些印象没有成本,广告定向就不会帮助媒体分支获得更高的利润。但是,在许多情况下,存在这种成本。例如,在上面讨论的大多数模型中,消费者不喜欢广告。如果广告带来干扰成本,则消费者需求越低,广告数量越多。广告定向减少了这个问题,并允许全球媒体分支实现更高的需求。Athey and Gans(2010)提供了造成这种印象成本的其他原因。例如,假设广告空间受到限制,阻止了全球媒体分支仅增加其印象数。广告定向之后可以更有效地利用稀缺的广告空间,并让全球媒体分支获得更高的利润(对于提供广告空间的成本非常高昂的情况,也有类似的推理)。另外,在上述模型中,假设跨地区的需求是同质的。但是,

---

① 请注意,本地和全球媒体分支的问题是分开的,这意味着一个媒体分支的广告数量变化不会影响另一个媒体分支的广告数量。

更现实的模型将考虑异质性需求,以便全球媒体分支在某些地区的需求比其他地区更高。这意味着这些地区的广告商对广告空间的支付意愿更强。因此,广告定向可以使全球媒体分支在不同地区的广告商之间进行价格区分,并获得更高的利润。

值得一提的是,广告定向并不一定会增加全球媒体分支的利润。让我们来考虑对媒体分支竞争广告商的基本模型的拓展。这可能是由于广告商最多只重视一个消费者印象。正如 Athey and Gans(2010)所表明的那样,广告定向可以刺激本地和全球媒体分支之间的竞争,因为这两种媒体分支在没有定向时是垂直差异的。当实施定向时,两个媒体分支都向广告商提供类似的服务,从而降低了价格。结果,利润可能会因广告定向而下降。Levin and Milgrom(2010)报告的过度精确的广告定向的轶事证据支持了这一结果的相关性。

Athey and Gans(2010)的模型侧重于供应方,并揭示出增加广告供应可以替代广告定向。因此,如果媒体分支仅通过承担成本就可以增加其广告空间,则广告定向尤为有效。

Bergemann and Bonatti(2011)采取了另一条路线,即以详细的方式对需求方进行建模,并尽可能简化供应方。特别是,研究明确提出了这样一个想法:互联网上的广告定向允许内容拆分,从而将单个广告市场划分为多个广告市场。例如,传统报纸的读者必须购买整份报纸才能获取他们感兴趣的内容。因此,拥有小众产品的广告商可能会觉得放置广告太昂贵。相比之下,在线消费者只能访问(并付费)选定的文章。这意味着,小众产品的生产者可能会发现,为定位至只对特定商品感兴趣的消费群体的广告付费是有利可图的。[①]对于互联网电视,也有类似的效果。主要的广播网络通常关注大众的品位,以增加其广告收入。例如,体育频道没有花太多的时间在小众运动上,例如铅球或举重。但是,这些运动的追随者可以在线访问报道并随时观看。这使目标群体是对这类小众运动感兴趣的人的小型企业可以进入这些广告市场。

Bergemann and Bonatti(2011)研究了这些影响及其对线下与线上媒体的影响。假设有一系列连续的产品和一系列连续的广告市场。产品用 γ 表示,并由具有 $\gamma \in [0, \infty)$ 的单家公司 γ 生产。同样,广告市场用 $z \in [0, \infty)$ 表示。有一系列连续的买家。每个购买者都有对特定产品的偏好,并且位于一个广告市场中。消费者在广告市场和产品市场上的联合分布为 $F(z, \gamma)$,密度为 $f(z, \gamma)$。当对所有广告市场求积分时,消费者中对产品 γ 感兴趣的比例被记为 $f(\gamma) = \int_0^\infty f(z', \gamma) \, \mathrm{d}z'$。类似地,当对所有产品求积分时,广告市场 z 的规模可被记为 $f(z) = \int_0^\infty f(z, \gamma') \, \mathrm{d}\gamma'$。对于一个给定产品 γ,广告市场的条件分布为 $f(z \mid \gamma) = f(z, \gamma) / f(\gamma)$。产品差异可以被表示为 $f(\gamma)$ 规模的差异,以区分大众产品和小众产品。

每家公司 γ 可以通过在广告市场 z 中发送大量广告消息 $a_{z,\gamma}$ 来告知消费者有关其产品的信息。每个消息都以统一的概率到达随机消费者,正如 Butters(1977)的模型中那样:规模为 $f(z)$ 的广告市场 z 中的一个给定消费者意识到产品 γ 的概率为:

$$\mathrm{pr}\left[a_{z,\gamma}, f(z)\right] = 1 - \mathrm{e}^{-a_{z,\gamma}/f(z)} \text{。}$$

---

① 这种现象被称为广告的长尾(Anderson,2006)。它也适用于关键词广告和行为定向。

在每个广告市场 z 中,消息的供应 M_z 是固定的。这种供应与广告市场的规模 $f(z)$ 成正比,即 $M_z = f(z)M$。在此,M 可以解释为消费者在广告消息上花费的平均时间。在每个广告市场中,都有大量的媒体分支。媒体分支充当价格接受者,这意味着公司 γ 可以在每个市场中以价格 p_z 购买消息。可以将公司 γ 的利润记为:[①]

$$\pi_\gamma = \int_0^\infty \{f(z,\gamma)\,\mathrm{pr}[a_{z,\gamma}, f(z)] - p_z a_{z,\gamma}\}\,\mathrm{d}z。$$

为了轻松地区分大众产品和小众产品,Bergemann and Bonatti(2011)提出了 $f(\gamma) = \alpha e^{-\alpha\gamma}$。在此,较大的参数值 α 表示更集中的产品市场。通过这个式子,可以按市场规模的降序对公司进行排名,即具有较高 γ 指数的公司规模较小,这意味着较少的消费者对其产品感兴趣。

广告市场也根据对市场感兴趣的消费者数量进行排名。广告市场 0 是一个大型市场,所有广告商都对此感兴趣,并且广告市场变得越来越小,而且专业化程度呈指数上升。为了对此进行模型化,假设公司 γ 仅对 $z \leq \gamma$ 市场中的消费者感兴趣。对于每家公司 γ,广告市场 $z = \gamma$ 是消费者密度最高的市场,取决于市场规模。对于所有的广告市场 $z > 0$,对广告市场 z 中的产品 γ 感兴趣的消费者的条件分布由以下截断指数分布给出:

$$\frac{f(z,\gamma)}{f(\gamma)} = \begin{cases} \beta e^{-\beta(\gamma-z)} & \text{假如 } 0 < z \leq \gamma; \\ 0 & \text{假如 } \gamma < z < \infty。 \end{cases}$$

在 $z = 0$ 处有一个质点,条件分布为:如果 $z = 0$,$f(z,\gamma)/f(\gamma) = e^{-\beta\gamma}$。参数 β 衡量广告市场中消费者的集中度。我们将在下面解释如何通过 β 来衡量定位消费者的可能性。将市场规模的定义与条件分布相结合,得出无条件分布:

$$f(z,\gamma) = \begin{cases} \alpha\beta e^{-(\alpha+\beta)\gamma} e^{\beta z} & \text{假如 } 0 < z \leq \gamma; \\ 0 & \text{假如 } \gamma < z < \infty。 \end{cases}$$

$z = 0$ 处有一个质点,无条件分布为:$f(z,\gamma) = \alpha e^{-(\alpha+\beta)\gamma}$。然后可以通过对人口份额进行积分来计算市场规模。由于可能是产品 γ 潜在购买者的消费者出现在所有广告市场 $z \leq \gamma$ 中,但不在广告市场 $z > \gamma$ 中,因此我们有:

$$f(z > 0) = \int_z^\infty \alpha\beta e^{-(\alpha+\beta)\gamma} e^{\beta z}\,\mathrm{d}\gamma = \frac{\alpha\beta}{\alpha+\beta} e^{-\alpha z},$$

$$f(z = 0) = \int_0^\infty \alpha e^{-(\alpha+\beta)\gamma}\,\mathrm{d}\gamma = \frac{\alpha}{\alpha+\beta}。$$

在偏好和受众的特定化方面,消费者在产品和广告空间中的分布具有天然的解释。

第一,从潜在购买者较少的角度而言,具有较大指数的产品代表更特定化的产品。类似地,具有较大指数 z 的广告市场是具有较少受众的市场。

第二,大公司的潜在消费者分布在数量较少的广告市场上。从上面的假设可以看出,$f(z,\gamma)$ 仅在 $z \leq \gamma$ 时为正。例如,产品 $\gamma = 0$ 的潜在购买者集中在广告市场 $z = 0$ 中。将广告市场解释为媒体渠道,这意味着对大众产品感兴趣的消费者不会访问带有小众产品广告的

---

① 消费者的价值被标准化为 1。

网站。

第三,变量 β 的取值范围从 0 到 ∞,这以一种简单的方式捕捉了公司对消费者进行广告定向的能力。例如,当 $\beta \to 0$ 时,所有消费者都集中在广告市场 0,这意味着只有单一广告市场。相反,当 $\beta \to \infty$ 时,产品 γ 的所有潜在消费者都在广告市场 γ 中,因此有完美的广告定向。通常,β 增大意味着消费者分布在更多的广告市场上,并且可以被公司更好地定向。总体而言,公司 γ 的潜在消费者的最高条件密度在广告市场 γ 中。随着 β 变大,越来越多的消费者从大型广告市场(接近 $z = 0$)转向较小的广告市场(接近 $z = \gamma$)。

为了说明该模型的原理,让我们看一个基准案例,其中,所有消费者都存在于单个广告市场 $z = 0$ 中。我们求解广告的均衡数量和均衡价格。由于只有一个广告市场,因此我们将下标 z 从标记中移除。于是,企业 γ 的利润函数为 $\pi_\gamma = f(\gamma) \mathrm{pr}(a_\gamma) - p a_\gamma$。确定一阶条件并使用 $f(\gamma)$ 的定义,我们得到:

$$a_\gamma = \begin{cases} \ln[f(\gamma)/p] & \text{假如 } f(\gamma) \geqslant p \\ 0 & \text{假如 } f(\gamma) < p \end{cases} \qquad (10.3)$$

显而易见,具有较大市场规模的公司最好选择更多的广告。因此,在均衡状态下,只有市场规模最大的公司才能找到最佳的广告投放渠道。令 M 为广告总数,由 Y 表示边际广告商。市场出清条件由 $\int_0^Y a_\gamma \mathrm{d}\gamma = M$ 给出。使用式(10.3)给出的广告需求和 $f(\gamma) = \alpha \mathrm{e}^{-\alpha\gamma}$,我们得出:

$$\int_0^Y \left[\ln\left(\frac{\alpha}{p}\right) - \alpha\gamma \right] \mathrm{d}\gamma = M。$$

联合使用 $a_Y = 0$ 和上式,我们可以解出均衡价格以及边际广告商,即 $p^* = \alpha \mathrm{e}^{-\sqrt{2\alpha M}}$,$Y^* = \alpha \sqrt{2M/\alpha}$。代入广告商 γ 的需求函数可得:

$$a_\gamma^* = \begin{cases} \alpha \sqrt{2M/\alpha} - \alpha\gamma & \text{假如 } \gamma \leqslant Y^* \\ 0 & \text{假如 } \gamma > Y^* \end{cases} \qquad (10.4)$$

因此,只有最大的公司做广告,并且广告的均衡数量随着公司的等级 γ 呈线性下降。随着以 α 衡量的产品市场集中度的上升,浪费的广告数量更少,从而导致社会福利的增加。特别是,分配会针对具有较大市场规模的公司进行调整,这意味着随着 α 的增大,更少的公司投放广告。

为了分析广告定向的效果,Bergemann and Bonatti(2011)考察了有一系列连续广告市场和正向广告定向参数 $\beta \in (0, \infty)$ 的情况。广告消息的分配则由式(10.4)的一般化给出:

$$a_{z,\gamma}^* = \begin{cases} \alpha\beta \mathrm{e}^{-\alpha z} \left[\sqrt{2M/(\alpha+\beta)} - (\gamma - z) \right] & \text{假如 } z > 0; \\ \alpha \sqrt{2M/(\alpha+\beta)} - \alpha\gamma & \text{假如 } z = 0。 \end{cases}$$

广告定向是否可以增加社会福利,公司是否可以从定向中受益? Bergemann and Bonatti(2011)指出,广告的社会价值随着定向能力 β 而增加。其直觉解释是,广告定向可以增加公司 γ 在其"自然"广告市场 $z \approx \gamma$ 中的广告价值。这使得公司与潜在消费者之间的匹配量增加,从而增加了社会福利。

　　但是,从广告定向的横截面含义来看,并非所有公司都受益于广告定向的改善。特别是,只有在广告市场 $z = 0$ 中,不活跃的小公司和主要在那个市场中活跃的大公司才受益。相比之下,活跃于大众市场以及 $0 < z \leqslant \gamma$ 的其他几个市场中的中型企业的利益受到了损害。为了理解此结果的直觉性解释,我们观察到,对于小型公司(在市场 $z = 0$ 中不活跃的小公司)来说,其自然广告市场 $z \approx \gamma$ 的潜在消费者数量增加,从而使它们可以接触到更大比例的消费者。大公司也面对类似的效果。它们的客户集中在少数几个市场上,而广告定向能力的提高也增加了实现匹配的机会。相比之下,市场 $z = 0$ 的消费者的减少会伤害中型企业的利益,而其自然市场 $z \approx \gamma$ 中的参与度上升无法弥补这一损伤。

　　该模型可用于分析线上媒体与线下媒体进行广告定向的影响。在线下媒体中,只有一个广告市场,而线上媒体中有一个连续的广告市场。为简单起见,假设线上媒体允许广告完美地定向到消费者。消费者是双归属的,并且在线下媒体上的总花费为 M_1,在单个线上市场 z 上的总花费为 M_2。更具体地说,$f(z)M_2$ 是每个定向市场 z 中广告消息的提供量。因此,线上媒体由一系列专门的网站组成,这些网站可以展示公司的广告。两种媒体之间存在竞争,由于存在重复的风险,每家公司都将线上和线下发送的广告视为替代品。Bergemann and Bonatti(2011)指出,线下广告的价格在 M_2 中有所下降,这反映了,如果存在定向更准确的市场,对常规广告的支付意愿就会减弱。仅仅对于那些带有在线下也活跃的公司的广告的网站来说,它们的线上广告的价格才会随着 M_1 下降。但是,具有较大 z 的广告市场仅承载小众公司的广告,这些小众公司不受线下媒体中的分配的影响,因为它们不在那里做广告。这意味着线上广告接触到新的细分消费者,而该受众群体与线下广告所接触到的受众群体截然不同。

　　另外,假设每个消费者被赋予等量的时间量 M,并将该时间的部分 σ 分配给线上媒体。这意味着 $M_1 = (1 - \sigma)M$ 和 $M_2 = \sigma M$。现在,可以分析消费者在网上花费更多时间(即 σ 增大)时会发生什么。它对线下广告价格的影响是非单调的。如果 σ 较小(即线上曝光率低),则由于线上广告效率更高,线下广告的边际支付意愿减弱。尽管线下广告的供应减少,但是这会导致线下广告价格的降低。然而,随着 σ 的进一步提高,活跃于线下广告中的公司的组成也会发生变化。特别是,只有最大的公司才能在线下展示广告,这意味着边际广告商具有很强的支付意愿。这导致线下广告价格随着 σ 增大而提高。对于公司收入,这意味着如果消费者在网上花费更多的时间,那么仅活跃于线上市场的公司无疑会受益。这些都是相当小的公司。对大公司的影响是模棱两可的:由于它们活跃于线下媒体,因此它们可能会支付更高的广告费,这会降低其利润。

　　Bergemann and Bonatti(2011)概括性地指出,互联网上的广告定向可以使平台将单个广告市场划分为多个广告市场。这使在单个大型广告市场中不活跃的小众产品的生产商可以进行广告宣传,从而提高广告效率。大大小小的公司都受益于广告定向。相比之下,中型企业情况变糟,因为消费者的注意力转移到了较小的广告市场。

　　Rutt(2012)提出了研究广告定向的另一种形式化方法。Rutt(2012)建立了一个模型,该模型具有 n 个平台,这些平台等距分布在一个圆上,包括单归属消费者和多归属广告商。消费者对广告商产品的评估是二元的,即高或低(将低评估设定为 0)。①广告商不确定真实评估。特别是,广告商 j 不确定消费者 i 对其产品的估价,只知道一个期望。每个广告商都会收到有关消费者真实评估的信息,这可以促使广告商更新其期望。现在可以将广告定向技术建模为信息量的变化。②在极端情况下,广告定向是不可能的,评估信息是纯噪声,更新后的期望等于先前的期望。反之,当评估信息完美时,广告商就会确定地知道消费者的估价。结果,信息量的增大导致一些广告商向上修改其期望,另一些广告商则向下修改其期望。收到正面信息的广告商变得更加乐观,而收到负面信息的广告商变得更加悲观。③

关于时间安排,平台先选择其广告水平,然后广告商提交其条件需求,以指定在给定广告价格的情况下希望与哪些类型的用户匹配。例如,广告商宣布其希望只对那些感兴趣的消费者展示广告,而且感兴趣的可能性要高于某些临界水平。在消费者决定从哪个媒体平台消费后,广告商会观察信号并更新其估值。然后,广告价格会被调整,使得市场出清。在这之后,消费者欣赏媒体内容,观察广告并进行购买。

在这种情况下,Rutt(2012)指出,广告定向可以提高广告价格,从而使平台获得更高的利润。这种影响越强,市场竞争就越激烈,消费者越反感广告。这是因为在满足这些条件的市场中,均衡状态下仅显示少量广告,这意味着边际广告商收到了特别多的信息。结果,更好的广告定向增强了该广告商的付款意愿,导致广告价格大幅上涨。在免费进入平台的情况下(只需要承担一定的设置成本),改进的广告定向可能会加剧过度进入市场,并且价格高昂导致广告不足。总体而言,该模型由此预测了在不同媒体市场中进行广告定向的异质性效果。

Athey and Gans(2010)以及 Bergemann and Bonatti(2011)的模型均假设线下和线上广告是替代品。④如果可以通过某频道的广告接触潜在消费者,则通过另一个频道进行有条件接触的价值减少。Goldfarb and Tucker(2011a)使用律师为了接触近期遭受人身伤害的潜在客户而支付的广告费用估算数据,提供了实证支持。Goldfarb and Tucker(2011a)在律师招揽这些客户的能力方面利用了州级的变量。特别是,这种“救护车追逐”(ambulance-chasing)行为⑤在某些州受到州律师协会的规制,协会禁止在事故发生后的 30—45 天内与潜在客户进行书面交流(包括通过电子邮件进行的直接交流)。Goldfarb and Tucker(2011a)使用了 139 个关于在 195 个区域性城市市场中的人身伤害的谷歌搜索的关键词的预估拍卖价格数据来分析这些法规的效果。⑥研究发现,与没有法规管制的州中的人身伤害关键词的价格相比,在

---

① Pan and Yang(2015)考虑了具有相似市场结构的两个平台来分析广告定向的影响。其设定了用户需求,从而以不同的方式改进了广告定向。

② 符合此描述的信息结构的一个简单示例是“真相或噪声”:假设对消费者 i 具有较高产品估价的先验期望为 X,信息为 Y,并且信息揭示真实的消费者评估的概率为 Z,那么,后验期望为 $ZY + (1 - Z)X$。

③ 就这方面而言,信息结构类似于 Johnson and Myatt(2006)考虑的需求转动。

④ Rutt(2012)仅考虑线上平台,在其模型中将某些平台解释为线上媒体,并将其他平台解释为线下媒体,线上和线下广告将是独立的。这是因为用户仅访问单个平台,因此,广告商可以通过线上或线下广告专门吸引每个特定用户。更一般地,在线下广告影响线上消费者的意义上,线下和线上之间存在联系。特别是,Liaukonyte et al.(2015)研究了电视广告对互联网上实际购买行为的影响。即使观众刚接触到广告,它们也会立即产生正向效果。

⑤ 译者注:美国俚语,指律师怂恿事故受伤者起诉、专办交通伤害案件以图利的行为。

⑥ 由于律师协会有精确的法律定义,因此可以客观地确定有关人身伤害的搜索关键词。

受到招揽限制的州,此类关键词的价格要高出 5％ 至 7％。因此,当无法进行线下营销交流时,公司似乎会转向线上广告。这表明两种广告形式之间存在替代性。此外,Goldfarb and Tucker(2011a)证明,在潜在客户数量较少的地区,这种影响更大。一种解释是,大众媒体广告在消费者难以触及时可能不具有成本效益。因此,直接进行线下广告的可能性特别有价值。如果此广告渠道关闭,则在线广告价格会上涨。这意味着在客户较少的市场中,在线广告使公司能够接触到最难找到的客户,从而为互联网广告中的长尾假说提供了支持(Anderson,2006)。

我们还注意到,在互联网上进行广告定向可以采用地理定向或上下文定向以外的多种形式。例如,社交广告定向越来越受欢迎。在向特定用户展示广告时,社交广告所定向的广告受众是其他用户(例如脸书上的朋友)。更准确地说,社交广告是一种在线广告,其中包含了消费者同意显示和共享的用户互动。生成的广告会在广告内容中显示这些互动以及用户形象(图片和/或名称)(IAB,2009)。Tucker(2012)比较了社交定向广告与传统(按人口特征)定向广告和无定向广告的有效性。其在脸书上进行了一项有关非营利性慈善组织的田野实验,该组织为在东非读高中的女孩提供教育奖学金。该非营利性组织发起了一项标准的广告活动及其社交广告变体。在这个社交广告变体中,广告的接收者仅为脸书用户,后者是该慈善机构现有关注者的朋友。Tucker(2012)发现,这些社交定向广告比常规的展示广告更有效。这适用于随机选择的用户和以前对慈善或教育表示过兴趣的用户。例如,社交定向广告的总点击率大约是非社交定向广告的总点击率的两倍。

10.5.2 关键词广告

广告定向的一种非常有效的形式是关键词广告。关键词定向是指链接到特定单词或短语,并在用户寻找信息时显示的任何形式的广告。因此,此类广告不一定会对用户造成干扰,并且与电视广告或横幅广告相比,浪费的可能性更低,由于该广告与用户的查询相关,因此很有价值。如今,几乎所有搜索引擎都提供关键词广告。最著名的形式可能是谷歌的 AdWords。①它也参与上下文广告。也就是说,谷歌系统会扫描与搜索查询最相关的网站上的文字,并根据相应文字中的关键词显示广告。一个主要的问题是,这种广告定向形式是否可以增加福利。

本部分将重点放在搜索引擎的关键词广告上。研究者提出了一个问题,即搜索引擎是否有动机根据用户输入的关键词来展示最相关的广告。为了解决这个问题,de Cornière (2013)提出了一个具有单个搜索引擎的模型,该模型可以匹配潜在的消费者和生产者。消费者沿着周长为 1 的圆均匀分布。每个消费者都用一个二维向量来描述:消费者在圆上的位置描述了他最喜欢的产品,用 $\omega \in [0,1]$ 表示。支付意愿用 $\theta \in [0,\bar{\theta}]$ 表示。特别是,在每个位置,都有总量为 1 的 一系列的连续消费者,其保留价格 θ 按累积分布函数 F 分布。变量 ω 和 θ 均为私人信息。每个消费者最多购买一个单位,并获得效用:

$$v(\theta,d,P) = \theta - c(d) - P。$$

---

① 上文讨论的 Goldfarb and Tucker(2011a)的研究使用了谷歌的关键词广告。

其中，P 是产品的价格，$d = d(X, \omega)$，度量了产品的位置 X 和消费者位置 ω 的距离。函数 $c(d)$ 因此度量了错误匹配的成本，假定其为递增和弱凸的。

产品在圆上连续分布。每个产品都有一系列的连续进入者。每个产品可以用一个关键词描述，用 $X \in [0, 1]$ 表示；也就是说，关键词与产品的位置相同。该参数 X 是生产者的私人信息，这意味着消费者既不知道企业在圆中的位置，也不知道价格。因此，他们需要使用搜索引擎。当一家公司想要在搜索引擎上做广告时，它会花费固定成本 C 来启动广告活动（此费用不是向搜索引擎支付的费用）。

搜索过程如下：公司选择要定位的一组关键词。假设该集合在 X 左右对称，即 $\sum(X) = [X - D_X; X + D_X]$，其中 D_X 的含义在下面加以解释。消费者输入他们喜欢的产品 ω 的关键词后，搜索引擎会随机选择一家公司 X，使得 $\omega \in \sum(X)$。消费者一旦决定使用搜索引擎后，他会承担搜索成本 s，并了解搜索引擎选择的公司的价格和位置。然后，公司向搜索引擎支付 p；因此，p 表示每次点击价格。然后，消费者可以购买产品或不购买产品并停止搜索，或者可以保留意见并继续搜索。也就是说，回忆是无成本的。对于每一次额外的搜索，消费者都会产生 s 的成本。

博弈的顺序安排如下：在第一阶段，搜索引擎选择每次点击价格 p[①]，这是生产者和消费者的公共信息。在第二阶段，生产者做出决定。他们先决定是否在搜索引擎上处于活跃状态。如果是这样，它们将产生固定成本 C。然后位于 X 的每个活跃公司为其产品选择价格 P_X 和广告策略 D_X。活跃企业的数量用 h 表示。最后，消费者决定是否使用搜索引擎。如果这样做，则会产生搜索成本 s，并输入最喜欢的产品 ω 的关键词，开始在 $d(X, \omega) \leq D_X$ 的公司之间进行顺序搜索。搜索引擎以相等的概率吸引相应范围内的公司。

在这个博弈中，企业自由进入的完美贝叶斯均衡是什么？消费者一旦决定使用搜索引擎并输入了关键词 ω，便在支持集 $[X - D^*; X + D^*]$ 获得一个搜索结果，指向了公司的链接。假设所有公司都定价为均衡价格 P^*。于是，消费者从此搜索中获得的预期效用是：

$$\int_{\omega - D^*}^{\omega + D^*} \frac{v(\theta, d(X, \omega), P^*)}{2D^*} dX = \int_0^{D^*} \frac{v(\theta, x, P^*)}{D^*} dx。$$

消费者的最优搜索行为是一项截止规则。也就是说，如果距离 $d(X, \omega)$ 小于或等于保留距离（用 R 表示），则消费者将购买公司 X 的产品。如果消费者决定不购买该产品，则可以仅通过找到距离他最喜欢的产品更近的公司来提高其效用，因为所有公司都采纳均衡价格 P^*。因此，要使 R^* 为均衡状态下的保留距离，消费者必须在购买产品和继续搜索之间保持无差异的态度。表达式为：

$$\int_0^{R^*} \frac{v(u, x, P^*) - v(u, R^*, P^*)}{D^*} dx = \int_0^{R^*} \frac{c(R^*) - c(x)}{D^*} dx = s。$$

其中，左侧是继续搜索的预期收益，右侧是搜索成本。通过全微分该表达式，可以表明 R^* 随着 s 和 D^* 的增加而增加。

[①] 有关与搜索引擎广告网络相关的发布商或竞争的广告商在不增加销售的情况下人为地增加了点击次数（例如，通过冒充消费者）的点击率欺诈的模型，参见 Wilbur and Zhu（2009）。

若要确定公司的最佳广告定向策略,须注意,如果消费者不立即从该公司购买产品,则永远不会回到该公司。这是因为消费者的截止规则是固定的,只要匹配距离(略微)小于预定距离,他就会继续搜索。这意味着在单击公司链接后,消费者的购买的条件概率为 0 或 1。由于公司仅需为单击该链接的消费者付费,因此最佳定位策略简单且有 $R^* = D^*$。因此,在均衡状态下,消费者搜索不会超过一次。这使我们可以推断出消费者关于是否使用搜索引擎的参与决策,使得消费者对是否使用搜索引擎无差异的临界保留值给定为 $\theta - P^* - s - E[c(d) \mid d \leqslant R^*] = 0$。

现在,我们转到公司的最优定价决策。如果企业的定价 P 与候选均衡价格 P^* 不同,那么它也将最优地改变其广告定向策略。特别是,考虑到所有其他公司都遵循候选均衡价格 P^* 和策略 D^*,它将以比新的保留距离 $R(P, P^*, D^*)$ 小的距离定位消费者。在这种新策略下,企业在均衡状态下将面临数量 $2R(P, P^*, D^*) h^*$ 的竞争对手。这是因为距离 $R(P, P^*, D^*)$ 内的每个消费者都是这些公司的目标。由于所有消费者都是在不进行第二次搜索的情况下进行购买的,因此该公司针对于每位消费者的利润函数为:

$$\pi(P, P^*, p) = (P - p) \frac{R(P, P^*, D^*)}{R(P^*, P^*, D^*) h^*}。$$

均衡价格 P^* 由该表达式相对于 P 的一阶条件给出。在均衡状态下,参与的消费者的数量由 $1 - F(\theta^*)$ 给出。因此,一家公司的期望利润为 $[1 - F(\theta^*)] \pi(P, P^*, p)$。由于所有公司在均衡状态下都采纳相同的价格,因此自由进入条件决定了进入的公司的数量。明确考虑 P^*、θ^* 和 h^* 对 p 的依赖性,我们可以将自由进入条件写为:

$$[P^*(p) - p] \frac{1 - F[\theta^*(p)]}{h^*(p)} = C。$$

现在,我们转向搜索引擎的利润。由于每个消费者仅搜索一次,因此搜索引擎的利润给定为 $\pi^{SE}(p) = p\{1 - F[\theta^*(p)]\}$。该利润函数显示了搜索引擎面临的权衡。在其他所有条件都相同的情况下,搜索引擎在增加 p 时可以获得更高的收益。但是,这种每次点击费用的增加导致产品市场上的价格更高。由于消费者预料到了这一点,因此更少的人会使用搜索引擎。最大化 $\pi^{SE}(p)$,我们得到最优的每次点击费用被隐含地给定为 $p^* = \dfrac{1 - F[\theta^*(p^*)]}{f[\theta^*(p^*)]}$。显而易见地,搜索引擎设定了正值 p^*。相反,社会最优费用等于零。因此,均衡意味着扭曲,因为消费者参与度太低而产品价格太高。

借助 de Cornière(2013)的模型,我们现在可以分析广告定向的影响。假设无法进行广告定向。在模型中,这对应了对于所有产品 $D = 1/2$ 的情况。消费者的最优保留距离 R^* 被隐含地给定为 $\int_0^{R^*} \dfrac{c(R^*) - c(x)}{1/2} \mathrm{d}x = s$。因此,消费者也许会搜索多次,而广告定向减少了期望点击数。由于保留距离随着 D 增大而增加,因此,广告定向的期望匹配错误成本也较低。结果是,广告定向减少了搜索摩擦。

广告定向对最终商品的价格具有更微妙的影响。广告定向改变了对消费者取样的企业池。尤其是在有广告定向的情况下,该池由预计将更适合消费者的公司组成。这意味着对于消费者来说,搜索的持续价值更高,从而对价格造成下行压力。相比之下,没有广告定向,公司就无法调整其广告策略 D 及其均衡价格 P。因此,每次点击价格被认为是固定成本,不会被传递到最终商品的价格中。①结果是,总体效果是不清晰的,de Cornière(2013)表明,广告定向可能导致福利损失。

一个重要的问题是在消费者输入关键词后搜索引擎选择最相关的广告的动机。为此,假设搜索引擎可以通过选择 D 本身来选择其搜索结果的准确值。因此,搜索引擎有两个选择,D 和 p。de Cornière(2013)表明,在这种情况下,搜索引擎可以通过按点击数收费从公司中攫取全部利润。因此,搜索引擎选择 D 来最大化公司的利润。于是,搜索引擎的最佳匹配精度为 $D^{SE} \geq D^*$。对这一结果的直觉解释如下:如果搜索引擎设置 $D < D^*$,则该距离严格小于消费者的保留距离。这样,最终商品市场中的价格上涨不会导致需求减少。这意味着企业有动机将价格提高到边际消费者的保留价格,从而导致边际消费者的负效用(记住搜索成本已经沉没)。结果,消费者将不参与。因此,高水平的匹配精度会削弱产品市场竞争,从而阻止消费者使用搜索引擎。相反,当 $D > D^*$,某些消费者搜索不止一次。这导致较低的定价并确保更高的消费者参与度。因此,搜索引擎可能会发现最优的设定为 $D^{SE} \geq D^*$,并且绝不会设定 $D^{SE} < D^*$。因此,搜索引擎没有动机比做广告公司本身选择更精确的匹配。

综上所述,de Cornière(2013)证明了关键词广告可以更好地吸引广告商,从而减少消费者的搜索摩擦。但是,这也改变了产品市场竞争。由于广告商为每次点击付费,因此会面临更高的边际成本,这可能会导致更高的最终消费者价格。另外,搜索引擎可能不希望提供最高级别的匹配精度,因为这会导致显示结果数量少,削弱产品市场竞争,并使得搜索引擎对消费者的吸引力降低。

在实证文献中,互联网上的关键词广告和定向技术也获得了相当大的关注。例如,为了确定关键词广告的有效性,Ghose and Yang(2009)使用了来自全国零售商在谷歌上投放广告的数百个关键词的面板数据集,发现点击率和转化率随着关键词排名下降。但是,对于获利能力而言并不一定如此。特别是,处于中间位置的关键词通常比搜索引擎结果页顶部的关键词更有利可图。有趣的是,Ghose and Yang(2009)发现关键词中零售商信息的影响与品牌信息的影响有很大不同。零售商信息导致转换率最多能提高 50.6%,而品牌信息导致转换率下降了 44.2%。对点击率也能观察到类似的模式。拓展上面概述的模型(或相关框架)以允许许多具有不同排名的搜索结果来解释此实证证据可能是非常有趣的。

其他研究还分析了定向(或排名)对点击率和转化率的影响,并提供了区分不同广告效果指标的分析。例如,Agarwal et al.(2011)也发现了排名对点击率的正面影响,但表明,排名在中间位置的转化率通常更高。Rutz and Trusov(2011)给出了一个模型和关于点击率与转化率之间关系的实证分析,Rutz and Bucklin(2011)则显示了普通搜索和赞助搜索之间的正向溢出效应。也就是说,通用搜索通常会导致后续的付费搜索。

在最近的研究中,Blake et al.(2015)还评估了关键词广告的有效性,明确区分了品牌和

---

① Dellarocas(2012)深入分析了按点击付费定价对最终消费者价格的影响。研究表明,基于表现效果的广告(例如按点击付费的定价)会导致双重边际化。结果,消费者价格高于每次的展示定价。

非品牌关键词。当用户在搜索引擎中输入诸如"Macys"或"eBay"之类的品牌作为查询词时，该用户很可能已经熟悉该品牌。为了响应用户的查询，搜索引擎会在搜索结果的顶部显示付费广告，并且只要用户点击此查询结果，品牌就向其支付费用。但是，用户几乎可以通过自然搜索找到该品牌的网站。Blake et al.（2015）使用 eBay 的数据对此进行了测试。他们停止了在搜索引擎雅虎和 MSN 上投放与 eBay 品牌相关的查询广告一段时间，并发现来自付费链接的 99.5％的流量立即被来自自然链接的流量捕获。因此，eBay 的付费流量和非付费流量之间几乎是完全替代性的。①非品牌关键词是否也是如此？为了回答这个问题，Blake et al.（2015）进行了另一个自然实验，即在指定区域停止付费链接的 eBay 广告 60 天。此外，Blake et al.（2015）将消费者群体划分为 eBay 的常客和非 eBay 的常客。研究发现，付费链接对第一组用户没有统计学上显著的影响，因为该组的用户已经熟悉 eBay。然而，由于看到了付费链接，第二组的新注册用户和购买量显著增加。这支持了关于广告的信息性观点。

一些实证研究集中于定向广告如何与其他形式的广告互动。Goldfarb and Tucker（2011b）进行了大规模的实地实验，使个人接触两种不同形式的在线广告。第一种是上下文广告，例如在关注计算机和科技的网站上展示关于新计算机的横幅广告。第二种是高可见度的广告，用户可能会认为这太突兀了。例如，如果广告是音频或视频的一部分，如果它是一个弹出窗口，或者如果它自动（非用户启动）播放音频或视频，则该广告被认为是突兀的。Goldfarb and Tucker（2011b）发现，定向广告的效果本身（无突兀性）和突兀性广告的效果本身（无定位性）对广告有效性产生了正向影响。但是，两种策略的组合使这些效果失效，于是效果不佳。对此的一种解释可能是，消费者认为自己受到了操纵，从而减弱了购买意愿。特别是，当接触到突兀性的定向广告时，消费者可能会担心隐私问题。Goldfarb and Tucker（2011b）发现了支持这种观点的证据。

更普遍地，跨不同类型媒体的广告和消费者在线行为是相互联系的。Joo et al.（2014）研究了线下媒体（电视）中的广告如何影响消费者的在线搜索，从而影响搜索引擎广告。研究考察了金融服务的电视广告，并分析了这些广告如何影响消费者的搜索行为，从而发现了明显的正向作用。例如，在接触到特定品牌的电视广告几小时后，搜索者倾向于输入品牌关键词而不是通用关键词。②

总体而言，这表明，尽管线上和线下广告是替代品，但线下广告刺激了在线产品搜索。进一步的研究，无论是理论研究还是实证研究，都应当建立一个坚实的模式，将一种媒介中的广告影响与另一种媒介中的消费者行为联系起来，这样做将是硕果累累的。

10.6　媒体平台为用户匹配广告

互联网媒体有助于将广告定向到特定的消费者。传统媒体提供量身定制的产品，使消费者可以自行选择特定的节目和内容。然后，广告商受益于消费者品位与媒体内容和广告

① 一个自然的解释是 eBay 是一个知名品牌，因此在自然搜索结果中排名很靠前。
② Rutz and Bucklin（2012）在线上广告和在线搜索中发现了相似的结果。

产品的相关性。显然,此类定制策略也可以在互联网上实现,并在上一节中被分析。互联网上的广告的一个新颖功能是可提供给数据提供商大量个人数据,这使广告与媒体平台上的消费者偏好相匹配,而与被消费的媒体内容无关。①这些数据不仅引发了严重的隐私和数据保护问题(本章不进行分析),也将影响媒体平台的运行方式。②此外,因为消费者要访问多个站点,互联网上也会出现消费者无法消化的过多广告。

10.6.1　跟踪与私人定制化广告提供

互联网已经开辟了通过放置 Cookie(缓存文件)来跟踪消费者的新方法。这是网站发送的一小段数据,用于跟踪用户的活动。在一定程度上,根据以前的用户行为可以推断出用户当前的偏好,因此至少可以部分避免印象浪费。谷歌明确地将其信息告知用户:"我们使用 Cookie 来使广告对用户更具吸引力,对发布者和广告商更有价值。"然后,谷歌对 Cookie 的使用提供更详细的说明:"对 Cookie 的一些常见应用是根据与用户相关的内容来选择广告,改善对广告活动表面的报告,并避免显示用户已经看过的广告。"完美的公共跟踪可以使网站的广告与用户最佳匹配,但是在许多市场中,媒体平台可能不会共享跟踪信息。因此,跟踪通常是不完美的。

跟踪可以允许根据一些广泛的类别对消费者进行细分,而无须完全个性化广告的定向。对消费者群的这种细分可能基于过去的购买行为(Malthouse and Elsner,2006)。③该信息有助于增加广告商的产品和消费者的偏好相匹配的可能性。

定向可以基于个人特征。下面介绍的一些理论模型都基于此思想。当使用消费者浏览行为(Chen et al.,2009)或以推断或观察到的人口特征作为消费者特征(Joshi et al.,2011)来对特定消费者进行广告定向时,广告被证明更有效。④因此,实证文献表明,跟踪可以优化广告效果。一个更具挑战性的问题是发掘跟踪对行业产出的影响。

除了从 Cookie 收集信息之外,广告与用户的匹配可能还取决于数据库营销公司提供的信息。Marwick(2014)提供了有关该行业第二大公司安容诚的一些信息。根据 Marwick(2014)的说法,安容诚拥有 2.3 万台计算机服务器,每年处理超过 50 万亿次数据交易,跟踪了亿万名美国居民的记录。数据包括 2 亿个个人特征资料、从公开记录中收集的信息(例如房屋估值和车辆拥有权)、有关在线行为的信息(11 亿个浏览器的 Cookie、有关浏览器广告的信息以及其他信息),以及来自客户调查和线下购买行为的数据。平均而言,对于每个美国居民,安容诚都会保留约 1500 条数据。因此,安容诚具有可以出售给感兴趣的各方的大量信息,特别是当后者旨在更好地将广告或服务与用户品位匹配时。

在使用传统的广告商资助媒体时,用户需要付出注意力,而在互联网媒体上,用户需要付出的不仅是注意力,还有其个人数据。因此,包含互联网媒体的网站即使不向用户收费也不刊登任何广告,也可以赚钱。他们可以通过开辟第三种收入来源(销售用户信息)来实现

---

① 我们并不是在宣称广告的定制是一种全新的现象。例如,广告商通过邮件发送优惠券时可能会利用个人信息。
② 隐私问题在第 11 章中被讨论。
③ 其他实证研究根据消费者的认知风格对消费者进行细分(Hauser et al.,2009)。
④ 这项实证工作将定制和跟踪结合在一起,因为它将消费者特征与内容匹配结合在一起。

这一目标。

许多理论研究有助于我们理解当媒体平台跟踪用户或依靠第三方信息来最大限度地使广告与用户匹配时的能力。本部分末尾提出的模型明确包含了用于广告定向的用户数据销售。

媒体平台可以向广告商提供有关消费者的跟踪信息。这样做可以使广告商根据收到的信息来竞标广告。当广告空间稀缺时,在这样的环境中运作的广告商会内部化,以致于在跟踪其竞标的情况下,它只有向消费者提供比其他广告商更好的匹配项才能成功。缺少跟踪的广告商可提供相似的期望匹配质量。结果,广告商通过跟踪信息设定了更高的零售价格。跟踪可以提高平均匹配质量,提高零售价格,从而带来更大的行业利润,但同时也减少了平台可以攫取的行业利润份额,因为广告商在了解消费者类型之前先设定了价格。[1]因此,我们尚不清楚平台是否可以从跟踪中受益。

de Cornière and De Nijs(2014)将这一权衡取舍模型化,并研究了平台植入跟踪技术的动机。在其模型中,通过次价拍卖,垄断媒体平台将单个广告位出售给 n 个广告商。[2]这一广告位为消费者提供独占访问权。因此,卖方在产品市场上充当垄断者。该模型的时序安排如下:首先,平台决定是否植入跟踪技术,广告商同时设定产品价格 p_i, $i = 1, 2, \cdots, n$。其次,平台在跟踪情况下向广告商显示消费者类型,否则后者仍然保持未知。最后,广告商根据收到的信息同时对广告位出价。消费者与获胜的广告商匹配。

消费者的类型为 $(\theta_1, \cdots, \theta_n)$,其中 θ_i 在产品上独立同分布,并根据 F 在 $[\underline{\theta}, \bar{\theta}]$ 上具有密度函数 f 的分布。产品 i 的类型 θ_i 产生一个条件需求函数 $D(p_i; \theta_i)$。假定较高的类型与对相应产品的较大需求相关(例如,购买该产品的可能性较大),即当且仅当 $\theta_i > \theta_i'$ 时,$D(p_i; \theta_i) > D(p_i; \theta_i')$。广告商向消费者销售的利润为 $\pi(p_i, \theta_i) = (p_i - c)D(p_i; \theta_i)$。缺少跟踪,如果广告商的竞标成功,广告费用的期望利润总额为 $\int_{\underline{\theta}}^{\bar{\theta}} \pi(p_i, \theta_i) f(\theta_i) \mathrm{d}\theta_i$。可使利润最大化的产品价格 p^{NT} 由关于 p_i 的以下等式解得:

$$\int_{\underline{\theta}}^{\bar{\theta}} \frac{\partial \pi_i(p_i, \theta_i)}{\partial p_i} f(\theta_i) \mathrm{d}\theta_i = 0。$$

由于广告商在投标阶段是同质性的,因此媒体平台可以攫取全部预期行业利润 $\int_{\underline{\theta}}^{\bar{\theta}} (p^{\mathrm{NT}}, \theta_2) f(\theta_i) \mathrm{d}\theta_i$。

存在跟踪时,因为当且仅当 θ_i 大于 θ_j,且 $j \neq i$ 时,广告商 i 才赢得拍卖,而这以概率 $F^{n-1}(\theta_i)$ 出现,所以可使利润最大化的产品价格 p^{T} 由关于 p_i 的以下等式解得:

$$\int_{\underline{\theta}}^{\bar{\theta}} \frac{\partial \pi(p_i, \theta_i)}{\partial p_i} F^{n-1}(\theta_i) f(\theta_i) \mathrm{d}\theta_i = 0。$$

---

① 如果价格是根据消费者类型决定的,则广告商可以自定义零售价格,那么它们将攫取更多的消费者剩余。但是,这会提高出价。广告商的处境会更糟,因为与广告商不可以自定义零售价格的情况相比,当广告商可以自定义零售价格时,中标价格与次高出价者的价格(以及拍卖中的价格)之间的差异会缩小。

② 出售单个广告位也许是最简单的设定,并且避免了考虑替代性多单位拍卖(multi-unit auctions)的需要。假设各个广告商是市场中的潜在竞争对手。于是,如果垄断利润超过两个公司的行业利润,最优选择为出售单个广告位。

　　与没有跟踪的情况相比,上式中的额外一项表明 θ_i 最大的公司赢得了拍卖。结果,与在没有跟踪的情况下相比,它将在定价阶段设定更高的价格,$p^{\mathrm{T}} > p^{\mathrm{NT}}$。跟踪价格随着广告商的数量的增加而提高。因此,跟踪可以使广告商和消费者之间更好地匹配,并增加行业利润。通过跟踪,广告商可以获得正的信息租金,从而获得了行业利润的严格为正的份额。

　　在决定是否植入跟踪技术时,平台面临着效率(和行业利润)提高与租金提取之间的权衡取舍;这种权衡取舍也可以在 Ganuza(2004)中看到。[1] 随着广告商的数量变为无穷大,产品价格 p^{T} 变成了面向消费者的 $\bar{\theta}$ 型企业的垄断价格,由此广告商的信息租金消失了。因此,对于数量足够大的广告商,平台将植入跟踪技术,并与广告商共享消费者信息。

　　现在假设平台出售多个广告位,并且广告商向消费者提供独立的产品。广告位通过统一的价格拍卖进行销售,因此所有出价最高的广告商支付的金额等于失败的广告商中最高的出价。于是,均衡产品价格被证明随着广告位数量的增加而降低。除了标准的“价格—数量”权衡之外,广告位数量的增加使得在拍卖中赢得广告位的一方对预期需求弹性的信息不足。当广告位的数量足够多时,de Cornière and De Nijs(2014)表明该平台选择不植入跟踪技术,因为在拍卖中决定广告价格的失败竞标者往往会通过跟踪接收到一个相当糟糕的信号。

　　Johnson(2013)还探讨了跟踪技术对广告商利润和消费者剩余的影响。尽管其模型中未包括媒体平台,但其分析有助于我们理解当消费者可以屏蔽广告时跟踪的角色。

　　在 Johnson(2013)的模型中,广告为广告商和消费者创造了匹配的机会。有总量为 1 的广告商和总量为 1 的消费者。对于每个“广告商—消费者”配对,这样的匹配概率为 ϕ,并且独立同分布于某个在 $[0,1]$ 上具有正密度 f 的分布函数 F 的所有配对。匹配为广告商产生了剩余 Λ,为消费者产生了剩余 $1 - \Lambda$。广告商提供完全异质性的产品。

　　广告商知晓匹配的概率为 ψ。在此模型中,改进的跟踪对应于较大的 ψ。因此,如果消费者看到广告,则匹配的概率为 $\psi\phi + (1 - \psi)E\phi$。

　　广告商发送广告的费用 $\kappa > 0$。消费者有可能以 ς 的概率屏蔽广告。因此,广告商决定使用信号 ϕ 向消费者做广告,如果条件 $\kappa \le (1 - \varsigma)\Lambda[\psi\phi + (1 - \psi)E(\phi)]$ 成立的话,一个向消费者发送信号为 ϕ 的广告的公司将向所有消费者发出更大信号的广告。如果 h 是广告商发送的广告量,我们将 $\phi(h) = F^{-1}(1 - h)$ 作为边际消费者的信号。那么,广告商的利润为:

$$-\kappa h + (1 - \varsigma)\Lambda\left[\psi\int_{\phi(h)}^{1} x\mathrm{d}F(x) + (1 - \psi)hE(\phi)\right] 。$$

　　如果所有消费者都决定不屏蔽广告,则他们将被曝光在相同数量的广告中。他们收到的每则广告都会因曝光而产生干扰 γ。但是,广告会导致消费,消费也将算进消费者的效用。因此,收到 h 则广告的期望效用为:

$$v = -\gamma h + (1 - \Lambda)\left[\psi\int_{\phi(h)}^{1} x\mathrm{d}F(x) + (1 - \psi)hE(\phi)\right] 。$$

---

① 该平台的目标函数是在用户参与的情况下最大化其利润。

如果消费者屏蔽广告,他们将收到外部效用 u_0,该效用根据 G 分布,这是一种具有支撑集 $(-\infty,0]$ 的连续可微的分布函数。根据给定的 h,每个消费者将他从接收广告获得的期望效用与屏蔽广告的外部效用进行比较。因此,进行广告屏蔽操作的消费者的比例为 $\varsigma = 1 - G(v)$。考虑这样一种博弈,在该博弈中,消费者同时决定是否屏蔽广告商,而广告商确定要发送多少广告。(ς^*, h^*) 构成了这个博弈的均衡状态。在此模型中,广告商和消费者的"成本—效益"率,即 κ/Λ 和 $\phi/(1-\Lambda)$,起着决定性的作用。它们反映的是与成功匹配带来的收益相对的广告费用。

Johnson(2013)表明,当且仅当消费者方的"成本—效益"率大于广告商的"成本—效益"率时,次优的广告水平(当消费者可以自由屏蔽广告时)小于均衡水平 h^*。在均衡状态下,广告商对是否放置边际广告无差异。由于交易的边际概率对于广告商和消费者而言是相同的,因此从直觉上讲,如果消费者对广告的估价高于广告商,则广告会出现社会性不足。如果情况相反,则广告商发布了过多的广告。[①]

如果源自边际广告的剩余超过了来自无条件平均广告的剩余,那么改进的跟踪(即 ψ 的增加)将使屏蔽决策保持不变,这将导致更多的广告投放。如果广告商通过改进跟踪来增加广告投入,这必然意味着他们从边际广告中获得的收益要比从无条件平均广告中获得的收益多。如果消费者调整他们的广告屏蔽决策,这一点必须继续保持下去。Johnson(2013)指出,改进的跟踪可以提高广告商在均衡状态时的利润,即使这可能意味着更多的广告屏蔽。我们尚不明确消费者从改进跟踪中获得更多收益还是更少收益。[②]

根据提供给广告商的信息,当存在多个平台时,即使每个平台的跟踪效果都很好,广告商也可能会多次选中同一位消费者,从而浪费印象。但是,如果平台共享 Cookie 信息(一种被称为 Cookie 匹配的做法),则广告商可以避免这种多重曝光。

Athey et al. (2014)考虑了一个具有两个平台的市场,这些平台可以完美地跟踪它们自己平台上的消费者(消费者最多只能在该平台上获得一次广告),但可能不会观察到消费者在另一个平台上的广告曝光。[③] Athey et al. (2014)调查了缺少 Cookie 匹配对市场结果和媒体平台利润的影响。在其模型中,正如 Ambrus et al. (2015)所述的那样,一些消费者只使用一个平台的媒体内容,而其他消费者则同时使用这两个平台的媒体内容(请参见 10.4.1)。因此,存在独占的消费者和重叠的消费者。

与以前的模型类似,媒体平台提供了对消费者的接触权。为了关注广告商的行为,我们假设媒体平台没有做出任何决定(广告水平是固定的且是外生的),并且广告价格出清了广

---

① van Zandt(2004)以及 Anderson and de Palma(2009)的结果也可以解释为显示出社会最优意义上广告过度的可能性。在其模型中,社会最优意义上可能会出现过多的广告,因为低价值的广告会排挤高价值的广告,这是我们在 10.6.2 中提到的问题。相反,在 Johnson(2013)中,较高的广告水平鼓励消费者屏蔽广告。

② 如果广告商必须向媒体网站付费以放置广告(此问题未被考虑进 Johnson,2013),则该网站可以管理广告商的广告水平。假设媒体网站对每则广告收费。该价格作为其成本 κ 的一部分进入广告商的利润函数。福利最大化的单个媒体网站(无法直接控制屏蔽)将实现次优的最佳广告水平。一个利润最大化、垄断性的、广告商资助的媒体网站也会内部化广告水平对屏蔽的影响。但是,它通常不会实现次优的选择。在这样的媒体市场中,跟踪技术对总剩余和消费者剩余的影响尚待探索。

③ Ghosh et al. (2012)给出了相关的分析,该分析还表明,在某些情况下,平台更愿意共享 Cookie 信息,而在另一些情况下,平台则不愿意。

告市场。考虑一系列连续的广告商在成功接触消费者时所获得的单位消费者利润是不同的,其行为决定了广告需求。广告商对每位消费者估值分布在 0 和某个上限之间。具有较高单位消费者价值的广告商比具有较低单位消费者价值的广告商具有更强的接触消费者的动机。如果没有重叠的消费者(并且每个平台的跟踪都是完美的),则将存在一个边际广告商。单个消费者价值较低的广告商不会投放广告,而所有高于此阈值的广告商都可以将每个印象传递给不同的消费者。因此,广告商不会浪费任何印象,并且可以有效地投放广告。

　　广告需求取决于跟踪技术。如果在每个平台上的跟踪都是完美的,但是没有 Cookie 匹配,则多归属的广告商会浪费一些印象,因为其有时会向用户展示两次同一则广告。这种浪费以及广告商的异质性意味着可以对广告商进行分类:低型广告商是单归属的(并错过了一些消费者),而高型广告商(不告知消费者的机会成本较高)则是多归属的。

　　上述内容给出了主要的见解。通过跨平台的完美跟踪,展示次数将一对一地映射到广告商接触到的消费者数量。相反,由于上述不完美的跟踪,一些重叠的消费者将两次看到相同的广告,因此浪费了他们的注意力。随着重叠的消费者数量增加,在不完美的跟踪条件下,浪费变得更加普遍,广告库存的价值进一步下降。

　　我们可以拓展分析范围,以允许平台同时选择广告库存。在存在重叠的消费者的情况下,平台实质上成了古诺竞争对手。Athey et al. (2014)表明,在均衡状态下,重叠的消费者所占比例的增加导致广告库存增加,进而导致均衡广告价格下降。[1]

　　Taylor(2013b)对跟踪的作用提出了不同的看法。在其模型中,媒体平台选择内容质量,要考虑到它会增加消费者不切换到另一个平台的可能性。平台可用的跟踪技术会影响投资于内容质量的动机。Taylor(2013b)的模型有许多不同于其他研究的特征。第一,关键因素是广告商之间的产品市场竞争[2];第二,消费者在访问平台之前不了解内容质量,所以会随机访问媒体平台;等等。因此,Taylor(2013b)研究了消费者浏览媒体平台后内容质量如何影响消费者的行为。其关键研究结果是广告商之间的产品市场竞争与消费者是否要切换到另一个媒体平台的决策(内生的多归属性)之间的相互作用。

　　在 Taylor(2013b)的模型中,两个由广告商资助的媒体网站向度量为 D 的消费者提供内容。消费者享受媒体消费,但产生了访问网站的费用 c。这两个媒体平台选择内容质量 $q_i \in [0,1]$,并产生成本 $k(q_i)$。[3]在这里,内容质量衡量的是消费者对内容满意的概率,即不需要为此内容主题移至其他网站。内容质量是一种搜索商品,因此,消费者无法在实际访问该网站之前评估内容质量。消费者依次访问网站。如果消费者对第一个网站上的内容感到满意,则不会访问第二个网站;如果不满意,则要是其预期质量大于 c,将访问第二个网站。消费者在媒体消费后回忆广告并做出消费选择。

　　网站将选择正的质量,以保持消费者的注意力。为什么? 网站将广告与内容捆绑在一

---

① 由于广告商的异质性,分析相当复杂,并且最佳响应函数是非单调性的。
② 关于媒体经济学的大多数理论性文献都假定,广告商对产品市场的消费者拥有垄断力量。如 10.4.1 所述,Gal-Or and Dukes(2003)是一个例外。在其模型以及 Taylor(2013b)的模型中,激烈的产品市场竞争为媒体平台和广告商提供了动机,促使它们签署要求媒体平台不放送来自竞争广告商的广告的排他性协议。
③ 成本函数满足适当的属性,从而确保以一阶条件为特征的内部解(interior solution)。

起,然后将广告出售给广告商。①更具体地说,网站将广告与内容一起提供。每个消费者都有特定的消费兴趣(例如,对特定产品类别的兴趣),并且如果广告商提供此类别的产品,则匹配该兴趣。广告商与消费者之间成功匹配所产生的剩余归一化为 1。如果消费者碰巧看到同一类别中两个广告商的广告,则假定广告商是伯川德竞争对手。由于网站希望通过销售广告来增加收入,因此它仅会投放给定产品类别的一则广告。每个网站都攫取广告商的全部利润。

跟踪技术决定了成功匹配的可能性;它允许网站以概率 ϕ 识别消费者感兴趣的产品类别,并以剩余的概率提供其他任何类别。如果消费者访问两个网站,则他将接触到另一个网站上的广告。为简单起见,假设另一个网站吸引了不同的广告商,因此,消费者永远不会两次看到相同的广告。如果消费者在感兴趣的产品类别中看到另一则广告,则可以在两个广告产品之间进行选择,并选择较低价格的广告产品。

只要有一些(但不是全部)消费者同时访问了这两个网站(即在任何内部解中),就有一些消费者观察到一个成功的匹配,而其他消费者则观察到两个成功的匹配。因此,广告商会随机分配价格。每个广告商的均衡利润等于其垄断价格 1 乘以提供唯一匹配项的可能性。在这里,内容质量会有所帮助,因为它增加了消费者不访问多个网站的可能性,从而防止了广告的多次展示。

根据 Taylor(2013b),可以通过将质量投资的边际收益等于边际成本来计算均衡状态时的内容质量,由此得到:

$$q^* = (k')\left(\frac{\phi^2 D}{2}\right)。$$

直觉解释如下:由于消费者没有观察到质量,因此他们随机访问网站。因此,每个网站都会获得 $D/2$ 的首次访问。保留消费者的收益是该消费者带来的安全利润,用 ϕ 来衡量。②即使在垄断的情况下,更好的跟踪(即 ϕ 的增加)也很有价值,因为它增加了广告商和消费者之间匹配的概率。在其他所有条件都相同的情况下,这增强了投资内容质量的动机。跟踪技术对产品市场竞争也很重要,因为更好地跟踪使访问这两个网站的消费者更有可能遇到两次匹配。因此,更好的跟踪使产品市场竞争更加激烈。在这种情况下,该网站将从广告商那里收取较低的租金。为了减少同一产品类别中的广告多次曝光的可能性,网站必须提高其内容质量。由于这种竞争效应,与实现福利最大化的解决方案相比,网站实际上可能对内容质量进行了过度投资。更具体地说,产生这种结果的原因是网站之间的外部性:如果网站投资内容质量,那么它就不会内部化,以致于其竞争对手通过广告为消费者提供印象的机会减少。这不利于福利,因为它阻止了某些消费者和广告商之间的配对交易。如果 ϕ 很大,则此效应尤其明显,因为如此一来许多先前的印象将导致匹配。如 Taylor(2013b)所述,由于网

---

① 与消费者相反,广告商可以评估平台的质量,因为需要向它们保证平台会做出保留努力。
② 在该模型中,消费者会在以下情况中被留住:①如果她对平台的内容感到满意;②如果她对两个平台上的内容都不满意,并且第二个平台无法识别她感兴趣的产品类别。因此,网站的利润函数为 $(D/2)\phi\{q_i + [(1-q_i)+(1-q_{-i})](1-\phi)\}$。关于 q_i 求导并使用平台对称性可得出 q^*。

站被迫(过度)投资内容质量,因此它们实际上可能会受损于改进跟踪。

数据提供商使跟踪成为可行的,这些数据提供商可以处理从 Cookie 中获得的大量数据。Bergemann and Bonatti(2015)探索了数据提供商与广告商之间的互动。广告商面对具有不同匹配值 ($v \in V$) 的消费者,通过 Cookie 获得有关消费者价值的准确信息。这使广告商可以将消费者分为两类:一类是目标群体,在该群体中收集详细信息,并向该群体提供个性化广告;一类是匿名的局外人群体,该群体中的所有消费者都收到与该群体其他人相同水平的广告。

如果广告商被充分告知,其将以概率 ϕ 接触到消费者,然后攫取其产品与消费者之间匹配的全部剩余 v。因此,广告商将获得收入 $v\phi$。为了以 ϕ 的概率接触消费者,广告商必须在媒体平台上放置 $a(\phi)$ 则广告,假设每则广告收费 p。因此,一个完全知情的广告商赚取利润 $v\phi - pa(\phi)$。广告商的问题在于,其仅了解 v 的某些先验分布,因此可能无法提取全部剩余。

为了更好地攫取剩余,广告商可以获取有关个人消费者的数据。这些数据提供了有关消费者匹配价值的信号,这是 Cookie 发挥作用的地方。一份包含了类型子集 $W \subset V$,以价格 P_c 被购买的 Cookie,允许广告商标识消费者 v。因此,对于所有 $v \in W$, 对广告空间的需求为 $v = pa'[\phi^*(v)]$, 其中 $\phi^*(v)$ 是广告空间的全部信息需求。对于所有 $v \notin W$, 广告商更新了信念并且根据 $E[v \mid v \notin W] = pa'(\bar{\phi})$ 获得广告空间。显然, $\bar{\phi} = \phi^*(E[v \mid v \notin W])$ (见图 10.9)。

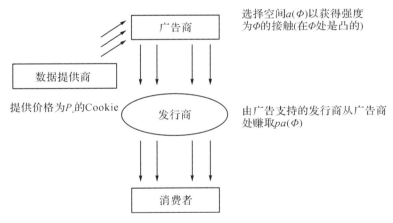

图 10.9　基于 Cookie 的互联网广告

资料来源:Bergemann and Bonatti(2015)。

完全知情的广告商获得的利润为 $v\phi'(v) - pa[\phi'(v)]$, 其在 v 中呈凸形。相反,在没有任何信息的情况下,广告商的利润为 $v\phi'(E[v]) - pa\{\phi'(E[v])\}$, 其在 v 中呈线性。不知情的广告商向低价值消费者投放的广告太多,向高价值消费者投放的广告太少。这样,广告商就有了购买 Cookie 的动机。

Bergemann and Bonatti(2015)描述了在给定价格 P_c 下对 Cookie 的需求。广告商可以从包含最低价值或最高价值消费者的单个区间购买。或者,它可能希望从两个区间中进行购买,其中一个包含最低价值的消费者,另一个包含最高价值的消费者。随后,Bergemann and

Bonatti(2015)确定了数据提供商的最优定价。数据提供商可能会限制均衡状态时购买的数据量,因为数据提供商会最大化其利润。因此,如果数据提供商享有某种市场势力,则消费者将从中受益,因为如果不存在数据提供商的市场势力,广告商将完全了解匹配价值。

为了将 Bergemann and Bonatti(2015)放进更广阔的视角下考察,我们注意到发行商可能与数据提供商纵向合并。在这种情况下,发行商具有三个潜在的收入来源:第一,发行商可以直接向消费者收取其内容服务的费用。第二,发行商可以向广告商收取提供广告空间的费用(在消费者不喜欢广告的范围内,这构成了对消费者的间接费用)。这两个收入来源在媒体经济学中已经被考察。第三,发行商还可以向广告商提供数据服务,但收费。因为这使广告商可以更好地从消费者那里攫取剩余,所以提供此信息构成了对消费者的另一种间接收费。

跟踪允许广告商使用复杂的定向策略。尽管上述模型提供了有关跟踪技术作用的相关见解,但它们并未被嵌入动态环境。尤其是,消费者可以在特定网站上的产品类别中进行搜索,但不会以购买结束会话。可能的原因是,他们仍然有疑问,或者他们决定广告提供由外部选项支配,这可能包括将来再次搜索的可能性。借助跟踪,广告商意识到这些消费者的身份。因此,当消费者访问与广告网络相关联的向广告商出售广告的网站时,广告商可以"加倍"努力,并通过在该网站上投放广告或通过其他网站上的特定产品广告来重新定向这些消费者。例如,脸书在其用户的新闻供应中引入了重定向广告。借助动态重定向功能,广告网络可借助单个 Cookie 资料识别用户身份,并精确识别消费者之前浏览过的产品。有了这些信息,它就可以通过显示以前被访问过的公司提供的相同或相关产品来定向消费者。这与通用重定向不同,后者仅使用 Cookie 信息来选择要展示广告的公司(Lambrecht and Tucker,2013)。据称,动态重定向比通用重定向的有效程度要高四倍,比使用横幅广告的通用广告的有效程度要高六倍(Criteo,2010)。

Lambrecht and Tucker(2013)根据对销售酒店住宿和度假套餐的旅游网站的数据进行的实地实验,对动态重定向的有效性进行了详细评估。在实地实验中,当消费者访问与广告网络相关联的外部网站时,他们会被随机分配通用和动态重定向广告。通用广告展示了旅游网站的通用品牌广告,而动态重定向广告则展示了消费者之前看过的酒店,以及一些类似的产品。也许令人惊讶的是,研究发现,平均而言,动态重定向并不是更有效,其有效性是通过消费者在指定时间区间内在旅游网站上进行购买的概率来衡量的。

相对于通用重定向而言,动态重定向失败的一个可能解释是,消费者可能对他们所寻找的东西只有一个大概的想法[如 Lambrecht and Tucker(2013)所言]。因此,通用广告可能会更有效,因为消费者可能已经发现他们之前看过的特定广告商品实际上并不是他们想要的。但是,如果消费者在搜索上花费大量精力并进行进一步的查询,则这种行为似乎不太可能。在这种情况下,消费者似乎对自己的喜好有明确的想法,并且可能倾向于重新考虑以前的搜索。Lambrecht and Tucker(2013)尝试通过识别使用评论网站的消费者来验证这一观点。实证结果支持这样的观点,即动态重定向对那些消费者更有效。这些发现表明,定向对购买意向的影响相当复杂,关于(重新)定向将如何影响市场结构的简单而通用的信息可能十分令人期待。

10.6.2　广告拥塞和有限关注度

广告商发布广告来给消费者留下印象,并通过销售产品或服务者试图以更高的价格销售来获利。为此,广告商必须克服几个障碍。第一,消费者不得屏蔽广告。第二,消费者在做出购买决定时必须记住广告信息(记住广告产品、产品功能或将广告体验作为互补品)。第三,广告商必须能够从这样的消费者那里赚钱。在定向方面,我们在 10.6.1 中触及了第一个障碍(Johnson,2013)。第三个障碍则来自在伯川德世界中竞争的广告商。如果消费者收到两则相互竞争的广告,这些广告实质上是广告商的浪费印象(Taylor,2013b)。对第二个障碍的关注度有限,我们在广告背景下并未对此进行详细说明。广告拥塞可以被看作广告商与消费者之间的不匹配,因为高价值的广告商可能无法吸引消费者的注意力,因而无法与之匹配,而一些低价值的广告商却确实能够引起消费者的关注。

Anderson and de Palma(2009)将信息拥塞模型化,并假设消费者的注意力跨度有限(有关在不同背景下模型的正式介绍,请参见 10.3.2)。在注意力可"开放获取"的前提下(例如通过广告牌或大宗邮件),注意力是所有消费者都共有的财产资源。这种财产资源往往被过度开发,导致均衡状态下的拥塞。相比之下,垄断的把关者则可以通过价格解决网络拥塞问题。

Anderson and Peitz(2014a)展示了如何将这种方法整合到竞争媒体平台的模型中。在这里,我们紧随 Anderson et al. (2012)的思路,说明它们的设定。要了解广告拥塞如何改变媒体竞争的性质,首先要考虑这种情况,即代表性用户在 n 个网站中的每个网站上花费固定的时间。网站质量映射到使用时间。这里的想法是,消费者上网冲浪,将更多的时间花在高质量的网站上,而将更少的时间花在质量较低的网站上。广告商应该提供完全差异化的产品。因此,广告商相对于消费者是垄断者。此外,假设广告商从消费者那里攫取了全部期望剩余。

消费者以随机顺序访问不同网站的页面。如果他们访问某一网站的更多页面,他们就会接触到该网站的更多广告。假定网站受益于整个行业的完美跟踪。如果边际广告商的价值大于给定广告的重复印象的期望值(如果拥塞不太严重,则保持不变),所有消费者只会看到一次广告。广告将随机放置。即使广告不影响媒体消费,该网站也不会发布无限数量的广告。之所以如此,是因为它无法区分不同类型的广告商,因此必须降低广告价格,以便吸引更多广告商。

每个媒体网站都会决定在最初阶段放置多少广告,因为这主要涉及如何设计网站或如何构建内容和广告捆绑。现在用 σ_i 表示消费者在网站 $i = 1, 2, \cdots, n$ 上花费的时间,用 σ_0 表示不使用互联网的时间(外部选项),并将可用的总时间标准化为 1。如果网站 i 展示了 a_i 则广告,并且消费者将所有时间都花在此网站上,则该消费者的总曝光为 a_i。为了将一个广告商与任何给定的消费者匹配,这个消费者必须被曝光至相应的广告下,且他必须能回想起这则广告。每一位消费者总共看见了 $\varGamma = \sum_{i=1}^{n} a_i \sigma_i$ 则广告。然而,如果一个消费者的(固定)注

意力范围 φ 比它小(即 $\varphi < \Gamma$),那么这个消费者不会记住其中的一些广告。因此,对于这些广告,不形成匹配。现在根据与潜在消费者接触的支付意愿对广告商进行排名。第 a 个广告商愿意支付 $p(a)$ 来吸引消费者的注意力。若存在拥塞,第 a 个广告商的支付意愿降低到 $p(a)\varphi/\Gamma$。对于在第 i 个网站上投放的 a_i 则广告,以展示次数为条件的广告价格必须等于边际广告商的支付意愿,即 $p(a_i)\varphi/\Gamma$。由于广告制造一个印象的概率为 σ_i,每则广告都会产生收入 $\sigma_i p(a_i)\varphi/\Gamma$。由此,网站 i 最大化了其利润,而这个利润等于广告空间 a_i 的广告数量和每则广告的收入的乘积,即

$$\sigma_i a_i \frac{p(a_i)\varphi}{\Gamma} = A(a_i)\,\frac{\sigma_i \varphi}{\Gamma}。$$

其中,$A(a_i)$ 是每个消费者每则广告的收入。网站之间的战略互动是由拥塞以及消费者对跨不同网站的所有广告关注范围有限这一事实而引起的。因此,每个网站都可以接触到共同财产资源,即每个消费者的关注范围。由于搭便车问题,在一个市场中有超过一个网站进行广告投放可能会导致拥塞。在垄断案例中,Anderson and de Palma(2009)指出,垄断网站始终将其广告水平设置为不会引起拥塞。如果关注范围足够大(即 $\varphi \geq \Gamma$),则每个网站 i 都选择 a_i,以使每个观众每则广告的收入最大化,即 $A'(a_i) = 0$ 的解为 a_i^*,并且所有网站选择相同的广告水平。由于拥塞,当消费者在每个网站上花费相同的时间时,利用对称性($\sigma = \sigma_i$ 和 $a = a_i$),获利最大化的一阶条件变为:

$$A'(a)\,\frac{\varphi}{\Gamma} - A(a)\,\frac{\varphi}{\Gamma^2}\,\sigma = 0。$$

这间接定义了均衡广告水平 a^*。由于总广告量为 $\Gamma = n\sigma a$,因此均衡广告水平由以下公式得出:

$$\frac{aA'(a)}{A(a)} = \frac{1}{n}。$$

如果 $p(a)$ 是对数凹性的,则上式左侧随着 a 减小而减小。这意味着大量网站会导致每个网站的广告水平提高,从而导致更严重的拥塞。[1]直觉解释是,随着周围有更多替代性的网站,每个网站都会在较小程度上内化负面影响,即广告水平的提高产生的对广告价格的影响。在不对称的市场中,Anderson and Peitz(2014a)表明,较大的网站选择了较低的广告水平 a_i。这是很直观的,因为更大的网站会更大限度地内化拥塞的外部性,因为更多的超边际广告位会受到较大广告量导致的价格下降的影响。[2]

从广告拥塞模型中得出的一般教训是,由于广告商方面的价格效应,拥塞在网站之间产生了相互依赖性。就消费者访问大量由广告商资助的网站而言,分析表明网络拥塞问题可能是网站之间竞争的重要推动力。

---

① 两个网站之间的合并是有益的,因为它可以减少拥塞。有关媒体市场和监管环境中合并的影响的详细讨论,请参见第 6 章。

② Anderson and Peitz(2014a)拓展了其分析范围,将广告作为一种干扰包括在内。由于消费者现在在乎每个网站上承载的广告数量,这使广告市场成为双边的。于是,高质量的网站仍然具有较低的广告水平。如果消费者的注意力是无限的,那将出现相反的结果。

10.7　结论

在本章中,我们回顾了适用于互联网的媒体经济学文献。在理解媒体公司如何应对互联网带来的挑战,以及它们如何调整业务模型或发明新模型方面,学界已经取得了很大的进展。理论和实证研究表明,互联网可能会导致市场失灵,因此研究结果可以为企业和监管机构提供信息。自然,我们的回顾仅限于近期的发展,没有宣称其是完整的。但是,由于技术的进步,网站的新收入机会很可能会很快出现。它们可能为创新的商业模型提供新的可能性,并引发新的监管和竞争问题。

我们想指出一些目前尚未被很好理解的现象,这些现象需要进一步研究。首先,我们在本章中概述了互联网会影响内容多样性的几点原因。尽管可以允许用户轻松访问主题和专业知识截然不同的内容,但互联网容易出现信息过载的情况,因此用户需要选择内容。作为该选择过程的结果,用户可以浏览基于阅读量而预先被选出的网站。因此,一个有趣的问题是互联网是增加还是扼杀了多样性。

其次,一个重要的问题是,互联网是否比传统媒体更具包容性。例如,第 10.2 节中的数据表明,互联网在年轻人中的流行程度高于年长者。此外,在较发达的国家,互联网的使用率往往高于欠发达的国家。这意味着新闻接收者的数量在不同年龄组和地区之间有所不同。这可能会导致某些个体或地区落后,从而可能对经济增长产生不利影响。[①]例如,较贫穷的农村用户连接互联网的速度往往较慢,因此表达意见的机会较少。

再次,我们专注于由专业网站生成的旨在谋利的内容。但是,如 10.4.3 所述,这些网站越来越多地与个人(例如博客作者或脸书朋友)竞争,以吸引用户的关注。这些人的活动并非(不一定)是由金钱动机驱动的,而是由社会关注引起的,例如从其追随者或朋友那里得到关注。一个有趣的问题是"业余爱好者"和"专业人士"之间的互动和竞争是如何进行的。特别是,业余爱好者的出现可能会改变营利性网站的商业模式。

最后,我们注意到,我们介绍的许多理论都集中于互联网媒体的特定问题。由于问题的复杂性和多层性,其尚且没有统一的框架。但是,我们讨论的许多问题都是相互影响的。例如,用户在网站之间进行更多或更少的切换行为,会影响新闻聚合器的出现和获利能力。相似地,以更好或更差的方式跟踪用户的可能性,对广告商的支付意愿以及互联网媒体平台和搜索引擎的赢利能力都将产生深远的影响。取消或避免对网络中立性的限制可能会更改广告商对不同内容的保留价格,从而导致定制性后果。尽管这些相互作用中的一些已在既有文献中得到了研究,但仍有许多潜在的有趣联系有待进一步研究。

---

① 例如,Czernich et al. (2011) 使用 OECD 国家的面板数据发现,宽带普及率提高 10% 会推动人均经济增长约 1%—1.5%。

致谢

我们衷心感谢西蒙·安德森（Simon Anderson）、亚历桑德罗·博纳提（Alessandro Bonatti）、埃米利奥·卡尔瓦诺（Emilio Calvano）、亚历山大·德·科尔尼（Alexandre de Cornière）、格雷格·泰勒（Greg Taylor）、蒂姆·托马斯（Tim Thomes）、乔尔·沃尔德福格尔（Joel Waldfogel）和肯·威尔伯（Ken Wilbur）提出的宝贵意见。

参考文献

Agarwal, A., Hosonagar, K., Smith, M. D., 2011. Location, location, location: an analysis of profitability of position in online advertising markets. J. Mark. Res. 48, 1057-1073.

Ambrus, A., Calvano, E., Reisinger, M., 2015. Either-or-both competition: a two-sided theory of advertising with overlapping viewerships. Am. Econ. J. Microecon. (forthcoming).

Ambrus, A., Reisinger, M., 2006. Exclusive Versus Overlapping Viewers in Media Markets. Unpublished Manuscript.

Anderson, C., 2006. The Long Tail. Hyperion, New York, NY.

Anderson, S. P., Coate, S., 2005. Market provision of broadcasting: a welfare analysis. Rev. Econ. Stud. 72, 947-972.

Anderson, S. P., De Palma, A., 2009. Information congestion. RAND J. Econ. 40, 688-709.

Anderson, S. P., Foros, Ø., Kind, H., 2010. Hotelling Competition with Multi-Purchasing. CESifo Working Paper 3096.

Anderson, S. P., Foros, Ø., Kind, H., 2014. Competition for Advertisers and for Viewers in Media Markets. Unpublished Manuscript.

Anderson, S. P., Foros, Ø., Kind, H. J., Peitz, M., 2012. Media market concentration, advertising levels, and ad prices. Int. J. Ind. Organ. 30, 321-325.

Anderson, S. P., Neven, D. J., 1989. Market efficiency with combinable products. Eur. Econ. Rev. 33, 707-719.

Anderson, S. P., Peitz, M., 2014a. Advertising Congestion in Media Markets. Unpublished Manuscript.

Anderson, S. P., Peitz, M., 2014b. Media See-Saws: Winners and Losers on Media Platforms. Unpublished Manuscript.

Armstrong, M., 2006. Competition in two-sided markets. RAND J. Econ. 37, 668-691.

Athey, S., Calvano, E., Gans, J., 2014. The Impact of the Internet on Advertising Markets for News Media. Unpublished Manuscript.

Athey, S. , Ellison, G. , 2011. Position auctions with consumer search. Q. J. Econ. 126, 1213-1270.

Athey, S. , Gans, J. , 2010. The impact of targeting technology on advertising markets and media competition. Am. Econ. Rev. Pap. Proc. 100, 608-613.

Bagwell, K. , 2007. The economic analysis of advertising. In: Armstrong, M. , Porter, R. (Eds.), Handbook of Industrial Organization, vol. 3. North Holland, Amsterdam.

Banerjee, A. , Chandrasekhar, A. G. , Duflo, E. , Jackson, M. O. , 2014. Gossip: Identifying Central Individuals in a Social Network. Unpublished Manuscript.

Becker,G. ,Murphy,K. M. ,1993. A simple theory of advertising as a good or bad. Q. J. Econ. 108, 942-964.

Belleflamme, P. , Peitz, M. , 2010. Industrial Organization: Markets and Strategies. Cambridge University Press, Cambridge.

Belleflamme, P. , Peitz, M. , 2014. Price Information in Two-Sided Markets. Unpublished Manuscript.

Bergemann, D. , Bonatti, A. , 2011. Targeting in advertising markets: implications for offline versus online media. RAND J. Econ. 42, 417-443.

Bergemann, D. , Bonatti, A. , 2015. Selling cookies. Am. Econ. J. Microecon. 7, 259-294.

Blake, T. , Nosko, C. , Tadelis, S. , 2015. Consumer heterogeneity and paid search effectiveness: a large scale field experiment. Econometrica 83, 155-174.

Börgers, T. , Cox, I. , Pesendorfer, M. , Petricek, V. , 2013. Equilibrium bids in sponsored search auctions: theory and evidence. Am. Econ. J. Microecon. 5, 163-187.

Bourreau, M. , Kourandi, F. , Valletti, T. , 2014. Net neutrality with competing Internet platforms. J. Ind. Econ. 63, 30-73.

Burguet, R. , Caminal, R. , Ellman, M. , 2014. In Google We Trust? Unpublished Manuscript.

Butters, G. R. , 1977. Equilibrium distributions of sales and advertising prices. Rev. Econ. Stud. 44, 465-491.

Cai, H. , Chen, Y. , Fang, H. , 2009. Observational learning: evidence from a randomized natural field experiment. Am. Econ. Rev. 99, 864-882.

Calvano, E. , Jullien, B. , 2012. Issues in on-line advertising and competition policy: a two-sided market perspective. In: Harrington, J. E. , Katsoulacos, Y. (Eds.), Recent Advances in the Analysis of Competition Policy and Regulation. Edward Elgar Publishing, Cheltenham.

Chen, Y. , He, C. , 2011. Paid placement: advertising and search on the Internet. Econ. J. 121, F309-F328.

Chen, J. , Staellert, J. , 2014. An economic analysis of online advertising using behavioral targeting. MIS Q. 38, 429-449.

Chen, Y., Narasimhan, C., Zhang, Z. J., 2001. Individual marketing with imperfect targetability. Mark. Sci. 20, 23-41.

Chen, Y., Pavlov, D., Canny, J., 2009. Large-scale behavioral targeting. In: Proceedings of the 15th ACM SIGKDD International Conference on Knowledge Discovery and Data Mining. ACM, New York, NY, pp. 209-218.

Chen, Y., Wang, Q., Xie, J., 2011. Online social interactions: a natural experiment on word of mouth versus observational learning. J. Mark. Res. 48, 238-254.

Choi, J. P., Jeon, D. S., Kim, B. C., 2013. Asymmetric Neutrality Regulation and Innovation at the Edges: Fixed vs. Mobile Networks. NET Institute Working Paper 13-24.

Choi, J. P., Kim, B. C., 2010. Net neutrality and investment incentives. RAND J. Econ. 41, 446-471.

Criteo, 2010. Targeting & Retargeting Interview with Criteo. Report, August 26, available at: http://behavioraltargeting.biz (accessed October 16, 2014).

Czernich, N., Falck, O., Kretschmer, T., Wössmann, L., 2011. Broadband infrastructure and economic growth. Econ. J. 121, 505-532.

d'Aspremont, C., Gabszewicz, J. J., Thisse, J. -F., 1979. On Hotelling's 'stability in competition'. Econometrica 47, 1145-1150.

de Cornière, A., 2013. Search Advertising. Unpublished Manuscript.

de Cornière, A., De Nijs, R., 2014. Online advertising and privacy. RAND J. Econ. (forthcoming).

de Cornière, A., Taylor, G., 2014. Integration and search engine bias. RAND J. Econ. 45, 576-597.

Dellarocas, C., 2012. Double marginalization in performance-based advertising: implications and solutions. Manag. Sci. 58, 1178-1195.

Dellarocas, C., Rand, W., Katona, Z., 2013. Media, aggregators and the link economy: strategic link formation in content networks. Manag. Sci. 59, 2360-2379.

Dukes, A., Gal-Or, E., 2003. Negotiations and exclusivity contracts for advertising. Mark. Sci. 22, 222-245.

Economides, N., Hermalin, B. E., 2012. The economics of network neutrality. RAND J. Econ. 43, 602-629.

Edelman, B., Lai, Z., 2015. Design of Search Engine Services: Channel Interdependence in Search Engine Results. Unpublished Manuscript.

Edelman, B., Ostrovsky, M., Schwarz, M., 2007. Internet advertising and the generalized second-price auction: selling billions of dollars' worth of keywords. Am. Econ. Rev. 97, 242-259.

Eliaz, K., Spiegler, R., 2011. A simple model of search engine pricing. Econ. J. 121,

F329-F339.

Esteban, L., Gil, A., Hernandez, J., 2001. Informative advertising and optimal targeting in a monopoly. J. Ind. Econ. 49, 161-180.

Evans, D. S., 2008. The economics of the online advertising industry. Rev. Netw. Econ. 7, 359-391.

Evans, D. S., 2009. The online advertising industry: economics, evolution, and privacy. J. Econ. Perspect. 23, 37-60.

Gabszewicz, J. J., Laussel, D., Sonnac, N., 2004. Programming and advertising competition in the broadcasting industry. J. Econ. Manag. Strategy 13, 657-669.

Galeotti, A., Moraga-Gonzalez, J. L., 2008. Segmentation, advertising, and prices. Int. J. Ind. Organ. 26, 1106-1119.

Gal-Or, E., Dukes, A., 2003. Minimum differentiation in commercial media markets. J. Econ. Manag. Strategy 12, 291-325.

Gal-Or, E., Gal-Or, M., 2005. Customized advertising via a common media distributor. Mark. Sci. 24, 241-253.

Ganuza, J.-J., 2004. Ignorance promotes competition: an auction model of endogenous private valuations. RAND J. Econ. 35, 583-598.

Gentzkow, M., Shapiro, J. M., Sinkinson, M., 2014. Competition and ideological diversity: historical evidence from US newspapers. Am. Econ. Rev. 104, 3073-3114.

Ghose, A., Yang, S., 2009. An empirical analysis of search engine advertising: sponsored search in electronic markets. Manag. Sci. 55, 1605-1622.

Ghosh, A., Mahdian, M., McAfee, R. P., Vassilvitskii, S., 2012. To match or not to match: economics of cookie matching in online advertising. In: Proceedings of the 13th ACM Conference on Electronic Commerce (EC'12).

Goldfarb, A., 2014. What is different about online advertising? Rev. Ind. Organ. 44, 115-129.

Goldfarb, A., Tucker, C., 2011a. Search engine advertising: channel substitution when pricing ads to context. Manag. Sci. 57, 458-470.

Goldfarb, A., Tucker, C., 2011b. Online display advertising: targeting and obtrusiveness. Mark. Sci. 30, 389-404.

Hagiu, A., Halaburda, H., 2014. Information and two-sided platform profits. Int. J. Ind. Organ. 34, 25-35.

Hauser, J. R., Urban, G. L., Liberali, G., Braun, M., 2009. Website morphing. Mark. Sci. 28, 202-223.

Hoernig, S., Valletti, T. M., 2007. Mixing goods with two-part tariffs. Eur. Econ. Rev. 51, 1733-1750.

Hotelling, H., 1929. Stability in competition. Econ. J. 39, 41-57.

Hurkens, S., López, Á. L., 2014. Mobile termination, network externalities and consumer expectations. Econ. J. 124, 1005-1039.

IAB, 2009. IAB Social Advertising Best Practices. Interactive Advertising Bureau. Available at: http://www.iab.net/socialads (accessed September 9, 2015).

Iyer, G., Soberman, D., Villas-Boas, J. M., 2005. The targeting of advertising. Mark. Sci. 24, 461-476.

Jackson, M. O., 2010. Social and Economic Networks. Princeton University Press, Princeton, NJ.

Jackson, M. O., Wolinsky, A., 1996. A strategic model of social and economic networks. J. Econ. Theory 71, 44-74.

Jeon, D.-S., Nasr, E. N., 2013. News Aggregators and Competition Among Newspapers on the Internet. Unpublished Manuscript.

Johnson, G. A., Lewis, R. A., Reiley, D. H., 2014. Location, Location, Location: Repetition and Proximity Increase Advertising Effectiveness. Unpublished Manuscript.

Johnson, J. P., 2013. Targeted advertising and advertising avoidance. RAND J. Econ. 44, 128-144.

Johnson, J. P., Myatt, D. P., 2006. On the simple economics of advertising, marketing, and product design. Am. Econ. Rev. 96, 756-784.

Joo, M., Wilbur, K. C., Cowgill, B., Zhu, Y., 2014. Television advertising and online search. Manag. Sci. 60, 56-73.

Joshi, A., Bagherjeiran, A., Ratnaparkhi, A., 2011. User demographic and behavioral targeting for content match advertising. In: 5th International Workshop on Data Mining and Audience Intelligence for Advertising (ADKDD 2011). San Diego, CA.

Katona, Z., Knee, J., Sarvary, M., 2013. Agenda Chasing and Contests Among News Providers. Unpublished Manuscript.

Katona, Z., Sarvary, M., 2008. Network formation and the structure of the commercial World Wide Web. Mark. Sci. 27, 764-778.

Katz, M. L., Shapiro, C., 1985. Network externalities, competition, and compatibility. Am. Econ. Rev. 75, 424-440.

Katz, M. L., Shapiro, C., 1994. Systems competition and network effects. J. Econ. Perspect. 8, 93-115.

Kaye, B. K., Medoff, N. J., 2000. Just a Click Away: Advertising on the Internet. Allyn and Bacon, Boston, MA.

Kempe, D., Mahdian, M., 2008. Acascade model for advertising in sponsored search. In: Proceedings of the 4th International Workshop on Internet and Network Economics (WINE).

Krämer, J. , Wiewiorra, L. , 2012. Network neutrality and congestion sensitive content providers: implications for content variety, broadband investment, and regulation. Inf. Syst. Res. 23, 1303-1321.

Krämer, J. , Wiewiorra, L. , Weinhardt, C. , 2013. Net neutrality: a progress report. Telecommun. Policy 37, 794-813.

Lambrecht, A. , Tucker, C. , 2013. When does retargeting work? Information specificity in online advertising. J. Mark. Res. 50, 561-5767.

Levin, J. , Milgrom, P. , 2010. Online advertising: heterogeneity and conflation in market design. Am. Econ. Rev. Pap. Proc. 100, 603-607.

Lewis, R. A. , Nguyen, D. , 2014. A Samsung Ad for the iPad? Display Advertising's Spillovers to Search. Unpublished Manuscript.

Lewis, R. A. , Reiley, D. H. , 2014. Online ads and online sales: measuring the effects of retail advertising via a controlled experiment on Yahoo!. Quant. Mark. Econ. 12, 235-266.

Liaukonyte, J. , Teixeira, T. , Wilbur, K. C. , 2015. Television advertising and online shopping. Mark. Sci. 34, 311-330.

Malthouse, E. , Elsner, R. , 2006. Customisation with cross-basis sub-segmentation. J. Database Mark. Cust. Strategy Manag. 14, 40-50.

Marwick, A. E. , 2014. How your data are deeply mined. In: New York Review of Books. January 9, 2014. Available at: http://www. nybooks. com/articles/archives/2014/jan/09/how-your-data-are-being-deeply-mined/ (accessed September 9, 2015).

Milgrom, P. , Roberts, J. , 1986. Price and advertising signals of product quality. J. Polit. Econ. 94, 796-821.

Nelson, P. , 1974. Advertising as information. J. Polit. Econ. 82, 729-754.

OECD, 2014. Connected Televisions: Convergence and Emerging Business Models. OECD Digital Economy Papers, No. 231. OECD Publishing, Paris.

Oestreicher-Singer, G. , Sundararajan, A. , 2012. The visible hand? Demand effects of recommendation net-works in electronic markets. Manag. Sci. 58, 1963-1981.

Pan, S. , Yang, H. , 2015. Targeted Advertising on Competing Platforms. Unpublished Manuscript.

Peitz, M. , Schuett, F. , 2015. Net Neutrality and the Inflation of Traffic. TILEC Discussion Paper 2015-006.

Peitz, M. , Valletti, T. M. , 2008. Content and advertising in the media: pay-TV versus free-to-air. Int. J. Ind. Organ. 26, 949-965.

Pew Research Center, 2013a. State of the News Media. Report. Available at http://stateofthemedia. org/ (accessed March 6, 2014).

Pew Research Center, 2013b. Social Media Update. Report. December 30, 2013. Available at：http://www. pewinternet. org/2013/12/30/social-media-update-2013/ （accessed September 9，2015）.

Pew Research Center，2013c. News Use Across Social Media Platforms. Report. November 14，2013. Available at：http://www. journalism. org/2013/11/14/news-use-across-social-media-platforms/ （accessed September 9，2015）.

Pew Research Center，2013d. Photo and Video Sharing Grow Online. Report. October 28，2013. Available at：http://www. pewinternet. org/2013/10/28/photo-and-video-sharing-grow-online/ （accessed September 9，2015）.

Pew Research Center，2013e. Civic Engagement in the Digital Age. Report. April 25，2013. Available at：http://www. pewinternet. org/2013/04/25/civic-engagement-in-the-digital-age/ （accessed September 9，2015）.

PwC，2013. IAB Internet Advertising Revenue Report，2012 Full Year Results. Report. April 2013.

Rochet，J. -C. ，Tirole，J. ，2003. Platform competition in two-sided markets. J. Eur. Econ. Assoc. 1，990-1029.

Roy，S. ，2000. Strategic segmentation of a market. Int. J. Ind. Organ. 18，1279-1290.

Rutt，J. ，2011. Aggregators and the News Industry：Charging for Access to Content. NET Institute Working Paper 11-19.

Rutt，J. ，2012. Targeted Advertising and Media Market Competition. Unpublished Manuscript.

Rutz，O. J. ，Bucklin，R. ，2011. From generic to branded：a model of spillover dynamics in paid search advertising. J. Mark. Res. 48，87-102.

Rutz，O. J. ，Bucklin，R. ，2012. Does banner advertising affect browsing for brands？Clickstream choice model says yes，for some. Quant. Mark. Econ. 10，231-257.

Rutz，O. J. ，Trusov，M. ，2011. Zooming in on paid search ads—a consumer-level model calibrated on aggregated data. Mark. Sci. 30，789-800.

Sahni，N. ，2015. Advertising Spillovers：Field-Experiment Evidence and Implications for Returns from Advertising. Stanford University Graduate School of Business Research Paper No. 14-15.

Salaverría，R. ，2005. An immature medium：strengths and weaknesses of online newspapers on September 11. Gazette 67，69-86.

Sandvine，2014. Global Internet Phenomena Report. 2H 2013. Available at：https://www. sandvine. com/downloads/general/global-internet-phenomena/2013/2h-2013-global-internet-phenomena-report. pdf （accessed September 9，2015）.

Seamans，R. ，Zhu，F. ，2014. Responses to entry in multi-sided markets：the impact of craigslist on local newspapers. Manag. Sci. 60，476-493.

Sun, M., Zhu, F., 2013. Ad revenue and content commercialization: evidence from blogs. Manag. Sci. 59, 2314-2331.

Tarantino, E., 2013. A simple model of vertical search engines foreclosure. Telecommun. Policy 37, 1-12.

Taylor, G., 2013a. Search quality and revenue cannibalisation by competing search engines. J. Econ. Manag. Strategy 22, 445-467.

Taylor, G., 2013b. Attention Retention: Targeted Advertising and the Ex Post Role of Media Content. Unpublished Manuscript.

Tucker, C., 2012. Social Advertising. Unpublished Manuscript.

Tucker, C., Zhang, J., 2011. How does popularity information affect choices: a field experiment. Manag. Sci. 57, 828-842.

van Zandt, T., 2004. Information overload in a network of targeted communication. RAND J. Econ. 35, 542-560.

Varian, H., 1980. A model of sales. Am. Econ. Rev. 70, 651-659.

Varian, H., 2007. Positioning auctions. Int. J. Ind. Organ. 25, 1163-1178.

White, A., 2013. Search engines: left side quality versus right side profits. Int. J. Ind. Organ. 31, 690-701.

Wilbur, K.C., Zhu, Y., 2009. Click fraud. Mark. Sci. 28, 293-308.

Xu, L., Chen, J., Winston, A., 2010. Oligopolistic pricing with online search. J. Manag. Inf. Syst. 27, 111-141.

Xu, L., Chen, J., Winston, A., 2011. Price competition and endogenous valuation in search advertising.

J. Mark. Res. 48, 566-586. Xu, L., Chen, J., Winston, A., 2012. Effects of the presence of organic listing in search advertising. Inf. Syst. Res. 23, 1284-1302.

Zhang, J., 2010. The sound of silence: observational learning in the U.S. kidney market. Mark. Sci. 29, 315-335.

第 11 章 隐私与互联网

凯瑟琳·E. 塔克(Catherine E. Tucker)[①]

目　录

①　美国麻省理工学院斯隆管理学院,美国国家经济研究局。

摘要：本章概述了隐私经济学的基本问题，强调了在政策争论中常被用到的多层面的隐私概念及其作为效用函数的一部分的模型化表达之间的张力。之后，本章提出了隐私经济学在各类线上场景下的新挑战，尤其是媒体产业。这些场景包括广告、社交网络、数据安全以及政府监控。

关键词：隐私；隐私经济学；公共政策；线上广告

JEL 分类代码：K20，L82

11.1　引言

对于媒体或媒体经济学来说，隐私并非新问题。然而，这一问题的重点已经改变，而其重要性也日益增加。对于媒体经济学来说隐私问题曾是重要的，因为其与知名人士有关，关乎在新闻报道名人私人生活时，哪些限制是合适的这一问题。美国法律史上最早的隐私理论是基于媒体写就的：Warren and Brandeis（1890）撰写了其隐私理论以应对新闻实践的变化。促成上述文献的是大众媒体的发展和小型便携式相机的出现，同时人们担心如果记者使用这类相机来记录名人的生活，其或会被证明是一种侵入性的技术：

> 瞬时照相和报纸已经侵入了私人和家庭生活，许多机械装置威胁要实现"把壁橱里的悄悄话公之于众"的预言。多年来，人们一直认为，法律必须为未经授权传播私人肖像的行为提供补救。而长期以来令人感受深刻的报纸侵犯隐私所带来的弊端，最近才为某位能干的作者所讨论。

然而，相机进入大众市场之后，仍存在固定的监视成本，表现在设备和时间上的投入，这也使得侵犯个人隐私成为一个昂贵的提议。在实践中，固定成本的投入只会对那些对于杂志有价值的名人形象有所回报。不过随着数码摄影、数据共享和存储的出现，监视的边际成本已低到接近零。反过来，这显著扩大了隐私问题，使其成为媒体经济学关注的领域。本章重点讨论这些新领域，强调在这方面已经完成的初步工作和未来的研究机会。

11.2　隐私经济学

经济学很难建立起一个统一的关于隐私的理论。[①] 经济学文献可能难以对隐私的统一理论进行概念化的原因之一，可能是很难在经济学分析框架下的个人效用函数中找到驱动隐私欲望的因素。为了帮助解决这个问题，Farrell（2012）做了一个有用的区分，即经济学家是否应该把隐私当作一种中间产品，其价值仅取决于它能调节另一种产品的产生方式，还是把隐私作为一种最终产品，即其本身能被欣赏并具有价值的物品。Farrell（2012）认为，许多

[①] 这是多数关于隐私经济学综述的共同主题，可参见 Varian（1997）、Hui and Png（2006）、Solove（2008），以及 Evans（2009）。

政策制定者,甚至经济学家,都认为隐私是一个最终产品,对他人侵入或收集私人领域信息的厌恶,作为一种情感是完全合理的,并因此成为个体效用的驱动因素。然而,就建立一个正式的经济模型而言,经济学家不可避免地都把隐私作为中间商品来分析,以增加模型的丰富性。

早期将隐私作为最终产品的尝试,或许能体现经济学家试图将隐私作为最终产品进行建模时所面临的标志性问题。比如,Posner(1981)提出了关于偏好私密性的经典观点。在这一观点中,一些人被设置为偏好私密性,这扭曲了整个社会可以获得的信息。换言之,对隐私的渴望和对透明度的渴望是相反的。这种偏好私密性和由此产生的对信息披露的扭曲,其代价是由整个社会来承担的。正如 Posner(1978)所解释的那样,理解这项工作的历史背景是值得的,这项工作的灵感来自关于隐私和信用报告机构的法规。在这一特定背景下形成了这样一种观点,即有不稳定财务习惯的人希望将这些不稳定的财务习惯隐藏于金融机构,从而损害那些没有不稳定财务习惯的人的利益。然而,该理论并不考虑一个具有稳定财务习惯的人是否有其他理由对与他人分享其财务交易信息感到厌恶。

事实上,这种隐私观虽然统一,但并没有涵盖通常使用的"隐私"一词所包含的所有内容。与许多研究一样,Hirshleifer(1980)批评了以私密为中心的 Posner(1978)对"隐私大陆"的观点过于狭隘,例如,其并不把隐私作为机密,这样的话从事某些经济活动就会有很大的风险。金融交易的保密性不纯粹是社会成本。如果律师和当事人之间没有保密性,商业纠纷的公平仲裁就变得不可能。它也没有考虑到普及监控可能抑制企业家创新能力(Cohen,2000),阻碍有犯罪记录的人获得有偿工作,以及新闻界准确报道新闻事件的可能性。Solove(2004)将某些形式的隐私定义为建筑性的,能够支配社会内部的权力,并设定信息传播、收集和网络化的规则。

然而,经济学界也在努力改进 Posner(1978)的观点。最近在行为经济学基础上的研究主要集中于对感知的入侵或令人发毛的负面心理反应,这是很多人在解释网络隐私的重要性时经常提到的。这方面研究的一个很好的例子是 Acquisti et al.(2013),其使用实地实验方法研究个人隐私估价,发现了如禀赋和秩序效应等行为现象的证据。① 研究发现,个人对其数据隐私赋予了明显不同的价值,这取决于他们是否被要求考虑他们会接受多少钱来披露本来属于隐私的信息,或者他们会支付多少钱来保护本来公共的信息。类似地,Acquistiet et al.(2012)发现相对标准和从众行为也会影响信息披露倾向。这些发现通过对真实数据的研究强调了消费者对隐私估价的可替代性。

这种可替代性导致了一种被称为隐私悖论的现象。隐私悖论强调,尽管人们在调查中表示他们关心自己的网络隐私(基本上认为它是一种最终产品,本身具有价值),但消费者的经济行为通常把隐私视为中间产品。Miltgen and Tucker(2014)提供了一些在法国展开的实地实验证据,有助于阐明为什么会发生这种情况。研究证明,当不涉及金钱时,人们倾向以保护隐私的方式行事,这与他们声明的隐私偏好一致。然而,当金钱激励在起作用时,人们的行为与他们所陈述的隐私偏好不一致。对拥有最多上网经验的人们来说尤其如此,这表

---

① Acquisti(2010)很好地总结了这一研究的部分观点。

明人们或已学会用他们的隐私数据来换取网上的金钱回报。

11.3　隐私与广告

数字化的数据使企业能够廉价且容易地收集大量关于消费者的行为和偏好的信息。因此,媒体行业已发生巨变,广告业已经从向所有观众不加区分地播放广告的模式(Anderson,2005;Grossman and Shapiro,1984),转变为根据特定消费者的行为定向投放广告的模式(Anderson and de Palma,2009;Athey and Gans,2010;Bergemann and Bonatti,2011;Johnson,2013;Levin and Milgrom,2010)。

本书中的其他部分考虑了线上广告定向的角色和效力。本章则仅侧重于定向广告转变所带来的隐私问题,即反过来考虑了消费者的隐私问题如何影响定向广告的有效性,以及关注消费者线上隐私的外部机构的行动如何影响定向广告的有效性。

11.3.1　隐私问题与定向广告

自问世以来,报纸的收入一直依赖于购买、订阅和广告。报纸发行量减少的一个主要因素是广告收入下降,因为广告商从报纸提供的相对非定向的广告环境转换至与特定搜索词(如谷歌)或消费者具体偏好(如脸书)有关的高度定向的在线广告。然而,新出现的定向广告产生了一系列涉及隐私的问题。广告商在匿名的基础上,根据消费者的个人偏好和行为的信息,选择将收到广告的消费者。消费者的点击流(他们在网络上浏览时的足迹,被用来构建详细的画像)可比以往更准确地进行定向广告,而且这种数据收集大多发生在消费者不知情或未允许的情况下。

在网上收集广告数据通常被认为在个人层面上是有效而无害的,因为它通常只涉及一个 IP 地址或其他匿名的 Cookie-ID 号码的一系列行为。广告商无法从一个由不同年龄、性别和爱好的四人共享的家庭电脑中获取个人上网习惯。然而,由于对隐私的担忧,广告商使用这种信息的尝试仍然受到消费者的抵制。在一个广为人知的调查中,Turow et al.(2009)发现 66％的美国人不希望营销人员根据他们的兴趣定制广告——即使在脸书这样的环境下,即消费者自愿和肯定地披露他们喜欢或不喜欢的东西的情况下,也是如此。客户对定制广告的抵制是广告商的主要问题。担心用户可能因为隐私问题而做出不利的反应,广告商会限制他们对广告的定制。最近一项调查表明,对消费者反应的担忧导致广告商减少了 75％的基于在线行为的定向广告(Lohr,2010)。

因此,关于互联网广告的早期研究表明,当被问及消费者的偏好时,他们会拒绝定向广告。然而,当我们从消费者自述的偏好转向实证研究中观测到的行为时,一个更复杂的局面就出现了。

Goldfarb and Tucker(2011a)研究了消费者对隐私的担忧影响哪一类广告技术,更重要地,对何种广告技术没有影响。面对忽略在线横幅广告的消费者,广告行业发展出了两种不同的技术。第一,广告商改进了对广告的定向,例如,确保广告与用户似乎正在寻找的内容相匹配。第二,广告商开发了使用视频和音频的侵扰性广告功能,包括使广告浮动在网页上或取代用户正在寻找的内容。Goldfarb and Tucker(2011a)探索了这两种技术的有效性,包括单独的和组合的。为衡量广告效果,其使用了一个非常大的显示在线广告活动的现场测试数据库。单独看,这两种技术都显著优化了广告效果。然而,令人惊讶的是,将定向和强制投放的相结合,抵消了这两种技术分别产生的积极效果。同样的强制性广告在不相关内容的网站上的效果远好于相关内容的网站。这一结果的一个可能的解释是,两种广告技术都会侵犯用户的隐私。与大众媒体广告相比,即使是微弱的定向广告形式也依赖于广告商收集和使用更多关于用户及其在线浏览内容的数据。强制性的广告——旨在与相邻的内容竞争的广告——也侵犯了用户的隐私,这种侵犯在未经允许的情况下打断了用户的在线体验。研究结果显示,隐私问题似乎是潜在的行为驱动因素,因为对于隐私敏感的项目(如医疗保健和金融产品)以及在接受调查时表现出隐私敏感行为的人来说,强制投放和定向投放的结合会削弱广告效果。Acquisti and Spiekermann(2011)通过显示网上的强制弹出式广告对购买广告商品的意愿产生了负面影响,支持了这一发现。这再次表明,尽管很多隐私争论可能集中在数据丰富的广告上,但除了行为定向之外,广告投放还有许多其他负面方式会侵犯用户隐私。因此,一个更全面的保护用户隐私的方法须考虑强制性广告会如何阻碍用户体验,以及如何通过非强制性的个人定向广告对此加以平衡。

White et al.(2008)表明,当广告最个性化时,隐私问题是最显著的。Lambrecht and Tucker(2013)对个性化广告这一主题进行了拓展,研究了在线广告数据最密集和最个性化的形式之一——动态重定向广告①,动态重定向广告显示的是消费者先前在其他网站上看过的产品。该文献通过一家旅游公司的现场实验发现:与公认的营销理念相反,利用消费者之前的产品探索进行个性化投放的广告通常是无效的;只有当消费者的浏览历史表明他们已经打算购买时,动态重定向才较为有效。

在这一结论的基础上,思考用户控制他们所看到的广告的能力如何影响结果是很有趣的。特别是,对隐私的担忧可能会引起广告规避工具的出现(Hann et al.,2008)。Johnson(2013)表明,当消费者有机会使用广告规避工具时,企业定向广告能力的增强影响着市场结果。消费者可以通过观看更多相关广告获得收益;但改进的广告定向存在负面后果,接收到广告的数量和强制性可能会增加,而且相当反直觉的是,更高的信息准确性可能会导致消费者接收到他们相对不喜欢的广告,比如,当他们表明更喜欢主流公司的广告时,实际却接收到来自小众公司的广告。

11.3.2 隐私问题与行为定价

回到 Farrell(2012)的分类法,在网络广告的背景下,我们可以将隐私作为一种中间产品进行建模,这取决于行为价格歧视的程度,如在线广告中的优惠券和折扣。Farrell(2012)认为,将隐私作为一种中间商品来建模,可以保护消费者的真实意愿信息,而如果真实意愿被披露,消费者将付出更多的代价。正如 Acquisti and Varian(2005)以及 Fudenburg and Villas-

---

① 使这种个性化成为可能的数字技术存在的另一个潜在缺陷是,为有效地使用算法,广告投放需要自动化。Goldfarb and Tucker(2014)研究了广告格式标准化对广告效果的影响,揭示了数字广告格式的标准化程度与其吸引观众注意力的有效性之间的关系;对于大多数广告来说,横幅广告的撤销使更多广告符合标准格式。

Boas(2006)所阐述的,根据过去的浏览情况调整购买价格,会导致消费者理性地消费以避免福利受损。

行为价格歧视意味着企业使用消费者的历史行为来区分对其产品的支付意愿低和高的顾客,并因此向他们提供低价或高价。一个例子是,企业可以向正在浏览其产品但没有购买该产品的消费者提供折扣券,以提供最后的激励,使其购买该产品。因此,在消费者不知情的情况下,企业可以根据消费者的点击流数据提供非常不同的实际价格。这可能是有害的,特别是如果它扭曲了消费者的决定,也就是说,消费者可能会战略性地浪费时间来展现一些行为(例如浏览网站而不购买产品),以吸引折扣广告。1936 年的 Robinson-Patman 法案可能适用于此,该法案要求"卖方平等对待所有竞争客户,除非有其他法律认可的不同待遇"。然而,如 Luchs et al. (2010)所示,Robinson-Patman 法案在实践中不再被认为适用于这一背景。从这个意义上说,美国的行为价格歧视在法律上没有受到限制,但它可能仍然被消费者视为不恰当的,因而对使用它的公司造成声誉损害。例如,史泰博公司(Staples)实施了一种模式,即为靠近竞争商店的消费者提供比不在竞争商店附近的消费者更低的价格,这反过来意味着为较富裕的地区提供较低的价格。① 显然,在这种情况下,Staples 如果没有收集浏览其网站的消费者的地理位置信息,就不会因其价格歧视行为而陷入麻烦。在 Farrell(2012)的例子中,消费者没有明确同意披露关于他们(真正的)更高的总支付意愿的信息。

Armstrong and Zhou(2010)拓展了这一分析,发现行为价格歧视可能会促使消费者扭曲他们的浏览行为,以避免受到行为价格歧视的影响。

11.3.3 隐私监管与定向广告

一个更注重外部的问题是外部机构保护消费者隐私的行为可能会如何影响新媒体产业。

就这一问题的第一项规定是欧盟的电子隐私指令(EC/2002/58),这项规定主要针对电信部门。然而,电子隐私指令限制了企业跟踪互联网上用户行为的能力,使得特定广告商,例如邮轮销售商,更难收集和使用消费者在其他网站上的历史浏览数据,以决定他们是否可能购买邮轮。对 EC/2002/58 的解释因涉及行为定位而一直存在争议。例如,要求使用网络窃听器等隐形跟踪设备的公司只能在消费者知情的情况下使用这些设备的条款并不明确,这意味着公司需要明确地获得消费者的同意。这就是为什么在电信改革方案中,欧盟修改了现行法规,要求在计算机上存储 Cookie 之前必须得到用户的明确同意。然而,一般来说,目前欧盟的法规对在线广告商的数据收集施加的限制被普遍认为比美国和其他地方的法规更严格。例如,Baumer et al. (2004)强调由电子隐私指令产生的隐私法比美国的严格得多,并且"完全遵守限制性隐私法可能是昂贵的,特别是因为这种遵守可能会导致有价值的营销数据的损失"。2009 年,EC/2002/58 被修订为 2009/136/EC。最关键的变化是要求存储或访问存储在用户或者用户终端设备上的信息必须获得同意,换言之,即要求获得用户对 Cookie 和类似技术的同意。有迹象表明,美国可能会采取更严格的隐私监管措施。FTC(2010)特别

---

① 参见 2012 年 12 月 24 日的《华尔街日报》。

建议美国应该实施一项不跟踪政策,即允许消费者在他们的网络浏览器上启用永久设置,以防止公司收集点击流。美国国会正在讨论多项法案。

这种隐私管制通常可能有成本。如 Evans(2009)以及 Lenard and Rubin(2009)所述,在线客户数据的使用与广告表现之间存在着权衡。Goldfarb and Tucker(2011b)研究了 330 万名调查者的回答,调查者被随机投放了 9596 个在线展示的(横幅)广告,以了解欧盟电子隐私指令这一强有力的隐私监管举措如何影响广告效果。研究发现,与其他国家相比,指令实施后广告改变消费者购买意图的有效性降低了 65%。尽管有人认为这可能仅仅反映了欧洲消费者对广告态度的变化,但指令对浏览非欧盟网站的欧洲人的广告效果没有影响。

Goldfarb and Tucker(2011b)发现,电子隐私指令使没有额外视觉或交互特征的广告受到的影响不成比例。一种解释是,普通横幅广告的有效性取决于其对受众是否合适和有吸引力。因此,限制使用历史浏览记录来识别广告目标受众的规定将不成比例地影响普通横幅广告。研究还指出,电子隐私指令对网页上小幅广告的影响比大幅广告的影响更大。最重要的是,电子隐私指令实施后,那些与具体产品类别无关的一般内容的网站(如新闻和媒体服务)比那些有更具体内容的网站(如旅游或育儿网站)的广告效果下降得更多。在旅游和育儿网站上的用户已经确定自己处于特定的目标市场,因此这些网站使用以前浏览行为的数据来定位他们的广告就不那么重要了。

总结起来,这些发现对隐私监管将如何影响广告支持的互联网和相关媒体产业的发展具有重要意义。有证据表明,隐私监管将限制其发展范围。然而,这些证据也至关重要地表明,互联网上提供的内容和服务的类型可能会发生变化,显示在互联网上的广告类型也有可能变化。特别是,无定向的情况下,出版商和广告商为保持收入,可能被迫转向更有扰乱性、侵入性和更大型的广告。出版商可能会发现,更有必要调整他们的内容使其更容易赢利。例如,他们不关注调查性新闻,而关注旅行或育儿新闻,因为目标人群更为明显。如果不可能进行调整,由广告支持的免费网站的收入将急剧减少,免费网站的数量自然也将减少。这反过来表明,隐私的一般均衡模型也必须有效地考虑到各类免费在线内容的效率和福利收益等因素。

这有助于解释过去几年出现的对"点击诱饵"新闻的更多重视。如以"破坏孩子生活的十种方式"为标题诱导父母到另一个网站,而该网站的文章内容可能是肤浅、陈腐,甚至与标题无关的。像赫芬顿邮报和 Buzzfeed(美国知名新闻聚合网站)这些网站都受到了类似指控,而且这些批评常常是激烈的。例如,Silver(2014)将这类网站描述为"愚蠢的、操纵性的、最不符合常理的"。令人感到不安的是,旨在帮助保护消费者在线隐私的监管可能会导致消费者接触到的新闻质量下降。作为对这种发展趋势的抗衡,像 Pro-Publica 和 Wikileaks 这样的小众新闻网站是建立在捐赠模式上的,而不是从广告中获取收入。

这些意想不到的效果表明,最有可能促进主流、高质量新闻网站健康发展的一种方法是放弃明确的监管,让用户有权控制使用什么信息,从而减少对在线广告行业的潜在危害。专注于以用户为中心的控制,而不是政府授权的控制,Tucker(2014b)研究了互联网用户对其个人信息控制的感知如何影响他们点击广告的可能性,并使用随机现场实验数据来检验个性化广告文案匹配脸书上个人信息的相对有效性。在实地测试的中期,脸书让用户对他们的个人身份信息有更多的控制权,尽管它没有改变广告商如何使用匿名数据来定向广告。在发生这一变化之后,用户点击个性化广告的可能性增加了一倍,但不确定他们使用私人信息进行定位的广告的有效性有没有变化。对于使用更多不寻常的私人信息的广告和更有可能使用其隐私控制的用户来说,有效性的增强较为明显。这表明,对于广告支持的网站来说,创造对消费者私人信息的更多控制感知是一种有效的策略。① 这建基于如 Brandimarte et al.(2012)等研究,说明了控制的感知一般如何影响隐私问题。可以预期,隐私保护对创新方向有很大影响:显然,是否有隐私保护并不是一个简单的二元选择问题。

指导监管机构的另一个重要方法是直接评估或预测不同类型的隐私政策对消费者福利的影响。Johnson(2014)将经验模型应用于拍卖数据集,估计了隐私政策对在线广告行业的财务影响,发现很多在线广告都是通过拍卖实时销售的。Johnson(2014)利用结构分析来解释广告商支付的价格溢价,以反映消费者的信息概况,并使用这种结构模型来评估因用户选择程度而异的隐私政策。研究结果表明,在线出版商的收入在选择退出政策下下降了3.9%,在选择加入政策下下降了 34.6%,在禁止跟踪政策下下降了 38.5%。广告商的总盈余分别下降了 4.6%、43.9%和 45.5%。这篇论文对于理解隐私政策对出版商(而不仅仅是广告商)的影响非常有用。本章关注的是选择退出政策与选择加入政策之间的显著差异,这似乎是合理的,因为这一直是许多关于隐私政策的辩论的核心。与此同时,完全禁止跟踪和选择加入的政策结果几乎没有什么实际差别,这表明选择加入政策实际上与完全禁止跟踪具有类似的实际后果。

这一分析与 Hermalin and Katz(2006)的早期理论研究相关,Hermalin and Katz(2006)回到了 Posner(1981)和 Stigler(1980)的原始论证,并探讨了隐私政策是否确实必然以牺牲分配效率为代价。其研究中令人惊讶的是,Hermalin and Katz(2006)的模型让人联想到劳动力市场,那里有潜在的信息可以让雇主了解雇员的质量。Hermalin and Katz(2006)发现,即使没有对隐私的偏好,隐私也可以是有效的。Hermalin and Katz(2006)还探讨了相关的论点,即如果可以令人信服地为数据建立产权,则不需要隐私监管。Hermalin and Katz(2006)的模型表明,有效的隐私政策可能需要禁止信息传输或使用,而不是简单地分配个人对其个人身份数据的控制权。

11.3.4　隐私与市场结构

我们很容易想到,隐私政策的一个好处是,可能对媒体等行业产生有利的竞争效果。这是因为数据密集型活动可以导致自然的规模经济,因此,旨在抑制数据使用的法规可能会减少行业垄断,因为大量数据提供的竞争优势减少。然而,Campbell et al.(2015)表明这种直觉并不总是成立的,这是因为隐私政策通常要求公司说服其消费者同意,这反过来又给消费者带来了成本。正如 McDonald and Cranor(2008)指出的,甚至在网上阅读隐私政策所花费的时间本身也是一个很大的成本。例如,可以提供更多内容的公司可能会更容易说服消费者同

---

① Tucker(2012)将这一结果与解决消费者隐私问题的益处进行了比较。

意。因此,尽管隐私政策对所有类型的媒体公司都造成了成本,但实际上是小型媒体公司和新媒体公司受到了不成比例的影响,因为它们更难根据政策获得消费者同意。

隐私监管的一个潜在后果是,互联网上重新出现围墙花园或信息孤岛。典型的围墙花园是如《纽约时报》这样的网站。因为《纽约时报》被认为是一个重要的网站,所以即使有政府安排好的隐私保护措施,消费者也很可能明确同意让《纽约时报》控制他们的数据。然而,网站采取孤立的方式控制所有数据,并鼓励用户在网站范围内扩大其互联网使用。因此,隐私监管可能会再次限制新媒体公司的进入,但迄今为止,几乎没有实证研究来评估这种论点的重要性。

11.3.5 关于隐私与广告支持的互联网研究新方向

虽然本章的重点是互联网隐私,但也应记住,当涉及广告时,还有重要的离线隐私问题(Petty,2000)。例如,Varian et al. (2005)很好地概括了联邦赞助的"请勿来电"清单在防止潜在的干扰性直销电话方面的作用。

使用数据以丰富广告是否不仅会导致广告无效,还会导致负面的福利结果尚有争议。这一问题很重要,因为对新数字经济经常提出的批评之一是,它导致了信息孤岛,互联网用户被分割开来,因此没有接触到潜在的改善福利的信息。Gentzkow and Shapiro(2011)发现,虽然在线新闻消费比线下的本地新闻消费更具隔离性,但其隔离性几乎与线下全国新闻消费一样低,并且隔离程度也显著低于与邻居、同事和家人面对面的新闻相关互动。研究没有发现任何证据表明,互联网新闻消费者随着时间的推移越来越被隔离成信息孤岛。事实上,网络上最保守的新闻消费者比不太保守的新闻消费者更有可能访问《纽约时报》网站,同样地,网络上最自由的新闻消费者比那些不那么自由的新闻消费者更有可能访问福克斯新闻网站。因此,新闻接触不一定是一个很好的调节工具;事实上,接触到相反的信息往往会使自己的观点变得更加坚定(Nyhan and Reifler,2010)。

这表明,至少到目前为止,互联网新闻的转变已经加剧了远未解决的信息孤岛问题,因此不宜通过监管干预来减少互联网上的此类孤岛。

一般来说,我们对广告如何运作知之甚少(Percy and Rossiter,1992;Vakratsas and Ambler,1999),所以,在隐私如何影响定向广告的有效性方面,目前尚有许多存在争议的问题并不奇怪。例如,我们不知道主动自我选择的定向广告形式,如 YouTube 上的 True View 平台,是否真的可以优化广告效果。同样,我们还不知道是否有明确的匿名数据的方法,可以让接触到个性化广告的消费者放心。

11.4 隐私与社交媒体

第 12 章描述了社交媒体和用户生成内容的兴起及其日益提升的社会重要性。许多早期关于网络背景下隐私的实证研究主要集中在社交网络上(例如:Acquisti and Gross,2006;Bonneau and Preibusch,2010;Dwyer et al. ,2007;Gross and Acquisti,2005)。这反映了社交网络是重要的广告场所(Zubcsek and Sarvary,2011),因而受到了定向广告的高度关注。然而在这些网站上出现的内容类型本身就引发了隐私问题,这引起了计算机科学家们的注意,他们面临着一个新的挑战,那就是如何让社交网站提供适当的隐私保护,因为这些网站存在的全部原因是允许消费者透露私人信息,然后从这些信息中赚钱。

为回应这一技术挑战,一般来说,围绕隐私和社交媒体最有趣的经济问题似乎是试图理解网络效应和隐私问题之间的紧张关系。为说明这一点,从网络的角度来看,作为一名用户,我让更多可以看到我个人资料的人受益。但随着越来越多的人看到我的个人资料,隐私问题本身也随之增加。在某种程度上,认为后者的效果会压倒前者的效果似乎是合理的。早期社交网络如 Friendster(全球首家社交网站)的衰落可能说明了这一点——脸书等较新的社交网络的吸引力之一就是有可能排除一些潜在的个人资料的受众。用户在脸书上定期进行的"朋友清除"工作也说明了这一点,他们将自己的朋友限定为那些真正使他们感兴趣的人,以及希望从他们的更新中获得信息的人。

这一紧张关系也可以表现在,在这样的场景下,广告商明确地使用消费者的社交网络来提高广告效果。Aral and Walker(2011)表明,社交网络上的广告面临着缺乏吸引或选择社交网络用户的能力的问题,并分析了脸书上的一个现场实验。实验中,脸书应用程序随机选择是否将消息推送给采用者的朋友,并将其与用户有机会个性化并选择是否传播消息的情况进行对比。强制信息传播虽然没有个性化或用户控制,但最终效果更为显著。

Tucker(2014a)使用现场实验数据来研究通过在脸书上使用个人社交网络来增强广告效果。在社交广告中,广告是基于潜在的社交网络进行定位的,其内容是根据与社交关系相关的信息来定制的。该文利用脸书上不同广告的现场测试数据,探讨了社交广告的有效性。社交广告的有效性主要来自基于社交网络的定位能力来发现类似响应的消费者。然而,如果广告商在其广告文本中明确表示试图提升社会影响力,那么社交广告的有效性就会降低。这表明广告商必须避免公然在广告中利用社交网络。

社交媒体上的隐私问题比单纯的广告更为广泛,它涉及可以被描述为"墙内失败"的问题。如果脸书将自己呈现为一个人们可以自由表达的"围墙花园",那么当只在脸书上披露的信息在脸书之外的世界产生不良后果时,意味着出现了隐性的违规行为。Acquisti and Fong(2013)进行了实验,研究雇主如何利用社交网络上的信息来确认雇员的适用性。研究发现社交网站被大量用于潜在的歧视性目的。在美国,一些州的立法机构已经提出法案,防止雇主要求获取员工的社交媒体密码作为雇用条件。如果没有这样的立法,雇主比社交媒体出现前拥有更有力的手段来监管员工的非工作活动,以便更好地反映雇主形象——女性小学教师似乎是这类监管的一个特别常见的目标。从这个意义上说,社交媒体的发展抑制了个体对不同受众的自我(虚假)表达能力。

类似地,即使你自己不使用社交网站,社交媒体也会使声誉管理变得更加困难,因为你认识的人可以在脸书上标记你的(尴尬的)照片,然后无限制地在互联网上进行数字传播,而没有实际能力去"召回"它。

11.5　无限永续数据世界中的隐私:被遗忘权

从理论上讲,数据一旦被数字化并放在网上的某个地方,就没有理由不无限地存在下去。Internet Archive 是 Wayback Machine(http://archive.org/web/)的保管人,它为后人保留了绝大多数网站自其成立以来的每一天的样子。[①]

这意味着,在你尚不了解后果时泄露的信息,可能会在未来导致名誉受损或引发法律官司,你会后悔此前的不智之举。与普遍看法相反,年轻一代不会发生不关心隐私的情况,相反,他们对隐私的关心程度相对低于老年人是因为他们关于名誉伤害的经验较少,而随着年龄的增长,他们会更加关心隐私,隐私偏好不会随着时间推移保持稳定(Goldfarb and Tucker,2012)。这意味着,平均而言,每个人都可以被认为具有跨期不稳定性,在一个数据可能会持续一生的世界里,这很可能会对消费者福利产生不利影响。然而,这在很大程度上是未来研究的一个方向,因为社交媒体几乎都没有存在足够长的时间,以便研究者能够在不同的成熟度上对同一主题进行纵向比较。

然而,当前的一个争议尖锐地凸显了跨期隐私偏好这一主题。最近,欧洲法院(ECJ)裁定谷歌必须尊重个人不出现在搜索结果中的请求。这被称为被遗忘权,它试图解决无限永续数据的挑战——无论准确性如何,数字格式的信息都会存在很长时间。过去,如果一个电话号码簿列出了一个错误的号码,结果将是呼叫失败和号码错误,直到一年后新的号码簿发布。但是在数字世界中,错误的信息被不断地重复,往往在最初的错误发生后存在很久。数字技术不仅可以延续别人对我们犯下的错误,对我们自己年轻时犯的错误也有同样的影响。

从表面上看,监管机构很难通过谷歌一案解决这一重大问题。谷歌可能是一只替罪羊,特别是在欧洲,它在搜索领域特别占优势。然而,这个美国搜索巨头远不是威胁到被遗忘权的唯一数字数据来源。信息持续存在于政府记录、在线报纸、社交媒体以及其他搜索引擎中。控制谷歌而让其他主要信息来源畅通无阻将无法解决问题。同时,欧洲法院的行为忽略了搜索引擎的本质。搜索引擎之所以工作得很好,是因为它们是自动化的。复杂的算法、高速网络和互联网的海量数据的结合,是谷歌即时且通常准确的结果的来源。如果通过请求被遗忘的方式将人类引入其中,谷歌在搜索方面的性能将不可避免地受到损害。此外,批准被遗忘的请求的过程可能会产生与政策制定者的意图正好相反的效果。当有人要求从搜索结果中删除信息时,比如一个担心不正当关系谣言的政治家,这个请求本身就激起了人们的兴趣。在政治家欲消除破坏性谣言时,即使没有提及政治家的名字,要求被遗忘的报道会引起新的猜测和更多的谣言。在引发该裁决的案件中,冈萨雷斯的财产被出售以偿还社会保障债务;他现在是西班牙以这种方式被没收财产的最有名的人。

被遗忘权如果得到更广泛的应用,还将挑战新闻媒体的可靠性、历史的实践和法律的稳定性。一个真正有效的被遗忘权将使冈萨雷斯先生能够从谷歌链接的西班牙《先锋报》(*La*

Vanguardia）网站以及西班牙政府记录中删除关于他的财产被扣押的报告。这将使每个人拥有奥威尔的"忘怀洞"。

从某种意义上说,被遗忘权更普遍适用于一个更早的争议,即关于法律允许青少年和（一些国家的）成人抹去犯罪记录以促进他们重新获得有偿工作的有效性。

11.6　隐私:在线数据安全

经济学家研究隐私时一个最具挑战性的方面是公众对于互联网隐私和互联网安全的混淆。然而,从经济学的角度来看,对信息安全经济学的建模更为简单。

事实上,与信息安全经济学相对较明确的案例进行对比,有助于理解隐私经济学建模的模糊性。道德风险和委托代理问题的标准经济模型（Anderson and Moore,2006）定义了三个代理:外部恶意行为者、消费者和企业。与许多公共品问题一样,消费者希望企业投资于数据信息安全保护,例如加密或用户访问控制,以保护消费者的数据免受外部威胁。然而,企业实际投资于信息数据安全保护的动机不足,并且消费者监督企业的能力是有缺陷的（Gordon and Loeb,2002）。

相关研究的一个很好的例子是 Gal-Or and Ghose（2005）,其使用博弈论构造了一个分析框架来研究安全信息共享和安全技术投资的竞争影响。研究发现,安全技术投资和安全信息共享在均衡状态下起到了战略互补的作用。当产品可替代性较高时,信息共享更有价值,这意味着这样的共享联盟在更具竞争力的产业中将产生更大的利益。

一般来说,广告支持的互联网中使用的大多数数据比其他客户数据的安全风险更小。一方面,为在线广告而存储的大多数数据都附加在一个匿名的配置文件上,连接到一个特定的 IP 地址。对于外部用户来说,将这类数据与特定的个人用户联系起来要比在本章中讨论的用于产品个性化的那种数据难得多,其明确的目的是将在线数据联系到真实的人和他们的行为。另一方面,大部分在线广告数据存储时间较短。事实上,美国互动广告局（IAB）在2010 年提出,这样的数据收集可以被限制在 48 小时的时间窗口（http://www.theregister.co.uk/2010/10/04/iab_cookie_advice/）。虽然这引起了一些争议,但它表明了广告数据的效用是短暂的。购买决策发生得比较快,所以事先浏览行为很快与预测客户是否购买无关了。然而,用于运营目的的客户数据往往会储存更长时间。例如,目前在欧盟,对于搜索引擎是否应该像现在这样将用户的搜索资料存储 18 个月,存在着很大的争议（Kirk,2010）。较长的存储时间的风险之一是,它能够使用户的习惯更充分和更广泛地显现出来,如果用于监视或恶意目的,这会对消费者产生更不利的影响。

一般而言,媒体部门（相对于广告部门）的客户数据往往集中于运营效率。因此,这些数据往往不像其他部门的数据那样引发隐私问题。然而,从某种意义上说,与广告数据相比,这种数据的存储对个人来说是一种更大的潜在隐私风险。像这样的数据往往比广告数据的存储时间更长,并且更容易与个人联系在一起。此外,一些人的上网习惯与他们的财务和个人信息相匹配,这可能会造成更大的信息安全威胁。因此,尽管很多关于隐私的讨论都集中在广告领域,但未来可能需要对信息安全经济学进行更广泛的讨论,而不光是媒体环境下的隐私。

11.7 隐私与政府

最近的一个问题是,政府对其公民的监控如何影响互联网和媒体公司。这已经引起了法律学者的兴趣,在美国以外,还有一个监控研究的子领域,但迄今为止,它还没有引起经济学家们的关注。

尤其重要的问题是,由国家安全问题和新数字技术推动的政府监控如何影响经济结果。大量的调查数据表明,2013 年的棱镜门导致用户自我报告其有意识地改变了在线行为,还有一些传闻称,这一事件对如 IBM、思科甚至波音等美国科技公司的出口产生了实质性的负面影响。然而,实证研究非常有必要量化用户行为的实际变化和美国经济受到的系统性的影响。Marthews and Tucker(2014)研究了棱镜门发生后互联网搜索行为的变化。研究使用了来自谷歌趋势的 11 个不同国家的一组搜索词的搜索量数据。这些搜索词在多个维度上的隐私敏感度被独立评估。在美国,受到负面影响的搜索词的主要子集是用户认为会让他们与美国政府发生麻烦的搜索词。然而,在世界范围内,被认定为个人敏感的搜索词的流量也有所减少。总体来说,棱镜门导致谷歌在隐私敏感搜索词上的流量减少了约 5%,而这并没有被其他搜索引擎上搜索量的增加所抵消。这对政策制定者有重要意义,可以量化与政府在互联网上的监控规模有关的披露对搜索行为的寒蝉效应。

这一领域的媒体经济学有三个新的研究方向:

第一,尚不清楚 Marthews and Tucker(2014)的结果是否仅限于搜索行为或是否具有更广泛的影响。例如,在棱镜门发生后,互联网用户是否不太可能访问具有争议的新闻网站或外国新闻网站,换句话说,它是否限制了用户对不同观点的搜索?

第二,记者本身在使用消息来源时是否受到影响,或被迫采用更昂贵和更烦琐的安全通信手段,以便在不担心法律后果的情况下从事他们的工作?监控是否会加剧上述讨论的影响,这些影响已经鼓励主流新闻媒体转向争议较少和普遍兴趣较低的新闻?

第三,开放数据的福利影响——政府主动向公众发布大型数据库以进行分析和再利用。在 Acquisti and Tucker(2014)中,一份地区报纸试图通过数字化和印刷政府数据集(孟菲斯的枪支许可证持有人数据库)来为读者提供价值。数据库的公开引发了枪支所有者的政治批评,同时也对犯罪行为产生了明显的影响。实证分析表明,对入室盗窃既有替代效应(displacement effect),也有阻遏效应。与此相关的是 Acquisti and Gross(2009),其表明,使用在线公共数据可以预测个人的社会保险号。越来越多的新闻媒体,甚至是公民,都发现以非预期的方式汇总和公开已经公开的信息,可能会激怒那些不期望使之如此公开的人。

11.8　结论：隐私问题的未来领域

当思考未来网络隐私问题将如何发展时，思考其他领域的生活将是有益的，数字化将在更广泛的范围内发生从而产生隐私问题。为了强调未来的研究方向，本章指出了未来隐私问题可能会增长的三个领域。更重要的是，目前这些领域有点脱离传统的媒体经济学范畴。本章并不试图建立脆弱的联系，因为未来学和经济学通常是不一样的。然而，从媒体融合可能持续和媒体普遍性可能增强的角度来看，有几个领域可能会出现重大的隐私讨论。

一是所谓的物联网。随着恒温器、门锁、网络摄像头、电视、警报器、车库开门器、电源插座、洒水器和秤等日常物品开始产生大量的数字数据，新的隐私问题将出现。重要的不是这些通常平凡的物品本身，而是它们的超链接性。通过测度用户如何与这些事物交互，外部人员和数据分析员能够获得更充分和更完整的用户画像。更为先进的技术，如谷歌眼镜，无疑会产生大量有用的和存在潜在争议的数据。

二是生物信息的数字化。学界已经有大量关于隐私监管和医学数字化问题的研究（Miller and Tucker，2009，2011；Westin，2005）。然而，到目前为止，这一领域还没有真正影响到媒体经济学。基因检测的出现（Miller and Tucker，2014）可以被认为是上述永久存在数据的特殊情况。我们缺乏改变基因的能力是基因数据的特殊用途及其特殊潜力的来源，当被外部人员发布和解释时，它会减少关于人们健康风险的隐私。

三是地理位置的数字化。Xu et al.（2012）以及 Teo et al.（2012）对位置隐私问题进行了初步研究。正如我们在以上讨论中所看到的，零售商的用户位置数据在复杂性上急剧增长。超地方媒体的发展（或重新出现）是获得了用户的地理位置信息的结果。你的位置可以通过移动设备随时跟踪，并且与这些移动相关的元数据可以揭示大量关于你的信息，即使在很大程度上是无意的。这对消费者的行为和福利有巨大的影响。

总体来说，本章的目的是强调一些关于隐私经济学的研究，因为它与媒体经济学相关，并且在某种意义上突出体现了我们知识上的巨大差距。研究人员仍有很大的空间来解决该领域的重大隐私问题，而技术的快速发展意味着，即使当前的问题得到解决，此类情况或仍将继续存在。

致谢

感谢亚历克斯·马修斯（Alex Marthews）的有益协助，本章作者文责自负。

参考文献

Acquisti，A.，2010. The economics to the behavioral economics of privacy：a note. In：Kumar，A.，Zhang，D.（Eds.），Ethics and Policy of Biometrics. In：Lecture Notes in Computer

Science, Springer, Heidelberg.

Acquisti, A., Fong, C. M., 2013. An Experiment in Hiring Discrimination via Online Social Networks. CMU working paper.

Acquisti, A., Gross, R., 2006. Imagined communities: awareness, information sharing, and privacy on the Facebook. In: 6th Workshop on Privacy Enhancing Technologies, pp. 36-58.

Acquisti, A., Gross, R., 2009. Predicting social security numbers from public data. Proc. Natl. Acad. Sci. 106, 10975-10980.

Acquisti, A., Spiekermann, S., 2011. Do interruptions pay off? Effects of interruptive ads on consumers' willingness to pay. J. Interact. Mark. 25, 226-240.

Acquisti, A., Tucker, C., 2014. Guns, Privacy and Crime. MIT Sloan working paper.

Acquisti, A., Varian, H. R., 2005. Conditioning prices on purchase history. Mark. Sci. 24 (3), 367-381.

Acquisti, A., John, L. K., Loewenstein, G., 2012. The impact of relative standards on the propensity to disclose. J. Mark. Res. 49, 16-174.

Acquisti, A., John, L. K., Loewenstein, G., 2013. What is privacy worth? J. Leg. Stud. 42 (2), 249-274.

Anderson, S. P., 2005. Market provision of broadcasting: a welfare analysis. Rev. Econ. Stud. 72 (4), 947-972.

Anderson, S. P., de Palma, A., 2009. Information congestion. RAND J. Econ. 40 (4), 688-709.

Anderson, R., Moore, T., 2006. The economics of information security. Science 314 (5799), 610-613.

Aral, S., Walker, D., 2011. Creating social contagion through viral product design: a randomized trial of peer influence in networks. Manag. Sci. 57 (9), 1623-1639.

Armstrong, M., Zhou, J., 2010. Conditioning Prices on Search Behaviour: Technical Report MPRA Paper 19985. University Library of Munich, Germany.

Athey, S., Gans, J. S., 2010. The impact of targeting technology on advertising markets and media competition. Am. Econ. Rev. 100 (2), 608-613.

Baumer, D. L., Earp, J. B., Poindexter, J. C., 2004. Internet privacy law: a comparison between the United States and the European Union. Comput. Secur. 23 (5), 400-412.

Bergemann, D., Bonatti, A., 2011. Targeting in advertising markets: implications for offline versus online media. RAND J. Econ. 42 (3), 417-443.

Bonneau, J., Preibusch, S., 2010. The privacy jungle: on the market for data protection in social networks. In: Moore, T., Pym, D., Ioannidis, C. (Eds.), Economics of Information Security and Privacy. Springer, New York, NY, pp. 121-167.

Brandimarte, L., Acquisti, A., Loewenstein, G., 2012. Misplaced confidences: privacy and the control paradox. Soc. Psychol. Personal. Sci. 4, 340-347.

Campbell, J. D., Goldfarb, A., Tucker, C., 2015. Privacy regulation and market structure. J. Econ. Manag. Strateg 24 (1), 47-73.

Chiou, L., Tucker, C., 2013. Paywalls and the demand for news. Inf. Econ. Policy 25 (2), 61-69.

Cohen, J. E., 2000. Examined lives: informational privacy and the subject as object. Stanford Law Rev. 52, 1373-1438.

Dwyer, C., Hiltz, S., Passerini, K., 2007. Trust and privacy concern within social networking sites: a comparison of Facebook and MySpace. In: AMCIS 2007 Proceedings, p. 339.

Evans, D. S., 2009. The online advertising industry: economics, evolution, and privacy. J. Econ. Perspect. 23 (3), 37-60.

Farrell, J., 2012. Can privacy be just another good. J. Telecommun. High Technol. Law 10, 251.

FTC, 2010. Protecting Consumer Privacy in An Era of Rapid Change. Staff Report.

Fudenburg, D., Villas-Boas, J. M., 2006. Behavior based price discrimination and customer recognition. Handbooks in Information Systems, vol. 1 Emerald Group Publishing, Bradford, United Kingdom, pp. 377-435 (Chapter 7).

Gal-Or, E., Ghose, A., 2005. The economic incentives for sharing security information. Inf. Syst. Res. 16 (2), 186-208.

Gentzkow, M., Shapiro, J. M., 2011. Ideological segregation online and offline. Q. J. Econ. 126 (4), 1799-1839.

Goldfarb, A., Tucker, C., 2011a. Online display advertising: targeting and obtrusiveness. Mark. Sci. 30, 389-404.

Goldfarb, A., Tucker, C. E., 2011b. Privacy regulation and online advertising. Manag. Sci. 57 (1), 57-71.

Goldfarb, A., Tucker, C., 2012. Shifts in privacy concerns. Am. Econ. Rev. Pap. Proc. 102 (3), 349-353.

Goldfarb, A., Tucker, C., 2014. Standardization and the effectiveness of online advertising. Manage. Sci. (forthcoming).

Gordon, L. A., Loeb, M. P., 2002. The economics of information security investment. ACM Trans. Inf. Syst. Secur. 5 (4), 438-457.

Gross, R., Acquisti, A., 2005. Information revelation and privacy in online social networks. In: Proceedings of the 2005 ACM Workshop on Privacy in the Electronic Society. ACM, pp. 71-80.

Grossman, G. M., Shapiro, C., 1984. Informative advertising with differentiated products. Rev. Econ. Stud. 51 (1), 63-81.

Hann, I.-H., Hui, K.-L., Lee, S.-Y. T., Png, I. P., 2008. Consumer privacy and marketing avoidance: a static model. Manag. Sci. 54 (6), 1094-1103.

Hermalin, B., Katz, M., 2006. Privacy, property rights and efficiency: the economics of privacy as secrecy. Quant. Mark. Econ. 4 (3), 209-239.

Hirshleifer, J., 1980. Privacy: its origin, function, and future. J. Leg. Stud. 9 (4).

Hui, K., Png, I., 2006. Chapter 9: the economics of privacy. Economics and Information Systems. Handbooks in Information Systems, vol. 1 Elsevier, Amsterdam, The Netherlands.

Johnson, J. P., 2013. Targeted advertising and advertising avoidance. RAND J. Econ. 44 (1), 128-144.

Johnson, G., 2014. The impact of privacy policy on the auction market for online display advertising. SSRN Electron. J. Available at SSRN 2333193, University of Rochester Working Paper.

Kirk, J., 2010. Europe Warns Search Companies Over Data Retention. PC World Business Center.

Lambrecht, A., Tucker, C., 2013. When does retargeting work? Information specificity in online advertising. J. Mark. Res. 50 (5), 561-576.

Lenard, T. M., Rubin, P. H., 2009. In Defense of Data: Information and the Costs of Privacy. Technology Policy Institute Working Paper.

Levin, J., Milgrom, P., 2010. Online advertising: heterogeneity and conflation in market design. Am. Econ. Rev. 100 (2), 603-607.

Lohr, S., 2010. Privacy Concerns Limit Online Ads, Study Says. Technical report.

Luchs, R., Geylani, T., Dukes, A., Srinivasan, K., 2010. The end of the Robinson-Patman act? Evidence from legal case data. Manag. Sci. 56 (12), 2123-2133.

Marthews, A., Tucker, C., 2014. Government Surveillance and Internet Search Behavior. MIT Sloan Working Paper.

McDonald, A. M., Cranor, L. F., 2008. Cost of reading privacy policies. ISJLP 4, 543.

Miller, A., Tucker, C., 2009. Privacy protection and technology adoption: the case of electronic medical records. Manag. Sci. 55 (7), 1077-1093.

Miller, A., Tucker, C., 2011. Can healthcare information technology save babies? J. Polit. Econ. 2, 289-324.

Miller, A., Tucker, C., 2014. Privacy Protection, Personalized Medicine and Genetic Testing. MIT Sloan Working Paper.

Miltgen, C., Tucker, C., 2014. Resolving the Privacy Paradox: Evidence from a Field Experiment. MIT Sloan Working Paper.

Nyhan, B., Reifler, J., 2010. When corrections fail: the persistence of political misperceptions. Polit. Behav. 32 (2), 303-330.

Percy, L., Rossiter, J. R., 1992. Advertising stimulus effects: a review. J. Curr. Issues Res. Advert. 14 (1), 75-90.

Petty, R. D., 2000. Marketing without consent: consumer choice and costs, privacy, and public policy. J. Public Policy Market. 19 (1), 42-53.

Posner, R. A., 1978. Privacy, Secrecy, and Reputation. Technical report.

Posner, R. A., 1981. The economics of privacy. Am. Econ. Rev. 71 (2), 405-409.

Silver, S., 2014. False is the New True: Fake News Clickbait, Blood Feud and Why the Truth Stopped Mattering. Technology Tell.

Solove, D. J., 2004. The Digital Person: Technology and Privacy in the Information Age. New York University Press, New York, NY.

Solove, D., 2008. Understanding Privacy. Harvard University Press, Cambridge, MA.

Stigler, G. J., 1980. An introduction to privacy in economics and politics. J. Leg. Stud. 9 (4), 623-644.

Teo, H. -H., Tan, B. C. Y., Agarwal, R., 2012. Research note-effects of individual self-protection, industry self-regulation, and government regulation on privacy concerns: a study of location-based services. Inf. Syst. Res. 23 (4), 1342-1363.

Tucker, C., 2012. The economics of advertising and privacy. Int. J. Ind. Organ. 30 (3), 326-329.

Tucker, C., 2014a. Social Advertising. Working paper at MIT Sloan Cambridge, MA.

Tucker, C., 2014b. Social networks, personalized advertising, and privacy controls. J. Mark. Res. 51 (5), 546-562.

Turow, J., King, J., Hoofnagle, C. J., Bleakley, A., Hennessy, M., 2009. Americans Reject Tailored Advertising and Three Activities that Enable It. Berkeley.

Vakratsas, D., Ambler, T., 1999. How advertising works: what do we really know? J. Mark. 63 (1).

Varian, H., 1997. Economic Aspects of Personal Privacy. Available at http://people.ischool.berkeley.edu/~hal/Papers/privacy/.

Varian, H., Wallenberg, F., Woroch, G., 2005. The demographics of the do-not-call list. IEEE Secur. Priv. 3 (1), 34-39.

Warren, S. D., Brandeis, L. D., 1890. The right to privacy. Harv. Law Rev. 4 (5), 193-220.

Westin, A. F., 2005. Testimony of Dr. Alan F. Westin, professor of public law & government emeritus, Columbia University. In: Hearing on Privacy and Health Information Technology, NCVHS Subcom-mittee on Privacy, Washington, D. C.

White, T., Zahay, D., Thorbjornsen, H., Shavitt, S., 2008. Getting too personal: reactance to highly personalized email solicitations. Mark. Lett. 19 (1), 39-50.

Xu, H., Teo, H.-H., Tan, B. C. Y., Agarwal, R., 2012. Effects of individual self-protection, industry self-regulation, and government regulation on privacy concerns: a study of location-based services. Inf. Syst. Res. 23. Available at http://people. ischool. berkeley. edu/~hal/Papers/privacy/.

Zubcsek, P., Sarvary, M., 2011. Advertising to a social network. Quant. Mark. Econ. 9, 71-107.

第 12 章　用户生成内容与社交媒体

迈克尔·卢卡(Michael Luca)[①]

目　录

[①] 美国哈佛大学商学院。

摘要:本章记录了经济学者对用户生成内容(user-generated content,UGC)及社交媒体的研究。越来越多的证据表明,从 Yelp① 到脸书等各大平台上的用户生成内容对各类经济和社会结果具有较大的因果影响,小到就餐决策大到投票行为。这类研究结果通常基于独特的数据集和方法,如断点回归以及实地实验,而研究人员经常直接与他们研究的对象公司展开合作。本章对影响用户生成内容质量的因素进行了综述。影响用户生成内容质量的因素包括:推广性内容(promotional content)、贡献者间的同侪效应、贡献者的偏见以及对做出贡献与否的自选择问题。非金钱激励(non-pecuniary incentives),例如平台上的徽章和地位,通常被用来鼓励和引导贡献者。本章讨论了一系列其他问题,包括商业模型、网络效应以及隐私问题。本章还讨论了这一领域中的一些开放性的问题。

关键词:用户生成内容;社交媒体;信息经济学;设计经济学

JEL 分类代码:D8,L1,L86

12.1　引言

试想一下,在 1980 年一位就职于某百科全书公司的雇员向她的老板提出了以下想法:

> 我认为我们可以缩减大部分开支,并生产比以往更多的内容。我们要做的就是允许任何人访问我们的办公室,并且允许他们就自认为了解的主题撰写百科全书条目。忘掉那些我们通常雇用的专家。我们可以通过让其他未经审查的访问者更正那些内容来验证内容的真实性,并希望所有内容都可以完全通过验证。不用担心,我们仍然可以有编辑。最好的贡献者可以成为编辑,但这样做的好处在于:我们不用支付任何报酬就可以让他们自愿编写百科全书的条目。我认为我们应该停止销售百科全书,而仅仅依靠捐赠来运营公司。

可以肯定地说,放在 1980 年,这名员工可能不会长久地从事她的工作。处于一个不同的时代和环境中,21 世纪初最受欢迎的社交媒体之一的概念看上去像是一个荒谬的主张。然而,在传统的百科全书(内容由付费的专业作家和编辑者生成和编辑)已加速过时的年代,维基百科(Wikipedia)经历了蓬勃的发展。

用户生成内容的概念已远远超出了百科全书的范围。现如今,消费者通过 Yelp 寻找新的餐馆,通过猫途鹰(TripAdvisor)来规划假期,在烂番茄(Rotten Tomatoes)上寻找电影,通过 AngiesList(美国一家消费者点评网站)寻找承包商,并在 ZocDoc(美国一个在线医疗服务平

---

① 译者注:Yelp 是一家提供用户对餐馆等场所点评信息的网站。

台)上查看医师的声誉,并在购买从书本到吸尘器再到猫粮等各类商品时,通过亚马逊(Amazon)网站的评论来做出选择。只需单击一个按钮,消费者就可以分享关于产品质量的经验、信息及建议,几乎所有可以想象的产品都是如此。表 12.1 列举出了截至 2014 年涵盖不同行业的流行平台的样本。

表 12.1　带有用户评论的平台示例(截至 2014 年)

项目	平台	最受欢迎者(独立月访问量)①
餐馆	Yelp、Zagat、Urbanspoon、OpenTable、Chowhound	Yelp (5200 万)
电影	烂番茄、雅虎电影(Yahoo! Movies)、IMDB、Metacritic	烂番茄(40 万)
旅馆	猫途鹰、亿客行 (Expedia)、Orbitz、Hotels. com、爱彼迎 (Airbnb)、HomeAway	猫途鹰(1080 万)
医疗	Healthgrades、ZocDoc、Vitals、RateMDs	Healthgrades(490 万)
消费产品	亚马逊、易贝(eBay)、Target、沃尔玛	亚马逊(8000 万)

相对于其他信息来源,消费者能够评论的产品数量惊人。举例来说,图 12.1 显示了特定都市区域内,不同评论系统所覆盖的餐厅的百分比。消费者评论网站 Yelp 包含了西雅图 70% 餐馆的评论,而 Zagat(美国一家餐馆点评网站)涵盖了大约 5% 的洛杉矶餐馆样本(Jin and Leslie,2009)。报纸《西雅图时报》(*The Seattle Times*)涵盖的餐厅更少,而《美食与美酒》(*Food and Wine*)杂志的评论甚至更少。从这些数字来看,在线消费者评论和推荐显然已成为重要的信息来源。

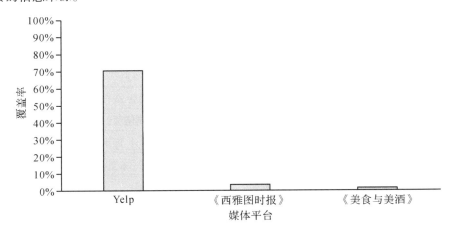

图 12.1　不同媒体平台对餐厅的覆盖率

资料来源:Luca(2011)。

消费者接收新闻的方式也同样迅速改变。人们通过博客和推特阅读新闻和评论,这些新闻和评论补充了(在某些情况下甚至替代了)更多传统媒体。甚至我们日常互动的模式也在发生变化,例如脸书、领英（LinkedIn） 和 WhatsApp(一款即时通信应用程序)等在线社交

---

① 这些数据来自 Quantcast。

平台实现了对线下社交网络的补充,有时甚至取代了线下社交网络。显然,在数字时代,我们如何与朋友和家人互动,如何了解产品、服务和工作,以及思考新闻、政治和宗教的方式都发生着巨大变化。

诸如 YouTube、维基百科、Yelp、WhatsApp 和推特之类的社交媒体平台使用户彼此间可以通过内容的生成和分享而进行相互交流。这些平台的共同点是它们都包含用户生成内容。用户生成内容是平台从其终端用户那里获取的材料。作为"众包运动"(crowdsourcing movement)的一部分,用户生成内容包括 YouTube 上的视频、Wikipedia 上的帖子、Yelp 上的评论等。所有社交媒体平台都包含用户生成内容。但是,并非所有的用户生成内容都包含在传统的社交媒体平台上。几乎所有在线平台(从在线报纸到网上商城)在一定程度上都依赖于用户生成内容。用户生成内容正在极大地改变媒体格局。除了产生前所未有的信息量,用户生成内容还提出了各种新的知识和实践方面的问题与挑战。

在过去的数年中,用户生成内容取得了巨大的发展。从 2001 年到 2006 年,出现了许多主要的社交媒体平台,包括维基百科、领英、MySpace①、脸书、Yelp、YouTube 和推特。从用户提供的图片到视频,再到新闻报道和博客的评论,用户生成内容现在遍及整个互联网。表 12.2 概述了用户生成内容的不同类型,以及展示用户生成内容的著名平台,其中包括世界上最大的社交网络脸书和世界上访问量最大的视频网站 YouTube。

表 12.2 流行的用户生成内容平台

用户生成内容的类型	主要平台
图片	Instagram、Pinterest、Snapchat、Flickr
个人更新和网络	推特、FourSquare、脸书、领英
产品和服务评论	Yelp、烂番茄、ZocDoc、亚马逊
百科全书和参考网站	维基百科、Wikia
视频	YouTube、Vine
对新闻文章的评论	《纽约时报》网络版、《华尔街日报》网络版
众筹	Crowdrise、Kickstarter、IndieGoGo
共享平台	优步(Uber)、爱彼迎、Couchsurfing
社会支付	Venmo、Square
讨论/问题和答案	Reddit、Quora、StackOverflow
博客	Tumblr、WordPress

在任何特定的用户生成内容平台上都有几种类型的参与者。

第一,内容的贡献者。

第二,内容的消费者。在传统媒体中,贡献者和消费者通常是两个不同的群体。用户生成内容的一项新颖特点是,平台的终端用户既是贡献者又是消费者。因为用户正在生产内容,所以内容量及其对任何特定用户的价值取决于总用户数。所有用户生成内容平台上都

---

① 译者注:MySpace 是一家美国的社交网络服务网站。

具有强大的网络效应,而平台的价值取决于用户数量。当然,有些用户主要生产产品,而另一些用户主要消费产品。例如,你可能更喜欢观看 YouTube 视频,但有一个朋友发布 YouTube 视频,却很少在 YouTube 上观看视频。

第三,广告商,即试图接触用户的个体和机构。例如,脸书每年通过广告赚取 40 亿美元[①],其主要客户包括福特、迪士尼、沃尔玛和微软。广告也是 Yelp 及许多其他用户生成内容平台的主要收入来源。除了显示在用户生成内容平台网页上的广告外,广告商有时还会通过其他渠道来影响内容。例如,有报道称某些工作人员通过为政治家维护维基百科页面获取报酬。

第四,旁观者,其本质上是内容主体。在推特上被讨论的人属于旁观者,而在 Yelp 上被点评的餐馆也是如此。旁观者可能是也可能不是用户,而且在某些情况下不被允许是用户。他们有时也是广告商,并且可能更广泛地尝试通过合法和非法手段来影响用户创建的内容。

第五,设计者,负责设定规则以决定平台上的内容发布和交互。设计者将决定允许哪些用户在平台上进行交互,以及用户将面临的激励措施。设计者要为广告的销售创造市场,并决定平台是否应该在旁观者的要求下进行干预。上述选择决定了用户生成内容的影响力和质量。

在社交媒体平台及平台生成的内容持续演变的同时,用户生成内容平台还衍生出一系列原则及学术问题。越来越多的研究调查了社交媒体和用户生成内容平台如何影响我们周围的世界。本章的目的即是总结这类研究,并指出未来可以发展的空间,着重关注诸如人们为何提供内容、用户内容在决策中的重要程度,以及平台设计者面临的信息设计挑战和选择等问题。

第 12.2 节概述了用户生成内容对用户和市场行为的影响。第 12.3 节讨论了这些对内容质量的挑战以及提高质量的机制。第 12.4 节讨论了用户生成内容的激励机制设计(incentive design)。第 12.5 节简要讨论了几个相关问题。第 12.6 节总结本章。

12.2　用户生成内容的影响

根据维基百科的说法,2010 年版的《大不列颠百科全书》是最后一部印刷版百科全书——"由约 100 名全职编辑和 4000 多名撰稿人撰写,其中包括 110 位诺贝尔奖获得者和 5 位美国总统"。尽管该维基百科词条具有一定的讽刺意味,但它提出了一个对用户生成内容研究至关重要的问题:用户生成内容将如何对现有媒体市场乃至整个经济产生影响?

与《大不列颠百科全书》相比,维基百科(和其他用户生成内容平台)具有自组织权限(self-organizing authority),且不依赖标准的机构安排来分配权限,例如证书或资源限制。批评者通常认为,用户生成内容的草根特质和未经审查的特征导致其内容过于不可靠,无法有意义地改变世界,而维基百科的情况可能除外。按照这种观点,Yelp 和 TripAdvisor 之类的平台(由不具代表性的业余评论样本组成,无法消除所有虚假评论)可能对整个市场的影响有

---

① http://www.businessinsider.com/the-30-biggest-advertisers-on-facebook-2012-9.

限。对新闻报道的评论可能只是一小部分读者的娱乐方式,对新闻的产生或解读方式没有明显的影响。同样,YouTube 上像宠物猫骑着 Roombas(一种扫地机器人)的娱乐视频可能仅仅是无聊学生的素材,对传统媒体几乎没有威胁。

然而,相对于竞争性媒体分支中的少数歌利亚(Goliath),用户生成内容参与者相当于数百万戴维(David)。[①] 根据这种观点,尽管面临挑战,用户生成内容仍可能影响市场。这将有可能大规模重塑媒体消费和生产方式。

从先验的角度,目前尚不清楚这些观点中的哪一种更能代表我们所居住的世界,以及每个观点在哪些条件下更可能占主导地位。在本节中,我们将综述有关用户生成内容影响的文献。在对该研究领域所涉及的独特数据和挑战进行讨论之后,我们将研究用户生成内容如何影响市场的行为和结构,并重点介绍未来研究的潜在领域。关于用户生成内容对市场的影响程度和类型的估计将会为政策制定、用户生成内容和传统媒体分支的战略决策、在线平台的设计以及福利计算提供重要的见解。

12. 2. 1 数据及识别的挑战

数据问题是用户生成内容研究的一个核心挑战。本章引用的大多数论文都是从一位研究人员(或者一组研究团队)构建一个以前没有进行过分析的新数据集开始的。对于研究用户生成内容平台内发生的现象的论文,研究人员通常自行从平台上直接收集数据。最近,有一种趋势是研究人员直接与 Yelp、脸书、爱彼迎、易贝和 oDesk[②] 等公司展开合作。这一趋势使研究人员有更多机会获得数据,并有能力进行实地实验。

来自特定的用户生成内容平台的数据有时不足以衡量用户生成内容对市场的影响。例如,假设研究人员想研究脸书的帖子对健怡可口可乐(diet coke)需求的影响。一种方法是查看"喜欢"健怡可口可乐的脸书页面和/或阅读其帖子的用户数量。但是,这种方法无法提供脸书对健怡可口可乐需求的总体影响的完整信息。一种可能更有价值的方法是从健怡可口可乐方获取销售数据,而脸书没有这些数据来估算用户生成内容对销售的影响。同时,健怡可口可乐不具备脸书拥有的所有数据,这突出表明在这种情况下,多个组织之间的合作可能是有价值的。

研究用户生成内容时,构建最佳数据集存在两个主要挑战。

第一个挑战是数据收集,由于该领域中许多数据的专有性质,因此收集数据可能会很困难。许多营利性公司将数据视为一种竞争优势,并选择不为研究而共享数据。一些公司则视数据共享为一种战略选择。还有一些公司试图对数据进行全面开放。我们期望公司和研究人员之间的合作关系能得以发展并产出相关的学术研究论文,而这些论文将为合作公司带来有价值的发现。尽管这在许多情况下是有价值的,但研究人员在选择数据收集策略时仍应考虑研究目标与公司目标一致的程度。有时,即使有关机构对合作抱有兴趣,最佳策略却是不与该机构合作。

第二个挑战涉及数据集的实际合并和准备。在此领域中,数据集的规模通常很庞大(例

---

① 译者注:歌利亚和戴维是《圣经》中的人物,后多被用来比喻实力悬殊的两个人物。
② 译者注:oDesk 是一个美国的自由职业平台。

如维基百科的字数),因此分析起来既麻烦又费时。不同于对自带独特标识、精心构造的调查数据进行合并,来自两个不同领域的数据集几乎可以肯定会有不同的标签和格式。尽管这个问题通常是可以解决的,但它可能会很复杂,要求研究人员主观判断要保留和删除哪些数据。在许多情况下,85%—90%的匹配率被认为很高。

一旦掌握了数据,在理解用户生成内容的影响方面将面临各种识别挑战。假设有一位研究人员希望评估电影的烂番茄评分对票务销量的影响。研究人员可以对烂番茄评分对电影票房的影响进行回归分析。但值得注意的是,尽管社交媒体内容可以影响需求(本节主题),但它也可以反映需求。讨论能使电影受欢迎,但是受欢迎的电影也往往会产生更多的讨论。由于反射问题(Manski,1993),很难将这种回归解释为因果关系。

研究人员已经采用了各种实证方法来支持这种因果解释,从跨平台的双重差分到利用平台特殊特征的断点回归再到纯粹的实地实验。接下来,本章将简要介绍三种不同类型的方法。

12.2.1.1 跨平台比较

识别特定平台上感兴趣的结果的第一种方法是比较不同平台的结果,如 Chevalier and Mayzlin(2006)、Wang(2010)、Zhu and Zhang(2010)以及 Mayzlin et al.(2014)采用的方法。本质上,这些论文都着眼于某一平台与其他平台不同的制度特征或内容,并将其用作相关的特征或内容的变动。

如果实施得当,这将代表一种双重差分法(difference-in-differences approach)——跨平台的差异代表众多差异的其中之一。例如,Mayzlin et al.(2014)比较了猫途鹰和亿客行平台上(第二重差异)的单个单位酒店和多个单位酒店(第一重差异)的评级差异。

该识别策略的实施存在着一些操作上的挑战。关键的概念性挑战是检测其他因素是否可以推动相同的结果。计量经济学研究中的一个重要挑战是确定观测单位以及聚类标准差。尤其是研究人员可能会遇到聚类数量偏少的问题。参见 Bertrand et al.(2004)对双重差分法中关于标准差的讨论。

12.2.1.2 平台特殊特征

第二种方法是在单个用户生成内容平台中发掘制度细节,从本质上说亦是寻找平台的特殊特征。例如,Luca(2011)以及 Anderson and Magruder(2012)发现了一个事实,即 Yelp 上的评分在显示给用户之前已被取近似值,这在真实评分和显示的评分之间产生了外生差异。这种怪异的制度细节使研究者能够估计评分对于他们感兴趣的结果的因果影响。现在,该方法已在猫途鹰等其他平台上使用(Ghose et al.,2012)。

许多平台都具有取近似值评分的特点,但人们可以通过识别和利用各个用户生成内容平台的独特特征来试想各种类似的方法。利用这种类型的平台特殊特征可以实现两个目标。一方面,它使研究人员可以更好地理解用户生成内容的因果影响。另一方面,它为人们在平台上的行为基础提供了洞察。例如,在平均评分的情况下,明显的是,读者的注意力非常不集中,只关注现有信息的粗略摘要。这一特点有可能被用来推进关于消费者的有限注意力的研究。其他识别策略可能会产生其他关于行为的洞察。

12.2.1.3 实地实验

第三种方法是直接在平台上展开实验,如 Bond et al. (2012)以及 Aral and Walker(2012)就在脸书上进行了实验。在网络平台上的实验是一种强大的工具,并且正变得越来越普遍。它使研究人员和组织能够以简单直接的方式回答问题。实际上,进行实验的主要挑战可能是找到组织与研究人员共同感兴趣的领域。如上所述,一个挑战是企业的目标和研究人员的目标并不完全重叠。迄今为止,一些公司对研究人员在公司狭隘的短期需求之外追求的课题持开放态度。其他有隐私顾虑的企业(例如谷歌)限制了对数据的访问。其他具有战略考量的企业(例如亚马逊)也限制了访问。

12.2.2 用户生成内容对需求的影响:数据、方法和结果

现在,大量证据强化了用户生成的评论与产品需求之间存在着的因果关系,涉及范围从书籍销售(Chevalier and Mayzlin, 2006)到餐厅(Luca, 2011)再到酒店选择(Ghose et al., 2012)。正如前文简要介绍的那样,有三种方法被用来识别评论对销售额的因果影响。

由 Chevalier and Mayzlin(2006)提出的第一种方法是观察两个不同平台上的评论,以确定评论对两个网站的销售额的影响。通过利用亚马逊和巴诺书店(Barnes & Noble)两个平台的数据,作者展示了在三段时间内,一本书在其中一个网站上发布评论后的销售额的差异。通过使用双重差分法,作者可以通过检验在没有相关评论情形下的图书销售的平行趋势来剥离出该评论对某一站点的影响。他们发现,在特定的设定下,许多与评论相关的变量会影响书籍的销量,其中包括评论数量、平均评分、一星评分的比例以及五星评分的比例。如果单看一个平台,就很容易想到,由于遗漏了会同时影响销售和评论的难以观测的产品和公司层面的质量变量,销售额对于评论变量的最小二乘法回归将存在偏差。Chevalier and Mayzlin(2006)的双重差分法使其能够使用图书的时间固定效应和图书的地点固定效应,从而分离出评论对销售额的因果效应。

第二种方法已由 Luca(2011)、Anderson and Magruder(2012)和 Ghose et al. (2012)使用。这些论文利用了评论平台的一个共同的制度细节,发掘出许多评论平台选择对显示给用户的评分进行四舍五入这一事实。例如,考虑在 Yelp 上有两家餐厅:一家是 3.24 星,另一家是3.25 星。3.24 星的餐厅将显示为 3 星,而 3.25 星的餐厅会显示为 3.5 星。显示评级的这种变化与潜在的质量以及其他可能推动需求的市场力量无关。基于此,上述论文围绕这些取近似值的临界点进行断点回归设计。

Luca(2011)将 Yelp 的餐厅评分与在西雅图经营超过六年的每家餐厅的销售数据相结合,发现了 Yelp 评分提高 1 星会导致独立餐厅大约增加 5% 的销售额,但对连锁店没有影响。该结果与以下想法一致:消费者拥有更多有关连锁店的信息,因此很少通过 Yelp 了解连锁店。将相同的一般方法应用于 Opentable 的餐厅预订数据,Anderson and Magruder(2012)表明,Yelp 评分的提高会增加晚间餐厅预订全满的可能性。Ghose et al. (2012)也采用这种一般方法来识别猫途鹰评级和酒店预订的因果关系。

第三种方法涉及使用用户生成内容平台作为现场场所进行随机对照试验。例如,Aral and Walker(2012,2014)使用脸书应用程序将用户对某一应用程序点赞的通知发送给该用户

同龄人中随机选出的一位,并衡量应用程序的后续采用情况。通过这种方法确定点赞的传播效应,作者发现,与最初采用者群体相比,产品的最终需求增加了13％。

企业在线展示的每个要素——从评论的长度和发布到推文的情感内容——都包含信息。确定客户使用的因素具有直接的管理意义,并为用户如何处理信息的行为基础提供了进一步的证据。

Ghose et al.(2012)开发了一种结构模型,用于根据酒店特征以及 Travelocity① 和猫途鹰的评论特征来估算酒店需求。研究收集了评论文本和评论长度的数据,并且使用机器学习方法来评估可读性、复杂性和主观性。研究发现,较长且易于阅读的评论与较高的需求相关,而单词复杂性和拼写错误与较低的需求相关。尽管研究没有对评论的特征做出因果推断,但由于评分会影响需求(使用上文讨论的断点回归方法),因此似乎其他因素也有因果关系。该论文的一个新颖特点是它使用了机器学习和文本分析的方法。

同样,Chevalier and Mayzlin(2006)发现,一星评论对图书销售的影响大于五星评论。这可能是因为绝大多数评论是五星级的,消费者期望书籍会有一些五星评论,因此认为五星评论提供的新信息少于一星评论。这种现象类似于声誉模型,该模型中一个负面消息足以破坏良好声誉。

评论者的身份也可能很重要。通过一项模拟在线书评的实验室实验,Huang and Chen(2006)发现,同侪评议比专家评论更能影响受试者的书籍选择。通过查看 Yelp 评论对销售额的影响,Luca(2011)发现,那些由具有精英地位的人(被 Yelp 授予高质量评论称号)撰写的评论比其他评论更有影响力。

另一个被广泛研究的评论系统是易贝(eBay),该网站在 2014 年 9 月具有 1.15 亿的独立访问量。②在这个网站上,评论的主要关注点在于每个参与方的可靠性,而不是商品的质量。可靠性等级通过用户已收到的正面和负面反馈评论的数量来传达。这种审核制度最有据可查的影响是卖方的总体评分(由买方提供)对销售价格的影响。估计这种影响的一个特殊挑战在于易贝上出售的商品的状况各异,并且具有计量经济学家难以观察到的微小(却重要的)差异。例如,同名书籍的状态可能是被频繁使用、少量使用或全新。它们可能是国内或国际版本;它们可能有荧光笔标记或折页。Melnik and Alm(2002)研究了品相完好的 5 美元面额的金币(很可能产品本身不存在差异化)的拍卖数据,发现卖方的评级与最终价格显著相关。Lucking-Reiley et al.(2007)获得相同的定性结果。从声誉的动态来看,Cabral and Hortaçsu(2010)表明,在易贝上的卖家一旦收到负面反馈后,随后的负面反馈会更快地到达 25％。

处理观测数据的另一种方法是在易贝上进行关于不同卖方特征的实验。Resnick et al.(2006)的作者与一位资深易贝用户合做出售一对匹配的明信片,分别通过卖家的高评分主账户或其新建的评分较少的账户之一出售。平均而言,购买者愿意多付 8.1％的价格从信誉良好的资深账户那里购买明信片。尽管部分效果可能归因于用户的主账户和为实验创建的

---

① 译者注:Travelocity 是 Expedia 公司旗下的一家旅行服务网站。
② 该数据可在 Quantcast 上获得。

账户之间的年龄差异,但该结果支持了评分和价格的因果关系。

12.2.3 社交媒体的社会影响

到目前为止,本章一直专注于社交媒体对诸如购买行为等的市场结果的影响。但是,从教育到公共卫生再到投票,各种各样的行为都可能受到社交媒体和用户生成内容的影响。

Bond et al. (2012)研究了向2010年11月2日(美国中期选举日)访问该网站的6100多万成年脸书用户发送的不同类型消息对每个成员当天投票的可能性的影响。作者发现,与那些仅收到有关选举日信息的人相比,收到社交消息的人(显示有已投票的朋友的人)单击"我已投票"按钮的可能性高2个百分点。当然,这项研究的最终目标是研究投票行为。由于投票记录是公开的,因此作者能够将投票记录与来自脸书的用户数据合并。作者查看了大约600万条记录,发现被发送社交消息的成员的投票率比显示信息性消息或根本没有显示消息的成员的投票率高0.39个百分点。作者估计,脸书消息的直接和间接影响使2010年选民的投票数增加了约34万票。

脸书也可能会影响其他各种行为。例如,2012年,脸书开始允许用户在自己的个人资料中加入一个指标,表明自己是否是器官捐赠者。在推广过程中,脸书向用户提供了其所在州捐赠者登记处的链接;此外,状态更新还会被发送给捐助者的朋友。Cameron et al. (2013)表明,在这项活动的第一天,大约有13054人注册成为器官捐赠者,这与每天616名捐赠者的基准日平均数形成了对比。这表明脸书在促进社会公益方面的作用。可以想象,社交媒体在促进各种公共卫生目标(例如提高儿童疫苗接种率)的实现,以及在教育和储蓄等更广泛的领域发挥着重要作用。

12.2.4 其他调查结果和开放性问题

关于用户生成内容的影响,有很多开放性问题待研究。

第一,一种可能的方向是研究用户生成内容对市场结构的影响。例如,Clemons et al. (2006)认为,评论中提供的信息可以通过提高匹配质量来帮助增加对更具差异化的产品的需求,并且在研究啤酒评论和需求增长的关系时找到了普遍一致的证据。Bar-Isaac et al. (2012)从理论上表明,将新信息引入市场将导致市场中更高水平的产品差异化。这表明诸如Yelp和猫途鹰之类的平台的存在可能会导致更多种类的餐厅和酒店。正如Li and Hit (2010)通过模型构建的那样,在线评论也可能为企业改变价格创造动机,其中定价动机取决于评论是仅考虑质量还是同时考虑价格和质量。

第二,用户生成内容有取代更多传统媒体内容的潜力。就像维基百科已经取代了传统的百科全书一样,YouTube可能会取代传统的电视内容,Yelp可能会取代专业的餐厅评论家,博客可能会取代传统的新闻媒体机构。除了在内容上竞争之外,人们可以料想到投稿人渴望在传统媒体工作。有很多这样的例子,例如纳特·西尔弗(Nate Silver)从最初的匿名博主起步,后来成为《纽约时报》和ESPN (Entertainment and Sports Programming Network)的杰出员工。未来研究的一个重要领域是探索这些类型的职业动向。

除了内容的直接竞争之外,用户生成内容平台还可以通过多种方式影响更多的传统媒体平台。例如,广告市场中可能存在竞争。克雷格列表(Craigslist)①上的公寓和工作列表直接与在线报纸上的本地广告竞争（Kroft and Pope,2014）。这又使额外内容的价值降低(Seamans and Zhu,2014）。有关此内容的进一步讨论,请参见第9章。未来研究的一个富有成果的领域可能是这些影响以及传统媒体与用户生成内容平台之间竞争与合作的程度。

更广泛地说,未来研究的重要方向将是用户生成内容的局限性。例如,已经有研究表明 Yelp、猫途鹰对餐馆和酒店的价值。用户评论也会成为医生和汽车等领域的常态吗? 评论在不同行业中扩散的潜力可能取决于一些因素,如被评论的产品或服务的数量,以及该产品或服务所需的专业知识的程度。而在某些领域,用户生成内容永远无法实现。

此外,用户生成内容与社会产品之间的重要交互也没有得到充分的研究。尽管投票和器官捐赠等领域很重要,但实际上我们现在采取的每项行动都可能受到社交媒体平台的影响。用户生成内容的数据可能会对很多结果产生影响,例如提高高中毕业率、减少青少年怀孕率和降低破产率。

12.3　用户生成内容的质量

由于用户生成内容产生正外部性,因此内容供给不足是用户生成内容模型的标准预测(Avery et al.,1999；Miller et al.,2005）。由于网络效应对于社交媒体平台至关重要(Zhang and Zhu,2011）,因此在新平台和尚未普及用户生成内容的地区,这种影响可能会加剧。从理论上讲,这可能导致多重均衡,即其中一些平台充满了优质的内容,而其他同样出色的平台则是虚拟的"鬼城"。在一个几乎不需要为内容付费的世界中,生成最优数量的内容是数字时代的主要挑战。Che and Hörner(2014）从理论上证明,在产品刚发布后过度推荐产品以鼓励更多的用户进行尝试可以作为一个最优解。一个富有成果的研究领域是进一步探索解决内容供给不足问题的机制,以及导致一个平台成功而另一个平台(通常非常相似)失败的因素。

即使采取了激励措施以产生大量内容,理解内容的质量也是很重要的。总体而言,有证据表明在线评论通常与专家评论一致(Cao et al.,2015；Dobrescu et al.,2013）。但是,每种类型的媒体和信息源都面临着独特的挑战和对内容质量的偏见。②本节将重点介绍对内容质量的几个主要挑战,这些挑战在用户生成内容的背景下尤其重要。

12.3.1　推广性内容

据报道,诸如科勒·卡戴珊(Khloe Kardashian)和杰瑞德·莱图(Jared Leto)之类的名人通过写一条受赞助的推文能赚1.3万美元(Kornowski,2013）。博主经常以隐性的形式相互链接,从而在此过程中为双方的博客吸引更多访问者(Mayzlin and Yoganarasimhan,2012）。企业通常会对自己或竞争对手发表评论(Luca and Zervas,2015；Mayzlin et al.,2014）。众所周知,包括乔·拜登(Joe Biden)在内的政客们都有其授薪人员来编辑他们的维基百科页面,

① 译者注:克雷格列表是一个大型免费分类广告网站。
② 例如有关媒体俘获(media capture)的讨论,请参见第16章。

以使他们的形象变得更令人喜欢(Noguchi,2006)。这些都是企业或个人使用社交媒体或者用户生成内容进行自我宣传的尝试。尽管少量关于这些问题的文献开始出现,但是在不同的用户生成内容平台上,这类内容的范围和含义在很大程度上是一个开放性问题。

有多种在线推广业务的方法,例如广告、维护企业形象或者回应客户评论。其中许多属于真诚的尝试,旨在为客户提供信息和激励措施。但是,也存在误导性(有时是非法)的在线业务推广方法。例如,由于用户名称的半匿名传统,企业可以尝试创建推广内容,而这些推广内容会以一种误导性的方式混入非推广内容的发布者群体。

关于用户生成内容平台,最常被提及的担忧或许是它们可能被欺诈或误导性的运营商所占据,这些运营商试图优化自己的声誉或植入自己的产品。毕竟,只要单击一个按钮,几乎任何人都可以通过留下匿名评论、发布视频、撰写维基百科条目来表明他们喜欢产品或服务。推广内容实际上出现在每种形式的用户生成内容中。

本节的其余部分讨论了有关推广性评论的文献(Mayzlin et al.,2014)。对评论的关注反映了以下事实:推广内容是该领域中特别突出的问题,也反映了相对于其他类型的推广内容,该领域中的研究相对较多的事实。

目前人们对于提供虚假正面评论以优化自己的声誉并提供虚假负面评论以损害其竞争对手公司的声誉的现状仍存在许多担忧。新古典经济学家注意到评论会影响需求,可能会倾向于认为推广内容会扰乱社交媒体网站。但是,行为经济学家和社会心理学家已经记录了一个事实:人们通常对撒谎感到不舒服,即使他们可以逃脱惩罚(Fischbacher and Föllmi-Heusi,2013;Gneezy,2005;Hurkens and Kartik,2009)。此外,随着企业找到操纵内容的方法,平台很快找到了解决这些问题的方法(如下所述)。因此,虚假评论和推广性用户生成内容的普遍程度有待进一步验证。

让我们来考虑一家正在管理其线上声誉的企业。因为它有可能通过留下虚假评论来增加收入,所以它有强大的动机来进行操纵。为了与真实的评论者混为一体,狡猾的虚假评论者会试图将其评论伪装成外部观察者的真实经历。例如,以下是有关牙科服务的两条评论,一条是虚假的,而另一条是真实的:

我需要美白牙齿,我的朋友将我介绍到这家诊所。痛不痛不说,这是非常值得的。我被镜子里自己的灿烂笑容迷住了。

诊疗室在清洁和治疗方面做得很好。工作人员也很友好,他们在每次约定会面之前都会发送提醒。

尽管两条评论中都有潜在的可疑信号——例如,都没有提及有关业务的具体细节,并且给出的信息可以和大多数牙科诊所有关——我们很难确定哪则评论是真实的。在这里,第一条是虚假的,第二条是真实的。辨别的难度凸显了虚假评论和推广内容在经验、管理以及政策等方面的挑战。

　　我们很难凭经验将合法内容与推广内容区分开。为了识别潜在的虚假评论,计算机科学文献中出现了许多设计算法来分析评论特征,例如文本模式和评论者社交网络(Akoglu et al.,2013)。一种方法是通过聘请机械土耳其人①的工作人员撰写关于他们未曾去过的地方的评论,来创建已知虚假评论的"黄金标准"(Ott et al.,2011)。然后,研究人员将这些评论与在猫途鹰上找到的评论进行比较,这些评论可能包括真实评论和虚假评论。然后,他们利用机器学习构建一种算法,该算法可帮助识别在给定特征下(通常包括文本、评分和评论者的特征)最有可能为虚假的评论。

　　这些分类系统使得公司可以判定哪些评论最值得信任,哪些最不值得信任。在实践中,公司通常使用推广内容的标记来创建自己的算法,例如内容的来源、发布方式以及是否可以验证内容。例如,Yelp 的自动化软件将过滤后的评论放在不会影响总评分的单独类别中,而猫途鹰则采用了金融服务领域中使用的信用卡检测算法,并使用它们来扫描其网站上的虚假酒店、航空公司以及汽车租赁评论(Williams,2013)。

　　到底有多少虚假评论呢? 估算结果本质上取决于分析师鉴别虚假评论的能力,因此估算本身会产生干扰。Luca and Zervas(forthcoming)对 3625 个波士顿地区的餐厅的 316415 条评论进行了调查,并使用 Yelp 开发的算法来识别可疑评论,发现 Yelp 将提交在网站上的16%的餐厅评论标识为可疑的。Yelp 的报告显示,其垃圾邮件检测算法会过滤掉所有类别和市场中大约 20%的评论。Ott et al.(2012)检测了 Yelp 上评论的文字,将 Yelp 上大约 4%的评论归类为虚假评论。多种因素可能导致了这些差异。第一,Yelp 所掌握的关于撰写的评论的信息要比研究人员多得多,因此,使用一种算法,它可以更轻松地将评论分类为真实还是伪造。例如,Yelp 知道评论在何处被撰写以及评论者在平台上的详细行为模式。第二,Yelp 可能会比较谨慎,因此会删除更多的可疑评论。第三,随着时间的流逝,可疑评论的数量呈上升趋势(Luca and Zervas,forthcoming),Ott et al.(2012)使用的数据来自较早时期。

　　虚假评论看上去是怎样的? 如上所述,由于我们通常无法直接注意到虚假评论,因此其很难被识别。但是,使用算法识别伪造和可疑评论的文献对此问题有一些洞见。例如,Ott et al.(2012)发现,初次和第二次评论者撰写的虚假评论数量不成比例。通过比较提交给 Yelp 的(由算法识别的)可疑和真实评论,Luca and Zervas(forthcoming)发现可疑评论比真实评论更极端,并且更可能由在 Yelp 上缺乏社会资本(social capital)的评论者撰写。Ott et al.(2011)指出,通过算法识别出的猫途鹰上的可疑评论,除了评分偏高外,还都有正面的文字描述。随着这些算法的开发,虚假评论者可能会学会编写算法难以识别的评论,从而突显出虚假评论的博弈论性质。

　　尽管计算机科学文献主要关注虚假评论的标识,少部分经济学文献则专注于研究留下虚假评论的经济动机和福利影响。Dellarocas(2006)建立了策略性内容操纵的理论模型,结果表明,尽管操纵会导致激烈竞争,并导致所有公司的资源浪费,但信息内容或增或减,而其增减取决于操纵成本与公司真实质量之间的关系。

---

① 译者注:机械土耳其人是亚马逊公司运营的线上众包平台。

为了对此问题进行实证研究,Mayzlin et al. (2014)将亿客行与猫途鹰上的酒店评论进行比较。因为亿客行会鉴别通过其平台预订酒店并留下评论的人,所以在亿客行上留下虚假评论要比在猫途鹰上困难得多,因为后者无法验证用户是否确实住过酒店。比较两个平台上酒店评论分布情况,作者发现,相较于亿客行,独立酒店(往往比连锁酒店有更强的动机去操纵评分体系)在猫途鹰上的五星评价比例往往更高。此外,靠近独立酒店的酒店在猫途鹰上会得到较高比例的一星评价。总体而言,这表明最有动机留下推广评论的企业正在这样做,并且这类评论都集中在更易操作的平台上。与此相一致的是 Ott et al. (2012)的发现,亿客行旗下的子服务网站 Orbitz 通过使用一种算法来估算推广性内容的普遍性,使其推广性内容的比例要低于猫途鹰。

通过检视 Yelp 上的餐厅评论,Luca and Zervas(forthcoming)发现,当餐厅遭受负面声誉冲击时,它更有可能从事评论欺诈行为。此外,在竞争对手开业之后,餐厅更有可能收到虚假的负面评论。与 Mayzlin et al. (2014)的发现一致,这篇文章还发现,独立企业更有可能实施评论欺诈。总体而言,该研究表明,评论欺诈涉及受经济激励影响的成本效益分析因素。

点评类平台采用了多种机制来防止评论欺诈。如前所述,亿客行通过验证评论者是否有购买行为以使留下虚假评论变得更加困难。这让亿客行不光减少了平台上的评论欺诈,同时也减少了合乎规则的内容。例如,如果一个酒店点评平台仅允许经过验证的顾客评论,那么它将消除许多住过该酒店但通过不同平台进行预订的人的合法评论,这表明类似机制为平台设计者带来了重要的权衡。

其他筛选虚假评论的机制包括:允许评论者在网站上建立声望(因此更难留下虚假评论);开发一种算法来标记和删除虚假评论;允许社区用户标记和调查虚假评论。表 12.3 罗列了部分平台所使用的一些反欺诈机制。

表 12.3 防止欺诈性内容的机制示例

平台	是否有验证?	是否有评论者声誉机制?	是否有欺诈算法?
Yelp	是	是	是
烂番茄	是	是	是
猫途鹰	是	是	是
亿客行	是	否	否
亚马逊	是	是	是
Angie's List	是	是	是
维基百科	是	是	是

12.3.2 自选择问题

社会科学家经常使用和依赖的各类调查数据集多试图在州或国家层面具有代表性,例如人口普查、美国全国青年纵向调查和一般社会调查。用户生成内容则明显不同。其主要特征之一是无偿参与,并且也未试图构建具有代表性的人口样本。因此,很难假设一个网站(或总体而言)的用户生成内容完全反映了潜在读者群的情感或偏好。针对用户评论,有两个层次的自选择问题。第一,潜在的评论者选择是否购买特定产品。第二,潜在的评论者决定是否发表评论。

因为人们更有可能购买他们认为自己会喜欢的产品(例如,"星球大战"系列的粉丝最有可能观看该系列的最后一部作品),因此购买产品的人对产品的平均评价要高于那些没有购买产品的人。这可能会导致评价出现向上偏差(upward bias)。此外,早期购买者可能与晚期购买者之间存在系统性的不同。例如,如果早期购买者是最大的粉丝[Hitt and Li(2008)发现亚马逊上的大多数书籍销售都是这种情况],则向上偏差将会加剧。

是否在购买后留下评论的决定对最终内容的影响取决于促使某人进行评论的因素。我们可能会假设人们最有可能在他们持有极端意见时进行评论,但他们也可能想留下评论以推广他们认为相对不为人知的产品。显然,第一种动机会导致与第二种动机不同的偏差。

根据经验,Hu et al. (2009)指出,大多数亚马逊产品具有 J 形(不对称双峰)分布,其正面评价数多于负面评价数。作者认为,自选择有两个主要驱动因素:具有温和观点的顾客的评论不足现象(under-reporting among customers with moderate views)以及购买偏差(purchasing bias)(如上所述)。相比之下,Yelp 上的评级分布却不是 J 形的(Dai et al.,2013)。在 Dai et al. (2013)的样本中,出现频率最高的评价为四分,且两极的评价数要少一些。购买选择可能会导致较高的平均评分。但是,单峰分布和缺乏极端值的情况表明,在这个平台上,评论选择的重要性较低。选择函数可能会随产品类型等因素而变化。例如,Dellarocas et al. (2010)表明,非常晦涩的电影和大片较有可能被评论(占看过电影的人的百分比较高)。更广泛地说,许多不同的因素促使人们贡献内容,而这种异质性最终塑造了内容。

自选择对其他类型的用户生成内容也构成问题。新闻博客的读者获得的时事信息可能非常不完整。博主倾向于链接到具有类似观点的其他博客(Adamic and Glance,2005;Hargittai et al.,2008)。通过观察在线新闻的消费情况,Gentzkow and Shapiro(2011)发现,线上的意识形态隔离比线下的更大,但从绝对意义上来说还是相对较小的——这表明跨平台阅读有助于限制偏差的程度。Mullainathan and Shleifer(2005)在理论上探讨了这种机制。

在一系列论文中,Greenstein and Zhu(2012,2014)研究了维基百科上的偏差,维基百科往往比百科全书更左倾。在一篇文章中,有更多的作者和编辑往往会反映出更少的偏见,这表明仅让更多的人查看和编辑内容就可以起到减少偏差的作用。总体而言,这与对立面吸引(opposites attract)的机制是一致的。换句话说,随着时间的流逝,偏差和倾斜的减少与一种机制相吻合,在这种机制中保守的编辑吸引了使文章更加自由或平衡的修订和贡献,反之亦然。但是,大多数文章的编辑次数相对较少,并且与最初的倾向没有太大差异。

总体而言,贡献者的选择是决定一个平台所提供内容的关键因素。贡献内容的人可能与整个群体不同。贡献很大的人可能与偶尔贡献内容的人有所不同。未来研究的一个重要领域将是产生贡献的许多不同动机,以及不同类型的用户生成内容出现的偏差的程度和类型。例如,在一定程度上,贡献者倾向于出现在具有特定偏好(例如电子游戏)的人群或特定人群(例如男性),用户生成内容平台的内容可能会偏向那些偏好或客户群,即使每个贡献者完全出于良好的意图。

12.3.3 同侪效应和社会影响

早期的用户生成内容可能会影响后来的内容。用户生成内容,包括 Yelp 评论、维基百科条目、推特帖子、脸书帖子、新闻文章评论和 YouTube 视频,它们并不是凭空被创建的。每个发布者都会根据他们看到的所有其他内容来决定要发布什么。这种社会影响力可以影响最终产生的内容。

为了调查社会影响力,Muchnik et al.(2013)在一个未公开的新闻聚合网站(news aggregator)上进行了一项实验,该聚合工具类似于红迪(Reddit),允许用户对文章进行正面或负面投票。研究发现,为一篇文章投上"赞"票,会使其在未来得到"赞"票的可能性增加32%。社会影响力也是推特等平台中的重要组成部分。Bakshy et al.(2011)发现,推特上的转发热潮往往源自非常有影响力的用户。Kwak et al.(2010)发现,超过 85% 的转发主题与时事有关,突显了推特作为社交网络和新闻平台之间的模糊界限。

社会影响虽然可以歪曲内容,但也可以成为积极力量。例如,在上文描述的维基百科编辑过程中,人们可以尝试调整他们贡献的内容,以便在考虑到先前内容的基础上改善最终内容。同样,社会影响力可能会正向影响贡献率。目前仍然存在许多关于社会影响力的开放性问题,例如调节社会影响力的因素以及其福利意义。

12.3.4 其他问题

前述关于内容质量的挑战列举并不详尽。在线市场中出现的一个问题是,卖方经常评论买方,而买方也评论卖方。如果评论人担心遭到报复,这可能会导致产生向上偏差报告(upward biased reporting)。例如,即使爱彼迎上的一位租房者有不好的体验,但如果房东在评论他之前需要查看评论,他可能会犹豫是否要留下差评。这种互惠性评论(reciprocal reviewing)有几种可能的解决方案。例如,平台可以简单地不公开评论,直到双方都留下评论为止。在易贝(Bolton et al.,2013)和爱彼迎(Fradkin et al.,2014)等环境中的互惠性评论已受到探讨。

总之,理解和提高用户生成内容的质量对于决策者和平台设计者来说都是重要的问题。从政策的角度来看,上述每个问题都会影响用户生成内容所创造的福利。从平台的角度来看,这些问题会影响平台的设计选择。内容的质量和倾斜度将决定结果,如用户和贡献的数量和类型、广告对企业的价值,以及平台所创造的价值。未来研究的一个重要方向是探索这些因素,并开发机制来提高内容的质量。

12.4 激励设计和行为基础

让我们来看一下酒店评论平台——猫途鹰。该网站是世界上最大的酒店信息提供商,拥有超过 1.7 亿条与旅行服务(酒店、目的地、旅游等)相关的评论,所有评论都是免费提供的。如果该公司为每条评论提供金钱回报,那么许多用户可能会被冒犯到,以至于根本不会进行评论。任何对于评论的合理的付款标准(例如,给每条经过深思熟虑的评论支付 15 美元)在财务上都是不可持续的。从这个意义上讲,诸如猫途鹰之类的平台最令人惊讶的方面可能是它们存在且可生存的简单事实。

在贡献者通常得不到经济补偿的世界中,为什么人们仍然选择贡献内容? 这是关于用户生成内容的根本问题。毕竟,贡献有意义的内容是需要花费时间和精力的。实际上,有许多可以促使人们做出贡献的因素。一个重要因素是,尽管很少有金钱激励措施,但非金钱激励措施设计是平台设计者的核心职能。例如,Yelp 和 AngiesList 提供了激励措施来促使贡献者对服务进行评论,并着重于内容的数量和质量。YouTube 提供了激励措施,以鼓励用户制作观众会感兴趣的视频。脸书和推特鼓励用户发布其他人会阅读的信息。本节将讨论推动内容产生的主要非金钱激励措施(主要基于行为经济学观点的激励措施)以及设计人员为创建这些激励措施所做的选择。

不同平台在设计激励贡献者的方式上存在显著的异质性。举例来说,一些平台(如 Yelp 和 Wikia)有专门管理贡献者社群并直接与高产的贡献者互动的人员。另外的平台则更被动一些。还有平台发送大量消息提醒人们对内容做出贡献。在所有平台上,平台设计创造的激励机制决定了内容的多寡与优劣。

平台常用的一种激励措施是允许用户建立声誉。用户声誉有两种形式。第一种是自上而下的,通常采用由平台提供的徽章或其他外向展示型奖励的形式。例如:Yelp 为撰写过许多高质量评论的评论者提供“精英”身份(由 Yelp 判定);猫途鹰、亚马逊和许多其他平台都具有类似的系统。第二种是由同侪提供的。用户生成内容平台通常为其他用户提供评估贡献的方式,例如 Yelp 的“酷”“有趣”和“有用”评级,亚马逊的“有用”评级以及 Stack Exchange① 的“赞成”。设计师通常通过突出头衔和徽章来建立同侪声誉。

Easley and Ghosh(2013)分析了徽章作为内容创造激励的作用。例如,亚马逊和雅虎问答为创造出数量最多的有用内容的用户授予最杰出贡献者称号。StackOverflow 为用户提供完成某些操作的徽章,例如对答案进行 300 次或更多次投票。徽章显然是有效的动力来源:有许多讨论社区致力于在亚马逊和雅虎问答成为顶尖贡献者并保持领先地位。Anderson et al. (2013)通过实证研究发现,StackOverflow 用户越接近获得某些徽章,他们的参与就越积极。现在,越来越多的文献开始研究这些类型的激励措施的效果和最优设计。一旦平台选择了激励系统(例如徽章或排行榜),它就必须决定某人必须做些什么才能获得激励。例如,Miller et al. (2005)提出了一种评分规则,该评分规则是根据用户评分和参考用户评分所隐含的后验信念(posterior beliefs)的比较得出的。

着眼于整个评论生态系统而非单个评论者的行为,Wang(2010)分析了三个热门网站(Citysearch②、Yahoo Local 和 Yelp)上评论与评论者之间的差异。尽管 Yelp 进入了一个已经存在的在线评论市场,其中 Citysearch 很受欢迎,但 Wang(2010)注意到 Yelp 的高频评论者比 Citysearch 或 Yahoo Local 都要多。Wang(2010)认为,Yelp 和这两家现有平台的主要区别在于,Yelp 提供了社会形象激励;这表明与内在动机相比,声誉动机对评论的提供构成一种更强大的驱动力。如果评论者的主要动机是利他主义的,那么 Yelp 上的评论数量与其他网站

① 译者注:Stack Exchange 是一系列问答网站,每一个网站包含不同领域的问题。
② 译者注:Citysearch 是一个在线城市指南,可提供美国各个城市的餐饮、娱乐、零售、旅行和专业服务信息。

上的评论数量之间的差异可能会更小,因为用户无论在哪里读到评论,都可以从中受益。虽然这项研究并未能剥离出社会形象的因果效应,但它表明了社会形象在用户生成内容领域中潜在的重要作用。

用户生成内容的另一个重要的行为组成部分是用户对贡献的影响和质量的信念。贡献的动机随着用户数量的增加而增加,这表明亲社会动机(prosocial motivations)是贡献决策的基础。一个相关因素与贡献者对贡献质量的信念有关。Zhang and Zhu(2006)表明,维基百科的贡献者在其较早的内容已被编辑或纠正后不太会参与贡献内容,或许是因为这类反馈表明他们的贡献质量堪忧。在对 MovieLens①的实证研究中,Chen et al.(2010)表明,提供有关中位数用户贡献了多少评分的信息会导致低频用户的贡献率大大提高,而高频用户的贡献率下降,这表明社会规范引导了贡献率。

该领域的未来研究有两个主要方向。第一,用户生成内容平台为测试行为理论创造丰富的实证背景。第二,考虑到平台用户的偏好,平台层面激励措施的最优设计大抵仍然是一个开放性问题。

12.5 其他问题

本节收录了与用户生成内容有关的其他几个重要的问题。这些问题是未来用户生成内容研究领域可能富有成果的潜在领域。

12.5.1 商业模式

综观各类用户生成内容平台,用户生成内容平台主要有四种营收方式。

第一种(也是最常见的)营收方式是出售广告,这是脸书、推特、Yelp 和许多其他公司所采用的方式。这类方式的好处之一是,用户生成内容平台通常对贡献者和用户了解甚多,包括他们感兴趣的内容(例如,Yelp 知道用户何时在搜索泰国美食)。不过广告销售也会带来政策与法律问题,涉及的内容从隐私(应允许脸书使用哪些数据来定向广告)到公平(相对于原生内容而言,新闻源中应显示多少广告)。广告还可以激励贡献者改变其内容。例如,Sun and Zhu(2013)发现,在中文门户网站上推出广告收入分享计划后,博主为了吸引更多的观看者对内容做出了改变。

另一个相关的研究问题与销售广告的最佳方式有关。选项之一是利用拍卖,就像谷歌和其他平台通常所做的那样。相比之下,Yelp(与其他几个主要平台一样)拥有庞大的销售团队,可以与企业互动交流,以固定价格出售广告。这样,出售广告的平台通常就可以向用户提供内容,无须额外收费。

第二种营收方式是将内容出售给用户。例如,AngiesList 向用户收取年度会员费。尽管这种方法可以消除主要依靠广告导致的问题,但它也可能限制贡献内容的数量(因为更少的人可以查看内容),并最终限制平台的覆盖范围。

---

① 译者注:MovieLens 是一个电影推荐系统和虚拟社区网站。

第三种营收方式是出售分析和数据。例如,通过研究用户行为和网络数据的变化,脸书能比大多数其他机构更好地预测全国的时尚流行趋势。同样,Yelp 可以比其他机构更好地预测食物流行趋势。这样的分析可能会改变企业优化运营的方式。

第四种营收方式是全然不追求利润。某些用户生成内容平台(例如维基百科)已选择采用非营利的方法,依靠捐赠和筹款活动维持生计。

这个领域仍有很多开放性的问题。例如,脸书上的广告有效吗? 它们是否会与企业致力于保护隐私的做法产生利益冲突? 付费墙(例如 AngiesList 的会员机制)在多大程度上减少了内容? 付费墙是否会通过明显的利润动机而使得客户减少使用量? 如 Edelman and Gilchrist(2012)所述,基于广告的模式是否会导致平台模糊付费内容和未付费内容之间的差异?

总体而言,有几个与商业模式和用户生成内容相关的主要研究主题:服务的最优定价;其有效性的度量;意外结果的识别和量化;每种商业模式最优状态的条件。

12.5.2　竞争与网络效应

诸如脸书、Yelp、推特、领英和 YouTube 之类的社交媒体网站对于特定用户的价值取决于还有谁在使用它。如前所述,这种网络效应是所有用户生成内容的特点,这样用户生成内容平台的价值会随着用户数量的增加而增加。这有助于解释为什么投资者除了考虑网站收入之外还经常考虑网站的用户数量。网络效应也是市场势力的自然来源。当脸书拥有庞大的网络时,对每个用户的价值都会增加,从而使竞争对手难以俘获用户。

尽管网络效应很重要,但仍有一些大型的用户生成内容平台被竞争对手超越的重要例子。脸书并不是第一个流行的在线社交网络,Myspace 在此之前已经诞生。同样,Citysearch 比 Yelp 更早成为一个流行的在线点评平台。在这些情况下,拥有更先进技术的强大行业新进入者克服了网络效应。虽然大量的研究工作记录了社交媒体网络并调查了网络内部的影响力[请参见第 12.2 节和 12.3.3,或 Jackson and Yariv(2011)],关于网络结构在在线社交网络中的作用仍然存在许多开放性问题。未来研究的重要方向包括量化这些平台中网络效应的价值,估计它们提供市场势力的程度以及探寻使竞争者克服网络效应的因素。例如,可能存在某个临界点,用户会从一个平台大规模迁徙到另一个平台。

社交媒体和更传统的媒体渠道之间产生了竞争的相关因素。维基百科与传统的百科全书竞争,博客与报刊竞争,Yelp 与米其林指南竞争,等等。未来研究的一个富有成果的领域是探索这类竞争的程度和影响。

12.5.3　数字排放、产权和隐私

每个脸书帖子、每条点赞、每条推特、每条 Yelp 评论、每张 Instagram 图片以及每条 Foursquare① 签到都在网络上留下痕迹,有时这就是所谓的数字排放(digital exhaust)。

数字排放提供了有价值的新数据。Bollen et al. (2011)表明,根据推文评估的公众情绪

---

① 译者注:Foursquare 是一家基于用户地理位置信息的手机服务网站,并鼓励手机用户同他人分享自己当前所在的地理位置等信息。

可以预测股市的结果。Kang et al.（2013）发现，Yelp 评论中的文字能预测餐厅的卫生违规情况，因此评论者可以帮助卫生检查人员确定需要检查的餐厅。Glaeser et al.（forthcoming）与 Yelp 和波士顿市进行合作，以探索波士顿市特有算法的创建和实现。数字排放可以用于利于社会的活动，例如，市政府能使用脸书网络预测大学辍学决定，或者使用推特预测犯罪。

但是，数字排放导致了产权问题。特别是，谁拥有用户提供给平台的海量数据？用户生成内容平台经常出售有关用户的数据，以增强广告商识别潜在客户的能力。减少平台可以出售的用户数据数量可能会降低广告商精准定位消费者的能力。在考察欧盟法规对可供在线广告商收集的数据量的影响后，Goldfarb and Tucker（2011）发现，引入此限制后，相对于世界其他地区，欧洲的广告有效性（通过参与五分制购买可能性量表来衡量的）下降了 65%。然而，Tucker（2014）发现，当社交媒体用户相信自己可以控制自己的个人身份信息时，他们更可能点击私人定制化的广告。

数字排放还引发了与隐私和匿名有关的问题。贡献者匿名的福利影响是什么？例如，脸书为用户的个人资料、图片和帖子提供了不同的隐私设置，用户可以根据个人偏好选择。Yelp、维基百科、YouTube、猫途鹰或大多数其他平台的贡献者可以较为匿名地发布材料（或选择将自身公开）。允许匿名贡献内容可能会改善内容，尤其是在敏感领域，但也可能会加剧自利行为（或如 12.3.1 所述，推广性内容）。在不同情况下，无论从好还是坏的方面来说，匿名用户可能更有意愿违反社会规范。

公开贡献内容可为贡献者提供社会资本，从而激励他们产生高质量的内容，并避免欺诈性内容。在设计人员可能希望阻止某些类型的对话的情况下（例如，限制仇恨言论或在讨论板上霸凌他人），要求公开贡献内容或许是重要的工具。

但是其间存在一种权衡，因为公开贡献内容可能会限制担心被羞辱或报复的用户提供重要内容。某些情况下，禁止匿名投诉会适得其反。例如，因担心警察能够识别网上的内容，贡献者会减少对警察的投诉或建议。有关媒体的隐私经济学的进一步讨论，请参阅第 11 章。

为了研究匿名在维基百科上的作用，Anthony et al.（2009）区分了注册编辑者和匿名编辑者。尽管注册用户会提供更多内容，但未注册用户的内容很可能被长期保留，因此可能更为可靠。

总而言之，了解用户生成内容中围绕隐私和匿名性日益增长的权衡取舍是未来研究的重要领域。

12.5.4 信息聚合

试想一个镇上有两家虚构的酒店：加利福尼亚酒店和约巴酒店。两家酒店在猫途鹰上均颇受欢迎，获得来自数百位评论者平均 3.5 星的评分。表面上看两家酒店似乎很相似。然而当仔细观察时，你会发现，加利福尼亚酒店的大多数好评都来自很久以前，而且其声誉在后来有所下降。相比之下，约巴酒店在过去几年中获得了很多好评。你会选择哪家酒店？你很可能会选择约巴酒店。

让我们进一步假设，如果要呈现出对这些酒店真实质量的估计，猫途鹰应该如何向用户显示它们的总体评分,并以什么顺序列出? 如上所述,每家酒店的算术平均评分为 3.5 星。但是,只在非常严格的假设下,算术平均值才是汇总这类信息的最佳方法。例如,如果每个评论都来自独立且均匀的质量分布,且没有同侪效应、质量变化或评论质量的异质性,则算术平均值才可能是最佳的。

因此,用户生成内容平台面临的一个问题是如何汇总这类信息。以 Yelp 的评论为例,Dai et al. (2013)提供了一种用户生成内容汇总的结构性方法,考虑了内容上的同侪效应、餐厅质量的变化以及评论者的异质性等因素。研究得出了 Yelp 评分的最优聚合,其方法内生地为后来的评论和精英评论者赋予更大的权重。

与算术平均值截然相反的是找到“坏”内容并将其全部删除的方法。使用算法来识别和删除虚假内容的平台会采用这种方法,类似垃圾邮件检测算法(Ott et al. ,2011)。与算术平均值的情况一样,完全删除内容的方法仅在非常严格的假设下才是最佳的,因为它假定删除的内容不包含任何有用的信息。从这个具体的应用中退一步说,给定一些评论者行为的模型,似乎应该可以得出提供给用户聚合信息的最佳方式。如果用户具有不同的偏好,则可以基于顾客的偏好来定制内容。在实践中,可以对信息重新加权再呈现给用户。另一种选择是,平台可以在决定显示结果的顺序时利用这些见解。

12.5.5　福利效应

猫途鹰通过给正在挑选酒店的用户增加可获得的信息量,为社会创造价值。量化这种福利效应非常复杂,因为它需要关于人们在没有猫途鹰的情况下会去哪里,以及人们从不同酒店获得的价值的数据和假设。除此之外,由于新信息会影响市场中酒店的多样性和质量,量化会进一步变得复杂。

领英通过允许人们在以就业为中心的环境中相互联系来创造价值,这有可能减少失业并带来更好的工作匹配。但是,由于联结的内生性特质,包括是否加入领英的简单决定以及估算连接价值的难度,计算这一价值相当复杂。

在量化几乎任何类型的用户生成内容的福利效应时,都将会遇到类似的挑战。这类量化问题仍然是未来研究的一个开放方向。除了从新信息中获得的总体收益之外,对于消费者而言,可能还有相当多的异质性影响。例如,AngiesList 是为愿意付费的客户量身定制的,而 Yelp 则面向更广泛的受众。同样,通过博客和推文传播的在线新闻可能与《纽约时报》的报道截然不同。未来的研究可以帮助我们更多地了解客户、员工和企业中的赢家和输家。

12.6　讨论

几乎每个行业都受到了用户生成内容的影响。每种线上互动都具有关于它的社交元素,而每种类型的媒体都在融入用户生成内容、与其竞争或被其取代。通过描述该领域内的诸多研究,本章重点介绍了用户生成内容对行为的影响、这类平台面对的内容质量的偏差和挑战,以及如何设计激励措施以产生足够的高质量内容等问题。

本章中出现了几个主题。第一个主题是方法论。该领域的许多前沿研究都涉及寻找研究给定问题的正确方法。在许多情况下,这意味着需要识别策略以确定因果效应,而不仅仅是描述性工作和关联性研究。在用户生成内容可能有助于预测和确定我们关心的目标变量时,纯粹的预测问题也值得关注。但重要的是要厘清一篇论文是在朝着因果关系的方向发展,还是试图预测结果。目前在该领域除了个别明显的例外,许多实证研究都缺乏对因果关系的强调,且经常侧重于关联性的搭建。随着大量数据的涌现以及与企业开展实验的可行性不断提高,朝着因果估算推进是未来研究一个富有成效的方向。

第二个主题涉及经济学家的角色。经济学中一项重要的实践进展是经济学家作为工程师这一思想的发展(Roth,2002)。在这种情况下,经济学家不仅研究用户生成内容,还帮助设计用户生成内容平台。正如 Roth(2002)所描述的那样,经济学家这种角色的转变要求我们更深入地理解我们所研究的背景,并更加关注假设和制度性细节。激励机制设计工作(开发实用的新机制以鼓励高质量内容)和信息设计工作(采用新方法聚合和向用户呈现内容)都反映了这一点。

第三个主题是对现象的关注。经济学领域通常以抽象化和摆脱特定环境的束缚为荣。相比之下,对用户生成内容的研究更多地集中在现象上,这可能部分是因为机构和研究人员之间的联系更紧密。尽管这种差异在许多方面都具有吸引力,但有关用户生成内容的新兴文献可能会从对理论的更多依赖中受益。例如,有关网络的理论文献可以更直接地被应用到对社会网络影响力的实证研究中。

归根结底,无论是在实践中还是在研究方面,用户生成内容平台都是一个快速发展的领域,它创造了独特的反馈循环。未来的研究有很多机会来发展新的理论和分析用户生成内容是如何塑造我们周围的世界的,用户生成内容平台目前如何运作,以及它们应该如何运作。

致谢

感谢本书主编以及邓肯 · 吉尔克里斯特(Duncan Gilchrist)、沙恩 · 格林斯坦(Shane Greenstein)和斯科特 · 柯米纳斯(Scott Kominers)提出的宝贵意见,也由衷感谢珍妮特 · 卢(Janet Lu)和帕特里克 · 鲁尼(Patrick Rooney)提供的出色的研究协助。

参考文献

Adamic, L., Glance, N., 2005. The political blogosphere and the 2004 U. S. election: divided they blog. In: Proceedings of the 3rd International Workshop on Link Discovery. Association for Computing Machinery, New York, NY, pp. 36-43.

Akoglu, L., Chandy, R., Faloutsos, C., 2013. Opinion fraud detection in online reviews by network effects. In: The 7th International AAAI Conference on Weblogs and Social Media. The

AAAI Press, Palo Alto, California, pp. 2-11.

Anderson, M., Magruder, J., 2012. Learning from the crowd: regression discontinuity estimates of the effects of an online review database. Econ. J. 122 (563), 957-989.

Anderson, A., Huttenlocher, D., Kleinberg, J., Leskovec, J., 2013. Steering user behavior with badges. In: Proceedings of the ACM International Conference on World Wide Web (WWW). Association for Computing Machinery, New York, NY, pp. 95-106.

Anthony, D., Smith, S., Williamson, T., 2009. Reputation and reliability in collective goods the case of the online encyclopedia wikipedia. Ration. Soc. 21 (3), 283-306.

Aral, S., Walker, D., 2012. Identifying influential and susceptible members of social networks. Science 337 (6092), 327-341.

Aral, S., Walker, D., 2014. Tie strength, embeddedness & social influence: a large scale networked experiment. Manag. Sci. 60 (6), 1352-1370.

Avery, C., Resnick, P., Zeckhauser, R., 1999. The market for evaluations. Am. Econ. Rev. 89 (3), 564-584.

Bakshy, E., Hofman, J. M., Mason, W. A., Watts, D. J., 2011. Everyone's an influencer: quantifying influence on twitter. In: Proceedings of the 4th ACM International Conference on Web Search and Data Mining, Hong Kong. Association for Computing Machinery, New York, NY, pp. 65-74.

Bar-Isaac, H., Caruana, G., Cuñat, V., 2012. Search, design, and market structure. Am. Econ. Rev. 102 (2), 1140-1160.

Bertrand, M., Duflo, E., Mullainathan, S., 2004. How much should we trust differences-in-differences estimates? Q. J. Econ. 119 (1), 249-275.

Bollen, J., Mao, H., Zeng, X., 2011. Twitter mood predicts the stock market. J. Comput. Sci. 2 (1), 1-8.

Bolton, G., Greiner, B., Ockenfels, A., 2013. Engineering trust: reciprocity in the production of reputation information. Manag. Sci. 59 (2), 265-285.

Bond, R., Fariss, C., Jones, J., Kramer, A., Marlow, C., Settle, J., Fowler, J., 2012. A 61-million-person experiment in social influence and political mobilization. Nature 489 (7415), 295-298.

Cabral, L., Hortaçu, A., 2010. The dynamics of seller reputation: evidence from eBay. J. Ind. Econ. 58 (1), 54-78.

Cameron, A., Massie, A. B., Alexander, C. E., Stewart, B., Montgomery, R. A., Benavides, N. R., Fleming, G. D., Segev, D. L., 2013. Social media and organ donor registration: the Facebook effect. Am. J. Transplant. 13 (8), 2059-2065.

Cao, R., Ching, A., Ishihara, M., Luca, M., 2015. Can the Crowd Predict Roger Ebert's Reviews? Working Paper.

Che, Y., Hörner, J., 2014. Optimal Design for Social Learning. Working Paper.

Chen, Y., Harper, M., Konstan, J., Li, S., 2010. Social comparisons and contributions to online communities: a field experiment on MovieLens. Am. Econ. Rev. 100 (4), 1358-1398.

Chevalier, J., Mayzlin, D., 2006. The effect of word of mouth on sales: online book reviews. J. Mark. Res. 43 (3), 345-354.

Clemons, E., Gao, G., Hitt, L., 2006. When online reviews meet hyperdifferentiation: a study of the craft beer industry. J. Manag. Inf. Syst. 23 (2), 149-171.

Dai, W., Jin, G., Lee, J., Luca, M., 2013. Optimal Aggregation of Consumer Ratings: An Application to Yelp.com. Working Paper.

Dellarocas, C., 2006. Strategic manipulation of Internet opinion forums: implications for consumers and firms. Manag. Sci. 52 (10), 1577-1593.

Dellarocas, C., Gao, G., Narayan, R., 2010. Are consumers more likely to contribute online reviews for hit products or niche products? J. Manag. Inf. Syst. 27 (2), 127-158.

Dobrescu, I., Luca, M., Motta, A., 2013. What makes a critic tick? Connected authors and the determinants of book reviews. J. Econ. Behav. Organ. 96, 85-103.

Easley, D., Ghosh, A., 2013. Incentives, gamification, and game theory: an economic approach to badge design. In: Proceedings of the 14th ACM Conference on Electronic Commerce. Association for Computing Machinery, New York, NY, pp. 359-376.

Edelman, B., Gilchrist, D., 2012. Advertising disclosures: measuring labeling alternatives in Internet search engines. Inf. Econ. Policy 24 (1), 75-89.

Fischbacher, U., Föllmi-Heusi, F., 2013. Lies in disguise—an experimental study on cheating. J. Eur. Econ. Assoc. 11 (3), 525-547.

Fradkin, A., Grewal, E., Holtz, D., Pearson, M., 2014. Bias and Reciprocity in Online Reviews: Evidence from Field Experiments on Airbnb. Working Paper.

Gentzkow, M., Shapiro, J., 2011. Ideological segregation online and offline. Q. J. Econ. 126 (4), 1799-1839.

Ghose, A., Ipeirotis, P., Li, B., 2012. Designing ranking systems for hotels on travel search engines by mining user-generated and crowdsourced content. Mark. Sci. 31 (3), 493-520.

Glaeser, E., Hillis, A., Kominers, S., Luca, M., 2015. Crowdsourcing city government: using tournaments to improve inspection accuracy. Amer. Econ. Rev. (forthcoming).

Gneezy, U., 2005. Deception: the role of consequences. Am. Econ. Rev. 95 (1), 384-394.

Goldfarb, A., Tucker, C., 2011. Privacy regulation and online advertising. Manag. Sci. 57 (1), 57-71.

Greenstein, S., Zhu, F., 2012. Is Wikipedia biased? Am. Econ. Rev. 102 (3), 343-348.

Greenstein, S., Zhu, F., 2014. Do Experts or Collective Intelligence Write with More Bias?

Evidence from Encyclopaedia Britannica and Wikipedia. Working Paper.

Hargittai, E. , Gallo, J. , Kane, M. , 2008. Cross-ideological discussions among conservative and liberal bloggers. Public Choice 134 (1-2), 67-86.

Hitt, L. , Li, X. , 2008. Self-selection and information role of online product reviews. Inf. Syst. Res. 19 (4), 456-474.

Hu, N. , Zhang, J. , Pavlou, P. , 2009. Overcoming the J-shaped distribution of product reviews. Commun. ACM 52 (10), 144-147.

Huang, J. , Chen, Y. , 2006. Herding in online product choice. Psychol. Mark. 23 (5), 413-428.

Hurkens, S. , Kartik, N. , 2009. Would I lie to you? On social preferences and lying aversion. Exp. Econ. 12 (2), 180-192.

Jackson, M. , Yariv, L. , 2011. Diffusion, strategic interaction, and social structure. Handb. Soc. Econ. 1, 645-678.

Jin, G. , Leslie, P. , 2009. Reputational incentives for restaurant hygiene. Am. Econ. J. Microecon. 1 (1), 237-267.

Kang, J. , Kuznetsova, P. , Luca, M. , Choi, Y. , 2013. Where not to eat? Improving public policy by predicting hygiene inspections using online reviews. In: Proceedings of the Conference on Empirical Methods in Natural Language Processing. Association for Computational Linguistics Stroudsburg, PA, USA, pp. 1443-1448.

Kornowski, L. , 2013. Celebrity Sponsored Tweets: What Stars Get Paid For Advertising in 140 Characters. The Huffington Post.

Kroft, K. , Pope, D. , 2014. Does online search crowd out traditional search and improve matching efficiency? Evidence from craigslist. J. Labor Econ. 32 (2), 259-303.

Kwak, H. , Lee, C. , Park, H. , Moon, S. , 2010. What is Twitter, a social network or a news media? In: Proceedings from the 19th International Conference on World Wide Web. Association for Computing Machinery, New York, NY, pp. 591-600.

Li, X. , Hitt, L. , 2010. Price effects in online product reviews: an analytical model and empirical analysis. MIS Q. 34 (4), 809-831.

Luca, M. , 2011. Reviews, Reputation, and Revenue: The Case of Yelp. com. Working Paper.

Luca, M. , Zervas, G. , 2015. Fake it till you make it: reputation, competition, and Yelp review fraud. Manage. Sci. (forthcoming).

Lucking-Reiley, D. , Bryan, D. , Prasad, N. , Reeves, D. , 2007. Pennies from eBay: the determinants of price in online auctions. J. Ind. Econ. 55 (2), 223-233.

Manski, C. , 1993. Identification of endogenous social effects: the reflection problem. Rev. Econ. Stud. 60 (3), 531-542.

Mayzlin, D., Yoganarasimhan, H., 2012. Links to success: how blogs build an audience by promoting rivals. Manag. Sci. 58 (9), 1651-1668.

Mayzlin, D., Dover, Y., Chevalier, J., 2014. Promotional reviews: an empirical investigation of online review manipulation. Am. Econ. Rev. 104 (8), 2421-2455.

Melnik, M., Alm, J., 2002. Does a seller's ecommerce reputation matter? Evidence from eBay auctions. J. Ind. Econ. 50 (3), 337-349.

Miller, N., Resnick, P., Zeckhauser, R., 2005. Eliciting informative feedback: the peer-prediction method. Manag. Sci. 51 (9), 1359-1373.

Muchnik, L., Aral, S., Taylor, S., 2013. Social influence bias: a randomized experiment. Science 341 (6146), 647-651.

Mullainathan, S., Shleifer, A., 2005. The market for news. Am. Econ. Rev. 95 (4), 1031-1053.

Noguchi, Y., 2006. Wikipedia's Help from the Hill. The Washington Post.

Ott, M., Choi, Y., Cardie, C., Hancock, J., 2011. Finding deceptive opinion spam by any stretch of the imagination. In: Proceedings of the 49th Annual Meeting of the Association for Computational Linguistics. Association for Computational Linguistics Stroudsburg, PA, USA, pp. 309-319.

Ott, M., Cardie, C., Hancock, J., 2012. Estimating the prevalence of deception in online review communities. In: Proceedings of the 21st International Conference on World Wide Web (WWW). Association for Computing Machinery, New York, NY, pp. 201-210.

Resnick, P., Zeckhauser, R., Swanson, J., Lockwood, K., 2006. The value of reputation on eBay: a controlled experiment. Exp. Econ. 9 (2), 79-101.

Roth, A., 2002. The economist as engineer: game theory, experimentation, and computation as tools for design economics. Econometrica 70 (4), 1341-1378.

Seamans, R., Zhu, F., 2014. Responses to entry in multi-sided markets: the impact of craigslist on local newspapers. Manag. Sci. 60 (2), 476-493.

Sun, M., Zhu, F., 2013. Ad revenue and content commercialization: evidence from blogs. Manag. Sci. 59 (10), 2314-2331.

Tucker, C., 2014. Social networks, personalized advertising, and privacy controls. J. Mark. Res. 51 (5), 546-562.

Wang, Z., 2010. Anonymity, social image, and the competition for volunteers: a case study of the online market for reviews. B. E. J. Econom. Anal. Policy 10 (1), 1-35.

Williams, C., 2013. TripAdvisor Borrows Anti-Fraud Techniques from Finance Industry. The Telegraph Online.

Zhang, M., Zhu, F., 2006. Intrinsic motivation of open content contributors: the case of Wikipedia. In: Workshop on Information Systems and Economics (WISE), Chicago, IL.

Zhang, M. , Zhu, F. , 2011. Group size and incentives to contribute: a natural experiment at Chinese Wiki-pedia. Am. Econ. Rev. 101 (4), 1601-1615.

Zhu, F. , Zhang, M. , 2010. Impact of online consumer reviews on sales: the moderating role of product and consumer characteristics. J. Mark. 74 (2), 133-148.

第三部分

大众媒体的政治经济学

第 13 章　媒体报道与政治问责：
理论与证据

戴维·斯特龙贝里(David Stromberg)[①]

目　录

[①] 瑞典斯德哥尔摩大学。

摘要：本章主要介绍媒体报道如何过滤信息，以及这会如何影响政治问责和政策。本章构建了一个关于媒体报道及其对政治问责影响的基准模型。该模型可以用来讨论私人提供新闻的福利后果。它显示了媒体监管和公共广播将如何纠正市场失灵，特别是新闻供给不足的问题。该模型还提供了一系列可以检验的结论，它们被用于组织现有的实证工作。实证研究中的关键问题是：什么因素驱使媒体报道政治？媒体报道如何影响公众的信息水平和投票行为、政治家的行动和选择以及政府的政策？

关键词：媒体；监管；信息；政治问责；政策；投票

JEL 分类代码：D03，D72，H5，L82

13.1　引言

在本章中，我们将介绍媒体报道如何过滤信息，以及其对政治问责和政策产生的影响。因为信息的收集和传输是有成本的，信息摩擦不可避免。通过向大众传递信息，媒体会减少信息摩擦。但是媒体能在多大程度上减少信息摩擦，或取决于媒体竞争的程度、媒体市场的大小、对广告的需求以及媒体传递的成本等因素。本章将提供媒体报道如何依赖这些因素的理论和证据，并阐释其影响。本章模型中的新闻媒体不会故意扭曲事实或者撒谎，关于媒体俘获和意识形态偏见我们会在第 14—16 章中讨论。本章关注的是政治问责的效应，这并不包括媒体对信息的过滤方向和程度对于经济结果的影响，如投资者注意力（Merton，1987）和价格黏性（Sims，2003）等问题会在第 18 章进行展开。

本章展示了一个研究媒体信息如何影响政治问责的基准模型。该模型可以用来研究私人提供新闻的福利后果，以及媒体监管和公共广播对市场失灵的纠正，特别是针对新闻供给不足的问题。该模型还提供了一系列可以检验的结论，以用来组织已有的实证工作结果。经验研究中的关键问题是：什么因素驱使媒体报道政治？媒体报道如何影响公众的信息水平和投票行为、政治家的行动和选择以及政府的政策？

13.2　理论

在媒体信息如何影响政治问责和政策的标准模型中，有三类行为人：选民、政治家和媒体。选民希望选出能给他们带来最大效用的政治家，政治家希望自己连任成功并可以享受政治租金，而媒体则选择政治报道来最大化利润。这个模型的分析包含两块：第一部分分析信息对政治的作用，第二部分分析媒体对新闻的选择如何影响信息水平。这种框架已经被用于许多论文中（例如：Besley and Burgess，2001，2002；Besley and Prat，2006；Prat and Stromberg，2013；Stromberg，1999，2001，2004a，2004b）。

13.2.1　信息在政治中的作用

模型的第一部分描述了来自媒体的信息对政策的影响。媒体的关键作用是提供政治信息，这些信息会鼓励选民对政治家的素质和努力的反馈，从而提升政治选择和激励水平，最终改善了政策和福利。

各媒体提供的信息类型是不同的。为了投出正确的一票，选民需要知道是谁提出或者负责什么政策，以及这些政策会产生什么效果。媒体之所以重要，是因为它们将所有这些信息传递给选民。在 Stromberg（1999）中，媒体提供关于谁提出或负责什么政策的信息。此外，媒体需要提供政治家的类型，例如利他主义（Besley and Burgess，2002）、个人品质的好坏（Besley and Prat，2006）或能力（Prat and Stromberg，2013）。

本章对 Prat and Stromberg（2013）的模型稍做修改并以之为讨论的基础。在这里本章并非要重述带有边际变化的完整模型，只描述这些变化并解释其对结果的影响。

模型的时序如下。在第一期中，自然选择政治家的类型（能力），但这并非公共信息。政治家选择努力程度会跟政治家的类型一起影响政府的政策质量。媒体报道政策结果。选民根据媒体信息（非公开）决定个人行为和投票选择。在第二期中，当选的政治家的选择努力程度和第二期的政策也由此被决定。

本章对这个模型进行了三方面的修改。第一，本章假设选民是连续的，大小为 n，且选民都属于一个群体。Prat and Stromberg（2013）允许有多个群体，本章呈现的模型只是其中的一个特例。这是因为本章想着重于政治新闻报道的总体数量而非群体间的分布。

第二，本章在模型中加了一个影响公共支出需求的参数 a。选民通过公共品消费从政策中获取的效用满足：

$$g = a(\theta + e) \tag{13.1}$$

其中，θ 表示政治家的能力（类型）。θ 服从均值为 0 的均匀分布。e 是政府在公共品上的人均政府资源支出。[①] 新增的参数 a 衡量民众对这些支出的需求。该参数在例如 Stromberg（1999，2004a，2004b）以及 Besley and Burgess（2002）中被提及。这可以用来显示政府的反应能力是如何受到媒体报道影响的。

第三，本章让民众的个人行为的效用在选举之前实现而不是像 Prat and Stromberg（2013）那样在选举之后实现。媒体告知选民公共品供应水平 g，这个信息对选民有个人效用，因为他们的个人行为能够实现的最优价值取决于政府政策。如果他们的个人行为 a 与政府实际的公共品供应水平 g 一致，他们就能够实现 T 的效用。否则，他们不会从中获得任何效用。

---

① 译者注：此处 e 亦被解读为政府的努力程度。

如果这个效用在选举之后实现,媒体报道就会形成一种在位者优势,本章不希望讨论这个问题,所以本章假设效用 T 在选举前实现。

在这个模型中,政治效应是由被媒体告知政治结果 g 的选民比例 s 影响的。政治家的得票率为:

$$v^l = \frac{1}{2} + s(g - ae^*) = \frac{1}{2} + sa(\theta + e - e^*) \tag{13.2}$$

基线选票比例为一半。然而,那些能力高于平均水平的政治家($\theta > 0$)或者付出比期望更多的努力的政治家($e > e^*$)能够获得更多的票数。那些获得媒体信息的选民的选票更容易受到政治家的努力 e 和能力 θ 的影响。结果,获得媒体信息的选民比例越高,选举结果对这些变量的反应就越灵敏。

这种反应灵敏度的提高会改善政治激励和选择。能够证明,在纯策略均衡下,政治家的努力程度为:

$$e^* = Bsa \tag{13.3}$$

其中,B 表示边际选民密度。连任的政治家的期望能力可以表示为:

$$E[\theta \mid s] = sa \frac{\bar{\theta}^2}{12} \tag{13.4}$$

因此,政治家的努力和能力随着知情选民比例 s 的增加而增加。

选民从个人行为和公共品消费中获取效用。只有比例为 s 的获取媒体信息的选民实现了个人行为的价值,所以从个人行为中获得的总选民福利为 nsT。式(13.1)已经表示了公共品消费取决于政治家的能力和努力。但是,第一期的预期公共品消费是简单的 e^*,因为在第一期中对政治家能力的预期为 0。相比之下,预期公共品消费在第二期中则完全取决于政治家的能力 $E[\theta \mid s]$。因为对于政治家而言,将所有的资源保留在第二期,并将努力程度设为 0 是一个占优策略。那么,选民福利为:

$$nsT + n(e^* + E[\theta \mid s]) \tag{13.5}$$

我们可将式(13.5)重写成:

$$ns(W + T) = ns\theta \tag{13.6}$$

从式(13.3)、式(13.4)和 $\theta = T + W$ 可得到:

$$W = a\left(B + \frac{\bar{\theta}^2}{12}\right)。$$

重要的是,选民福利随着获取媒体信息的选民比例 s 的增加而增加。

本章最终识别出知情选民比例 s 是如何受到媒体消费和媒体报道的影响的。令 x 表示媒体消费者的比例,假设消费者发现关于 g 的信息的概率 ρ 随着媒体对政治的报道量 q 的增加而增加。这样,获得媒体信息的选民比例 s 就是媒体消费者的比例 x 和媒体消费者发现新闻的概率 $\rho(q)$ 的乘积,即

$$s = x\rho(q) \tag{13.7}$$

命题 13.1 归纳了信息媒体中政治的影响。

命题 13.1:(a)媒体消费者比例 x 增加,或者(b)媒体对政治的报道 q 的增加会使得,

(i)获得媒体信息的选民比例 s 增加,(ii)选票的反应程度提高,(iii)政治家的努力(公共品的支出)和期望的能力增强,(iv)政治家的努力对公共品需求的反应程度 α 提高,(v)政治租金下降。

条件(a)和(b)区分了导致媒体效应的媒体变化、媒体消费和报道类型。(i)—(v)描述了受影响的结果。(i)可以直接从式(13.7)中获得,(ii)从式(13.2)中获得,(iii)和(iv)从式(13.3)和式(13.4)中获得,(v)则与(iii)一致,因为政治家越努力,获得的政治租金就越少。

命题 13.1 解释了媒体如何改善政治问责。条件(a)和(b)区分了媒体变化的不同形式,结果(i)—(iv)则表示了媒体作用的不同效应。命题 13.1 指出:谁得到了新闻;哪些被报道的新闻对选民很重要。获得信息的选民对不同政治家的能力差异反应更强烈。这将改善政治激励和选择,并最终提高政策的质量。

13.2.2 市场对新闻的提供

模型的第二部分揭示了信息需求和供应的黑箱。要回答的第一个问题是为什么选民对政治新闻有需求。有些政治新闻可能会被当作消遣,如政治丑闻和个人信息。其他新闻可能会引起人们的兴趣,因为它们可能会影响个人的行为和福利,例如建造新的道路,安置新的军事设施或推出学券制度。选民可能需要这些信息,因为这有助于做出正确的投票选择。私人行为的动机可能是最常见的(Anderson and McLaren,2012;Stromberg,1999,2004b),其次是投票动机(Chan and Suen,2008;Larcinese,2007)。

我们的模型同时包含了信息的私人价值和社会价值。对未来政策的预测更加准确的新闻能够帮助选民做出更加准确的个人行为和选举行为。但是,选民只内生化了个人价值 T。因为存在连续的选民,从改善政治问责中获取的社会价值 W 则并没有被内化。

发现新闻的期望概率 $\rho(q)$ 是媒体报道数量 q 的函数。媒体报道数量可以通过付出成本来增加。为了减少符号使用,我们会直接运用 ρ 及其相关成本来分析,而不是 q。ρ 的预期个人价值为 $T\rho$,而预期的社会价值则为 $(T + W)\rho = \theta\rho$。

读者对于报纸的评价还取决于其他版面的新闻和在当前假设下报纸无法改变的特征。其他新闻的影响都在分析中排除了。[①] 报纸的固定特征包括报纸的编辑立场、报纸的名称还有报纸的标志。如果满足

$$T\rho + \gamma_j \geqslant p \tag{13.8}$$

选民 j 就会购买报纸。其中,γ_j 表示行为人 j 对报纸外生因素的评价,p 表示报纸的价格。我们假设 $-\gamma_j$ 以累积分布函数 $G(\cdot)$ 和密度函数 $g(\cdot)$ 分布。那么,购买报纸的选民比例为 $G(T\rho - p) = x$,其反需求曲线可以表示为 $p(\rho, x) = T\rho - G^{-1}(x)$。

13.2.2.1 对政治新闻的全面报道

在明确了对报纸的需求之后,我们现在来看看报纸的成本。新闻行业是规模报酬递增的行业。一旦新闻报道的收集、撰写和编辑等固定的"第一版"成本已经产生,生产额外副本的可变成本就只有复制和发行报纸的成本(Reddaway,1963;Rosse,1967)。我们会把这个成

---

① 如果选民从其他新闻中获得的效用与选举平台上的作用是加性可分的,那么下面的式子仍然可以描述选举新闻子集的媒体报道数量。

本函数写成是新闻报道的"第一版"的成本 ρ 和每份"复制版"的发行成本 d 的总和。我们假设,向更多的选民提供信息的成本更高,随着通知人群的新闻量的增加,边际新闻制作的成本也更高,更加准确地说,新闻制作的成本是 ρ 的二次函数,而发行成本则假设随着发行的份数 nx 呈线性增长。那么成本函数可以表示为:

$$c(\rho, x) = \frac{1}{2}\rho^2 + dnx。$$

13. 2. 2. 1. 1　垄断媒体

一家垄断媒体选择新闻报道量和产出(价格)来最大化预期利润:

$$\max_{x,\rho} p(\rho, x) nx - c(\rho, x)。$$

假设其为凹函数,那么求其最大值的一阶条件为:

$$p^m = d + xg^{-1}(x) \tag{13.9}$$

$$\rho^m = nxT \tag{13.10}$$

式(13.9)是经典的勒纳公式(Lerner formula)。垄断价格高于边际成本,且价格越高,需求弹性越小[$g(x)$ 越小]。式(13.10)表明,新闻的报道量随着受众规模和新闻的私人价值的扩大而增加。

为了得到一个闭式解,我们假设,G 在 $[-1/2, 1/2]$ 区间均匀分布,然后可得:

$$x^m = \left(\frac{1}{2} - d\right)\frac{1}{2 - nT^2} \tag{13.11}$$

$$\rho^m = \left(\frac{1}{2} - d\right)\frac{nT}{2 - nT^2} \tag{13.12}$$

二阶条件意味着 $1 > n/2T^2$。

这个简单的模型明确了几个基本但重要的点。

首先,提供政治新闻的市场规模 n 正在扩大。这是因为从"第一版"成本固定的意义上来说,新闻生产是规模报酬递增的行业。一般认为这个成本与质量选择有关,即质量依赖的固定成本(Shaked and Sutton, 1987)。政治上的含义是,大国和国家内部的大型政治辖区将有更高质量的政治报道,从而使选民获得更多的信息,促进更好的政治选拔和激励。

其次,新闻传播成本正在下降。

最后,新闻的私人价值 T 正在增加。虽然在我们的模型中这是外生性的,但是 Stromberg(2004b)将新闻的私人价值内生化,并发现在需求差异更大的政策问题上,它的价值更高。Stromberg(2004b)的模型还预测,政治家会扭曲政策来管理宣传。他们将把增加的支出集中在一些能够引起媒体关注的项目上,削减了许多其他项目的支出来为此提供资金,且每一项削减本身都没有新闻价值。

广告可以很容易地被纳入我们的框架中。Stromberg(2004b)还讨论了双边市场的信息广告和定价。选民可以购买做广告的商品。广告告知消费者其商品的价值,而消费者如果意识到它们的价值很高,就会购买该商品。这会激励垄断媒体降低订阅价格来吸引更多的消费者。

重要的是,广告通过增加新闻报道和报纸销售来改善政治问责。假设在我们的简化模型中,媒体在广告市场中是一个价格接受者,且每个订阅人对应的广告费为 p_a 。这就跟将送报纸的成本从 d 下降到 $d - p_a$ 的效果是一样的。式(13.11)和式(13.12)仍然成立,但是 d 变为 $d - p_a$ 。然后可以得到,广告收入的增加会增加政治报道和媒体消费。

13.2.2.1.2　竞争

媒体竞争对选民信息的影响在理论上并不明确。竞争可以通过降低媒体订阅价格来增加知情选民的比例,进而增加对新闻的消费。由于"第一版"的固定成本会造成规模经济效应,竞争可能会减少对政治新闻的报道。

为了解释这一点,考虑媒体 A 和媒体 B 竞争的双寡头垄断案例。假设这个案例中没有多归属问题,即消费者最多只能订阅两家媒体中的一家。在固定成本与质量有关的双寡头垄断市场中,如何选择质量和价格已经被诸如 Anderson et al. (1992)的文献研究过。一般来说,这种模型中存在对称均衡和不对称均衡。在这里,我们只是想强调一些特征,因此,我们只关注纯策略、对称均衡,并假设消费者首先决定是否购买报纸(基于他们对媒体价格和报道的期望),然后决定购买哪份报纸。

假设消费者首先在预期的媒体报道质量和价格下选择是否购买一种媒体产品。如果是在垄断的情况下,这个可以由式(13.8)来决定。假设购买媒体产品的消费者比例为 x 。如果消费者想要购买报纸,且选择购买报纸 A,那么必然满足:

$$T(\rho^A - \rho^B) - (\rho^A - \rho^B) \geq \varepsilon。$$

其中,系数 ε 表示消费者对外生且固定的媒体特征的偏好。ε 的累积分布函数和密度函数分别用 $H(\varepsilon)$ 和 $h(\varepsilon)$ 来表示,那么媒体 A 的反需求函数就可以表示为:

$$p^A = T(\rho^A - \rho^B) + p^B - H^{-1}\left[\frac{x^A}{x}\right]。$$

两家垄断媒体同时选择新闻报道量和产出(价格)从而最大化预期利润。其中,企业 A 的问题在于 $\max_{x,\rho} np^A x^A - C(\rho^A, x^A)$ 。

考虑到我们的函数形式假设,对称均衡条件下的一阶条件为:

$$p^d = d + \frac{x^d}{2}h^{-1}\left(\frac{1}{2}\right) \tag{13.13}$$

$$\rho^d = n\frac{x^d}{2}T \tag{13.14}$$

总需求为:

$$x^d = G(T\rho^d - p^d)。$$

式(13.13)是勒纳公式,其中高于边际成本的加价部分取决于需求弹性。媒体 A 和媒体 B 之间的需求弹性看起来要大于垄断媒体和外部产品之间的需求弹性。在这种情况下,双寡头垄断价格将低于垄断价格。但是,由于增加报道的固定效应引起的规模经济,政治新闻的报道量可能更高或更低。比较式(13.10)和式(13.14),很显然的是,为了增加政治新闻的报道,总需求必须加倍。

政治问责产生的正向福利取决于既消费媒体又接触新闻的知情选民所占的比例($s = x\rho$),所以由双寡头垄断模型下能够通过媒体降低订阅价格增加总销售量的方式来弥补政治新闻报道的减少。在我们的参数假定中,如果满足 $x^d > \sqrt{2}x^m$,那么双寡头垄断模型下的知情选民比例要高于垄断模型下的比例。

不论是双寡头垄断模型还是垄断模型,媒体报道量和消费量都会随着 n 和 T 的增大而增大,随着 d 的增大而减小。命题 13.2 会对这些结果进行总结。

命题 13.2:政治新闻报道量和媒体消费者的比例,以及因此引起的政治家的努力和能力,都会随着(a)选民范围的扩大、(b)广告市场的扩大、(c)新闻私人价值的提高、(d)传播新闻成本的降低而提升。政治新闻报道量和媒体消费量受到媒体竞争加剧的影响可能会上升,也可能会下降,这取决于需求弹性和规模经济效应是否占主导地位。

命题 13.2 讨论了政治新闻报道量的决定因素。其政治上的含义是大国以及国家内部的大型政治辖区会有更高质量的政治新闻报道,从而使选民更好地获取信息,促进更好的政治选择和激励。同样,不断增长的广告市场可能会增加政治新闻报道量和媒体消费量,并对政治问责产生类似的积极影响。本章将在实证部分讨论关于竞争的实证证据。

13.2.2.2 事件报道和多任务问题

在这个世界上,政治家们肩负着各种任务,这些任务争夺着他们的注意力,信息也可能造成不正当的激励。其中,(由媒体)告知选民的任务并不一定是最重要的。由于新闻消费的外部性,政治信息只是对诸如娱乐或指导私人行为的信息需求的副产品。因此,依赖媒体的信息来选举政治家可能会导致人们的注意力从最有社会价值的时间和资源分配上转移。这是 Holmstrom and Milgrom(1991)讨论过的熟悉的多任务问题。Stromberg(2004b)探索了这个问题与媒体之间的联系。

为了讨论这个问题,我们暂时拓展了模型以处理多个群体,从而使这个模型跟 Prat and Stromberg(2013)中的模型更类似。现在,假设模型中存在两个群组,其对应的人数比例为 $n_i, i \in \{1,2\}$。那么,人们从公共品获得的效用为:

$$g_i = a_i(\theta_i + e_i) \tag{13.15}$$

s_i 比例的选民可以从媒体中获取关于公共品供应量 g_i 的信息。他们的个人价值用 T_i 表示,并且假设在位者付出努力的成本函数为 $\frac{1}{2}(n_1 e_1 + n_2 e_2)^2$。

政治家期望的选票比例是:

$$\frac{1}{2} + \sum_{i=1}^{2} s_i n_i a_i(\theta_i + e_i - e_i^*) \tag{13.16}$$

能够证明,在纯策略均衡下,政治家选择的努力为:

$$e_i^* = \begin{cases} s_i a_i & \text{如果 } s_i a_i > s_j a_j \\ 0 & \text{其他情况下} \end{cases} \tag{13.17}$$

连任的政治家的期望能力是:

$$E[\theta_i \mid s_i] = \begin{cases} s_i a_i \dfrac{\theta^{-2}}{12} & \text{如果 } s_i a_i > s_j a_j \\ 0 & \text{其他情况下} \end{cases} \tag{13.18}$$

在模型中,政治家对最大的选民需求(α_i)付诸行动,这是对社会有效率的。但是,相反,政治家致力于解决那些最需要新闻曝光的问题,这就是一个多任务问题。

现在,我们分析媒体会报道什么事件。假设垄断媒体会报道两类政治事件。媒体通过选择价格和对两类政治事件的报道量来最大化预期收益:

$$\max_{p,\rho} \sum_{i=1}^{2} n_i(p-d_i)\,x_i - \frac{1}{2}(\rho_1+\rho_2)^2。$$

每个群组对报纸的需求都可以由式(13.8)来决定。

假设预期收益是凹函数,收益最大化的一阶条件可以表示为:

$$p = d + xg^{-1}(x) \tag{13.19}$$

$$\rho_i = \begin{cases} n(p-d_i)\,T_i & \text{如果 } n_i(p-d_i)\,T_i \ge n_j(p-d_j)\,T_j \\ 0 & \text{其他情况下} \end{cases} \tag{13.20}$$

媒体只会报道一类事件。媒体对于事件的报道量会随着 n_i、T_i 和 d_i 的增加而增加。用 p_s 作为媒体的订阅价格,p_a 作为每个媒体用户对应的广告价格,那么就跟已经讨论过的一样,如果垄断媒体在广告市场中是价格接受者,那么可以用 $p_s+p_a-d_i$ 代替 $p-d_i$ 得到以下结果。

命题 13.3:媒体针对群组 i 的事件的报道量,以及因此影响的政治家努力和能力都会随着(a)该群组选民数量的扩大、(b)潜在广告市场的扩大、(c)事件新闻价值的上升、(d)传播新闻的成本的降低而增加。

因为媒体只会为所有选民报道一个事件,政治家将专注于这个事件。命题 13.3 描述了媒体将如何处理多任务问题。命题 13.3 预测了在大众媒体是主要信息提供者的前提下,相对于福利最大化基准,什么样的新闻将获得更多关注和资源。Stromberg(1999,2004b)详细讨论了这种媒体偏差会产生什么样的福利损失。

13.2.3 最优媒体监管和公共新闻服务

我们现在回到仅有一个群组的情况。社会计划者会最大化:

$$n\int_0^x p(\rho,z)\,\mathrm{d}z - c(\rho,x) + nxpW。$$

其中,前两部分分别代表消费者的效用和媒体的生产成本,而最后一部分则表示外部性的价值 $\theta - T = W$。一阶条件为:

$$p^{sp} = d - \rho^{sp}W \tag{13.21}$$

$$\rho^{sp} = nx^{sp}\theta \tag{13.22}$$

我们再次假设,G 在 $[-1/2,1/2]$ 区间均匀分布,可以得到:

$$x^{sp} = \left(\frac{1}{2}-d\right)\frac{1}{1-n\theta^2} \tag{13.23}$$

$$\rho^{sp} = \left(\frac{1}{2}-d\right)\frac{n\theta}{1-n\theta^2} \tag{13.24}$$

社会计划者设定的价格 p^{sp} 低于边际成本 d[见式(13.21)]。这种庇古税补偿了获取新闻的选民的正外部性。在没有补贴的情况下,新闻对消费者的价值太低,新闻的消费量也太低。社会计划者能够比市场解提供更多的政治新闻报道 ρ^{sp},见式(13.22)和式(13.10)。这是因为社会计划者内生化了政治问责新闻的正外部性 $\theta > T$,而且因为更高的消费水平能够提高报道的边际社会收益（$x^{sp} > x^m$）。

但是，问题是社会计划者的解如何实现。不考虑市场势力的作用，对媒体企业补贴 $nxpW$ 就能够解决市场失灵问题。这个补贴与信息内容的受众规模成正比，这会使得媒体企业通过降低价格来吸引更多受众。这种降低价格既可以通过降低订阅价格和按次付费观看的价格来实现，也可以通过减少广告（降低消费者的干扰成本）来实现。这个补贴同时也会随报道的信息量 ρ 的增加而增加，这会引导媒体企业增加政治新闻的报道量。为了实现社会最优，需要对产出的额外补贴 $xg^{-1}(x)$ 来帮助矫正市场势力带来的影响。

值得注意的是，我们可以通过增加 $nxpW$ 的补贴来实现两个目标。这个补贴不但可以增加媒体消费量，也可以增加政治新闻报道量，因为补贴会随着这两者的增加而增加。如果只是规定一个固定的低订阅价格，是增加原来的低消费量的次优方法，但会进一步降低政治新闻报道量（质量）。这是因为较低的价格削弱了对媒体质量的投资动机（Sheshinski，1976；Spence，1975）。相似地，如果只是规定一个固定的质量标准 $\rho = \rho^{sp}$，会使得垄断媒体企业制定过高的价格，导致媒体消费量太低。

另外一个解决的方法就是提供公共媒体服务。但是，选民是否愿意实现社会计划者的解决方案？

选民会把媒体报道的社会价值内生化，但是作为媒体消费者，他们不会这么做。为了看到这一点，我们假设公共媒体的提供和融资由一次单独的选举投票决定。假设公共媒体的资金部分来源于许可证费用，这相当于是选民一次性缴纳的人头税，其余来源于订阅费用，就跟之前提到的一样。[①] 设许可证费用为 L，这样通过许可证费用和订阅费用带来的收入可以弥补运营公共服务媒体的成本，即

$$nL + npx = C(\rho, x)。$$

如果在选举期间，公共服务媒体面向的选民不存在异质性，那么选民的效用就会与社会福利完全一致。那么选民从政府政策和媒体报道中获取的效用为：

$$E[g_1 + g_2 + u_{pb} - L \mid p, \rho]。$$

其中，u_{pb} 表示观看公共媒体带来的效用，同样可以表示为：

$$T_i(\alpha_j = g_1) + \gamma_j - p。$$

除非选民观看，否则效用为 0。因为许可证费用可以表示为 $L = \dfrac{C(\rho, x)}{n} - px$，而且观看公共媒体的事前概率为 x，这些简化了社会计划者的问题。

命题 13.4 描述了最优的媒体政策，以及市场供应和公共媒体供应如何与该政策相关。

命题 13.4：（a）因为新闻消费存在的正外部性，单凭市场只能提供小于最优情况下的新闻消费量和政治新闻报道量；（b）最优的媒体政策可以通过公共媒体服务或监管来实现，最优的媒体监管方式包括庇古税——其规模与新闻消费的正外部性相等，以及用以抵消市场努力造成的加价的补贴。庇古税规模随着政治报道量和受众规模的扩大而扩大；（c）选民会

---

① 许可证费用是根据 BBC（英国广播公司）的年度电视许可证费用制定的，该费用向所有使用任何类型设备接收实况电视转播的英国家庭、公司和机构收取。

把消费外部性内化,在无知的面纱下,他们倾向于社会最优的媒体政策,因此这些政策不是家长式的。

下面,我们将提出越来越多的经验证据,来说明媒体在加强政治问责方面发挥的关键作用。因为任何一个选民的新闻消费都会影响到所有选民受益的政治选择和激励的质量,这就产生了新闻消费的外部性。鉴于此,新闻供给下的市场遵循标准经济理论。这至少从 Downs(1957)的理性无知模型中就开始讨论。这种对于外部性的构造有助于我们更好地描述问题的性质并找到解决问题的最优监管措施。

媒体政策应该由受监管的私营媒体公司还是公共服务媒体来实施? Hart et al. (1997)提供的一般性的论述适用于此。支持公共服务媒体的论点是,政治新闻报道量和信息量都是难以观察的,因此新闻报道在一些维度上是非契约性的。私营媒体公司则可能通过降低这些方面的质量来节省成本。反对公共服务媒体的主要观点有两个。一是公共服务媒体可能不能独立于它们应该监督的政治家,因此将无法履行其加强政治问责的作用。这说明公共服务的实施需要强有力的事实上的独立性。二是媒体部门正在迅速发展,且质量创新是重要的。私营媒体公司可能有更强的经济激励来开展创新。

13.3　实证证据

本章现在讨论与命题 13.1 和命题 13.2 概括的与上述理论的积极影响相关的实证证据。在讨论实质性结果之前,本章将简要讨论识别媒体效应的不同策略。获取新闻的选民比例受媒体消费量和媒体信息报道量的影响。对媒体效应的研究通常控制这些因素之一,进行控制变量研究。

本章从媒体消费量的影响开始探讨。这些效应可能是在引入新媒体之后最容易测量的。大众媒体不是中立地向所有人传播信息。相反,每一种大型大众媒体都会因其特定的成本和收入结构而创造出特定的知情、不知情选民的分布。因此,随着大众传媒技术的变化,能够获得政治信息的人也有了巨大的变化。

因为新媒体可能挤出旧媒体的消费,这个效果取决于它们的相对信息量。第 19 章中讨论了类似挤出效应的其他结果。式(13.7)中表示获取新闻的选民比例 s 是消费媒体的选民比例 x 和选民发现所需新闻的概率 ρ 的乘积,即 $s = x\rho$。发现新闻的概率反过来又受到新闻报道量 q 的影响,但是我们为了减少符号的使用,简单地把 ρ 作为媒体的信息性。

假设媒体 B 进入了一个先前已存在原有媒体 A 的市场。令 x^{B} 表示先前没有使用过任何媒体并从此时开始消费媒体 B 的消费者,x^{AB} 表示从消费媒体 A 转到消费媒体 B 的消费者,x^{A} 表示一直消费媒体 A 的消费者。令 ρ_{t}^{J} 表示媒体 J 的信息性,$J = A, B$,媒体 B 进入市场前 $t = 1$,进入市场后 $t = 2$。获取新闻的选民比例变化为:

$$\Delta s = \underbrace{x^{B}\rho_{2}^{B}}_{\text{新的媒体受众}} + \underbrace{x^{AB}(\rho_{2}^{B} - \rho_{1}^{A})}_{\text{转移者}} + \underbrace{x^{A}(\rho_{2}^{A} - \rho_{1}^{A})}_{\text{一直消费媒体A的受众}} - \underbrace{x^{A0}\rho_{1}^{A}}_{\text{媒体A的流失受众}} \ 。$$

那些之前没有使用大众媒体的受众 x^{B} 在媒体 B 进入后获得了更多的信息。这是媒体能够产生的积极影响。例如,在 20 世纪 20 年代,美国农村的许多人没有机会得到日报,因为这些日报运送到偏远地区的成本太高。广播电台为这些人提供了接触日常大众媒体的机会。因此,我们预计广播电台的引入将对这些地区的选民信息水平产生积极的影响。

对那些从媒体 A 转向媒体 B 的消费者 x^{AB} 来说,产生的影响取决于新进入媒体相对于原有媒体的相对信息性 $\rho_2^B - \rho_1^A$。从命题 13.2 可知,我们预计这种信息性取决于收视率、广告收入等。例如,在《纽约时报》或电视台的受众中,只有一小部分人可能关心特定的国会选区。因此,这些媒体不会在任何相当大的程度上报道地方政治。如果它们进入以地方报纸为主的市场可能会降低当地选民的信息水平。

而对于一直消费媒体 A 的消费者 x^A,产生的影响取决于媒体 A 的信息性的变化。正如已经讨论过的,媒体 B 的进入以及从而引起的竞争加剧会导致已经存在的媒体过多或者过少地报道政治新闻。下面所论述的证据更加支持后者。此外,新闻内容的改变可以导致份额为 x^{A0} 的受众完全停止使用大众媒体。

这些停止使用媒体的流失受众就不能够获得任何新闻。在识别媒体报道的效果时,人们经常需要寻找工具变量来度量媒体消费量,因为它与收入和教育等因素有关,而这些因素又与政治行为和影响直接相关。Stromberg(1999,2004a)以影响接收质量的因素(如地面传导率和林地比例)为工具变量,衡量了 1920—1940 年美国各地引进无线电设备带来的效应。Gentzkow(2006)以电视天线的距离为工具变量研究了电视的引入。Olken(2009)通过研究天线和接收器之间的地形来改进工具变量。Falck et al.(2014)研究了德国宽带的引入情况,以主配线架距离中的技术阈值为工具变量。同样也有研究关注个体媒体的引入。例如,DellaVigna and Kaplan(2007)研究了福克斯新闻进入有线电视市场的影响,而 Gentzkow et al.(2011)和 Cage(2014)分别研究了美国和法国个别报纸在市场上的进入、退出情况。

还有一些策略可以在保证媒体消费量不变的情况下识别媒体报道的效果。因为新闻报道量是内生的,人们不能通过回归检验可靠地确定媒体报道的影响。媒体倾向于报道更为重要的问题和政治家,并在消费者对政治更感兴趣的地区更多地报道政治。为了确定政治报道的效果,Snyder and Stromberg(2010)使用外生变量匹配媒体市场和政治管辖权,这会在下文中进行论述。也有研究使用了随机对照试验。Banerjee et al.(2011)在印度大城市的贫民窟中随机抽取样本分发报纸,报纸中载有关于现任立法人员履职情况以及在任者和两位主要政治候选人的资历信息。这个随机试验发现分发报纸会影响媒体消费量和媒体内容。

为了识别特定新闻报道的效果,Eisensee and Stromberg(2007)研究了新闻报道的挤出效应,特别是奥运会报道对自然灾害新闻的挤出效应。

13.3.1 新闻报道量

本部分将首先讨论影响政治报道的两个因素:受众规模和竞争。上述理论预测,政治新闻报道会随着新闻价值和广告市场规模的扩大而增加,随着发行成本的增加而减少(命题 13.2 和命题 13.3)。其他决定因素将在 13.3.5 中的多任务问题中进行讨论。

有证据表明,媒体竞争减少了政治报道的数量。最有说服力的证据可能是 Cage(2014)所提供的。Cage(2014)研究了 1945—2012 年法国当地报纸的县级层面面板数据,发现在人口同质化的县,报纸竞争程度与较少的新闻记者和新闻文章数量有关,但对人口异质化的县则影响并不大。在对美国国会议员报道的截面数据的研究中，Arnold（2004）发现，在控制了报纸发行量和报纸的核心流通领域的国会议员数量后，存在至少一家竞争性日报的报纸市场比垄断报纸发表的关于其当地国会议员的文章要少。

如上所述，标准经济理论在这个问题上并没有提供任何明确的预测。竞争环境下的政治报道减少可能是因为垄断的规模经济优势比竞争下环境的需求弹性更重要。竞争也可能出于其他原因影响政治新闻的数量。Cage（2014）认为，竞争报纸可以通过区分质量，以避免价格竞争。Zaller（1999）认为，政治报道有利于记者的个人职业，这可以帮助他们赢得同事的奖励和认可。但是当存在媒体竞争时，记者会转而关注受众的需求。

接下来我们要讨论的是观众规模对政治报道的影响。观众规模可能会影响报道数量，这似乎是显而易见的。我们仍然会讨论量化这些影响的证据，因为它们是影响报道量的核心因素。观众规模的影响是重要的，因为它可能会损害分散的观众的利益，比如分散在媒体市场中的少数群体。观众规模的影响对于理解新媒体技术的引入效果也很重要。

少数族裔群体的受众份额与媒体报道和媒体进入有关（George and Waldfogel，2003；Oberholzer-Gee and Waldfogel，2009；Siegelman and Waldfogel，2001）。观众效应也是 Snyder and Stromberg（2010）识别媒体效应的核心策略。其分析了媒体报道对美国国会政治的影响，并指出，媒体市场与政治地区之间的匹配或一致性推动了媒体对国会政治的报道。一致性是基于居住在某个国会地区 d 的报纸读者所占的比例 m，可以表示为 ReaderShare_{md}。报纸对国会议员的报道应随着其读者比例的增加而增加。如果每个地区销售的报纸不止一份，这种情形下的一致性定义为在一个地区销售的所有报纸的市场份额加权下的平均 ReaderShare_{md}。

为了解释这个概念，假设存在两家媒体，A 和 B。媒体 A 的市场覆盖地区 1，媒体 B 的市场覆盖地区 2（见图 13.1a 的左图）。在这个案例中，所有报纸的 ReaderShare_{md} 都等于 1，整体一致性较高（1）。而如果假设这两家垄断媒体 A 和 B 分别位于政区边界的两个城市。每家媒体在每个政区都有一半的受众比例 [见图 13.1（a）]。在这个案例中，所有报纸的 ReaderShare_{md} 都等于 1/2，整体的一致性较低（1/2）。

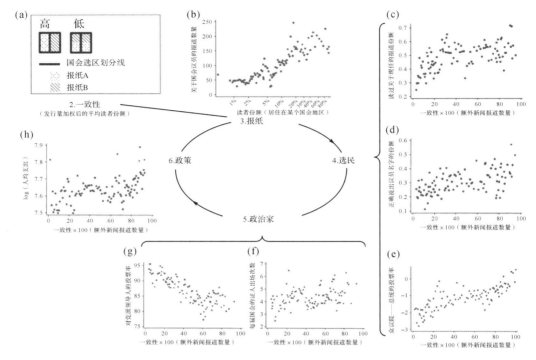

图 13.1　Snyder and Stromberg(2010)的实证调查结构

注:(a)一致性。(b)报纸报道。(c)新闻曝光。(d)信息。(e)投票率。(f)国会证人出场次数。(g)党派忠诚度。(h)人均联邦开支。图片使用得到了 Snyder and Stromberg(2010)的允许。

　　Snyder and Stromberg(2010)记录了一致性和报道量之间的关系,研究了 1991—2002 年 385 个地区的 161 份报纸对美国众议院代表的报道。研究通过统计提及地区 i 代表人名字的文章数量来衡量该地区的报道量。这是通过搜索在线报纸构建的。研究发现,每两年国会期间,报纸上平均写了 101 篇有关每位国会议员的文章。如果一致性从 0 增加到 1,估计报纸会额外报道 170 篇关于该国会议员的文章。

13.3.2　选民

13.3.2.1　信息

　　在上述模型中,媒体之所以重要是因为它们为选民提供了有关政治问责的信息。媒体为选民提供的这种信息从先验上看是可能的。媒体提供的关于谁对什么政策负责,以及会产生什么效果的信息,与大多数人的经验相去甚远。因此,大型社会中的选民的大部分政治信息依赖于其他组织,如政治运动和大众媒体。在这些可能的来源中,受访者经常将大众媒体作为他们主要的政治信息来源。

　　大量研究发现从新闻媒体中获取信息[命题 13.1(i)]能够产生重大影响。Berelson et al.(1954)在其经典的研究中发现,在 1940 年和 1948 年的选举活动中,获得更多媒体报道的选民比其他选民学习到更多的内容。当然,使用媒体较多的选民可能对政治更感兴趣,并从竞选活动和个人行动中更直接地获取信息,导致报纸的效果可能难以确认。实验室研究可以避免这些选择问题。如 Neuman et al.（1992）以及 Norris and Sanders（2003）通过实验发现，人们可以通过阅读新闻获取信息。然而，很难将这些结论推广到多年来日常媒体对选民的认识或在选举日的选择的影响。

Snyder and Stromberg（2010）认为，上述讨论过的一致性变化是外生的，因此可以用来识别媒体效应。研究调查了媒体市场和国会选区之间因重划选区线而产生的一致性变化的后果。例如，一家报纸对某位国会议员的报道可能会减少，因为部分读者被转移到不同的国会地区。因此，剩下的报纸读者得到的关于其国会议员的相关消息就会减少。研究还比较了同一年同一国会地区的不同县之间的差异来识别媒体效应。

Snyder and Stromberg（2010）发现，当地报纸是政治信息的主要提供者。研究分析了1984—2004 年美国国家选举研究的调查结果，发现出于上述外在原因，报纸对众议院代表报道较多的地区，选民对他们的代表有更多的了解。更确切地说，他们更能够正确地说出众议院选举中至少一个候选人的名字。图 13.1（d）显示了这种关系的双变量版本。媒体更愿意从意识形态角度评价国会代表，评价对国会代表的感情，并提及自己喜欢或不喜欢国会代表的事。每增加 4 篇关于众议院议员的外生的报纸文章，能够正确说出该议员名字的比例就会增加 1％。这些估计数字显示，在没有报纸报道的情况下，能说出议员名字的人将从 31％下降到 15％。

Snyder and Stromberg（2010）发现，人们并不会从收音机或电视上了解他们的众议院代表。这可能是因为地方电视台在很大程度上不报道国会议员。Prat and Stromberg（2013）研究了瑞典商业电视的进入效应，发现开始观看商业电视的人比其他人更容易提高他们的政治知识和政治参与水平。

13.3.2.2　选民反应

政治信息在上述模型中的一个关键作用是提高选民的反应程度［命题 13.1（ii）］：信息使选民能够识别和惩罚对他们不利的政治家，并奖励好的政治家和政策。这创造了良好的政治激励和选择。

已经有一些论文研究了媒体对选民反应的影响。Ferraz and Finan（2008）发现，广播提高了选民对巴西市长腐败新闻的反应能力。在有当地广播电台的地方，选民惩罚比平均水平更腐败的市长，奖励比平均水平更不腐败的市长。

Larreguy et al.（2014）研究了媒体对墨西哥选民响应市政审计报告的影响。与 Ferraz and Finan（2008）类似，其比较了选举前一年公布的审计报告中揭露的有渎职行为的市长和审计报告在选举后才公布的市长的情况，利用了市内广播电台和电视台所覆盖的选区的市内差异（这些选区因此会在更大程度上覆盖相关的审计报告）。研究发现，选民惩罚渎职市长所属的党派，但只在当地媒体报道所覆盖的选区内。

Banerjee et al.（2011）在印度发现了类似的结果。在选举之前，印度某大城市贫民窟的居民随机收到了报纸，其中载有关于现任立法人员的表现以及在任者和两名主要政治候选人的资历报告。相比于对照组，实验组的投票率更高，选票买卖现象更少，表现更好的在任者和相对更合格的在任者的得票率更高。

媒体对特定问题的报道也可以提高选民对这个问题的响应度。这是对上述模型[命题13.1b(ii)]的预测,也是媒体影响力的议程设置和启动理论的关键预测。大量的文献检验了议程设置和启动理论假设的合理性[例如 Dearing and Rogers(1996)]。

13.3.2.3 政治参与

虽然这不是本章理论框架的一部分,但本章现在讨论媒体对选民投票率影响的证据。对大多数人来说,投票是参与政治的主要形式。选民投票率高有很多种原因。投票是让选任官员对自己的决定和行为负责任的有效手段。公平选举中的高投票率给公职人员及其决定提供合法性,而放弃投票则可能意味着选民的满意度的降低和信心的削弱。从理论上讲,媒体会影响选民投票率,这是合理的,因为它们提供的信息可能会增强选民的政治偏好和兴趣。

Stromberg(1999, 2004a)测量了1920—1940年期间引入广播对选民投票率的影响。研究发现,广播消费的增加导致更多的人在州长选举中投票。定量来看,无线电从无到有的家庭比例在1920—1940年期间增加了7个百分点。由于报纸运输成本高,在已有报纸覆盖率偏低的农村地区,这种影响尤其明显。Gentzkow(2006)研究20世纪40年代和50年代引进电视的影响时发现,电视导致国会竞选的投票率减少了2%。[①] Gentzkow(2006)认为,这是因为虽然电视挤出了报纸消费,但电视的信息性较低。Oberholzer-Gee and Waldfogel(2009)关注个体新闻媒体的引入,发现一个西班牙语的地方电视台将大都会区的西班牙裔美国人的投票率提高了5到10个百分点。Gentzkow et al. (2011)研究了美国报纸1869—2004年的进入和退出市场的情况,发现增加一份报纸会提高0.3%的选民投票率。

近期的一些论文也研究了高速互联网对投票的影响。Falck et al. (2014)发现宽带接入对选民投票率产生了负面影响,并认为这是由于互联网挤出了信息量更大的电视消费,增加了娱乐消费。在一个类似的研究中,Campante et al. (2013)发现,宽带接入最初降低了议会选举的投票率,但在2008年之后投票率又开始提高,因为当时当地的在线抗议组织提供了新的政治候选人名单。宽带接入与其他形式的政治参与正相关,这些政治参与包括线上和线下的。

这些媒体影响取决于新媒体是否比其所取代的旧媒体更具信息性。Snyder and Stromberg(2010)关注了信息性内容数量的变化,发现外生的媒体对政治新闻的报道会提高选民投票率。这种影响很小,也许是因为当人们为国会投票时,他们通常也会为更重要的职位选举投票,比如总统,这会促使人们去投票。一致性与投票率之间的双变量关系见图13.1(e)。

13.3.3 政治家

媒体消费和媒体报道将改善政治选择以及激励机制[命题13.1(iii)]。

Snyder and Stromberg(2010)发现媒体报道会影响政治家的行为。出于外生原因,媒体报道量较大的地区的美国国会议员,在意识形态上相对不那么极端,更频繁地投票给反对党的

---

① 这个结果是针对没有同时进行总统选举的年份。

领导人,更有可能在国会听证会上做证,而且他们也许更有可能服务于以选区为导向的委员会,且不太可能服务于以广泛的政策为导向的委员会。这是在分析了 1982—2004 年期间关于唱票、委员会任务和国会听证出席数据之后得出的。图 13.1(f) 和 13.1(g) 展示了一致性和这些结果之间的双变量关系。①

这种对政治家的影响似乎是通过激励和选择产生的(通过研究同一位政治家的行动是否随着不同时间新闻报道的改变而改变,可以单独识别出激励效应)。Snyder and Stromberg (2010) 认为,选择效应完全是唱票/记名投票中意识形态缓和的原因,而激励效应则是证人的出场次数增加的原因。投票给反对党的领导人产生的影响是选择和激励的同时作用。这些结果是有道理的,因为我们可以预期偏好和恒定特征的选择效应(在模型中指的是政治家能力,在这个例子中是指意识形态),也可以预期捕获努力变量的激励效应(在模型中是努力,在例子中是指出席证人)。就幅度而言,Snyder and Stromberg(2010)认为每外生地增加约 110 份关于众议院议员的报道与一名额外证人的出现相关,每外生增加 4 篇关于众议院议员的报道,就能增加一次对反对党领导人的投票。

13.3.4　政策

大众传媒为选民提供了信息,而这些信息会提高选民投票率和选民响应能力。这反过来又会改善政治激励和选择。接下来,我们将提供证据表明媒体同样会影响政策。我们关注三种媒体变化形式:接触媒体方式的变化、政治新闻报道数量的变化、对特定事件的报道的变化。

13.3.4.1　谁得到了新闻?

拥有媒体渠道的选民是否能让他们的代表负起责任,从而获得更好的政策结果? 我们现在将对命题 13.1(aiii)进行论述,即公共支出会随着媒体使用者在群体中的份额的增加而增加。

如前所述,Stromberg(1999, 2004a)测量了 1920—1940 年在美国引入广播的效果。有趣的是,这也是经济决策快速变化的时代。罗斯福新政在电台扩张中期开始实施。Stromberg (1999,2001a)发现广播的使用增加了罗斯福新政中的联邦支出。这些影响在经济上非常重要。研究估计,一个县拥有电台的家庭份额增加一个标准差,将导致人均救济支出增加 9%。广播的普及尤其改善了农村选民的处境,使得主要是农村的县的社会救助资金高出主要是城市的县 20% 以上。该结果对于使用影响接收质量的外生因素(地面传导性和林地份额)作为工具变量来衡量广播是稳健的。

Besley and Burgess(2002)研究了政策对需求的反应是如何受媒体消费的影响的[命题 13.1(aiv)],以印度各邦的公共食品分配和灾难救济(1958—1992 年)为例。主要发现是,报刊发行量与救济需求量之间的交互项是正的。这意味着,新闻普及率高的地区,政府支出与民众需求更加相关,换句话说,在报纸发行量高的地区,政府支出对民众需求的反应更敏感。这个结果是由当地语言(除印度语和英语之外)报纸的发行量所驱动的。一个潜在的问题是

---

① 国会议员可能以某种形式为他们的选区服务,例如,考虑选区(而不是党派)的投票权益,或者考虑在国会听证会上作为证人出庭。

报纸发行量大的国家是不同的,例如这些国家有具有更高政治兴趣的、更活跃的人口。因此,作者用政党、社团和个人拥有报纸的比例来构建报纸发行量变量。即使这样,得到的关键结果仍然显著或变得更强。

13. 3. 4. 2　政治新闻的报道量和焦点

不仅媒体消费,媒体报道也会影响政府支出[命题 13.1(biii)]。我们首先讨论关于政治报道总量的影响和报道内容的影响的证据。

如上所述,Snyder and Stromberg(2010)发现,政治报道增加了选民所获取的信息,从而提高了选民投票率以及对政治家的选择和激励。在公共支出中,政治家的额外努力或更好的选择是否值得注意? Snyder and Stromberg(2010)发现,媒体报道当地政治代表更多的地区,人均获得的联邦基金更高。估计得到的影响是巨大的。一致性每增加一个标准差(这与每个国会议员增加 50 篇报道有关)会增加 3% 的联邦人均支出。一致性和这个结果之间的双变量关系见图 13.1(h)。同样,Lim et al. (2015)利用司法区域和报纸市场之间的一致性来识别报纸报道美国州法院法官产生的影响,发现新闻报道显著延长了判决的期限。

13. 3. 4. 2. 1　什么新闻会被报道?

不仅是新闻报道量,新闻报道的内容也可能会影响政策。这一点在实证研究中很重要,因为对某些话题的过度报道可能会分散政治上对更重要的社会任务的政治关注。

新闻编辑能否通过发表特定的新闻报道来影响政府的政策? 这是议程设置研究中关于政策效果的主要问题。这类研究通常更适合进行案例研究,或者研究随时间推移变量之间的共同运动,这些变量包括媒体对该事件的报道、公众赋予该事件的重要性以及其他的政策结果(Dearing and Rogers,1996)。然而,以这些相关性来确定媒体效应很难令人信服。一个反例就是更严重的问题很可能既出现在新闻中,又受到政策的重视,而控制这种严重性的方法又难以令人信服。另外,政治议程可能会同时推动媒体报道和政策,从而造成反向因果关系问题。

为了解决这个问题,Eisensee and Stromberg(2007)分析了自然灾害新闻产生的影响,选择报道自然灾害事件是因为没有太多其他新闻同时发生。这个研究思路是,当其他更有竞争力的新闻出现时,如奥运会,媒体不会报道一些几乎没有新闻价值的自然灾害。而当没有那么多有竞争力的新闻出现时,媒体才会去报道这些几乎没有新闻价值的自然灾害。然而,奥运会期间发生的自然灾害与非奥运会年份的同一时间发生的自然灾害在所有其他方面都是相似的。

Eisensee and Stromberg(2007)发现,奥运会挤出了对自然灾害的新闻报道,这降低了美国政府救灾的可能性。研究用一种更普遍的衡量其他可用新闻数量的方法发现了类似的媒体影响效果。结论是新闻报道与救援有因果关系。具体而言,研究使用美国国际开发署(USAID)海外灾害援助办公室(OFDA)对 1968—2002 年期间在全球范围内发生的 5212 起自然灾害的救济情况,并结合美国电视网络是否报道该自然灾害的数据展开研究。数据来源于范德比尔特电视新闻档案(Vanderbilt Television News Archives),该档案汇编了自 1968 年以来美国主要电视网(ABC、CBS 和 NBC)以及 20 世纪 90 年代以来 CNN 的晚间新闻广播内容的数据。

13.3.5　多任务问题

命题 13.2 和 Stromberg(2004b)识别了政策新闻制作过程中产生的媒体偏差与选民规模、新闻价值、广告商和媒体进入之间的关系。接下来,本章将讨论这部分的实证证据。

13.3.5.1　受众规模导致的媒体偏差

这可能是最能被充分记录下来的偏差类型。媒体倾向于将报道重点放在涉及大部分受众利益的问题上(这与选民规模并不完全一致)。在政治上,这可能会伤害少数团体,比如少数族裔和特殊利益,并支持多数团体,比如多数民族群体和分散的普遍消费者利益。

实证检验受众规模效应的困难在于,许多因素(媒体报道除外)都会受到群体规模的影响。一个西班牙裔人多的地区更有可能有一个西班牙语的地方电视新闻节目。但在许多其他方面也可能有所不同,例如拥有强大的当地西班牙裔社区及相关组织。

是否有可能在保证选民总人数不变的情况下改变该地区的媒体受众规模? 我们可以参考 Snyder and Stromberg(2010)中的设置。众议院选区的人口大致相同,但是媒体受众规模却并不一样。这是因为受众规模取决于人们购买什么报纸。假设在一个众议院选区的人阅读的报纸主要在其选区以外的地方销售。由于他们在这些报纸的受众份额中只占很小的份额,所以他们的选民代表几乎没有报道。我们从 Snyder and Stromberg(2010)了解到,这些地区的选民并不能够获得足够的信息,导致投票率较低且公共支出较少。这是受众规模导致媒体偏差的直接证据。

也有证据表明,在少数族裔群体较小的地方,媒体的针对性较低,少数族裔对媒体的消费水平较低,因此选民投票率也会较低(George and Waldfogel,2003;Oberholzer-Gee and Waldfogel,2009;Siegelman and Waldfogel,2001)。

假设没有预先存在的政策偏差,Stromberg(2004b)的模型显示,受众规模效应会使政策偏离小群体的利益。但是,在没有大众传媒的情况下,小型特殊利益团体可能比分散的消费群体拥有更多的信息优势。受众规模效应可能会抵消这种优势。因此,大众传媒的使用可能会降低游说团体的影响力。Dyck et al. (2008)研究了这个情况,发现 *McClure* 杂志(当时最著名的抨击性杂志之一)在众议院议员所在地区的销量越大,该代表对 *McClure* 杂志上抨击的法律问题的投票就越倾向于消费者的立场。潜在的问题是 *McClure* 杂志需求大的地区可能在其他方面也有不同。

13.3.5.2　接触媒体带来的偏差

一方面,相对有力的证据表明,能够更好地接触媒体的选民可以获得更好的政策(Besley and Burgess,2002;Stromberg,1999,2004a)。另一方面,没有接触到媒体的选民可能会被政治家们忽视。这可能是发展中国家的贫穷选民特别关心的,他们缺乏接触媒体的机会,这可能会阻碍他们获得公共服务(Keefer and Khemani,2005)。最直接的证据来自 Reinikka and Svensson(2005)。其发现,那些因为离报纸分销点更近,报纸的发行成本较低的学校更容易获得政府的财政资助。这样一来,新闻报道的提供可能会产生一个不利于边远和农村地区的政治报道偏差。

13.3.5.3 新闻价值带来的偏差

有证据表明,有新闻价值的新闻事件会受到不相称的政策关注。Eisensee and Stromberg (2007)发现,在非洲发生灾难时,死亡人数要达到同等情况下东欧的 46 倍才能在美国电视新闻网络中获取同等的新闻关注程度。因为新闻报道会影响救助,使得美国对非洲和东欧同等灾难下受害者的救济存在差异。同样,如果是一场干旱的死亡人数,要达到火山爆发的死亡人数的 2395 倍才会获得同等的新闻关注程度,这也可能导致美国在救助上存在差异。

13.3.5.4 媒体目标群体带来的偏差

广告偏向可能会增加对广告商有价值的受众群体相关利益的报道,而这又使得政策偏向于这些群体。但是,这方面的证据较少。文献仍然在努力揭开这一效应的第一阶段:媒体报道是针对这个群体的利益而形成的。例如,Hamilton(2005)将各电视台对 20 个问题的新闻报道数量与认为这些问题应成为总统的首要任务的不同人口比例相关联,发现媒体对新闻的选择与年轻观众的兴趣最相关。这可能是因为广告商更倾向于针对边际消费者,例如购买行为较不稳定的年轻人。尽管这个结论看起来合理,但没有什么令人信服的证据表明,对广告商有价值的受众群体会从媒体提供的新闻中获得政治利益。

13.4 结论

本章所述的媒体效应的现有证据似乎支持以下有关大众传媒的政治影响的一般性结论。

市场对政治新闻的供应不足。这是因为政治新闻的消费对政治问责具有正外部性,这已经获得了相当充足的经验证据。社会最佳的新闻提供可以通过对媒体的补贴来实现,因为补贴可以增加新闻媒体的信息量和媒体的受众人数,也可以通过公共服务媒体来实现。

媒体的审查增加了政治问责,这也可以改善政策。一些调查研究发现,媒体报道与政策效果之间存在正相关关系,其中一些研究使用的方法相当令人信服地确定了媒体的因果效应。有证据表明,这些媒体效应是由于媒体向选民传递信息而产生的,这会同时改善政治家的激励和选择。

对媒体积极影响的一个警示是,媒体有时可能会诱使政治家们在错误的问题上努力。媒体提供的新闻系统性地惠及份额较大的受众群体、关心有新闻价值问题的群体以及传递新闻成本更低的群体。理论表明,媒体也有利于对广告商更有价值的受众群体。但是,这种效应很少有实证证据支撑。

参考文献

Anderson, S. P., McLaren, J., 2012. Media mergers and media bias with rational consumers. J. Eur. Econ.

Assoc. 10 (4), 831-859. Anderson, S. P., De Palma, A., Thisse, J. F., 1992. Discrete

Choice Theory of Product Differentiation. MIT Press, Cambridge, MA.

Arnold, R. D. , 2004. Congress, the Press, and Political Accountability. Princeton University Press, Princeton, NJ.

Banerjee, A. V. , Kumar, S. , Pande, R. , Su, F. , 2011. Do Informed Voters Make Better Choices? Experimental Evidence from Urban India. Harvard University. Unpublished Manuscript.

Berelson, B. , Lazarsfeld, P. , McPhee, W. N. , 1954. Voting: A Study of Opinion Formation in a Presidential Campaign. Chicago University Press, Chicago, IL.

Besley, T. , Burgess, R. , 2001. Political agency, government responsiveness and the role of the media. Eur. Econ. Rev. 45 (4), 629-640.

Besley, T. , Burgess, R. S. L. , 2002. The political economy of government responsiveness: theory and evidence from India. Q. J. Econ. 117 (4), 1415-1451.

Besley, T. , Prat, A. , 2006. Handcuffs for the grabbing hand? The role of the media in political accountability. Am. Econ. Rev. 96 (3), 720-736.

Cage, J. , 2014. Media Competition, Information Provision and Political Participation. Harvard University. Unpublished Manuscript.

Campante, F. R. , Durante, R. , Sobbrio, F. , 2013. Politics 2.0: The Multifaceted Effect of Broadband Internet on Political Participation. No. w19029, National Bureau of Economic Research.

Chan, J. , Suen, W. , 2008. A spatial theory of news consumption and electoral competition. Rev. Econ. Stud. 75 (3), 699-728.

Dearing, J. W. , Rogers, E. M. , 1996. Agenda Setting. SAGE Publication, Inc. , Thousands Oaks, CA.

DellaVigna, S. , Kaplan, E. , 2007. The fox news effect: media bias and voting. Q. J. Econ. 122, 1187-1234.

Downs, A. , 1957. An Economic Theory of Democracy. Harper Collins, New York, NY.

Dyck, A. , Moss, D. , Zingales, L. , 2008. Media versus special interests. J. Law Econ. 56 (3), 521-553.

Eisensee, T. , Stromberg, D. , 2007. News floods, news droughts, and U.S. disaster relief. Q. J. Econ. 122 (2), 693-728.

Falck, O. , Gold, R. , Heblich, S. , 2014. E-Lections: Voting Behavior and the Internet. CESIFO Working Paper No. 3827.

Ferraz, C. , Finan, F. , 2008. Exposing corrupt politicians: the effects of Brazil's publicly released audits on electoral outcomes. Q. J. Econ. 123 (2), 703-745.

Gentzkow, M. , 2006. Television and voter turnout. Q. J. Econ. 121 (3), 931-972.

Gentzkow, M. , Shapiro, J. M. , Sinkinson, M. , 2011. The effect of newspaper entry and exit on electoral politics. Am. Econ. Rev. 101 (7), 2980-3018.

George, L., Waldfogel, J., 2003. Who affects whom in daily newspaper markets? J. Polit. Econ. 111 (4), 765-784.

Hamilton, J. T., 2005. The Market and the Media. Oxford University Press, New York, NY.

Hart, O., Shleifer, A., Vishny, R. W., 1997. The proper scope of government: theory and an application to prisons. Q. J. Econ. 112 (4), 1127-1161.

Holmström, B., Milgrom, P., 1991. Multitask principal-agent analyses: incentive contracts, asset ownership, and job design. J. Law Econ. Org. 1991 (7), 24-52.

Keefer, P., Khemani, S., 2005. Democracy, public expenditures, and the poor: understanding political incentives for providing public services. World Bank Res. Obs. 20 (1), 1-27.

Larcinese, V., 2007. The instrumental voter goes to the newsagent. J. Theor. Polit. 19 (2007), 249-276.

Larreguy, H. A., Marshall, J., Snyder Jr., J. M., 2014. Revealing Malfeasance: How Local Media Facilitates Electoral Sanctioning of Mayors in Mexico. No. w20697, National Bureau of Economic Research.

Lim, C. S. H., Snyder Jr., J. M., Stromberg, D. The judge, the politician, and the press: newspaper coverage and criminal sentencing across electoral systems. Am. Econ. J. Appl. Econ. (forthcoming).

Merton, R. C., 1987. A simple model of capital market equilibrium with incomplete information. J. Financ. 42, 483-510.

Neuman, W. R., Just, M. R., Crigler, A. N., 1992. Common Knowledge: News and the Construction of Political Meaning. University of Chicago Press, Chicago, IL.

Norris, P., Sanders, D., 2003. Message or medium? Campaign learning during the 2001 British general election. Polit. Commun. 20, 233-262.

Oberholzer-Gee, F., Waldfogel, J., 2009. Media markets and localism: does local news en espanol boost Hispanic voter turnout? Am. Econ. Rev. 99 (5), 2120-2128.

Olken, B. A., 2009. Do television and radio destroy social capital? Evidence from Indonesian villages. Am. Econ. J. Appl. Econ. 1 (4), 1-33.

Prat, A., Stromberg, D., 2013. The political economy of mass media. In: Advances in Economics and Econometrics. Cambridge University Press, Cambridge.

Reddaway, W. B., 1963. The economics of newspapers. Econ. J. 73 (290), 201-218.

Reinikka, R., Svensson, J., 2005. Fighting corruption to improve schooling: evidence from a newspaper campaign in Uganda. J. Eur. Econ. Assoc. 3, 259-267.

Rosse, J., 1967. Daily newspapers, monopolistic competition, and economies of scale. Am. Econ. Rev. 57, 522-533., Retrieved from http://www.jstor.org/stable/1821652.

Shaked, A., Sutton, J., 1987. Product differentiation and industrial structure. J. Ind.

Econ. XXXVI, 131-146.

Sheshinski, E. , 1976. Price, quality and quantity regulation in monopoly situations. Economica 43, 127-137.

Siegelman, P. , Waldfogel, J. , 2001. Race and radio: preference externalities, minority ownership, and the provision of programming to minorities. Adv. Appl. Microecon. 10, 73-107.

Sims, C. A. , 2003. Implications of rational inattention. J. Monet. Econ. 50 (3), 665-690.

Snyder, J. M. , Stromberg, D. , 2010. Press coverage and political accountability. J. Polit. Econ. 118 (2), 355-408.

Spence, A. M. , 1975. Monopoly, quality, and regulation. Bell J. Econ. 6, 417-429.

Stromberg, D. , 1999. The Political Economy of Public Spending. Princeton University. PhD Dissertation.

Stromberg, D. , 2001. Mass media and public policy. Eur. Econ. Rev. 45, 652-663.

Stromberg, D. , 2004a. Radios impact on public spending. Q. J. Econ. 119 (1), 189-221.

Stromberg, D. , 2004b. Mass media competition, political competition, and public policy. Rev. Econ. Stud. 71 (1), 265-284.

Zaller, J. , 1999. A Theory of Media Politics. Unpublished Manuscript.

第 14 章　市场中存在的媒体偏差:理论

马修·根茨科(Matthew Gentzkow) [①]、

杰西·M. 夏皮罗(Jesse M. Shapiro) [②]、

丹尼尔·F. 斯通(Daniel F. Stone) [③]

目　录

---

① 美国斯坦福大学经济系,美国国家经济研究局。

② 美国布朗大学经济系,美国国家经济研究局。

③ 美国鲍登学院经济系。

摘要：我们会回顾关于媒体偏差的市场决定因素理论文献。我们呈现了一个理论框架，来描述文献里面的关键主题和实质性内容。

关键词：媒体偏差；新闻偏差；媒体报道倾向；媒体竞争；极端化；信息传播；霍特林模型；确认偏差；声望；布式

JEL 分类代码：L82，D82，D83，D72

14.1　引言

在本章中，我们调查了决定均衡媒体偏差的市场力量的理论文献。[①]我们正式定义了媒体偏差并讨论了其规范性含义。然后，我们引入一个简单模型来组织关于媒体偏差决定因素的文献。本章关注了来自媒体偏差的供给角度的影响因素，例如媒体所有者的政治偏好，然后转向来自需求角度的影响因素，主要是与消费者信念和偏好相关的影响因素。

实证证据表明，许多人对媒体向公众提供的政治信息是否准确及时持怀疑态度。公众对媒体的信任度很低并且一直在下降（Ladd，2012）。不同政治立场的人都认为新闻报道偏向于另一方（Alterman，2003；Goldberg，2001）。皮尤研究中心的报告（Pew，2011）称，77%的美国受访者表示新闻报道"倾向于赞成一方"，63%的受访者认为新闻机构"在报道上存在政治偏见"。

第 15 章详细讨论的实证证据表明，不同的媒体确实会以不同的方式选择、讨论和陈述事实，而且它们的报道系统性地倾向于政治光谱中的一边或另一边。这种差异会对公众的行为产生巨大影响，从而对政治结果产生重大影响。对媒体偏差的担忧一直是媒体监管的核心（Brocas et al.，2011）。因此，理解影响媒体内容的经济影响是头等重要的。

14.2　什么是媒体偏差？

虽然不同新闻媒体的报道建立在同一事件的基础上，但它们设法传达出的实际发生的事件却可能有惊人的不同。在从事实到新闻报道的映射中存在着系统性的差异，我们称之为媒体偏差。[②]

假设存在一种不可观察的环境状态 $\theta \in \{L,R\}$，我们将其值分别与政治维度上的左倾与右倾联系起来。我们将新闻机构收集的原始事实定义为一个（可能是高维的）随机变量 $s \in S$，其分布取决于 θ，并将新闻报道定义为 $n \in N$。报道策略 σ 是从 S 到 N 的一种可能的随机映射。

我们将媒体偏差定义为在报道策略上的偏序。我们粗略地认为，若媒体的报道策略 σ 相对于 σ' 是右倾（左倾）的，则表明如果媒体选择偏离的报道策略 σ，相信媒体策略为 σ' 的

[①] Prat and Stromberg（2011）、Andina-díaz（2011）和 Sobbrio（2013）提供了相关证据。Zaller（1999）、Sutter（2001）和 Hamilton（2004）的研究较早，但是来自其他领域（传播学、社会学和政治学）的相关研究起到的作用有限。经济学早期重要的相关研究是 Steiner（1952）。

[②] 这个定义与 Gentzkow and Shapiro（2010）对倾斜（slant）的定义是一致的。

消费者会倾向于右倾(左倾)的观点。

更加准确地说,我们令 $\mu(n|\sigma)$ 表示贝叶斯消费者观察到新闻报道 n 且认为媒体会选择报道策略 σ 的情况下,消费者认为环境状态是 R 的后验概率。令 $\lambda(\tilde{\sigma}|\sigma)$ 表示当消费者认为媒体会选择报道策略 σ 但媒体实际选择报道策略 $\tilde{\sigma}$ 时关于 μ 的分布函数。如果根据报道策略 σ 和 $\tilde{\sigma}$ 报道的新闻 n 有同样的支撑集(例如,两种报道策略的 n 的集合是一样的),且新闻内容都保留了相对意义[例如,对任何的 $n,n'\in N$,满足 $\mu(n|\sigma)>\mu(n'|\sigma)\Leftrightarrow\mu(n|\sigma')>\mu(n'|\sigma')$,那么我们认为这两种报道策略是"一致"的]。当 σ 和 σ' 是"一致"的,且 $\lambda(\sigma|\sigma')$ 一阶随机占优于(不优于)$\lambda(\sigma'|\sigma')$,那么我们认为 σ 相对于 σ' 是偏右(偏左)的。当然,这个定义是对称的,即 σ 相对于 σ' 是偏右的,当且仅当 σ' 相对于 σ 是偏左的。

这样的定义能够涵盖文献中建模的主要偏差形式,与其他主要文献的媒体偏差定义的区别在于对 S 和 N 的定义以及对报道策略 σ 的约束。我们将其分为两个类别。[①]

第一类媒体偏差是扭曲,在这种情况下我们的模型满足 $N=S$。在这个特殊的例子中,我们可以把报道看作对 s 的价值的一种客观陈述,讨论一个真实性策略 $[\sigma(s)=s]$,以及媒体偏差的程度 [$\sigma(s)$ 和 s 之间距离的积分]是有意义的。Crawford and Sobel(1982)简单地讨论过这个问题。仅考虑与真实性策略一致的策略,我们的定义意味着在任意 s 的情况下,若报道策略 σ 更有可能为了支持 R 而报道假新闻,那么 σ 相对于 σ' 是偏右的。

扭曲的定义也包含了不必要的信息遗漏问题。我们通过以下模型来描述这个例子。假设 S 的元素中包含一个空信息,即不提供任何关于环境状态的信息。例如,假设 S 中既包含 $scandal_R$(表示 R 党中的丑闻),也包含 $scandal_L$(表示 L 党中的丑闻),或者 $\varnothing$(空信息)。更进一步,假设策略受到约束,即要么满足 $n=s$,要么满足 $n=\varnothing$(例如,媒体可以隐藏丑闻,但不会制造假丑闻)。这与 Milgrom and Roberts(1986)研究的披露博弈相关联。如果,报道策略 σ 下的报道相对更可能隐藏 R 党的丑闻而非 L 党的丑闻,那么 σ 相对于 σ' 是偏右的。

将媒体偏差视为扭曲的论文包括 Mullainathan and Shleifer(2005)、Baron(2006)、Besley and Prat(2006)、Gentzkow and Shapiro(2006),以及 Bernhardt et al. (2008)。

第二类媒体偏差是过滤。此时在我们的模型中,N 的信息比 S 的信息更简略或更低维。这可以涵盖筛选的概念,即 s 是一个高维度的向量,而媒体报道的新闻 n 只包含了其中的某一些元素且媒体受限于只能报道 s 中某个或者某部分的新闻 n。这种定义也可以采用粗略总结的形式,即 s 是一个连续变量,而新闻报道 n 取有限值,例如当报道对一个或另一个政治候选人的支持。在筛选的例子中,我们的定义是,若 σ 选择信息 s_i 且 σ' 选择信息 $s_j\neq s_i$ 时,当在任何情况下 s_i 比 s_j 更有利于候选人 R,那么 σ 相对于 σ' 是偏右的。在模糊化的情况下,若 σ 通过模糊的形式可能将相对支持 L 的报道转换为相对支持 R 的报道,那么我们认为 σ 相对于 σ' 是偏右的。以筛选来构建媒体偏差模型的论文包括 Stromberg(2004)。以政治支

---

① Prat and Stromberg(2011)将媒体偏差分为四种类型:事实偏差(facts bias)、事件偏差(issue bias)、框架偏差(framing bias)和意识形态立场偏差(ideological stand bias)。粗略地说,我们可以把事实偏差和框架偏差归为扭曲(distortion),而把事件偏差和意识形态立场偏差归类为过滤(filtering)。

持或模糊化来构造媒体偏差模型的论文包括 Chan and Suen(2008)以及 Duggan and Martinelli (2011)。

我们并不知道任何关于媒体偏差形式的相对普通的系统性实证证据。但似乎很清楚,以筛选和模糊化的方式进行过滤,在实践中对媒体偏差起着重要作用。举一个例子,Downs(1957)认为媒体筛选无处不在:"所有的报道都是有偏差的,因为记者必须只选择一些现存的事实传达给他的受众⋯⋯因为评估需要强调(即选择)某些数据与其他人不同,所有这些选择在某种程度上都是可评估的。简而言之,不存在对任何情况或事件的纯客观报道。"

14.3　媒体偏差和社会福利

根据我们的定义,媒体偏差只是一个相对概念:一个媒体与另一个媒体的比较。只有在特殊情况下,讨论无偏差或客观的报道、较多或较少的媒体偏差,或者特定媒体的具体偏差方向是有意义的。所以,一般而言,媒体偏差和社会福利之间没有固有的联系。

评估内容信息量的基准是 Blackwell(1951)的序列(后文称布式序列)。如果报道策略 σ' 能够由报道策略 σ 和随机扰动结合生成,换句话说,如果给定 σ 的情况下 σ' 的分布不取决于 s,那么 σ 比 σ' 具有更大的布式信息量。在这种情况下,不管偏好如何,任何观察到 σ 的决策者都至少相当于观察到 σ' 的决策者的预期效用。相反,如果 σ 并不比 σ' 具有更大的布式信息量,则存在某些偏好的决策者会认为 σ' 严格优于 σ。

在扭曲偏差的例子中,(从布式角度来看)真实报道策略具有的信息量不少于其他任何有偏报道策略,因此,新闻消费者看到有偏新闻报道并不能够获得更高效用。这种比较是严格的,举个例子,如果 s 是一个二进制信号且报道策略 σ 有时会令 n 与 s 一致,有时会令 n 与 s 相反。这种比较也可以是不严格的,举个例子,如果 $s \in R$ 且 $\sigma(s)$ 等于 s 加上一个常数。一个有经验的消费者能够通过逆映射 σ 来还原 s。当然,消费者可能不是有经验的,而且即使他们是有经验的,他们也可能不知道正确的映射 σ。这说明,如果消费者错误地把报道解读为正确的,即便是"加一个常数"的扭曲偏差也会带来福利的损失。

在过滤偏差的例子中,两个报道策略通常不能依据布氏序列。一个总是报道最支持 R 的事件的策略会在某些决定上是最优选择,而总是报道最支持 L 的事件的策略会在其他决定上是最优选择。同样的道理适用于对左倾候选人和右倾候选人的政治支持策略。相对中间派的报道偏差是没有特殊的规范地位的,例如报道 s 里的平均事实的筛选规则,或是对左倾候选人和右倾候选人相同支持程度的政治背书。

当然,除了对消费者福利的直接影响之外,政治信息可能还有重要的外部性。通过这些外部效应评估媒体偏差的影响是具有挑战性的。许多人认为,在其他条件相同的情况下,当公众获得更好的消息时,民主将会更好地发挥作用。如果我们接受这个前提,从社会和私人角度来看,会降低布式信息量的扭曲偏差往往是不好的。与此同时,在过滤偏差的情况下,就没有那么多理由期望社会和私人激励措施能够很好地结合起来。

14.4　新闻市场的模型

我们现在介绍一个特征化的新闻市场模型。我们会用这个模型来涵盖上文中讨论的关键点，同时，这个模型也可以帮助我们总结后文将要讨论的文献并梳理框架。模型中存在消费者的序列，用 i 表示。同时，存在一个或者两个媒体企业，每个企业最多经营一个媒体平台。正如上文讨论的那样，我们假设存在两个环境状态 $\theta \in \{L, R\}$，媒体企业能够观察到独立的信息 s，并做出相关报道 n。我们假设报道的文章只有两种形式，$N = \{l, r\}$。每种环境状态的概率是一样的，即 $\theta = R$ 的概率为 0.5。

我们考虑扭曲偏差和过滤偏差的不同情况。在这两种情况下，报道策略用一维媒体偏差指数 $b \in [-1, 1]$ 来表示，这意味着，当且仅当 $b \geq b'$ 时，偏差为 b 的报道策略相对于偏差为 b' 的报道策略是偏右的。我们假设企业在信息 s 可以被观察到之前就公布了自己的报道策略 b。[①]

为了刻画扭曲偏差，我们假设信息是二元的，即 $S = N = \{l, r\}$。报道可以被简单地刻画为企业可能在任何 s 之后报道 l 或 r。信息是对称的，且准确度 $\pi \equiv \Pr(s = l \mid L) = \Pr(s = r \mid R) > 0.5$。在下文的情形下，企业可能会发现扭曲 l 信息或者 r 信息是最优行为（例如，在 $s = r$ 的情形下报道 $n = l$，或是在 $s = l$ 的情形下报道 $n = r$），但不会同时扭曲这两类信息。因此，我们令 $b > 0$ 表示在 $s = l$ 时报道 $n = r$ 的概率，令 $b = 0$ 表示真实报道，令 $b < 0$ 表示在 $s = r$ 时报道 $n = l$ 的（负）概率。

为了刻画过滤偏差，我们假设真实的信息是连续的，即 $S = R$。我们假设 s 服从标准差为 1 的正态分布。当环境状态是 R 时，均值 $m > 0$；当环境状态是 L 时，均值 $m < 0$。然后我们定义 $\pi \equiv \Pr(s \geq 0 \mid R) = \Pr(s \leq 0 \mid L)$。我们将注意力限制在阈值 τ 定义的策略上，这样，当 $s \geq \tau$ 时，$n = r$，而当 $s < \tau$ 时，$n = l$。当 $\tau < 0$ 时，$b = \Pr(n = r \mid s < 0)$，当 $\tau > 0$ 时，$b = -\Pr(n = l \mid s > 0)$，当 $\tau = 0$ 时，$b = 0$。

令 $\sigma_l = \Pr(n = l \mid L)$ 且 $\sigma_r = \Pr(n = r \mid R)$ 分别表示在状态 L 和 R 下进行真实报道的概率。扭曲偏差和过滤偏差下的情形一致，如果 $b > 0$，那么 $\sigma_r = \pi + b(1 - \pi)$ 且 $\sigma_l = (1 - b)\pi$（$b < 0$ 的情况类似）。而且在这两种情形下，对所有的 b 而言，$\sigma_l + \sigma_r$ 在 b 上连续，当 $b = 0$ 时，$\sigma_l + \sigma_r$ 最大，为 2π。同时，对所有 b 而言，$\frac{\partial \sigma_l}{\partial b} < 0$，$\frac{\partial \sigma_r}{\partial b} > 0$。在过滤偏差的情形下，$\sigma_l + \sigma_r$ 是倒 U 形的，且 $\left[\frac{\partial(\sigma_l + \sigma_r)}{\partial b}\right]\bigg|_{b=0} = 0$；在扭曲偏差的情形下，$\sigma_l + \sigma_r$ 是倒 V 形的。

媒体消费者重视 θ 的信息，可能是因为它对于他们必须做出的真实决定（例如，投票、劳动力供应、在鸡尾酒会上的宣言）具有工具价值，或者因为他们本质在意拥有准确的信息。为了简化这种激励，我们假设消费者会选择一种行为 $A \in \{A_L, A_R\}$，这种行为带来的回报为

---

① 该策略被认为是媒体的编辑策略，并且不会被轻易改变（Gehlbach and Sonin, 2013）。

$u_i(A \mid \theta)$，其中，$u_i(A_L \mid L) = \beta_L > 0, u_i(A_R \mid R) = \beta_R > 0, u_i(A_L \mid R) = u_i(A_R \mid L) = 0$。我们令 p 表示消费者对状态 $\theta = R$ 的先验概率，因此 p 可能与真正的先验概率 0.5 不同。我们把 $p = 0.5$ 和 $\beta_L = \beta_R = 1$ 作为基准假设。下面，我们考虑先验概率 p 和回报 $\{\beta_L, \beta_R\}$ 对于不同的消费者 i 会出现不同的情形，并且我们考虑消费者可能会通过确认他们的先验信念而获得心理效用的可能性。我们把消费者回报的平均数 $E[u_i(A \mid \theta)]$ 作为消费者福利。

每个消费者可以选择消费一则新闻或不消费新闻。消费新闻不需要花费金钱但是需要花费时间成本 c_i，该成本区间为 $[0, \bar{c}]$，累积分布函数为 $G(c)$，概率密度函数为 $g(c)$，其中 $\bar{c} > 0$。我们假设 c_i 与个体的偏好和先验信念无关。如果消费者认为两则双寡头媒体提供的新闻没有差别，则他选择任何一个媒体的概率都为 0.5。

每个媒体企业的利润等于其报道的消费者数量乘以每位消费者的广告收入 ρ。下面，我们考虑媒体企业直接关心消费者行为的可能性。

博弈的次序是：

(1) 自然选择环境状态，但是这是不能被任何博弈者观察到的。

(2) 媒体企业选择（并承诺）它们的媒体偏差，这能够被消费者知道。

(3) 媒体企业获取信息。

(4) 媒体企业提供新闻报道，消费者可以选择消费该新闻报道。

(5) 当消费者消费新闻时，他们会更新他们的信念，并同时选择他们的行为并获得回报。

在继续之前，我们注意到，在基准情况下，企业只关心利润，消费者是同质的，都具有中间立场的先验和偏好，那么就不存在媒体偏差。如果消费者消费新闻带来的预期效用减去 c_i 高于他不消费新闻的预期效用（0.5），那么消费者 i 会选择消费新闻。所以消费者 i 消费新闻的条件满足：

$$\Pr(n = l \mid L)\Pr(L) + \Pr(n = r \mid R)\Pr(R) - c_i > 0.5$$
$$0.5(\sigma_l + \sigma_r - 1) > c_i \tag{14.1}$$

因此，可以得到消费新闻的消费者比例为 $G[0.5(\sigma_l + \sigma_r - 1)]$。因为当 $b = 0$ 时，$\sigma_l + \sigma_r$ 最大（对任何一种偏差形式都成立），企业会选择最优的 $b^* = 0$。因此，新闻是没有偏差的，消费者福利在垄断或者更具竞争性的媒体市场上都是最大化的，而且在所有的媒体市场结构下，媒体企业的利润都是一样的。因为消费者普遍希望获得无偏新闻，而媒体企业的唯一动力就是提供给消费者他们想要的新闻，所以不论是否存在媒体企业的竞争，对于任何一种信息结构，消费者都能得到最优的新闻。

14.5　供给因素驱动的媒体偏差

媒体偏差的一个潜在推动因素是媒体可能会引导消费者采取特定的行动。这种引导可能来自很多方面。第 16 章考虑了政府、广告商或其他第三方对媒体施加的压力。在这里，我们考虑媒体内部的激励。这些激励可能包括直接的媒体所有者的政治或商业相关的偏好，或者间接的来自记者或编辑的偏好。

有关媒体偏差的供给影响因素的文献主要得到了三个结论。首先,供给因素会导致均衡中的过滤偏差和扭曲偏差,甚至可以导致对理性且有经验的消费者的"操纵"。如果说服性激励相对于利润动机来说足够强大,那么即使以利润为代价,媒体也倾向于歪曲其报告来影响消费者行为。其次,行业竞争一般会减少扭曲偏差,并使结果回到缺乏说服性激励下会出现的情况,即使竞争企业也有类似的媒体偏差。直观地说,竞争倾向于使结果更好地满足消费者的需求,在基准情况下是对无偏新闻的需求。最后,媒体竞争往往会增加消费者的福利,但是一旦把媒体所有者的意识形态收益考虑进来后,竞争可能会增加也可能会减少总赢利。

为了在模型中解释这些结果,我们假设每家媒体企业都有一个偏好行为。除了货币收益,企业还能够通过引导消费者采取它们期望的行为来获得回报,这个回报是每家企业采取偏好行为时的消费者比例的 α 倍($\alpha > 0$)。我们将有偏好行为 A_R 的企业称为偏右的媒体,将有偏好行为 A_L 的企业称为偏左的媒体。

正如前文提到的,消费新闻的(同质且中间立场的)消费者比例是 $G[0.5(\sigma_l + \sigma_r - 1)]$ 。没有消费新闻的消费者认为采取哪方面行为是没有差别的,所以我们假设他们会选择 A_L 的概率为 0.5。消费了新闻的消费者选择 A_L 的概率是 $\sigma_l \Pr(L) + (1 - \sigma_r) \Pr(R) = 0.5(\sigma_l + 1 - \sigma_r)$ 。因此,选择 A_L 的消费者比例是 $0.5(\sigma_l + 1 - \sigma_r) G[0.5(\sigma_l + \sigma_r - 1)] + 0.5\{1 - G[0.5(\sigma_l + \sigma_r - 1)]\}$ 。

假设现在只有一家偏左的媒体企业。它的效用函数是 α 倍的选择 A_L 的消费者比例加上 ρ 倍的消费新闻的消费者比例,即

$$\Pi_M = a \langle 0.5(\sigma_l + 1 - \sigma_r) G[0.5(\sigma_l + \sigma_r - 1)] + 0.5\{1 - G[0.5(\sigma_l + \sigma_r - 1)]\}\rangle + \rho G[0.5(\sigma_l + \sigma_r - 1)]$$

$$= a\{0.5(\sigma_l - \sigma_r) G[0.5(\sigma_l + \sigma_r - 1)] + 0.5\} + \rho G[0.5(\sigma_l + \sigma_r - 1)] \quad (14.2)$$

对于扭曲偏差,当 $b \geq 0$ 时,若 α 足够大且 ρ 足够小,式(14.2)关于 b 的一阶导数为负数,而且很直接能看到 Π_M 在 $b = -1$ 时并不会取到最大值,所以当 α 足够大且 ρ 足够小,一定存在一个内部最优解, $b^* \in (-1, 0)$ 。通过隐函数微分的方法可以看到, $|b^*|$ 随着 α 的增大而增大,随着 ρ 的增大而减小。注意,即使消费者是理性的,媒体偏差也会影响均衡下消费者的行为分布。这是 Kamenica and Gentzkow(2011)提到的媒体的理性说服作用的一个例子。

为了看到竞争的效果,首先要关注的是所有消费者都会选择 $|b|$ 最低的那家媒体公司。如果第二家公司对消费者行为有相反的偏好,那么如果这两家公司都提供有偏报道,都不能构成均衡,因为任何一家公司的媒体偏差(相比竞争对手)程度相同或更高,那么它可以通过减少媒体偏差来获取更多的货币利润和消费者行为倾向,从而变得更好。唯一的均衡是两家公司都提供没有偏差的新闻。更令人惊讶的是,当两家公司对消费者行为具有相同的偏好时,也会出现相同的结果。如果一家企业提供有偏新闻,另一家企业可以通过略微减少媒体偏差来获得整个市场,同时稍微减少期望的消费者行为。因此,如果任何一家公司提供有偏新闻,总会存在一种激励措施来减少这种偏差。

因为消费者福利随着偏差的增加而减少，所以双寡头垄断市场中的社会福利是较高的。除了垄断者会在任意 $\alpha > 0$ 的情况下选择一定程度的偏差，过滤偏差的结果也很相似。以下命题总结了这些结果。

命题 14.1：

假设媒体企业会有策略地选择扭曲（过滤）偏差。那么：

（1）如果 α 足够大且 ρ 足够小（对任意的大于 0 的 α 和 ρ），有偏的垄断者会选择 $|b^*| \in (0,1)$，其中 $|b^*|$ 随着 α 的增大而增大，随着 ρ 的增大而减小。

（2）在双寡头垄断模型中，两家媒体企业都会选择 $b^* = 0$。

（3）双寡头垄断模型下的消费者福利要高于单寡头垄断模型下的消费者福利。

命题 14.1 表明了一家有偏的媒体公司在面临政治影响和直接媒体利润之间所需要做的简单却举足轻重的权衡。随着影响力（α）的重要性增加，公司会选择更多有偏报道，而随着受众规模变得更有利可图（更大的 ρ），公司选择的媒体偏差就越小。除了下面要讨论的文献，Anand et al.（2007）和 Balan et al.（2004）也表达了类似观点。此外，仅仅增加一家竞争性的媒体公司就可以使消费者对媒体偏差的需求弹性无限大，从而在均衡中消除媒体偏差。命题 14.1 还意味着理性消费者也会受到媒体偏差的影响，Jung（2009）以及 Adachi and Hizen（2014）也表明了这一点。

命题 14.1 也暗示了更多微妙的结果。即使在 $\rho = 0$ 的情况下，对于任意的 α，垄断者都不会选择最大限度的媒体偏差。选择完全偏离报道会疏远消费者，导致他们不会消费新闻，也不会因此受到媒体的影响[Gehlbach and Sonin（2014）强调了这一点]。关于供给因素驱动的媒体偏差文献以各种方式拓展了这些基本直觉。

Baron（2006）指出，由于许多新闻机构都是公司的一部分，它们不太会因为政治偏向而牺牲利润。然而，Baron（2006）表示，如果新闻记者愿意接受较低的薪酬并被允许有偏地报道新闻，媒体偏差会增加公司利润，即使这对消费者有负面作用。记者愿意这样做，是因为这样可以有利于他们的职业生涯或满足政治偏好。在这种情况下，对媒体所有者来说，允许扭曲偏差的存在来换取减薪甚至是有利润的。在 Baron（2006）的模型中，媒体偏差导致新闻价格由于需求减少而降低，但对社会福利的影响是不确定的，因为它可能会增加公司利润。但是如果消费者对新闻的需求很大，则对福利的影响是负面的。在竞争企业中，媒体偏差与利润之间的关系也是不明确的。

Anderson and McLaren（2012）研究了一个和我们类似的模型，其中，媒体公司对消费者行为有偏好，消费者具有同质的政治偏好，且对均衡状态下的媒体行为是完全理性和有经验的。媒体的信息获取是外生的，但媒体可以策略性地隐瞒信息（扭曲偏差的一种形式）。消费者仍然可以被媒体偏差操纵，因为（从公司的角度来看）当政治信息不好时，信息可能不会被报道，消费者不知道是否这是因为信息不公开或不可用。Anderson and McLaren（2012）的模型比我们更宽泛的地方在于其考虑了价格、企业合并的激励机制、媒体成本以及允许消费者从多个来源获得新闻。与我们的模型一致，Anderson and McLaren（2012）发现竞争有效地减少了扭曲偏差，并且防止了兼并的发生，这可以增加社会福利。更为巧妙的是，Anderson and McLaren(2012)指出,当竞争对手有相反的媒体偏差时,由于所有者的政治动机相互冲突,即使允许企业兼并,兼并也可能不会发生。此外,联合双寡头的垄断利润可能会高于单寡头的垄断利润,因为具有政治偏好的所有者不能可靠地致力于提供多元化、差异化的新闻。

Chan and Suen(2009)也研究了一个有理性消费者和有偏媒体的模型,其通过将两党政治竞争与具有内生性的政策纲领结合在一起而超过了我们的模型。选民的收益取决于获胜方的政策纲领和无法被观察到的环境状态。作者比较了两种情况:一种是媒体只报道每个政党的政策纲领;另一种是媒体报道政策纲领,同时对环境状态做简短的报告。研究发现,在第一种情况下各方都没有遵守规定,并选择极端的政策纲领,这对社会是有害的。在 Chan and Suen(2009)的模型中,理想的平台趋同(platform convergence)无法实现均衡,因为每一方都会有偏离的动机,选民不能识别和惩罚单边偏差者。相反,在第二种情况下,即使有媒体偏差的存在,媒体报告也会缓和有偏的政策,因为如果一方偏离了目标并提出更加极端的政策,那么选民可以通过媒体报道识别出这一方。竞争进一步加强了这种调节。一个微妙的发现是,媒体偏差并没有推动政策向偏差的方向发展,而是会使候选人政见两极化。由于媒体对政策纲领的报道是简单的,这可能是一种扭曲偏差的形式。媒体偏差的程度并不受制于受众的需要,因为这是外生的,受到媒体和公众偏好之间一致性的限制。

Brocas et al. (2011)考虑了媒体与有偏的公司进行竞争的简单模型的几种变化。其考虑的一个新颖特征是,除了让自己的新闻有偏差外,公司还可以阻碍竞争对手的新闻报道,使其新闻不具有信息性。因此,双垄断竞争不足以消除媒体偏差。但是,如果有两家媒体公司都支持两方面的"观点"(政治候选人),那么就相当于有四家公司,这个媒体偏差就完全消除了。这是由于"信息性帕特兰德竞争"——如果两家公司具有相同的观点但其中一家提供的信息更多,它将因此获得整个市场。①因此,不可能存在一种均衡状态,即一家公司可以略微增加信息量并占领整个市场。作者用实验来测试他们的模型,这些实验通常支持他们的理论预测。

所有这些研究结果的总体观点是竞争倾向于减少市场中来自供给因素的媒体偏差。广义而言,竞争刺激企业为消费者提供他们想要的东西,而供应方的扭曲降低了消费者视角下的媒体质量,因此这些激励措施会减少扭曲。

14.6 需求因素驱动的媒体偏差

媒体偏差的另一个潜在推动因素是消费者自身的需求。第 15 章讨论的实证文献的一个有力结论是,消费者倾向于选择与自己的偏好或先前的信念相匹配的媒体——我们称之为确认性新闻。在这种倾向的存在下,即使是不考虑直接影响消费者信念的利润最大化公司,也可能选择有偏的新闻报道。

---

① Ellman and Germano(2009)也发现了类似的效应。

一个显而易见的问题是,消费者为什么需要确认性新闻。文献已经确定了三种可能起作用的激励类别,我们称之为委托行为、心理效用和声誉。我们围绕这三个类别组织讨论。

文献关于需求因素驱动的媒体偏差的广泛结论与源于供应因素的媒体偏差有很大不同。首先,如果消费者是理性的且倾向于更多信息量(布式信息量)的新闻,那么需求因素往往导致过滤偏差而非扭曲偏差。除非如 Gentzkow and Shapiro(2006)提及的,公司存在声誉问题并且不能承诺真实报道。其次,媒体竞争对媒体偏差的影响更为模糊。这个方面的逻辑大体上遵循标准的霍特林模型。例如,存在两个垄断者时,其倾向于各自满足某一部分意识形态范围的消费者需求,而只存在一个垄断者时,其会迎合所有消费者的需求,这意味着双寡头垄断者会采用比单寡头垄断者更极端的报道偏差。最后,虽然竞争增加了消费者福利常常是事实,但如果两极分化的媒体导致了负面的政治外部性,竞争更广泛的影响可能就不那么明确了。

在进一步分析之前,为了方便读者,我们回顾一下我们模型中的设定和定义。存在一个不确定的状态, L 或是 R ,消费者选择行为 A_L 或者 A_R 。如果消费者的行为和状态一致,消费者可以获得一个正向的收益 β_L 或是 β_R ,而其他情况下获得的回报为 0。消费者 i 花费机会成本 c_i 可以获得新闻 $n=l$ 或者 $n=r$,其中机会成本的累积分布函数为 $G(c)$ 。我们分开考虑扭曲偏差和过滤偏差;在每种状态下, σ_n 是(在相应状态下)正确报道 n 的概率, π 是正确报道的"无偏"概率。

14.6.1　委托行为

消费者要求确认性新闻的第一个解释是特定于过滤偏差的情况。回想一下,在这种情况下,报道规则通常不是布式序列,所以对理性消费者的信息价值将是消费者先验信念和偏好的函数。最初由 Calvert(1985)提出并由 Suen(2004)发展的结论表明,偏好(或先验信念)倾向于 R 状态的消费者将倾向于从偏右信息中获得更高的(主观的)期望效用。因此,即使是理性的消费者也会表现出对确认性新闻的偏好。

在我们的模型中,这个直觉性结论可以这样理解。首先,只有当信息影响到消费者行为时才具有价值,所以我们关注两种情况:当 $n=r$ 时,消费者行为 $A=A_R$;当 $n=l$ 时,消费者行为 $A=A_l$ 。其次,观察到根据这种信息做出的行动等同于将其决定委托给媒体。从基础信息 s 到消费者的行为 A 的映射变成简单的报道规则 σ 。最后,消费者会明确地选择接近当他们直观观察到基础信息时所选择行为的报道规则。如果消费者的先验信念或偏好转向偏右,消费者在大部分 s 的情况下选择的最优行为为 A_R ,他们也就会在大部分 s 的情况下更喜欢报道 $n=r$ 。

几项结论都可以很直观地表示委托行为导致了媒体偏差的产生。首先,企业不应该参与彻底的扭曲偏差,因为这会严重降低企业产品对消费者的价值;委托激励只能解释过滤偏差。其次,对竞争的分析类似于对其他环境中差异化产品竞争的分析:增加企业的数量往往会使消费者获得更多的收益,因为更有可能生产出迎合他们品位的产品。最后,当消费者拥有不同的先验信念时,或当他们具有不同偏好时,福利效应会有微妙的差异。因为在前一种情况下,至少一些消费者正在犯系统性错误,从而导致迎合他们的需求不一定是最佳选择。

为了在模型中解释这些结论,我们考虑两种情形。第一种情形,消费者有异质性的偏好:一半是"偏左主义",即 $\beta_L > \beta_R = 1$,而另一半是"偏右主义",即 $\beta_R > \beta_L = 1$。第二种情形,消费者有异质性的先验信念:对他们而言,$\beta_L = \beta_R = 1$,但是一半是"偏左主义",其先验信念为 $p_i = p_L < 0.5$,另一半是"偏右主义",$p_i = 1 - p_L > 0.5$。

要说明企业从未参与扭曲偏差,考虑异质性偏好下的"偏右主义"消费者和右倾扭曲偏见新闻的例子。消费者根据媒体企业报道采取行动获得的效用可以表示为:

$$\sigma_l Pr(L) + \beta_R \sigma_r Pr(R) - c_i = 0.5\{\pi(1-b) + [\pi + (1-\pi)b]\beta_R\} - c_i \quad (14.3)$$

式(14.3)在 $\beta_R < \pi/(1-\pi)$ 的情况下随着 b 的增大而减小,而在其他情况下随着 b 的增大而增大。但在后一种情况下,消费者对 A_R 的偏好非常强,无论他收到什么新闻,他都会采取 A_R 这种行动,所以不能实现效用最大化,因为他花费了消费新闻的成本。因此,对那些均衡状态下消费新闻的消费者而言,效用随着扭曲偏差的增加而下降,所以当没有扭曲偏差时,效用实现最大化。由于媒体企业只想吸引尽可能多的消费者,而且只能通过提供更大的效用来实现这个目标,在任何均衡中,媒体报道都不会出现扭曲偏差。这一结果对具有异质性先验信念的消费者也适用。直观地说,扭曲偏差使布式信息量减少,从而减小了所有消费者的效用。

现在考虑过滤偏差。假设消费者的行为会跟随媒体企业的报道,其效用对 b 求导为 $\dfrac{0.5\partial(\sigma_l + \sigma_r \beta_R)}{\partial b}$,如果 $\beta_R > 1$,当 $b = 0$ 时,该表达式严格大于 0。因为就如前面所提到的,对于所有的 b 而言 $\left[\dfrac{\partial(\sigma_l + \sigma_r)}{\partial b}\right]\Big|_{b=0} = 0$ 且 $\dfrac{\partial \sigma_r}{\partial b} > 0$。因此,对一个"偏右主义"且 $\beta_r > 1$ 的消费者而言,在 $b > 0$ 时可以取得最大的效用,而只针对一个消费者群体的公司将为该群体提供最优的偏差。

如果消费者的偏好极端化,一个垄断者可能认为自己的最优行为是迎合某一部分消费者的偏好。除此之外,垄断者会认为满足消费者的整体偏好是最优选择,这时候 $b = 0$。如果我们假设 $g' \leq 0$,那么可以肯定,增加媒体偏差吸引的消费者数量会比另一边失去的消费者数量要少。但是对于任何程度的消费者异质性,双寡头垄断者都有通过过滤偏差来区分报道的动机。如果两个双寡头市场的垄断者都提供 $b = 0$,其将平分单寡头垄断市场的受众。那么,垄断者就有动机至少稍微改变 b 的值,因为这种行为可以继续吸引剩下一半的单寡头垄断市场的消费者(那些消费 $b = 0$ 新闻的消费者,而且他们的偏好是与该媒体企业改变后的偏差一致的),还能够吸引想要消费有偏新闻的新读者。给定一个双寡头垄断市场的垄断者提供的 $b \neq 0$,另一个垄断者的最优选择是向其他消费者群体提供效用最大化的过滤偏差。所以在均衡中,每个企业都为自己的消费者提供最优的媒体偏差。这个偏差不会是极端化的($|b| \neq 1$),因为这样的新闻不具有足够的信息性。令 $0.5(\hat{\sigma}_l + \hat{\sigma}_r)$ 表示具有这些最优阈值下正确信号的无条件概率(左侧或右侧的最优阈值是相同的)。请注意,经营两家媒体的垄断者的行为方式与双寡头垄断市场的垄断者相同。

可以直观且容易地验证，如果消费者具有异质性偏好，则双寡头垄断市场的消费者福利高于单寡头垄断市场。如果消费者具有异质性先验信念，那么情况不一定如此。令 $\hat{c}_D$ 表示在最优偏差下也不会消费新闻的消费者的成本。然后，我们假设客观先验是主观先验的均值（0.5），双寡头垄断市场的社会福利 W_D 可以写成：

$$W_D = 0.5(\hat{\sigma}_l + \hat{\sigma}_r) \, G(\hat{c}_D) + 0.5[1 - G(\hat{c}_D)] \tag{14.4}$$

在单寡头垄断市场中，存在的唯一媒体企业 $\tau = 0$，令 $\hat{c}_M$ 表示单寡头垄断市场中的 $\hat{c}_D$，社会福利 W_M 可以表示为：

$$W_M = \pi G(\hat{c}_M) + 0.5[1 - G(\hat{c}_M)] \tag{14.5}$$

双寡头垄断市场的社会福利减去单寡头垄断市场的社会福利可以写成：

$$W_D - W_M = \underbrace{(\pi - 0.5)[G(\hat{c}_D) - G(\hat{c}_M)]}_{\text{市场规模效应} > 0} + \underbrace{[0.5(\hat{\sigma}_l + \hat{\sigma}_r) - \pi]G(\hat{c}_D)}_{\text{信息效应} < 0} \tag{14.6}$$

式（14.6）等号右边的第一部分为市场规模效应（market size effect），表示因为报道差异导致的消费者的增长，第二部分为信息效应（information effect），表示过滤偏差的存在导致信息更加不准确。因为 $\hat{c}_D > \hat{c}_M$，所以市场规模效应严格为正，而信息效应严格为负。哪种效应更大取决于 $G(.)$ 和 $\hat{\sigma}_l + \hat{\sigma}_r$ 的值。当 $G(.)$ 更加"陡峭"且 $g(.)$ 更加"平坦"时，市场规模效应更大，而且报道差异能够显著吸引更多新的消费者，因为消费新闻是需要花费成本的。当消费者偏好更加极端化且过滤偏差的成本更高（m 更大）时，信息效应会更大。由于任何一种效应都可以任意地缩小到接近于零，所以任何一种效应都可能占优势，而对整体福利的影响可能是正的也可能是负的。Chan and Suen(2008) 以及 Chan and Stone(2013) 以类似的方式分解了竞争的影响。

我们将这些结果总结如下。

命题 14.2：

假设消费者存在异质性的偏好（先验信念）。如果 β_L 和 $\beta_R(p_L$ 和 $p_R)$ 足够接近于 1（0.5），那么：

（1）在扭曲偏差下，不论是在双寡头垄断市场还是单寡头垄断市场中，企业的最优选择为 $b^* = 0$。

（2）在过滤偏差下，单寡头垄断者会选择 $b^* = 0$，而双寡头垄断者会选择 $b^* \in (0,1)$，$b^* \in (-1,0)$，且最优的偏差是能够最大化每个消费者群体的（主观）预期效用。双寡头垄断市场下的消费者福利可能（会或者不会）比单寡头市场下的更高。

如果 β_L 和 $\beta_R(p_L$ 和 $p_R)$ 足够大（远远偏离 0.5），那么：

（1）在扭曲偏差下，没有消费者会消费有偏差的新闻。

（2）在过滤偏差下，垄断者提供整体消费者市场的（主观）最优偏差。双寡头垄断者们给自己的区域提供（主观）最优偏差。双寡头垄断市场下的社会福利严格优于单寡头的情况。

我们现在来讨论几篇有关案例的相关论文，并对其进行拓展。

Chan and Suen(2008) 的模型与我们的模型相似，但其包含了政治竞争。在 Chan and

Suen(2008)的模型中,所有消费者都对一个主题的新闻感兴趣,即一个一维的世界状态,但在给定状态下对投票给哪个政党有不同的偏好。尽管事实状态是连续的,媒体只能报道极端的二元信息,所以消费者对报道策略有不同的偏好——有些人希望媒体只在极端状态下支持偏左的政党(因为只有这些州的选民才倾向于投票支持偏左政党),有些人希望偏右的政党只得到很少的支持,有些人则希望得到更为均衡的组合。这导致了内生的过滤偏差,就像我们的模型一样。然而,与我们的模型不同,由于其模型中消费者异质性的连续性,相互竞争的双寡头垄断媒体采取相同的立场。这相当于在经典的双寡头霍特林模型上融合了横向差异化以及没有价格竞争,Steiner(1952)首先将这种模型应用于媒体市场。和 Steiner(1952)一样,Chan and Suen(2008)指出,如果两家公司拥有相同的所有者,可能会导致差异化。然而,Chan and Suen(2008)的结果更加复杂,因为其模型包含了政治平台竞争。这导致媒体分化和社会福利之间的关系比我们的模型更模糊。相关论文是 Sobbrio(2014)和 Fang(2014)。

Burke(2008)的基于消费者异质先验信念的模型也与我们的模型非常相似,其包括二元信息和新闻报道,以及只想最大化市场规模的公司。Burke(2008)考虑一种过滤偏差,即企业可以选择 σ_l 和 σ_r,但是两者之和 $\sigma_l + \sigma_r$ 是常数(这种假设的技术基础没有被建模)。这种设置意味着,如果消费者的先验信念至少在一定程度上是非中心化的,那么消费者认为他可以从极端的媒体获得最大的信息价值,因此双寡头垄断者会最大限度地区分开来。单寡头垄断者可能仍然采取中间立场,因为其不想疏远任何一方的观众。在这个模型中,过滤偏差没有信息损失(或收益),所以福利由于市场扩张而明显增加。Burke(2008)通过观察动态环境来拓展分析结果:即使消费者最初没有特别的偏好——消费者预期未来并且知道有偏消息的未来价值,那他们从一开始就会接受有偏新闻。Burke(2008)还表示,即使加入了价格竞争,结果仍是稳健的。

在 Stromberg(2004)开发的模型中,双寡头垄断报纸不关心操纵消费者而只想实现利润最大化。这些公司事先是完全相同的。这个模型超越了我们的模型,因为其加入了新闻制作成本(假设技术是规模收益递增的)、新闻在不同政府计划中的多维度以及政治竞争。在这个模型中,过滤偏差以企业对某些项目比其他项目报道更多的方式存在。Stromberg(2004)发现(与我们的模型不同),两家公司在均衡状态下的行为表现相同,他们都把报道重点放在规模更大、对广告商更有价值、更关注政策结果的群体上,这是因为规模报酬递增的存在。Stromberg(2004)还模拟了政治行为,并表明这种过滤偏差导致这些消费者能够获得更好的政策结果。

Duggan and Martinelli(2011)假设媒体只能对二维的政策发布一则一维的新闻报道。在其模型中,选举赢家选择所得税和公共商品的水平,消费者选择是否进行必要的投资以获得高薪工作。选民被告知在任者的政治纲领,对于政治挑战者的信息只知道其倾向于更多的税收和公共物品,但不知道其确切的政治纲领。Duggan and Martinelli(2011)不仅分析了媒体政治偏好的情况,还分析了对选民的最佳过滤偏差,这个过滤偏差就是媒体只想实现最大化利润时发生的过滤偏差。如果工作回报足够高,(对消费者而言)最优的偏差并不是关于税收的信息,因为无论如何消费者都会投资于高薪工作,并且获得关于公共商品的完整信息,所以如果政治挑战者的公共商品政策是最佳选择,消费者就可以投票给政治挑战者。如果工作回报率较低,最佳偏差会一方面提供有关税收的信息,以诱导消费者投资,同时提供一些关于公共商品的信息,以改善对该维度的投票。然而,"没有媒体偏差"(即同等报道两个维度的政策)从来都不是最佳选择,这与偏好导致对有偏信息的需求的原则是一致的。

14.6.2　心理效用

接下来我们考虑消费者从与他们先验信念相匹配的消息中直接获得效用的情况。这种心理效用是只关于媒体偏差和消费者先验信念的函数,并且与新闻报道中信息的工具性价值是分开的。对偏差新闻的偏好基础已经在心理学和经济学中得到发展(Lord et al.,1979;Nickerson,1998;Rabin and Schrag,1999;Tirole,2002)。这种偏好可能源自对自我形象、自尊或一致性偏好(可能是"感觉很好",或消遣性地确认自己的观点是正确的而其他人是错误的)、避免复杂性的期望(更新之前的信念可能需要花费认知成本)或是其他原因。

我们用 $\phi(b;p_i)$ 表示心理效用。假设对所有的 p 而言,$\phi(0;p_i)=0$,而对所有的 b 而言,$\phi(b;p=0.5)=0$(这表示只有当新闻是有偏的且先验信念不是完全中立的情况下,消费者才能够获得这个心理效用)。若 $p_i>0.5$,那么 $\phi(.)$ 会随着 b 的增大而增大,但增速会逐渐下降;$p_i<0.5$ 时,$\phi(.)$ 会对称地随着 b 的增大而减小。[①] 我们仍然保持假设 $g'\leqslant0$。

假设消费者有异质性的先验信念,再次考虑只有一个垄断媒体的情况。没有消费新闻的"偏左主义"消费者的效用为 $1-p_L$,所以一个"偏左主义"消费者消费新闻并获得效用的条件是:

$$(1-p_L)\mathrm{Pr}\,(n_l\mid L)+p_L\mathrm{Pr}\,(n_r\mid R)+\phi(b;p_L)-c_i>1-p_L$$
$$(1-p_L)(\sigma_l-1)+p_L\sigma_r+\phi(b;p_L)>c_i \tag{14.7}$$

对"偏右主义"消费者的条件是对称的。如果对一些 $c_i>0$,这两个条件都能够得到满足,那么垄断者的利润是:

$$\Pi_M=0.5\{G[(1-p_L)(\sigma_l-1)+p_L\sigma_r+\phi(b;p_L)]+G[(1-p_R)\sigma_l+p_R(\sigma_r-1)+\phi(b;p_R)]\}$$
$$\tag{14.8}$$

式(14.8)的值随着 b 偏离 0 而减小,所以对任意一种偏差形式,$b^*=0$ 是一个局部最优解。也有可能最优解是提供两个区域中其中一个区域内的最优偏差(如果 p_L 和 p_R 差距足够大)。

迄今为止,这部分的分析大致与委托行为部分是一致的。但是双寡头垄断模型中的扭曲偏差情况是不同的。左偏对"偏左主义"消费者的边际效用下降的影响[如式(14.7)所述]是当 $b<0$ 时该效用的偏导数,因为 b 越大,向左的偏差越小。偏导为 $(1-p_L)\dfrac{\partial\sigma_l}{\partial b}+$

$p_L\dfrac{\partial\sigma_r}{\partial b}+\dfrac{\partial\phi(b;p_L)}{\partial b}=-(1-p_L)(1-\pi)+p_L\pi+\dfrac{\partial\phi(b;p_L)}{\partial b}$。因为偏左媒体偏差增大时,对一

[①] 我们的分析没有必要为扭曲偏差和过滤偏差分别指定 $\phi(.)$ 的不同属性,所以为简单起见,我们省略了符号。

个"偏左主义"消费者来说效用应该上升,所以此时这个表达式应该是负的。此时满足 $\pi - (1-p_L) < \left|\dfrac{\partial\phi(b;p_L)}{\partial b}\right|$。对这个不等式的解释非常直观:不等号左边是偏差导致的信息损失的边际成本(随着 π 的增大而增大,随着先验信念变得更加极端而减小),不等号右边是媒体偏差的边际心理效用。后者大于前者,意味着消费者在边际上更偏好媒体偏差。这意味着如果满足 $\pi - (1-p_L) < \left|\dfrac{\partial\phi(b;p_L)}{\partial b}\right|_{b=0}$,双寡头垄断市场中的媒体企业会表现出差异性,然后为自己区域的消费者提供最优偏差,不论这个偏差是扭曲偏差还是过滤偏差(关于差异性会在均衡中出现的逻辑,我们在上文中讨论过了)。此后假设这个条件成立。

单寡头垄断和双寡头垄断的福利之间的比较是模棱两可的,原因与没有心理效用的情况相同——在更多的消费者获得新闻和消费者获得的信息量更少的新闻之间权衡。我们总结如下这些结果。

命题 14.3:

假设消费者有异质性的先验偏好且能够从新闻中获得心理效用,如果 p_L 和 p_K 足够接近 0.5,那么:

(1)单寡头垄断者不论在扭曲偏差还是过滤偏差下都会选择 $b^* = 0$。

(2)在双寡头垄断市场中,不论是哪种形式的媒体偏差,媒体企业都会选择 $b^* > 0, b^* < 0$,从而最大化每个区域中的主观预期效用。双寡头垄断市场中的社会福利可能高于也可能低于单寡头垄断市场。

如果 p_L 和 p_K 远远偏离 0.5,那么:

(1)不论是扭曲偏差还是过滤偏差,单寡头垄断者都会给整体消费者市场提供最优偏差。

(2)不论是扭曲偏差还是过滤偏差,双寡头垄断者都会给自己的消费者区域提供最优偏差,而且此时的社会福利严格高于单寡头垄断市场。

请注意,对于这种情况,与之前的委托行为不同,双寡头垄断者可能更倾向于在扭曲偏差成本更低的情况下使用扭曲偏差,而不是过滤偏差。值得注意的是,这是我们分析的唯一情况,即总偏差 $|b| = 1$ 可能存在,且新闻将变得完全无信息性。如果心理效用足够重要,就会发生这种情况。

Mullainathan and Shleifer(2005)研究了一个模型,在这个模型中,环境状态是一个实数,当新闻离消费者先验信念的均值更远时,新闻的效用就会丧失,而媒体公司只想要最大化利润。这一模型也包含价格竞争。研究表明,非信息性的扭曲偏差可能存在于许多类型的均衡中。Mullainathan and Shleifer(2005)中的命题 4 和命题 5 与我们的结果相一致:对于异质性消费者,垄断者采取中间立场以吸引广泛的受众,而在双寡头垄断市场中,媒体会区分消费者的偏好并细分市场。研究还表明,当消费者同质化时(如果消费者存在有偏的先验信念,即先前的均值不等于 0),双寡头垄断市场的价格更低,但不会减小偏差;当消费者异质化时,双寡头垄断企业的分化比最极端的消费者更为极端,因为这会削弱价格竞争。

Mullainathan and Shleifer(2005)也拓展了自己的模型,在这种拓展中,消费者可以在双寡头垄断市场中检验新闻。研究结果显示,这些消费者可以通过这种方式获得比在单寡头垄断市场中更多的信息。Rüdiger(2013)提供了一个关注交叉检验新闻的模型。

Gabszewicz et al. (2001)分析了一个类似霍特林模型的政治差异化双寡头报纸竞争模型,发现消费者对媒体内容的偏好更接近他们对政治意识形态的偏好。Gabszewicz et al. (2011)也将价格作为一个内生变量,并且证明在均衡中,当运输成本是二次函数时,企业能最大限度地进行差异化来弱化价格竞争。然后,Gabszewicz et al. (2001)发现,如果公司将其消费者出售给广告商,这会减少媒体间的差异性并可能使价格为零。关于 Gabszewicz et al. (2001)的进一步讨论见第 9 章。

Bernhardt et al. (2008)研究了媒体消费者是理性信息处理者的投票模型,在该模型中,有政治偏好的选民从关于反对党的负面消息中获得效用。尽管选民会从他们所支持党派的新闻中得出正确的推论,但考虑到他们的选票并不关键,而且他们往往没有得到应有的了解,他们选择新闻是为了最大限度地从新闻中获取非工具性质的心理效应。Bernhardt et al. (2008)强调了知识外部性的重要性,而这并没有纳入我们的模型。消费者需求会导致信息破坏型失真偏差,但在这里是通过遗漏失真的方式。由于选民不是尽可能地了解所有情况,这会导致不太理想的选举结果;当选民偏好分布不对称且中位选民有政党偏好时,这种结果更可能出现。即使当中位选民是无党派人士并收到公正的新闻时,也可能会出现选举问题,因为有政党偏好的选民可能因为新闻扭曲而(事后)投出不正确的选票。

据我们所知,Schulz and Weimann(1989)是第一篇研究纳入这种非标准消费者心理学的媒体竞争模型的文献。其假设消费者更喜欢避免认知失调(cognitive dissonance),因此,更喜欢与自己意识形态相似的报纸。在 Schulz and Weimann(1989)的模型中,两个政党和两家报纸都选择意识形态位置和一个单独的、垂直的信息方面,当然报纸也会选择价格。在模型中,报纸和政党不直接互动。研究发现,党派和报纸都会产生差异,但由于垂直信息的差异,报纸之间的差异更加明显,但是这种差异并不是最大的差异。

14.6.3 声誉

我们讨论消费者可能接受确认性新闻的最后一个原因是,他们相信提供更多新闻的公司。一位对信息来源准确性存疑的理性消费者,如果其新闻与消费者的先验信念相匹配,那么他会倾向于认为该企业的新闻质量更高。因此,企业可以有动力产生确认性新闻以提高声誉,来增加未来需求。这一观察结果分别由 Prendergast(1993)和 Brandenburger and Polak(1996)在劳动和金融市场的背景下得出,并由 Gentzkow and Shapiro(2006)应用于媒体市场。

这种情况主要有两个要点。第一,如果企业不能提前承诺自己的战略,那么它们建立质量声誉的动机可能会导致它们在均衡中产生扭曲偏差,尽管这严格降低了它们的报道对消费者的价值,并且可以使它们和消费者的情况都变差。第二,媒体偏差与竞争之间的关系涉及一个新的因素。如上所述,霍特林模型的市场可能会或可能不会导致双寡头垄断者采取比单寡头垄断者更有偏向性的立场。此外,消费者可以使用一家媒体的报道对另一家媒体进行交叉检验,这可能会限制公司进行有偏报道的动机。我们已正式地解释了一部分含义,另一部分请读者参考 Gentzkow and Shapiro(2006),以获取更多细节。

为了在我们的模型中刻画声誉,我们通过刻画媒体类型来拓展模型:高质量类型的媒体能够直接观察到这个状态并且诚实地报道它,而正常类型的媒体只能观察到有干扰的信息,并且有选择地报道它(正如我们之前讨论的)。这里我们关注的是扭曲偏差,其中正常类型的媒体观察到 $s \in \{r, l\}$ 且能够自由地选择报道 $n \in \{r, l\}$,而且我们放弃了企业会事先承诺自己报道策略的假设(如果我们保留这个假设,消费者能够通过从媒体企业宣称的报道策略来直接推测它们的类型)。我们假设存在一家垄断企业,而且它事前成为高质量类型的媒体可能性为 λ。我们假设消费者具有同质性的先验信念 $p \in (0.5, 1)$。

企业利润取决于当前的广告收入和未来的利润,我们简单地假设企业未来的利润会随着消费者相信该公司是高质量类型的媒体的可能性的提高而增加。因此,由于正常类型的企业不能承诺其报告策略,它总是会选择最大化消费者后验信念的报道策略。

$n = r$ 的消费者认为该媒体是高质量类型的后验概率为:

$$\Pr(\text{high} \mid r) = \frac{\Pr(r \mid \text{high})\Pr(\text{high})}{\Pr(r)} = \frac{p\lambda}{p\lambda + [\sigma_r p + (1 - \sigma_l)(1 - p)](1 - \lambda)}。$$

$n = l$ 的消费者认为该媒体是高质量类型的后验概率为:

$$\Pr(\text{high} \mid l) = \frac{\Pr(l \mid \text{high})\Pr(\text{high})}{\Pr(l)} = \frac{(1 - p)\lambda}{(1 - p)\lambda + [(1 - \sigma_r)p + \sigma_l(1 - p)](1 - \lambda)}。$$

其中,σ_r 和 σ_l 分别表示从消费者角度来定义的 $\Pr(n = r \mid R)$ 和 $\Pr(n = l \mid L)$,给定消费者对企业报道策略的认知。当 $\Pr(\text{high} \mid r) > \Pr(\text{high} \mid l)$ 时,企业会报道 r;而当 $\Pr(\text{high} \mid r) < \Pr(\text{high} \mid l)$ 时,企业会报道 l。

假设消费者期望企业能够进行真实报道。在这种情况下,$\sigma_r = \sigma_l$,所以 $\Pr(\text{high} \mid r) > \Pr(\text{high} \mid l)$。企业始终会选择有偏地报道 r,那么真实报道并不会在均衡中出现。

当企业偏左报道时也不会存在均衡,只报道 r 也不会存在均衡,因为在这种情况下,$\sigma_r = 1$,$\sigma_l = 0$,且 $\Pr(\text{high} \mid r) < \Pr(\text{high} \mid l)$。

唯一的均衡是混合策略,存在一个内部偏差 $b \in (0, 1)$,使得 $\Pr(\text{high} \mid r) = \Pr(\text{high} \mid l)$。这点需要满足:

$$\frac{p}{1 - p} = \frac{1 - \sigma_l}{1 - \sigma_r}。$$

其中,$\sigma_l = \pi(1 - b)$,且 $\sigma_r = \pi + (1 - \pi)b$。我们可以得到均衡偏差为:

$$b^* = (2p - 1)\frac{1 - \pi}{p(1 - \pi) + \pi(1 - p)}。$$

很容易证明这个表达式的值随着 p 的增大而增大,所以媒体偏差越大,消费者信念越是极端。媒体偏差也随着 π 的增大而减少,这说明具有更多准确信息的企业报道中的偏差更小。

媒体偏差即使令所有市场参与者的处境都会更差,也可能在均衡状态中发生。媒体偏差总是会减少消费者的福利。更令人惊讶的是,它也可以减少企业的利润。为了看到这一点,假设要求低水平的媒体公司如实报告其信息。这将明确地增加第一期利润,因为信息的价值会更高,所以更多的消费者会阅读该公司的新闻。媒体偏差对媒体持续收益的影响是不明确的。然而,Gentzkow and Shapiro(2006)表明,如果高质量类型的媒体的基准份额 λ 足够低,则第一期的影响会占主导地位,企业利润就会下降。

Gentzkow and Shapiro(2006)以几种方式拓展了这一基本分析。第一,其允许消费者在企业获得声誉收益之前收到有关新闻的反馈。Gentzkow and Shapiro(2006)表明,当消费者是同质的但非中间立场时,存在唯一的均衡,其中的垄断者会扭曲其报道来迎合消费者的先验信念。随着反馈的机会增加,扭曲偏差的程度会降低,当反馈确定时媒体偏差就会消失。这有助于解释为什么对于那些相对快速而明确地揭示"真相"的新闻,实证显示的媒体偏差较小,如体育、天气和选举结果(与难以立即评估真相的事件相反,这些事件包括财政刺激对 GDP 或气候变化的影响)。第二,如前所述,Gentzkow and Shapiro(2006)研究了一种特定形式的媒体竞争,其中多家公司的存在可以让消费者对公司的报道进行交叉检查,Gentzkow and Shapiro(2006)发现这种竞争形式可以减少媒体偏差。此处竞争的作用与其他情况下的研究结果是密切相关的,即相互竞争可能比没有竞争的无党派者更有效地提供真相(Dewatripont and Tirole,1999)。Panova(2006)提出了一个类似的模型。

Stone(2011)分析了一个带有扭曲偏差的相关模型,消费者相信志趣相同的媒体能够提供更准确的新闻。在其模型中,消费者和记者都有信息处理偏差。然而,消费者认为自己没有偏差,因而他们推断具有类似意识形态的记者也没有偏差。这使得消费者相信(通常是错误的),意识形态上类似的媒体不太可能是有偏差的,且其报道应当具有更多信息量。因此,消费者无意中提供了对存在扭曲偏差的确认性新闻的需求。竞争加剧导致的媒体分化可能会导致媒体变得更具有偏差且缺乏信息。这会减少社会福利。然而,竞争带来的分化会因为对市场规模的积极作用而增加社会福利。

14.7　结论

出于各种理论原因,媒体偏差可能会持续存在于商业媒体市场。当媒体管理层或工作者愿意为了政治利益而牺牲利润时,供给因素带来的媒体偏差依然存在。当消费者认为有偏的媒体更具信息性或更令人愉快时,需求因素带来的媒体偏差也依然存在。声誉问题引发的偏差在对真相的反馈薄弱时依然存在。

尽管它有负面的含义,但我们所定义的媒体偏差不一定对社会有害。在某些情况(彻底扭曲报道或不必要的遗漏信息)下,媒体偏差至少从向消费者提供的信息来看毫无疑义具有负面作用,并且谈论"无偏"的报道基准是有意义的。在其他情况(过滤偏差或筛选)下,有效的市场可以提供多种多样的媒体偏差,没有偏差可能是没有意义的。

竞争对媒体偏差和消费者福利的影响一般不明确。竞争往往会激励企业为消费者提供他们想要的东西。当供给方面的因素导致企业扭曲报道时,竞争倾向于减少这种媒体偏差并增加福利。当消费者自己要求有偏报道时,竞争可能会导致更多的报道偏差,其旨在迎合消费者的品位。如果消费者是理性的且希望寻求信息,竞争往往会增加福利,但在其他情况下就不会了。当扭曲偏差源于厂商建立质量声誉的动机时,来自竞争对手的可用信息可能允许消费者更准确地区分真实质量,从而通过削弱这些声誉的激励机制来减少偏差。

致谢

我们感谢戴维·斯特龙贝里(David Stromberg)提供的宝贵评价和建议。

参考文献

Adachi, T., Hizen, Y., 2014. Political accountability, electoral control and media bias. Jpn Econ. Rev. 65 (3), 316-343.

Alterman, E., 2003. What Liberal Media?: The Truth About Bias and the News. Basic Books, New York, NY.

Anand, B., Di Tella, R., Galetovic, A., 2007. Information or opinion? Media bias as product differentiation. J. Econ. Manag. Strategy 16 (3), 635-682.

Anderson, S. P., McLaren, J., 2012. Media mergers and media bias with rational consumers. J. Eur. Econ. Assoc. 10 (4), 831-859.

Andina-díaz, A., 2011. Mass media in economics: origins and subsequent contributions. Cuadernos de Ciencias Económicas y Empresariales 61, 89-101.

Balan, D. J., DeGraba, P., Wickelgren, A. L., 2004. Ideological Persuasion in the Media. Available at SSRN 637304.

Baron, D. P., 2006. Persistent media bias. J. Public Econ. 90 (1-2), 1-36.

Bernhardt, D., Krasa, S., Polborn, M., 2008. Political polarization and the electoral effects of media bias. J. Public Econ. 92 (5-6), 1092-1104.

Besley, T., Prat, A., 2006. Handcuffs for the grabbing hand? Media capture and government accountability. Am. Econ. Rev. 96 (3), 720-736.

Blackwell, D., 1951. Comparison of experiments. In: Proceedings of the Second Berkeley Symposium on Mathematical Statistics and Probability. University of California Press, Berkeley, CA, pp. 93-102.

Brandenburger, A., Polak, B., 1996. When managers cover their posteriors: making the decisions the market wants to see. RAND J. Econ. 27 (3), 523-541.

Brocas, I., Carrillo, J. D., Wilkie, S., 2011. Media Ownership Study No. 9: A Theoretical

Analysis of the Impact of Local Market Structure on the Range of Viewpoints Supplied, Federal Communications Commission, Washington, DC.

Burke, J. , 2008. Primetime spin: media bias and belief confirming information. J. Econ. Manag. Strategy 17 (3), 633-665.

Calvert, R. L. , 1985. The value of biased information: a rational choice model of political advice. J. Politics 47 (2), 530-555.

Chan, J. , Stone, D. F. , 2013. Media proliferation and partisan selective exposure. Public Choice 156 (3-4), 467-490.

Chan,J. ,Suen,W. ,2008. A spatial theory of news consumption and electoral competition. Rev. Econ. Stud. 75 (3), 699-728.

Chan, J. , Suen, W. , 2009. Media as watchdogs: the role of news media in electoral competition. Eur. Econ. Rev. 53 (7), 799-814.

Crawford, V. P. , Sobel, J. , 1982. Strategic information transmission. Econometrica 50 (6), 1431-1451.

Dewatripont, M. , Tirole, J. , 1999. Advocates. J. Polit. Econ. 107 (1), 1-39.

Downs, A. 1957. An Economic Theory of Democracy. Harper, New York, NY.

Duggan, J. , Martinelli, C. , 2011. A spatial theory of media slant and voter choice. Rev. Econ. Stud. 78 (2), 640-666.

Ellman, M. , Germano, F. , 2009. What do the papers sell? A model of advertising and media bias. Econ. J. 119 (537), 680-704.

Fang, R. Y. , 2014. Media Bias, Political Polarization, and the Merits of Fairness. Working Paper.

Gabszewicz, J. J. , Laussel, D. , Sonnac, N. , 2001. Press advertising and the ascent of the 'Pensée Unique'. Eur. Econ. Rev. 45 (2), 641-651.

Gehlbach, S. , Sonin, K. , 2014. Government control of the media. J. Pub. Econ. 118, 163-171.

Gentzkow, M. , Shapiro, J. M. , 2006. Media bias and reputation. J. Polit. Econ. 115 (2), 280-316.

Gentzkow, M. , Shapiro, J. M. , 2010. What drives media slant? Evidence from US daily newspapers. Econometrica 78 (1), 35-71.

Goldberg, B. , 2001. Bias: A CBS Insider Exposes How the Media Distort the News. Regnery Publishing, Washington, DC.

Hamilton, J. T. , 2004. All the News That's Fit to Sell: How the Market Transforms Information into News. Princeton University Press, Princeton, NJ.

Jung, H. M. , 2009. Information manipulation through the media. J. Media Econ. 22 (4), 188-210.

Kamenica, E., Gentzkow, M., 2011. Bayesian persuasion. Am. Econ. Rev. 101 (6), 2590-2615.

Ladd, J. M., 2012. Why Americans Hate the Media and How it Matters. Princeton University Press, Princeton, NJ.

Lord, C. G., Lee, R., Lepper, M. R., 1979. Biased assimilation and attitude polarization: the effects of prior theories on subsequently considered evidence. J. Pers. Soc. Psychol. 37 (11), 2098-2109.

Milgrom, P., Roberts, J., 1986. Price and advertising signals of product quality. J. Polit. Econ. 94 (4), 796-821.

Mullainathan, S., Shleifer, A., 2005. The market for news. Am. Econ. Rev. 95 (4), 1031-1053.

Nickerson, R. S., 1998. Confirmation bias: a ubiquitous phenomenon in many guises. Rev. Gen. Psychol. 2 (2), 175-220.

Panova, E., 2006. A Model of Media Pandering. UQAM.

Pew Research Center for the People and the Press, 2011. Views of the News Media: 1985-2011: Press Widely Criticized, But Trusted More Than Other Information Sources. Accessed at http://www.people-press.org/files/legacy-pdf/9-22-2011%20Media%20Attitudes%20Release.pdf. on December 16, 2013.

Prat, A., Stromberg, D., 2011. The Political Economy of Mass Media. CEPR Discussion Paper No. DP8246.

Prendergast, C., 1993. A theory of 'Yes Men'. Am. Econ. Rev. 83 (4), 757-770.

Rabin, M., Schrag, J. L., 1999. First impressions matter: a model of confirmatory bias. Q. J. Econ. 114 (1), 37-82.

Rü diger, J., 2013. Cross-Checking the Media. Available at SSRN 2234443.

Schulz, N., Weimann, J., 1989. Competition of newspapers and the location of political parties. Public Choice 63 (2), 125-147.

Sobbrio, F., 2013. The political economy of news media: theory, evidence and open issues. In: Handbook of Alternative Theories of Public Economics. Edward Elgar Press, Cheltenham.

Sobbrio, F., 2014. Citizen-editors' endogenous information acquisition and news accuracy. J. Public Econ. 113, 43-53.

Steiner, P., 1952. Program patterns and preferences, and the workability of competition in radio broadcasting. Q. J. Econ. 66 (2), 194-223.

Stone, D. F., 2011. Ideological media bias. J. Econ. Behav. Organ. 78 (3), 256-271.

Stromberg, D., 2004. Mass media competition, political competition, and public policy. Rev. Econ. Stud. 71 (1), 265-284.

Suen, W., 2004. The self-perpetuation of biased beliefs. Econ. J. 114 (495), 377-396.

Sutter, D. , 2001. Can the media be so liberal? The economics of media bias. Cato J. 20 (3), 431.

Tirole, J. , 2002. Rational irrationality: some economics of self-management. Eur. Econ. Rev. 46 (4-5), 633-655.

Zaller, J. , 1999. A Theory of Media Politics. Unpublished manuscript.

第 15 章　媒体偏差的实证研究

里卡尔多·普格利希(Riccardo Puglisi)[①]、
小詹姆斯·M. 斯奈德(James M. Snyder Jr.)[②]

目　录

---

① 意大利帕维亚大学政治与社会科学系。
② 哈佛大学政府学系,美国国家经济研究局。

摘要：在本章中，我们综述了关于媒体偏差的实证文献，重点是来自党派和意识形态的媒体偏差。首先，我们讨论了用于衡量媒体机构相对立场的方法。我们将偏差分为两类：显性偏差和隐性偏差。我们将现有对隐性偏差的衡量方法分为三类：基于媒体与其他行为者比较的度量、基于媒体报道强度的度量和基于媒体报道态度的度量。其次，我们讨论了与媒体偏差相关的主要因素，将其分解为需求方因素和供给方因素。我们还讨论了媒体竞争的作用。最后，我们讨论了衡量媒体偏差对公众态度和行为的说服性影响的一些尝试。

关键词：议程设置；竞争；大众媒体；媒体偏差；意识形态偏差；报纸；新闻；说服

JEL 分类代码：D22，D72，D78，D83，K23，L00，L82

15.1　引言

绝大多数美国人认为大众媒体在进行新闻报道时是存在偏差的。[①]媒体偏差有多种形式：有利于现任政府，有利于特定的政治派别——意识形态上的自由派或保守派，有利于在媒体上做大量广告或者拥有媒体的产业或企业，或有利于那些对广告商来说更有价值的受众。

虽然对某种偏差的信念是普遍存在的，但以相对客观、可复制和可承受的方式衡量偏差是一项艰巨的任务。即使是定义偏差也需要非常小心。也许最难的问题是：媒体偏差是相对于什么的偏差，是相对于中性或公平或平衡的媒体所做的事，是相对于充分知情的公众拥有或将拥有的平均或中位偏好，是相对于选民的平均偏好（有时是一小部分不具代表性的公众子集），还是媒体的受众（甚至更小众，可能更不具代表性的群体）呢？在许多情况下，衡量媒体偏差最直接的方法——也是最常用的测量方法——是相对于其他媒体的偏差。

通过比较某一媒体与其他媒体，很显然不同媒体之间存在偏差的不同。例如在许多国家，一些媒体相对偏自由派或支持左倾政党，而另一些则偏保守派或支持右倾政党。不单单在美国是如此，而且在英国、澳大利亚和意大利等其他国家，也能通过这种方法衡量出媒体偏差。但对公众、选民或消费者而言，是否存在整体意义上的偏差仍并不清楚。

我们尚不明白何种因素导致了我们观察到的偏差。这些偏差主要是由供给方因素——所有者、编辑或记者——通过表达意见形成的，还是因为其试图影响政治观点和行为而形成的？是由于需求方面的因素——媒体为了迎合读者或观众的口味——造成的吗？如果需求方占主导地位，受众需要什么？观众和读者需要的是中性的信息，还是对他们之前的信念和态度的确认？竞争如何影响偏差的程度和方向？目前尚不清楚媒体偏差是否对公众信念和政治行为如投票率和投票选择等产生重大影响，尽管一些研究发现影响的程度并不大。

在这项调查中，我们关注党派和意识形态上的媒体偏差。在本章中，首先，我们会讨论

[①] 比如，在 2011 年皮尤研究中心（Pew Research Center）的调查中，66% 的受访者认为新闻故事是"经常不准确的"，而 77% 的受访者认为新闻组织"倾向于支持某一方"（http://www.people-press.org/2011/09/22/press-widely-criticized-but-trusted-more-than-other-institutions/）。相似地，在盖洛普（Gallup）2011 年的调查中，60% 的受访者认为媒体要不"太自由"，要不"太保守"，而只有 36% 的受访者认为媒体的报道是"大致正确的"（http://www.gallup.com/poll/149624/Majority-Continue-Distrust-Media-Perceive-Bias.aspx）。

用来衡量媒体机构相对立场的方法。我们把偏差分为两类：显性偏差和隐性偏差。研究人员以各种方式定义和衡量隐性偏差，我们将现有的对隐性偏差的衡量方法分为三类：基于媒体与其他行为者比较的度量、基于媒体报道强度的度量和基于媒体报道态度的度量。其次，我们会讨论与媒体偏差相关的主要因素，将其分解为需求方因素和供给方因素，也会讨论媒体竞争的作用。最后，我们将讨论衡量媒体偏差对公众态度和行为的说服性影响的一些尝试。[①]

15.2 估计偏差

越来越多的实证研究试图找出可复制的、直观的衡量媒体机构的党派或意识形态立场的方法。大部分研究把政治观点简单地假设为左派和右派、保守和自由，似乎政治家对一维的意识形态空间有特殊偏好。两个原因可以支持这种研究思路。第一，这是很多记者、专家、政治家和选民在大多数情况下谈论政治的方式。第二，至少自 Downs(1957)以来，这种方式已经成为大多数政治学理论模型的基础，正如第 14 章的讨论所示。

根据偏差的信息内容，Gentzkow et al. (2015)将偏差区分成扭曲和过滤两类。当新闻报道提供对原始事实的直接陈述时，这种陈述与事实具有相同的维度时，就会产生扭曲。对于事实的忽略是这种偏差概念里的一种特例。在这种情况下，"客观报告"这个概念相对容易界定——那些忽视事件或报道官方数字以外的数字（并把它报道得好像是官方数字一样）的媒体存在扭曲报道。[②]与此同时，当新闻报道与原始事实相比具有较低的维度时，过滤就产生了，因为媒体只能提供事件的概要。客观报告的概念不适用于过滤。但是，在适当的过滤策略下，媒体仍可以将报道的新闻向左或者向右倾斜。在这里，我们讨论这种党派层面上的过滤。第 13 章讨论的是对政策问题和总体上的新闻过滤。

正如 Gentzkow et al. (2015)讨论的，过滤比扭曲更加普遍。这可以从媒体的行为中直接理解。由于读者和观众的时间与精力有限，媒体的任务是从每天发生的大量事实中进行选择，将所选出的内容提炼成有用的摘要，然后传播出去。这就造成，我们在下面讨论媒体偏差的各种衡量方法主要是用于过滤偏差。用 Coase(1937)的话来说，扭曲是在一个或多或少有突出事实的海洋中通过过滤和选择，有意识地进行错误报道的岛屿。

15.2.1 显性偏差的衡量

自由和公开的意见表达往往出现在新闻编辑阶段，而不是新闻发表阶段。因此，在编辑阶段估计报纸的意识形态和党派层面上的显性偏差通常会更容易。一个直接的方法就是调

[①] 我们没有篇幅来详细讨论其他类型的媒体偏差。例如：Qian and Yanagizawa-Drott(2015)发现政府存在媒体偏差，特别是在涉及外交政策方面；Larcinese(2007)提供的证据表明，英国的某些媒体"过度提供"令受众更感兴趣的新闻，因为这会吸引更多的广告商；Reuter and Zitzewitz(2006)以及 Gambaro and Puglisi(2015)发现，媒体为那些购买其广告空间的公司提供的倾向性报道存在偏差。

[②] 也就是说，当可测量的事实、数字或事件如此突出以至于必须被报道时，媒体报道就会发生扭曲，例如当国家正在考虑是否参战时报道的遇害部队的人数、对涉及著名政治家的腐败丑闻的报道，又或者是新公布的官方失业率数字。

查它们在政治选举和投票时支持哪一方。①

　　Ansolabehere et al.（2006）使用面板数据分析了美国报纸在全州竞选和国会竞选中的政治取向。研究发现，政治取向的平均偏差水平出现了明显变化。在 20 世纪 40 年代和 50 年代，共和党候选人在报纸支持方面享有很强的优势，在控制了在位状况（incumbency status）后，共和党候选人获得报纸支持的概率是民主党候选人的两倍还要多。这种优势在随后的几十年中逐渐受到削弱。到了 90 年代，报纸上才出现轻微的支持民主党候选人（甚至在控制了在位状况后）的倾向。②

　　Ho and Quinn（2008）对 1994—2004 年 25 份报纸上报道的 495 起最高法院案件的社论进行了编码，以确定报纸是支持每个案件中的多数立场还是少数立场。③ Ho and Quinn（2008）将这些信息与最高法院在这些案件中的司法判决进行比较，来估计报纸报道和大法官的相对立场。研究发现，相对于估计的大法官立场分布，样本中的大多数报纸是中间派的，例如 50％的报纸的立场位于肯尼迪法官和布雷耶法官（在估计意识形态的尺度上，这两位法官分别对应 4 和 6）之间。

　　Puglisi and Snyder（2015）通过研究投票的议案来衡量偏差。其利用了报纸、政党和利益集团对议案的立场，以及选民最终对其投票的事实，把各州的报纸、政党、利益集团和选民放在同等规模下进行比较。研究选取了 1996—2012 年期间的 305 份报纸，发现报纸报道的立场的平均位置在各州的中位选民左右，平均来看几乎完全位于中位数。相对于利益集团而言，报纸也倾向于中间派。例如，在加利福尼亚州，57 个样本中有 16％的报纸报道与中位选民相比更常表现出实质性的保守主义倾向，右倾频率是左倾的两倍以上，相对应地，表现出左倾偏差的报纸则占 19％。研究还发现了不同问题领域的差异。特别是在许多社会和文化问题上（比如同性恋婚姻），报纸似乎比选民更自由，但在诸如最低工资和环境监管等许多问题上更为保守。

　　其他方面的显性偏差还包括对联合专栏作家文章的选择，编辑对读者来信是否发表的选择，以及对于电视或广播而言，给不同政治家多少发言时间的选择。因为篇幅的关系，我们只讨论以下两个例子。Butler and Schofield（2010）进行了一场实地试验：在 2008 年 10 月的总统选举活动中随机向美国 116 家报纸的编辑寄送支持奥巴马（Obama）或支持麦凯恩（McCain）的信件。④在控制了报纸的发行量后，研究发现如果信件支持麦凯恩而不是奥巴马，那么报纸就更有可能发表这封信，或者联系发信人进行核实。这表明整体上存在一种亲共和党（或至少说是亲麦凯恩）的媒体偏差。⑤ Durante and Knight（2012）基于 2001—2007 年期间意大利电视新闻的数据来研究上面说的最后一种偏差。研究发现，由贝卢斯科尼（Berlusconi）拥有的电视台表现出对右派的支持——即使左派掌权，这些电视台仍然允许右

---

① 当然，这只有在媒体在政治选举中经常支持候选人的情况下才是可行的。

② Ansolabehere et al.（2006）还发现，媒体支持一个主要的党派候选人的平均倾向有增强趋势，而且报纸越来越倾向于支持在任者。

③ 这是伦奎斯特（Rehnquist）担任美国最高法院首席大法官的最后一段时间。

④ 虽然信件中支持的政治候选人不同，但是信件的内容是完全一样的。

⑤ 其他研究参见 Grey and Brown（1970）、Renfro（1979），以及 Sigelman and Walkosz（1992）。

派政治家比左派政治家拥有更多的发言时间。另一个意大利公共电台 Rai 2 也表现出明显的右倾偏好,而 Rai 3 则表现出相对左倾的政治偏好。

15.2.2　隐性偏差的衡量

更多的研究者关心媒体的隐性政治行为。其中一个原因是,隐性偏差可能更隐蔽,因为读者和观众可能对它不太了解。

有三种广泛使用用于估计媒体的隐性意识形态立场的方法。一是比较法:通过比较新闻报道或广播的内容与已知意识形态或党派立场的政治家的表达(通常是演讲),将媒体进行分类。像共和党或保守派政治家那样"说话"的媒体会被归类为有共和党或者保守派的属性,而那些像民主党或自由派政治家一样"说话"的媒体会被归类为有民主党或自由派的属性。二是议题强调法:根据媒体对不同政治话题的报道数量将媒体进行分类。强调有利于共和党人议题的媒体会被归类为有共和党属性,例如,当总统是民主党人且经济表现不佳时更多关注经济问题,又或者关注更多共和党人"专属的"议题。同样的情况也适用于有民主党属性的媒体。三是按照媒体报道的"语调"进行分类。赞美共和党和批评民主党的媒体会被归类为有共和党属性,而相反的媒体会被归类为有民主党属性。

15.2.2.1　比较法

比较法采用先进的自动文本分析的先驱子领域之一的作者识别(也称为文体学)的基本思想,主要是将目标文本中的各种单词或短语的频率与已知作者的文本中的相应频率进行比较,以识别匿名或有争议的目标文本是由谁撰写的。第一个众所周知的例子来源于 Mosteller and Wallace(1963)。其认为麦迪逊(而非汉密尔顿)是 12 个有争议的《联邦党人文集》的作者。[①]

最有名的使用比较法估算媒体偏差的论文是 Groseclose and Milyo(2005)以及 Gentzkow and Shapiro(2010)。

Gentzkow and Shapiro(2010)根据媒体和国会议员使用的语言之间的相似性来衡量媒体偏差。其在国会记录中找出具有党派属性的词语和短语,这些词语和短语的使用频率在民主党与共和党代表之间表现出巨大的差异。然后,其测量了这些表达在 2005 年的 433 份报纸中的出现频率。研究发现,报纸的党派属性层面上的偏差主要取决于消费者的意识形态倾向,而不是报纸所有者的身份。采用自由派(保守派)语言的报纸能够在政治倾向自由(保守)的邮政编码层级地区有更高的销售量,当地居民向民主党还是共和党候选人投票的倾向性是政治倾向的代理变量。总体来说,消费者偏好的差异约占研究测量的倾向差异的 20%。在控制了地理因素后,指定报纸的意识形态倾向与其他同一所有权下报纸的平均意识形态倾向并不显著相关。研究数据并没有显示出相对于利润最大化基准的经济显著偏差的证据。

Groseclose and Milyo(2005)根据媒体引用的智库和国会议员引用的智库言论之间的相似

---

① 根据 Holmes(1998)的说法,文体学方面的第一个作品是 Mendenhall(1887),其试图根据平均单词长度来确定哪些剧本是培根撰写的、哪些是马洛撰写的,哪些是莎士比亚撰写的。Holmes(1998)认为,Mosteller and Wallace(1963)是最重要的早期突破之一。最近一些研究开始应用这种方法来研究政治问题,包括 Laver and Garry(2000)和 Laver et al.(2003)。

性来衡量媒体偏差。其研究了 1990—2003 年的 17 家媒体组织。[①] Groseclose and Milyo (2005)首先通过计算出智库代表的意识形态分值(ADA 评分)来估计受到以非负面的方式引用的智库的政治倾向,然后根据这些媒体对不同智库的引用频率来衡量媒体偏差。研究发现,除了福克斯特别新闻报道和《华盛顿时报》,样本中的所有媒体都位于国会成员的平均政治倾向的左侧。同时,媒体也是相对中性的。除了《华尔街日报》之外的所有媒体的立场都位于普通的民主党和普通的共和党国会议员之间。《华尔街日报》是个例外,因为它是最自由的媒体,也是最极端的媒体,估计出的其 ADA 评分为 85.1。[②]

Groseclose and Milyo(2005)的研究结论很强有力,且富有争议,所以经常会受到学者的质疑。例如,Gasper(2011)探讨了其研究结论的稳健性。Gasper(2011)认为,Groseclose and Milyo(2005)的研究结论对于参议员和国会议员的意识形态立场的不同衡量标准是稳健的,但对于所研究的时间段却不是。尤其是,如果使用较近的时间段,媒体的平均估计立场会向右移动。Nyhan(2012)也讨论了 Groseclose and Milyo(2005)的方法的其他潜在缺点。

另一篇使用比较法的论文也值得关注。Gans and Leigh(2012)重点关注了澳大利亚的情况,并根据媒体提及的公共知识分子和联邦议员提及的公共知识分子之间的相似性衡量了媒体偏差。其研究了 1999—2007 年的 27 家媒体,包括报纸、广播电台和电视台。Gans and Leigh(2012)首先通过计算议会记录的进步联盟党(属于保守党)成员而不是工党(Labor Party)提及知识分子(以非负面的方式)的程度来估计每位公共知识分子在其样本中的党派倾向,然后根据这些媒体提及不同的公共知识分子的频率来衡量媒体偏差。研究发现,除了一家媒体之外,其余媒体的提及模式在统计上与议员提及模式的平均水平没有显著差异。[③]

15.2.2.2　议题强调法

与比较法一样,议题强调法也在很大程度上依赖于早期的研究思路,特别是关于议程设置的文献。议程设置效应(agenda-setting effect)理论认为,媒体对于议题的报道量会影响读者和观众对这个问题的重视程度。Stromberg(2004)模型中的媒体效应同样受到问题报道强度的影响。研究表明,理性的选民更多地根据媒体报道的议题来评估政治家,只是因为他们对这些议题了解得更多,而这又会使得政治家们在这些议题上花费更多精力。第 13 章讨论了这方面的证据。

正如 Cohen(1963)所说,新闻大多数时候在告诉人们该思考什么方面,它可能并不成功,但在告诉读者该考虑什么方面,它特别成功。议程设置效应理论由 Lippmann(1922)率先开创,并由 McCombs and Shaw(1972)通过 1968 年总统竞选期间对教堂山(Chapel Hill)选民的

---

① 实际上,研究的总样本量为 20 个,包括三大电视网上的早间新闻和晚间新闻节目。其中,每个媒体所涵盖的时间段是不同的。例如《纽约时报》为期 10 个月,从 2001 年 7 月 1 日至 2002 年 5 月 1 日;《华尔街日报》《华盛顿邮报》和《华盛顿时报》仅为期 4 个月,从 2002 年 1 月 2 日至 2002 年 5 月 1 日;《时代》杂志为期近 2 年,从 2001 年 8 月 6 日至 2003 年 6 月 26 日;《CBS 晚报》为期 13 年半(原文为 15 年半,疑有误),从 1990 年 1 月 1 日至 2003 年 6 月 26 日。

② 这个分值在 0 到 100 之间。0 表示最保守,100 表示最自由。

③ 例如,就提及公共知识分子而言,Gans and Leigh(2012)发现除了一家媒体之外,所有媒体的立场都位于议会议员提到公共知识分子的平均程度的两个标准误差之内。可参见 Adkins Covert and Wasburn(2007)的另一项使用比较法的研究。

研究提供了实证证据。正如 McCombs(2002)所指出的那样,大众媒体的报道不仅可以将某个主题作为关注的对象,而且还可以强调主题的特定属性,使得这些属性更为突出。①

Puglisi(2011) 对 1946—1997 年期间《纽约时报》的议程设置行为进行了说明。根据 Petrocik(1996)提出的议题归属假说,如果大多数公众认为民主党政治家比共和党政治家能更好地处理这个问题,那么这个问题可以称为是一个具有民主党属性的问题(或是归属于民主党的问题)。为了衡量《纽约时报》的媒体偏差,Puglisi(2011)计算了关于各种问题报道的相对频率,以及其与执政党属性和时间周期的关系,发现《纽约时报》表现出一种亲民主党的偏差,并有一些反对在位者的方面。更具体地说,在总统竞选期间,当现任总统是共和党人时,《纽约时报》会更多地且更具系统性地报道具有民主党属性的问题(如医疗保健、劳工问题等)。②

Larcinese et al. (2011)研究了 1996—2005 年期间 102 份美国报纸对经济问题的报道。这个想法很简单。假设现任总统是民主党人。当一些不好的经济问题出现时(比如说失业率很高或者出现上升趋势),那些希望降低总统声望的亲共和党的报纸应该更多地报道这个问题,亲民主党的报纸则应该较少地报道这个问题。当关于经济问题的新闻是正面时,这个情况刚好相反,而如果现任总统是共和党人的话,这种模式应该被扭转。③ Larcinese et al. (2011)首先估计了每家报纸在其报道样本中展示的经济新闻报道上的媒体偏差,并发现了报纸之间存在相当大的差异④,然后研究了报纸的(在政治支持中表现出来的)显性偏差与党派层面上的隐性偏差是否存在显著相关性。这种隐性偏差是指在对好的或者坏的经济新闻进行报道时传递出来的对在任总统的政治态度。研究发现媒体在报道失业问题时这种相关性结果显著且稳健。与亲共和党的报纸相比,在共和党执政时期的亲民主党报纸会更频繁地报道高失业率的新闻。这个结果在控制了读者的党派属性以后也是稳健的。Larcinese et al. (2011)还发现了一些证据,报纸在报道预算赤字方面的新闻时会迎合读者的党派偏好。在关于通货膨胀或贸易赤字的新闻上,研究没有发现有力的证据能够支持与政治支持或读者党派倾向有关的党派偏差的存在。⑤

Puglisi and Snyder(2011)关注政治丑闻,这对政治家和当事人而言,本质上是坏消息。其在 213 份报纸样本中,研究了 1997—2007 年期间 32 起涉及国会议员或州级官员的丑闻报

---

① 这是一个关于"议题启动"的问题——当读者和观众在评估某个特定的情况或个人的时候,媒体如何推动才能使得媒体强调的方面能够受到重视。Krosnick and Miller(1996)对这个方面的文献进行了总结。Iyengar et al. (1982)则为这些假设提供了实验证据。

② 预估影响的程度是相当大的。在共和党统治下,总统竞选期间对民主议题的报道比例比总统竞选期外平均多 26%。在民主党统治下,总统竞选期间内和期间外的民主议题的报道比例没有显著差异。

③ 极端情况下,报纸不会报道任何引人注目的经济新闻,这就是 Gentzkow et al. (2015)所提到的(通过遗漏造成的)扭曲偏差。

④ 以失业新闻为例。《弗雷斯诺蜜蜂报》(Fresno Bee)是报纸中最偏自由的。如果失业率上升了 1 个百分点,在克林顿执政时,《弗雷斯诺蜜蜂报》对这个主题的新闻报道率比在布什执政时下降了近 1 个百分点。相对来说,这个差距是很大的。因为报纸平均只有 1.35% 的篇幅来报道失业方面的新闻。《俾斯麦论坛报》(Bismark Tribune)则是报纸中最偏保守的。如果失业率上升 1 个百分点,在克林顿执政时,《俾斯麦论坛报》对这个主题的新闻报道率比在布什执政时高 0.5 个百分点。这个分布是单峰的,所以大多数报纸相对来说都是中间派,包括《纽约时报》和《洛杉矶时报》等大型报纸。

⑤ Larcinese et al. (2011)还对《洛杉矶时报》的新闻报道进行了案例研究,记录了在奥蒂斯·钱德勒(Otis Chandler)接任报社总编辑之前和之后新闻报道出现的巨大变化。

道。研究发现,那些明确表示亲民主党的报纸——被认为是支持民主党候选人的可能性更高的报纸——对涉及共和党政客的丑闻的报道相对多于涉及民主党政客的丑闻,而有明确亲共和党偏好的报纸则倾向于做相反的事情。①即使控制了读者的平均党派倾向,情况也是如此。相比之下,报纸似乎只在地方丑闻方面迎合读者的党派倾向。

Fonseca-Galvis et al.(2013)进行了类似于 Puglisi and Snyder(2011)的分析,但是其研究的是 1870—1910 年的美国报纸。当时的报纸有着比今天更加明确的自身党派属性,并且很多报纸与政党密切相关。Fonseca-Galvis et al.(2013)在 166 份报纸样本中研究了 122 起丑闻报道。研究发现,相对于独立报纸,民主党(共和党)的报纸刊登了更多涉及共和党(民主党)政治家丑闻的文章,而涉及民主党(共和党)政客的丑闻的文章数量明显更少。例如,在控制了地理因素(报纸更可能报道当地丑闻)之后,平均来说,具有党派属性的报纸如果报道的丑闻涉及反对党政治家,新闻报道量会高出大约 30%。研究还发现,随着报纸所面临的竞争水平的提高,报纸对所支持政党和所反对政党的媒体偏差呈现减少趋势。

Brandenburg(2005)的研究很有意思,因为它将议题强调法与比较法结合起来。其研究了 2005 年英国大选期间的 7 份英国报纸。Brandenburg(2005)用不同政策问题的报道比例来衡量报纸的议题议程,用政党新闻稿中关注这些问题的比例来衡量政党的议题议程,并将两种议题议程进行比较。这种类型的分析可以相对容易地应用到其他国家和其他时间段中。

15.2.2.3 第三种方法——衡量媒体报道态度

第三种方法——通过衡量媒体报道中的态度或者情绪来衡量媒体偏差——也有很长的历史。这种方法很简单:如果媒体系统性地以正面的方式刻画某政党或立场,而且可能同时以负面的方式来描绘对立方或对立立场,则认为该媒体倾向于此政党或立场。开拓性的研究包括 Berelson and Salter(1946)对美国杂志小说中少数群体的描述,以及 Lasswell et al.(1952)提到的一些国家的权威报纸对政治符号的描绘。与前两种方法相比,这种方法更耗费人力,因为采用这种方法的研究人员倾向于强调对内容进行仔细的、基于人工编码的必要性。使用语义词典或有监督的机器学习都能大大降低成本,这可能是一个富有成果的研究领域。②使用人工编码还是机器编码需要研究者进行权衡。与人工编码相比,机器编码在分析每个特定文本的语气方面不太准确,但允许研究人员快速编码大量文本。③

Lott and Hassett(2014)研究了报纸对官方公布的各种经济指标的报道。其关注报纸如何报道官方经济数据的发布,对报纸头条的正面或负面语气进行编码,并将其与现任总统和国会多数派的党派联系起来。Lott and Hassett(2014)研究了 1991—2004 年美国 389 份报纸的面板数据。④当现任总统属于民主党时,如果报纸对同样的经济新闻(比如相同的失业率)提供了更加积极的报道,那么报纸就存在一种亲民主党的媒体偏差。在控制了基本的经济

---

① 同样,在极端的情况下,报纸不会报道任何引人注目的丑闻,这就是在 Gentzkow et al.(2015)中提到的(通过遗漏造成的)扭曲偏差。
② Young and Soroka(2012)提供了这方面的文献综述。
③ Antweiler and Frank(2005)曾提到过,在评估人工编码和机器编码的相对优点时要考虑的其他因素还包括研究者的自由度偏差与发表偏差。
④ Lott and Hassett(2014)还研究了 1985—2004 年 31 份报纸的小型面板数据。

变量后,研究发现,平均而言,当现任总统是共和党人时,样本中的报纸刊登的正面报道明显减少。Lott and Hassett(2014)认为,这表明美国媒体整体上偏向自由主义。[1]由于 Lott and Hassett(2014)的主要目标是衡量美国报纸所呈现的"绝对"的媒体偏差程度,因此其并没有对不同报纸的媒体偏差进行估计。

Gentzkow et al. (2006)研究了美国报纸在 19 世纪 70 年代早期如何报道动产信贷银行(Crédit Mobilier)丑闻和 20 世纪 20 年代的蒂波特山(Teapot Dome)丑闻。Gentzkow et al. (2006)通过计算相关报道中"诚实"(honest)和"诽谤"(slander)等词出现的相对频率来衡量报纸的偏差。研究发现,对动产信贷银行丑闻的报道(发生在党派报纸占主导的时期)比对蒂波特山丑闻的报道(发生在较少报纸跟政党直接相关的时期)存在更大的偏差。一些证据表明,那些发行量较大的报纸,对动产信贷银行丑闻的报道存在较小的媒体偏差。[2] Gentzkow et al. (2006)认为,在这两个丑闻之间的数十年里,印刷业的技术进步以及美国城市的人口数量和收入增加,使得报纸市场的潜在规模大幅扩大。在对市场份额与广告收入的竞争中,报纸有强烈的动机切断与政党的联结,变得更加独立和偏差更小。

其他衡量媒体态度的研究还包括 Lowry and Shidler(1995)、Kahn and Kenney(2002)、Niven(2003)、Schiffer(2006)、Entman(2010)、Eshbaugh-Soha(2010)、Gans and Leigh(2012),以及 Soroka(2012)。Soroka(2012)研究了 1980—2008 年《纽约时报》在报道失业和通货膨胀的新闻时的态度。这篇文章是唯一一篇采用机器编码方法对报道态度进行编码的论文,其余的论文则主要依靠人工编码。[3]

一些研究还衡量了视觉形象中的媒体偏差,即候选人在照片和电视新闻剪辑中被描绘的形象是有利的还是不利的。例如,Barrett and Barrington(2005)在 1998 年和 2002 年的美国大选期间,在七家报纸上研究了在 22 场竞选中 435 张候选人的报纸照片。研究发现,如果一家报纸支持其中一位候选人,或者报道了对该候选人的支持及相关社论,那么这家报纸也倾向于发布该候选人比其竞争对手更有利的照片。其他研究还包括 Kepplinger(1982)、Moriarty and Garramone(1986)、Moriarty and Popvich(1991)、Waldman and Devitt(1998)、Banning and Coleman(2009)、Grabe and Bucy(2009),以及 Hehman et al. (2012)。

15. 2. 3 是否只存在一个维度?

如上所述,几乎所有关于媒体偏差的研究都假定了单一的偏差维度。在美国两极化的政治环境下,这种简化可能是现实的。党派隶属关系和意识形态比过去更加高度相关,投票表决和政治辩论也显得相当党派化和一维化。[4]然而,在过去的几十年中,情况并非完全如

---

① 由于 Lott and Hassett(2014)的主要分析只涉及一位民主党总统(克林顿)与两位共和党总统[乔治·布什和乔治·W.布什(小布什)],而且这些总统在经济和政治形势上存在很多分歧,所以很难从这个研究中识别出一种普遍的、绝对的、意识形态或党派属性层面上的媒体偏差。

② 除非 Gentzkow et al. (2006)排除了《纽约先驱报》(New York Herald),否则这个结果在统计上并不显著。

③ D'Alessio and Allen(2000)对 59 项定量研究进行了元分析(meta-analysis),这些研究包含了自 1948 年以来与总统竞选活动中党派层面媒体偏差有关的数据。研究发现报纸或新闻杂志没有显著的媒体偏差,但在电视新闻中存在少量的报道偏差和陈述偏差。

④ 参见 Abramowitz and Saunders (1998)、Fiorina et al. (2005)、Carsey and Layman(2006),以及 Poole and Rosenthal (1997, 2012)。

此。例如,1940—1970 年期间,种族问题是党派冲突的主要方面。这使得许多南方的民主党人在经济维度上保持适度自由的态度,而在种族维度上则显得极为保守。另外,关于美国以外的政党政治的大量文献发现,政治格局是多维的,需要多层面的维度来充分描述政党和选民的相对地位。①

这就自然而然地引出了这样一个问题:当政治冲突是多维度的时候,媒体关于政治新闻的偏差是否也是多维度的? 目前还不存在这方面的研究,但是一些现有的研究提供了暗示性的证据。例如,Gans and Leigh(2012)以及 Puglisi and Snyder(2015)表明,虽然利用不同衡量方法得到的媒体偏差存在正的相关性,但该相关系数并不大。Gans and Leigh(2012)得到的三项主要媒体偏差指标之间的相关性分别为 0.41、0.50 和 0.72。Puglisi and Snyder(2015)基于命题的测度与 Gentzkow and Shapiro(2010)基于政治倾向语言的测度之间的相关性仅为0.43。当然,这些低相关性可能是由测量误差造成的。但是,这也有可能是因为这些方法关注的重点存在差异所造成的,所以低相关性可能表明媒体偏差实际上是多维度的。

15.3 媒体偏差的影响因素

在构建了一个直观的、可复制的衡量媒体偏差的方法之后,很自然地,我们需要探索影响这个偏差的因素,或者至少找出与偏差显著相关的变量。媒体报道中的意识形态立场应当被视为均衡的现象,即需求方因素与供给方因素相互作用的结果。因此,我们的讨论与第14 章中关注的媒体偏差的理论方面密切相关。

15.3.1 需求方因素

Gentzkow and Shapiro(2010)表明,报纸的政治倾向性语言指数与销售该报纸的邮政编码地区的党派倾向正相关。其使用该地区居民向民主党和共和党候选人提供竞选捐款的相对数额来衡量每个邮政编码地区的党派倾向。Gentzkow and Shapiro(2010)还发现,报纸所有者的意识形态立场——用报业连锁和政治捐款来衡量——远不如读者的意识形态立场重要。Gentzkow and Shapiro(2010)特别指出,在控制地理因素和每个报纸市场的共和党投票份额之后,没有证据表明两家同一所有者旗下的报纸比两家随机选择的报纸更倾向于拥有相近的媒体偏差。

Puglisi and Snyder(2011)表明,民主党地区流通的报纸报道当地共和党政治家的丑闻的数量要多于共和党地区流通的报纸。即使在控制了供给方的意识形态之后,以社论版面对民主党或共和党政治家支持倾向的平均值作为代理变量,这一结果仍然成立,而 Puglisi and Snyder(2011)把报纸对民主党或共和党政治人物在社论版上的平均报道倾向作为供给方意识形态的代理变量。Larcinese et al. (2011)发现,对预算赤字方面的报道中存在的党派层面的媒体偏差与读者的意识形态显著相关。研究发现,当预算赤字较高时,面向亲民主党读者的报纸在小布什执政时期要比克林顿执政时期报道更多这方面的新闻,而当预算赤字较低

---

① 参见 Benoit and Laver(2006)、Hix et al. (2006)、De La O and Rodden(2008),以及 Bakker et al. (2012)。

时,情况刚好反过来。

15.3.2 供给方因素

公司所有者、编辑和记者的意识形态也可能会影响媒体偏差。例如,Demsetz and Lehn (1985)认为,媒体行业的公司能给该公司的所有者提供"附加潜力价值",即所有者可能会接受较低的利润,因为他们可以从拥有这些公司中获得个人满足感,也可以将自己的观点强加到媒体报道中。[1] Baron(2006)认为,即使媒体所有者是以利润最大化为导向的,媒体偏差仍会出现,因为有政治偏向的记者愿意以较少的报酬来换取有倾向性的内容。

Larcinese et al. (2011)的研究显示,美国报纸在报道失业率时存在的党派层面的偏差与该报纸在社论上支持民主党或者共和党候选人的平均倾向有关,这个结果在控制了报纸对应市场的民主党支持率后仍存在。Larcinese et al. (2011)还对《洛杉矶时报》进行了一个有趣的案例研究,发现至少对《洛杉矶时报》而言,所有者意识形态的变化导致了报纸内容的迅速变化。在 20 世纪 60 年代初之前,《洛杉矶时报》展示出一个强烈的保守和亲共和党的立场,这同样反映了其所有者(钱德勒家族)的意识形态。而到了 1960 年,奥蒂斯·钱德勒成为所有者。他比前任所有者有着更加自由的意识形态,而这很快就影响了《洛杉矶时报》的社论。例如,该报纸支持的政治候选人从共和党人转向民主党人。更令人惊讶的是,Larcinese et al. (2011)发现这同样会影响到对新闻的报道。更具体地说,其发现《洛杉矶时报》先前在报道失业和通货膨胀时存在的亲共和党的议题偏差自奥蒂斯·钱德勒成为所有者之后消失了。[2]

Ansolabehere et al. (2006)以及 Stanley and Niemi(2013)的其他证据表明,《洛杉矶时报》并不是一个独特的案例。就跟上文提到的一样,Ansolabehere et al. (2006)发现 20 世纪 40 年代和 50 年代的许多大城市报纸存在明显的亲共和党的偏差。平均来说,在这个时期的报纸中,对共和党候选人的支持率是民主党候选人的两倍,尽管居住在这些报纸市场地区的选民对共和党候选人和民主党候选人的支持率分别为 44% 和 56%。[3] Stanley and Niemi(2013)也认为,在 1940—1988 年的总统选举期间,支持共和党候选人的报纸数量大约是支持民主党候选人的报纸数量的五倍。[4] 在这期间,选民把 53% 的票投给了民主党候选人。这些情况表明,许多报纸至少在它们的社论上不会去迎合它们的受众。[5]

---

① Demsetz and Lehn(1985)提供的证据是间接的。Demsetz and Lehn(1985)发现媒体公司的所有权集中度要比其他行业高得多,并通过研究体育行业的公司找到了类似的证据。

② 为了排除需求方的影响,Larcinese et al. (2011)认为在当时,特别是 20 世纪 60 年代,加利福尼亚州的民主党支持率没有显著增长。

③ 这个投票率数字是根据 Ansolabehere et al. (2006)所研究报纸的所在县对总统、州长、美国参议院和美国众议院所有竞选的两党支持率取平均值计算出来的。所研究的报纸可能是为了迎合这些地区的共和党消费者,但是《美国全国选举研究》(American National Election Studies)的数据却不是这样的。其作者汇集了 1956 年和 1960 年的调查数据,154 名受访者声称阅读了 Ansolabehere et al. (2006)样本中的一种报纸,56% 的受访者声称自己支持民主党。

④ 以报纸发行量作为权重来计算支持率会提高亲共和党的媒体偏差程度。

⑤ Durante and Knight(2012)提供的另一个案例显示了公共媒体的供给方影响。其发现,当政府拥有的最大电视台(TG1)的电视新闻导演被一个在意识形态上更接近新当选总理[西尔维奥·贝卢斯科尼(Silvio Berlusconi)偏向于保守主义]的导演所取代时,该电视台的新闻内容大幅右倾。更具体地说,与其他私人和公共电视新闻节目相比,TG1 给保守派政治家的时间明显比之前更多。

15.3.3 竞争的作用

媒体市场的竞争类型和程度也会系统性地影响到媒体偏差的大小和方向。

如果媒体偏差主要是由记者和编辑的意识形态倾向驱动的,那么一个更具竞争性的媒体市场可能会降低这种媒体偏差的程度。享有地方垄断地位的党派报纸(不考虑如电视台、广播和互联网等不完美的替代品)可以毫不掩饰地无视那些涉及所支持政党的负面新闻,比如政治丑闻。但是,在存在竞争对手的情况下,每种报纸都可能报道对双方都不利的消息。这样报道的其中一个原因是利润,如果一种报纸不报道引人注意的坏消息,那么就有可能让读者和收入转移到其他报纸上。一种报纸也可能出于意识形态的动机而报道所支持政党的坏消息。如果它不报道这则新闻,那么它的竞争对手就会来报道,而且可能会以最负面的方式来组织这则新闻。所以,作为防御性策略的一部分,报纸可能更倾向于用不那么负面的态度来报道这则新闻。[①]

在 Mullainathan and Shleifer(2005)的认同寻求型读者模型中,垄断性报纸将把自己的报道定位在其市场区域的意识形态光谱的中间位置。[②]在双头垄断的情况下,报纸会将自己的报道定位在两个极端,从而每家报纸都会获得一部分读者。所以,这个模型预测竞争可能会提高媒体偏差(意识形态分化)的程度。

Gentzkow and Shapiro(2006)的贝叶斯式的新闻消费者模型预测的情况却正好相反。[③]在其模型中,竞争加剧往往会减少每种报纸的偏差(提高准确性)。原因是,有了更多的媒体,读者通常可以接触到后续新闻,从而验证以前的新闻(爆料)的准确性。因此,报纸在事前有更强烈的动机以公正的方式进行报道。

总而言之,Gentzkow et al. (2006)的简单的供给角度模型和 Gentzkow and Shapiro(2006)的模型预测了竞争与媒体偏差程度之间的负相关关系,而 Mullainathan and Shleifer(2005)则预测了一种正相关关系。

与需求驱动和供给主导媒体偏差的实证文献相比,关于竞争对均衡媒体偏差的影响的计量经济学文献非常少。Puglisi and Snyder(2011)发现竞争对于丑闻的有偏报道存在影响,但这个影响是消极的且在统计上不显著。如上所述,也是在对丑闻的分析中,Fonseca-Galvis et al. (2013)发现报纸在面对竞争时,其媒体偏差的程度正在显著下降。Gentzkow et al. (2011)讨论了一个不同但相关的话题,即美国当地报纸市场竞争对选举投票率的影响,发现这种影响是正向且稳健的,但是其效果逐渐减弱。[④]

---

① 参见 Gentzkow et al. (2006)。Anderson and McLaren(2012)指出,如果媒体企业的合并减少了市场上的有效竞争,这些效应可能会消失。

② Gentzkow et al. (2015)将这种需求驱动偏差模型归类为心理效用模型。

③ 根据 Gentzkow et al. (2015)的分类,这是需求驱动偏差模型中的声誉模型。

④ 信息提供商之间的竞争对媒体偏差的影响分析并不局限于对大众媒体的研究。例如,Hong and Kacperczyk(2010)检验了竞争是否会减少证券分析师市场报告中存在的偏差。研究结束表明,经纪公司的合并与报道中的乐观偏差正相关,这与竞争会减少媒体偏差的假设是一致的。

15.4 媒体偏差和投票行为

那么,媒体偏差是否会影响选民的行为?[①]一些研究试图确定媒体偏差是否会影响大众的政治态度和决定。由于 DellaVigna and Gentzkow(2010)对这个主题进行了全面的综述,我们仅在这里做简要介绍。

Gerber et al.(2009)采用实验方法来研究媒体偏差是否会影响政治决策和态度,而不是研究媒体是否存在偏差。其在 2005 年 11 月弗吉尼亚州州长选举之前进行随机对照试验,随机将北弗吉尼亚州的个人分配给:①免费订阅《华盛顿邮报》(一种相对自由的报纸)的实验组,②免费订阅《华盛顿时报》(一种相对保守的报纸)的实验组,③对照组。研究发现,分配到《华盛顿邮报》实验组的个人在 2005 年选举中投票给民主党的可能性会比控制组高出 8 个百分点,而被分配到《华盛顿时报》实验组的个人投票给民主党的可能性仅高出 4 个百分点。[②]

DellaVigna and Kaplan(2007)则进行了自然实验。其利用福克斯新闻在有线电视市场上的逐渐引入的过程,估计其对 1996—2000 年总统选举投票份额的影响。研究发现,在 2000 年以前就开始播放福克斯新闻的城镇,共和党人的得票率可以多获得 0.4—0.7 个百分点。

Knight and Chiang(2011)调查了在报纸政治支持的背景下媒体偏差和其对政治选票影响的关系。其研究了 2000 年美国总统选举期间最大的 20 家报纸,发现了令人惊讶的政治支持——比如,亲民主党的报纸支持共和党候选人,或者亲共和党的报纸支持民主党候选人——会对选民产生影响,但是可预见的政治支持却不会对选民产生影响。其他关于媒体政治支持方面的研究还包括 Robinson(1972,1974)、Erikson(1976)、St. Dizier(1985)、Kahn and Kenney(2002),以及 Ladd and Lenz(2009)。举一个例子,Ladd and Lenz(2009)研究了报纸政治支持对英国选举的影响,利用了四家报纸在 1992—1997 年改变了编辑立场的事实。其中,默多克旗下的《太阳报》的转变令人惊讶,《太阳报》在 1992 年时坚定支持保守党,而在 1997 年时却明确表示支持工党。Ladd and Lenz(2009)找到了媒体说服民众的证据。

当然,这些论文并没有分离出政治支持这一行为本身的效果,因为政治支持可能伴随着其他行为的变化。例如,Kahn and Kenney(2002)发现,报纸倾向于用更为有利的方式(就语调而言)报道他们支持的在任者。Ladd and Lenz(2009)指出,除了支持工党,《太阳报》的总体报道会更多批评现任保守党总理(梅杰),并有利于工党领袖布莱尔。其明确指出了识别问题:在观察这些报纸的变化时,其捕捉到了社论支持和新闻报道倾向改变的影响。

最后一组文献进行了实验室实验。Iyengar et al.(1982)开创性地提供了第一个实验证据,证明了电视新闻对观众的问题显著性有议程设置效应。随后的一系列实验性研究主要来源于传播学和政治学的文献。其主要是为媒体的各种影响效果获得了实证支持。这些影

---

① 媒体偏差也可能影响政治家和利益集团等其他行为者的行为。但在此我们不予以讨论。

② 后者在 5% 的显著性水平上统计不显著。另外,在 5% 的显著性水平上,不能拒绝两个实验组对民主党的投票率有相同影响的零假设。

响效果包括议程设置、启动效应和框架效应。Iyengar and Simon（2000）对这些文献进行了回顾。Jerit et al.（2013）比较了相同主题下,实验室和实证研究中媒体效应的不同。

15.5　结论

在本章中,我们对衡量媒体的意识形态和党派立场上的媒体偏差实证方法进行了综述和分类。同时,我们也研究了这些立场的决定因素,以及对读者和观众的说服力影响。

关于媒体偏差的理论模型与它们的实证证据之间的对应关系,我们在这用 Gentzkow et al.（2015）的观点来陈述:由过滤造成的偏差比由扭曲造成的偏差更普遍。有趣的是,这与普遍认为的媒体所有者、编辑和新闻记者拥有"权力"的想法还是一致的,因为他们在选择报道的内容方面享有相当的自由度。[1]如果我们生活在一个扭曲偏差是常态而不是过滤和筛选的世界里,议程设置效应的作用就会更有限。[2]

未来研究存在一些潜在途径。首先,估计偏差的第三个策略,即衡量文章和社论的态度,在经济学中相对没有得到充分利用。包括媒体文本在内的文本大数据将出现爆炸式增长,这会激励研究人员设计技术以稳健和可复制的方式来衡量媒体态度,从而改变现状。其次,几乎所有关于媒体偏差的实证研究都是关于一个特定的国家在一个特定的、相对较短的时间内的研究。跨国比较或长期的国内研究必须从对比视角来分析多种媒体偏差,这可能构建出更多基于实际媒体内容而不是主观专家意见的多元化的衡量媒体偏差的对比系统。再次,媒体偏差的决定因素仍需要更多研究,特别是关于媒体竞争的作用。随着越来越多的人在网上获得新闻,媒体市场的结构发生了很大的变化。最后,推特和脸书等社交媒体网络可能会催生新的方法来衡量媒体相对于政治家和各类公众的意识形态立场。

参考文献

Abramowitz, A. I., Saunders, K. L., 1998. Ideological realignment in the U. S. electorate? J. Polit. 60 (3), 634-652.

Adkins Covert, T. J., Wasburn, P. C., 2007. Measuring media bias: a content analysis of time and Newsweek coverage of domestic social issues, 1975-2000. Soc. Sci. Q. 88, 690-706.

Anderson, S. P., McLaren, J., 2012. Media mergers and media bias with rational consumers. J. Eur. Econ. Assoc. 10 (4), 831-859.

Ansolabehere, S., Lessem, R. R., Snyder Jr., J. M., 2006. The orientation of newspaper endorsements in U. S. elections, 1940-2002. Q. J. Polit. Sci. 1 (4), 393-404.

Antweiler, W., Frank, M. Z., 2005. Do US Stock Markets Typically Overreact to Corporate

---

[1] 关于这种议程设置权的影响,有一些可靠的实证证据,如 Eisensee and Stromberg（2007）发现媒体对新闻的选择会影响政府政策。

[2] 更多关于议程设置的讨论请参见 McCombs and Shaw（1972）。

News Stories? Sauder School of Business, University of British Columbia, Canada.

Bakker, R., Jolly, S., Polk, J., 2012. Complexity in the European party space: exploring dimensionality with experts. Eur. Union Polit. 13 (2), 219-245.

Banning, S., Coleman, R., 2009. Louder than words: a content analysis of presidential candidates' televised nonverbal communication. Vis. Commun. Q. 16, 4-17.

Baron, D. P., 2006. Persistent media bias. J. Public Econ. 90 (1), 1-36.

Barrett, A. W., Barrington, L. W., 2005. Bias in newspaper photograph selection. Polit. Res. Q. 58, 609-618.

Benoit, K., Laver, M., 2006. Party Policy in Modern Democracies. Routledge, London.

Berelson, B., Salter, P. J., 1946. Majority and minority Americans: an analysis of magazine fiction. Public Opin. Q. 10 (2), 168-190.

Brandenburg, H., 2005. Political bias in the Irish media: a quantitative study of campaign coverage during the 2002 general election. Irish Polit. Stud. 20, 297-322.

Butler, D. M., Schofield, E., 2010. Were newspapers more interested in pro-Obama letters to the editor in 2008? Evidence from a field experiment. Am. Polit. Res. 38, 356-371.

Carsey, T. M., Layman, G. C., 2006. Changing sides or changing minds? Party identification and policy preferences in the American electorate. Am. J. Polit. Sci. 50 (2), 464-477.

Coase, R. H., 1937. The nature of the firm. Economica 4 (16), 386-405.

Cohen, B. C., 1963. The Press and Foreign Policy. Princeton University Press, Princeton, NJ.

D'Alessio, D., Allen, M., 2000. Media bias in presidential elections: a meta-analysis. J. Commun. 50, 133-156.

De La O, A. L., Rodden, J. A., 2008. Does religion distract the poor? Comp. Polit. Stud. 41 (4-5), 437-476.

DellaVigna, S., Gentzkow, M., 2010. Persuasion: empirical evidence. Annu. Rev. Econ. 2, 643-669.

DellaVigna, S., Kaplan, E., 2007. The fox news effect: media bias and voting. Q. J. Econ. 122, 1187-1234.

Demsetz, H., Lehn, K., 1985. The structure of corporate ownership: causes and consequences. J. Polit. Econ. 93 (6), 1155-1177.

Downs, A., 1957. An Economic Theory of Democracy. Harper, New York, NY.

Durante, R., Knight, B. G., 2012. Partisan control, media bias, and viewers' responses: evidence from Berlusconi's Italy. J. Eur. Econ. Assoc. 10 (3), 451-481.

Eisensee, T., Stromberg, D., 2007. News floods, news droughts, and U. S. disaster relief. Q. J. Econ. 122 (2), 693-728.

Entman, R. M., 2010. Media framing biases and political power: explaining slant of news in campaign 2008. J. Cancer Educ. 11 (4), 389-408.

Erikson, R. S., 1976. The influence of newspaper endorsements in presidential elections: the case of 1964. Am. J. Polit. Sci. 20 (2), 207-233.

Eshbaugh-Soha, M., 2010. The tone of local presidential news coverage. Polit. Commun. 27 (2), 121-140.

Fiorina, M. P., Abrams, S. J., Pope, J. C., 2005. Culture War? The Myth of a Polarized America. Longman, New York, NY.

Fonseca-Galvis, A., Snyder Jr., J. M., Song, B. K., 2013. Newspaper Market Structure and Behavior: Partisan Coverage of Political Scandals in the U. S. from 1870 to 1910. Harvard University, Cambridge, MA.

Gambaro, M., Puglisi, R., 2015. What do ads buy? Daily coverage of listed companies on the Italian press. Eur. J. Polit. Econ. 39, 41-57.

Gans, J. S., Leigh, A., 2012. How partisan is the press? Multiple measures of media slant. Econ. Rec. 88, 127-147.

Gasper, J. T., 2011. Shifting ideologies? Re-examining media bias. Q. J. Polit. Sci. 6, 85-102.

Gentzkow, M., Shapiro, J. M., 2006. Media bias and reputation. J. Polit. Econ. 114, 280-316.

Gentzkow, M., Shapiro, J. M., 2010. What drives media slant? Evidence from U. S. daily newspapers. Econometrica 78 (1), 35-71.

Gentzkow, M., Glaeser, E. L., Goldin, C., 2006. The rise of the fourth estate: how newspapers became informative and why it mattered. In: Glaeser, E. L., Goldin, C. (Eds.), Corruption and Reform: Lessons from America's History. National Bureau of Economic Research, Cambridge, MA.

Gentzkow, M., Shapiro, J. M., Sinkinson, M., 2011. The effect of newspaper entry and exit on electoral politics. Am. Econ. Rev. 101 (7), 2980-3018.

Gentzkow, M., Shapiro, J. M., Stone, D. F., 2015. Media bias in the marketplace: theory. Chapter 14. In: Anderson, S., Waldfogel, J., Stromberg, D. (Eds.), Handbook of Media Economics, vol. 1B, Elsevier, Amsterdam.

Gerber, A., Karlan, D. S., Bergen, D., 2009. Does the media matter? A field experiment measuring the effect of newspapers on voting behavior and political opinions. Am. Econ. J. Appl. Econ. 1 (2), 35-52.

Grabe, M. E., Bucy, E. P., 2009. Image Bite Politics: News and the Visual Framing of Elections. Oxford University Press, Oxford, UK.

Grey, D. L., Brown, T. R., 1970. Letters to the editor: hazy reflections of public opinion.

Journal. Q. 47, 450-456.

Groseclose, T., Milyo, J., 2005. A measure of media bias. Q. J. Econ. 120, 1191-1237.

Hehman, E., Graber, E. C., Hoffman, L. H., Gaertner, S. L., 2012. Warmth and competence: a content analysis of photographs depicting American presidents. Psychol. Pop. Media Cult. 1, 46-52.

Hix, S., Noury, A., Roland, G., 2006. Dimensions of politics in the European parliament. Am. J. Polit. Sci. 50 (2), 494-511.

Ho, D. E., Quinn, K. M., 2008. Assessing political posititions of the media. Q. J. Polit. Sci. 3 (4), 353-377.

Holmes, D. I., 1998. The evolution of stylometry in humanities scholarship. Lit. Linguist. Comput. 13 (3), 111-117.

Hong, H., Kacperczyk, M., 2010. Competition and bias. Q. J. Econ. 125 (4), 1683-1725.

Iyengar, S., Simon, A. F., 2000. New perspectives and evidence on political communication and campaign effects. Annu. Rev. Psychol. 51, 149-169.

Iyengar, S., Peters, M. D., Kinder, D. R., 1982. Experimental demonstrations of the "Not-So-Minimal" consequences of television news programs. Am. Polit. Sci. Rev. 76 (4), 848-858.

Jerit, J., Barabas, J., Clifford, S., 2013. Comparing contemporaneous laboratory and field experiments on media effects. Public Opin. Q. 77 (1), 256-282.

Kahn, K. F., Kenney, P. J., 2002. The slant of the news. Am. Polit. Sci. Rev. 96 (2), 381-394.

Kepplinger, H. M., 1982. Visual biases in television campaign coverage. Commun. Res. 9, 432-446.

Knight, B. G., Chiang, C. -F., 2011. Media bias and influence: evidence from newspaper endorsements. Rev. Econ. Stud. 78 (3), 795-820.

Krosnick, J. A., Miller, J. M., 1996. The anatomy of news media priming. In: Iyengar, S., Reeves, R. (Eds.), Do the Media Govern? Politicians, Voters, and Reporters in America. Sage, Thousand Oaks, CA.

Ladd, J. M., Lenz, G. S., 2009. Exploiting a rare communication shift to document the persuasive power of the news media. Am. J. Polit. Sci. 53 (2), 394-410.

Larcinese, V., 2007. The instrumental voter goes to the newsagent: demand for information, marginality and the media. J. Theor. Polit. 19 (3), 249-276.

Larcinese, V., Puglisi, R., Snyder Jr., J. M., 2011. Partisan bias in economic news: evidence on the agenda-setting behavior of U. S. newspapers. J. Public Econ. 95 (9-10), 1178-1189.

Lasswell, H. D., Lerner, D., de Sola Pool, I., 1952. The Comparative Study of Symbols.

Stanford University Press, Stanford, CA.

Laver, M., Garry, J., 2000. Estimating policy positions from political texts. Am. J. Polit. Sci. 44, 619-634.

Laver, M., Benoit, K., Garry, J., 2003. Extracting policy positions from political texts using words as data. Am. Polit. Sci. Rev. 97 (2), 311-331.

Lippmann, W., 1922. Public Opinion. Macmillan, New York, NY.

Lott Jr., J. R., Hassett, K. A., 2014. Is newspaper coverage of economic events politically biased? Public Choice 160 (1-2), 65-108.

Lowry, D. T., Shidler, J. A., 1995. The sound bites, the biters, and the bitten: an analysis of network TV news bias in campaign. J. Mass Commun. Q. 72, 3-43.

McCombs, M. E., 2002. The agenda-setting role of the mass media in the shaping of public opinion. In: Paper Presented at Mass Media Economics 2002 Conference, London School of Economics.

McCombs, M. E., Shaw, D. L., 1972. The agenda-setting function of mass media. Public Opin. Q. 36 (2), 176-187.

Mendenhall, T. C., 1887. The characteristic curves of composition. Science IX, 237-249.

Moriarty, S. E., Garramone, G. M., 1986. A study of newsmagazine photographs of the 1984 presidential campaign. Journal. Q. 63, 728-734.

Moriarty, S. E., Popvich, M. N., 1991. Newsmagazine visuals and the 1988 presidential election. Journal. Q. 68, 371-380.

Mosteller, F., Wallace, D. L., 1963. Inference in an authorship problem. J. Am. Stat. Assoc. 58 (302), 275-309.

Mullainathan, S., Shleifer, A., 2005. The market for news. Am. Econ. Rev. 95 (4), 1005-1030.

Niven, D., 2003. Objective evidence on media bias: newspaper coverage of congressional party switchers. J. Mass Commun. Q. 80 (2), 311-326.

Nyhan, B., 2012. Does the U.S. media have a liberal bias? Perspect. Polit. 10 (3), 767-771.

Petrocik, J. R., 1996. Issue ownership in presidential elections, with a 1980 case study. Am. J. Polit. Sci. 40 (3), 825-850.

Poole, K. T., Rosenthal, H., 1997. Congress: A Political-Economic History of Roll Call Voting. Oxford University Press, New York, NY.

Poole, K. T., Rosenthal, H., 2012. Ideology and Congress. Transactions Publishers, New Brunswick, NJ.

Puglisi, R., 2011. Being the New York Times: the political behaviour of a newspaper. B. E. J. Econom. Anal. Policy. 11 (1)(contributions): Article 20.

Puglisi, R. , Snyder Jr. , J. M. , 2011. Newspaper coverage of political scandals. J. Polit. 73 (3), 1-20.

Puglisi, R. , Snyder Jr. , J. M. , 2015. The balanced U. S. press. J. Eur. Econ. Assoc. 13 (2), 240-264.

Qian, N. , Yanagizawa-Drott, D. , 2015. Government Distortion in Independently Owned Media: Evidence from U. S. Cold War News Coverage of Human Rights. Yale University. Unpublished manuscript.

Renfro, P. C. , 1979. Bias in selection of letters to the editor. Journal. Q. 56, 822-826.

Reuter, J. , Zitzewitz, E. , 2006. Do ads influence editors? Advertising and bias in the financial media. Q. J. Econ. 121 (1), 197-227.

Robinson, J. P. , 1972. Perceived media bias and the 1968 vote: can the media affect behavior after all? Journal. Q. 49, 239-246.

Robinson, J. P. , 1974. The press as king maker. Journal. Q. 51, 587-594.

Schiffer, A. J. , 2006. Assessing partisan bias in political news: the case(s) of local Senate election coverage. Polit. Commun. 23 (1), 23-39.

Sigelman, L. , Walkosz, B. J. , 1992. Letters to the editor as a public opinion thermometer. Soc. Sci. Q. 73, 938-946.

Soroka, S. N. , 2012. The gatekeeping function: distributions of information in media and the real world. J. Polit. 74 (2), 514-528.

Stanley, H. W. , Niemi, R. G. , 2013. Vital Statistics on American Politics 2013-2014. CQ Press, Washington DC.

St. Dizier, B. , 1985. The effect of newspaper endorsements and party identification on voting choice. Journal. Q. 62, 589-594.

Stromberg, D. , 2004. Mass Media Competition, Political Competition, and Public Policy. Rev. Econ. Stud. 71 (1), 265-284.

Waldman, P. , Devitt, J. , 1998. Newspaper photographs and the 1996 presidential election: the question of bias. J. Mass Commun. Q. 75, 302-311.

Young, L. , Soroka, S. , 2012. Affective news: the automated coding of sentiment in political texts. Polit. Commun. 29, 205-231.

第16章　媒体俘获和媒体力量

安德烈亚·普拉特(Andrea Prat) [①]

目　录

摘要:本章研究了媒体故意偏离真实报道以操纵政治选举结果的情况。当政府积极尝试影响媒体行业时,就会发生媒体俘获。相对地,当新闻机构出于政治原因进行有偏报道时,我们会讨论媒体力量。现有的理论识别了产生这些现象的原因,提出了衡量它们的方法,并研究了它们的福利效应和政策影响。

关键词:媒体俘获;媒体力量;媒体集中;有偏新闻;政治经济学

JEL 分类代码:D03,D72,H5,L82

16.1　引言

本章将综述媒体俘获和媒体力量的理论模型。在这两种情况下,媒体的报道内容都会故意偏离真实信息,以影响选举结果。当政府在其中发挥积极作用时,我们谈论的是媒体俘获,这是指政府会通过威胁和承诺来阻止媒体报道不利信息。当政府没有发挥积极作用时,我们讨论的是媒体力量,即具有政治偏好的媒体组织会通过战略性报道来改变政治选举结果。媒体俘获和媒体力量的相关研究告诉我们在何种情况下新闻操纵更容易成功且政治选

_____

[①] 美国哥伦比亚大学。

举结果更可能被改变。这两种现象都因为媒体产业的集中而变得更加明显,我们将回顾量化这些现象的方法。由于媒体俘获和媒体力量会减少公众福利,本章还会讨论媒体监管如何减少这两种现象。

公众一般通过媒体获取有关政府行为的信息,因为其很少有机会能够直接观察到政府的行为。大多数情况下,我们依靠媒体、电视、广播、互联网和其他形式的大众传媒来了解决策者的行为。这些信息对民主运作至关重要,因为公众用它来监督民选官员负起责任。[①]没有这些信息,我们不知道目前的决策者会如何表现,而且我们会更难以监督他们。经典的代理理论预测,当委托人获得更多关于代理人的信息时,委托人的福利会增加,因为代理人的行为会更有利于委托人(Holmström,1979;Prat,2006)。

在理想的世界里,政府和媒体是独立行事的。前者行使其宪法界定的权力,后者进行真实而有力的报道。正如 Jefferson(1792)所说:"没有政府不应该受到监督,而在新闻自由的地方,政府必定会受到监督。如果这种机制是良性的,政府不需要畏惧公平的攻击和防卫。但实际上,人类无论在宗教、法律还是在政治上都没有办法获取真相。我认为:政府既不知晓也不在意那些奉承者或批评者,这是一种荣耀;迎合前者、迫害后者,则既不体面也有失公允。"本章研究的是这种理想状态受到破坏时的情况,以及媒体行业和政府之间的交互会如何破坏民主问责制度。

新闻操纵可以有多种形式(参见第 17 章关于媒体俘获的实证文献)。特别是,政府既可以扮演积极的角色,也可以扮演消极的角色。McMillan and Zoido(2004)通过取证法记录了一个关于媒体俘获的鲜明的例子。20 世纪 90 年代,秘鲁政府向大多数主流媒体提供了货币补贴,这是为了保证这些媒体提供对政府正面的报道而非破坏性的报道。这种现象在很多国家都存在。媒体俘获可以通过贿赂或威胁的方式发生。

为了实行媒体俘获,政府必须能够挑选出个别组织进行奖励或惩罚。这在有着强大制衡力和独立司法系统的政治体系中是非常困难的。在这样的系统中,新闻操纵(news manipulation)会采取不同的形式。政府无法通过贿赂和威胁来影响媒体,但强大的媒体组织可以选择有偏报道来影响政府政策甚至政治选举结果。我们将这种情况称为媒体力量。

媒体力量的典型例子可以追溯到 19 世纪末。威廉·蓝道夫·赫斯特(William Randolph Hearst)是奥森·威尔斯的电影《公民凯恩》的灵感来源,他通过对古巴叛乱的高度有偏报道煽动了美国民众对西班牙的反对。赫斯特的宣传被认为是 1898 年美西战争的一个关键原因。更近的例子是,贝卢斯科尼(Berlusconi)在 20 世纪 80 年代发展了意大利最大的电视网络后,继续对意大利的民主进程施加重大影响,三次成为意大利总理。Durante and Knight(2012)记录了贝卢斯科尼电视频道的报道偏差。[②]

显然,媒体俘获和媒体力量是两个极端。政府与新闻之间的互动通常是以政治家和媒体之间复杂的互利协议的形式出现的,双方共享议价权。但是,为了建立一个理论框架来分

---

① Persson and Tabellini(2002)深入分析了信息在政治问责模型中的作用。
② 虽然媒体俘获需要较弱的民主制度,但媒体力量却可能存在于具有制衡和新闻独立传统的国家。Leveson(2012)调查的结论是:从整体上看,这些证据清楚地表明,英国政府和反对英国政府的政党在过去 30—35 年甚至更长的时间内,与媒体有过于密切的联系,而这种联系不利于公众利益。

析媒体俘获,关注这两种极端形式是有用的。

在方法论上,对媒体、政府和选民之间相互作用的分析需要借鉴产业组织理论和政治经济学理论中的概念。媒体行业被塑造为一种寡头垄断,企业不但追求标准商业收入(可以来源于按次计费、订阅费或广告),而且追求来自政治的非标准收益,其形式可能是媒体俘获中的政府贿赂或其他政策收益,也可能是媒体力量中的直接政治收益。选民的选择被模拟为有限信息下的贝叶斯式决策。

媒体俘获和媒体力量意味着对新闻的操纵。这可以通过抑制新闻报道,甚至捏造虚假新闻的方式直接发生,也可以通过有偏报道的方式间接发生。本章主要关注的是新闻操纵的效果,而不是其实现的机制。第 13 章讨论了媒体报道对政府的影响,第 14 章讨论了媒体偏差的理论文献,第 15 章讨论了媒体偏差的实证证据。

在第 16.2 节中,我们将讨论类似 Besley and Prat(2006)的媒体俘获模型。在这些模型中政府有议价的能力,并具备影响个别新闻来源收益的手段。政府会试图诱使媒体压制潜在的负面新闻。如果这种尝试成功了,那么媒体俘获就发生了。两个因素使得媒体俘获很难发生:媒体多元化和政府与媒体之间的交易成本。媒体多元化(即存在大量独立媒体)会增强媒体发布选民感兴趣的信息的动机,这会使得政治家更难压制丑闻。交易成本(类似于上述的制衡)降低了政府奖励有利的媒体源头和惩罚批评者的能力。

第 16.3 节假定交易成本过高以至于政府无法贿赂和威胁媒体。这一节分析的重点将转向媒体力量:媒体可能希望通过有偏报道来影响政策(Anderson and McLaren,2010;Chan and Suen,2008;Duggan and Martinelli,2011)。借鉴 Prat(2014)的模型,我们将讨论媒体组织影响选举结果的能力的稳健边界。在这里,媒体集中度起着至关重要的作用。一个在多元化新闻环境中运作的媒体组织很难影响政策,因为它接触到的公众数量较少,而且这些公众也更有可能从其他渠道获得信息。这一节的主要目标是提供一个相对简单的方法,将媒体力量量化为媒体集中度的函数,这可以通过现有媒体消费数据计算得出。

第 16.4 节讨论了可以抑制政府操纵媒体的监管方法。由于媒体俘获和媒体力量需要媒体行业是集中的,一些国家已经制定了反对媒体行业过度集中的规定,这些规定分为两类:平台特定规则和一般竞争政策原则。我们认为,这两类规定在概念上和实践上都不够充分,特别是在以新媒体平台激增为特征的世界中。我们将讨论这一领域监管框架的最新发展。

第 16.5 节将进行总结。

16.2　媒体俘获

媒体俘获是一个跨越政治经济学和产业组织理论的复杂现象。然而,我们可以用一个相对简单的模型来识别媒体俘获的一些决定因素(Besley and Prat,2006)。我们结合了一个简单的政治选举模型,以及关于媒体公司目标及其可能与在任者互动的假设。

在政治方面,我们主要构建了一个基础的追溯投票模型。在该模型中,政治家的素质是未知的。在任者在第一时期中作为外生因素拥有权力。政治家的质量可以是高的,$\theta = g$,也可以是低的，$\theta = b$，而高质量的政治家以 $\gamma = \Pr(\theta = g)$ 的概率出现。高质量的政治家会在任期内赋予选民量值为 1 的回报，低质量的政治家在任期内会赋予选民量值为 0 的回报。但是，选民不能够直接观察到这个回报的大小，他们需要依靠媒体报道。比如，选民不知道一项特定的公共项目是否有用，也不知道该项目是否以符合成本效益的方式推动。

在第一时期的期末，在任者会在政治上面临重新选举，并面临未知类型的政治候选人［该候选人为高质量的概率同样是 $\gamma = \Pr(\theta = g)$ 的挑战。

媒体市场中事前存在 n 个等同的媒体组织。因为在任者没有理由会压制对他有利的新闻报道，我们简单假设媒体只会关注负面新闻。如果在任者是高质量的（$\theta = g$），那么媒体不会获得负面信息；如果在任者是低质量的（$\theta = b$），媒体有 q 的概率获得负面信息。同样，为了简便起见，我们假设它们同时获得或者同时无法获得负面信息。信息是可验证的，比如，我们可以判断一个项目是否无用或者过于昂贵。

如果不存在媒体俘获，媒体会报道它们所获得的信息。我们认为在当且仅当没有负面新闻的情况下，选民更偏好选举中的在任者而非新的政治候选人。那么，低质量的在任者有 $1 - q$ 的概率会重新当选，而新的政治候选人只有 γq 的概率会赢下选举。

现在，在衡量媒体俘获的可能性时需要增加一步，在媒体观察到政府的信息之后及其报道之前，在任者可以试图使它们保持沉默。在任者会向所有的媒体提供一个非负的现金转移 $t_i(i = 1, 2, \cdots, n)$。现金转移 t_i 会导致在任者损失 t_i，但能够使媒体获得 t_i/τ。

系数 τ 可以是 0 到正无穷的任意值，它表示政府可以进行有利于媒体的现金转移的容易程度。如果 τ 很小，那么政府可以以非常低的成本对媒体的决策进行调节。这可能代表了一种情况：媒体由政府拥有，而治理结构非常薄弱，政府可以随时更换其负责人。如果 τ 很小，在任者可以用极低的成本向媒体提供巨额回报（其负责人不被更换）。McMillan and Zoido（2004）认为 τ 的值为 1，因为回报的方式是现金，而其他的非直接受益方式可能或多或少更贵一些。Djankov et al.（2003）称，全球大多数私人媒体组织都属于家族（而不是分散的股东），而且通常是那些在本国拥有其他经济利益的强大的当地家族。在任者可以通过政府合同或有利的立法来支持他们。因此，本章将 τ 视为政府与媒体之间缺乏交易成本。

媒体从两个方面获取收入。除了政府转移，它们还能够获取商业收入，而这个收入与它们的受众数量（阅读量）成正比，这种商业收入可能来源于订阅费、销售或是广告收入。我们假设总共有 1 单位的选民，且所有商业收入为 a，如果一家媒体 i 获得了 s_i 的总受众份额，那么该媒体的商业收入为 as_i。每一家媒体都会最大化 $as_i + t_i/\tau$。系数 a 衡量了商业动机相对于与政府相关的收入的相对重要性。受众被有信息价值的媒体所吸引。如果在 n 家媒体中有 m 家报道了新闻，那么它们就会获得 $s = 1/m$ 的受众，而剩下的媒体不会获得任何的受众。

为了理解均衡状态下的状况，我们考虑一个媒体观察到了负面新闻，且政府提供现金转移 t_i 来压制该新闻。当现金转移的收入 t_i/τ 大于等于所放弃的商业收入 a/m（即 $t_i \geq a\tau/m$）时，媒体会接受政府的现金转移。

仅当其他媒体都愿意保持沉默时，在任者才愿意提供现金转移来压制媒体的新闻报道。

如果在均衡条件下在任者提供了现金转移,那么拒绝在任者转移支付的媒体将会成为唯一报道负面新闻的媒体,同时它也可以获得一笔垄断的商业收入。如果在均衡条件下所有媒体都保持沉默,那么一定是它们中的每一家都收到了一笔现金转移,$t_i \geq a\tau$。这意味着在任者为压制负面新闻所要花费的最低现金转移数量为 $na\tau$。如果我们假设在任者可以从再次选举中获得 r 的收益,那么我们可以得到:

命题 16.1:

当且仅当媒体多元化而且获取商业收入的动机和交易成本足够低(即 $na\tau \leq r$)时,媒体俘获才会发生。

如果没有媒体俘获,所有媒体都会报道相同的信息。这些原本多余的媒体的唯一好处是它们可以防止媒体俘获的发生,因为它们在其他媒体被俘获时,能够获得更高的商业收入。在这种简单的设置中,在任者必须对每个媒体进行补偿,就好像所有媒体都是垄断者一样,因为一旦有媒体不接受补偿,它们就会像垄断者一样做出选择。在更一般的情况下,结果可能并不那么严峻,但买断多个具有一定观众数量的独立媒体比买断一个具有相同总受众的媒体要昂贵得多。

媒体俘获对选民是不利的,因为这会使得他们无法判断在任者是好的还是坏的。[①]结果,在任者不太可能失去职位而且政治家的平均质量会出现下降。

命题 16.2:

政治家的更替频率和选民的福利水平随着媒体多元化、商业动机、交易成本的增加而提升。

命题 16.2 与 Brunetti and Weder(2003)、Djankov et al. (2003)以及 Besley and Prat(2006)观察到的跨国模式是一致的。这些国家最重要的民选官员(总理或者总统,这取决于宪法体系)的任期随着政府拥有的媒体数量的上升(这可能会意味着 τ 的下降)和媒体集中度的下降(按照该国前五大媒体的市场份额来衡量)而增加。这个影响是很大的,例如,媒体集中度较低(前五名报纸覆盖率在 75% 以下)的国家的平均政治任期约为五年,而媒体集中度较高的国家的平均政治任期超过十年。

基准模型认为选民是同质的,并假设是由政府来主导媒体俘获。Corneo(2006)的模型允许选民存在不同偏好,这会反映在不同的利益集团中。媒体可以与各种利益集团勾结。媒体(垄断者)可以与特定的利益集团达成秘密协议。这个模型突出了所有权集中的作用。相较所有权分散的情况,当媒体由少数大股东控制时,媒体俘获更有可能发生。

Petrova(2008)考虑了收入分配的影响。政府使用税收来提供一种对穷人比对富人更有用的公共产品。公共产品的有用性存在不确定性,媒体可以为选民提供信息。但是,富人可能会向媒体行贿,以使公众低估公共项目的价值。均衡状态下存在媒体俘获,当社会更不平等时,媒体俘获的程度更高。媒体俘获实现了它的目标:一个媒体被俘获的国家平均拥有较

---

① 若选民在重新选举中对选择在任者或者不选择在任者没有差异,那么他们就会选择在任者。很容易看出,如果在没有负面新闻的情况下,选民选择政治候选人并不是一个(占优)均衡。在这种均衡状态下,在任者将没有动力去俘获媒体,即使没有负面新闻对于在任者来说是个好消息。

低的公共产品投资。由于这种效应是由选举激励机制引起的,其中一个预测是,在民主体制更强大的国家,媒体俘获和公共产品供应之间的关系更强。

基准模型可以进行拓展来研究媒体差异。我们假设媒体可以决定对政府进行监督的努力程度(媒体投入)。媒体 i 选择投入水平 $q_i \in [0,1]$,其成本为 $c(q_i)$,其中 c 是增函数且是凸函数。这么假设的原因是有些负面新闻很容易被发现,而另外一些负面新闻需要广泛的调查报道。每一个坏的在任者都会产生一个负面新闻,而记者发现这个新闻的难度可以用 v 来表示,$v \in [0,1]$。如果媒体想要观察到这个新闻,那么媒体投入一定满足 $q_i \geq v$。

让我们先看看在没有媒体俘获的情况下媒体差异会导致什么情况的发生。更高水平的新闻投入必须获得更高水平的边际商业收入作为奖励。在均衡条件下,事先相同的媒体会选择不同水平的新闻投入。有一家媒体——让我们定义为 1 号媒体——选择的投入是最高的,假设它是唯一报道该新闻的媒体,那么它的边际收益 a 应当等于它的边际投入成本 $q'(v)$。另一家媒体——让我们定义为 2 号媒体——选择的投入是第二高的,它的边际投入成本等于双寡头垄断下的边际收入,即 $q'(v) = a/2$。所以第 k 个媒体会选择的投入为:

$$q'(v) = \frac{a}{k}。$$

此时,一个没有媒体俘获的媒体行业存在垂直差异。

如果我们考虑媒体俘获的概率,我们必须考虑在何种情况下,在任者才会愿意使用资源来令媒体沉默。如果政府的负面新闻很容易被发现,那么在任者需要付出高额的资源来收买媒体,但当 v 较高时,能够发现新闻的媒体数量就会更少。在均衡条件下,存在一个阈值 $\bar{v}$,当且仅当 $v \geq \bar{v}$ 时,媒体才会被俘获。显然,如果 v 非常高,则没有媒体观察到负面新闻,也不需要媒体俘获。

存在媒体俘获的情况下,媒体行业的垂直差异会减小。付出最高投入的媒体的边际收入并不是来源于商业收入,而是来源于政府转移。正如我们在命题 16.1 中看到的,这个收入等于垄断情况下的利润。但是现在可能存在不止一个投入最高的媒体。事实上,在这个均衡中,通常会有多家投入最高的媒体。当然,也会存在一些投入较低的媒体($q < \bar{v}$),当负面新闻很容易被发现时,它们可以获得商业收入。高投入的媒体会在 $v < \bar{v}$ 时报道它们发现的新闻,而在 $v \geq \bar{v}$ 时,把它们发现的新闻用于交换政府的现金转移。那么,从无法观察到未报道的新闻的受众角度来看,媒体行业由一些差不多的平庸媒体组成。因此,在有媒体俘获的新闻市场中实现的垂直差异小于不存在媒体俘获的市场。

到目前为止,公众能够采取的唯一行动就是投票。Gehlbach and Sonin(2014)模拟了更为普遍的媒体动员角色。例如,政府希望公众支持战争。公众根据他们拥有的信息做出个人投资决策。政府可以通过操纵新闻提供来影响总投资水平。在存在动员动机的情况下,媒体报道偏差更大。Gehlbach and Sonin(2014)探讨了国有媒体和私人媒体之间的差异。当一个国家变得更加民主时,两者报道的偏差就会增大。

16.3 媒体力量

前文提供了媒体俘获的单边观点,其所有的议价能力都在政府这一边。但是,有一些强大的媒体所有者对其国家的政治制度同样可以产生影响。

为了分析像赫斯特和贝卢斯科尼这样的现象,我们必须超越前文为分析方便所做的假设——所有媒体都是事前完全相同的。与之前不同,我们假设受众会从特定的媒体获取信息,我们想要知道这样的媒体会对政治进程有多大影响。

正如 Polo(2005)所指出的那样,市场势力这个概念并不能完全体现媒体行业的特殊性。像赫芬达尔-赫希曼指数(HHI)这样的衡量市场势力的指标,往往是根据需求的交叉弹性来定义相关市场。这种方法会根据平台(如报纸、广播、电视、社交媒体)定义市场。但这个定义过于宽泛,因为它包含了许多与政治信息无关的活动(例如,大多数电视节目不是新闻)。同时,这样的定义又太过于狭隘,因为它根据平台的不同把政治信息分隔开了。为了弥补这一差距,2003 年,美国联邦通信委员会提出了跨平台的衡量方法:媒体多样性指数。该指数为每个平台指定一个权重:广播电视(33.8%)、报纸(20.2%)、周刊(8.6%)、广播(24.9%)、有线互联网(2.3%)和所有其他互联网(10.2%)。在同一平台内,每家媒体都具有相同的权重。该指数最终在普罗米修斯广播项目组织(Prometheus Radio Project)与联邦通信委员会的诉讼案件中被法院推翻,原因是这个指数存在"非理性的假设和不一致"。为了解决这些问题,Prat(2014)构建了微观模型来分析媒体力量。

让我们先从政治选举部分开始描述这个模型。在这个模型中,有两个政治候选人或者两个政党,A 和 B。候选人 B 相对于候选人 A 的质量 σ 是一个随机变量,σ 服从 $[0,1]$ 的均匀分布。选民预期,这两个候选人具有同样的魅力,但当且仅当 $\sigma \geqslant 1/2$ 时,数量为 σ 的选民会更喜欢候选人 B。具体来说,当他们选择候选人 A 时,他们的收益为 $1/2$;而当他们选择候选人 B 时,他们的收益为 σ。

正如在本章开头提到的,选民会依赖媒体的报道信息。存在一系列媒体会从参数为 σ 的二项分布中接收一些二进制信息。由于分析的目标是通过信息的扭曲程度而不是信息的缺失来衡量媒体偏差,我们假设每家媒体能够接收的信息数量是无穷的。令 $\mathbb{M}$ 表示媒体的有限数量集,其中以某个典型媒体 m 为例,$1 \leqslant m \leqslant |\mathbb{M}|$。令 $x_m = (x_{m1}, x_{m2}, \cdots, x_{mN})$ 表示媒体 m 观察到的 N 维的二进制信息的向量,或称新闻项,且满足 $\Pr(x_{mi} = 1 \mid \sigma) = 1$。在 σ 的条件下,新闻项在媒体内部与媒体之间是独立的。

假设存在单位质量的选民群体,根据以下的媒体消费矩阵,每个选民选择一个或多个媒体信息来源。用 $M \subset \mathbb{M}$ 表示媒体集的子集,那么选民会被分成各个组别,每个组别用他们消费的媒体子集 M 来代表。对于任意一个 $M \subset \mathbb{M}$,令 q_M 表示消费媒体子集 M 的选民份额,可以得到:

$$\sum_{M \subset \mathbb{M}} q_M = 1。$$

如果部分选民不消费任何媒体,那么在他们投票结果是随机的假设下,我们可以不考虑他们。表 16.1 是媒体消费矩阵的例子。

如果矩阵的一个单元格包含一个完整的正方形,那么该行的选民会消费该列的媒体。比如,区块 a 中的选民会消费媒体 1 和媒体 2。覆盖率表示关注某个特定媒体来源的人口比例:在这个案例中,所有媒体都实现了一半的覆盖率。

表 16.1 媒体消费矩阵

区块	比例	媒体 1	媒体 2	媒体 3	媒体 4	媒体 5
a	25%	■	■			
b	25%	■	■	■		■
c	25%				■	
d	25%			■	■	■
覆盖率		50%	50%	50%	50%	50%

这个例子的设计是为了让所有媒体都有相同的覆盖率。这是否意味着所有媒体具有相同的力量？直觉上说这是不对的。比较媒体 3 和媒体 4，它们都被区块 d 的选民所消费，我们可以认为（在不考虑模型以外的因素下）它们对区块 d 的选民具有相同的影响。但是，媒体 4 在区块 c 是垄断者，但是媒体 3 需要和另外三家媒体在区块 b 进行竞争。所以，有理由相信，媒体 4 在区块 c 中对选民的影响要大于媒体 3 在区块 b 中的影响。正如后面我们会看到的，这个直觉是对的且可以被量化的。

选民的"带宽"（认知精力）可能是有限的。这表示他们只处理或记住一定数量的新闻项。现在，假设他们只记住他们所关注的每个媒体的 K（奇数）个新闻项。这些新闻项是从已发布的新闻项中随机选择的。

正如前文所讨论的，让我们看看当所有媒体都不进行有偏报道时的情况。每家媒体报道它们所收到的所有信息。每个选民能够记住 K 个信息，并利用这些信息做决策。如果选民收到的大多数二进制信息是支持候选人 A 的，那么选民就会支持候选人 A。如果选民收到的大多数二进制信息是支持候选人 B 的，那么选民就会支持候选人 B。因此，B 的整体选票比例为 σ。所以当且仅当候选人 B 的质量高于候选人 A 时，B 才会当选。也因此，在没有偏差的媒体环境下，政治选举能够产生有效率的结果。

现在考虑媒体可能提供有偏报道。假设媒体集 M 中的一个子集 G 被仅支持 A 当选的所有者控制。它没有资金方面的约束和激励。所有者的偏好的效果取决于选民对报道的反应。想要衡量影响，一种方法是仔细估计这些因素，并根据估计值找出偏差的确切影响。但如果难以获得可靠的估计，则可以考虑另一种方法。这种方法包括考虑大量可能的参数值，并确定有偏媒体对选举可能产生影响的上限。后一种方法受到了最近关于代理问题稳健边界的文献的启发，这些文献包括 Chassang（2013）、Madarasz and Prat（2010），以及 Chassang and Padro i Miquel（2013）。

有偏的媒体所有者可以选择所要报道的新闻。当该媒体接收到的新闻有 σ 的比例是支持 B 的，它只会报道其中 $s \in [0,1]$ 比例的支持 B 的新闻（当然支持 A 的新闻会全部报道）。因为媒体消费者只有有限的精力，他们不会计算各种类型的新闻数量（因为无论在有偏媒体还是无偏媒体的情况下，发布的新闻总数都会趋于无穷）。因此，本着分析最坏情况的精神，公众无法直接确定是否存在偏差。

值得思考的问题是：选民如何处理有偏新闻？这会取决于他们是否理解有偏见的所有者的动机。令 $\beta \in (0,1)$ 表示选民认为媒体所有者是"邪恶的"的概率。这是一个主观参数,它反映了选民对媒体子集 G 是否处于单一所有者的有效控制之下以及该所有者偏向候选人 A 的可能性的看法。β 的值难以推算出来,特别是当我们研究的是一个迄今为止没有出现有偏媒体的国家。

因为经验系数 β(表示选民的理解能力)和"带宽"系数 K(表示选民的认知精力)都很难估计,我们将计算整个参数集的媒体力量指数的最大值。这会给我们一个媒体所有者对选举制度影响力的上限。

保持"带宽"系数 K 不变,我们基于 β 来计算媒体力量指数的上限。考虑群体 M 中的选民 i,他从媒体 M 中观察到了包含 K_M 个信息的向量 y^i。这个向量是随机从媒体 M 提供的新闻中提取出的。令 y_k^i 表示该向量中的第 k 个值,令 $m(k)$ 表示信息来源的媒体。假设选民相信"邪恶的"媒体所有者会使用报道策略 $\hat{s}$。那么,实现 $y^i = Y$ 的概率可以表示为:

$$\Pr(y^i = Y \mid \sigma, \hat{s}) = \sigma^{N_1(\frac{M}{G})} (1-\sigma)^{N_0(\frac{M}{G})} \left[(1-\beta)\sigma^{N_1(G)}(1-\sigma)^{N_0(G)} + \beta(\hat{s}\sigma)^{N_1(G)}(1-\hat{s}\sigma)^{N_0(G)} \right].$$

其中,$N_y(M/G)$ 表示无偏媒体提供的值为 y 的信息数量,$N_y(G)$ 表示有偏媒体提供的值为 y 的信息数量。

选民计算的候选人质量的后验预期是:

$$E[\sigma \mid Y, \hat{s}] = \frac{\displaystyle\int_0^1 \Pr(y^i = Y \mid \sigma, \hat{s}) \, \sigma \mathrm{d}\sigma}{\displaystyle\int_0^1 \Pr(y^i = Y \mid \sigma, \hat{s}) \, \mathrm{d}\sigma}.$$

当且仅当 $E[\sigma \mid Y, \hat{s}] \leq 1/2$ 时,选民才会选择 A。

如果我们想要计算特定 β 值的均衡,我们必须找到一个固定的点,此时有偏媒体的报道策略确实与选民的猜想 $\hat{s}$ 相吻合。这通常是一个难以解决的问题。相反,我们寻找这个表达式的下界,我们证明这个下界确实达到了[关于推导的细节请参见 Prat(2014)]。给定后验预期的下界,我们开始推算受到媒体支持的候选人选票份额的上界。

可以看出,给定选民的"带宽" K_M,在媒体子集 G 控制 g_M 比例媒体的区域候选人 A 支持率的上界可以表示为:

$$p_A(g_M, K_M, \sigma) = \sum_{k=0}^{\left[\frac{K_M}{2}\right]-1} \binom{K_M}{k} \left[(1-g_M)\sigma \right]^k \left[1-(1-g_M)\sigma \right]^{K_M-k} \qquad (16.1)$$

图 16.1 描绘了 33.3% 的媒体为有偏媒体的情形。这对应于上面示例中的区域 b,假设三个媒体中仅有一个出现偏差。x 轴表示 σ,y 轴表示候选人 A 的选民支持率。图 16.1 描绘了不同 K_M 值下 $p_A(1/4, K_M, \sigma)$ 的变化。

在图 16.1 中,A 的支持率随着 σ 的增大而降低,而且随着"带宽"的增加更加像 s 形。所有的曲线与 1/2 水平线相交在 $\sigma > 3/4$ 处。

大家可以看到,K 对媒体力量的影响是不确定的。如果候选人 B 只是比 A 优秀一点 $[\sigma \in (0,5, 0,75)]$,那么当 K_M 较大的时候,有偏媒体所有者有更大的媒体力量,因为其可以通过操纵使大多数新闻都偏向于 A。相反,如果差异很大($\sigma > 0.75$),那么当 K_M 较小的时候,媒体力量较大。我们会在讨论"带宽"的时候来简单讨论这个。

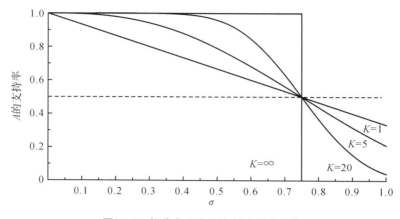

图 16.1　候选人 A 在群体 M 中的支持率

下面两个极端的例子可以很容易地用函数表示出来。当"带宽"最小的时候,候选人 A 的支持率是 σ 的线性函数:

$$p_A(g_M, 1, \sigma) = (1 - g_M)(1 - \sigma) + g_M。$$

当"带宽"最大时,支持率是一个阶梯函数:

$$\lim_{K_M \to \infty} p_A(g_M, k_M, \sigma) = \begin{cases} 1 & \text{如果 } \sigma < \dfrac{1}{2(1 - g_M)}; \\[2ex] \dfrac{1}{2} & \text{如果 } \sigma = \dfrac{1}{2(1 - g_M)}; \\[2ex] 0 & \text{如果 } \sigma > \dfrac{1}{2(1 - g_M)}。 \end{cases}$$

我们现在可以定义媒体力量指数。令 $\bar{\sigma}$ 表示最大的 σ 值,这样 A 的支持率至少是 $1/2$,即

$$\sum_{M \subset \mathbb{M}} q_M p_A(g_M, k_M, \bar{\sigma}) = 1/2。$$

我们定义媒体力量指数为:

$$\pi = \min(2\bar{\sigma} - 1, 1)。$$

当 $\bar{\sigma} = 1/2$ 时,媒体力量指数最小,为零。这意味着候选人 A 只有在不进行有偏报道也可以当选的情况下才能够当选,而不进行有偏报道就意味着媒体所有者对选举进程没有影响。当 $\bar{\sigma}(K) \geqslant 1$ 时,媒体力量指数最大,这意味着候选人 A 始终能够当选,不论他跟 B 相比有多糟糕。

媒体力量指数相当于选民因有偏差的报道而遭受的最大福利损失:如果本应选出 B 并获得效用 σ,但由于媒体偏见选出 A 并获得效用 $1-\sigma$,则损失为 $2\sigma-1$。这可以通过加总所有区块的投票份额来计算(就像命题 16.1 所描述的那样),并找到仍然允许 G 让 A 当选的最大 $\bar{\sigma}$。这一步产生了我们这部分的关键结论。

命题 16.3:

给定"带宽"向量 K,媒体群 G 的媒体力量指数是 $\pi = (2\bar{\sigma} - 1, 1)$,其中 $\bar{\sigma}$ 是以下多项式

方程在 1/2 和 1 之间的最大解：

$$\sum_{M \subset \mathcal{M}} q_M \sum_{k=0}^{[K_M/2]-1} \binom{K_M}{k} \left[(1-g_M)\bar{\sigma} \right]^k (1-(1-g_M)\bar{\sigma})^{K_M-k} = \frac{1}{2}.$$

正如我们预期的一样，这个指数对 g_M 是单调的。有偏媒体的注意力份额的增加会导致更强的媒体力量。

当"带宽"系数最小或最大时，媒体力量指数有一个特别简单的值。当所有区块的 $K_M = 1$，媒体力量指数可以简单地表示为：

$$\bar{\sigma}(1) = \min\left(1, \frac{a_G}{1-a_G}\right).$$

其中，$a_G = \sum_M q_M g_M$ 表示有偏所有者的平均注意力份额。

在最大的情况下，我们可以表示为：

$$\lim_{K_M \to \infty, \text{所有} M} \bar{\sigma}(K) = \min\left[1, \frac{\text{median}(g_M)}{1-\text{median}(g_M)}\right].$$

其中，$\text{median}(g_M)$ 表示中间选民的 g_M。

我们可以更进一步，计算所有可能的"带宽"向量 K 情况下的最大媒体力量指数。这种情形可以参见 Prat（2014）。实际上，最坏情况下该指数的相对值与最小"带宽"情况下的相对值近似。所以从现在开始，我们关注最小"带宽"的情况。

为了更好地解释，我们可以计算表 16.1 中部分媒体的最小"带宽"指数。我们需要知道的是每个媒体的注意力份额。例如，媒体 1 在区块 a 中有 50% 的注意力，在区块 b 中有 25% 的注意力，且在其他两个区块中没有注意力份额。可以计算出整体的注意力份额为 18.75%。这可以生成媒体力量指数

$$\bar{\sigma}(1) = \min\left(1, \frac{0.1875}{1-0.1875}\right) = 0.231.$$

$\bar{\sigma}(1) = 0.231$ 可以解释为在所有区块的"带宽"都是最小的情况下，媒体 1 可以对选民造成的最大伤害。表 16.2 报道了所有五个媒体集的最小"带宽"指数。我们也可以计算最大"带宽"指数，在这个例子中所有媒体都是 0，因为没有一个媒体被严格意义上的大多数选民关注。

表 16.2 注意力份额与最小"带宽"指数

变量	媒体 1	媒体 2	媒体 3	媒体 4	媒体 5
注意力份额	18.75%	18.75%	14.58%	33.33%	14.58%
最小"带宽"指数	0.231	0.231	0.171	0.500	0.171

给定任何媒体消费矩阵，可以使用命题 16.1 来计算任何媒体组织的媒体力量指数。Prat（2014）得到了 2000—2012 年美国主要媒体机构的媒体力量指数。不同的指数下，机构间的相对排名相当稳定。尽管关于美国媒体力量的讨论超出了本章简要调查的范围，但这个结果突出了广播的持续重要性。三家媒体集团在媒体力量方面脱颖而出，它们都主要从

事电视业务。新媒体和新闻媒体的排名要低得多,因为它们的注意力份额比广播电视公司小得多,这是因为它们的受众较少,且这些受众往往关注更多的信息来源。媒体力量指数使这个相对排名透明化。

16.4　媒体监管的意义

正如我们在第 16.2 节和第 16.3 节看到的那样,媒体操纵对公众是有害的。[①]媒体俘获和媒体力量都会导致选民获得更坏的结果。在本节中,我们将探讨能够减少此类影响的监管方法。正如我们所看到的,媒体多元化是对抗媒体俘获和媒体力量的有效方法,我们将特别关注旨在控制媒体集中度的监管。

现有的媒体监管工具分为三大类:特定平台的监管、一般竞争政策条款和直接新闻提供。我们逐个考察它们。

第一类监管工具包括一套仅适用于媒体的规定,通常这些规定只适用于特定的平台,如报纸或广播电视。它们可以限制单家公司的所有权(在法国和西班牙,任何单一实体都不能拥有媒体公司 49％ 以上的股份)、交叉所有权(例如报纸和电视台)和外国所有权,也可以通过许可数量、市场份额和广告来限制单个媒体。在一个平台激增、同一内容经常通过不同平台传播的世界中,针对平台的规则似乎越来越过时。在规范的层面上,为什么相同的新闻通过航拍电视而不是互联网传播,就应该遵守某一套规则?在实证的层面上,政府应当如何有效地控制一大批以不断发展的技术运作的新闻媒体?正如第 16.3 节所指出的,相关的分析单位不再是一个特定的媒体市场,而是选民如何汇总来自不同媒体的政治信息。两家媒体可能会争夺选民的注意力,即使它们处于完全不同的市场。

第二类监管工具包括管理所有行业的标准竞争规则。这些规则的目标是保护由公司提供的产品和服务的价格、数量、质量等方面来衡量的消费者福利。一个备受争议的问题是这样一套规则是否适合媒体行业。Noam(2009)发现,以 HHI 衡量,大多数美国媒体市场(包括广播、报纸和电视)的集中度都低于监管审查的门槛。然而,Noam(2009)认为,HHI 忽略了媒体行业特有的重要的多元因素:一个可以监督市议会和大型报纸的另一份报纸会让公众的生活变得更好。

Polo(2005)也认为,竞争政策不能用来替代促进媒体多元化的政策。虽然第一类和第二类监管工具都很重视市场份额,但它们的政策出于不同的原因。当我们讨论从效率方面考量的支持兼并媒体的标准竞争政策的论点时,这一点就显而易见了。与此同时,多元化监管的目标是保留独立运营商及获取政治新闻的渠道。我们没有理由在评估中考虑这些效率问题:从多元化的角度来看,这种集中的唯一影响是使得某家公司有可能控制更多媒体,如果党派或游说动机限制了公司在政治信息方面的编辑选择,危险的事就会发生。

迄今为止的分析支持这一观点:竞争政策不足以避免媒体俘获。在 Besley and Prat(2006)中,媒体数量、商业收入、交易成本决定了媒体俘获,而且不能被简化为 HHI。在 Prat

---

[①] 有关媒体福利效应的讨论,请参阅 Prat and Stromberg(2013)和 Stromberg(2015)。

(2014)中,影响力取决于注意力份额。这与用于计算 HHI 的市场份额不同,因为其不是基于市场偏差而是基于投票者的注意力来决定的。这意味着,从竞争政策的角度来看,特定的媒体环境可能不会引起任何担忧,但从媒体俘获的角度来看,这就会变得很危险。

媒体俘获的模型预测,集中媒体会导致较低的政治信息量和较高的偏见水平。这两种预测都是由于媒体和政府希望审查那些对政府不利的信息,同时保留那些对政府有利的信息。这导致选民获取的信息减少,并会产生有利于在任者的系统性扭曲。

Anderson and McLaren(2010)分析了世界范围内供给因素驱动的媒体偏差对兼并媒体的福利效应。公司结合了利润动机和商业动机。选民是理性的。媒体公司可以隐瞒新闻但不会制作假新闻。研究指出,双寡头垄断模型下的公众福利高于垄断情形下的公众福利,但公司有兼并的动机。因此,除了标准竞争分析之外,应当监管媒体之间发生的兼并事件。

第三类监管工具是直接新闻提供。除美国外,许多国家都有大型公共服务广播(PSB)组织。事实上,在大多数国家,最大的电视网络是公有的(Djankov et al.,2003)。PSB 是否是解决媒体俘获问题的好办法?答案取决于我们是否认为 PSB 组织比私营广播组织有更多或更少的激励措施来影响民主程序。部分文献始于 Coase(1950),包括 Hargreaves Heap(2005)、Armstrong(2005)以及 Armstrong and Weeds(2007),简要地提及了不同事件上媒体俘获的风险,如社会需求内容的供给不足以及公共和私人新闻之间的交互。其他研究强调,PSB 组织也可能存在报道偏差。Durante and Knight(2012)记录了贝卢斯科伦上台执政后,意大利公共广播公司的报道偏差上的明显变化。Djankov et al.(2003)发现,电视网络大量的公共所有与消极的政治结果有关,例如新闻自由度的降低、政治和经济权利的减少以及劣质的治理。

PSB 的存在是增加还是减少新闻操纵取决于我们是否面临媒体俘获或媒体力量。在一个交易成本低的国家,大型 PSB 的出现可能会使事情变得更糟,因为它使政府更容易控制媒体,这既是因为它提高了集中度,也因为据推测,它使得政府与其控制的媒体进行交互的交易成本更低。事实上,在大多数早期阶段的民主国家,PSB 只是政府的宣传渠道。在交易成本高的国家,媒体力量成为主要问题。与私营广播公司相比,独立公共广播公司可以给予更多公平性和公正性的保证。在这种意义上,BBC 可能是最成功的例子,编辑的独立性是通过使交易成本极高的治理结构来保证的。目前尚不清楚 BBC 的例子是否可以复制到制衡较少的民主国家。

16.5　结论

本章综述了研究媒体俘获(政府控制媒体的情况)和媒体力量(政府受媒体控制的情况)的相关文献。前者更可能出现在政府和媒体之间交易成本较低的国家,而后者则可以出现在高度成熟的民主国家。媒体俘获模型突出了媒体多元化、交易成本和商业收入的作用。媒体力量模型也发现了媒体多元化的重要作用,媒体力量可以通过媒体力量指数(Prat,2014)进行量化,媒体力量指数可以根据现有的媒体消费数据进行计算。媒体俘获和媒体力量应该被视为政府和媒体行业共谋操纵选举结果的两个极端。

监管可以减少媒体俘获的风险吗？我们回顾了三类现有的监管工具：特定平台的监管、一般竞争政策条款和直接新闻提供。在三种情况下，我们都强调了其有效性的重要限制。在新闻平台日益繁荣的世界，针对具体平台的监管越来越具有专制性和无效性。竞争政策标定了正确的现象，但其重点在于市场而非政治领域：评估媒体力量的措施会比竞争政策更合适。只有当政府和媒体之间的交易成本很高时，公共媒体组织才能有效防范媒体俘获。相反，如果媒体俘获是可能的，那么它可能会因更大的公共媒体组织的存在而得到强化。

参考文献

Anderson, S. P., McLaren, J., 2010. Media mergers and media bias with rational consumers. J. Eur. Econ. Assoc. 10, 831-859.

Armstrong, M., 2005. Public service broadcasting. Fisc. Stud. 26 (3), 281-299.

Armstrong, M., Weeds, H., 2007. Public service broadcasting in the digital world. In: Seabright, P., von Hagen, J. (Eds.), The Economic Regulation of Broadcasting Markets: Evolving Technology and Challenges for Policy. Cambridge University Press, Cambridge.

Besley, T., Prat, A., 2006. Handcuffs for the grabbing hand? The role of the media in political accountability. Am. Econ. Rev. 96 (3), 720-736.

Brunetti, A., Weder, B., 2003. A free press is bad news for corruption. J. Public Econ. 87 (7-8), 1801-1824.

Chan, J., Suen, W., 2008. A spatial theory of news consumption and electoral competition. Rev. Econ. Stud. 75 (3), 699-728.

Chassang, S., 2013. Calibrated incentive contracts. Econometrica 81 (5), 1935-1971.

Chassang, S., Padro i Miquel, G., 2013. Corruption, Intimidation and Whistle-Blowing: A Theory of Inference from Unverifiable Reports. Working Paper, Princeton University.

Coase, R. H., 1950. British Broadcasting: A Study in Monopoly. Longmans, London.

Corneo, G., 2006. Media capture in a democracy: the role of wealth concentration. J. Public Econ. 90, 37-58.

Djankov, S., McLeish, C., Nenova, T., Shleifer, A., 2003. Who owns the media? J. Law Econ. 46 (2), 341-381.

Duggan, J., Martinelli, C., 2011. A spatial theory of media slant and voter choice. Rev. Econ. Stud. 78, 667-692.

Durante, R., Knight, B., 2012. Partisan control, media bias, and viewer responses: evidence from Berlusconi's Italy. J. Eur. Econ. Assoc. 10, 451-481.

Gehlbach, S., Sonin, K., 2014. Government control of the media. J. Public Econ. 118, 163-171.

Hargreaves Heap, S. P., 2005. Television in a digital age: what role for public service broadcasting? Econ. Policy 20, 112-157.

Holmström, B., 1979. Moral hazard and observability. Bell J. Econ. 10, 74-91 (Spring).

Jefferson, 1792. Letter to the President of the United States. Sep. 9.

Madarasz, K., Prat, A., 2010. Screening with an Approximate Type Space. CEPR Discussion Paper No. DP7900.

McMillan, J., Zoido, P., 2004. How to subvert democracy: montesinos in Peru. J. Econ. Perspect. 18 (4), 69-92.

Noam, E. M., 2009. Media Ownership and Concentration in America. Oxford University Press, Oxford.

Persson, T., Tabellini, G., 2002. Political Economy: Explaining Economic Policy. MIT Press, Cambridge, MA.

Petrova, M., 2008. Inequality and media capture. J. Public Econ. 92 (1-2), 183-212.

Polo, M., 2005. Regulation for pluralism in the media markets. In: Seabright, P., von Hagen, J. (Eds.), Regulation of Media Markets. Cambridge University Press, Cambridge.

Prat, A., 2006. The more closely we are watched, the better we behave? In: Hood, C., Heald, D. (Eds.), Transparency: The Key to Better Governance? Oxford University Press, Oxford.

Prat, A., 2014. Media Power. CEPR Discussion Paper 10094.

Prat, A., Stromberg, D., 2013. The political economy of mass media, in advances in economics and econometrics: theory and applications. In: Proceedings of the Tenth World Congress of the Econometric Society. Cambridge University Press, Cambridge.

Stromberg, D., 2015. Media and politics. Ann. Rev. Econ. 7, 173-205.

The Leveson Inquiry, 2012. An Inquiry into the Culture, Practices, and Ethics of the Press: Executive Summary, London. Available from, nationalarchives. gov. uk.

第 17 章　媒体俘获:实证证据

鲁本·叶尼科洛波夫(Ruben Enikolopov)[①]、
玛丽亚·彼得罗娃(Maria Petrova)[②]

目　录

[①] 伊雷亚-巴塞罗那政治经济与治理研究所,西班牙庞培法布拉大学。

[②] 伊雷亚-巴塞罗那政治经济与治理研究所。

摘要：媒体俘获是指政府或其他利益集团试图控制媒体内容的情况。本章概述了关于媒体俘获的决定因素和后果的实证文献。我们检视了媒体俘获影响媒体内容的证据，讨论了政府和其他特殊利益集团用来控制媒体的方法。我们回顾了关于媒体俘获的决定因素和影响媒体俘获可能性的因素的文献。我们介绍了有关被俘获的媒体对受众行为影响的证据，以及独立媒体在这种媒体俘获环境中会产生的影响。我们还讨论了限制媒体俘获的因素。

关键词：媒体俘获；宣传；媒体效应；审查制度；独立媒体

JEL 分类代码：D72，L82，D26

17.1　引言

大众媒体是大多数国家政治信息的重要来源。媒体报道有可能影响公众舆论并引起公众对特定政治家和政策的支持。因此，只要有机会，政治家们就有动机控制媒体。本章的目标是观察媒体俘获是否真的发生，以及如果它确实发生，它是如何改变媒体和政治之间的相互作用的。

McMillan and Zoido（2004）详细描述了一个媒体俘获的实例。其研究了藤森（Fujimori）担任秘鲁总统期间，秘密警察首脑弗拉迪米罗·蒙特西诺斯（Vladimir Montesinos）保存的政府向不同行为者行贿的记录。该记录表明，与政治家或法官相比，电视频道的负责人接受的行贿金额更高，蒙特西诺斯向媒体贿赂的金额是所有法官和政治家加起来的数倍。①换句话说，大众媒体竟然成为秘鲁政治制度中最昂贵的制衡手段。作为交换，电视频道的负责人允许蒙特西诺斯在播出之前审查每日的新闻节目，并且只有在他的书面批准下才能播放关于政治候选人的信息。大众媒体也为藤森政权的倒台做出了贡献。当其中一个暴露贿赂行为的视频泄露出来后，一个未受贿的小型电视频道开始全天候播放该视频。即使是受到控制的频道也很快开始播放该视频，因为如果不这样做会流失大量观众。为了推动传播，人们在窗户和街道上放置了大型电视机，站在现任政府对手立场的人数迅速增加。

本章的目的是概述媒体俘获研究的实证贡献。在世界范围内有哪些媒体俘获的证据？什么时候媒体更容易被俘获？哪些类型的信息更可能被审查？如果市场上的一些媒体被俘获，媒体是否会对人们的行为产生真正的影响？信息透明有哪些阴暗面？我们将概述近期关于这些问题的实证文献。

第 17.2 节总结了媒体俘获的经验证据；第 17.3 节讨论了媒体俘获的决定因素；第 17.4 节描述了媒体俘获存在时的媒体效应；第 17.5 节讨论了对媒体俘获的限制，第 17.6 节进行了总结。

---

① 每日向电视频道导演行贿 300 万美元，而向政客支付的行贿总额为每月 30 万美元，对法官的贿赂总额为每月 25 万美元。

17.2 媒体俘获的证据

有没有证据表明媒体俘获确实发生了？如果政府或利益集团对媒体采取一些控制手段,媒体的行为会不同吗？大众媒体的消费者是否考虑到媒体俘获？本节总结了政府和现任政治家俘获媒体的实证证据及这种行为对媒体内容的影响的实证证据。

17.2.1 媒体俘获和媒体内容

当媒体是自由的时,它可以通过监督公职人员并发布关于政府不当行为的新闻,在确保政府问责制方面发挥重要作用(请参阅第13章有关媒体和问责制的部分)。政府控制大众媒体的方式包括直接控制其所有权、提供财政资源、媒体监管等。即使受到政府控制,大众传媒是否可以改善政府问责制是一个悬而未决的问题。从理论上讲,媒体之间的竞争可能会督促被俘获的媒体公开相关信息,尽管其信息公开程度仍然不能跟独立媒体相提并论(Besley and Prat,2006)。因此,了解媒体俘获在多大程度上导致了媒体偏差是非常重要的。

记录媒体俘获的影响并非一项微不足道的任务。仅仅显示媒体偏差的存在是不够的,因为它可能是由需求方的因素驱动的,换言之,媒体为了迎合观众的口味(参见第15章)。因此,有必要证明这种媒体偏差是媒体俘获的结果。另外,媒体偏差的形式有很多种。它不仅可以通过扭曲和过滤(参见第14章关于媒体偏差)的方式来影响信息内容,还可以通过议程设置、启动效应和框架理论来影响受众(Stromberg,2015)。第15章详细介绍了在不同情况下衡量媒体偏差的方法。

19世纪下半叶和20世纪初的美国报纸为研究媒体俘获提供了恰当的样本,因为那时报纸明确地报道了它们的党派隶属关系。Gentzkow et al. (2015)对1869—1928年期间政府对美国报纸的影响进行了系统研究,没有发现现任政府影响新闻界的证据。特别是,Gentzkow et al. (2015)发现,执政党对报纸的政治归属、发行量或内容没有系统性影响。然而,一个明显的例外是在重建期间和重建之后的南方,其政治竞争水平较低。在这种背景下,研究发现执政党能够对当地报纸的发行有显著影响。特别是,从受共和党控制转向受民主党控制会增加民主党报纸约10%的日发行份额。这些结果表明,虽然在民主国家,媒体俘获通常受到市场势力的限制,但当市场特别薄弱或政治激励足够强大时,媒体俘获现象仍然可以存在。

Gentzkow et al. (2006)提供了美国19世纪70年代和20世纪20年代媒体对政治丑闻报道的内容分析。具体来说,在莫比利埃信托公司(Credit Mobilier)丑闻发生期间,党派报纸在报道新闻时有不同的倾向,但所有报纸都报道了该丑闻。相反,在20世纪20年代的蒂波特山(Teapot Dome)丑闻发生期间,媒体可以通过忽略这类新闻来加大媒体偏差。共和党报纸比民主党报纸或独立报纸更少、更晚地报道这一丑闻。在这两种情况下,与隶属另一党派的报纸或是独立报纸相比,具有和事件相同党派属性的报纸不太可能发表与党派相关的丑闻报道。

政府直接提供资金,例如通过政府赞助的广告,是现任政治家确保媒体报道有利于自己的方法之一。例如,Di Tella and Franceschelli(2011)研究了从政府赞助广告中获益的报纸对政府腐败新闻的报道频率。其统计了 1998—2007 年阿根廷四家主要报纸的头版内容和广告类型。研究发现,有政府赞助广告的报纸不太可能谈论政府腐败,政府赞助广告每增加 1 个标准差,媒体每月会在首页少报道 0.23 个腐败丑闻。这个结果即使在控制了报社总裁和腐败丑闻的固定效应后仍然是稳健的。总之,与政府有特殊关系的报纸报道腐败丑闻的可能性确实较小。

媒体监管是政府用来影响媒体报道的另一种方法。例如,Stanig(2015)表明,墨西哥的诽谤法对当地媒体报道腐败产生了重要影响。具体来说,2001 年,在墨西哥的诽谤法实行更加严格的州,当地报纸对政府腐败新闻的报道较少。这与政府监管媒体市场的概念是一致的,而墨西哥的诽谤法是控制大众媒体的其中一种方式。Starr(2004)对媒体发展、媒体监管和媒体在不同国家的俘获情况进行了历史概述后也得到了类似结论。总体而言,有证据表明,在媒体监管较为严格的地方,当地媒体对现任政治家的批评性报道较少。

除了报道事实之外,媒体还为不同的政治家提供了平台。媒体俘获可能导致一些政治家有充分的宣传时间,而其竞争对手则没有。例如,Enikolopov et al. (2011)总结了 1999 年俄罗斯政界人士出现在不同的国家级电视频道上的数据,发现在国家控制的电视频道上,亲政府的政治家出现的时间远远多于其他人。同样,Durante and Knight(2012)表明,意大利贝卢斯科尼派系的政治家们在贝卢斯科尼(Berlusconi)执政时出现在公共电视上的可能性更高。Adena et al. (2015)表明,1933 年之前,NSDAP[①] 的政治家几乎不可能接触到德国电台,但在 1933 年 2 月希特勒成为总理之后,他们就广泛地获得了接触电台的权限。总体来说,有充分的证据表明,被俘获的媒体会极度倾向于为相关政治家提供面向公众的机会。

即使在媒体自由度很高的国家,媒体仍然会因为监管机构或是获取信息的特权而受到政府的影响(Gentzkow and Shapiro, 2008)。例如,Qian and Yanagizawa-Drott(2015)提供的证据表明,在冷战期间,外交政策上的利益会影响美国报纸对人权的报道情况。其使用联合国安理会随机任命非常任理事国的规则发现:不与美国结盟的国家如果取得联合国安理会会员资格,美国对其侵犯人权的报道会增加;与美国结盟的国家如果取得联合国安理会会员资格,美国对其侵犯人权的报道会减少。

17.2.2　来自其他利益集团的媒体俘获

政府并不是唯一对媒体偏差感兴趣的主体。包括媒体所有者、广告商、记者、政治家或私营公司在内的各种利益集团也有动机扭曲媒体报道。[②]例如,1979 年,《琼斯母亲》杂志发表了一篇由布莱尔撰写的批评性文章——《为什么狄克不能停止吸烟?》。该文描述了吸烟的成瘾性。烟草公司(菲利普·莫里斯公司、布朗·威廉姆森公司及其他公司)通过取消与《琼斯母亲》的长期广告合同做出了回应。在这方面,企业似乎表现得很"团结",许多酒类公司都效仿了它们。[③]

理论上对为什么媒体可能偏向不同的利益集团(比如广告商)存在争议。一些最近的

---

① Nationalsozialistische Deutsche Arbeiterpartei,旧译为德国国家社会主义工人党,亦称纳粹党,是德国法西斯政党。
② 本书第 16 章将非政府利益集团对媒体的俘获称为被动俘获。
③ 例子来源于《琼斯母亲》1996 年 3 月/4 月刊中的《烟草公司的退出》("Smoked Out")。

理论文献表明,媒体可能偏向广告商,尤其是当广告效果取决于媒体报道时,或者当广告商可以采取惩罚策略(Ellman and Germano,2009)时,当广告的诉求与观众的偏好更匹配(Gal-Or et al.,2012)时,又或是媒体偏差的边际收益随受众规模的扩大而增加(Petrova,2012)时。[①]

Reuter and Zitzewitz(2006)提供的证据表明,金融杂志和报纸关于共同基金投资的建议偏向广告商,但《华尔街日报》除外,其媒体偏差看起来微不足道。Reuter(2009)表明,专业杂志中的葡萄酒评分会偏向广告商。Gambaro and Puglisi(2012)通过控制了大量固定效应后的详细分析表明,现代意大利报纸的报道偏向广告商。

也有证据表明,媒体可能偏向其他的特殊利益集团,比如无地的佃农(Alston et al.,2010)或环境组织(Shapiro,2014)。

有观点认为,媒体可能会因记者偏好而产生偏差(Baron,2006)。实际上,Dougal et al.(2012)表明,记者的身份对《纽约时报》的新闻的市场反应非常重要。[②]记者的电影评论也可能存在偏差,但实际上这种偏差很小(DellaVigna and Hermle,2014)。

总体来说,实证证据表明媒体俘获并不局限于被政府俘获。然而,政府对媒体的控制受到研究人员的更多关注,因为政府有更多手段来俘获媒体,并且这种控制对社会福利的影响更大。迄今为止,从文献中尚未得知不同类型的媒体俘获是如何相互影响的,我们预计将来会看到更多关于这方面的文章。

17.2.3 相关证据

为了评估媒体俘获的成本和收益,Bignon and Flandreau(2014)根据为公开交易的媒体公司支付的控制权溢价估算了媒体俘获的货币价值,即支付超过市场价格的费用以便获得控股权。在两次世界大战的间歇期的法国,许多报纸都是可以公开交易的。Bignon and Flandreau(2014)通过这个事实发现了伴随着时间推移的媒体俘获价值的演变,并表明法国的媒体俘获价值要显著高于同时期的英国。

17.3　媒体俘获的决定因素

媒体俘获的程度取决于"俘获需求",即政府和其他特殊利益集团控制媒体的动机,以及"俘获供给",即媒体改变内容的意愿。缺乏政治竞争和政府对媒体的直接所有权可能是使政府更容易控制媒体的重要因素(Djankov et al.,2003),但这不是唯一的驱动力。媒体提高独立收入的能力可以帮助媒体减少被政治家俘获的可能性。例如,Baldasty(1992)总结了案例研究的证据,这些证据表明广告的发展确实是美国独立媒体发展的驱动因素之一,作者将这一过程称为新闻商业化。

---

① Germano and Meier(2013)分析了在有两家以上公司的情况下媒体的内部化对广告商销售的影响,这表明独立的媒体所有权非常重要。Ellman(2010)推导出政府如何使用最优补贴来克服广告驱动带来的媒体偏差。还有研究认为,广告导致搜索引擎的内容失真或存在偏差(Burguet et al.,2015)。

② 有关媒体在金融市场中的作用的更多证据,请参见第18章。

Gentzkow et al. (2006)总结了 19 世纪末和 20 世纪初报业市场发展的主要趋势,并构建了一个模型来进行预测。在模型中,如果边际生产成本较低或广告的边际效益较高,媒体会变得更加独立。Petrova(2011)实证检验了 19 世纪广告的增加是否会帮助美国报业变得独立。具体而言,在广告收入更高的地方,报纸更有可能以独立报纸的身份进入市场,或者更有可能将其政治立场转为独立。在以户外广告和传单分发限制作为工具变量衡量时,这一结果仍然成立。这一分析结果与 19 世纪末广告业的增长是美国独立媒体发展的重要推动力的观点相一致。

一些研究从国际角度审视了媒体俘获和媒体自由的决定因素。Egorov et al. (2009)发现,较高的石油租金会导致较少的媒体自由,其影响在非民主国家尤其明显。Egorov et al. (2009)认为,自由媒体可以提高官僚体制的质量,这也是它在独裁统治下也可以存在的原因,但前提是官僚体制的质量对经济增长很重要。自然资源的较高租金使官僚体制的质量变得不那么有价值,这会增强俘获媒体的动机。Petrova(2008)指出,收入不平等的加剧与较低的媒体自由度有关,并认为这种效应是由富有精英操纵舆论以及避免资源再分配的动机所导致的。VonDoepp and Young(2013)表明,媒体俘获行为取决于政权的稳定性,因为面临政权威胁的政府有更强的动机去控制媒体。

17.4　媒体俘获存在时的媒体效应

研究媒体产生的影响并不是件简单的事,因为媒体消费者关于他们想要消费哪种媒体产品(如果有的话)的决定是内生的。为了以令人信服的方式确定媒体效应,研究者需要在媒体接触或媒体内容方面找到一些外生变化的来源。第 13 章侧重于研究媒体在竞争性、非俘获环境中产生的影响,并概述了识别媒体效应的基本方法。本节的目标是概述在部分或全部媒体被俘获的媒体环境中研究媒体效应的现有方法。

17.4.1　媒体俘获的影响

任何媒体控制或媒体审查的目标都是确保媒体消费者能够受到被俘获内容的影响(或者不受自然出现在竞争激烈的媒体市场中的内容的影响)。在纯粹的贝叶斯框架中,被俘获的媒体应该没有任何影响,因为受众应该明白这些信息是偏向特定方向的并且不完全相信被俘获媒体提供的信息。然而,有理由怀疑这种情况是否实际发生,被俘获的媒体是否有任何影响仍然需要实证数据的检验。

大量的实证研究表明,被俘获的媒体可能会对人们的行为产生重大影响。Yanagizawa-Drott(2014)提供了被俘获媒体促进暴力产生的一个重要例子。该文章还表明,无线电台产生的影响是通过社会互动而倍增的,并且暴力行为存在显著的地理溢出效应。

使用类似的识别策略,Adena et al. (forthcoming)观察了无线电台在魏玛共和国和纳粹德国产生的影响,发现电台对投票结果有重要影响。特别是,在 1933 年之前,当时的广播电台对 NSDAP 有偏见,接触无线电台越多的群体投票给 NSDAP 的越少,而在 1933 年 1 月希特勒被任命为总理后,接触无线电台对支持 NSDAP 的各种指标产生了有利影响,例如给 NSDAP

投票以及 1933 年春季加入 NSDAP 的人数增加,还有媒体在 20 世纪 30 年代后期公开谴责犹太人并表达反犹太主义。

实证证据还表明,即使媒体针对的是外国观众,媒体也会产生影响。DellaVigna et al.(2014)研究了 21 世纪政府控制下的塞尔维亚公共广播在克罗地亚的影响,记录了几个方面的事实:首先,根据调查,尽管塞尔维亚电台仇视克罗地亚,许多克罗地亚人仍然会收听塞尔维亚电台;其次,接触塞尔维亚电台会增加克罗地亚人对极端克罗地亚民族主义政党的投票并增加公开表达民族主义的行为;最后,实验中的受试人员在听完塞尔维亚电台 10 分钟后就表现出更多的反塞尔维亚情绪。实验室实验也揭示了这种机制:收听中立(而不是民族主义的)塞尔维亚电台也增强了外国人反塞尔维亚人的态度,尽管这比收听民族主义电台的效果更不显著。总体来说,收听敌对的国外电台会导致民族主义的增加。

17.4.2　媒体俘获存在时独立媒体的作用

一个独立但相关的问题是独立媒体是否会在媒体俘获的环境中发挥作用。从理论上讲,与竞争性媒体市场相比,这种情况下媒体的影响可能更大(Besley and Prat, 2006)。Enikolopov et al.(2011)研究了独立电视频道对亲政府的团结党的投票影响,这个党派帮助了普京上台。具体而言,Enikolopov et al.(2011)利用这样一个事实:在 1999 年的俄罗斯议会选举中,大约 2/3 的人口只有一个独立电视频道,而所有人口都可以使用的由政府控制的电视频道则支持团结党。利用选举期间的地理差异,Enikolopov et al.(2011)发现接触独立电视频道可以使反对党总投票份额增加 6.3 个百分点,同时亲普京政党的投票份额降低 8.9 个百分点。同样,Barone et al.(2014)发现,意大利的数字电视的引入减少了对贝卢斯科尼派系5.5—7.5 个百分点的支持率。这种影响在选民年龄较大和受教育程度较低的地方更为明显。这些估计表明,至少有 20% 的数字电视用户无法剔除对 1994—2010 年期间贝卢斯科尼所有频道的偏见。上述两篇论文得到的媒体影响程度均高于来自美国的证据(DellaVigna and Gentzkow, 2010),这表明在俘获的环境中媒体效应更强。

另一个例子是跨国界接触联邦德国独立电视对民主德国公众行为的影响,那里的政府严格控制国内的所有媒体(Hainmueller and Kern, 2009)。Hainmueller and Kern(2009)发现,接触西方电视的民主德国人更有可能支持共产主义,并且不太可能申请庇护。这些结果也与独立媒体在政府或其他集团控制大多数媒体的环境中可以产生重要影响的假设是一致的。

在传统媒体被俘获的环境中,社交媒体可以扮演政治无法俘获的独立媒体的角色。例如,Enikolopov et al.(2015b)提供的证据表明,俄罗斯博客中揭露国有控股公司腐败事件的文章对目标公司的股票市场表现以及公司行为有重大影响。Enikolopov et al.(2015a)显示,俄罗斯领先的在线社交网络的较高渗透率对 2011—2012 年政治抗议的发生率和规模产生了积极影响。但是,Acemoglu et al.(2015)发现,社交媒体的内容对股市没有独立的影响,尽管它可以预测政治抗议的规模。然而,关于社交媒体在被俘获的环境中的作用的研究尚处于起步阶段,我们预计在不久的将来会看到更多这一方面的文章。

17.4.3　媒体俘获存在时透明度的反向作用

尽管有证据表明独立媒体在被俘获的环境中很重要，而且独立媒体对政府问责制很重要，但这并不一定意味着独立媒体可以在被俘获环境中改善政府问责制。在某些情况下，提高透明度可能会导致不利的结果，因为当权的政治家可以使用其他手段来抵消透明度的提高。

Malesky et al. (2012)研究了在越南提供更多关于国民议会成员表现的信息的效果。特别地，Malesky et al. (2012)进行了一次田野实验：在一份在线报纸上提供关于随机选择的议会成员的立法表现的信息。研究结果表明，平均而言，提供这些信息并不影响议员的表现，但互联网渗透率较高的地区的议员减少了他们对可能使政权领导人感到尴尬的立法活动的参与。此外，有关政治人物的可用信息量的增加使得这些政治家未来不太会被党派提名。

在哥伦比亚，媒体丑闻使得所针对的政治家更有可能在选举期间采取强迫行为，以抵消负面的人气影响（Fergusson et al.，2013）。特别是，Fergusson et al. (2013)使用断点回归方法来研究报纸丑闻对哥伦比亚准军事控制地区的选举强迫行为（electoral coercion）的影响。研究发现，对准军事集团感到同情的政治候选人对威胁他们仕途的腐败丑闻做出的反应是增加选举强迫行为。虽然研究结果并没有直接谈到媒体效应，但 Fergusson et al. (2013)认为，在被俘获的环境中，提高透明度可能会产生意想不到的后果。

17.5　媒体俘获的限制

尽管现有研究表明媒体俘获可以产生重要影响，但是其宣传效率受到若干机制的限制。如果读者或观众知道媒体被俘获，他们将不再那么信任来自有偏媒体的信息。Bai et al. (2014)通过观察人们在接收到来自政府控制的媒体或独立媒体的信息后如何更新他们对中国空气污染的信念来直接检测媒体效果。研究发现，结果不能在贝叶斯框架中解释。特别是，人们不会完全不信任重复性的来自政府的媒体信息，而且他们在解释来自政府控制的媒体和独立媒体的冲突信息时存在问题。

如果被俘获媒体的信息与受众先前的信念差别太大，宣传可能适得其反。例如，Adena et al. (forthcoming)表明，无线电台在纳粹德国的影响取决于公众的先验倾向。尽管平均而言，接触无线电台增加了德国公众对犹太人的谴责和反犹太人暴力行为，但在德国历史上对犹太人宽容的地方或土地不平等程度较低的地方，接触无线电台实际上减少了当地人对犹太人的谴责和反犹太人暴力行为。

与一些理论模型一致，报纸竞争可以在一定程度上防止媒体俘获的发生（参见第 16章）。例如，虽然 19 世纪美国的报纸存在党派偏向，但它们的进入和退出对特定政党的投票没有明显影响，尽管它们的确影响了政治参与（Gentzkow et al.，2010）。Galvis et al. (2013)发现，尽管 19 世纪美国的报纸确实更有可能报道其政治对手的政治丑闻，并且不太可能报道支持政党的政治丑闻，但这种影响被媒体竞争所消解。特别是，如果在丑闻期间本党派的报纸是当地媒体市场上唯一的报纸，那么它可能会大大减少对丑闻的报道篇幅（如果存在的话）。

然而,在有隶属于其他党派的竞争性报纸的媒体市场上,即使是本党派的报纸也认为有义务报道政治丑闻。总体来说,上述两篇论文都表明报纸竞争是减少媒体俘获的重要力量。

除了滤除被俘获媒体的偏差之外,受众也可能通过切换到不同的新闻来源而对俘获媒体行为做出反应。例如,Durante and Knight(2012)表明,意大利的观众通过切换到其他频道来应对电视频道内容的变化。特别是当贝卢斯科尼上台后,公共频道的新闻内容向右倾斜。作为回应,一些右翼观众转向了公共频道,而相反,左翼观众则从比较中间的公共频道转向了左倾的公共频道。另外,左倾的观众减少了他们对公共频道的信任,而右倾的观众增加了他们对公共频道的信任。

总体而言,这些结果表明,受众通过改变信息来源和对来自有偏信息来源的信息打折扣的行为来应对媒体偏差的增加,从而至少部分抵消了媒体俘获的影响。

17.6 结论

本章概述的实证证据表明媒体可以被俘获,即媒体的内容可以由政府或赞助团体的偏好决定,而不是由受众的偏好决定。在这种情况下,与完全竞争的媒体市场相比,媒体经营方式和媒体影响人们行为的机制是不同的。这些文献对于理解大众媒体的作用有一些启示。

第一,被俘获的媒体在内容方面与独立媒体有所不同,有时这种差异非常显著。第二,政府使用多种媒体控制方式,主要的方式包括审查制度、直接所有权控制、广告赞助或是媒体监管。第三,被俘获的媒体可能仍然会影响人们的行为。换言之,至少有时候政府的宣传是有效的。第四,独立媒体在被俘获的媒体环境中尤为重要。第五,宣传的影响存在限制,独立媒体的作用也是有限度的。

参考文献

Acemoglu, D., Hassan, T., Tahoun, A., 2015. The Power of the Street: Evidence from Egypt's Arab Spring. Working paper.

Adena, M., Enikolopov, R., Petrova, M., Santarosa, V., Zhuravskaya, E., 2015. Radio and the rise of the Nazis in Prewar Germany. Q. J. Econ. 130 (4), 1885-1939.

Alston, L. J., Libecap, G. D., Mueller, B., 2010. Interest Groups, Information Manipulation in the Media, and Public Policy: The Case of the Landless Peasants Movement in Brazil. NBER working paper No. 15865.

Bai, J., Golosov, M., Qian, N., Kai, Y., 2014. Understanding the Influence of Government Controlled Media: Evidence from Air Pollution in China. Working paper.

Baldasty, G. J., 1992. The Commercialization of News in the Nineteenth Century. University of Wisconsin Press, Madison, WI.

Baron, D., 2006. Persistent media bias. J. Public Econ. 90, 1-36.

Barone, G., d'Acunto, F., Narciso, G., 2014. Telecracy: testing for channels of persuasion. Am. Econ. J. Econ. Policy 7, 30-60.

Besley, T., Prat, A., 2006. Handcuffs for the grabbing hand: media capture and government accountability. Am. Econ. Rev. 96, 720-736.

Bignon, V., Flandreau, M., 2014. The price of media capture and the debasement of the French newspaper industry during the interwar. J. Econ. Hist. 74 (3), 799-830.

Burguet, R., Caminal, R., Ellman, M., 2015. In Google we trust? Int. J. Ind. Organ. 39, 44-55.

DellaVigna, S., Gentzkow, M., 2010. Persuasion: empirical evidence. Annu. Rev. Econ. 2 (1), 643-669.

DellaVigna, S., Hermle, J., 2014. Does Conflict of Interest Lead to Biased Coverage? Evidence from Movie Reviews. Working paper.

DellaVigna, S., Enikolopov, R., Mironova, V., Petrova, M., Zhuravskaya, E., 2014. Cross-border effects of foreign media: Serbian radio and nationalism in Croatia. Am. Econ. J. Appl. Econ. 6 (3), 103-132.

Di Tella, R., Franceschelli, I., 2011. Government advertising and media coverage of corruption scandals. Am. Econ. J. Appl. Econ. 3 (4), 119-151.

Djankov, S., McLiesh, C., Nenova, T., Shleifer, A., 2003. Who owns the media? J. Law Econ. 46 (2), 341-382.

Dougal, C., Engelberg, J., García, D., Parsons, C. A., 2012. Journalists and the stock market. Rev. Financ. Stud. 25 (3), 639-679.

Durante, R., Knight, B., 2012. Partisan control, media bias, and viewer responses: evidence from Berlusconi's Italy. J. Eur. Econ. Assoc. 10 (3), 451-481.

Egorov, G., Guriev, S., Sonin, K., 2009. Why resource-poor dictators allow freer media: a theory and evidence from panel data. Am. Polit. Sci. Rev. 103 (4), 645-668.

Ellman, M., 2010. How to Subsidize the News. Working paper.

Ellman, M., Germano, F., 2009. What do the papers sell? Econ. J. 119, 668-704.

Enikolopov, R., Petrova, M., Zhuravskaya, E., 2011. Media and political persuasion: evidence from Russia. Am. Econ. Rev. 111 (7), 3253-3285.

Enikolopov, R., Makarin, A., Petrova, M., 2015a. Social Media and Protest Participation: Evidence from Russia. Working paper.

Enikolopov, R., Petrova, M., Sonin, K., 2015b. Social Media and Corruption. Working paper.

Fergusson, L., Vargas, J. F., Vela, M. A., 2013. Sunlight Disinfects? Free Media in Weak Democracies. Working paper.

Gal-Or, E., Geylani, T., Yildrim, T. P., 2012. The impact of advertising on media bias. J. Mark. Res. 49 (1), 92-99.

Galvis, Á. F., Snyder Jr., J. M., Song, B. K., 2013. Newspaper Market Structure and Behavior: Partisan Coverage of Political Scandals in the U. S. from 1870 to 1910. Working paper.

Gambaro, M., Puglisi, R., 2012. What Do Ads Buy? Daily Coverage of Listed Companies on the Italian Press. Working paper.

Gentzkow, M., Shapiro, J. M., 2008. Competition and truth in the market for news. J. Econ. Perspect. 22 (2), 133-154.

Gentzkow, M., Glaeser, E., Goldin, C., 2006. The rise of the fourth estate: how newspapers became informative and why it mattered. In: Glaeser, E., Goldin, C. (Eds.), Corruption and Reform: Lessons from America's Economic History. NBER/University of Chicago Press, Chicago, IL.

Gentzkow, M., Shapiro, J. M., Sinkinson, M., 2010. The effect of newspaper entry and exit on electoral politics. Am. Econ. Rev. 101 (7), 2980-3018.

Gentzkow, M., Petek, N., Shapiro, J. M., Sinkinson, M., 2015. Do newspapers serve the state? Incumbent party influence on the US press, 1869-1928. J. Eur. Econ. Assoc. 13 (1), 29-61.

Germano, F., Meier, M., 2013. Concentration and self-censorship in commercial media. J. Public Econ. 97, 117-130.

Hainmueller, J., Kern, H. L., 2009. Opium for the masses: how foreign media can stabilize authoritarian regimes. Polit. Anal. 17, 377-399.

King, G., Pan, J., Roberts, M. E., 2013. How censorship in China allows government criticism but silences collective expression. Am. Polit. Sci. Rev. 107 (2), 326-343.

King, G., Pan, J., Roberts, M. E., 2014. Reverse-engineering censorship in China: randomized experimentation and participant observation. Science 345 (6199), 1-10.

Malesky, E., Schuler, P., Tran, A., 2012. The adverse effects of sunshine: a field experiment on legislative transparency in an authoritarian assembly. Am. Polit. Sci. Rev. 106 (4), 762-786.

McMillan, J., Zoido, P., 2004. How to subvert democracy: Montesinos in Peru. J. Econ. Perspect. 18 (4), 69-92.

Petrova, M., 2008. Inequality and media capture. J. Public Econ. 92 (1-2), 183-212.

Petrova, M., 2011. Newspapers and parties: how advertising revenues created an independent press. Am. Polit. Sci. Rev. 105 (4), 790-808.

Petrova, M., 2012. Mass media and special interest groups. J. Econ. Behav. Organ. 84, 17-38.

Qian, N., Yanagizawa-Drott, D., 2015. Government Distortion in Independently Owned

Media: Evidence from U. S. Cold War News Coverage of Human Rights. Working paper.

Qin, B. , Wu, Y. , Stromberg, D. , 2014. Determinants of Media Capture in China. Working paper.

Reuter, J. , 2009. Does advertising bias product reviews? An analysis of wine ratings. J. Wine Econ. 4 (2), 125-151.

Reuter, J. , Zitzewitz, E. , 2006. Do ads influence editors? Advertising and bias in the financial media. Q. J. Econ. 121 (1), 197-227.

Shapiro, J. , 2014. Special Interests and the Media: Theory and an Application to Climate Change. Working paper.

Stanig, P. , 2015. Regulation of speech and media coverage of corruption: an empirical analysis of the Mexican press. Am. Polit. Sci. Rev. 59 (1), 175-193.

Starr, P. , 2004. The Creation of the Media: Political Origins of Modern Communications. Basic Books, New York, NY.

Stromberg, D. , 2015. Media and politics. Ann. Rev. Econ. 7, 173-205.

VonDoepp, P. , Young, D. J. , 2013. Assaults on the fourth estate: explaining media harassment in Africa. J. Politics 75 (1), 36-51.

Yanagizawa-Drott, D. , 2014. Propaganda and conflict: theory and evidence from the Rwandan Genocide. Q. J. Econ. 129 (4), 1947-1994.

第 18 章　金融中的媒体角色

保罗·C. 泰特洛克 (Paul C. Tetlock) [①]

目　录

[①] 美国哥伦比亚大学。

摘要：本章回顾并总结了一个快速发展的分析媒体和金融市场之间关系的子领域。这一领域的研究发现了新颖的数据来源，如报纸文章、互联网搜索查询以及社交网络上的帖子，并采用创新的实证方法（特别是文本分析）来量化现代金融市场中丰富的信息环境。这些数据和方法能够对理论进行强有力的检验，并有可能解决金融领域长期存在的困惑，例如交易量和股价波动性如此之高的原因。

关键词：媒体；注意力；行为金融；事件研究；文本分析

JEL 分类代码：G02，G12，G14

18.1　引言

金融市场的投资者大力寻找有关上市公司的信息，但即使是最知情的投资者也可能和公司价值产生强烈的分歧。在 2012 年和 2013 年，对冲基金经理对康宝莱（Herbalife）有限公司网络营销业务模式的优点进行了激烈的辩论。潘兴广场资本（Pershing Square Capital）的经理比尔·阿克曼（Bill Ackman）在确立了 10 亿美元的康宝莱空头头寸之后宣称："这是我有史以来所有投资中最有把握的。"[①]与此同时，第三点基金（Third Point）的经理丹·勒布（Dan Loeb）购买了康宝莱价值 2 亿美元的股份，并驳斥阿克曼的观点是"荒谬的"，他反而认为该公司的业务"表现良好"，并且该公司的股票"处在很有吸引力的价位"。[②] 对自己观点充满信心的投资者会进行大量交易，并对资产价格产生重大影响。

意见分歧可能来自私人信息或处理信息的不同能力。检验具有这些要素的金融理论需要丰富的信息环境数据。本章回顾并整合了这一方面快速增长的文献，这些文献通过分析媒体来衡量信息环境，从而研究金融市场。这一领域的研究发现了新的数据来源，如报纸文章、互联网搜索查询和社交网络上的帖子，并采用了创新的实证方法，特别是文本分析，来量化现代金融市场的信息环境。[③]这些数据和方法使资产定价理论得到强有力的检验，并有可能解决长期以来在金融方面的困惑，比如为什么交易如此之多以及股票价格波动为何如此之大。

本章重点讨论三个中心主题。首先，媒体报道可以对金融市场产生巨大的因果影响。其次，即使没有因果影响，媒体内容也可以成为了解投资者和管理者信念的有用窗口。最后，媒体传播方面的理论可以帮助指导相关的实证研究。在一篇配套文章（Tetlock，2014）中，作者从信息传播的角度讨论了这些主题。本章所讨论的观点和研究与这篇配套文章中的观点和研究有相当多的重合。

金融领域关于媒体的实证研究调查了资产定价中的各种现象，例如市场对新闻和非新闻的反应、投资者的投资组合选择，以及公司财务事务诸如并购活动和高管薪酬等。资产定价方面的主要发现之一是，信息到达和股票价格变动之间的联系出人意料地薄弱。市场价

---

① 来源：2012 年 12 月 21 日彭博电视台对阿克曼关于资金流向的采访。

② 来源：丹·勒布 2013 年 1 月 9 日的《告投资者书》。

③ Li（2010）、Das（2011）以及 Kearney and Liu（2014）都提供了对财务和会计中的文本分析方法的回顾。

格对媒体的信息性内容反应不足以及对非信息性内容的过度反应都在一定程度上解释了这种薄弱关系。因此,操纵媒体内容会影响资产价格,扭曲对信息提供者的激励。

证据进一步表明,随着投资者注意力的增加,投资者对内容的过度反应(反应不足)情形也会增加(减少)。投资者注意力增加与资产价格上涨是相关的,但随后资产价格可能会出现反转。因此,媒体可以通过操纵投资者注意力的方式影响资产价格。此外,除了对资产价格有影响之外,新闻报道可能会导致交易量大幅增加。

虽然关于公司金融与媒体的文献仍在发展,但现有文献提供了两个重要发现。一是媒体报道可以通过吸引客户或降低监控腐败和低效管理者行为的成本来提高公司业绩。二是媒体报道,尤其是正面消息,可以提高投资者的认知度和乐观情绪,从而帮助企业筹集资金。

本章将讨论以下研究内容。第18.2节讨论了与媒体有关的特定理论。第18.3节考察了检验媒体活动和媒体内容是否与资产市场活动相关的研究。第18.4节分析了评估媒体报道对市场活动因果影响的研究。第18.5节综述了企业融资背景下对媒体的相关研究。第18.6节总结并提出了未来有希望的研究方向。

18.2 理论

理论模型为理解媒体在金融市场中的作用提供了框架。媒体反映与塑造了投资者和经理人的期望,这些期望会影响证券的供求关系以及公司的财务政策。投资者对公司价值的期望是资产市场价格和交易量的主要决定因素。如果市场价格等公开信息充分反映了交易者的信念(Aumann,1976),那么理性投资者就不会对公司价值产生异议。Milgrom and Stokey (1982)表明,这一逻辑意味着在仅由具有纯粹投机动机的理性代理人组成的资产市场中根本不存在交易。Grossman and Stiglitz(1980)表明,只有当价格没有充分揭示交易者信念时,理性代理人才会收集信息,而这种情况只有当真实信息以外的因素影响资产价格时才会发生。由于实际上大量交易发生且许多交易者都会收集信息,这些研究表明真实信息以外的因素对于解释观察到的市场活动很重要。

信息的发布通常会导致一些投资者的信念趋于一致,而其他投资者则由于可能理性或可能不理性的原因而出现分歧。有些模型突出强调了投资者的分歧对于资产定价和交易量的重要性。这些基于理性分歧模型的研究,比如 He and Wang(1995)以及 Tetlock(2010),通常预测公共信息只有在解决信息不对称问题并导致交易者信念趋同的情况下才会引发交易。

另一些模型允许投资者持有不同的先验信念并以不同方式解读信息。早期基于观点差异的模型来自 Miller(1977)、Harris and Raviv(1993)、Kim and Verrecchia(1994)以及 Kandel and Pearson(1995)。Kandel and Pearson(1995)认为,这些模型可以解释在公开信息发布前后股票分析师的预期、资产价格和交易量的变化,特别是分析师的赢利预测经常在财报发布前后出现分歧或改变排名顺序。Miller(1977)的静态模型、Scheinkman and Xiong(2003)以及 Banerjee and Kremer(2010)的动态模型传达了观点差异模型(difference-in-opinion model)的直觉性解释：

- 投资者交易头寸的差异反映了投资者观点差异化的程度；
- 交易量反映了投资者观点差异的变化；
- 资产价格代表了投资者对于该资产估值的平均信念；
- 在卖空限制下，价格等于或超过乐观的投资者信念。①

鉴于大多数模型并未讨论投资者观点差异的来源以及哪些投资者观点是正确的，最近的行为金融领域的研究提出了具体的信念偏差，并检验了其对资产价格和交易量的影响。如果媒体内容反映或影响了这些偏差，正如 Mullainathan and Shleifer(2005a,2005b)所建议的那样，媒体内容和媒体偏差应该表现出类似的与市场活动之间的关系。De Long et al.(1990)描述了一个具有随机信念偏差（即由投资者情绪驱动的噪声交易）和套利限制的模型中的均衡结果，发现情绪改变会影响资产收益，绝对情绪改变决定了噪声交易者和理性代理人之间的交易量。假设媒体内容是投资者情绪的实证代理变量，我们可以使用媒体内容来测试这些预测的研究者。

媒体也可以通过引导投资者的注意力来影响市场活动。Merton(1987)分析了一个不完全信息模型，其中某些投资者不知道部分证券，并且不会用这部分证券来构建他们的投资组合。作者发现，拥有较少投资者的公司表现出较低的股票价格和较高的预期回报。媒体知名度的提高可以增大公司的投资者基数，从而增加其市场价值并降低其预期回报。Merton(1987)的静态模型并没有对股票价格如何适应投资者认可度提高导致的需求突然增加做出明确的预测。Duffie(2010)提出了一个资本慢速移动（slow-moving capital）的动态模型，该模型预测，当出现正向的需求冲击时，资产价格会在短期内急剧上涨，并随后在更长的时间内回归到正常。资产价格的调整程度和持续时间取决于交易障碍水平，比如短期搜索摩擦和资本限制。

Hirshleifer and Teoh(2003)以及 Peng and Xiong(2006)的模型研究了对投资者注意力的限制如何影响对信息的反应。在这些设置中，投资者会关注明显且广泛适用的一般性信息，而忽视处理成本较高的详细信息。例如，投资者关注的是总结性的统计数字，如公司的总收入，而不是具体的内部构成，如现金流量和应计项目。因此，资产价格往往对一般性信息反应过度，而对详细的信息反应不足。

一些研究考虑了向不同投资人逐步发布信息是如何影响市场活动的。Hirshleifer et al.(1994)和 Brunnermeier(2005)着重研究了其对交易量和信息效率的影响。这两项研究都表明，早知情的交易者可以在公共信息到达之前和之后利用信息。这种交错的信息公布会对信息效率产生不利影响。Tetlock(2011)提出，投资者可能没有意识到其他人已经利用某个新闻报道中的信息进行交易，这会使得他们混淆新鲜的信息和陈旧的消息。在有限套利的模型中，这种偏差会导致资产价格对这种逐步发布的重叠信息表现出初始的反应不足和最终的反应过度。

---

① 在 Scheinkman and Xiong(2003)的模型中，意见分歧会随着时间的推移而变化。价格泡沫可能会产生，因为价格中包含了一种期权，即将资产转售给其他未来可能变得乐观的投资者的可能性。

最近的一些研究关注在社交网络中接收类似信息的投资者。Colla and Mele(2010)以及 Ozsoylev and Walden(2011)证明,交易者之间的信息联系会通过增强竞争和减少交易者之间的信息不对称来增加交易量。在社交网络中彼此关系较近的交易者呈现出正相关的交易,而彼此相距较远的交易者呈现出负相关的交易。Han and Hirshleifer(2012)提供了一个模型,在这个模型中投资者传递观点的方式会影响投资者信念和市场活动。研究假设投资者更愿意讨论他们的成功投资,而其他投资者并没有充分考虑到这点。这种对话上的偏差有利于主动投资策略的普及,例如频繁交易具有高波动性和高偏度的股票。

18.3　媒体作为信息环境的反映

早期的实证研究确定了媒体发布信息与资产市场活动之间关系的基本事实。大多数研究利用报纸文章来衡量信息发布,用股票市场结果来衡量市场活动,因为这些方法非常重要且广泛可用。为了说明金融市场中的有新闻价值的事件类型,有研究分析了 2000—2010 年的新闻报道数据,并根据 Ravenpack 公司对道琼斯新闻社(Dow Jones News Service)所发布新闻的分类。只有 31％的公司新闻涉及公司赢利(22％)或股票分析(9％);其中的许多新闻包括传统的收益公告和预期修正分析中未考虑的赢利指导活动以及股票分析师的新闻。其他重要新闻类型包括公司收入(15％)、内部所有权(12％)、并购(6％)、公司高管(5％)、商业合同(4％)、现金分配(3％)、产品信息(2％)、投资和清算(2％)、信用质量(2％)、劳动力问题(1％)、证券发行(1％)和法律问题(1％)等。Neuhierl et al.(2013)通过新闻事件类别分析市场对公司新闻的反应。

18.3.1　信息发布和市场活动

Roll(1988)在美国金融协会发表的主席致辞是将股票价格变化与可识别的公开信息联系起来的一个重要的早期尝试,并用有关特定公司的新闻报道来衡量这些信息。Roll(1988)指出,1982—1986 年的系统性经济影响(如市场和其他因素)只能解释公司回报率每日波动的 21％。理论上,市场对公开的公司新闻的反应可以解释其余 79％的回报率变化的大部分。Roll(1988)通过识别道琼斯新闻社或《华尔街日报》(Wall Street Journal)报道的 96 家大型公司每一天的报道来验证这一结论。在排除了 24％的有此类新闻的天数之后,系统性经济影响对企业股票收益的解释度(R^2)仅增加了 2 个百分点(从 21％上升到 23％)。通过排除的方法,Roll(1988)指出了私人信息、情绪驱动型交易和风险溢价的高频变化对于解释股票收益的重要性。

Cutler et al.(1989)研究了主要的基本消息是否与市场整体的股价变动有关,关注了 1941—1987 年股票价格变动最剧烈的 50 天和发生世界性重要事件的 49 天。研究把《世界年鉴》(World Almanac)中提到的、被选为《纽约时报》(New York Times)的封面报道的并被《纽约时报》记者认为与股市有关的事件定义为重要事件。研究的主要发现是,主要的市场走势与经济或其他信息之间没有显著联系。在价格大幅波动的日子里,"新闻媒体引用的解释市场波动原因的信息并不特别重要",并且没有后续的"关于未来利润或贴现率可能发生变化的令人信服的说明"。Cornell(2013)将 Cutler et al.(1989)对主要价格变动的分析拓展到了1998—2012 年,并得出了惊人的相似结论。

Mitchell and Mulherin(1994)以及 Berry and Howe(1994)将股票市场交易量和波动性与公司新闻和经济新闻相关联。Mitchell and Mulherin(1994)分析了每天道琼斯新闻社或《华尔街日报》的报道数量,而 Berry and Howe(1994)测量了路透社(Reuters News Service)每小时报道数量。两项研究都发现市场的波动性与报道数量之间的相关性小于 0.12。新闻报道数量与股票市场交易量之间的相关性要高得多(例如,在日频率下为 0.37)。新闻对股票市场交易量的解释力更强,这表明存在与新闻相关的非信息性交易,这是后续研究中的一个主题。

市场的低效率可以部分解释为什么股票价格对公开信息没有强烈的反应,甚至在没有这种信息的情况下也会变动。Chan(2003)研究了对公司特定新闻和非新闻事件的广泛样本的长期市场反应是否有效,将 1980—2000 年每个月企业出现在道琼斯新闻社新闻标题中的次数作为媒体指标。Chan(2003)通过基于公司的月度收益构建长短期投资组合,分析了有和没有新闻的公司组别内的一个月价格趋势——例如,新闻驱动投资组合包括具有相对较高(较低)月收益的有新闻的公司子集中的多头(空头)头寸。Chan(2003)的主要结果是,新闻驱动投资组合的收益在形成之后的一年中比无新闻驱动投资组合高出 5%。一个关键原因是,收益率低的公司在有新闻报道的月份中没有经历价格反转,而收益率低的公司在没有新闻报道的月份中经历了大幅的价格反弹。

Tetlock(2010)和 Griffin et al.(2011)分别基于美国和国际的日频数据发现了相似的定性的结果。对于那些与高交易量同时发生的新闻报道以及小型和非流动性的公司而言,新闻驱动的作用是最强的。这些发现表明,重大的非信息交易发生在新闻日。正如 Tetlock(2010)所提出的那样,这种交易会出现是因为公共新闻解决了信息的不对称问题,从而导致了长期流动性冲击的适应。与信息不对称的减少相一致,在接受新闻报道的收入公告日期附近的买卖差价(bid-ask spreads)会更低且更具市场深度(Bushee et al.,2010)。

对新闻驱动作用的补充解释是,正如有限注意力理论所预测的那样,投资者没有充分注意到公司特定新闻的出现。虽然很少有研究直接衡量新闻的关注度,但有些研究表明,市场对信息事件的反应会随着有关事件的新闻增加而增加。Klibanoff et al.(1998)通过比较封闭式国家基金价格与其基本价值[用净资产值(net asset value, NAV)衡量]来评估市场对信息的反应。研究表明,在没有新闻报道的一周内,基金价格的变化只有资产净值变化的 50%,但在有《纽约时报》头版新闻报道的一周内,价格的反应达到了净资产值变化的 80%。Peress(2008)表明,随着《华尔街日报》对此进行了报道,市场对收益公告的反应不足性会减弱,进一步支持有限注意力理论。[①]然而,Vega(2006)发现,在收益公告发布之前的 40 天内获得更多媒体报道的公司经历了发布后股票价格漂移的增加,表明投资者注意力不集中的现象并不能完全解释众所周知的股票价格漂移现象。

---

① 同样,Rogers et al.(2013)研究了道琼斯新闻社内幕交易报道中的制度变化,发现内幕人士购买股票事件发生后 3 分钟的股价上涨幅度几乎是道琼斯新闻社报道内幕信息制度下的两倍。

18. 3. 2   信息内容和价值

有几项研究衡量了新闻的内容,以评估市场对新闻中反映的信息的方向性反应。Niederhoffer(1971)对于新闻和股票价格的分析介绍了这方面的关键方法和可预见的基本发现。Niederhoffer(1971)识别出 1950—1966 年的 432 个世界事件(《纽约时报》在头版头条上用超过 5 栏来报道的事件),将这些头条新闻分为 19 个小组,比如美国的战争发展、美国的发现、政治选举以及外国领导层的变化,并对每个标题的基调用从好到坏的 7 分制进行打分。Niederhoffer(1971)发现在新闻到达和标题语气中存在正自相关,表明新闻的出现有连续性。与此同时,一系列相关的世界事件同时与极端股价走势相关。研究指出,在 34 个"极其糟糕"的世界事件发生后的第 2 至 5 天,累积股票收益率为+1. 14%。这种明显的价格逆转表明投资者对坏消息反应过度,但很难从这么小的数据量得出结论。

Tetlock(2007)是最早将自动化文本内容分析应用于关于股市的新闻文章的研究之一。研究假设可以使用文本分析来衡量投资者情绪,从而能够直接检验行为金融理论,如 De Long et al. (1990)。Tetlock(2007)提出的衡量标准是基于 1984—1999 年广受欢迎的《华尔街日报》专栏"跟踪市场"(abreast of the market,AM)的语言基调。AM 专栏里包括了对前一天交易者情绪和期望的事后描述。由于《华尔街日报》是美国日常金融出版物中发行量最大且受人尊敬的消息来源,该专栏可以反映并可能影响投资者情绪。

Tetlock(2007)首先计算哈佛心理社会词典中 77 个类别的 AM 专栏中词汇使用的相对频率,如强势(strong)、弱势(weak)、积极(active)和消极(passive)类的词汇。研究考虑所有类别,但最终将重点放在具有负面含义的词汇的综合类别,例如"瑕疵"和"毁灭",因为这一综合类别涵盖了所有 77 个类别中单词频率的大部分常见(时间序列)变化。可以直观得到,低(高)频率的负面词汇可能代表投资者乐观(悲观)。负面词比正面词更重要的观点与心理学文献是一致的。Baumeister et al. (2001)以及 Rozin and Royzman(2001)等认为,在许多情况下,负面信息的影响更大,而且与正面信息相比可以被更全面地处理。现在许多研究采用类似 Tetlock(2007)的基于词典的文本分析程序。[①]

第一,如果 AM 专栏中的负面词汇代表投资者情绪,那么它们的频繁出现应该与暂时的低股价有关,当有足够的套利资金或噪声交易者意识到他们的错误时,股票价格会反弹回来。第二,如果 AM 专栏中的负面词汇构成了关于公司价值的真实不利信息,那么股票价格应该下跌,不应该存在价格反转的过程。第三,如果 AM 专栏只是重述市场参与者已经知道的信息,那么股票价格可能不会对负面词汇做出反应。Tetlock(2007)得到的实证结果证明,AM 专栏中的负面词汇与较低的当日股票收益率相关,并可预测第二天的收益较低。此外,在 AM 专栏出现高度负面词汇后的一周之内,股票价格完全恢复到初始水平。这些结果与 AM 专栏中消极基调代表悲观情绪的解释是一致的,即这种情绪暂时性地影响股票价格,类

[①] 最近的研究提出了一些对简单的词语数量统计方法的改进,如:Loughran and McDonald(2011)将词典技术应用于金融背景;Jegadeesh and Wu(2013)推断单词对市场反应的重要性;Antweiler and Frank(2004)以及 Das and Chen(2007)应用机器学习技术。其他的研究使用了专有算法,比如 Beschwitz et al. (2013)使用 Ravenpack 工具,Grob-Klubmann and Hautsch(2011)使用 Reuters 工具,Boudoukh et al. (2013)使用股票声呐(stock sonar)。

似的结果见 De Long et al.（1990）。

García（2013）基于这些结果,对 1905 —2005 年期间两个《纽约时报》专栏的正面和负面词汇进行了研究,发现语言基调可以提前一天预测市场回报,并且这种价格走势在一周内会有部分逆转。这些模式随着商业周期而变化,在经济衰退时期这种效应会变得更加强大。这种商业周期的变化与投资者对经济低迷时期情绪更敏感的观点是一致的。

Bollen et al.（2011）和 Karabulut（2013）分别基于推特和脸书社交网络上的发布内容提出了投资者情绪的测量方法。这些研究通过衡量内容的情绪来捕捉投资者的情绪。Bollen et al.（2011）认为,从推特中提取的公众情绪的"平静"和"幸福"维度对 2008 年每周道琼斯指数的回报率具有强大的预测能力。Karabulut（2013）表明,脸书的国民幸福总值指数——通过状态更新的文本分析构建——预测了次日股市的回报率为正,但随后价格会出现部分逆转。这些结果突出了基于社交网络数据的衡量情绪的方法的可靠性。

尽管研究人员通常将媒体内容中关于市场的语言基调解释为投资者情绪的衡量标准,但大多数人将关于个体公司的内容基调作为衡量股票价值的信息来解读。Busse and Green（2002）、Antweiler and Frank（2004）以及 Tetlock et al.（2008）分别对来自电视、网络聊天室和报纸的公司内容进行了早期研究。

Busse and Green（2002）分析了 322 份关于个别股票的分析报告的内容,这些报告是来自 2000 年 6 月至 10 月的美国全国广播公司商业频道（CNBC）广受欢迎的《晨间来电》（*Morning Call*）和《日间来电》（*Midday Call*）节目。作者主观地将每份报告的基调评为正面（280 例）或负面（42 例）。他们发现,在 CNBC 对某只股票进行正面报道后 1 分钟内出现股票市场正异常收益,这种异常收益的部分可预测性在 5 分钟内就会消失,价格似乎会在 15 分钟内整合 CNBC 报告中的大部分负面信息。由于此类报告数量较少,该推断可能并不确定。作者总结说,市场对电视报道的反应非常有效。

Antweiler and Frank（2004）研究了 2000 年雅虎财经和 Raging Bull 约 45 只大型美国股票的股票留言板帖子的频率和基调。主要发现是,留言板帖子的发布频率可以有效预测股票收益波动率和交易量,甚至在控制了《华尔街日报》报道的频率之后结果仍然成立。作者使用了一种朴素贝叶斯的算法,根据单词出现的模式将帖子分类为看涨、中性或看跌。他们发现帖子的基调和市场活动之间只存在薄弱关系。[①]

Tetlock et al.（2008）分析了公司特定新闻的基调。与对有关市场的选定专栏的研究相比,作者分析了《华尔街时报》和道琼斯新闻社新闻报道的综合样本,重点关注了标准普尔 500 指数中的个别公司。平均而言,与娱乐性和广为阅读的 AM 专栏相比,这些特定的报道包含更多平凡和详细的信息,受到的投资者关注较少。研究使用一个通用指标——公司特定新闻中负面词的比例——来检查所有具有新闻价值事件的指向性影响。

Tetlock et al.（2008）表明,除了可量化的传统企业绩效指标之外,负面词也可以预测有关企业收益的负面信息。文本信息中对未来收益的预测能力与股票收益的预测能力相当,

---

① Das and Chen（2007）比较了对互联网股票信息板的文本进行分类的替代方法,并研究了信息基调与股票市场活动之间的关系。

这从理论上来讲可以作为非常好的企业收益的预测指标。该研究还检验了股票市场价格是否合理地反映了负面词汇对企业预期收益的影响,发现股票市场价格会立即吸收80%以上的消极信息,延迟一天的反应仍然显著。这一证据表明,语言媒体内容捕捉到了企业基本面中其他难以量化的方面。市场价格对这些信息的反应略有延迟,与 Hirshleifer and Teoh (2003)以及 Peng and Xiong(2006)等关于有限注意力理论的结论一致。

Engelberg(2008)将 Tetlock et al. (2008)的研究结果与盈余公告后价格漂移的文献相关联。Engelberg(2008)用公司公布收益当日公司相关新闻的负面词部分来衡量定性的收益信息,表明定性的收益信息对未来收益具有逐渐变强的预测能力。相比于定量的盈余预期,定性收益信息的长期预测能力更好。一种解释是投资者在处理定性信息时存在困难。

对认知能力有限的投资者来说,区分新信息和旧信息也是一种挑战。关于股票的新闻报道通常是由真正的新信息和提供背景的旧信息组成的。市场价格应该已经反映了这些旧信息,因此投资者应该只对新的信息做出反应。然而,关注度有限的投资者,可能不会意识到哪些信息是旧的,以及其他市场参与者已经根据以前发布的信息进行交易的程度。结果,这些投资者可能会对旧信息反应过度。

Tetlock(2011)使用1996—2008年道琼斯新闻社的数据来检验假设:投资者对金融新闻的过度反应随着信息陈旧性的提高而增加。研究将新闻报道的陈旧性定义为与之前关于同一家公司的报道的文本相似性。两个文本之间的相似性是一个简单的[0,1]度量。这个度量方法最初由 Jaccard(1901)提出:在两个文本的交集中存在的唯一词的数量除以在两个文本的并集中存在的唯一词的数量。这个方法识别出了那些含有较大比例与以前已知事实重叠的文本信息的新闻故事。市场过度反应的衡量标准是股价逆转的程度,通过公司在新闻事件发生前后的初始日收益率和这个事件后一周的回报率下降的程度来进行衡量。Tetlock (2011)的主要发现是,当新闻是陈旧的时候,市场对新闻的反应是对未来回报的更好的负面预测因子。注意力有限的投资者对旧新闻反应过度,从而导致企业股票价格出现短暂波动。[1]

18.3.3　注意力和价值

上述许多研究支持这样的观点:新闻发布与投资者对资产市场的关注度增加有关。本部分回顾关于媒体关注度和媒体导致市场估值偏移的研究。Merton(1987)预测,注意力可以通过减少信息摩擦(阻止投资者持有鲜为人知的资产)来直接提高市场估值。Barber and Odean(2008)假设缺乏经验的投资者由于注意力和卖空的限制而倾向于购买某类股票。直接证据表明,个人投资者是道琼斯新闻社文章中精选股票的净买家。两项研究都预测,在投资者注意力受到正面冲击之后,股票的估值会上升,未来回报率会下降。短期价格变化的状态,如价格逆转的程度和持续时间,取决于交易摩擦(Duffie,2010)。

Fang and Peress(2009)测试了投资者对股票的认知度是否会提高估值水平。作者利用《纽约时报》《今日美国》《华尔街日报》和《华盛顿邮报》关于公司层面的特定媒体报道作为

---

[1] 这一结果回应了 Davies and Canes(1978)以及 Barber and Loeffler(1993)的早期结论,即《华尔街日报》报道的二手分析师建议会导致部分价格逆转。

投资者注意力的替代指标。他们发现,1993—2002 年,上个月没有媒体报道的股票的年收益率要比上个月具有媒体平均报道量的股票高出 3％。在市值较低、分析师报告较少、个人投资者拥有量较高且特殊波动性较高的股票中,媒体报道带来的这种回报的差异可以高达 8％—12％。这些结果与 Merton(1987)基本一致,媒体报道可以使日常投资者意识到某些相对不为人知的股票。投资者认可度较低的股票则必须提供更高的预期回报,以吸引更多元化的投资者,以补偿投资者因持仓分散不足所面临的风险。

Da et al.(2011)在对互联网搜索股票信息的分析中提供了补充证据。作者提出,股票的 Google 搜索频率(搜索量指数或 SVI)可衡量投资者对股票的关注程度,例如,SVI 反映了投资者对亚马逊股票的关注度。使用 2004—2008 年的美国股票样本,作者发现 SVI 可以预测三个关注度的实证代理变量:新闻报道、交易量和股票收益的绝对值。他们的主要结果是,SVI 的增加预示了未来两周股价的上涨,随后,在一年内出现部分价格逆转。

正如 Merton(1987)所假设的,一些研究使用电视内容来检验对投资者注意力的冲击是否预示股票价格的上涨。Fehle et al.(2005)对超级碗广告中的公司进行了研究,Meschke and Kim(2011)分析了在 CNBC 接受采访的 CEO 所在的公司,而 Engelberg et al.(2012)研究了 CNBC 热门节目 *Mad Money* 中推荐的股票。这三项研究提供了大量的实证证据,有力地支持了投资者注意力能够提高股价的结论。每项研究都直接度量关注程度,例如尼尔森收视率,并显示股票价格反应随收视率提高而增加。Meschke and Kim(2011)以及 Engelberg et al.(2012)发现,股价最初的飙升出现了部分逆转,这与 Duffie(2010)的资本慢速移动的理论相一致。

媒体报道也可能通过影响投资者的信念来影响市场估值。Tumarkin and Whitelaw(2001)、Dewally(2003)以及 Bhattacharya et al.(2009)的研究表明,20 世纪 90 年代后期的媒体对互联网繁荣期的股票进行吹捧可以提升投资者情绪,但对股价影响较小。一些研究考察了推荐股票的电子邮件,通常称为股票垃圾邮件,与股票市场活动之间的关系。股票垃圾邮件包含未经请求的推荐特定股票的电子邮件;这些信息可以到达 100 万个电子邮件账户,而发送成本只需数百美元(Bohme and Holz,2006)。Bohme and Holz(2006)、Frieder and Zittrain(2007)、Hanke and Hauser(2008)以及 Hu et al.(2010)提供了关于 2004—2006 年在粉单交易市场(pink sheets)上交易小型股票的数百封垃圾邮件的证据。这些研究表明这些垃圾邮件可以增加 50％的每日交易量,并带来 2％的股价上涨。但是这种股票价格的上涨似乎是暂时的,这与投资者对非信息的过度反应和对套利的限制相一致。

18.4　媒体报道的因果影响

尽管上述许多研究都在媒体内容与市场活动之间建立了格兰杰因果关系,但很少有研究将市场对媒体报道的反应与对所报道的基础信息事件的反应区分开来。假设有研究者要估计媒体报道盈余公告对市场活动的因果影响,其中一种方法是将媒体报道赢利公告后的市场活动与在没有媒体报道的情况下围绕公告进行的市场活动进行比较,如 Peress(2008)所做的那样。观察到的这些事件之间的平均市场活动之间的差异可能是一种有偏差的估计方法,因为媒体决定是否报道的原因可能取决于事件的性质——例如,报道可能更倾向于令人惊讶的事件,或是积极的事件。本节回顾了几项巧妙的研究,这些研究确定了媒体报道中可能出现的外生变异,以便分析媒体报道的因果影响。

18.4.1 案例研究

Huberman and Regev(2001)分析了一个引人注目的例子,《纽约时报》的一篇关于有前景的新型抗癌药物的新闻文章导致一家小型生物技术公司 EntreMed 的股价在一天内上涨了600％以上。《纽约时报》的报道似乎是外生的,因为其披露的关于 EntreMed 的有前景的研究的基础信息事件在 5 个月前的 *Nature* 上就刊登了。虽然 EntreMed 的股票经历了部分价格逆转,但其价格在未来 3 周仍然上涨了 150％以上。这些结果与 Merton(1987)的假设一致,媒体报道引起了投资者的注意,并暗示媒体引起的关注程度可能非常高。然而,很难区分媒体对暂时非理性繁荣的影响和对注意力的影响。

Carvalho et al.(2011)和 Marshall et al.(2014)也研究了另一个引人注目的逸事,强调了媒体报道对投资者信念的影响。2008 年,关于 2002 年美国联合航空公司(简称美联航)破产的新闻故事在几个网站上被误报为时事新闻。在彭博社发布文章后的几分钟内,美联航的股价下跌了 76％。此后不久,美联航否认了这篇报道,并揭露了这个消息是陈旧和无关紧要的。尽管该公司股价反弹,但在收盘时仍然下跌了 11％。这一事件表明,报道对投资者信念的影响超出了其对注意力的影响。

18.4.2 媒体对交易量和波动率的影响

虽然这些案例研究表明了媒体效应的潜在强度,但只有关于媒体因果影响的大规模证据才能表明媒体效应的实际重要性。但问题是,外生性因素导致媒体报道变化的自然实验可能无法产生有意义的报道差异。此外,通过设计,这些情况下的报道应当与所报道的信息不相关。如果报道在强化投资者先前存在的偏见和倾向时对他们影响最大,那么自然实验能够为媒体的因果影响提供最基础的证据。

Engelberg and Parsons(2011)比较了投资者在接触到不同当地媒体对同一信息事件(即公司盈余公告)的报道下的交易行为。当地报纸对盈余公告的报道使附近邮政编码区域的个人投资者每日交易活动增加 48％。Peress(2014)研究了不同国家报纸罢工导致媒体报道减少的影响。平均而言,罢工减少了一个国家股市 14％的日交易量和 9％的波动。对于个体投资者比例较高的小股票来说,罢工的影响更大。这两项研究都提供了令人印象深刻的证据,表明媒体报道导致交易活动显著增加,然而这两项研究都没有将媒体对注意力的影响与其对信念的影响区分开来。

18.4.3 媒体对股票价格的影响

媒体对股票价格的方向性影响研究可能能够解决区分注意力和信念影响问题。Dyck and Zingales(2003)分析了报纸报道中强调的盈余类型,即官方会计盈余或非官方形式赢利与盈余公告发布前后的股价变化之间的关系。研究表明,股票价格对报纸报道的收益类型反应更强,尤其是可靠的报道,如《华尔街日报》,这表明报纸报道影响的是人们的信念。

　　研究媒体报道有关资产的有利消息的动机的变化也是一种分离媒体对信念影响的策略。Reuter and Zitzewitz(2006)表明,诸如《金钱》(Money)杂志等个体金融出版物更倾向于积极推荐在这些出版物上购买广告的公司的公同基金。对这些基金的正面报道与广告收入有关,这说明媒体报道影响的是投资者的信念。Solomon(2012)测试了股价对新闻的反应是否取决于企业是否购买投资者关系(IR)公司的服务,这些公司可以对它们客户的新闻进行操纵。拥有购买 IR 服务的公司在非营利新闻事件上享有较高的平均回报,但它们在盈余公告上的回报显著较低,这可能是因为营利消息更难被操纵。一种解释是投资者关系公司对投资者信念产生暂时的影响。①

　　Dougal et al. (2012)关注了 AM 专栏作者的外生变化,因为不同作者的写作风格各不相同。研究发现固定效应对次日股市收益具有显著的预测能力,将预测回归的 R^2 从 2.8% 提高到 3.8%。正向(负向)的固定效应估计表明专栏作者对股票价格施加了看涨(看跌)影响。一方面,写作风格能够产生的影响不大;另一方面,对前一天的市场活动进行报道的专栏作者的写作风格具有显著影响。因此,可以推测,这种媒体的影响效应是通过投资者信念来实现的。

　　Schmidt(2013)表明,媒体对注意力的影响也很重要。研究利用谷歌搜索国际体育赛事来测试 Peng and Xiong(2006)的结论,即分心的投资者优先关注市场消息而不是公司的特定消息。② Schmidt(2013)表明,投资者对体育的关注程度一个标准差的上升——潜在的假设是投资者对股票不关注——会使公司股票价格的分散性减少 13%。此外,投资者对体育的关注会减少 8% 的市场波动率和 4% 的交易活动。尽管这种证据表面上支持了注意力的影响机制,但注意力是媒体内容影响信仰的先决条件。

18.5　公司金融的应用

　　上述研究表明,媒体报道与资产价格显示出强烈的相关性和因果关系。鉴于资本市场对管理决策的重要性,我们应当检验媒体报道是否与企业行为和实体经济有关。本节回顾了利用媒体数据分析公司财务与信息环境之间关系的研究。

18.5.1　媒体报道和公司业绩

　　媒体报道可以通过两种方式提高公司业绩。第一,媒体报道可以作为一种广告,提高消费者对公司的认知度,并改善对产品的态度,从而增加公司收入和利润。因此,影响媒体报道的公司决策(如信息披露或融资政策)可能会影响业绩。例如,Demers and Lewellen(2003)认为,首次公开募股(IPO)事件和 IPO 定价过低吸引了媒体的关注,并为上市公司提供了有

① Ahern and Sosyura(2015)也表达了类似观点,即媒体对合并传闻的报道过度影响了投资者对合并可能性的看法,导致潜在目标公司的股价暂时上涨。
② Eisensee and Stromberg(2007)是第一个使用来自其他事件的新闻压力识别分散注意力的研究。

价值的宣传。作者证明,上市首日的回报对互联网公司的网站流量增长和非互联网公司的媒体覆盖率有正相关性,这表明了显著的营销收益。

第二,报道可以通过降低监督腐败或低效管理行为的成本来提高公司业绩。Dyck et al. (2008)分析了1999—2002年期间媒体对俄罗斯公司违规行为的报道,表明国际媒体的报道增加了公司扭转违规行为的可能性,这可能是受到外部社会和股东压力的推动。Kuhnen and Niessen(2012)研究了美国首席执行官薪酬的媒体报道,并表明负面报道预示着股票期权授予的减少。Enikolopov et al. (2014)调查了关于俄罗斯国有控股公司腐败的博客帖子的影响,并发现帖子正向预测了管理层的更替。总体来说,这些结果与媒体发挥重要监督作用的理论是一致的。

18.5.2　媒体和资本成本

如果媒体报道可以影响企业筹资或获得资本的价格,那么管理者就有动力采取影响报道的行动。可以提高媒体报道量的行为包括发布更多新闻稿、购买IR服务或增加广告支出。Bushee and Miller(2012)记录了购买IR服务可以增加媒体报道、分析师的追踪报告和机构投资者持股比例。Gurun and Butler(2012)发现,企业在当地媒体的广告支出正面预测了当地有关这些公司的新闻的语言基调。

媒体报道,尤其是正面报道,可以帮助企业通过提高投资者认知度或投资者情绪来筹集资金。Cook et al. (2006)和Liu et al. (2014)在对公司IPO之前的媒体报道分析中检验了这一想法。Cook et al. (2006)发现,一家公司的IPO前的宣传可以正向影响其IPO当日的股票收益和散户投资者交易量。Liu et al. (2014)表明,IPO前的媒体报道正向影响了股票的长期估值、流动性、分析师报道量和机构所有权比重。这两项研究得出的结论是,媒体报道减少了企业的资本成本。

媒体报道也可能影响收购资本的成本。Ahern and Sosyura(2014)分析了企业将股票用作收购另一家公司的兼并手段,表明在合并谈判期间,竞标人在股票合并中发布了更多新闻稿,并且与此类报道相关的投标人股票价格暂时上涨减少了收购目标公司股票的实际成本。

共同基金的成功关键取决于投资者提供资金的意愿。在分析共同基金披露的股票持有量时,Solomon et al. (2014)表明,只有当这些股票最近出现在主要报纸上时,持有过去高回报股票的基金才会吸引资本流入。这类投资者的投资组合选择让基金经理有动力持有新闻中的股票。与这种激励相一致,Falkenstein(1996)发现共同基金倾向于持有出现在新闻中的股票。Fang et al. (2014)显示,购买媒体报道率高的股票的基金经理的行为是低效的。

18.6　关于未来研究的讨论与方向

越来越多关于金融媒体的文献研究了一系列广泛的信息传递机制、广泛的信息事件,以及基于非数字信息的信息内容的衡量方法。两方面的研究成果为进一步研究提供了特别肥沃的土壤。案例研究表明,媒体对资产价格的影响可能是巨大的,新闻报道可以导致价格大幅变动。但是,使用媒体报道外生变化来研究的大规模文献提供的证据表明,媒体的影响要小一个数量级。人们可以通过讨论案例的特殊性和弱工具变量问题来"调和"这些结果。未来的研究可以决定这些解释的价值。

文献中一个特别重要且令人不安的发现是信息公布与价格变动之间存在的薄弱的联系。部分解释似乎是市场价格对信息反应不足,对非信息反应过度。另一种可能性是风险溢价的高频变化会影响资产的价格和交易量。然而,Lewellen and Nagel(2006)指出的可衡量的企业层面风险和市场回报的性质使人们怀疑这种基于风险的解释在数量上的重要性。剩余两类解释的重要性仍然值得商榷。如 French and Roll(1986)所建议的,私人信息对解释市场活动可能是至关重要的。或者说,目前对公共信息的测量可能还不够充分。

现代社会中大量公共数据为测试这些相互"竞争"的结论提供了机会,但也使得识别、解析和分析市场活动具有挑战性。鉴于准公共信息的潜在重要性,例如广泛散布的口碑传播和互联网的讨论,分配更多资源用于收集和分析这些数据似乎是值得的。本着这种精神,Bollen et al.(2011)、Giannini et al.(2014)、Heimer and Simon(2012)、Karabulut(2013)以及 Chen et al.(2014)等一系列研究承担了分析脸书、Seeking Alpha 和推特等投资者社交网络数据的挑战。

这些数据以及个人媒体使用数据和搜索数据可以帮助研究者了解金融市场中注意力和积极收集信息的作用。例如,通过衡量有多少潜在投资者在特定时间查看特定内容,我们可以分析投资者之间的信息传播如何影响交易行为和资产价格调整。然后,研究者可以检验投资者网络中越来越多的信息传播理论。在获得数据和计算能力方面持续改进可能会推动未来几年这方面研究的快速发展。

致谢

Tetlock(2014)从信息传输的角度讨论了本章中的许多主题。本章在获得《金融经济学评论年刊》(*Annual Review of Financial Economics*)的许可后使用了前面文章的部分内容。

参考文献

Ahern, K., Sosyura, D., 2014. Who writes the news? Corporate press releases during merger negotiations. J. Financ. 69, 241-291.

Ahern, K., Sosyura, D., 2015. Rumor has it: sensationalism in financial media. Rev. Financ. Stud. 28, 1849-1873.

Antweiler, W., Frank, M. Z., 2004. Is all that talk just noise? The information content of Internet stock message boards. J. Financ. 59, 1259-1294.

Aumann, R. J., 1976. Agreeing to disagree. Ann. Stat. 4, 1236-1239.

Banerjee, S., Kremer, I., 2010. Disagreement and learning: dynamic patterns of trade. J. Financ. 65, 1269-1302.

Barber, B. M., Loeffler, D., 1993. The 'Dartboard' column: second-hand information and price pressure. J. Financ. Quant. Anal. 28, 273-284.

Barber, B. M., Odean, T., 2008. All that glitters: the effect of attention and news on the buying behavior of individual and institutional investors. Rev. Financ. Stud. 21, 785-818.

Baumeister, R. F., Bratslavsky, E., Finkenauer, C., Vohs, K. D., 2001. Bad is stronger than good. Rev. Gen. Psychol. 5, 323-370.

Berry, T. D., Howe, K. M., 1994. Public information arrival. J. Financ. 49, 1331-1346.

Beschwitz, B. V., Keim, D. B., Massa, M., 2013. Media-Driven High Frequency Trading: Implications of Errors in News Analytics. Working Paper, INSEAD.

Bhattacharya, U., Galpin, N., Ray, R., Yu, X., 2009. The role of the media in the Internet IPO bubble. J. Financ. Quant. Anal. 44, 657-682.

Böhme, R., Holz, T., 2006. The Effect of Stock Spam on Financial Markets. Working Paper, Dresden University of Technology.

Bollen, J., Mao, H., Zeng, X., 2011. Twitter mood predicts the stock market. J. Comput. Sci. 2, 1-8.

Boudoukh, J., Feldman, R., Kogan, S., Richardson, M., 2013. Which News Moves Stock Prices? ATextual Analysis. National Bureau of Economic Research, Working Paper No. 18725.

Brunnermeier, M. K., 2005. Information leakage and market efficiency. Rev. Financ. Stud. 18, 417-457.

Bushee, B. J., Miller, G. S., 2012. Investor relations, firm visibility, and investor following. Account. Rev. 87, 867-897.

Bushee, B. J., Core, J. E., Guay, W., Hamm, S. J. W., 2010. The role of the business press as an information intermediary. J. Account. Res. 48, 1-19.

Busse, J. A., Green, T. C., 2002. Market efficiency in real time. J. Financ. Econ. 65, 415-437.

Carvalho, C., Klagge, N., Moench, E., 2011. The persistent effects of a false news shock. J. Empir. Finance 18, 597-615.

Chan, W. S., 2003. Stock price reaction to news and no-news: drift and reversal after headlines. J. Financ. Econ. 70, 223-260.

Chen, H., De, P., Hu, Y., Hwang, B., 2014. Wisdom of crowds: the value of stock opinions transmitted through social media. Rev. Financ. Stud. 27, 1367-1403.

Colla, P., Mele, A., 2010. Information linkages and correlated trading. Rev. Financ. Stud. 23, 203-246.

Cook, D. O., Kieschnick, R., Van Ness, R. A., 2006. On the marketing of IPOs. J. Financ. Econ. 82, 35-61.

Cornell, B., 2013. What moves stock prices: another look. J. Portf. Manag. 39, 32-38.

Cutler, D. M. , Poterba, J. M. , Summers, L. H. , 1989. What moves stock prices? J. Portf. Manag. 15, 4-12.

Da, Z. , Engelberg, J. , Gao, P. , 2011. In search of attention. J. Financ. 66, 1461-1499.

Das, S. R. , 2011. News analytics: framework, techniques, and metrics. In: Mitra, G. , Mitra, L. (Eds.), The Handbook of News Analytics in Finance, vol. 2. John Wiley & Sons, Chichester.

Das, S. R. , Chen, M. Y. , 2007. Yahoo! for Amazon: sentiment extraction from small talk on the web. Manag. Sci. 53, 1375-1388.

Davies, P. L. , Canes, M. , 1978. Stock prices and the publication of second-hand information. J. Bus. 51, 43-56.

De Long, J. B. , Shleifer, A. , Summers, L. H. , Waldmann, R. J. , 1990. Noise trader risk in financial markets. J. Polit. Econ. 98, 703-738.

Demers, E. , Lewellen, K. , 2003. The marketing role of IPOs: evidence from Internet stocks. J. Financ. Econ. 68, 413-437.

Dewally, M. , 2003. Internet investment advice: investing with a rock of salt. Financ. Analysts J. 59, 65-77.

Dougal, C. , Engelberg, J. , García, D. , Parsons, C. A. , 2012. Journalists and the stock market. Rev. Financ. Stud. 25, 639-679.

Duffie, D. , 2010. Asset price dynamics with slow-moving capital. J. Financ. 65, 1237-1267.

Dyck, A. , Zingales, L. , 2003. The Media and Asset Prices. Working Paper, Harvard Business School.

Dyck, A. , Volchkova, N. , Zingales, L. , 2008. The corporate governance role of the media: evidence from Russia. J. Financ. 63, 1093-1135.

Eisensee, T. , Stromberg, D. , 2007. News droughts, news floods, and U. S. disaster relief. Q. J. Econ. 122, 693-728.

Engelberg, J. , 2008. Costly Information Processing: Evidence from Earnings Announcements. Working Paper, Northwestern University.

Engelberg, J. , Parsons, C. A. , 2011. The causal impact of media in financial markets. J. Financ. 66, 67-97.

Engelberg, J. , Sasseville, C. , Williams, J. , 2012. Market madness? The case of mad money. Manag. Sci. 58, 351-364.

Enikolopov, R. , Petrova, M. , Sonin, K. , 2014. Social Media and Corruption. Working Paper, New Economic School.

Falkenstein, E. G. , 1996. Preferences for stock characteristics as revealed by mutual fund portfolio holdings. J. Financ. 51, 111-135.

Fang, L. H. , Peress, J. , 2009. Media coverage and the cross-section of stock returns. J. Financ. 64, 2023-2052.

Fang, L. H. , Peress, J. , Zheng, L. , 2014. Does media coverage of stocks affect mutual funds' trading and performance? Rev. Financ. Stud. 27, 3441-3466.

Fehle, F. , Tsyplakov, S. , Zdorovtsov, V. , 2005. Can companies influence investor behaviour through advertising? Super Bowl commercials and stock returns. Eur. Financ. Manag. 11, 625-647.

French, K. R. , Roll, R. , 1986. Stock return variances: the arrival of information and the reaction of traders. J. Financ. Econ. 17, 5-26.

Frieder, L. , Zittrain, J. , 2007. Spam works: evidence from stock touts and corresponding market activity. Hast. Commun. Entertain. Law J. 30, 479-520.

García, D. , 2013. Sentiment during recessions. J. Financ. 68, 1267-1300.

Giannini, R. , Irvine, P. , Shu, T. , 2014. Do Local Investors Know More? A Direct Examination of Individual Investors' Information Set. Working Paper, University of Georgia.

Griffin, J. M. , Hirschey, N. H. , Kelly, P. J. , 2011. How important is the financial media in global markets? Rev. Financ. Stud. 24, 3941-3992.

Grob-Klubmann, A. , Hautsch, N. , 2011. When machines read the news: using automated text analytics to quantify high frequency news-implied market reactions. J. Empir. Finance 18, 321-340.

Grossman, S. J. , Stiglitz, J. E. , 1980. On the impossibility of informationally efficient markets. Am. Econ. Rev. 70, 393-408.

Gurun, U. G. , Butler, A. W. , 2012. Don't believe the hype: local media slant, local advertising, and firm value. J. Financ. 67, 561-597.

Han, B. , Hirshleifer, D. , 2012. Self-Enhancing Transmission Bias and Active Investing. Working Paper, UC Irvine.

Hanke, M. , Hauser, F. , 2008. On the effects of stock spam e-mails. J. Financ. Mark. 11, 57-83.

Harris, M. , Raviv, A. , 1993. Differences of opinion make a horse race. Rev. Financ. Stud. 6, 473-506.

He, H. , Wang, J. , 1995. Differential information and dynamic behavior of stock trading volume. Rev. Financ. Stud. 8, 919-972.

Heimer, R. Z. , Simon, D. , 2012. Facebook Finance: How Social Interaction Propagates Active Investing. Working Paper, Brandeis University.

Hirshleifer, D. , Teoh, S. H. , 2003. Limited attention, information disclosure, and financial reporting. J. Account. Econ. 36, 337-386.

Hirshleifer, D. , Subrahmanyam, A. , Titman, S. , 1994. Security analysis and trading patterns when some investors receive information before others. J. Financ. 49, 1665-1698.

Hu, B. , McInish, T. , Zeng, L. , 2010. Gambling in penny stocks: the case of stock spam e-mails. Int. J. Cyber Criminol. 4, 610-629.

Huberman, G. , Regev, T. , 2001. Contagious speculation and a cure for cancer: a nonevent that made stock prices soar. J. Financ. 56, 387-396.

Jaccard, P. , 1901. Étude comparative de la distribution florale dans une portion des Alpes et des Jura. Bull. Soc. Vaudo. Sci. Nat. 37, 547-579.

Jegadeesh, N. , Wu, A. D. , 2013. Word power: a new approach for content analysis. J. Financ. Econ. 110, 712-729.

Kandel, E. , Pearson, N. D. , 1995. Differential interpretation of public signals and trade in speculative markets. J. Polit. Econ. 103, 831-872.

Karabulut, Y. , 2013. Can Facebook Predict Stock Market Activity? Working Paper, Goethe University.

Kearney, C. , Liu, S. , 2014. Textual sentiment in finance: a survey of methods and models. Int. Rev. Financ. Anal. 33, 171-185.

Kim, O. , Verrecchia, R. E. , 1994. Market liquidity and volume around earnings announcements. J. Account. Econ. 17, 41-67.

Klibanoff, P. , Lamont, O. , Wizman, T. A. , 1998. Investor reaction to salient news in closed-end country funds. J. Financ. 53, 673-699.

Kuhnen, C. M. , Niessen, A. , 2012. Public opinion and executive compensation. Manag. Sci. 58, 1249-1272.

Lewellen, J. , Nagel, S. , 2006. The conditional CAPM does not explain asset-pricing anomalies. J. Financ. Econ. 82, 289-314.

Li, F. , 2010. Textual analysis of corporate disclosures: a survey of the literature. J. Account. Lit. 29, 143-165.

Liu, L. X. , Sherman, A. E. , Zhang, Y. , 2014. The long-run role of the media: evidence from initial public offerings. Manag. Sci. 60, 1945-1964.

Loughran, T. , McDonald, B. , 2011. When is a liability not a liability? Textual analysis, dictionaries, and 10-Ks. J. Financ. 66, 35-65.

Marshall, B. R. , Visaltanachoti, N. , Cooper, G. , 2014. Sell the rumour, buy the fact? Account. Finance 54, 237-249.

Merton, R. C. , 1987. Asimple model of capital market equilibrium with incomplete information. J. Financ. 42, 483-510.

Meschke, F. , Kim, Y. H. , 2011. CEO Interviews on CNBC. Working Paper, University of Kansas.

Milgrom, P. , Stokey, N. , 1982. Information, trade, and common knowledge. J. Econ.

Theory 26, 17-27.

Miller, E. , 1977. Risk, uncertainty, and divergence of opinion. J. Financ. 32, 1151-1168.

Mitchell, M. L. , Mulherin, J. H. , 1994. The impact of public information on the stock market. J. Financ. 49, 923-950.

Mullainathan, S. , Shleifer, A. , 2005a. The market for news. Am. Econ. Rev. 95, 1031-1053.

Mullainathan, S. , Shleifer, A. , 2005b. Persuasion in Finance. Working Paper, Harvard University.

Neuhierl, A. , Scherbina, A. , Schlusche, B. , 2013. Market reaction to corporate press releases. J. Financ. Quant. Anal. 48, 1207-1240.

Niederhoffer, V. , 1971. The analysis of world events and stock prices. J. Bus. 44, 193-219.

Ozsoylev, H. N. , Walden, J. , 2011. Asset pricing in large information networks. J. Econ. Theory 146, 2252-2280.

Peng, L. , Xiong, W. , 2006. Investor attention, overconfidence and category learning. J. Financ. Econ. 80, 563-602.

Peress, J. , 2008. Media Coverage and Investors' Attention to Earnings Announcements. Working Paper, INSEAD.

Peress, J. , 2014. The media and the diffusion of information in financial markets: evidence from newspaper strikes. J. Financ. 69, 2007-2043.

Reuter, J. , Zitzewitz, E. , 2006. Do ads influence editors? Advertising and bias in the financial media. Q. J. Econ. 121, 197-227.

Rogers, J. L. , Skinner, D. J. , Zechman, S. L. C. , 2013. The Role of Media in Disseminating Insider Trading News. Working Paper, University of Chicago.

Roll, R. , 1988. R-squared. J. Financ. 43, 541-566.

Rozin, P. , Royzman, E. , 2001. Negativity bias, negativity dominance, and contagion. Personal. Soc. Psychol. Rev. 5, 296-320.

Scheinkman, J. A. , Xiong, W. , 2003. Overconfidence and speculative bubbles. J. Polit. Econ. 111, 1183-1219.

Schmidt, D. , 2013. Investors' Attention and Stock Covariation: Evidence from Google Sport Searches. Working Paper, INSEAD.

Solomon, D. H. , 2012. Selective publicity and stock prices. J. Financ. 67, 599-637.

Solomon, D. H. , Soltes, E. F. , Sosyura, D. , 2014. Winners in the spotlight: media coverage of fund holdings as a driver of flows. J. Financ. Econ. 113, 53-72.

Tetlock, P. C. , 2007. Giving content to investor sentiment: the role of media in the stock market. J. Financ. 62, 1139-1168.

Tetlock, P. C. , 2010. Does public news resolve asymmetric information? Rev. Financ. Stud.

23, 3520-3557.

Tetlock, P. C., 2011. All the news that's fit to reprint: do investors react to stale information? Rev. Financ. Stud. 24, 1481-1512.

Tetlock, P. C., 2014. Information transmission in finance. Annu. Rev. Financ. Econ. 6, 365-384.

Tetlock, P. C., Saar-Tsechansky, M., Macskassy, S., 2008. More than words: quantifying language to measure firms' fundamentals. J. Financ. 63, 1437-1467.

Tumarkin, R., Whitelaw, R. F., 2001. News or noise? Internet message board activity and stock prices. Financ. Analysts J. 57, 41-51.

Vega, C., 2006. Stock price reaction to public and private information. J. Financ. Econ. 82, 103-133.

第 19 章　媒体的经济和社会影响

斯特凡诺·德拉维纳 (Stefano DellaVigna) [①]、
埃利安娜·拉·费拉拉 (Eliana La Ferrara) [②]

目　录

① 美国加州大学伯克利分校，美国国家经济研究局。
② 意大利博科尼大学。

摘要：本章回顾了与媒体影响相关的文献，涉及媒体对教育、家庭选择、劳工和移民选择、环境选择、健康、犯罪、公共经济、态度、消费和储蓄以及发展经济学等方面的影响。本章主要强调五方面的论点。第一，媒体的核心作用是娱乐，媒体的经济影响主要是一种副产品。第二，为了理解媒体效应，我们不能仅关注媒体接触的直接影响，还需考虑媒体接触对其他活动的挤出效应（替代效应）。第三，因果关系识别的来源决定了我们能知道什么：对短期或长期影响的可靠估计适用于某些主题和媒体，但未必适用于其他情况。第四，大部分关于社会和经济影响的证据主要来源于电视等娱乐媒体，而非印刷媒体。第五，在政策影响方面，媒体接触的替代效应和娱乐需求都起着重要的作用。

关键词：媒体经济学；模仿；说服；寓教于乐；电视；广播电台；互联网
JEL 分类代码：A13，D01，D10，H4，I10，I20，J00，K42，L82，L96，D10

19.1　引言

看电视是否会影响学习成绩？媒体中的暴力是否会引发暴力犯罪？媒体内容能否影响生育选择等深层次的决策？是否有模仿媒体行为的一致证据？

与研究人员和决策者相关的这些问题激发了学者对媒体接触所产生影响的研究。在本综述中，我们回顾了这些文献，涵盖了多方面的经济和社会影响，并总结了各个领域的重点研究。为了最大限度地提高可读性，我们按照研究主题对内容进行分类构建，这些主题包括教育经济学、家庭经济学、健康、犯罪、消费和储备等。表 19.1 提供了我们回顾的研究的总结。

表 19.1　关于媒体的经济和社会影响的论文总结

	文献	研究对象	媒体形式	国家	实证策略	识别方式
教育经济学	Zavodny（2006）	标准化考试成绩	电视	美国	相关性	固定效应和限制在双胞胎样本中
	Gentzkow and Shapiro（2008）	非认知性和认知性结果	电视	美国	自然实验	不同媒体市场的电视引进年份的差异
	Huang and Lee（2010）	认知性结果（数学和语文成绩）	电视	美国	相关性	带反馈的动态面板数据模型
	Keane and Fiorini（2014）	不同活动的生产力排序	媒体	澳大利亚	相关性	计量经济学模型和排他性限制
	Kearney and Levine（2015）	教育和劳动力市场结果	PBS 电视台播放的《芝麻街》（电视）	美国	自然实验	出于技术特点和距离的原因，各县的信号覆盖率存在差异，各组群之间的接触也存在差异
	Keefer and Khemani（2011）	村庄里识字儿童的比例	广播	贝宁	自然实验	各个村庄的无线电覆盖率的差异

续　表

	文献	研究对象	媒体形式	国家	实证策略	识别方式
家庭经济学	La Ferrara et al.（2012）	生育率	拉美电视剧（电视）	巴西	自然实验	接触 Rede Globo 网拉美电视剧的地理和时间上的差异
	Chong and La Ferrara（2009）	离婚率	拉美电视剧（电视）	巴西	自然实验	接触 Rede Globo 网拉美电视剧的地理和时间上的差异
	Jensen and Oster（2009）	家庭暴力的接受程度、对儿子的偏好程度、妇女在家庭中的决策权、女童的小学入学率、生育率	电视	印度	自然实验	有线电视接入的地理和时间（2001—2003 年）差异
	Cheung（2012）	入学率、妇女地位（儿子的理想数量、对家庭暴力的接受程度、唯一的最终决策权）	广播电台	柬埔寨	自然实验	无线电接入的地理和时间上的差异
	Kearney and Levine（2014）	谈论相关话题（推特）、青少年的生育率（出生证明信息）	《16 岁怀孕了》（电视）	美国	相关性、工具变量	面板数据、搜索趋势的变化、工具变量
劳工／移民决策	Braga（2007）	个人移民决策	电视	阿尔巴尼亚	自然实验	地形特点、与意大利电视发射台的距离
	Farre and Fasani（2013）	移民	电视	印度尼西亚	自然实验	地形差异导致的信号接收的差异
	Bjorvatn et al.（2015）	创业	有关创业的节目（电视）	坦桑尼亚	随机对照试验	随机鼓励观看关于创业的电视节目
环境经济学	Jacobsen（2011）	环境友好行为（购买碳抵消）	纪录片电影《难以忽视的真相》（电影）	美国	自然实验	电影上映的空间差异
健康 自杀	Bollen and Phillips（1982）	自杀事件	电视	美国	事件研究法	将名人自杀新闻后的一天或一周与其他时期进行比较
	Baron and Reiss（1985）	自杀事件、杀人事件发生率	电视	美国	事件研究法	将名人自杀新闻后的一天或一周与其他时期进行比较〔相对 Bollen and Phillips（1982），Baron and Reiss（1985）使用了额外的控制措施〕

	文献	研究对象	媒体形式	国家	实证策略	识别方式
健康 — 吸烟	Bauman et al.（1991）	青少年（吸烟的主观预期效用、朋友的认可、朋友的鼓励、吸烟的意向）	通过广播播放的反吸烟广告	美国	田野实验	美国南部的两个MSA 被分配为实验组，四个 MSA 为对照组
健康 — 吸烟	Farrelly et al.（2009）	12—17 岁青少年开始吸烟的情况	反吸烟广告	美国	自然实验	在每个媒体市场中广告活动的覆盖面和频率的指标（作为接触情况总评分的代理变量）
健康 — 艾滋病毒/艾滋病	Vaughan et al.（2000）	关于艾滋病毒的交流、对艾滋病毒的认识、预防行为、伴侣的数量	广播肥皂剧	坦桑尼亚	自然实验	接触有艾滋病预防内容的广播肥皂剧
健康 — 艾滋病毒/艾滋病	Kennedy et al.（2004）	美国疾病预防控制中心全国性病艾滋病热线英语服务收到的电话总数	电视肥皂剧《勇敢与美丽》	美国	时间序列ITS 设计	肥皂剧中与艾滋病有关的情节、带有热线号码的信息
犯罪	Josephson（1987）	男生的攻击性（根据教师填写的同龄人攻击性指数的报告）	简短视频	加拿大	实验	随机分配到六个实验组之一：两种挫折顺序（看电视之前或之后）与观看三种电视暴力的条件排列组合
犯罪	Dahl and DellaVigna（2009）	暴力犯罪	暴力电影	美国	自然实验	强烈暴力、轻度暴力和非暴力电影的电影观众的每日变化
犯罪	Card and Dahl（2011）	家庭暴力	电视播放的足球比赛	美国	自然实验	与比赛的预测比分相比，足球比分的变化（拉斯维加斯的博彩公司）；当地球迷与其他观众的比较
犯罪	Bhuller et al.（2013）	性犯罪、强奸和儿童性侵犯	互联网	挪威	自然实验	由于国家宽带政策的实施，互联网接入的空间和时间上的变化
犯罪	Cunningham et al.（2011）	每周犯罪情况	电子游戏	美国	工具变量	电子游戏评级机构对电子游戏的评级、与质量变化相关的游戏销量变化
公共经济学	Olken（2009）	社会资本（信任、对社会团体的参与、村里活动的数量）、治理（村级会议的出席率、讨论的质量、项目中使用资金的百分比）	广播、电视	印度尼西亚	工具变量	领土的地形和地理构造引起的信号传播的变化

续　表

	文献	研究对象	媒体形式	国家	实证策略	识别方式
公共经济学	Trujillo and Paluck (2011)	美国拉丁裔对美国人口普查的支持和对政府的态度	拉美电视剧《恶魔最清楚》	美国	随机对照试验	将受试者随机分配到实验组,使其观看拉美肥皂剧中支持人口普查的情节,或使其观看同一肥皂剧中不涉及支持人口普查的情节的对照组
	Kasper et al. (2015)	对政府的信任和政府的权力、税收制度遵从	电视	澳大利亚	随机对照试验	分配到四种情况:高信任与低信任的情景,以及高权力与低权力的情景
	Dutta et al. (2013)	对 NREGS 的了解、对 NREGS 增加工作岗位、减少移民、加强基础设施的看法,实际或期望的参与、工资或工作天数	关于一项扶贫计划应享权利的电影	印度	随机对照试验	随机分配村庄放映电影
观念	Paluck and Green (2009)	关于偏见、暴力和创伤的信念,关于在与偏见、冲突和创伤有关的情况下如何表现的规范,行为(说话、异议和合作)	广播肥皂剧《黎明破晓》	卢旺达	随机对照试验	随机分配到广播肥皂剧或对照节目
	Hennighausen (2015)	对成功驱动因素的信念	电视	民主德国	自然实验	由于领土的地理和地形特征,接触西方电视台的机会存在差异
消费和储蓄	Bursztyn and Cantoni (forthcoming)	可支配收入、私人消费总额和储蓄,金融工具的使用,消费选择	电视	民主德国	自然实验	由于领土的地理和地形特征,接触西方电视台的机会存在差异
	Berg and Zia (2013)	一般和具体的金融知识、从正规银行借贷、为投资目的借贷、储蓄倾向、将钱用于赌博和租金的可能性、寻求金融建议	电视肥皂剧《丑闻!》	南非	随机对照试验	随机鼓励观看肥皂剧

我们从三条脉络来描述已有文献:结果、方法论和媒体形式。

从结果角度来讲,虽然我们将大量不同角度的文献分门别类,但这些研究并不包括媒体对政治的影响(Stromberg,2015;Enikolopov and Petrova,2015),也不包括媒体对广告的影响(Wilbur,2015)。我们会提及 Tetlock(2015)对金融选择的分析。

从方法论角度来讲,我们研究了各种不同的方法论提供的证据,包括自然实验、田野实验和观测数据,但是并不包括来自实验室的证据或纯粹的调查证据,这些方法在心理学、政治学和社会学的媒体研究中很常见。

从媒体形式的角度来讲,我们提供了来自传统媒体(广播、电影和电视)、现代媒体(互联网和电子游戏)等各种媒体的证据。考虑到主题的不同①,我们没有讨论快速增长的关于使用短信和智能手机传递信息的文献。

虽然我们不能在引言中通过简要的语言完整地总结每个不同领域的成果,但是我们想强调本章中五个反复出现的主题:①娱乐需求;②直接效应与替代效应的比较;③识别与时间跨度;④娱乐媒体的作用;⑤政策影响。

第一个主题是娱乐需求。在我们考虑的几乎所有情景中,消费者对媒体内容的需求主要是来自对娱乐的需求,媒体对经济的影响是作为副产品出现的。孩子们收看电视主要是为了获得乐趣,很可能并未考虑对教育可能产生的影响。成年人选择观看暴力电影或肥皂剧只是为了娱乐,而不考虑可能对攻击性行为或家庭观的影响。这些事实意味着选择特定媒体可能与对特定经济成果的偏好无关,比如教育、暴力犯罪或生育。娱乐需求的首要作用可以体现在人们花费很大一部分时间在媒体娱乐上:在美国,观看电视(这只是媒体娱乐的一种形式)的平均时间是每天 2.7 小时,占所有休闲时间的一半(Aguiar et al. ,2013)。

娱乐需求使我们综述的媒体使用情况与媒体对政治或金融的影响的分析有所不同。正如 Stromberg(2015)和 Gentzkow et al. (2015)所强调的,对政治信息的接触往往反映了对政治内容的直接需求。对 CNBC 等金融主题媒体的接触也反映了对投资建议的直接兴趣。

在第 19.2 节中,我们在 Dahl and DellaVigna(2009)的模型基础上,将这一洞见融入一个简单的媒体选择模型。我们假设消费者在几个活动之间做出最优的时间利用选择,其中一些是媒体活动,另一些则不是。例如,消费者决定是看肥皂剧还是和朋友出去玩。媒体活动的价值需要考虑到娱乐价值和成本因素。同样地,不同的时间使用选择之间可以产生效用转移。活动的选择情况会影响相关的经济结果,如教育、暴力犯罪和生育率,但这些影响并不被考虑在效用最大化的选择中,这简化了分析。然后,我们推导出比较静态分析的参数来捕捉媒体研究中的一些识别变化。

第二个主题是直接效应与替代效应的比较。我们强调在这种娱乐情景下,媒体效应的变化有两个主要来源。一是对媒体渠道的娱乐价值或者成本的冲击,这会影响到观众。例如,在特定的周末,暴力电影的质量较高(正向的需求冲击),或者肥皂剧在特定年份变得更加普遍(正向的成本冲击)。在这两种情况下,正如比较静态分析所表明的那样,媒体效应估计结果既包含直接效应,也包含替代效应。在电影院放映像《汉尼拔》这样的电影意味着更多的人将会观看(暴力的)电影,从而减少次优的替代活动的进行。这种冲击对犯罪的最终效果取决于该电影与替代活动对犯罪的相对效果。同样,要理解引入肥皂剧的影响,我们需要考虑它所替代的活动和内容。考虑到替代活动并将估计的影响作为相对于替代品的净影响进行评估是这些研究中的一个重要经验。事实上,Stromberg(2015)强调,类似的这种直接效应与替代效应的比较也适用于媒体对政治影响的解释。

二是对媒体内容的直接冲击。假设一集正在播出的肥皂剧中出现了一对同性恋者,或

---

① 娱乐需求在媒体使用情况中起着关键作用,而短信通常被用来提供信息和进行提醒。

者发生了自杀事件。内容的这种变化可能不会影响媒体娱乐的效用最大化选择,尤其是在这一集的内容出乎意料的情况下。不过,内容可能会影响经济行为。在这种情况下,由于替代活动的消费量保持不变,估计的媒体效应体现了媒体的直接影响。

第三个主题是识别与时间跨度。以模仿媒体行为为例来分析。第一个问题是,在媒体上出现某一特定行为的情节之后是否存在短期的模仿效应。第二个问题是,长期接触媒体是否会产生长期的模仿效应。为了确定第一个问题,能够广泛地观察到媒体内容的高频变化就足够了。但是,为了识别长期影响,要考虑在时间和地点上有可能是外生的媒体内容变化,这些变化往往涉及独特的媒体内容的引入。识别变量的变化决定了人们可以可靠估计的媒体效应的类型。

对于家庭选择,我们有关于短期和长期的模仿媒体行为的证据。Kearney and Levine(2014)估计了美国电视节目《十六岁怀孕了》(16 and Pregnant)对谷歌关于生育选择方面的关键词搜索的短期效应。而 La Ferrara et al.(2012)主要通过巴西环球电视网(Globo)的逐步引进,估算了巴西的拉美电视剧(telenovelas)对生育率的长期影响,因为在很大程度上巴西环球电视网促进了拉美电视剧的引进。

然而,在大多数情况下,研究不可能同时估计短期和长期影响。在对媒体暴力和暴力犯罪的研究中,Dahl and DellaVigna(2009)利用关于特殊的暴力电影的发行的自然实验来估计媒体暴力的短期影响。然而,这一设计并不适用于分析长期影响。事实上,据我们所知,目前还没有研究提供对媒体暴力长期影响的可靠估计。困难在于,媒体上的暴力内容已经普遍存在了很长一段时间,至少在美国,识别长期接触几乎是不可能的。在这种情况下,寻找长期影响的替代证据是很有诱惑力的:事实上,甚至美国儿科学会也会引用电视使用和暴力行为之间的相关证据来支持其政策建议。不幸的是,这种证据是有偏差的——对暴力的偏好可能会同时推动这两种行为。在这些情况下,我们对短期影响有可靠的估计,但却很难对长期影响进行估计。其他情况,比如电子游戏消费对犯罪的影响,即使是短期影响也是难以估计的,因为电子游戏消费的高频率变化是非常有限的。

第四个主题是娱乐媒体的作用。表 19.1 的一个显著特征是关于印刷媒体(包括报纸和期刊)的研究具有稀缺性。从这个角度来看,报纸发行量的变化在识别媒体的政治影响方面起着关键作用,因为地方报纸提供了关于地方政治的关键信息(Stromberg,2015)。然而,当谈到对教育、健康、犯罪或家庭选择等结果的影响时,大多数现有证据都涉及娱乐媒体——电视、电影和互联网。①

如我们上面所强调的那样,即使在娱乐媒体中,证据的可得性还取决于能否找到媒体接触的差异。我们很容易发现在地理、有线电视节目或电影内容的推动下,广播传播渗透或特定电视频道渗透的地理变化。发现整体电视(而不是特定频道)、互联网或电子游戏的普及率的可靠变化难度较大。

---

① 这可能是因为与报道政治内容相比,报纸报道社会问题的方式很难被编码。例如,通过比较文章中使用的术语和国会议员使用的术语可以识别报纸报道中的意识形态偏差(Groseclose and Milyo,2005),但是没有与教育、健康等相关联的方法。

第五个主题是政策影响。我们研究的一些话题反映了政策问题,如电视和暴力媒体的影响。然而,这些研究提出的政策含义令人惊讶。第一个例子是,尚未发现电视对教育有负面影响的一致证据(这方面的证据是不一致的),并且在短期内暴力电影会导致犯罪的减少而不是增加。这里的关键见解是替代效应:电视或暴力电影可能正在取代其他不利于相关结果的活动。第二个例子是,通过媒体报道实现的最明确的政策目标——发展中国家的生育率下降(例如巴西在 20 世纪 70 年代和 80 年代)——是拉美电视剧成功的副产品,而不是娱乐内容设计的目标。第二个例子使我们回到了第一个主题——娱乐需求。

最近的一系列研究从政策的角度评估了娱乐需求的关键地位,并且更进一步解释为什么不试图将政策目标纳入娱乐范畴。政策与广告的角色是相近的:营销公司几十年来一直使用产品植入来销售产品,这暗示了可以像卖广告一样来通过娱乐"出售"政策。尽管如此,这一营销方式仍然面临着棘手的问题,因为人们可能会担心其用于宣传的目的。我们会在第 19.4 节中再回到寓教于乐的问题,关于这个问题更深入的讨论参见 La Ferrara(2015)。

19.2　方法论

为了聚焦对媒体效应的解释,这里提供一个解释不同媒体效应机制的简单框架。这个模型是建立在 Dahl and DellaVigna(2009)基础上的。

考虑一个离散选择模型,受众在活动 $x_1, x_2, \cdots, x_n$ 之间选择。其中一些活动是媒体选择,例如观看电视节目、收听广播中的新闻或阅读报纸。其他的活动代表了对时间的替代性使用,比如参加村里的小组会议、读书或者去附近的音乐会。

假设在标准的离散选择模型中,活动 x_i 产生的效用为:

$$u(x_i) = X_i - \gamma c_i + \varepsilon_i。$$

其中,ε_i 属于 I 型极值分布。这个设定允许:①对媒介需求 X_i 的冲击,比如电视节目变得更火了;②对媒介供给的冲击,比如新的电视节目的进入,这个可以用成本 c_i 的变化来代表。

标准的 Logit 求导后可以得到,花费在活动 i 上的时间比例为:

$$s_i = \frac{\exp(X_i - \gamma c_i)}{\sum_j \exp(X_j - \gamma c_j)} \tag{19.1}$$

式(19.1)为活动 x_i 的效用最大化提供了直观的比较静态分析:消费比例 s_i 会随着价值 X_i 的上升而上升,随着成本 c_i 的增加而下降,随着其他媒体质量 $X_j (j \neq i)$ 的上升而下降。

然而,本章的重点不是媒体活动的消费比例 s_i 本身,而是消费比例 s_i 对某些感兴趣的结果 y 的影响。比如,我们可能对消费拉美电视剧如何影响生育、看电视如何影响教育程度、看暴力电影如何影响犯罪等感兴趣。所以,我们考虑跟活动选择相关的结果变量 y(包括家庭选择、教育、犯罪)。为了简化,我们假设一种线性关系:

$$y = \sum_j \alpha_j s_j。$$

这表示,任何活动 x_i 通过直接效应系数 α_i 影响结果变量 y。比如,活动 x_1 是观看肥皂剧,而活动 x_2 是与朋友社交。我们可能假设肥皂剧的出现会降低生育率($\alpha_1 < 0$),但与朋友

社交会提高生育率（$\alpha_2 > 0$）。这个直接效应系数 α_i 可以捕捉到,比如对媒体行为的模仿效应,因为媒体说服了受众（DellaVigna and Gentzkow,2010）。

一个关键假设是受众在选择效用最大化活动 x_i 时没有考虑对 y 的影响。比如,在选择肥皂剧时,观众没有想到观看肥皂剧会影响自己对生育的态度。这通常是一个合理的假设,至少是在这个结果是一个偶然的、似乎没有预料到的副产品的情况下。

对 y 的假设可以得到:

$$y = \frac{\sum_j \alpha_j \exp(X_j - \gamma c_j)}{\sum_j \exp(X_j - \gamma c_j)}。$$

该式能够帮助我们推导出一组活动选择的决定因素对经济结果 y 的比较静态分析,这些都对应着对媒体效应的估计。第一个比较静态分析是效用 X_i 的变化带来的影响,比如对媒体 x_i 的使用变得越来越流行。我们得到:

$$\frac{\partial y}{\partial X_i} = s_i \sum_j (\alpha_i - \alpha_j) s_j = s_i(\alpha_i - \bar{\alpha}) \tag{19.2}$$

其中,$\bar{\alpha} = \sum_j \alpha_j s_j$ 表示所有活动系数 α 在效用最大化的选择 s_j 为权重下的平均数。

式（19.2）强调了三个重要的特征。

第一,这个媒体效应的方向并不取决于直接效应系数 α_i 本身,而是取决于直接效应系数 α_i 和替代效应——所有其他活动系数 α 的加权平均数——$\bar{\alpha}$ 之间的相对大小。这说明,真正重要的不是活动 x_i 本身是否会引发行为 y,而是活动 x_i 是否比其他活动更能引发行为 y。这是因为活动 x_i 产生的吸引力 X_i 的增加会挤出活动 x_j,从而通过替代活动影响到 y。我们给这个影响机制贴上替代效应的标签:媒体接触对某些结果的影响必须考虑这些时间被花在替代活动上产生的影响。例如,如果一部肥皂剧变得越来越流行,那么它对家庭结果的影响必须考虑到它所替代的活动,比如在社会环境中与朋友见面。

第二,替代效应取决于时间的最佳替代使用。这是说,媒体净效应取决于所有活动 x_j 的系数在最大化效用选择 s_j 为权重下的平均数 $\bar{\alpha} = \sum_j \alpha_j s_j$。所以当比较媒体转变的影响时,应当注意这种转变带来的受众偏好的改变,因为这些会影响到权重 s_j。比如,以暴力电影为例,必须将一部暴力电影大片的上映对犯罪的影响与相关群体原本会选择的活动的影响进行比较。对于喜欢暴力电影的人来说,这些替代活动可能是其他有潜在暴力成分的活动,比如在酒吧买醉。此外,这意味着参与媒体活动 i 的增加会对两个群体产生不同效应。即使系数 α 的大小相同,只要群体的活动选择 s_i 有区别,这个效应就会不同,因为这会影响到相对的 $\bar{\alpha}$。

第三,一个媒体渠道的吸引力增强带来的影响会随着花费在活动 x_i 上的时间比例 s_i 增大而按比例增大。直观地说,对一个媒体渠道的需求转移的影响会随着对该媒体渠道的消费越重要而越大。鉴于这一点,我们尽可能地追踪媒体接触的强度。

我们同样可以推导出关于媒体价格 c 转变的比较静态学分析。我们得到:

$$\frac{\partial y}{\partial c_i} = -\gamma s_i(\alpha_i - \bar{\alpha})。$$

媒体价格带来的变化与需求增加带来的变化是等比例的,但是符号相反。

当媒体节目或内容受到暂时的冲击而不影响消费者的需求或成本时,关于 α_i 的比较静态分析是相关的。例如,考虑一个流行的电视节目在某一集里出现了同性恋情侣。在这个情况下,这个不寻常的节目不会带来 s_j 的变化,因为它是未预料到的,但它可能会直接影响受众对同性关系的态度(在这个情况下的相关 y 变量)。另一个例子是对一个著名的自杀案件的新闻报道,其结果变量是在接下来的几天里自杀案件的发生率。我们假设活动 x_i 在这些特殊情况下的影响系数 α_i 与平时存在差别。这种情况下的比较静态分析可以表示为:

$$\frac{\partial y}{\partial \alpha_i} = s_i \tag{19.3}$$

直接效应系数 α_i 的增大对结果变量 y 的影响随着分配给该媒体的时间比例的增加而增大。在这种情况下不存在替代效应,因为受众并不会重新分配时间。

我们使用这个框架来强调大量文献中研究的对媒体效应的可信解释。但是,我们强调,对于大多数研究来说,在缺乏所有相关信息的情况下,很难将这些影响机制区分开。例如,对于增加媒体需求的因素,人们需要了解受众的替代活动是什么。这种证据很少以定量的形式提供。不过,我们相信这个框架可以为媒体效应的解释提供指导。

19.3　结果

我们回顾了接触媒体对一系列结果的影响。我们按照研究领域将这些结果进行区分,以便对特定主题感兴趣的研究人员查阅。我们首先从电视对教育的影响入手,重点介绍识别方法以及直接效应与替代效应的区别。

下一个话题——家庭结果——提供了模仿媒体榜样人物的最清晰的证据,而以下三个话题——劳动力市场与移民、环境经济学、健康——为模仿效应提供了有趣警示。对犯罪的研究既为媒体的情绪影响提供了证据,又为替代效应的重要性提供了证据。

接下来,我们转而考虑对公共经济学结果的影响,首先是对社会资本的影响,替代效应在其中起着关键作用,然后是对税收和政府的看法。同样是对观念进行研究,我们提供了有关媒体对社会其他群体信念或经济成功来源的影响的证据。最后,我们考虑对消费和储蓄的影响。

在整个过程中,有一些例子来自发展中国家;我们没有将这些例子放在一个单独的部分,而是把这些发展经济学的例子放在相关的主题中。

19.3.1　教育

我们首先回顾研究媒体接触与教育之间关系的文献。我们深入地思考教育话题,以说明两个主题:一是影响机制,尤其是替代效应的重要性;二是识别的关键作用。

电视在教育成果方面起着双重作用:它提供内容,但也与其他活动竞争时间。就直接效应而言,如果电视节目包含有用的信息和丰富的语言,接触这种媒体可能会提升个人的知识水平和对语言的熟练程度。然而,替代效应意味着观看电视会挤出学习、社交等活动,从而对认知和非认知发展产生不利影响。在儿童或青少年早期阶段,如果花费在电视机前的时间过长,可能会对认知发展产生负面影响,而认知发展对后期人力资本形成至关重要。正如Heckman(2000)所观察到的,"现阶段的成功或失败会导致在学校学习的成功或失败,进而导致学校毕业后的学习的成败"。对于儿童和青少年来说,时间使用方面潜在的负面影响最为明显,所以关于这些问题的许多研究都集中在这些年龄段的电视接触上。

Zavodny(2006)研究了年轻人花在电视机前的时间对他们在美国标准化考试成绩的影响。作者使用了三个数据来源:1979 年全国青年纵向调查(NLSY79)、高中及以后调查(HSB)和全国教育纵向研究(NELS)。她发现,看电视的小时数与考试成绩之间存在负相关关系,尽管影响相当小。此外,上述相关性可能反映了电视观看的内生性,例如,如果父母很少支持孩子学习,孩子就会花费更多时间看电视。作者试图用两个策略来解决这个问题:一方面,她加入了个人和家庭的固定效应;另一方面,她对兄弟姐妹和双胞胎样本进行回归,以消除未被观察到的家庭特征。在考虑了固定效应的回归中,没有发现显著结果:包括双胞胎在内的兄弟姐妹之间的比较没有显示出标准化考试和电视观看之间的负相关关系。

虽然上述两个策略肯定有助于解决内生性问题,但它们最终不能完全控制选择使用电视的可能性。如果观看电视的受众具有与更差的教育结果相关的特征,这会导致结果有偏。这个不可观测的问题困扰着大多数研究媒体影响的早期文献,特别是关于电视对教育结果的影响的文献,因为这些文献只是比较了选择观看媒体与不选择观看媒体的个体 。

为了消除这个重要的困惑,媒体经济学的文献主要通过影响特定媒体需求或媒体可用性的自然实验来实现识别。主要想法就是找到能够影响媒体消费的外部因素。第一批利用媒体可用性进行自然实验的论文研究了其对政治结果的影响:Stromberg(2004)探讨了广播覆盖率的自然变化,Besley and Burgess(2001)使用报纸渗透率的变化来检验媒体对政治家对于选民需求的回应的影响。继这些研究之后,Gentzkow(2006)利用电视的推出来测试电视是否影响投票选举,而 DellaVigna and Kaplan(2007)利用福克斯新闻在有线电视城镇中偶然的可用性来测试媒体偏差的政治影响。

在所有这些例子中,识别的假设是,在某一地点和时间下的特定媒体的可用性是外生的,但是选择收听某个媒体却不是。上面论文中的案例结合了历史论据、地理因素和记录的观察对象的选择。例如,Stromberg(2004)利用了新政期间广播可用性的地理因素来进行识别,而 DellaVigna and Kaplan(2007)则使用这样一个事实,即自 1996 年以来当地有线电视公司采用福克斯新闻的时间似乎是偶然的。

Gentzkow(2006)使用的识别策略是一个与教育成果相关的案例,该识别策略利用了电视许可证是分批授予的事实。电视许可证始于 1941 年,但二战期间于 1942—1945 年被搁置。战后电视许可证重新被使用,而在 1948—1952 年期间却被再次放缓。这就导致了大都市区电视的引进时间各不相同。事实上,这个研究发现电视许可证的时间次序与当地的一组人口统计学变量,比如人口、收入、以前的投票率和区域哑变量等都不相关。Gentzkow(2006)表明,电视的到来导致了新闻消费模式的改变,投票率也相应下降,特别是在非年度国会选举中。如上述模型所示,这一发现很可能是通过替代效应来解释的:电视的普及导致地方报纸消费量的下降,这些报纸载有关于国会候选人的信息。电视的普及导致候选人的信息减少,选举参与度下降。

我们并不打算详细讨论电视传播的政治影响,这些总结可参见 Stromberg(2015)。不过,我们总结了 Gentzkow(2006),因为 Gentzkow and Shapiro(2008)使用相同的识别策略来研究幼儿时期接触电视对后期教育成果的影响。逐步发放的电视许可证提供了一个罕见的自然实验的条件,保证了电视接触的变化,而这种变化并不直接与其他混杂的变量相关联。

值得强调的是,这个特殊的自然实验非常具有价值。关于接触电视对公共健康影响的大量文献总结认为,电视对儿童发展通常有不利影响(American Academy of Pediatrics,2001;Gentile et al.,2004)。不幸的是,这些研究绝大多数依赖于比较不同的消费群体,而这种比较很可能存在混淆因素。学者们尝试但很难寻找到电视消费中的自然变化。电视信号在广阔的空气中传播,几十年来,几乎所有的美国和其他西方国家都在使用电视。简单地说,近几十年来,美国整体电视渗透率不存在任何外生变化,也即无法使用自然实验来研究。

然而,回到过去,早在电视还处于起步阶段的时候,这种受众接触电视的差异是存在的。这意味着,尽管无法量化当今电视对考试成绩的影响,但是可以量化半个世纪前电视对考试成绩的影响。但是事实上,这种差异更加有限。当可用于检验的样本(来自 1965 年科尔曼研究的教育数据)拓展到足够大时,就几乎不存在受众是否接触电视的区别了:所有的大都市区都已经有了电视接入。但受众接触电视的时间长短是不同的:有些地区只有 10 年,其他地区则有近 20 年。因此,可以比较两个地区九年级学生自 1965 年以来的情况:其中一个地区的受众可能从出生后就开始接触电视,而另一个地区的受众则在学前教育期间都没接触过电视,尽管他们可能在小学期间接触电视。这个设计可以帮助我们解决这个问题:在学前教育期间接触电视对小学成绩是否有持久影响。

这个策略只能帮助我们解决这个问题,幸运的是,这也是一个重要的问题。事实上,近期对学前教育的许多研究都主要集中在早期接触电视带来的刺激是否具有持久效果。Gentzkow and Shapiro(2008)利用科尔曼研究(一个 1965 年针对 30 万名六年级、九年级和十二年级的美国学生的标准化考试成绩调查)的数据以及前几年电视接触的变化来解决这个问题。

第一个主要结果是,平均而言,在学前教育期间接触电视并不像人们担心的那样对教育成绩产生不利影响。重要的是,结果并不是由于不准确的估计:得到的回归结果可以在 0.03 个成更大的标准差的意义上拒绝负面效应的存在。这与人们普遍认为过早接触电视可能成为强大的负面影响力形成鲜明对比。

第二个主要结果是,这种效应存在显著的异质性。在少数族裔和移民的儿童中,电视实际上导致了英语教育考试成绩的提高,但数学成绩没有提高。式(19.2)中的替代效应有助于解释这个关键的结果。假设电视影响儿童的英语考试成绩(y 变量)的直接效应系数 α_1 对本地人和移民是一样的,并且是正的,因为接触电视节目帮助儿童使用英语口语。尽管如此,本地人和外来移民的差异在于,他们有着不同的其他活动组合 s_j,因此他们有不同的 $\bar{\alpha}$。对于本地人来说,他们的替代活动很可能也是英语口语,这就导致他们有一个比较高的

$\bar{\alpha}$ ——因此净效应几乎没有。但是对于移民的儿童来说,他们对电视的替代活动主要是使用其他语言,那么这些活动对英语成绩的提高就没有影响或有负的影响($\bar{\alpha} < \alpha_1$)。在对这种替代活动进行评估时,发现电视在提高移民的英语技能方面是有作用的。这样的观点适用于英语成绩,但不适用于数学成绩,结论与数据是一致的。

关键问题是,在研究电视如何影响教育时,不需要问"电视是好是坏"的问题,而应该提出这样一个问题:电视与其替代活动相比是好还是差? 这也是我们在回顾文献时经常强调的,也是我们在研究中经常遗忘的。

我们不知道还有哪些论文利用同样明确的媒体接触的自然变化来提供关于媒体的教育影响的证据。尽管如此,还有一些其他的论文使用了观察到的数据,旨在通过一系列的识别性假设来理解电视和教育之间的关系。我们讨论这些证据时,要注意这些证据是否控制了内生选择。

电视与学习成果之间的关系不应被视为一种静态的关系:接触电视会影响认知发展,而认知发展又可能影响未来的电视观看量。为了提供这方面的证据,Huang and Lee(2010)设计了一个两阶段过程来估计动态因果效应。研究使用了 NLSY79 来估计观看电视对孩子认知发展的影响,其中认知发展用标准化的数学和阅读成绩来衡量。考虑到这种关系的动态性,Huang and Lee(2010)发现,在6—7 岁和8—9 岁期间的任何时间观看电视会对 8—9 岁时的数学考试分数有负面影响,而6—7 岁及以下观看电视带来的负面影响要更大。此外,作者使用连续响应变量的面板数据计量方法后发现,每天看电视花费大约 2 小时与阅读成绩的改善相关,而观看电视对数学成绩通常具有负面影响。总体而言,该文结论与我们之前提到的电视对教育的非单调效应是一致的——最终影响取决于观看电视的年龄和评估表现的科目;效应是非线性的且幅度相对较小。不过,应该记住,该文所用的证据是基于观察到的数据,并非像 Gentzkow and Shapiro(2008)那样利用自然实验。

在这一点上,人们可能会想知道为了改善儿童的认知和非认知发展,应当怎样分配他们的时间是最佳的。Keane and Fiorini(2014)试图回答这个问题,并调查了儿童在不同活动中的时间分配如何影响认知和非认知发展。研究使用了澳大利亚儿童追踪研究(LSAC)数据。该数据包括 24 小时的观察日记,用以测量儿童的时间投入,比如与父母共同度过的时间、与其他亲属共同度过的时间、用于教育活动的时间与使用媒体的时间,等等。儿童的认知与非认知能力的生产函数取决于时间投入和父母的背景特征,控制变量包括儿童固定效应、滞后期的投入和滞后期的成绩。时间投入仍有可能存在内生性问题。这项研究的主要结论是:①像谈话或阅读故事这样的教育活动对于认知技能发展是最有成效的,特别是与父母一起进行时;②非认知技能对其他的时间分配似乎不敏感,尤其是当这些时间分配受到母亲养育方式的影响时(父母对 LSAC 问卷的回答中包含两个指标:母亲的温暖和母亲的严格纪律)。作者特别关注花费在媒体上的时间,发现在媒体上花费时间对技能发展的影响并不比其他非教育活动(如在上学前和放学后托管时间)更差。

很早之前人们就认识到电视可以用于教育目的这个事实,诸如《芝麻街》这样的热门节目就是例子。《芝麻街》可能被认为是最大的(也可能是最便宜的)儿童早期教育引导措施之一,虽然它通常不被认为是这样的。这个节目是在 1969 年推出的,目的是改善一年级的入学准备情况,缩小处境不利的儿童和条件较好的儿童在学前教育方面的差距。Kearney and Levine(2015)最近的一篇论文估计了这个节目对教育和劳动力市场结果的影响。为了识别这些影响,研究利用《芝麻街》最初是由 PBS 附属电台播放的事实,这些电台在大约一半的情况下是在特高频(ultra high frequency)上播出的。由于当时许多电视机都无法接收特高频,而且与发射机的距离也减少了接触机会,大约有 1/3 的人最初没有接触这个节目。因此,作者利用各县之间以及群组之间覆盖率的变化(1969 年 7 岁以下的儿童被视为实验组,年龄较大的儿童被视为控制组),并采取双重差分法,使用第三次人口普查数据(1980—2000 年)。

研究发现电视对上学的孩子有相当大的影响,证据显示:在接收较好电视信号的县,孩子有更大的可能接受符合他们年龄段的教育,特别当他们是男孩、非西班牙裔黑人或者生活在贫困区时。与此同时,对教育程度的影响和劳动力市场结果的影响并不一致:收看电视节目对高中辍学率和大学生出勤率没有显著影响,对就业和工资的影响尽管非常显著但是系数非常小。总体而言,这些结果表明,用于教育用途的电视节目的主要影响是改善上学前的准备情况,从长远来看有更细微的影响。

媒体接触可能影响教育的另一个渠道不是直接接触儿童,而是接触他们的父母或老师。Keefer and Khemani(2011)利用调查数据研究了贝宁社区电台的接触对儿童学校表现的影响。在贝宁,广播被广泛用作传播手段,且各个村庄之间的收听情况存在很大的差异。电台效应的第一个影响渠道是通过政府问责制:电台可以给家庭提供用来组织集体行动或要求政府提供更好服务的信息。在这方面,贝宁是一个很好的探索问责机制的地方,因为这个地区具有竞争性政治选举和和平的政治权力交替的长期传统。第二个影响渠道来源于社区电台对教育内容的关注。接触到有关教育重要性的节目可能会增加父母对儿童教育的投资。那么,这方面的电台内容是娱乐内容普遍占主导地位的一个例外。

对影响效果的识别依赖于由地形和信号强度等偶然因素产生的广播接入的变化,最明显的就是社区外的广播电台。结果表明,媒体接触对教育绩效有很大影响:多接触一个广播电台,儿童的识字率就提高 8 个百分点。如果这种效应是由政府问责制的加强所驱动的,那么获得更多媒体接入的村庄应该看到政府投入与儿童读写能力(例如,每名学生的教科书、教师与学生的比例、教师缺勤率、教室的数量)密切相关。但情况似乎并非如此。此外,接触社区电台与父母对政府教育政策(例如,雇用新教师的大规模计划、通过小学考试的考试要求等)更好的了解也没有显著关系。因此,政治问责制在提高儿童读写能力方面似乎起到的作用相对有限。但是,接触社区电台较多的家庭会更多地投资于子女的教育(例如,他们为子女购买更多书籍),这表明家长接触教育信息会导致私人行为的积极变化。

总之,关于媒体接触对教育成果影响的经验证据并不明确。媒体可以成为使个人认识到教育重要性的重要手段,因此可以刺激父母的投资,但是当涉及儿童直接接触媒体(尤其是电视)时,其他活动的挤出可能会产生反作用。在这方面的研究特别值得注意的是,在某些文献中,电视接触对数学成绩和语言成绩的影响不同。

19.3.2 家庭结果

在上文关于教育成果的探讨中,我们主要考虑了与其他时间用途相比,接触电视的效果。在这一部分,我们考虑一个更详细的渠道,尤其是接触电视娱乐内容中的榜样人物。这些榜样会在多大程度上引起受众模仿媒体行为?

我们考虑了媒体在家庭方面对角色榜样的模仿,如生育率、计划生育、结婚年龄和对家庭暴力的态度。对于研究和政策来说,家庭选择是最重要的,特别是在发展中国家,降低生育率往往是政策目标。即使抛开政策的重要性,家庭选择也是检验模仿重要性的理想环境:由于家庭选择源于根深蒂固的偏好和文化因素,就接触媒体的同侪效应导致行为变化而言,它构成了一个特别令人信服的媒体模仿案例。

我们主要在发展中国家的背景下考虑媒体对家庭结果的影响。在这些国家,媒体接触极大地增加了对外部世界信息的可得性和对不同生活方式的接触。对于边远和农村地区来说尤其如此,电视是家庭获得村外生活信息的主要渠道之一(Fernandes,2000;Johnson,2001;Scrase,2002)。大多数受欢迎的电视节目都是以城市为背景的,其生活方式与农村地区的生活方式形成了鲜明的对比。重要的是,发展中国家播放的许多肥皂剧的主角家庭较小、结婚较晚且通常教育程度高于一般观众。此外,许多女性角色在家庭之外工作,在家庭内拥有重要的决策权。在这些人物作为隐性角色榜样的情况下,接触这些角色及其生活方式可能会影响婚姻结果和生育选择。

La Ferrara et al. (2012)估计了肥皂剧对巴西生育率的影响。有两个原因认为巴西是一个有趣的研究对象。第一,巴西的生育率在很短的时间内急剧下降:加总生育率在没有任何具体鼓励人口控制的政府政策出台的情况下从 1960 年的 6.3% 下降到 1991 年的 2.9%。第二,肥皂剧(或巴西人称之为拉美电视剧)是迄今为止最受欢迎的电视节目,它们由媒体巨头巴西环球电视网(Rede Globo)播出,该公司基本保留了对这一领域的垄断。有趣的是,环球电视网在全国范围内的扩张时间基本上与生育率的转变相吻合。作者将这两方面结合起来,提出电视传播和肥皂剧所描绘的生活方式可能导致生育率下降的假说。这一假说得到了环球电视网的电视剧内容的支持,1965—1999 年,绝大多数女性人物没有孩子或者只有一个孩子,与当时社会的生育率形成鲜明对比。

为了识别这些节目对生育的影响,La Ferrara et al. (2012)使用双重差分法,利用环球电视网逐步进入不同的地区这一现象,将人口普查数据与环球电视网频道的天线位置数据相结合,发现接触环球电视网信号会使得生育率降低 0.5 个百分点(比平均值减少了 5%),这与增加女性受教育年限 1.6 年所产生的效果是一样的。这种效果不是由前期趋势驱动的,在环球电视网进入该地区后 1 年,生育率才开始下降。此外,这对社会经济地位较低的妇女的影响更大,正如人们所期望的,因为这些妇女不太可能接触到有关这方面的书面资料。同时,这对处于生育中后期的妇女影响也很大。这些估计表明,1980—1991 年,环球电视网的扩张可以解释生育率下降的大约 7%。

有趣的是,La Ferrara et al. (2012)试图找到受众模仿肥皂剧中行为的直接证据。第一个证据是,出生在环球电视网覆盖的地区的孩子以在他们出生那年播出的拉美电视剧的主要人物命名的可能性显著更高。① 第二个证据是,通过观察多年来肥皂剧中的情节变化和基于个人因素的角色与观众之间潜在的同理心、认同感的变化,研究发现,当情节具有向上的社会流动性时,以及对于年龄更接近女主角年龄的女性,生育率下降得更多。

Chong and La Ferrara(2009)调查了拉美电视剧对另一家庭结果的影响:离婚。除了展示小家庭的形象外,环球电视网的拉美电视剧还宣传了妇女赋权和解放等现代观念。使用与La Ferrara et al.(2012)相同的双重差分法,Chong and La Ferrara(2009)估计了接触环球电视网对婚姻解体概率的影响。研究发现,在环球电视网覆盖的城市,分居的概率和离婚率在环球电视网到来后的几年里有所上升。

Jensen and Oster(2009)对电视影响妇女解放行为进行了一项有影响力的研究,研究了引入有线电视对印度农村妇女地位的影响。其使用了一个从2001年到2003年的面板数据,涵盖了印度五个邦的180个村庄。其实证策略依赖于比较各村庄在各轮调查之间对妇女态度的变化,这与是否和何时引入有线电视有关:180个样本村庄中有21个在2001—2003年期间引入了电缆。基于这个研究思路,一个关键的经验问题可能是存在未观察到的因素(比如收入或对现代性的态度),这些因素决定了有线电视的接入,也与女性的社会经济地位相关。一方面,研究发现,在有电视和没有电视的村庄之间,女性状况不存在预先差异趋势,而所关注的结果的变化时间与有线电视的引入密切相关。另一方面,研究表明,未来的结果与有线电视的接入不相关。Jensen and Oster(2009)发现,接触有线电视与报告的对儿子的偏好减弱有关。此外,有线电视显著提高了家庭内部女性的议价能力并降低了怀孕的可能性,其中议价能力通过决策的自主性来衡量。研究还发现了有线电视对年幼儿童的好处,其鼓励他们入学,这可能是由妇女更多地参与家庭决策所推动的。

在其他情况下,决策权和儿童的教育成果也被发现受到媒体的影响。Cheung(2012)在柬埔寨发现了一种媒体效应,在女性电台FM 102的信号范围内,妇女在家庭中的决策权和儿童的小学入学率都有所提高。这个电台是由柬埔寨妇女媒体中心(WMC)推出的,目的是通过寓教于乐的方式消除传统性别观念中对妇女的成见。为了获得可信的因果证据,Cheung(2012)采用了两种相辅相成的识别策略。第一种识别策略利用了无线发射台和村庄之间由于地形特征(如山的存在)而产生的空中信号强度的变化,并使用来自2005年柬埔寨人口与健康调查(Cambodia Demographic and Health Survey 2005)的个体数据进行截面分析。第二种识别策略是利用无线电覆盖面随时间推移和跨地区逐渐扩大的事实,来进行双重差分法估计。无论采用哪种识别策略,作者都观察到无线电覆盖会提高妇女在家庭中的议价能力和儿童的小学入学率。实证调查还旨在处理可能混淆结果的其他因素的可能趋势,以及感兴趣的结果与未来无线电覆盖范围之间的潜在相关性,结论是这些不会影响识别策略。这项研究提供了有关广播接触影响家庭暴力和偏好儿子态度的非直接证据,这与本节中提出的结论是一致的。

媒体在家庭结果方面的说服作用并不局限于发展中国家。Kearney and Levine(2014)研究了广受关注的节目《16岁怀孕了》对美国青少年生育率的影响,该节目主要是跟踪报道青

① 环球电视网覆盖的地区和没覆盖的地区这个概率分别为:33％和8.5％,具有显著差异。

少年过早怀孕和做母亲初期的生活情况。作者使用了四种不同的数据来源：①谷歌趋势（Google Trends），以捕捉 Google 搜索的变化；②推特，用于分析个人发布的所有推文；③尼尔森收视率数据，以捕捉电视收视率的地理差异；④生命统计出生率微观数据（Vital Statistics Natality Microdata），以衡量青少年出生率的变化。研究利用的关键变化是由尼尔森收视率衡量的指定市场区域的收视率差异。这就产生了一个潜在的内生性问题，因为在青少年容易怀孕的地区，观众对《16 岁怀孕了》的兴趣可能会更高。为了解决这个问题，作者进行了一个工具变量估算，其基本假设是在《16 岁怀孕了》出现之前的收视率与之后青少年怀孕的趋势无关。

研究提供了三组结果。首先，Kearney and Levine（2014）记录了观众对该节目的重大兴趣：在《16 岁怀孕了》出现后的几周内，谷歌搜索和推特上提到《16 岁怀孕了》的次数出现爆炸式增长。其次，有暗示性的证据显示，《16 岁怀孕了》的出现引起了对节育和堕胎信息的需求：在新一集发布的当天，包含"节育"和"堕胎"关键词的谷歌搜索和推特消息出现高峰。最后，《16 岁怀孕了》节目推出后的 18 个月内青少年生育率下降了 5.7％，这一效应解释了在此期间美国青少年生育率下降总数的 1/3 左右。当把样本分成不同的年龄组时，结果相似，并且在 24 岁之前都是显著的，而在更大的年龄组则变得不显著，这与节目的收视群体相对年轻的事实相一致。

总而言之，有强有力的证据表明，电视上的特定行为会改变观众的行为。在大多数情况下，媒体对榜样的正面描述会导致受众的模仿，就像肥皂剧导致生育率下降和离婚率上升一样。在其他情况下，媒体对困境的负面描述导致受众的相反行为，如《16 岁怀孕了》。这种媒体具有的说服效应在不同的环境中是一致的，并且适用于像生育和离婚这样重要的决定。此外，这些研究设计使我们不仅可以在短期内检测到角色榜样效应的证据，而且还可以检测到多年的接触后的长期证据。在媒体诸多影响结果中，对家庭结果的影响是最重大而且最明显的。

这些文献也突出了识别中的一个重要方面。与电视对教育的影响研究缺乏可信证据相比，我们有相当广泛和详细的证据来证明对电视上的家庭选择的模仿。从方法论的角度来看，关键的区别在于所需的媒体访问的变化。为了研究电视整体（比如说对教育）的影响，我们需要在接触电视方面有可信的变化，而这是很难找到的。相反，为了记录模仿在电视上看到的特定行为的影响，我们需要有独特内容的特定节目的变化，这是很容易找到的。

19.3.3　劳动力市场与移民

就像电视提供有关家庭选择的信息一样，电视也为观众提供有关国内外劳动力市场机会的信息。特别是在发展中国家或一个国家的低收入地区，电视使观众接触到更高的生活标准。模仿行为假说认为，当受众观看到这些生活方式时就会引起他们的模仿企图，包括迁移到高收入地区和国家。对这个话题的证明会更加细微。

Braga（2007）提供了第一个证据，其调查了意大利电视台对阿尔巴尼亚个人移民决定的影响。阿尔巴尼亚的情况很有代表性，因为在某段时间，它与世界其他地方没有经济和政治联系。从 1941 年到 20 世纪 80 年代末，媒体受到严格控制，只有一个国家电视台，播放和宣传政治性的纪录片。不过,虽然外国的电视台是被禁止的,但由于两国地理位置接近,阿尔巴尼亚人从 60 年代初开始就可以轻易地收看意大利电视台。

意大利近几十年来经历了大量来自阿尔巴尼亚的移民涌入。为了检验这是否至少可以部分归功于意大利电视台,Braga(2007)使用了衡量阿尔巴尼亚人生活水平调查的数据(Albanian Living Standard Measurement Survey)。与外国电视台的接触是用意大利发射台所在地与被访者居住地(在阿尔巴尼亚)之间的最短距离来衡量的。结果表明,与意大利发射台的距离越近,移民的概率越高(每减少 1 公里,概率增加 0.7 个百分点)。考虑到国际移民的基准比例是 8%,这是一个很大的影响。此外,接触意大利媒体不仅增加了该国对意大利的移民,而且增加了对其他国家的移民,这表明意大利电视台上的图像有利于阿尔巴尼亚人对其他国家持开放态度。

有趣的是,Farre and Fasani(2013)对印度尼西亚的研究结论刚好相反。其使用印度尼西亚家庭生活调查(IFLS)和乡村潜力统计(PODES)的数据,调查了媒体接触对印度尼西亚国内移民的影响。特别是,其利用了全国各地私营电视引进的差异,以及出于地形的原因,各地区的信号接收情况的变化。其同时考虑了青少年时期"早期"接触电视和"当前"接触电视。研究第一个变量是由于移民通常发生在年轻的时候,因此个人的行为可能会受到早年形成的预期的重大影响。研究第二个变量是因为当新信息出现时,个人会更新他们的期望。研究发现,"早期"和"当前"接触电视对移民倾向都具有负面影响:电视接触每增加 1 个标准差,整体移民率会下降 8%—15% 的标准差,具体取决于模型设定。

如何整合这两个不同的结论? 正如 Farre and Fasani(2013)所指出的那样,模仿行为假说有些简单化:不应该期望媒体所提供的所有"榜样"都会引导受众进行模仿。在很多情况下,媒体受众在"榜样"的方向上更新特定行为是合理的。然而,在其他情况下,更新可能走向相反的方向:在电视上播放的行为可能导致观众改变他们的信念,从而导致与"榜样"相悖的行为。在印度尼西亚的案例中,印度尼西亚公众在私营电视台扩张之前可能过于乐观地评估了移民带来的潜在收益,而电视有助于纠正这种乐观情绪。

在研究媒体"榜样"的影响时,这是一个重要的注意事项:人们在电视上看到的或在广播上听到的效果不仅取决于"绝对"的内容,而且还取决于个人持有的基准价值观和信念。因此,获得有关基准价值观和信念的信息将有助于更准确地解释实证结果。

媒体接触对劳动力市场结果影响的另一维度是影响受众的职业选择。Bjorvatn et al.(2015)邀请了来自坦桑尼亚达累斯萨拉姆的约 2000 名中学生进行田野实验。在这个实验中,学生和他们的家人被引导观看有关创业、商业技能和金融知识的教育节目。共有 21 所学校的学生家庭(实验组)被随机分配观看该节目,而 22 所学校的学生家庭(对照组)被随机分配观看一个非教育性的节目。该教育节目由 11 集的周播节目组成,讲述了六位年轻企业家(男性和女性)的生活。作者估计了这个节目在短期和长期(节目结束后 2 年)中对一些变量产生的影响。在短期内,教育节目会有效地提升受众的志向和培育一些创业特质(通过实验室实验测量),这反映了不同的创业倾向,并在长期内持续下去:2 年后,实验组创业的概率要比对照组高出约 9 个百分点,相比于对照组的平均值高出 30%。有趣的是,短期内这些节目对受众的商业知识没有任何影响。在这篇论文中,一个重要的结果是,这个教育节目从长远来看对学生在学校的表现有负面影响:实验组的学生不太可能通过期末考试,并且不太可能在中学毕业之后继续学习。虽然这个结果可能只适用于坦桑尼亚的情况,即参与者认为坦桑尼亚的正规教育的质量相对较低,但它确实提醒我们将电视用于"教育"可能产生非预期的影响。

19.3.4　环境经济学

本部分将考察纪录片在多大程度上通过引发对理想行为的模仿来实现它们的目的,而纪录片的目的往往是改变行为。在环境领域,戈尔的纪录片《难以忽视的真相》(*An Inconvenient Truth*)就是一个很好的例子,它以戏剧的方式呈现全球变暖的证据,并提出采取行动的必要性。那么,它是否会影响人们对环境的行为? 请注意,这个例子与寓教于乐的例子有所不同,因为《难以忽视的真相》并不属于娱乐节目,而是用内容包装起来的行动劝诫节目。

Jacobsen(2011)研究了接触这部纪录片对一种环境主义形式的影响,即购买碳抵消行为。作者利用与放映过《难以忽视的真相》的电影院的最近距离来识别媒体效应。双重差分法分析的结果显示,居住在距离放映电影的电影院 10 英里[①]以内的个人,其碳抵消购买量相对于基准线增加了 50%。尽管如此,鉴于基准购买量非常有限,这在数量上是一个相对较小的增长,而且是一个过渡性的效果,没有证据表明几个月后会持续下去。

旨在说服的纪录片的效果与来自拉美电视剧等娱乐节目的证据之间存在自然的比较,这些娱乐节目本身并不旨在改变行为。正如 Jacobsen(2011)所强调的那样,纪录片的确可以对行为产生影响,然而,这种影响可能是有限的,因为对纪录片感兴趣的观众相对较少,而且大多由已经接受相关理念的个人组成。相比之下,娱乐节目覆盖各行各业的数百万人。La Ferrara et al. (2012)研究的娱乐节目对家庭选择的巨大而持续的影响,由于与诸如生育选择等文化价值相关而特别引人注目。

19.3.5　健康

在家庭选择、移民和环境选择的例子中,研究人员已经考虑了媒体接触对健康的影响。许多论文检验了媒体节目中包含的有关理想(或不理想)健康行为信息的影响。令人惊讶的是,鉴于对健康经济学的兴趣,证据是有限的且大部分来自非经济学领域,比如健康研究和新闻传播研究。这样的估计通常缺乏令人信服的设计,它们只记录媒体接触的短期影响,或者采用间接的结果变量如拨打热线电话的数量,而不是最终感兴趣的变量。

19.3.5.1　自杀

关于自杀的文献提供了关于现有健康证据的前景和局限性的例子。研究自杀案例的一个动机是学者担心媒体报道名人自杀可能导致弱势群体进行模仿而出现自杀浪潮。

在一系列早期的重要文章中,Bollen and Phillips(1982)发现,在重大自杀事件出现在新闻中之后,自杀的发生率似乎有所提高。使用 ABC、CBS 和 NBC 的电视新闻故事的范德比

---

① 约合 16.09 公里。

尔特(Vanderbilt)数据集对 1972—1976 年播出的标题含"自杀"的所有报道进行编码,然后将这些数据与美国的每日自杀统计联系起来。在季节性控制的时间序列回归中,作者发现有证据表明,在报道发生后的前两天和第 6—7 天后,自杀事件显著增加。在单尾检验中,结果在 5% 的水平上显著,这意味着每对自杀事件报道 1 次,总共会增加 28 起自杀事件,这是一个很大的模仿效应。

然而,在一项后续研究中,Baron and Reiss(1985)指出 Bollen and Phillips(1982)以及其他相关文献中的证据是不可靠的。一方面,如果我们把所有的滞后期放在一起考虑,而不是只关注重要的滞后期,那么模仿效应在统计上不显著。另一方面,影响的出现是对季节性的控制不当造成的。事实上,进行安慰剂回归时,使得自杀事件报道滞后 1 年,从而保持季节性控制结构不变,同样可以发现类似的模仿效应。这说明研究中存在计量经济学的规范问题。

数十年来,在社会学和医学期刊上的后续相关研究有几十项之多。尽管如此,在我们看来,关于模仿媒体自杀行为的证据并不令人信服。这些研究中缺少对影响机制的关注和对其他扰乱因素的全面研究。

19.3.5.2　吸烟

吸烟仍然是美国和一些国家最重要的且可避免的公共健康隐患。我们对于接触媒体内容对吸烟的影响了解多少? 由于过去几年,烟草公司的广告在美国受到严重限制,大多数媒体研究集中在反吸烟媒体宣传活动对吸烟行为的影响。

Bauman et al.(1991)研究了在美国南部通过无线电传播戒烟信息的田野实验。其将两个都市统计区(MSA)作为实验组,四个都市统计区作为控制组。在这些都市统计区中,大约 2000 名青少年在接触无线电信息 1.5 年以后接受了调查。证据显示,这些信息影响了自我报告的吸烟评估,但不影响吸烟率。

之前的文献关注小样本下的随机媒体接触,而 Farrelly et al.(2009)评估了 2000 年在美国发起的全国"真相"吸烟预防运动的接触情况。然而,"真相"吸烟预防运动的推行并不是随机的,因此论文的分析是基于控制可观察因素的不同媒体市场的比较。作者利用了 NLSY 的首次吸烟数据,估计这项运动将首次吸烟数据显著减少了多达 20%。

上述两篇是在大量文献中较有代表性的论文,它们为媒体反吸烟运动的影响提供了暗示性的证据。虽然这些证据的质量要高于自杀模仿的证据,但我们仍不知道如何在避免上述两篇论文的缺点的情况下将上述两篇论文的优势结合起来——一篇有明确的识别设计,另一篇有大规模数据支持。

19.3.5.3　艾滋病

在本部分中,我们考虑媒体接触对艾滋病预防的影响。在这种情况下,我们回顾的两篇论文研究的是在娱乐内容中嵌入教育信息的影响。

Vaughan et al.(2000)通过对坦桑尼亚的艾滋病预防研究提供了第一个证据。其评估了教育娱乐电台的肥皂剧《让我们跟随时代前进》(*Twende na Wakati*)对艾滋病知识、态度和行为的影响。坦桑尼亚是世界上艾滋病毒感染率最高的国家之一,电台是该国最重要的艾滋病信息来源之一。坦桑尼亚广播电台与政府和联合国人口基金(UNFPA)一道制作了这部肥皂剧,用以传达艾滋病预防、计划生育、性别平等和其他与健康相关的信息。该节目在1993—1999 年期间,每周播放两次,每次时间为 30 分钟。为了评估其效果,Vaughan et al. (2000)利用在 1993—1995 年期间坦桑尼亚首都多多马地区没有播放该肥皂剧的事实,将该地区作为一个对照组。作者比较了在实验组和对照组区域接触该电台节目前后的结果,并发现它有效促进了预防艾滋病的行为,例如减少男女双方的性伴侣数量、增加避孕套的使用等。

Kennedy et al. (2004)提供了不同背景下的另一证据。美国的《勇敢与美丽》(*The Bold and The Beautiful*)肥皂剧中引入了一个关于艾滋病的情节。Kennedy et al. (2004)用引入艾滋病情节后美国疾病预防控制中心全国性病艾滋病热线收到的电话总数来衡量媒体的影响。因为拨打热线可以被当作寻求健康信息行为的代理变量。在两集播出后——当一个角色被诊断为艾滋病,并且当他告诉他的伴侣时,免费热线的电话号码会被显示在屏幕上。研究报告显示,在这两集肥皂剧播出期间和播出结束后的短暂时期内,对热线的呼叫次数大大增加。这表明,肥皂剧在提高观众对艾滋病毒和艾滋病的敏感性方面是有效的。

虽然上述研究提供了暗示性的证据,表明电视和广播肥皂剧可以有效地提高人们对健康问题的敏感度,我们仍需要做更多的工作来建立可靠的因果关系,并了解在接触后不久发现的积极影响是否会持续存在。Banerjee et al. (2015)是在这两个方向上取得进展的尝试,我们将在结论中对此做简要讨论。

19.3.6 犯罪

在本部分中,我们考虑媒体对犯罪,特别是暴力犯罪的影响。一个类似于家庭选择和移民背景下的模仿假说的主要研究假说是:与媒体暴力内容的接触会唤醒并激发受众的暴力行为。也有研究者支持相反的假设:与媒体暴力内容的接触能够起到发泄作用,从而释放潜在的攻击性并减少现实生活中的暴力行为。

媒体暴力内容是否会引发暴力犯罪具有明确的政策含义。事实上,2000 年,美国医学协会与其他五个公共卫生组织联合发表了关于媒体暴力风险的联合声明(Cook et al.,2000)。其所引用的证据来自 Anderson and Bushman(2001)和 Anderson et al. (2003)的综述。但是,这些证据并没有建立起媒体暴力内容与暴力犯罪之间的因果关系。关于该主题的证据有两种类型:实验证据和相关性证据。

有一支文献主要依赖做实验的方法。这些文献在做实验时令被试(通常是儿童或大学生)观看简短的暴力视频片段。Josephson(1987)就是其中之一,其将被试随机分配为两组,其中一组观看简短的暴力视频片段,另一组观看有动作场面但不暴力的视频片段。在观看结束后,被试进行曲棍球比赛,而观看暴力视频片段的小组更有可能采取攻击性的打法。作者将实验组与暴露于非暴力视频片段的对照组进行比较,发现实验组的攻击性行为通常在观看视频之后立即急剧增加,这与唤醒假设一致。这为媒体暴力内容对攻击性的短期影响提供了因果证据。然而,这并没有说明接触媒体的暴力内容是否会导致更高水平的暴力犯罪。

另一支文献(Johnson et al.,2002)发现,接触更多媒体暴力内容的调查对象更可能认为自己存在暴力或者陷入犯罪行为。这种相互关联的证据虽然确实将媒体暴力与犯罪联系起来,但存在内生性和反向因果关系的问题。观看更多暴力电视的人与不看暴力电视的人没有可比性,这混淆了相关性。

Dahl and DellaVigna(2009)提出了一个不同的策略来捕捉媒体暴力内容对实际暴力犯罪的影响,而且并不会受到内生性的干扰。其利用了由影院放映的电影的暴力程度的时间序列变化引起的自然实验。通过使用来自网站 kids-in-mind. com 的暴力评级系统和每日电影收入数据,Dahl and DellaVigna(2009)生成了一个全球范围内按日衡量的电影观众数据,将影片分为强烈暴力(如《汉尼拔》)、轻度暴力(如《蜘蛛侠》)和非暴力电影(如《落跑新娘》)。由于不同影片在暴力等级上有很大差异,电影销售集中在上映后的最初几个周末,所以随着时间的推移,接触暴力电影的情况会产生很大变化。强烈暴力和轻度暴力电影的观众数在一些周末分别高达 1200 万和 2500 万,而在其他周末则接近于零。这种变化为使用时间序列变化进行识别创造了条件。作者将这些数据与全国事件报告系统(NIBRS)的犯罪数据相匹配,以估计接触暴力媒体对暴力犯罪的短期影响。请注意,短期(而不是长期)影响是识别唤醒假设的相关变化,而且也可以通过做实验的方式捕捉到。

但是结果似乎与支持唤醒假设的实验室证据相矛盾:当观看暴力电影的人变多后,即使在灵活控制了季节、天气和其他潜在的干扰因素后,暴力犯罪数据仍然出现了下降。由于数据足够详细,将影响分解成时间段是有可能的,这有助于发现这些结果背后的机制。正如人们所期望的,在电影播放之前的上午或下午,电影并不会产生影响。但在晚间时段(下午 6 点至深夜 12 点),每 100 万人观看一部强烈或轻度暴力的电影,暴力犯罪分别减少 1.3% 和 1.1%,这在统计学上和经济上都有显著的影响。而在电影放映后的夜间时段(深夜 12 点至早上 6 点),接触电影暴力的延迟效应更加负面,即接触暴力电影对暴力犯罪的减少作用更加明显。

那么这个负面效应是否就能证明媒体能起到发泄作用呢? 还不行。回到第 19.2 节的模型,识别的相关变化在暴力电影与非暴力电影的质量 X 上,因为这会导致不同周末的观众有明显的不同。正如该模型所表明的那样,所识别的媒体净效应当是播放暴力电影对犯罪的影响减去次优替代活动对犯罪的影响(可以表示为 $\alpha_v - \bar{\alpha}$)。即便暴力电影对犯罪行为有促进作用(可以表示为 $\alpha_v > 0$),如果替代活动对犯罪的促进作用更强(可以表示为 $\alpha_v < \bar{\alpha}$),那么暴力电影的估计影响将是负面的。考虑到这一点,晚间时段显示的暴力电影的负面影响反映了个人自愿进入电影院的行为,与几乎任何其他选择相比,这是一个低犯罪率的环境。因此,$\alpha_v - \bar{\alpha}$ 显然是负的。

然而,在夜间时段,电影院是关闭的,应该如何解释这些结果? 研究结果表明,与电影的(潜在暴力的)观众会选择的替代活动相比,在电影院度过一个晚上会导致此后夜间的暴力行为减少。其中一个自然的机制是酒精:与在酒吧或与朋友喝酒度过夜晚相比,晚上在电影院度过两个或两个以上小时的人,到午夜时更可能保持清醒。Dahl and DellaVigna(2009)为这个机制提供了一些直接的证据:如果酒精是一个关键机制,那么与低于饮酒年龄的人群(17—20 岁)相比,刚到饮酒年龄的人群(21—24 岁)更容易受到电影的影响,因为低于饮酒年龄的人群醉酒的可能性要小得多。要注意的是,这里的比较静态分析在保持 α_v 不变的情况下利用 $\bar{\alpha}$ 的变化,即替代选项的影响在两组中的变化。这种比较类似于 Gentzkow and

Shapiro(2008)中对本地人和移民的电视效果的比较。其结论与酒精假设是一致的,对 21—24 岁的人群而言,观看暴力电影能够明显减少犯罪行为,而对于 17—20 岁的人群而言这个作用接近于零。

从这种类型的自然实验中,我们能学到什么? 第一,对暴力媒体相对于替代活动(即 $\alpha_v - \bar{\alpha}$)的影响的识别提供了一些相关的政策反事实。比如,基于这些估计,在某些周末禁止播放暴力电影的政策会使每个周末的袭击事件增加大约 1000 起,因为随之而来的是原来的电视观众转向更危险的活动。① 然而,这些估计并没有告诉我们暴力媒体本身会导致对犯罪的唤醒($\alpha_v > 0$)、发泄($\alpha_v < 0$),还是两者都不会。然而,在一些关于替代活动影响的假设下,人们可以估计观看暴力电影的直接影响(α_v)。在这样一组假设下,Dahl and DellaVigna(2009)将观察到的效应分解为直接效应 α_v 和替代效应 $\bar{\alpha}$,并发现证据与唤醒假设最为一致:接触暴力媒体的直接效应是犯罪行为的增加($\alpha_v > 0$)。因此,在适当的比较下,田野实验的证据与实验室的证据保持一致了。然而,考虑到所需的额外假设,这种分解更具试验性,能够解析不同参数的其他证据将非常有价值。

第二,这种证据并没有告诉我们长期接触暴力媒体会产生什么影响。考虑到这样的媒体出现频率很高,研究只能检验接触这些媒体后一个月内的影响(没有发现对犯罪有延迟影响的证据),不能确定其长期影响,但长期影响才是政策的关键问题。为了识别这种影响,人们需要在长期接触一种媒介的过程中出现变化,如 La Ferrara et al. (2012)或 Gentzkow(2006)所研究的。不幸的是,我们不知道有任何此类证据可以合理地改变长期接触暴力媒体的情况。媒体使用和暴力行为之间的相关性证据(Johnson et al. ,2002)并不是我们需要的证据,也不应该被用于政策建议。

回到媒体是否对暴力犯罪有唤醒作用的问题上,有一种识别策略是在保证使用时间不变的情况下改变媒体内容。也就是说,假设个人接触到他们为娱乐价值而选择的特定媒体节目,但节目的内容在唤醒方面发生了意想不到的变化。就像第 19.2 节模型所描述的那样,在不存在替代活动的变化下,对 α 的比较静态分析将揭示媒体唤醒作用的直接效应。

虽然我们还没有发现使用类似识别方法研究媒体暴力的论文,但 Card and Dahl(2011)使用这种方法来识别情绪的影响,尤其是失望和兴奋对暴力犯罪的影响,更确切地说,对家庭暴力的影响。该文的研究动机是理解情绪对家庭暴力的作用。在文中,受众情绪的来源是电视播放的足球比赛的结果。这样的设计使作者能够根据 NIBRS 犯罪数据中家庭暴力的位置来区分获胜球队与失败球队对球迷的影响。

这个研究设计所具有的一个吸引人的特征是它允许衡量期望和期望与结果的偏差,以及由此产生的情绪变化。也就是说,作者使用投注线来衡量球迷对足球比赛结果的期望,以便区分预期损失和意外损失,以及预期获胜和意外获胜。然后,作者测量了比赛前后几个小时内的家庭暴力。

结果显示,失望对暴力犯罪有显著影响:与预期结果(获胜)相比,意外损失使家庭暴力

---

① 更一般地说,对暴力电影的研究与其他一些研究有相似之处,即在可控环境下的其他吸引年轻人的活动也将在短期内降低犯罪率,比如比尔·克林顿在 20 世纪 90 年代提出的午夜篮球赛。

增加了 7%。正如人们所期望的那样,越是重要的比赛,效果越大,而且这些家庭暴力完全来自男性对女性的暴力,而不是女性对男性的暴力。此外,这种效果在比赛结束后的几个小时内消失,与短暂的情绪影响是一致的。但是,在相反的情况下并不存在影响效应:意外胜利(与预期失败相比)并不会降低暴力犯罪的概率。

这些结果表明,源自媒体的触发暴力行为的因素本身不一定是暴力的,比如之前提到的受众情绪的触发可能是因为球队意外失败带来的失望情绪。

到目前为止,我们已经讨论了接触电影和电视这两种传统媒体对犯罪的潜在影响。然而,互联网和宽带的接入也有可能对犯罪产生影响。特别是,访问互联网可以接触到传统媒体中很难找到的内容,如色情内容。因此,一些研究者担心,互联网的普及可能因为唤起性侵犯意识从而导致性犯罪的飙升。或者,色情内容也可能成为性侵犯行为的替代品,而不是互补品。

研究通过互联网访问色情内容对犯罪等结果的影响存在两个主要困难。一方面,互联网提供一系列内容,色情内容只是其中一部分(如果访问量很大的话)。因此,研究应该从整体上关注互联网的影响,而不是其组成部分。另一方面,大多数国家(如美国)的互联网随着时间的推移以相对线性的方式进行拓展,从而使识别变得困难。

Bhuller et al. (2013) 提供了挪威的证据,其中一个资金有限的公共项目在 2000—2008 年推出了宽带接入点,为不同城市的互联网使用提供了外生变化。作者将上一年度相关基础设施覆盖的家庭所占比重作为特定城市每年有宽带互联网订阅的家庭比重的工具变量。他们发现,接触互联网内容会大大增加性犯罪,这种影响发生在覆盖范围扩大的那一年,并持续到接下来的两年。这个影响是相当大的:在样本期间,大约 3.2% 的强奸案和 2.5% 的性犯罪和儿童性虐待案件可归因于宽带互联网的接触。

为了确定对结果解释的正确性,Bhuller et al. (2013) 考虑了其他情况。第一种可能性是互联网的可用性改变了对性犯罪的报告,而基本的发生率没有变化。可是,没有证据表明,所报告的犯罪类型会随着时间而改变,如果是这种情况,人们会期待这种变化。第二种可能性是互联网可能提高了潜在犯罪者与受害者之间的匹配率。第三种可能性是通过唤醒效应产生影响。虽然很难区分后两种机制的影响,但在现有的替代选择中出现了一个有趣的差异来源,即非互联网色情内容。由于色情内容在挪威是被禁止的,但在瑞典是被允许的,所以居住在瑞典边境附近的挪威人可能受到的互联网影响较小,尤其是在唤醒效应成立的情况下。而事实上,居住在离边境越远的挪威人,受到的互联网的影响越明显。

Bhuller et al. (2013) 还强调了识别媒体边缘用户的重要性,或者从技术上说,工具变量局部平均处理效果(LATE)中的依从者(complier)。这些人是由于近期基础设施覆盖面的扩张才接触到互联网消费的。有关互联网消费的调查数据显示,年轻男性在这些用户中占比过高。同样,Dahl and DellaVigna(2009) 表明,与其他电影相比,暴力电影更有可能吸引年轻男性观众。对媒体使用的自我选择对于理解媒体效应起着重要作用。Dahl and DellaVigna (2009) 的模型强调了这一作用,即替代效应 α 必须根据相关个人即依从者的行为选择 s_i 进行评估。与其他人群相比,这一相关人群中的年轻男性比例过高,否则其犯罪效应 α_i 可能会有所不同。当把媒体效应外推到另一个人群时,这就变得尤为重要。例如,随着互联网的继续推广,与年轻男性相比,边缘用户可能有较弱的暴力倾向,或不同的替代模式。

除了互联网,与犯罪可能有关系的另一现代媒体是电子游戏。一方面,一些专家担心暴力视频游戏可能会像唤醒假说那样引发攻击行为。另一方面,让有潜在暴力倾向的个体花很多时间玩电子游戏会导致他们从事更危险活动的时间变少,从而减少犯罪。

不幸的是,即使不考虑长期影响的识别,识别接触电子游戏的短期影响也比分析暴力电影更困难,原因有二。一方面,虽然人们可以获得每周的新电子游戏销售量的测量值,类似于每周电影观众的测量值,但对于视频游戏而言,购买仅仅是玩游戏的开始,而对于电影而言,购买则意味着消费。这显著削弱了发布时间点的作用。另一方面,主要的新电子游戏的发布数量在圣诞节期间出现大幅上涨,这比发布电影的高峰更加突出。这进一步限制了季节性控制后的剩余变化。有鉴于此,Cunningham et al.(2011)的证据表明,电子游戏销售量与暴力犯罪之间的负面关系应该被视为暂时性评估。希望未来的研究能够提出变化的来源,以精确地确定电子游戏的影响。鉴于青少年在电子游戏上花费大量时间,这是一个非常重要的话题。

19.3.7 公共经济学

在本部分中,我们将回顾媒体报道对一系列公共成果的影响,包括社会组织的参与程度和对政府的态度。在这方面,回归媒体报道的直接效应和替代效应也是有帮助的。直接效应是,如果媒体传播有关政治家表现的信息,它们会影响个体对政府的信任、对税收制度的遵从和对公共政策知识的了解。这是自 Stromberg(2004)和 Besley and Burgess(2001)的开创性研究以来的一个研究观点并在 Stromberg(2015)的综述中有所体现。同时,通过替代效应,接触大众媒体可能会对社会资本产生不利影响,因为在看电视或收听广播时花费的大量时间会挤占参加重要的社会活动的时间。

后一点最初是 Putnam(2000)在其颇具影响力的书《独自打保龄》(Bowling Alone)中提出的。这本书的论点是,电视和其他现代娱乐方式的出现,促使以前在社交活动(如一起去打保龄球)中消耗闲暇时间的人被孤立,长此以往,这会导致社会资本的流失。

Olken(2009)在一项关于电视和广播对印度尼西亚社会资本影响的研究中找到了相关证据。其利用了家庭接收的电视和广播频道数量的两个不同的外生变化来源。一方面,其利用了印度尼西亚在20世纪90年代(当时只有一个政府电视台)和21世纪中期(有11个电视频道)不同的私营电视引进情况。另一方面,其考虑了由领土的地形和地理构造引起的信号传播的变化(例如,中爪哇和东爪哇的山区催生了与村庄特征无关的电视接收情况变化)。具体来说,Olken(2009)调整了 Hufford(2002)的不规则地形模型,该模型预测在发射器直接视线内的位置将接收到最强信号,而如果山脉阻挡视线,则信号将围绕山脉衍射,信号强度将会取决于信号的频率。这种方法已被用于电视和广播效果的各种研究。

Olken(2009)使用每个分区接收的频道数作为接触电视和广播程度的代理变量。在第一阶段,多接收一个频道与每天多花14分钟看电视和收听广播有关。在第二阶段,每多接收一个频道,村里的社会群体数量就会减少约7%,会议出席率降低11%,这表明电视对社会资本有显著的负面影响。Olken(2009)在引入电磁信号传播模型以隔离地形影响时发现了类似的结果:更好的电视接收情况与参与村级发展会议的次数减少和较低的自我报告的信任水平有关。

Olken(2009)还探讨了媒体接触与治理之间的关系。Olken(2009)使用了关于计划和监督道路建设的村级会议的出席率、这些会议的讨论质量,以及并非用于独立工程小组的项目资金百分比。尽管 Olken(2009)发现电视的进入对关于道路项目的会议出席率有负面影响,但也发现电视的进入对会议的情况以及道路项目中的"遗漏支出"没有影响。总之,媒体接触可能会导致参与社会活动的水平和自我报告的信任水平显著下降,尤其是如果它似乎取代了团体活动。然而,至少在这项研究中,媒体接触与政府结果的联系还不清楚。

虽然 Olken(2009)专注于研究电视的有害影响,但电视节目也有积极的影响。特别是娱乐节目可以被用来传达有关政府行动和计划的信息。在某些情况下,这可以促进受众对政府的支持和信任。在这个方向,Trujillo and Paluck(2011)表明,一个特别设计的肥皂剧可以影响受众的政治态度和政治参与。其测试了拉美电视剧《恶魔最清楚》(*Ma's Sabe El Diablo*)的影响。这是一部由 Telemundo 电视台播放的西班牙语肥皂剧,描绘了拉丁裔参与 2010 年人口普查的情况。人口普查历来难以估计居住在美国的拉丁裔人口,原因主要有两个:讲西班牙语的人在理解人口普查信息和填写表格方面面临困难;他们对美国政府当局缺乏信任,特别是对其所收集信息的使用。第二个原因引发的问题的严重程度在 2010 年时达到一个峰值,当时拉美裔宗教领袖组织了一次抵制人口普查的活动,目的是迫使政府推行移民改革。

鉴于这种情况,Trujillo and Paluck(2011)研究了拉美电视剧是否可能影响美国拉丁裔对人口普查的态度以及参与程度。在人口普查收集信息期间,Trujillo and Paluck(2011)组织了一次实验室与实地的混合实验,并随机分配亚利桑那州、新泽西州和得克萨斯州的拉丁裔社区成员,观看支持人口普查的场景,或观看以同一角色为主角但不涉及人口普查的对照场景。人口普查片段总体上产生了积极影响:与对照组的观众相比,观看了支持人口普查片段的观众对美国政府表达了更积极的态度,并对人口普查表现出更多的行为支持,例如使用支持人口普查的贴纸和拿信息传单。有趣的是,这种效果具有异质性。在最近通过了反移民立法(参议院 1070 法案)的亚利桑那州,观看了支持人口普查影片的观众对政府的态度实际上更糟。这表明当地情况在调节媒体节目对结果的影响方面起着关键作用。

Kasper et al. (2015)提供了关于媒体对政府信任和态度影响的更多证据,解决了媒体报道如何影响纳税人对政府和税务机关看法的问题。为了做到这一点,其将居住在维也纳的 487 名雇员的样本随机分配到一个 2×2 的"媒体操纵"实验中,随机分配对当局的信任(低/高)和对当局执法权力的感知(低/高)。实验组的处理方法包括媒体对信任和权力的报道。在高信任的情况下,奥地利的政治局势被描述为非常稳定;在低信任的情况下,奥地利被描述为一个政治稳定性相对较低的国家,政府频繁更替。在高权力的情况下,奥地利税务机关被描述为效率很高,有效和严厉地惩罚了偷税漏税;在低权力的情况下,税务机关对逃税行为的起诉和惩罚被描述为是无效的。Kasper et al. (2015)检验了这些媒体报道对三种不同结果的影响:对当局的信任(即相信它们以公平的方式并代表它们的人民行事)、对逃税行为的察觉能力以及预期的税收制度遵从(即自我报告中缴纳税款的可能性)。总体来说,媒体报道会影响对税务机关的信任程度和对政府机构权力的感知。这两方面也有效地诱导了更高水平的自我报告的税收制度遵从。

Dutta et al.(2013)为娱乐电影如何用于传达有关政府政策的有用信息提供了一个有趣的例子。其研究目的是在印度的圣雄甘地全国农村就业保障计划(NREGS)背景下改善公共服务的供给状况,这是该国最大的国家扶贫计划。为了提高比哈尔邦(Bihar)的低参与率,Dutta et al.(2013)实施了以短片的形式进行信息干预的随机对照试验。这部电影传达了有关该计划的权利和待遇的信息,描述了该计划如何运作、谁有资格以及如何申请。Dutta et al.(2013)从 150 个村庄的样本中,随机选择了 40 个村庄来放映这部电影。在干预措施实施2—4 个月后,Dutta et al.(2013)进行了一项后续调查,包括对该计划的认知、看法和使用情况等各种结果,发现来自实验组村庄的受访者更有可能知道 NREGS 的主要特征(例如工作天数、工资等),也对 NREGS 有更多积极的看法,例如认为 NREGS 会带来工作岗位增加和移民减少,并且更可能认为他们家庭的经济机会有所改善。有趣的是,他们比对照组更不可能相信妇女可以在该计划下获得工作——尽管这是 NREGS 计划的一个特征,可能因为电影中的主角是男性。

最后提到的一点说明了仅通过娱乐节目传达信息的危险之一,即娱乐产品传递的信息可能与复杂的现实有偏差。但 Dutta et al.(2013)的研究中最有趣的结果可能是感知和实际结果之间的差异。事实上,客观衡量的就业,平均而言,无论是在广延边际还是在集约边际上,都没有显示出任何收益,这表明这部电影在改变社会对该计划的看法方面是有效的,但在实际利用方面却没有。

19.3.8 观念

在本部分中,我们将简要讨论媒体接触与个人观念之间的关系,并重点以种族间观念和物质期望为例。更具体地说,我们研究媒体接触是否会影响人们根深蒂固的成见、团体间合作的规范以及个人对人生成功的驱动因素的信念。

Paluck(2009)和 Paluck and Green(2009)的研究证明教育娱乐可以有效地用于改变人们感知的社会规范。其关注的是来自卢旺达的一项实验,利用广播肥皂剧在种族灭绝十年后促进该国的和解。《黎明破晓》(*Musekeweya*)节目明确旨在向听众介绍暴力的根源、独立思考的重要性以及过分遵从权威的危险。这些研究是基于一项随机对照试验,其中实验组收听和解广播节目,而对照组收听有关生殖健康和艾滋病的广播肥皂剧。研究中涉及的社区可以代表当时卢旺达极具特征的政治性、地区性和种族性的分类:两个种族灭绝幸存者社区(主要是图西人)、两个特瓦族社区(俾格米人)、两个监狱,以及八个普通人口社区。在每一类别中,每个社区都与最相似的社区进行匹配(根据教育、性别比例和住房质量),每对社区中的一个社区被随机分配到实验组中。总体而言,研究发现该节目对影响社会规范和行为是有效的,但对信仰是没有影响的。与对照组的听众相比,实验组的听众对社会规范和行为的看法在通婚、公开异议、信任、同理心、合作和创伤愈合方面发生了变化,而广播肥皂剧几乎没有改变听众的个人信念。

　　一个重要的问题是,短期内对观念的积极影响是否会在中期或长期内持续存在。毕竟,规范和观念是根深蒂固的,人们可能会怀疑在研究中发现的影响只是暂时的。Hennighausen(2015)试图通过调查大众媒体提供的信息能否持续影响个人对人生成功驱动因素的信念来解决这一问题。与 Bursztyn and Cantoni(forthcoming)的研究类似,Hennighausen(2015)利用民主德国对联邦德国电视接收情况的自然实验来分析其对统一前和统一后十年内的民主德国民众信仰的影响。尽管民主德国的大多数人在统一前已经可以接收到联邦德国电视,但因为地理特征,如与发射机距离过远或有山脉的存在,东北部和东南部地区 15% 的居民没有接收到联邦德国的电视信号。这种差异使作者能够使用 20 世纪 80 年代的调查数据,检验在统一之前接触联邦德国电视节目是否影响了民主德国民众的信念。作者发现,生活在无法接触到联邦德国电视的地区,相信努力对成功很重要的比例降低了 7%,而生活在德国其他地区对该观念的相信比例的平均值为 60%。然后,作者使用德国社会经济小组(GSOEP)1994—1999 年的数据来测试统一前的影响是否在十年后仍然存在。她发现:来自没有接触过联邦德国电视节目的地区的受访者相信人生成功是运气问题的比例要高 3 到 5 个百分点。

　　这些研究结果表明,西方电视节目传达了关于努力与人生成功之间关系的重要信息,并对民主德国民众的相关信念产生了长期影响。鉴于对人生成功决定因素的看法也与对再分配的偏好有关(Alesina and La Ferrara,2002;Fong,2001),这些发现可能产生重要的政策影响:媒体接触可能影响再分配偏好和其他政策结果,即使这些影响并不是有意的。

19.3.9　消费和储蓄

　　消费和储蓄决策也可能受媒体接触影响。

　　Bursztyn and Cantoni(forthcoming)使用双重差分法发现,接触联邦德国的电视节目并不影响总体的消费和储蓄,而是影响消费的构成。特别是,在统一之前的十年中广告强度高的产品类别被接触过西方电视的民主德国民众购买的比例更高。这一结果与媒体接触的长期影响一致,其最终会导致对媒体的模仿行为,正如本章中回顾的其他文献中所提到的。

　　虽然上述研究考察了无意接触消费信息产生的影响,但最近南非的一项研究探讨了有意在娱乐节目中嵌入信息以影响储蓄行为的可能性。Berg and Zia(2013)分析了通过肥皂剧《丑闻!》(Scandal!)传递的金融教育信息对债务管理的影响。这部肥皂剧已经播放了八年多,每周播出四集,并由南非第二大热门电视台播出。2012 年,该肥皂剧包含了一个为期两个月的子情节,以展示债务管理不善的后果,并就如何避免债务陷阱和摆脱债务提出建议。为了解决可能与自我选择是否观看肥皂剧有关的问题,作者采用了对称的鼓励设计。作者从约 1000 人的样本中,随机选择一组,鼓励其在黄金时段观看该肥皂剧,而其余一组则被鼓励观看同时段的同类肥皂剧。鼓励的方式是经济激励:参与者会被告知,他们将在肥皂剧播放的几周内接到电话,并会被问到一些关于剧情的问题。如果他们答对大多数问题,他们就可以获得金钱奖励。三个月后,作者又会对这些参与者进行后续问卷调查。Berg and Zia(2013)发现了令人鼓舞的结果:实验组的参与者对肥皂剧故事情节中出现的具体问题有明显更好的金融认识(但对一般金融问题的认识没有更好)。从行为方面来说,观看《丑闻!》的观众与对照组相比,他们从正规渠道借款的可能性要高出一倍,参与赌博的可能性更低,签订分期付款协议的可能性也更低。

这两篇论文指出,电视上描绘的信息和行为会影响消费与储蓄选择,这一影响不纯粹是由传统上归因于电视的广告作用来解释。

19.3.10 发展经济学

我们没有单独讨论媒体对发展中国家的影响,虽然确实有一些最好的证据来自这些国家。最早关于媒体经济学的实证论文之一确实是以印度为中心的(Besley and Burgess, 2001)。直到今天,我们关于媒体影响的主要研究成果都来自对这些国家的研究。前面所讨论的贡献中值得注意的例子就包括:Jensen and Oster(2009)以及 La Ferrara et al. (2012)分别对印度和巴西的家庭成果的研究;Olken(2009)对印度尼西亚的社会资本的研究;Paluck(2009)对卢旺达种族间的态度的研究;Berg and Zia(2013)对南非的财务选择的研究。

在不重新总结在发展中国家背景下的媒体影响的情况下,值得强调的是,在这些背景下媒体证据丰富有三个自然原因。

第一个原因是在发展中国家,媒体差异更容易识别。这些国家的发展速度不均衡,这意味着媒体的引入往往是突如其来的,媒体内容的垄断并不罕见,而地理因素(如影响无线电接收的地理因素)提供了媒体接触的自然变化。相反,在高收入国家,媒体市场已经饱和,媒体之间的竞争非常激烈,以至于很难找到在不同地方和不同时期的接触或内容的特异性变化。

第二个原因与媒体影响的范围有关。媒体往往勾勒出"榜样"的形象,描绘出与当地行为特别不同的社会。这种差异意味着行为改变的可能性更大。拉美电视剧对生育率的影响就是一个例子。拉美电视剧的播放不仅在发展中国家很普遍,而且在发达国家也很常见,它们通常涉及类似的情节和"榜样"。但是,这种"榜样"的行为,例如在生育方面,更类似于发达国家的观众的行为,而不是发展中国家的观众的行为。反过来,这意味着,就"榜样"产生的同侪效应而言,对发展中国家的影响要大于对发达国家的影响。

第三个原因是广播电视等媒体在识字率低的国家中扮演更重要的角色,因为这些国家的印刷媒体传播受到限制。正如我们在本章结论部分强调的那样,在这些国家,人们对广播和电视作为教育工具所能发挥的作用特别感兴趣。

19.4 政策和结论

在回顾了媒体接触在各种环境中的影响之后,我们再回到引言中简要概述的政策含义。特别是,媒体节目对社会政策能够起到的作用是什么?

正如我们所讨论的,在教育娱乐(或寓教于乐)的组合节目中,娱乐和教育的互补性带来了一个重要的机会:在娱乐节目中融入对"榜样"的学习。这种组合节目的先例是产品植入,即特定产品(例如特定啤酒)被安排在电影或电视节目中并被角色使用和消费。在寓教于乐的组合节目中,放置的不是产品,而是一种社会行为,呈现的目的是让人们模仿它,或者相反。La Ferrara(2015)讨论了这种社会心理学方法的基础及其在反贫困政策中的应用。

上述关于家庭结果的研究突出了寓教于乐这一组合节目的潜力:肥皂剧在像巴西这样的高

生育率的国家对降低生育率能起到重要作用。重要的是,这种政策影响的发生并没有伴随明显的观众流失。事实上,据我们所知,肥皂剧中的"榜样"没有被明确地设计为影响社会变革的人物,而是作为娱乐情节的副产品。这些成功案例强调了这种干预可以发挥的潜力。

但是,其他一些观点提出了警示。我们讨论了一个关于移民的例子,在这个例子中,媒体接触的作用与人们可能认为的相反:接触更高的生活水平的媒体节目会减少而不是增加移民。在其他情况下,接触寓教于乐的组合节目对行为没有影响。

尽管存在零星的评估媒体作用的例子,但似乎更系统和严格的评估可能会极大地帮助我们评估寓教于乐的组合节目在不同情况下的有效性,这种研究目前仍然比较少见。最近的一个例子是 Banerjee et al. (2015),其实施了一项随机对照试验来评估 MTV 电视剧 *Shuga 3* 对尼日利亚危险性行为、性别规范和家庭暴力的影响。其评估的一个关键特征是它在设计中嵌入了对溢出效应的估计,以及考虑了个体事先信念在塑造个体对该节目的反应中所起的作用。未来对寓教于乐的组合节目的评估最好能预见设计的变化,例如提供的内容,这可以增进我们对这种潜在政策工具的理解。

另一个微妙的问题涉及干预的道德问题:利用商业电视促进社会发展的限制是什么(Brown and Singhal,1990)? 有些干预措施,比如为了促成种族和解而展现的种族示例,不大可能引起争议。然而,其他情况却有可能引发争论。毕竟,研究媒体效应的一个主要动机是了解专制政府利用媒体进行宣传的情况。作为这种操纵的先驱者,希特勒和墨索里尼这样的独裁者都曾在国家提供的娱乐内容中嵌入了政治信息,这是早期教育娱乐组合节目的例子。哪些现代教育娱乐组合节目的应用跨越了从对社会的贡献到有争议的宣传的界限? 关于该主题的更多讨论以及关于所提供的媒体内容有效性的进一步证据正在有条不紊地开展。

需要补充的是,政策影响不限于干预娱乐内容。贯穿本章的一个观点是替代渠道对于媒体产生的影响是重要的:媒体娱乐花费了如此多的时间,以至于分配给媒体消费的时间即使适度地变化,也会挤掉或挤入与政策相关的活动。一个例子是对社会资本影响的研究:电视占用了我们倾向于认为具有高附加值的活动的时间,这些高附加值的活动是指社会互动和参与提供公共产品的组织。

一个相反的例子是,暴力电影的发布减少了暴力犯罪,因为它们减少了分配给更有害的活动的时间。对于通常被批判的媒体类型来说,这是一个令人惊讶的政策影响。这一发现不是孤立的。更广泛地说,吸引有暴力倾向的受众的娱乐方式有可能发挥重要的积极作用。

总而言之,研究媒体的经济和社会影响是一个具有巨大潜力的转型领域。我们在该领域所了解到的大部分内容在十年前甚至都不存在。这只会让人想象在这个领域未来会有什么突破。

致谢

感谢戈登·达尔(Gordon Dahl)、马修·根茨科(Matthew Gentzkow)、马涅·莫斯塔(Magne Mogstad)、本·奥肯(Ben Olken)、杰西·夏皮罗(Jesse Shapiro)和戴维·斯特龙贝里(David Stromberg)对草案的评论。感谢贝妮代塔·布廖斯基(Benedetta Brioschi)、奥尔登·

程(Alden Cheng)、布赖恩·惠顿(Brian Wheaton)、马丁纳·扎内拉(Martina Zanella)、杰弗里·赛德尔(Jeffrey Zeidel)和迈克尔·张(Michael Zhang)提供的出色研究协助。

参考文献

Aguiar, M., Hurst, E., Karabarbounis, L., 2013. Time use during the great recession. Am. Econ. Rev. 103 (5), 1664-1696.

Alesina, A., La Ferrara, E., 2002. Who trusts others? J. Public Econ. 85 (2), 207-234.

American Academy of Pediatrics, 2001. American academy of pediatrics: children, adolescents, and television. Pediatrics 107 (2), 423-426.

Anderson, C. A., Bushman, B. J., 2001. Effects of violent video games on aggressive behavior, aggressive cognition, aggressive affect, physiological arousal, and prosocial behavior: a meta-analytic review of the scientific literature. Psychol. Sci. 12, 353-359.

Anderson, C. A., Berkowitz, L., Donnerstein, E., Huesmann, L. R., Johnson, J. D., Linz, D., Malamut, N. M., Wartella, E., 2003. The influence of media violence on youth. Psychol. Sci. Public Int. 4, 81-110.

Banerjee, A., La Ferrara, E., Orozco, V., 2015. Changing Norms and Behavior of Young People in Nigeria: An Evaluation of Entertainment TV. Bocconi University, Mimeo.

Baron, J. N., Reiss, P. C., 1985. Same time, next year: aggregate analysis of the mass media and violent behavior. Am. Sociol. Rev. 50, 347-363.

Bauman, K. E., LaPrelle, J., Brown, J. D., Koch, G. G., Padgett, C. A., 1991. The influence of three mass media campaigns on variables related to adolescent cigarette smoking: results of a field experiment. Am. J. Public Health 81 (5), 597-604.

Berg, G., Zia, B., 2013. Harnessing Emotional Connections to Improve Financial Decisions: Evaluating the Impact of Financial Education in Mainstream Media. World Bank Policy Research Working Paper No. 6407.

Besley, T., Burgess, R., 2001. Political agency, government responsiveness and the role of the media. Eur. Econ. Rev. 45, 629-640.

Bhuller, M., Havnes, T., Leuven, E., Mogstad, M., 2013. Broadband Internet: an information superhighway to sex crime? Rev. Econ. Stud. 80, 1237-1266.

Bjorvatn, K., Cappelen, A., Helgesson Sekeiz, L., Sørensen, E., Tungodden, B., 2015. Teaching Through Television: Experimental Evidence on Entrepreneurship Education in Tanzania. NHH Norwegian School of Economics, Mimeo.

Bollen, K. A., Phillips, D. P., 1982. Imitative suicides: a national study of the effects of television news stories. Am. Sociol. Rev. 47, 802-809.

Braga, M., 2007. Dreaming Another Life: The Role of Foreign Media in Migration

Decision—Evidence from Albania. World Bank Working Paper.

Brown, W. J., Singhal, A., 1990. Ethical dilemmas of prosocial television. Commun. Q. 38 (3), 1990.

Bursztyn, L., Cantoni, D., forthcoming. A tear in the iron curtain: the impact of Western Television on consumption behavior. Rev. Econ. Stat. doi: 10. 1162/REST_a_00522. Available at http://www. mitpressjournals. org/doi/pdf/10. 1162/REST_a_00522.

Card, D., Dahl, G. B., 2011. Family violence and football: the effect of unexpected emotional cues on violent behavior. Q. J. Econ. 126, 1-41.

Cheung, M., 2012. Edutainment Radio, Women's Status and Primary School Participation: Evidence from Cambodia. Stockholm University, Working Paper.

Chong, A., La Ferrara, E., 2009. Television and divorce: evidence from Brazilian novelas. J. Eur. Econ. Assoc. Pap. Proc. 7 (2-3), 458-468.

Cook, D. E., Kestenbaum, C., Honaker, L. M., Anderson Jr., E. R., 2000. Joint Statement on the Impact of Entertainment Violence on Children. Congressional Public Health Summit, http://www2. aap. org/advocacy/releases/jstmtevc. htm.

Cunningham, S., Engelstätter, B., Ward, M. R., 2011. Understanding the Effects of Violent Video Games on Violent Crime. ZEW Discussion Papers, No. 11-042.

Dahl, G., DellaVigna, S., 2009. Does movie violence increase violent crime? Q. J. Econ. 124 (2), 677-734.

DellaVigna, S., Gentzkow, M., 2010. Persuasion: empirical evidence. Annu. Rev. Econ. 2, 643-669.

DellaVigna, S., Kaplan, E., 2007. The Fox news effect: media bias and voting. Q. J. Econ. 122 (2), 807-860.

Dutta, P., Ravallion, M., Murgai, R., van de Walle, D., 2013. Testing Information Constraints on India's Largest Antipoverty Program. World Bank, Policy Research Working Paper No. 6598.

Enikolopov, R., Petrova, M., 2015. Media capture: empirical evidence. In: Anderson, S. P., Stromberg, D., Waldfogel, J. (Eds.), Handbook of Media Economics, vol. 1B. Elsevier, Amsterdam.

Farré, L., Fasani, F., 2013. Media exposure and internal migration: evidence from Indonesia. J. Dev. Econ. 102 (C), 48-61.

Farrelly, M. C., Nonnemaker, J., Davis, K. C., Hussin, A., 2009. The influence of the national truth campaign on smoking initiation. Am. J. Prev. Med. 36 (5), 379-384.

Fernandes, L., 2000. Nationalizing 'the global': media images, cultural politics, and the middle class in India. Media Cult. Soc. 22 (5), 611-628.

Fong, C., 2001. Social preferences, self interest, and the demand for redistribution. J.

Public Econ. 82（2）, 225-246.

Gentile, D. A. , Oberg, C. , Sherwood, N. E. , Story, M. , Walsh, D. A. , Hogan, M. , 2004. Well-child visits in the video age: pediatricians and the American Academy of Pediatrics' guidelines for children's media use. Pediatrics 114（5）, 1235-1241.

Gentzkow, M. , 2006. Television and voter turnout. Q. J. Econ. 121（3）, 931-972.

Gentzkow, M. , Shapiro, J. M. , 2008. Preschool television viewing and adolescent test scores historical evidence from the Coleman study. Q. J. Econ. 123（1）, 279-323.

Gentzkow, M. , Shapiro, J. , Stone, D. , 2015. Media bias in the marketplace: theory. In: Anderson, S. P. , Stromberg, D. , Waldfogel, J. （Eds. ）, Handbook of Media Economics, vol. 1B. Elsevier, Amsterdam.

Groseclose, T. , Milyo, J. , 2005. A measure of media bias. Q. J. Econ. 120, 1191-1237.

Heckman, J. J. , 2000. Policies to foster human capital. Res. Econ. 54（1）, 3-56.

Hennighausen, T. , 2015. Exposure to television and individual beliefs: evidence from a natural experiment. J. Comp. Econ. . .

Huang, F. , Lee, M. , 2010. Dynamic treatment effect analysis of TV effects on child cognitive development. J. Appl. Econ. 25（3）, 392-419.

Hufford, G. , 2002. The ITS Irregular Terrain Model, Version 1. 2. 2: The Algorithm. Institute for Telecommunication Sciences, National Telecommunications and Information Administration. http://www. its. bldrdoc. gov/media/50674/itm. pdf.

Jacobsen, G. D. , 2011. The Al Gore effect: an inconvenient truth and voluntary carbon offsets. J. Environ. Econ. Manag. 61, 67-78.

Jensen, R. , Oster, E. , 2009. The power of TV: cable television and women's status in India. Q. J. Econ. 124（3）, 1057-1094.

Johnson, K. , 2001. Media and social change: the modernizing influences of television in rural India. Media Cult. Soc. 23（2）, 147-169.

Johnson, J. G. , Cohen, P. , Smailes, E. M. , Kasen, S. , Brook, J. S. , 2002. Television viewing and aggressive behavior during adolescence and adulthood. Science 295, 2468-2471.

Josephson, W. L. , 1987. Television violence and children's aggression: testing the priming, social script, and disinhibition predictions. J. Pers. Soc. Psychol. 53, 882-890.

Kasper, M. , Kogler, C. , Kirchler, E. , 2015. Tax policy and the news: an empirical analysis of taxpayers' perceptions of tax-related media coverage and its impact on tax compliance. J. Behav. Exp. Econ. 54, 58-63.

Keane, M. , Fiorini, M. , 2014. How the allocation of children's time affects cognitive and non-cognitive development. J. Labor Econ. 32（4）, 787-836.

Kearney, M. S. , Levine, P. B. , 2014. Media Influences on Social Outcomes: The Impact of MTV's *16 and Pregnant* on Teen Childbearing. NBER Working Paper No. 19795.

Kearney, M. S. , Levine, P. B. , 2015. Early Childhood Education by MOOC: Lessons from Sesame Street. NBER Working Paper No. 21229.

Keefer, P. , Khemani, S. , 2011. Mass Media and Public Services: The Effects of Radio Access on Public Education in Benin. Policy Research Working Paper Series 5559, The World Bank.

Kennedy, M. G. , O'Leary, A. , Beck, V. , Pollard, W. E. , Simpson, P. , 2004. Increases in calls to the CDC national STD and AIDS hotline following AIDS-related episodes in a soap opera. J. Commun. 54 (2), 287-301.

La Ferrara, E. , 2015. Mass Media and Social Change: Can We Use Television to Fight Poverty? JEEA-FBBVA Lecture.

La Ferrara, E. , Chong, A. , Duryea, S. , 2012. Soap operas and fertility: evidence from Brazil. Am. Econ. J. Appl. Econ. 4 (4), 1-31.

Olken, B. A. , 2009. Do TV and radio destroy social capital? Evidence from Indonesian villages. Am. Econ. J. Appl. Econ. 1 (4), 1-33.

Paluck, E. L. , 2009. Reducing intergroup prejudice and conflict using the media: a field experiment in Rwanda. J. Pers. Soc. Psychol. 96, 574-587.

Paluck, E. L. , Green, D. P. , 2009. Deference, dissent, and dispute resolution: a field experiment on a mass media intervention in Rwanda. Am. Polit. Sci. Rev. 103 (4), 622-644.

Putnam, R. D. , 2000. Bowling Alone: The Collapse and Revival of American Community. Simon & Schuster, New York, NY.

Scrase, T. J. , 2002. Television, the middle classes and the transformation of cultural identities in West Bengal, India. Int. Commun. Gaz. 64 (4), 323-342.

Stromberg, D. , 2004. Radio's impact on public spending. Q. J. Econ. 119 (1), 189-221.

Stromberg, D. , 2015. Media coverage and political accountability: theory and evidence. In: Anderson, S. P. , Stromberg, D. , Waldfogel, J. (Eds.), Handbook of Media Economics, vol. 1B. Elsevier, Amsterdam.

Tetlock, P. , 2015. The role of media in finance. In: Anderson, S. P. , Stromberg, D. , Waldfogel, J. (Eds.), Handbook of Media Economics, vol. 1B. Elsevier, Amsterdam.

Trujillo, M. , Paluck, E. L. , 2011. The devil knows best: experimental effects of a televised soap opera on Latino trust in government and support for the 2010 census. Anal. Soc. Issues Public Policy 12 (1), 113-132.

Vaughan, P. , Rogers, E. , Singhal, A. , Swalehe, R. , 2000. Entertainment-education and HIV/AIDS prevention: a field experiment in Tanzania. J. Health Commun. 5 (1), 81-100.

Wilbur, K. , 2015. Recent developments in mass media: digitization and multitasking. In: Anderson, S. P. , Stromberg, D. , Waldfogel, J. (Eds.), Handbook of Media Economics, vol. 1A. Elsevier, Amsterdam.

Zavodny, M. , 2006. Does watching television rot your mind? Estimates of the effect on test scores. Econ. Educ. Rev. 25 (5), 565-573.

Handbook of Media Economics, Vol2

Simon P. Anderson, Joel Waldfogel, David Stromberg

ISBN: 978-0-444-63691-1

Copyright © 2016 Elsevier BV. All rights reserved.

Authorized Chinese translation published by Zhejiang University Press.

《媒体经济学手册》

第 2 卷   史册、江力涵、卢羿知 译

ISBN:978-7-308-25682-7

Copyright © Elsevier BV. and Zhejiang University Press. All rights reserved.

注意